No.1
BEST SELLER

AF674196

NCERT नोट्स

भारत एवं विश्व का भूगोल

Class 6-12 (Old+New)

No.1 BEST SELLER

NCERT नोट्स

भारत एवं विश्व का भूगोल

Class 6-12 (Old+New)

लेखक
संजीत कुमार
विजय प्रताप
सम्पादक
डॉ. राजेश राजन

arihant
SUCCESS AND NOTHING LESS

arihant
SUCCESS AND NOTHING LESS

अरिहन्त पब्लिकेशन्स (इण्डिया) लिमिटेड

卐 **रजि. कार्यालय**

'रामछाया' 4577/15, अग्रवाल रोड, दरिया गंज, नई दिल्ली- 110002
फोन: 011-47630600, 43518550

卐 **मुख्य कार्यालय**

कालिन्दी, टी०पी० नगर, मेरठ (यूपी)– 250002
फोन: 0121-7156203, 7156204

卐 **शाखा कार्यालय**

आगरा, अहमदाबाद, बरेली, बंगलुरु, चेन्नई, दिल्ली, गुवाहाटी, हैदराबाद, जयपुर, झाँसी, कोलकाता, लखनऊ, नागपुर तथा पुणे

卐 **मूल्य** ₹ 365.00

PO No. : TXT-59-T070720-4-26

PUBLISHED BY ARIHANT PUBLICATIONS (INDIA) LTD.

'अरिहन्त' की पुस्तकों के बारे में अधिक जानकारी के लिए हमारी वेबसाइट **www.arihantbooks.com** पर लॉग इन करें या **info@arihantbooks.com** पर सम्पर्क करें।

Follow us on...

दो शब्द

पूरा करना है अगर IAS का सपना
तो जरूरी है NCERT को समझना...

सिविल सेवा परीक्षा भारत की सर्वाधिक प्रतिष्ठित, कठिन एवं चुनौतीपूर्ण परीक्षा है। यह परीक्षा इसलिए भी कठिन मानी जाती है क्योंकि इसमें "कितना पढ़ना है" से ज्यादा महत्त्वपूर्ण होता है "क्या पढ़ना है"

सफल अभ्यर्थियों के अनुभवों तथा विगत् वर्षों के प्रश्न-पत्रों के विश्लेषण से यह सिद्ध हुआ है कि इस परीक्षा में **NCERT की पुस्तकों** का विशेष महत्त्व है, क्योंकि इन्हीं पुस्तकों को आधार बनाकर सामान्य अध्ययन के प्रश्नों को परीक्षा में पूछा जाता है।

NCERT पुस्तकों के अध्ययन को आसान तथा उद्देश्यपूर्ण बनाने हेतु 'अरिहन्त पब्लिकेशन्स' द्वारा **'NCERT नोट्स'** सीरीज तैयार की गई है। इस सीरीज में कक्षा 6 से 12 तक की पुरानी व नई **NCERT का कवरेज** किया गया है।

NCERT नोट्स 2nd संस्करण की प्रमुख विशेषताएँ

- Tamil Nadu Board की Books का कवरेज
- NIOS से महत्त्वपूर्ण Facts का संकलन
- सरल भाषा, मैप, फ्लोचार्ट, डायग्राम, टेबल्स, चित्र आदि से Content का प्रस्तुतीकरण
- महत्त्वपूर्ण टॉपिक्स का परिशिष्ट के माध्यम से समावेश

इस सीरीज को पूरा करने में विशेषज्ञों की एक टीम ने उत्साह के साथ कार्य किया है। इस पुस्तक के संकलन में विशेषज्ञों के साथ-साथ प्रोजेक्ट मैनेजमेण्ट टीम का भी विशेष योगदान रहा, जिसमें मोना यादव (प्रोजेक्ट मैनेजर), सुमित वर्मा (प्रोजेक्ट कॉर्डिनेटर), रीना (रीडिंग टीम लीड), प्रदीप चौधरी (डीटीपी टीम लीड) और सलमान शेख एवं अंकित त्यागी (कवर एवं इनर डिजाइनर) प्रमुख हैं।

आशा है कि सिविल सेवा तथा अन्य प्रतियोगी परीक्षाओं के अभ्यर्थी इस पुस्तक का अध्ययन कर अपने लक्ष्य को निश्चित ही प्राप्त करेंगे। आपके उपयोगी सुझाव सदैव हमें बेहतर संस्करण बनाने में सहायक सिद्ध हुए हैं। इसलिए आप हमें अपने सुझाव अवश्य भेजें, जिनके आधार पर हम पुस्तक के आगामी संस्करण को बेहतर बना सकें।

लेखकगण

विषय-सूची

विश्व का भूगोल

भारत का भूगोल

पर्यावरण एवं पारिस्थितिकी

NCERT नोट्स

01

विश्व का भूगोल

भूगोल एक विषय के रूप में

(स्रोत)

Class-XI New & Old NCERT Chap 1 **भूगोल एक विषय के रूप में,**
Class-XII New NCERT Chap 1 **मानव भूगोल प्रकृति एवं विषय क्षेत्र,**
Tamil Nadu Board (Class XI), NIOS

भूगोल

- भूगोल का सामान्य अर्थ पृथ्वी का वर्णन होता है। सर्वप्रथम भूगोल शब्द का प्रयोग **इरेटॉस्थेनीज** (एक ग्रीक विद्वान्) ने 276-194 ई.पू. में किया।
- यह शब्द ग्रीक भाषा के दो मूल शब्द Geo (पृथ्वी) एवं Grophos (वर्णन) से मिलकर बना है, दोनों को एक साथ रखने पर इसका अर्थ होता है-**पृथ्वी का वर्णन**।
- भूगोल के लिए अंग्रेजी शब्द **ज्योग्राफी** (Geography) है, जिसकी शाब्दिक परिभाषा होती है-पृथ्वी तथा इसके ऊपर जो कुछ भी है, उसके बारे में लिखना या वर्णन करना।
- 19वीं शताब्दी के प्रारंभ में भूगोल का विषय के रूप में अध्ययन प्रारंभ हुआ। जर्मन भूगोलवेत्ता **ए.बी. हम्बोल्ट** तथा **कार्ल रिटर** ने इसमें पथ प्रदर्शक के रूप में कार्य किया।
- भूगोल पृथ्वी के धरातल, इसके स्वरूप, भौतिक लक्षण, राजनीतिक विभाजन, जलवायु, उत्पादन, जनसंख्या, पर्यावरण और उसकी समस्याओं के अध्ययन का विज्ञान है।
- मानव, प्रकृति का एक अंगभूत भाग है तथा वह प्रकृति पर अपनी छाप छोड़ता है।
- प्रकृति मानव जीवन के विभिन्न पक्षों को प्रभावित करती है। इसकी छाप उसके वस्त्र,आवास, व्यवसाय आदि पर देखी जा सकती है।
- मानव ने **अनुकूलन** (Adaptation) अथवा **अपरिवर्तन** (Modification) के माध्यम से प्रकृति से समझौता किया है।
- भूगोल, विविधता को समझने तथा समय एवं स्थान के संबंध में विभिन्नताओं को उत्पन्न करने वाले कारकों की खोज करने की क्षमता प्रदान करता है।

भूगोल की परिभाषाएँ

- **रिचर्ड हार्टशोर्न** के अनुसार, "भूगोल का उद्देश्य धरातल की प्रादेशिक/क्षेत्रीय भिन्नता का वर्णन एवं व्याख्या करना है।"
- **अलफ्रेड हैटनर** के अनुसार, "भूगोल धरातल के विभिन्न भागों में कारणात्मक रूप से संबंधित तथ्यों में भिन्नता का अध्ययन करता है।"

एक समाकलन (Integrattings) विषय के रूप में भूगोल

- भूगोल एक संश्लेषणात्मक (Synthesis) विषय है, जो क्षेत्रीय स्तर पर संश्लेषण का प्रयास करता है। इसके उपागम की प्रकृति समग्रात्मक (Holistic) है।
- यह ऐतिहासिक घटनाओं की विवेचना कर भौगोलिक व्याख्या करता है, जैसे भारत में हिमालय एक महान अवरोध के रूप में देश की रक्षा करता रहा है।
- भू-आकृति, जलवायु, वनस्पति, आर्थिक क्रियाएँ, व्यवसाय एवं सांस्कृतिक विकास ने ऐतिहासिक पथ का अनुसरण किया है। यह प्राकृतिक तथा सामाजिक विज्ञानों से घनिष्ठता से जुड़ा है, जो अध्ययन के विधि तंत्र एवं उपादानों का अनुसरण करता है, जो इसे अन्य विषयों से अलग करता है।

मानव पर्यावरण संबंध के रूप में भूगोल

- 20वीं शताब्दी के प्रारंभ में भूगोल, मानव और पर्यावरण के पारस्परिक संबंधों के रूप में विकसित हुआ। इसे लेकर दो पृथक् विचारधाराएँ थीं, जो निम्नलिखित प्रकार हैं
  - **संभावनावाद** (Possibilism) इसके अनुसार मानव अपने पर्यावरण में परिवर्तन करने में समर्थ होते हैं। इस विचारधारा के समर्थक **वाइडल-डि-ला ब्लाश** तथा **एस. फैबव्रे** थे।
  - **नियतिवाद** (Determinism) इसके अनुसार मानव के सभी कार्य पर्यावरण द्वारा निर्धारित होते हैं। इस विचारधारा के समर्थक **एफ. रेटजेल** तथा **ई. हंटिंग्टन** थे।

मानव-पर्यावरण संबंध से संबंधित अन्य अवधारणाएँ

- मानव का प्रकृतिकरण और प्रकृति का मानवीकरण के संबंध में प्रस्तुत अवधारणाएँ निम्न हैं
  - **पर्यावरणीय निश्चयवाद** (Environmental Determinism) मानव आरंभिक अवस्था में प्रकृति की शक्तियों से अत्यधिक प्रभावित हुआ तथा उसने स्वयं को प्रकृति के आदेशों के अनुसार समायोजित कर लिया, इस अन्योन्यक्रिया को पर्यावरणीय निश्चयवाद कहा गया।
  - **संभववाद** (Possibilism) मानव ने समय के अनुसार पर्यावरण तथा प्राकृतिक बलों को समझा तथा सामाजिक और सांस्कृतिक वातावरण का विकास किया, इसे ही संभववाद नाम दिया गया।
  - **नव निश्चयवाद** (Neo Determinism) भूगोलवेत्ता **ग्रिफिथ टेलर** ने पर्यावरणीय निश्चयवाद तथा संभववाद के बीच मध्य मार्ग की एक नवीन संकल्पना को प्रस्तुत किया, जिसे नवनिश्चयवाद या रुको और जाओ निश्चयवाद (Stop and Go Determinism) कहा गया।
- यह प्राकृतिक नियमों का अनुपालन करके प्रकृति पर विजय प्राप्त करने पर बल देता है। यह विकसित अर्थव्यवस्थाओं के तीव्र औद्योगिक विकास के परिणामस्वरूप उत्पन्न हरित गृह प्रभाव, ओजोन परत क्षरण, भूमंडलीय तापन, हिम नदियों का कम होना तथा निम्नकृत भूमियों के नियंत्रण व पर्यावरण संरक्षण में सहायक है।
- यह संकल्पनात्मक ढंग से एक संतुलन बनाने का प्रयास करता है, जो संभावनाओं के मध्य अपरिहार्य चयन **द्वैतवाद** (Duality) को निष्फल करता है।

भूगोल की शाखाएँ

भूगोल, अध्ययन का एक **अंतर्शिक्षण** (Interdisciplining) विषय है। प्रत्येक विषय का अध्ययन कुछ उपागमों के अनुसार किया जाता है। भूगोल के अध्ययन के दो उपागम निम्न प्रकार हैं

क्रमबद्ध उपागम

- क्रमबद्ध उपागम (Systematic Approach) या विषय वस्तुगत का उपागम वही होता है, जो सामान्य भूगोल का होता है। यह जर्मन भूगोलवेत्ता **अलेक्जेंडर वॉन हम्बोल्ट** (1769-1859 ई.) द्वारा प्रवर्तित किया गया।
- इसमें एक तथ्य का पूरे विश्व स्तर पर अध्ययन किया जाता है; तत्पश्चात् क्षेत्रीय स्वरूप के वर्गीकृत प्रकारों की पहचान की जाती है।

विषय-वस्तुगत या क्रमबद्ध उपागम पर आधारित भूगोल की शाखाएँ निम्नलिखित हैं

भूगोल की शाखाएँ (क्रमबद्ध उपागम के आधार पर)

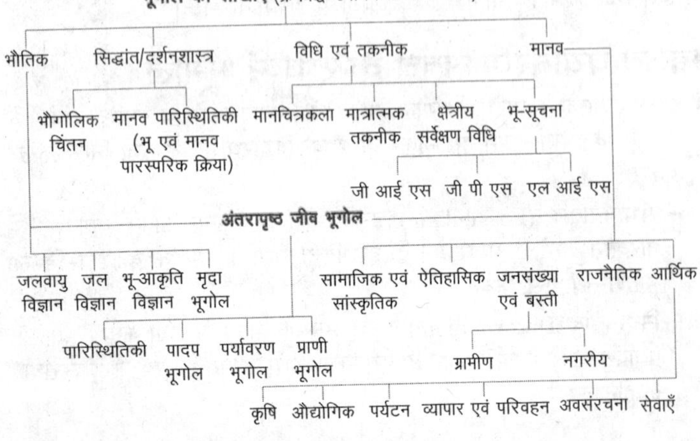

भौतिक भूगोल

- **भू-आकृति विज्ञान** (Geomorphology) यह भू आकृतियों, उनके क्रम विकास एवं संबंधित प्रक्रियाओं का अध्ययन करता है।
- **जलवायु विज्ञान** (Climatology) इसके अंतर्गत वायुमंडल की संरचना, मौसम तथा जलवायु के प्रकार तथा जलवायु प्रदेश का अध्ययन किया जाता है।
- **जल विज्ञान** (Hydrology) यह धरातल के जल परिमंडल जिसमें समुद्र, नदी, झील तथा अन्य जलाशय सम्मिलित हैं तथा उसका मानव सहित विभिन्न प्रकार के जीवों एवं उनके कार्यों पर प्रभाव का अध्ययन करता है।
- **मृदा भूगोल** (Soil Geography) यह मिट्टी निर्माण की प्रक्रियाओं, मिट्टी के प्रकार, उनका उत्पादकता स्तर, वितरण एवं उपयोग आदि का अध्ययन करता है।

मानव भूगोल

- **सामाजिक/सांस्कृतिक भूगोल** (Social Cultural Geography) इसके अंतर्गत समाज तथा इसकी स्थानिक/प्रादेशिक गत्यात्मकता एवं समाज के योगदान से निर्मित सांस्कृतिक तत्त्वों का अध्ययन किया जाता है।
- **जनसंख्या एवं अधिवास भूगोल** (Population and Settlement Geography) यह ग्रामीण तथा नगरीय क्षेत्रों में जनसंख्या वृद्धि, उसका वितरण, घनत्व, लिंग अनुपात, प्रवास एवं व्यावसायिक संरचना आदि का अध्ययन करता है, जबकि अधिवास भूगोल में ग्रामीण तथा नगरीय अधिवासों के वितरण प्रारूप तथा अन्य विशेषताओं का अध्ययन किया जाता है।
- **आर्थिक भूगोल** (Economic Geography) यह मानव की आर्थिक क्रियाओं; जैसे-कृषि, उद्योग पर्यटन, व्यापार एवं परिवहन, अवस्थापना तत्त्व तथा सेवाओं का अध्ययन करता है।
- **ऐतिहासिक भूगोल** (Historical Geography) यह उन ऐतिहासिक क्रियाओं का अध्ययन करता है, जो क्षेत्र को संगठित करती हैं। प्रत्येक प्रदेश वर्तमान स्थिति में आने के पूर्व ऐतिहासिक अनुभवों से गुजरता है। भौगोलिक तत्त्वों में भी सामयिक परिवर्तन होते रहते हैं और इसी की व्याख्या ऐतिहासिक भूगोल का ध्येय है।
- **राजनीतिक भूगोल** (Political Geography) यह प्रत्येक क्षेत्र को राजनीतिक घटनाओं की दृष्टि से देखता है एवं सीमाओं के निकटस्थ पड़ोसी इकाइयों के मध्य भू-वैन्यासिक संबंध, निर्वाचन क्षेत्र का परिसीमन एवं चुनाव परिदृश्य का विश्लेषण करता है। साथ ही जनसंख्या के राजनीतिक व्यवहार को समझने के लिए सैद्धांतिक रूप रेखा विकसित करता है।

जीव भूगोल

भौतिक भूगोल एवं मानव भूगोल के अंतरापृष्ठ (Interface) के फलस्वरूप जीव भूगोल का अभ्युदय हुआ। इसके अंतर्गत निम्नलिखित शाखाएँ सम्मिलित हैं

- **जीव भूगोल** (Zoo Geography) इसमें पशुओं एवं उनके निवास क्षेत्र के स्थानिक स्वरूप एवं भौगोलिक विशेषताओं का अध्ययन किया जाता है।

- **वनस्पति भूगोल** (Plant Geography) यह प्राकृतिक वनस्पति का उसके निवास क्षेत्र में स्थानिक प्रारूप का अध्ययन करता है।
- **पारिस्थितिक विज्ञान** (Ecology) इसमें प्रजातियों के निवास/स्थिति क्षेत्र का वैज्ञानिक अध्ययन किया जाता है।
- **पर्यावरण भूगोल** (Environmental Geography) संपूर्ण विश्व में पर्यावरणीय प्रतिबोधन के फलस्वरूप पर्यावरणीय समस्याओं; जैसे-भूमि ह्रास, प्रदूषण, संरक्षण की चिंता आदि का अनुभव किया गया, जिसके अध्ययन हेतु इस शाखा का विकास हुआ।

प्रादेशिक उपागम

- प्रादेशिक उपागम (Regional Approach) का विकास **हम्बोल्ट** के समकालीन एक-दूसरे जर्मन भूगोलवेत्ता **कार्ल रिटर** (1779-1859 ई.) द्वारा किया गया।
- इसमें विश्व को विभिन्न पदानुक्रमिक स्तर के प्रदेशों में विभक्त किया जाता है और फिर एक विशेष प्रदेश में सभी भौगोलिक तथ्यों का अध्ययन किया जाता है।

प्रादेशिक उपागम पर आधारित भूगोल की शाखाएँ निम्नलिखित हैं

भूगोल की शाखाएँ
(प्रादेशिक उपागम के आधार पर)

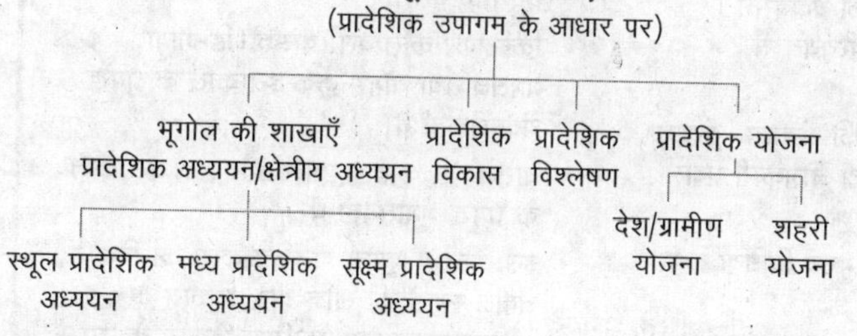

भूगोल की प्रमुख शाखाएँ

- वृहद्, मध्यम, लघुस्तरीय प्रादेशिक/क्षेत्रीय अध्ययन।
- ग्रामीण/क्षेत्र नियोजन तथा शहर एवं नगर नियोजन सहित प्रादेशिक नियोजन।
- प्रादेशिक विकास
- प्रादेशिक विवेचना/विश्लेषण

दो ऐसे पक्ष हैं, जो सभी विषयों के लिए उभयनिष्ठ/सर्वनिष्ठ हैं; ये हैं

दर्शन (Philosophy)

- भौगोलिक चिंतन
- भूमि एवं मानव अंतर्प्रक्रिया/मानव पारिस्थितिकी।

विधितंत्र एवं तकनीकी (Method and Technique)

- सामान्य एवं संगणक आधारित मानचित्रण।
- परिमाणात्मक तकनीक/सांख्यिकी तकनीक।
- क्षेत्र सर्वेक्षण विधियाँ
- भू-सूचना विज्ञान तकनीक; जैसे-दूर संवेदन तकनीक, भौगोलिक सूचना तंत्र, वैश्विक स्थितीय तंत्र।
- इस प्रकार उपर्युक्त विवरण भूगोल की शाखाओं की विस्तृत रूपरेखा प्रस्तुत करता है।

भौतिक भूगोल एवं उसका महत्त्व

भौतिक भूगोल में भूमंडल (Lithosphere), वायुमंडल (Atmosphere), जलमंडल (Hydrosphere), जैवमंडल (Biosphere) इत्यादि का अध्ययन किया जाता है।

- **भूमंडल** इसमें भू-आकृतियाँ (Landforms), प्रवाह (Drainage), उच्चावच (Relief) इत्यादि का अध्ययन किया जाता है।
- **वायुमंडल** इसमें उसकी बनावट (Its Composition), संरचना (Structure), तत्त्व (Elements) एवं मौसम तथा जलवायु, तापक्रम, वायुदाब, वायु, वर्षा, जलवायु प्रकार इत्यादि का अध्ययन होता है।
- **जैवमंडल** इसमें जीव के स्वरूप-मानव तथा वृहद् जीव एवं उनके पोषण प्रक्रम; जैसे-खाद्य शृंखला पारिस्थितिकीय प्राचल (Ecological Parameters) एवं पारिस्थितिक संतुलन (Ecological Balance) का अध्ययन किया जाता है।
- उपर्युक्त में निम्नलिखित तत्त्वों का महत्त्व निम्नलिखित है
  - **मिट्टियाँ** ये मृदा निर्माण प्रक्रिया (Process of Pedogenesis) से निर्मित होती हैं। ये मूल चट्टान, जैविक प्रक्रिया एवं कालावधि (Time) पर निर्भर करती हैं। कालावधि, मिट्टियों को परिपक्वता प्रदान करती है। यह मृदा **पार्श्विकता** (Soil Profile) के विकास में सहायक होती है।
  - मृदा, एक नवीकरणीय/पुनः स्थापनीय (Renewable) संसाधन है, जो अनेक आर्थिक क्रियाओं विशेषकर कृषि को प्रभावित करती है। मृदा पौधों, पशुओं एवं सूक्ष्म जीवाणुओं के धारक जीवमंडल के लिए आधार प्रदान करती है।
  - **भू-आकृतियाँ यह मानव** क्रियाओं हेतु आधार प्रदान करती हैं। मैदानों का प्रयोग कृषि कार्य के लिए होता है। पठारों में वन तथा खनिज संपदा विकसित होते हैं। पर्वत, चरागाहों, पर्यटक स्थलों के रूप में देखे जाते हैं तथा नदियों को जल यहीं से प्राप्त होता है।
  - **जलवायु** यह घरों के प्रकार, वस्त्र तथा भोजन को प्रभावित करती है। इसका वनस्पति, शस्य स्वरूप, पशुपालन इत्यादि पर अधिक प्रभाव पड़ता है। मनुष्य ने ऐसी तकनीकों का विकास किया है, जिससे सीमित क्षेत्र में जलवायु को अपरिवर्तित (Modify) किया जा सकता है।
  - **तापमान तथा वर्षा** ये वनों के घनत्व एवं घास मैदानों की गुणवत्ता को सुनिश्चित करते हैं। भारत में मानसूनी वर्षा कृषि आवर्तन (Rhythm in Motion) प्रणाली को गति प्रदान करती है।
  - वर्षा भूमिगत जल-धारक प्रस्तर (Aquifer) को पुनरावेशित (Recharge) कर कृषि एवं घरेलू कार्यों के लिए जल की उपलब्धता को संभव बनाती है।
  - **समुद्र** ये संसाधनों के भंडार हैं। मछली एवं अन्य समुद्री भोजन के अतिरिक्त यह खनिजों की दृष्टि से भी संपन्न हैं। भारत ने समुद्री तल से **मैंगनीज पिंड** (Manganese Nodules) एकत्रित करने की तकनीक विकसित की है।
- भौतिक भूगोल प्राकृतिक संसाधनों के मूल्यांकन (Evaluation) तथा प्रबंधन (Management) से संबंधित विषय के रूप में विकसित हुआ है। इस प्रक्रिया में भौतिक पर्यावरण तथा मानव के मध्य संबंधों को समझना आवश्यक है।
- भौतिक पर्यावरण संसाधन प्रदान करता है एवं मानव इन संसाधनों का उपयोग बेहतर भविष्य के लिए करता है।

मानव भूगोल की प्रकृति एवं विकास की प्रक्रियाएँ

- मानव भूगोल, प्राकृतिक (भौतिक) एवं मानवीय जगत के बीच संबंध, मानवीय घटनाओं का स्थानिक वितरण तथा उनके घटित होने के कारण एवं विश्व के विभिन्न भागों में सामाजिक और आर्थिक विभिन्नताओं का अध्ययन करता है।

मानव भूगोल की परिभाषाएँ

- **रैटजेल के अनुसार**, "मानव भूगोल मानव समाजों और धरातल के बीच संबंधों का संश्लेषित अध्ययन है।"
- **एलन चर्चिल सेपल** के अनुसार, "मानव भूगोल अस्थिर पृथ्वी और क्रियाशील मानव के बीच परिवर्तनशील संबंधों का अध्ययन है।"
- **पॉल विडाल-डी-ला-ब्लाश** के अनुसार, "मानव भूगोल हमारी पृथ्वी को नियंत्रित करने वाले भौतिक नियमों तथा इस पर रहने वाले जीवों के मध्य संबंधों के अधिक संश्लेषित ज्ञान से उत्पन्न संकल्पना है।"

मानव भूगोल संबंधी विचारधाराएँ

मानव भूगोल के विषय में एक दीर्घकालिक सांतव्य अर्थात् अंतर्संबंध पाया जाता है, हालाँकि समयानुसार इसके उपागमों में बदलाव आया। इससे संबंधित विचारधारा निम्न हैं

- **कल्याण परक या मानवतावादी विचारधारा** इसका संबंध मुख्य रूप से लोगों के सामाजिक कल्याण के विभिन्न पक्षों से होता है, जिसमें आवासन, स्वास्थ्य और शिक्षा जैसे घटक शामिल होते हैं।
- **आमूलवादी (रेडिकल) विचारधारा** इसमें निर्धनता के कारण, बंधन तथा सामाजिक असमानता की व्याख्या हेतु मार्क्स के सिद्धांत का उपयोग किया जाता है, क्योंकि समकालीन सामाजिक समस्याओं का संबंध पूँजीवाद के विकास से रहा था।
- **व्यवहारवादी** इसके अंतर्गत प्रत्यक्ष अनुभव के साथ-साथ मानव जातीयता, प्रजाति, धर्म इत्यादि पर आधारित सामाजिक संवेगों के बोध पर जोर दिया गया।

अतिरिक्त तथ्य
तमिलनाडु बोर्ड एवं NIOS

- भूगोल को प्राय: मानचित्र निर्माण और अध्ययन की कला के रूप में जाना जाता है।
- भूगोल न केवल इस बात की खोज करता है कि पृथ्वी पर कहाँ, क्या है, बल्कि यह भी बताता है कि पृथ्वी यहाँ क्यों है?
- भूगोल के अध्ययन के लिए व्यवस्थित दृष्टिकोण को नोमैथिक एप्रोच (नाममात्र दृष्टिकोण) के रूप में भी जाना जाता है।
- भौगोलिक अध्ययन के क्षेत्रीय दृष्टिकोण को वैचारिक दृष्टिकोण के रूप में भी जाना जाता है।
- यूनानी विद्वानों के अनुसार, भूगोल का मुख्य उद्देश्य विश्व के विभिन्न भागों की भौतिक आकृतियों और दशाओं का वर्णन करना है।
- प्राचीन यूनानी विद्वानों ने भौगोलिक धारणाओं के दो पक्षों को रखा था, जिसमें प्रथम गणितीय पक्ष था, जो पृथ्वी की सतह पर स्थानों की अवस्थिति को केंद्रित करता था। दूसरा यात्राओं तथा क्षेत्रीय कार्यों के द्वारा भौगोलिक सूचनाओं को एकत्र करता था।
- भूगोल एक समग्र और अंतर्संबंधित क्षेत्रीय अध्ययन है, जो स्थानिक संरचना में भूत से भविष्य तक में होने वाले परिवर्तन का अध्ययन करता है।
- आर्थिक भूगोल संसाधनों की बदोबस्ती और उपयोग के पैटर्न के अध्ययन से संबंधित है।
- मौसम विज्ञान, वायुमंडल की संरचना, संरचना और परिवर्तनों पर बुनियादी जानकारी प्रदान करता है।
- भूगोल में अध्ययन की दो मुख्य विधियाँ क्रमश: क्रमबद्ध तथा प्रादेशिक हैं।
- **क्रमबद्ध उपागम** की शाखाओं में भौतिक भूगोल, जैव भूगोल, पर्यावरण भूगोल सहित, मानव भूगोल तथा भौगोलिक विधियाँ और तकनीक शामिल हैं।
- **प्रादेशिक भूगोल** की मुख्य उप शाखाएँ क्रमश: प्रादेशिक अध्ययन, प्रादेशिक विश्लेषण, प्रादेशिक विकास तथा प्रादेशिक नियोजन (क्षेत्रीय व समुदाय नियोजन)।

भूगोल का विकास

- **प्राचीन काल** इस समय के विद्वान मानचित्र निर्माण और खगोलीय मापों द्वारा पृथ्वी के भौतिक तथ्यों को समझते थे। आरंभिक यूनानी विद्वानों में होमर, हेरोडोटस, थेल्स, अरस्तू तथा इरेटॉस्थनीज प्रमुख थे।

पूर्व आधुनिक काल

- यह काल 15वीं सदी के मध्य से 18वीं सदी के पूर्व तक चला।
- क्रिस्टोफर कोलम्बस, वास्को-डि-गामा, मंगलन तथा थॉमस कूक इस काल के प्रमुख अंवेषणकर्ता थे।
- वारेनियस, कांट, हम्बोल्ट और रिटर इस काल के प्रमुख भूगोलवेत्ता थे।
- इस काल में भूगोल मानचित्र कला का विकास, नवीन स्थलों की खोज और विकास के परिणामस्वरूप एक वैज्ञानिक विकास के रूप में विकसित हुआ।

आधुनिक काल

- 19वीं सदी के उत्तरार्ध का काल आधुनिक भूगोल का काल माना जाता है।
- रिटर और हम्बोल्ट का उल्लेख आधुनिक भूगोल के संस्थापक के रूप में किया जाता है।

नवीन काल

- हार्टशॉर्न जैसे अमेरिका और यूरोपीय भूगोलवेत्ताओं ने इस दौरान अधिक योगदान दिया।
- हॉटशॉर्न ने भूगोल को एक ऐसे विज्ञान के रूप में परिभाषित किया, जो क्षेत्रीय विभिन्नताओं का अध्ययन करता है।

02

ब्रह्मांड

(स्रोत)

Class-VI New & Old NCERT Chap 1 **सौरमंडल में पृथ्वी,**
Class-XI New & Old NCERT Chap 2 **पृथ्वी की उत्पत्ति एवं विकास,**
Tamil Nadu Board (Class XI), NIOS

ब्रह्मांड

- आकाशगंगा (Galaxy) के सभी पुंजों को सम्मिलित रूप से **ब्रह्मांड** (Universe) कहा जाता है अर्थात् सूक्ष्मतम अणुओं से लेकर महाकाय (Giant) पिंडों के सम्मिलित स्वरूप को ब्रह्मांड कहते हैं।
- ब्रह्मांड का अध्ययन **खगोल विज्ञान** (Cosmology) कहलाता है। ब्रह्मांड का विस्तार तारों, ग्रहों, उपग्रहों, आकाशगंगा तथा अन्य खगोलीय पिंडों के रूप में देखा जा सकता है।

ब्रह्मांड की उत्पत्ति

- आधुनिक समय में ब्रह्मांड की उत्पत्ति संबंधी सर्वमान्य सिद्धांत **बिग बैंग सिद्धांत** है, जिसे विस्तारित ब्रह्मांड परिकल्पना (Expanding Universe Hypothesis) भी कहा जाता है।
- वर्ष 1920 में एडविन हब्बल ने बताया कि ब्रह्मांड का विस्तार हो रहा है, इस सिद्धांत का प्रतिपादन **जॉर्ज लेमैत्रे** ने किया था।
- बिग बैंग के अतिरिक्त ब्रह्मांड की उत्पत्ति के दो अन्य सिद्धांत-स्थिर अवस्था संकल्पना तथा दोलन ब्रह्मांड सिद्धांत हैं।
- ब्रह्मांड के विस्तार का अर्थ है-आकाश गंगाओं के बीच की दूरी में विस्तार होना। **हॉयल** ने इसका विकल्प **स्थिर अवस्था संकल्पना** को प्रस्तुत किया।

ब्रह्मांड की उत्पत्ति के सिद्धांत निम्नलिखित हैं

- **बिग बैंग सिद्धांत** (Big Bang Theory) इस सिद्धांत के अनुसार, ब्रह्मांड का विस्तार निम्न अवस्थाओं में हुआ है
  - आरंभ में वे सभी पदार्थ जिनसे ब्रह्मांड बना है, अति छोटे गोलक (एकाकी परमाणु) के रूप में एक ही स्थान पर स्थित थे, जिसका आयतन अत्यधिक सूक्ष्म एवं तापमान तथा घनत्व अनंत था।
  - बिग बैंग की प्रक्रिया में इस अति छोटे गोलक में भीषण विस्फोट हुआ, जिसके पश्चात् इसका वृहत् विस्तार हुआ। बिग बैंग की घटना आज से 13.7 अरब वर्ष पहले हुई थी।
  - ब्रह्मांड विस्तार के कारण कुछ ऊर्जा पदार्थ में परिवर्तित हुई, इसके बाद आरंभिक तीन मिनट के अंदर ही पहले परमाणु का निर्माण हुआ।
  - बिग बैंग से 3 लाख वर्षों के दौरान तापमान 4500° केल्विन तक गिर गया और अंततः परमाणवीय पदार्थ का निर्माण हुआ और ब्रह्मांड पारदर्शी हो गया।
- **स्थिर अवस्था संकल्पना** (Steady State Theory) इस संकल्पना को **हर्मन बांडी, थॉमस गोल्ड** तथा **फ्रेड हॉयल** ने प्रस्तुत किया था। स्थिर अवस्था संकल्पना के अनुसार ब्रह्मांड का विस्तार लगातार जारी है। पुरातन आकाश गंगाएँ लगातार नवीन आकाशगंगाओं की ओर बढ़कर उनका स्थान ले रही हैं। इससे ब्रह्मांड के घनत्व में स्थिरता बनी हुई है।
- **दोलन ब्रह्मांड सिद्धांत** (Pulsating Universe Theory) इस सिद्धांत का प्रतिपादन डॉ. एलन संडेज ने किया था। प्रारंभिक ब्रह्मांड में ऊर्जा तथा पदार्थ का वितरण समान नहीं था। घनत्व में आई भिन्नता से गुरुत्वाकर्षण में भी भिन्नता आई। गुरुत्वाकर्षण में आई भिन्नता के कारण पदार्थों का एकत्रीकरण आरंभ हुआ। यही एकत्रीकरण आकाशगंगाओं के विकास का आधार बना।

खगोलीय पिंड

- सूर्य, चंद्रमा, तारा तथा वे सभी आकाशीय पिंड, जो रात में आसमान में चमकते हैं, उन्हें **खगोलीय पिंड** (Celestial Bodies) कहते हैं।
- खगोलीय पिंड एवं उनकी गति के संबंध में अध्ययन करने वालों को **खगोलशास्त्री** (Astronomer) कहा जाता है।
- आर्यभट्ट प्राचीन भारतीय खगोलशास्त्री थे, जिन्होंने कहा था कि सभी ग्रह तथा चंद्रमा परावर्तित सूर्य प्रकाश के कारण चमकते हैं।

आकाशगंगा

- यह करोड़ों तारों, बादलों तथा गैसों की एक प्रणाली होती है।
- एक आकाश गंगा (Galaxy) असंख्य तारों का समूह होता है तथा लाखों आकाशगंगाएँ मिलकर ब्रह्मांड का निर्माण करती हैं।

- प्रारंभिक ब्रह्मांड में ऊर्जा व पदार्थ का वितरण समान नहीं था। घनत्व में भिन्नता से गुरुत्वाकर्षण बलों में भिन्नता आई, जिससे पदार्थ का एकत्रण हुआ, जो आकाशगंगाओं के विकास का आधार बना।
- इसका विस्तार इतना अधिक होता है कि उनकी दूरी हजारों प्रकाश वर्ष में होती है।
- एक आकाशगंगा का व्यास 80 हजार से 1.50 लाख प्रकाश वर्ष के बीच हो सकता है।

आकाशगंगा के प्रकार

आकाशगंगा तीन प्रकार की होती हैं

- **सर्पाकार आकाशगंगा** (Spiral Galaxies) यह समतल डिस्क के समान विस्तृत है, जिसकी सर्पाकार भुजाएँ उन तरंगों को घेरती हैं, जो नए तारों के निर्माण के लिए उत्तरदायी होती हैं। सर्पाकार आकाशगंगा सबसे सुंदर दृश्य प्रस्तुत करती है। **मिल्की वे** (मंदाकिनी) **आकाशगंगा**, जिसमें सौरमंडल स्थित है, सर्पाकार आकाश गंगा है।
- **दीर्घवृत्ताकार आकाशगंगा** (Elliptical Galaxies) यह दीर्घवृत्ताकार तथा गोलाकार आकृति बनाती है, जिसमें एक ट्रिलियन तारे होते हैं, किंतु धूलकण तथा ग्रहाणु कम ही होते हैं। दीर्घवृत्ताकार आकाशगंगा के तारे पुराने तथा विकसित होते हैं। दीर्घवृत्ताकार आकाशगंगा में सबसे बड़ी ज्ञात आकाशगंगा माफेई-1 (Maffei-1) है। ब्राह्मांड की अधिकांश आकाशगंगा इसी श्रेणी की हैं।
- **अनियमित आकाशगंगा** (Irregular Galaxies) इस प्रकार की आकाशगंगा न तो सर्पाकार और न ही दीर्घवृत्ताकार अथवा अंडाकार होती है। ऐसी आकाशगंगाएँ किसी नियमित आकार की नहीं होती और इसका कारण आकाशगंगाओं के निकट खगोलीय पिंडों का गुरुत्वाकर्षण के अधीन होना है। सेक्टांस-ए (Sextans-A) अनियमित आकाशगंगा में ज्ञात सबसे बड़ी आकाशगंगा है।

प्रमुख आकाशगंगाएँ

प्रमुख आकाशगंगाएँ निम्नलिखित हैं

- **मंदाकिनी आकाशगंगा** (The Milky Way) हमारा सौरमंडल मंदाकिनी आकाशगंगा का भाग है। यह खुले आकाश में एक ओर से दूसरी ओर तक फैली चौड़ी सफेद पट्टी में दिखाई पड़ती है। प्राचीन भारत में इसकी कल्पना प्रकाश की बहती नदी से की गई थी, जिससे इसका नाम आकाशगंगा पड़ा। इसमें लगभग एक अरब तारे पाए जाते हैं। यह तश्तरी सदृश चपटी है, इसमें तीन घूर्णनशील भुजाएँ हैं। इसका विस्तार 80 हजार प्रकाश वर्ष है, इसके केंद्र को **बल्ज** कहा जाता है।
- **एंड्रोमिडा आकाशगंगा** (Andromeda Galaxy) यह हमारी मंदाकिनी आकाशगंगा के सर्वाधिक निकट स्थित है। यह सौरमंडल से 22 लाख प्रकाश वर्ष दूर है। इसमें तारों की संख्या मंदाकिनी से दो गुनी अर्थात् दो खरब तारे हैं। इस आकाशगंगा से पृथ्वी तक प्रकाश पहुँचने में 3 मिलियन वर्ष का समय लगता है।

निहारिका

- एक आकाशगंगा के निर्माण की शुरुआत हाइड्रोजन गैस से बने विशाल बादल के संचयन से हुई, जिसे निहारिका (Nebulae) कहा गया।
- यह समयानुसार बढ़ती गई और इसमें गैस के विशाल पुंज विकसित हुए, जो बढ़कर घने गैसीय पिंड बने, जिनसे तारों का निर्माण आरंभ हुआ। तारों का निर्माण लगभग 5 से 6 अरब वर्ष पूर्व हुआ था।

तारे

- अंतरिक्ष में मौजूद तारे (Stars) एक प्रकार के चमकीले खगोलीय पिंड होते हैं। मूल रूप से तारे हीलियम तथा हाइड्रोजन गैसों से निर्मित होते हैं।
- तारों के पास अपनी ऊष्मा तथा प्रकाश होता है, जिसे वे बड़ी मात्रा में उत्सर्जित करते हैं। 'ध्रुव तारा' तथा 'सूर्य' तारों के उदाहरण हैं। 'ध्रुव तारा', रात्रि में उत्तर दिशा की ओर स्थिर दिखता है।
- सूर्य पृथ्वी का सबसे निकटतम तारा है। यह पृथ्वी से 14.98 करोड़ किमी की दूरी पर है। सूर्य के प्रकाश को पृथ्वी तक पहुँचने में 8.3 मिनट (500 सेकंड) का समय लगता है।
- सौरमंडल के उपरांत पृथ्वी के सबसे निकट का तारा **प्रॉक्सीमा सेंचुरी** (Proxima Centauri) है, जिसकी दूरी पृथ्वी से 4.28 प्रकाश वर्ष है।
- प्रायः एक तारे में 70% हाइड्रोजन, 28% हीलियम, 1.5%कार्बन, नाइट्रोजन तथा नियॉन और 0.5% अन्य गैसें होती हैं।

तारों का जीवन चक्र

- **लाल दानव** (Red Giant) **तारे** यह तारों की वह अवस्था होती है, जब उनमें हाइड्रोजन की मात्रा कम हो जाती है तथा तारा लाल होने लगता है। यह तारे के अंतिम समय की प्रथम अवस्था है।
- लाल दानव तारे में दो स्थितियाँ आती हैं, जब वह **श्वेत वामन तारे** (White Dwarf Star) में बदलता है या फिर **न्यूट्रॉन तारा** (Neutron Star)।
- श्वेत वामन तारे गर्म तथा छोटे होते हैं। इनके जीवन चक्र की अंतिम अवस्था सूर्य की भाँति होती है। श्वेत वामन तारों का द्रव्यमान सूर्य के समान होता है, किंतु व्यास सूर्य के व्यास का 1% रह जाता है।
- सुपरनोवा (Supernova) या अभिनव तारा, तारे के विस्फोट के परिणामस्वरूप सामने आता है, इनसे ही न्यूट्रॉन तारों का निर्माण होता है।

कृष्ण छिद्र

- **अत्यधिक द्रव्यमान वाले वे तारे, जिनका जीवनकाल समाप्त हो जाता है, कृष्ण छिद्र (Black Hole) का निर्माण करते हैं। 'कृष्ण छिद्र' में द्रव्यों का घनत्व नहीं मापा जा सकता।**
- **कृष्ण छिद्र का गुरुत्वाकर्षण क्षेत्र इतना प्रबल होता है कि इससे किसी भी पदार्थ का यहाँ तक कि प्रकाश का भी पलायन नहीं हो सकता।**

पल्सर

- **इसे न्यूट्रॉन तारा (Neutron Star) भी कहते हैं। यह एक खगोलीय पिंड है, जो स्पंदन के रूप में नियमित अंतराल पर रेडियो तरंगें उत्सर्जित करता रहता है। क्रैब आकाशगंगा के पल्सर्स द्वारा प्रति 1/30 सेकंड में रेडियो तरंगों का उत्सर्जन होता है।**
- **पल्सर (Pulsar) का द्रव्यमान सूर्य से अधिक, चुंबकीय क्षेत्र पृथ्वी के चुंबकीय क्षेत्र से 20 ट्रिलियन गुना अधिक तथा इसके घूमने की गति लगभग 7000 किमी प्रति सेकंड पाई जाती है।**

तारामंडल

- मंदाकिनी में पाए जाने वाले तारों में कुछ सुंदर आकृतियों के रूप में व्यवस्थित होते हैं, इन आकृतियों को तारामंडल (Star System) कहा जाता है।
- इंटरनेशनल एस्ट्रोनॉमिकल यूनियन (IAU) के अनुसार, आकाश में 88 तारामंडल हैं। इसमें सबसे बड़ा तारामंडल सेन्टॉस है, जिसमें 94 तारे हैं। हाइड्रा तारामंडल में कम-से-कम 68 तारे हैं।
- वर्तमान में तारामंडल में केवल ये तारे ही नहीं, अपितु उनके आस-पास का अंतरिक्ष भी शामिल माना जाता है, जिसमें धूल कण तथा गैसें होती हैं।

नक्षत्रमंडल

- आसमान में हम तारों के विभिन्न समूहों द्वारा बनाई गई विविध आकृतियों को देखते हैं, जिन्हें **नक्षत्रमंडल** (Constellation) कहा जाता है।
- **उर्सा मेजर** तथा **बिग बीयर** एक प्रकार का नक्षत्रमंडल है। बहुत आसानी से पहचान में आने वाला नक्षत्रमंडल **सप्तऋषि** (सप्त-सात ऋषि संत) है।
- यह सात तारों का समूह है, जोकि नक्षत्रमंडल उर्सा मेजर का भाग है, जिसे रात्रि में देखा जा सकता है।
- हम सप्तऋषि (सात तारों का समूह) की सहायता से ध्रुव तारे की स्थिति को जान सकते हैं।
- प्राचीन समय में लोग रात्रि में दिशा का निर्धारण इस तारे की सहायता से करते थे।

चंद्रशेखर सीमा

- नोबेल पुरस्कार से सम्मानित भारतीय मूल के अमेरिकी खगोल एवं भौतिक विज्ञानी चंद्रशेखर के अनुसार, 1.44 सौर द्रव्यमान श्वेत वामन तारे के द्रव्यमान की ऊपरी सीमा है, जिसे चंद्रशेखर सीमा (Chandrasekhar Limit) कहा जाता है।
- जब किसी तारे का द्रव्यमान, सूर्य के द्रव्यमान से कम अथवा बराबर (चंद्रशेखर सीमा) होता है, तो लाल दानव से श्वेत वामन और अंततः **काला बौना** में परिवर्तित हो जाता है।
- जब तारे का द्रव्यमान सूर्य से कई गुना अधिक होता है, तो द्रव्यमान के अनुसार सुपरनोवा विस्फोट के बाद न्यूट्रॉन तारा अथवा ब्लैक होल में बदल जाता है।

सौरमंडल

- सूर्य, आठ ग्रह, उपग्रह तथा कुछ अन्य खगोलीय पिंड; जैसे-क्षुद्रग्रह (ग्रहों के टुकड़े), धूमकेतु, उल्कापिंड एवं वृहत मात्रा में गैस एवं धूलकण मिलकर सौरमंडल का निर्माण करते हैं अर्थात् सूर्य के परिवार को सौरमंडल (Solar System) कहा जाता है।
- पौराणिक रोमन कहानियों में 'सोल' सूर्य देवता को कहा जाता है।
- सौर शब्द का अर्थ सूर्य से संबंधित होता है, इसलिए सौर परिवार को **सौरमंडल** कहते हैं।
- निहारिका को सौरमंडल का जनक माना जाता है। इसके ध्वस्त होने व क्रोड के बनने की शुरुआत लगभग 5 से 5.6 अरब वर्ष पहले से हुई तथा ग्रहों का निर्माण लगभग 4.6 से 4.56 अरब वर्ष पूर्व हुआ।

सूर्य

- सूर्य सौर परिवार के केंद्र में स्थित है। यह सौर परिवार का सबसे बड़ा सदस्य है, जो अत्यंत गर्म गैसों से बना है। इसका खिंचाव बल सौरमंडल को बाँधे रखता है।
- यह पृथ्वी से दस लाख गुना बड़ा है। यह पूरे सौर परिवार के लिए ऊर्जा अर्थात् ऊष्मा और प्रकाश का स्रोत है।
- सूर्य पृथ्वी से लगभग 15 करोड़ किमी दूर है। प्रकाश की गति लगभग 3 लाख किमी प्रति सेकंड है। इसके बावजूद सूर्य से प्रकाश को पृथ्वी पर पहुँचने में लगभग 8 मिनट का समय लगता है।

प्रकाश वर्ष

- प्रकाश वर्ष (Light Year) दूरी की माप है। एक वर्ष में प्रकाश जितनी दूरी तय करता है, वह एक प्रकाश वर्ष कहलाता है।
- यह 9.46×10^{12} किमी के बराबर होता है। सूर्य एवं पृथ्वी की औसत दूरी 14 करोड़ 95 लाख 98 हजार किमी है। प्रकाश वर्ष के संदर्भ में यह प्रकाश वर्ष का केवल 8.311 है।

ग्रह

- ग्रह जिसे अंग्रेजी में प्लेनेट कहते हैं, ग्रीक भाषा के **प्लेनेटाइ** (Planetai) शब्द से बना है, जिसका अर्थ होता है-परिभ्रमक अर्थात् चारों ओर घूमने वाले वह आकाशीय पिंड, जिनमें अपना प्रकाश एवं ऊष्मा नहीं होती है तथा वे तारों के प्रकाश से प्रकाशित होते हैं, ग्रह (Planet) कहलाते हैं।
- पृथ्वी जिस पर हम रहते हैं, एक ग्रह है। यह अपना संपूर्ण प्रकाश एवं ऊष्मा सूर्य से प्राप्त करती है, जो पृथ्वी के सबसे निकट का तारा है।
- ग्रहों द्वारा प्राप्त ऊष्मा की मात्रा ग्रह की सूर्य से दूरी पर निर्भर करती है। ग्रह सूर्य की परिक्रमा अपने दीर्घ वृत्ताकार पथ में करते हैं, जिन्हें कक्षा कहा जाता है, इसके साथ ही ग्रह अपने अक्ष पर भी घूमते हैं।

ग्रहों का निर्माण

- तारे, निहारिका के अंदर गैस के गुंथित झुंड हैं। इन झुंडों में गुरुत्वाकर्षण बल से गैसीय बादल में क्रोड का निर्माण हुआ और इस गैसीय क्रोड के चारों ओर गैस व धूलकणों की घूमती तश्तरी विकसित हुई।
- इस अवस्था में गैसीय बादल का संघनन आरंभ हुआ और क्रोड को ढकने वाला पदार्थ छोटे गोलों के रूप में विकसित हुआ। ये छोटे गोले ससंजन (Cohesion) अणुओं से पारस्परिक आकर्षण प्रक्रिया से ग्रहाणुओं (Planetesimals) के रूप में विकसित हुए।
- **संघटन** (Collision) की क्रिया के द्वारा बड़े पिंड बनने शुरू हुए और गुरुत्वाकर्षण बल के परिणामस्वरूप ये आपस में जुड़ गए, इसमें छोटे पिंडों की अधिक संख्या ही ग्रहाणु थी।
- इस अंतिम अवस्था में अनेक छोटे ग्रहाणुओं के सहवर्द्धित होने पर कुछ बड़े पिंड ग्रहों के रूप में निर्मित हुए।

सौरमंडल के ग्रह

- हमारे सौरमंडल में 8 ग्रह हैं, जो सूर्य से दूरी के अनुसार क्रमशः बुध, शुक्र, पृथ्वी, मंगल, बृहस्पति, शनि, यूरेनस (अरुण) तथा नेप्च्यून (वरुण) हैं।
- इनमें बुध, शुक्र, पृथ्वी व मंगल भीतरी ग्रह (Inner Planets) कहलाते हैं, क्योंकि ये सूर्य तथा क्षुद्रग्रहों की पट्टी के बीच स्थित हैं।
- इन्हें **पार्थिव ग्रह** (Terrestrial Planets) भी कहा जाता है। इसका अर्थ है कि ये पृथ्वी की भाँति ही शैलों और धातुओं से बने हैं और अपेक्षाकृत अधिक घनत्व वाले हैं।
- शेष चार ग्रह गैस से बने विशाल ग्रह या बाहरी ग्रह अथवा **जोवियन ग्रह** (Jovian Planets) कहलाते हैं। जोवियन का अर्थ है- बृहस्पति की तरह। इनमें से अधिकतर पार्थिव ग्रहों से विशाल हैं और हाइड्रोजन व हीलियम से बने हैं।
- बृहस्पति, शनि तथा यूरेनस के चारों ओर छल्ले पाए जाते हैं, जो विभिन्न पदार्थों के असंख्य छोटे-छोटे पिंडो से बनी पट्टियाँ होती हैं।

पार्थिव व जोवियन ग्रह में अंतर

- पार्थिव ग्रह का निर्माण जनक तारे के निकट हुआ है, जहाँ अत्यधिक तापमान के कारण गैसें संघनित नहीं हो पाईं और न ही घनीभूत हो सकीं, वहीं जोवियन ग्रहों की उत्पत्ति अधिक दूरी पर हुई। सौर वायु, सूर्य के निकट अधिक शक्तिशाली थी। अतः पार्थिव ग्रहों से अधिक मात्रा में गैस व धूलकण उड़ा ले गई।
- जोवियन ग्रहों के निकट सौर वायु शक्तिशाली नहीं थी, जिस कारण यह गैसों को नहीं हटा पाई।
- ग्रहों में शुक्र और यूरेनस को छोड़कर अन्य सभी ग्रहों के घूर्णन और परिक्रमण की दिशा एक ही पाई जाती है।

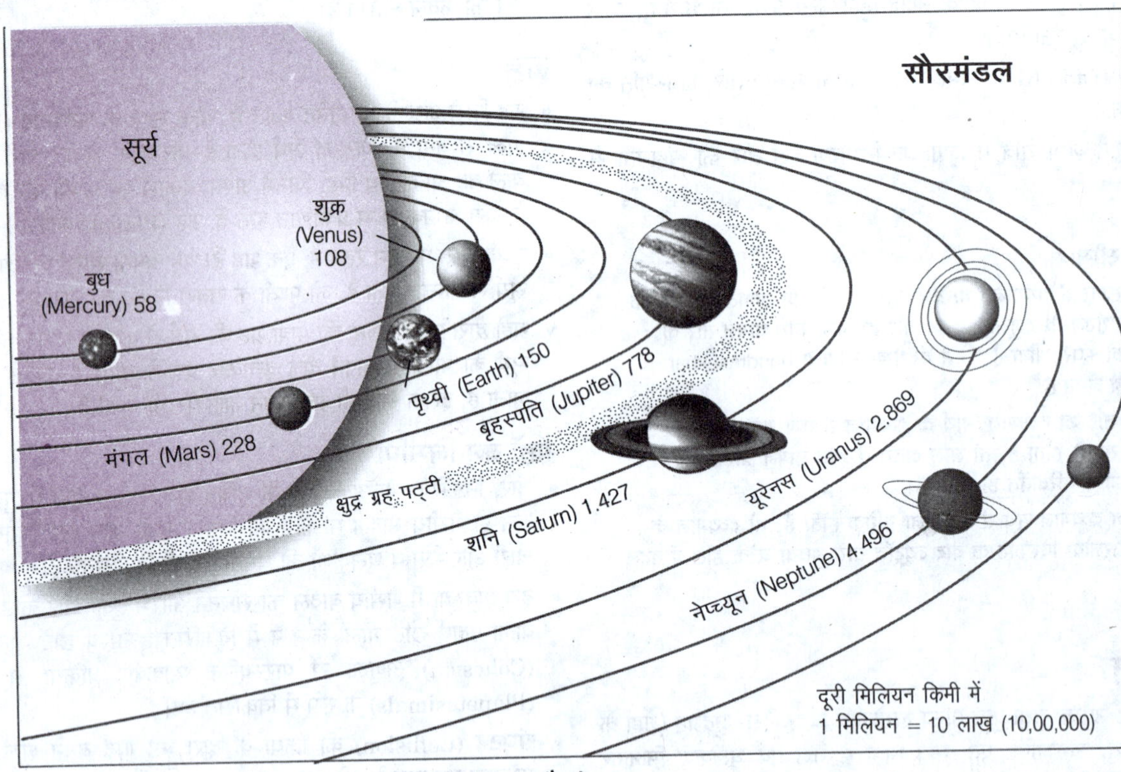

सौरमंडल

सौरमंडल के ग्रहों का विवरण

बुध

बुध (Mercury) सूर्य से सबसे निकट का ग्रह है। सूर्य से इसकी दूरी 58 मिलियन (5.8 करोड़) किमी है। यह सबसे छोटा ग्रह भी है। इसका व्यास 4880 किमी है तथा इसका घनत्व 5.43 ग्राम/घन सेमी है। इसका कोई उपग्रह नहीं है। यह अपने अक्ष पर एक घूर्णन 59 दिन में तथा सूर्य के चारों ओर एक परिक्रमा सबसे कम 88 दिन में करता है।

शुक्र

शुक्र (Venus) पृथ्वी के सर्वाधिक निकट का ग्रह है। यह सूर्य से 108 मिलियन (10.8 करोड़) किमी दूर है। इसका औसत व्यास लगभग 12104 किमी तथा घनत्व 5.24 ग्राम/घन सेमी है। यह अपने अक्ष पर एक घूर्णन 243 दिन में तथा सूर्य के चारों ओर एक परिक्रमा 225 दिनों में पूरी करता है। इसका कोई उपग्रह नहीं है। यह आकार तथा द्रव्यमान में पृथ्वी के समान है, इसलिए इसको **पृथ्वी की जुड़वाँ बहन** (The Twin Sister of Earth) कहा जाता है। यह सर्वाधिक चमकीला तथा सर्वाधिक तापमान वाला ग्रह (Hottest Planet) है, इसे **'शाम का तारा'** तथा **'भोर का तारा'** भी कहा जाता है।

पृथ्वी

पृथ्वी (Earth) सूर्य से दूरी के क्रम में तीसरा तथा आकार में पाँचवाँ बड़ा ग्रह है। यह ध्रुवों पर चपटी है तथा आकार व बनावट में शुक्र के समान है। ध्रुवों के पास चपटी होने के कारण इसके आकार को भू-आभ कहा जाता है, जिसका अर्थ होता है-'पृथ्वी के समान आकार'।

यह सूर्य से लगभग 150 मिलियन किमी (14.96 करोड़ किमी) दूर है। इसका विषुवत्रेखीय व्यास 12755.6 किमी तथा ध्रुवीय व्यास 12712 किमी है तथा घनत्व 5.51 ग्राम/घन सेमी है। यह अपने अक्ष पर एक घूर्णन 1 दिन में अर्थात् 24 घंटे तथा सूर्य के चारों ओर एक परिक्रमा 365 दिनों में पूरी करती है। चंद्रमा, पृथ्वी का एक मात्र **प्राकृतिक उपग्रह** (Natural Satellite) है। पृथ्वी न अधिक गर्म है और न अधिक ठंडी। यहाँ जीवन के लिए आवश्यक जल एवं वायु विद्यमान है, इसमें आवश्यक गैस ऑक्सीजन विद्यमान है।

जीवन के लिए अनुकूल परिस्थितियाँ संभवत: केवल पृथ्वी पर विद्यमान हैं, जिस कारण इसे सौरमंडल का सबसे **अद्भुत ग्रह** कहा जाता है।

पृथ्वी का दो-तिहाई भाग जलीय है, जिस कारण यह अंतरिक्ष से देखने पर नीला दिखाई पड़ता है। अत: इसे **नीला ग्रह** कहा जाता है।

मंगल

मंगल (Mars) सौरमंडल में सूर्य से दूरी के क्रम में चौथा तथा आकार में सातवाँ बड़ा ग्रह है। यह सूर्य से 228 (22.8 करोड़) मिलियन किमी दूर है। इसका व्यास लगभग 6800 किमी तथा घनत्व 3.94 ग्राम/घन सेमी है।

यह अपने अक्ष पर एक घूर्णन 1 दिन में अर्थात् 24 घंटे तथा सूर्य के चारों ओर एक परिक्रमा 687 दिनों में पूरी करता है। फोबोस और डीमोस मंगल के दो उपग्रह हैं, इस ग्रह पर सौरमंडल का सबसे ऊँचा पर्वत ओलिम्पस मीन्स अवस्थित है, इसे **लाल ग्रह** (Red Planet) भी कहा जाता है।

बृहस्पति

बृहस्पति सौरमंडल का सबसे बड़ा ग्रह है। यह सर्वाधिक तेज गति से घूर्णन करने वाला ग्रह है। यह सूर्य से 778 मिलियन (77.8 करोड़) किमी दूर है। इसका व्यास 1,42,800 किमी तथा घनत्व 1.33 ग्राम/घन सेमी है।

यह अपने अक्ष पर एक घूर्णन 10 घंटे में तथा सूर्य के चारों ओर एक परिक्रमण 11 वर्ष, 11 घंटे अर्थात् लगभग 12 वर्ष में पूरी करता है। इसके मान्य उपग्रहों की संख्या 69 से अधिक है तथा ज्ञात सहित कुल उपग्रहों की संख्या 95 हो गई है, इसे **'मास्टर ऑफ गॉड्स'** (Master of Gods) की भी उपमा दी जाती है।

शनि

शनि (Saturn) सौरमंडल का दूसरा सबसे बड़ा ग्रह है।

यह सूर्य से 1427 मिलियन (142.7 करोड़) किमी दूर है। इसका औसत घनत्व 0.687 ग्राम/घन सेमी है, जो सभी ग्रहों में सबसे कम है। यह अपने अक्ष पर एक घूर्णन 10 घंटे 40 मिनट में तथा सूर्य के चारों ओर एक परिक्रमा 29 वर्ष, 5 महीने में पूरी करता है। इसके उपग्रहों की संख्या सर्वाधिक (145) है।

यूरेनस (अरुण)

यूरेनस को God of Heavens भी कहा जाता है। यह आकार में सौरमंडल का तीसरा सबसे बड़ा ग्रह है। यह सूर्य से 2869 मिलियन (286.9 करोड़) किमी दूर है।

इसका व्यास लगभग 51,800 किमी तथा औसत घनत्व 1.27 ग्राम/घन सेमी है। यह अपने अक्ष पर एक घूर्णन 17 घंटे 14 मिनट में तथा सूर्य के चारों ओर एक परिक्रमा 84 वर्ष में पूरी करता है। इसके ज्ञात उपग्रहों की संख्या 27 है।

नेप्च्यून (वरुण)

नेप्चयून को God of Sea भी कहा जाता है। यह सौरमंडल का चौथा सबसे बड़ा ग्रह है, जो सूर्य से 4496 मिलियन (449.6 करोड़) किमी दूर है। इसका व्यास लगभग 49424 किमी तथा इसका औसत घनत्व 1.64 ग्राम/घन सेमी है। यह अपने अक्ष पर एक घूर्णन 16 घंटे, 7 मिनट में तथा सूर्य के चारों ओर एक परिक्रमा 164 वर्ष में पूरी करता है। वर्तमान में इसके उपग्रहों की संख्या 14 है।

प्लूटो-एक बौना ग्रह

बौना ग्रह प्लूटो (Pluto-An Dwarf Planet) अंतर्राष्ट्रीय खगोलिकी संगठन (आई ए यू) की बैठक (अगस्त 2006) में प्लूटो को ग्रह की श्रेणी से बाहर कर दिया गया है। बैठक में प्लूटो तथा खगोलीय पिंड (2003, UB 313 तथा सिरस) को बोने ग्रह का दर्जा दिया गया।

उपग्रहों से संबंधित तथ्य

ग्रह	उपग्रहों की संख्या	व्यास (किमी)	परिभ्रमण समय	परिक्रमण समय
बुध	0	4880	58.6 दिवस	88 दिवस
शुक्र	0	12104	243 दिवस	225 दिवस
पृथ्वी	1	12756-12712	24 घंटे	365.26 दिवस
मंगल	2	6800	24 घंटे	687 दिवस
बृहस्पति	92	142800	10 घंटे	11.9 वर्ष
शनि	145	120536	10.4 घंटे	29.5 वर्ष
यूरेनस	27	51,800	17.14 घंटे	84.0 वर्ष
नेप्च्यून	14	49,424	16.7 घंटे	164.8 वर्ष

ग्रहों के आरोही/अवरोही क्रम

आकार के अनुसार ग्रहों का अवरोही क्रम

1. बृहस्पति 2. शनि 3. अरुण
4. वरुण 5. पृथ्वी 6. शुक्र
7. मंगल 8. बुध

द्रव्यमान के अनुसार ग्रहों का अवरोही क्रम

1. बृहस्पति 2. शनि 3. वरुण
4. अरुण 5. पृथ्वी 6. शुक्र
7. मंगल 8. बुध

परिक्रमण अवधि के अनुसार ग्रहों का आरोही क्रम

1. बुध 2. शुक्र 3. पृथ्वी
4. मंगल 5. बृहस्पति 6. शनि
7. अरुण 8. वरुण

परिक्रमण वेग के अनुसार ग्रहों का अवरोही क्रम

1. बुध 2. शुक्र 3. पृथ्वी
4. मंगल 5. बृहस्पति 6. शनि
7. अरुण 8. वरुण

दूरी के अनुसार ग्रहों का आरोही क्रम

1. बुध 2. शुक्र 3. पृथ्वी
4. मंगल 5. बृहस्पति 6. शनि
7. अरुण 8. वरुण

उपग्रह

- उपग्रह को अंग्रेजी में **सैटेलाइट** (Satellite) कहते हैं, जिसका अर्थ होता है- साथी या सहचर।
- यह खगोलीय पिंड अपने ग्रह की परिक्रमा करते हैं, इसके साथ ही यह सूर्य की भी परिक्रमा करते हैं। वर्तमान में हमारे सौरमंडल परिवार में लगभग 219 प्राकृतिक उपग्रहों की खोज हो चुकी है।
- बुध और शुक्र को छोड़कर शेष सभी ग्रहों के एक या उससे अधिक उपग्रह हैं। ग्रहों की भाँति उपग्रहों में भी अपना प्रकाश नहीं होता है। ये भी सूर्य से प्राप्त प्रकाश को ही परावर्तित करते हैं।

मानव निर्मित उपग्रह

- यह वैज्ञानिकों द्वारा बनाया गया यह कृत्रिम पिंड होता है, जिसका उपयोग ब्रह्मांड के विषय की जानकारी प्राप्त करने एवं पृथ्वी पर संचार माध्यम के लिए किया जाता है।
- इसे रॉकेट के द्वारा अंतरिक्ष में पृथ्वी की कक्षा में स्थापित कर दिया जाता है। अंतरिक्ष में उपस्थित कुछ भारतीय उपग्रह कार्टोसेट, आई.आर.एस., एडुसैट इत्यादि हैं।

चंद्रमा, पृथ्वी का सहचर (उपग्रह)

- पृथ्वी का एकमात्र प्राकृतिक उपग्रह चंद्रमा (Moon) है। 1838 ई. में **सर जॉर्ज डार्विन** ने सुझाया कि प्रारंभ में पृथ्वी व चंद्रमा तेजी से घूमते हुए पिंड थे। यह पूरा पिंड **डंबल** (बीच से पतला व किनारों से मोटा) की आकृति में परिवर्तित हुआ और बाद में टूट गया। इनके अनुसार चंद्रमा का निर्माण उसी पदार्थ से हुआ है, जहाँ आज प्रशांत महासागर एक गर्त के रूप में मौजूद है।
- यद्यपि वर्तमान में वैज्ञानिक इस व्याख्या को स्वीकार नहीं करते हैं। ऐसा माना जाता है कि पृथ्वी के उपग्रह के रूप में चंद्रमा की उत्पत्ति एक बड़े टकराव का परिणाम है, जिसे **द बिग स्प्लैट** (The Big Splat) कहा गया है।
- ऐसा भी मानना है कि पृथ्वी के बनने के बाद मंगल ग्रह के 1 से 3 गुणा बड़े आकार का पिंड पृथ्वी से टकराया। इससे पृथ्वी का एक हिस्सा टूटकर अंतरिक्ष में बिखर गया तथा पृथ्वी के कक्ष में घूमने लगा और चंद्रमा का निर्माण हुआ।
- इस घटना या चंद्रमा की उत्पत्ति लगभग 4.44 अरब वर्ष पूर्व हुई। चंद्रमा के अध्ययन को **सेलेनोलॉजी** (Selenology) कहा जाता है।
- चंद्रमा, पृथ्वी से लगभग 3,84,400 किमी दूर है। इसका व्यास पृथ्वी के व्यास का लगभग एक चौथाई है। यह हमारे ग्रह से अन्य खगोलीय पिंडों की अपेक्षा नजदीक है, जिससे बड़ा दिखाई देता है। चंद्रमा द्वारा परावर्तित प्रकाश पृथ्वी तक 1.28 सेकंड में पहुँचता है।
- चंद्रमा, पृथ्वी की एक परिक्रमा 27 दिन और 8 घंटे में पूरी करता है। इतने ही समय में यह अपने अक्ष पर भी घूमता है। यही कारण है कि हमें चंद्रमा का एक ही भाग दिखाई पड़ता है और इसका दूसरा भाग छिपा रहता है।
- चंद्रमा का जो भाग दिखाई नहीं देता, उसे 'सी ऑफ ट्रांक्यूलिटी' (Sea of Tranquility) कहा जाता है। चंद्रमा की सतह पर पर्वत, मैदान व गड्ढे हैं, जो छाया बनाते हैं, जिसे पूर्णिमा के दिन देखा जा सकता है।
- पूर्णिमा पूर्ण चंद्र वाली रात होती है, जिसे माह में एक बार देखा जा सकता है। इसके पंद्रह दिन बाद नए चंद्रमा की रात्रि या अमावस्या होती है।
- **नील आर्मस्ट्रांग** पहले व्यक्ति थे, जिन्होंने 21 जुलाई, 1969 को सबसे पहले चंद्रमा की सतह पर कदम रखा था।

चंद्रमा के उद्भव की संकल्पनाएँ

चंद्रमा के उद्भव की तीन संकल्पनाएँ अस्तित्व में हैं

1. **विखंडन सिद्धांत** (Fusion Theory) इस सिद्धांत के अनुसार, पृथ्वी की सतह के भीतर 2900 किमी की गहराई में नाभिकीय विखंडन के फलस्वरूप पृथ्वी की धूल और पपड़ी अंतरिक्ष में उड़ी और इस मलबे के इकट्ठा होने से चंद्रमा अस्तित्व में आया।
2. **भीमकाय टक्कर परिकल्पना** (Capture Theory) इस सिद्धांत के अनुसार, किसी भीमकाय पिंड की पृथ्वी से टक्कर के कारण एक नए पिंड का निर्माण हुआ, जो पृथ्वी की कक्षा में परिक्रमण करने लगा।
3. **सह अभिवृद्धि का सिद्धांत** (Theory of Co-Existance and Growth) इस सिद्धांत के अनुसार, पृथ्वी और चंद्रमा का निर्माण एक साथ हुआ है, यह सिद्धांत अधिक मान्य नहीं है।

सौरमंडल के अन्य खगोलीय पिंड

सौरमंडल के अन्य खगोलीय पिंड निम्नलिखित हैं

- **क्षुद्र ग्रह** (Asteroid) मंगल और बृहस्पति की कक्षा के बीच असंख्य छोटे-छोटे पिंडों के झुंड हैं, जो सूर्य की परिक्रमा कर रहे हैं, इन्हें क्षुद्र ग्रह कहते हैं। क्षुद्र ग्रह उस ग्रह के टुकड़े हैं, जो अपने जन्म के बाद विस्फोट के कारण बिखर गए अर्थात् विस्फोट के बाद यह ग्रह से टूटकर अलग हो गए।
- **उल्कापिंड** (Meteroite) सूर्य के चारों ओर चक्कर लगाने वाले पत्थरों के छोटे-छोटे टुकड़ों को उल्कापिंड कहते हैं। कभी-कभी ये पृथ्वी के इतने नजदीक आ जाते हैं कि इनकी प्रवृत्ति पृथ्वी पर गिरने की होती है। इस प्रक्रिया के दौरान वायु से घर्षण होने के कारण ये गर्म होकर जल जाते हैं, परिणामस्वरूप चमकदार प्रकाश उत्पन्न होता है। जब यह बिना जले पृथ्वी पर गिरते हैं, तब धरातल पर गड्ढे या गर्त बन जाते हैं।
- **धूमकेतु या पुच्छलतारा** (Comet) पत्थर, धूल, बर्फ, जलकणों और हिमानी गैसों का वह चट्टानी तथा धातुई पिंड जो सूर्य के चारों ओर परवलयाकार एवं अति परवलयाकार पथ पर सूर्य के चारों ओर घूमते रहते हैं, उसे धूमकेतु कहते हैं। यह सौर परिवार के स्थायी सदस्य हैं। ऊष्मा के कारण यह पूँछ के समान की आकृति में परिवर्तित होकर सूर्य के चारों और घूमते हैं, इसकी पूँछ सदैव सूर्य की विपरीत दिशा में होती है। धूमकेतु सूर्य की परिक्रमा करते हुए एक निश्चित अवधि के पश्चात् पृथ्वी से दिखाई देते हैं; जैसे-हेली पुच्छलतारा। यह प्रत्येक 76 वर्ष के बाद दिखाई देता है। इसके पूर्व यह वर्ष 1986 में दिखाई दिया था।
- **कुइपर बेल्ट** (Kuiper Belt) यह मलबों की वृहद् पट्टी होती है, जो क्षुद्रग्रह के समान पाई जाती है, परंतु यह बर्फ से निर्मित होती है। यह क्षुद्रग्रह से 20 गुना बड़ी एवं 20 से 200 गुना अधिक मलबों से आबद्ध होती है। कुइपर बेल्ट में मुख्यत: अमोनिया, मीथेन तथा बर्फ पाया जाता है। इस बेल्ट की खोज वर्ष 1992 में हुई थी। संभवत: धूमकेतु का आगमन इन्हीं बेल्टों से होता है।

अतिरिक्त तथ्य

तमिलनाडु बोर्ड एवं NIOS

- वर्ष 1927 में, बेल्जियम के खगोलशास्त्री **एबे जार्ज लैमेन्टेयर** ब्रह्मांड की उत्पत्ति पर एक सिद्धान्त प्रस्तावित करने वाले पहले व्यक्ति थे।
- साइरस (सीरियस) सूर्य से भी अधिक चकमीला तारा है।
- सौरमंडल में शनि अकेला ऐसा ग्रह है, जिसका औसत घनत्व जल के औसत घनत्व से कम होता है।
- गणितीय आँकड़ों द्वारा खोजा गया ग्रह **नेप्च्यून** (वरुण) है।
- फबोस तथा डेमोस मंगल ग्रह के दो उपग्रह हैं।
- गेनीमेड, बृहस्पति का उपग्रह है, जो सौरमंडल का सबसे बड़ा प्राकृतिक उपग्रह है।
- **अरुण** तथा **वरुण** सौरमंडल के दो ऐसे ग्रह हैं, जो पूर्व से पश्चिम में भ्रमण करते हैं।
- बृहस्पति (95) तथा शनि (145) के उपग्रहों की संख्या सर्वाधिक है।
- उपग्रह सामान्यत: पश्चिम से पूर्व की ओर गति करते हैं।

03

पृथ्वी की जानकारी

(स्रोत)

Class-VI New NCERT Chap 3 पृथ्वी की गतियाँ, Chap 2 ग्लोब: अक्षांश एवं देशांतर, Class-VI Old NCERT Chap 3 ग्लोब: अक्षांश एवं देशांतर, Chap 4 पृथ्वी की गतियाँ, Class-XI New & Old NCERT Chap 2 पृथ्वी की उत्पत्ति एवं विकास, Tamil Nadu Board (Class XI), NIOS

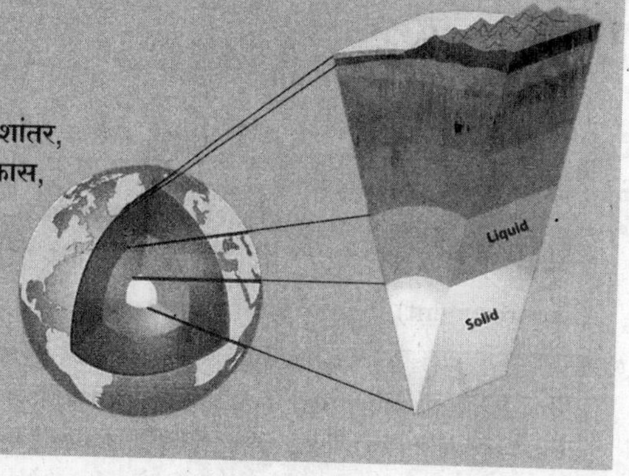

पृथ्वी की उत्पत्ति

पृथ्वी की उत्पत्ति के संबंध में प्रारंभिक एवं लोकप्रिय सिद्धांतों को प्रस्तुत किया गया है। ग्रहों की उत्पत्ति में भाग लेने वाले तारों की संख्या के आधार पर वैज्ञानिक संकल्पनाओं को दो वर्गों में विभाजित किया गया है

अद्वैतवादी संकल्पना

- इसे 'एक तारक सिद्धांत' (One Way Theory) कहते हैं। इस सिद्धांत के अनुसार पृथ्वी तथा सौरमंडल के सभी पिंड; जैसे-ग्रह, उपग्रह, क्षुद्रग्रह इत्यादि की उत्पत्ति एक तारे (सूर्य) से हुई है।
- सौरमंडल की उत्पत्ति सूर्य से हुई है। इस मत के आधार पर कई विद्वानों ने अपनी संकल्पनाएँ प्रस्तुत की हैं।
- 'कास्ते द बफन' ने 1749 ई. में सर्वप्रथम यह माना कि पृथ्वी की उत्पत्ति सूर्य में एक बड़े पिंड के टकराने से उसके कई टूटे हुए खंडों के आपस में मिलने से हुई है।

अद्वैतवादी संकल्पना से संबंधित परिकल्पनाएँ निम्न हैं

- **गैसीय परिकल्पना** (Gaseous Hypothesis) 1755 ई. में इमैनुअल कॉण्ट ने पृथ्वी की उत्पत्ति के संबंध में 'वायव्य राशि सिद्धांत' अथवा गैसीय सिद्धांत का प्रतिपादन किया। यह सिद्धांत न्यूटन के गुरुत्वाकर्षण सिद्धांत पर आधारित है।
- **निहारिका परिकल्पना** (Nebular Hypothesis) 1796 ई. में फ्रांसीसी विद्वान् लाप्लास ने अपनी पुस्तक 'Exposition of World System' में पृथ्वी की उत्पत्ति के संदर्भ में निहारिका परिकल्पना प्रस्तुत की। इस परिकल्पना के अनुसार ग्रहों का निर्माण धीमी गति से घूमते हुए पदार्थों के बादलों से हुआ, जो सूर्य की युवा अवस्था से संबद्ध थे।

  निहारिका (Nebular) की घूर्णन गति में तीव्रता के कारण अपकेंद्रीय बल में वृद्धि हुई और जब अपकेंद्रीय बल गुरुत्वाकर्षण बल से अधिक हुआ, तो निहारिका से एक छल्ला अलग हुआ और यही छल्ला बाद में नौ छल्लों में विभक्त हो गया, इसी से ग्रहों का निर्माण हुआ।

द्वैतवादी संकल्पना

- इसे दोतारक अथवा द्वितारक सिद्धांत (Dualistic Concepts) भी कहा जाता है। इस विचारधारा के अनुसार पृथ्वी तथा ग्रह एवं उपग्रहों का निर्माण सूर्य के साथ किसी अन्य तारे के सहयोग से हुआ है।

द्वैतवादी संकल्पना से संबंधित परिकल्पनाएँ निम्न हैं

- **ग्रहाणु परिकल्पना** (Planetesimal Hypothesis) वर्ष 1904 में चैंबरलिन तथा मॉल्टन ने ग्रहाणु परिकल्पना प्रस्तुत की। उनके अनुसार, पृथ्वी एवं अन्य ग्रहों की उत्पत्ति सूर्य के साथ एक अन्य विशालकाय तारे के सहयोग से हुई है। इस संकल्पना के अनुसार, ग्रहों के निर्माण से पूर्व सूर्य ठोस कणों से निर्मित एक चक्राकार एवं शीतल तारा था, जिसके निकट से गुजरे विशालकाय तारे के कारण सूर्य की सतह से कई ग्रहाणु (सिगार के आकार के कुछ पदार्थ) अलग हुए, ऐसे कणों के सूर्य का चक्कर लगाने के कारण ग्रह तथा उपग्रहों का निर्माण हुआ।
- **ज्वारीय परिकल्पना** (Tidal Hypothesis) जेम्स जींस ने वर्ष 1919 में तथा सर हरोल्ड जेफरीज ने वर्ष 1929 में एक संशोधन के साथ ज्वारीय परिकल्पना का प्रतिपादन किया। इस परिकल्पना के अनुसार, सूर्य से किसी अन्य विशालकाय तारे की टक्कर से सूर्य में ज्वार उत्पन्न हुआ। विशालकाय तारे की टक्कर के बाद अनेक तारे सूर्य के परितः घूमने लगे।
- **द्वैतारक परिकल्पना** (Binary Hypothesis) रसेल ने सूर्य के निकट एक नहीं दो तारों के होने की परिकल्पना प्रस्तुत की। इसे द्वैतारक परिकल्पना कहा जाता है। रसेल के अनुसार, तारों तथा सूर्य के बीच की प्रतिक्रियाओं के कारण बने ज्वारीय पदार्थों से ग्रहों का निर्माण हुआ।
- **सुपरनोवा परिकल्पना** (Supernova Hypothesis) होयल और लिटलिस ने वर्ष 1939 में सुपरनोवा परिकल्पना प्रस्तुत की, उन्होंने दो तारों के स्थान पर, तीन तारों का सिद्धांत प्रस्तुत किया। ये थे-सूर्य, इसका साथी तारा तथा पास आता हुआ तारा। साथी तारे में विस्फोट होने के बाद ऐसे पिंडों का निर्माण हुआ, जो सूर्य का चक्कर लगाने लगे और इनके घनीभूत होने से ग्रहों का निर्माण हुआ।

- **अंतर-तारक धूल परिकल्पना** (Interstellar Dust Hypothesis) ऑटोशिमिड (रूस) ने वर्ष 1943 तथा कार्ल वाइजास्कर (जर्मनी) ने वर्ष 1950 में अंतरतारक धूल परिकल्पना प्रस्तुत की। इस परिकल्पना के अनुसार, ग्रहों की उत्पत्ति गैस एवं धूलकणों से हुई है। इन कणों के घर्षण तथा टक्कर (Collision) से चपटे आकार के बादलों का निर्माण हुआ और अभिवृद्धि (Accretion) द्वारा ग्रहों का निर्माण हुआ।

पृथ्वी का उद्भव

- पृथ्वी अपने उद्भव के समय गर्म, चट्टानी तथा वीरान ग्रह थी।
- प्रारंभ में पृथ्वी का वायुमंडल विरल (Rare) था, जो हाइड्रोजन व हीलियम से बना था। यह आज की पृथ्वी के वायुमंडल से अलग था।
- कुछ भौगोलिक घटनाओं व क्रियाओं के कारण पृथ्वी एक सुंदर ग्रह में परिवर्तित हुई, जहाँ जल तथा जीवन के लिए अनुकूल वातावरण (Environment) उपलब्ध हुआ।
- पृथ्वी के विकास के लिए महत्त्वपूर्ण दशाएँ उपलब्ध हुईं तथा एक वातावरण निर्मित हुआ, जो आस-पास के तापमान को नियंत्रित करने में सहायक हो सका, इसने जीवन की अनुकूल परिस्थितियों का निर्माण किया।
- पृथ्वी की संरचना परतदार है। वायुमंडल के बाह्य छोर से लेकर पृथ्वी के क्रोड तक जो पदार्थ पाए गए हैं, वे एकसमान नहीं हैं।
- वायुमंडलीय पदार्थ का घनत्व सबसे कम है। पृथ्वी की सतह से नीचे उसके भीतरी भाग में अनेक मंडल हैं, जिसमें प्रत्येक भाग की अपनी पृथक् विशेषताएँ हैं।

इन मंडलों का वर्णन निम्न है

स्थलमंडल का विकास

- उल्काओं (Meteors) के अध्ययन से यह ज्ञात हुआ है कि बहुत से ग्रहाणुओं (Planetesimal) के एकत्रित होने से सभी ग्रहों का निर्माण हुआ, जिसमें से पृथ्वी भी एक है। यह पृथ्वी की उत्पत्ति की ग्रहाणु परिकल्पना (Planetesimal Hypothesis) है।
- पृथ्वी की उत्पत्ति के दौरान तथा बाद में जब पदार्थ गुरुत्वबल के कारण संहत (Compact) हो रहा था, तो इससे अत्यधिक ऊष्मा उत्पन्न हुई और ताप से पदार्थ पिघलने व गलने लगा।
- इस क्रम में अत्यधिक ताप के कारण पृथ्वी आंशिक रूप से द्रव अवस्था में परिवर्तित हो गई।
- हल्के तथा भारी घनत्व के मिश्रण वाले पदार्थ घनत्व में अंतर के कारण पृथक् होने लगे। इस अलगाव से भारी पदार्थ (जैसे-लोहा) पृथ्वी के केंद्र में चले गए और हल्के पदार्थ पृथ्वी की सतह या ऊपरी भाग की ओर आ गए।
- इसके पश्चात् ये ठंडे होकर ठोस रूप में परिवर्तित हो गए और भू-पर्पटी के रूप में विकसित हो गए।
- हल्के व भारी घनत्व वाले पदार्थों के पृथक् होने की प्रक्रिया को **विभेदन** (Differentiation) कहा जाता है। चंद्रमा की उत्पत्ति के दौरान **भीषण संघट्ट** (Giant Impact) के कारण पृथ्वी का तापमान पुनः बढ़ा या ऊर्जा उत्पन्न हुई, जो विभेदन का दूसरा चरण था।
- विभेदन की प्रक्रिया में पृथ्वी के पदार्थ अनेक परतों में अलग हो गए। पृथ्वी के धरातल से क्रोड तक कई परतें पाई जाती हैं; जैसे-पर्पटी (Crust), प्रावार (Mantle), बाह्य क्रोड (Outer Core) और आंतरिक क्रोड (Inner Core)। पृथ्वी के ऊपरी भाग से आंतरिक भाग तक घनत्व बढ़ता जाता है।

वायुमंडल व जलमंडल का विकास

पृथ्वी के वायुमंडल की वर्तमान संरचना में नाइट्रोजन (Nitrogen) एवं ऑक्सीजन का प्रमुख योगदान है, इसके विकास की तीन अवस्थाएँ हैं

- पहली अवस्था में आदिकालिक वायुमंडलीय गैसों (Primitive Atmospheric Gases) का ह्रास हुआ।
- दूसरी अवस्था में पृथ्वी के भीतर से निकली गैसों तथा जलवाष्प ने वायुमंडल के विकास में योगदान किया।
- तीसरी अवस्था में वायुमंडल की संरचना को जैवमंडल की प्रकाश संश्लेषण प्रक्रिया (Photosynthesis) ने संशोधित किया।

विकास क्रम (वायुमंडल एवं जलमंडल)

- वायुमंडल के विकास की आरंभिक अवस्था में हाइड्रोजन तथा हीलियम अधिक मात्रा में मौजूद थे, किंतु सौर पवनों (Solar Winds) के आवेश युक्त प्रभावों के कारण इन गैसों की मात्रा पृथ्वी पर सीमित रह गई अर्थात् सभी पार्थिव ग्रहों से और प्रभाव के कारण आदिकालिक वायुमंडल या तो दूर धकेल दिया गया या समाप्त हो गया।
- पृथ्वी के लगातार ठंडा होने की प्रक्रिया तथा विभेदन के क्रम में कई गैसों तथा जलवाष्प का उत्सर्जन पृथ्वी की सतह से ऊपर वायुमंडल में हुआ। इसी से आज के वायुमंडल का उद्भव हुआ।
- वह प्रक्रिया, जिससे पृथ्वी के भीतरी भाग से गैसें धरती पर आईं, उसे **गैस उत्सर्जन** (Gases Degassing) कहा जाता है। आरंभ में वायुमंडल में जलवाष्प, नाइट्रोजन (N_2), कार्बन डाइऑक्साइड (CO_2), मीथेन (CH_4) व अमोनिया (NH_3) अधिक मात्रा में थी और स्वतंत्र ऑक्सीजन कम थी।
- ज्वालामुखी विस्फोट से वायुमंडल में जलवाष्प व गैसें बढ़ने लगीं तथा पृथ्वी के ठंडा होने से जलवाष्प का संघनन शुरू हो गया। वायुमंडल में उपस्थित कार्बन-डाइऑक्साइड के वर्षा के पानी में घुलने से तापमान में और गिरावट आई, इसके फलस्वरूप संघनन व अत्यधिक वर्षा हुई।
- पृथ्वी के धरातल पर वर्षा का जल गर्तों में एकत्रित होने लगा, जिससे महासागर बने। ये पृथ्वी की उत्पत्ति से लगभग 50 करोड़ वर्षों के अंतर्गत बने। महासागर लगभग 400 करोड़ वर्ष पुराने हैं तथा लगभग 380 करोड़ वर्ष पूर्व जीवन का विकास प्रारंभ हुआ। यद्यपि लगभग 250 से 300 करोड़ वर्ष पूर्व प्रकाश संश्लेषण की प्रक्रिया विकसित हुई।
- प्रकाश संश्लेषण की प्रक्रिया के द्वारा ऑक्सीजन में बढ़ोतरी महासागरों के कारण हुई है अर्थात् महासागर ऑक्सीजन से संतृप्त हो गए और वायुमंडल में ऑक्सीजन की मात्रा 200 करोड़ वर्ष में पूर्ण रूप से भर गई।

जीवन की उत्पत्ति

- पृथ्वी पर आज से 460 करोड़ वर्ष पूर्व जीवन का विकास हुआ।
- आधुनिक वैज्ञानिक जीवन की उत्पत्ति को एक प्रकार की रासायनिक प्रतिक्रिया बताते हैं, जिससे पहले जटिल जैव (कार्बनिक) अणु (Complex Biomolecules) बने तथा उनका समूहन हुआ।
- पृथ्वी पर जीवन के चिह्न अलग-अलग समय की चट्टानों में पाए जाने वाले जीवाश्म के रूप में हैं। 3.8 अरब वर्ष पुरानी भूगर्भिक शैलों में पाई जाने वाली सूक्ष्मदर्शी संरचना नील-हरित शैवाल (Blue-Green Algae) की संरचना से मिलती है।
- एक कोशिकीय जीवाणु से लेकर आज के मनुष्य तक के जीवन के विकास को भू-वैज्ञानिक काल मापक्रम में देखा जा सकता है।

भू-वैज्ञानिक काल मापक्रम

इयान (Eons)	महाकल्प (Era)	कल्प (Period)	युग (Epoch)	आयु/आधुनिक वर्ष पहले (Age/Years before present)	जीवन/मुख्य घटनाएँ (Life/ Major Events)
	नवजीवन (Cenzozoic) (आज से 6.3 करोड़ वर्ष पहले)	चतुर्थ कल्प (Quaternary)	अभिनव	0 से 10000	आधुनिक मानव
		तृतीय कल्प (Tertiary)	अत्यंत नूतन	10000 से 20 लाख वर्ष	आदिमानव (Homosapiens)
			अतिनूतन	20 लाख से 50 लाख	आरंभिक मनुष्य के पूर्वज
			अल्पनूतन	50 लाख से 2.4 करोड़	वनमानुष,फल वाले पौधे और वृक्ष
			अधिनूतन	2.4 करोड़ से 3.7 करोड़	मनुष्य से मिलता-जुलता वनमानुष जंतु
			अदिनूतन	3.7 करोड़ से 5.8 करोड़	खरगोश (Rabbits and hare)
			पुरानूतन	5.7 करोड़ से 6.5 करोड़	छोटे स्तनपायी : चूहे आदि।
	मध्यजीवी (Mesozoic) 6.5 करोड़ वर्ष से 24.5 करोड़ वर्ष पहले स्तनपायी	क्रीटैशियस		6.5 करोड़ से 14.4 करोड़	डायनासोर का विलुप्त होना।
		जुरैसिक		14.4 से 20.8 करोड़	डायनासोर का युग।
		ट्रियासिक		20.8 से 24.5 करोड़ वर्ष	मेंढक व समुद्री कछुआ।
	पुराजीव (24.5 करोड़ वर्ष से 57.0 करोड़ वर्ष पहले)	परमियन		24.5 करोड़ से 28.6 वर्ष	रेंगने वाले जीवों की अधिकता जलस्थलचर।
		कार्बोनिफेरस		28.6 से 36.0 करोड़ वर्ष	पहले रेंगने वाले जंतु-रीढ़ की हड्डी वाले पहले जीव
		डेवोनियन		36.0 से 40.8 करोड़	स्थल व जल पर रहने वाले जीव
		प्रावलविद/सिलरियन		40.8 करोड़ से 43.8 करोड़	स्थल पर जीवन के प्रथम चिह्नः पौधे
		ओर्डोविसयन		43.8 से 50.5 करोड़	पहली मछली
		कैम्ब्रियन		50.5 से 57.0 करोड़ वर्ष	स्थल पर कोई जीवन नहींः जल में बिना रीढ़ की हड्डी वाले जीव।
प्रागजीव (Proterezoic)	पूर्व-कैम्ब्रियन 57 करोड़ से 4 अरब 80 करोड़ वर्ष पहले			57 करोड़ से 2 अरब 50 करोड़ वर्ष	कई जोड़ों वाले जीव
आद्य महाकल्प				2.5 अरब से 3.8 अरब वर्ष पहले	ब्लू-ग्रीन शैवालः एक कोशीय जीवाणु
हेडियन				3.8 अरब से 4.8 अरब वर्ष पहले	महाद्वीप व महासागरों का निर्माण : महासागरों व वायुमंडल में कार्बन डाइ-ऑक्साइड की अधिकता

पृथ्वी की गतियाँ

- पृथ्वी का अक्ष उसके कक्षा तल पर बने लंब से झुका हुआ है। दूसरे शब्दों में, पृथ्वी का अक्ष पृथ्वी के कक्षा तल से $66\frac{1}{2}°$ का कोण बनाता है।
- इसे पृथ्वी के अक्ष का झुकाव (Inclination of the Earth axis) कहते हैं। इस अक्ष के उत्तरी सिरे पर उत्तरी ध्रुव और दक्षिणी सिरे पर दक्षिणी ध्रुव है।
- वह समतल जो कक्ष के द्वारा बनाया जाता है, उसे कक्षीय समतल कहते हैं।
- पृथ्वी अपने अक्ष पर निरंतर घूमती रहती है तथा अक्ष पर घूमती हुई सूर्य की भी परिक्रमा करती है। इस प्रकार पृथ्वी की दो गतियाँ पाई जाती हैं- घूर्णन और परिक्रमण।

घूर्णन

- पृथ्वी का अपने अक्ष पर घूमना घूर्णन (Rotation) कहलाता है। यह अपने अक्ष पर घूमती हुई एक चक्कर 24 घंटे में पूरा करती है।
- घूर्णन के समय काल को पृथ्वी का दिन (Day on the Earth) कहा जाता है।
- यह पृथ्वी की दैनिक गति होती है। पृथ्वी के घूर्णन के कारण ही उसके सभी भागों में दिन और रात क्रम से होते हैं।
- पृथ्वी को प्रकाश और ऊर्जा सूर्य से प्राप्त होती है। अतः अपने अक्ष पर घूमते समय इसका आधा भाग सूर्य के प्रकाश में रहता है तथा आधा भाग अंधेरे में रहता है।
- पृथ्वी के प्रकाश वाले भाग पर दिन तथा अंधेरे वाले भाग पर रात होती है।
- यदि पृथ्वी घूर्णन न करे, तो सूर्य की ओर वाले भाग पर सदैव दिन होगा तथा गर्मी होगी, वहीं दूसरा भाग सदैव अंधेरे में रहेगा, जहाँ रात होगी तथा ठंड होगी।
- ग्लोब पर वह वृत्त जो दिन तथा रात को विभाजित करता है, उसे प्रदीप्त वृत्त कहते हैं।
- पृथ्वी पश्चिम से पूर्व की ओर घूमती है। प्राचीन भारतीय खगोलशास्त्री **आर्यभट्ट** ने बताया था कि पृथ्वी गोल है और अपने अक्ष पर घूर्णन करती है।

परिक्रमण

- पृथ्वी का अपने अक्ष पर घूमते हुए सूर्य के चारों ओर (365 दिन और 6 घंटे में) एक चक्कर पूरा करना परिक्रमण (Revolution) कहलाता है अर्थात् सूर्य के चारों ओर एक स्थिर कक्ष में पृथ्वी की गति को परिक्रमण कहते हैं।
- यह पृथ्वी की वार्षिक गति होती है। पृथ्वी अपने अक्ष पर घूमती हुई लगभग 1,00,000 किलोमीटर प्रति घंटा की गति से सूर्य की परिक्रमा करती है।
- सामान्यतः परिक्रमण काल को एक वर्ष में 365 दिन ही माना जाता है और 6 घंटों को सुविधा हेतु छोड़ दिया जाता है, जो 4 वर्षों में जुड़कर एक दिन के बराबर हो जाते हैं।
- परिक्रमण में 4 वर्ष में 24 घंटे अथवा एक दिन का अंतर हो जाता है, इसलिए प्रत्येक चौथा वर्ष, 366 दिन का वर्ष होता है, इसे **अधिवर्ष** (Leap Year) कहते हैं।
- यह अतिरिक्त दिन फरवरी के महीने में जोड़ा जाता है और इस महीने में 28 दिन के स्थान पर 29 दिन होते हैं।
- सूर्य की परिक्रमा में पृथ्वी दीर्घ वृत्ताकार पथ पर चक्कर लगाती है। इसमें पृथ्वी का अक्ष सदैव एक ओर झुका हुआ रहता है। अतः उत्तरी गोलार्द्ध का अधिकांश भाग 6 महीने तक सूर्य की ओर झुका रहता है।
- इसके परिणामस्वरूप यहाँ दिन बड़े होते हैं तथा रातें छोटी होती हैं। वहीं इसके विपरीत दक्षिणी गोलार्द्ध में रातें बड़ी तथा दिन छोटे होते हैं।
- इसके विपरीत जब दक्षिणी गोलार्द्ध सूर्य के सामने झुका होता है, तो उसके सभी स्थानों पर दिन बड़े तथा रातें छोटी होती हैं।
- इस स्थिति में दक्षिणी ध्रुव पर रात नहीं होगी और उत्तरी ध्रुव पर दिन नहीं होगा।
- विषुवत् वृत्त (Equator) पर दिन और रात की अवधि बराबर होती है।
- विषुवत् वृत्त से जैसे-जैसे हम उत्तर या दक्षिण की दिशा से दूर होते जाते हैं, दिन और रात की अवधि में अंतर बढ़ता जाता है।

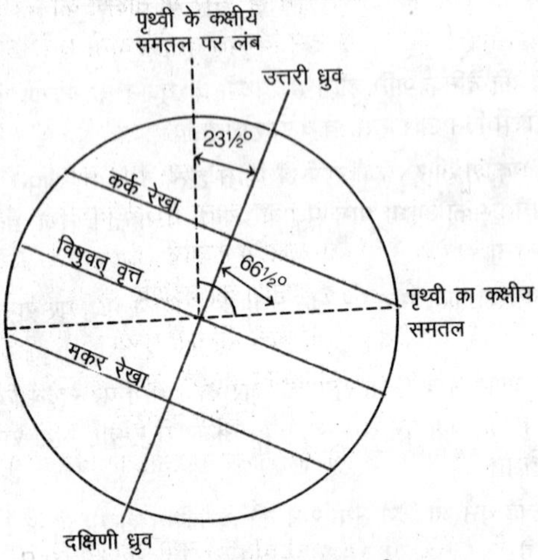

पृथ्वी के अक्ष का झुकाव तथा कक्षीय समतल

ऋतु चक्र/ऋतु परिवर्तन/संक्रांति

उत्तरी अयनांत/ग्रीष्म संक्रांति

- सामान्यतः एक वर्ष को गर्मी, सर्दी, बसंत एवं शरद् ऋतुओं में बाँटा जाता है। ऋतुओं में परिवर्तन सूर्य के चारों और पृथ्वी की स्थिति में परिवर्तन के कारण होता है। 21 जून को उत्तरी गोलार्द्ध सूर्य की ओर झुका होता है। इस समय सूर्य की किरणें कर्क रेखा पर सीधी पड़ती हैं। इसके परिणामस्वरूप इन क्षेत्रों में ऊष्मा अधिक प्राप्त होती है।
- ध्रुवों के पास वाले क्षेत्रों में कम ऊष्मा प्राप्त होती है, क्योंकि वहाँ सूर्य की किरणें तिरछी पड़ती हैं।
- उत्तरी ध्रुव सूर्य की ओर झुका होता है तथा उत्तरी ध्रुव रेखा के बाद वाले भागों पर लगभग 6 महीने तक लगातार दिन रहता है।
- उत्तरी गोलार्द्ध के बहुत बड़े भाग में सूर्य की रोशनी प्राप्त होती है, इसलिए विषुवत् वृत्त के उत्तरी भाग में गर्मी का मौसम होता है। इसके विपरीत दक्षिणी गोलार्द्ध में शीत ऋतु होती है। 21 जून को विषुवतीय वृत्त के उत्तरी भाग में सबसे लंबा दिन तथा सबसे छोटी रात होती है।
- पृथ्वी की इस अवस्था को **उत्तर अयनांत** (North Solstice) कहते हैं। इस स्थिति को **ग्रीष्म संक्रांति** (Summer Solstice) भी कहा जाता है।

दक्षिणी अयनांत/शीत संक्रांति

- 22 दिसंबर को दक्षिण ध्रुव के सूर्य की ओर झुके होने के कारण **मकर रेखा** पर सूर्य की किरणें लंबवत् पड़ती हैं।
- इससे दक्षिणी गोलार्द्ध के बड़े भाग पर प्रकाश प्राप्त होता है, फलस्वरूप दक्षिणी गोलार्द्ध में लंबे दिन तथा छोटी रातों वाली ग्रीष्म ऋतु होती है।
- इसके विपरीत स्थिति उत्तरी गोलार्द्ध में होती है। पृथ्वी की इस अवस्था को **दक्षिण अयनांत** कहते हैं।
- इस स्थिति को **शीत संक्रांति** (Winter Solstice) भी कहा जाता है। ऑस्ट्रेलिया में ग्रीष्म ऋतु में क्रिसमस का पर्व मनाया जाता है।

विषुव

- 21 मार्च एवं 23 सितंबर को सूर्य की किरणें विषुवत् वृत्त पर लंबवत् पड़ती हैं। इस अवस्था में कोई भी ध्रुव सूर्य की ओर झुका हुआ नहीं होता है, इसलिए पूरी पृथ्वी पर रात और दिन बराबर होते हैं, इसे **विषुव** (Equinox) कहा जाता है।
- 23 सितंबर को उत्तरी गोलार्द्ध में **शरद् ऋतु** (Winter Season) होती है, जबकि दक्षिणी गोलार्द्ध में **बसंत ऋतु** (Spring Season) होती है।
- 21 मार्च को इसके विपरीत स्थिति होती है, जब उत्तरी गोलार्द्ध में बसंत ऋतु तथा दक्षिणी गोलार्द्ध में शरद् ऋतु होती है। अतः पृथ्वी के **घूर्णन** एवं **परिक्रमण** के कारण दिन एवं रात तथा ऋतुओं में परिवर्तन होता है।

सूर्य और पृथ्वी के बीच की दूरी

पृथ्वी की परिक्रमा का मार्ग दीर्घवृत्तीय होने के कारण सूर्य एवं पृथ्वी के बीच की दूरी वर्षभर एकसमान नहीं रहती है। इसकी कुछ प्रमुख स्थितियाँ निम्न हैं

- **उपसौर** (Perihelion) 3 जनवरी को सूर्य पृथ्वी के सर्वाधिक निकट होता है अर्थात् सूर्य पृथ्वी से 14.73 करोड़ किमी दूर होता है, इस स्थिति को उपसौर कहा जाता है।

- **अपसौर** (Aphelion) 4 जुलाई को सूर्य पृथ्वी से सर्वाधिक दूर होता है अर्थात् सूर्य, पृथ्वी से 15.21 करोड़ किमी दूर होता है, इस स्थिति को अपसौर कहा जाता है।

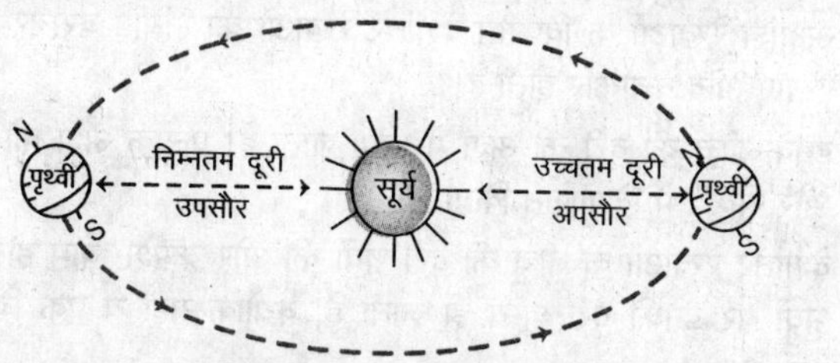

सूर्य और पृथ्वी के बीच की दूरी

ग्रहण

ग्रहण (Eclipses) का अर्थ किसी खगोलीय पिंड के अंधकारमय हो जाने से होता है, जोकि किसी अन्य खगोलीय पिंड के उस खगोलीय पिंड के प्रकाश मार्ग में आने के कारण होता है। ग्रहण दो प्रकार के होते हैं, जिनका विवरण निम्न है

चंद्रग्रहण

- जब पृथ्वी, सूर्य और चंद्रमा के बीच आ जाती है, तो सूर्य की रोशनी चंद्रमा तक नहीं पहुँच पाती है। पृथ्वी की छाया चंद्रमा पर पड़ती है, तो उसे चंद्रग्रहण (Lunar Eclipse) कहते हैं। यह प्रायः पूर्णिमा के दिन होता है। यह आंशिक या पूर्ण हो सकता है।
- पूर्ण चंद्रग्रहण तब होता है, जब चंद्रमा पूरी तरह से पृथ्वी की छाया से ढक जाता है, जबकि आंशिक चंद्रग्रहण की स्थिति में चंद्रमा का एक ही भाग पृथ्वी की छाया के अधीन आता है।
- पूर्ण चंद्रग्रहण की अवधि लगभग 1 घंटे 40 मिनट तक की होती है। यह स्थिति तब बनती है, जब सूर्य और चंद्रमा के बीच पृथ्वी होती है और तीनों एक ही रेखा में होते हैं। इस स्थिति को **युति-वियुति** (Syzygy) कहते हैं।
- जिन क्षेत्रों में पूर्ण चंद्रग्रहण होता है, वहाँ की स्थिति को **प्रच्छाया** (Umbra) कहते हैं और जिन क्षेत्रों में अर्द्ध चंद्रग्रहण दिखाई देता है, उन्हें **उपच्छाया** (Penumbra) कहते हैं।

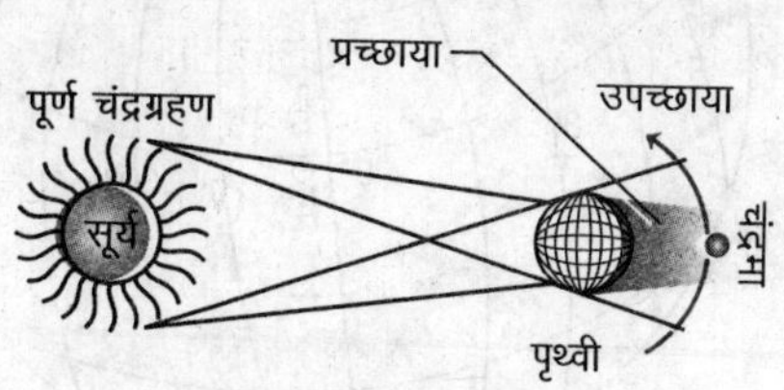

चंद्रग्रहण की स्थिति

सूर्यग्रहण

- जब सूर्य व पृथ्वी के बीच चंद्रमा आ जाता है, तो पृथ्वी के जिन क्षेत्रों में चंद्रमा सूर्य को ढक लेता है, वहाँ सूर्य ग्रहण (Solar Eclipse) होता है। यह प्रायः अमावस्या के दिन होता है।
- सूर्यग्रहण पूर्ण या आंशिक हो सकता है। पूर्ण सूर्यग्रहण में सूर्य का **कोरोना** (Stellar Corona) भाग दिखाई पड़ता है।
- इसमें चंद्रमा पश्चिम दिशा से सूर्य को ढकना आरंभ करता है और आकाश में नीला या काला दिखाई देता है। वर्ष में न्यूनतम 2 तथा अधिकतम 5 सूर्यग्रहण हो सकते हैं।
- सूर्यग्रहण के दौरान अंधकारमय काल अवधि अधिकतम 7 मिनट 40 सेकंड की हो सकती है। सामान्यतः इसकी औसतन अवधि 2.5 मिनट की होती है।
- डायमंड रिंग (Diamond Ring) की घटना पूर्ण सूर्यग्रहण के दिन घटित होती है। सूर्यग्रहण को कभी भी नग्न आँखों से नहीं देखना चाहिए, क्योंकि इस समय कोरोना के विकिरण (पराबैंगनी किरणों) से आँखें खराब होने का खतरा होता है।

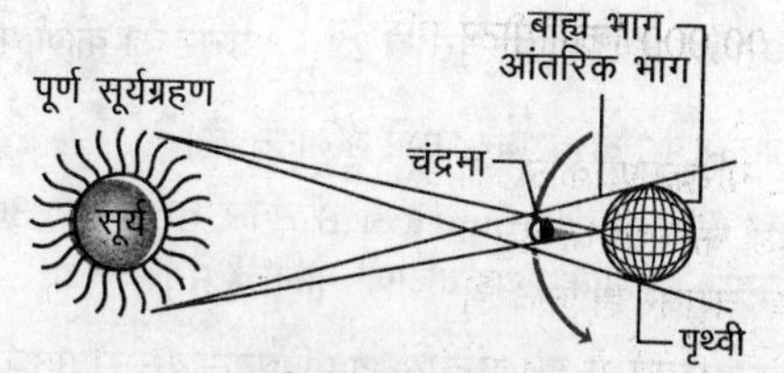

सूर्यग्रहण की स्थिति

ग्लोब, अक्षांश एवं देशांतर

ग्लोब, अक्षांश एवं देशांतर को निम्न बिंदुओं द्वारा समझा जा सकता है

ग्लोब

- ग्लोब (Globe) पृथ्वी का लघु रूप में एक वास्तविक प्रतिरूप है। इस पर देशों, महाद्वीपों तथा महासागरों को उनके ही आकार में दिखाया जाता है।
- विषुवत् वृत्त (Equator) ग्लोब को दो बराबर भागों में बाँटता है। पृथ्वी के उत्तर में स्थित आधे भाग को उत्तरी गोलार्द्ध (Northern Hemisphere) तथा दक्षिण वाले आधे भाग को दक्षिणी गोलार्द्ध (Southern Hemisphere) कहा जाता है। ये दोनों भाग बराबर होते हैं।
- यह वृत्त पृथ्वी पर एक काल्पनिक वृत्त बनाता है, जो पृथ्वी पर विभिन्न स्थानों की स्थिति को बताने में महत्त्वपूर्ण भूमिका निभाता है।
- किसी स्थान की स्थिति की जानकारी हेतु अक्षांश (Latitudes) एवं देशांतर (Longitudes) दोनों रेखाओं की आवश्यकता होती है।

अक्षांश रेखा

- किसी दिए गए बिंदु की विषुवत् वृत्त से उत्तर या दक्षिण की कोणीय दूरी की माप को **अक्षांश** कहा जाता है, इसे विषुवत् वृत्त से दोनों ध्रुवों की ओर अंशों में मापा जाता है।
- एक अंश (Degree-1) के साठ बराबर भाग किए जाते हैं और प्रत्येक इकाई को एक मिनट कहा जाता है। एक मिनट को पुनः साठ बराबर भागों में बाँटा जाता है। प्रत्येक भाग को सेकंड कहा जाता है। विषुवत् वृत्त से ध्रुवों तक स्थित सभी समानांतर वृत्तों को **अक्षांश रेखाएँ** (Latitude Lines) कहा जाता है। विषुवत् वृत्त शून्य अंश अक्षांश को प्रदर्शित करता है।
- विषुवत् वृत्त से दोनों ओर ध्रुवों के बीच की दूरी पृथ्वी के चारों ओर के वृत्त का एक-चौथाई है। अतः इसकी माप 360° अंश का 1/4 अर्थात् 90° होता है। इस वृत्त के उत्तर की ओर की सभी समानांतर रेखाओं को उत्तरी अक्षांश तथा दक्षिण की ओर की समानांतर रेखाओं को दक्षिणी अक्षांश कहा जाता है।
- केरल राज्य का **एर्णाकुलम** (Ernakulam) तथा अफ्रीका के तंजानिया देश के **लिंडी नगर** (Lindi Town) 10° अक्षांश वृत्त पर स्थित हैं। इसी प्रकार **महाराष्ट्र का चंद्रपुर** तथा ब्राजील (दक्षिण अमेरिका) का **बेलो होरिजोंटे** दोनों ही 20 अक्षांश पर स्थित हैं। अंतर केवल यह है कि एक उत्तर में तथा दूसरा दक्षिण में स्थित है।

- विषुवत् वृत्त से ध्रुवों की ओर जाने पर अक्षांशों का आकार घटता जाता है, दो अक्षांशों के बीच की दूरी लगभग 111 किमी होती है।

महत्त्वपूर्ण अक्षांश (समानांतर) रेखाएँ

- **विषुवत् वृत्त** (Equator) यह पृथ्वी पर खींचा गया सबसे बड़ा अक्षांश वृत्त है, इसे 0° अक्षांश अथवा भूमध्य रेखा भी कहते हैं।
- **कर्क वृत्त** (Tropic of Cancer) यह उत्तरी गोलार्द्ध में एक महत्त्वपूर्ण अक्षांश वृत्त है। यह विषुवत् वृत्त से $23\frac{1}{2}°$ उत्तर की कोणीय दूरी पर है। यह भारत को लगभग दो बराबर भागों में बाँटता है।
- **मकर वृत्त** (Tropic of Capricorn) मकर वृत्त (23° 30' दक्षिणी) कर्क वृत्त के समान है, लेकिन यह दक्षिणी गोलार्द्ध में स्थित है।
- **आर्कटिक वृत्त** (Arctic Circle) यह विषुवत् वृत्त से $66\frac{1}{2}°$ उत्तरी अक्षांश की कोणीय दूरी पर अवस्थित (उत्तर ध्रुव वृत) है।
- **अंटार्कटिक वृत्त** (Antarctic Circle) यह विषुवत् वृत्त से $66\frac{1}{2}°$ दक्षिणी अक्षांश की कोणीय दूरी पर अवस्थित (दक्षिण ध्रुव वृत) है।

पृथ्वी के ताप कटिबंध

- **उष्ण कटिबंध** (Torrid Zone) कर्क रेखा एवं मकर रेखा के बीच के सभी अक्षांशों पर सूर्य वर्ष में एक बार दोपहर में सिर के ठीक ऊपर होता है। इसके फलस्वरूप इस क्षेत्र में सबसे अधिक ऊष्मा प्राप्त होती है और इसे उष्ण कटिबध कहा जाता है।
- **शीतोष्ण कटिबंध** (Temperate Zone) ध्रुव की ओर सूर्य की किरणें तिरछी होती जाती हैं। इस प्रकार उत्तरी गोलार्द्ध में कर्क रेखा एवं उत्तर ध्रुव वृत्त तथा दक्षिणी गोलार्द्ध में मकर रेखा एवं दक्षिण ध्रुव वृत्त के बीच वाले क्षेत्र का तापमान मध्यम रहता है, इसलिए इन्हें **शीतोष्ण कटिबंध** कहा जाता है।
- **शीत कटिबंध** (Frigid Zone) उत्तरी गोलार्द्ध में उत्तर ध्रुव वृत्त एवं उत्तरी ध्रुव तथा दक्षिणी गोलार्द्ध में दक्षिण ध्रुव वृत्त एवं दक्षिणी ध्रुव के बीच स्थित क्षेत्र, जहाँ सूर्य क्षितिज से ज्यादा ऊपर नहीं आ पाता है। फलत: यहाँ ठंड बहुत पड़ती है। इसलिए इन्हें शीत कटिबंध कहा जाता है।

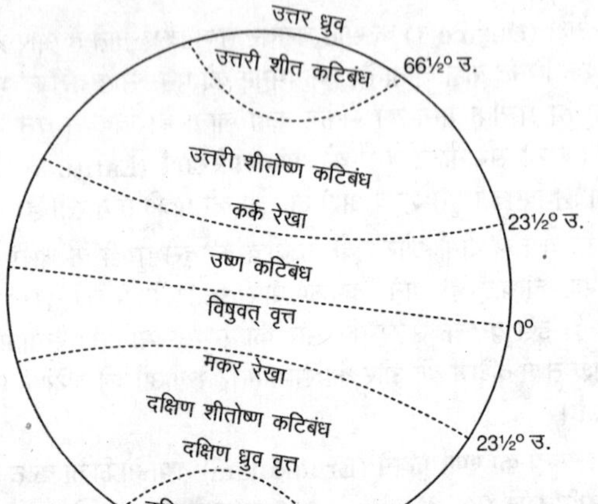

महत्त्वपूर्ण अक्षांश एवं ताप कटिबंध

देशांतर रेखा

- उत्तरी ध्रुव तथा दक्षिणी ध्रुव को मिलाने वाली काल्पनिक रेखा को **देशांतर रेखा** (Longitudes Line) कहते हैं।
- अक्षांश रेखाओं के विपरीत देशांतर रेखाओं की लंबाई बराबर होती है। ये रेखाएँ अर्द्ध वृत्ताकार होती हैं।
- इनके बीच की दूरी को अंश में मापा जाता है। प्रत्येक अंश को पुनः मिनट और सेकंड में विभाजित किया जाता है।
- देशांतर रेखाओं के बीच की दूरी ध्रुवों की ओर क्रमश: कम होती जाती है। ध्रुवों पर इनकी दूरी शून्य हो जाती है, क्योंकि यहाँ ये एक बिंदु पर मिल जाते हैं।
- अत: ध्रुवों से भूमध्य रेखा की ओर बढ़ने पर देशांतरों के बीच की दूरी बढ़ती जाती है तथा भूमध्य रेखा पर इनके बीच की दूरी अधिकतम 111.32 किमी होती है।

प्रधान मध्याह्न रेखा

- ग्रीनविच वेधशाला से गुजरने वाली देशांतर रेखा को **प्रधान मध्याह्न रेखा** (Prime Meridian Line) कहते हैं। इसका मान 0° (शून्य अंश) होता है। इससे 180° अंश पूर्व तथा 180° अंश पश्चिम देशांतर की गणना की जाती है। ये दोनों एक ही रेखा हैं।
- ये दोनों याम्योत्तर से मिलकर पृथ्वी को दो समान भागों-**पूर्वी गोलार्द्ध** (Eastern Hemisphere) एवं **पश्चिमी गोलार्द्ध** (Western Hemisphere) में विभक्त करती हैं।
- इसलिए किसी स्थान के देशांतर के आगे पूर्व के लिए पूर्व तथा पश्चिम के लिए पश्चिम का प्रयोग करते हैं।

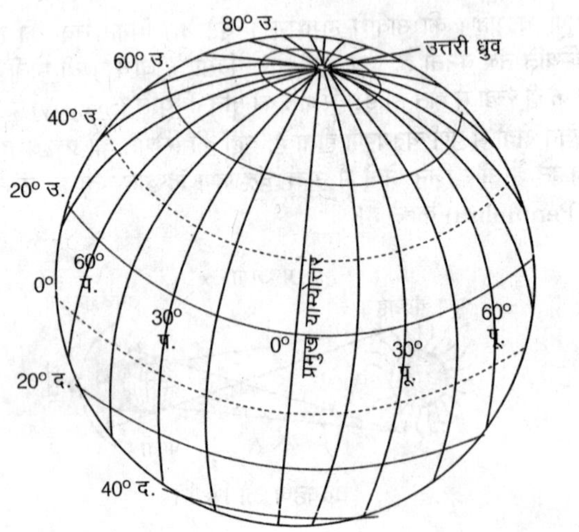

देशांतर और समय

- समय मापने का सबसे उत्तम साधन पृथ्वी, चंद्रमा और ग्रहों की गति है। सूर्य नियमित रूप से उदय और अस्त होता है। अत: यह विश्व का सर्वोत्तम प्राकृतिक समय मापक है।
- ग्रीनविच की प्रधान मध्याह्न रेखा पर जब सूर्य आकाश में सबसे अधिक ऊँचाई पर होता है, तो इस देशांतर रेखा पर स्थित सभी स्थानों पर मध्याह्न (दोपहर) होता है, इसलिए 0° देशांतर रेखा को **मध्याह्न रेखा** (Meridian Line) कहा जाता है।

- पृथ्वी अपने अक्ष पर पश्चिम से पूर्व की ओर घूमती है, इसलिए ग्रीनविच से पूर्व के स्थानों का समय ग्रीनविच समय से आगे तथा पश्चिम के स्थानों का समय पीछे होता है।
- पृथ्वी 24 घंटे में 360° देशांतर घूमती है, इसलिए इसकी घूर्णन गति 15° देशांतर प्रति घंटा या प्रति 4 मिनट में 1° देशांतर है।
- इस प्रकार जब ग्रीनविच पर दोपहर के 12 बजते हैं, तो उस समय ग्रीनविच के पूर्व 15° देशांतर पर $15 \times 4 = 60$ मिनट अर्थात् 1 घंटा समय आगे होगा।
- वहीं 15° पश्चिम का समय ग्रीनविच समय से 1 घंटा पीछे होगा अर्थात् वहाँ सुबह के 10 बजे होंगे। इसके साथ ही 180° पर मध्यरात्रि होगी।

स्थानीय समय

- स्थानीय समय (Local Time) का तात्पर्य सूर्य की छाया के आधार पर समय का निर्धारण है।
- जब किसी स्थान पर सूर्य आसमान में सीधे सामने सबसे उच्चतम बिंदू पर होता है और प्रतिच्छाया न्यूनतम होती है, तो वहाँ का स्थानीय समय दोपहर के 12 बजे होता है।
- इस प्रकार **स्थानीय समय** (Local Time) की गणना सूर्य की छाया से की जा सकती है।
- सूर्य की छाया दोपहर में सबसे छोटी तथा सूर्योदय (Sunrise) व सूर्यास्त (Sunset) के समय सबसे लंबी होती है।

मानक समय

- किसी भी देश का मानक मध्याह्न रेखा का स्थानीय मान **मानक समय** (Standard Time) होता है। भारत में $82\frac{1}{2}°$ पूर्वी देशांतर रेखा को मानक मध्याह्न रेखा कहा गया है, जो लगभग भारत के मध्य में है।
- इसे **भारतीय मानक समय** (Indian Standard Time) भी कहते हैं, जो ग्रीनविच समय से 5.30 घंटा (+5.30) आगे है। इस समय को संपूर्ण देश का मानक समय माना जाता है। कुछ देशों का देशांतरीय विस्तार अधिक है। अत: वहाँ एक से अधिक मानक समय का निर्धारण किया जाता है, उदाहरणस्वरूप रूस में 11 मानक समय हैं।
- पृथ्वी को 24 समय क्षेत्रों (टाइम जोन) में बाँटा गया है, जिसमें प्रत्येक समय क्षेत्र (टाइम जोन) में 15° देशांतर आते हैं और प्रत्येक क्षेत्र के बीच 1 घंटे का अंतर पाया जाता है।
- भारत के असम राज्य के **डिब्रूगढ़** तथा गुजरात के **द्वारका** नगर के मध्य 1 घंटा 45 मिनट का अंतर पाया जाता है, अत: इसे देखते हुए मध्य देशांतर रेखा को चिह्नित किया गया है।

अंतर्राष्ट्रीय तिथि रेखा

- 180° देशांतर रेखा को **अंतर्राष्ट्रीय तिथि रेखा** (International Date Line) कहा जाता है।
- यह एक काल्पनिक रेखा है, जो स्थलखंडों को छोड़कर 180° देशांतर के सहारे गुजरती है, इसे 1884 ई. में वाशिंगटन में हुई संधि में अपनाया गया था।
- यह रेखा आर्कटिक सागर, चुक्सी सागर, बेरिंग जल संधि व प्रशांत महासागर से गुजरती है।
- बेरिंग जल संधि (Bering Strait) अंतर्राष्ट्रीय तिथि रेखा के समानांतर स्थित है।
- इस रेखा के पूर्व से पश्चिम की ओर यात्रा करने या पार करने पर एक दिन घट जाएगा, जबकि पश्चिम से पूर्व की ओर यात्रा करने पर एक दिन बढ़ जाएगा।
- यह रेखा सीधी न होकर टेढ़ी-मेढ़ी है, ताकि यह किसी स्थलखंड से होकर न गुजरे, यह रेखा तीन बार विचलित होती है।
- वर्ष 2011 से **समोआ द्वीप** (Samoa Islands) को अंतर्राष्ट्रीय तिथि रेखा के पश्चिम में कर दिया गया है।
- इसी प्रकार **टोकेलाऊ** (Tokelau) भी इस रेखा के पश्चिम में आ गया है। इस परिवर्तन का मुख्य कारण इन द्वीपों की ऑस्ट्रेलिया व न्यूजीलैंड से भौगोलिक समीपता एवं व्यापार की अधिकता है।

अतिरिक्त तथ्य
तमिलनाडु बोर्ड एवं NIOS

- खगोलशास्त्री **लिटलटन** ने पृथ्वी के निर्माण का अभिवृद्धि सिद्धान्त प्रतिपादित किया।
- घूर्णन के कारण पृथ्वी ध्रुवों पर चपटी तथा विषवत् पर उभरी रहती है। इस कारण ध्रुवों तथा भूमध्य रेखा के पास पृथ्वी के व्यास में अन्तर पाया जाता है।
- पृथ्वी के घूमने (घूर्णन) का वेग भूमध्य रेखा से दिए गए स्थानों की दूरी पर निर्भर करता है।

04

भू-आकृति विज्ञान

(स्रोत)

Class-VI Old NCERT Chap 6 **पृथ्वी के प्रमुख स्थलरूप**, Class-VII New NCERT Chap 2 **हमारी पृथ्वी के अंदर**, Chap 3 **हमारी बदलती पृथ्वी**, Class-VIII Old NCERT Chap 2 **पृथ्वी का आंतरिक स्वरूप**, Chap 3 **स्थल का बदलता स्वरूप**, Chap 4 **भू-दृश्यों की शिल्पकारी**, Chap 5 **भौम जल, पवन, हिमानी तथा समुद्री तरंगों द्वारा निर्मित भू-आकृतियाँ**, Class-IX Old NCERT Chap 1 **हमारा पर्यावरण अंग और प्रक्रियाएँ**, Chap 2 **धरती का स्वरूप**, Class-XI New NCERT Chap 3 **पृथ्वी की आंतरिक संरचना**, Chap 4 **महासागरों और महाद्वीपों का विवरण**, Chap 5 **भू-आकृति प्रक्रियाएँ**, Chap 6 **भू-आकृतियाँ तथा उनका विकास**, Class-XI Old NCERT Chap 3 **भू-गर्भ पृथ्वी का आंतरिक भाग**, Chap 4 **भू-पर्पटी निर्माण करने वाले पदार्थ**, Chap 5 **भू-संरचना, ज्वालामुखी तथा भूकंप**, Chap 6 **स्थलाकृतियाँ और उनका महत्त्व**, Chap 8 **भूमिगत जल**, Chap 9 **प्रवणता संतुलन की क्रियाएँ**, Tamil Nadu Board (Class XI), NIOS

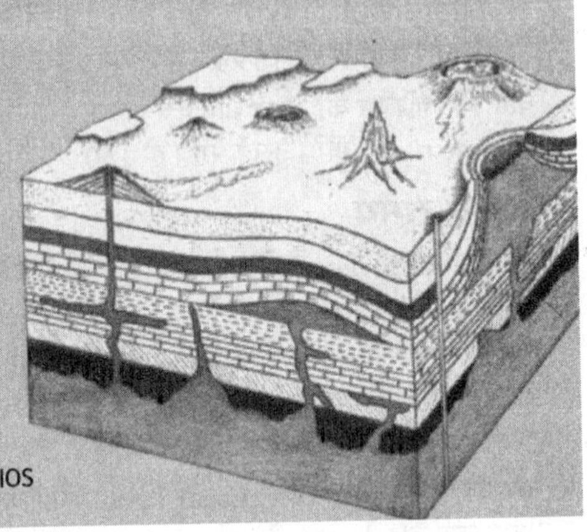

पृथ्वी की आंतरिक संरचना

पृथ्वी के धरातल का विन्यास मुख्यत: भू-गर्भ में होने वाली प्रक्रियाओं का परिणाम है। किसी भी प्रदेश की भू-आकृति को समझने के लिए **भू-गर्भिक क्रियाओं** (Geomorphic Processes) के प्रभाव को जानना अति आवश्यक है।

भू-गर्भ की जानकारी के स्रोत

- पृथ्वी की आंतरिक संरचना के विषय में हमारी जानकारी अनुमानों पर आधारित है तथा इस जानकारी का कुछ भाग प्रत्यक्ष प्रेक्षणों और पदार्थों के विश्लेषण पर आधारित हैं।
- इस प्रकार पृथ्वी के भू-गर्भ की जानकारी हमें प्रत्यक्ष तथा अप्रत्यक्ष दोनों स्रोतों से प्राप्त होती है, जिनका विवरण निम्न प्रकार है

प्रत्यक्ष स्रोत

- पृथ्वी पर सरलता से उपलब्ध ठोस पदार्थ धरातलीय चट्टानें (Surface Rocks) हैं अथवा वे चट्टानें, जो हम खनन क्षेत्रों से प्राप्त करते हैं।
- वैज्ञानिकों द्वारा किए जा रहे गहरे समुद्र में प्रबेधन परियोजना (Deep Ocean Drilling Project) व समन्वित महासागरीय प्रबेधन परियोजना (Integrated Ocean Drilling Project) एवं अन्य गहरी खुदाई परियोजनाओं से पृथ्वी की आंतरिक संरचना से संबंधित असाधारण जानकारी प्राप्त हुई है।
- विश्व में सबसे गहरा प्रबेधन (Drill) आर्कटिक महासागर में **कोला** (आर्कटिक सागर क्षेत्र) क्षेत्र में 12 किमी की गहराई तक किया गया है।
- दक्षिण अफ्रीका की सोने की खाने 3 से 4 किमी. गहरी है। तापमान की अधिकता के कारण अधिक गहराई में जाना संभव नहीं है।
- ज्वालामुखी उद्गार (Volcanic Eruption) प्रत्यक्ष जानकारी का एक अन्य स्रोत है, जब कभी भी लावा ज्वालामुखी उद्गार से पृथ्वी के धरातल पर आता है, तब यह अन्वेषण के लिए उपलब्ध होता है।

अप्रत्यक्ष स्रोत

- पृथ्वी के आंतरिक भाग के तापमान और दबाव, विभिन्न तरंगों का घनत्व, भूकंपीय तरंगों का आचरण तथा उल्काओं से मिले प्रमाण प्रमुख अप्रत्यक्ष स्रोत हैं। इन पदार्थों के गुणधर्म के विश्लेषण से पृथ्वी के आंतरिक भाग की जानकारी प्राप्त की जाती है।
- इसके आतरिक्त अन्य अप्रत्यक्ष स्रोतों में गुरुत्वाकर्षण, चुंबकीय क्षेत्र व भूकंप संबंधी क्रियाएँ प्रमुख हैं।
- ज्वालामुखी विस्फोटों और गर्म जल के झरनों से यह सिद्ध होता है कि पृथ्वी के आंतरिक भाग का तापमान अधिक है। धरातल के नीचे जाने से तापमान में वृद्धि होती जाती है। तापमान में इस वृद्धि की औसत दर प्रत्येक 32 मी की गहराई पर 1 डिग्री सेल्सियस होती है।
- इस दर से तापमान के बढ़ने से पृथ्वी के अंदर अधिक गहराई पर स्थित चट्टानों को तरल अवस्था में होना चाहिए, लेकिन अत्यधिक दबाव के कारण ये ठोस रूप में पाई जाती हैं।
- पृथ्वी के अंदर तापमान में वृद्धि के कारण क्रमश: आंतरिक शक्तियाँ, रासायनिक प्रतिक्रियाएँ, रेडियोधर्मी पदार्थों का स्वत: विखंडन (Fission) पाया जाता है।
- पृथ्वी के आंतरिक भागों पर ऊपरी शैल संस्तरों के भार स्वरूप अत्यधिक दबाव पड़ता है और यह दबाव गहराई के अनुसार बढ़ता जाता है।
- पृथ्वी के धरातल के विभिन्न अक्षांशों पर गुरुत्वाकर्षण बल का मान ध्रुवों पर अधिक एवं भूमध्य रेखा पर कम होता है।

- गुरुत्व का मान पदार्थ के द्रव्यमान के अनुसार बदलता रहता है। पृथ्वी के अंदर पदार्थों का असमान वितरण भी इस भिन्नता को प्रभावित करता है। इस भिन्नता को गुरुत्व विसंगति (Gravity Anomaly) कहा जाता है।
- गुरुत्व विसंगति हमें भू-पर्पटी में पदार्थ के द्रव्यमान के वितरण की जानकारी देती है।
- चुंबकीय सर्वेक्षण (Magnetic Survey) भी भू-पर्पटी में चुंबकीय पदार्थ की जानकारी देते हैं। चुंबकीय सर्वेक्षण पृथ्वी के चुंबकीय क्षेत्र में स्थानिक भिन्नता दर्ज कराते हैं।

पृथ्वी की संरचना

पृथ्वी संकेंद्रीय परतों से बनी है, अत: इसकी संरचना को तीन परतों में विभाजित किया गया है

भू-पर्पटी (क्रस्ट)

- पृथ्वी की सतह की सबसे ऊपरी परत को **भू-पर्पटी** कहते हैं। यह सबसे पतली परत होती है।
- यह ठोस एवं बहुत भंगुर भाग है, जिसमें जल्दी टूट जाने की प्रवृत्ति पाई जाती है।
- भू-पर्पटी की मोटाई महाद्वीपों व महासागरों के नीचे अलग-अलग होती है। महासागरों के नीचे इसकी औसत मोटाई 5 किमी है, जबकि महाद्वीपों के नीचे यह 30 किमी तक है।
- हिमालय पर्वत श्रेणियों के नीचे भू-पर्पटी की मोटाई लगभग 70 किमी तक है अर्थात् मुख्य पर्वतीय श्रृंखलाओं के क्षेत्र में मोटाई अधिक पाई जाती है।
- भू-पर्पटी भारी चट्टानों से बनी है और इसका घनत्व 3 ग्राम प्रति घन सेमी है। महासागरों के नीचे इसका घनत्व 2.7 ग्राम प्रति घन सेमी है।
- महाद्वीपीय भू-पर्पटी की अधिक मोटाई होते हुए भी महासागरीय भू-पर्पटी की अपेक्षा कम सघन है, क्योंकि यह हल्की और भारी शैलों के मिश्रण से बनी है।
- महासागरीय भू-पर्पटी का निर्माण अधिकांश सघन शैलों, जैसे बेसाल्ट से हुआ है, इसलिए ये शैल महाद्वीपीय शैलों की अपेक्षा निचले स्तर पर स्थिर होती हैं।
- भू-पर्पटी में जो शैलें पाई जाती हैं, उनमें महाद्वीपीय सहंति (महाद्वीप की पर्पटी) में **सिलिका** और **एल्युमीनियम** की मात्रा अधिक होती है, अत: इसे **सियाल** (SIAL) भी कहते हैं।
- महासागरीय पर्पटी मुख्यत: सिलिका एवं मैग्नीशियम की बनी है, इसलिए इसे सिमे (सीमा) कहा जाता है।
- पृथ्वी के आयतन का केवल 1% भाग (0.5 से 1% तक) ही पर्पटी के विस्तार क्षेत्र के अंतर्गत आता है।

मैंटल

- भू-गर्भ में पर्पटी के नीचे का भाग **मैंटल** (The Mantle) कहलाता है। यह **मोहो असांतत्य** (Moho Discontinuity) से आरंभ होकर 2900 किमी की गहराई तक पाया जाता है।
- मैंटल के दो भाग हैं-(i) आंतरिक सिलिकेट परत या सीमा, जिसके पदार्थों में सिलिका और मैग्नीशियम की अधिकता पाई जाती है (ii) धातुओं और सिलिकेट के मिश्रण से बना परिवर्ती क्षेत्र।
- मैंटल के ऊपरी भाग को **दुर्बलतामंडल** (Asthenosphere) कहा जाता है। **एस्थेनो** (Astheno) शब्द का अर्थ-दुर्बलता से है।
- इसका विस्तार 400 किमी तक आँका गया है। ज्वालामुखी उद्गार के दौरान जो लावा धरातल पर पहुँचता है, उसका मुख्य स्रोत मैंटल होता है।
- इसका घनत्व भू-पर्पटी की चट्टानों से अधिक अर्थात् 3.4 ग्राम प्रतिघन सेमी से अधिक है।
- भू-पर्पटी एवं मैंटल का ऊपरी भाग मिलकर **स्थलमंडल** (Lithosphere) कहलाता है, जिसकी मोटाई 10 से 200 किमी के मध्य पाई जाती है।
- इसके निचले मैंटल का विस्तार दुर्बलतामंडल के समाप्त हो जाने के पश्चात् होता है, जो ठोस अवस्था में होता है। पृथ्वी के आयतन का 83% भाग मैंटल का पाया जाता है।

क्रोड

- पृथ्वी की सबसे अंदर की परत क्रोड (The Core) कहलाती है। यह मैंटल के नीचे की परत है। क्रोड एवं मैंटल की सीमा 2900 किमी की गहराई पर स्थित है।
- यह धातुओं से बनी है, इसलिए इसे **धात्विक क्रोड** (Metallic Core) भी कहा जाता है। बहुत ऊँचे तापमान तथा भारी दबाव के कारण यह गाढ़े तरल या प्लास्टिक अवस्था में होता है।
- क्रोड को दो भागों में बाँटा गया है- बाह्य क्रोड तथा आंतरिक क्रोड। बाह्य क्रोड तरल अवस्था में होता है, जबकि आंतरिक क्रोड ठोस अवस्था में होता है।
- मैंटल व क्रोड की सीमा पर चट्टानों का घनत्व लगभग 5 ग्राम प्रति घन सेमी तथा केन्द्र में 13 ग्राम प्रति घन सेमी तक पाया जाता है।
- पृथ्वी के क्रोड भारी पदार्थों मुख्यत: निकिल और लोहे के बने होते हैं। अत: इसे **निफे** (Nife) भी कहा जाता है।
- क्रोड में निकिल तथा लोहे की प्रधानता के कारण ही पृथ्वी में चुंबक शक्ति पाई जाती है। पृथ्वी के आयतन का 16% भाग क्रोड का है। पृथ्वी की त्रिज्या की लंबाई 6371 किमी है।

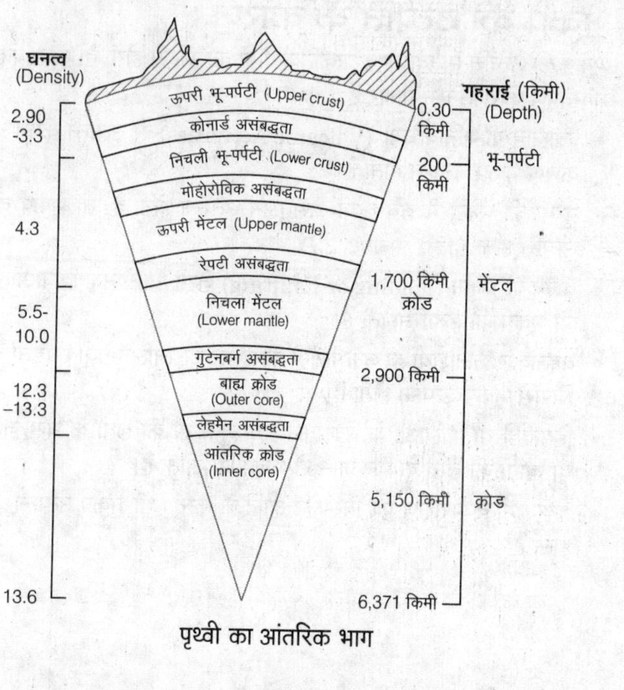

पृथ्वी का आंतरिक भाग

भूकंप

- साधारण भाषा में भूकंप का अर्थ पृथ्वी का कंपन होता है। यह एक प्राकृतिक घटना है।
- इसमें ऊर्जा के निकलने के कारण तरंगें उत्पन्न होती हैं, जो सभी दिशाओं में फैलकर भूकंप लाती हैं।
- **भूकंपीय तरंगों** (Seismic Waves) का अध्ययन, पृथ्वी की आंतरिक परतों का संपूर्ण चित्र प्रस्तुत करता है।

पृथ्वी में कंपन व भूकंप की उत्पत्ति

- भू-पर्पटी की शैलों में गहन दरारें ही भ्रंश (Fault) होती हैं। भ्रंश के दोनों ओर शैलें विपरीत दिशा में गति करती हैं। प्राय: भ्रंश के किनारे-किनारे ही ऊर्जा निकलती है।
- इस प्रवृत्ति के कारण एक समय पर घर्षण का प्रभाव कम हो जाता है, जिसके परिणामस्वरूप शैल खंड विकृत होकर अचानक एक-दूसरे के विपरीत दिशा में खिसक जाते हैं।
- इसके परिणामस्वरूप ऊर्जा निकलती है और ऊर्जा की तरंगें सभी दिशाओं में गतिमान होती हैं।
- वह स्थान जहाँ से ऊर्जा निकलती है, भूकंप का उद्‌गम् केंद्र (Focus) कहलाता है। इसे **अवकेंद्र** (Hypocentre) भी कहा जाता है।
- ऊर्जा तरंगें (Focus) अलग-अलग दिशाओं में चलती हुई, पृथ्वी की सतह तक पहुँचती हैं।
- भूतल पर वह बिंदु, जो उद्‌गम केंद्र के समीप होता है, **अधिकेंद्र** (Epicentre) कहलाता है।
- इस अधिकेंद्र पर ही सबसे पहले तरंगों को महसूस किया जाता है। यह उद्‌गम केंद्र के ठीक ऊपर (90° के कोण पर) होता है।
- इससे दूरी बढ़ने के साथ भूकंप की तीव्रता धीरे-धीरे कम होती जाती है।

भूकंप की उत्पत्ति के कारण

भूकंप की उत्पत्ति मानवीय एवं प्राकृतिक दोनों कारणों से होती है। अत: कुछ महत्त्वपूर्ण कारण निम्न प्रकार हैं

- ज्वालामुखी गतिविधियों (Volcanic Activities) से उत्पन्न कंपन के कारण भूकंप उत्पन्न होता है।
- पृथ्वी की प्लेटों में जब कभी असंतुलन उत्पन्न होता है, तो भूकंप की उत्पत्ति होती है।
- **वलन** या **भ्रंशन** (Folding or Faulting) जैसी टैक्टोनिक क्रियाओं से भी भूकंप की उत्पत्ति होती है।
- वृहताकार जलाशयों के जलभार से सतह पर असंतुलित दबाव पड़ता है, जिससे भूकंप उत्पन्न होता है।
- हिमखंडों या शिलाओं के खिसकने तथा गुफाओं की छतों के धँस जाने या खानों की छतों के गिर जाने से भी भूकंप आता है।
- अणु बमों के परीक्षण एवं विस्फोट आदि के कारण भी भूकंप उत्पन्न होता है।

भूकंपीय तरंगें

अभिलेखित वक्र भूकंपीय तरंगों को तीन अलग-अलग बनावट वाली तरंगों के रूप में प्रदर्शित करता है।

भू-गर्भिक तरंगें

- भू-गर्भिक तरंगें (Body Waves) उद्‌गम केंद्र से ऊर्जा के मुक्त होने के दौरान उत्पन्न होती हैं और पृथ्वी के अंदरूनी भाग से होकर सभी दिशाओं में आगे बढ़ती हैं, इसलिए इन्हें **भू-गर्भिक तरंगें** कहा जाता है।
- तरंगों का वेग अलग-अलग घनत्व वाले पदार्थों से गुजरने पर परिवर्तित हो जाता है। अधिक घनत्व वाले पदार्थों में तरंगों का वेग अधिक होता है।
- पदार्थों के घनत्व में भिन्नताएँ होने के कारण परावर्तन (Reflection) एवं आवर्तन (Refraction) होता है, जिससे इन तरंगों की दिशा भी बदलती है।
- भू-गर्भिक तरंगें भी दो प्रकार की होती हैं, जिन्हें 'P' तरंगें ('P' Waves) एवं 'S' तरंगें ('S' Waves) कहा जाता है।
  - 'P' तरंगें ये सबसे तीव्र गति से चलने वाली तरंगें हैं और धरातल पर सबसे पहले पहुँचती हैं। इन्हें **प्राथमिक तरंगें** (Primary Waves) भी कहा जाता है। ये गैस, तरल व ठोस तीनों प्रकार के पदार्थों से गुजर सकती हैं। इनकी गति 8-14 किमी प्रति सेकंड तक होती है तथा यह **सीस्मोग्राफ स्टेशन** पर सबसे पहले पहुँचती हैं।
  - 'S' तरंगें धरातल पर कुछ समय के अंतराल के बाद पहुँचती हैं। ये द्वितीयक तरंगें कहलाती हैं। ये केवल ठोस पदार्थों के माध्यम से ही चलती हैं। ये भू-गर्भीय संरचना को समझने में वैज्ञानिकों की सहायता करती हैं। ये तरंगें परावर्तन से प्रतिध्वनित होकर वापस लौट आती हैं, जबकि आवर्तन से तरंगें अन्य दिशाओं में चली जाती हैं। इनकी गति 4-6 किमी प्रति सेकंड तक होती हैं। इनका आकार प्रकाश तरंगों के समान होता है, इन्हें **आड़ी लहरें** तथा **गौण लहरें** (Short Term Waves) कहा जाता है।

धरातलीय तरंगें

- भू-गर्भिक तरंगों एवं धरातलीय शैलों के मध्य अन्योन्यक्रिया के कारण नई तरंगें उत्पन्न होती हैं, जिन्हें **धरातलीय तरंगें** (Surface Waves) कहा जाता है। ये तरंगें धरातल के साथ-साथ चलती हैं। ये तरंगें अधिकेंद्र पर सबसे बाद में पहुँचती हैं, क्योंकि इनकी गति लगभग 3 किमी प्रति सेकंड होती है, जो सबसे कम है।
- इनको **लंबी अवधि की लहरें** (Long Term Waves) भी कहा जाता है। इनका प्रभाव जल और थल दोनों पर होता है तथा ये सर्वाधिक विनाशकारी होती हैं। इनसे शैल विस्थापित होती है और इमारतें गिर जाती हैं।

भूकंपीय तरंगों का संचरण

- भिन्न-भिन्न प्रकार की भूकंपीय तरंगों के संचरित होने की प्रणाली भिन्न-भिन्न होती है। इनके संचरित (Propagation) होने से शैलों में कंपन उत्पन्न होता है।
- 'P' तरंगों से कंपन की दिशा तरंगों की दिशा के समानांतर होती है। यह संचरण गति की दिशा में ही पदार्थ पर दबाव डालती है।
- इसके दबाव के फलस्वरूप पदार्थ के घनत्व में भिन्नता आती है और शैलों में संकुचन व फैलाव की प्रक्रिया उत्पन्न होती है। अन्य तीन प्रकार की तरंगें संचरण गति की समकोण दिशा में कंपन उत्पन्न करती हैं।

- 'S' तरंगें ऊर्ध्वाधर तल में, तरंगों की दिशा के समकोण पर कंपन उत्पन्न करती हैं। अत: यह जिस पदार्थ से गुजरती हैं, उसमें उभार व गर्त बनाती हैं। धरातलीय तरंगें सबसे अधिक विनाशकारी मानी जाती हैं।

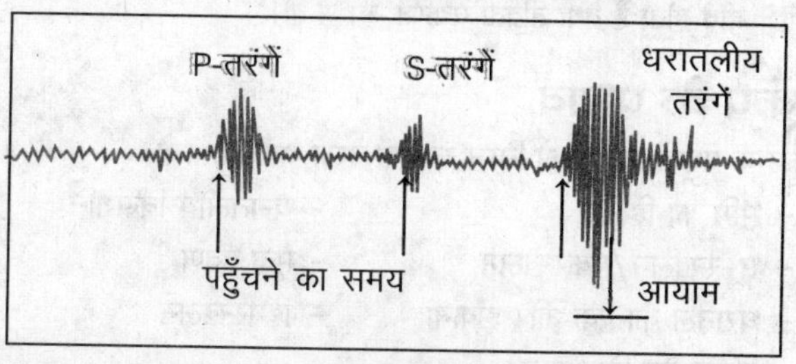

भूकंप अभिलेख

भूकंपीय छाया क्षेत्र का उद्भव

- **भूकंप लेखीयंत्र** (Seismograph) पर दूरस्थ स्थानों से आने वाली भूकंपीय तरंगें अभिलेखित होती हैं। यद्यपि कुछ ऐसे क्षेत्र भी हैं, जहाँ कोई भी भूकंपीय तरंग अभिलेखित नहीं होती। ऐसे क्षेत्र को **भूकंपीय छाया क्षेत्र** (Shadow Zone) कहा जाता है।
- एक भूकंप का छाया क्षेत्र, दूसरे भूकंप के छाया क्षेत्र से सदैव भिन्न होता है। भूकंप लेखी, **भूकंप अधिकेंद्र** (Earthquake Epicentre) से 105° के अंदर किसी भी दूरी पर 'P' और 'S' दोनों तरंगों का अभिलेखन करते हैं।
- भूकंप लेखी अधिकेंद्र से 145° से परे केवल 'P' तरंगों के पहुँचने को ही दर्ज करते हैं और 'S' तरंगों को अभिलेखित नहीं करते हैं। अत: वैज्ञानिक भूकंप अधिकेंद्र से 105° और 145° के मध्य का क्षेत्र दोनों प्रकार की तरंगों के लिए छाया क्षेत्र मानते हैं। 105° के पूरे क्षेत्र में 'S' तरंगे नहीं पहुँचती हैं।
- 'S' तरंगों का छाया क्षेत्र 'P' तरंगों के छाया क्षेत्र से अधिक विस्तृत पाया जाता है।
- यह न केवल विस्तार में बड़ा होता है, बल्कि पृथ्वी के 40% से भी अधिक भाग पर विस्तृत होता है।
- भूकंप अधिकेंद्र के 105° से 145° तक P तरंगों का छाया क्षेत्र एक पट्टी (Band) के रूप में पृथ्वी के चारों ओर प्रतीत होता है।

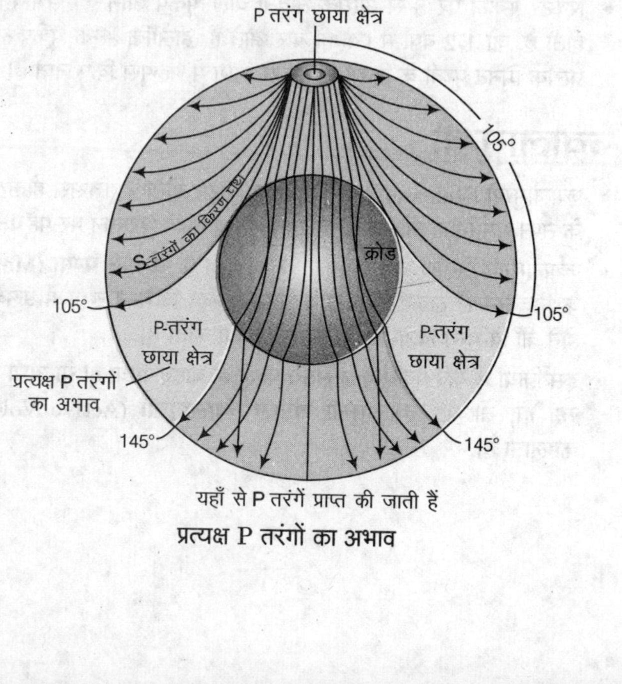

प्रत्यक्ष P तरंगों का अभाव

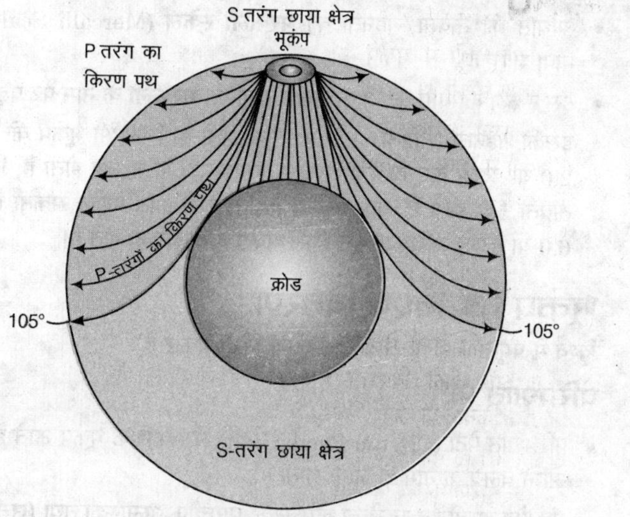

भूकंपीय छाया क्षेत्र

भूकंप के प्रकार

- **विवर्तनिक भूकंप** (Tectonic Earthquake) सामान्यत: विवर्तनिक भूकंप ही अधिक आते हैं। ये भूकंप भ्रंशतल के किनारे चट्टानों के खिसक जाने के कारण उत्पन्न होते हैं।
- **ज्वालामुखी जन्य भूकंप** (Volcanic Earthquake) एक विशिष्ट वर्ग के विवर्तनिक भूकंप को ही ज्वालामुखी जन्य (Volcanic) भूकंप समझा जाता है। ये भूकंप अधिकांशत: सक्रिय ज्वालामुखी क्षेत्रों तक ही सीमित रहते हैं।
- **निपात भूकंप** (Collapse Earthquake) खनन क्षेत्रों में अत्यधिक खनन कार्य से भूमिगत खानों की छतें ढह जाती हैं, इन्हें निपात (Collapse) भूकंप कहा जाता है।
- **विस्फोट भूकंप** (Explosion Earthquake) परमाणु एवं रासायनिक विस्फोट से भूमि में कंपन होता है। इस प्रकार के झटकों को विस्फोट (Explosian) भूकंप कहते हैं।
- **बाँधजनित भूकंप** (Reservoir-induced Earthquake) जो भूकंप बड़े बाँध वाले क्षेत्रों में आते हैं, उन्हें बाँध जनित भूकंप कहा जाता है।

भूकंपों की माप

- भूकंपीय तरंगों को भूकंपमापी यंत्र सिस्मोमीटर (Seismometer) से मापा जाता है। भूकंपीय घटनाओं का मापन भूकंपीय तीव्रता के आधार पर अथवा आघात की तीव्रता के आधार पर किया जाता है।
- भूकंपीय तीव्रता की मापनी **रिक्टर स्केल** (Richter Scale) के नाम से की जाती है।
- यह एक लॉगरिथमिक (Logarithmic) स्केल होता है, जिसमें भूकंप की तीव्रता 0 से 10 तक मापी जाती है।
- इसमें प्रत्येक पाठ्यांक पिछले पाठ्यांक से 10 गुणा अधिक परिणाम को दर्शाता है। समान भूकंपीय तीव्रता को मिलाने वाली रेखा **समभूकंप रेखा** (Isoseismal Line) कहलाती है। भूकंपीय तीव्रता भूकंप के दौरान मुक्त होने वाली ऊर्जा से संबंधित है।

- आघात की तीव्रता/गहनता को **मरकैली स्केल** (Mercalli Scale) पर मापा जाता है।
- इस स्केल का नाम इटली के भूकंप वैज्ञानिक **मरकैली** के नाम पर पड़ा है।
- इसकी गहनता (तीव्रता) 1 से 12 तक होती है। जिस भी भूकंप की तीव्रता 2.0 या इससे कम होती है, उसका प्रभाव नहीं के बराबर होता है, जिसकी तीव्रता 5.0 होती है, वह वस्तुओं के गिरने से क्षति पहुँचा सकता है, वहीं 6.0 या इससे अधिक तीव्रता वाले भूकंप शक्तिशाली होते हैं।

भूकंप का विश्व वितरण

विश्व में प्रमुख तीन भूकंपीय क्षेत्र हैं, जो निम्न प्रकार हैं

परिप्रशांत पेटी

- परिप्रशांत पेटी (Circum-Pacific Belt) में सर्वाधिक भूकंप आते हैं, जिसे अग्नि वलय के नाम से जाना जाता है।
- यह क्षेत्र न्यूजीलैंड से लेकर कमचटका प्रायद्वीप, अलास्का तथा (उत्तरी तथा दक्षिणी अमेरिका के पश्चिमी तट या प्रशांत महासागर के पूर्वी तट) फॉकलैंड तक विस्तृत है।
- इस क्षेत्र में लगभग 63% भूकंप आते हैं। यहाँ के भूकंप का सीधा संबंध भू-पर्पटी के चट्टानी संस्तरों में भ्रंशन तथा ज्वालामुखी सक्रियता से पाया जाता है।
- यहाँ अकसर चिली, कैलिफोर्निया, अलास्का, जापान, फिलीपींस, न्यूजीलैंड तथा मध्य महासागरीय भागों में भूकंप आते हैं।

मध्य महाद्वीपीय पेटी

- मध्य महाद्वीपीय पेटी (Mid-Continental Belt) मैक्सिको से शुरू होकर अटलांटिक महासागर, भूमध्यसागर और आल्प्स, काकेशस जैसी-नवीन वलित पर्वत श्रेणियों से होती हुई, हिमालय पर्वत तथा उसके समीपवर्ती क्षेत्रों तक विस्तृत हुई है।
- यह पेटी विषुवत् रेखा के लगभग समानांतर पाई जाती है। इस क्षेत्र में लगभग 21% भूकंप आते हैं। इस क्षेत्र में ज्वालामुखियों के उद्गार कम मिलते हैं।

मध्य अटलांटिक पेटी

- मध्य अटलांटिक पेटी (Mid-Atlantic Belt) अटलांटिक महासागर में उपस्थित मध्य अटलांटिक कटक के सहारे आइसलैंड से लेकर दक्षिण में बोबेर द्वीप तक विस्तृत है।
- इसमें ज्वालामुखी उद्गार तथा कटक निर्माण प्रक्रिया से भूकंप आते हैं।

मध्य सागरीय कटक

- मध्य सागरीय कटक (Mid-Oceanic Ridge) में कुछ भूकंप अफ्रीकी झीलों, लाल सागर तथा मृत सागर वाली विभंग पेटी में भी आते हैं, इस प्रकार शेष 11% भूकंप इन्हीं क्षेत्रों में उत्पन्न होते हैं।
- इनका निर्माण महासागर के जल के भीतर प्लेट विवर्तनिकी के कारण बनने वाली पर्वतीय श्रृंखला के रूप में हुआ है।
- इसकी मुख्य विशेषता शृंग (Rest) पर केंद्रीय रिफ्ट प्रणाली (Rift System) तथा पार्श्व क्षेत्र (Flank Zone) होता है।

सुनामी

- सुनामी भूकंप से उत्पन्न होने वाली लहरें हैं न कि भूकंप का कोई प्रकार।
- सुनामी का प्रभाव तब उत्पन्न होता है, जब भूकंप का केंद्र समुद्री जल के नीचे होता है तथा तीव्रता पर्याप्त रूप से हो।

भूकंप के प्रभाव

भूकंप के प्रमुख प्रभाव को निम्न रूपों में देखा जा सकता है

- भूमि का हिलना
- भू-स्खलन/पंकस्खलन
- धरातल का एक ओर झुकना
- धरातलीय विस्थापन
- बाँध व तटबंध के टूटने से बाढ़
- आग लगना
- इमारतों/अवसंरचना का ध्वस्त होना
- वस्तुओं का गिरना
- सुनामी
- धरातलीय विसंगति
- मृदा द्रवण
- हिमस्खलन

- उपरोक्त प्रभावों में पहले छः प्रभावों को स्थल रूपों में देखा जा सकता है, जबकि अन्य को उस क्षेत्र में होने वाली जन व धन की हानि से समझा जा सकता है।
- सुनामी का प्रभाव तभी पड़ेगा जब भूकंप का अधिकेंद्र समुद्री अधस्तल पर हो और भूकंप की तीव्रता बहुत अधिक हो।
- सुनामी, भूकंप नहीं होता है, बल्कि यह लहरें होती हैं, जो भूकंपीय तरंगों से उत्पन्न होती हैं।
- मूल रूप से कंपन की क्रिया कुछ सेकंड ही रहती है, फिर भी 5 से अधिक की भूकंपीय तीव्रता विनाशकारी होती है।

भूकंप की आवृत्ति

- भूकंप एक प्राकृतिक आपदा (Natural Calamity) है, जिसके झटकों से जन व धन की अधिक हानि होती है।
- इसके तीव्र झटके केवल उसी क्षेत्र में आते हैं, जो भ्रंश के समीप होते हैं।
- रिक्टर स्केल पर 8 से अधिक तीव्रता वाले भूकंप आने की संभावना कम होती है, जो 1-2 वर्षों में एक ही बार आते हैं, हालाँकि हल्के भूकंप लगभग प्रत्येक मिनट पृथ्वी के किसी-न-किसी भाग में महसूस किए जाते हैं।

ज्वालामुखी

- ज्वालामुखी (Volcano) एक छिद्र अथवा दरार होती है, जिससे होकर पृथ्वी के तप्त गर्म लावा और तरल चट्टानी पदार्थ आदि धरातल पर पहुँचते हैं।
- ज्वालामुखी निर्माण तथा विस्फोट की प्रक्रिया के अंतर्गत **मैग्मा** (Magma) के निकलने से लेकर धरातल या उसके अंदर विभिन्न रूपों में इसके ठंडा होने की विभिन्न क्रियाओं को शामिल किया जाता है।
- इस क्रिया में यदि पदार्थ कुछ समय पहले ही बाहर आया हो या अभी निकल रहा हो, तो वह ज्वालामुखी **सक्रिय ज्वालामुखी** (Active Volcano) कहलाता है।

- तरल चट्टानी पदार्थ दुर्बलता मंडल से निकलकर धरातल पर पहुँचता है, जब तक यह पदार्थ मैंटल के ऊपरी भाग में होता है, **मैग्मा** कहलाता है तथा जब यह भू-पटल के ऊपर या धरातल पर पहुँचता है, तो उसे **लावा** कहा जाता है।
- वह पदार्थ जो धरातल पर पहुँचता है, उसमें लावा प्रवाह, लावा के जमे हुए टुकड़ों का मलबा, ज्वालामुखी, बम, राख, धूलकण व गैसें, जैसे–नाइट्रोजन यौगिक, सल्फर यौगिक और कुछ मात्रा में क्लोरीन, हाइड्रोजन व ऑर्गन आदि शामिल होते हैं।

ज्वालामुखी के अंग

- **ज्वालामुखी शंकु** (Volcanic Cone) धरातल से निकला पदार्थ, जब ज्वालामुखी छिद्र के चारों ओर जमा होने लगता है, तो इससे ज्वालामुखी शंकु का निर्माण होता है। यह बड़ा होने पर ज्वालामुखी पर्वत बन जाता है।
- **ज्वालामुखी छिद्र** (Volcanic Vent) धरातल से तप्त लावा, राख आदि जिस दरार से आता है, उसे ज्वालामुखी छिद्र कहते हैं। यह ज्वालामुखी पर्वत के मध्य में होता है।
- **ज्वालामुखी नली** (Volcanic Pipe) ज्वालामुखी छिद्र का संबंध धरातल के नीचे भू-गर्भ से होता है, जो एक नली के रूप में होता है, इसे ज्वालामुखी नली कहते हैं। इसे निकास नलिका भी कहा जाता है।
- **ज्वालामुखी क्रेटर** (Volcanic Crater) जब ज्वालामुखी का छिद्र विस्तृत हो जाता है, तो उसे ज्वालामुखी क्रेटर या ज्वालामुखी का मुख कहा जाता है। जब धसाव या अन्य कारण से ज्वालामुखी का विस्तार अत्यधिक हो जाता है, तो उसे **काल्डेरा** (Caldera) कहते हैं।

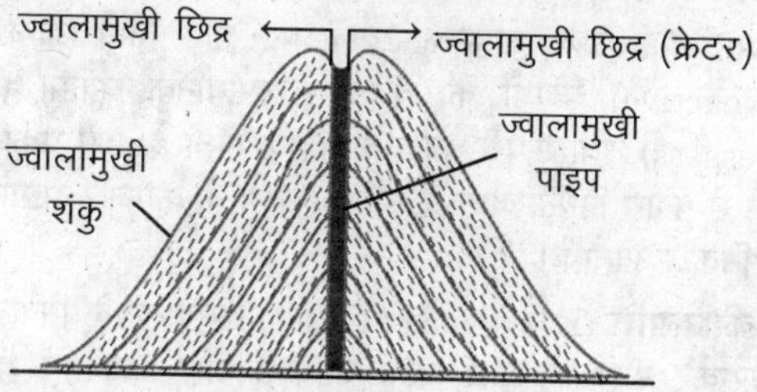

ज्वालामुखी के विभिन्न अंग

ज्वालामुखी के प्रकार

ज्वालामुखी उद्‌गार की प्रवृत्ति और धरातल पर विकसित आकृतियों के आधार पर ज्वालामुखियों को वर्गीकृत किया जाता है। कुछ मुख्य ज्वालामुखी निम्न प्रकार से हैं

शील्ड ज्वालामुखी

- बेसाल्ट प्रवाह के अतिरिक्त पृथ्वी पर पाए जाने वाले सभी ज्वालामुखियों में शील्ड ज्वालामुखी (Shield Volcano) सबसे विशाल है। हवाई द्वीप के ज्वालामुखी इसके सबसे महत्त्वपूर्ण उदाहरण हैं।
- ये ज्वालामुखी मुख्यतः बेसाल्ट से निर्मित होते हैं, जो तरल लावा के ठंडे होने से बनते हैं। यह लावा उद्‌गार के समय बहुत तरल होता है।
- इस कारण इन ज्वालामुखियों का ढाल तीव्र नहीं होता। यदि **निकास नलिका** (Veins) से पानी अंदर चला जाए, तो ये ज्वालामुखी विस्फोटक भी हो जाते हैं, हालाँकि कम विस्फोटक होना इनकी विशेषता है।
- इस ज्वालामुखी से लावा फव्वारे के रूप में बाहर आता है और निकास पर एक शंकु (Cone) बनाता है, जो **सिंडर शंकु** (Cinder cone) के रूप में विकसित होता है।

मिश्रित ज्वालामुखी

- इस ज्वालामुखी से बेसाल्ट की अपेक्षा अधिक ठंडे व श्यान (गाढ़ा या चिपचिपा) लावा का उद्‌गार होता है। प्रायः ये ज्वालामुखी भीषण विस्फोटक होते हैं।
- इनसे लावा के साथ भारी मात्रा में **ज्वलखंडाश्मी** (Pyroclastic) पदार्थ व राख भी धरातल पर पहुँचती है।
- यह पदार्थ निकास नली के आस-पास परतों के रूप में जमा हो जाता है, जिनके जमाव **मिश्रित ज्वालामुखी** (Composite Volcano) के रूप में दिखाई देते हैं।

ज्वालामुखी कुंड

- ये पृथ्वी पर पाए जाने वाले सबसे अधिक विस्फोटक ज्वालामुखी होते हैं। सामान्यतः ये इतने विस्फोटक होते हैं कि जब इनमें विस्फोट होता है, तब वे ऊँचा ढाँचा बनाने के अतिरिक्त स्वयं नीचे धँस जाते हैं।
- इनके धँसे हुए विध्वंस गर्त (लावा के गिरने से जो गड्ढे बनते हैं) ही **ज्वालामुखी कुंड** (Caldera) कहलाते हैं।
- इनका यह विस्फोटक रूप बताता है कि इसे लावा प्रदान करने वाले मैग्मा के भंडार न केवल विशाल हैं, वरन् इनके बहुत समीप स्थित हैं। इनके द्वारा निर्मित पहाड़ी मिश्रित ज्वालामुखी की तरह प्रतीत होती है।

बेसाल्ट प्रवाह क्षेत्र

- बेसाल्ट प्रवाह क्षेत्र (Flood Basalt Provinces) ज्वालामुखी अत्यधिक तरल लावा उगलते हैं, जो बहुत दूर तक विस्तृत हैं।
- संसार के कुछ भाग घने लावा प्रवाह से हजारों वर्ग किमी से ढके हुए हैं। इनमें लावा प्रवाह क्रमानुसार होता है और कुछ प्रवाह 50 मी से भी अधिक मोटे हो जाते हैं। कई बार प्रवाह सैकड़ों किमी दूर तक विस्तृत हो जाता है।

मध्य-महासागरीय कटक ज्वालामुखी

- मध्य-महासागरीय कटक (Mid-Ocean Ridge) ज्वालामुखियों का उद्‌गार महासागरों में होता है। मध्य महासागरीय कटक एक शृंखला है, जो 70000 किमी से भी अधिक लंबी है और सभी महासागरीय बेसिनों (Ocean Basins) में विस्तृत है।
- इस कटक के मध्यवर्ती भाग में लगातार उद्‌गार होता रहता है।

उद्‌गार की तीव्रता के आधार पर ज्वालामुखी के प्रकार

ज्वालामुखी को उद्‌गार की तीव्रता के आधार पर मुख्य रूप से तीन प्रकारों में बाँटा जाता है, जो निम्न प्रकार हैं

1. **सक्रिय ज्वालामुखी** (Active Volcano) सक्रिय ज्वालामुखी में प्रायः विस्फोट तथा उद्‌भेदन अर्थात् उद्‌गार होता ही रहता है। इसका मुख सर्वदा खुला रहता है और समय-समय पर लावा, धुआँ तथा अन्य पदार्थ निकलते रहते हैं। इससे एक शंकु का निर्माण होता है। सिसली द्वीप का स्ट्राम्बोली ज्वालामुखी एवं एटना ज्वालामुखी इसके प्रमुख उदाहरण हैं, जो 2500 वर्ष से सक्रिय हैं। स्ट्राम्बोली को **भूमध्य सागर का प्रकाश स्तंभ** भी कहा जाता है।

2. **प्रसुप्त ज्वालामुखी** (Dormant Volcano) ये वे ज्वालामुखी होते हैं, जिनसे ऐतिहासिक काल में कोई उद्भेदन (विस्फोट) नहीं हुआ है, किंतु इसकी संभावना होती है। यह जब कभी क्रियाशील होता है, तो इसके मुख से गैसें तथा वाष्प निकलती है। इटली का विसूवियस ज्वालामुखी इसका प्रमुख उदाहरण है, जिसमें अनेक वर्षों तक प्रसुप्त रहने के पश्चात् वर्ष 1931 में अचानक विस्फोट हुआ था।
3. **मृत ज्वालामुखी** (Extinct Volcano) ये वे ज्वालामुखी होते हैं, जिनसे उद्भेदन की क्रिया पूरी तरह बंद हो चुकी है और भविष्य में भी इसकी संभावनाएँ नहीं पाई जाती हैं।

   इसका मुख मिट्टी, लावा आदि पदार्थों से बंद हो जाता है और इसका मुख कालांतर में झील के रूप में परिवर्तित हो जाता है तथा इसके ऊपर पेड़-पौधे उग जाते हैं। म्यांमार का **पोपा ज्वालामुखी** इसका प्रमुख उदाहरण है।

ज्वालामुखी का उद्गार के अनुसार वर्गीकरण

ज्वालामुखी का उद्गार के अनुसार वर्गीकरण निम्न प्रकार है

1. **केंद्रीय उद्भेदन** (उद्गार) **वाले ज्वालामुखी** (Volcanoes of Central Eruption Type) इसमें उद्गार प्रायः एक संकरी नली या द्रोणी के सहारे एक छिद्र से होता है। इनके उद्गार में अंतर तथा निरंतर पदार्थों की विविधता एवं उद्गार की अवधि के अनुसार इस ज्वालामुखी को कई प्रकारों में बाँटा जाता है, जो निम्न हैं
   - **हवाई तुल्य ज्वालामुखी** (Hawaiian Eruption) इस प्रकार के ज्वालामुखियों का उद्गार शांत ढंग से होता है तथा विस्फोट बहुत कम होता है, जिसका मुख्य कारण लावा का पतला होना तथा गैस की तीव्रता में कमी का होना पाया जाता है।
   - **स्ट्राम्बोली तुल्य ज्वालामुखी** (Strombolian Eruption) इस प्रकार का ज्वालामुखी हवाई तुल्य की अपेक्षा क्रम तीव्रता से प्रकट होता है। इसके लावा में अम्ल की मात्रा कम होती है। ऐसा ज्वालामुखी भूमध्य सागर में सिसली द्वीप के उत्तर में स्थित लिपारी द्वीप में स्ट्राम्बोली (Stromboli) ज्वालामुखी में पाया जाता है।
   - **वलकैनो तुल्य ज्वालामुखी** (Volcanic Eruption) इस प्रकार का ज्वालामुखी प्रायः विस्फोट एवं भयंकर उद्गार के साथ ही प्रकट होता है तथा इसका नामकरण भूमध्य सागर में स्थित लिपारी द्वीप के प्रसिद्ध ज्वालामुखी वलकैनो के आधार पर किया गया है। ऐसे ज्वालामुखी का आकार प्रायः फूलगोभी के रूप में होता है।
   - **पीलियन तुल्य ज्वालामुखी** (Pelean Eruption) इस प्रकार का ज्वालामुखी सबसे अधिक विनाशकारी होता है तथा इनका उद्गार सबसे अधिक विस्फोटक एवं भयंकर होता है। इनसे निकला हुआ लावा अधिक चिपचिपा तथा लसरदार होता है। इनके उद्गार से पहले शंकु या गुंबद पूर्णतया या अधिकांशतः नष्ट हो जाते हैं। इसका प्रमुख उदाहरण है- क्राकाटाओ ज्वालामुखी जिसका उद्गार जावा एवं सुमात्रा के मध्य 1883 ई. में हुआ था।
   - **विसूवियस तुल्य ज्वालामुखी** (Vesuvian Eruption) यह ज्वालामुखी वलकैनियन प्रकार के होते हैं। इसमें अंतर केवल इतना होता है कि गैसों की तीव्रता के कारण लावा पदार्थ आकाश में अत्यधिक ऊँचाई तक पहुँच जाता है। इसमें ज्वालामुखी बादल का आकार फूलगोभी के समान होता है। इस प्रकार का उद्भेदन 79 ई. में विसूवियस में हुआ था, जिसका पर्यवेक्षण ग्रीक विद्वान् प्लिनी ने किया था।
2. **दरारी उद्गार वाले ज्वालामुखी** (Fissure Eruption) इसमें लावा एक दरार या भ्रंश के सहारे शांत रूप से निकलता है। इसमें गैस तथा विखंडित पदार्थ की मात्रा बहुत कम होती है। इसके लावा के जमने से पठार का निर्माण होता है।

संयुक्त राज्य अमेरिका का कोलंबिया का पठार, प्रायद्वीपीय भारत का लावा प्रदेश इसी प्रकार के ज्वालामुखी उद्गार से निर्मित माने जाते हैं, इसे आइसलैंड तुल्य ज्वालामुखी के रूप में जाना जा सकता है।

ज्वालामुखी उद्गार के कारण

ज्वालामुखी उद्गार के प्रमुख कारण निम्नलिखित हैं

- **प्लेट विवर्तनिकी** (Tectonic Plates) विनाशकारी प्लेट किनारों के सहारे विस्फोटक प्रकार के ज्वालामुखी का उद्गार होता है, जब दो प्लेट आमने-सामने खिसकती हैं, तो उनकी आपसी टक्कर के कारण कम घनत्व वाली प्लेट नीचे चली जाती है और 100 किमी की गहराई में पहुँचकर पिघल जाती है, जो केंद्रीय उद्भेदन के रूप में बाहर निकलती है।
- **कमजोर भू-पटल का होना** (Weak layer of the Crust) ज्वालामुखी का लावा कमजोर भू-पटल को तोड़कर ही बाहर आता है। प्रशांत महासागर के तटीय भाग, पश्चिमी द्वीप समूह और एंडीज पर्वत क्षेत्र के ज्वालामुखी इसका प्रमाण हैं।
- **भू-गर्भ में अत्यधिक तापमान का होना** (High Temperature in Crowd) यह उच्च तापमान, वहाँ पर पाए जाने वाले रेडियोधर्मी (Radioactive) पदार्थों के विघटन, रासायनिक प्रक्रमों (Chemical Processess) तथा ऊपरी दबाव के कारण होता है। इस प्रकार से अधिक गहराई में पदार्थ पिघल जाता है और भू-तल के कमजोर भागों को तोड़कर बाहर निकल आता है।
- **गैसों की उत्पत्ति** (Evolution of Gases) समुद्र तट के निकट समुद्री जल भी रिसकर नीचे की ओर चला जाता है और जलवाष्प बन जाता है। जलवाष्प के बनने से उसका आयतन तथा दबाव बढ़ जाता है। अतः वह भू-तल पर किसी कमजोर स्थान पर विस्फोट के साथ बाहर निकल आता है।

ज्वालामुखी का विश्व वितरण

विश्व में ज्वालामुखी का असमान वितरण पाया जाता है। ऑस्ट्रेलिया महाद्वीप में एक भी ज्वालामुखी नहीं पाए जाता, वहीं एशिया के प्रशांत महासागर के द्वीपों में और हिंद महासागर में अधिक ज्वालामुखी पाए जाते हैं। इस प्रकार विश्व में ज्वालामुखी के तीन पेटी या क्षेत्र पाए जाते हैं, जिनका विवरण निम्न प्रकार है

- **प्रशांत महासागरीय पेटी** (Pacific Ocean Belt) प्रशांत महासागर के पूर्वी तथा पश्चिमी तटों पर बड़ी संख्या में ज्वालामुखी पाए जाते हैं, जिसे प्रशांत महासागर का अग्नि वलय (Ring of Fire) कहते हैं। इस पेटी में लगभग ज्वालामुखियों का दो-तिहाई भाग पाया जाता है।
- इसमें अल्यूशियन, जापान द्वीप समूह तथा हवाइलैंड द्वीप के ज्वालामुखी, जापान का प्रसिद्ध ज्वालामुखी पर्वत फ्यूजीयामा, फिलीपींस में स्थित माउंट बेनताल, मध्य अमेरिका का चिंबरेजो आदि सम्मिलित पाए जाते हैं।

- **मध्य महाद्वीपीय पेटी** (Mid Continental Belt) यह पेटी आइसलैंड (मध्य अटलांटिक कटक के ऊपर स्थित है) के हेकला पर्वत से प्रारंभ होती है। यहाँ दरारी उद्गार वाले अनेक ज्वालामुखी दृष्टिगोचर होते हैं। यह पेटी यूरोप तथा एशिया के मध्यवर्ती भागों में आल्पस तथा हिमालय पर्वत के साथ-साथ पूर्व-पश्चिम दिशा में फैली हुई है।
- **अफ्रीकन रिफ्ट पेटी** (African Rift Valley Belt) यह अफ्रीका के पूर्वी भाग में झील क्षेत्र से लाल सागर तक होती हुई उत्तर में वैलेस्टाइन तक फैली है, इसका सबसे क्रियाशील ज्वालामुखी कैमरून पर्वत है। तंजानिया का किलिमंजारो एक मृत ज्वालामुखी है, जो रिफ्ट से बाहर पाया जाता है।
- **मध्य अटलांटिक पेटी** (Mid-Atlantic Belt) कुछ ज्वालामुखी अटलांटिक महासागर में भी हैं। इस महासागर में प्रमुख ज्वालामुखी केपवर्डे है। इसके अतिरिक्त एजोर्स, सेंट हेलना आदि अन्य ज्वालामुखी द्वीप हैं।

ज्वालामुखी स्थलाकृतियाँ

ज्वालामुखी स्थलाकृतियाँ निम्नलिखित हैं

अंतर्वेधी आकृतियाँ

- जब लावा भू-पटल के भीतर ही ठंडा हो जाता है, तो कई आकृतियाँ बनती हैं, ये आकृतियाँ अंतर्वेधी आकृतियाँ कहलाती हैं।
- ज्वालामुखी उद्गार से जो लावा निकलता है, उसके ठंडा होने से आग्नेय शैल बनती है।
- लावा का यह जमाव या तो धरातल पर पहुँच कर होता है या धरातल तक पहुँचने से पहले ही भू-पटल के नीचे शैल परतों में ही हो जाताहै।
- लावा के ठंडा होने के स्थान के आधार पर आग्नेय शैलों का वर्गीकरण किया जाता है, जो निम्नलिखित हैं
  - **ज्वालामुखी शैल**, चट्टान (Volcanic Rocks), जब लावा धरातल पर पहुँचकर ठंडा होता है।
  - **पातालीय** (Plutonic) **शैल**, जब लावा धरातल के नीचे ही ठंडा होकर जम जाता है।

अन्य अंतर्वेधी आकृतियाँ

अन्य अंतर्वेधी आकृतियाँ निम्न हैं

- **बैथोलिथ** (Batholiths) जब मैग्मा का बड़ा पिंड भू-पर्पटी में अधिक गहराई पर ठंडा हो जाता है। यह एक गुंबद के आकार में विकसित हो जाता है, इन्हें बैथोलिथ कहा जाता है, जो मैग्मा भंडारों के जमे हुए भाग होते हैं। अनाच्छादन प्रक्रियाओं के द्वारा ऊपरी पदार्थ के हट जाने पर यह धरातल पर प्रकट होते हैं। ये विशाल क्षेत्र में फैले होते हैं और कभी-कभी इनकी गहराई भी कई किमी तक होती है। यह ग्रेनाइट के बने पिंड होते हैं।
- **लैकोलिथ** (Laccoliths) ये गुंबदनुमा विशाल अंतर्वेधी चट्टानें होती हैं, जिनका तल समतल व एक पाइपरूपी वाहक नली से नीचे जुड़ा होता है। इसकी आकृति धरातल पर पाए जाने वाले मिश्रित ज्वालामुखी के गुंबद से मिलती है। इनमें अंतर केवल यह होता है कि लैकोलिथ गहराई में पाया जाता है। कर्नाटक के पठार में ग्रेनाइट चट्टानों की बनी, ऐसी ही गुंबदनुमा पहाड़ियाँ हैं। इनमें से अधिकतर अब अपत्रित (Exfoliated) हो चुकी हैं व धरातल पर देखी जा सकती हैं। ये लैकोलिथ तथा बैथोलिथ के अच्छे उदाहरण हैं।
- **लैपोलिथ, फैकोलिथ व सिल** (Lapolith, Phacolith, Sills) धरातल के नीचे जब लावा का जमाव तश्तरी (Saucer) के रूप में हो जाता है, तो यह **लैपोलिथ** (Lapolith) कहलाता है। फैकोलिथ (Phacolith) परतदार चट्टानों की एक निश्चित वाहक नली है, जिससे मैग्मा का भंडार जुड़ा होता है। यह जमाव कई बार अंतर्वेधी आग्नेय चट्टानों की मोड़दार अवस्था में अपनति (Anticline) के ऊपर व अभिनति (Syncline) के तल में होता है। जमाव की मोटाई के आधार पर इन्हें विभाजित किया जाता है. कम मोटाई वाले जमाव को शीट तथा घने मोटाई वाले जमाव को **सिल** कहा जाता है।
- **डाइक** (Dykes) जब धरातल के नीचे लावा का जमाव लंबवत् रूप में होता है, जो एक दीवार की भाँति संरचना बनाता है, ऐसी आकृति को **डाइक** कहा जाता है। **पश्चिमी महाराष्ट्र क्षेत्र** की अंतर्वेधी आग्नेय चट्टानों में यह आकृति बहुतायत में पाई जाती है। ज्वालामुखी उद्गार से बने दक्कन ट्रेप के विकास में डाइक उद्गार के वाहक को समझा जा सकता है।

बाह्य आकृतियाँ

यह वह आकृतियाँ होती हैं, जिनका निर्माण धरातल के ऊपर लावा के जमने से होता है। कुछ महत्त्वपूर्ण आकृतियाँ निम्न हैं

- **सिंडर शंकु अथवा राख** (Cinder or Ash Cones) ज्वालामुखी निकास से बाहर हवा में उड़ा हुआ लावा शीघ्र ही ठंडा होकर ठोस टुकड़ों में परिवर्तित हो जाता है, जिसे सिंडर कहते हैं। विस्फोटीय ज्वालामुखी द्वारा जमा की गई राख अथवा अंगारों से बनने वाली शंक्वाकार आकृति को सिंडर शंकु कहते हैं। हवाई द्वीप में ऐसे शंकु अधिक संख्या में पाए जाते हैं।
- **मिश्रित शंकु** (Composite Cones) यह बड़े तथा ऊँचे शंकु होते हैं, जिनका निर्माण लावा, राख तथा अन्य ज्वालामुखी पदार्थों के बारी-बारी से जमने से होता है। यह जमाव समानांतर परतों में होता है। इसकी ढलानों पर कई छोटे-छोटे शंकु बन जाते हैं, जिन्हें परजीवी शंकु (Strato Cones) कहा जाता है। इटली का स्ट्राम्बोली मिश्रित शंकु का प्रमुख उदाहरण है।
- **शंकुस्थ शंकु** (Cone-in Cone or Nested Cone) इसे घोसला शंकु के नाम से भी जाना जाता है, क्योंकि इसमें एक शंकु के अंदर ही एक अन्य शंकु का निर्माण हो जाता है। विसूवियस ज्वालामुखी, ऐसे शंकु का प्रमुख उदाहरण है।
- **क्षारीय लावा शंकु या लावा शील्ड** (Basic Lava or Lava Shield) यह दूर-दूर तक फैला होता है और यह कम ऊँचाई तथा मंद ढाल वाला शंकु होता है। इसके लावा में सिलिका की मात्रा कम होती है तथा यह अम्ल, लावा की अपेक्षा अधिक तरल तथा पतला होता है, जिससे इसका आधार फैला होता है। हवाई द्वीप का मोनालोआ शंकु इसका प्रमुख उदाहरण है।
- **अम्ल लावा शंकु अथवा गुंबद** (Acidic Lava Cones) यह अम्लीय लावा से निर्मित शंकु होता है। इसमें सिलिका की मात्रा अधिक होती है। यह काफी गाढ़ा तथा चिपचिपा होता है। यह लावा ज्वालामुखी से निकलने के बाद तुरंत ही मुख के पास जम जाता है, जिससे तीव्र ढाल वाले गुंबद का निर्माण होता है। इटली का स्ट्राम्बोली इसका प्रमुख उदाहरण है।
- **लावा पठार** (Lava Plateau) ज्वालामुखी विस्फोट से लावा के जमाव से विस्तृत पठारों का निर्माण होता है। संयुक्त राज्य अमेरिका का कोलंबिया का पठार भारत का दक्कन का पठार इसके प्रमुख उदाहरण हैं।

ज्वालामुखी पर्वत

ज्वालामुखी के लावा के जमा होने से बड़े आकार के शंकु का निर्माण होता है, जिसे **ज्वालामुखी पर्वत** (Volcanic Mountain) कहा जाता है। जापान का **फ्यूजीयामा** (Mount Fuji) सबसे महत्त्वपूर्ण ज्वालामुखी पर्वत है।

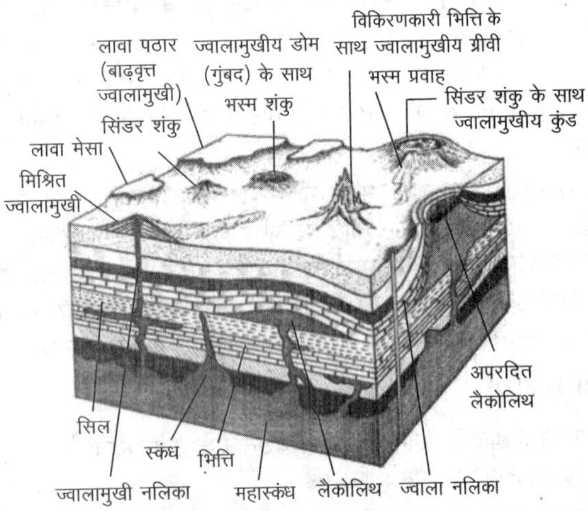

ज्वालामुखी स्थलाकृतियाँ

शैल/चट्टान

- पृथ्वी की भू-पर्पटी अनेक प्रकार के शैलों से बनी है। पृथ्वी की पर्पटी बनाने वाले खनिज पदार्थ के प्राकृतिक पिंड को **शैल** (Rocks) कहते हैं।
- शैल कठोर या नरम अथवा विभिन्न रंगों की हो सकती हैं; जैसे- ग्रेनाइट, कठोर तथा **सेलखड़ी** नरम है। ग्रेवो, काला तथा क्वार्ट्जाइट दूधिया, श्वेत हो सकता है।
- शैलों में खनिज घटकों का कोई निश्चित संघटन नहीं होता है।
- शैलों में सामान्यत: पाए जाने वाले खनिज पदार्थ **फेल्डस्पर** तथा क्वार्ट्ज होते हैं।
- **पेट्रोलॉजी** (Petrology) शैलों का विज्ञान है। एक पेट्रो शास्त्री शैलों के विभिन्न स्वरूपों का अध्ययन करता है; जैसे- खनिज की संरचना, बनावट, गठन, स्रोत, प्राप्ति स्थान, परिवर्तन एवं दूसरी शैलों के साथ संबंध।

> शैलों को उनकी निर्माण पद्धति के आधार पर तीन समूहों में विभाजित किया गया है
> - **आग्नेय शैल** (Igneous Rocks) मैग्मा तथा लावा से घनीभूत होकर निर्मित।
> - **अवसादी शैल** (Sedimentary Rocks) बहिर्जनित प्रक्रियाओं के द्वारा शैलों के अंशों के निक्षेपण का परिणाम।
> - **कायांतरित शैल** (Metamorphic Rocks) उपस्थित शैलों में पुनर्क्रिस्टलीकरण की प्रक्रिया से निर्मित।

शैलों के प्रमुख प्रकार

शैलों के प्रमुख प्रकार निम्नलिखित हैं

आग्नेय शैल/चट्टान

- आग्नेय शैलों (Igneous Rocks) का निर्माण पृथ्वी के आंतरिक भाग के **मैग्मा** एवं **लावा** से होता है, अत: इसे **प्राथमिक शैलें** (Primary Rocks) भी कहते हैं।
- मुख्य रूप से मैग्मा के ठंडा होकर घनीभूत हो जाने पर आग्नेय शैलों का निर्माण होता है। ग्रेनाइट, ग्रेबो, पेग्मैटाइट, बेसाल्ट, ज्वालामुखीय ब्रेसिया (Volcanic Breccia) तथा टफ प्रमुख आग्नेय शैल हैं।
- आग्नेय, लैटिन भाषा के 'Ignis' शब्द से बना है, जिसका अर्थ-अग्नि होता है। इसकी बनावट इसके कणों के आकार एवं व्यवस्था अथवा पदार्थ की भौतिक अवस्था पर निर्भर करती है।
- जब पिघले हुए पदार्थ धीरे-धीरे गहराई तक ठंडे होते हैं, तो खनिज के कण पर्याप्त बड़े हो सकते हैं।

आग्नेय चट्टानों का वर्गीकरण

आग्नेय चट्टानें दो प्रकार की होती हैं

1. **अंतर्भेदी आग्नेय शैल** (Intrusive Igneous Rocks) द्रवित मैग्मा, जब भू-पर्पटी की गहराई में ठंडा होता है, तो इससे निर्मित शैल **अंतर्भेदी आग्नेय शैल** कहलाती है। यह धीरे-धीरे ठंडा होता है, जिसके कारण इसके कण बड़े हो जाते हैं। ग्रेनाइट इसका प्रमुख उदाहरण है।
2. **बहिर्भेदी आग्नेय शैल** (Extrusive lgneous Rocks) जब द्रवित लावा पृथ्वी की सतह पर आकर जमता है, तो ऐसे निर्मित शैल को बहिर्भेदी आग्नेय शैल कहते हैं। यह तेजी से ठंडा होकर ठोस हो जाता है, जिससे इसकी संरचना महीन कणों वाली होती है; जैसे- बेसाल्ट।

आग्नेय चट्टानों की विशेषताएँ

- इनका रंग बेसाल्ट जैसा गहरा अथवा ग्रेनाइट जैसा हल्का होता है, जो उनमें पाए जाने वाले **सिलिका** की मात्रा पर निर्भर करता है। सिलिका की मात्रा कम होने पर इनका रंग गहरा और अधिक होने पर हल्का होता है।
- जिन चट्टानों में सिलिका की मात्रा अधिक होती है, उन्हें **अम्लीय** तथा जिसमें सिलिका की मात्रा कम होती है, उन्हें **क्षारीय** कहते हैं।
- क्षारीय चट्टानों में ऑक्साइड की मात्रा अधिक होती है। आग्नेय चट्टान जीवाश्म रहित होती हैं।
- ये चट्टानें रवा-युक्त होती हैं। तरल से ठोस अवस्था में बदलते समय इनमें रवों का निर्माण होता है।
- रवों का आकार ठंडे होने की अवधि पर निर्भर करता है। ग्रेनाइट चट्टानों का उपयोग इमारतें तथा सड़क बनाने में किया जाता है। देश की बहुत-सी इमारतें, किलें, मंदिर इत्यादि ग्रेनाइट चट्टानों से बने हैं।

अवसादी शैल

- अवसादी अर्थात् सेडिमेंट्री (Sedimentary) शब्द की व्युत्पत्ति लैटिन भाषा के शब्द 'सेडिमेंट्स' से हुई है, जिसका अर्थ होता है- व्यवस्थित होना।
- शैल जब टकराकर छोटे-छोटे टुकड़ों में टूट जाती है, तब इन छोटे कणों को **अवसाद** (Deposits) कहते हैं। यही अवसाद दबकर एवं कठोर होकर शैल की परत बनाते हैं, जिसे **अवसादी शैलें** (Sedimentary Rocks) कहते हैं।
- इस प्रकार पृथ्वी की सतह की शैलें (आग्नेय, अवसादी एवं कायान्तरित) अक्षयकारी कारकों के प्रति अनावृत होती हैं, जो विभिन्न आकार के विखंडों (Fragments) में विभाजित होती हैं।
- ऐसे उपखंडों का विभिन्न बहिर्जनित कारकों के द्वारा संवहन एवं निक्षेपण होता है। संघनता के द्वारा ये संचित पदार्थ शैलों में परिणत हो जाते हैं। यह प्रक्रिया **शिलीभवन** (Lithification) कहलाती है। बहुत-सी अवसादी शैलों में निक्षेपित परतें शिलीभवन के बाद भी अपनी विशेषताएँ बनाए रखती हैं। इसी कारणवश **बालुकाश्म शैल** (Sand Stone Rock) जैसी अवसादी शैलों में विविध सांद्रता वाली अनेक सतहें पाई जाती हैं।

- अवसादी चट्टानों में आर्थिक महत्त्व वाले खनिज कम पाए जाते हैं, हालाँकि लौह-अयस्क, फॉस्फेट, इमारती पत्थर, कोयला और सीमेंट बनाने वाले पदार्थों के स्रोत अवसादी चट्टानें ही हैं।
- भारतीय उपमहाद्वीप में गंगा-सिंधु का जलोढ़ मैदान भी अवसादी जमाव से बना है।
- नदियों द्वारा निर्मित समतल अवसादी मैदान, बालू के महीन जमाव से बने हैं। लोयस का मैदान अवसादों से निर्मित मैदान हैं, जो अधिक उपजाऊ एवं सघन बसाव वाला है।
- चूना एवं डोलोमाइट व अन्य मिट्टियाँ, जो इस्पात उद्योग में काम आती हैं, वे अवसादी चट्टानें होती हैं।

अवसादी शैलों का वर्गीकरण

निर्माण पद्धति के आधार पर अवसादी शैलों का वर्गीकरण तीन प्रमुख समूहों में किया गया है, जो निम्न प्रकार हैं

1. **यांत्रिकी रूप से निर्मित** (Mechanically Formed) इसके प्रमुख उदाहरण-बालुकाश्म, पिंडशिला, चूना प्रस्तर, शैल, विमृदा आदि हैं।
2. **कार्बनिक रूप से निर्मित** (Organically Formed) इसके प्रमुख उदाहरण- गीजराइट, खड़िया, चूना-पत्थर, कोयला आदि हैं।
3. **रासायनिक रूप से निर्मित** (Chemically Formed) इसके प्रमुख उदाहरण शृंग, प्रस्तर, चूना-पत्थर, हेलाइट, पोटाश, सेंधा नमक, जिप्सम तथा शोरा आदि हैं।

अवसादी चट्टानों की विशेषताएँ

- अवसादी चट्टानों का 80% भाग शैल, 12% भाग बलुआ पत्थर और 8% भाग **चूने का पत्थर** होता है। इनके अनेक रंग होते हैं।
- इसे **परतदार शैल** भी कहा जाता है। अधिकतर जीवाश्म एवं खनिज तेल इसी प्रकार की चट्टानों में पाए जाते हैं।
- संपूर्ण भू-पृष्ठ के लगभग 75% भाग पर अवसादी शैलों का विस्तार है, जबकि क्रस्ट के निर्माण में इनका योगदान 5% है।

कायांतरित शैल

- कायांतरित शैल का अर्थ है- स्वरूप में परिवर्तन। दाब, आयतन एवं तापमान में परिवर्तन की प्रक्रिया के फलस्वरूप इन शैलों का निर्माण होता है।
- यह शैल **दाब**, **आयतन** तथा **तापमान** (PVT-Pressure, Volume, Temperature) में परिवर्तन के द्वारा निर्मित होती हैं।
- जब विवर्तनिक प्रक्रिया के कारण शैल निचले स्तर की ओर बलपूर्वक खिसक जाती है या जब भू-पृष्ठ से उठता, पिघला हुआ **मैग्मा भू-पृष्ठीय** शैलों (Crustal Rocks) के संपर्क में आता है या जब ऊपरी शैलों के कारण निचली शैलों पर अत्यधिक दबाव पड़ता है, तब **कायांतरण** (Metamorphism) होता है।
- कायांतरण वह प्रक्रिया है, जिसमें समेकित शैलों में पुनः क्रिस्टलीकरण होता है तथा वास्तविक शैलों में पदार्थ पुनः संगठित हो जाते हैं।
- बिना किसी विशेष रासायनिक परिवर्तनों के टूटने एवं पिसने के कारण वास्तविक शैलों में यांत्रिकी व्यवधान एवं उनका पुनः संगठित होना **गतिशील कायांतरित** (Dynamic Metamorphism) कहलाता है।
- ऊष्मीय कायांतरण के कारण शैलों के पदार्थों में रासायनिक परिवर्तन एवं **पुनः क्रिस्टलीकरण** (Recrystallise) होता है।

ऊष्मीय कायांतरण के प्रकार

ऊष्मीय कायांतरण के दो प्रकार होते हैं

1. **संपर्क कायांतरण** (Contact Metamorphism) इसमें शैलें, ऊपर आते हुए गर्म मैग्मा एवं लावा के संपर्क में आती हैं तथा उच्च तापमान में शैलों के पदार्थों का पुनः क्रिस्टलीकरण होता है, इससे नए पदार्थ उत्पन्न होते हैं।
2. **प्रादेशिक कायांतरण** (Regional Metamorphism) इसमें उच्च तापमान अथवा दबाव अथवा इन दोनों के कारण शैलों में विवर्तनिक दबाव के कारण विकृतियाँ होती हैं, जिससे शैलों में पुनः क्रिस्टलीकरण होता है।

कायांतरित चट्टानों की विशेषताएँ

- कायांतरण की प्रक्रिया में शैलों के कुछ कण या खनिज सतहों या रेखाओं के रूप में व्यवस्थित हो जाते हैं।
- कायांतरित शैलों में खनिज अथवा कणों की इस व्यवस्था को **पत्रण** (Foliation) या रेखांकन कहते हैं। कभी-कभी खनिज या विभिन्न प्रकार के समूहों के कण पतली से मोटी सतह से इस प्रकार व्यवस्थित होते हैं कि ये हल्के गहरे रंगों में दिखाई देते हैं।
- कायांतरित शैलों में ऐसी संरचना को **बैंडिंग** (Banding) कहते हैं तथा बैंडिंग प्रदर्शित करने वाली शैलों को **बैंडेड शैल** (Banded Rocks) कहते हैं।
- कायांतरित होने वाली वास्तविक शैलों पर ही इनके प्रकार निर्भर करते हैं। इन शैलों को दो प्रमुख भागों में वर्गीकृत किया जा सकता है- पत्रित शैल अथवा अपत्रित शैल।
- पट्टिताश्मीय ग्रेनाइट, सायनाइट, स्लेट, शिस्ट, संगमरमर, क्वार्ट्ज आदि रूपांतरित शैलों के कुछ उदाहरण हैं।

शैल चक्र

- एक वर्ग की शैलों अथवा चट्टानों के विभिन्न परिस्थितियों में दूसरे वर्ग में परिवर्तन को चट्टानों का चक्र अथवा **शैल चक्र** (Rock Cycle) कहते हैं।
- इस चक्र में शैलें अपने मूल रूप में अधिक समय तक नहीं रहती हैं, बल्कि इसमें परिवर्तन होते रहते हैं।
- अतः शैल चक्र एक सतत् प्रक्रिया होती है, जिसमें पुरानी शैलें परिवर्तित होकर नवीन रूप ग्रहण करती हैं।
- आग्नेय शैलें प्राथमिक शैलें हैं तथा अन्य (अवसादी एवं कायांतरित) शैलें इन प्राथमिक शैलों से निर्मित होती हैं, वहीं आग्नेय चट्टानों को भी कायांतरित शैलों में परिवर्तित किया जा सकता है।
- आग्नेय एवं कायांतरित शैलों से प्राप्त अंशों से अवसादी शैलों का निर्माण होता है। इसके पश्चात् यह अपखंडों में परिवर्तित होती हैं।
- इस प्रकार से निर्मित भू-पृष्ठीय शैलें (आग्नेय, कायांतरित एवं अवसादी) प्रत्यावर्तन के द्वारा पृथ्वी के आंतरिक भाग में नीचे की ओर चली जाती हैं तथा पृथ्वी के आंतरिक भाग में तापमान बढ़ने के कारण पिघलकर मैग्मा में परिवर्तित हो जाती हैं, जो आग्नेय शैलों के मूल स्रोत होते हैं।
- इस चक्र को शक्ति देने वाली ऊर्जा के दो स्रोत हैं, पहला स्रोत पृथ्वी के अंदर पाई जाने वाली ऊष्मा है, जो ठोस चट्टानों को पिघलाने की शक्ति रखती है।

- दूसरा प्रमुख स्रोत **सूर्य की ऊर्जा** (Energy from the Sun) है, जिसके प्रभाव से धरातल की चट्टानें टूटती हैं और महीन कणों वाले मलबों के रूप में परिवर्तित होकर बिखर जाती हैं। इसी अवसाद से अवसादी चट्टानें बनती हैं, जो कालांतर में रूपांतरित हो जाती हैं।

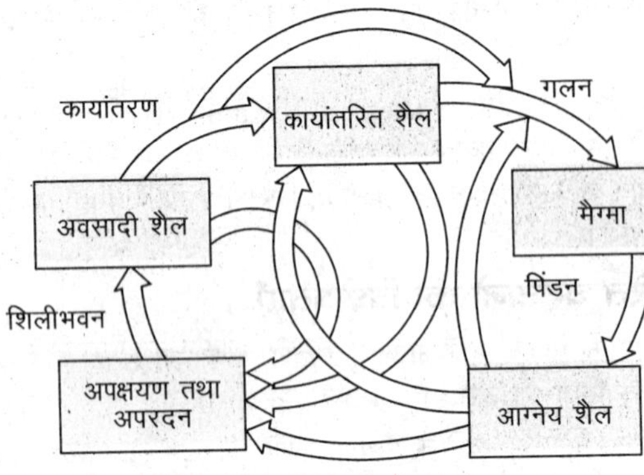

शैल चक्र

महासागरों और महाद्वीपों का वितरण

महासागरों और महाद्वीपों का वितरण निम्नलिखित प्रकार से है

महाद्वीपीय प्रवाह

- पृथ्वी के 29% भाग पर **महाद्वीप** (Continent) और शेष पर **महासागर** (Ocean) विस्तृत हैं। अटलांटिक महासागरीय तटरेखा की आकृति में दोनों ओर आश्चर्यजनक सममिति (Symmetry) है। इसी समानता ने दक्षिण व उत्तर अमेरिका तथा यूरोप के एक साथ जुड़े होने की संभावना को व्यक्तकिया।
- वर्ष 1956 में सर्वप्रथम एक डच मानचित्रवेत्ता **अब्राहम ऑर्टेलियस** (Abraham Ortelius) ने इस संभावना को व्यक्त किया।
- **एण्टोनियो पैलेग्रीनी** (Antonio Pelliegrini) ने एक मानचित्र बनाया, जिसमें तीनों महाद्वीपों को एकसाथ दिखाया गया था।

महाद्वीपीय विस्थापन सिद्धांत

- जर्मन मौसमविद् **अल्फ्रेड वेगनर** ने **महाद्वीपीय विस्थापन सिद्धांत** (Continental Drift Theory) वर्ष 1912 में प्रस्तावित किया, जो महाद्वीपों एवं महासागरों के वितरण से संबंधित था।
- इस सिद्धांत की आधारभूत संकल्पना यह थी कि सभी महाद्वीप एक अकेले भूखंड से जुड़े हुए थे।
- वेगनर के अनुसार, आज के सभी महाद्वीप इस भूखंड के भाग थे तथा यह एक बड़े महासागर से घिरा हुआ था। इन्होंने इस बड़े महाद्वीप को **पैंजिया** (Pangaea) नाम दिया।
- पैंजिया का अर्थ है-संपूर्ण पृथ्वी। इसने विशाल महासागर को **पैंथालासा** (Panthalassa) कहा, जिसका अर्थ है-जल ही जल।
- वेगनर के अनुसार, लगभग 20 करोड़ वर्ष पहले पैंजिया का विभाजन आरंभ हुआ। यह दो बड़े महाद्वीपीय पिंडों **लॉरेशिया** और **गोंडवानालैंड** क्रमश: उत्तरी व दक्षिणी भूखंडों के रूप में विभक्त हुआ। तत्पश्चात् लॉरेशिया व गोंडवानालैंड धीरे-धीरे अनेक छोटे हिस्सों में बँट गए, जो आज के महाद्वीप के रूप में हैं।

महाद्वीपीय विस्थापन के पक्ष में प्रमाण

- **महाद्वीपों में साम्य** दक्षिण अमेरिका व अफ्रीका के आमने-सामने की तटरेखाएँ अद्भुत व त्रुटिरहित साम्य दिखाती हैं। वर्ष 1964 में बुलर्ड (Bullard) ने एक कम्प्यूटर प्रोग्राम की सहायता से अटलांटिक तटों को जोड़ते हुए एक मानचित्र तैयार किया था।
- **महासागरों के पार चट्टानों की आयु में समानता** आधुनिक समय में विकसित की गई रेडियो मिट्रिक काल निर्धारण विधि से महासागरों के पार महाद्वीपों की चट्टानों के निर्माण के समय को सरलता से जाना जा सकता है।
- आज से 200 करोड़ वर्ष पूर्व के प्राचीन शैल समूहों की एक पट्टी ब्राजील तट और पश्चिमी अफ्रीका के तट पर मिलती है, जो आपस में मेल खाती है। दक्षिण अमेरिका और अफ्रीका के तटरेखा के साथ पाए जाने वाले आरंभिक समुद्री निक्षेप जुरेसिक काल के हैं।
- **टिलाइट** हिमानी निर्मित अवसादी चट्टानें टिलाइट पुरातन जलवायु और महाद्वीपों के विस्थापन के स्पष्ट प्रमाण प्रस्तुत करते हैं। भारत में पाए जाने वाले गोंडवाना श्रेणी के तलछटों के प्रतिरूप दक्षिण गोलार्द्ध के छ: विभिन्न स्थलखंडों से मिलते हैं।
- गोड़वाना श्रेणी के आधार तल में विद्यमान टिलाइट विस्तृत व लंबे समय तक हिमाच्छादन को इंगित करते हैं। इस क्रम के प्रतिरूप भारत के अतिरिक्त अफ्रीका, फॉकलैंड द्वीप, मेडागास्कर, अंटार्कटिक व ऑस्ट्रेलिया में मिलते हैं।
- **प्लेसर निक्षेप** घाना तट पर सोने के बड़े निक्षेपों की उपस्थिति व उद्गम चट्टानों की अनुपस्थिति तथा ब्राजील में पाई जाने वाली सोनायुक्त शिराओं से स्पष्ट होता है कि घाना में मिलने वाले सोने के निक्षेप ब्राजील पठार से उस समय निकले होंगे, जब दोनों महाद्वीप एक-दूसरे से जुड़े थे।
- **जीवाश्मों का वितरण** लैमूर नामक जीव भारत, मेडागास्कर व अफ्रीका में मिलते हैं। इसके माध्यम से वैज्ञानिकों ने इन तीनों स्थलखंडों को जोड़कर एक सतत् स्थलखंड 'लेमूरिया' की उपस्थिति को स्वीकारा है।
- मेसोसारस (Mesosaurus) नामक छोटे रेंगने वाले जीव केवल उथले खारे पानी में रह सकते थे। इनकी अस्थियाँ केवल दक्षिण अफ्रीका के दक्षिणी केप प्रांत और ब्राजील में इरावर शैल समूह में मिलती हैं। आज यह एक-दूसरे से 4800 किमी की दूरी पर है तथा इनके बीच एक महासागर विद्यमान है।

प्रवाह संबंधी बल

- वेगनर के अनुसार, महाद्वीपीय विस्थापन के लिए उत्तरदायी दो बल क्रमश: पोलर या ध्रुवीय फलीइंग बल (Polar fleeing force) तथा ज्वारी बल (Tidal force) हैं। **ध्रुवीय फ्लीइंग बल** यह पृथ्वी के घूर्णन से उत्पन्न बल है। पृथ्वी भूमध्य रेखा पर उभरी है, जिसका कारण पृथ्वी का घूर्णन है।
- **ज्वारीय बल** वेगनर महोदय के अनुसार, ज्वारीय बल सूर्य व चंद्रमा के आकर्षण से संबद्ध है। इनके अनुसार, करोड़ों वर्षों के दौरान यह बल प्रभावशाली होकर विस्थापन के लिए सक्षम हो गए। हालाँकि इसे बहुत-से वैज्ञानिकों के द्वारा महाद्वीपीय विस्थापन के लिए सर्वथा अपर्याप्त माना गया है।

संवहन-धारा सिद्धांत

- 1930 के दशक में ऑर्थर होम्स (Arthur Holmes) ने मैंटल भाग में संवहन-धाराओं के प्रभाव की संभावना व्यक्त की। ये धाराएँ रेडियोएक्टिव तत्वों से उत्पन्न ताप भिन्नता से मैंटल भाग में उत्पन्न होती हैं।
- होम्स के अनुसार, पूरे मैंटल भाग में इस प्रकार की धाराओं का तंत्र विद्यमान है।

प्लेट-विवर्तनिकी

- महाद्वीपों व महासागरों के वितरण के संबंध में वर्ष 1967 में मैकेंजी, पारकर, और मॉर्गन ने स्वतंत्र रूप से उपलब्ध विचारों को समन्वित कर अवधारणा प्रस्तुत की, जिसे **प्लेट विवर्तनिकी** (Plate Tectonics) कहा गया।
- एक विवर्तनिक प्लेट (जिसे लियोस्फेरिक प्लेट भी कहा जाता है) ठोस चट्टान का विशाल व अनिश्चित आकार का खंड है, जो महाद्वीपीय व महासागरीय स्थलमंडलों से मिलकर बना है।
- महाद्वीप व महासागरीय प्लेटें दुर्बलता मंडल पर एक दृढ़ इकाई के रूप में क्षैतिज अवस्था में चलायमान हैं।
- स्थलमंडल में पर्पटी एवं ऊपरी मैंटल को शामिल किया जाता है, जिसकी मोटाई महासागरों में 5 से 100 किमी और महाद्वीपीय भागों में लगभग 200 किमी है।
- प्लेट विवर्तनिकी के सिद्धांत के अनुसार, पृथ्वी का स्थलमंडल सात मुख्य प्लेटों व कुछ छोटी प्लेटों में विभक्त है।

प्रमुख बड़ी प्लेट

स्थलमंडल की प्रमुख सात बड़ी प्लेट निम्न प्रकार हैं

1. **अंटार्कटिक प्लेट** (Antarctic Plate) इसमें अंटार्कटिक और इसके चारों ओर से घेरती हुई महासागरीय प्लेटें भी शामिल होती हैं।
2. **उत्तर अमेरिकी प्लेट** (North American Plate) इसमें पश्चिमी अटलांटिक तल सम्मिलित हैं तथा दक्षिणी अमेरिकन प्लेट व कैरेबियन द्वीप इसकी सीमा का निर्धारण करते हैं।
3. **दक्षिण अमेरिकी प्लेट** (South American Plate) इसमें पश्चिमी, अटलांटिक सहित और उत्तरी अमेरिकी प्लेट व कैरेबियन द्वीप पृथक् करते हैं।
4. **प्रशांत महासागरीय प्लेट** (Pacific Plate) यह सबसे बड़ी प्लेट है, जिसके ऊपर प्रशांत महासागर का अधिकांश भाग स्थित है।
5. **इंडो-ऑस्ट्रेलियाई प्लेट** (Indo-Australian Plate) इस प्लेट पर ऑस्ट्रेलिया का महाद्वीप, भारतीय उपमहाद्वीप का अधिकांश भाग तथा बड़ा समुद्री क्षेत्र स्थित है। इसे इंडो-आस्ट्रेलियन-न्यूजीलैंड प्लेट भी कहते हैं।
6. **अफ्रीकी प्लेट** (African Plate) इसमें अफ्रीका का महाद्वीप तथा पूर्वी अटलांटिक महासागरीय तल सम्मिलित हैं।
7. **यूरेशियाई प्लेट** (Eurasian Plate) इसमें यूरेशिया का अधिकांश भू-भाग तथा पूर्वी अटलांटिक महासागरीय तल सम्मिलित हैं।

कुछ महत्त्वपूर्ण छोटी प्लेटें

स्थलमंडल पर पाई जाने वाली कुछ महत्वपूर्ण छोटी प्लेटें निम्नलिखित हैं,

- **कोकोस प्लेट** (Cocoas Plate) यह प्लेट मध्यवर्ती अमेरिका और प्रशांत महासागरीय प्लेट के मध्य स्थित है।
- **नजका प्लेट** (Nazca Plate) यह दक्षिण अमेरिका व प्रशांत महासागरीय प्लेट के मध्य स्थित है।
- **अरेबियन प्लेट** (Arabian Plate) इसमें अधिकतर अरब प्रायद्वीप का भू-भाग सम्मिलित है।
- **फिलिपीन प्लेट** (Philippine Plate) यह एशिया महाद्वीप और प्रशांत महासागरीय प्लेट के मध्य स्थित है।
- **कैरोलिन प्लेट** (Caroline Plate) यह न्यू गिनी के उत्तर में फिलीपियन व इंडियन प्लेट के मध्य स्थित है।
- **फ्यूजी प्लेट** (Fuji Plate) यह ऑस्ट्रेलिया के उत्तर पूर्व में स्थित है।

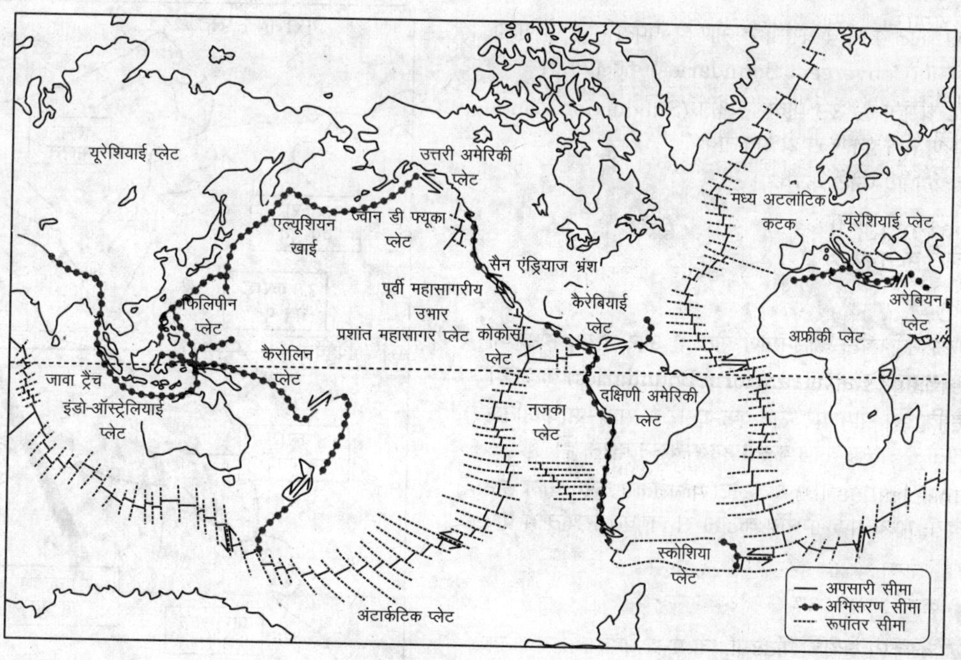

प्लेट संबंधी विवरण

- महाद्वीप व महासागरीय प्लेटें पृथ्वी पर लगातार विचरण कर रही हैं। वेगनर की संकल्पना के अनुसार, केवल महाद्वीप गतिमान है महासागर नहीं, अत: यह संकल्पना गलत है।
- महाद्वीप एक प्लेट का हिस्सा है, जो चलायमान है। यह एक निर्विवाद तथ्य है। **वेगनर** के अनुसार, आरंभ में सभी महाद्वीपों से मिलकर बना एक **सुपर महाद्वीप** (Super Continent) पैंजिया के रूप में विद्यमान था।
- पुरा-चुंबकीय (Palaeomagnetic) आँकड़ों के आधार पर वैज्ञानिकों ने विभिन्न भू-कालों में प्रत्येक महाद्वीपीय खंड की अवस्थिति निर्धारित की है।
- भारतीय उप-महाद्वीप (अधिकांशत: प्रायद्वीपीय भारत) की अवस्थिति नागपुर क्षेत्र में पाई जाने वाली चट्टानों के विश्लेषण के आधार पर आँकी गई है।

प्लेट की सीमाएँ

प्लेट संचरण के फलस्वरूप तीन प्रकार की प्लेट सीमाएँ बनती हैं, जिनका विवरण निम्न प्रकार है

अपसारी सीमा

- जब दो प्लेटें एक-दूसरे से विपरीत दिशा में अलग हटती हैं और नई पर्पटी का निर्माण करती हैं, तो उन्हें अपसारी प्लेट (Divergent Plate) कहते हैं। वह स्थान जहाँ से प्लेट एक-दूसरे से दूर हटती है, इन्हें प्रसारी स्थान (Spreading site) भी कहा जाता है।
- अपसारी सीमा का सबसे अच्छा उदाहरण मध्य अटलांटिक कटक है। यहाँ से अमेरिकी प्लेटें (उत्तर अमेरिकी व दक्षिण अमेरिकी प्लेटें) तथा यूरेशियन व अफ्रीकी प्लेटें अलग हो रही हैं।

अभिसरण सीमा

- जहाँ एक प्लेट दूसरी प्लेट के नीचे धँसती है और भू-पर्पटी नष्ट हो जाती है, वह अभिसरण सीमा (Convergent Boundaries) कहलाती है।
- वह स्थान जहाँ प्लेट धँसती है, उसे प्रविष्ठन क्षेत्र (Subduction Zone) भी कहते हैं। अभिसरण तीन प्रकार से हो सकता है
  (i) महासागरीय व महाद्वीपीय प्लेटों के मध्य।
  (ii) दो महासागरीय प्लेटों के मध्य।
  (iii) दो महाद्वीपीय प्लेटों के मध्य।

रूपांतर सीमा

- वह सीमा, जहाँ न तो नई पर्पटी का निर्माण होता है और न ही पर्पटी का विनाश होता है, उन्हें **रूपांतर सीमा** (Transform Boundaries) कहते हैं।
- इसका कारण यह है कि इस सीमा पर प्लेटें एक-दूसरे के साथ-साथ क्षैतिज दिशा में खिसक जाती हैं अथवा घर्षण करती हुई संचलन करती हैं।
- रूपांतर भ्रंश (Transform Faults) दो प्लेटों को अलग करने वाले तल होते हैं, जो सामान्यत: मध्य महासागरीय कटकों से लंबवत् स्थिति में पाए जाते हैं।

प्लेट प्रवाह दरें

- सामान्य व उत्क्रमण चुंबकीय क्षेत्र की पट्टियाँ, जो मध्य महासागरीय कटक के समानांतर हैं, वह प्लेट प्रवाह की दर (Rate of Plate Movement) समझने में सहायक सिद्ध हुई हैं।
- आर्कटिक कटक की प्रवाह की दरें सबसे कम हैं, जो 2.5 सेंटीमीटर प्रतिवर्ष से भी कम हैं।
- ईस्टर द्वीप के निकट **पूर्वी प्रशांत महासागर उभार** (East Pacific Rise) है, जो चिली से 3400 किमी पश्चिम की ओर दक्षिण प्रशांत महासागर में है तथा इसकी प्रवाह दरें सर्वाधिक (5 सेमी प्रति वर्ष से भी अधिक) हैं।

प्लेट को संचालित करने वाले बल

- महाद्वीप विस्थापन सिद्धांत के अनुसार पृथ्वी ठोस, गति रहित पिंड है, वहीं सागरीय विस्तार तथा प्लेट टेक्टॉनिक सिद्धांतों के अनुसार पृथ्वी का धरातल तथा भू-गर्भ गतिमान है।
- ऐसा माना जाता है कि दृढ़ प्लेट के नीचे गतिमान चट्टानें वृत्ताकार में चल रही हैं। उष्ण पदार्थ धरातल पर पहुँचता है, फैलता है और धीरे-धीरे ठंडा होता है, फिर गहराई में जाकर नष्ट हो जाता है।
- यह चक्र बार-बार दोहराया जाता है और वैज्ञानिक इसे **संवहन प्रवाह** (Conventional Flow) कहते हैं। पृथ्वी के अंदर ताप उत्पत्ति के दो माध्यम पाए जाते हैं, रेडियोधर्मी तत्त्वों का क्षय और अवशिष्ट ताप।
- ऑर्थर होम्स ने वर्ष 1930 में इस विचार को प्रतिपादित किया, जिसने बाद में हैरी हेस की सागरीय तल विस्तार अवधारणा को प्रभावित किया। दृढ़ व कठोर प्लेटों के नीचे दुर्बल व उष्ण मैंटल हैं, जो प्लेटों को प्रवाहित करते हैं।

भारतीय प्लेट का संचलन

भारतीय प्लेट का संचलन निम्न प्रकार है

भारतीय प्लेट की स्थिति

- भारतीय प्लेट में, प्रायद्वीपीय भारत और ऑस्ट्रेलिया महाद्वीपीय भाग सम्मिलित हैं। हिमालय पर्वत श्रेणियों के साथ-साथ पाया जाने वाला प्रविष्ठन (Subduction Zone) इसकी उत्तरी सीमा निर्धारित करता है, जो **महाद्वीपीय अभिसरण** (Continent Convergence) के रूप में है।

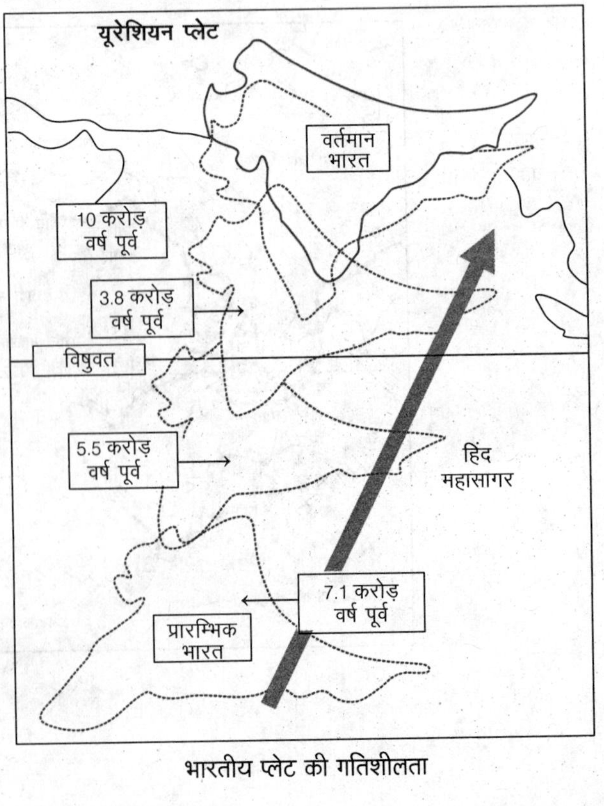

भारतीय प्लेट की गतिशीलता

- यह पूर्व दिशा में म्यांमार के **राकिन्योमा पर्वत** (Rakinyoma Mountain) से होते हुए एक चाप के रूप में जावा खाई (गर्त) तक फैला हुआ है।
- इसकी पूर्वी सीमा एक विस्तारित तल है, जो ऑस्ट्रेलिया के पूर्व में दक्षिणी-पश्चिमी प्रशांत महासागर में **महासागरीय कटक** (Oceanic Ridge) के रूप में स्थित है।
- इसकी पश्चिमी सीमा पाकिस्तान की **किरथर श्रेणियों** (Kirthar Mountains) का अनुसरण करती है।
- आगे यह मकरान तट के साथ-साथ होती हुई, दक्षिण-पूर्वी चागोस द्वीप समूह के साथ-साथ लाल सागर द्रोणी में जा मिलती है।
- भारतीय तथा आर्कटिक प्लेट की सीमा भी महासागरीय कटक से निर्धारित होती है, जो एक अपसारी सीमा है तथा यह लगभग पूर्व-पश्चिम दिशा में होती हुई न्यूजीलैंड के दक्षिण में विस्तारित तल में मिल जाती है।

भारतीय प्लेट की संचलन प्रक्रिया

- भारत एक वृहत द्वीप था, जो ऑस्ट्रेलियाई तट से दूर एक विशाल महासागर में स्थित था।
- लगभग 22.5 करोड़ वर्ष पहले तक **टेथिस सागर** (Tethys sea) इसे एशिया महाद्वीप से अलग करता था।
- ऐसा माना जाता है कि लगभग 20 करोड़ वर्ष पहले जब पैंजिया विभक्त हुआ, तब भारत ने उत्तर दिशा की ओर खिसकना आरंभ किया। वहीं लगभग 4 से 5 करोड़ वर्ष पहले भारत एशिया से टकराया व परिणामस्वरूप हिमालय पर्वत का उत्थान हुआ।
- आज से लगभग 14 करोड़ वर्ष पहले यह उपमहाद्वीप सुदूर दक्षिण में 50° दक्षिणी अक्षांश पर स्थित था।
- इन दो प्रमुख प्लेटों को टेथिस सागर अलग करता था और तिब्बतीय खंड, एशियाई स्थलखंड के करीब था।
- भारतीय प्लेट के यूरेशियन प्लेट की ओर प्रवाह के दौरान एक प्रमुख घटना घटी, वह थी लावा प्रवाह के रूप में दक्कन ट्रेप का निर्माण होना।
- ऐसा लगभग 6 करोड़ वर्ष पहले आरंभ हुआ और यह लंबे समय तक जारी रहा। यह उपमहाद्वीप तब भी भूमध्य रेखा के निकट था।
- आज से लगभग 4 करोड़ वर्ष पहले तथा इसके पश्चात् हिमालय की उत्पत्ति आरंभ हुई।

भू-संचलन एवं भू-आकृतिक प्रक्रियाएँ

- पृथ्वी की भू-पर्पटी (Crust) गत्यात्मक है। यह क्षैतिज तथा ऊर्ध्वाधर दिशाओं में संचलित होती रहती है।
- भू-पर्पटी का निर्माण करने वाला पृथ्वी के भीतर सक्रिय आंतरिक बला में पाया जाने वाला अंतर ही पृथ्वी की बाह्य सतह में अंतर के लिए उत्तरदायी है। मूलतः धरातल सूर्य से प्राप्त ऊर्जा द्वारा प्रेरित बाह्य बलों से अनवरत् प्रभावित होता रहता है।
- इसका तात्पर्य है कि धरातल पृथ्वी मंडल के अंतर्गत उत्पन्न हुए बाह्य बलों एवं पृथ्वी के अंदर उद्भूत आंतरिक बलों से अनवरत् प्रभावित होता है तथा यह सर्वदा परिवर्तनशील है।
- बाह्य बलों को बहिर्जनिक (Exogenic) तथा आंतरिक बलों को अंतर्जनित (Endogenic) बल कहते हैं।
- पृथ्वी की सतह पर भू-आकृतियों का विघर्षण (Wearing) तथा निम्न क्षेत्रों में भराव की प्रक्रिया बहिर्जनिक बलों की प्रक्रिया का परिणाम है।
- धरातल पर अपरदन के माध्यम से उच्चावच के मध्य अंतर के कम होने को **तल संतुलन** (Gradation) कहते हैं।
- अंतर्जनित शक्तियाँ निरंतर धरातल के भागों को ऊपर उठाती हैं या उनका निर्माण करती हैं तथा इस प्रकार बहिर्जनिक प्रक्रियाएँ उच्चावच में भिन्नता को सम (बराबर) करने में असफल रहती हैं।
- अतएव भिन्नता तब तक बनी रहती है, जब तक बहिर्जनिक एवं अंतर्जनित बलों के विशेषात्मक कार्य चलते रहते हैं।
- सामान्यतः अंतर्जनित बल मूल रूप से भू-आकृति निर्माण करने वाले बल तथा बहिर्जनिक प्रक्रियाएँ मुख्य रूप से **भूमि विघर्षण बल** (Wearing Forces) होते हैं।

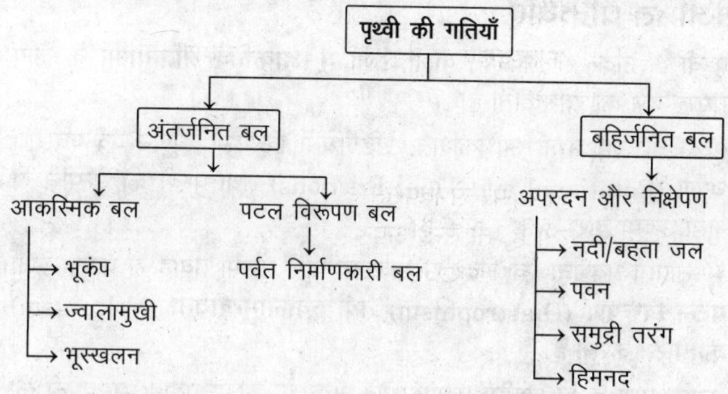

भू-आकृतिक प्रक्रियाएँ

- धरातल के पदार्थों पर अंतर्जनित एवं बहिर्जनिक बलों द्वारा भौतिक दबाव तथा रासायनिक क्रियाओं के कारण भू-तल के विन्यास में परिवर्तन को **भू-आकृतिक प्रक्रियाएँ** (Geomorphic Processes) कहते हैं।
- पटल विरूपण (Diastrophism) एवं ज्वालामुखीयता अंतर्जनित भू-आकृतिक प्रक्रियाएँ हैं, वहीं अपक्षय, वृहद् क्षय, अपरदन, निक्षेपण बहिर्जनिक भू-आकृतिक प्रतिक्रियाएँ हैं।
- प्रकृति के किसी भी बहिर्जनिक तत्त्व (जैसे-जल, हिम, वायु इत्यादि) जो धरातल के पदार्थों का अधिग्रहण तथा परिवहन करने में सक्षम होते हैं, को **भू-आकृतिक कारक** (Geomorphic Agents) कहा जा सकता है।
- जब प्रकृति के ये तत्त्व ढाल प्रवणता के कारण गतिशील हो जाते हैं, तो पदार्थों को हटाकर ढाल के सहारे ले जाते हैं और निचले भागों को निक्षेपित कर देते हैं।
- इस प्रकार भू-आकृतिक कारक तथा प्रक्रियाएँ दोनों एक ही होते हैं अर्थात् एक कारक एक गतिशील माध्यम (जैसे- प्रवाहित जल, हवा, लहरें एवं धाराएँ आदि) है, जो धरातल के पदार्थों को हटाता तथा निक्षेपित करता है। जल, भूमिगत जल, हिमानी, हवा, लहरों, धाराओं इत्यादि को भू-आकृतिक कारक (Geomorphic Agents) कहा जा सकता है।
- गुरुत्वाकर्षण, ढाल के सहारे सभी गतिशील पदार्थों को सक्रिय बनाने वाला दिशात्मक बल होने के साथ-साथ धरातल के पदार्थों पर दबाव डालता है। वहीं अप्रत्यक्ष गुरुत्वाकर्षण प्रतिबल लहरों एवं ज्वारभाटा जनित धाराओं को क्रियाशील बनाता है।

- गुरुत्वाकर्षण एवं ढाल प्रवणता के अभाव में गतिशीलता संभव नहीं है अर्थात् इसके अभाव में अपरदन, परिवहन एवं निक्षेपण भी नहीं हो सकता।
- गुरुत्वाकर्षण बल के माध्यम से हम धरातल के संपर्क में रहते हैं। यह वह बल होता है, जो भूतल के सभी पदार्थों के संचलन को प्रारंभ करता है।
- सभी संचलन, चाहे वे पृथ्वी के अंदर हों या सतह पर, प्रवणता के कारण घटित होते हैं।

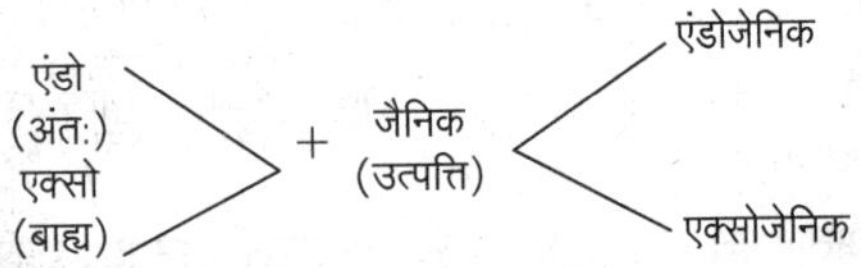

भू आकृति प्रक्रियाएँ

अंतर्जनित प्रक्रियाएँ

- पृथ्वी के अंदर से निकलने वाली ऊर्जा **भू-आकृतिक प्रक्रियाओं** के लिए प्रमुख बल का स्रोत होती है।
- पृथ्वी की यह ऊर्जा अधिकांशत: रेडियोधर्मी क्रियाओं, घूर्णन एवं ज्वारीय घर्षण (Rotational and Tidal Frictions) तथा पृथ्वी की उत्पत्ति से जुड़ी ऊष्मा द्वारा उत्पन्न होती है।
- भू-तापीय प्रवणता एवं अंदर से निकलने वाले ऊष्मा प्रवाह से प्राप्त ऊर्जा **पटल विरूपण** (Diastrophism) तथा **ज्वालामुखीयता** (Volcanism) को प्रेरित करती है।
- इसके साथ ही भू-तापीय प्रवणता एवं अंदर के ऊष्मा प्रवाह, भू-पर्पटी की मोटाई एवं दृढ़ता में अंतर के कारण अंतर्जनित बलों के कार्य समान नहीं होते हैं। अत: विवर्तनिक द्वारा नियंत्रित मूल भू-पर्पटी की सतह **असमतल** (Uneven) होती है।

पटल विरूपण

- सभी प्रक्रियाएँ, जो भू-पर्पटी को संचालित, उत्थापित तथा निर्मित करती हैं। उन्हें पटल विरूपण कहते हैं, इसमें निम्न प्रक्रियाएँ सम्मिलित होती हैं
  - तीक्ष्ण वलयन के माध्यम से पर्वत निर्माण तथा भू-पर्पटी की लंबी एवं संकीर्ण पट्टियों को प्रभावित करने वाली **पर्वतनी प्रक्रियाएँ** (Orogenic Process)।
  - धरातल के बड़े भाग के उत्थान या विकृति में संलग्न **महाद्वीपीय रचना संबंधी प्रक्रियाएँ** (Epeirogenic Process)।
  - तुलनात्मक रूप से अपेक्षाकृत छोटे स्थानीय संचलन के कारण उत्पन्न **भूकंप** (Earthquakes)।
  - पर्पटी प्लेट के क्षैतिज संचलन करने में **प्लेट विवर्तनिकी** (Plate Tectonics) की भूमिका।
- प्लेट विवर्तनिकी/पर्वतनी की प्रक्रिया में भू-पर्पटी वलयन के रूप में तीक्ष्णता से विकृत हो जाती है।
- विवर्तनी पर्वत निर्माण प्रक्रिया है, जबकि महाद्वीपीय रचना, महाद्वीपीय निर्माण प्रक्रिया है। इन दोनों भूकंप एवं प्लेट विवर्तनिकी की प्रक्रियाओं से भू-पर्पटी में भ्रंश तथा विभ्रंश संभव होता है।
- इन सभी प्रक्रियाओं के कारण दबाव आयतन तथा तापक्रम में परिवर्तन होता है, जिसके फलस्वरूप शैलों का कायांतरण प्रेरित होता है।

ज्वालामुखीयता

ज्वालामुखीयता (Volcanism) के अंतर्गत पिघली हुई शैलों या लावा का भू-तल की ओर संचलन एवं अनेक आंतरिक तथा बाह्य ज्वालामुखी स्वरूपों का निर्माण सम्मिलित होता है।

बहिर्जनिक प्रक्रियाएँ

- बहिर्जनिक प्रक्रियाएँ (Exogenic Processes) अपनी ऊर्जा सूर्य द्वारा निर्धारित वायुमंडलीय ऊर्जा एवं अंतर्जनित शक्तियों से नियंत्रित विवर्तनिक कारकों से उत्पन्न प्रवणता से प्राप्त करती हैं।
- गुरुत्वाकर्षण बल ढाल युक्त सतह वाले धरातल पर कार्यरत् रहता है तथा ढाल की दिशा में पदार्थ को संचालित करता है। प्रति इकाई क्षेत्र पर अनुप्रयुक्त बल को प्रतिबल (Stress) कहते हैं। ठोस पदार्थ में प्रतिबल धक्का एवं खिंचाव उत्पन्न करता है, इससे विकृति प्रेरित होती है।
- धरातल के पदार्थों के सहारे सक्रिय 'बल' अपरूपण प्रतिबल (विलगकारी बल) (Shear Stresses) होते हैं। यही प्रतिबल शैलों एवं धरातल के पदार्थों को तोड़ता है। अपरूपण प्रतिबल का परिणाम कोणीय विस्थापन या विसर्पण/फिसलन (Slippage) होता है।
- धरातल के पदार्थ गुरुत्वाकर्षण प्रतिबल के अतिरिक्त आण्विक प्रतिबलों से भी प्रभावित होते हैं, जो अनेक कारकों; जैसे-तापमान में परिवर्तन, क्रिस्टलन एवं पिघलन द्वारा उत्पन्न होते हैं।
- रासायनिक प्रक्रियाएँ सामान्यत: कणों (Grains) के मध्य के बंधन को कमजोर करती हैं तथा विलेय पदार्थों को घोल देती हैं।
- इस प्रकार धरातल के पदार्थों के पिंड (Body) में प्रतिबल का विकास अपक्षय, कमजोर क्षरण, संचलन, अपरदन एवं निक्षेपण का मूल कारण है।
- सभी बहिर्जनिक, भू-आकृतिक प्रक्रियाओं को एक सामान्य शब्दावली **अनाच्छादन** (Denudation) के अंतर्गत रखा जा सकता है।
- अनाच्छादन शब्द का अर्थ होता है- निरावृत्त करना या आवरण हटाना। अपक्षय, वृहद् क्षरण, संचलन, अपरदन, परिवहन आदि इसमें सम्मिलित होते हैं, ये सभी प्रेरक बल को दर्शाते हैं।
- तापमान एवं वर्षण जलवायु के दो महत्त्वपूर्ण घटक हैं, जो विभिन्न भू आकृतिक प्रक्रियाओं को नियंत्रित करते हैं। वहीं वनस्पति के घनत्व, प्रकार एवं वितरण बहिर्जनिक भू-आकृतिक प्रक्रियाओं पर अप्रत्यक्ष प्रभाव डालते हैं।
- जब जलवायवी कारक समान हों, तो बहिर्जनिक भू-आकृतिक प्रक्रियाओं के कार्यों की गहनता शैलों के प्रकार एवं संरचना पर निर्भर करती है।
- संरचना में वलन, भ्रंश, संस्तर का **पूर्वाभिमुखीकरण** (Orientation) झुकाव, जोड़ो की उपस्थिति या अनुपस्थिति, संस्तरण तल, घटक खनिजों की कठोरता या कोमलता तथा इनकी रासायनिक, संवेदनशीलता, पारगम्यता (Permeability) या अपारगम्यता इत्यादि सम्मिलित माने गए हैं।
- एक विशेष शैल, एक प्रक्रिया के प्रति प्रतिरोधपूर्ण तथा वहीं दूसरी प्रक्रिया के प्रति प्रतिरोध रहित हो सकती है। विभिन्न जलवायवी दशाओं में एक विशेष प्रकार की शैल भू-आकृतिक प्रतिक्रियाओं के प्रति भिन्न-भिन्न अंशों का प्रतिरोध प्रस्तुत कर सकती है। अतएव वह विभिन्न दरों पर कार्यरत् रहती है तथा **स्थलाकृति** (Topography) में भिन्नता का कारण बन जाती है।

- बहिर्जनिक भू-आकृतिक प्रतिक्रियाओं का प्रभाव विशेष रूप से थोड़ा एवं मंद होता है तथा अल्पावधि में अनवगम्य (Imperceptible) हो सकता है। दीर्घावधि में यह सतत् श्रांति (Fatigue) के कारण शैलों को तीव्र रूप से प्रभावित करता है।
- अंततः यह स्पष्ट हो जाता है कि धरातल पर विभिन्नता, यद्यपि मूल रूप से भू-पर्पटी के उद्भव से संबंधित है। तथापि विभिन्नता, धरातल के पदार्थों के प्रकार एवं संरचना में अंतर, भू-आकृतिक प्रक्रियाओं एवं सक्रियता दर में अंतर आदि के कारण एक न एक रूप में विद्यमान रहती है।

अपक्षय

- धरातल पर या उसके समीप स्थित चट्टानों के कमजोर पड़ने, टूटने, सड़ने तथा विखंडित होने अथवा चूर्ण होने को **अपक्षय** (Weathering) कहते हैं। जैसे ही चट्टानें धरातल पर अनावृत्त होकर मौसमी प्रभावों से प्रभावित होती हैं। यह प्रक्रिया शुरू हो जाती है।
- इस प्रकार अपक्षय को मौसम एवं जलवायु के कार्यों के माध्यम से शैलों के यांत्रिक विखंडन एवं रासायनिक नियोजन/अपघटन (Decomposition) के रूप में परिभाषित किया जा सकता है। इसके अंतर्गत वायुमंडलीय तत्त्वों की धरातल के पदार्थों पर की गई क्रिया सम्मिलित होती है।
- इसमें पदार्थों का बहुत बड़ा अथवा नगण्य संचलन होता है। अतः यह एक स्वस्थाने (In-situ) या तदस्थन (on-site) प्रक्रिया है।
- इसमें शामिल सभी प्रक्रियाएँ, पृथक् या सामूहिक रूप से धरातल के पदार्थों को प्रभावित करती हैं। इस प्रकार यह जटिल भौमिकी, जलवायवी, स्थलाकृतिक एवं वनस्पतिक कारकों द्वारा प्रानुकूलित (Conditioned) होती है। इन सबमें जलवायु का विशेष महत्त्व होता है।

अपक्षय के प्रकार

अपक्षय प्रक्रियाओं के तीन प्रमुख प्रकार हैं, जिनका विवरण निम्न प्रकार है-

रासायनिक अपक्षय प्रक्रियाएँ

- जिन प्रक्रियाओं से चट्टानों में विखंडन के स्थान पर अपघटन की क्रिया होती है, उन्हें **रासायनिक अपक्षय** (Chemical Weathering Process) कहते हैं।
- ऑक्सीजन, धरातलीय जल, मृदा-जल एवं अन्य अम्लों की प्रक्रियाओं द्वारा चट्टानों का न्यूनीकरण होता है। इसमें ऊष्मा के साथ जल एवं वायु (ऑक्सीजन तथा कार्बन डाइऑक्साइड) की विद्यमानता सभी रासायनिक प्रतिक्रियाओं को तीव्र गति देने के लिए आवश्यक होती है।
- वायु में विद्यमान कार्बन डाइऑक्साइड के अतिरिक्त पौधों एवं पशुओं का अपघटन भूमिगत कार्बन डाइऑक्साइड की मात्रा को बढ़ा देता है।
- रासायनिक अपक्षय में होने वाली कुछ महत्त्वपूर्ण क्रियाएँ निम्न हैं, जो चट्टानों का न्यूनीकरण करती हैं।

कार्बोनेशन

- जब कार्बन डाइऑक्साइड (CO_2) गैस का मिश्रण जल से होता है, तो अनेक प्रकार के कार्बोनेट का निर्माण होता है, जो कि जल में घुलनशील होते हैं।
- इन कार्बोनेटों के निर्माण के कारण चट्टानों के घुलनशील तत्त्व इनसे अलग होकर जल के साथ मिश्रित हो जाते हैं, इसी कारण कार्बोनेशन को **घोलन** भी कहा जाता है।
- जब लौह सल्फाइड या पाइराइट पर कार्बन डाइऑक्साइड से युक्त जल का प्रभाव पड़ता है, तो उससे क्रमशः लोहे के कार्बोनेट तथा सल्फ्यूरिक अम्ल का निर्माण होता है।
- लोहे का कार्बोनेट अत्यधिक घुलनशील होता है तथा शीघ्रता से चट्टान से अलग होकर जल के साथ मिल जाता है।
- अतः कार्बोनेशन की क्रिया के कारण ही पोटाश या पोटेशियम कार्बोनेट की रचना होती है, जो कि एक प्रकार का प्रमुख जीव भोजन होता है।
- इस प्रकार कार्बोनेट एवं बाई कार्बोनेट की खनिजों से प्रतिक्रिया का प्रतिफल कार्बोनेशन कहलाता है। यह फेल्सपार तथा कार्बोनेट खनिजों को पृथक् करने की एक सहायक प्रक्रिया भी है।
- इसमें कार्बोनिक अम्ल का निर्माण होता है, जो कम सक्रिय होता है। कैल्शियम कार्बोनेट एवं मैग्नीशियम कार्बोनेट, कार्बनिक एसिड में घुल जाते हैं। इसके परिणामस्वरूप भूमिगत गुफाओं का निर्माण होता है।

ऑक्सीकरण

- वायु की ऑक्सीजन का संयोग जब जल से होता है, तो जल से मिली ऑक्सीजन की क्रिया चट्टानों के खनिजों पर पड़ती है। इस कारण खनिजों में ऑक्साइड बन जाते हैं। इसे ऑक्सीकरण (Oxidation) कहते हैं।
- इसमें ऑक्साइड या हाइड्रोऑक्साइड के निर्माण हेतु खनिज एवं ऑक्सीजन का संयोग होता है।
- इसमें लौहा मैंगनीज, गंधक आदि सर्वाधिक शामिल होते हैं। यह प्रक्रिया लौह धारक बायोटाइट, ओलीवाइन एवं पाइरोक्सीन जैसे खनिजों को प्रभावित करती है।
- जब ऑक्सीकृत खनिज ऐसे वातावरण में रखे जाते हैं, जहाँ ऑक्सीजन का अभाव होता है, तो न्यूनीकरण की क्रिया होती है। इससे लौह का लाल रंग, हरे या आसमानी घूसर (Blush grey) रंग में बदल जाता है।
- आग्नेय चट्टानों में लोहा, लोह सल्फाइड तथा पाइराइट के रूप में पाया जाता है। इन पर ऑक्सीजन के प्रभाव से प्रायः जंग लग जाता है, जिस कारण चट्टानें कमजोर पड़ जाती हैं एवं वियोजन होने लगता है।
- इसमें कभी-कभी ऑक्सीकरण तथा जलयोजन की क्रियाएँ साथ-साथ रहती हैं, उदाहरणस्वरूप लोहे के ऑक्साइड पर जलयोजन होने से मिट्टियों का रंग पीला अथवा नारंगी हो जाता है।

हाइड्रेशन या जलयोजन

- चट्टानों का संपर्क जब जल से होता है, तो जल के हाइड्रोजन से चट्टानों के खनिजों में हाइड्रेशन की क्रिया होती है अर्थात् ये जल सोख लेती हैं तथा उनके आयतन में वृद्धि हो जाती है।
- इस प्रकार चट्टानों के आयतन में विस्तार के कारण उनके कणों तथा खनिजों में तनाव की स्थिति उत्पन्न हो जाती है, जिस कारण चट्टानें फैलकर टूटने लगती हैं।
- कैल्शियम सल्फेट जल से मिलने के बाद जिप्सम में परिवर्तित हो जाता है, जो कैल्शियम सल्फेट की अपेक्षा अधिक अस्थायी होता है।
- जलयोजन की प्रतिक्रिया उत्क्रमणीय एवं लंबी होती है, जिसके फलस्वरूप शैलों का विघटन होता है।
- इसके कारण खनिजों के आयतन में परिवर्तन अपशल्कन (Exfoliation) एवं कणीय विघटन द्वारा भौतिक अपक्षय में भी सहायता प्रदान करता है।
- इसके साथ ही रंध्र क्षेत्र में समाहित लवण (तीव्र एवं बार-बार जलयोजन से प्रभावित होकर) शैल विभंग में सहायक होता है।

वर्षा जल द्वारा चट्टानों का टूटकर बिखरना

- गर्म प्रदेशों में जहाँ पर ताप अधिक होता है, वहाँ इस क्रिया का संपादन अधिक होता है।
- इससे चट्टानों में दरारें उत्पन्न हो जाती हैं, जो जल के साथ मिली ऑक्सीजन तथा कार्बन डाइऑक्साइड गैसों के प्रभाव के कारण होती है।
- इस प्रकार सूर्याताप द्वारा तप्त चट्टानों के ऊपर जब अचानक वर्षा की बूँदें पड़ती हैं, तो चट्टानें चटकने के साथ, छोटे-छोटे टुकड़ों में टूटकर बिखरने लगती हैं।

भौतिक अपक्षय

- भौतिक या यांत्रिक अपक्षय प्रक्रियाएँ (Physical Weathering) कुछ प्रमुख बलों पर निर्भर करती हैं। ऐसे महत्त्वपूर्ण बल (Forces) निम्न हैं
  - गुरुत्वाकर्षण बल; जैसे-अत्यधिक ऊपर भार दबाव एवं अपरूपण प्रतिबल।
  - तापक्रम में परिवर्तन, क्रिस्टल रवों में वृद्धि एवं पशुओं के क्रियाकलापों के कारण उत्पन्न विस्तारण (Expansion) बल।
  - शुष्कन एवं आर्द्रन चक्रों से नियंत्रित जल का दबाव।
- इनमें से कई बल धरातल एवं विभिन्न धरातल पदार्थों के अंदर अनुप्रयुक्त होते हैं, जिसका परिणाम शैलों का निभंग होता है।
- भौतिक अपक्षय, प्रक्रियाओं में अधिकांश तापीय विस्तारण एवं दबाव के निर्मुक्त होने के कारण होता है।
- ये प्रक्रियाएँ लघु एवं मंद होती हैं, किंतु कई बार संकुचन एवं निस्तारण के कारण शैलों की सतत् श्रांति (Fatigue) के फलस्वरूप ये शैलों को बड़ी हानि पहुँचा सकती हैं।
- भौतिक अपक्षय, की प्रक्रियाएँ कई रूपों में संपन्न होती हैं, अत: कुछ महत्त्वपूर्ण प्रक्रियाएँ निम्नलिखित हैं

भारहीनता एवं विस्तारण

- अनवरत् अपरदन के कारण ऊपरी शैलों के भार का अपनयन ऊर्ध्वाधर दबाव (Verticle Pressurel) के निर्मुक्त होने का कारक होता है, जिससे शैलों के ऊपरी संस्तर विस्तारित हो जाते हैं।
- विभंग (Fracture) विशेषत: भूतल की सतह के समानांतर विकसित होता है। भूमि के वक्र सतह वाले क्षेत्रों में चाप विभंग द्वारा शैलों की भारी चादरें निर्मित करने की प्रवृत्ति पाई जाती है।
- भारहीनता (Unloading) एवं दबाव मुक्त होने के कारण विस्तारण (Expansion) से उत्पन्न अपशल्कन चादरों का क्षैतिज विस्तार सैकड़ों मीटर तक हो सकता है।
- इसमें बने बड़े चिकने गोलाकार गुबंद को अपशल्कन गुंबद (Exfoliation Domes) कहते हैं।

तापक्रम में परिवर्तन एवं विस्तारण

- तापीय परिवर्तन का चट्टानों पर अधिक प्रभाव पड़ता है। उदाहरणस्वरूप रवेदार चट्टानों में ताप के बढ़ने के कारण उनमें फैलाव होता है तथा ताप ह्रास पर उनमें सिकुड़न होती है, इससे ये चट्टानें टूट जाती हैं।
- तापीय परिवर्तन द्वारा चट्टानों का फैलाव तथा संकुचन से विघटन उष्ण मरुस्थलीय प्रदेशों में अधिक होता है।
- इसके क्रमिक फैलाव एवं संकुचन से चट्टानों में समानांतर जोड़ या संधियों का विकास हो जाता है।
- इन संधियों के सहारे चट्टानें बड़े-बड़े टुकड़ों में टूटने लगती हैं। इस प्रकार से अपक्षय कार्य संपन्न होता है।
- शुष्क मरुस्थलीय क्षेत्रों में जहाँ पर दैनिक तापांतर अधिक होता है, बड़े-बड़े कणों वाली चट्टानों में टूट-टूटकर बिखरने की क्रिया वहाँ अधिक प्रचलित होती है। ग्रेनाइट शैलों में इस प्रक्रिया से चिकनी सतह के छोटे से लेकर बड़े गोलाश्मों का निर्माण होता है, जिसे टॉर (Tor) कहते हैं।

हिमकरण, पिघलन एवं तुषार वेजिंग

- तुषार के द्वारा यांत्रिक अपक्षय के अंतर्गत चट्टानों का बड़े टुकड़ों में विघटन शीतोष्ण तथा शीत कटिबंधीय भागों में अधिक होता है। यह प्रक्रिया परतदार तथा आग्नेय चट्टानों में अधिक होती है, जिनके कण बड़े आकार के होते हैं। इसमें चट्टानों के विभिन्न भागों में तनाव की स्थिति उत्पन्न होती है, जिस कारण चट्टानों का टूटना अर्थात् अपक्षय होना संभव होता है।
- इस क्रिया की पुनरावृत्ति के कारण चट्टानों का छोटे-छोटे कणों में विघटन प्रारंभ हो जाता है। यह क्रिया जब उच्च पर्वतीय भागों में घटित होती है, तो चट्टानों के टुकड़े गुरुत्व शक्ति के कारण निचली ढाल की ओर खिसकने लगते हैं, जिसे भूमि सर्पण (Solifluction) कहते हैं।
- शैलों के रंध्रों एवं दरारों में बार-बार हिमकरण एवं पिघलन के होने से हिम की वृद्धि के कारण तुषार अपक्षय होता है। यह मध्य अक्षांशों में अधिक ऊँचाईयों, जहाँ हिमकरण एवं पिघलन की प्राय: पुनरावृत्ति होती है, में सर्वाधिक प्रभावशाली होता है।
- जल की तीव्रता से हिमकरण से इसके अचानक फैलाव एवं उच्च दबाव का कारण बनता है। यह फैलाव संधियों (Joints) दरारों एवं छोटी-छोटी अंतकर्णीय (Intergrannular) विभंगों को प्रभावित कर उन्हें तब तक चौड़ा करता जाता है, जब तक शैलें टूटकर अलग नहीं हो जातीं।

घोल/विलयन

- जब कोई वस्तु, जल या अम्ल (Acid) में घुल जाती है, तो घुलित तत्त्वों के जल या अम्ल को घोल (Solution) कहते हैं। इस प्रक्रिया में ठोस पदार्थों का घोल में मिलना सम्मिलित होता है, जो जल या कम अम्ल में खनिज की विलेयता पर निर्भर करता है। जल के संपर्क में आने पर अनेक ठोस पदार्थ विघटित हो जाते हैं तथा जल में निलंबन (Suspension) के रूप में मिश्रित हो जाते हैं।
- चूना-पत्थर में विद्यमान कैल्शियम कार्बोनेट, कैल्शियम बाईकार्बोनेट जैसे खनिज कार्बोनिक एसिड युक्त जल में घुलनशील होते हैं तथा जल में एक घोल के रूप में प्रवाहित होते हैं।

लवण अपक्षय

- रेगिस्तानी, अर्द्ध रेगिस्तानी तथा मानसूनी प्रदेशों में ताप तथा वायु के सम्मिलित कार्य के द्वारा चट्टानों की परतों से संकेंद्रीय परत अथवा क्षैतिज परतों का विलगाव होने को अपदलन अथवा परतों का उखड़ना कहते हैं।
- यह क्रिया प्राय: रवेदार चट्टानों में अधिक घटित होती है। इसमें तापीय भिन्नता के कारण चट्टानों में फैलाव तथा संकुचन होता है, जिसके परिणामस्वरूप भौतिक अपक्षय होता है, जिसमें चट्टानें छोटे-छोटे टुकड़ों में टूट जाती हैं।
- शैलों में नमक तापीय क्रिया, जलयोजन एवं क्रिस्टलीकरण के कारण फैलता है। कैल्शियम, सोडियम, मैग्नीशियम, पोटेशियम एवं बोरियम जैसे कई लवणों में आयतनिक फैलाव की प्रवृत्ति होती है, जो उनके तापक्रम एवं तापीय विशेषताओं पर निर्भर करती है। मरुस्थलीय क्षेत्रों में 30 से 50% तक की सतह पर उच्च तापक्रम लवण विस्तारण में सहायक होता है।

- सभी लवण विघटन प्रक्रियाओं में, लवण क्रिस्टलन सर्वाधिक प्रभावकारी होते हैं।
- मरुस्थलीय क्षेत्रों में सोडियम क्लोराइड एवं जिप्सम क्रिस्टल अनुप्रस्थ-विस्थापित हो जाते हैं, जिसके फलस्वरूप पूरे अनुप्रस्थ-विस्थापित सतह पर दरारे पड़ जाती हैं।

दाब मुक्ति द्वारा विघटन तथा अपदलन

- कई आग्नेय तथा रूपांतरित चट्टानें पृथ्वी के अंदर अन्य चट्टानों के नीचे दबी रहती हैं, जिस कारण उच्च दबाव एवं ताप के कारण उनमें कणों की संरचना विकसित होती है।
- जब ऊपर की चट्टानों का अपरदन द्वारा लोप हो जाता है, तब उनमें दबाव हट जाता है और इनमें दरारें पड़ जाती हैं। फलस्वरूप विघटन एवं अपदलन प्रारंभ हो जाता है।

जैविक कार्य एवं अपक्षय

- जैविक अपक्षय (Biological Weathering) जीवों की वृद्धि या संचलन से उत्पन्न अपक्षय वातावरण एवं भौतिक परिवर्तन से खनिजों एवं आयन (Ions) के स्थानांतरण की दिशा में एक योगदान होता है।
- केचुओं, दीमकों, चूहों, कृंतकों इत्यादि जीवों द्वारा बिल खोदने एवं वेजिंग (फान) के द्वारा नई सतहों का निर्माण होता है, जिससे रासायनिक प्रक्रिया के लिए **अनावृत्त** (Expose) सतह में नमी एवं हवा के बेधन में सहायता मिलती है।
- मानव भी वनस्पतियों को अस्त-व्यस्त कर, खेत जोतकर एवं मिट्टी में कृषि करके धरातलीय पदार्थों में वायु, जल एवं खनिजों के मिश्रण तथा उनमें नए संपर्क स्थापित करने में सहायक होता है।
- सड़ने वाले पौधों एवं पशुओं के पदार्थ ह्यूमिक, कार्बनिक एवं अन्य अम्ल जैसे तत्त्वों के उत्पादन में योगदान देते हैं, जिससे कुछ तत्त्वों का सड़ना, क्षरण तथा घुलन बढ़ जाता है।
- इस प्रकार से ही पौधों की जड़ें धरातल के पदार्थों पर दबाव डालती हैं तथा उन्हें यांत्रिक ढंग (Mechanically) से तोड़कर अलग-अलग कर देती हैं।

अपक्षय के विशेष प्रभाव

अपक्षय के विशेष प्रभाव निम्नलिखित हैं-

अपशल्कन

- शैल या आधार शैल के ऊपर से घुमावदार चादर के रूप में उत्खंडित या पत्रकन होता है, जिसके परिणामस्वरूप चिकनी एवं गोल सतह का निर्माण होता है।
- अपशल्कन (Exfoliation), अभारितकरण (Unloading) एवं तापक्रम परिवर्तन द्वारा प्रेरित फैलाव एवं संकुचन के कारण भी होता है।
- अपशल्कित गुंबद (Exfoliation Domes) एवं टार्स (Torse) क्रमशः अभारितकरण एवं तापीय संकुचन से उत्पन्न होते हैं।

अपक्षय का महत्त्व

- अपक्षय प्रक्रियाएँ (Weathering Processes) शैलों को छोटे-छोटे टुकड़ों में तोड़ने तथा न केवल आवरण प्रस्तर एवं मृदा निर्माण के लिए मार्ग प्रशस्त करती हैं, बल्कि अपरदन एवं वृहत् संचलन (Mass Movements) के लिए भी उत्तरदायी होती हैं।
- जैव मात्रा एवं जैव-विविधता प्रमुखतः वनों की देन है तथा वन अपक्षयी प्रावार (Weathering Mantle) की गहराई पर निर्भर करता है।
- यदि शैलों का अपक्षय न हो, तो अपरदन का कोई महत्त्व नहीं होता है।
- इसका अर्थ यह होता है कि अपक्षय, वृहत क्षरण, अपरदन, उच्चावच के लघुकरण में सहायक होता है एवं स्थलाकृतियाँ अपरदन का परिणाम हैं।
- शैलों का अपक्षय एवं निक्षेपण अर्थव्यवस्था के लिए अति महत्त्वपूर्ण होता है, क्योंकि यह मूल्यवान खनिजों; जैसे-लोहा, मैंगनीज, एल्युमीनियम, ताँबे के अयस्कों के समृद्धीकरण (Enrichment) एवं संकेंद्रण में यह सहायक होता है, अपक्षय मृदा निर्माण की भी एक महत्त्वपूर्ण प्रक्रिया होती है।

समृद्धिकरण (Enrichment)

- जब शैलों का अपक्षय होता है, तो कुछ पदार्थ भूमिगत जल द्वारा रासायनिक तथा भौतिक निक्षालन के माध्यम से स्थानांतरित हो जाते हैं तथा शेष बहुमूल्य पदार्थों का संकेंद्रण हो जाता है।
- इस प्रकार के अपक्षय के हुए बिना बहुमूल्य पदार्थों का संकेंद्रण अपर्याप्त होता है तथा आर्थिक दृष्टि से उनका दोहन प्रक्रमण तथा शोधन के लिए व्यवहार योग्य नहीं होता है, इसे ही **समृद्धिकरण** कहते हैं।

वृहत संचलन

- वृहत संचलन (Mass Movements) के अंतर्गत वे सभी संचलन आते हैं, जिनमें शैलों का वृहत मलवा (Debris) गुरुत्वाकर्षण के सीधे प्रभाव के कारण ढाल के अनुरूप स्थानांतरित होता है।
- इसका तात्पर्य यह है कि वायु, जल तथा हिम ही अपने साथ एक स्थान से दूसरे स्थान तक मलबा नहीं लाते हैं, अपितु मलबा भी अपने साथ वायु जल या हिम ले जाता है।
- वृहद् मलबे की संचलन गति मंद से तीव्र हो सकती है, जिसके फलस्वरूप पदार्थों के छिछले से गहरे स्तंभ प्रभावित होते हैं, जिसके अंतर्गत विसर्पण (Creep), बहाव (Flow), स्खलन (Slide) एवं पतन (Fall) सम्मिलित होते हैं।
- गुरुत्वाकर्षण बल आधार शैलों एवं अपक्षय से उत्पन्न सभी पदार्थों पर अपना प्रभाव डालता है। यद्यपि वृहत संचलन के लिए अपक्षय अनिवार्य नहीं होता है, किंतु यह इसे बढ़ावा देता है।
- इस प्रकार यह संचलन अपक्षयित ढालों पर अनपक्षयित पदार्थों की अपेक्षा बहुत अधिक सक्रिय रहता है।
- वृहत संचलन में गुरुत्वाकर्षण शक्ति सहायक होती है तथा कोई भी भू-आकृतिक कारक; जैसे- प्रवाहित जल, हिमानी, वायु, लहरें एवं धाराएँ वृहद् संचलन की प्रक्रिया में सीधे रूप से सम्मिलित नहीं होती।
- इसका अर्थ यह है कि वृहद् संचलन अपरदन के अंदर नहीं आता है। यद्यपि पदार्थों का संचलन (गुरुत्वाकर्षण की सहायता से) एक स्थान से दूसरे स्थान पर होता रहता है।
- असंबद्ध कमजोर पदार्थ (Weak Unconsolidated Materials) छिछले संस्तर वाली शैलें, भ्रंश, तीव्रता से झुके हुए संस्तर, खड़े भृगु या तीव्र ढाल, पर्याप्त वर्षा, मूसलाधार वर्षा तथा वनस्पति का अभाव वृहद् संचलन में सहायक होता है।
- संचलन के तीन रूप क्रमशः अनुप्रस्थ विस्थापन तुषार वृद्धि या अन्य से मृदा का अनुप्रस्थ विस्थापन, प्रवाह तथा स्खलन हैं।

वृहत संचलन के कारक

वृहत संचलन की सक्रियता के अनेक कारक होते हैं, जो निम्न प्रकार हैं

- प्राकृतिक एवं कृत्रिम साधनों द्वारा ऊपर के पदार्थों के टिकने के आधार को हटाना।
- ढालों की प्रवणता (Gradient) एवं ऊँचाई (Height) में वृद्धि।
- पदार्थों के प्राकृतिक अथवा कृत्रिम भराव के कारण उत्पन्न अतिभार।
- अत्यधिक वर्षा, संतृप्ति एवं ढाल के पदार्थों के स्नेहन (Lubrication) द्वारा उत्पन्न अतिभार (Overloading)।
- मूल ढाल की सतह से पदार्थ या भार का हटना।
- भूकंप का आना।
- विस्फोट या मशीनों का कंपन।
- अत्यधिक प्राकृतिक रिसाव।
- झीलों, जलाशयों एवं नदियों से भारी मात्रा में जल निष्कासन एवं परिणामस्वरूप ढालों एवं नदी तटों के नीचे से जल का मंद गति से बहना।
- प्राकृतिक वनस्पति का अंधाधुंध विनाश।

वृहत संचलन के प्रकार

वृहत संचलन के दो प्रकार निम्न हैं

1. **मंद संचलन** (Slow Movement) यह मंद विरूपण का एक प्रकार है। यह तीव्र रूप से मृदा से आच्छादित होकर ढाल पर घटित होता है। इसमें पदार्थों का संचलन इतना मंद होता है कि इसका आभास करना कठिन होता है और दीर्घकालिक पर्यवेक्षण से ही यह ज्ञात होता है। इसमें सम्मिलित पदार्थ, मृदा एवं शैलों के मलबे (Debris) होते हैं। मंद विरूपण के रूप में मिट्टी मंद विरूपण, टैलस मंद विरूपण, शैल हिमानी मंद विरूपण आदि को देखा जा सकता है। इसमें मृदा विरूपण की प्रक्रिया परिहिमानीय एवं आर्द्र शीतोष्ण क्षेत्रों में होती है, जहाँ गहराई तक हिमकृत मैदान की सतह का पिघलाव होता है तथा वहाँ लंबी वर्षा होती है।
2. **तीव्र संचलन** (Speed Movement) यह आर्द्र जलवायु प्रदेशों में निम्न से लेकर तीव्र ढालों में घटित होता है। संतृप्त चिकनी मिट्टी का निम्न अंशों वाली वेदिकाओं या पहाड़ी ढालों के सहारे **निम्नान्मुख संचलन मृदा प्रवाह** (Earth flow) कहलाता है।

   इस वर्ग का दूसरा प्रकार **कीचड़ प्रवाह** है, जो ज्वालामुखी के ढालों पर अधिक पाए जाते हैं। ज्वालामुखी राख, धूल एवं अन्य खंडित तत्त्व भारी वर्षा के कारण कीचड़ में परिवर्तित हो जाते हैं एवं ढालों पर कीचड़ नदी के रूप में प्रवाहित होती है, जिससे मानव अधिवासों को बहुत क्षति होती है।

   इस संचलन का तीसरा प्रकार **मलवा अवधाव** (Avalanche) वनस्पति आवरण युक्त या उससे वंचित आर्द्र प्रदेशों की विशेषता है। यह तीव्र ढालों पर संकीर्ण पथ के रूप में घटित होता है, जो कीचड़ प्रवाह से बहुत तीव्र तथा हिमानी अवधाव के समान होता है।

   भूस्खलन (Landslides) भी संचलन का रूप है। यह अपेक्षाकृत तीव्र एवं अवगम्य संचलन है। इसमें स्खलित होने वाले पदार्थ अपेक्षा तथा शुष्क होते हैं। पृथ्वी के पिण्ड के पश्च-आवर्तन के बिना मलवा का तीव्र लोटन (Rolling) या स्खलन मलवा स्खलन कहलाता है। ढाल जिस पर संचलन होता है, के साथ शैल-मलवा की एक या कई इकाईयों के फिसलन को अवसर्पण कहते हैं।

अपरदन एवं निक्षेपण

अपरदन एवं निक्षेपण को निम्न रूपों में दर्शाया गया है

अपरदन

- अपरदन (Erosion) के अंतर्गत शैलों के मलबे के निक्षेप (टुकड़े) एवं उनके परिवहन को सम्मिलित किया जाता है, जब पिंडाकार शैलें अपक्षय एवं अन्य क्रियाओं के कारण छोटे-छोटे टुकड़ों में टूटती हैं, तो अपरदन के भू-आकृतिक कारक; जैसे- प्रवाहित जल-भौम जल, हिमानी, वायु, लहरें एवं धाराएँ इनको एक स्थान से हटाकर दूसरे स्थान पर ले जाते हैं। यह इन कारकों के गत्यात्मक स्वरूप पर निर्भर करते हैं।
- भू-आकृतिक कारकों के परिवहन किए जाने वाले चट्टानी मलबे द्वारा अपघर्षण भी अपरदन में पर्याप्त योगदान देता है। अपरदन द्वारा उच्चावच का निम्नीकरण होता है। इसका तात्पर्य है कि अपक्षय अपरदन में सहायक होता है, किंतु अपक्षय अपरदन के लिए अनिवार्य दशा नहीं है। इस प्रकार अपक्षय, अपरदन तथा वृहद् संचलन निम्नीकरण की प्रमुख प्रक्रियाएँ हैं।

अपरदन एवं वृहत संचलन में अंतर

- वृहद् संचलन में शैल मलबा शुष्क हो अथवा नम, गुरुत्वाकर्षण के कारण स्वयं आधारतल पर जाते हैं, परंतु प्रवाहशील जल, हिमानी, लहरें एवं धाराएँ तथा वायु निलंबित मलबे को नहीं ले जाते हैं।
- अपरदन एवं वृहत संचलन दोनों में पदार्थों का एक स्थान से दूसरे स्थान पर स्थानांतरण होता है। अपरदन एवं परिवहन जैसी अनाच्छादन प्रक्रियाएँ गतिज ऊर्जा द्वारा नियंत्रित होती हैं।
- लहरें, थल एवं जलमंडल के अंतरापृष्ठ में कार्य करती हैं, जबकि भूमिगत जल का कार्य प्रमुखत: किसी क्षेत्र की **स्थलमंडलीय** (Lithological) विशेषताओं द्वारा निर्धारित होता है। यदि शैलें पारगम्य घुलनशील एवं जल प्राप्य हैं, तो केवल कार्स्ट (चूनाकृत) आकृतियों का निर्माण होता है।

निक्षेपण

- निक्षेपण (Deposition) अपरदन का परिणाम होता है। ढाल में कमी के कारण जब अपरदन के कारकों के वेग में कमी आ जाती है, तो अवसादों का निक्षेपण प्रारंभ हो जाता है।
- निक्षेपण वस्तुत: किसी कारक का कार्य नहीं होता है। इस प्रक्रिया में अपरदित कण संग्रहीत होकर (निक्षेपित) भू-आकृति का निर्माण करते हैं।
- निक्षेपण से जब निम्न भू-भाग भर जाते हैं, तब अपरदन के कारक; जैसे- प्रवाह युक्त जल, हिमानी, वायु, लहरें, धाराएँ एवं भूमिगत जल इत्यादि तल्लोचन अथवा निक्षेपण के कारक के रूप में कार्य करने लगते हैं।
- इस प्रकार अपरदन के पश्चात् निक्षेपण की प्रक्रिया तथा निक्षेपित आकृतियों का पुन: अपरदन होता है। अत: यह प्रक्रिया एक चक्रीय क्रम में चलती रहती है।

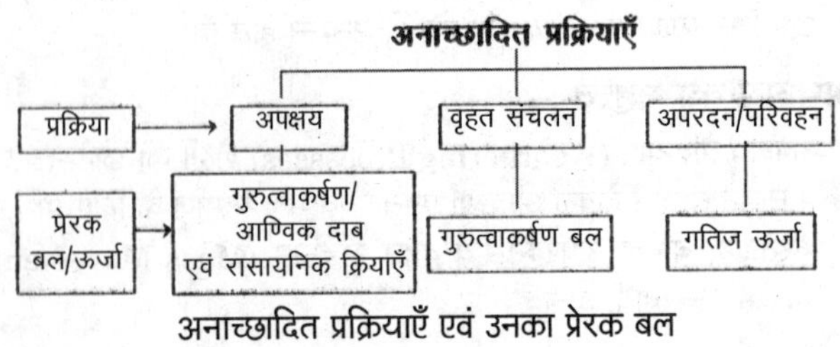

अनाच्छादित प्रक्रियाएँ एवं उनका प्रेरक बल

पृथ्वी पर निर्मित प्रमुख स्थलाकृतियाँ

- अंतर्जात बल के कारण धरातल पर ऊर्ध्वाधर तथा क्षैतिज संचलन होता है। ऊर्ध्वाधर संचलन के कारण स्थलखंड में उत्थान तथा धँसाव होता है।
- क्षैतिज संचलन में दबाव और खिंचाव दोनों प्रकार के बल कार्यरत् होते हैं। खिंचाव बल से संस्तरों में तनाव उत्पन्न होता है।
- इससे धरातल में भ्रंश, दरार या चटकन पड़ जाती है, जिससे **भ्रंश पर्वत** (Block Mountain) का निर्माण होता है। इसके विपरीत दबाव के कारण (संपीडनात्मक बल के कारण) धरातलीय चट्टानों में मोड़ उत्पन्न हो जाता है, जिसे **वलन** (Fold) कहते हैं, इनका विवरण निम्न प्रकार है

वलन

- क्षैतिज संचलन से चट्टानों में पड़ने वाले लहरनुमा मोड़ को **वलन** कहा जाता है। इसमें कुछ भाग ऊपर उठ जाता है और कुछ भाग नीचे धँस जाता है। ऊपर उठे भाग को **अवनति** (Anticlines) तथा नीचे धँसे भाग को **अपनति** (Synclines) कहते हैं।
- वलन जनित स्थलाकृतियों में विश्व के नवीन मोड़दार या वलित पर्वत; जैसे- हिमालय, रॉकी, आल्पस, एंडीज आदि सम्मिलित हैं।

वलन के प्रकार

वलन के प्रकार मुख्य रूप से निम्नलिखित हैं

1. **सममित वलन** (Symmetrical Folds) इस प्रकार के वलन की दोनों भुजाओं का झुकाव व लंबाई समान होती है।
2. **असममित वलन** (Asymmetrical Folds) इस प्रकार के वलन की एक भुजा दूसरी भुजा की अपेक्षा कम या अधिक झुकी हुई होती है।
3. **एकनत वलन** (Monoclinal Folds) इस प्रकार के वलन में एक भुजा धरातल से समकोण बनाती है, परंतु दूसरी भुजा साधारण रूप में झुकी हुई होती है।
4. **समनत वलन** (Isoclinal Folds) जब संपीडन के कारण दोनों दिशाओं में समान दबाव पड़ता है, तो वलन की दोनों भुजाएँ एक ही दिशा में झुक जाती हैं और एक-दूसरे के समानांतर हो जाती हैं, शैलों के ऐसे वलन को समनत वलन कहते हैं।
5. **परिवलन अथवा शयान वलन** (Recumbent Folds) जब क्षैतिज संचलन अत्यधिक तीव्र होता है, तो अत्यधिक संपीडन के कारण इतना वलन हो जाता है कि वलन की दोनों भुजाएँ परस्पर समानांतर होती हुई क्षैतिज दिशा में हो जाती हैं, इसे शयान वलन भी कहते हैं।
6. **प्रतिवलन** (Overturned Folds) जब अत्यधिक संपीडन से वलन की एक भुजा दूसरी भुजा पर उलट जाती है, तो प्रतिवलन बनता है।

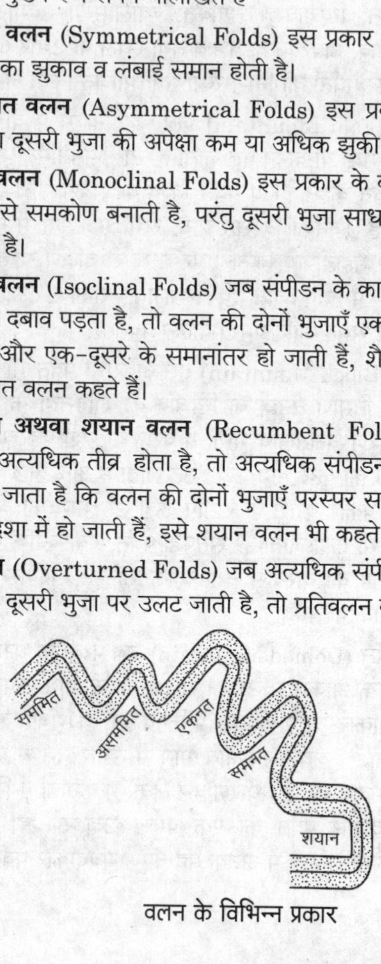

वलन के विभिन्न प्रकार

भ्रंश

- तनावमूलक भू-संचलन की तीव्रता के कारण जब भू-पटल की चट्टानों में एक तल के सहारे चट्टानों का स्थानांतरण हो जाता है, तो उत्पन्न संरचना को भ्रंश कहते हैं तथा जिस विभंग तल के सहारे बड़े पैमाने पर शैल खंडों का स्थानांतरण होता है, उसे भ्रंश तल कहते हैं। भ्रंश मुख्यतः चार प्रकार के होते हैं

1. **सामान्य भ्रंश** (Normal Fault) जब किसी भ्रंश तल के सहारे दोनों ओर के शैलखंड विपरीत दिशाओं में सरकते हैं, तो सामान्य भ्रंश का निर्माण होता है।
2. **व्युत्क्रम भ्रंश** (Reverse Fault) इसमें भ्रंश तल के सहारे दो शैलखंड आमने-सामने खिसकते हैं और एक शैलखंड दूसरे शैलखंड पर चढ़ जाता है।

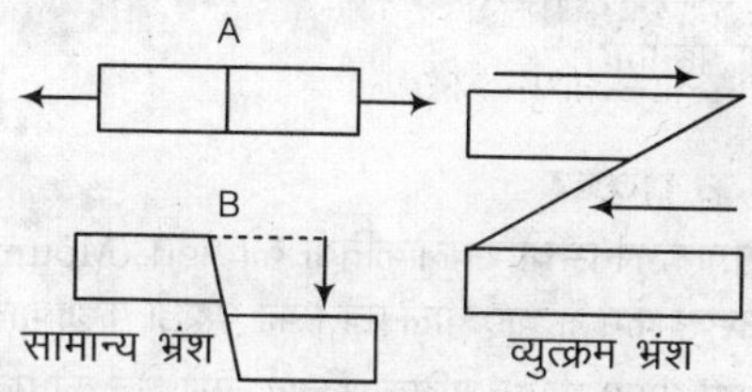

3. **पार्श्विक भ्रंश** (Lateral Fault) भ्रंश तल के सहारे शैलखंडों में क्षैतिज संचलन होने पर पार्श्विक भ्रंश का निर्माण होता है, इसमें कगारों (Cliffs) की रचना बहुत कम हो पाती है।

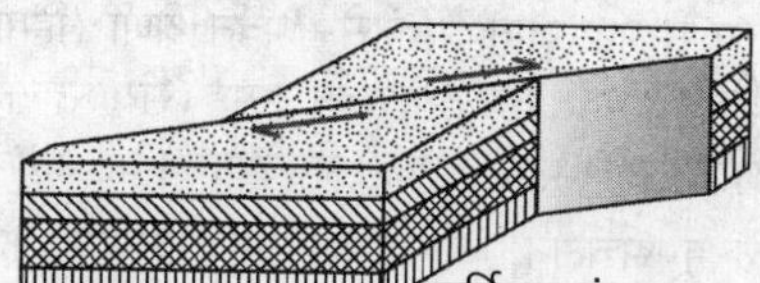
पार्श्विक भ्रंश

4. **सोपानी भ्रंश** (Step Fault) जब किसी भू-भाग में अनेक समानांतर भ्रंश इस प्रकार पाए जाते हैं कि सभी भ्रंश-तलों के ढाल की दिशा समान हो, तो इसे सोपानी भ्रंश कहा जाता है।

सोपानकार भ्रंश

भ्रंश घाटी/पर्वत

- भ्रंशन की क्रिया के दौरान यदि आस-पास का भाग नीचे धँस जाए, तो बीच का स्थिर एवं ऊपर उठा हुआ भाग भ्रंश पर्वत कहलाता है।
- इन पर्वतों के शीर्ष समतल तथा किनारे तीव्र भ्रंश कगारों से सीमित होते हैं।
- फ्रांस का वॉस्जेस, जर्मनी का ब्लैक फॉरेस्ट, भारत का विंध्याचल व सतपुड़ा तथा पाकिस्तान का साल्ट रेंज इसके प्रमुख उदाहरण हैं।

- किसी स्थान पर जब दो सामान्य भ्रंश कई किलोमीटर की लंबाई में इस प्रकार होते हैं कि उनके बीच का भाग नीचे धँस जाता है और एक बेसिन या घाटी का निर्माण हो जाता है, तो इसे **रिफ्ट घाटी या 'ग्राबेन'** (Graben) कहते हैं।

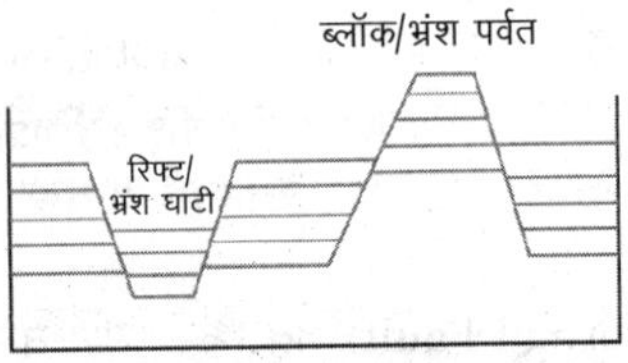

भ्रंश घाटी/पर्वत

- यूरोप में राइन नदी की घाटी भ्रंश घाटी का सर्वोत्तम उदाहरण है। इसके एक ओर वॉस्जेस पर्वत तथा दूसरी ओर ब्लैक फॉरेस्ट पर्वत है।
- भारत की नर्मदा नदी भी **भ्रंश घाटी** में बहती है। इसके उत्तर में विंध्य पर्वत तथा दक्षिण में सतपुड़ा पर्वत भ्रंश पर्वतों के उदाहरण हैं। दामोदर नदी भी भ्रंश घाटी में ही बहती है।

पर्वत

- सामान्यत: धरातल पर ऊँची स्थलाकृतियों को पर्वत (Mountain) कहा जाता है तथा उससे कम ऊँचाई वाले पर्वत को पहाड़ी कहा जाता है।
- देश में साधारणत: 900 मी से अधिक ऊँचाई वाले क्षेत्र को पर्वत कहा जाता है।
- पर्वत वह क्षेत्र होता है, जिसकी ऊँचाई समुद्र की सतह से 1000 मी से अधिक हो और उस क्षेत्र में सापेक्ष ऊँचाई भी अधिक हो।
- पर्वत विभिन्न रूप में पाए जाते हैं; जैसे- पर्वत श्रेणी (हिमालय), पर्वत शृंखला (अप्लेशियन), पर्वत तंत्र तथा पर्वत समूह (संयुक्त राज्य अमेरिका का प्रशांत कार्डिलेरा) और पर्वत घटक (अप्लेशियन का स्लूरिट्ज) आदि।
- पर्वतों की उत्पत्ति भू-संचलन, ज्वालामुखी आदि क्रियाओं के प्रतिफल से हुई है। अत: इसे कई आधारों पर वर्गीकृत किया जाता है

पर्वतों का वर्गीकरण

पर्वतों को निम्नलिखित आधारों पर बाँटा जा सकता है

ऊँचाई के आधार पर

ऊँचाई के आधार पर पर्वतों को चार वर्गों में विभाजित किया जाता है

1. **निम्न या निचले पर्वत** (Low Mountain) इन पर्वतों की ऊँचाई 700 से 1000 मी के बीच होती है। विश्व के अधिकांश पर्वत इस श्रेणी में आते हैं। विंध्यांचल पर्वत इसका प्रमुख उदाहरण है।
2. **रूक्ष पर्वत या कम ऊँचे पर्वत** (Rough Mountain) इन पर्वतों की ऊँचाई 1000 से 1500 मी तक होती है।
3. **घर्षित पर्वत** (Rugged Mountain) इन पर्वतों की ऊँचाई 1500 से 2000 मी तक होती है। अप्लेशियन, अरावली तथा पश्चिमी घाट इसके प्रमुख उदाहरण हैं।
4. **ऊँचे पर्वत** (High Mountain) इन पर्वतों की ऊँचाई 2000 मी से अधिक होती है। इनके प्रमुख उदाहरण क्रमश: रॉकीज, एंडीज, आल्पस तथा हिमालय आदि पर्वत हैं।

स्थिति के आधार पर

पर्वतों का विस्तार स्थलीय तथा सागरीय दोनों भागों में पाया जाता है। इस आधार पर पर्वतों को दो वर्गों में रखा जा सकता है।

1. **स्थल स्थित पर्वत** (Continental Mountains) स्थल स्थित पर्वतों को निम्न भागों में बाँटा जाता है
   - **तटीय पर्वत** (Coastal Mountain) इस प्रकार के पर्वत महाद्वीपों के किनारे पर महासागरों के समांतर पाए जाते हैं; जैसे-उत्तरी अमेरिका का रॉकीज पर्वत, यूरोप का अल्पाइन पर्वत समूह आदि।
   - **आंतरिक पर्वत** (Inland Mountain) इस प्रकार के पर्वत महाद्वीपीय तटों से दूर स्थल के आंतरिक भागों में पाए जाते हैं। इनका निर्माण आंतरिक भूसन्नति से हुआ होता है। यूराल पर्वत, वास्जेस, ब्लैक फॉरेस्ट आदि इसके प्रमुख उदाहरण हैं।
2. **सागर स्थित पर्वत** (Oceanic Mountain) इन पर्वतों का विस्तार सागर द्रोणियों तथा महाद्वीपीय मग्नतटों में पाया जाता है। इसके अंतर्गत कुछ पर्वत सागर जल के नीचे तथा कुछ सागर तल के बाहर पाए जाते हैं। उदाहरणस्वरूप हवाई द्वीप का मौना की ज्वालामुखी पर्वत सागरतल से 4200 मी ऊँचाई पर है।

उत्पत्ति अथवा निर्माण प्रक्रिया के आधार पर

पर्वतों का निर्माण **विवर्तनिक संचरण** (Tectonic Transmission) की क्रिया के अतिरिक्त अन्य कार्यों से भी होता है अर्थात् इनका निर्माण व विकास मुख्य रूप से संपीडन की शक्ति, खिंचाव की शक्ति, ज्वालामुखी उद्गार तथा उससे निस्सृत पदार्थों के जमाव, अपरदन के प्रभाव तथा स्थल के उभार आदि के कारण होता है। इस आधार पर पर्वतों को निम्न रूपों में विभाजित किया जाता है

1. **वलित पर्वत** (Fold Mountain) जब चट्टानों में पृथ्वी की आंतरिक शक्तियों द्वारा मोड़ या वलन पड़ जाता है, तो उस निर्मित पर्वत को वलित या मोड़दार पर्वत कहते हैं। ये पर्वत विश्व के सबसे ऊँचे तथा सर्वाधिक विस्तृत पर्वत हैं, जिनका विस्तार प्राय: सभी महाद्वीपों में पाया जाता है। यह सामान्यत: महाद्वीपीय किनारों पर उत्तर से दक्षिण या पश्चिम से पूर्व दोनों दिशाओं में पाए जाते हैं। हिमालय, रॉकीज, आल्पस, एंडीज, अल्पाइन पर्वत समूह आदि प्रमुख वलित पर्वत हैं।
2. **ब्लॉक पर्वत** (Block Mountain) इसे अवरोधी पर्वत भी कहा जाता है। इन पर्वतों का निर्माण तनाव या खिंचाव की शक्तियों के द्वारा होता है। खिंचाव के कारण धरातलीय भागों में दरारें या भ्रंश पड़ जाती हैं, जिसके कारण धरातल का कुछ भाग ऊपर उठ जाता है और कुछ भाग नीचे धँस जाता है। इस प्रकार दरारों के समीप ऊँचे उठे भाग को ब्लॉक पर्वत या भ्रंशोत्थ पर्वत भी कहा जाता है। सतपुड़ा पर्वत, एक ब्लॉक पर्वत है, इसके अतिरिक्त यूरोप का वास्जेस तथा ब्लैक फॉरेस्ट, पाकिस्तान का साल्ट रेंज प्रमुख ब्लॉक पर्वत हैं।
3. **गुंबदाकार पर्वत** (Domed Mountain) जब पृथ्वी के धरातलीय भाग में चाप (Arch) के आकार में उभरने से धरातलीय भाग ऊपर उठ जाता है, तो उसे गुंबदाकार या गुंबदनुमा पर्वत कहते हैं। गुंबद का ऊपरी भाग गोलाकार होता है। जब धरातलीय भाग में उभार नगण्य हो जाता है, तो यह पठार या मैदान का रूप धारण कर लेता है। कनाडा में स्थित ब्लैकडॉम माउंटेन, गुंबदाकार पर्वत का एक प्रमुख उदाहरण है। संयुक्त राज्य अमेरिका के सिनसिनाती में अनेक महत्त्वपूर्ण गुंबदाकार पर्वत स्थित हैं।

4. **संगृहीत पर्वत** (Volcanic Mountain) धरातल के ऊपर मिट्टी, मलबा, लावा इत्यादि के निरंतर जमा होने से निर्मित पर्वतों को संगृहीत पर्वत कहते हैं। ज्वालामुखी उद्गार से विस्तृत लावा, विखंडित पदार्थ तथा राख चूर्ण आदि के क्रमबद्ध अथवा संबद्ध संग्रह के फलस्वरूप संगृहीत पर्वतों का निर्माण होता हैं। इन्हें ज्वालामुखी पर्वत भी कहा जाता है। पश्चिमी संयुक्त राज्य अमेरिका के हुड तथा रेनियर, फिलीपींस के मेयान तथा जापान के फ्यूजीयामा इसके प्रमुख उदाहरण हैं।
5. **मिश्रित पर्वत या जटिल पर्वत** (Complex Mountain) जब किसी पर्वत की संरचना में अनेक जटिलताएँ पाई जाती हैं तथा जब कई प्रकार की संरचनाएँ एक-दूसरे से मिलकर विविध रूप धारण कर लेती हैं, ऐसे पर्वत को जटिल पर्वत कहा जाता है। संयुक्त राज्य अमेरिका के योसेमाइट प्रदेश का सियरा नेवादा पर्वत आग्नेय निर्मित प्रमुख मिश्रित पर्वत है। वहीं न्यू हैम्पशायर का ह्वाइट पर्वत (White Mountain), रूपांतरित चट्टानों से निर्मित प्रमुख मिश्रित पर्वत है।
6. **अवशिष्ट पर्वत** (Relict Mountain) इन पर्वतों का निर्माण अपरदन की शक्तियों द्वारा होता है, जिस कारण वे मूल चट्टानों से परिवर्तित होकर घर्षित या अवशिष्ट पर्वत के रूप में बदल जाते हैं।
यह परिवर्तन नदी, हिमनद, वायु, तुषार आदि के प्रभाव से हो सकता है। भारत के अरावली, विंध्याचल, सतपुड़ा, महादेव, पश्चिमी घाट, पूर्वी घाट पहाड़, पारसनाथ आदि प्रमुख अवशिष्ट पर्वत हैं।

पर्वत निर्माणकारी घटना एवं काल के अनुसार पर्वतों का विभाजन

पर्वत निर्माणकारी घटना एवं काल के आधार पर भू-पटल के पर्वतों की श्रेणियाँ निम्न हैं

1. **कैम्ब्रियन युग से पूर्व के पर्वत** (Pre-Cambrian Era Mountain) ये विश्व के प्राचीन पर्वत हैं। इनका निर्माण कैम्ब्रियन तथा पूर्व कैम्ब्रियन युग में लगभग 40 करोड़ वर्ष पूर्व (4.0 अरब वर्ष से 59 करोड़ वर्ष पूर्व) हुआ था। उत्तरी अमेरिका तथा ग्रेट ब्रिटेन में इसके कई उदाहरण पाए जाते हैं। लारेशियन पर्वत, अलगोमन पर्वत तथा किलानिर्यन पर्वत इसके प्रमुख उदाहरण हैं।
2. **कैलिडोनियन पर्वत** (Caledonian Mountain) इस पर्वत के निर्माण की प्रक्रिया पैल्योजोइक कल्प के विभिन्न युगों में संपन्न हुई तथा सिलुरियन, डिवोनियन तथा पर्मियन युगों में पर्वतों का निर्माण हुआ। उत्तरी अमेरिका के अप्लेशियन पर्वत, यूरोप के स्कॉटलैंड पर्वत, आयरलैंड के, स्कैंडिनेवियन पर्वत इस काल में निर्मित प्रमुख पर्वत हैं।
3. **हर्सीनियन पर्वत** (Hercynian Mountain) आज से 27 करोड़ वर्ष पूर्व पर्मियन युग में पुन: तृतीय पर्वतीकरण हुआ तथा भू-पटल पर हर्सीनियन पर्वतों का सृजन हुआ। इस काल के पर्वतों में अप्लेशियन पर्वत (यूएसए), यूराल पर्वत, फ्रेकेनवाल्ड पर्वत, वास्जेस आदि प्रमुख हैं।
4. **अल्पाइन पर्वत** (Alpine Mountains) इन पर्वतों का निर्माण टर्शियरी युग से पूर्व तथा टर्शियरी युग में हुआ। इन पर्वतों में नवीनतम वलित पर्वत सम्मिलित हैं। उत्तरी अमेरिका के रॉकीज तथा दक्षिण अमेरिका के एंडीज, यूरोप के कारपेथियन, पेरेनीज, बालकन पर्वत, हिमालय आदि ऐसे प्रमुख पर्वत हैं।

पर्वतों का महत्त्व

- पर्वत जल के संग्रहागार (Storehouse of Water) होते हैं। अनेक नदियों का स्रोत पर्वतों में स्थित हिमानियों से होता है। पर्वतों की नदी घाटियाँ तथा वेदिकाएँ कृषि के लिए उपयुक्त होती हैं।
- यह अलग-अलग प्रकार की वनस्पतियों तथा जीव-जंतु से समृद्ध होते हैं। विभिन्न प्रकार के खेल; जैसे- पैराग्लाइडिंग, हैंग ग्लाइडिंग, रिवर रॉफ्टिंग तथा स्कीइंग पर्वतों के प्रचलित खेल हैं।
- पर्वतों पर विद्यमान वनों से हमें ईंधन, चारा, आश्रय तथा वन उत्पाद प्राप्त होते हैं। वहीं पर्वतों से खनिजों की भी प्राप्ति होती है।

विश्व के प्रमुख पर्वत एवं पर्वत श्रेणियाँ

नाम	स्थिति
एंडीज	दक्षिण-पश्चिमी अमेरिका
रॉकी	उत्तरी पश्चिमी अमेरिका
हिमालय, कराकोरम, हिंदूकुश	दक्षिणी-मध्य एशिया
ग्रेट डिवाइडिंग	पूर्वी ऑस्ट्रेलिया
ट्रांस अंटार्कटिका	अंटार्कटिका
तिएनशान	दक्षिणी-मध्य एशिया
अल्टाई पर्वत	मध्य एशिया
यूराल	मध्य रूस
कमचटका स्थित श्रेणी	पूर्वी रूस
एटलस	उत्तर-पश्चिमी अफ्रीका
बर्खोयांस्क	पूर्वी रूस
पश्चिमी घाट	पश्चिमी भारत
सियरा माद्रे ओरिएण्टल	मैक्सिको
जैग्रोस	ईरान
एल्बुर्ज	ईरान
स्कैंडिनेवियन	पश्चिमी नॉर्वे
पश्चिमी सियरा माद्रे	मैक्सिको
ड्रेकन्सबर्ग	दक्षिण-पूर्वी अफ्रीका
काकेशस	रूस
अलास्का	अलास्का
कास्केड	संयुक्त राज्य अमेरिका, कनाडा
एपेनाइन	इटली
अप्लेशियन्स	पूर्वी संयुक्त राज्य अमेरिका, कनाडा
आल्पस	मध्यवर्ती यूरोप
सियरा माद्रे डेल सुर	मैक्सिको

पठार

- पठार उस ऊँचे क्षेत्र को कहते हैं, जो आस-पास की निम्न भूमि से तो ऊँचा होता है, किन्तु उसके अधिकांश धरातल का सापेक्ष उच्चावच बहुत कम हो।
- पर्वत की तुलना में पठारों के शीर्ष पर लगभग समतल या तरंगित विस्तृत भूमि होती है, इसके छोर पर तीव्र कगारें होती हैं।
- पठार की चट्टानें अधिकांशत: बलुआ पत्थर, शैल, चूने का पत्थर परतदार अवसादी संरचना वाली होती हैं।

- इसके साथ ही इनके संस्तर लगभग क्षैतिज होते हैं। अतः इस व्यवस्था के कारण ही यह चौरस दिखाई देते हैं।
- पठारों की ऊँचाई प्रायः कुछ सौ मीटर से लेकर कई हजार मीटर तक हो सकती है तथा इसकी भूमि सपाट होती है।

पठारों का वर्गीकरण

पठारों को विभिन्न आधारों पर वर्गीकृत किया जाता है

स्थिति के आधार पर वर्गीकरण

भौगोलिक स्थिति के आधार पर पठारों को तीन प्रकारों में वर्गीकृत किया जाता है।

1. **अंतर पर्वतीय पठार** (Intermontane Plateau) ये पठार अंशतः या पूर्णतः पर्वतों से घिरे होते हैं। तिब्बत का पठार, बोलीविया का पठार, पेरू का पठार, ईरान का पठार आदि इसके प्रमुख उदाहरण हैं। ये पठार, पर्वत निर्माण के समय ही बने थे। पर्वत शृंखलाओं के मध्यस्थ इन क्षेत्रों का उत्थान भी भू-संचरणों के साथ हुआ था।
2. **महाद्वीपीय पठार** (Continental Plateau) ये पठार आस-पास की निम्न भूमि अथवा समुद्रतल से सीधे उठे हुए होते हैं। इनका उत्थान महाद्वीप-निर्माणकारी ऊर्ध्वाधर भू-संचरण के द्वारा हुआ है। इन पठारों की ऊँचाई 600 से 1500 मी तक होती है। ब्राजील का पठार, दक्षिणी अफ्रीका का पठार, पश्चिमी ऑस्ट्रेलिया का पठार, छोटानागपुर का पठार तथा शिलांग पठार इसके प्रमुख उदाहरण हैं। इन पठारों को **शील्ड** तथा **संचयित पठार** के नाम से भी जाना जाता है।
3. **पर्वतपादीय पठार** (Piedmont Plateau) यह पठार एक ओर उच्च पर्वतों से तथा दूसरी ओर सागर या मैदान से घिरे होते हैं। अर्जेंटीना में पैटागोनिया का पठार, संयुक्त राज्य अमेरिका के अप्लेशियन पठार इस तरह के पठार के प्रमुख उदाहरण हैं। यह पठार अपरदन जनित पठार भी कहलाते हैं, क्योंकि विभिन्न कारकों के प्रभाव से अपक्षय या अपरदन द्वारा पुराने ऊँचे क्षेत्र कटकर आज इस रूप में पाए जाते हैं।

निर्माण की प्रक्रिया के अनुसार वर्गीकरण

निर्माण की प्रक्रिया के अनुसार पठारों को दो भागों में बाँटा गया है

1. **अंतर्जात शक्तियों द्वारा उत्पन्न पठार** अंतर्जात शक्तियों द्वारा उत्पन्न पठार निम्नलिखित हैं
   - **पटलविरूपणी पठार** (Diastrophic Plateau) भू-संचलन द्वारा भू-पृष्ठ का कुछ भाग ऊपर उठकर जब पठारों का रूप धारण कर लेता है, तो उसे पटलविरूपणी पठार कहते हैं; जैसे-तिब्बत का पठार, पैटागोनिया का पठार, दक्षिणी भारत का पठार आदि।
   - **लावा पठार** (Lava Plateau) इसका निर्माण बेसाल्ट लावा के निक्षेपण से होता है। इसका रंग काला होता है; जैसे- दक्कन का पठार, कोलंबिया का पठार आदि।
2. **बहिर्जात शक्तियों द्वारा उत्पन्न पठार** बहिर्जात शक्तियों द्वारा उत्पन्न पठार निम्नलिखित हैं
   - **हिमानीकृत पठार** (Erosional Process of Glaciers) विस्तृत हिमानी पर्वतीय भागों को अपने अपरदन कार्य द्वारा घिसकर सपाट पठार का निर्माण करती है; जैसे-अंटार्कटिका, ग्रीनलैंड, भारत का गढ़वाल पठार आदि। कभी-कभी हिमानी के निक्षेप से भी पठार का निर्माण होता है; जैसे-कश्मीर में मर्ग (Marg) की रचना हिमोढ़ों (Moraines) के निक्षेप से हुई है।
   - **जल द्वारा निर्मित पठार** (Erosional Process of Water) नदियों द्वारा तलछट के निक्षेप द्वारा स्थलखंड ऊँचा होता रहता है। कभी-कभी यही निक्षेपित क्षेत्र भू-संचलन द्वारा ऊपर उठकर पठार में परिवर्तित हो जाता है; जैसे-चेरापूँजी, मैसूर, राँची, विन्ध्यन आदि का पठार।
   - **पवन द्वारा निर्मित पठार** (Erosional Process of Wind) मृदा के बारीक कण पवनों द्वारा निक्षेपित किए जाते हैं। इसके लंबे समय तक निक्षेपण के कारण एक पठार निर्मित होता है; जैसे-लोयस पठार।

जलवायु के अनुसार वर्गीकरण

- **शुष्क पठार** (Dry Plateau) पोटवार, अरब एवं पैटागोनिया का पठार प्रमुख शुष्क पठार हैं।
- **आर्द्र पठार** (Wet Plateau) असम का पठार एवं मेघालय का पठार आर्द्र पठार के प्रमुख उदाहरण हैं।
- **हिमाच्छादित पठार** (Ice Cape Plateau) ग्रीनलैंड एवं अंटार्कटिका का पठार हिमाच्छादित पठार हैं।

पृष्ठीय धरातल के अनुसार वर्गीकरण

- **विषम पठार** (Uneven Plateau) अप्लेशियन का पठार एक विषम पठार है।
- **गिरिप्रस्थ पठार** (Tableland Plateau) महाबलेश्वर एवं पंचगनी का पठार इसके प्रमुख उदाहरण हैं।

आकृति के अनुसार वर्गीकरण

- **गुंबदाकार पठार** (Domed Plateau) छोटानागपुर एवं रामगढ़ का पठार गुंबदाकार पठार हैं।
- **विच्छेदित पठार** (Dissected Plateau) इसका प्रमुख उदाहरण पूर्वी घाट का पठार है।
- **सपाट पठार** (Flat Plateau) तिब्बत का पठार सपाट पठार का उदाहरण है।
- **सीढ़ीनुमा पठार** (Contour Plateau) विंध्य एवं कैमूर का पठार सपाट पठार के उदाहरण हैं।
- **पुनर्युवनित पठार** (Rejuvenated Plateau) राँची का पाट पठार इसका प्रमुख उदाहरण है।

पठारों का महत्त्व

पठारों के महत्त्व को निम्न बिंदुओं द्वारा समझ सकते हैं

- पठारों में खनिजों की प्रचुरता होती है, जिससे यह काफी उपयोगी होते हैं, इसलिए खनन क्षेत्र पठारी क्षेत्रों में पाए जाते हैं।
- अफ्रीका का पठार सोना एवं हीरा के लिए विश्व में प्रसिद्ध है। पठारी क्षेत्रों में बहुत से जलप्रपात हो सकते हैं, क्योंकि यहाँ नदियाँ ऊँचाई से गिरती हैं; जैसे- कर्नाटक का जोग जलप्रपात।
- लावा के पठार में काली मिट्टी की प्रचुरता पाई जाती है, जो उपजाऊ एवं खेती के लिए अत्यधिक अनुकूल होती है।

विश्व के प्रमुख पठार एवं उनकी विशेषताएँ

पठार का नाम	स्थिति	विशेषताएँ
तिब्बत का पठार	चीन	विश्व का सबसे ऊँचा (5,000 मी) पठार, हिमालय एवं कुनलुन पर्वतों के बीच स्थित अंतः पर्वतीय पठार; मध्य पिंड का उदाहरण अनेक झीलों की उपस्थिति, सिंधु, सतलुज, ब्रह्मपुत्र, यांगटिसिक्यांग, मेकांग आदि नदियों का उद्गम स्थल।
अरब का पठार	मध्य एशिया	गोंडवाना लैंड का एक भाग, अत्यंत प्राचीन चट्टानों से निर्मित, शुष्कता के कारण मरुस्थल का फैलाव।
ईरान का पठार	ईरान	एल्बुर्ज व जैग्रोस पर्वतों के बीच स्थित अंतः पर्वतीय पठार
प्रायद्वीपीय पठार	भारत	अत्यंत प्राचीन चट्टानों से निर्मित गोंडवाना लैंड का एक भाग, लावा के उद्गार के प्रभाव, अनेक पर्वतों एवं नदियों की उपस्थिति के कारण छोटे-छोटे पठारों में विभाजित, खनिज पदार्थों का भंडार।
मंगोलिया का पठार	उत्तर-मध्य चीन	अत्यधिक ऊबड़-खाबड़ पठार, शुष्कता के कारण मरुस्थल का मंगोलिया तक फैलाव।
अनातोलिया का पठार	तुर्की	पॉण्टिक एवं टॉरस पर्वत श्रेणियों के बीच स्थित, खारे एवं मीठे पानी की झीलों की उपस्थिति, खनिज पदार्थों की दृष्टि से धनी।
ऑस्ट्रेलिया का पठार	ऑस्ट्रेलिया का पश्चिमी भाग	प्राचीन कठोर चट्टानों से निर्मित शुष्क पठार।
मेडागास्कर का पठार	मेडागास्कर	ज्वालामुखी शैलों द्वारा निर्मित, औसत ऊँचाई 1,000-1,500 मी के बीच।
दक्षिण अफ्रीका का पठार	अफ्रीका का दक्षिणी भाग	कठोर चट्टानों से निर्मित अत्यंत प्राचीन पठार।
स्पेन की मेसेटा	स्पेन	उत्तर में कैण्टाब्रियन एवं दक्षिण में सिस्टेमा आइब्रिका तथा सिएरा मेरोना पर्वतों के बीच स्थित अंतः पर्वतीय पठार।
ब्राजील का पठार	ब्राजील	उत्तर-पूर्व में केप रॉक से लेकर दक्षिण में रियो-ग्रैंडी डि सुल तक त्रिभुजाकार रूप में विस्तृत, ब्राजील के मध्यपूर्व का भाग, अत्यंत कठोर चट्टानों से निर्मित, खनिज संपदा की दृष्टि से धनी।
बोलीविया का पठार	बोलीविया	एक अंतः पर्वतीय पठार, औसत ऊँचाई 3,100 मी, खनिज संसाधन की दृष्टि से धनी।
यूकान का पठार	अलास्का	ढाल पश्चिम की ओर, अत्यंत ठंडी जलवायु।
कोलंबिया का पठार	कनाडा	एक अंतः पर्वतीय पठार, औसत ऊँचाई 1,800 मी, ज्वालामुखी लावा द्वारा निर्मित।
ग्रीनलैंड का पठार	ग्रीनलैंड	अत्यंत प्राचीन चट्टानों से निर्मित, हिम से ढका हुआ पठार, असमान उच्चावच

मैदान

- मैदान समतल भूमि के बड़े भाग होते हैं। वे सामान्यतः माध्य समुद्रीतल से 200 मी से अधिक ऊँचे नहीं होते हैं। कुछ मैदान समतल होते हैं तथा कुछ तरंगित या उर्मिल (Undulating Plain) हो सकते हैं।
- नदियाँ, पर्वतों के ढालों से नीचे की ओर बहती हैं, जिसमें वे अपने साथ अपरदित पदार्थों को लेकर आगे बढ़ती हैं। अपने साथ लाए गए पदार्थों; जैसे-पत्थर, बालू तथा सिल्ट को वे घाटियों में निक्षेपित कर देती हैं, इन निक्षेपों से ही मैदानों का निर्माण होता है।

मैदानों का वर्गीकरण

अवस्थिति एवं निक्षेपण निर्माण के आधार पर मैदानों का वर्गीकरण निम्न प्रकार है

अवस्थिति के आधार पर मैदानों का वर्गीकरण

अवस्थिति के आधार पर मैदान दो प्रकार के होते हैं

1. **तटीय मैदान** (Coastal Plain) सागर तटों के निकट के मैदान तटीय मैदान कहलाते हैं; जैसे- फ्लोरिडा का मैदान और भारत का पूर्वी एवं पश्चिमी तटीय मैदान।
2. **आंतरिक मैदान** (Inner Plain) महाद्वीपों के आंतरिक भाग में पाए जाने वाले मैदान आंतरिक मैदान कहलाते हैं; जैसे- यूरोप का मैदान।

निक्षेपण के आधार पर मैदानों का वर्गीकरण

निक्षेपण के आधार पर मैदानों का वर्गीकरण इस प्रकार है

1. **नदी द्वारा निक्षेपित मैदान** (River Deposition Plains) नदी द्वारा निर्मित मैदान मुख्यतः तीन प्रकार के होते हैं
   (i) **गिरिपद जलोढ़ मैदान** (Piedmont Alluvial Plains) नदी के साथ बहाकर लाए गए बड़े-बड़े शिलाखंड व मलबा पर्वत व पहाड़ियों के पादों पर निक्षेपित कर दिए जाते हैं, जिससे निर्मित मैदान को ही गिरिपद जलोढ़ मैदान कहते हैं। भारत में ऐसे मैदान को भाबर कहते हैं।
   (ii) **बाढ़ मैदान** (Flood Plains) बाढ़ के समय नदी द्वारा अपने तल और मलबे को अपने मार्ग में ही निक्षेपित करने से निर्मित मैदान को बाढ़ का मैदान कहा जाता है। ये कृषि की दृष्टि से अति उपजाऊ होते हैं।
   (iii) **डेल्टा का मैदान** (Deltaic Plains) नदी अपनी वृद्धावस्था में जब समुद्र या झील में गिरती है, तो उसके वेग में कमी आ जाती है और नदी अपने साथ मलबे का निक्षेपण कर देती है और समुद्र या झील में डेल्टा बनाती है तथा मैदानी क्षेत्रों में निक्षेपण से उपजाऊ मैदान का निर्माण करती है। इस प्रकार बने मैदान अत्यंत उपजाऊ, समतल और सपाट होते हैं। गंगा, सिंधु, नील आदि नदियों के मुहानों पर बने मैदान इसके प्रमुख उदाहरण हैं।

2. **झीलकृत मैदान** (Lacustrine Plains) झील में जब नदियाँ गिरती हैं, तो अपने साथ लाए मलबे को झील में जमा करती जाती हैं। कालांतर में जब पानी बह जाता है एवं झील भाग सपाट हो जाता है, तब एक मैदान बन जाता है। संयुक्त राज्य अमेरिका, कनाडा और पश्चिमी यूरोपीय देशों में इस प्रकार के अनेक मैदान हैं।
3. **लावा मैदान** (Lava Plains) ज्वालामुखी के उद्गार से निकला लावा जब पतली चादर के रूप में निचले भागों में निक्षेपित हो जाता है, तो वह भाग लावा मैदान बन जाता है; जैसे-इटली, न्यूजीलैंड, संयुक्त राज्य अमेरिका, अर्जेंटीना आदि देशों में लावा मैदान के उदाहरण विद्यमान हैं।
4. **पवन द्वारा निक्षेपित मैदान** (Wind Deposited Plains) पवन द्वारा निक्षेपित मैदानों में मरुस्थलीय मैदान सम्मिलित हैं। मरुस्थलीय प्रदेशों में पवन रेत को उड़ाकर अन्यत्र निक्षेपित कर देती है, जिससे निक्षेपित मैदान का निर्माण होता है। अफ्रीका के सहारा व भारत के थार मरुस्थल में ऐसे मैदानों के उदाहरण मिलते हैं। लोयस का मैदान भी पवन निक्षेपण से निर्मित मैदान है। यह मरुस्थलीय क्षेत्रों में पवन के द्वारा निर्मित मैदान है। चीन के प्रसिद्ध लोयस मैदान का निर्माण मध्य एशिया के मरुस्थलों से आए रेत के निक्षेपण से हुआ है।
5. **हिमानी द्वारा निक्षेपित मैदान** (Glacial Plains) हिमनदी या हिमानी द्वारा मलबे के निक्षेपण से बने मैदानों को हिमानीकृत मैदान कहते हैं। उत्तरी यूरोप और उत्तरी अमेरिका में प्लीस्टोसीन हिमाच्छादन के कारण निर्मित हिमानी मैदान अत्यधिक विस्तृत रूप में मिलते हैं। इन मैदानों में टिल मैदान व हिमोढ़ मैदान प्रमुख हैं।

मैदान के अन्य प्रकार

मैदान के अन्य प्रकार निम्नलिखित हैं

1. **संरचनात्मक मैदान** (Structural Plains) ये मैदान महाद्वीपीय निमग्न तट के उत्थान से बनते हैं। संयुक्त राज्य अमेरिका के दक्षिण-पूर्वी भाग में अप्लेशियन पर्वतपादीय पठार और अटलांटिक समुद्र तट के मध्य स्थित समुद्र तटीय उत्थित मैदान हैं। इसके विपरीत संरचनात्मक धँसने वाले क्षेत्र हैं, जो विस्तृत निम्न भूमि का निर्माण करते हैं। संयुक्त राज्य अमेरिका के बड़े मैदान तथा ऑस्ट्रेलिया की मध्यवर्ती निम्न भूमि को ऐसे मैदानों में देखा जा सकता है।
2. **अपरदनजनित मैदान** (Depositional Plains) पर्वत, पहाड़ी तथा पठार सदृश ऊँचे क्षेत्र के अपक्षय और अपरदन द्वारा मैदान में परिणत होने से ऐसे मैदानों का निर्माण होता है। एक लंबे समय के बाद ऊँची भूमि समतल मैदान में बदल जाती है, किंतु इसका धरातल पूरी तरह से समतल नहीं होता है। ऐसे मैदान को **उपांत मैदान** (Marginal Plain) कहते हैं। इस प्रकार के मैदान नदी हिमानी तथा पवन द्वारा अपरदित क्षेत्रों में पाए जाते हैं। उत्तरी कनाडा, उत्तरी यूरोप तथा पश्चिमी साइबेरिया में हिमानी अपरदन से निर्मित मैदान विद्यमान हैं। अफ्रीका के सहारा भाग में पवन द्वारा निर्मित अपरदित मैदान हैं। अमेजन बेसिन में नदियों द्वारा अपने घाटी तल की चौड़ाई बढ़ाने तथा दोआब क्षेत्रों की ऊँचाई कम करने से कई भाग अपरदन जनित मैदान बन गए हैं।

मैदान के महत्त्व

- सामान्यत: मैदान आवास क्षेत्र के साथ बहुत अधिक उपजाऊ होते हैं।
- यहाँ परिवहन के साधनों का निर्माण करना सरल होता है। इन क्षेत्रों में सबसे अधिक जनसंख्या निवास करती है।
- मकानों को बनाने तथा खेती के लिए अधिक समतल भूमि की दृष्टि से यह अधिक महत्त्वपूर्ण होता है।
- मैदानी क्षेत्रों में मानव की आर्थिक गतिविधियाँ सुविधापूर्वक संचालित होती हैं अर्थात् यह क्षेत्र मानव जीवन के अनुकूल होता है।

विश्व के प्रमुख मैदान

नाम	शहर (स्थिति)
ग्रेट प्लेन	कनाडा तथा संयुक्त राज्य अमेरिका
अमेजन का मैदान	दक्षिणी अमेरिका
पैटागोनिया का मैदान	दक्षिणी अमेरिका
पम्पास का मैदान	दक्षिणी अमेरिका
फ्रांस का मैदान	फ्रांस (यरोप)
यूरोप का मैदान	यूरोप
दक्षिणी साइबेरिया का मैदान	यूरोप एवं एशिया
सहारा का मैदान	अफ्रीका
नील नदी का मैदान	मिस्र (अफ्रीका)
अफ्रीका का पूर्वी तटीय मैदान	अफ्रीका
गंगा-यमुना का मैदान	भारत
सिंधु का मैदान	भारत-पाकिस्तान
ब्रह्मपुत्र का मैदान	भारत-बांग्लादेश
अरब का मैदान	सऊदी अरब
चीन का मैदान	चीन

द्वीप

द्वीप स्थलखंड के ऐसे भाग होते हैं, जिनके चारों ओर जल का विस्तार पाया जाता है। उत्पत्ति के आधार पर द्वीपों को निम्नलिखित भागों में विभक्त किया जा सकता है

1. **विवर्तनिक द्वीप** (Tectonic Island) ऐसे द्वीपों की उत्पत्ति भू-गर्भिक हलचलों द्वारा भूमि के नीचे धँसने, समुद्री भागों में भूमि के ऊपर उठने, दरार घाटियों का निर्माण होने अथवा महाद्वीपीय भू-भागों के अलग हो जाने से होती है। ऐसे द्वीप निम्नलिखित प्रकार से निर्मित होते हैं
   - स्थल भाग के धँसने से बने द्वीप; जैसे-ब्रिटिश द्वीप समूह।
   - समुद्री नितल के ऊपर उठने से बने द्वीप; जैसे-अटलांटिक महासागर में स्थित पश्चिमी द्वीप समूह के अनेक द्वीप।
   - भू-भ्रंशन द्वारा निर्मित द्वीप; जैसे-मेडागास्कर द्वीप।
   - महाद्वीपीय प्रवाह से निर्मित द्वीप; जैसे-आइसलैंड, पूर्वी द्वीप समूह एवं ग्रीनलैंड के पश्चिम में स्थित अनेक द्वीप।
2. **निक्षेपजनित द्वीप** (Depositional Island) धरातल पर प्रवाहित होने वाली नदियों, हिमानियों या ग्लेशियर तथा सागरीय लहरों के द्वारा अपने साथ परिवहन किए गए पदार्थों के निक्षेपण से भी विभिन्न प्रकार के द्वीपों की उत्पत्ति होती है; जैसे-माजुली द्वीप (ब्रह्मपुत्र नदी), गंगा सागर (हुगली नदी के मुहाने पर), नर्मदा तथा ताप्ती के मुहाने पर खदियावेट एवं अलियाबेट आदि।

3. **अपरदनजनित द्वीप** (Erosion Based Island) अपरदन की क्रिया से बची कठोर चट्टानों के चारों ओर जल भर जाने से निर्मित द्वीप अपरदनजनित द्वीप हैं; जैसे-ग्रीनलैंड हिमानियों के अपरदन से बने बैफिन द्वीप आदि।
4. **ज्वालामुखी द्वीप** (Volcanic Island) महासागरीय कटकों के सहारे निकलने वाले लावा का विशाल निक्षेप, जो समुद्री जल सतह से ऊपर आ जाता है, को ज्वालामुखी द्वीप की संज्ञा से अभिहित किया जाता है; जैसे-बैरन द्वीप (बंगाल की खाड़ी), लिपारी द्वीप आदि।

द्वीपों से संबंधित तथ्य

- संसार का सबसे बड़ा द्वीप ग्रीनलैंड है, जो आर्कटिक महासागर में अवस्थित है। प्रशांत महासागर का सबसे बड़ा द्वीप न्यूगिनी है, जबकि हिंद महासागर का सबसे बड़ा द्वीप बोर्नियो है।
- दक्षिण चीन सागर में स्थित प्रवाल द्वीप स्पार्टली एवं पार्सल हैं, जो तेल भंडार के लिए प्रसिद्ध हैं। इन द्वीपों पर चीन एवं वियतनाम का विवाद है। जापान के सबसे बड़े द्वीप का नाम होंशू है।
- केनारी द्वीप ज्वालामुखी द्वीपों का एक समूह है, जो अफ्रीका के उत्तर-पश्चिम में स्थित है, जो पहले फॉरचुनेट द्वीप के नाम से जाना जाता था।

झील

- झीलें (Lacks) भू-तल के वे विस्तृत गड्ढे होते हैं, जो जल से भरे रहते हैं और स्थल के आंतरिक भाग में स्थित होते हैं।
- कुछ झीलें स्थल के बाहरी भागों में भी पाई जाती हैं, परंतु ये अस्थायी स्थलाकृति के रूप में विकसित होती हैं और धीरे-धीरे अवसादों से भरकर दलदल में उत्थान होने पर समीपी स्थल के बराबर हो जाती हैं।
- नदियों के मार्ग में परिवर्तन होने के कारण झीलों का निर्माण होता है।
- झीलें मीठे जल की होती हैं, किंतु अनेक स्थानों पर ये खारे जल से भी युक्त होती हैं। खारे पानी की झीलें लवणीय झीलें कहलाती हैं।

उत्पत्ति के आधार पर झीलों का वर्गीकरण

उत्पत्ति के आधार पर झीलों का वर्गीकरण इस प्रकार है

पटल विरूपण द्वारा उत्पन्न झीलें

पटल विरूपण द्वारा उत्पन्न झीलें निम्न हैं

- **अपनति झील** (Biasitravertine Lake) यह नदी मार्ग में अपनति के कारण उभर आने वाली संकरी एवं गहरी झीले होती हैं।
- **भ्रंश झील** (Gorges Lake) इनमें दरारों/भ्रंशों में जल भर जाने से लंबी व संकरी व गहरी झीलें निर्मित होती हैं; जैसे-सान एण्ड्रियास व क्रिस्टल स्प्रिंग आदि।
- **रिफ्ट घाटी झील** (Rift Valley Lake) इस घाटी में जल भरने से अफ्रीका में टंगानिका झील, न्यासा झील आदि निर्मित होती हैं।

ज्वालामुखी द्वारा निर्मित झीलें

ज्वालामुखी द्वारा निर्मित झीलें निम्नलिखित हैं

- **क्रेटर झील** (Crater Lake) यह ज्वालामुखी के मुख में निर्मित झील होती है।
- **लावा क्षेत्र झील** (Lava Flow Lake) यह लावा के असमान बहाव के कारण रिक्त स्थानों में बनी झील होती है।
- **लावा बाँध झील** (Lava Dam Lake) यह नदियों के प्रवाह मार्ग में ज्वालामुखी लावा प्रवाह के कारण अवरुद्ध जलमार्ग द्वारा बनी झील होती है।

हिमानीकृत झीलें

- **हिमताल झील** (Glacial Lake) यह हिमानी अपरदन के कारण निर्मित झील होती है, जिसे कोरी या टार्न झील कहते हैं।
- **पेटरनॉस्टर** (Paternoster) या **पीडमांट झील** यह भी हिमानीकृत झील है।

नदीकृत झीलें

- **गोखुर झील** (Oxbow Lake) नदी मार्ग के विसर्पण एवं पुनः नदी द्वारा लघु मार्ग प्राप्त करने के पश्चात् छोड़ दिए गए भू-भाग में छाड़न या गोखुर झील का निर्माण होता है।
- **प्रपाती झील** (Plunge Pool) जलप्रपात के गिरने के स्थान पर निर्मित अवनमन कुंड जब विस्तृत हो जाता है, तो प्रपाती झील का निर्माण होता है।
- **डेल्टाई झील** (Deltaic Lake) इसका निर्माण नदियों द्वारा मुहाना क्षेत्र में अत्यधिक मंद ढाल एवं भार के कारण मार्ग के निरंतर परित्याग या बहुमार्ग द्वारा होता है।

झीलों से संबंधित तथ्य

- लोपनोर झील चीन में अवस्थित है। यहाँ पर चीन का परमाणु परीक्षण संस्थान अवस्थित है।
- कनाडा में अथावस्का झील के समीप यूरेनियम सिटी स्थित है। हूबर तथा बोल्डर (Boulder) नामक कृत्रिम झील कोलेरेडो नदी पर निर्मित की गई हैं।
- कनाडा की ग्रेट बियर झील से आर्कटिक वृत्त होकर गुजरता है।
- विश्व की सबसे ऊँचाई पर स्थित झील **टिसो सिकरु** (तिब्बत) झील है।

विश्व की प्रमुख झीलें

नाम	स्थिति/देश	क्षेत्रफल (वर्ग किमी)	अधिकतम गहराई (मी)
कैस्पियन सागर	रूस तथा ईरान	3,71,000	980
सुपीरियर झील	कनाडा तथा संयुक्त राज्य अमेरिका	82,414	406
विक्टोरिया झील	युगांडा, तंजानिया तथा केन्या	69,485	80
अरब सागर झील	कजाखस्तान, उज्बेकिस्तान	68,000	678
ह्यूरन झील	कनाडा तथा संयुक्त राज्य अमेरिका	59,596	228
मिशिगन झील	संयुक्त राज्य अमेरिका	58,016	281
टंगानिका झील	कांगो, तंजानिया, जांबिया तथा बुरुंडी	32,892	1,435
बैकाल झील	रूस	31,502	1,940
ग्रेट बियर झील	कनाडा	31,080	82
ग्रेट स्लेव झील	कनाडा	28,438	163
ईरी झील	कनाडा तथा संयुक्त राज्य अमेरिका	25,719	64

भू-आकृतियाँ तथा उनका विकास

- पृथ्वी के धरातल पर अपक्षय की प्रक्रिया तथा इसके पश्चात् विभिन्न भू-आकृतिक कारकों (प्रवाहित जल, भूमिगत जल, वायु, हिमनद तथा तरंगें आदि) द्वारा अपरदन की प्रक्रिया संपन्न होती है, जिससे अपरदित एवं अपक्षयित भू-आकृतियों का निर्माण होता है। प्रत्येक भू-आकृति (Land forms) की अपनी भौतिक आकृति, आकार व पदार्थ होते हैं, जो कुछ भू-प्रक्रियाओं एवं उनके कारकों द्वारा निर्मित होते हैं।
- भू-आकृतियों के एक बार बनने के बाद उनके आकार, आकृति व प्रकृति में परिवर्तन आता है, जो भू-आकृतिक प्रक्रियाओं की लगातार धीमी अथवा तेज गति के कारण होता है। निक्षेपण से भी धरातलीय स्वरूप में परिवर्तन आता है। अत: अपरदित एवं निक्षेपित दो प्रकार के स्थलरूपों का विकास होता है।
- जलवायु संबंधी बदलाव तथा वायुराशियों के ऊर्ध्वाधर अथवा क्षैतिज संचलन के कारण, भू-आकृतिक प्रक्रियाओं की गहनता से या स्वयं ये प्रक्रियाएँ परिवर्तित हो जाती हैं, जिससे भू-आकृतियाँ रूपांतरित हो जाती हैं।
- समुद्रतल का स्थायित्व तथा भूतल के विवर्तनिक स्वरूप, जलवायु स्थलरूपों के विकास को प्रभावित करते हैं।

भू-आकृतियों का विकास

- भू-आकृति के विकास से आशय-भू-तल के एक भाग में एक भू-आकृति का दूसरी भू-आकृति में या एक भू-आकृति के एक रूप से दूसरे रूप में परिवर्तित होने की अवस्थाओं से होता है।
- इसका अभिप्राय यह है कि प्रत्येक भू-आकृति के विकास का एक इतिहास है और समय के साथ उसका परिवर्तन हुआ है अर्थात् एक स्थलरूप का विकास विभिन्न अवस्थाओं में हुआ है। अत: विभिन्न बाह्य कारकों के द्वारा निर्मित विभिन्न स्थलरूपों का विवरण निम्न है

प्रवाहित जल

- आर्द्र प्रदेशों के अत्यधिक वर्षा वाले क्षेत्रों में **प्रवाहित जल** (Running Water) सबसे महत्त्वपूर्ण भू-आकृतिक कारक है, जो धरातल के निम्नीकरण के लिए उत्तरदायी है।
- प्रवाहित जल के दो तत्त्व हैं। एक-**धरातल पर परत** (Land Surface) के रूप में विस्तृत है। दूसरा **रैखिक प्रवाह** (Linear flow) है, जो घाटियों में नदियों, सरिताओं के रूप में बहता है।
- प्रवाहित जल द्वारा निर्मित अधिकतर अपरदित स्थलरूप ढाल प्रवणता के अनुरूप बहती हुई नदियों की आक्रामक युवावस्था से संबंधित होती है। कालांतर में तेज ढाल लगातार अपरदन के कारण मंद ढाल में परिवर्तित हो जाती है और परिणामस्वरूप नदियों का वेग कम हो जाता है, जिससे निक्षेपण प्रारंभ हो जाता है।
- सरिताएँ भी कुछ निक्षेपित भू-आकृतियों का निर्माण करती हैं, परंतु ये नदियों के मध्यम तथा धीमे ढाल पर बने आकारों की अपेक्षा बहुत कम होती हैं।
- प्रवाहित जल का ढाल जितना मंद होता है, उतना ही अधिक निक्षेपण होता है। जब लगातार अपरदन के कारण नदी तल समतल हो जाता है, तो अधोमुखी कटाव कम हो जाता है और तटों का पार्श्व अपरदन बढ़ जाता है। इसके फलस्वरूप पहाड़ियाँ और घाटियाँ समतल मैदान में परिवर्तित हो जाती हैं।
- नदियों का स्थलगत प्रवाह (Overland Flow) परत अपरदन का कारण होता है। यह प्रवाह धरातल की अनियमितताओं के आधार पर संकीर्ण व विस्तृत मार्गों पर हो सकता है।
- प्रवाहित जल के घर्षण के कारण बहते हुए जल द्वारा कम या अधिक मात्रा में बहाकर लाए गए तलछटों के कारण छोटी व तंग क्षुद्र सरिताएँ बनती हैं।
- ये क्षुद्र सरिताएँ धीरे-धीरे लंबी व विस्तृत अवनलिकाओं में विकसित होती हैं। ये कालांतर में चौड़ी, गहरी तथा लंबाई में विस्तृत होकर घाटियों का जाल बनाती हैं। प्रारंभिक अवस्थाओं में अधोमुखी कटाव अधिक होता है, जिससे जलप्रपात व सोपानी जल प्रपात आदि लुप्त हो जाते हैं।
- मध्यावस्था में सरिताएँ नदी तल में धीमा कटाव करती हैं और घाटियों में **पार्श्व अपरदन** (Lateral Erosion) अधिक होता है। कालांतर में घाटियों के किनारे की ढाल मंद हो जाती है।
- इस प्रकार से अपवाह बेसिन के मध्य विभाजक तब तक निम्न होते जाते हैं, जब तक ये पूर्णत: समतल नहीं हो जाते हैं और अंतत: एक धीमे उच्चावच का निर्माण होता है।
- इस उच्चावच में चारों ओर अवरोधी चट्टानों के अवशेष दिखाई देते हैं, जिन्हें **मोनाडनोक** (Monadanox) कहते हैं। नदी अपरदन से बने इस प्रकार के मैदान-समप्राय मैदान या पेनीप्लेन (Peneplain) कहलाते हैं।

प्रवाहित जल की विभिन्न अवस्थाओं की विशेषताएँ

प्रवाहित जल से निर्मित प्रत्येक अवस्था की स्थलरूप संबंधी विशेषताओं का संक्षिप्त वर्णन निम्न प्रकार है

1. **युवावस्था** (Youth) इस अवस्था में नदियों की संख्या बहुत कम होती है। ये नदियाँ उथली **'V' आकार की घाटी** (V Shaped Valley) बनाती हैं, जिनमें बाढ़ के मैदान लगभग अनुपस्थित या संकरे बाढ़ मैदान मुख्य नदी के साथ-साथ पाए जाते हैं। जल विभाजक अत्यधिक विस्तृत (चौड़े) व समतल होते हैं, जिनमें दलदल व झीलें होती हैं। इन ऊँचे समतल धरातल पर नदी विसर्प विकसित हो जाते हैं। ये विसर्प अंतत: ऊँचे धरातलों में गंभीरभूत हो जाते हैं अर्थात् विसर्प की तली में निम्न कटाव होता है और ये गहराई में बढ़ते हैं। धरातल के जिस भाग में कठोर चट्टानें पाई जाती हैं। वहाँ जलप्रपात व क्षिप्रिकाएँ बन जाती हैं अर्थात् जब नदी किसी खड़े ढाल वाले स्थान से अत्यधिक कठोर शैल या खड़े ढाल वाली घाटी में गिरती है, तब जलप्रपात बनाती है।
2. **प्रौढ़ावस्था** (Mature) इस अवस्था में नदियों के जल की मात्रा अधिक होती है और सहायक नदियाँ भी इसमें आकर मिलती हैं। नदी घाटियाँ V-आकार की होती हैं, परंतु गहरी होती हैं मुख्य नदी के व्यापक और विस्तृत होने पर विस्तृत बाढ़ के मैदान पाए जाते हैं, जिसमें घाटी के भीतर ही नदी विसर्प बनाती हुई प्रवाहित होती है। युवावस्था में निर्मित समतल विस्तृत व अंतर नदीय दलदली क्षेत्र लुप्त हो जाते हैं और नदी विभाजक स्पष्ट हो जाते हैं, इसमें जलप्रपात व क्षिप्रिकाएँ लुप्त हो जाती हैं।
3. **वृद्धावस्था** (Old) इस अवस्था में छोटी सहायक नदियाँ कम होती हैं और ढाल मंद होता है। नदियाँ स्वतंत्र रूप से विस्तृत बाढ़ के मैदानों में बहती हुई नदी विसर्प, प्राकृतिक तटबंध एवं गोखुर झील आदि बनाती हैं। विभाजक विस्तृत तथा समतल होते हैं, जिनमें झील, दलदल पाए जाते हैं। अधिकतर भू-दृश्य समतल के बराबर या थोड़े ऊँचे होते हैं।

नदी द्वारा निर्मित अपरदित स्थलरूप

नदी द्वारा निर्मित अपरदित स्थलरूप निम्नलिखित हैं

घाटियाँ

- घाटियों (Valleys) का प्रारंभ तंग व छोटी-छोटी क्षुद्र सरिताओं से होता है। ये क्षुद्र सरिताएँ धीरे-धीरे लंबी व विस्तृत अवनलिकाओं में विकसित हो जाती हैं।
- ये धीरे-धीरे गहरी हो जाती हैं तथा चौड़ी व लंबी घाटियों का रूप धारण कर लेती हैं। लंबाई, चौड़ाई एवं आकृति के आधार पर ये घाटियाँ V आकार की घाटी, गॉर्ज तथा कैनियन आदि में वर्गीकृत की जाती हैं, जिनका विवरण निम्न है
  - **'V'- आकार की घाटी** यह गहरी व संकरी घाटी होती है, जो अंग्रेजी के 'V' आकार के रूप में होती है।
  - **गॉर्ज** यह भी एक संकरी घाटी होती है, जिसके दोनों पार्श्व तीव्र ढाल के होते हैं। इसकी चौड़ाई इसके तल व ऊपरी भाग में लगभग एक समान होती है।
  - **कैनियन** इसके किनारे भी खड़ी ढाल वाले होते हैं और यह गॉर्ज की ही भाँति गहरी होती है। इस प्रकार यह गॉर्ज का ही एक-दूसरा रूप होता है।
- चट्टानों के प्रकार और संरचना पर घाटी का प्रकार निर्भर करता है। उदाहरणस्वरूप- कैनियन का निर्माण प्रायः अवसादी चट्टानों के क्षैतिज संस्तरण में पाए जाने से होता है तथा गार्ज कठोर चट्टानों में बनता है।

जलगर्तिका तथा अवनमित कुंड

- पहाड़ी क्षेत्रों में नदी तल में अपरदित छोटे चट्टानी टुकड़े छोटे गर्तों में फँसकर वृत्ताकार रूप में घूमते हैं, जिन्हें **जलगर्तिका** (Potholes) कहते हैं।
- एक बार छोटे व उथले गर्तों के बन जाने पर कंकड़, पत्थर व गोलाश्म इन गर्तों में एकत्रित हो जाते हैं और प्रवाहित जल के साथ घूमते हैं तथा धीरे-धीरे इन गर्तों का आकार बढ़ता जाता है।
- ये गर्त आपस में मिल जाते हैं और कालांतर में नदी-घाटी गहरी होती जाती है।
- जलप्रपात के तल में भी एक गहरे व बड़े जलगर्तिका का निर्माण होता है, जो जल के ऊँचाई से गिरने व उनमें शिलाखंडों के वृत्ताकार घूमने से निर्मित होते हैं। जलप्रपातों के तल में ऐसे विशाल व गहरे कुंड अवनमित कुंड (Plunge Pools) कहलाते हैं। ये कुंड भी घाटियों को गहरा करने में सहायक होते हैं।

अधः कर्तित विसर्प या गंभीरीभूत विसर्प

- कठोर चट्टानों में भी गहरे कटे हुए और विस्तृत विसर्प मिलते हैं। इन विसर्पों को अधः कर्तित विसर्प या गंभीरीभूत विसर्प (Inclosed or Entrenched Meanders) कहा जाता है।
- तीव्र ढालों में तीव्रता से बहती हुई नदियाँ सामान्यतः नदी तल पर अपरदन करती हैं। तीव्र नदी ढालों में भी पार्श्व अपरदन अधिक नहीं होता है, परंतु मंद ढालों पर बहती हुई नदियाँ अधिक पार्श्व अपरदन करती हैं।
- क्षैतिज अपरदन अधिक होने के कारण मंद ढालों पर बहती हुई नदियाँ टेढ़ी-मेढ़ी बहती हुई नदी विसर्प बनाती हैं।
- नदी विसर्पों का बाढ़ मैदानों और डेल्टा मैदानों में पाया जाना सामान्य है, क्योंकि यहाँ नदी का ढाल बहुत मंद होता है।

नदी वेदिकाएँ

- नदी वेदिकाएँ (River Terraces) प्रारंभिक बाढ़ मैदानों या पुरानी नदी घाटियों के तलों के चिह्न हैं। ये जलोढ़ रहित मूसलाधार चट्टानों के धरातल या नदियों के तल हैं, जो निक्षेपित जलोढ़ वेदिकाओं के रूप में पाए जाते हैं।
- ये मुख्य रूप से नदी निक्षेपित बाढ़ मैदानों के लंबवत् अपरदन से निर्मित होते हैं। विभिन्न ऊँचाइयों पर कई वेदिकाएँ हो सकती हैं, जो आरंभिक नदी जल स्तर को दर्शाती हैं।
- ये वेदिकाएँ नदी के दोनों ओर समान ऊँचाई वाली हो सकती हैं और इनके स्वरूप को युग्म वेदिकाएँ कहते हैं। इस प्रकार ये वेदिकाओं को जलोढ़ वेदिका तथा स्ट्रान वेदिका में विभाजित करती हैं तथा इनके स्वरूप युग्मित और अयुग्मित दोनों रूपों में पाए जाते हैं।
- जब नदी के केवल एक तट या पार्श्व पर वेदिकाएँ पाई जाती हैं और दूसरे किनारे पर इनकी ऊँचाई पहले पार्श्व से बिल्कुल भिन्न होता है, तो इसे अयुग्मित (Unpaired) वेदिकाएँ कहते हैं।
- यह धीमे भू-उत्थान का द्योतक होता है, जो उन क्षेत्रों के तट के जलस्तर परिवर्तन की असंगति को दिखाता है।
- जल प्रवाह का कम होना, जलवायु परिवर्तन के कारण जलीय क्षेत्र में परिवर्तन, विवर्तनिक कारणों से भू-उत्थान तथा समुद्रतल में बदलाव (यदि नदियाँ तट के निकट हों) आदि नदी वेदिकाओं की उत्पत्ति का कारण है।

नदी द्वारा निक्षेपित स्थलरूप

नदी द्वारा निक्षेपित स्थलरूप निम्नलिखित हैं

जलोढ़ पंख

- जब नदी उच्च स्थलों से बहती हुई गिरिपद व मंद ढाल के मैदानों में प्रवेश करती है, तो जलोढ़ पंख (Alluvial Fans) का निर्माण होता है।
- साधारणतः पर्वतीय क्षेत्रों में बहने वाली नदियाँ भारी व स्थूल आकार के नौवहन भार को वहन करती हैं, किन्तु जब मंद ढालों पर नदियाँ यह भार वहन करने में असमर्थ होती हैं, तो यह शंकु के आकार में निक्षेपित हो जाता है, जिसे जलोढ़ पंख कहते हैं।
- नदियाँ जब जलोढ़ पंखों से बहती हैं, तो वे प्रायः अपने वास्तविक प्रवाह-मार्ग में बहुत दूर तक नहीं बहती, बल्कि अपना मार्ग बदल लेती हैं और कई शाखाओं में बँट जाती हैं, जिन्हें जलवितरिकाएँ (Distributaries) कहते हैं।
- आर्द्र प्रदेशों में जलोढ़ पंख प्रायः निम्न शंकु की आकृति तथा शीर्ष से पाद तक मंद ढाल वाले होते हैं। शुष्क व अर्द्ध शुष्क जलवायवीय प्रदेशों में ये तीव्र ढाल वाले व उच्च शंकु बनाते हैं।
- अमरनाथ, जम्मू और कश्मीर के मार्ग में पहाड़ी सरिता द्वारा निक्षेपित जलोढ़ का निर्माण किया गया है।

डेल्टा

- नदियाँ जब अपने मुहाने के निकट पहुँचती हैं, तो उसमें भारी अवसाद के कारण मुहाने से पहले ही विभिन्न सरिताओं में बँट जाती हैं, जिससे एक त्रिभुजाकार आकृति का निर्माण होता है, जिसे **डेल्टा** (Delta) कहा जाता है।
- यह जलोढ़ पंखों की ही भाँति होते हैं, परंतु इनके विकसित होने का स्थान भिन्न होता है। इसमें नदी अपने लाए हुए पदार्थों को समुद्र के किनारे बिखेर देती है।

- यदि यह भार समुद्र में दूर तक नहीं ले जाया गया हो, तो यह तट के साथ ही शंकु के रूप में एक साथ फैल जाता है।
- जलोढ़ पंखों के विपरीत डेल्टा का निक्षेप व्यवस्थित होता है और इनका जलोढ़ स्तरित होता है अर्थात् मोटे पदार्थ तट के निकट व बारीक कण; जैसे-चीका मिट्टी, गाद आदि सागर में दूर तक जमा हो जाते हैं। बाढ़ मैदानों के ऐसे क्षेत्र जो नदियों के कटे हुए या छूटे हुए भाग होते हैं, उनमें स्थूल पदार्थों के जमाव होते हैं।
- जैसे-जैसे इसका आकार बढ़ता है, वैसे-वैसे नदी वितरिकाओं की लंबाई बढ़ती जाती है और डेल्टा सागर के अंदर तक बढ़ता रहता है।
- डेल्टाओं में बने बाढ के मैदान को डेल्टा मैदान कहा जाता है। इसमें महीन कण, चिकनी मिट्टी, गाद आदि होते हैं।

प्राकृतिक तटबंध और विसर्पी 'रोधिका'

- जब नदी का जल कम हो जाता है या नदी क्षैतिज अवस्था में अपना मार्ग बदलती है, तो यह क्रमबद्ध प्राकृतिक तटबंध बनाती है। यह नदी के साथ ऊँचे तथा नदी से दूर मंद ढाल वाले होते हैं।
- प्राकृतिक तटबंध (Natural Levees) बड़ी नदियों के किनारे पर पाए जाते हैं। ये तटबंध नदियों के पार्श्वों में स्थूल पदार्थों के रैखिक, निम्न व समांतर कटक के रूप में पाए जाते हैं, जो कई स्थानों पर कटे हुए होते हैं।
- नदी रोधिकाएँ या विसर्पी रोधिकाएँ (Point Bars) बड़ी नदी विसर्पों के अवतल ढालों पर पाई जाती हैं और रोधिकाएँ प्रवाहित जल द्वारा लाए गए तलछटों के नदी किनारों पर निक्षेपण के कारण बनती हैं।
- इनकी चौड़ाई व परिच्छेदिका लगभग एकसमान होती है और इनके अवसाद मिश्रित आकार के होते हैं।

बाढ़-मैदान, प्राकृतिक तटबंध तथा विसर्पी 'रोधिका'

- जिस प्रकार अपरदन से धारियाँ बनती हैं, उसी प्रकार निक्षेपण से बाढ़ के मैदान (Flood Plains) विकसित होते हैं।
- जब नदियाँ तीव्र ढाल से मंद ढाल में प्रवेश करती हैं, तो बड़े आकार के पदार्थ पहले ही निक्षेपित हो जाते हैं।
- इसी प्रकार बारीक पदार्थ; जैसे-रेत, चीका मिट्टी और गाद आदि अपेक्षाकृत मंद ढालों पर बहने वाली कम वेग वाली जलधाराओं में मिलते हैं और जब बाढ़ आने पर पानी तटों पर फैलता है, तो ये उस तल पर जमा हो जाते हैं। नदी निक्षेप से बने ऐसे तल सक्रिय **बाढ़ के मैदान** कहलाते हैं।
- तलों से ऊँचाई पर बने तटों को असक्रिय बाढ़ के मैदान कहते हैं। ये तटों से ऊपर (ऊँचाई पर) होते हैं। ये मुख्यत: दो प्रकारों के निक्षेपों से बनते हैं, बाढ़ निक्षेप एवं सरिता निक्षेप।

नदी विसर्प

- जब नदी मैदानी क्षेत्र में प्रवेश करती है, तो वह मोड़दार मार्ग पर बहने लगती हैं, नदी के इन बड़े मोड़ों को विसर्प कहा जाता है।
- बाढ़ व डेल्टाई मैदानों पर लूप जैसे चैनल प्रारूप विकसित होते हैं, जिन्हें नदी विसर्प (Meanders) कहा जाता है। यह एक प्रकार का स्थलरूप न होकर चैनल प्रारूप होता है।
- एक विसर्प की लंबाई नदी की चौड़ाई से 15 से 18 गुनी अधिक होती है। यह आंशिक रूप से निक्षेप तथा अधिकांश रूप में क्षैतिज अपरदन तथा लंबवत् अपरदन का परिणाम होता है।
- नदी विसर्पों का निर्माण कई कारणों से होता है, इसके कुछ प्रकार निम्न हैं
  - मंद ढाल पर बहते जल के तटों पर क्षैतिज या पार्श्विक कटाव करने की प्रकृति का होना।
  - तटों पर जलोढ़ का अनियमित व असंगठित जमाव, जिससे जल के दबाव से नदी पार्श्वों का बढ़ना।
  - प्रवाहित जल का कोरिऑलिस प्रभाव से विक्षेपण (ठीक उसी प्रकार जैसे कोरिऑलिस बल से वायु प्रवाह विक्षेपित होता है।)
- जब चैनल की ढाल प्रवणता अत्यधिक मंद हो जाती है, तो नदी में पानी का प्रवाह धीमा हो जाता है तथा पार्श्वों का कटाव अधिक होता है।
- नदी तटों पर थोड़ी सी अनियमितताएँ भी धीरे-धीरे मोड़ों के रूप में परिवर्तित हो जाती हैं। यह मोड़ नदी के आंतरिक भाग में जलोढ़ जमाव के कारण गहरे हो जाते हैं और बाहरी किनारा अपरदित होता रहता है।
- अपरदन, निक्षेपण तथा निम्न कटाव की स्थिति में विसर्प की प्रवृत्ति कम हो जाती है। बड़ी नदियों के विसर्पों में अवतल किनारों पर सक्रिय निक्षेपण होते हैं और उत्तल किनारों पर अधोमुखी (Undercutting) कटाव होते हैं।
- अवतल किनारे कटाव किनारों के रूप में भी जाने जाते हैं, जो अधिक अपरदन से तीव्र कगार (Steep Cliff) के रूप में परिवर्तित हो जाते हैं।
- उत्तल किनारों का ढाल मंद होता है, जिस कारण ये **स्कंध ढाल** (Slipt-off-bank) कहलाते हैं और विसर्पों के गहरे तलों के आकार में विकसित हो जाने पर अपरदनों के कारण आंतरिक भाग कट जाते हैं, जिससे गोखुर झील (Ox Bow lake) का निर्माण होता है।

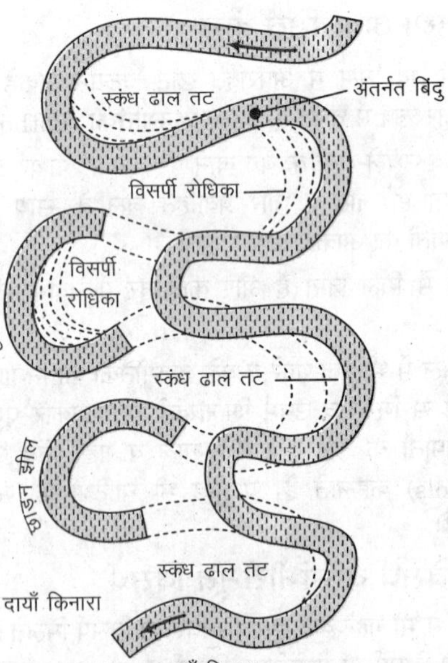

विसर्प वृद्धि एवं छाड़न लूप तथा स्कंध ढाल एवं अधोरदित तट

गुंफित नदी

- गुंफित नदी (Braided Channels) द्वारा प्रवाहित नौवहन भार का निक्षेप उसके मध्य में लंबी रोधिका के रूप में हो जाता है, तो नदी की धारा दो शाखाओं में विभाजित हो जाती है।
- गुंफित नदी प्रारूप के लिए तटों पर अपरदन तथा निक्षेप का होना आवश्यक होता है।

- नदी में जल की मात्रा के कम होने तथा जलोढ़ के अधिक होने से नदी अनेक जल वितरिकाओं (Water Channel) में बँट जाती है।
- जल प्रवाह की ये वितरिकाएँ आपस में मिलकर पतली उपधाराओं का निर्माण करती हैं, जिसे 'गुंफित नदी' कहा जाता है।

भूमिगत जल या भौम जल

- पृथ्वी की ऊपरी सतह से नीचे भू-पृष्ठीय चट्टानों के छिद्रों तथा दरारों में स्थित जल को भूमिगत जल (Ground Water) कहा जाता है। यह जल कुएँ, ग्रेसर, जलस्रोत आदि में पाया जाता है।
- जब चट्टानें पारगम्य, कम सघन, अत्यधिक जोड़ों/संधियों व दरारों वाली होती हैं, तो धरातलीय जल का अंत: स्रवण आसानी से होता है।
- लंबवत् गहराई पर जाने के बाद यह जल धरातल के नीचे चट्टानों की संधियों, छिद्रों व संस्तरण तल से होकर क्षैतिज अवस्था में बहना प्रारंभ करता है। जल का यह क्षैतिज व ऊर्ध्वाधर प्रवाह ही चट्टानों के अपरदन का कारण पाया जाता है।
- भूमिगत जल का कार्य मुख्य रूप से चूना-पत्थर या डोलोमाइट चट्टानों में होता है, जिनमें कैल्शियम कार्बोनेट की प्रधानता होती है। इनमें धरातलीय या भौम जल रासायनिक प्रक्रिया द्वारा विकसित स्थलरूपों को कार्स्ट (Karst) कहा जाता है।
- किसी भी चूना-पत्थर या डोलोमाइट चट्टानों के क्षेत्र में भौम जल द्वारा घुलन प्रक्रिया (Solution Process) और उसकी निक्षेपण प्रक्रिया (Precipitation Process) से बने ऐसे स्थलरूपों को कार्स्ट स्थलाकृति (Topography) कहते हैं।
- यह नाम एड्रियाटिक सागर के साथ बालकन कार्स्ट क्षेत्र में उपस्थित लाइमस्टोन चट्टानों पर विकसित स्थलाकृतियों पर आधारित है।
- अपरदनात्मक तथा निक्षेपणात्मक दोनों प्रकार के स्थलरूप में कार्स्ट स्थलाकृतियों की विशेषताएँ पाई जाती हैं।

कार्स्ट स्थलाकृति के विकास के लिए आवश्यक दशाएँ

कार्स्ट स्थलाकृतियों के विकास के लिए निम्न दशाएँ आवश्यक होती हैं

- इसके लिए विस्तृत, किंतु शुद्ध लाइमस्टोन शैल (Limestone Rocks) होनी चाहिए।
- घुलनशील चट्टानों में संधियों का विकास अच्छी तरह होना चाहिए।
- कार्स्ट क्षेत्र में विस्तृत तथा गहरी घाटियाँ होनी चाहिए तथा उनके समीप ऐसे उच्च स्थलखंड होने चाहिए, जिनमें ऊपरी सतह के नीचे अधिक विस्तृत रूप में चूना-पत्थर शैल की स्थिति हो।
- कार्स्ट स्थलाकृति का निर्माण जल की रासायनिक क्रिया द्वारा होता है। अत: क्षेत्र में भूमिगत जलापूर्ति पर्याप्त होनी चाहिए।

कार्स्ट क्षेत्र का वितरण

- सर्बिया तथा क्रोएशिया के वास्तविक कार्स्ट प्रदेश के अतिरिक्त विश्व के दक्षिण फ्रांस का कासेस क्षेत्र, ग्रीस, स्पेनिश, अण्डालूसिया, उत्तरी पोर्टोरिको, टेनेशी तथा मध्यवर्ती फ्लोरिडा आदि क्षेत्र हैं।
- इसके अतिरिक्त इसके गौण क्षेत्र क्रमश: संयुक्त राज्य अमेरिका में न्यू मैक्सिको का कार्ल्स क्षेत्र, इंग्लैंड का चाक क्षेत्र, फ्रांस का चाक क्षेत्र, जूरा पर्वत के भाग आदि हैं।

भूमिगत जल द्वारा अपरदित स्थलरूप

भूमिगत जल द्वारा अपरदित स्थलरूप निम्नलिखित हैं

कुंड, घोलरंध्र, लैपीज और चूना-पत्थर चबूतरे

- चूना-पत्थर की चट्टानों के तल पर घुलन क्रिया द्वारा छोटे व मध्यम आकार के छोटे घोल गर्तों का निर्माण होता है, जिनके विलय पर इन्हें **विलयन रंध्र** (Swallow Notes) कहा जाता है।
- घोल रंध्र एक प्रकार के छिद्र होते हैं, जो ऊपर से वृत्ताकार व नीचे से कीप की आकृति के होते हैं, इनका क्षेत्रीय विस्तार कुछ वर्ग मीटर तक होता है तथा गहराई आधा मीटर से 30 मीटर या उससे अधिक होती है।
- इनमें से कुछ का निर्माण अकेले घुलन क्रिया द्वारा ही होता है और कुछ अन्य पहले घुलन प्रक्रिया द्वारा ही बनते हैं। यदि इन घोलरंध्रों के नीचे बनी कंदराओं की छत ध्वस्त हो जाए, तो ये बड़े छिद्र ध्वस्त या **निपात रंध्र** (Collapse Sinks) के नाम से जाने जाते हैं। अधिकतर घोलरंध्र ऊपर से अपरदित पदार्थों के जमने से ढक जाते हैं और उथले जलकुंड जैसे प्रतीत होते हैं।
- ध्वस्त घोलरंध्रों को **डोलाइन** (Dolines) भी कहा जाता है। ध्वस्त रंध्रों की अपेक्षा घोलरंध्र अधिक संख्या में पाए जाते हैं। इस प्रकार घोलरंध्र में निर्मित छोटे-छोटे छिद्रों को ही डोलाइन कहा जाता है।
- जब घोलरंध्र व डोलाइन कंदराओं की छत के गिरने से या पदार्थों के स्खलन द्वारा आपस में मिल जाते हैं, तो लंबी, तंग तथा विस्तृत खाइयाँ बनती हैं, जिसे घाटी रंध्र या **युवाला** (Uvalas) कहते हैं अर्थात् जब डोलाइन मिलकर एक वृहदाकार गर्त का निर्माण करते हैं, तो इस विस्तृत गर्त को युवाला (सुकुंड) कहा जाता है।
- जब कई युवालाओं के मिलने से अत्यंत विशाल खाइयाँ बन जाती हैं, तो इन विस्तृत खाइयों को राजकुंड या पोल्जे कहा जाता है। इसकी तली या फर्श समतल तथा दीवारें खड़ी होती हैं।
- जब चूना-युक्त चट्टानों का अधिकतर भाग युवाल के गर्तों व खाइयों के अधीन हो जाता है और पूरे क्षेत्र में अत्यधिक, अनियमित, पतले व नुकीले कटक आदि रह जाते हैं, जिन्हें **लैपीज** (Lapies) कहा जाता है। इन कटकों या लैपीज का निर्माण चट्टानों की संधियों में भिन्न घुलन प्रक्रिया द्वारा होता है।
- जब लैपीज का क्षेत्र बड़ा हो जाता है, तो यह एक समतल चूना-युक्त चबूतरे में परिवर्तित हो जाता है, जिसे चूना-पत्थर चबूतरा के नाम से जाना जाता है।

कंदराएँ

- ऐसे प्रदेश जहाँ चट्टानों का एकांतर संस्तर होता है (शैल बालू, पत्थर व क्वार्ट्जाइट) और इनके मध्य में यदि चूना-पत्थर व डोलोमाइट चट्टानें होती हैं, तो सघन चूना-पत्थर चट्टानों का संस्तर होता है, तब वहाँ कंदराओं (Caves) का निर्माण होता है।
- जब पानी दरारों व संधियों से रिसकर शैल संस्तरण के साथ क्षैतिज अवस्था में बहता है तथा इस तल संस्तर के सहारे चूना चट्टानें घुलती हैं और लंबे एवं तंग विस्तृत स्थान बनते हैं, तो उन्हें कंदराएँ कहा जाता है।
- प्राय: कंदराओं का एक खुला मुख होता है, जिससे कंदरा सरिताएँ बाहर निकलती हैं। अत: ऐसी कंदराएँ जिनके दोनों सिरे खुले हों, उन्हें सुरंग (Tunnels) कहा जाता है।

भूमिगत जल द्वारा निक्षेपित स्थलरूप

- चूना-पत्थर क्षेत्रों में अधिकतर **निक्षेपित स्थलरूप** (Depositional Landform) कंदराओं के अंदर ही निर्मित होते हैं। चूना-पत्थर चट्टानों में मुख्य रसायन कैल्शियम कार्बोनेट पाया जाता है, जो कार्बन-युक्त जल (वर्षा जल में घुला हुआ कार्बन) में शीघ्रता से घुल जाता है।
- जब इस जल का वाष्पीकरण होता है, तो घुले हुए कैल्शियम कार्बोनेट का निक्षेपण होता है या जब चट्टानों की छत के जल के वाष्पीकरण के साथ कार्बन डाइऑक्साइड उत्सर्जित होती है, तो कैल्शियम कार्बोनेट के चट्टानी धरातल पर टपकने से निक्षेपित हो जाता है।

स्टैलेक्टाइट, स्टैलेग्माइट और स्तंभ

- कंदराओं में निर्मित **स्टैलेक्टाइट** (Stalactites) विभिन्न मोटाइयों के लटकते हुए हिमस्तंभ के समान होते हैं, जो कंदराओं की छत के पास मोटे होते हैं और अंत के छोर पर ये पतले होते जाते हैं। यह अनेक आकारों में दिखाई देते हैं। इस प्रकार स्टैलेक्टाइट ऊपर से नीचे की ओर लटकती हुई आकृति होती है।
- **स्टैलेग्माइट** (Stalagmites) कंदराओं में फर्श से ऊपर की ओर उठी हुई आकृति होती है, जिसका निर्माण कंदराओं की छत से धरातल पर टपकने वाले चूने के मिश्रित जल से होता है। यह एक स्तंभ के एक चपटी तश्तरीनुमा आकार में या समतल अथवा क्रेटरनुमा गड्ढे के आकार में विकसित होते हैं।
- विभिन्न मोटाई के स्टैलेग्माइट तथा स्टैलेक्टाइट के मिलने से एक स्तंभ का निर्माण होता है, जिसे स्तंभ अथवा कंदरा स्तंभ (Pillars) कहा जाता है।

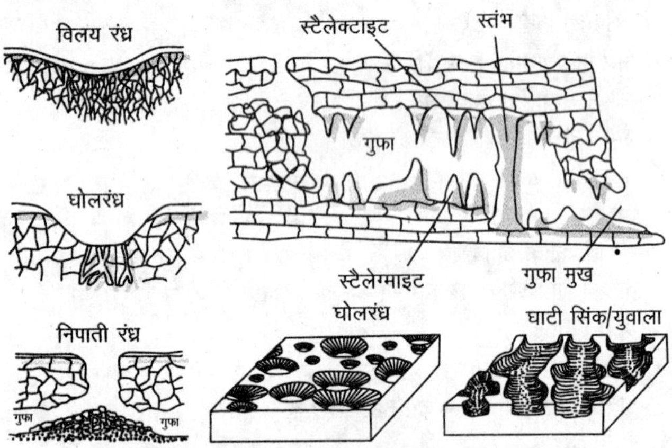

कार्स्ट स्थलाकृति के विभिन्न रूपों का परिच्छेद चित्रण

हिमनद

- पृथ्वी पर परत के रूप में हिम प्रवाह या पर्वतीय ढालों में रैखिक प्रवाह के रूप में बहती हिम संहति को हिमनद (Glaciers) कहा जाता है।
- महाद्वीपीय हिमनद या गिरिपद हिमनद वे हिमनद होते हैं, जो वृहद् समतल क्षेत्र पर हिम परत के रूप में फैले होते हैं।
- पर्वतीय या घाटी हिमनद वे हिमनद होते हैं, जो पर्वतीय ढालों में बहते हैं। प्रवाहित जल के विपरीत हिमनद प्रवाह धीमा होता है अर्थात् यह प्रतिदिन कुछ सेमी या इससे कम से लेकर कुछ मीटर तक प्रवाहित हो सकता है। हिमनद मुख्य रूप से गुरुत्व बल के कारण गतिमान होता है।
- हिमनदों से प्रबल अपरदन होता है, जिसका कारण इसके अपने भार से उत्पन्न घर्षण होता है।
- इसके द्वारा कर्षित चट्टानी पदार्थ (गोलाश्म या शैलखंड) इसकी तली में ही घर्षण के साथ आगे जाते हैं तथा घाटी के किनारों पर अपघर्षण व घर्षण द्वारा अत्यधिक अपरदन करते हैं।
- हिमनद अपक्षय रहित चट्टानों का भी प्रभावशाली अपरदन करते हैं, जिससे ऊँचे पर्वत छोटी पहाड़ियों व मैदानों में परिवर्तित हो जाते हैं।
- हिमनद के लगातार संचलित होने से हिमनद मलबा हटता जाता है और विभाजक नीचे हो जाता है तथा कालांतर में ढाल इतने निम्न हो जाते हैं कि हिमनद की संचलन शक्ति समाप्त हो जाती है तथा निम्न पहाड़ियों व अन्य निक्षेपित स्थलरूपों वाला एक हिमानी धौत (Outwash Plain) रह जाता है।
- इस प्रकार हिमनद द्वारा अपने प्रवाह के क्रम में उत्पादन की क्रिया होती है, जिससे विभिन्न स्थलरूपों का निर्माण होता है। अतः ऐसे प्रमुख स्थलरूपों का विवरण निम्न प्रकार है

हिमनद द्वारा अपरदित स्थलरूप

हिमनद द्वारा अपरदित स्थलरूप निम्नलिखित हैं

सर्क

- सर्क (Cirque) हिमनद की घाटी के शीर्ष भाग पर एक अर्द्धवृत्ताकार या आराम कुर्सी की तरह आकृति वाला विशाल गर्त होता है, जिसका किनारा खड़े ढाल वाला या अवतल होता है अर्थात् ये गहरे, लंबे व चौड़े गर्त होते हैं, जिनकी दीवार तीव्र ढाल वाली सीधी या अवतल होती है।
- हिमनद के पिघलने पर जल से भरी झील भी प्रायः इन गर्तों में देखने को मिलती है। इन झीलों को सर्क झील या टॉर्न झील कहते हैं। आपस में मिले हुए दो या दो से अधिक सर्क सीढ़ीनुमा क्रम में दिखाई देते हैं।

हॉर्न या गिरिश्रृंग और सिरेटेड कटक

- जब किसी पहाड़ी के पार्श्वों पर कई सर्क बन जाते हैं तथा निरंतर अपकर्षण द्वारा ये पीछे हटते जाते हैं, तो उनके मिल जाने पर पिरामिड के आकार की चोटी का निर्माण हो जाता है।
- इस तरह की नुकीली चोटी को हॉर्न या गिरिश्रृंग कहते हैं; जैसे-स्विट्जरलैंड में आल्पस पर्वत पर स्थित मैटर हॉर्न। हिमालय पर्वत की सबसे ऊँची चोटी एवरेस्ट वास्तव में, एक हॉर्न है, जो सर्क के शीर्ष अपरदन से निर्मित है।
- अपरदन कार्य के लगातार होने से सर्क के दोनों ओर की दीवारें तंग हो जाती हैं और इसका आकार कंघी या आरी के समान कटकों के रूप में हो जाता है, जिसे **अरेत** (Arets) (तीक्ष्ण कटक) कहते हैं, इनका ऊपरी भाग नुकीला तथा बाहरी आकार टेढ़ा-मेढ़ा होता है।

हिमनद घाटी/गर्त

- हिमानीकृत घाटियाँ गर्त की भाँति होती हैं, जो आकार में अंग्रेजी के अक्षर 'U' जैसी होती हैं, जिसके तल चौड़े व किनारे चिकने तथा ढाल तीव्र होते हैं।
- जब हिमनद की मुख्य घाटी के तल से उसमें मिलने वाली सहायक घाटियों के तल अधिक ऊँचे होते हैं, तो सहायक घाटियाँ, मुख्य घाटी पर लटकती हुई प्रतीत होती हैं।
- इस कारण उन्हें लटकती घाटियाँ (Hanging valley), या निलंबित घाटियाँ या बहिर्लंबी घाटियाँ कहते हैं।

- हिम के पिघलने पर जब इन लटकती घाटियों से जल निकलकर घाटी में गिरता है, तो इससे जलप्रपात का निर्माण होता है, जिसे प्रपाती घाटियाँ कहते हैं। लटकती घाटियों के तल, जो मुख्य घाटी में खुलते हैं, इनके विभाजक क्षेत्रों के कट जाने से ये त्रिकोण रूप में नजर आते हैं। जब गहरे हिमनद गर्तों में जल भर जाता है तथा जो समुद्री तटरेखा पर होते हैं, उन्हें **फियोर्ड** (Fiord) कहते हैं।

हिमनद द्वारा निक्षेपित स्थलरूप

- पिघलते हुए हिमनद के द्वारा मिश्रित रूप में भारी व महीन पदार्थों का निक्षेप-हिमोढ़ या हिमनद गोलाश्म के रूप में जाना जाता है।
- हिमनदों के तल, किनारों या छोर पर बर्फ पिघलने से सरिताएँ बनती हैं। शैल मलबा इस पिघले जल से बनी सरिताओं में प्रवाहित होकर निक्षेपित हो जाता है। ऐसे हिमनदी जलोढ़ निक्षेप हिमानी धौत (Outwash Deposits) कहलाते हैं, ये प्रायः स्तरीकृत एवं वर्गीकृत होते हैं।

हिमनद द्वारा निक्षेपित स्थलरूप निम्नलिखित हैं

हिमोढ

- हिमोढ़ (Moraines), हिमनद **टिल** (Till) या गोलाश्मी मृत्तिका के जमाव की लंबी कटकें होती हैं। इसमें अंतस्थ हिमोढ़ (Terminal Moraines) हिमनद के अंतिम भाग में मलबे के निक्षेप से बनी लंबी कटकें होती हैं।
- **पार्श्विक हिमोढ़** (Lateral Moraines) अंतस्थ हिमोढ़ से मिलकर घोड़े की नाल या अर्द्ध चंद्राकार कटक का निर्माण करते हैं। यह हिमोढ़-हिमनद घाटी के दोनों ओर अत्यधिक मात्रा में पाए जाते हैं। इसकी उत्पत्ति पूर्णतया आंशिक रूप से हिमानी जल द्वारा होती है, जो इस हिमोढ़ को हिमनद के किनारों पर धकेलती है।
- जब घाटी हिमनद तेजी से पिघलने पर घाटी तल पर हिमनद टिल को एक परत के रूप में अव्यवस्थित रूप में छोड़ देते हैं, तो ऐसे अव्यवस्थित व भिन्न मोटाई के निक्षेप तलीय व **तलस्थ हिमोढ़** (Ground Moraines) कहलाते हैं।
- घाटी के मध्य में जब पार्श्विक हिमोढ़ के साथ-साथ हिमोढ़ मिलते हैं, तो उससे बनी स्थलाकृति **मध्यस्थ हिमोढ** (Medial Moraines) कहलाती है। कभी-कभी मध्यस्थ हिमोढ़ व तलस्थ के अंतर को पहचानना कठिन हो जाता है।

एस्कर

- जब हिमनद के पिघलने से प्राप्त जलधारा अपने साथ बड़े गोलाश्म, चट्टानी टुकड़े और छोटा मलबा बहाकर लाती है, तो ये हिमनद के नीचे बर्फ की घाटी में जमा हो जाते हैं। ये बर्फ पिघलने के बाद एक वक्राकार कटक के रूप में निर्मित होते हैं, जिसे एस्कर (Eskers) कहा जाता है।
- इनके किनारे तीव्र ढाल वाले होते हैं। अनेक स्थानों पर यह यातायात की दृष्टि से महत्त्वपूर्ण होते हैं। अतः इनके सहारे सड़कों का निर्माण किया जाता है। अतः इसका विस्तार घाटी, दलदल झील तथा ऊँची-नीची भूमि में एक कटक के रूप में होता है।

हिमानी धौत मैदान

- हिमानी गिरिपद के मैदानों में अथवा महाद्वीपीय हिमनदों से दूर हिमानी-जलोढ़ निक्षेपों से (जिसमें बजरी, रेत, चीका मिट्टी व मृत्तिका के विस्तृत समतल जलोढ़ पंख शामिल होते हैं) बने मैदान को हिमानी धौत मैदान (Outwash Plains) कहते हैं।

ड्रमलिन

- यह हिमोढ़ द्वारा निर्मित विशिष्ट प्रकार का सीधा, गोल टीलों वाला स्थलरूप होता है, जिसका आधार दीर्घ वृत्ताकार होता है। यह एक उल्टी नाव के समान होता है। इस प्रकार ड्रमलिन (Drumlins) मृत्तिका का अंडाकार समतल कटकनुमा स्थलरूप होता है, जिसमें रेत व बजरी के ढेर होते हैं। ये एक किमी लंबे तथा 30 मीटर तक ऊँचे होते हैं।
- ड्रमलिन का हिमनद सम्मुख भाग स्टॉस (Stoss) कहलाता है, जो पीछे के हिस्से की अपेक्षा अधिक तीव्र ढाल लिए होता है। इसका अग्र भाग या स्टॉस भाग प्रवाहित हिमखंड के कारण तीव्र होता है। ड्रमलिन हिमनद प्रवाह की दिशा को भी बताता है।

तरंग व धाराएँ

- तटीय प्रक्रियाएँ सर्वाधिक क्रियाशील होती हैं। तटों के किनारों पर अधिकतर परिवर्तन तरंगों द्वारा संपन्न होते हैं। जब तरंगों का अवनमन होता है, तो जल तट पर अत्यधिक दबाव डालता है और इसके साथ ही साथ सागरीय तल पर तलछटों में भी दोलन होता है।
- तरंगों के स्थायी अवनमन के प्रवाह से तटों पर अभूतपूर्व प्रवाह पड़ता है। सामान्य तरंग अवनमन की अपेक्षा सुनामी लहरें कम समय में अधिक परिवर्तन लाती हैं। तरंगों में परिवर्तन (उनकी आवृत्ति आदि) होने से उनके अवनमन से उत्पन्न प्रभाव की गहनता भी परिवर्तित हो जाती है।
- तरंगों के कार्य के अतिरिक्त तटीय स्थलरूप कुछ अन्य कारकों पर निर्भर करते हैं, जो हैं
  - स्थल व समुद्रीतल की बनावट
  - समुद्रोन्मुख उन्मग्न तट या जलमग्न तट।
- समुद्री जल स्तर को स्थिर या स्थायी मानते हुए, तटीय स्थलरूपों के विकास को समझने के लिए तटों को दो भागों में वर्गीकृत किया जाता है
  - ऊँचे, चट्टानी तट (जलमग्न तट)
  - निम्न, समतल व मंद ढाल के अवसादी तट (उन्मग्न तट)

ऊँचे चट्टानी तट

- ऊँचे चट्टानी तटों (High Rocky Coasts) के सहारे तट रेखाएँ अनियमित होती हैं तथा नदियाँ जलमग्न होती हैं।
- तटरेखा का अत्यधिक अवनमन होने से किनारे का स्थल भाग जल मग्न हो जाता है और वहाँ फियोर्ड तट बनता है।
- ऊँचे चट्टानी तटों के सहारे तरंगें अवनमित होकर धरातल पर अत्यधिक बल के साथ प्रहार करती हैं, जिससे पहाड़ी पार्श्व भृगु का आकार लेते हैं।
- तरंगों के स्थायी प्रहार से **भृगु** (Cliff) शीघ्रता से पीछे हटते हैं और समुद्री भृगु के सम्मुख तरंग घर्षित चबूतरे बन जाते हैं।
- समुद्री भृगु से गिरने वाले चट्टानी मलबे धीरे-धीरे छोटे टुकड़ों में टूट जाते हैं और लहरों के साथ घर्षित होते हुए किनारों से दूर निक्षेपित हो जाते हैं।
- भृगु के विकास व उसके निवर्तन के वांछनीय समय के बाद तट रेखा कुछ सम/चिकनी हो जाती है तथा कुछ अतिरिक्त मलबे के किनारे से दूर जमाव से तरंग घर्षित वेदिकाओं के सामने तरंग निर्मित वेदिकाएँ देखी जा सकती हैं।
- जब तटों के साथ अपरदन आरंभ होता है, तो वेलांचली प्रवाह (Long Shore Current) व तरंगें इस अपरदित पदार्थ को सागरीय किनारों पर पुलिन और रोधिकाओं के रूप में निक्षेपित करती हैं।

- **रोधिकाएँ** (Bars) एक जल मग्न आकृतियाँ हैं और जब यही रोधिकाएँ जल के ऊपर दिखाई देती हैं, तो इसे रोध (Barriers) कहा जाता है।
- ऐसी रोधिकाएँ, जिनका एक भाग खाड़ी के शीर्ष स्थल से जुड़ा होता है, **स्पिट** (Spit) कहलाती हैं।
- जब रोधिका तथा स्पिट किसी खाड़ी के मुख पर निर्मित होकर इसके मार्ग को अवरुद्ध कर देते हैं, तब **लैगून** (Lagoon) का निर्माण होता है।
- कालांतर में यह लैगून स्थल से बहाए गए तलछट से भर जाता है और तटीय मैदान की रचना होती है।

निम्न अवसादी तट

- निचले अवसादी तटों (Low Sedimentary Coasts) के सहारे नदियाँ तटीय मैदान एवं डेल्टा बनाकर अपनी लंबाई बढ़ा लेती हैं।
- तटों के साथ समुद्री पंक व दलदल पाए जाते हैं। इन तटों पर निक्षेपित स्थलाकृतियाँ (Depositional Topography) अधिक पाई जाती हैं।
- जब मंद ढाल वाले अवसादी तटों पर तरंगें अवनमित होती हैं, तो तल के अवसाद भी दोलित होते हैं और इनके परिवहन से अवरोधिकाएँ, लैगून व स्पिट निर्मित होते हैं।
- लैगून कालांतर में दलदल में परिवर्तित हो जाते हैं, फिर इसके बाद में तटीय मैदान बन जाते हैं। इन निक्षेपित स्थलाकृतियों का बना रहना अवसादी पदार्थों की स्थायी एवं लगातार आपूर्ति पर निर्भर करता है।
- अवसादों के अतिरिक्त तूफान व सुनामी लहरें इनमें अभूतपूर्व परिवर्तन लाती हैं।
- बड़ी नदियाँ, जो अधिक नद्यभार लाती हैं, वह निचले अवसादी तटों के साथ डेल्टा बनाती हैं।
- हमारे देश का पश्चिमी तट ऊँचा चट्टानी निवर्तन (Retreating) तट है। पश्चिमी तट पर अपरदित आकृतियाँ बहुतायत में हैं।
- भारत का पूर्वी तट निचला अवसादी तट है। इन तटों पर निक्षेपित स्थलाकृतियाँ पाई जाती हैं।

तरंग व धाराओं द्वारा अपरदित स्थलरूप

तरंग व धाराओं द्वारा अपरदित स्थलरूप निम्नलिखित हैं

भृगु, वेदिकाएँ, कंदराएँ तथा स्टैक

- ऐसे तट, जहाँ पर अपरदन प्रमुख प्रक्रिया होती है, वहाँ प्राय: दो प्रमुख आकृतियाँ तरंग घर्षित, भृगु व वेदिकाएँ पाई जाती हैं।
- सभी **समुद्री भृगु** (Cliffs) की ढाल तीव्र होती है, जो कुछ मीटर से 30 मीटर या उससे अधिक तक होती है।
- इनकी तलछटी पर एक मंद ढाल वाला या समतल प्लेटफार्म होता है, जो समुद्री भृगु से प्राप्त शैल मलबे से ढका होता है।
- यह प्लेटफार्म तरंग की औसत ऊँचाई से अधिक ऊँचाई पर मिलता है, तो इन्हें तरंग घर्षित वेदिकाएँ कहते हैं।
- भृगु की कठोर चट्टान के विरुद्ध जब तरंगे टकराती हैं, तो भृगु के आधार पर रिक्त स्थान बनाती हैं और इसे गहराई तक खोखला कर देती हैं, जिससे **समुद्री कंदराएँ** (Caves) बनती हैं।
- इन कंदराओं की छत ध्वस्त होने से समुद्री भृगु स्थल की ओर हटते हैं। इस प्रकार भृगु के निवर्तन से चट्टानों के कुछ भाग अलग-अलग छूट जाते हैं।
- ऐसी अलग-अलग प्रतिरोधी चट्टानें, जो कभी भृगु के भाग थे, **समुद्री स्टैक** (Sea Stacks) कहलाते हैं।
- स्टैक एक अस्थायी आकृति होती है, जो तरंग अपरदन द्वारा समुद्री पहाड़ियों व भृगु की भाँति धीरे-धीरे समुद्री मैदानों में परिवर्तित हो जाती है और स्थल से प्रवाहित जलोढ़ से आच्छादित रेत व शिंगिल चौड़े पुलिन (Beach) में परिवर्तित हो जाते हैं।

तरंग व धाराओं द्वारा निक्षेपित स्थलरूप

तरंग व धाराओं द्वारा निक्षेपित स्थलरूप निम्नलिखित हैं

पुलिन और टिब्बे

- **पुलिन** (Beaches) एक अस्थायी स्थलाकृति होती है और इसकी उपस्थिति तटों की प्रमुख विशेषता होती है। यह तटों पर टुकड़ों में पाई जाती है।
- वे अवसाद जिनसे पुलिन का निर्माण होता है, वे जल एवं नदियों व सरिताओं द्वारा अथवा तरंगों द्वारा बहाकर लाए गए पदार्थ होते हैं।
- कुछ रेत पुलिन स्थायी भी होते हैं, जो रेत के छोटे कणों से बने होते हैं। शिंगिल पुलिन में अत्यधिक छोटी गुटिकाएँ तथा गोलाश्मिकाएँ होती हैं।
- पुलिन के ठीक पीछे, पुलिन तट से उठाई गई रेत **टिब्बे** (Dunes) के रूप में निक्षेपित होती है।
- तटरेखा की समानांतर लंबाई में कटकों के बने रेत टिब्बे निम्न तलछटी पर अक्सर देखे जा सकते हैं।

रोधिका, रोधा तथा स्पिट

- समुद्री अपतट पर, तट के समानांतर पाई जाने वाली रेत और शिंगिल की कटक को **अपतट रोधिका** (Offshore Bar) कहते हैं।
- ऐसी अपतटीय रोधिका, जो रेत के अधिक निक्षेपण से ऊपर दिखाई पड़ती है, उसे **रोध रोधिका** (Barrier Bar) कहते हैं।
- जब अपतटीय रोध व रोधिकाएँ या तो खाड़ी में प्रवेश पर अथवा नदियों के मुहाने पर मुहानों के सम्मुख बनती हैं।
- ऐसी रोधिकाओं का एक सिरा खाड़ी से जुड़ जाता है, तब उन्हें **स्पिट** (Spit) कहा जाता है। शीर्षस्थल से एक सिरे के जुड़ने से भी स्पिट का निर्माण हो जाता है।
- जब रोधिकाएँ, रोध व स्पिट धीरे-धीरे खाड़ी के मुख पर बढ़ते रहते हैं, तो इससे खाड़ी का समुद्र में खुलने वाला द्वार तंग हो जाता है तथा कालांतर में खाड़ी एक लैगून में परिवर्तित हो जाती है।
- इसके बाद लैगून भी धीरे-धीरे स्थल से लाए गए तलछटों से या पुलिन से वायु द्वारा लाए गए तलछट से (लैगून के स्थान) पर एक चौड़ा व विस्तृत तटीय मैदान के रूप में विकसित हो जाता है।

महत्त्वपूर्ण तथ्य

- समुद्र के अपतट पर बनी रोधिकाएँ **तूफान** और **सुनामी** लहरों के आक्रमण के समय सबसे पहले बचाव करती हैं, क्योंकि ये रोधिकाएँ इनकी प्रबलता को कम कर देती हैं।
- **रोध, पुलिन, पुलिन स्तूप** तथा **मैंग्रोव** भी इनकी प्रबलता को झेलते हैं। यदि तटों के किनारों पर पाए जाने वाले मैंग्रोव व तलछट (Sedimentary budget) से छेड़छाड़ करेंगे, तो यह तटीय स्थलाकृतियाँ अपरदित हो जाएँगी तथा मानव व मानवीय बस्तियों को तूफान व सुनामी लहरों के सीधे व प्रथम प्रहार झेलने होंगे।

पवनें

- उष्ण मरुस्थलों के दो प्रभावशाली कारकों में पवन एक महत्त्वपूर्ण कारक है, जो अपरदन की क्रिया संपन्न करता है। मरुस्थलीय धरातल शीघ्र गर्म तथा शीघ्र ठंडे हो जाते हैं। उष्ण धरातलों के ठीक ऊपर वायु गर्म हो जाती है, जिससे हल्की गर्म हवा ऊर्ध्वाधर गति करती है।
- इसके मार्ग में कोई रुकावट आने पर भँवर, वातावृत्त बनते हैं तथा अनुवात एवं उत्पात प्रवाह उत्पन्न होता है।
- पवनें मरुस्थलीय धरातल के साथ-साथ तीव्र गति से चलती हैं और उनके मार्ग में रुकावटें पवनों में विक्षोभ उत्पन्न करती हैं। तूफानी पवन अधिक विनाशकारी होती है। पवनें अपवाहन, घर्षण आदि द्वारा अपरदन करती हैं।
- **अपवाहन** में पवनें धरातल से चट्टानों के छोटे कण व धूल उठाती हैं। वायु की परिवहन की प्रक्रिया में रेत व बजरी आदि धरातलीय चट्टानों पर चोट पहुँचाकर घर्षण करती हैं।
- जब वायु में उपस्थित रेत के कण चट्टानों के तल से टकराते हैं, तो इसका प्रभाव पवन के संवेग पर निर्भर करता है।
- यह प्रक्रिया **बालू घर्षण** (Sand Blasting) के समान होती है। मरुस्थलों में पवनें अपरदनात्मक तथा निक्षेपणात्मक स्थलरूप का निर्माण करती हैं।
- मरुस्थलों में अधिकतर स्थलाकृतियों का निर्माण वृहद् क्षरण और प्रवाहित जल की **चादर बाढ़** (Sheet Flood) से होता है। इसके साथ ही मरुस्थलीय चट्टानें अत्यधिक वनस्पति विहीन होने के कारण तथा दैनिक तापांतर के कारण यांत्रिक व रासायनिक अपक्षय से अधिक प्रभावित होती हैं।
- मरुस्थलों में अपक्षय जनित मलबा केवल पवन द्वारा ही नहीं, बल्कि वर्षा व **वृष्टि धोवन** (Sheet Wash) से भी प्रवाहित होता है। पवन केवल महीन मलबे का ही अपवाहन करती है, जबकि वृहद् अपरदन मुख्यत: परत बाढ़ या वृष्टि धोवन से ही संभव होता है।
- मरुस्थलों में नदियाँ, अनियमित तथा वर्षा के बाद तक प्रवाहित होती हैं।

पवनों द्वारा अपरदनात्मक स्थलरूप

पवनों द्वारा अपरदनात्मक स्थलरूप निम्नलिखित हैं

पेडीमेंट और पदस्थली

- पर्वतों के पाद पर मलबे रहित अथवा मलबे सहित मंद ढाल वाले चट्टानी तल **पेडीमेंट** (Pediments) कहलाते हैं। इसका निर्माण पर्वतीय अग्रभाग के अपरदन मुख्यत: सरिता के क्षैतिज अपरदन व चादर बाढ़ दोनों के संयुक्त अपरदान से होता है। मरुस्थलों में भूदृश्य का विकास मुख्यत: पेडीमेंट के निर्माण में व उसके ही विभिन्न विकसित रूप पाया जाता है।
- जब एक बार एक तीव्र मंद ढाल के साथ पेडीमेंट का निर्माण हो जाता है, जिसके पीछे एक भृगु या मुक्त पार्श्व होता है, तब कटाव के कारण मंद ढाल तथा मुक्त पार्श्व पीछे हटने लगता है। अपरदन की इस पद्धति को **पृष्ठक्षरण** (Backwasting) के द्वारा की गई ढाल की समानांतर निवर्तन (पीछे हटना) की क्रिया कहते हैं।
- जब समानांतर ढाल निवर्तन द्वारा पवनों के अग्र भाग को अपरदित करते हुए पेडीमेंट आगे बढ़ते तथा पर्वत घिसते हुए पीछे हटते हैं, तो पर्वतों का अपरदन हो जाता है और केवल पर्वत के अवशिष्ट के रूप में स्थलाकृति का निर्माण होता है, जिसे **इंसेलबर्ग** (Inselberg) कहा जाता है।
- जब मरुस्थलीय प्रदेशों में एक-एक उच्च धरातल आकृति विहीन, मैदान में परिवर्तित हो जाता है, तो उसे पेडीप्लेन/पदस्थली कहा जाता है।

प्लाया

- मरुस्थलीय (मरुभूमि) क्षेत्रों के मैदान जब पर्याप्त जल उपलब्ध होने पर उथले जल क्षेत्र में परिवर्तित हो जाता है, तो इससे एक उथली झील का निर्माण हो जाता है, जिसे **प्लाया** (Playa) कहा जाता है।
- पर्वतों व पहाड़ियों से घिरे बेसिनों में अपवाह मुख्यत: बेसिन के मध्य में होता है तथा किनारों से लगातार लाए गए अवसाद के जमाव के कारण बेसिन के मध्य में एक समतल मैदान की रचना हो जाती है, जो मरुभूमियों के लिए महत्त्वपूर्ण स्थलरूप होता है।
- प्लाया में वाष्पीकरण के कारण जल अल्प समय के लिए ही रहता है और अकसर प्लाया में लवणों के समृद्ध निक्षेप पाए जाते हैं।
- अत: ऐसे प्लाया मैदान जो लवणों से भरे हों, उन्हें **कल्लर भूमि या क्षारीय क्षेत्र** (Alkali Flats) कहा जाता है।

अपवाहन गर्त तथा गुहा

- पवनों के एक ही दिशा में स्थायी प्रवाह से चट्टानों के अपक्षय जनित पदार्थ या असंगठित मिट्टी का अपवाहन होता है, तो इस प्रक्रिया से उथले गर्त बनते हैं, जिन्हें **अपवाहन गर्त** (Deflation Hollows) कहते हैं।
- अपवाहन प्रक्रिया से चट्टानी धरातल पर छोटे गड्ढे या गुहिकाएँ भी बनती हैं।
- तीव्र वेग पवन के साथ उड़ने वाले धूल कण अपघर्षण से चट्टानी तल पर पहले उथले गर्त का निर्माण करते हैं, जिन्हें **वात गर्त** (Blowouts) कहते हैं।
- यह वातगर्त जब गहरे तथा विस्तृत हो जाते हैं, तब इसे **गुहा** (Caves) कहा जाता है।

छत्रक, टेबल तथा पीठिका शैल

- मरुस्थलों में जब चट्टानें पवन अपवाहन व अपघर्षण से कट जाती हैं, जिससे चट्टानें घिसे हुए अवशेष के रूप में विस्तृत, और गोल टोपी अथवा छतरीनुमा आकृति का रूप धारण कर लेती हैं, तो इसे छत्रक शिला (Mushroom Rocks) कहा जाता है।
- इसका निर्माण विशेषकर तब देखा जाता है, जब कठोर शैल के ऊपर कोमल चट्टानों का आवरण लंबवत् रूप में होता है।
- पवनों के प्रभाव से अवशिष्ट चट्टानों का ऊपरी हिस्सा विस्तृत हो जाता है, जो टेबल या पेज के समान हो जाता है।
- वहीं अधिकतर ऐसे चट्टानी अवशेष पीठिका की भाँति भी दिखाई पड़ने लगते हैं, जिसे पीठिका शैल (Desert Rocks) के नाम से जाना जाता है।

ज्यूजेन और यारडंग

- मरुस्थलीय भागों में जब कठोर चट्टानों के ऊपर कोमल संरचना वाली चट्टानें क्षैतिज रूप में बिछी होती हैं, तब हवाएँ कोमल चट्टानों को काटकर एक ढक्कनदार दवात की आकृति बना देती हैं, जो विकसित होकर एक संकरी घाटी का रूप ले लेती है, उसे **ज्यूजेन** (Zeugen) कहते हैं।
- ज्यूजेन के विपरीत जब कोमल तथा कठोर चट्टानों की परतें पवन प्रवाह की दिशा में लंबवत् होती हैं, तो कठोर चट्टानों की अपेक्षा कोमल चट्टानें अधिक अपरदित होती हैं, जिससे गहरी एवं लंबी नालियाँ निर्मित हो जाती हैं, जिसे यारडंग (Yardang) कहते हैं।

पवनों द्वारा निक्षेपित स्थलरूप

पवनों द्वारा निक्षेपित स्थलरूप निम्नलिखित हैं

- पवन एक छँटाई करने वाला कारक भी है अर्थात् पवन द्वारा बारीक रेत का परिवहन अधिक ऊँचाई व अधिक दूरी तक होता है।
- पवनों के वेग के साथ मोटे आकार के कण धरातल के साथ घर्षण करते हुए चले आते हैं और टकराने से अन्य कणों को ढीला कर देते हैं, जिसे साल्टेशन (Saltation) कहते हैं।
- पवनों द्वारा कणों का परिवहन उनके आकार व भार के अनुरूप होता है। अतः पवन की परिवहन प्रक्रिया में ही पदार्थों की छँटाई का काम हो जाता है।
- जब पवनों की गति घट जाती है या रुक जाती है, तो कणों के आकार के आधार पर निक्षेपण प्रक्रिया आरंभ होती है। रेत की आपूर्ति व स्थायी पवन दिशा के आधार पर शुष्क प्रदेशों में पवन निक्षेपित स्थलरूप विकसित होते हैं।

बालू-टिब्बे

- उष्ण, शुष्क मरुस्थल बालू टिब्बों (Sand Dunes) के निर्माण के उपयुक्त स्थान हैं। पवनों द्वारा रेत एवं बालू के निक्षेप से निर्मित स्तूपों को बालू टिब्बे कहा जाता है। यह स्थलाकृति शुष्क, अर्द्ध शुष्क रेगिस्तानों, सागर तटीय भागों तथा अन्य स्थानों पर बनती है, जहाँ रेत अधिक सुलभ होता है। ये बालू-टिब्बे निम्न प्रकार के होते हैं
  - **बरखान** (Barchans) वह बालू टिब्बा, जिनकी आकृति नव चंद्राकार तथा भुजाएँ पवनों की दिशा में निकली होती हैं, उसे बरखान कहा जाता है।
  - **परवलयिक बालू टिब्बा** (Parabolic Dunes) जहाँ रेतीले धरातल पर आंशिक रूप से वनस्पति पाई जाती है, वहाँ परवलयिक बालू टिब्बा का निर्माण होता है।
  - **सीफ** (Seif) ये बरखान के ही समान होते हैं। इसमें केवल एक ही भुजा होती है, ऐसा पवनों की दिशा में बदलाव के कारण होता है। सीफ (Seif) की यह भुजा ऊँची व अधिक लंबी हो सकती है।
  - **अनुदैर्ध्य टिब्बे** (Longitudinal Dunes) जब रेत की आपूर्ति कम तथा पवनों की दिशा स्थायी होती है, तो अनुदैर्ध्य टिब्बे (Longituding dunes) का निर्माण होता है। ये अत्यधिक लंबाई व कम ऊँचाई के लंबायमान कटक के रूप में प्रतीत होते हैं।
  - **अनुप्रस्थ टिब्बे** (Transverse Dunes) यह प्रचलित पवनों की दिशा के समकोण पर बनते हैं। ये अधिक लंबे व कम ऊँचाई वाले होते हैं। इनके निर्माण में पवनों की दिशा निश्चित तथा रेत का स्रोत पवनों की दिशा के लंबवत् होता है। मरुस्थलों में अधिकतर टिब्बों का स्थानांतरण होता रहता है और इसमें से कुछ विशेषकर मानव बस्तियों के निकट स्थित हो जाते हैं।

बालसन, बजादा एवं लोयस

- रेगिस्तानी भागों में पर्वतों से घिरी बेसिन को **बालसन** (Balson) कहा जाता है, जिसमें चारों ओर से छोटी-छोटी नदियाँ निकलकर इसमें आती हैं। बालसन में जल के एकत्रण से अल्पकालिक झीलों का निर्माण होता है।
- मरुस्थलीय क्षेत्रों में प्लाया तथा पर्वतीय अग्रभाग मंद ढाल वाले होते हैं। इस मैदान का निचला भाग, जो कि प्लाया से मिलता है, उसे बजादा (Bajada) कहा जाता है। मरुस्थलीय क्षेत्रों के बाहर पवन द्वारा उड़ाकर लाए गए महीन कणों के वृहद् जमाव को लोयस कहा जाता है।
- इसमें संस्तरों का अभाव पाया जाता है। चीन का लोयस (Loess) मैदान (मरुस्थलीय) विश्व प्रसिद्ध है।

अतिरिक्त तथ्य
तमिलनाडु बोर्ड एवं NIOS

पृथ्वी की आंतरिक संरचना (भू-गर्भ और उसके पदार्थ)

- भू-गर्भ के ऊपरी 100 किमी में तापमान बढ़ने की दर 12°C प्रति किमी है तथा अगले 300 किमी में यह वृद्धि दर 20°C प्रति किमी तथा इसके बाद यह वृद्धि दर केवल 10°C तक रह जाती है।
- भू-गर्भ में इतना ऊँचा तापमान उच्च दाब के फलस्वरूप हुई रासायनिक प्रक्रियाओं और रेडियोधर्मी तत्त्वों के विखंडन के कारण ही संभव है।
- पृथ्वी के केंद्र पर अत्यधिक दबाव पाया जाता है, जो समुद्रतल के वायुमंडलीय दाब से 30-40 गुणा अधिक है

भूकंप

- आंतरिक बलों के द्वारा हुए भू-पृष्ठ के कंपन को **भूकंप** कहते हैं। भूकंप केंद्र भू-पृष्ठ में 60 किमी की गहराई के आस-पास स्थित होता है।
- संसार के अधिसंख्य भूकंप दो पेटियों में आते हैं, जो हैं-**प्रशांत महासागर** को घेरने वाली पेटी तथा **मध्यवर्ती पर्वतीय पेटी**।

ज्वालामुखी

- वह प्रक्रिया जिसके द्वारा ठोस, पिघले शैल व गैसें पृथ्वी के आंतरिक भागों से मुक्त होकर उसके धरातल पर आती है, **ज्वालामुखी प्रक्रिया** कहलाती है।
- विश्व के अधिकांश सक्रिय ज्वालामुखी प्रशांत महासागरीय पेटी में स्थित हैं।

शैल/चट्टान (भू-पर्पटी के पदार्थ)

- आग्नेय शैल विभिन्न गहराइयों पर बनते हैं, जो 40 किमी से अधिक नहीं होते हैं। आग्नेय शैल को **मूल** या **जनक शैल** कहते हैं।
- भू-गर्भ के सबसे ऊपरी 16 किमी की मोटाई में आग्नेय शैलों का लगभग 95% भाग पाया जाता है।
- अवसादी शैलों को अवसाद ढोने वाले कारकों और उनके जमाव स्थल के संदर्भ में रखा जाता है; जैसे-नदी-नदीकृत शैल, झील-सरोवरी शैल, समुद्र-समुद्रकृत शैल, मरुस्थल-पवनकृत शैल, हिमानी-हिमानीकृत शैल आदि।

महासागरों और महाद्वीपों का वितरण (पृथ्वी की गतिशील धरातल)

भू-संतुलन की अवधारणा

- आइसोस्टेसी (भू-संतुलन) शब्द ग्रीक भाषा के **आइसोस्टेसियॉज** से लिया गया है, जिसका अर्थ **भू-संतुलन** की स्थिति होता है।
- प्रैट के अनुसार, भू-पर्पटी के पदार्थों के घनत्व में भिन्नता का कारण, किसी प्रकार की जड़ नहीं परंतु क्षतिपूरक स्तर का होना है।

प्लेटो विवर्तनिकी

- प्लेटों का संचलन, भू-पृष्ट के वितरण, पर्वत श्रृंखलाओं के निर्माण और भूकंप तथा ज्वालामुखी के वितरण के लिए उत्तरदायी है।
- संवहनीय धाराओं का केंद्र धरातल के नीचे 100 से 250 किमी की गहराई में पाया जाता है।

भू-संचलन एवं भू-आकृतिक प्रक्रियाएँ

- पृथ्वी की हलचलों को विवर्तनिक हलचलें भी कहते हैं, क्योंकि ये धरातल पर क्रमिक परिवर्तनों द्वारा भौतिक लक्षणों का निर्माण करती हैं। भू-पर्पटी में उभार धँसाव व जल में डूबने की क्रियाएँ मंद हलचलों के कारण होती हैं।
- जिस रेखा के साथ टूटे शैल संस्तर खिसकते हैं, उसे **भ्रंश रेखा** कहते हैं।

पृथ्वी पर निर्मित स्थलाकृतियाँ

- पर्वतों के लिए पृथ्वी की संपूर्ण सतह का **27%** भाग घिरा हुआ है।
- पर्वत जिनका निर्माण दो भ्रंशों के बीच की भूमि के ऊपर उठने अथवा भ्रंशों के बाहर की भूमि के बैठने के कारण होता है, इन्हें **भ्रंशखंड पर्वत** कहते हैं।

05

जलवायु विज्ञान

(स्रोत)

Class-VII New NCERT Chap 4 वायु, Class-VII Old NCERT Chap 1 वायुमंडल और उसका तापमान, Chap 2 गतिशील वायु, Chap 3 वायु में जल, Chap 4 स्थानीय मौसम तथा आकाश, Class-IX Old NCERT Chap 4 पृथ्वी का आवरण-वायुमंडल, Class-XI New NCERT Chap 7 वायुमंडल का संघटन तथा संरचना, Chap 8 सौर विकिरण, ऊष्मा संतुलन एवं तापमान, Chap 9 वायुमंडलीय परिसंचरण तथा मौसम प्रणालियाँ, Chap 10 वायुमंडल में जल, Chap 11 विश्व की जलवायु एवं जलवायु परिवर्तन, Class-XI Old NCERT Chap 10 वायु का संघटन तथा संरचना, Chap 11 सूर्यातप तथा तापमान, Chap 12 वायुमंडलीय दाब, पवन और वायुराशियाँ, Chap 13 वायुमंडल की आर्द्रता, Chap 14 जलवायु का वर्गीकरण, Tamil Nadu Board (Class XI), NIOS

वायुमंडल

- पृथ्वी के चारों ओर से घिरे वायु के विशाल आवरण को वायुमंडल (Atmosphere) कहा जाता है।
- वायु रंगहीन तथा गंधहीन होती है तथा जब यह पवन की भाँति बहती है, तभी हम इसका अनुभव करते हैं।
- वायुमंडल विभिन्न प्रकार की गैसों का मिश्रण है।
- पृथ्वी के गुरुत्वाकर्षण बल के कारण सतह के चारों ओर आवरण के रूप में वायुमंडल विद्यमान है।
- इसमें मनुष्यों, वनस्पति एवं जीव-जंतुओं के जीवन के लिए आवश्यक गैसें; जैसे- ऑक्सीजन तथा पौधों के जीवन के लिए कार्बन डाइ-ऑक्साइड पाई जाती हैं।
- वायु, पृथ्वी के द्रव्यमान का अभिन्न भाग है। वायुमंडल के कुल द्रव्यमान का 99% भाग पृथ्वी की सतह से 32 किमी की ऊँचाई तक स्थित है।
- यह सौर विकिरण की ऊष्मा को लेकर पृथ्वी पर जीवन योग्य एक औसत तापमान बनाए रखती है।

वायुमंडल का संघटन

- वायुमंडल अनेक गैसों (Gases), जलवाष्प (Water Vapour) एवं धूल कणों (Dust Particles) से बना है।
- वायुमंडल की ऊपरी परतों में गैसों का अनुपात बदलता रहता है और 120 किमी की ऊँचाई पर ऑक्सीजन की मात्रा नगण्य हो जाती है।
- इसी प्रकार वायुमंडल में कार्बन डाइ-ऑक्साइड एवं जलवाष्प का अस्तित्व पृथ्वी की सतह से 90 किमी की ऊँचाई तक ही पाया जाता है।

वायुमंडल में विद्यमान स्थायी गैसें

	प्रमुख गैसें	सूत्र	मात्रा (%)
भारी गैसें	नाइट्रोजन	N_2	78.08
	ऑक्सीजन	O_2	20.95
	ऑर्गन	Ar	0.93
	कार्बन डाइऑक्साइड	CO_2	0.036
हल्की गैसें	नियोन (नियॉन)	Ne	0.002
	हीलियम	He	0.0005
	क्रिप्टोन	Kr	0.001
	जेनान	Xe	0.00009
	हाइड्रोजन	H_2	0.00005

वायुमंडल की प्रमुख गैसें

वायुमंडल की कुछ महत्त्वपूर्ण गैसों का विवरण निम्न प्रकार है

नाइट्रोजन

- यह वायुमंडलीय गैसों में सबसे अधिक (78.8%) मात्रा में उपलब्ध है। जब हम साँस लेते हैं, तब फेफड़ों में कुछ नाइट्रोजन (Nitrogen) भी ले जाते हैं और फिर उसे बाहर निकाल देते हैं।
- पौधों को अपने जीवन के लिए नाइट्रोजन की आवश्यकता होती है, किंतु वे सीधे वायु से नाइट्रोजन नहीं ले पाते।
- मृदा तथा कुछ पौधों की जड़ों में रहने वाले जीवाणु वायु से नाइट्रोजन लेकर इसका स्वरूप बदल देते हैं, जिसका उपयोग पौधे करते हैं।

- वायुमंडलीय नाइट्रोजन का लेग्यूमिनस (Leguminous) कुल के पौधे तथा शैवाल आदि प्रजातियाँ, मृदा में नाइट्रोजन स्थिरीकरण (Nitrogen Fixation) करती हैं।

ऑक्सीजन

- यह वायुमंडल की दूसरी प्रमुख गैस है। यह रासायनिक दृष्टि से अधिक सक्रिय है।
- यह गैस जंतुओं तथा मनुष्यों के लिए जीवनदायी होती है।
- पौधे प्रकाश संश्लेषण (Photosynthesis) की क्रिया के पश्चात् ऑक्सीजन को वायुमंडल में विशुद्ध रूप में विमुक्त करते हैं।
- मनुष्य तथा पशु साँस लेने में वायु से ऑक्सीजन प्राप्त करते हैं।

कार्बन डाइऑक्साइड

- यह मौसम विज्ञान की दृष्टि से एक महत्त्वपूर्ण गैस है, क्योंकि यह सौर विकिरण (Solar Radiation) के लिए पारदर्शी तथा पार्थिव विकिरण (Terrestial Radiation) के लिए अपारदर्शी होती है।
- इस गैस की उत्पत्ति जीवाश्म ईंधन; जैसे-कोयला, खनिज तेल आदि के जलने से होती है, जिसका बढ़ा हुआ आयतन पृथ्वी पर मौसम तथा जलवायु को प्रभावित करता है।
- हरे पौधे कार्बन डाइऑक्साइड गैसों का उपयोग भोजन के रूप में करते हैं तथा ऑक्सीजन को विमुक्त करते हैं।
- वायुमंडल में इस गैस की सांद्रता में वृद्धि होने से **हरित गृह प्रभाव** (Green House Effect) में वृद्धि होती है, जिस कारण निचले वायुमंडल तथा धरातलीय सतह के तापमान में वृद्धि होती है। यह गैस ग्रीन हाउस प्रभाव के लिए पूरी तरह से उत्तरदायी है।
- कार्बन डाइऑक्साइड का बढ़ा हुआ आयतन पृथ्वी पर मौसम तथा जलवायु को प्रभावित करता है।

ओजोन

- ओजोन (Ozone) मौसम की दृष्टि से दूसरी महत्त्वपूर्ण गैस है।
- यह पृथ्वी की सतह से 10 से 50 किमी की ऊँचाई के मध्य पाई जाती है, किंतु इसकी सघनता 15 से 35 किमी की ऊँचाई में अधिक संघनित है।
- यह एक फिल्टर की भाँति कार्य करती है तथा सूर्य से निकलने वाली पराबैंगनी किरणों (Ultra-Violet Rays) को अवशोषित कर उनको पृथ्वी की सतह पर पहुँचने से रोकती है।
- वर्तमान समय में सुपरसोनिक जेट विमानों से निकली हुई, नाइट्रोजन ऑक्साइड तथा एयरकंडीशनर, रेफ्रिजेरेटर से निकलने वाली क्लोरो-फ्लोरो कार्बन (Chloro-Fluoro Carbon) आदि इस परत को क्षति पहुँचा रही हैं, जिससे इसका क्षरण हो रहा है।

जलवाष्प

- ज़लवाष्प (Water Vapour) वायुमंडल में उपस्थित ऐसी परिवर्तनशील गैस है, जो ऊँचाई (Altitude) के साथ घटती जाती है।
- गर्म तथा आर्द्र उष्णकटिबंध में यह हवा के आयतन का 4% होती है, जबकि ध्रुवों जैसे ठंडे तथा रेगिस्तानों जैसे शुष्क प्रदेशों में यह हवा के आयतन के 1% से भी कम होती है।
- विषुवत् वृत्त से ध्रुव की ओर जाने पर जलवाष्प की मात्रा कम होती जाती है।
- यह सूर्य से निकलने वाले ताप (Insolation) के कुछ भाग को अवशोषित करती है तथा पृथ्वी से निकलने वाले ताप को संगृहीत करती है।
- इस प्रकार यह एक कंबल की भाँति कार्य करती है तथा पृथ्वी को न तो अधिक गर्म तथा न ही अधिक ठंडा होने देती है। जलवाष्प, वायु को स्थिर तथा अस्थिर करने में भी योगदान देती है।

धूलकण

- वायुमंडल में छोटे-छोटे ठोस कणों को भी रखने की क्षमता होती है। ये छोटे कण विभिन्न स्रोतों; जैसे-समुद्री नमक, महीन मिट्टी, धुएँ, राख, पराग, धूल तथा उल्काओं के टूटे हुए कणों से बनते हैं।
- धूलकण प्राय: वायुमंडल के निचले भाग में उपलब्ध होते हैं, फिर भी संवहनीय वायु प्रवाह इन्हें काफी ऊँचाई तक ले जाता है।
- धूलकणों का सबसे अधिक जमाव उपोष्ण और शीतोष्ण प्रदेशों में सूखी हवा के कारण होता है; जो विषुवत् और ध्रुवीय प्रदेशों की तुलना में यहाँ अधिक मात्रा में होता है।
- धूल और नमक के कण **आर्द्रताग्राही केंद्र** (Hygroscopic Nuclei) की भाँति कार्य करते हैं तथा इसके चारों ओर जलवाष्प संघनित होकर मेघों (Clouds) का निर्माण करते हैं।

वायुमंडल की संरचना

वायुमंडल अलग-अलग घनत्व (Density) तथा तापमान (Temperature) वाली विभिन्न परतों का बना होता है। पृथ्वी की सतह के पास घनत्व अधिक होता है, जबकि ऊँचाई बढ़ने के साथ-साथ यह घटता जाता है।

तापमान की स्थिति के अनुसार वायुमंडल को पाँच विभिन्न संस्तरों में बाँटा गया है, जो इस प्रकार हैं-क्षोभमंडल, समतापमंडल, मध्यमंडल, तापमंडल, बाह्यमंडल अथवा बहिर्मंडल।

क्षोभमंडल

- क्षोभमंडल (Troposphere) वायुमंडल का सबसे निचला संस्तर है। इसकी औसत ऊँचाई सतह से लगभग 13 किमी है तथा यह ध्रुवों के निकट 8 किमी तथा विषुवत् रेखा (वृत्त) पर 18 किमी की ऊँचाई तक है।
- इसकी मोटाई विषुवत् वृत्त पर सबसे अधिक पाई जाती है, क्योंकि तेज वायु प्रवाह के कारण ताप का अधिक ऊँचाई तक संवहन किया जाता है।
- इस संस्तर में धूलकण तथा जलवाष्प उपलब्ध होते हैं तथा मौसम संबंधी सभी परिवर्तन बादल, कोहरा, ओला, तुषार, आँधी, तूफान आदि इसी संस्तर में होते हैं।
- इसमें प्रत्येक 165 मी की ऊँचाई पर तापमान 1° सेल्सियस घटता जाता है। इसे ताप की 'सामान्य ह्रास दर' कहा जाता है। जैविक क्रिया के लिए यह सबसे महत्त्वपूर्ण संस्तर पाया जाता है, क्योंकि संपूर्ण जैविक क्रियाएँ इसी मंडल में संपादित होती हैं।
- इस भाग में गर्म एवं शीतल होने का कार्य विकिरण संचालन तथा संवहन द्वारा होता है। संवहनीय तरंगों तथा विक्षुब्ध संवहन के कारण इस मंडल को संवहनीय मंडल तथा विक्षोभमंडल कहते हैं।

क्षोभसीमा

- क्षोभमंडल और समतापमंडल को अलग करने वाले भाग को क्षोभसीमा (Tropopause) कहते हैं। इसकी मोटाई 1 से 1.5 किमी तक होती है। इसकी निचली सीमा पर जेट पवनें चलती हैं।

- विषुवत् वृत्त के ऊपर क्षोभसीमा में हवा का तापमान –80° सेण्टीग्रेट (से.ग्रे.) और ध्रुव के ऊपर –45° सेण्टीग्रेट (से.ग्रे.) होता है। यहाँ पर तापमान स्थिर होने के कारण इसे क्षोभसीमा कहते हैं। इस तल पर ध्रुवों की अपेक्षा विषुवत् रेखा पर न्यूनतम तापमान का होना एक विरोधाभास भी है।

समतापमंडल

- क्षोभसीमा के ऊपर 50 किमी की ऊँचाई तक समतापमंडल (Stratosphere) की परत पाई जाती है। इस मंडल का एक महत्त्वपूर्ण लक्षण यह है कि इसमें ओजोन परत (Ozone Layer) पाई जाती है।
- यह परत सूर्य से आने वाली पराबैंगनी किरणों को अवशोषित कर पृथ्वी को ऊर्जा के तीव्र तथा हानिकारक गैसों व तत्त्वों के प्रभाव से बचाती है।
- समतापमंडल में 20 किमी ऊँचाई तक तापमान अपरिवर्तित रहता है। वहीं इसके ऊपर 50 किमी की ऊँचाई तक तापमान क्रमशः बढ़ता है। इसका मुख्य कारण ओजोन परत द्वारा पराबैंगनी किरणों का अवशोषण पाया जाता है।
- समतापमंडल में बादलों का अभाव होता है और धूल के कण तथा जलवाष्प भी नाममात्र के ही पाए जाते हैं, इसमें वायु की क्षैतिज गति होती है।
- इसमें मौसमी घटनाओं का अभाव होता है, अतः यह वायुयान चालकों के लिए **उत्तम मंडल** माना जाता है।

मध्यमंडल

- मध्यमंडल (Mesosphere), समतापमंडल के ठीक ऊपर 80 किमी की ऊँचाई तक पाया जाता है। इस संस्तर में भी ऊँचाई के साथ-साथ तापमान में कमी होने लगती है और 80 किमी की ऊँचाई तक पहुँचकर यह –100° सेग्रे हो जाता है।
- इस मंडल की ऊपरी न्यूनतम सीमा को **मध्य सीमा** (Mesopause) कहते हैं, जिसके ऊपर जाने पर तापमान में वृद्धि होती है। अंतरिक्ष से प्रवेश करने वाला उल्कापिंड (Meteorite) इस मंडल में आने पर जल जाता है।
- इसमें निशादीप्त बादल (Noctilucent Clouds) ध्रुवीय क्षेत्रों के ऊपर गर्मियों में दिखाई देते हैं, जिसका निर्माण उल्का धूल एवं संवहनीय प्रक्रिया द्वारा लाई गई आर्द्रता एवं संघनन से होता है।

तापमंडल/उष्णमंडल

मध्यमंडल के ऊपर स्थित मंडल को तापमंडल (Thermosphere) कहते हैं, जिसमें ऊँचाई के साथ लगातार तापमान में वृद्धि होती है। इसके अंतर्गत आयनमंडल को भी सम्मिलित किया गया है, जिसका संक्षिप्त विवरण निम्न प्रकार है

आयनमंडल

इस मंडल (Ionosphere) में विद्युत आवेशित कण पाए जाते हैं, जिन्हें आयन कहते हैं। इस मंडल में ऊँचाई बढ़ने के साथ ही तापमान में वृद्धि शुरू हो जाती है। पृथ्वी द्वारा भेजी गई रेडियो तरंगें (Radio Waves) इस संस्तर के द्वारा वापस पृथ्वी पर लौट आती हैं। इसमें विद्युतीय एवं चुंबकीय घटनाएँ घटित होती रहती हैं। यहाँ ब्रह्मांड किरणों का परिलक्षण होता है, अतः आयनमंडल अपनी विशेषताओं के कारण कई परतों में विभक्त पाया जाता है। कुछ महत्त्वपूर्ण परत निम्न प्रकार हैं

- **डी परत** (D-Layer) यह आयनमंडल की सबसे निचली परत होती है, जिसकी ऊँचाई 80 से 99 किमी तक पाई जाती है। इसमें रेडियो की निम्न आवृत्ति की तरंगों का परावर्तन होता है।
- **ई-परत** (E-Layer) इस परत की ऊँचाई 'डी' परत के ऊपर 99 से 150 किमी की ऊँचाई तक पाई जाती है। इसमें रेडियो की निम्न एवं उच्च आवृत्ति की तरंगों का परावर्तन होता है। इस परत की उत्पत्ति नाइट्रोजन के परमाणुओं पर पराबैंगनी फोटान्स की प्रतिक्रिया के कारण होती है। आयनमंडल में उत्तरी ध्रुव प्रकाश (Aurora Borealis) तथा दक्षिणी ध्रुव प्रकाश (Aurora Australis) की घटना का दर्शन होता है, इसे केनेडी-हेवीसाइड परत (Kennedy Heaviside Layer) के नाम से भी जाना जाता है।
- **एफ परत** (F-Layer) यह परत 'ई' परत के ऊपर 150 से 380 किमी की ऊँचाई तक पाई जाती है। इसमें रेडियो की लघु तरंगें परावर्तित होती हैं। इसके ऊपरी संस्तर को एप्लीटन परत (Appleton Layer) के नाम से जानते हैं।
- **जी परत** (G-Layer) यह आयनमंडल की सबसे बाहरी परत होती है, जिसमें सभी प्रकार की रेडियो की तरंगें परावर्तित हो सकती हैं।

बाह्यमंडल एवं चुंबकीयमंडल

- वायुमंडल के तापमंडल के ऊपरी मंडल को बाह्यमंडल (Exosphere) कहते हैं।
- यह सबसे ऊँचा संस्तर (Layer) है तथा इसके विषय में बहुत कम जानकारी उपलब्ध है। इसमें उपलब्ध सभी घटक विरल पाए जाते हैं, जो धीरे-धीरे बाहरी अंतरिक्ष से मिल जाते हैं।
- बाह्य मंडल के सबसे ऊपरी संस्तर को बहिर्मंडल कहा जाता है। यह वायु की पतली परत होती है। यहीं से हीलियम तथा हाइड्रोजन गैसें अंतरिक्ष में तैरती रहती हैं।

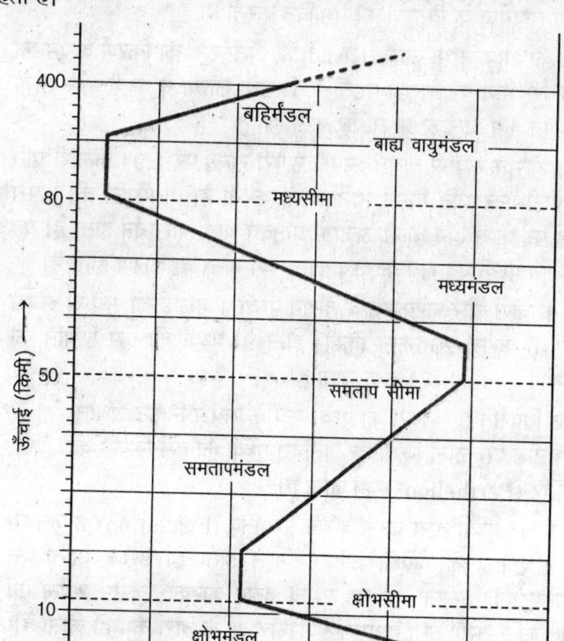

वायुमंडल की संरचना

वायुमंडल का रासायनिक संगठन

रासायनिक संगठन के आधार पर वायुमंडल को दो मंडलों में विभाजित किया जाता है

- **सममंडल** (Homosphere) इस मंडल की रचना मुख्य रूप से ऑक्सीजन, नाइट्रोजन तथा हीलियम, नियोन, क्रिप्टान, हाइड्रोजन आदि तत्त्वों से हुई है, इसकी ऊँचाई सागर तल से लगभग 90 किमी तक पाई जाती है। तापमान के आधार पर इस मंडल में उपमंडल के रूप में क्षोभमंडल, समतापमंडल तथा मध्यमंडल को शामिल किया जाता है।
- **विषममंडल** (Heterosphere) इस मंडल को थर्मोस्फीयर (Thermosphere) कहा जाता है। इस मंडल में विभिन्न परतों को शामिल किया जाता है, जिनके भौतिक तथा रासायनिक गुणों में अंतर पाया जाता है। विषममंडल में गैसों की चार परतों को शामिल किया जाता है, जिसमें आण्विक नाइट्रोजन परत, आण्विक ऑक्सीजन परत, हीलियम परत तथा आण्विक हाइड्रोजन परत प्रमुख हैं, इस मंडल की ऊँचाई 90 किमी से 10,000 किमी तक पाई जाती है।

सौर विकिरण (सूर्यातप)

- पृथ्वी के पृष्ठ पर प्राप्त होने वाली सौर ऊर्जा का अधिकतम अंश लघु तरंग-दैर्ध्य के रूप में प्राप्त होता है। पृथ्वी को प्राप्त होने वाली ऊर्जा को **आगामी सौर विकिरण** (Incoming Solar Radiation) अथवा **सूर्यातप** (Insolation) कहते हैं।
- सूर्य से आने वाली वह ऊर्जा जिसे पृथ्वी रोक लेती है, आतपन कहलाती है, जो तापमान के वितरण को प्रभावित करती है।
- पृथ्वी की आकृति भू-आभ (Geoid) है, अतः सूर्य की किरणें वायुमंडल के ऊपरी भाग पर तिरछी पड़ती हैं, जिसके कारण ये पृथ्वी और ऊर्जा का बहुत कम अंश ही प्राप्त कर पाती हैं।
- पृथ्वी औसत रूप से वायुमंडल की ऊपरी सतह पर 1.94 कैलोरी प्रति वर्ग सेंटीमीटर प्रति मिनट ऊर्जा प्राप्त करती है। वायुमंडल की ऊपरी सतह पर प्राप्त होने वाली ऊर्जा में प्रतिवर्ष थोड़ा परिवर्तन होता है। यह परिवर्तन पृथ्वी एवं सूर्य के बीच की दूरी में अंतर के कारण होता है।
- सूर्य के चारों ओर परिक्रमण के दौरान पृथ्वी 4 जुलाई को सूर्य से सबसे दूर (15 करोड़ 20 लाख किमी) होती है। पृथ्वी की इस स्थिति को **अपसौर** (Aphelion) कहा जाता है।
- इसके विपरीत 3 जनवरी को पृथ्वी सूर्य के सबसे निकट अर्थात् 14 करोड़ 70 लाख किमी दूर होती है। पृथ्वी की इस स्थिति को **उपसौर** (Perihelion) कहा जाता है।
- इस प्रकार पृथ्वी द्वारा प्राप्त वार्षिक सूर्यातप (Insolation) 3 जनवरी को 4 जुलाई की अपेक्षा अधिक प्राप्त होता है। इसके अतिरिक्त सूर्यातप की भिन्नता का यह प्रभाव दूसरे कारकों; जैसे- स्थल एवं समुद्र का वितरण तथा वायुमंडल परिसंचरण के द्वारा कम हो जाता है।
- अतः सूर्यातप की यह भिन्नता पृथ्वी की सतह पर होने वाले प्रतिदिन के मौसम परिवर्तन पर अधिक प्रभाव नहीं डालती है।

पृथ्वी की सतह पर सूर्यातप में भिन्नता

- सूर्यातप की तीव्रता की मात्रा में प्रतिदिन, प्रत्येक मौसम और प्रतिवर्ष परिवर्तन होता रहता है। सूर्यातप में होने वाली विभिन्नता के कारक निम्न हैं
- **पृथ्वी का अपने अक्ष पर घूमना** (Earth Rotation On Its Axis) पृथ्वी का अक्ष सूर्य के चारों ओर परिक्रमण की समतल कक्षा से $66\frac{1}{2}°$ का कोण बनाता है, जो विभिन्न अक्षांशों पर प्राप्त होने वाली सूर्यातप की मात्रा को प्रभावित करता है। घूर्णन की इस क्रिया में पृथ्वी का जो भाग सूर्य के सामने होता है, वह अधिक सूर्यातप प्राप्त करता है, जबकि विपरीत वाला भाग अँधेरे में रहता है अर्थात् वहाँ सूर्यातप प्राप्त नहीं हो पाता है। इसके अतिरिक्त निम्न अक्षांशों की तुलना में अधिक सूर्यातप प्राप्त नहीं होता है। दिसंबर तथा जून के महीने के सूर्यातप में अंतर पाया जाता है।
- **सूर्य की किरणों का नति कोण** (The Angle of Inclination of the Sun's Ray) सूर्यातप की मात्रा को प्रभावित करने वाले कारकों में सूर्य की किरणों का नति कोण किसी स्थान के अक्षांश पर निर्भर करता है। अक्षांश जितना उच्च होगा (अर्थात् ध्रुवों की ओर) किरणों का नति कोण उतना ही कम होगा, अतः सूर्य की किरणें तिरछी पड़ेंगी। तिरछी किरणों का प्रभाव बड़े क्षेत्र पर होता है, वहीं सीधी किरणें कम स्थान पर पड़ती हैं। किरणों के अधिक क्षेत्र पर पड़ने के कारण ऊर्जा वितरण बड़े क्षेत्र पर होता है तथा प्रति इकाई क्षेत्र को कम ऊर्जा मिलती है। लंबवत् किरणों की अपेक्षा तिरछी किरणों को वायुमंडल की अधिक गहराई से गुजरना पड़ता है। अतः अधिक अवशोषण, प्रकीर्णन एवं विसरण के द्वारा ऊर्जा का अधिक ह्रास होता है।
- **दिन की अवधि** (The length of the Day) दिन की लंबी अवधि वाले क्षेत्र अपेक्षाकृत अधिक सूर्यातप को प्राप्त करते हैं। उष्ण कटिबंधीय प्रदेशों में सूर्यातप की वार्षिक मात्रा सबसे अधिक होती है, वहीं ध्रुवों की ओर बढ़ने पर सूर्यातप की मात्रा घटती है। विषुवत् रेखा की तुलना में 45° अक्षांशों पर यह 75% ही रह जाती है। आर्कटिक तथा अंटार्कटिक रेखाओं पर यह 50% और ध्रुवों पर 40% होती है।
- **वायुमंडल की पारदर्शिता/सौर विकिरण का वायुमंडल से होकर गुजरना** (Solar Radiation Pass Through Atmosphere) पृथ्वी की सतह पर पहुँचने से पहले सूर्य की किरणें वायुमंडल से होकर गुजरती हैं। यह वायुमंडल लघु तरंग-दैर्ध्य (Short Wave-length) वाले सौर विकिरण के लिए अधिकांशतः पारदर्शी होता है। क्षोभमंडल में विद्यमान जलवाष्प ओजोन तथा अन्य किरणें अवरक्त विकिरण को अवशोषित कर लेती हैं, वहीं छोटे निलंबित कण (Small Suspended Particles) दिखने वाले स्पेक्ट्रम को अंतरिक्ष एवं पृथ्वी की सतह की ओर विकीर्ण कर देते हैं। यह प्रक्रिया आकाश के रंग के लिए उत्तरदायी होती है। इसके कारण ही सूर्योदय एवं सूर्यास्त होने के समय सूर्य लाल दिखता है तथा आकाश का रंग नीला दिखाई पड़ता है। ऐसा प्रकाश के प्रकीर्णन (Scattering of light) के द्वारा संभव होता है।
- **सूर्यातप का पृथ्वी की सतह पर स्थानिक वितरण** (Spatial Distribution Insolation of the Surface of the Earth) धरातल पर प्राप्त सूर्यातप की मात्रा में उष्णकटिबंध में 320 वाट प्रति वर्ग मीटर से लेकर ध्रुवों पर 70 वाट प्रति वर्ग मीटर तक की भिन्नता पाई जाती है। सूर्यातप की सर्वाधिक मात्रा उपोष्ण कटिबंधीय मरुस्थलों (Sub-Tropical Desert) पर प्राप्त होती है।

सामान्यत: एक ही अक्षांश पर स्थित महाद्वीपीय भाग पर महासागरीय भाग की अपेक्षा अधिक सूर्यातप प्राप्त होता है। इसी प्रकार शीत ऋतु में मध्य एवं उच्च अक्षांशों पर ग्रीष्म ऋतु की अपेक्षा कम मात्रा में विकिरण प्राप्त होता है।

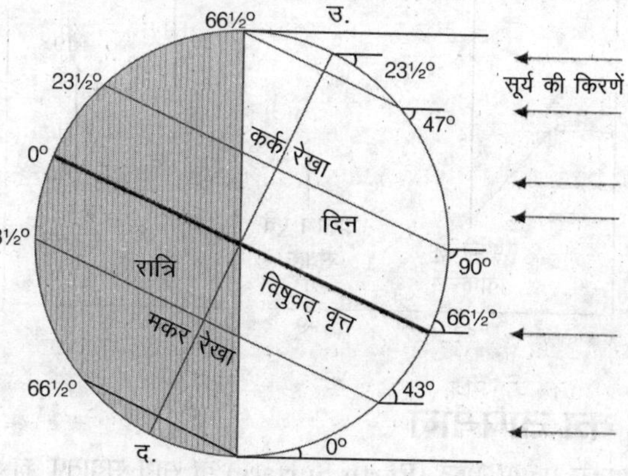

उत्तर अयनांत

वायुमंडल का गर्म और ठंडा होना

वायुमंडल का गर्म और ठंडा होना निम्नलिखित प्रकार से वर्णित किया गया है

विकिरण

- किसी पदार्थ के ऊष्मा तरंगों के संचार द्वारा सीधे गर्म होने को **विकिरण** (Radiation) कहते हैं। यह एक ऐसी प्रक्रिया है, जिसमें ऊष्मा बिना किसी माध्यम के शून्य होकर भी यात्रा कर सकती है।
- सूर्य से प्राप्त होने वाली ऊर्जा की विशाल मात्रा जो पृथ्वी पर आती है और वापस लौट जाती है, इसी प्रक्रिया का अनुसरण करती है। अत: सूर्य से प्राप्त विकिरण को **सौर विकिरण** (Solar Radiation) तथा पृथ्वी से होने वाले विकिरण को **पार्थिव विकिरण** (Terrestial Radiation) कहते हैं।
- सौर विकिरण लघु तरंग दैर्ध्य के रूप में धरातल पर पहुँचकर सतह को गर्म करता है। पार्थिव विकिरण दीर्घ तरंगों के रूप में वायुमंडल को नीचे से गर्म करता है।
- दीर्घ तरंग दैर्ध्य विकिरण वायुमंडलीय गैसों मुख्यत: कार्बन डाइऑक्साइड एवं अन्य ग्रीन हाउस गैसों के द्वारा अवशोषित कर लिया जाता है।
- इस प्रकार वायुमंडल पार्थिव विकिरण द्वारा अप्रत्यक्ष रूप से गर्म होता है न कि सीधे सूर्यातप से। इस विकिरण की प्रक्रिया से पृथ्वी की सतह तथा वायुमंडल का तापमान स्थिर रहता है।
- विकिरण की मात्रा और उसकी प्रकृति कुछ मूल नियमों से नियंत्रित होती है, जो निम्न प्रकार है
  - सभी पदार्थ चाहे उनका तापमान कुछ भी हो, विकिरण ऊर्जा का उत्सर्जन करते हैं। ऊर्जा का स्थानांतरण (Transfer of Energy) तब तक होता रहता है, जब तक दोनों पिंडों का तापमान समान नहीं हो जाता है अथवा उनमें संपर्क टूट नहीं जाता है।
  - अत: सौर विकिरण से गर्म होने के बाद पृथ्वी की सतह के निकट स्थित वायुमंडल में ताप का संचरण होता है, जिससे पृथ्वी के संपर्क में आने वाली वायु धीरे-धीरे गर्म हो जाती है। इस प्रकार यह वायुमंडल की निचली परतों को गर्म करने में महत्त्वपूर्ण भूमिका निभाती है।

संवहन

- किसी पदार्थ के एक भाग से दूसरे भाग की ओर उसके तत्त्वों के साथ, ऊष्मा के संचार को संवहन (Convection) कहते हैं। यह संवहनिक संचरण केवल तरल तथा गैसीय पदार्थों में ही संभव होता है, जिनमें अणुओं के मध्य का संबंध कमजोर होता है।
- अत: पृथ्वी के संपर्क में आई वायु गर्म होकर धाराओं के रूप में लंबवत् (ऊपर) उठती है व वायुमंडल में ताप का संचरण करती है, तब तापन की इस लंबवत् प्रक्रिया को संवहन कहा जाता है। इस प्रक्रिया में ऊर्जा का स्थानांतरण केवल क्षोभमंडल तक सीमित रहता है। क्षेत्रफल को समान मानने पर गर्म पदार्थ, ठंडे पदार्थ की अपेक्षा अधिक ऊर्जा का विकिरण उत्पन्न करते हैं।
- किसी पदार्थ का तापमान उस पदार्थ द्वारा उत्सर्जित तरंगों की लंबाई को भी निर्धारित करता है अर्थात् जो पदार्थ जितना गर्म होता है, उसकी उत्सर्जन तरंगों की लंबाई उतनी ही कम होती है।
- वह पदार्थ, जो विकिरण के अच्छे अवशोषक होते हैं, वही उसके अच्छे उत्सर्जक भी होते हैं। अत: पृथ्वी, सूर्यातप का एक अच्छा उत्सर्जक व अवशोषक दोनों हैं। इस प्रकार वायुमंडल में उपस्थित जलवाष्प तथा कार्बन डाइऑक्साइड सदृश गैसें लंबी तरंगों वाले विकिरण के अच्छे अवशोषक होते हैं। वायुमंडल ऊपर से आने वाले सौर विकिरण की अपेक्षा भौतिक विकिरण से अधिक गर्म होता है।

संचालन

- आण्विक सक्रियता के द्वारा पदार्थ के माध्यम से ऊष्मा के संचार को संचालन अथवा चालन (Conduction) कहते हैं। इस प्रक्रिया में जब असमान ताप वाली दो वस्तुएँ एक-दूसरे के संपर्क में आती हैं, तब अपेक्षाकृत गर्म वस्तु से ठंडी वस्तु में ऊर्जा का हस्तांतरण होता है।
- संचालन की प्रक्रिया के द्वारा ऊर्जा (ऊष्मा) का स्थानांतरण केवल क्षोभमंडल तक सीमित रहता है।

अभिवहन

- वायु के क्षैतिज संचलन से होने वाले ताप का स्थानांतरण अभिवहन (Advection) कहलाता है। लंबवत् संचलन की अपेक्षा वायु का क्षैतिज संचलन सापेक्षिक रूप से अधिक महत्त्वपूर्ण होता है। मध्य अक्षांशों में दैनिक मौसम में आने वाली भिन्नताएँ केवल अभिवहन के कारण होती हैं।
- उष्णकटिबंधीय प्रदेशों में विशेषकर उत्तरी भाग में गर्मियों में चलने वाली स्थानीय पवन 'लू' (Loo) इसी अभिवहन का परिणाम होती है। वायु राशियों की भाँति समुद्री धाराएँ भी ऊष्मा का अभिवहन प्रक्रिया से ही स्थानांतरण करती हैं।

पृथ्वी का ऊष्मा बजट

- सूर्यातप और पार्थिव विकिरण में संतुलन के कारण पृथ्वी पर औसत तापमान एक समान रहता है। तापमान के इस संतुलन को ही पृथ्वी का ऊष्मा बजट (Heat Budget of the Earth) कहा जाता है।
- पृथ्वी ऊष्मा का न तो संचय करती है और न ही ह्रास करती है। यह तापमान को स्थिर बनाए रखती है। ऐसा तभी संभव होता है, जब सूर्य विकिरण द्वारा सूर्यातप के रूप में प्राप्त ऊष्मा एवं पार्थिव विकिरण द्वारा अंतरिक्ष में संचरित ताप बराबर हो।
- वायुमंडल की ऊपरी सतह पर प्राप्त सूर्यातप 100% होता है, किंतु वायुमंडल से गुजरने पर ऊर्जा का कुछ अंश परावर्तित, प्रकीर्णित एवं अवशोषित हो जाता है। इसके फलस्वरूप सूर्यातप का कम अंश ही पृथ्वी की सतह तक पहुँच पाता है।

- इस प्रकार 100 इकाइयों में से 35 इकाइयाँ पृथ्वी के धरातल पर पहुँचने से पहले ही अंतरिक्ष में परावर्तित हो जाती हैं। वहीं 27 इकाइयाँ बादलों के ऊपरी छोर से तथा 2 इकाइयाँ पृथ्वी के हिमाच्छादित क्षेत्रों द्वारा परावर्तित होकर लौट जाती हैं।
- सौर विकिरण की इस परावर्तित मात्रा को पृथ्वी का **एल्बिडो** (Albedo) कहते हैं। एल्बिडो का मान विभिन्न सतहों पर अलग-अलग होता है, क्योंकि परावर्तन की मात्रा सतहों पर निर्भर करती है। प्रथम 35 इकाइयों को छोड़कर बाकी 65 इकाइयाँ अवशोषित हो जाती हैं, जिनमें 14 वायुमंडल द्वारा तथा 51 पृथ्वी के धरातल द्वारा अवशोषित होती हैं।
- पृथ्वी द्वारा अवशोषित यह 51 इकाइयाँ पुन: पार्थिव विकिरण के रूप में लौटा दी जाती हैं। इनमें से 17 इकाइयाँ तो सीधे अंतरिक्ष में चली जाती हैं और 34 इकाइयाँ वायुमंडल द्वारा अवशोषित होती हैं, जिनमें 6 इकाइयाँ स्वयं वायुमंडल द्वारा, 9 इकाइयाँ संवहन द्वारा और 19 इकाइयाँ संघनन की गुप्त ऊष्मा के रूप में अवशोषित होती हैं।
- इसमें वायुमंडल के द्वारा 48 इकाइयों का अवशोषण होता है, जिसमें 14 इकाइयाँ सूर्यातप की तथा 34 इकाइयाँ पार्थिव विकिरण की होती हैं। यह वायुमंडल विकिरण द्वारा इनको भी अंतरिक्ष में लौटा देता है।
- पृथ्वी के धरातल तथा वायुमंडल से अंतरिक्ष में वापस लौटने वाली विकिरण की इकाइयाँ क्रमश: 17 और 48 हैं, जिनका योग 65 होता है। यह उन 65 इकाइयों का संतुलन कर देती है, जो सूर्य से प्राप्त होती हैं। यही पृथ्वी का ऊष्मा बजट अथवा ऊष्मा संतुलन है। यही कारण है कि ऊष्मा के इतने बड़े स्थानांतरण के बावजूद भी पृथ्वी न तो बहुत गर्म होती है न ही ठंडी होती है।

पृथ्वी की सतह पर कुल ऊष्मा बजट में भिन्नता

- पृथ्वी की सतह पर प्राप्त विकिरण की मात्रा में भिन्नता (Variation) पाई जाती है। पृथ्वी के कुछ भागों में विकिरण संतुलन में अधिशेष पाया जाता है। वहीं कुछ भागों में ऋणात्मक संतुलन होता है।
- शुद्ध विकिरण अधिशेष 40° उत्तरी एवं दक्षिणी अक्षांशों में अधिक, परंतु ध्रुवों के पास कम पाया जाता है।
- उष्णकटिबंधीय क्षेत्रों से तापीय ऊर्जा का ध्रुवों की ओर पुनर्वितरण (Heat Energy Redistributed Pole Wards) होता है। फलस्वरूप उष्णकटिबंध, ताप संचयन के कारण न तो बहुत अधिक गर्म हो पाते हैं और न ही उच्च अक्षांश अत्यधिक कमी के कारण पूरी तरह जमे हुए होते हैं।

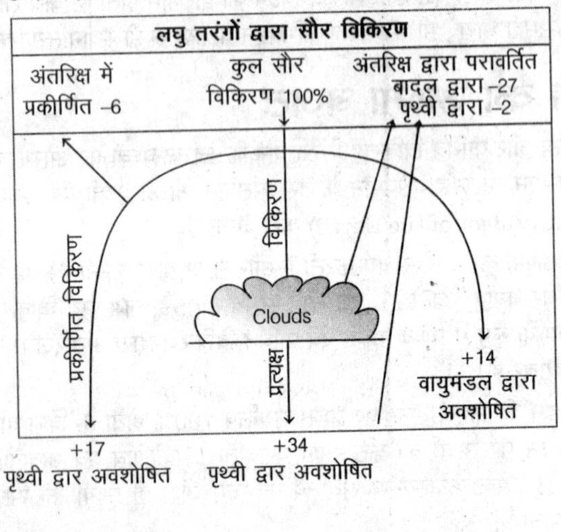

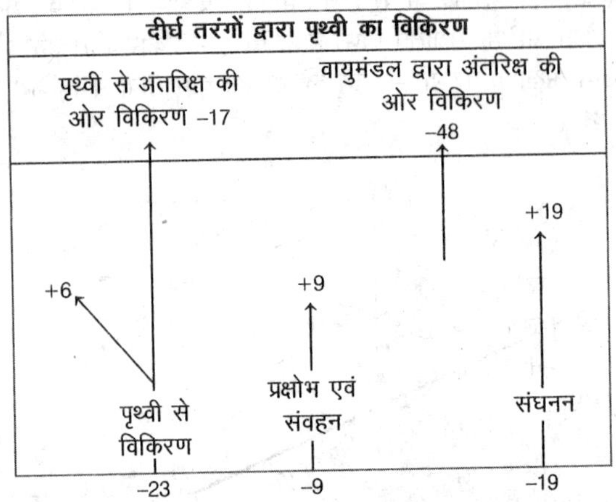

वायु का तापमान

- वायुमंडल एवं भू-पृष्ठ (Earth Surface) के साथ सूर्यातप की अन्योन्य क्रिया को जनित ऊष्मा तापमान के रूप में मापा जाता है। जहाँ ऊष्मा किसी पदार्थ के अणुओं की गति को दर्शाती है, वहीं तापमान किसी पदार्थ या स्थान के गर्म या ठंडा होने की डिग्री को मापता है।
- धरातल के सभी स्थानों पर वायु का तापमान एक समान नहीं पाया जाता है। अत: इसके वितरण में असमानता पाई जाती है, जिसके लिए अनेक कारक जिम्मेदार होते हैं।

तापमान वितरण को प्रभावित करने वाले कारक

किसी भी स्थान पर वायु का तापमान निम्नलिखित कारकों द्वारा प्रभावित होता है

- **अक्षांश** (Latitude) किसी स्थान का तापमान उस स्थान द्वारा प्राप्त सूर्यातप पर निर्भर करता है। अत: सूर्यातप की मात्रा में अक्षांश के अनुसार भिन्नता पाई जाती है। अत: वहाँ तापमान में भी अंतर पाया जाता है।
- **ऊँचाई** (Altitude) वायुमंडल पार्थिव विकिरण द्वारा नीचे की परतों में पहले गर्म होता है। इसलिए समुद्र तल के पास के स्थानों पर तापमान अधिक तथा ऊँचे भाग में स्थित स्थानों का तापमान कम होता है। तापमान ऊँचाई बढ़ने के साथ घटता है। इसे सामान्य ह्रास दर कहते हैं, जिसकी दर प्रति 1000 मी की ऊँचाई बढ़ने पर 6.5° सेल्सियस है।
- **समुद्र से दूरी** (Distance From the Sea) स्थल जल्दी गर्म और जल्दी ठंडा होता है, वहीं समुद्र धीरे-धीरे गर्म और ठंडा होता है। समुद्र के निकट स्थित क्षेत्रों पर स्थलीय एवं समुद्री समीर का सामान्य प्रभाव पड़ता है। इसलिए समुद्र के निकट स्थित क्षेत्रों में स्थलीय एवं समुद्र समीर के कारण तापमान सम रहता है, वहीं दूर स्थित क्षेत्रों का तापमान उच्च होता है।
- **वायु संहति** (Wind Airmasses) स्थलीय एवं समुद्री समीरों की भाँति वायु संहतियाँ भी तापमान को प्रभावित करती हैं। कोष्ण वायु संहतियों (Warm Airmasses) से प्रभावित होने वाले स्थानों का तापमान अधिक एवं शीत वायु संहतियों से प्रभावित होने वाले स्थानों का तापमान कम होता है।
- **महासागरीय धाराएँ** (Ocean Currents) ठंडी महासागरीय जल धारा के प्रभाव के अंतर्गत आने वाले समुद्र तटों की अपेक्षा गर्म महासागरीय जल धारा के प्रभाव में आने वाले तटों का तापमान अधिक होता है।

- **ढाल की तीव्रता** (Steepness of the Slope) ढाल की तीव्रता (कोणीय झुकाव) और सूर्य की स्थिति के संदर्भ में उसकी दिशा स्थानीय सूर्यातप की मात्रा को नियंत्रित करती है।
- सूर्य की ओर झुकी ढाल विपरीत दिशा में झुकी ढाल की अपेक्षा, अधिक सूर्यातप ग्रहण करती है।

तापमान का वितरण

पृथ्वी के धरातल पर तापमान का वितरण एक समान नहीं पाया जाता है। इसके वितरण में क्षैतिज तथा ऊर्ध्वाधर दोनों रूपों में भिन्नता पाई जाती है, अतः इसका वितरण निम्न प्रकार है

क्षैतिज वितरण

- सामान्य रूप से तापमान भूमध्य रेखा से ध्रुवों की ओर कम होता जाता है, किंतु अधिकतम तापमान भूमध्य रेखा के पास न होकर कर्क एवं मकर रेखा के आस-पास पाया जाता है।
- इसका मुख्य कारण भूमध्य रेखा के पास के भागों में बादलों का आच्छादित होना पाया जाता है, जिस कारण सूर्यातप धरातल को गर्म करने के लिए प्राप्त नहीं हो पाता है तथा अधिकांश ऊष्मा वाष्पीकरण में खर्च हो जाती है।
- भूमध्य रेखा से ध्रुवों की ओर जाने पर तापमान के घटने की दर को **ताप प्रवणता** (Temperature Gradient) कहते हैं, इसे समताप रेखा के माध्यम से देखा जा सकता है।

तापमान का कालिक वितरण

- धरातल पर जुलाई तथा जनवरी के महीने तापमान की दृष्टि से चरम स्थिति को प्रदर्शित करते हैं, जिससे कई तथ्य स्पष्ट होते हैं, जो निम्न प्रकार हैं
- उत्तरी गोलार्द्ध (Northern Hemisphere) में जुलाई का महीना अत्यधिक गर्म तथा जनवरी का महीना ठंडा होता है, जबकि दक्षिणी गोलार्द्ध (South Hemisphere) में जुलाई में अत्यधिक ठंड तथा जनवरी में अत्यधिक गर्मी होती है।
- जुलाई तथा जनवरी महीनों में अधिकतम तापमान (Maximum Temperature) स्थलीय भागों पर पाया जाता है।
- जनवरी के महीने में न्यूनतम तापमान (Minimum Temperature) एशिया तथा उत्तरी अमेरिका में पाया जाता है। दो गोलार्द्धों पर सूर्य के ऋतुवत् स्थानांतरण के कारण समताप रेखाओं में अक्षांशीय खिसकाव होता है, जो महाद्वीपीय भागों पर अधिक होता है।
- जनवरी का माध्य मासिक तापक्रम विषुवत रेखीय महासागरों पर 27°C से अधिक, उष्ण कटिबंधों में 24°C से अधिक, मध्य अक्षांशों पर 20°C से 0°C तक तथा यूरेशिया के आंतरिक भाग में –18°C से –48°C तक दर्ज होता है।
- जुलाई में समताप रेखाएँ प्रायः अक्षांशों के समानांतर चलती हैं। विषुवतरेखीय महासागरों पर 27°C से अधिक तापमान पाया जाता है।
- जनवरी एवं जुलाई के बीच सर्वाधिक तापांतर यूरेशिया महाद्वीप के उत्तर-पूर्वी क्षेत्र में पाया जाता है, जो लगभग 60°C तक होता है। इसका मुख्य कारण महाद्वीपीयता (continentality) है।
- इस दौरान सबसे कम तापांतर 20° दक्षिणी तथा 15° उत्तरी अक्षांशों के मध्य 3°C पाया जाता है।

लंबवत् वितरण

- वायुमंडल में धरातल से ऊँचाई की ओर जाने पर तापमान में गिरावट आती है, जिसकी दर 6.5°C प्रति हजार मीटर होती है। इसे **सामान्य पतन दर** (Normal Lapse Rate) कहते हैं। तापमान के घटने के निम्न कारण हैं
  - वायुमंडल की निचली परत का धरातल के समीप स्थित होना।
  - धरातल के नीचे से ऊपर की वायु के घनत्व में कमी का होना।
  - पार्थिव विकिरण का अवशोषण करने वाले धूलकणों, जलवाष्पों व गैसों का धरातल के निकट संकेंद्रण होना, लेकिन तापमान का यह पतन केवल क्षोभमंडल तक ही होता है।

औसत दैनिक/मासिक/वार्षिक तापांतर

- **औसत दैनिक तापमान**
  $$= \frac{\text{दैनिक उच्चतम तापमान} - \text{दैनिक न्यूनतम तापमान}}{2}$$
- **दैनिक तापांतर** = दिन का उच्चतम तापमान – दिन का न्यूनतम तापमान
- **औसत मासिक तापमान**
  $$= \frac{\text{महीने भर का कुल औसत दैनिक तापमान}}{\text{उस महीने में दिनों की संख्या}}$$
- **औसत वार्षिक तापमान**
  $$= \frac{\text{एक वर्ष का औसत मासिक तापमान}}{12}$$
- **औसत वार्षिक तापांतर** = उच्चतम औसत मासिक तापमान– – न्यूनतम औसत मासिक तापमान

समताप रेखाएँ

- समताप रेखाएँ (Isotherms) वह काल्पनिक रेखाएँ होती हैं, जो समान औसत तापमान वाले स्थानों को मिलाती हुई खींची जाती हैं।
- भूमंडल पर तापमान क्षैतिज वितरण को समताप रेखाओं द्वारा दिखाया जाता है। समताप रेखाएँ प्राय अक्षांश रेखाओं के समानांतर होती हैं।
- ऊँचाई के प्रभाव से इसे मुक्त रखने के लिए किसी भी स्थान के तापमान को समुद्रतल से घटाकर समुद्रतल के बराबर कर लिया जाता है।

समताप रेखाओं की प्रवृत्ति

- मानचित्रों पर तापमान वितरण सामान्यतः समताप रेखाओं की सहायता से दर्शाया जाता है।
- समताप रेखाएँ अक्षांश के समानांतर होती हैं। जनवरी में समताप रेखाएँ महासागर के उत्तर और महाद्वीपों पर दक्षिण की ओर विचलित हो जाती हैं तथा समताप रेखाएँ उत्तर की ओर मुड़ जाती हैं। इसे उत्तरी अटलांटिक महासागर पर देखा जा सकता है।
- कोष्ण महासागरीय धाराएँ-गल्फ स्ट्रीम तथा उत्तरी अटलांटिक महासागरीय ड्रिफ्ट की उपस्थिति से उत्तरी अटलांटिक महासागर अधिक गर्म होता है तथा समताप रेखाएँ उत्तर की ओर मुड़ जाती हैं।
- समताप रेखाओं की परस्पर दूरी अक्षांशीय ताप प्रवणता बताती है। ताप प्रवणता का अर्थ होता है- तापांतर दर की तीव्रता।
- समताप रेखाओं में अक्षांश के साथ अधिक समानता पाई जाती है, क्योंकि एक ही अक्षांश पर स्थित सभी स्थान बराबर सूर्यातप प्राप्त करते हैं।

- दक्षिणी गोलार्द्ध में उत्तरी गोलार्द्ध की अपेक्षा जल का विस्तार होने से ये रेखाएँ अधिक स्थायी (सीधी) होती हैं। प्लैंक का नियम बताता है कि एक वस्तु जितनी गर्म होगी, वह उतनी ही अधिक ऊर्जा का विकिरण करेगी और उसकी तरंग-दैर्ध्य उतनी ही लघु होगी।
- एक ग्राम पदार्थ का तापमान एक अंश सेल्सियस बढ़ाने के लिए जितनी ऊर्जा की आवश्यकता होती है, वह **विशिष्ट ऊष्मा** कहलाती है।

तापमान असंगति (विसंगति)

- किसी स्थान के औसत तापमान और उस अक्षांश के औसत तापमान के अंतर की स्थिति को तापीय असंगति (Thermal Anomaly) कहते हैं। यह औसत से विचलन की मात्रा और दिशा प्रदर्शित करती है।
- उत्तरी गोलार्द्ध में तापमान की अधिकतम असंगतियाँ पाई जाती हैं और दक्षिणी गोलार्द्ध में न्यूनतम असंगतियाँ पाई जाती हैं।
- जब किसी स्थान का तापमान उस अक्षांश के औसत तापमान से कम होता है, तो तापमान असंगति ऋणात्मक (Negative) होती है। इसी प्रकार जब किसी स्थान का तापमान उस अक्षांश के औसत तापमान से अधिक होता है, तो तापमान असंगति धनात्मक (Positive) होती है।
- महाद्वीपों पर तापमान असंगतियाँ 40° अक्षांश से ध्रुवों की ओर ऋणात्मक तथा विषुवत् रेखा की ओर धनात्मक होती हैं।
- महासागरों पर तापमान असंगतियाँ 40° अक्षांश से ध्रुवों की ओर धनात्मक तथा विषुवत् रेखा की ओर ऋणात्मक होती हैं।

रुद्धोष्म ताप परिवर्तन

- जब कोई वस्तु न तो बाहरी माध्यम को ऊष्मा दे और न ही उससे ऊष्मा ले, परंतु उसका ताप बदल जाए, तो ऐसे परिवर्तन को **रुद्धोष्म ताप परिवर्तन** (Adiabatic Change) कहा जाता है। इस प्रकार वायु के ऊर्ध्वाधर रूप से ऊपर जाने तथा नीचे आने के कारण बिना अतिरिक्त ऊष्मा मिलाए ताप में परिवर्तन आता है। यह ताप परिवर्तन निम्न प्रकार से होता है
  - **शुष्क रुद्धोष्म परिवर्तन** (Dry Adiabatic Change) जब किसी शुष्क वायु राशि के ऊपर उठने अथवा नीचे उतरने पर उसके तापमान में एक निश्चित दर से परिवर्तन होता है, उसे शुष्क रुद्धोष्म परिवर्तन कहते हैं। इसकी दर 10°C प्रति हजार मीटर होती है।
  - **आर्द्र रुद्धोष्म परिवर्तन** (Wet Adiabatic Change) वायुमंडल में ऊपर उठते समय संतृप्त वायु राशि जिस दर से ठंडी होती है, उसे आर्द्र रुद्धोष्म परिवर्तन कहते हैं। इसकी दर 6°C प्रति हजार मीटर होती है।

तापमान का व्युत्क्रम

- ऐसी विपरीत तापीय दशा जिसमें वायु की ठंडी परतें नीचे तथा उष्ण परतें ऊपर पाई जाती हैं, तापीय व्युत्क्रमण (Inversion of Temperature) कहलाती हैं। यह घटना बहुत कम समय के लिए होती है। इसमें ऊँचाई के साथ-साथ तापमान में भी वृद्धि होती है, इसे सामान्य ह्रास दर (Normal Lapse Rate) कहते हैं।
- यह प्रतिलोमन ध्रुवीय प्रदेशों के मध्य अक्षांशों के हिमाच्छादित भागों तथा घाटियों में अधिक होता है। इसके अतिरिक्त गर्म तथा ठंडी जलधाराओं के संगम स्थल पर भी यह दशा उपस्थित होती है।
- सर्दियों की मेघ विहीन लंबी रातें, शांत वायु व्युत्क्रमण के लिए आदर्श दशाएँ हैं। ध्रुवीय प्रदेशों में वर्ष भर तापमान व्युत्क्रमण होना सामान्य है।
- भू-पृष्ठीय व्युत्क्रमण (Surface Inversion), वायुमंडल के निचले स्तर में स्थिरता को बढ़ावा देता है। धुआँ तथा धूलकण व्युत्क्रमण स्तर से नीचे एकत्र होकर चारों ओर फैल जाते हैं, जिनसे वायुमंडल का निम्न स्तर भर जाता है। इससे सर्दियों में सुबह के समय घने कोहरे की रचना हो जाती है, जो सूर्य के ऊपर चढ़ने एवं पृथ्वी के गर्म होने के साथ समाप्त हो जाता है। पहाड़ी और पर्वतीय क्षेत्रों में वायु अपवाह के कारण व्युत्क्रमण की उत्पत्ति होती है।
- पहाड़ियों पर रात के समय में ठंडी हवा गुरुत्वाकर्षण बल के प्रभाव में भारी और घनी होने के कारण लगभग जल की भाँति कार्य करती है, जो ढाल के साथ ऊपर से नीचे की ओर उतरती है।
- यह घाटी की तली में गर्म हवा के नीचे एकत्र हो जाती है, इसे वायु अपवाह कहते हैं। यह पाले से पौधों की रक्षा करती है।

तापीय व्युत्क्रम का महत्त्व

- ऊपर गर्म तथा नीचे ठंडी वायु की परतों के कारण कोहरे का निर्माण होता है, जबकि गर्म वायु में नमी कम होती है। तापीय व्युत्क्रम के कारण वायुमंडल में स्थिरता आ जाती है, जिस कारण वायु का ऊपरिमुखी संचलन स्थगित हो जाता है, जिससे वर्षा की संभावनाएँ कम हो जाती हैं।
- पर्वतीय घाटियों के तलीय भागों में पाला एक सामान्य-सी बात होती है।
- इससे निर्मित तुषार या पाला हानिकारक होता है, जिससे रातों-रात फलों के बाग, खड़ी फसलें आदि नष्ट हो जाती हैं।

वायुमंडलीय दाब

- धरातल के इकाई क्षेत्रफल पर लगने वाले वायु के भार के दबाव को वायुदाब (Air Pressure) कहा जाता है अर्थात् माध्य समुद्रतल से वायुमंडल की अंतिम सीमा तक एक इकाई क्षेत्रफल के वायु स्तंभ के भार को वायुमंडलीय दाब (Atmospheric Pressure) कहते हैं।
- वायुदाब या वायुमंडलीय दाब को मापने की इकाई **मिलीबार** है। समुद्र तल पर औसत वायुमंडलीय दाब 1013.2 मिलीबार होता है। गुरुत्वाकर्षण के कारण धरातल के निकट वायु सघन होती है और इसी कारण वायुदाब अधिक होता है।
- वायुमंडल को मापने के लिए पारद **वायुदाब मापी** (Mercury Barometer) अथवा निर्द्रव बैरोमीटर (Aneroid Barometer) का प्रयोग किया जाता है।
- वायुदाब ऊँचाई के साथ घटता है। ऊँचाई पर वायुदाब भिन्न स्थानों पर भिन्न होता है। यह भिन्नता ही वायु में गति का कारण होती है अर्थात् पवनें उष्ण वायुदाब क्षेत्रों से कम वायुदाब क्षेत्रों की ओर चलती हैं।
- वायु गर्म होने पर फैलती है और ठंडी होने पर सिकुड़ती है, इससे वायुदाब में भिन्नता आती है। इसके परिणामस्वरूप ही वायु गतिमान होकर अधिक दाब वाले क्षेत्रों से न्यून दाब वाले क्षेत्रों में प्रवाहित होती है।

वायुदाब का ऊर्ध्वाधर वितरण

- वायुमंडल के निचले भाग में वायुदाब ऊँचाई के साथ तीव्रता से घटता है। यह ह्रास दर प्रत्येक 10 मीटर की ऊँचाई पर 1 मिलीबार होती है। वायुदाब सदैव एक ही दर से घटता है।
- ऊर्ध्वाधर दाब प्रवणता (Vertical Variation of Pressure), क्षैतिज दाब प्रवणता (Horizontal Variation of Pressure) की अपेक्षा अधिक होती है, किंतु यह विपरीत दिशा में कार्यरत् गुरुत्वाकर्षण बल से संतुलित हो जाती है। इसलिए ऊर्ध्वाधर पवनें अधिक शक्तिशाली नहीं होती हैं।

सारणी 10.1 निश्चित ऊँचाई पर मानक तापमान व वायुदाब

स्तर	वायुदाब (मिलीबार में)	तापमान (से. में)
समुद्रतल	1,013.25	15.2
1 किमी	898.76	8.7
5 किमी	540.48	-17.3
10 किमी	265.00	-49.7

वायुदाब का क्षैतिज वितरण

- वायुदाब के क्षैतिज वितरण (Horizontal Distribution of Pressure) का अध्ययन समान अंतराल पर खींची गई समदाब रेखाओं के द्वारा किया जाता है। समदाब रेखाएँ (Isobars) वे रेखाएँ हैं, जो समुद्र तल से एक समान वायुदाब वाले स्थानों को मिलाती हैं। दाब पर ऊँचाई के प्रभाव को दूर करने और तुलनात्मक बनाने के लिए वायुदाब मापने के बाद इसे समुद्र तल के स्तर पर घटा लिया जाता है।
- वायुदाब की विभिन्न परिस्थितियों में समदाब रेखाओं की आकृति को देखा जा सकता है। निम्न दाब प्रणाली या क्षेत्र एक या अधिक समदाब रेखाओं से घिरे होते हैं, जिसके केंद्र में निम्न वायुदाब होता है।
- इसी प्रकार उच्च दाब प्रणाली में एक से अधिक समदाब रेखाएँ होती हैं, जिनके केंद्र में उच्चतम वायुदाब होता है।

समुद्रतल वायुदाब का विश्व वितरण

- विषुवत् वृत्त के निकट वायुदाब कम होता है और इसे **विषुवतीय निम्न अवदाब क्षेत्र** (Equatorial low Pressure Belt) के नाम से जाना जाता है।
- इसी प्रकार से 30° उत्तरी व 30° दक्षिणी अक्षांशों के साथ उच्चदाब क्षेत्र पाए जाते हैं, जिन्हें **उपोष्ण उच्च वायुदाब क्षेत्र** (Subtropical High Pressure Belt) कहा जाता है।
- ध्रुवों की ओर 60° उत्तरी तथा 60° दक्षिणी अक्षांशों पर निम्न दाब की पेटियाँ पाई जाती हैं, जिन्हें **अधोध्रुवीय निम्नदाब पेटियाँ** (Subpolar Low Pressure Belt) कहते हैं। ध्रुवों के निकट वायुदाब अधिक होता है। इसलिए इसे ध्रुवीय **उच्च वायुदाब पट्टी** (Polar High Pressure Belt) कहते हैं। ये वायुदाब पेटियाँ स्थायी नहीं होती हैं।
- सूर्य किरणों के विस्थापन के साथ ये पेटियाँ विस्थापित होती रहती हैं। उत्तरी गोलार्द्ध में शीत ऋतु में ये पेटियाँ दक्षिण की ओर तथा ग्रीष्म ऋतु में उत्तर दिशा की ओर खिसक जाती हैं।

वायुदाब पेटियाँ

- वायुदाब की पेटियों की उत्पत्ति में तापमान के साथ पृथ्वी की घूर्णन गति का भी महत्त्वपूर्ण योगदान होता है।
- वायुदाब की कुल सात आदर्श पेटियाँ पाई जाती हैं, जिनमें चार उच्चदाब की पेटियाँ हैं तथा तीन न्यून वायुदाब की पेटियाँ हैं।
- उत्पत्ति की प्रक्रिया के आधार पर वायुदाब की पेटियों को दो वृहत समूहों में विभाजित किया जाता है
  - **ताप जन्य वायुदाब पेटियाँ** (Temperative Based Air Pressure Belt) इसमें भूमध्य रेखीय निम्न वायु तथा ध्रुवीय उच्चदाब पेटियों को शामिल किया जाता है।
  - **गतिजन्य वायुदाब पेटियाँ** (Velocity Based Air Pressure Belt) इसमें उपोष्ण वायुदाब तथा उपध्रुवीय निम्न वायुदाब की पेटियों को शामिल किया जाता है।

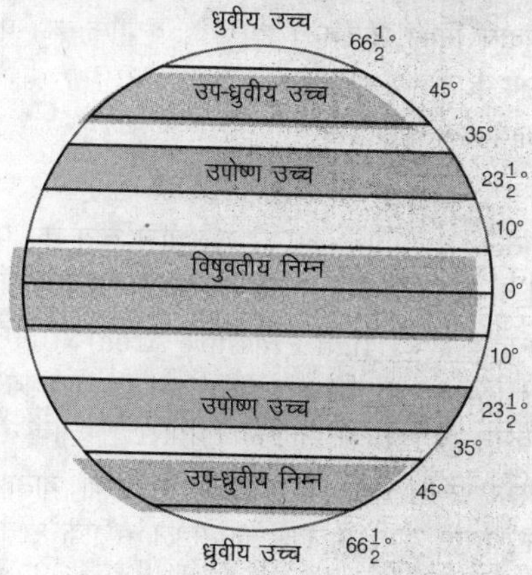

वायुदाब पेटियाँ

विषुवत् रेखीय निम्न वायुदाब पेटी

- इसका विस्तार विषुवत् रेखा के निकट 5° उत्तरी से 5° दक्षिणी अक्षांश के मध्य होता है। यह अत्यधिक निम्न वायुदाब की पेटी होती है, क्योंकि यहाँ सूर्य की किरणें वर्ष भर सीधी पड़ती हैं।
- इस पेटी में दोनों गोलार्द्धों से चलने वाली व्यापारिक पवनों का अभिसरण होता है तथा धरातल पर वायु शांत अथवा हल्की तथा निश्चित दिशा से चलती है। इस कारण इस पेटी को **डोलड्रम** (Doldrum) कहा जाता है। सूर्य के उत्तरायण तथा दक्षिणायन की स्थिति में इस पेटी का विस्थापन क्रमश: उत्तर अथवा दक्षिण की ओर होता है।

उपोष्ण उच्च वायुदाब पेटी

- दोनों गोलार्द्धों के 30°-35° अक्षांशों के मध्य विकसित वायुदाब पेटी को उपोष्ण उच्च वायुदाब पेटी कहते हैं। इसमें शीतकाल के दो महीनों को छोड़कर वर्षभर तापमान ऊँचा रहता है।
- इस पेटी का उच्च दाब तापमान से संबंधित न होकर पृथ्वी की दैनिक गति तथा वायु के अवतलन से संबंधित होता है।
- भूमध्य रेखा से उठी वायु तथा उप ध्रुवीय निम्न वायुदाब की वायु इन अक्षांशों में नीचे उतरकर बैठती है, जिस कारण वायुदाब अधिक हो जाता है। इस प्रकार यह उच्च वायुदाब गतिजन्य होता है। इस वायुदाब पेटी को **अश्व अक्षांश** (Horse Latitude) भी कहा जाता है।

उपध्रुवीय निम्न वायुदाब पेटी

- दोनों गोलार्द्धों के 60°-65° के मध्य विकसित वायुदाब पेटी को उपध्रुवीय निम्न वायुदाब पेटी कहते हैं।
- वर्षभर तापमान कम होने के बावजूद यहाँ निम्न वायुदाब पेटियों का निर्माण होता है। पृथ्वी की घूर्णन गति के कारण इन अक्षांशों से वायु फैलकर स्थानांतरित हो जाती है, जिस कारण गतिजन्य निम्न वायुदाब का विकास होता है।
- उत्तरी गोलार्द्धों में स्थलीय भाग अधिक होने के कारण इसकी नियमितता भंग हो जाती है, वहीं दक्षिणी गोलार्द्ध में जलीय भाग की अधिकता के कारण अधिक नियमित हो जाता है।

ध्रुवीय उच्चदाब पेटियाँ

- दोनों गोलार्द्धों में 80° उत्तरी तथा दक्षिणी अक्षांश से उत्तरी ध्रुव तक उच्च भार की पेटियाँ स्थित हैं, जिसे ध्रुवीय उच्च वायुदाब पेटियाँ कहते हैं।
- यह उच्च वायुदाब निम्न तापजन्य होता है, क्योंकि इस पेटी का निर्माण तापमान में कमी के कारण होता है।

पवन

- पृथ्वी के धरातल पर क्षैतिज रूप में गतिशील वायु को पवन (Winds) कहा जाता है। वायुमंडलीय दाब में भिन्नता के कारण वायु गतिमान होती है।
- पवनें उच्च वायुदाब क्षेत्र (High Pressure Area) से निम्न वायुदाब क्षेत्र (Low Pressure Area) की ओर चलती हैं। यह वायुदाब की विषमताओं को संतुलित करने की दिशा में प्रकृति का प्रयास है।
- पवनों का सीधा संबंध वायुदाब के अंतर से पाया जाता है। इस प्रकार पवन तथा वायुधाराएँ दोनों मिलकर वायुमंडल में एक संचार तंत्र स्थापित करती हैं।

पवनों की दिशा व वेग को प्रभावित करने वाले कारक

पवनों की दिशा व वेग को प्रभावित करने वाले कारक निम्नलिखित हैं

दाब प्रवणता बल

- वायुमंडलीय दाब भिन्नता एक बल उत्पन्न करता है। दूरी के संदर्भ में दाब परिवर्तन की दर **दाब प्रवणता** (Pressure Gradient) कहलाती है। अत: पवनों का प्रवाह दाब की प्रवणता पर निर्भर करता है।
- जहाँ **समदाब रेखाएँ** (Isobars) पास-पास होती हैं, वहाँ दाब प्रवणता बल (Pressure Gradient Force) अधिक व समदाब रेखाओं के दूर-दूर होने से दाब प्रवणता कम होती है।
- इस प्रकार जब वायु दाब का ढाल अधिक होता है, तो पवनें तेज गति से चलती हैं तथा जब ढाल कम होता है, तो पवनें धीमी गति से चलती हैं।

घर्षण बल

- घर्षण बल (Friction Force) पवनों की गति को प्रभावित करता है। भू-तल पर धरातलीय विषमताओं के कारण घर्षण उत्पन्न होता है, जो पवनों की गति को प्रभावित करता है।
- धरातल पर घर्षण सर्वाधिक होता है और इसका प्रभाव प्राय: धरातल से 1 से 3 किमी की ऊँचाई तक होता है।
- समुद्र सतह पर घर्षण न्यूनतम होता है। इसलिए इस सतह पर पवनों का वेग प्रभावित नहीं होता है।

कोरिऑलिस बल

- पृथ्वी के घूर्णन के द्वारा लगने वाले बल को कोरिऑलिस बल (Coriolis Force) कहा जाता है।
- यह पवनों की दिशा को प्रभावित करता है। इस बल का विवरण 1835 ई. में फ्रांसीसी वैज्ञानिक गुस्टाव डी कोरिऑलिस (Gustave de Coriolis) ने प्रस्तुत किया था, जिसके नाम पर इसका नाम कोरिऑलिस पड़ा।
- इस प्रभाव से पवनें उत्तरी गोलार्द्ध में अपनी मूल दिशा से दाहिने ओर व दक्षिण गोलार्द्ध में बाँई ओर विक्षेपित (Deflects) हो जाती हैं, जब पवनों का वेग अधिक होता है, तब विक्षेपण भी अधिक होता है।
- यह बल अक्षांशों के कोण के सीधा समानुपात में बढ़ता है। यह ध्रुवों पर सर्वाधिक और विषुवत् वृत्त पर अनुपस्थित होता है।
- यह बल दाब प्रवणता के समकोण पर कार्य करता है। वहीं दाब प्रवणता, समदाब रेखाओं के समकोण पर होती है। इसलिए जितनी दाब प्रवणता अधिक होगी, पवनों का वेग उतना ही अधिक होगा और पवनों की दिशा उतनी अधिक विक्षेपित होगी।
- इन दो बलों के एक-दूसरे से समकोण पर होने के कारण निम्न दाब क्षेत्रों में पवनें इनके चारों ओर बहती हैं।
- विषुवत् वृत्त पर कोरिऑलिस बल शून्य होता है और पवनें समदाब रेखाओं के समकोण पर बहती हैं। यही कारण है कि विषुवत् वृत्त के निकट उष्ण कटिबंधीय चक्रवात (Tropical Cyclone) नहीं बनते हैं।

वायुदाब एवं पवनें

- पवनों का वेग व उनकी दिशा, पवनों को उत्पन्न करने वाले बलों का परिणाम होता है।
- पृथ्वी की सतह से 2-3 किमी की ऊँचाई पर ऊपरी वायुमंडल में पवनें धरातलीय घर्षण के प्रभाव से मुक्त होती हैं और दाब प्रवणता तथा कोरिऑलिस बल से नियंत्रित होती हैं।
- जब समदाब रेखाएँ सीधी हों और घर्षण का प्रभाव न हो, तो दाब प्रवणता बल, कोरिऑलिस बल से संतुलित हो जाता है और इसके फलस्वरूप पवनें समदाब रेखाओं के समानांतर बहती हैं। ऐसी पवनों को **भू-विक्षेपी पवनें** (Geostrophic Winds) कहा जाता है।
- निम्न दाब क्षेत्र के चारों ओर पवनों का **परिक्रमण चक्रवाती परिसंचरण** (Cyclonic Circulation) कहलाता है।
- उच्च वायुदाब क्षेत्र के चारों ओर ऐसा होना **प्रतिचक्रवाती परिसंचरण** (Anti-Cyclonic Circulation) कहा जाता है।
- इन दोनों प्रणालियों में पवनों की दिशा दोनों गोलार्द्धों में भिन्न होती है।

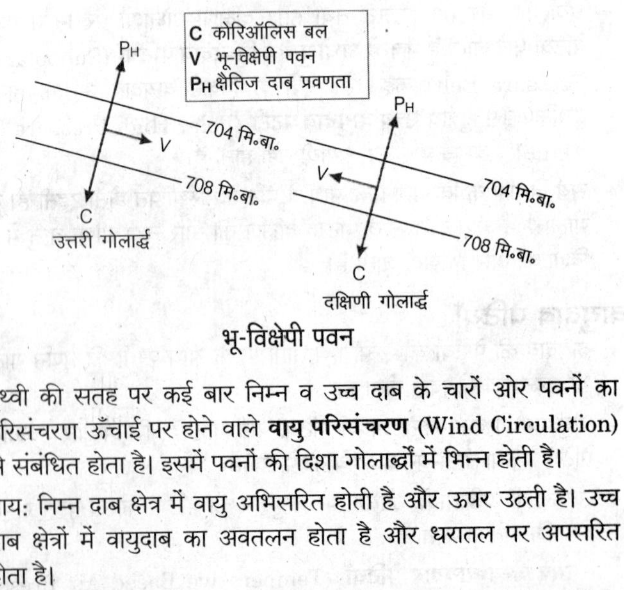

भू-विक्षेपी पवन

- पृथ्वी की सतह पर कई बार निम्न व उच्च दाब के चारों ओर पवनों का परिसंचरण ऊँचाई पर होने वाले **वायु परिसंचरण** (Wind Circulation) से संबंधित होता है। इसमें पवनों की दिशा गोलार्द्धों में भिन्न होती है।
- प्राय: निम्न दाब क्षेत्र में वायु अभिसरित होती है और ऊपर उठती है। उच्च दाब क्षेत्रों में वायुदाब का अवतलन होता है और धरातल पर अपसरित होता है।
- अभिसरण के अतिरिक्त वायु, भ्रमिल रूप में, संवहन धाराओं में, पर्वतों के साथ-साथ और वाताग्र के सहारे ऊपर उठती है, जो बादल बनने व वर्षण के लिए आवश्यक होता है।

वायुमंडल का सामान्य परिसंचरण

- वायुमंडलीय पवनों के प्रवाह प्रारूप को वायुमंडलीय सामान्य परिसंचरण (General Circulation of the Atmosphere) भी कहा जाता है। यह परिसंचरण महासागरीय जल को भी गतिमान करता है, जो पृथ्वी की जलवायु को प्रभावित करता है।
- उच्च सूर्यातप व निम्न वायुदाब होने से अंतर उष्णकटिबंधीय अभिसरण क्षेत्र (ITCZ-Inter Tropical Convergence Zone) पर वायु संवहन धाराओं के रूप में ऊपर उठती है।
- उष्णकटिबंधों से आने वाली वायु इस निम्न दाब क्षेत्र (Low Pressure Zone) में अभिसरण करती है। अभिसरित वायु संवहन कोष्ठों के साथ ऊपर उठती है। यह क्षोभमंडल के ऊपर 14 किमी की ऊँचाई तक ऊपर चढ़ती है और ध्रुवों की ओर प्रवाहित होती है।

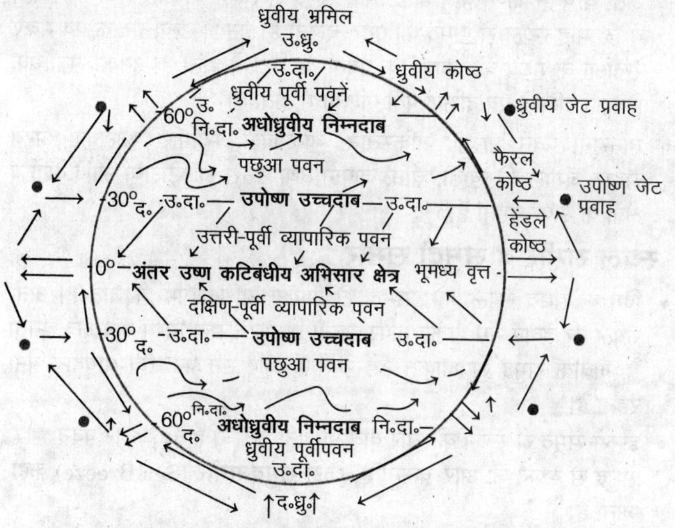

वायुमंडल का सरलतम सामान्य परिसंचरण

- इसके परिणामस्वरूप लगभग 30° उत्तर व 30° दक्षिण अक्षांश पर वायु एकत्रित हो जाती है। इस एकत्रित वायु का अवतलन (Conversion) होता है और यह उपोष्ण उच्चदाब बनाता है।
- अवतलन का एक कारण यह भी होता है कि जब वायु 30° उत्तरी व दक्षिणी अक्षांश पर पहुँचती है, तो यह ठंडी हो जाती है। धरातल के निकट वायु का अपसरण (Easterlies) होता है और यह विषुवत् वृत्त की ओर पूर्वी पवनों के रूप में बहती है। विषुवत् वृत्त के दोनों ओर से प्रवाहित होने वाली पूर्वी पवनें अंत: उष्णकटिबंधीय अभिसरण क्षेत्र (ITCZ) पर मिलती हैं।
- पृथ्वी की सतह से ऊपर की दिशा में होने वाले परिसंचरण और इसके विपरीत दिशा में होने वाले परिसंचरण को कोष्ठ (Cell) कहते हैं। उष्ण कटिबंधीय क्षेत्रों में ऐसे कोष्ठ को **हेडले कोष्ठ** (Hadley Cell) कहा जाता है।
- मध्य अक्षांशीय वायु परिसंचरण में ध्रुवों से प्रवाहित होती ठंडी पवनों का अवतलन होता है और उपोष्ण उच्च दाब कटिबंधीय क्षेत्रों से आती गर्म हवा ऊपर उठती है।
- धरातल पर ये पवनें पछुआ पवनों (Westerlies) के नाम से जानी जाती हैं और यह कोष्ठ **फैरल कोष्ठ** (Ferrel Cell) के नाम से जाना जाता है।
- ध्रुवीय अक्षांशों पर ठंडी सघन वायु का ध्रुवों पर अवतलन होता है और मध्य अक्षांशों की ओर ध्रुवीय पूर्वी पवनों (Polar Easterlies) के रूप में प्रवाहित होती है और यह कोष्ठ ध्रुवीय कोष्ठ (Polar Cell) कहलाते हैं।
- इस प्रकार तीनों कोष्ठ वायुमंडल के सामान्य परिसंचरण का प्रारूप निर्धारित करते हैं।
- इसमें तापीय ऊर्जा का निम्न अक्षांशों से उच्च अक्षांशों में स्थानांतर सामान्य परिसंचरण को बनाए रखता है।
- वायुमंडल का सामान्य परिसंचरण महासागरों को भी प्रभावित करता है। वायुमंडल में वृहद् पैमाने पर चलने वाली पवनें धीमी तथा अधिक गति की महासागरीय धाराओं को प्रवाहित करती हैं।
- महासागर वायु को ऊर्जा व जलवाष्प प्रदान करते हैं। ये अंतर्संबंध महासागरों के विस्तृत क्षेत्रों पर अपेक्षाकृत धीमे होते हैं।

वायुमंडलीय परिसंचरण का महासागरों पर प्रभाव

- वायुमंडल के सामान्य परिसंचरण के संबंध में प्रशांत महासागर का गर्म या ठंडा होना महत्त्वपूर्ण है।
- मध्य प्रशांत महासागर की गर्म जलधाराएँ दक्षिणी अमेरिका के तट की ओर प्रवाहित होती हैं और पेरू की ठंडी धाराओं का स्थान ले लेती हैं।
- पेरू के तट पर इन गर्म धाराओं की उपस्थिति एल निनो (El-NINO) कहलाती है। इसका मध्य प्रशांत महासागर और ऑस्ट्रेलिया के वायुदाब परिवर्तन से गहरा संबंध पाया जाता है।
- प्रशांत महासागर पर वायुदाब में यह परिवर्तन दक्षिणी दोलन (Southern Oscillation) कहलाता है। इन दोनों (दक्षिणी दोलन व एल निनो) की संयुक्त घटना को **ईएनएसओ** (ENSO) के नाम से जाना जाता है।
- जिन वर्षों में ईएनएसओ (ENSO) शक्तिशाली होता है, विश्व में वृहत मौसम संबंधी भिन्नताएँ देखी जाती हैं।
- दक्षिणी अमेरिका के **शुष्क पश्चिमी तट** (Arid West Coast) पर भारी वर्षा होती है, ऑस्ट्रेलिया और कभी-कभी भारत अकालग्रस्त होते हैं तथा चीन में बाढ़ आती है।
- इन घटनाओं के आकलन से संसार के अन्य भागों की मौसम संबंधी भविष्य वाणी के रूप में इनका प्रयोग किया जाता है।

पवनों के प्रकार

मौसमी विश्लेषण के लिए पवनों की दिशा तथा पवनों की गति का अध्ययन महत्त्वपूर्ण है। पवनों को उनकी प्रवाहित दिशाओं के आधार पर जाना जाता है। पवनों की गति को **एनिमोमीटर** (Anemometer) से मापा जाता है। **ब्यूफार्ट स्केल** (Beaufort Scale) पवनों की गति का सटीक अनुमान प्रदान करता है। पवनों को विशेषताओं के आधार पर तीन भागों से बाँटा जाता है, जिनका विवरण निम्न है

प्रचलित पवन या भूमंडलीय पवन

ये पवन महाद्वीपों तथा महासागरों के विशाल क्षेत्रों पर एक वर्ष में एक समान व एक निश्चित दिशा में प्रवाहित होती हैं। इन्हें स्थायी, सनातनी, गृहीय पवनों के नाम से जाना जाता है।

भूमंडलीय पवनों का प्रारूप मुख्यत: निम्न बातों पर निर्भर करता है

- वायुमंडलीय ताप में अक्षांशीय भिन्नता
- वायु दाब पेटियों की उपस्थिति
- महासागरों व महाद्वीपों का वितरण
- पृथ्वी का घूर्णन।
- वायु दाब पेटियों का सौर किरणों के साथ विस्थापन।

सामान्यत: पृथ्वी की सतह पर तीन प्रकार की पवनें प्रवाहित होती हैं, जो निम्न प्रकार हैं

व्यापारिक पवनें

- उपोष्ण उच्च वायुदाब कटिबंधों (30° उत्तर व दक्षिणी अक्षांश) से विषुवतीय निम्न वायुदाब कटिबंध की ओर दोनों गोलार्द्धों में बहने वाली पवन को व्यापारिक पवन (Trade Wind) कहा जाता है। इसे अंग्रेजी में **ट्रेड विंड्स** (Trade Winds) कहते हैं।
- ट्रेड शब्द जर्मन भाषा के शब्द से बना है, जिसका अर्थ होता है, निर्दिष्ट पथ अर्थात् यह एक निर्धारित पथ पर चलने वाली पवन है।
- यह उत्तरी गोलार्द्ध में उत्तर-पूर्वी व्यापारिक पवन के रूप में और दक्षिणी गोलार्द्ध में दक्षिणी-पूर्वी व्यापारिक पवन के रूप में बहती रहती है।
- विषुवत् रेखा के समीप दोनों गोलार्द्धों की व्यापारिक पवनें आपस में टकराती हैं और ऊपर उठकर घनघोर वर्षा करती हैं, वहीं महासागरों के पूर्वी भाग में ये व्यापारिक पवनें ठंडी समुद्री धाराओं से संपर्क के कारण पश्चिमी भाग में शुष्क होती हैं।

पछुआ पवनें

- दोनों गोलार्द्धों में उपोष्ण वायुदाब कटिबंध (30°-35 अक्षांश) से उपध्रुवीय निम्न वायुदाब कटिबंध 60-65° अक्षांश की ओर पश्चिम दिशा में चलने वाली स्थायी पवनों को **पछुआ पवनें** (Westerlies Winds) कहते हैं।
- उत्तरी गोलार्द्ध में ये पवनें दक्षिण-पश्चिम से उत्तर-पूर्व की ओर एवं दक्षिणी गोलार्द्ध में उत्तर-पश्चिम से दक्षिण पूर्व की ओर बहती हैं।
- दक्षिणी गोलार्द्ध में स्थलीय अवरोधों के अभाव के कारण पछुआ पवनों का सर्वश्रेष्ठ विकास 40° से 65° अक्षांशों के मध्य होता है। इस पवन के साथ प्रचंड झंझा चला करते हैं। इनकी प्रचंडता के कारण इन्हें 40° अक्षांशों के समीप **गरजता चालीसा**, 50° अक्षांशों के समीप **प्रचंड पचासा** तथा 60° अक्षांशों के समीप **चीखती साठा** के नाम से जाना जाता है।
- पछुआ पवनों का ध्रुवीय सीमा में परिवर्तन होता रहता है। जहाँ पर ये गर्म तथा आर्द्र पछुआ पवनें ध्रुवों से आने वाली ठंडी पवनों से मिलकर वाताग्र का निर्माण करती हैं, जिसे **शीतोष्ण वाताग्र** (Temperate Fronts) के नाम से जाना जाता है।

ध्रुवीय पवन

- ध्रुवीय उच्च वायुदाब कटिबंध से उप ध्रुवीय निम्न वायुदाब कटिबंध की ओर चलने वाली पवन को ध्रुवीय पवनें (Polar Winds) कहते हैं।
- उत्तरी गोलार्द्ध में यह पवन उत्तर-पूर्व से दक्षिण-पश्चिम की ओर तथा दक्षिणी गोलार्द्ध में दक्षिण-पूर्व से उत्तर-पश्चिम की ओर बहती है।
- तापमान कम होने से ध्रुवीय पवनों की जल वाष्प धारण करने की क्षमता भी कम होती है। यह ठंडी व बर्फीली होती है।
- यह प्रभावित क्षेत्र में तापमान को हिमांक (Freezing Point) से भी नीचे कर देती है।

मौसमी या सामयिक पवन

- जिन पवनों की दिशा मौसम या समय के अनुसार परिवर्तित हो जाती है अर्थात् मौसम या समय के परिवर्तन के साथ जिन पवनों की दिशा बिल्कुल परिवर्तित हो जाती है, उसे **सामयिक पवनें** (Periodic Winds) कहते हैं।
- इस पवनों के प्रवाह के प्रारूप में बदलाव तापन, पवन व वायुदाब पट्टियों के विस्थापन आदि के कारण होता है।
- इसे दक्षिण-पूर्व एशिया में मानसून पवनों के बदलाव में देखा जा सकता है।
- पवनों के इस वर्ग में मानसूनी पवनें, स्थलीय समीर, समुद्री समीर तथा पर्वतीय समीर व घाटी समीर को शामिल किया जाता है।

मानसूनी पवनें

- धरातल की उन सभी पवनों को **मानसूनी पवनें** (Monsoons Winds) कहते हैं, जिनकी दिशा में मौसम के अनुसार पूर्ण परिवर्तन आता है। मानसून के संबंध में अरब भूगोलवेत्ता **अलमसूदी** ने सर्वप्रथम विवेचना प्रस्तुत की थी।
- सामान्य रूप में मानसून हवाएँ धरातल का संवहनीय क्रम ही हैं, जिनका आविर्भाव स्थल एवं जल के विरोधी स्वभाव के कारण तथा तापीय विभिन्नता के कारण होता है।
- मानसून हवाओं के प्रभाव वाले क्षेत्र मानसूनी जलवायु प्रदेश कहलाते हैं। अत: ये पवन ग्रीष्म ऋतु में छ: माह समुद्र से स्थल की ओर तथा शीत ऋतु में छ: माह स्थल से समुद्र की ओर चलती हैं। इनकी उत्पत्ति कर्क एवं मकर रेखाओं के मध्य की व्यापारिक पवनों की पेटी में होती है। इनका सर्वाधिक विकास दक्षिणी एवं दक्षिण पूर्वी एशिया में होता है।
- मानसूनी पवनें भारत, पाकिस्तान, बांग्लादेश, म्यांमार, श्रीलंका, अरब सागर, बंगाल की खाड़ी, चीन, जापान तथा उत्तरी ऑस्ट्रेलिया आदि देशों व क्षेत्रों के ऊपर बहती हैं।

स्थल समीर व समुद्री समीर

- दिन के समय स्थल भाग समुद्र की अपेक्षा अधिक गर्म हो जाते हैं। अत: स्थल पर हवाएँ गर्म होकर ऊपर उठती हैं और इससे निम्न दाब क्षेत्र बनता है, जबकि समुद्र अपेक्षाकृत ठंडे रहते हैं और उन पर उच्च वायुदाब बना रहता है।
- इससे समुद्र से स्थल की ओर दाब प्रवणता उत्पन्न होती है और पवन समुद्र से स्थल की ओर चलती है, जिसे **समुद्र समीर** (Sea Breeze) कहा जाता है।
- रात्रि के समय इसके विपरीत स्थिति पाई जाती है अर्थात् स्थल जल्दी ठंडा हो जाता है, जबकि समुद्र धीरे-धीरे ठंडा होता है। अत: दाब प्रवणता स्थल से समुद्र की तरफ होने के कारण स्थल से समुद्र की ओर वायु का प्रवाह होने लगता है, जिसे **स्थल समीर** (Land Breeze) के नाम से जाना जाता है।

पर्वत व घाटी पवनें (पवन समीर व घाटी समीर)

- दिन के समय में पर्वतीय प्रदेशों में ढाल गर्म हो जाते हैं और वायु ढाल के साथ-साथ ऊपर उठती है और इस स्थान को भरने के लिए वायु घाटी से बहती है, जिसे **घाटी समीर** (Valley Breeze) कहते हैं।
- रात्रि के समय पर्वतीय ढाल ठंडे हो जाते हैं और सघन वायु घाटी में नीचे उतरती है, जिसे **पर्वतीय समीर** (Mountain Breeze) कहते हैं।
- उच्च पठारों व हिम क्षेत्रों से घाटी में बहने वाली ठंडी वायु को अवरोही पवनें (Katabatic Winds) कहते हैं।
- पर्वत श्रेणियों के पवनाविमुख ढालों पर एक अन्य प्रकार की उष्ण पवनें प्रवाहित होती हैं, जिन्हें आरोही पवनें कहते हैं।
- पर्वत श्रेणियों को पार करते हुए ये आर्द्र पवनें संघनित हो जाती हैं और वर्षण करती हैं।
- जब ये पवनें पवन विमुख ढालों पर नीचे उतरती हैं, तब यह शुष्क पवनें रुद्धोष्म (Adiabatic) प्रक्रिया से गर्म हो जाती हैं। ये शुष्क हवाएँ कम समय में बर्फ पिघलाने में सक्षम होती हैं।

स्थानीय पवनें

- किसी स्थान विशेष में प्रचलित पवन को **स्थानीय पवन** (Local Winds) कहते हैं, इनकी उत्पत्ति स्थानीय कारकों से होती है।
- ये छोटे क्षेत्रों को प्रभावित करती हैं। ये पवन क्षोभमंडल की सबसे निचली परतों में ही सीमित होती हैं।

स्थानीय पवनों की विशेषताएँ

- इनका नामकरण स्थानीय कारकों तथा महत्त्व के आधार पर होता है। इनकी ऊँचाई अधिक नहीं होती है। इन पर स्थानीय उच्चावच (Relief) का प्रभाव होता है। स्थानीय मौसम एवं जलवायु के निर्धारण में इनकी महत्त्वपूर्ण भूमिका होती है।
- ये पवनें उष्ण, शीतल, बर्फीली, धूलभरी तथा रेत युक्त आदि प्रकार की होती हैं, जो किसी क्षेत्र में चला करती हैं।

विश्व की प्रमुख स्थानीय पवनें

गर्म एवं शुष्क स्थानीय पवनें

पवनें	विशेषताएँ
चिनूक (Chinook)	पर्वतीय ढाल के सहारे चलने वाली गर्म एवं शुष्क हवा (संयुक्त राज्य अमेरिका)।
फॉन (Fohn or Faehn)	आल्पस पर्वत के ऊपरी ढाल से नीचे उतरने वाली गर्म एवं शुष्क हवा (यूरोप), सर्वाधिक प्रभाव स्विट्जरलैंड में।
जोण्डा (Jonda)	एंडीज पर्वत से अर्जेंटीना की ओर प्रवाहित उष्ण शुष्क पवन, जो अमेरिकी चिनूक तथा यूरोपीय फॉन के समान है।
हबूब (Haboob)	सूडान में खारतूम के समीप ग्रीष्म ऋतु में चलने वाली तेज आँधी, जिससे भारी बारिश भी होती है।
सिरॉक्को (Sirocco)	सहारा मरुस्थल से भूमध्य सागर की ओर चलने वाली गर्म हवा। अलग-अलग देशों में अलग-अलग नामों से जानी जाती है; जैसे- खमसिन-मिस्र, गिबिया-लीबिया, चिली-ट्यूनीशिया, सिरॉक्को-इटली।
हरमट्टन (Harmattan)	सहारा रेगिस्तान से उत्तर पूर्व दिशा में चलने वाली गर्म एवं शुष्क हवा।
ब्रिकफील्डर (Brickfielder)	ऑस्ट्रेलिया के विक्टोरिया प्रांत में चलने वाली गर्म एवं शुष्क हवा।
सांता आना (Santa Ana)	कैलिफोर्निया राज्य (USA) में चलने वाली गर्म शुष्क तथा धूल भरी हवा।
'लू' (Loo)	उत्तर भारत तथा पाकिस्तान में चलने वाली शुष्क ग्रीष्म पवनें।
ब्लैक रोलर (Black Roller)	वृहत मैदान (उत्तर अमेरिका) की दक्षिण-पश्चिमी या उत्तरी-पूर्वी हवा।
शामल (Shamal)	मेसोपोटामिया (इराक) तथा फारस की खाड़ी से चलने वाली गर्म एवं शुष्क उत्तर-पूर्वी हवा।
बर्ग (Berg)	दक्षिण अफ्रीका में जाड़े में चलने वाली गर्म हवा (आंतरिक पठार से तटीय भागों में)।
सेमूम (Samoom)	ईरान में कुर्दिस्तान पर्वत से उत्तर-पश्चिम दिशा में चलने वाली शुष्क रेतीली हवा।
काराबुरॉन (Caraburon)	ग्रीष्म के प्रारंभ में तारिम बेसिन (मध्य-एशिया) में चलने वाली गर्म शुष्क हवा।

ठंडी स्थानीय पवनें

पवनें	विशेषताएँ
मिस्ट्रल (Mistral)	रोन घाटी (फ्रांस) में जाड़े में चलने वाली ठंडी शुष्क हवा।
बोरा (Bora)	सर्बिया के एड्रियाटिक तट पर चलने वाली ठंडी हवा।
ट्रैमोंटाना (Tramontana)	उत्तरी इटली में चलने वाली ठंडी हवा।
पोनेंटी (Ponente)	भूमध्य सागरीय क्षेत्रों, विशेषकर कोर्सि का तट तथा भूमध्यसागरीय फ्रांस में चलने वाली ठंडी हवा।
पैंपेरो (Pampero)	अर्जेंटीना तथा उरुग्वे के पम्पास क्षेत्र में चलने वाली ध्रुवीय हवा, दक्षिण-पश्चिम या दक्षिण दिशा में चलने वाली रैखिक प्रचंड वायु।
पापागायो (Papagayao)	मैक्सिको के तट पर चलने वाली शीतल, शुष्क व तीव्र हवा।
जोरान (Joran)	जूरा पर्वत से जेनेवा झील तक रात्रि में चलने वाली शीतल एवं शुष्क पवन।
नॉर्थन (Northern)	टेक्सास राज्य (USA) में चलने वाली शुष्क एवं शीतल हवा।
नॉर्टी (Norte)	नार्दर्न हवा का मध्य अमेरिकी क्रम।
ब्लिजार्ड (Blizzard)	यह वास्तव में, ध्रुवीय पवन है, जो अत्यधिक सर्द एवं हिमकणों से युक्त होती है। यह साइबेरिया एवं उत्तरी अमेरिका के उत्तरी भाग में प्रवाहित होती है।
बुरान (Buran)	रूस एवं मध्यवर्ती एशिया में प्रवाहित होने वाली उत्तर-पूर्वी पवन को बुरान कहा जाता है।
पर्गा/पुर्गा (Purga)	शीतकाल में हिम के कणों से युक्त बुरान को **पुर्गा** (Purga) कहते हैं। अलास्का एवं साइबेरिया के टुंड्रा प्रदेश की प्रचंड हिम झंझावात।

जेट स्ट्रीम या जेट वायु धाराएँ

- जेट स्ट्रीम (Jet Stream) क्षोभमंडल की ऊपरी सीमा में पश्चिम से पूर्व की दिशा में प्रवाहित होने वाली **परिध्रुवीय पवन** (Circumpolar) धारा होती है।
- यह नदी की विसर्पित एवं लहरदार धारा के रूप में निरंतर चलती रहती है, जिसे **रॉस्वी धारा** कहते हैं।
- यह संकरी, सर्पीली तथा अत्यधिक तेज रफ्तार वाली वायु धाराओं की पट्टी होती है, जो प्रचलित पछुआ पवन में दबी रहती है। यह पृथ्वी का चक्कर लगाती रहती है।
- इनकी चौड़ाई 40 से 160 किमी तक तथा मोटाई 2 से 3 किमी तक होती है। इनकी गति 120 किमी प्रति घंटा से भी अधिक होती है।
- इनकी उत्पत्ति भूमध्य रेखा से ध्रुवों की ओर तापमान प्रवणता तथा ध्रुवों के धरातलीय भाग पर उच्चदाब एवं उसके ऊपर क्षोभमंडल में निम्न दाब के कारण जनित परिध्रुवीय भँवर से होती है।
- जेट स्ट्रीम में वायु के लंबवत् संचार से क्षोभमंडल तथा समतापमंडल में वायु तीव्रता से मिश्रण हो जाता है, जिससे मानव जनित प्रदूषक क्षोभमंडल से समतापमंडल में पहुँच जाते हैं और प्रदूषक का प्रभाव कम हो जाता है। वहीं क्लोरो-फ्लोरो कार्बन जैसे तत्त्व ओजोन परत को नष्ट करने लगते हैं।

जेट धारा के प्रकार

जेट धारा के सामान्यतः चार प्रकार हैं, जो निम्न हैं

1. **ध्रुवीय जेट वायु धाराएँ** (Polar Jet Streams) यह 60° उत्तरी तथा दक्षिणी अक्षांशों से ध्रुवों की ओर क्षोभमंडल में प्रवाहित होती है, इसकी दिशा उत्तरी गोलार्द्ध में दक्षिण-पश्चिम से उत्तर-पूर्व की ओर तथा दक्षिणी गोलार्द्ध में उत्तर-पश्चिम से दक्षिण-पूर्व की ओर होती है।
2. **ध्रुवीय वाताग्री जेट स्ट्रीम** (Polar Vortex Jet Streams) इसकी उत्पत्ति 30°-60° अक्षांशों के ऊपर होती है। यह दक्षिण-पश्चिम से उत्तर-पूर्व दिशा में प्रवाहित होती है। यह अधिक अनियमित होती है। इसकी गति 150 से 300 किमी प्रति घंटा होती है।
3. **उष्ण कटिबंधीय पूर्वी जेट** (Tropical Easterly Jet Streams) यह केवल उत्तरी गोलार्द्ध में ग्रीष्म काल में भारत और अफ्रीका के ऊपर चलती है। इसकी दिशा उत्तर-पूर्व से दक्षिण-पश्चिम होती है। भारतीय मानसून की उत्पत्ति के लिए यह जेट धारा उत्तरदायी होती है।
4. **उपोष्ण कटिबंधीय पछुआ जेट** (Sub Tropical Westerly Jet Streams) यह धारा 20° से 35° अक्षांशों के मध्य प्रवाहित होती है। इसकी गति 340 से 385 किमी प्रति घंटा तक होती है। इसकी उत्पत्ति का मुख्य कारण विषुवत् रेखीय क्षेत्र में संवहन क्रिया के कारण उठी हुई हवाओं की क्षोभ सीमा की पेटी में उत्तर पूर्वी प्रवाह होता है। भारत में शीतकाल में पश्चिमी विक्षोभ इसी के कारण आता है।

वायुमंडल में जल (आर्द्रता)

- वायु में उपस्थित जलवाष्प को आर्द्रता (Humidity) कहते हैं। वायुमंडल में आर्द्रता, जलाशयों से वाष्पीकरण तथा पौधों में वाष्पोत्सर्जन से प्राप्त होती है। वायुमंडल में उपस्थित आर्द्रता तथा उसमें निहित विभव ऊर्जा में सीधा संबंध पाया जाता है।
- वायु में जितनी अधिक आर्द्रता होती है, वायुमंडल में अस्थिरता तथा झंझावात उत्पन्न करने के लिए उतनी अधिक ऊर्जा की अधिक आवश्यकता होती है।
- वायु में उपस्थित जलवाष्प की मात्रा वर्षा को निर्धारित करती है। यह पृथ्वी के तापमान को भी नियंत्रित करती है।
- इस प्रकार वायुमंडल, महासागरों तथा महाद्वीपों के बीच जल का लगातार आदान-प्रदान वाष्पीकरण, वाष्पोत्सर्जन, संघनन एवं वर्षा की प्रक्रिया द्वारा होता रहता है।

आर्द्रता के प्रकार

जलवाष्प की मात्रात्मक दृष्टि से आर्द्रता को निम्न प्रकारों में बाँटा जाता है

1. **निरपेक्ष आर्द्रता** (Absolute Humidity) वायुमंडल में विद्यमान जलवाष्प की वास्तविक मात्रा को निरपेक्ष आर्द्रता कहा जाता है। यह हवा के प्रति इकाई आयतन में जलवाष्प का वजन होता है। इसकी गणना ग्राम प्रति घन मीटर में करते हैं। यह पृथ्वी की सतह पर अलग-अलग स्थानों में अलग-अलग होती है।
2. **सापेक्ष आर्द्रता** (Relative Humidity) किसी तापमान पर वायु में उपस्थित जलवाष्प तथा वायु की जलवाष्प धारण करने की क्षमता के अनुपात को सापेक्ष आर्द्रता कहते हैं। इसे प्रतिशत में व्यक्त किया जाता है। हवा के तापमान के बदलने के साथ आर्द्रता को ग्रहण करने की क्षमता बढ़ती है, जिससे सापेक्ष आर्द्रता प्रभावित होती है।
   यह महासागरों के ऊपर सबसे अधिक तथा महाद्वीपों के ऊपर सबसे कम होती है। एक निश्चित तापमान पर जलवाष्प से पूरी तरह पूरित हवा को **संतृप्त** (Saturated) कहा जाता है। इसका अर्थ यह होता है कि हवा इस स्थिति में दिए गए तापमान पर और अधिक आर्द्रता को ग्रहण करने में सक्षम नहीं है। हवा के दिए गए प्रतिदर्श (Sample) में जिस ताप पर वायु में संतृप्तता आती है, उसे ओसांक (Dew Point) कहते हैं।
3. **विशिष्ट आर्द्रता** (Specific Humidity) वायु के प्रति इकाई भार में जलवाष्प की मात्रा को 'विशिष्ट आर्द्रता' कहते हैं। इसे प्रति ग्राम मीटर क्यूबिक अथवा 'ग्राम प्रति किलोग्राम' में व्यक्त किया जाता है। वायुमंडल में विशिष्ट आर्द्रता की मात्रा शून्य से 30 ग्राम प्रति क्यूबिक मीटर के बीच पाई जाती है। वायु के तापमान तथा दाब के आधार पर इसमें परिवर्तन होता है।

वाष्पीकरण तथा संघनन

वाष्पीकरण तथा संघनन का वर्णन निम्नलिखित है

वाष्पीकरण

- वाष्पीकरण (Evaporation) वह क्रिया है, जिसके द्वारा जल द्रव से गैसीय अवस्था में परिवर्तित होता है।
- इसका मुख्य कारण ताप होता है, जिस तापमान पर जल वाष्पीकृत होना शुरू करता है, उसे वाष्पीकरण की गुप्त ऊष्मा (Latent Heat of Evaporation) कहा जाता है।
- हवा के अंश में जल को अवशोषित करने एवं धारण रखने की क्षमता तापमान में वृद्धि के साथ बढ़ती है। इसी प्रकार यदि वायु में आर्द्रता कम है, तो हवा में नमी को अवशोषित करने तथा धारण करने की क्षमता कम होती है।
- हवा की गति संतृप्त परत को असंतृप्त परत के द्वारा हटा देती है, अतः हवा की गति, जितनी तीव्र होगी वाष्पीकरण की दर उतनी ही तीव्र होगी।
- वायुमंडल में जलवाष्प की मात्रा वाष्पीकरण तथा संघनन के कारण क्रमशः घटती-बढ़ती रहती है।

संघनन

- जलवाष्प का जल के रूप में बदलना **संघनन** (Condensation) कहलाता है। ऊष्मा का ह्रास ही संघनन का कारण होता है।
- जब आर्द्र हवा ठंडी होती है, तब उसमें जलवाष्प को धारण करने की क्षमता समाप्त हो जाती है, जब जलवाष्प सीधे ठोस रूप में परिवर्तित होती है, तो इसे ऊर्ध्वापातन (Sublimation) कहते हैं।
- स्वतंत्र हवा में छोटे-छोटे कणों के चारों ओर ठंडा होने के कारण संघनन होता है। तब इन छोटे-छोटे कणों को **संघनन केंद्रक** (Condensation Nuclei) कहा जाता है। धूल कण, धुआँ, महासागरों के नमक के कण अच्छे केंद्रक होते हैं, क्योंकि यह जल (पानी) को अवशोषित करते हैं।
- संघनन उस अवस्था में भी होता है, जब आर्द्र हवा कुछ ठंडी वस्तुओं के संपर्क में आती है।
- इस प्रकार संघनन ठंडा होने की मात्रा तथा हवा की सापेक्ष आर्द्रता पर निर्भर करता है। संघनन हवा के आयतन, ताप, दाब तथा आर्द्रता से प्रभावित होता है।

संघनन तब होता है, जब

(i) वायु का आयतन नियत हो एवं तापमान ओसांक तक गिर जाए।
(ii) वायु का आयतन तथा तापमान दोनों ही कम हो जाएँ।
(iii) वाष्पीकरण द्वारा वायु में और अधिक जलवाष्प प्रविष्ट हो जाए।

- इसमें वायु के तापमान में कमी संघनन के लिए सबसे अच्छी अवस्था है। अत: संघनन तब होता है। जब ओसांक जमाव बिंदु से नीचे होता है तथा तब भी संभव होता है, जब ओसांक जमाव बिंदु से ऊपर होता है।

संघनन के विभिन्न रूप

संघनन (Condensation) के पश्चात् वायुमंडल की जलवाष्प या आर्द्रता निम्नलिखित में से एक रूप में परिवर्तित हो जाती है; जैसे- ओस, कोहरा, तुषार एवं बादल इनका संक्षिप्त विवरण निम्न प्रकार है

- **ओस** (Dew) जब आर्द्रता धरातल के ऊपर हवा में संघनन केंद्रकों पर संघनित न होकर ठोस वस्तु; जैसे-पत्थर, घास तथा पौधों की पत्तियों की ठंडी संतहों पर पानी की बूँदों के रूप में जमा होती है, तो इसे **ओस** कहा जाता है। इसके बनने के लिए साफ आकाश, शांत हवा, उच्च सापेक्ष आर्द्रता तथा ठंडी एवं लंबी रातों का होना आवश्यक होता है। ओस के लिए यह भी आवश्यक होता है कि ओसांक जमाव बिंदु से ऊपर हो।
- **तुषार** (Frost) यह ठंडी सतहों पर बनता है, जब संघनन तापमान के जमाव बिंदु से नीचे (0° से) चला जाता है अर्थात् ओसांक जमाव बिंदु या उसके नीचे होता है। इसमें आर्द्रता जल बूँदों के अतिरिक्त छोटे-छोटे बर्फ के रवों के रूप में जमा होती है।
- **उजले तुषार** (White Frost) बनने के लिए सबसे उपयुक्त अवस्थाएँ ओस के बनने की अवस्थाओं के समान होती हैं। इसके लिए केवल हवा का तापमान जमाव बिंदु पर या उससे नीचे होना चाहिए।
- **कोहरा** (Fog) वायुमंडल की निचली परतों में एकत्रित धूलकण, नमक के कण, धुएँ के कण तथा संघनित सूक्ष्म जल पिंडों को कुहरा (कोहरा) कहते हैं। यह एक प्रकार का छोटा बादल होता है, जिसका आधार सतह पर या इसके समीप होता है। जब भौमिक विकिरण द्वारा धरातल तथा उसके समीप की हवा ठंडी होती है, तो इससे बने कोहरे को विकिरण कोहरा (Radiation Fog) कहा जाता है, इसकी मोटाई 10 से 30 मीटर तक होती है। जब कोहरा में हवा के क्षैतिज संचरण के समय तापमान में गिरावट होती है, तो इसे अभिवहन कोहरा कहते हैं। इसकी मोटाई 300 से 600 मीटर तक होती है। यह विकिरण कोहरे की अपेक्षा अधिक देर तक ठहरता है। ठंडे तथा गर्म वायु पिंडों को पृथक् करने वाले वाताग्र पर बनने वाले कोहरे को वाताग्री कोहरा कहते हैं।
- **कुहासा** (Mist) यह भी एक प्रकार का कोहरा ही होता है। इसमें कोहरे की अपेक्षा दृश्यता दूर तक रहती है। इसमें दृश्यता 1 किमी से अधिक, किंतु 2 किमी से कम होती है। कोहरा तथा कुहासा के कारण दृश्यता कम-से शून्य तक होती है। नगरीय तथा औद्योगिक केंद्रों में धुएँ की अधिकता के कारण केंद्रकों की मात्रा में भी अधिकता होती है, जिससे कोहरा तथा कुहासा बनते हैं। ऐसी स्थिति जिसमें कोहरा तथा धुआँ सम्मिलित रूप से बनते हैं, तो उसे धूम्र कोहरा (Smog) कहा जाता है।
- कुहासा एवं कोहारे में केवल इतना अंतर होता है कि कुहासे में कोहरे की अपेक्षा नमी अधिक होती है। कुहासा पहाड़ों पर अधिक ऊपर उठी हुई गर्म हवा के ढाल पर ठंडी सतहों के संपर्क में आने पर बनता है।
- कोहरे, कुहासे की अपेक्षा अधिक शुष्क होते हैं तथा जब गर्म हवा की धारा ठंडी हवा के संपर्क में आती है, तब ये वहाँ प्रबल हो जाते हैं।

बादल या मेघ

- खुली स्वच्छंद हवा में काफी ऊँचाई पर जलवाष्प के संघनन से बने जल कणों या हिम कणों के झुंड को बादल (Cloud) कहते हैं।
- बादलों का निर्माण पर्याप्त ऊँचाई पर स्वतंत्र हवा में जलवाष्प के संघनन के कारण होता है, इसलिए यह विभिन्न आकार के होते हैं।

बादल के प्रकार

बादलों को ऊँचाई, विस्तार, घनत्व तथा पारदर्शिता या अपारदर्शिता के आधार पर चार रूपों में वर्गीकृत किया जाता है

1. **पक्षाभ मेघ** (Cirrus Cloud) इस मेघ का निर्माण 8000 से 12000 मी की ऊँचाई पर होता है। ये पतले तथा बिखरे हुए होते हैं, जो पंख के समान होते हैं। ये हमेशा सफेद रंग के होते हैं।
2. **कपासी मेघ** (Cumulus Cloud) यह रूई के समान दिखते हैं। यह प्राय: 4000 से 7000 मीटर की ऊँचाई पर बनते हैं। ये छितरे तथा इधर-उधर बिखरे होते हैं। ये चपटे आधार वाले होते हैं।
3. **स्तरी मेघ** (Stratus Cloud) ये परतदार बादल होते हैं, जो आकाश के बड़े भाग में विस्तृत रहते हैं। यह ऊष्मा के ह्रास या अलग-अलग तापमानों पर हवा के आपस में मिश्रण से बनते हैं।
4. **वर्षा मेघ** (Nimbus Cloud) यह काले या गहरे स्लेटी रंग के होते हैं। यह मध्य स्तरों या पृथ्वी की सतह के काफी निकट बनते हैं, जो सूर्य की किरणों के लिए अपारदर्शी होते हैं। यह कभी-कभी सतह को छूते हुए प्रतीत होते हैं। यह मोटे जल वाष्प की आकृतिविहिन संहति (Shapless Masser) होते हैं।

बादलों के अन्य प्रकार

मूल रूप से चार प्रकार के बादल मिलकर निम्नलिखित रूपों में बादलों का निर्माण करते हैं

- **ऊँचे बादल** (High Cloud) पक्षाभ, पक्षाभ स्तरी, पक्षाभ कपासी।
- **मध्य ऊँचे बादल** (Middle Clouds) स्तरी मध्य तथा कपासी मध्य।
- **कम ऊँचाई वाले बादल** (Low Clouds) स्तरी कपासी, स्तरी वर्षा मेघ।
- **कपासी वर्षा मेघ** (Cumulonimbus) कपासी मेघ, कपासी वर्षा मेघ, स्तरीय मेघ।

अंतर्राष्ट्रीय ऋतु विज्ञान परिषद् (WMO-World Meterological Organisation) ने बादलों को 10 प्रकारों में बाँटा है, जिनका विवरण निम्न प्रकार है

1. उच्च मेघ (औसत ऊँचाई 6-12 किमी)

- **पक्षाभ मेघ** यह वायुमंडल में सबसे अधिक ऊँचाई पर होते हैं। इनकी रचना हिमकणों से होती है। यह कोमल तथा रेशम की भाँति होते हैं और चक्रवात के आगमन के सूचक होते हैं।
- **पक्षाभ स्तरी मेघ** यह दूधिया रंग के दिखाई देते हैं। इनसे दिन में सूर्य तथा रात्रि में चंद्रमा के चारों ओर प्रभामंडल (Halo) का निर्माण हो जाता है। यह सफेद चादर के समान आकाश में फैले होते हैं।
- **पक्षाभ कपासी मेघ** यह पक्तियों अथवा समूहों में पाए जाते हैं। यह छायाहीन होते हैं। इन्हें मैकरैल स्काई (Mackerel Sky) के नाम से भी जाना जाता है।

2. मध्य मेघ (औसत ऊँचाई 2-6 किमी)

- **स्तरी मध्य मेघ** यह भूरे अथवा नीले रंग के होते हैं। इनसे लगातार विस्तृत क्षेत्रों पर वर्षा की संभावना होती है।
- **कपासी मध्य मेघ** ये बादल श्वेत और भूरे रंग के होते हैं। ये छायादार होते हैं। पर्वतों के शिखरों पर उत्पन्न ऐसे मेघ को पताका मेघ कहा जाता है।

3. निम्न मेघ (औसत ऊँचाई 2 किमी तक)

- **स्तरी कपासी मेघ** यह बादल समूहों अथवा लहरों में दिखाई पड़ता है। यह जाड़े के मौसम में संपूर्ण आसमान को चारों ओर से आवृत कर लेते हैं, इसमें भूरी परतों वाले बादलों को भी शामिल किया जाता है।
- **स्तरी वर्षा मेघ** इसका निर्माण प्राय: कोहरे के नीचे की परतों में विसरण अथवा उत्थान के कारण होता है। यह निम्न स्तरीय मेघ होते हैं। इनके खंडित होने से आकाश नीला दिखाई पड़ता है।
- **वर्षा स्तरीय मेघ** यह निम्न स्तरीय मेघ होते हैं, जिनका रंग गहरा भूरा व काला होता है। इससे लगातार जल वर्षा एवं हिम वर्षा होती है। यह धरातल तक पहुँचने से पूर्व वायुमंडल में विलीन हो जाते हैं।
- **कपासी मेघ** यह आकाश में रूई के समान दिखाई पड़ते हैं। इनका लंबवत् विकास अधिक होता है। इनके खंडित भाग आकाश में गुंबदाकार दिखाई पड़ते हैं, जिनके शीर्ष भाग फूलगोभी जैसे होते हैं।
- **कपासी वर्षा मेघ** इन मेघों से तेज बौछार पड़ती हैं। उपलवृष्टि तथा प्रबल झंझावात इनके अन्य प्रमुख लक्षण हैं। इन मेघों से गर्जन तथा बिजली की चमक भी होती है। यह अत्यधिक लंबवत् विकास वाले होते हैं।

वर्षण

- जलवाष्प के संघनन के बाद नमी के मुक्त होने की अवस्था को वर्षण (Precipitation) कहते हैं।
- यह द्रव या ठोस अवस्था में हो सकता है, जब संघनन की प्रक्रिया में जलवाष्प के कणों का आकार बड़ा हो जाता है और तब हवा का प्रतिरोध गुरुत्वाकर्षण बल के विरुद्ध उनको रोकने में असफल होता है, तो यह पृथ्वी पर वर्षण के रूप में गिरते हैं।
- वर्षण जब पानी के रूप में होता है, तो उसे वर्षा (Rainfall) कहा जाता है। वहीं जब तापमान 0° सेंटीग्रेड से कम होता है, तब वर्षण बर्फबारी या हिमपात (Snowfall) के रूप में होती है। इसमें नमी षट्कोणीय रवों के रूप में निर्मुक्त होती है। ये रवे ही हिमतुलों (Flakes of Snow) का निर्माण करते हैं।
- **संहिम वर्षा** जमी हुई वर्षा की बूँदें हैं या पिघली हुई बर्फ के पानी की जमी हुई बूँदें होती हैं। जमाव बिंदु के तापमान के साथ जब वायु की एक परत सतह के नीचे आधी जमी हुई परत पर गिरती है, तब संहिम वृष्टि (Drizzle) होती है।
- वर्षा की बूँदें, जो गर्म हवा से निकलती हैं तथा नीचे की ओर ठंडी हवा से मिलती हैं, तब वे ठोस हो जाती हैं तथा सतह पर वर्षा की बूँदों से भी छोटे आकार में बर्फ के रूप में गिरती हैं।
- कभी-कभी वर्षा की बूँदें बादल से मुक्त होने के पश्चात् बर्फ के छोटे गोलाकार ठोस टुकड़ों में परिवर्तित हो जाती हैं, जिसे ओलापत्थर (Hail Stones) कहा जाता है। ये बर्फ की कई संकेंद्रीय परतों वाले होते हैं।
- **करकापात वर्षा** काफी सीमित मात्रा में होती है एवं समय तथा क्षेत्र की दृष्टि से कभी-कभी होती है।

वर्षा के प्रकार

उत्पत्ति के आधार पर वर्षा को तीन प्रमुख प्रकारों में बाँटा जाता है, जो निम्न प्रकार हैं

1. **संवहनीय वर्षा** (Convectional Rain) जब भू-तल बहुत अधिक गर्म हो जाता है, तो हवा गर्म होने पर हल्की होकर संवहन धाराओं के रूप में ऊपर की ओर उठती है, तो वायुमंडल की ऊपरी परत में पहुँचने के बाद फैलती है तथा तापमान के कम होने से ठंडी होती है। इसके परिणामस्वरूप संघनन की क्रिया होती है तथा कपासी मेघों का निर्माण होता है और बिजली की गरज के साथ मूसलाधार वर्षा होती है, जिसे संवहनीय वर्षा कहते हैं। यह वर्षा बहुत लंबे समय तक नहीं होती है अर्थात् कम समय के लिए होती है। इस प्रकार की वर्षा गर्मियों में या दिन के गर्म समय में प्राय: होती है। यह वर्षा मुख्य रूप से विषुवतीय क्षेत्र तथा विशेषकर उत्तरी गोलार्द्ध के महाद्वीपों के भीतरी भागों में होती है।

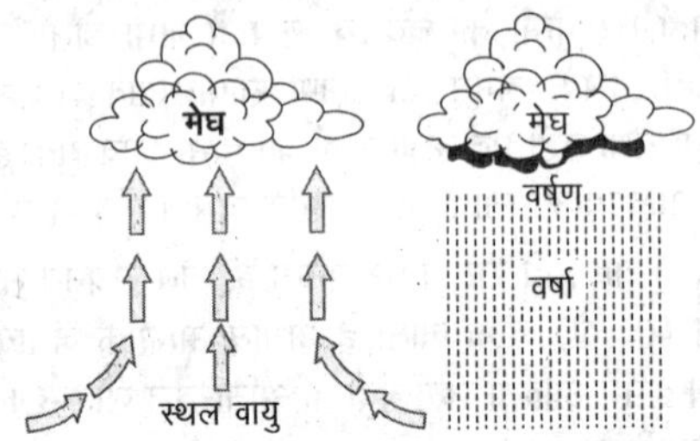

संवहनीय वर्षा

2. **पर्वतीय वर्षा** जब संतृप्त वायु की संहति पर्वतीय ढाल पर आती है, तब यह ऊपर उठने के लिए बाध्य हो जाती है, जैसे ही यह ऊपर उठती है और फैलती है, तो तापमान गिर जाता है तथा आर्द्रता संघनित हो जाती है, तब वर्षा होती है, जिसे **पर्वतीय वर्षा** (Orographic Rainfall) या स्थलाकृत वर्षा कहा जाता है। संसार की अधिकांश वर्षा इसी रूप में होती है। ऊँचाई बढ़ने के साथ-साथ वर्षा की मात्रा भी बढ़ती जाती है। इस प्रकार पर्वतीय क्षेत्रों की जो ढाल पवन के सम्मुख होती है, वहाँ अत्यधिक वर्षा होती है। इसे **पवनाभिमुख ढाल** (Windward Slope) कहते हैं। इसके विपरीत ढलान पर जहाँ पवन ढलान से नीचे उतरती है तथा सापेक्षिक आर्द्रता में कमी आती है फलस्वरूप कम वर्षा होती है, इसे पवनविमुख ढाल (Leeward Slope) या वृष्टिछाया प्रदेश (Rain Shadow Region) कहते हैं।

पर्वतीय वर्षा

3. **चक्रवाती वर्षा** चक्रवातों के कारण होने वाली वर्षा को चक्रवाती वर्षा (Cyclonic Rainfall) कहते हैं। इस प्रकार की वर्षा विशेषकर शीतोष्ण कटिबंधीय क्षेत्रों में होती है, जहाँ गर्म एवं शीतल वायुराशियों (Airmasses) के टकराने के कारण भीषण तूफानी दशाएँ उत्पन्न हो जाती हैं और गर्म वायुराशि के शीतल वायुराशि के ऊपर चढ़ जाने से संघनन की क्रिया होती है, तत्पश्चात् वर्षा होती है।

इसमें गर्म वाताग्र (Air Front) के साथ वर्षा सामान्यतः फुहार के रूप में शीत वाताग्र के साथ ठंडी बौछारों के रूप में होती है।

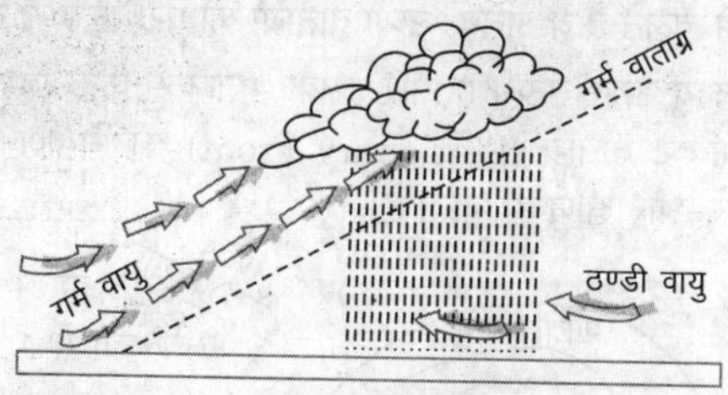

चक्रवातीय वर्षा

वर्षा का विश्व-वितरण

- सामान्य तौर पर जब हम विषुवत् वृत्त से ध्रुव की ओर जाते हैं, तो वर्षा की मात्रा धीरे-धीरे घटती जाती है। विश्व के तटीय क्षेत्रों में महाद्वीपों के भीतरी भागों की अपेक्षा अधिक वर्षा होती है।
- विश्व के स्थलीय भागों की अपेक्षा महासागरों के ऊपर वर्षा अधिक होती है, क्योंकि वहाँ जल के स्रोत की अधिकता के कारण वाष्पीकरण की क्रिया लगातार होती रहती है।
- विषुवत् वृत्त से 35° से 40° उत्तरी एवं दक्षिणी अक्षांशों के मध्य पूर्वी तटों पर बहुत अधिक वर्षा होती है तथा पश्चिम की ओर यह घटती जाती है।
- इसी प्रकार विषुवत् वृत्त से 45° तथा 65° उत्तर एवं दक्षिण के मध्य पछुआ पवनों के कारण सबसे पहले महाद्वीपों के पश्चिमी किनारों पर वर्षा होती है तथा पूर्व की ओर घटती जाती है।

वर्षा की प्रवृत्ति

- वार्षिक वर्षण की कुल मात्रा के आधार पर विश्व की मुख्य वर्षण की प्रवृत्ति को निम्न रूपों में पहचाना जाता है।
  - विषुवतीय पट्टी, शीतोष्ण प्रदेशों में पश्चिमी तटीय किनारों के पास पर्वतों के वायु की ढाल पर तथा मानसूनी वाले क्षेत्रों के तटीय भागों में वर्षा बहुत अधिक होती है, जो प्रतिवर्ष 200 सेमी से ऊपर होती है।
  - महाद्वीपों के आंतरिक भागों में प्रतिवर्ष 100 से 200 सेमी तक वर्षा होती है। वहीं महाद्वीपों के तटीय क्षेत्रों में वर्षा की मात्रा मध्यम होती है।
  - उष्णकटिबंधीय क्षेत्रों के केंद्रीय भाग तथा शीतोष्ण क्षेत्रों के पूर्वी एवं भीतरी भागों में वर्षा की मात्रा 50 से 100 सेमी प्रतिवर्ष तक होती है।
  - महाद्वीप के भीतरी भाग के वृष्टिछाया क्षेत्रों में पड़ने वाले भाग तथा ऊँचे अक्षांशों वाले क्षेत्रों में प्रतिवर्ष 50 सेमी से कम वर्षा होती है।
- विश्व के कुछ क्षेत्रों; जैसे- कि विषुवतीय पट्टी तथा ठंडे समशीतोष्ण प्रदेशों में वर्षा पूरे वर्ष होती रहती है।

वायुराशियाँ

- वायुमंडलीय हवा की विशाल राशि या पुंज, जिसके भौतिक गुण विशेषकर तापमान तथा आर्द्रता क्षैतिज दिशा में एक समान होते हैं, 'वायु राशि' (Air Mass) कही जाती है। वह समांग धरातल जिन पर वायुराशियाँ बनती हैं, उन्हें वायुराशियों का उद्गम क्षेत्र कहा जाता है।
- वायु राशियों के पाँच उद्गम क्षेत्र हैं, जो निम्न प्रकार हैं
  - उष्ण व उपोष्ण कटिबंधीय महासागर
  - उपोष्ण कटिबंधीय उष्ण मरुस्थल
  - उच्च अक्षांशीय अपेक्षाकृत ठंडे महासागर
  - उच्च अक्षांशीय अति शीत बर्फ आच्छादित महाद्वीपीय क्षेत्र।
  - स्थायी रूप से बर्फ आच्छादित महाद्वीप अंटार्कटिक तथा आर्कटिक।

वायुराशियों के प्रकार

- वायुराशियों को उनके उद्गम क्षेत्र के आधार पर निम्न प्रकार की वायुराशियों में वर्गीकृत किया जाता है
  - उष्ण कटिबंधीय महासागरीय वायुराशि (MT-Maritime Tropical)
  - उष्ण कटिबंधीय महाद्वीपीय (CT-Continental Tropical)
  - ध्रुवीय महासागरीय (MP-Meritime Polar)
  - ध्रुवीय महाद्वीपीय (CP-Continental Polar)
  - महाद्वीपीय आर्कटिक (CA-Continental Arctic)
- इन वायुराशियों में उष्णकटिबंधीय वायुराशियाँ गर्म होती हैं तथा ध्रुवीय वायुराशियाँ ठंडी होती हैं।

वाताग्र

- जब दो भिन्न-प्रकार की वायु राशियाँ मिलती हैं, तो उनके मध्य सीमा क्षेत्र को वाताग्र (Air Front) कहा जाता है, जब विपरीत तापमान वाली दो वायुराशियाँ विपरीत दिशाओं से आकर, आमने-सामने मिलती हैं, तो अभिसरण के मध्य में विस्तृत संक्रमणीय प्रदेश का निर्माण होता है, जिसे वाताग्र प्रदेश कहते हैं।
- वाताग्र न तो धरातलीय सतह से समानांतर होता है और न उसके लंबवत् होता है, अपितु कुछ कोण पर झुका होता है। वाताग्र का ढाल पृथ्वी की अक्षीय गति पर आधारित होता है, जो ध्रुवों की ओर बढ़ता जाता है।

वाताग्र जनन

- वाताग्रों के बनने की प्रक्रिया को वाताग्र जनन (Frontogenesis) कहते हैं। वाताग्र जनन लैटिन भाषा का शब्द है, जिसका अर्थ होता है- वाताग्र निर्माण, दो भिन्न तापमान एवं घनत्व वाली वायुराशियों के अभिसरण से वाताग्र जनन होता है।
- जब वाताग्रों के मध्य तापमान का अंतर किसी कारण से समाप्त होने लगता है, तब वाताग्रों का विघटन होने लगता है या क्षीण होने लगता है, तो इसे **वाताग्र क्षय** कहते हैं। वाताग्र मध्य अक्षांशों में ही बनते हैं और तीव्र वायुदाब व तापमान प्रवणता इनकी विशेषता होती है। ये तापमान में अचानक बदलाव लाते हैं। इसी कारण वायु ऊपर उठती है, बादल बनते हैं और वर्षा होती है।

वाताग्रों के प्रकार

विभिन्न विशेषताओं के आधार पर वाताग्रों को चार प्रकारों में वर्गीकृत किया जाता है, जिनका विवरण निम्नलिखित है

1. **शीत वाताग्र** (Cold Front) जब शीतल व भारी वायु आक्रामक रूप में उष्ण वायुराशियों को ऊपर धकेलती है, तो इस संपर्क क्षेत्र को **शीत वाताग्र** कहते हैं।
2. **उष्ण वाताग्र** (Warm Front) जब गर्म व हल्की वायु राशियाँ आक्रामक रूप में ठंडी वायुराशियों के ऊपर तीव्रता से चढ़ती हैं, तो इस संपर्क क्षेत्र को **उष्ण वाताग्र** कहते हैं।
3. **अचर अथवा स्थिर वाताग्र** (Occluded Front) जब वाताग्र स्थिर हो जाता है, तो इन्हें अचर वाताग्र कहते हैं अर्थात् जब दो वायुराशियाँ एक-दूसरे के समांतर प्रवाहित होती हैं, तो इससे स्थायी वाताग्र का निर्माण होता है। ऐसे वाताग्र के सहारे न तो बादल बनते हैं और न ही वर्षा हो पाती है।

4. **अधिविष्ट वाताग्र** (Stationary Front) जब एक वायुराशि पूर्णत: धरातल के ऊपर उठ जाती है, तो ऐसे वाताग्र को **अधिविष्ट वाताग्र** कहते हैं अर्थात् जब शीत वाताग्र तीव्र गति से चलकर उष्ण वाताग्र से मिल जाता है तथा गर्म वायु का नीचे से संपर्क समाप्त हो जाता है, तो अधिविष्ट वाताग्र का निर्माण होता है।

चक्रवात

- चक्रवात एक निम्न दाब के केंद्र होते हैं, जिनके चारों ओर केंद्राभिमुखी सम वायुदाब रेखाएँ फैली होती हैं। केंद्र से परिधि की ओर वायु दाब बढ़ता जाता है। अत: हवाएँ परिधि से केंद्र की ओर चलती हैं।
- इसकी दिशा उत्तरी गोलार्द्ध में घड़ी की सूई की दिशा (Anti-Clockwise) के विपरीत तथा दक्षिणी गोलार्द्ध में घड़ी की सूई की दिशा (Clockwise) में होती है। स्थिति के आधार पर चक्रवात को दो वर्गों में विभक्त किया जाता है, जो निम्न हैं

शीतोष्ण कटिबंधीय चक्रवात

- वे चक्रवातीय वायु प्रणालियाँ, जो उष्ण कटिबंधीय क्षेत्र (कटिबंध) से दूर मध्य व उच्च अक्षांशों में विकसित होती हैं, उन्हें बहिरूष्ण या शीतोष्ण कटिबंधीय चक्रवात (Extra-Tropical Cyclone) कहते हैं।
- मध्य तथा उच्च अक्षांशों में, जिस क्षेत्र से ये गुजरते हैं, वहाँ मौसम संबंधी अवस्थाओं में अचानक तेजी से बदलाव आते हैं।
- इनके केंद्र तथा बाहर की ओर स्थित दाब में 10 से 20 mb तथा कभी-कभी 35 mb का भी अंतर होता है। इनका भ्रमण पथ पछुआ पवनों के सहारे पश्चिम से पूर्व दिशा में होता है। जाड़े की ऋतु में इनकी गति तीव्र होती है।
- इनकी आकृति अंडाकार या उल्टे 'V' आकार की होती है। इनके आगमन की सूचना पक्षाभ व पक्षाभ स्तरी मेघों के कारण सूर्य के चारों ओर बने प्रभामंडल से प्राप्त होती है। इस चक्रवात के उत्तरी गोलार्द्ध में उत्पत्ति के दो मुख्य केंद्र पाए जाते हैं।

  (i) उत्तरी अमेरिका का उत्तर पूर्वी तटीय भाग।

  (ii) एशिया का उत्तर-पूर्वी तटीय भाग।

उत्पत्ति एवं जीवन चक्र

- अतिरिक्त उष्ण कटिबंधीय चक्रवात (Extra Tropical Cyclone) की उत्पत्ति ध्रुवीय वाताग्रों (Polar Front) के साथ-साथ होती है। आरंभ में वाताग्र अचर होता है। उत्तरी गोलार्द्ध में वाताग्र के दक्षिण में कोष्ण व उत्तर दिशा से ठंडी हवा प्रवाहित होती है।
- जब वाताग्र के साथ वायुदाब कम होता है, तब कोष्ण वायु उत्तर दिशा की ओर तथा ठंडी वायु दक्षिणी दिशा में घड़ी की सूई के विपरीत चक्रवातीय परिसंचरण करती है। इस चक्रवातीय प्रवाह से बहिरूष्ण कटिबंधीय विकसित होता है, जिसमें एक उष्ण वाताग्र तथा एक शीत वाताग्र होता है।
- शीतोष्ण चक्रवात की उत्पत्ति दो भिन्न ताप वाली वायुराशियों (ध्रुवीय प्रदेश की शीतल (ठंडी) वायुराशि तथा उष्ण प्रदेश की उष्ण वायु राशि) की प्रतिक्रिया के फलस्वरूप होती है।
- शीतोष्ण कटिबंध में ध्रुवों से आने वाली शीतल वायु और उष्ण प्रदेशों से आने वाली उष्ण वायु दोनों परस्पर मिलती हैं। कभी-कभी उष्ण वायु का कुछ भाग पृथक्करण रेखा (Line of Discontinuity) को पार कर शीतल वायु में मिश्रित होने की चेष्टा करता है, इससे चक्रवातों की उत्पत्ति होती है।
- शीत वाताग्र उष्ण वायु को ऊपर धकेलता है, जिसके परिणामस्वरूप शीत वाताग्र के साथ कपासी मेघ बनते हैं। शीत वाताग्र, उष्ण वाताग्र की अपेक्षा तीव्र गति से चलते हैं व अंतत: उष्ण वाताग्रों को पूरी तरह से ढक लेते हैं।
- जब कोष्ण वायु ऊपर उठती है और इसका भूतल से कोई संपर्क नहीं रहता है तब अधिविष्ट वाताग्र (Stationary Front) का निर्माण होता है और चक्रवात धीरे-धीरे क्षीण हो जाता है।

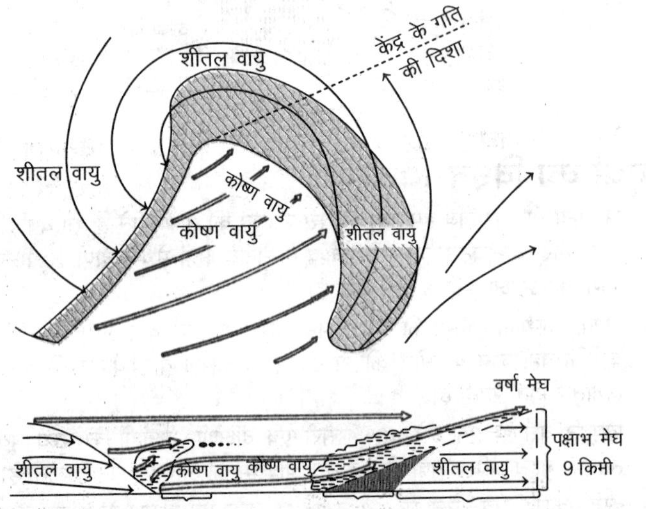

अतिरिक्त उष्ण कटिबंधीय चक्रवात

उष्ण कटिबंधीय चक्रवात

- उष्णकटिबंधीय चक्रवात (Tropical Cyclone) एक आक्रामक तूफान होता है, जिसकी उत्पत्ति उष्णकटिबंधीय क्षेत्रों के महासागरों पर होती है और ये तटीय क्षेत्र की ओर गतिमान होते हैं।
- यह चक्रवात विध्वंसक प्राकृतिक आपदाओं में से एक है ये आक्रामक पवनों के कारण विस्तृत विनाश, अत्यधिक वर्षा और तूफान लाते हैं।
- हिंद महासागर में ये **चक्रवात** (Cyclone), अटलांटिक महासागर में **हरीकेन** (Hurricane) पश्चिम प्रशांत महासागर तथा दक्षिण चीन सागर में **टाइफून** (Typhoon) और पश्चिमी ऑस्ट्रेलिया में **विली-विलीज** (Willy Willies) के नाम से जाने जाते हैं। इनकी आकृति सामान्यत: वृत्ताकार या अंडाकार होती है, परंतु इनमें समदाब रेखाओं की संख्या बहुत कम होती है।
- इन चक्रवातों की गति 32 किमी प्रति घंटा से लेकर 120 किमी प्रति घंटा तक होती है। साधारणत: यह व्यापारिक पवनों के साथ पूर्व से पश्चिम दिशा में अग्रसर होते हैं। सागरों के ऊपर इन चक्रवातों की गति तीव्र होती है। वहीं यह स्थल तक पहुँचने के क्रम में क्षीण होने लगते हैं। यह तटीय क्षेत्रों को अधिक प्रभावित करते हैं।

उत्पत्ति एवं विकास तथा क्रिया विधि

- उष्णकटिबंधीय चक्रवातों की उत्पत्ति महासागरों में होती है, इनकी उत्पत्ति व विकास के लिए निम्न अनुकूल स्थितियाँ आवश्यक होती हैं
  - वृहत समुद्री सतह, जहाँ तापमान 27°C से अधिक हो।
  - कोरिऑलिस बल का होना।
  - ऊर्ध्वाधर पवनों की गति में अंतर कम होना।
  - कमजोर निम्न दाब क्षेत्र या निम्न स्तर के चक्रवातीय परिसंचरण का होना।
  - समुद्री तल तंत्र पर ऊपरी अपसरण।

- चक्रवातों को अधिक विध्वंसक करने वाली ऊर्जा संघनन प्रक्रिया द्वारा ऊँचे कपासी स्तरी मेघों से प्राप्त होती है, जो तूफान के केंद्र को घेरे होती है। समुद्रों से लगातार आर्द्रता की आपूर्ति से उष्ण कटिबंधीय चक्रवात अधिक प्रबल होते हैं। स्थल पर पहुँचकर आर्द्रता की आपूर्ति रुक जाती है और ये क्षीण होकर समाप्त हो जाते हैं।
- वह स्थान जहाँ से उष्ण कटिबंधीय चक्रवात तट को पार करके जमीन पर पहुँचते हैं, **चक्रवात का लैंडफाल** (Cyclone Landfall) कहलाता है। प्राय: 20° उत्तरी अक्षांश से गुजरने वाले चक्रवातों की दिशा अनिश्चित होती है और वे अधिक विध्वंसक होते हैं।

उष्णकटिबंधीय चक्रवात की उत्पत्ति के क्षेत्र/वितरण

- उष्णकटिबंधीय चक्रवातों की उत्पत्ति के क्षेत्र अथवा वितरण क्षेत्र निम्न हैं-
  - उत्तरी अटलांटिक विषुवत् रेखीय भाग।
  - उत्तरी कैरिबियाई सागर
  - निम्न अक्षांशीय प्रशांत महासागर
  - बंगाल की खाड़ी
  - दक्षिणी अमेरिकी महाद्वीप एवं गौण रूप से ऑस्ट्रेलिया।

उष्णकटिबंधीय चक्रवात की संरचना व विशेषताएँ

- एक विकसित उष्ण कटिबंधीय चक्रवात की विशेषता इसके केंद्र के चारों ओर प्रबल तथा तीव्र सर्पिल पवनों (Spiral Winds) का परिसंचरण है, जिसे इसकी आँख (Eye) कहा जाता है।
- इस परिसंचरण प्रणाली का व्यास 150 से 250 किमी तक होता है। इसका केंद्रीय (अक्षु) क्षेत्र शांत होता है, जहाँ पवनों का अवतलन होता है। अक्षु के चारों ओर अक्षुभित्ति होती है, जहाँ वायु का प्रबल व वृत्ताकार रूप में आरोहण होता है।
- यह आरोहण क्षोभसीमा की ऊँचाई तक पहुँचता है। इस क्षेत्र में पवनों का वेग अधिकतम पाया जाता है, जो 250 किमी प्रति घंटा तक होता है, इन चक्रवातों से मूसलाधार वर्षा होती है।
- इनका व्यास बंगाल की खाड़ी व हिंद महासागर पर 600 से 1200 किमी के मध्य होता है। यह परिसंचरण प्रणाली धीमी गति से 300 से 500 किमी प्रति दिन की दर से आगे बढ़ती है।
- ये चक्रवाती तूफान तरंग उत्पन्न करते हैं और तटीय निम्न क्षेत्रों को जलप्लावित कर देते हैं। ये तूफान स्थल पर धीरे-धीरे क्षीण होकर समाप्त हो जाते हैं।

उष्णकटिबंधीय तथा शीतोष्ण कटिबंधीय चक्रवात में अंतर

उष्णकटिबंधीय चक्रवात, शीतोष्ण कटिबंधीय चक्रवात से निम्न प्रकार भिन्न पाए जाते हैं।

- शीतोष्ण कटिबंधीय या बहिरूष्ण कटिबंधीय चक्रवातों में स्पष्ट वाताग्र प्रणालियाँ होती हैं, जबकि उष्ण कटिबंधीय चक्रवात में नहीं होती।
  - शीतोष्ण कटिबंधीय चक्रवात विस्तृत क्षेत्र पर फैले होते हैं तथा इनकी उत्पत्ति जल व स्थल दोनों पर होती है, जबकि उष्णकटिबंधीय चक्रवात का विस्तार क्षेत्र कम होता है तथा ये केवल समुद्रों में ही उत्पन्न होते हैं तथा स्थल पर पहुँचने पर नष्ट हो जाते हैं।
  - शीतोष्ण कटिबंधीय चक्रवात, बड़े क्षेत्रों को प्रभावित करते हैं, जबकि उष्णकटिबंधीय चक्रवात अपेक्षाकृत कम क्षेत्रों पर प्रभावी होते हैं, किंतु इनमें पवनों का वेग अपेक्षाकृत तीव्र होता है।
  - उष्णकटिबंधीय चक्रवात पूर्व से पश्चिम की ओर चलते हैं, जबकि बहिरूष्ण कटिबंधीय चक्रवात पश्चिम से पूर्व दिशा में चलते हैं।

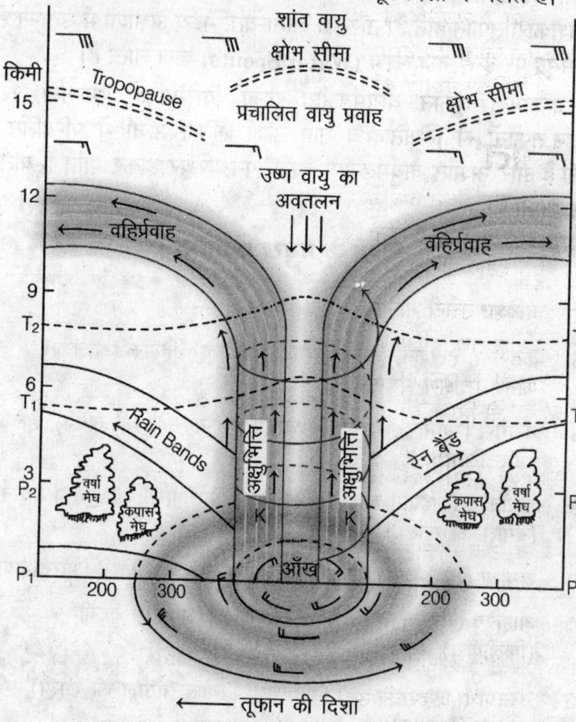

उष्ण कटिबंधीय चक्रवात

तड़ित झंझा

- तड़ित झंझा या झंझावात (Thunderstorm) स्थानीय विध्वंसक तूफान होते हैं, जो अल्प समय के लिए रहते हैं, अपेक्षाकृत कम क्षेत्रफल तक सीमित होते हैं, परंतु आक्रामक होते हैं।
- तड़ित झंझा उष्ण आर्द्र दिनों में प्रबल संवहन के कारण उत्पन्न होते हैं। तड़ित झंझा एक पूर्ण विकसित कपासी वर्षा मेघ होते हैं, जो गरज व बिजली उत्पन्न करते हैं। जब यह बादल अधिक ऊँचाई तक चले जाते हैं, जहाँ तापमान शून्य से कम रहता है, तो इससे ओले बनते हैं और ओलावृष्टि होती है। आर्द्रता कम होने पर यह धूल भरी आँधियाँ लाते हैं।
- तड़ित झंझा की विशेषता उष्ण वायु का प्रबल उर्ध्व प्रवाह होता है, जिसके कारण बादलों का आकार बढ़ता है और ये अधिक ऊँचाई तक पहुँचते हैं।
- इसके कारण वर्षण होता है। तत्पश्चात् नीचे की ओर वाताग्र प्रवाह पृथ्वी की ठंडी वायु व वर्षा लाते हैं। भयानक तड़ित झंझा से कभी-कभी वायु आक्रामक रूप में हाथी की सूंड की भाँति सर्पिल अपरोहण करती है।

टॉरनेडो

- 'टॉरनेडो' (Tornado) शब्द की उत्पत्ति स्पेनिश भाषा के शब्द ट्रोनाडा (Tronada) से हुई है, जिसका अर्थ 'झंझावात' होता है। वैज्ञानिकों ने टॉरनेडो को एक विशिष्ट तथा भीषण तूफान की श्रेणी में रखा है।
- वायुमंडलीय विक्षोभों में टॉरनेडो सर्वाधिक प्रबल होते हैं। यह अत्यधिक निम्न दाब केंद्र के चारों ओर घूमता है। टॉरनेडो एक कीपाकार (Funnel Shaped) बादलों के रूप में दिखाई देता है। यह व्यापक रूप से भयंकर विनाशकारी होता है।

- टॉरनेडो की उत्पत्ति गहन न्यून वायुदाब क्षेत्र के चारों ओर तीव्र गति से घूमती हुई हवाओं के स्तंभ के रूप में होती है। यह लघु आकार के विनाशकारी तूफान होते हैं। टॉरनेडो सामान्यत: मध्य अक्षांशों में उत्पन्न होते हैं। समुद्र पर इन्हें **जल स्तंभ** (Water Spouts) कहा जाता है।
- ये आक्रामक तूफान वायुमंडलीय ऊर्जा वितरण में भिन्नता रखते हैं। इन तूफानों से स्थितिज व ताप ऊर्जा गतिज ऊर्जा में परिवर्तित हो जाती है और अशांत वायुमंडलीय दशाएँ पुन: स्थिर होकर शांत स्थिति में लौट आती हैं।

विश्व के प्रमुख चक्रवात

वर्ष	चक्रवात
2005	कैटरीना, हरिकेन, (संयुक्त राज्य अमेरिका), हिबारू (श्रीलंका), फानूस (दक्षिण अंडमान)।
2008	नरगिस (म्यांमार), गुस्ताव व जोसफीन (मैक्सिको की खाड़ी), हेलेन (ऑस्ट्रेलिया)।
2009	मोराकोट (ताइवान व चीन), कैटरीना (फिलीपींस), आइला व फ्यान (बंगाल की खाड़ी)।
2010	अगाथा (ग्वाटेमाला), लैला (पूर्वी तटीय भारत) व यासी (ऑस्ट्रेलिया)।
2011	आइरिन (संयुक्त राज्य अमेरिका), कीला (ओमान), कासी (फिलीपींस), थाने (तमिलनाडु एवं पुदुच्चेरी)।
2013	उसागी (जापान), फेलिन (ओडिशा), बियारू (बंगाल की खाड़ी), बारबरा (मैक्सिको)।
2014	टायफून रम्मासुन (फिलीपींस), इयान (प्रशांत महासागर में टोगा द्वीप), टायफून मात्मो (ताइवान), हुदहुद (भारत)।
2015	टायफून चांह होम (पूर्वी चीन), टायफून नांगका (जापान), चक्रवात कोमेन (बंगाल की खाड़ी), चक्रवात लिंफा (दक्षिणी चीन), टायफून इताउ (जापान), माउंट आसो (जापान), चक्रवात पाम वनातु (दक्षिणी प्रशांत द्वीपीय), चक्रवात नाथन (ऑस्ट्रेलिया), चक्रवात ओलविन (ऑस्ट्रेलिया), चपला (अरब सागर), टायफून (दक्षिणी चीन), अशोबा चक्रवात (भारत)।
2016	रोआनू (बंगाल की खाड़ी), वरदा (बंगाल की खाड़ी)
2017	मोरा (बंगाल की खाड़ी), हार्वे (मध्य टेक्सास प्रांत, संयुक्त राज्य अमेरिका), मैथ्यू (संयुक्त राज्य अमेरिका)।
2018	तितली चक्रवाती तूफान (भारत), मेकूनू, (उत्तरी हिंद महसागर), सामर (सोमालिया गल्फ आफ अडेन) तूबान (अरब सागर), गाजा (गल्फ ऑफ आइलैंड), माइकल (अमेरिका), यूतु (फिलिपींस)
2019	पाबुक (Pabuk) (थाईलैंड, म्यांमार, अंडमान द्वीप), ओवेन (ऑस्ट्रेलिया), फणि (भारत, बांग्लादेश)
2020	अम्फान (बंगाल की खाड़ी), निसर्ग (अरब सागर), क्रिस्टोबल (अटलांटिक महासागर), आर्थर (अटलांटिक महासागर), हेरॉल्ड (सोलोमन द्वीप, फिजी, टोंगा), मंगा (ऑस्ट्रेलिया), निवार (हिंद महासागर)
2021	यास, जवाद, ताउते, गुलाब (भारत)
2022	असानी, करीम, मैडोंस, सितारंग (भारत)
2023	चक्रवात मोचा (म्यांमार बांग्लादेश), बिपरजॉय (भारत एवं पाकिस्तान), मिचौंग (भारत)

प्रतिचक्रवात

- प्रतिचक्रवात (Anticyclone) वृत्ताकार समदाब रेखाओं द्वारा घिरा हुआ वायु का ऐसा क्रम होता है, जिसके केंद्र में उच्च वायुदाब तथा बाहर की ओर निम्नदाब क्षेत्र होता है, जिस कारण हवाएँ केंद्र से परिधि की ओर चलती हैं।
- इस प्रकार प्रतिचक्रवात की प्रकृति तथा विशेषताएँ चक्रवात से पूर्णत: विपरीत होती हैं।
- यह उपोष्ण कटिबंधीय उच्च वायुदाब क्षेत्रों में अधिक उत्पन्न होते हैं। वहीं भूमध्य रेखीय क्षेत्रों में इनका अभाव पाया जाता है, इसमें मौसम साफ होता है तथा हवाएँ धीमी गति से चलती हैं।

प्रतिचक्रवात की विशेषताएँ

- इनका आकार प्राय: गोलाकार होता है, किंतु कभी-कभी 'V' आकार केंद्र तथा परिधि के वायुदाबों का अंतर 10-20 mb तथा कभी-कभी 35 mb तक भी पाया जाता है।
- इनका आकार चक्रवातों की अपेक्षा बड़ा होता है। इनका व्यास चक्रवातों की तुलना में 75% अधिक पाया जाता है।
- यह चक्रवातों के पीछे-पीछे लगभग 30-35 किमी प्रति घंटा की चाल से चला करते हैं।
- यह वाताग्र का निर्माण नहीं करते हैं। इसका तापमान मौसम, वायुराशि के स्वभाव तथा आर्द्रता पर आधारित होता है।
- इसके केंद्र में हवाएँ ऊपर से नीचे की ओर उतरती हैं। फलस्वरूप मौसम साफ होता है तथा वर्षा की संभावना नहीं होती है।

चक्रवात तथा प्रतिचक्रवात में पवनों की दिशा का प्रारूप

दाब पद्धति	केंद्र में दाब की दशा	पवन दिशा का प्रारूप	
		उत्तरी गोलार्द्ध	दक्षिणी गोलार्द्ध
चक्रवात	निम्न	घड़ी की सुई की दिशा के विपरीत	घड़ी की सुई की दिशा के अनुरूप
प्रतिचक्रवात	उच्च	घड़ी की सूई की दिशा के अनुरूप	घड़ी की सुई की दिशा के विपरीत

विश्व के जलवायु प्रदेश

- किसी स्थान की अल्पकालीन वायुमंडलीय दशाओं, जैसे- तापमान, वर्षा, वायुदाब, पवन, आर्द्रता आदि के सम्मिलित रूप को मौसम कहा जाता है, जबकि किसी स्थान की दीर्घकालीन मौसम की दशाओं के औसत को जलवायु कहा जाता है।
- जलवायु से दीर्घकालिक अवस्था का बोध होता है, एवं इसमें परिवर्तन भी बहुत धीरे-धीरे होता है।
- संसार के विभिन्न भागों में जलवायु के मुख्य घटकों में परिवर्तनों के प्रभाव से तथा धरातल के स्वभाव में भिन्नता के कारण प्रत्येक स्थान की एक विशिष्ट जलवायु होती है, इसी आधार पर जलवायु का वर्गीकरण किया गया है।

जलवायु वर्गीकरण

- जलवायु के वर्गीकरण का सर्वप्रथम प्रयास प्राचीन यूनानियों द्वारा किया गया था। इन्होंने वर्गीकरण का आधार तापमान को बनाया था, जिसके अनुसार जलवायु को उष्ण समशीतोष्ण तथा शीत कटिबंधों में बाँटा जाता है।

- आधुनिक समय में जलवायु का वर्गीकरण तीन वृहत उपागमों द्वारा किया गया है, जो निम्न हैं
  - **आनुभविक वर्गीकरण** (Empirical Classification) प्रेक्षित किए गए ये विशेष रूप से तापमान एवं वर्षण से संबंधित आँकड़ों पर आधारित होता है।
  - **जननिक वर्गीकरण** (Genetic Classification) जलवायु को उनके कारणों के आधार पर संगठित करने का प्रयास है।
  - **अनुप्रयुक्त वर्गीकरण** (Applied Classification) किसी विशिष्ट उद्देश्य के लिए किया जाता है।
  - वर्तमान में जलवायु के लिए दो पद्धतियाँ अधिक प्रचलित हैं, जो व्लादीमीर कोपेन (1918) तथा थॉर्नथ्वेट द्वारा विकसित की गई हैं।

कोपेन की जलवायु वर्गीकरण की पद्धति

- कोपेन द्वारा विकसित की गई जलवायु के वर्गीकरण की आनुभविक पद्धति का सबसे व्यापक उपयोग किया जाता है। कोपेन ने वनस्पति के वितरण और जलवायु के मध्य एक घनिष्ट संबंध की पहचान की।
- इन्होंने तापमान तथा वर्षण के कुछ निश्चित मानों का चयन करते हुए उनका वनस्पति के वितरण से संबंध स्थापित किया और इन मानों का उपयोग जलवायु के वर्गीकरण में किया।
- वर्षा एवं तापमान के मध्यमान वार्षिक एवं मध्यमान मासिक आँकड़ों पर आधारित यह एक आनुभविक पद्धति है। इन्होंने जलवायु के समूहों एवं प्रकारों की पहचान करने के लिए बड़े तथा छोटे अक्षरों के प्रयोग को आरंभ किया।
- वर्ष 1918 में विकसित तथा समय के साथ संशोधित हुई कोपेन की यह पद्धति आज भी लोकप्रिय व प्रचलित है।
- कोपेन द्वारा जलवायु को पाँच प्रमुख समूहों में निर्धारित किया गया है, जिनमें से चार तापमान पर और एक वर्षण पर आधारित है।

कोपेन के अनुसार जलवायु वर्गीकरण

समूह	लक्षण
उष्णकटिबंधीय (A)	सभी महीनों का औसत तापमान 18°C से अधिक।
शुष्क जलवायु (B)	वर्षण की तुलना में विभव वाष्पीकरण की अधिकता।
कोष्ण शीतोष्ण (C)	सर्वाधिक ठंडे महीने का औसत तापमान 3°C से अधिक, किंतु 18°C से कम मध्य अक्षांशीय जलवायु
शीतल हिम-वन जलवायु (D)	वर्ष के सर्वाधिक ठंडे महीने का औसत तापमान शून्य अंश तापमान से 3° नीचे।
शीत (E)	सभी महीनों का औसत तापमान 10° से कम
उच्च भूमि (H)	ऊँचाई के कारण शीत।

कोपेन के अनुसार जलवायु के प्रकार

- कोपेन के जलवायु वर्गीकरण में बड़े अक्षर A, C, D तथा E आर्द्र जलवायु को और B अक्षर शुष्क जलवायु को निरूपित करता है।
- जलवायु समूहों को तापक्रम एवं वर्षा की मौसमी विशेषताओं के आधार पर कई उप प्रकारों में विभाजित किया गया है, जिसे छोटे अक्षरों द्वारा अभिहित किया गया है।
- शुष्कता वाले मौसमों को छोटे अक्षरों f, m, w और s द्वारा इंगित किया गया है। इसमें f शुष्क मौसम के न होने को, m मानसून जलवायु को, w शुष्क शीत ऋतु को और s शुष्क ग्रीष्म ऋतु को इंगित करता है।
- इसमें छोटे अक्षर a, b, c तथा d तापमान की उग्रता वाले भाग को दर्शाते हैं।
- इसमें B समूह की जलवायु को उपविभाजित करते हुए, स्टेपी अथवा अर्ध शुष्क के लिए S तथा मरुस्थल के लिए W जैसे बड़े अक्षरों का प्रयोग किया गया है।

कोपेन के अनुसार जलवायु के प्रकार

समूह	प्रकार	कूट अक्षर	लक्षण
A उष्णकटिबंधीय आर्द्र जलवायु	उष्णकटिबंधीय आर्द्र	Af	कोई शुष्क ऋतु नहीं।
	उष्णकटिबंधीय मानसून	Am	मानसून, लघु शुष्क ऋतु
	उष्णकटिबंधीय आर्द्र एवं शुष्क	Aw	जाड़े की शुष्क ऋतु
B शुष्क जलवायु	उपोष्ण कटिबंधीय स्टैपी	BSh	निम्न अक्षांशीय, अर्ध शुष्क एवं शुष्क
	उपोष्ण कटिबंधीय मरुस्थल	BWh	निम्न अक्षांशीय शुष्क
	मध्य अक्षांशीय स्टैपी	BSk	मध्य अक्षांशीय अर्ध शुष्क अथवा शुष्क
	मध्य अक्षांशीय मरुस्थल	BWk	मध्य अक्षांशीय शुष्क
C कोष्ण शीतोष्ण (मध्य अक्षांशीय जलवायु)	आर्द्र उपोष्ण कटिबंधीय	Cfa	मध्य अक्षांशीय अर्धशुष्क अथवा शुष्क
	भूमध्य सागरीय	Csa	शुष्क गर्म ग्रीष्म
	समुद्री पश्चिमी तटीय	Cfb	कोई शुष्क ऋतु नहीं, कोष्ण तथा शीतल ग्रीष्म
D शीतल हिम वन जलवायु	आर्द्र महाद्वीपीय	Df	कोई शुष्क ऋतु नहीं, भीषण जाड़ा
	उप-उत्तर ध्रुवीय	Dw	जाड़ा शुष्क तथा अत्यंत भीषण
E शीत जलवायु	टुंड्रा	ET	सही अर्थों में कोई ग्रीष्म नहीं
E शीत जलवायु	ध्रुवीय हिमटोपी	EF	सदैव हिमाच्छादित हिम
H उच्च भूमि	उच्च भूमि	H	हिमाच्छादित उच्च भूमियाँ

विश्व के प्रमुख जलवायु प्रदेश

विश्व के प्रमुख जलवायु प्रदेश निम्नलिखित हैं

समूह (A) उष्ण कटिबंधीय जलवायु

- उष्ण कटिबंधीय जलवायु (Tropical Climates) कर्क रेखा और मकर रेखा के मध्य पाई जाती है। संपूर्ण वर्ष सूर्य के उर्ध्वाधर तथा अंतर उष्ण कटिबंधीय अभिसरण क्षेत्र की उपस्थिति के कारण यहाँ की जलवायु उष्ण एवं आर्द्र रहती है।
- यहाँ वार्षिक तापांतर बहुत कम तथा वर्षा अधिक होती है। उष्णकटिबंधीय जलवायु को तीन प्रकारों में बाँटा जाता है

उष्ण कटिबंधीय आर्द्र जलवायु (Af)

- उष्ण कटिबंधीय आर्द्र जलवायु (Tropical Wet Climate) विषुवत् वृत्त से 10° उत्तर और दक्षिण अक्षांशों के मध्य पाई जाती है। इस जलवायु के प्रमुख क्षेत्र दक्षिण अमेरिका का अमेजन बेसिन, पश्चिमी विषुवतीय अफ्रीका तथा दक्षिणी पूर्वी एशिया के द्वीप हैं।
- यहाँ वर्ष के प्रत्येक माह में दोपहर के बाद गरज और बौछारों के साथ प्रचुर मात्रा में वर्षा होती है। तापमान ऊँचा तथा वार्षिक तापांतर नगण्य होता है। किसी भी दिन अधिकतम तापमान लगभग 30° सेल्सियस तथा न्यूनतम तापमान लगभग 20° सेल्सियस पाया जाता है।
- इस जलवायु में सघन वितान तथा व्यापक जैव विविधता वाले उष्ण कटिबंधीय सदाहरित वन (महोगनी, चंदन, गटापार्चा, रबर, एबोनी, सिनकोना आदि वृक्ष) पाए जाते हैं।

उष्ण कटिबंधीय मानसून जलवायु (Am)

- उष्ण कटिबंधीय मानसून जलवायु (Tropical Monsoon Climate) प्रदेश का विस्तार भूमध्य रेखा के दोनों ओर 10° से 30° अक्षांशों के मध्य पाया जाता है।
- यह जलवायु भारतीय उपमहाद्वीप, दक्षिण अमेरिका के उत्तर-पूर्वी भाग तथा उत्तरी ऑस्ट्रेलिया में पाई जाती है।
- यहाँ भारी वर्षा अधिकतर ग्रीष्म ऋतु में होती है तथा शीत ऋतु शुष्क होती है। यहाँ वर्षा 40 से 200 सेमी तक होती है तथा वार्षिक तापांतर लगभग 10°C पाया जाता है।
- यहाँ वर्षा में भिन्नता के कारण वनस्पतियों में भी भिन्नता पाई जाती है। 200 सेमी से अधिक वर्षा वाले प्रदेशों में सदाबहार वन महोगनी, रबड़, ताड़, बाँस आदि पाए जाते हैं। वहीं 100 से 200 सेमी वर्षा वाले प्रदेशों में पतझड़ वृक्ष; जैसे- साल, सागौन आदि मिलते हैं, वहीं शुष्क क्षेत्रों में झाड़ियाँ मिलती हैं।

उष्णकटिबंधीय आर्द्र एवं शुष्क जलवायु (Aw) या सवाना तुल्य जलवायु

- उष्णकटिबंधीय आर्द्र एवं शुष्क जलवायु या सवाना तुल्य जलवायु (Tropical Wet and Dry Climate or Savanna Type Climate) Af प्रकार के जलवायु प्रदेशों के उत्तर एवं दक्षिण में पाई जाती है। इसकी सीमा महाद्वीपों के पश्चिमी भाग में शुष्क जलवायु के साथ और पूर्वी भाग में Cf और Cw प्रकार की जलवायु के साथ पाई जाती है।
- यह जलवायु प्रदेश, दक्षिण अमेरिका में स्थित ब्राजील के वनों के उत्तर और दक्षिण में बोलिविया और पैराग्वे के निकटवर्ती भागों तथा सूडान और मध्य अफ्रीका के दक्षिण में पाई जाती है।
- यहाँ विषुवत् रेखीय जलवायु प्रदेश की अपेक्षा वार्षिक वर्षा कम (25-100 सेमी तक) होती है अर्थात् यहाँ वार्षिक वर्षा Af तथा Am जलवायु प्रकारों की अपेक्षा कम होती है। इसलिए यहाँ घास के बड़े-बड़े मैदान मिलते हैं, जिसे अफ्रीका में सवाना कहते हैं।
- इस जलवायु प्रदेश को सवाना तुल्य जलवायु प्रदेश या सूडान तुल्य जलवायु प्रदेश कहा जाता है। इसमें तापमान 20°C से 30°C तक पाया जाता है।
- यहाँ आर्द्र ऋतु छोटी और शुष्क ऋतु भीषण व लंबी होती है। शुष्क ऋतु में दैनिक तापांतर सर्वाधिक होता है। अत: इस जलवायु में पर्णपाती वन और पेड़ों से ढकी घास भूमियाँ पाई जाती हैं।

समूह (B) शुष्क जलवायु

- शुष्क जलवायु (Dry Climate) पृथ्वी के बड़े भाग पर पाई जाती है, जो विषुवत् वृत्त से 15° से 60° उत्तर व दक्षिण अक्षांशों के मध्य विस्तृत है। 15° से 30° के निम्न अक्षांशों में यह उपोष्ण कटिबंधीय उच्च वायुदाब क्षेत्र में पाई जाती है।
- महाद्वीपों के पश्चिमी सीमांतों पर, ठंडी धाराओं के आसन्न क्षेत्र, विषुवत् दक्षिण अमेरिका के पश्चिमी तट पर, यह जलवायु विषुवत् वृत्त की ओर अधिक विस्तृत और तटीय भाग में पाई जाती है।
- मध्य अक्षांशों में विषुवत् वृत्त से 35° से 60° उत्तर व दक्षिण के मध्य यह जलवायु महाद्वीपों के उन आंतरिक भागों तक परिरुद्ध होती है, जहाँ पर्वतों से घिरे होने के कारण प्राय: समुद्री आर्द्र पवनें नहीं पहुँच पाती हैं।
- शुष्क जलवायु को स्टेपी अथवा अर्द्ध शुष्क जलवायु (BS) और मरुस्थलीय जलवायु (BW) में विभाजित किया जाता है।
- इसे आगे 15° से 35° अक्षांशों के मध्य उपोष्ण कटिबंधीय स्टेपी (BSh) और उपोष्ण कटिबंधीय मरुस्थल (BWh) में बाँटा जाता है।
- इसके आगे 35° और 60° अक्षांशों के मध्य इसे मध्य अक्षांशीय स्टेपी (BSK) तथा मध्य अक्षांशीय मरुस्थल (BWk) में विभाजित किया जाता है।

उपोष्ण कटिबंधीय स्टेपी (Bsh) एवं उपोष्ण कटिबंधीय मरुस्थल (Bwh) जलवायु

- उपोष्ण कटिबंधीय स्टेपी (Bsh) एवं उपोष्ण कटिबंधीय मरुस्थल (Bwh) जलवायु (Sub Tropical Steppe and Sub Tropical Desert Climate) दोनों जलवायु प्रदेशों में वर्षण एवं तापमान के लक्षण समान होते हैं।
- आर्द्र एवं शुष्क जलवायु के संक्रमण क्षेत्र में अवस्थित होने के कारण उपोष्ण कटिबंधीय स्टेपी जलवायु में मरुस्थल जलवायु की अपेक्षा वर्षा थोड़ी अधिक होती है, जो विरल घास भूमियों के लिए पर्याप्त होती है। वर्षा की परिवर्तनशीलता दोनों जलवायु प्रदेशों में होती है, यह परिवर्तनशीलता मरुस्थल की अपेक्षा स्टेपी में जीवन को अधिक प्रभावित करती है। इससे कई बार अकाल की स्थिति उत्पन्न हो जाती है।
- मरुस्थलों में वर्षा गरज के साथ तीव्र बौछारों के रूप में होती है, ठंडी धाराओं के तापमान से तटीय मरुस्थलों में कोहरा का बनना एक आम बात होती है, यहाँ ग्रीष्म ऋतु में अधिकतम तापमान बहुँत ऊँचा होता है।
- लीबिया के अल-अजीजिया में 13 सितंबर, 1922 को उच्चतम तापमान 58° सेल्सियस दर्ज किया गया था, इस जलवायु में वार्षिक और दैनिक तापांतर भी अधिक पाए जाते हैं।

समूह (C) कोष्ण शीतोष्ण (मध्य अक्षांशीय) जलवायु

- कोष्ण शीतोष्ण (मध्य अक्षांशीय) जलवायु (Warm Temperate Mid-Latitude Climate) 30° से 50°C अक्षांशों के मध्य मुख्यत: महाद्वीपों के पूर्वी तथा पश्चिमी सीमांतों पर विस्तृत पाया जाता है।
- इस जलवायु में सामान्यत: ग्रीष्म ऋतु कोष्ण और शीत ऋतु मृदुल होती है। इस जलवायु को चार प्रकारों में वर्गीकृत किया जाता है

1. **आर्द्र उपोष्ण कटिबंधीय** (Cwa) (Humid Subtropical Climates) यह उपोष्ण कटिबंधीय जलवायु कर्क एवं मकर रेखा से ध्रुवों की ओर मुख्य रूप से भारत के उत्तरी मैदान और दक्षिणी चीन के आंतरिक मैदानों में पाई जाती है। यह जलवायु Aw जलवायु जैसी ही है, केवल इतना अपवाद होता है कि इसमें सर्दियों का तापमान कोष्ण होता है।
2. **भूमध्य सागरीय जलवायु** (Cs) (Mediterranean Climate) यह जलवायु भूमध्य सागर के चारों ओर तथा उपोष्ण कटिबंध से 30° से 40° अक्षांशों के मध्य महाद्वीपों के पश्चिमी तटों के साथ-साथ पाई जाती है। यह मध्य कैलिफोर्निया, मध्य चिली, दक्षिणी अफ्रीका का दक्षिणी भाग तथा ऑस्ट्रेलिया के दक्षिण-पूर्वी और दक्षिण-पश्चिमी भाग व न्यूजीलैंड के उत्तरी द्वीप तक फैली है। यह क्षेत्र ग्रीष्म ऋतु में उपोष्ण कटिबंधीय, उच्च वायुदाब तथा शीत ऋतु में पछुआ पवनों के प्रभाव में आ जाते हैं।

   उष्ण व शुष्क गर्मियाँ तथा मृदु एवं वर्षा युक्त सर्दियाँ इस जलवायु की विशेषता है। ग्रीष्म ऋतु में औसत मासिक तापमान 25°C तथा शीत ऋतु में 10°C से कम रहता है। यहाँ औसत वार्षिक वर्षा 35 से 90 सेमी होती है। ये जलवायु क्षेत्र स्वास्थ्यवर्धक एवं आनंददायक शीतकाल के लिए प्रसिद्ध हैं। भूमध्यसागरीय क्षेत्र नींबू, संतरा, जैतून, अंजीर आदि रसीले फलों आदि के उत्पादन के लिए भी प्रसिद्ध हैं।
3. **आर्द्र उपोष्ण कटिबंधीय जलवायु** (Cfa) (चीन तुल्य जलवायु) (Humid Subtropical Climate-China Type Climate) यह जलवायु उपोष्ण कटिबंधीय प्रदेश (विषुवत् रेखा के दोनों ओर 30° से 45°) अक्षांशों के मध्य महाद्वीपों के पूर्वी भागों में पाई जाती है। इस प्रदेश में वायुराशियाँ प्राय: अस्थिर रहती हैं और पूरे वर्ष वर्षा करती हैं। यह जलवायु पूर्वी संयुक्त राज्य अमेरिका, दक्षिणी तथा पूर्वी चीन, दक्षिणी जापान, उत्तर-पूर्वी अर्जेंटीना, तटीय दक्षिण अफ्रीका तथा ऑस्ट्रेलिया के पूर्वी तट पर पाई जाती है।

   यहाँ औसत वार्षिक वर्षा 75 से 150 सेमी के मध्य होती है। ग्रीष्म ऋतु में तड़ित झंझा और शीत ऋतु में वाताग्री वर्षण होना यहाँ की सामान्य विशेषताएँ हैं। ग्रीष्म ऋतु में औसत मासिक तापमान लगभग 27°C पाया जाता है, जबकि जाड़ों में यह 5° से 12°C के मध्य पाया जाता है, यहाँ दैनिक तापांतर बहुत कम पाया जाता है।
4. **समुद्री पश्चिम तटीय जलवायु** (Cfb) (Marine West Coast Climate) यह जलवायु महाद्वीपों के पश्चिमी तटों पर भूमध्य सागरीय जलवायु से ध्रुवों के मध्य पाई जाती है। इसका विस्तार सामान्यत: दोनों गोलार्द्धों में 45° से 60° अक्षांशों के मध्य पाया जाता है। इस जलवायु के प्रमुख क्षेत्र हैं-उत्तर पश्चिमी यूरोप, उत्तरी अमेरिका का पश्चिमी तट, उत्तरी कैलिफोर्निया, दक्षिण-चिली, दक्षिण-पूर्वी ऑस्ट्रेलिया और न्यूजीलैंड। यहाँ समुद्री प्रभाव के कारण तापमान मध्यम होता है तथा शीत ऋतु में अक्षांशों की तुलना में कोष्ण होता है।

   गर्मी के महीनों में औसत तापमान 15° से 20°C और सर्दियों के महीनों में 4° से 10°C के मध्य पाया जाता है। यहाँ वार्षिक तापांतर और दैनिक तापांतर कम पाया जाता है। वर्षा वर्ष भर होती है, किंतु सर्दियों में अधिक होती है, वर्षा की मात्रा 50 सेमी से 250 सेमी के मध्य घटती रहती है।

समूह (D) शीत हिम वन जलवायु

शीत हिम वन जलवायु (Cold Snow Forest Climates) उत्तरी गोलार्द्ध में 40° से 70° अक्षांशों के मध्य यूरोप, एशिया और उत्तरी अमेरिका के विस्तृत महाद्वीपीय क्षेत्रों में पाई जाती है। इस जलवायु प्रदेश को दो प्रकारों में विभक्त किया जाता है।

1. **आर्द्र सर्दी से युक्त ठंडी जलवायु** (Df) (Cold Climate With Humid Winters) यह जलवायु समुद्री पश्चिम तटीय जलवायु और मध्य अक्षांशीय स्टेपी जलवायु से ध्रुवों की ओर पाई जाती है। यहाँ शीत ऋतु ठंडी तथा बर्फीली होती है। तुषार मुक्त ऋतु छोटी होती है। वार्षिक तापांतर अधिक होता है। मौसमी परिवर्तन आकस्मिक और अल्पकालिक होते हैं, इसमें ध्रुवों की ओर सर्दियाँ अधिक उग्र होती हैं।
2. **शुष्क सर्दी से युक्त ठंडी जलवायु** (Dw) (Cold Climate With Dry Winters) यह जलवायु मुख्यत: उत्तर पूर्वी एशिया में पाई जाती है। सर्दी (जाड़ों) में प्रतिचक्रवात का स्पष्ट विकास तथा ग्रीष्म ऋतु में उसका कमजोर पड़ना, इस क्षेत्र में पवनों के प्रत्यावर्तन से मानसून जैसी दशाएँ उत्पन्न करते हैं। इसमें ध्रुवों की ओर गर्मियों में तापमान कम होता है और सर्दियों में तापमान अत्यंत न्यून होता है। यहाँ के कुछ स्थानों पर वर्ष के सात महीने तक तापमान हिमांक बिंदु से कम रहता है, वार्षिक वर्षा की मात्रा 12 से 15 सेमी के मध्य होती है।

समूह (E) ध्रुवीय जलवायु

- ध्रुवीय जलवायु (Polar Climate) 70° अक्षांश से परे ध्रुवों की ओर पाई जाती है, यहाँ का औसत तापमान 10°C से भी कम होता है।
- उष्ण अवधि की अनुपस्थिति और अत्यधिक लंबी कठोर शीत ऋतु, इस जलवायु की मुख्य विशेषता है।

इस जलवायु को दो प्रकारों में बाँटा जाता है, जो निम्न हैं

1. **टुंड्रा जलवायु** (ET) (Tundra Climate) यह जलवायु उत्तरी गोलार्द्ध में 66° उत्तरी अक्षांश के उत्तर में पाई जाती है। इसका विस्तार यूरोप में नार्वे, फिनलैंड तथा रूस का उत्तरी भाग, एशिया में साइबेरिया का उत्तरी भाग, उत्तरी अमेरिका में उत्तरी कनाडा तथा अलास्का तक है। इस जलवायु का नाम काई, लाइकेन तथा पुष्पी पादपों जैसे छोटे वनस्पति के प्रकारों के आधार पर रखा गया है।

   यह स्थायी तुषार का प्रदेश है, जिसमें अधोभूमि स्थायी रूप से जमी रहती है। लघुवर्द्धन काल और जलाक्रांति छोटी प्रजातियों का ही पोषण कर पाते हैं। ग्रीष्म ऋतु में दिन के प्रकाश की अवधि लंबी होती है।

2. **हिमटोप जलवायु (EF)** (Ice Cap Climate) यह जलवायु ग्रीनलैंड और अंटार्कटिका के आंतरिक भागों में पाई जाती है। यहाँ गर्मियों में तापमान हमेशा हिमांक से नीचे रहता है। इस क्षेत्र में वर्षा थोड़ी मात्रा में होती है। तुषार एवं हिम एकत्रित होते जाते हैं, जिनका बढ़ता हुआ दबाव हिमपरतों को विवृत कर देता है।

हिम परतों के ये टुकड़े-आर्कटिक एवं अंटार्कटिक जल में खिसक कर प्लावी हिम शैलों के रूप में तैरने लगते हैं। अंटार्कटिक में 79° दक्षिण अक्षांश पर अर्थात् 'प्लेट्यू स्टेशन' (Plateau Area) पर भी यह जलवायु पाई जाती है।

समूह (H) उच्च भूमि जलवायु

- उच्च भूमि जलवायु (High land Climate) आल्पस, हिमालय, तिब्बत के पठार, टॉकी/रॉकी तथा एंडीज पर्वतों पर पाई जाती है, यह जलवायु स्थलाकृति द्वारा नियंत्रित होती है।
- ऊँचे पर्वतों में थोड़ी-थोड़ी दूरियों पर मध्यमान तापमान में भारी परिवर्तन पाए जाते हैं।
- ऊँचे भूमि वर्षण के प्रकारों व उनकी गहनता में भी स्थानिक अंतर पाए जाते हैं तथा पर्वतीय वातावरण में ऊँचाई के साथ जलवायु प्रदेशों के स्तरित ऊर्ध्वाधर कटिबंध पाए जाते हैं।

विश्व के प्रमुख प्राकृतिक प्रदेश

A. उष्ण कटिबंधीय क्षेत्र (Tropical Regions)	• विषुवतीय या भूमध्यरेखीय क्षेत्र (Equatorial Regions) • सवाना या सूडान तुल्य क्षेत्र (Savanna Region or Sudan Type Region) • उष्ण कटिबंधीय मानसून क्षेत्र (Tropical Monsoon Region) • उष्ण कटिबंधीय मरुस्थलीय क्षेत्र या सहारा तुल्य क्षेत्र (Tropical Deserts or Sahara Type Regions)
B. कोष्ण शीतोष्ण क्षेत्र (Warm Temperate Regions)	• भूमध्य सागरीय क्षेत्र (Mediterranean Regions) • शीतोष्ण मरुस्थलीय क्षेत्र (Temperate Desert Regions) • चीन तुल्य क्षेत्र (China Type Regions)
C. शीत कटिबंध क्षेत्र (Cold Temperate Regions)	• प्रेयरीज तुल्य क्षेत्र (Prairie Type Regions) • पश्चिमी यूरोप तुल्य क्षेत्र (West European Type Regions) • सेंट लॉरेंस तुल्य क्षेत्र (St. Lawrence Type Regions)
D. शीत क्षेत्र (Cold Regions)	• टैगा तुल्य क्षेत्र (Taiga Type Regions) • टुंड्रा तुल्य क्षेत्र (Tundra Type Regions) • उच्च पर्वतीय क्षेत्र (High Mountain Regions)

अतिरिक्त तथ्य
तमिलनाडु बोर्ड एवं NIOS

वायुमंडल: संघटन और संरचना

- वायुमंडल का 99% भाग दो प्रमुख गैसों नाइट्रोजन तथा ऑक्सीजन से मिलकर बना है। शेष 1% भाग में **आर्गन, कार्बन डाइऑक्साइड, हाइड्रोजन, नियॉन** तथा **हीलियम** आदि गैसें पाई जाती हैं।
- वायुमंडल में जलवाष्प, वाष्पीकरण तथा वाष्पोत्सर्जन द्वारा जल पहुँचाता है। वाष्पीकरण समुद्रों, नदियों, तालाबों, झीलों तथा वाष्पोत्सर्जन पेड़-पौधों और जीव-जंतुओं से होता है। वायुमंडल सामान्यतः धरातल से लगभग 1600 किमी की ऊँचाई तक फैला है।

सूर्यातप और तापमान

- सौर विकिरण की कुल एक अरब इकाई में से केवल 2 इकाई ही ऊर्जा धरातल पर प्राप्त होती है। पृथ्वी पर होने वाली संपूर्ण भौतिक एवं जैविक घटनाओं के लिए ऊर्जा का एकमात्र स्रोत सूर्य है।
- सूर्यातप विभिन्न अक्षांशों के मध्य ऊष्मा असंतुलन पैदा करता है। धरातलीय पवनें और महासागरीय धाराएँ अतिरिक्त ताप-क्षेत्र से ताप-अभाव क्षेत्र की ओर ऊष्मा का स्थानांतरण करके इस असंतुलन को कुछ सीमा तक कम करती हैं। इसी को **अक्षांशीय ऊष्मा संतुलन** कहते हैं।
- ओजोन परत के ह्रास और कार्बन डाइऑक्साइड की वृद्धि के कारण संपूर्ण पृथ्वी के वायुमंडल के तापमान का बढ़ना, भूमंडलीय तापन कहलाता है।

वायुमंडलीय दाब और पवनें

- एक मिलीबार दाब प्रति वर्ग सेंटीमीटर क्षेत्र पर पड़ने वाले लगभग एक ग्राम बल के बराबर होता है। वायुदाब का अंतर्राष्ट्रीय मानक इकाई पास्कल है, जो प्रति वर्ग मीटर एक न्यूटन बल के बराबर होती है।
- 1000 मिलीबार वायुदाब का भार समुद्र तल पर 1.053 किग्रा प्रति वर्ग सेंटीमीटर होता है, जो 76 सेंटीमीटर ऊँचे पारे के स्तंभ के बराबर होता है। ऊँचाई बढ़ने के साथ वायुदाब में औसतन कमी की दर प्रति 300 मीटर ऊँचाई पर 34 मिलीबार होती है।
- धरातल पर वायुदाब का क्षैतिज वितरण मुख्य अक्षांश वृत्तों के साथ पट्टियों के रूप में पाया जाता है, इन्हीं को वायुदाब पेटियाँ कहा जाता है। जनवरी में कम वायु दाब के क्षेत्र दक्षिण अमेरिका, दक्षिण अफ्रीका तथा ऑस्ट्रेलिया में पाए जाते हैं।

पवनें

- जब वायु ऊर्ध्वाधर रूप में गतिमान होती है, तो उसे **वायुधारा** कहते हैं। पवनें और वायु धाराएँ मिलकर वायुमंडल की परिसंचरण व्यवस्था बनाती हैं। भूमंडलीय पवनों के तीन उपवर्ग क्रमशः **पूर्वी पवनें, पश्चिमी पवनें** तथा **ध्रुवीय पवनें** हैं।
- फैरल के नियम के अनुसार, उत्तरी गोलार्द्ध में पवनें अपने मार्ग से दाहिनी ओर मुड़ जाती हैं और दक्षिणी गोलार्द्ध में बायीं ओर मुड़ जाती हैं।

आर्द्रता और वर्षण

- वाष्पीकरण की दर जल की उपलब्धता, तापमान, वायु की शुष्कता, पवन तथा मेघाच्छादन द्वारा नियंत्रित होती है। ओस, धुंध, कोहरा, कुहासा तथा कुछ प्रकार के बादल ओसांक के हिमांक बिंदु से ऊँचे तापमान पर बनने वाले रूप हैं।
- भारत के मेघालय प्रदेश की खासी पहाड़ी के दक्षिणी सीमांत पर स्थित चेरापूँजी पर्वतकृत वर्षा का एक प्रसिद्ध उदाहरण है।
- **वर्षण** प्रदेशों को क्रमशः भारी वर्षा के प्रदेश (200 सेमी से अधिक), मध्यम वर्षा के प्रदेश (100-200 सेमी वर्षा), कम वर्षण के प्रदेश (50-100 सेमी वर्षा) तथा अति अल्प वर्षा के प्रदेश (50 सेमी से कम वर्षा) में वर्गीकृत किया जाता है।

मौसम और जलवायु

- तापमान, वायुदाब, पवन, आर्द्रता और वर्षण मौसम तथा जलवायु के प्रमुख तत्व हैं।
- वर्ष की वह अवधि जिसमें मौसम दशाएँ लगभग समान होती हैं और जो पृथ्वी के अक्ष के झुकाव और उसके द्वारा सूर्य का परिक्रमण करने के लिए परिणाम स्वरूप बनती हैं, को ऋतु कहते हैं।

06

समुद्र विज्ञान

(स्रोत)

Class-VII New NCERT Chap 5 जल, Class-IX Old NCERT Chap 3 जल परिमंडल, Class-XI New NCERT Chap 4 महासागरों और महाद्वीपों का वितरण, Chap 12 महासागरीय जल, Chap 13 महासागरीय जल संचलन, Class XI Old NCERT Chap 15 महासागर बेसिन की रूपरेखा, Chap 16 महासागरीय जल और उसका परिसंचरण, Chap 17 महासागरीय जीवन और निक्षेप, Chap 18 मनुष्य और महासागर, Tamil Nadu Board (Class XI), NIOS

जल एवं उसका वितरण

- जल एक चक्रीय संसाधन (Cyclic Resource) है, जिसका पुन: प्रयोग किया जाता है। जल एक चक्र के रूप में महासागर से धरातल पर और धरातल से महासागर तक पहुँचता है।
- जलीय चक्र (Hydrological Cycle), पृथ्वी पर इसके नीचे व पृथ्वी के ऊपर वायुमंडल में जल के संचलन की व्याख्या करता है।
- यह चक्र करोड़ों वर्ष से कार्यरत् है और पृथ्वी पर जीवन इसी पर निर्भर करता है।
- जल पृथ्वी पर जीवन के अस्तित्व के लिए सबसे आवश्यक तत्त्व है। जलीय चक्र पृथ्वी के जलमंडल में विभिन्न रूपों अर्थात् गैस, तरल व ठोस में जल का परिसंचरण है।
- इसका संबंध महासागरों, वायुमंडल, भू-पृष्ठ, उपसतह (Subsurface) और सूक्ष्म जीवों के मध्य जल के सतत् आदान-प्रदान से भी है।

जल चक्र के घटक एवं प्रक्रियाएँ

घटक	प्रक्रियाएँ
महासागरों में संग्रहीत जल	वाष्पीकरण, वाष्पोत्सर्जन व ऊर्ध्वपातन
वायुमंडल में जल	संघनन व वर्षण
हिम एवं बर्फ में पानी का संग्रहण	हिम पिघलने पर नदी-नालों के रूप में बहना
धरातलीय जल बहाव	जलधारा के रूप में व ताजा जल संग्रहण व जल रिसाव
भौम जल संग्रहण	भौम जल का विसर्जन व झरने

- पृथ्वी पर जल का वितरण असमान है। बहुत-से क्षेत्रों में जल की प्रचुरता है, जबकि बहुत-से क्षेत्रों में यह सीमित मात्रा में है।
- पृथ्वी पर पाए जाने वाले जल का लगभग 71% भाग महासागरों में पाया जाता है।
- महासागरों एवं समुद्रों का जल लवणीय होता है। इसमें अधिकतर सोडियम क्लोराइड (NaCl) या खाने में उपयोग किया जाने वाला नमक होता है।
- इसके अतिरिक्त शेष जल ताजे जल के रूप में या अलवणीय जल के रूप में हिमानियों, हिमटोपी, भूमिगत जल, झीलों, नदी, ताल, मृदा में आर्द्रता, वायुमंडल सरिताओं और जीवों में संग्रहीत है।
- धरातल पर गिरने वाले जल का लगभग 59% भाग महासागरों एवं अन्य स्थानों से वाष्पीकरण (Evaporation) के द्वारा वायुमंडल में चला जाता है।
- इसके अतिरिक्त जल का शेष भाग धरातल पर बहता है, कुछ भूमि में रिस जाता है और कुछ भाग हिमानी (Glacier) के रूप में परिवर्तित हो जाता है।

महासागरीय नितल/अधस्तल

- महासागरों के नितल (Ocean Floor) समतल नहीं होते हैं, बल्कि ये नितल बहुत ऊबड़-खाबड़ होते हैं और संसार के अधिकतम लंबाई वाले पर्वतों, अधिकतम गहराई वाली खाइयों तथा विशालतम मैदानों से युक्त होते हैं।
- महासागरीय नितल का प्रमुख भाग समुद्र तल के नीचे 3 से 6 किमी के मध्य पाया जाता है।
- महासागरों के जल के नीचे की भूमि अर्थात् महासागरीय नितल भूमि पर पाए जाने वाले लक्षणों की अपेक्षा जटिल तथा विभिन्न प्रकार के लक्षणों को प्रदर्शित करती है।
- महासागरों की तली में विश्व की सबसे बड़ी पर्वत श्रृंखलाएँ, सबसे गहरे गर्त एवं सबसे बड़े मैदान होने के कारण ये ऊबड़-खाबड़ होते हैं।
- महाद्वीपों पर पाए जाने वाले लक्षणों की भाँति ये लक्षण भी विवर्तनिक (Tectonic), ज्वालामुखीय (Volcanic) एवं निक्षेपण (Depositional) की क्रियाओं से बनते हैं।

महासागरीय जल का वितरण (प्रतिशत में)

- महासागर : 97.3
- भूमिगत जल : 00.68
- वायुमंडल : 0.0019
- स्थलीय समुद्र एवं नमकीन झीलें : 0.009
- बर्फ छत्रक : 02.0
- झीलों का अलवण जल : 0.009
- नदियाँ : 0.0001

महासागरीय अधस्तल का विभाजन

- महासागरीय नितल को चार प्रमुख भागों में बाँटा जा सकता है, जो क्रमश: महाद्वीपीय मग्नतट, महाद्वीपीय ढाल, महाद्वीपीय समुद्री मैदान तथा महासागरीय उत्थान हैं।
- इनके अतिरिक्त महासागरीय तली पर बड़े तथा छोटे उच्चावच संबंधी लक्षण पाए जाते हैं; जैसे-कटक पहाड़ियाँ, समुद्री टीला, निमग्न द्वीप, खाइयाँ व खड्डे आदि।
- समुद्र तलों पर विवर्तनिक, ज्वालामुखी, अपरदनकारी तथा निक्षेपणकारी प्रक्रियाओं की पारस्परिक क्रियाओं के कारण ही विभिन्न प्रकार के उच्चावच पाए जाते हैं। अधिक गहराई वाले भागों में विवर्तनिक और ज्वालामुखी प्रक्रियाएँ पाई जाती हैं।

कुछ प्रमुख महासागरीय अधस्थलों का वर्णन निम्न है

महाद्वीपीय मग्नतट/महाद्वीपीय शेल्फ

- महाद्वीपीय मग्नतट (Continental Shelf) समुद्र तट से समुद्र की ओर मंद ढाल वाला जलमग्न धरातल होता है।
- इस प्रकार यह महाद्वीप का विस्तृत सीमांत (Continental Margin) होता है, जो अपेक्षाकृत उथले समुद्रों तथा खाड़ियों से घिरा होता है।
- महाद्वीपीय सीमा, महाद्वीपीय किनारों और गहरे समुद्री बेसिन के बीच का भाग होती है, जिसमें महाद्वीपीय मग्नतट, महाद्वीपीय ढाल, महाद्वीपीय उभार तथा गहरी महासागरीय खाइयाँ शामिल होती हैं।
- यह महासागर का सबसे उथला भाग होता है, जिसकी औसत प्रवणता 1 डिग्री या उससे भी कम होती है। यह अत्यंत तीव्र ढाल पर समाप्त होता है, जिसे **मग्नतट ढाल** (Shelf Break) कहा जाता है।
- महाद्वीपीय मग्नतट की चौड़ाई एक महासागर से दूसरे महासागर में भिन्न होती है।
- इस शेल्फ की औसत चौड़ाई 80 किमी होती है। कुछ सीमांतों के साथ शेल्फ नहीं होते अर्थात् अत्यंत संकीर्ण होते हैं। चिली तट तथा सुमात्रा के पश्चिमी तट इसके उदाहरण हैं।
- इसके विपरीत आर्कटिक महासागर में **साइबेरियन शेल्फ** (Siberian Shelf) विश्व में सर्वाधिक विस्तृत महाद्वीपीय मग्नतट है, जिसकी चौड़ाई 1500 किमी है। भारत में पूर्वी तट का शेल्फ पश्चिमी तट के शेल्फ की तुलना में चौड़ा है।
- शेल्फ की गहराई कुछ क्षेत्रों में 30 मी तथा कुछ क्षेत्रों में 600 मी होती है।
- महाद्वीपीय मग्नतट का निर्माण सामान्यत: समुद्र की ऊँचाई बढ़ने के कारण महाद्वीप के तटीय भागों के जलमग्न होने से अथवा जल के नीचे महासागरीय निक्षेपों (Deposits of Ocean) के कारण होता है।
- मग्नतट पर निक्षेपित पदार्थ अधिकांशत: स्थलीय अवसाद होते हैं।
- इन अवसादी निक्षेपणों के नीचे स्थित आधारी चट्टानें कहीं परतदार अवसादी चट्टानें होती हैं, तो कहीं आग्नेय व रूपांतरित चट्टानें होती हैं।
- महाद्वीपीय शेल्फों या मग्नतटों पर अवसादों की मोटाई भी अलग-अलग होती है। ये अवसाद भूमि से नदियों, हिमनदियों तथा पवन द्वारा लाए जाते हैं और तरंगों तथा धाराओं द्वारा वितरित किए जाते हैं।
- यहाँ पर लंबे समय तक प्राप्त स्थूल तलछटी अवसाद जीवाश्मी ईंधनों के स्रोत बनते हैं।
- महाद्वीपीय मग्नतट अनेक प्रकार के होते हैं; जैसे-हिमानीकृत मग्नतट, प्रवाल भित्ति मग्नतट, बड़ी नदियों के मुहाने पर निर्मित मग्नतट, द्रुमाकृतिक घाटियों से युक्त मग्नतट तथा वलित पर्वत के पार्श्व मग्नतट।
- पुराने पुलिन तथा हिमोढ़ दोनों ही मग्नतट पर पहचाने जा सकते हैं।

महाद्वीपीय ढाल

- महाद्वीपीय ढाल (Continental Slope), महासागरीय बेसिनों और महाद्वीपीय शेल्फ को जोड़ते हैं। इसकी शुरुआत वहाँ होती है, जहाँ महाद्वीपीय शेल्फ की तली तीव्र ढाल में परिवर्तित होती है।
- ढाल वाले प्रदेश की प्रवणता 2 से 5 डिग्री के मध्य होती है। ढाल वाले प्रदेश की गहराई 200 से 3000 मी के मध्य होती है।
- ढाल का किनारा महाद्वीपों की समाप्ति को इंगित करता है। इन प्रदेशों में गहरे खड्ड एवं खाइयाँ दिखाई देती हैं। इन पर पाए जाने वाले अवसाद समुद्री जीवों के अस्थि पंजर होते हैं। सामान्यत: नितल मैदान उन क्षेत्रों में अधिक पाए जाते हैं, जहाँ स्थलजनित अवसादों की आपूर्ति अधिक मात्रा में होती है।
- विश्व के समस्त सागरीय क्षेत्रफल के 8.5% भाग पर ही महाद्वीपीय ढाल मिलते हैं। इनका सर्वाधिक विस्तार अटलांटिक महासागर में मिलता है।

गहरे/गंभीर सागरीय मैदान

- महाद्वीपीय ढाल के समाप्त होने पर गहरे सागरीय मैदान (Deep Sea Plains) आरंभ होते हैं। ये महासागरीय बेसिनों के मंद ढाल वाले क्षेत्र होते हैं, जो विश्व के सबसे चिकने तथा सबसे सपाट भाग हैं। ये महीन कणों वाले अवसादों; जैसे-मृत्तिका एवं गाद से ढके होते हैं। यह विस्तृत क्षेत्र होता है, जिसका ढाल 1° से भी कम है।
- इसकी गहराई 3000 से 6000 मी के बीच होती है। महासागरीय नितल का 75.9% भाग गहरे सागरीय मैदानों से घिरा है। अटलांटिक महासागर में इसका सर्वाधिक विस्तार है।
- 20° उत्तर से 60° दक्षिण आक्षांशों के बीच गहरे सागरीय मैदान का विस्तार सर्वाधिक है। इस हिस्से में समुद्री जीवों के अवशेष, सूक्ष्म वनस्पति तथा अन्य अवसादों का निक्षेप मिलता है। अधिक गहरे भागों में लाल मृत्तिका तथा ज्वालामुखीय राख (Volcanic Ash) मिलती है।
- इस प्रकार वितलीय मैदान (Abysassal Plains) महाद्वीपीय तटों व मध्य महासागरीय कटकों के बीच पाए जाते हैं। यह वह क्षेत्र है, जहाँ महाद्वीपों से बहाकर लाए गए अवसाद इनके तटों से दूर निक्षेपित होते हैं।

नितल पहाड़ियाँ

- महासागरीय नितल पर हजारों एकाकी नितल पहाड़ियाँ, समुद्री पर्वत तथा गाईऑट (Guyot) स्थित हैं।
- वह जलमग्न पर्वत जिसका शिखर नितल से 1000 मी से अधिक ऊँचा होता है, उसे **समुद्री पर्वत** (Sea Mount) कहा जाता है।
- सपाट शीर्ष वाले समुद्री पर्वतों को **गाईऑट** (Guyots) कहते हैं। समुद्री भूगोलवेत्ताओं के अनुसार, लगभग 10,000 समुद्री पर्वत तथा गाईऑट प्रशांत महासागर में हैं।

महासागरीय गर्त अथवा खाइयाँ

- महासागरीय गर्त (Oceanic Deeps) महासागर के सबसे गहरे भाग होते हैं। ये अपेक्षाकृत खड़े किनारे वाले संकीर्ण बेसिन होते हैं। ये महासागरीय तली की अपेक्षा 3 से 5 किमी तक गहरे होते हैं।
- ये महाद्वीपीय ढाल के आधार तथा द्वीपीय चापों के पास स्थित होते हैं और सक्रिय ज्वालामुखी तथा प्रबल भूकंप वाले क्षेत्रों से संबंधित होते हैं। अब तक ज्ञात गर्तों में से 32 प्रशांत महासागर में, 19 अटलांटिक महासागर में एवं 6 हिंद महासागर में पाए गए हैं।
- प्रशांत महासागर के पूर्वी तथा पश्चिमी किनारों पर खाइयों की एक लंबी श्रृंखला पाई जाती है। इसमें गुआम द्वीपमाला के समीप स्थित **मेरिआना गर्त** विश्व की सबसे गहरी गर्त है, जिसकी गहराई 11 किमी है, जो माउंट एवरेस्ट की ऊँचाई से भी अधिक गहरी है।

महासागरीय उच्चावच की अन्य लघु आकृतियाँ

महासागरों में अन्य महत्त्वपूर्ण लघु स्थलाकृतियाँ महासागरों के विभिन्न भागों में पाई जाती हैं, जो निम्न हैं

मध्य महासागरीय कटक

- मध्य महासागरीय कटक (Mid Oceanic Ridge) महासागरीय नितल पर सैकड़ों किमी चौड़ी तथा हजारों किमी तक लंबवत् पर्वत श्रेणी होती है अर्थात् यह पर्वतों की दो श्रृंखलाओं से बना होता है, जो एक विशाल अवनमन द्वारा अलग होता है।
- इन पर्वतों के शिखर की ऊँचाई 2500 मी तक हो सकती है। इसका उदाहरण आइसलैंड है, जो मध्य अटलांटिक कटक का एक भाग है।
- ये कटक या तो मंद ढाल वाले चौड़े पठार के समान होते हैं या तीव्र ढाल वाले पर्वत के समान होते हैं। ये विश्वव्यापी कटक पृथ्वी पर विवर्तनिक संचरणों के साक्षी हैं। इनके शिखर जलस्तर से ऊपर उठकर द्वीप का भी निर्माण करते हैं।
- यह महासागरीय जल में डूबी हुई, पृथ्वी के धरातल पर पाई जाने वाली संभवत: सबसे लंबी पर्वत श्रृंखला है।
- इसके मध्यवर्ती शिखर पर एक रिफ्ट, एक प्रभाजक पठार तथा इसकी लंबाई के साथ-साथ पार्श्व मंडल भी पाया जाता है, जो इसकी प्रमुख विशेषता है। इसके मध्यवर्ती भाग में उपस्थित द्रोणी सक्रिय ज्वालामुखी क्षेत्र होते हैं।

समुद्री टीला

- समुद्री टीला (Sea Mount) नुकीले शिखरों वाला एक पर्वत होता है, जो समुद्र तल से ऊपर की ओर उठता है, किंतु महासागरों की सतह तक नहीं पहुँच पाता है।
- ये ज्वालामुखी के द्वारा उत्पन्न होते हैं, जो 3000 से 4500 मी ऊँचे हो सकते हैं। **ऐम्परर समुद्री टीला** (Emperor Seamount) इसका एक श्रेष्ठ उदाहरण है, जो प्रशांत महासागर में हवाई द्वीप समूहों का विस्तार है।

जलमग्न कैनियन

- महासागरीय नितल पर स्थित गहरे गॉर्ज को **जलमग्न कैनियन** (Submarin Canyon) कहते हैं। ये तीव्र ढाल वाली गहरी घाटियाँ होती हैं। इनकी अनुदैर्ध्य परिच्छेदिकाएँ लंबी और अवतल होती हैं। ये समुद्रतटों के बाहर प्राय: सभी महासागरों के किनारों पर मिलती हैं।
- ये मुख्यत: महाद्वीपीय मग्नतट, ढाल तथा उत्थान तक सीमित होती हैं।
- हडसन कैनियन विश्व प्रसिद्ध जलमग्न कैनियन है, जो हडसन नदी के मुहाने से शुरू होकर अटलांटिक महासागर में चला गया है।
- कुछ कैनियन को आकार की दृष्टि से देखा जा सकता है, जिसमें कोलोरेडो नदी की ग्रैंड कैनियन सबसे बड़ी प्रसिद्ध कैनियन है।

निमग्न द्वीप

- ये चपटे शिखर वाले समुद्री टीले होते हैं। इन जलमग्न पर्वतों के बनने की अवस्थाएँ क्रमिक अवतलन के साक्ष्यों द्वारा प्रदर्शित होती हैं।
- प्रशांत महासागर में लगभग 10,000 से अधिक समुद्री टीले एवं निमग्न द्वीप उपस्थित हैं।

प्रवाल द्वीप

- ये उष्णकटिबंधीय महासागरों में पाए जाने वाले प्रवाल भित्तियों से युक्त निम्न आकार के द्वीप होते हैं, जो चारों ओर से गहरे अवनमन के घिरे होते हैं।
- यह समुद्र (अनूप) का एक भाग हो सकता है या कभी-कभी साफ, खारे या बहुत अधिक जल को चारों तरफ से घेरे रहता है।

महासागरीय जल का तापमान

- तापमान (Temperature) महासागरीय जल का एक महत्त्वपूर्ण भौतिक गुण है, जो सामान्यत: 5°C से 33°C तक रहता है।
- तापमान विशालकाय महासागरीय जलराशियों के संचरण तथा उनकी विशेषताओं को नियंत्रित करने वाला एक महत्त्वपूर्ण कारक होता है।
- महासागरीय जल भूमि की भाँति सौर ऊर्जा के द्वारा गर्म होता है। स्थल की तुलना में जल के तापमान व शीतलन की प्रक्रिया धीमी गति से होती है।
- महासागरीय जल के गर्म होने की दो मुख्य प्रक्रियाएँ हैं

  (i) सौर विकिरण का अवशोषण

  (ii) पृथ्वी के आंतरिक भाग से महासागरीय नितल के मध्य ऊर्जा का संबंध।
- महासागरीय जल के ठंडे होने की मुख्य प्रक्रियाएँ हैं- समुद्री धरातल से ऊष्मा का विकिरण, संवहन तथा वाष्पीकरण आदि।
- इस प्रकार, गर्म एवं ठंडा करने वाली प्रक्रियाएँ ही संयुक्त रूप से तापमान के वितरण को निर्धारित करती हैं।
- महासागरों के धरातलीय जल का तापमान सभी स्थानों पर एकसमान नहीं पाया जाता है। इसका वितरण भी अनेक कारकों द्वारा प्रभावित होता है।

तापमान वितरण को प्रभावित करने वाले कारक

महासागरीय जल के तापमान वितरण को प्रभावित करने वाले कारक निम्न हैं

- **अक्षांश** (Latitude) ध्रुवों की ओर प्रवेशी सौर्य विकिरण की मात्रा घटने के कारण महासागरों के सतही जल का तापमान विषुवत् वृत्त से ध्रुवों की ओर घटता चला जाता है।
- **स्थल एवं जल का असमान वितरण** (Unequal Distribution of land and Water) उत्तरी गोलार्द्ध के महासागर दक्षिणी गोलार्द्ध के महासागरों की अपेक्षा स्थल के बहुत बड़े भाग से जुड़े होने के कारण अधिक मात्रा में ऊष्मा प्राप्त करते हैं।
- **सनातन पवनें** (Prevailing Winds) स्थल से महासागरों की ओर बहने वाली पवनें महासागरों के सतही गर्म जल को तट से दूर धकेल देती हैं, जिसके परिणामस्वरूप नीचे का ठंडा जल ऊपर की ओर आ जाता है।

परिणामस्वरूप तापमान में देशांतरीय अंतर आता है। इसके विपरीत अभितटीय पवनें (Onshore Winds) गर्म जल को तट पर जमा कर देती हैं और इससे तापमान बढ़ जाता है।

- **महासागरीय धाराएँ** (Ocean Currents) गर्म महासागरीय धाराएँ ठंडे क्षेत्रों में तापमान को बढ़ा देती हैं, जबकि ठंडी धाराएँ गर्म महासागरीय क्षेत्रों में तापमान को घटा देती हैं। गल्फ स्ट्रीम (गर्म धारा) उत्तर अमेरिका के पूर्वी तट तथा यूरोप के पश्चिमी तट के तापमान को बढ़ा देती है, जबकि लेब्राडोर धारा (ठंडी धारा) उत्तरी अमेरिका के उत्तर-पूर्वी तट के समीप तापमान को कम कर देती है।

इसके अतिरिक्त वायुमंडल में सूर्यातप का ह्रास, दैनिक सूर्यातप की तीव्रता और अवधि, वायुधाराओं का बहना, स्थानीय मौसमी दशाएँ, जलमग्न कटकों की स्थिति, धरातल के द्वारा सौर ऊर्जा की अंतरिक्ष में परावर्तित मात्रा, जल का घनत्व, खारापन तथा वाष्पीकरण का स्वभाव और मात्रा एवं वाष्पीकरण तथा संघनन द्वारा ऊष्मा का स्थानांतरण तथा समुद्र की स्थिति एवं आकार आदि महासागरीय जल के तापमान वितरण को प्रभावित करते हैं। इस प्रकार, ये सभी कारक महासागरीय धाराओं के तापमान को स्थानिक रूप से प्रभावित करते हैं। निम्न अक्षांशों में स्थित परिवेष्ठित समुद्रों (Enclosed Sea) का तापमान खुले समुद्रों (Open Sea) की अपेक्षा अधिक होता है, जबकि उच्च अक्षांशों में स्थित परिवेष्ठित समुद्रों का तापमान खुले समुद्रों की अपेक्षा कम होता है।

तापमान का ऊर्ध्वाधर तथा क्षैतिज वितरण

तापमान का ऊर्ध्वाधर तथा क्षैतिज वितरण निम्न प्रकार है

ऊर्ध्वाधर वितरण

- महासागरीय जल का धरातल अधिकतम सूर्यातप (Isolation) प्राप्त करता है। इसकी किरणें जैसे-जैसे जल के अंदर प्रवेश करती हैं, प्रकीर्णन (Scattering) तथा परावर्तन (Reflection) के कारण उनकी शक्ति घटती जाती है। अत: गहराई के बढ़ने के साथ-साथ तापमान घटता जाता है।
- महासागरीय जल की तापीय-गहराई का पार्श्व चित्र (Temperature-depth Profile) यह दिखाता है कि बढ़ती हुई गहराई के साथ तापमान कैसे घटता है तथा यह महासागर के सतही जल एवं गहरी परतों (Deeper Layer) के मध्य सीमा क्षेत्र को भी दर्शाता है।
- यह सीमा समुद्री सतह से लगभग 100 से 400 मी नीचे से प्रारंभ होती है एवं अनेको मी नीचे तक जाती है। वह सीमा क्षेत्र जहाँ तापमान में तीव्र गिरावट आती है, **ताप प्रवणता** (Thermocline) कहलाता है।
- जल के कुल आयतन का लगभग 90% भाग गहरे महासागर में ताप प्रवणता के कारण नीचे पाया जाता है। इस क्षेत्र में तापमान 0°C तक पहुँच जाता है।
- मध्य एवं निम्न अक्षांशों में महासागरों के तापमान की संरचना को सतह से तली की ओर तीन परतों वाली प्रणाली के रूप में समझा जा सकता है
  - **पहली परत** (First layer) यह गर्म महासागरीय जल की सबसे ऊपरी परत होती है, जो लगभग 500 मी मोटी होती है और इसका तापमान 20°C से 25°C के मध्य होता है। उष्णकटिबंधीय क्षेत्रों में यह परत पूरे वर्ष उपस्थित होती है, जबकि मध्य अक्षांशों में यह केवल ग्रीष्म ऋतु में विकसित होती है।
  - **दूसरी परत** (Second layer) इसे ताप प्रवणता (थर्मोक्लाइन) परत कहा जाता है, यह पहली परत के नीचे स्थित होती है। इसमें गहराई के बढ़ने के साथ तापमान में तीव्र गिरावट आती है। यहाँ थर्मोक्लाइन की मोटाई 500 से 1000 मी तक होती है।
  - **तीसरी परत** (Third layer) यह परत बहुत अधिक ठंडी होती है तथा यह गंभीर महासागरीय तली तक विस्तृत होती है। आर्कटिक एवं अंटार्कटिक वृत्तों में सतही जल का तापमान 0°C के निकट होता है और इसलिए गहराई के साथ तापमान में बहुत कम परिवर्तन होता है। यहाँ ठंडे पानी की केवल एक ही परत पाई जाती है, जो सतह से गंभीर महासागरीय तली (Deep Ocean Floor) तक विस्तृत होती है।

क्षैतिज वितरण

- महासागरों की सतह के जल का औसत तापमान (Average Temperature) लगभग 27°C होता है और यह विषुवत् वृत्त से ध्रुव की क्रमिक रूप से कम होता है।
- अक्षांशों के बढ़ने के साथ तापमान के घटने की दर सामान्यत: प्रति अक्षांश 0.5°C होती है। औसत तापमान 20°C अक्षांश पर लगभग 22°C, 40°C अक्षांश पर 14°C तथा ध्रुवों के निकट 0°C पाया जाता है।
- उत्तरी गोलार्द्ध (Northern Hemisphere) के महासागरों का तापमान दक्षिणी गोलार्द्ध (Southern Hemisphere) की अपेक्षा अधिक होता है। उच्चतम तापमान विषुवत् वृत्त पर नहीं, बल्कि इससे कुछ उत्तर की ओर दर्ज किया जाता है। उत्तरी एवं दक्षिणी गोलार्द्ध का औसत वार्षिक तापमान क्रमश: 19°C तथा 16°C के आस-पास पाया जाता है। यह भिन्नता उत्तरी एवं दक्षिणी गोलार्द्ध में स्थल एवं जल के असमान वितरण के कारण होती है।
- इस प्रकार, यह स्पष्ट होता है कि महासागरों का उच्चतम तापमान सदैव उनकी ऊपरी सतहों पर होता है, क्योंकि वे सूर्य की ऊष्मा को प्रत्यक्ष रूप से प्राप्त करते हैं और यह ऊष्मा महासागरों के निचले भागों में संवहन की प्रक्रिया से पारेषित होती है।
- इसके परिणामस्वरूप गहराई के साथ-साथ तापमान में कमी आने लगती है, परन्तु तापमान के घटने की यह दर सभी स्थानों पर समान नहीं होती है।
- अत: महासागरीय सतह से 200 मी की गहराई तक तापमान बहुत तीव्र गति से गिरता है तथा उसके बाद तापमान के घटने की दर कम होती जाती है।

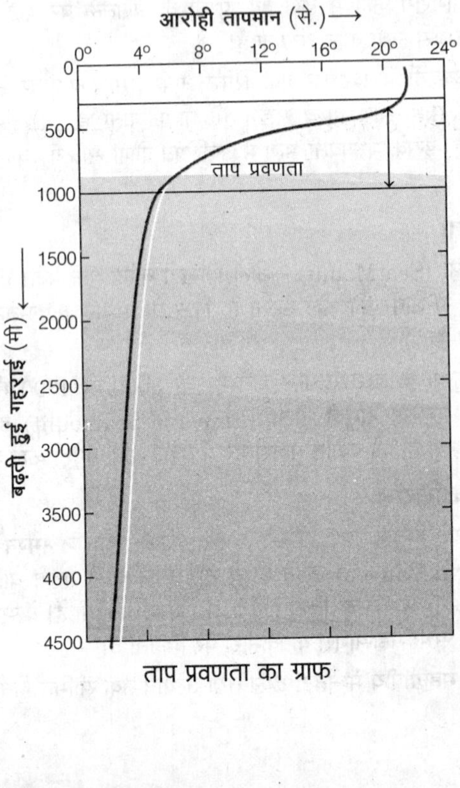

ताप प्रवणता का ग्राफ

महासागरीय लवणता

- सागरीय जल के भार एवं उसमें घुले हुए पदार्थों के भार के अनुपात को सागरीय लवणता (Oceanic Salinity) कहते हैं।
- महासागरों तथा वर्षा के जल में खनिज लवण घुले हुए होते हैं, जिसके कारण जल में लवणता का गुण पाया जाता है।
- लवणता वह शब्द है, जिसका उपयोग समुद्री जल में घुले हुए नमक की मात्रा को निर्धारित करने में किया जाता है।
- इसका परिकलन 1000 ग्राम (1 किलोग्राम) समुद्री जल में घुले नमक (ग्राम) की मात्रा के द्वारा किया जाता है। इसे प्राय: प्रति 1000 PPT (‰) (PPT-Part Per Thousand) के रूप में व्यक्त किया जाता है।
- समुद्री जल की औसत लवणता लगभग 35‰ पाई जाती है, जिसका अर्थ यह होता है कि एक किलोग्राम जल में 35 ग्राम लवण घोल के रूप में है। वहीं 24.7‰ की लवणता को खारे जल को सीमांकित करने की उच्च सीमा माना गया है।
- समुद्री जल की लवणता का कारण इसमें उपलब्ध तत्त्व क्लोराइड तथा सल्फेट हैं, जिनका विवरण सारणी में दिया गया है।

महासागरीय लवण की मात्रा

महासागरीय लवण	लवणता (PPT में)	मात्रा (प्रतिशत में)
सोडियम क्लोराइड (NaCl)	27.213	77.8
मैग्नीशियम क्लोराइड (MgCl)	3.807	10.9
मैग्नीशियम सल्फेट ($MgSO_4$)	1.658	4.7
कैल्शियम सल्फेट ($CaSO_4$)	1.260	3.6
पोटैशियम सल्फेट (KSO_4)	0.863	2.5
कैल्शियम कार्बोनेट ($CaCO_3$)	0.123	0.3
मैग्नीशियम ब्रोमाइड (MgBr)	0.076	0.2
योग	**35**	**100**

महासागरीय लवणता को प्रभावित करने वाले कारक

महासागरीय जल की लवणता को प्रभावित करने वाले कारकों का विवरण निम्न प्रकार है

- महासागरों की सतह के जल की लवणता मुख्यत: वाष्पीकरण (Evaporation) एवं वर्षण (Precipitation) पर निर्भर करती है।
- तटीय क्षेत्रों में सतह के जल की लवणता नदियों के द्वारा लाए गए ताजे जल के द्वारा तथा ध्रुवीय क्षेत्रों में बर्फ के जमने एवं पिघलने की क्रिया से अधिक प्रभावित होती है।
- पवन भी जल को एक क्षेत्र से दूसरे क्षेत्र में स्थानांतरित करके लवणता को प्रभावित करती है।
- महासागरीय धाराएँ (Ocean Currents) भी लवणता में भिन्नता उत्पन्न करने में सहयोग करती हैं। जल की लवणता, तापमान एवं घनत्व परस्पर संबंधित होते हैं, इसलिए तापमान अथवा घनत्व में किसी भी प्रकार का परिवर्तन किसी क्षेत्र की लवणता को प्रभावित करता है।
- लवणता की मात्रा समुद्री जल की बनावट तथा संचरण, जलीय जीवों और प्लवकों के वितरण को भी अधिक मात्रा में प्रभावित करती है।

लवणता का वितरण

लवणता के वितरण को क्षैतिज तथा ऊर्ध्वाधर वितरण के रूप में देखा जा सकता है

लवणता का क्षैतिज वितरण

- सामान्यत: खुले महासागर की लवणता 33‰ से 37‰ के मध्य होती है। चारों ओर स्थल से घिरे लाल सागर में लवणता 41‰ तथा आर्कटिक एवं ज्वारनद मुख (Estuary) में मौसम के अनुसार लवणता 0 से 35‰ के मध्य पाई जाती है।
- गर्म तथा शुष्क क्षेत्रों में, जहाँ वाष्पीकरण उच्च होता है, कभी-कभी वहाँ की लवणता 70‰ तक पहुँच जाती है।
- लवणता के क्षैतिज वितरण को निम्न बिंदुओं द्वारा समझा जा सकता है
  - **प्रशांत महासागर** (Pacific Ocean) इसकी लवणता में भिन्नता मुख्यत: इसके आकार एवं अधिक विस्तार के कारण पाई जाती है। उत्तरी गोलार्द्ध के पश्चिमी भागों में लवणता 35‰ से कम होकर 31‰ पाई जाती है, क्योंकि आर्कटिक क्षेत्र का पिघला हुआ जल वहाँ पहुँचता है। इसी प्रकार 15° से 20° दक्षिण के पश्चात् यह लवणता 33‰ तक हो जाती है।
  - **अटलांटिक महासागर** (Atlantic Ocean) इसकी औसत लवणता 36‰ के आस-पास पाई जाती है। उच्चतम लवणता 15° से 20° अक्षांश के मध्य दर्ज की गई है। अधिकतम लवणता 20°N एवं 30°N तथा 20°W से 60°W के मध्य पाई जाती है। यह उत्तर की ओर क्रमिक रूप से घटती जाती है।
  - **उत्तरी सागर** (North Sea) इसके उच्च अक्षांश में स्थित होने के बावजूद उत्तरी अटलांटिक प्रवाह के द्वारा लाए गए अधिक लवणीय जल के कारण अधिक लवणता पाई जाती है।
  - **बाल्टिक समुद्र** (Baltic Sea) इसकी लवणता कम होती है, क्योंकि इसमें बहुत अधिक मात्रा में नदियों का जल प्रवेश करता है।
  - **भूमध्य सागर** (Mediterranean Sea) इसकी लवणता उच्च वाष्पीकरण होने के कारण अधिक पाई जाती है। वहीं काले सागर की लवणता नदियों के द्वारा अधिक मात्रा में लाए जाने वाले ताजे जल के कारण कम होती है।
  - **हिंद महासागर** (Indian Ocean) इसकी औसत लवणता 35‰ पाई जाती है। बंगाल की खाड़ी में गंगा नदी के जल के मिलने से लवणता की प्रवृत्ति कम पाई जाती है। इसके विपरीत अरब सागर की लवणता उच्च वाष्पीकरण एवं ताजे जल की कम प्राप्ति के कारण अधिक पाई जाती है।

लवणता का ऊर्ध्वाधर वितरण

- महासागरीय जल की लवणता में गहराई के साथ परिवर्तन आता है, परन्तु इसमें परिवर्तन समुद्र की स्थिति पर निर्भर करता है।
- सतह की लवणता जल के बर्फ या वाष्प के रूप में परिवर्तित होने के कारण बढ़ जाती है या ताजे जल के मिल जाने से घटती है, जैसा कि नदियों के द्वारा होता है।
- जल की गहराई में लवणता लगभग नियत होती है, क्योंकि वहाँ किसी प्रकार से पानी का ह्रास या नमक की मात्रा में वृद्धि नहीं होती है।
- महासागरों के सतही क्षेत्रों एवं गहरे क्षेत्रों के मध्य लवणता में अंतर स्पष्ट रूप में पाया जाता है।

- कम लवणता वाला जल उच्च लवणता व घनत्व वाले जल के ऊपर स्थित होता है। लवणता साधारणत: गहराई के साथ बढ़ती है, परन्तु एक स्पष्ट क्षेत्र, जिसे **हैलोक्लाइन** (Halocline) कहा जाता है, लवणता तीव्रता के साथ बढ़ती है।
- लवणता समुद्री जल के घनत्व (Density of Water) को प्रभावित करती है तथा महासागरीय जल के स्तरीकरण (Stratification) को प्रभावित करती है। यदि अन्य कारक स्थिर रहें, तो समुद्री जल की बढ़ती लवणता उसके घनत्व को बढ़ाती है।
- उच्च लवणता वाला समुद्री जल प्राय: कम लवणता वाले जल के नीचे बैठ जाता है। इससे लवणता का स्तरीकरण हो जाता है।

उच्चतम लवणता वाले वैश्विक क्षेत्र

- टर्की की वॉन झील (330‰)
- ग्रेट साल्ट झील (220‰)
- मृत सागर (238‰)

विश्व के महासागर

विश्व के महासागर निम्न हैं-

प्रशांत महासागर

- प्रशांत महासागर (Pacific Ocean) विश्व का सबसे बड़ा तथा गहरा महासागर है। अपने संलग्न समुद्रों के साथ यह पृथ्वी के धरातल के लगभग एक-तिहाई भाग पर विस्तृत है।
- इसकी आकृति लगभग त्रिभुजाकार है, जिसका शीर्ष उत्तर में बेरिंग के मुहाने पर है। इसके पश्चिम में एशिया तथा ऑस्ट्रेलिया महाद्वीप और द्वीप समूह की एक लंबी शृंखला है।
- इसके पूर्व में उत्तरी तथा दक्षिणी अमेरिका महाद्वीप तथा दक्षिण में अंटार्कटिका महाद्वीप है।
- इसके बेसिन के अधिकांश भागों की गहराई लगभग 7300 मी तक है। इसके चारों ओर की सीमाओं पर अनेक तटीय सागर और खाड़ियाँ हैं।
- इस महासागर में 20,000 से भी अधिक द्वीप हैं, जिनका क्षेत्रफल कम है।
- महाद्वीपों के निकट महाद्वीपीय द्वीप स्थित हैं तथा महासागरों के मध्य में स्थित द्वीप अधिकांशत: प्रवाल (Coral) तथा ज्वालामुखी प्रक्रियाओं (Volcanic Activities) से निर्मित हैं।

नितल/अधस्तल

- प्रशांत महासागर का नितल प्रत्येक स्थान पर लगभग एकसमान होता है, जिस पर चौड़े-चौड़े उभार और अवतल उपलब्ध होते हैं।
- इसका उत्तरी भाग सबसे अधिक गहरा है, जिसकी औसत गहराई 5000 से 6000 मी तक होती है।
- एल्युशियन, क्यूराइल, जापान तथा बेसिन इस मार्ग के प्रमुख गर्त हैं, जिनकी गहराई 7000 से 10,000 मी तक है।
- इसके मध्य भाग में असंख्य समुद्री पर्वत, गाईऑट तथा समानांतर और वृत्ताकार द्वीप शृंखलाएँ हैं।
- इसके दक्षिण-पश्चिमी भाग में विभिन्न प्रकार के द्वीप, तटीय सागर, महाद्वीपीय मग्नतट तथा जलमग्न गर्त हैं। **मिंडनाओ गर्त** की गहराई 10,000 मी से भी अधिक है।
- दक्षिणी-पूर्वी प्रशांत में चौड़े जलमग्न कटक तथा पठार हैं।
- तटीय सागरों की अनुपस्थिति इस भाग की विशेषता है तथा अटाकामा तथा टोंगा में प्रमुख गर्त विद्यमान है, जिसकी गहराई क्रमश: 8000 मी और 9000 मी है।

अटलांटिक महासागर

- अटलांटिक महासागर (Atlantic Ocean) आकार में प्रशांत महासागर के लगभग आधा है।
- यह संपूर्ण संसार के लगभग छठे भाग में विस्तृत है। आकृति में यह अंग्रेजी के 'S' अक्षर से मिलता-जुलता है।
- इसके पश्चिम में अमेरिका तथा पूर्व में यूरोप और अफ्रीका स्थित हैं। दक्षिण में यह खुला है और अंटार्कटिका महाद्वीप तक विस्तृत है।
- उत्तर में यह ग्रीनलैंड, आइसलैंड तथा अन्य छोटे द्वीपों से घिरा हुआ है।

नितल/अधस्तल

- अटलांटिक महासागर के चारों ओर विभिन्न चौड़ाइयों वाला महाद्वीपीय मग्नतट (Continental Shelves) स्थित है।
- अफ्रीका के तट के समीप इसकी चौड़ाई 80 से 160 किमी तक है, किंतु उत्तर-पूर्वी अमेरिका तथा उत्तर-पश्चिमी यूरोप के तटों के समीप इसकी चौड़ाई 250 से 400 किमी तक है।
- अटलांटिक महासागर के दोनों किनारों पर विशेषकर उत्तरी भाग में अनेक तटीय सागर हैं।
- इनमें से अधिकांश तटीय महासागर महाद्वीपीय मग्नतटों पर स्थित हैं। हड्सन की खाड़ी, बाल्टिक सागर तथा उत्तरी सागर मग्नतटों पर स्थित हैं।
- इस महासागर का मुख्य आकर्षक लक्षण **मध्य अटलांटिक कटक** (Mid-Atlantic Ridge) है। यह भी 'S' की आकृति बनाते हुए उत्तर से दक्षिण तक विस्तृत है।
- यह कटक लगभग 14,400 किमी लंबा तथा 4000 मी ऊँचा है।
- यह खिंचाव तथा भ्रंशन से बना है। इसका उभार सीढ़ीनुमा है और इसका शीर्ष विषम है।
- यह एक जलमग्न कटक है, परंतु इसकी अनेक चोटियाँ महासागरीय जलस्तर के ऊपर निकली हुई हैं। ये चोटियाँ ही मध्य अटलांटिक के द्वीप हैं।
- अजोर्स का **पाइको द्वीप** तथा **केप वर्डे द्वीप** (Cape Verde) इसके प्रमुख उदाहरण हैं।
- इसके अतिरिक्त बरमुडा सदृश कुछ प्रवाल द्वीप तथा असैसन, ट्रिस्टा दी कान्हा (ट्रिस्टन दा कुन्हा), सेंट हेलेना और गुआ सदृश अनेक ज्वालामुखी द्वीप हैं।
- अटलांटिक महासागर में उत्तरी केमन तथा पोर्टो-रिको नामक दो द्रोणियाँ तथा रोमांश (Romanche Deep) तथा दक्षिणी सैंडविच (South Sandwich) नामक दो गर्त हैं।

हिंद महासागर

- हिंद महासागर अटलांटिक महासागर से छोटा है।
- यह उत्तर के एशिया महाद्वीप से पूर्णत: अवरोधित है, इसे अर्द्ध महासागर माना जाता है।
- इसका उत्तरी किनारा बहुत कटा-फटा है। यह पश्चिम में अफ्रीका द्वारा तथा पूर्व में इंडोनेशिया की द्वीप शृंखलाओं और ऑस्ट्रेलिया द्वारा सीमित है।
- दक्षिण में यह अंटार्कटिका महाद्वीप तक विस्तृत है। यहाँ यह एक ओर प्रशांत तथा दूसरी ओर अटलांटिक महासागर से घिरा हुआ है।
- इसकी औसत गहराई लगभग 4000 मी है, जो अन्य महासागरों की गहराई की तुलना में कम है, वहीं इसके तटीय सागरों की संख्या कम है।

नितल/अधस्तल

- हिंद महासागर (Indian Ocean) का नितल भी अन्य महासागरों की तुलना में कम असमान है।
- रेखिक गर्त तो न के बराबर है। **सुंडा गर्त** (Sunda Trench) एकमात्र अपवाद है, जो जावा द्वीप के दक्षिण में उसके समांतर स्थित है।
- अटलांटिक महासागर की भाँति इसमें कन्याकुमारी से लेकर दक्षिण की ओर अंटार्कटिका महाद्वीप तक अनेक चौड़े जलमग्न कटक हैं।
- यह मध्य में स्थित है और हिंद महासागर को दो बेसिनों में विभक्त करता है। यह अटलांटिक कटक (Atlantic Ridge) से चौड़ा है।
- यह उत्तर में लक्षद्वीप-चागोस कटक, मध्य में सेंट पॉल पठार (St. Paul Plateau) तथा दक्षिण में एम्सटर्डम-सेंट पॉल पठार (Amsterdam-St. Paul Plateau) के नाम से जाना जाता है। इसकी चौड़ाई दक्षिण भाग में अधिक है।
- मध्य कटक से अनेक छोटी शाखाएँ निकलकर अफ्रीका और भारत के तटों तक फैली हुई हैं।
- इन्हें सोकोत्रा-चागोस कटक (Socotra-Chagos Ridge) तथा सेशेल्स कटक (Seychelles Ridge) कहा जाता है।
- दक्षिणी मेडागास्कर कटक, मेडागास्कर द्वीप से दक्षिण की ओर विस्तृत है, जो दक्षिण में अधिक चौड़ा है, जहाँ इसे प्रिंस एडवर्ड क्रोजेट कटक कहते हैं।
- बंगाल की खाड़ी में अंडमान-निकोबार कटक है, जो इरावदी नदी के मुहाने निकोबार द्वीप समूह तक फैला है, वहीं काल्सबर्ग कटक अरब सागर को दो भागों में विभक्त करता है।
- मध्यस्थ तथा अन्य कटक हिंद महासागर को अनेक बेसिनों में बाँटते हैं, जिनमें मध्य बेसिन, अरब बेसिन, दक्षिण भारतीय बेसिन, मस्कीन बेसिन, पश्चिम ऑस्ट्रेलियन बेसिन तथा दक्षिण ऑस्ट्रेलियन बेसिन मुख्य हैं।
- हिंद महासागर में स्थित अधिकांश द्वीप महाद्वीपीय खंडों से टूटकर अलग हुए भाग हैं, जो हिंद महासागर को उत्तर एवं पश्चिम से घेरे हुए हैं।
- अंडमान तथा निकोबार द्वीप समूह, श्रीलंका, मेडागास्कर तथा जंजीबार इसके उदाहरण हैं।
- भारत के दक्षिण-पश्चिम तट के समीप लक्षद्वीप तथा महाद्वीप प्रवाल द्वीपों के उदाहरण हैं।
- मेडागास्कर के पूर्व में स्थित मॉरीशस तथा रीयुनियन द्वीप ज्वालामुखी प्रक्रिया से उत्पन्न द्वीप हैं, वहीं पूर्वी क्षेत्र द्वीपों से लगभग खाली है।

महासागरीय धाराएँ

महासागरीय धाराएँ निश्चित दिशा में महासागरीय सतह पर नियमित रूप से बहने वाली जल की धाराएँ होती हैं। निश्चित मार्ग व दिशा, जल के नियमित प्रवाह को दर्शाते हैं।

महासागरीय धाराएँ दो प्रकार के बलों के द्वारा प्रभावित होती हैं, जो निम्न हैं

(i) प्राथमिक बल (ii) द्वितीयक बल

प्राथमिक बल

वह बल, जो जल की गति को प्रारंभ तथा धाराओं को प्रभावित करता है, प्राथमिक बल कहलाता है, यह निम्न है

- **सौर ऊर्जा से जल का गर्म होना** (Water Heating by the Solar Energy) सौर ऊर्जा से जल गर्म होकर फैलता है। यही कारण है कि विषुवत् वृत्त के पास महासागरीय जल का स्तर मध्य अक्षांशों के समीप 8 सेमी अधिक ऊँचा होता है। इसके कारण बहुत कम प्रवणता उत्पन्न होती है तथा जल का बहाव ढाल से नीचे की ओर होता है।
- **महासागर की सतह पर बहने वाली वायु** (Winds Blowing of the Surface of the Ocean) यह वायु जल को गतिमान करती है। इस क्रम में वायु एवं जल की सतह के मध्य उत्पन्न होने वाला घर्षण बल जल की गति को प्रभावित करता है।
- **गुरुत्वाकर्षण** (Gravitation) इसके कारण जल नीचे एकत्रित हो जाता है और यह एकत्रित जल दाब प्रवणता में भिन्नता उत्पन्न करता है।
- **कोरिऑलिस बल** (Coriolis Force) इसके कारण उत्तरी गोलार्द्ध में जल की गति की दिशा दाईं ओर तथा दक्षिणी गोलार्द्ध में बाईं ओर प्रवाहित होती है एवं उनके चारों ओर के बहाव को **वलय** (Gyres) कहा जाता है। इनके कारण सभी महासागरीय बेसिनों में वृहत वृत्ताकार धाराएँ (Circular Currents) उत्पन्न होती हैं।

द्वितीयक बल

- वह बल, जो महासागरीय धाराओं को प्रभावित करता है, द्वितीयक बल कहलाता है; जैसे-लवणता, तापमान आदि।
- यह जल के घनत्व में अंतरमहासागरीय जलधाराओं की ऊर्ध्वाधर गति को प्रभावित करता है। अधिक खारा जल निम्न खारे जल की अपेक्षा अधिक सघन (Dense) होता है।
- ठंडा जल, गर्म जल की अपेक्षा अधिक सघन होता है। सघन जल नीचे बैठता है, जबकि हल्के जल की प्रवृत्ति ऊपर उठने की होती है।
- ठंडे जल वाली महासागरीय धाराएँ तब उत्पन्न होती हैं, जब ध्रुवों के पास जल नीचे एकत्रित होता है एवं धीरे-धीरे विषुवत् वृत्त की ओर गति करता है।
- गर्म जलधाराएँ विषुवत् वृत्त से सतह के साथ होते हुए ध्रुवों की ओर जाती हैं और ठंडे जल का स्थान लेती हैं।

महासागरीय धाराओं की विशेषताएँ

- महासागरीय धाराओं की पहचान उसके प्रवाह (Drift) से होती है।
- ये धाराएँ सतह के निकट सर्वाधिक शक्तिशाली होती हैं तथा यहाँ इनकी गति 5 नॉट (Knots) से अधिक होती है।
- गहराई में धाराओं की गति धीमी हो जाती है, जो 0.5 नॉट से भी कम होती है।

- किसी धारा की गति को उसके प्रवाह (Drift) के रूप में जानते हैं। प्रवाह को नॉट में मापा जाता है।
- धारा की शक्ति का संबंध उसकी गति से होता है। अतः शक्तिशाली धारा तीव्र गति से गमन करती है।

महासागरीय धाराओं के प्रकार

महासागरीय धाराओं को उनकी गहराई तथा तापमान के आधार पर वर्गीकृत किया गया है, जो निम्न प्रकार हैं

गहराई के आधार पर

महासागरीय धाराओं को उनकी गति के आधार पर दो भागों में बाँटा गया है

- **ऊपरी या सतही जलधारा** (Surface Currents) महासागरीय जल का 10% भाग सतही या ऊपरी जलधारा का है। ये धाराएँ महासागरों में 400 मी गहराई तक पाई जाती हैं।
- **गहरी जलधारा** (Deep Currents) महासागरीय जल का 90% भाग गहरी जलधारा के रूप में होता है। ये जलधाराएँ महासागरों में घनत्व व गुरुत्व की भिन्नता के कारण बहती हैं।

उच्च अक्षांशीय क्षेत्रों में जहाँ तापमान कम होने के कारण घनत्व अधिक होता है, वहाँ गहरी जलधाराएँ बहती हैं, क्योंकि यहाँ अधिक घनत्व होता है, जिसके कारण पानी नीचे की तरफ बैठता है।

तापमान के आधार पर

महासागरीय धाराओं को तापमान के आधार पर दो भागों में वर्गीकृत किया गया है

- **गर्म जलधाराएँ** (Warm Currents) निम्न अक्षांशों में उष्णकटिबंधों से उच्च अक्षांशीय समशीतोष्ण और उप-ध्रुवीय कटिबंधों की ओर बहने वाली धाराओं को गर्म जलधाराएँ कहते हैं। ये जलधाराएँ गर्म जल को ठंडे जल के क्षेत्रों में पहुँचाती हैं और प्रायः महाद्वीपों के पूर्वी तटों पर बहती हैं (दोनों गोलार्द्धों के निम्न व मध्य अक्षांशीय क्षेत्रों में)। उत्तरी गोलार्द्ध में ये जलधाराएँ उच्च अक्षांशीय क्षेत्रों में महाद्वीपों के पश्चिमी तट पर बहती हैं।
- **ठंडी जलधाराएँ** (Cold Currents) उच्च अक्षांशों से निम्न अक्षांशों की ओर बहने वाली धाराओं को ठंडी जलधाराएँ कहते हैं। ये जलधाराएँ ठंडे जल को गर्म जल क्षेत्रों में पहुँचाती हैं। ये महाद्वीपों के पश्चिमी तट पर बहती हैं। ऐसा दोनों गोलार्द्धों में निम्न व मध्य अक्षांशीय क्षेत्रों में होता है। ये जलधाराएँ महाद्वीपों के पूर्वी तट तथा उत्तरी गोलार्द्ध के उच्च अक्षांशीय क्षेत्रों में बहती हैं।

प्रमुख महासागरीय धाराएँ

- ये महासागरीय धाराएँ प्रचलित पवनों और कोरिऑलिस प्रभाव से अत्यधिक प्रभावित होती हैं। इन जलधाराओं का प्रवाह **वायुमंडलीय प्रवाह** (Atmospheric Drift) के समान होता है।
- मध्य अक्षांशीय क्षेत्रों में महासागरों पर वायु **प्रति चक्रवात** (Anti-Cyclone) के रूप में बहती है। दक्षिणी गोलार्द्ध में यह प्रवाह उत्तरी गोलार्द्ध की अपेक्षा स्पष्ट होता है।
- महासागरीय धाराएँ भी लगभग इसी के अनुरूप प्रवाहित होती हैं। उच्च अक्षांशीय क्षेत्रों में वायु प्रवाह मुख्यतः चक्रवात के रूप में होता है और महासागरीय धाराएँ भी इसी का अनुसरण करती हैं।
- मानसून प्रधान क्षेत्रों में, मानसून पवनों का प्रवाह जलधाराओं के प्रवाह को प्रभावित करता है।
- निम्न अक्षांशों से बहने वाली गर्म जलधाराएँ कोरिऑलिस प्रभाव के कारण उत्तरी गोलार्द्ध में अपने बाईं ओर और दक्षिणी गोलार्द्ध में अपने दाईं ओर मुड़ जाती हैं।
- महासागरीय जलधाराएँ भी वायुमंडलीय प्रवाह की भाँति गर्म अक्षांशों से ऊष्मा को स्थानांतरित करती हैं।
- आर्कटिक व अंटार्कटिक क्षेत्रों की ठंडी जलधाराएँ उष्णकटिबंधीय व विषुवतीय क्षेत्रों की ओर प्रवाहित होती हैं, जबकि यहाँ गर्म जलधाराएँ ध्रुवों की ओर प्रवाहित होती हैं।

महासागरीय धाराओं का प्रभाव

महासागरीय जलधाराएँ प्रत्यक्ष तथा अप्रत्यक्ष रूप से वैश्विक पर्यावरण तथा पारिस्थितिकी तंत्र को प्रभावित करती हैं। इनका प्रभाव निम्नलिखित है

- **मत्स्यन को प्रोत्साहन** (Stimulation to Fishing Activities) इसके अंतर्गत गर्म तथा ठंडी जलधाराओं के मिलने से कुहरा युक्त वातावरण (Foggy Conditions) का निर्माण होता है, जो 'प्लैंकटन' के विकास के लिए उचित वातावरण प्रदान करता है।

  इस स्थिति में ऑक्सीजन तथा प्लैंकटन मछलियों के लिए आवश्यक पोषक तत्त्व उपलब्ध कराते हैं, जो मछलियों का प्रमुख भोजन है। विश्व के प्रमुख मत्स्य क्षेत्र इन्हीं क्षेत्रों में पाए जाते हैं। जापान के तटीय क्षेत्रों में कुरोशिया तथा कमचटका धारा के मिलने से मत्स्यपालन के लिए एक विशिष्ट वातावरण विकसित हुआ है।
- **नौ संचालन तथा वाणिज्य को प्रभावित करना** (Effect on Trade and Navigation) इसमें महासागरीय जलधाराएँ व्यापारिक मार्गों को सुचारू बनाती हैं। इनसे जलयानों का परिवहन अधिक सरल हो जाता है। गर्म धाराओं के कारण ठंडे प्रदेशों में बंदरगाह वर्षभर खुले रहते हैं।
- **तापांतर नियंत्रण करना** (Effect on Heat Balance) महासागरीय धाराएँ तटीय क्षेत्रों की जलवायु में पर्याप्त संशोधन करती हैं। तटीय क्षेत्रों में तापांतर को नियंत्रित कर श्रेष्ठ मौसमी प्रवृत्तियों का निर्माण महासागरीय धाराओं के कारण होता है।
- **वर्षा पर प्रभाव** (Effect on Rainfall) इसमें गर्म धाराओं के ऊपर प्रवाहित होने वाली हवाओं के कारण वर्षा भी होती है। 'गल्फ स्ट्रीम' की उत्तरी अटलांटिक शाखा यूरोपीय देशों के तटीय प्रदेशों में वर्षा कराने का मुख्य कारक है।

महासागरीय धाराओं का प्रभाव (क्षेत्रवत विवरण)

- उष्ण व उपोष्ण कटिबंधीय क्षेत्रों में महाद्वीपों के पश्चिमी तटों पर ठंडी जलधाराएँ बहती हैं (विषुवतीय क्षेत्रों को छोड़कर), जिनका औसत तापमान अपेक्षाकृत कम होता हैं। इसके साथ ही दैनिक व वार्षिक तापांतर भी कम होता है।
- मध्य व उच्च अक्षांशों में महाद्वीपों के पश्चिमी तटों पर गर्म जलधाराएँ बहती हैं, जिसके कारण वहाँ एक अलग जलवायु पाई जाती है।
- इन क्षेत्रों में ग्रीष्म ऋतु अपेक्षाकृत कम गर्म तथा शीत ऋतु अपेक्षाकृत मृदु होती है। यहाँ वार्षिक तापांतर भी कम होता है।

- उष्ण व उपोष्ण कटिबंधीय क्षेत्रों में गर्म जलधाराएँ महाद्वीपों के पूर्वी तटों के समांतर बहती हैं, जिस कारण यहाँ की जलवायु गर्म व आर्द्र होती है। ये क्षेत्र उपोष्ण कटिबंध के प्रतिचक्रवातीय क्षेत्रों के पश्चिमी किनारों पर स्थित हैं। यहाँ गर्म व ठंडी जलधाराएँ मिलती हैं।

विश्व की प्रमुख जलधाराएँ

विश्व की प्रमुख जलधाराएँ निम्नलिखित हैं-

प्रशांत महासागर की जलधाराएँ

प्रशांत महासागर विश्व का सबसे बड़ा एवं गहरा महासागर है, जिसमें गर्म एवं ठंडी प्रकृति की जलधारा अलग-अलग क्षेत्रों में प्रवाहित होती हैं, जिनका विवरण निम्न प्रकार है

उत्तरी प्रशांत जलधारा

जापान के दक्षिणी-पूर्वी तट के समीप क्यूरोशियो धारा प्रचलित पछुआ पवन की चपेट में आती है।

महासागर के आर-पार पश्चिम से पूर्व दिशा में प्रवाहित होने वाली धारा को उत्तरी प्रशांत जलधारा कहते हैं। इसमें निम्न महासागरीय धाराएँ सम्मिलित हैं

- **उत्तरी विषुवतीय जलधारा** (North Equatorial Current) यह मैक्सिको के तट से पूर्वी द्वीप समूह की ओर बहने वाली गर्म जलधारा है। विषुवत् रेखा के निकट जल के उच्च तापमान के कारण गर्म होकर व्यापारिक पवनों द्वारा बहाए जाने से इसकी उत्पत्ति होती है।

  यह धारा जैसे-जैसे पश्चिम की ओर बढ़ती है। इसके आयतन में वृद्धि होती रहती है। मध्य अमेरिका के पश्चिमी तट से शुरू होकर यह पश्चिमी प्रशांत में फिलीपींस द्वीप समूह तक पहुँचती है। ताइवान के पास यह दो शाखाओं में विभक्त हो जाती है, जिसमें एक शाखा उत्तर की ओर मुड़कर क्यूरोशियो धारा में मिल जाती है, वहीं दूसरी शाखा पूर्व की ओर मुड़कर विपरीत विषुवत् रेखा का निर्माण करती है।
- **क्यूरोशियो (क्यूरोशिवो) जलधारा** (Kuroshio Current) उत्तरी प्रशांत विषुवत् रेखीय धारा फिलीपींस द्वीप समूह तक पहुँचने के पश्चात् ताइवान तथा जापान के पूर्वी तट के साथ उत्तरी दिशा में प्रवाहित होने लगती है, जिसे क्यूरोशियो जलधारा के नाम से जाना जाता है।

  यह एक गर्म जलधारा है। इसकी शाखा शुशिया (शुशिमा) के नाम से जापान सागर में प्रवेश करती है। यह पश्चिमी जापान तट से होकर प्रवाहित होती है। यह तटीय भागों की जलवायु को प्रभावित करती है।
- **ओयाशिवो जलधारा** (Oyashio Current) यह प्रशांत महासागर के उत्तरी भाग में प्रवाहित होने वाली जलधारा है, जिसे ओयाशिवो धारा के नाम से जाना जाता है। यह एक ठंडी जलधारा है, जिसे क्यूराइल की ठंडी धारा भी कहते हैं। यह कमचटका प्रायद्वीप के तट के समीप उत्तर से दक्षिण की ओर बहती है।
- **कैलिफोर्निया जलधारा** (California Current) यह उत्तरी प्रशांत जलधारा की दूसरी शाखा है, जो कैलिफोर्निया के तट पर दक्षिण की ओर बहती है। अत: इसे कैलिफोर्निया जलधारा के नाम से जाना जाता है।

  यह एक ठंडी जलधारा है। यह जलधारा निचले अक्षांशों में आकर उत्तरी विषुवतीय धारा से मिल जाती है। यह उत्तरी विषुवतीय धारा, व्यापारिक पवन के प्रभाव से महासागर के आर-पार 14,500 किमी की दूरी तय करती है।
- **अलास्का जलधारा** (Alaska Current) यह उत्तरी प्रशांत जलधारा की उत्तरी शाखा है, जिसे ब्रिटिश कोलंबिया के नाम से भी जाना जाता है।

  यह ब्रिटिश कोलंबिया तथा अलास्का के तटों पर घड़ी की सुइयों के विपरीत दिशा में अलास्का धारा के नाम से प्रवाहित होती है। यह गर्म धारा है, क्योंकि क्षेत्र के जल की अपेक्षा यह गर्म होती है।
- **ओखोटस्क** (ओखाटस्क) **जलधारा** (Okhotsk Current) यह उत्तरी प्रशांत की दूसरी ठंडी जलधारा है, जो सखालीन के समीप बहती हुई ओयाशिवो धारा से मिल जाती है। ओयाशिवो धारा अंत में क्यूरोशिवो धारा से मिलकर उसके गर्म जल के नीचे डूब जाती है।

दक्षिण प्रशांत जलधारा

यह प्रशांत महासागर में पछुआ हवा के प्रभाव से पश्चिम से पूर्व दिशा में तस्मानिया तथा दक्षिण अमेरिका तट के मध्य प्रवाहित होती है। अत्यधिक जल विस्तार के कारण तथा गरजती चालीसा के कारण यह एक प्रबल धारा का रूप धारण करती है। दक्षिण प्रशांत जलधाराएँ निम्नलिखित हैं

- **दक्षिणी विषुवतीय जलधारा** (South Equatorial Currrent) यह गर्म जलधारा है, जो दक्षिण पूर्व व्यापारिक पवनों के कारण उत्पन्न होती है। यह दक्षिण अमेरिका के पश्चिमी तट से पश्चिम की ओर ऑस्ट्रेलिया के पूर्वी तट पर बहती है और पूर्वी ऑस्ट्रेलियाई जलधारा के नाम से दक्षिण की ओर मुड़ जाती है।
- **पूर्वी ऑस्ट्रेलियाई जलधारा** (Eastern Australian Current) यह दक्षिणी विषुवत् रेखीय गर्म जलधारा के दक्षिण की ओर ऑस्ट्रेलिया के पूर्वी तट के साथ बहती है। इसे न्यू साउथ वेल्स की गर्म धारा के नाम से भी जाना जाता है। इसके कारण ऑस्ट्रेलिया के सुदूर दक्षिणी-पूर्वी भाग एवं न्यूजीलैंड के चारों ओर ऊँचा तापमान बना रहता है। आगे चलकर यह दक्षिणी प्रशांत धारा में मिल जाती है, जो पश्चिम से पूर्व की ओर बहती है।
- **पेरू धारा अथवा हम्बोल्ट जलधारा** (Peru or Humboldt Current) दक्षिणी प्रशांत जलधारा दक्षिणी अमेरिका के दक्षिणी-पश्चिमी तट पर पहुँचकर उत्तर की ओर मुड़ जाती है। यहाँ इसे पेरू जलधारा के नाम से जाना जाता है। यह एक ठंडी जलधारा है, जो अंत में दक्षिणी विषुवतीय धारा में विलीन होकर एक चक्र पूरा करती है।
- **अंटार्कटिक जलधारा** (Antarctic Current) यह जलधारा अंटार्कटिक महाद्वीप के चारों ओर चक्कर लगाती है। इसकी दिशा पश्चिम से पूर्व की ओर है। इसका जल ठंडा होता है तथा यह पछुआ पवनों के प्रवाह में रहती है। इसलिए इसे पछुआ पवन प्रवाह भी कहते हैं।
- **विरुद्ध या विपरीत विषुवतीय जलधारा** (Counter Equatorial Current) उत्तरी और दक्षिणी विषुवतीय धाराओं के मध्य एक जलधारा पश्चिम से पूर्व की ओर बहती है, जिसे विरुद्ध विषुवतीय धारा कहते हैं।

  उत्तरी और दक्षिणी विषुवतीय धाराएँ महासागर के पश्चिमी भाग में विशाल जल राशि एकत्रित करती रहती हैं, जिससे महासागरीय जलस्तर असंतुलित होता रहता है। इस असंतुलन को दूर करने का कार्य विरुद्ध विषुवतीय धारा करती है।
- **एल-निनो जलधारा** (El-NINO Current) यह एक गर्म जलधारा है, जिसकी उत्पत्ति दक्षिणी अमेरिका के पेरू तट के पश्चिम में होती है। यह उत्तर से दक्षिण दिशा में प्रवाहित होती है। इसे **विपरीत धारा** (Anti Current) के नाम से भी जाना जाता है।

यह तटीय समुद्री जल में कुछ वर्षों के अंतराल पर घटित होती है। पेरू के पश्चिमी तट के पास पेरू की ठंडी जलधारा जब दक्षिण की ओर खिसक जाती है, तब एल-निनो का निर्माण होता है। इसके कारण सागरीय जल के तापमान में 3°C से 4°C तक तापमान बढ़ जाता है। यह भारतीय मानसून को प्रभावित करती है। जिस वर्ष एल-निनो प्रबल होती है, उस वर्ष पेरू के तट पर सामान्य से कई गुना अधिक वर्षा होती है, वहीं पश्चिमी प्रशांत महासागरीय क्षेत्र में सूखे की स्थिति उत्पन्न हो जाती है। इसका दुष्प्रभाव भारत, बांग्लादेश, इंडोनेशिया आदि में देखा जाता है।

- **ला-निनो जलधारा** (LA-NINO Current) यह भी एक विपरीत जलधारा है। इसकी उत्पत्ति पश्चिमी महासागर में उस समय होती है, जब पूर्वी प्रशांत महासागर में एल-निनो का प्रभाव समाप्त हो जाता है।

  यह एक ठंडी जलधारा है, जिसके प्रभाव से प्रशांत महासागर के तापमान में 3°C से 4°C तापमान कम हो जाता है। इसके कारण पूर्वी प्रशांत महासागर के तट पर सूखे की स्थिति उत्पन्न होती है, जबकि पश्चिमी प्रशांत महासागर के तट पर अत्यधिक वर्षा होती है।

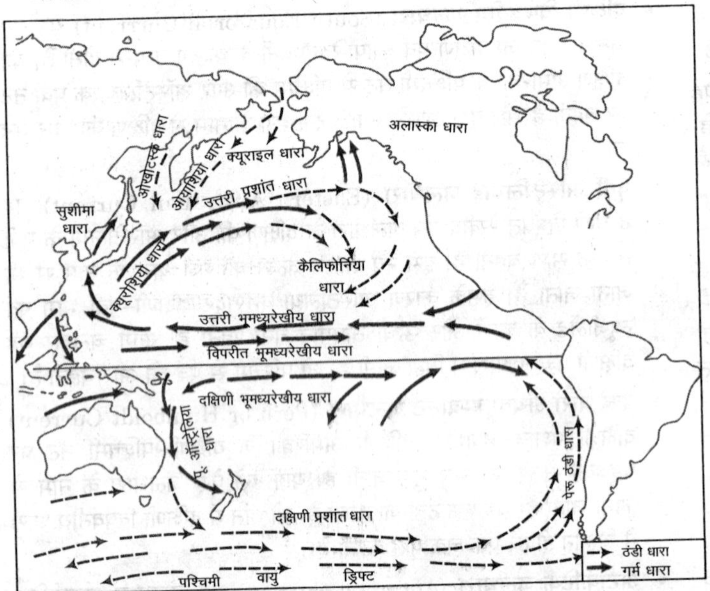

प्रशांत महासागर की धाराएँ

अटलांटिक महासागर की जलधाराएँ

- **उत्तरी विषुवत् रेखीय जलधारा** (North Equatorial Current) यह गर्म जलधारा है। व्यापारिक हवाओं के कारण इस धारा की प्रवाह दिशा पूर्व से पश्चिम की होती है। मध्य अटलांटिक कटक को पार करने पर इस धारा की दिशा परिवर्तित हो जाती है और उत्तर-पश्चिम की ओर मुड़कर दो धाराओं में बँट जाती है।
- **फ्लोरिडा की जलधारा** (Florida Current) यह जलधारा फ्लोरिडा जलडमरूमध्य से 30° उत्तरी अक्षांश पर स्थित हेटरस अंतरीप के बीच प्रवाहित होती है। 30° उत्तरी अक्षांश के पास एंटीलीज गर्म धारा, फ्लोरिडा धारा से मिल जाती है। यह उत्तरी विषुवत् रेखीय धारा का ही विस्तृत भाग है, जो यूकॉटन चैनल से होकर मैक्सिको की खाड़ी तक पहुँचती है।
- **गल्फ स्ट्रीम जलधारा** (Gulf Stream Current) जब फ्लोरिडा की धारा एंटालीस की धारा का जल समाविष्ट कर हेटरस अंतरीप से ग्रांड बैंक के बीच प्रवाहित होती है, तो इसे गल्फ स्ट्रीम कहा जाता है। यह एक गर्म जलधारा है। यह गहरे जल में सुस्पष्ट होती है।
- **उत्तरी अटलांटिक जलधारा** (North Atlantic Current) ग्रांड बैंक से गल्फ स्ट्रीम जब पछुआ पवन के प्रभाव में आकर पूर्व की ओर मुड़ जाती है और अटलांटिक के आर-पार प्रवाहित होती है, तो उसे उत्तरी अटलांटिक धारा कहते हैं। यह एक गर्म जलधारा है। यह पूर्व की ओर प्रवाहित होती है।

सारगैसो सागर (Sargasso Sea)

- उत्तरी अटलांटिक महासागर में उत्तरी विषुवत् रेखीय धारा, गल्फ स्ट्रीम तथा कनारी धारा द्वारा घिरे हुए गतिहीन जल राशि वाले शांत क्षेत्र को सारगैसो सागर कहते हैं।
- इसकी अवस्थिति 20° से 40° उत्तरी अक्षांश तथा 35° से 75° पश्चिमी देशांतर के मध्य होती है।
- इसमें सारगैसम घास विस्तृत है अर्थात् यह अत्यधिक समुद्री शैवालों से भरा हुआ है। यह पछुआ तथा व्यापारिक हवाओं के संक्रमण मंडल के मध्य स्थित है। अतः यहाँ प्रति-चक्रवातीय पवन संचार के कारण क्षीण हवाएँ मंद गति से चलती हैं।

- **नॉर्वे की जलधारा** (Norwegian Current) उत्तरी अटलांटिक धारा की एक शाखा ब्रिटिश द्वीप पहुँचकर वहाँ से नॉर्वे के तट पर बहने लगती है, जिसे नॉर्वे धारा कहा जाता है। यह एक गर्म जलधारा है। यह धारा नार्वे तट से होकर नॉर्वे के सागर में चली जाती है। इस प्रकार यहाँ से यह धारा अंटार्कटिक महासागर में प्रवेश करती है।
- **पूर्वी ग्रीनलैंड जलधारा** (East Greenland Current) यह एक ठंडी जलधारा है, जो अंटार्कटिक महासागर से अटलांटिक महासागर में बहती है। यह पूर्वी भाग में प्रवाहित होती है।
- **लेब्राडोर जलधारा** (The Labrador Current) यह जलधारा ठंडे ध्रुवीय सागरों से आने के कारण ठंडी होती है। यह कनाडा के पूर्वी तट पर दक्षिण की ओर बहती हुई गल्फ स्ट्रीम से मिल जाती है। न्यूफाउंडलैंड के निकट ठंडी और गर्म जलधाराओं के मिलने से विख्यात कोहरे का निर्माण होता है। यहाँ संसार का सबसे महत्त्वपूर्ण मत्स्य आखेट क्षेत्र अवस्थित है।
- **दक्षिणी विषुवतीय जलधारा** (South Equatorial Current) यह गर्म जलधारा है, जो दक्षिणी पूर्वी व्यापारिक हवाओं के कारण पश्चिमी अफ्रीका तथा पूर्वी दक्षिणी अमेरिका के तटों से 0° से 20° दक्षिणी अक्षांशों के मध्य प्रवाहित होती है। यह सेंट रॉक्स द्वीप से टकराने के बाद दो भागों में बँट जाती है।
- **ब्राजील जलधारा** (Brazil Current) दक्षिणी अटलांटिक महासागर में दक्षिणी विषुवतीय धारा की शाखा साओ रॉक अंतरीप से दक्षिण की ओर दक्षिणी अमेरिका के पूर्वी तट से लगी हुई बहती है। इसे ब्राजील धारा के नाम से जानते हैं। यह धारा लगभग 30° अक्षांश पर पूर्व की ओर मुड़ जाती है और पछुआ पवन से प्रेरित दक्षिण अटलांटिक धारा में मिलकर पश्चिम से पूर्व की ओर बहने लगती है।

- **दक्षिणी अटलांटिक प्रवाह** (South Atlantic Drift) जब ब्राजील की धारा पृथ्वी के परिभ्रमण के कारण विक्षेप बल द्वारा पूर्व दिशा की ओर मुड़ जाती है, तो स्थल के अभाव में पछुआ हवाओं द्वारा प्रेरित होकर तेज गति से प्रवाहित होती है, जिसे दक्षिणी अटलांटिक प्रवाह, अंटार्कटिक प्रवाह आदि नामों से जाना जाता है। यह एक ठंडी जलधारा है।
- **बेंगुएला जलधारा** (Benguela Current) यह एक ठंडी जलधारा है, जो गुड होप अंतरीप (आशा अंतरीप) के निकट दक्षिणी अटलांटिक धारा की एक शाखा दक्षिणी अफ्रीका के पश्चिम तट पर उत्तर की ओर बहती है, जिसे बेंगुएला धारा कहते हैं। यह अंत में दक्षिण विषुवतीय धारा से मिलकर दक्षिणी अटलांटिक महासागर की धाराओं का चक्र पूरा करती है।
- **फॉकलैंड जलधारा** (Falkland Current) यह एक ठंडी जलधारा है, जो दक्षिणी अमेरिका के दक्षिण पूर्वी तट पर दक्षिण से उत्तर की ओर बहती है, जिसे फॉकलैंड कहते हैं।
- **विपरीत विषुवतीय जलधारा** (Anti-Equatorial Current) उत्तरी विषुवतीय धारा और दक्षिण विषुवतीय धाराओं द्वारा अधिक जलराशि के पश्चिम की ओर हट जाने से रिक्त पड़े अंश का संतुलित करने के अभिप्राय से दोनों की विपरीत दिशा में चलने वाली धारा को विपरीत विषुवतीय धारा या विरुद्ध विषुवतीय जलधारा कहते हैं। यह जलधारा दोनों विषुवतीय धाराओं के मध्य पश्चिम से पूर्व की ओर बहती है। पश्चिमी अफ्रीका के तट के समीप प्रवाहित होने अथवा गिनी तट पर अस्तित्व प्रकट होने के कारण इसे गिनी की धारा भी कहते हैं।

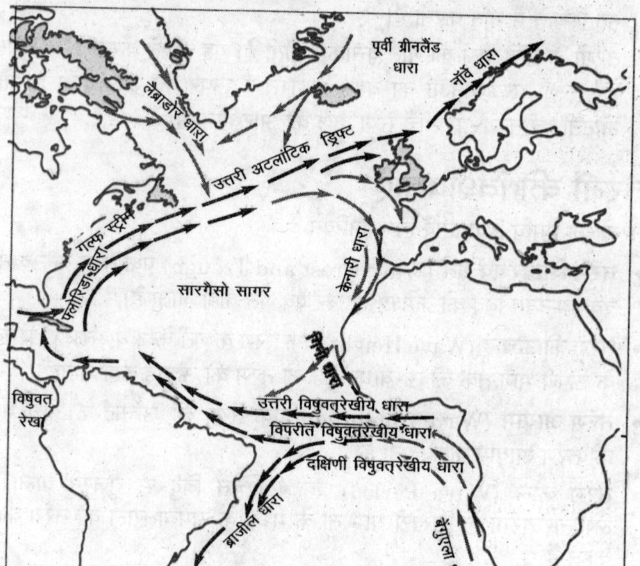

अटलांटिक महासागर की धाराएँ

हिंद महासागर की जलधाराएँ

- हिंद महासागर की धाराओं पर स्थलमंडल के अतिरिक्त मानसूनी हवाओं का अधिक प्रभाव पड़ता है।
- इसलिए हिंद महासागर की धाराओं के संचरण की विशेषताएँ अटलांटिक एवं प्रशांत महासागर से भिन्न पाई जाती हैं।
- इसके अतिरिक्त उत्तरी हिंद महासागर में उत्तर पूर्वी तथा दक्षिणी-पश्चिमी मानसूनी हवाओं के कारण धाराओं की दिशा में वर्ष में दो बार परिवर्तन भी होता है। अत: हिंद महासागर की धाराओं का विवरण निम्नलिखित है

उत्तरी हिंद महासागर की जलधाराएँ

- **उत्तरी पूर्वी मानसून जलधारा** (Winter Monsoon Current) शीत काल में उत्तरी पूर्वी मानसून पवनों के प्रभाव से उत्तरी विषुवतीय धारा पूर्व से पश्चिम की ओर प्रवाहित होती हैं, जिसे उत्तर-पूर्वी मानसून ड्रिफ्ट कहते हैं। उत्तरी-पूर्वी मानसूनी पवन जल को बंगाल की खाड़ी के तट के साथ घड़ी की सूई की विपरीत दिशा में प्रवाह के लिए प्रेरित करती है। इस प्रकार यह अंडमान तथा सोमाली के मध्य पश्चिम दिशा में प्रवाहित होती है।
- **दक्षिण पश्चिम मानसून जलधारा** (South West Monsoon Current) ग्रीष्म ऋतु में दक्षिण पश्चिम मानसून के प्रवाह से जल का प्रवाह पश्चिम से पूर्व दिशा की ओर पाया जाता है, जिसे दक्षिण पश्चिमी मानसून प्रवाह अथवा दक्षिण पश्चिमी मानसून ड्रिफ्ट कहते हैं।
- **विरुद्ध विषुवतीय जलधारा** (Counter Equatorial Current) शीत ऋतु में उत्तरी विषुवतीय धारा तथा दक्षिणी विषुवतीय धारा पूर्व से पश्चिम की ओर बहती है। यह शीत ऋतु में जंजीबार द्वीप के निकट से आरंभ होकर पूर्व की ओर प्रवाहित होती है। इन दोनों के मध्य एक धारा पश्चिम से पूर्व की ओर बहती है, जिसे विरुद्ध विषुवतीय धारा अथवा विपरीत विषुवतीय धारा भी कहा जाता है। ग्रीष्म ऋतु में यह धारा पूर्णत: समाप्त हो जाती है।

दक्षिणी हिंद महासागर की जलधाराएँ

- **दक्षिणी विषुवत् रेखीय धारा** यह गर्म धारा है, जो दक्षिण पूर्वी व्यापारिक पवनों के प्रभाव से 20° अक्षांश के उत्तर-पूर्व से पश्चिम की ओर प्रवाहित होती है। ग्रीष्मकालीन मानसून में इसका वेग सर्वाधिक होता है।
- **मेडागास्कर जलधारा** (Madagascar Current) यह मेडागास्कर द्वीप के पूर्वी तट पर बहने वाली धारा मेडागास्कर की गर्म धारा कहलाती है। यह दक्षिण विषुवतीय धारा की दूसरी शाखा के रूप में जानी जाती है।
- **अगुलहास जलधारा** (Agulhas Current) मोजांबिक और मेडागास्कर के संगम से अगुलहास धारा की उत्पत्ति होती है। यह एक गर्म जलधारा है, जो अफ्रीका के दक्षिणी छोर तक बहती है।
- **मोजांबिक जलधारा** (Mozambique Current) अफ्रीका के मोजांबिक तट के निकट दक्षिणी विषुवत् रेखीय धारा दक्षिण की ओर मुड़ जाती है। मोजांबिक के मुहाने की ओर बहने वाली इस धारा को गर्म मोजांबिक धारा कहते हैं।
- **दक्षिणी हिंद महासागर जलधारा/प्रवाह** (South Indian Ocean Current) जब अगुलहास धारा ही पछुआ पवन के द्वारा प्रेरित प्रवाह में मिलकर पूर्व की ओर बहने लगती है, तो उसे दक्षिणी हिंद प्रवाह अथवा दक्षिणी हिंद महासागरीय धारा कहते हैं। यह एक ठंडी जलधारा है।

- **पश्चिम ऑस्ट्रेलियाई जलधारा** (West Australian Current) जब दक्षिणी हिंद महासागर की धारा की एक शाखा उत्तर की ओर मुड़कर ऑस्ट्रेलिया के दक्षिण पश्चिमी किनारे के समीप अर्थात् ऑस्ट्रेलिया के पश्चिम तट से लगकर उत्तर की ओर बहने लगती है, तो उसे पश्चिम ऑस्ट्रेलियाई धारा कहते हैं। यह एक ठंडी जलधारा है। अंत में यह धारा दक्षिणी विषुवतीय धारा से मिलकर धाराओं के चक्र को पूरा करती है।

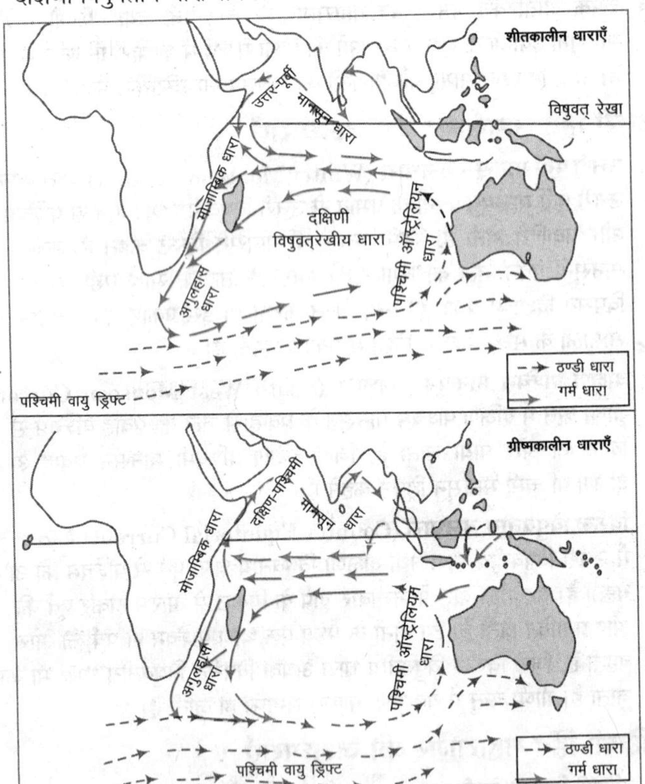

हिंद महासागर की धाराएँ

महासागरीय तरंगें

- महासागरीय जल स्थिर न होकर गतिमान होता है। महासागरीय तरंगों की भौतिक विशेषताएँ (Physical Characteristics); जैसे-तापमान, लवणता एवं घनत्व तथा बाह्य बल; जैसे- सूर्य, चंद्रमा तथा वायु अपने प्रभाव से महासागरीय जल में गति प्रदान करते हैं।
- महासागरीय जल में क्षैतिज तथा ऊर्ध्वाधर दोनों प्रकार की गतियाँ पाई जाती हैं। महासागरीय तरंगें (Oceanic Waves) जल की क्षैतिज गति होती हैं, जिसमें जल गति नहीं करता है, लेकिन तरंगों के आगे-बढ़ने का क्रम जारी रहता है।
- तरंगें वास्तव में ऊर्जा होती हैं, जल नहीं, जोकि महासागरीय सतह के आर-पार गति करती हैं। तरंगों में जल कण छोटे वृत्ताकार रूप में गति करते हैं। वायु (Winds) जल को ऊर्जा प्रदान करती है, जिससे तरंगें उत्पन्न होती हैं। वायु के कारण तरंगें महासागर में गति करती हैं तथा ऊर्जा तटरेखा पर निर्मुक्त होती है। तरंगें जैसे ही महासागरीय तट पर पहुँचती हैं, इनकी गति कम हो जाती है। ऐसा गत्यात्मक जल के मध्य आपस में घर्षण होने के कारण होता है तथा जब जल की गहराई तरंग के तरंगदैर्ध्य के आधे से कम होती है, तब तरंगें टूट जाती हैं।
- बड़ी तरंगें खुले महासागरों (Open Ocean) में पाई जाती हैं। तरंगें जैसे ही आगे की ओर बढ़ती हैं, वे बड़ी होती जाती हैं तथा वायु से ऊर्जा को अवशोषित करती हैं। अधिकांश तरंगें वायु से जल की विपरीत दिशा में गति से उत्पन्न होती हैं।
- जब दो नॉट (Knots) या उससे कम वाली वायु शांत जल पर बहती है, तब छोटी-छोटी उर्मिकाएँ (Ripples) बनती हैं तथा वायु की गति बढ़ने के साथ ही इनका आकार बढ़ता जाता है, जब तक कि इनके टूटने से सफेद बुलबुले नहीं बन जाते हैं। तट के पास पहुँचने, टूटने तथा सफेद बुलबुलों में सर्फ की भाँति घुलने से पहले तरंगे हजारों किमी की यात्रा करती हैं।

तरंगों की उत्पत्ति

- एक तरंग का आकार एवं आकृति उसकी उत्पत्ति को दर्शाता है। युवा तरंगें अपेक्षाकृत ढाल वाली होती हैं तथा संभवत: स्थानीय वायु के कारण बनी होती हैं। कम एवं नियमित गति वाली तरंगों की उत्पत्ति संभवत: दूसरे गोलार्द्ध में दूरस्थ स्थानों पर होती है।
- तरंग के उच्चतम बिंदु का पता वायु की तीव्रता के द्वारा लगाया जाता है, जैसे कि यह कितने समय तक प्रभावी है तथा उस क्षेत्र के ऊपर कितने समय से एक ही दिशा में प्रवाहमान है?
- तरंगें गति करती हैं, क्योंकि वायु जल को प्रवाहित करती है, जबकि गुरुत्वाकर्षण बल तरंगों के शिखरों को नीचे की ओर खींचता है।
- गिरता हुआ जल पहले वाले गर्त को ऊपर की ओर धकेलता हैं और तरंगें नई स्थिति में गति करती हैं।
- तरंगों के नीचे जल की गति वृत्ताकार होती है। यह इंगित करता है कि आती हुई तरंगों पर वस्तुओं का वहन आगे तथा ऊपर की ओर होता है और लौटती हुई तरंगों पर नीचे तथा पीछे की ओर होता है।

तरंगों की विशेषताएँ

तरंगों की प्रमुख विशेषताएँ निम्नलिखित हैं

- **तरंग शिखर एवं गर्त** (Wave Crest and Trough) एक तरंग के उच्चतम एवं निम्नतम बिंदु को क्रमश: शिखर एवं गर्त कहा जाता है।
- **तरंग की ऊँचाई** (Wave Height) एक तरंग के गर्त के अध:स्तल से शिखर के ऊपरी भाग तक की ऊर्ध्वाधर दूरी को तरंग की ऊँचाई कहा जाता है।
- **तरंग आयाम** (Wave Amplitude) एक तरंग की ऊँचाई के आधे भाग को तरंग आयाम कहा जाता है।
- **तरंग काल** (Wave Period) एक निश्चित बिंदु से गुजरने वाली दो लगातार तरंगों के शिखरों या गर्तों के मध्य के समयांतराल को तरंग काल कहते हैं।
- **तरंगदैर्ध्य** (Wave Length) तरंग के दो लगातार शिखरों या गर्तों के मध्य की क्षैतिज दूरी को तरंगदैर्ध्य कहते हैं।
- **तरंग गति** (Wavespeed) जल के माध्यम से तरंग के गति करने की दर को तरंग गति कहते हैं तथा इसे नॉट में मापा जाता है।
- **तरंग आवृत्ति** (Wave Frequency) एक सेकंड के समयांतराल में दिए गए बिंदु से गुजरने वाली तरंगों की संख्या को तरंग आवृत्ति कहते हैं।
- **स्वेल या महातरंग** (Swell Waves) एक समान ऊँचाई तथा आवर्तकाल के साथ एक नियमित रूप धारण करने वाली तरंगों को महातरंग कहते हैं।
- **सर्फ** (फेनिल) तटीय क्षेत्रों में टूटती हुई तरंगें (Breaking Waves) को सर्फ कहते हैं।

- **स्वांश (उद्धावन) तरंग** (Emerging Waves), तरंग के टूटने के पश्चात् जल राशि तीव्र ध्वनि उत्पन्न करती हुई तट पर, ऊपर की ओर वेग से दौड़ती हुई, प्रहार करती है, जिसे स्वांश तरंग कहते हैं।
- **बैकवाश वाटर** (प्रतिक्षिप्त जल) समुद्र की ओर वापस लौटती हुई, जल तरंगों को बैकवाश कहा जाता है।

ज्वार-भाटा

- चंद्रमा एवं सूर्य के आकर्षण के कारण दिन में एक बार या दो बार समुद्र तल के नियत कालिक उठने या गिरने को ज्वार-भाटा (Tides) कहा जाता है।
- जलवायु संबंधी प्रभावों (वायु एवं वायुमंडलीय दाब में परिवर्तन) के कारण जल की गति को महोर्मि (Surges) कहा जाता है।
- महोर्मि ज्वार भाटाओं की भाँति नियमित नहीं होते हैं। ज्वारभाटाओं का स्थानिक एवं कालिक रूप से अध्ययन बहुत ही जटिल होता है, क्योंकि इसके आवृत्ति परिणाम तथा ऊँचाई में बहुत अधिक भिन्नता होती है।

ज्वार-भाटा की उत्पत्ति के कारण

- चंद्रमा के गुरुत्वाकर्षण के कारण तथा सूर्य के गुरुत्वाकर्षण द्वारा ज्वार-भाटाओं की उत्पत्ति होती है। दूसरा कारक, अपकेंद्रीय बल (Centrifugal Force) है, जो गुरुत्वाकर्षण को संतुलित करता है।
- इस प्रकार गुरुत्वाकर्षण बल तथा अपकेंद्रीय बल दोनों मिलकर पृथ्वी पर दो महत्त्वपूर्ण ज्वार-भाटाओं को उत्पन्न करने के लिए उत्तरदायी हैं।
- चंद्रमा की ओर वाले पृथ्वी के भाग पर एक ज्वार-भाटा उत्पन्न होता है, जब विपरीत भाग पर चंद्रमा का गुरुत्वीय आकर्षण बल उसकी दूरी के कारण कम होता है, तब अपकेंद्रीय बल दूसरी ओर ज्वार उत्पन्न करता है।
- ज्वार उत्पन्न करने वाले बल, इन दो बलों चंद्रमा का गुरुत्वाकर्षण बल तथा अपकेंद्रीय बल के मध्य का अंतर है।
- पृथ्वी के धरातल पर चंद्रमा के निकट वाले भागों में अपकेंद्रीयकरण बल की अपेक्षा गुरुत्वाकर्षण बल अधिक होता है। इसलिए यह बल चंद्रमा की ओर ज्वारीय उभार का कारण है। चंद्रमा का गुरुत्वाकर्षण पृथ्वी के दूसरी ओर कम होता है, क्योंकि यह भाग चंद्रमा से अधिकतम दूरी पर होता है तथा यहाँ अपकेंद्रीय बल प्रभावशाली होता है।
- अत: चंद्रमा से दूर दूसरा उभार उत्पन्न करता है। पृथ्वी के धरातल पर क्षैतिज **ज्वार उत्पन्न करने वाले बल** (Tide Generating Force) ऊर्ध्वाधर बलों से अधिक महत्त्वपूर्ण होता है, जिनसे **ज्वारीय उभार** (Tidal Bulge) उत्पन्न होते हैं।
- जहाँ महाद्वीपीय मग्नतट अपेक्षाकृत विस्तृत है, वहाँ ज्वारीय उभार अधिक ऊँचाई वाले होते हैं। जब ये ज्वारीय उभार मध्य महासागरीय द्वीपों से टकराते हैं, तो इनकी ऊँचाई में अंतर आ जाता है।
- तटों के पास ज्वारनद व खाड़ियों की आकृतियाँ भी ज्वार-भाटाओं की तीव्रता को प्रभावित करती हैं।
- शंक्वाकार खाड़ी ज्वार के परिणाम को आश्चर्यजनक तरीके से बदल देती है। जब ज्वार-भाटा द्वीपों के मध्य से या खाड़ियों तथा ज्वारनद मुखों में से गुजरता है, तो उन्हें ज्वारीय धारा कहते हैं।

ज्वार-भाटा के प्रकार

ज्वार की आवृत्ति, दिशा एवं गति में स्थानीय व सामयिक भिन्नता पाई जाती है। ज्वार भाटों को उनकी बारंबारता एक दिन में या 24 घंटे में या उनकी ऊँचाई के आधार पर विभिन्न प्रकारों में वर्गीकृत किया जा सकता है।

आवृत्ति पर आधारित ज्वार-भाटा

आवृत्ति पर आधारित ज्वार-भाटा के प्रमुख प्रकार निम्नलिखित हैं

- **दैनिक ज्वार** (Diurnal Tide) इसमें प्रतिदिन केवल एक उच्च एवं एक निम्न ज्वार होता है। इसमें उच्च एवं निम्न ज्वारों की ऊँचाई समान होती है।
- **अर्द्ध दैनिक ज्वार** (Semi-Diurnal) यह सबसे सामान्य ज्वारीय प्रक्रिया है, जिसके अंतर्गत प्रत्येक दिन में दो उच्च एवं दो निम्न ज्वार आते हैं। इसमें दो लगातार उच्च एवं निम्न ज्वार की ऊँचाई लगभग समान होती है।
- **मिश्रित ज्वार** (Mixed Tide) ऐसा ज्वार-भाटा जिसकी ऊँचाई में भिन्नता होती है, उसे मिश्रित ज्वार-भाटा कहा जाता है। ये ज्वार-भाटा सामान्यत: उत्तर अमेरिका के पश्चिम तट एवं प्रशांत महासागर के बहुत-से द्वीप समूहों पर उत्पन्न होते हैं।

सूर्य, चंद्रमा एवं पृथ्वी की स्थिति पर आधारित ज्वार-भाटा

उच्च ज्वार की ऊँचाई में भिन्नता पृथ्वी के सापेक्ष सूर्य एवं चंद्रमा की स्थिति पर निर्भर करती है। वृहत ज्वार एवं निम्न ज्वार इसके अंतर्गत आते हैं, जिनका विवरण निम्न प्रकार है

- **वृहत ज्वार** (Spring Tides) जब सूर्य, चंद्रमा एवं पृथ्वी एक सीधी रेखा में होते हैं, तब ज्वारीय उभार अधिकतम होता है और इससे उत्पन्न ज्वार को वृहत ज्वार कहते हैं। पृथ्वी के संदर्भ में सूर्य एवं चंद्रमा की स्थिति ज्वार की ऊँचाई को प्रत्यक्ष रूप से प्रभावित करती है। अत: वृहत ज्वार महीने में दो बार होता है- पूर्णिमा के समय और अमावस्या के समय।
- **निम्न ज्वार** (Neap Tides) जब चंद्रमा एवं सूर्य एक-दूसरे के समकोण पर होते हैं तथा सूर्य एवं चंद्रमा के गुरुत्व बल एक-दूसरे का कार्य करते हैं, तब उत्पन्न ज्वार को लघु ज्वार या निम्न ज्वार कहते हैं। इसकी उत्पत्ति पूर्णिमा तथा अमावस्या के मध्य कृष्ण पक्ष और शुक्ल पक्ष की सप्तमी अथवा अष्टमी की तिथियों को होती है अर्थात् वृहत ज्वार एवं निम्न ज्वार के मध्य सात दिन का अंतर होता है।

इसमें चंद्रमा का आकर्षण सूर्य के दोगुने से अधिक होते हुए भी यह बल सूर्य के गुरुत्वाकर्षण के समक्ष धूमिल हो जाता है। चंद्रमा का आकर्षण अधिक इसलिए होता है, क्योंकि वह पृथ्वी के अधिक निकट होता है।

ज्वार-भाटा की स्थितियाँ

- माह में एक बार जब चंद्रमा पृथ्वी के सबसे नजदीक होता है, तब इस स्थिति को **उपभू** (Perigee) कहते हैं। इस दौरान असामान्य रूप से **उच्च एवं निम्न ज्वार** (High and Low Tides) उत्पन्न होता है।
- इस दौरान ज्वारीय क्रम सामान्य से अधिक होता है। दो सप्ताह के बाद जब चंद्रमा पृथ्वी से अधिकतम दूरी पर होता है, तब इस स्थिति को **अपभू** (Apogee) कहते हैं। इस स्थिति में चंद्रमा का गुरुत्वाकर्षण बल सीमित होता है तथा ज्वार-भाटा के क्रम उनकी औसत ऊँचाई से कम होते हैं।
- जब पृथ्वी सूर्य के निकटतम होती है, तो इस परिघटना को **उपसौर** (Perihelion) कहते हैं। प्रत्येक वर्ष 3 जनवरी के आस-पास उच्च एवं निम्न ज्वारों का क्रम भी असामान्य रूप से अधिक न्यून होता है।
- जब पृथ्वी सूर्य से सबसे दूर होती है, तब इसे अपसौर (Aphelion) कहते हैं। प्रत्येक वर्ष 4 जुलाई के आस-पास के ज्वार के क्रम औसत की अपेक्षा बहुत कम होते हैं। उच्च ज्वार व निम्न ज्वार के मध्य के समय, जब जलस्तर गिरता है, तो **भाटा** (Ebb) कहलाता है।
- उच्च ज्वार एवं निम्न ज्वार के मध्य के समय जब ज्वार ऊपर चढ़ता है, तब उसे **बहाव या बाढ़** (Flow or Flood) कहा जाता है।

कनाडा में फंडी खाड़ी के ज्वार-भाटा

- विश्व का सबसे ऊँचा ज्वार-भाटा कनाडा के नवास्कोशिया में स्थित फंडी की खाड़ी में आता है।
- ज्वारीय उभार की ऊँचाई 15 से 16 मीटर के मध्य होती है, क्योंकि वहाँ पर दो उच्च ज्वार एवं दो निम्न ज्वार प्रतिदिन आते हैं (लगभग 24 घंटे का समय)।
- अतः एक ज्वार 6 घंटे के भीतर अवश्य आता है। अनुमानतः ज्वारीय उभार एक घंटे में लगभग 2.4 मी ऊपर उठता है। इसका अर्थ यह हुआ कि ज्वार प्रति मिनट 4 सेमी अधिक ऊपर की ओर उठता है।

ज्वार-भाटा का महत्त्व

- पृथ्वी, चंद्रमा व सूर्य की स्थिति ज्वार की उत्पत्ति का कारण है और इनकी स्थिति के सही ज्ञान से ज्वारों का पूर्वानुमान लगाया जा सकता है।
- यह नौसंचालकों (Navigatores) व मछुआरों (मछली पकड़ने) को उनकी कार्य संबंधी योजनाओं में सहायता करता है। अतः नौसंचालन में ज्वारीय प्रवाह (Tidal Flow) का अधिक महत्त्व होता है। यह जहाजों को बंदरगाह तक पहुँचाने में सहायक होता है।
- ज्वार की ऊँचाई बहुत अधिक महत्त्वपूर्ण होती है, विशेष रूप से नदियों के किनारे वाले पोताश्रय पर एवं ज्वारनदमुख के भीतर, जहाँ प्रवेश द्वार पर छिछले रोधिका (Shallow Bars) होते हैं, जोकि नौकाओं एवं जहाजों को पोताश्रय में प्रवेश करने से रोकते हैं।
- ज्वार-भाटा तलछटों के अवक्षेपण (Desilting) में सहायता करते हैं। ये ज्वारनदमुख से प्रदूषित जल को बाहर निकालने में भी सहायता करते हैं।
- ज्वारों का उपयोग विद्युत शक्ति के उत्पादन में (कनाडा, फ्रांस, रूस, चीन आदि देशों में) किया जाता है।
- एक मेगावाट शक्ति का विद्युत संयंत्र पश्चिम बंगाल में सुंदरवन के दुर्गादुवानी में स्थापित किया गया है।
- गुजरात के कच्छ एवं खंभात की खाड़ी में भी ज्वारों से विद्युत उत्पादन की संभावना को देखा गया है।
- हुगली नदी पर स्थित कलकत्ता के पत्तन का महत्त्व ज्वार के कारण ही है, क्योंकि यह ज्वार-भाटा नदियों के मुहाने पर जमी गाद को हटाता रहता है, जिससे नदी में गहराई बनी रहती है। विश्व के लंदन, हैमबर्ग, न्यूयॉर्क और रॉटरडम आदि महत्त्वपूर्ण पत्तन हैं, जो ज्वारों से लाभांवित होते रहते हैं।

सागरीय संसाधन

महासागरों में खाद्य संसाधन, खनिज संसाधन एवं ऊर्जा संसाधन की अपार संभावनाएँ निहित हैं। अतः ये प्रत्यक्ष तथा अप्रत्यक्ष दोनों रूपों में मानव के लिए उपयोगी हैं। इनका विवरण निम्न प्रकार है

खाद्य संसाधन

- महासागर, खाद्य पदार्थ तथा अन्य मूल्यवान उत्पाद प्रदान करने वाले प्रमुख स्रोत हैं।
- मानव, मछली, मोलस्क, क्रस्टेशियन तथा अन्य जीवों का भक्षण करता है। वह कुछ समुद्री शैवालों से भी खाद्य सामग्रियों को तैयार करता है।
- इसके अतिरिक्त समुद्री जंतु, तेल, रोएँ, चमड़ा, पशुओं का चारा तथा अन्य उपयोगी वस्तुएँ भी प्रदान करते हैं। कुछ समुद्री पौधों तथा जंतुओं का उपयोग दवाइयों को बनाने में भी किया जाता है।
- सभी समुद्री संसाधनों में मछली सबसे अधिक मात्रा में उपलब्ध हैं और खाद्य पदार्थ के रूप में इसका प्रयोग भी व्यापक रूप से होता है, जो प्रोटीन का एक प्रमुख स्रोत है।
- संसार में पकड़ी जाने वाली मछलियों में अधिकांश मात्रा में हेरिंग, ऐंकरी, पिल्चर्ड, सारडीन, कॉड, साल्मन, टूना, मैकेरल, हेक, हेडॉक आदि होती हैं।

खनिज संसाधन

- महासागरों में अनेक उपयोगी धात्विक तथा अधात्विक खनिज बड़ी मात्रा में पाए जाते हैं। ये खनिज घोल तथा निलंबित कणों के रूप में पाए जाते हैं।
- समुद्री खारे जल में घुले लवणों में नमक, मैग्नीशियम तथा ब्रोमीन पाए जाते हैं। इसके अतिरिक्त अन्य खनिज क्रमशः मैंगनीज, फॉस्फोराइट, गंधक, टिटैनियम, जिरकॉन, मोनोजाइट, सोना, प्लेटेनियम, हीरा, टिन, लोहा, बालू, बजरी इत्यादि पाए जाते हैं।
- महासागरों में पाए जाने वाले सभी खनिजों में खनिज तेल और प्राकृतिक गैसें सबसे महत्त्वपूर्ण हैं।
- महासागरों में उपलब्ध कुछ खनिज मूल्य की दृष्टि से 90% से अधिक खनिज तेल और गैस के रूप में हैं।
- खनिज तेल मुख्यतः महाद्वीपीय मग्नतट तथा ढालों पर और कुछ महासागरीय बेसिनों में पाया जाता है।
- 'बंबई हाई' (Bombay High) भारत का एक महत्त्वपूर्ण खनिज तेल उत्पादन क्षेत्र है। खनिज तेल समुद्र तट से 150 किमी दूर तथा 2000 मी की गहराई से निकाला जाता है।

ऊर्जा संसाधन

- **ज्वारीय ऊर्जा** (Tidal Energy) महासागरों में ज्वारीय ऊर्जा का मुख्य स्रोत है। जैसे- ज्वार भाटे के कारण जलस्तर के ऊपर उठने और नीचे गिरने से उत्पन्न ऊर्जा। इस प्रकार ज्वारीय तरंगों से उत्पन्न ऊर्जा का उपयोग रूस, फ्रांस, जापान जैसे देशों के साथ-साथ अन्य देशों में किया जा जाता है। ज्वारीय शक्ति अथवा ज्वारीय ऊर्जा (Tidal Energy) का प्रयोग विद्युत उत्पादन के लिए किया जाता है। समुद्र में आने वाले ज्वार-भाटा की ऊर्जा को 'टरबाइन' के माध्यम से विद्युत ऊर्जा में बदल दिया जाता है। कनाडा, यूएसए, फ्रांस, रूस तथा चीन ज्वारीय ऊर्जा से विद्युत ऊर्जा प्राप्त करने वाले विश्व के अग्रणी देश हैं। भारत में भी ज्वारीय ऊर्जा से विद्युत उत्पादन के संयंत्र स्थापित किए गए हैं। भारत में ज्वारीय ऊर्जा उत्पादन की सैद्धांतिक क्षमता 12.5 मेगावाट है।
- **भू-तापीय ऊर्जा** (Geo-Thermal Energy) महासागरों में भू-तापीय ऊर्जा का संबंध विभंग क्षेत्रों तथा सक्रिय ज्वालामुखी क्षेत्र से पाया जाता है। तटीय क्षेत्रों में विद्युत उत्पादन के लिए भू-तापीय ऊर्जा का प्रमुख स्रोत होता है। वर्तमान में भारत सहित विश्व के अन्य देश भू-तापीय ऊर्जा का उत्पादन कर रहे हैं।
- **महासागरीय जल के तापांतरों** (Transfer of Heat in Oceanic Water) यह ऊर्जा धरातलीय जल और अधः स्तलीय जल के तापांतरों पर आधारित होती है। उष्णकटिबंधीय क्षेत्रों में समुद्र के धरातलीय जल का तापमान 25°C से 30°C होता है, जबकि उसी स्थान पर गहरे जल का तापमान 5°C होता है। यह 25°C ताप प्रवणता जेनरेटर चलाने के लिए अनुकूल होती है। अतः बेल्जियम और क्यूबा में ऐसे संयंत्र (जेनरेटर) से ऊर्जा का उत्पादन किया जाता है।

महासागरीय निक्षेप

- महासागरीय नितल पर प्राप्त अवसादों के आवरण को महासागरीय निक्षेप (Ocean Sediment) कहते हैं। महासागरों के एक भाग से दूसरे भाग में समुद्री निक्षेपों में भिन्नता पाई जाती है।
- चट्टानों के निरंतर अपक्षय एवं अपरदन से प्राप्त अवसाद तथा जीवों और वनस्पतियों के अवशेषों से समुद्री निक्षेपों का निर्माण होता है। ये मुख्यत: दो प्रकार के होते हैं
  - **स्थलजात निक्षेप** ये महाद्वीपीय मग्नतट तथा ढाल पर जमा होने वाले निक्षेप से बनते हैं। ये मुख्य रूप से स्थल खंडों से लाए गए पदार्थों से निर्मित होते हैं।
  - **सागरीय जीव निक्षेप** ये महासागरों के नितल मैदानों एवं गर्तों में जमा होने वाले निक्षेप हैं, जिनमें अधिकांशत: समुद्री जंतुओं एवं पौधों के अवशेष शामिल होते हैं।

महासागरीय निक्षेपों का वर्गीकरण

महासागरीय निक्षेप को निम्न प्रकारों में वर्गीकृत किया जाता है, इनका विवरण निम्न प्रकार है

स्थलजनित निक्षेप

सामान्यत: स्थलजनित निक्षेप (Terrigenous Sediments) निम्नलिखित पदार्थों में पाए जाते हैं

- स्थल पर अपक्षय तथा अपरदन से उपलब्ध पदार्थ में।
- समुद्रों और समुद्री नितल पर निवास करने वाले जंतुओं और पौधों के अवशेष में।
- ज्वालामुखी उद्गार से उपलब्ध पदार्थ में।

- महाद्वीपीय मग्नतट तथा ढाल पर निक्षेपित होने वाले स्थल जनित निक्षेपों का अधिकांश भाग चट्टानी होता है। अपक्षय की प्रक्रिया में कठोर चट्टानें भी खंडित होकर चूर-चूर होती रहती हैं। नदियों द्वारा इनके अवसाद समुद्र में पहुँचाए जाते हैं।
- इसमें अवसादों के बड़े चट्टानी टुकड़े तट के समीप ही निक्षेपित हो जाते हैं, जबकि छोटे तथा सूक्ष्म कण खुले समुद्र में दूर तक पहुँच जाते हैं। ये चट्टानी अवसाद तट से कितनी दूर तक पहुँच सकते हैं। यह केवल अवसादी कणों के आकार पर ही नहीं, बल्कि समुद्री तरंगों और जल धाराओं की तीव्रता पर भी निर्भर करता है।
- **कणों के आधार** पर अवसाद तीन वर्गों में बाँटे जा सकते हैं- **बजरी** (Gravel), **बालू** (Sand) और **कीचड़** (Mud)। सूक्ष्म कणों वाले अवसाद को सामान्यत: कीचड़ कहा जाता है। यह अवसाद महाद्वीपीय मग्नतट के बड़े भाग को तथा महाद्वीपीय ढाल को ढके रहता है।

समुद्र खगोलशास्त्री ने कीचड़ (Mud) को उनके रंगों के आधार पर वर्गीकृत किया है, जो निम्न हैं

- नीला कीचड़ (Blue Mud)
- हरा कीचड़ (Green Mud)
- लाल कीचड़ (Red Mud)

ज्वालामुखी निक्षेप

- ज्वालामुखी निक्षेप (Volcanic Deposits) ज्वालामुखी प्रक्रिया से उत्पन्न होते हैं और ये महाद्वीपीय मग्नतट तथा महाद्वीपीय ढाल पर पाए जाते हैं।
- ज्वालामुखी से निकले पदार्थ, यांत्रिक तथा रासायनिक अपक्षय से प्रभावित होते हैं और ये अपक्षयित पदार्थ बहते पानी तथा पवन द्वारा महासागर तक लाए जाते हैं। ये निक्षेप साधारण स्थल जनित निक्षेपों से भिन्न होते हैं। इनमें क्वार्ट्ज की अपेक्षा लावा के टुकड़े अधिक होते हैं।

जैविक निक्षेप

- महाद्वीपीय मग्नतट के अनेक भागों में असंख्य जंतु तथा पौधे वास करते और उगते हैं।
- उनके कवच और अस्थिपंजर नितल पर जमा होते रहते हैं। ऐसे निक्षेप को ही जैविक निक्षेप (Organic Deposits) कहते हैं।
- यांत्रिक और रासायनिक प्रक्रियाओं के द्वारा ये जैविक कवच और अस्थिपंजर बालू तथा कीचड़ में बदल जाते हैं।
- इन निक्षेपों में केवल कैल्शियम, कैल्शियम कार्बोनेट ही होता है और इस प्रकार ये साधारण जनित निक्षेपों से भिन्न होते हैं।

पैलाजिक निक्षेप

- पैलाजिक निक्षेप (Pelagic Deposits) महासागरों के मैदानों तथा महासागरीय गर्तों में पाए जाते हैं।
- सूक्ष्म ज्वालामुखी धूल को छोड़कर अन्य स्थल जनित पदार्थ बहुत कम मात्रा में महाद्वीपीय ढाल के बाहर पहुँच पाते हैं।
- जहाँ कहीं भी महाद्वीपीय ढालों पर स्थलजनित कीचड़ की मात्रा अधिक नहीं होती है, वहाँ के निक्षेप मुख्यत: पैलाजिक प्रकार के होते हैं। समुद्री तल में 75% पैलाजिक निक्षेप ही हैं।

पैलाजिक निक्षेप के प्रकार

पैलाजिक निक्षेप जैविक (Organic) तथा अजैविक (Inorganic) दो प्रकार के होते हैं

- **जैविक निक्षेप** यह एक प्रकार की गाद जैसी तरल कीचड़ होती है, जिसे **सिंधुपंक** (Ooze) कहते हैं। इसमें विभिन्न प्रकार के जीवों के कवच होते हैं। कुछ सिंधुपंक के जैविक कवच कैल्शियम कार्बोनेट (Calcareous ooze) के बने होते है और अन्य सिलिका (Siliceaus Siliceous ooze) के बने होते हैं। कैल्शियम युक्त सिंधुपंक दो प्रकार के होते हैं- टेरोपॉड सिंधुपंक तथा ग्लोबिजेरिना सिंधुपंक।

सिलिका युक्त सिंधुपंक भी दो प्रकार के होते हैं- डायटम सिंधुपंक तथा रेडियोलेरियन सिंधुपंक।

- **अजैविक निक्षेप** इनकी उत्पत्ति मुख्यत: ज्वालामुखी प्रक्रिया से होती है, जिसे लाल सिंधुपक कहते हैं। इसमें मुख्य रासायनिक पदार्थ सिलिकन (Silicon) तथा एल्युमीनियम डाइऑक्साइड (Aluminium Dioxide) होते हैं। इसके अतिरिक्त इसमें लोहा, मैंगनीज, फॉस्फोरस तथा रेडियम भी पाए जाते हैं। लाल सिंधुपंक (Red Clay) सबसे अधिक विस्तृत पैलाजिक निक्षेप है। ये कुल महासागरीय क्षेत्रफल के लगभग 38% भाग को ढके हुए हैं। प्रशांत महासागर में ये आधे से अधिक नितल को ढके हुए हैं।

प्रवाल

- प्रवाल (Corel) एक प्रकार की कैलकेरियस चट्टान (Calcareous Rock) है। यह पॉलिप नामक छोटे समुद्री जीव के अस्थिपंजर से बनती है।
- ये छोटे जीव समुद्र जल से कैल्शियम लवण प्राप्त कर अपनी रक्षा के लिए कठोर खोल (आवरण) का निर्माण करते हैं। जैसे-जैसे पुराने पॉलिप (Polyp) मरते जाते हैं और नए पॉलिप जन्म लेते हैं, वैसे-वैसे नलिका सदृश उनके खोल के ऊपर और बाहर की ओर विस्तृत होते जाते हैं।

- इन प्रवाल जीवों की लगभग 2500 किस्में होती हैं। ये बस्तियाँ बनाकर रहते हैं, जो समुद्र के चट्टानी नितल से चिपके रहते हैं, जब इन जीवों की एक पीढ़ी मर जाती है, तो दूसरी पीढ़ी उनके ऊपर अपना बसेरा बना लेती है।
- कालांतर में प्रवाल की एक बड़ी स्थूल भित्ति निर्मित हो जाती है। इनके अस्थि पंजर आपस में कीचड़ गारे द्वारा बँधकर कड़ी चूने की चट्टान का निर्माण करते हैं, जिनका रंग और रूप उनका निर्माण करने वाले जीवों की किस्मों पर निर्भर करता है।
- इन जीवों के अतिरिक्त करोड़ों समुद्री शैवाल **कैल्शियम कार्बोनेट** (Calcium Carbonate) निक्षेपित करके प्रवाल चट्टानों के निर्माण में योगदान देते हैं। जलमग्न स्थलाकृति लक्षणों पर प्रवाल की निरंतर वृद्धि से कुछ समय बाद समुद्री जलस्तर के ऊपर विभिन्न स्थलाकृतियाँ दिखाई पड़ने लगती हैं।

प्रवालों के लिए अनुकूल दशाएँ

प्रवालों के बनने तथा जीवित रहने के लिए निम्न आवश्यक दशाओं का होना आवश्यक है, जो निम्न हैं

- **तापमान** (Temperature) प्रवाल साधारणत 30° उत्तरी और 30° दक्षिणी अक्षांशों के मध्य उष्णकटिबंधीय समुद्रों में पाए जाते हैं। प्रवाल जीवों के विकास के लिए 20°C के तापमान की आवश्यकता होती है। ये लगभग 45 से 55 मी की गहराई में रहते हैं। जहाँ सूर्य का प्रकाश पर्याप्त मात्रा में पहुँचता है।
- **लवणीयता** (Salinity) ये जीव साफ नमकीन जल में अच्छी तरह पनपते हैं। इनके बढ़ने के लिए मीठा जल और अत्यधिक नमकीन जल दोनों हानिकारक होते हैं। ये डेल्टाई प्रदेशों में नहीं रहते हैं।
- **ऑक्सीजन एवं प्लवक** (Oxygen and Plankton) इनके जीवन और विकास के लिए ऑक्सीजन और प्लवक सदृश सूक्ष्म समुद्री खाद्य पदार्थों की आपूर्ति आवश्यक होती है। किसी निर्माणाधीन भित्ति के समुद्र की ओर वाले ढाल पर खाद्य आपूर्ति अधिक मात्रा में होती है। अतः समुद्र की ओर ही प्रवाल का विकास तेजी से होता है।

प्रवाल भित्ति

प्रवालों द्वारा छोड़े गए कैल्शियम कार्बोनेट से बनी लंबी शृंखला को 'प्रवास भित्ति' कहा जाता है। प्रवालों के अपक्षरण से बनी प्रवाल भित्ति की आकृति का अत्यधिक विस्तार होता है। प्रवाल भित्ति में प्रवालों के मुकुलन (Budding) से उसके आकार में वृद्धि होती रहती है।

प्रवाल भित्ति के प्रकार

स्थापन विधि और विशेषताओं के आधार पर प्रवाल निर्मित स्थलाकृतियाँ तीन प्रकार की होती हैं

(i) तटीय प्रवाल भित्ति (ii) प्रवाल रोधिका (iii) प्रवाल वलय

तटीय प्रवाल भित्ति

- महाद्वीपीय अथवा द्वीपीय तट से लगे प्रवाल चबूतरे को **तटीय प्रवाल भित्ति** (Fringing Reef) कहते हैं। यह एक पतली पट्टी होती है। इसकी चौड़ाई 0.5 से 25 किमी तक होती है।
- यह गहरे समुद्री नितल से ऊपर की ओर बढ़ती है। इसका समुद्र की ओर ढाल तीव्र होता है। इस भित्ति का धरातल ऊबड़-खाबड़ और असमतल होता है और भाटे वाले जलस्तर के ऊपर रहता है।
- इसके नीचे समुद्री तरंगें प्रवाल के टुकड़े को निक्षेपित करती रहती हैं। इससे एक चट्टानी कटिबंध का निर्माण होता है, इसे भित्ति समतल कहते हैं।
- प्रवाल जीव इसके बाहर नहीं फैलते है, क्योंकि वहाँ जल की गहराई अचानक बहुत अधिक बढ़ जाती है। तटीय प्रवाल भित्तियाँ न्यू हेब्रिड सोसायटी द्वीप समूह तथा दक्षिणी फ्लोरिडा के तटों पर पाई जाती हैं। ये दक्षिणी भारत में मन्नार की खाड़ी में रामेश्वरम् के निकट भी पाई जाती हैं।

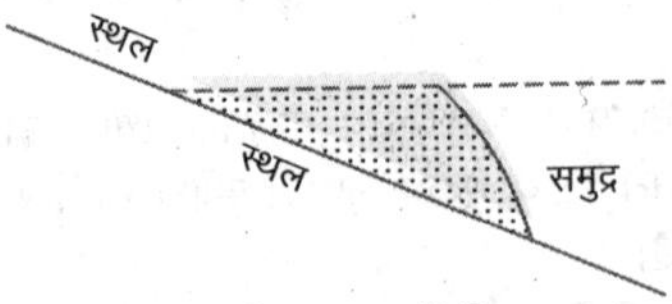

तटीय प्रवाल भित्ति

प्रवाल रोधिका

- प्रवाल रोधिका (Reef Barrier) एक विशालतम् प्रवाल भित्ति होती है। यह कई किमी चौड़ी और सैकड़ों किमी लंबी होती है। यह तट से या द्वीप से कुछ दूर हटकर स्थित होती है।
- यह तट से एक चौड़े और गहरे लैगून द्वारा पृथक् होती है। तटीय चबूतरों पर यह तट के समानांतर विकसित होती है। ये प्रवाल रोधिकाएँ अत्यधिक मोटी होती हैं। इनके आधार 180 मीटर से भी अधिक गहराई पर होते हैं और समुद्र की ओर स्थित इनकी ढाल बड़ी तीव्र होती है।
- सामान्यतः पतले जलमार्ग या मुहाने इन्हें आर-पार काटकर लैगून को खुले सागर से जोड़ देते हैं। कालांतर में विभिन्न आकार और आकृति के प्रवालों द्वारा एकत्रित पदार्थों से इन प्रवाल रोधिकाओं का निर्माण होता है।
- इनका धरातल, चट्टानी टुकड़ों, प्रवाल अवसादों तथा बालुओं से ढका रहता है। अधिकांश प्रवाल रोधिकाएँ अनियमित, मुद्रिका के समान तथा द्वीपों को चारों ओर से घेरे रहती हैं।
- ऑस्ट्रेलिया के उत्तर-पूर्वी तट के समीप स्थित **ग्रेट बेरियर रीफ** (Great Barrier Reef) विश्व की सबसे बड़ी प्रवाल रोधिका है। इनकी लंबाई 1900 किमी से अधिक और चौड़ाई 160 किमी है। इनकी तट से निकट दूरी 16 किमी और अधिकतम दूरी लगभग 240 किमी होती है।
- यह सैकड़ों पृथक् रोधिकाओं और द्वीपों वाला तथा जटिल संरचना वाला ग्रेट बेरियर रीफ एक समुद्री स्वर्ग माना जाता है।

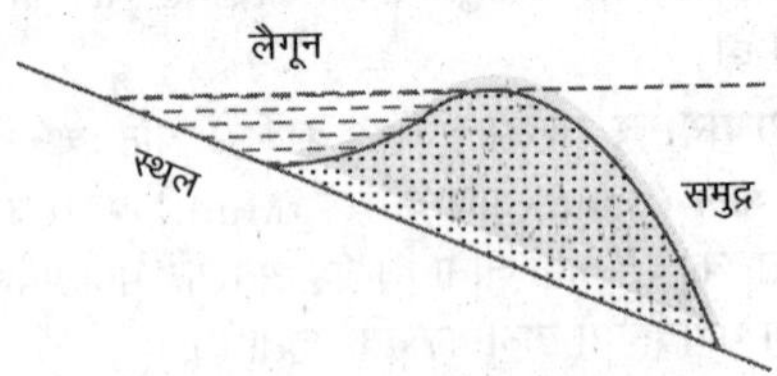

अवरोधक प्रवाल भित्ति

प्रवाल वलय

- प्रवाल वलय (Attol) एक मुद्रिका सदृश प्रवाल भित्ति होती है, जो एक छिछले लैगून को अंशतः या कभी-कभी पूर्णतः घेरे रहती है।
- इसकी अनुप्रस्थ काट से यह स्पष्ट होता है कि लैगून का नितल समतल होता है, किंतु इसके बाहरी किनारे तीव्र ढाल वाले होते हैं।
- लैगून की गहराई 80 से 150 मी तक होती है और उसके मध्य में एक द्वीप या जलमग्न पठार होता है। अनेक जलमार्ग प्रवाल वलय की भित्ति को काटकर लैगून को खुले समुद्र से जोड़ते हैं।

- प्रवाल वलय गहरे जलमग्न चबूतरों से दूर स्थित होते हैं। ऐसी जलमग्न स्थलाकृतियाँ, जिनके धरातल उठकर जल-स्तर तक पहुँच जाएँ, जहाँ प्रवाल के जीव पनप सकें, अनुकूल दशाएँ प्रदान करती हैं।

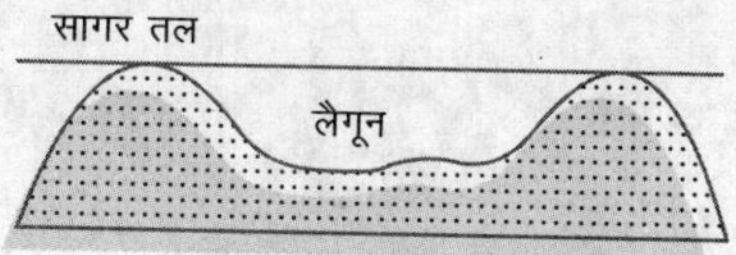

वलयाकार प्रवाल भित्ति

- ऐसी अनुकूल जलमग्न स्थलाकृति, कोई जलमग्न द्वीप या समुद्री जलस्तर के ऊपर उठने के कारण डूबा हुआ कोई ज्वालामुखी शंकु हो सकती है।
- अपने स्वभाव के अनुसार प्रवाल वलय तीन प्रकार के होते हैं
  (i) वास्तविक प्रवाल जिसमें एक वृत्ताकार भित्ति छिछले लैगून को चारों ओर से घेरे हो और उस लैगून में कोई द्वीप न हो।
  (ii) एक ऐसा प्रवाल वलय जिसमें भित्ति एक ऐसे लैगून को घेरती हो, जिसमें एक द्वीप हो।
  (iii) वह प्रवाल भित्ति जिसका निर्माण समुद्री तरंगों द्वारा हुए अपरदन और निक्षेपण से हुआ हो और उसने एक प्रवाल द्वीप का रूप धारण कर लिया हो।
- विश्व के अन्य महासागरों की अपेक्षा प्रशांत महासागर में प्रवाल वलय अधिक पाए जाते हैं। फिजी प्रवाल वलय तथा एलिस द्वीप में फनाफटी प्रवाल वलय या फुराफुटी एटॉल प्रवाल वलयों के विख्यात उदाहरण हैं। लक्षद्वीप समूह में भी अनेक प्रवाल वलय हैं।

अतिरिक्त तथ्य
तमिलनाडु बोर्ड एवं NIOS

अंतः समुद्री उच्चावच
- पृथ्वी के दक्षिणी गोलार्द्ध के 4/5 भाग तथा उत्तरी गोलार्द्ध के 3/5 भाग पर समुद्री जल का विस्तार है।
- महाद्वीपीय निमग्न तट के जल की गहराई 120 मी से 370 मी तक होती है। महाद्वीपीय ढाल के तल के साथ जमा हुए तलछट का क्षेत्र महाद्वीपीय उत्थान कहलाता है।
- प्रवाल भित्ति और जैव-खंडज पदार्थ महाद्वीपीय निमग्न तटों पर सामान्य रूप से पाए जाते हैं।

महासागरीय जल का तापमान
- उष्णकटिबंधीय सागरों में वार्षिक औसत तापमान लगभग 27°C या इससे अधिक होता है।
- महासागरों में सतह से 1800 मीटर की गहराई पर तापमान लगभग 15°C से घटकर 2°C तथा 1800 मीटर से 4000 मीटर की गहराई पर 1.6°C हो जाता है।

महासागरीय लवणता
- सागरों एवं महासागरों में लवणता में अंतर का मुख्य कारण क्रमशः वाष्पीकरण की दर, नदियों तथा हिमखण्डों के फलस्वरूप ताजे जल की आपूर्ति तथा महासागरीय जल का आपस में मिलना है।
- वाष्पीकरण तथा शुष्क जलवायु के कारण लाल सागर में लवणता 41 से 42‰ तक होती है।
- जल का तापमान जितना अधिक होता है, उसका घनत्व उतना ही कम होता है। जल में जितनी लवणता होगी, उसका घनत्व उतना ही होगा।

महासागरीय धाराएँ
- महासागरीय धाराओं की औसत गति 3.2 किमी. से 10 किमी. प्रति घंटा होती है। अधिक गति वाली महासागरीय धाराओं को स्ट्रीम तथा कम गति वाली धाराओं को **ड्रिफ्ट** कहते हैं।
- महासागरीय धाराओं की उत्पत्ति तथा उनके परिसंचरण की प्रकृति जल के घनत्व में अंतर, पृथ्वी की घूर्णन गति तथा भूमंडलीय पवनों के प्रभाव पर निर्भर करती है।
- महासागरीय धाराओं पर प्रभाव क्रमशः जलवायु, समुद्री जीवन तथा व्यापार पर पड़ता है।

महासागरों का महत्त्व
- महासागरों का सबसे महत्त्वपूर्ण कार्य जलवायु को संशोधित या परिवर्तित करना। महासागरों को सौर ऊर्जा का **बचत बैंक** कहा जाता है।
- मानव के लिए महासागर खाद्य पदार्थ तथा मूल्यवान वस्तुओं के बड़े स्रोत हैं। विश्व में मछली मनुष्य के भोजन में कुल प्रोटीन का 10% भाग प्रदान करती है।

तरंगें एवं ज्वारभाटा
- महासागरीय जल में मुख्यतः तीन प्रकार की गतियाँ पाई जाती हैं, जिसमें तरंग, ज्वार भाटा तथा धाराएँ प्रमुख है।
- महासागरीय जल की दोलन गति, जिसमें जल के कण गोलाकार गति में चलते हैं, को ही तरंग कहा जाता है। दो उच्च ज्वारों के बीच अथवा दो निम्न ज्वारों के बीच नियमित अंतर 12 घंटे 25 मिनट का होता है।
- ज्वार के समय तथा आकार में परिवर्तन के लिए निम्न उत्तरदायी है
  (i) सूर्य, चंद्रमा तथा पृथ्वी की स्थिति एक-दूसरे के संबंध में सरल रेखा में होना।
  (ii) पृथ्वी से सूर्य तथा चंद्रमा की दूरी स्थिर नहीं होना।
  (iii) ग्लोब (पृथ्वी) का पूरी तरह से जल से ढका हुआ नहीं होना।
  (iv) तट की आकृति ज्वार के आने में मदद करना या बाधा बनना।
- ज्वार-भाटा नदियों को नौ-संचालन के योग्य बनाता है, अवसाद को बहा ले जाता है तथा डेल्टा के निर्माण की प्रक्रिया को धीमा करता है तथा विद्युत उत्पादन के सहायक (स्त्रोत) होता है।
- **बैकाल झील** विश्व की सबसे गहरी मीठे पानी की झील है जबकि **कैस्पियन सागर** दुनिया की सबसे बड़ी खारे पानी की झील है।
- **चिल्का झील**, भारत की सबसे बड़ी लैगून झील है। ऐसा माना जाता है कि महाराष्ट्र में लोनार झील का निर्माण प्लेइस्टोसिन युग के दौरान उल्का पिण्ड के प्रभाव से निर्मित हुआ है।
- **पल्लीकरनई आर्द्रभूमि**, चैन्नई के दक्षिणी भाग में स्थित बंगाल की खाड़ी से सटी एक ताजे पानी का दलदल है।
- दक्षिणी महासागर सबसे नया महासागर है, जिसका निर्माण **30 मिलियन वर्ष** पूर्व हुआ था।
- जब दक्षिण अमेरिका अंटार्कटिक से दूर चला गया, तो ड्रेक मार्ग खुल गया। यह अटलांटिक महासागर को पश्चिमी प्रशान्त महासागर से जोड़ता है।
- आर्कटिक महासागर की लवणता पाँच प्रमुख महासागरों की औसत लवणता से कम है।
- समुद्र तल के विन्यास को हाइप्सोमेट्रिक वक्र या हाइप्सोग्राफिक वक्र की सहायता से दर्शाया जाता है। यह समुद्र तल के ऊपर या नीचे खड़े भू-भाग के अनुपात को दर्शाने वाला ग्राफ है।
- भारत के पश्चिमी तट पर महाद्वीपीय शेल्फ का निर्माण भ्रंश और उसके परिणामस्वरूप जलमग्नता के कारण होता है।
- विश्व में 26 समुद्री खाइयाँ हैं, जिनमें से **22** प्रशान्त महासागर में, **3** अटलांटिक महासागर में और केवल **1** हिन्दमहासागर में है।
- आइजैक न्यूटन (1642-1727) ज्वार-भाटा की वैज्ञानिक ढंग से व्याख्या करने वाले पहले व्यक्ति थे।
- कनाडा के नोवा स्कोटिया और न्यू ब्रंसविक के बीच फंडी की खाड़ी में, उच्च और निम्न ज्वार के बीच का अन्तर **14 मीटर** तक होता है।
- गल्फ स्ट्रीम की खोज पौस डी लियोन ने 1513 में की थी।
- अफ्रीका में नील नदी दुनिया की सबसे लम्बी नदी है। यह काहिरा शहर के उत्तर में एक डेल्टा बनाती हुई भूमध्य सागर में गिरती है।
- दक्षिण अमेरिका में **अमेजन नदी** दूसरी सबसे लम्बी नदी है और यह किसी अन्य नदी की तुलना में सबसे बड़ा जल निकासी बेसिन है।

07

प्राकृतिक वनस्पति एवं मृदा

(स्रोत)

Class-XI New NCERT Chap 5 प्राकृतिक वनस्पति
Class-VIII New NCERT Chap 2 भूमि, मृदा, जल, प्राकृतिक वनस्पति और जीवन संसाधन, Class-XI New NCERT Chap 5 भू-आकृतिक प्रक्रियाएँ, Class-XI Old NCERT Chap 7 मृदा, Tamil Nadu Board (Class XI), NIOS

प्राकृतिक वनस्पति का तात्पर्य उन पौधों से है, जो मनुष्य की सहायता के बिना स्वयं वन्य अथवा प्राकृतिक अवस्था में उत्पन्न होते हैं। विभिन्न पर्यावरणीय तथा पारितंत्रीय परिवेश में जो कुछ भी प्राकृतिक रूप में वृद्धि करता है, उसे प्राकृतिक वनस्पति (Natural Vegetation) कहते हैं।

प्राकृतिक वनस्पति का वितरण

वनस्पति की वृद्धि मुख्य रूप से तापमान (Temperature) और आर्द्रता (Humidity) पर निर्भर करती है। विश्व की प्राकृतिक वनस्पति को चार वर्गों; जैसे- वन, घास स्थल, गुल्म और टुंड्रा में विभाजित किया जाता है

वन

- वन सर्वाधिक वर्षा वाले क्षेत्रों में ही पाए जाते हैं, इनमें विशाल वृक्ष उगते हैं। इनमें तापमान एवं भारी वर्षा महत्त्वपूर्ण होते हैं। जैसे-जैसे आर्द्रता कम होती है, वैसे-वैसे वृक्षों का आकार और उनकी सघनता कम होती जाती है। इन प्रवृत्तियों के साथ सघन एवं खुले वन विकसित होते हैं।
- इस प्रकार वन वृक्षों के लिए उपयुक्त तापमान एवं परिपूर्ण वर्षा वाले क्षेत्र होते हैं, जहाँ वे उगते हैं।
- विश्व में मिलने वाली प्राकृतिक, जलवायविक तथा धरातलीय विभिन्नताओं के कारण वनों में विविधता पाई जाती है, जिनका विवरण इस प्रकार है

उष्णकटिबंधीय सदाबहार वन

- इन वनों को उष्णकटिबंधीय वर्षा वन (Tropical Rain Forests) भी कहा जाता है। ये घने वन भूमध्य रेखा (Equator Line) एवं उष्ण कटिबंधीय क्षेत्रों (Tropical Zone) में पाए जाते हैं।
- ये क्षेत्र गर्म होते हैं। यहाँ वर्षभर सामान्य वार्षिक वर्षा तथा उष्णता के कारण मौसम शुष्क नहीं होता है, जिससे वृक्षों की पत्तियाँ नष्ट नहीं होतीं हैं तथा वृक्ष हरे-भरे रहते हैं। इसलिए इन्हें सदाबहार वन (Evergreen Forest) कहते हैं।
- यहाँ अधिक घने वृक्षों की मोटी वितान (परत) के कारण दिन के समय भी सूर्य का प्रकाश वन के अंदर तक नहीं पहुँच पाता है।
- सदाबहार वनों में भूमि स्तर तक सूर्य के प्रकाश के नहीं पहुँच पाने के कारण भूमि पर छोटे पौधे तथा झाड़ियाँ नहीं उग पाती हैं।
- सामान्यत: यहाँ दृढ़ काष्ठ वृक्ष; जैसे- रोजवुड, आबुनूस, महोगनी आदि के वृक्ष पाए जाते हैं। विश्व का सबसे बड़ा साँप, एनाकोंडा उष्णकटिबंधीय वर्षा वनों में पाया जाता है।
- ब्राजील के उष्ण कटिबंधीय सदाबहार वन (अमेजन वर्षा वन) बहुत ही विशाल हैं, जिन्हें **पृथ्वी के फेफड़े** (The Lungs of Earth) के रूप में जाना जाता है।

उष्णकटिबंधीय पर्णपाती वन

- इन्हें मानसूनी वन भी कहते हैं, जो भारत, उत्तरी ऑस्ट्रेलिया एवं मध्य अमेरिका के बड़े हिस्सों में पाए जाते हैं, इन क्षेत्रों में मौसमी परिवर्तन होते रहते हैं।
- शुष्क मौसम में इन क्षेत्रों के वनों के पत्ते झड़ जाते हैं। यहाँ दृढ़ काष्ठ वृक्षों में साल, सागवान, नीम तथा शीशम के वृक्ष पाए जाते हैं।
- इन वनों से प्राप्त लकड़ियों का उपयोग फर्नीचर, यातायात एवं निर्माण सामग्री बनाने में किया जाता है। इन प्रदेशों में सामान्य रूप से बाघ, शेर, हाथी, गोल्डन लंगूर एवं बंदर आदि पाए जाते हैं।

शीतोष्ण सदाबहार वन

- शीतोष्ण सदाबहार वन (Temperate Evergreen Forest) मध्य अक्षांशों के तटीय प्रदेशों में पाए जाते हैं। ये सामान्यत: महाद्वीपों के पूर्वी किनारों पर पाए जाते हैं; जैसे-दक्षिण-पूर्व अमेरिका, दक्षिण चीन एवं दक्षिण पूर्वी ब्राजील आदि।
- यहाँ बाँस, चीड़ एवं यूकेलिप्टस, जैसे दृढ़ एवं मुलायम दोनों प्रकार के वृक्ष पाए जाते हैं।

शीतोष्ण पर्णपाती वन

- यहाँ उच्च अक्षांशों की ओर बढ़ने पर अधिक शीतोष्ण पर्णपाती वन (Temperate Deciduous Forests) मिलते हैं। ये उत्तर-पूर्वी अमेरिका, चीन, न्यूजीलैंड, चिली एवं पश्चिमी यूरोप के तटीय प्रदेशों में पाए जाते हैं।
- इन वनों के वृक्षों की पत्तियाँ शुष्क मौसम में झड़ जाती हैं। यहाँ पाए जाने वाले वृक्ष मेपल, एल्म, बांज, ऐश, बीज (फागस सिल्वेटिका) आदि हैं। हिरण, लोमड़ी, भेड़िये, यहाँ सामान्य रूप से पाए जाते हैं। यहाँ **फीजेंट** तथा **मोनाल** जैसे पक्षी भी पाए जाते हैं।

भूमध्यसागरीय वनस्पति

- महाद्वीपों के पश्चिमी एवं दक्षिण-पश्चिमी किनारे पर भूमध्यसागरीय वनस्पति (Mediterranean Forest) पाई जाती है। यह वनस्पति अधिकांश यूरोप, अफ्रीका एवं एशिया के भूमध्यसागर के समीप वाले प्रदेशों में पाई जाती है।
- भूमध्यसागरीय वृक्ष, शुष्क ग्रीष्म ऋतु में स्वयं को ढाल लेते हैं, उनकी मोटी छाल एवं पत्तियाँ वाष्पोत्सर्जन रोकती हैं।
- ये वनस्पतियाँ भूमध्यसागर के बाहरी प्रदेशों; जैसे- संयुक्त राज्य अमेरिका के कैलिफोर्निया, दक्षिण पश्चिमी अफ्रीका, दक्षिण-पश्चिमी अमेरिका एवं दक्षिण पश्चिमी आस्ट्रेलिया में भी पाई जाती हैं।
- इन प्रदेशों में गर्म शुष्क ग्रीष्म एवं वर्षा वाली मृदु शीत ऋतुएँ होती हैं। इन क्षेत्रों में सामान्यतः संतरा, अंजीर, जैतून, अंगूर तथा नींबू प्रजाति (सिस्ट्रस) आदि फलों का उत्पादन किया जाता है। अतः भूमध्यसागरीय प्रदेश को फलों की कृषि के कारण **विश्व का फलोद्यान** (Orchards of the World) भी कहा जाता है। यहाँ वन्यजीव कम पाए जाते हैं।

शंकुधारी वन

- उत्तरी गोलार्द्ध के उच्च अक्षांशों (50°-70°) में भव्य शंकुधारी वन (Coniferous Forest) पाए जाते हैं, इन्हें टैगा वन (Taiga Forest) भी कहते हैं। रूसी भाषा में टैगा का अर्थ-'शुद्ध या अनछुआ' (Pure or Untouched) होता है।
- ये वन अधिक ऊँचाइयों पर भी पाए जाते हैं। ये लंबे, नरम काष्ठ वाले सदाबहार वृक्ष होते हैं। इन वृक्षों की काष्ठ का उपयोग लुगदी बनाने के लिए किया जाता है, जिसका प्रयोग अखबारी कागज बनाने में होता है।
- नरम काष्ठ का उपयोग माचिस एवं पैकिंग के बक्से बनाने के लिए भी किया जाता है। इन वनों में चीड़, देवदार आदि के वृक्ष पाए जाते हैं। यहाँ सामान्यतः सिल्वर फॉक्स, मिंक, पोलर बियर (ध्रुवीय भालू) जैसे जानवर पाए जाते हैं।

घास भूमियाँ/घास स्थल

- सामान्य वर्षा वाले क्षेत्रों में छोटे आकार वाले वृक्ष और घासें उगती हैं, जिनसे विश्व के घास स्थलों का निर्माण होता है।
- घास स्थलों को उष्णकटिबंधीय तथा शीतोष्ण कटिबंधीय घास स्थल के रूप में वर्गीकृत किया जाता है
  - **उष्णकटिबंधीय घास स्थल** (Tropical Grassland) ये घास स्थल भूमध्य रेखा के दोनों ओर से उष्णकटिबंधीय क्षेत्रों तक विस्तृत हैं। यह वनस्पति निम्न से मध्य वर्षा वाले क्षेत्रों में उत्पन्न होती है। यह घास लगभग 3 से 4 मीटर की ऊँचाई तक बढ़ सकती है। अफ्रीका का सवाना घास स्थल इसी प्रकार का है। सामान्यतः उष्णकटिबंधीय घास स्थल में हाथी, जेबरा, जिराफ, हिरण, तेंदुआ आदि जानवर पाए जाते हैं। विभिन्न स्थानों पर इन घास स्थलों को अलग-अलग नामों से जाना जाता है; जैसे-पूर्वी अफ्रीका में सवाना, ब्राजील में कंपोस तथा वेनेजुएला में लानोस।
  - **शीतोष्ण घास स्थल** (Temperate Grassland) ये घास स्थल मध्य अक्षांशीय क्षेत्रों और महाद्वीपों के आंतरिक भागों में पाए जाते हैं। यहाँ की घासें सामान्यतः छोटी एवं पौष्टिक होती हैं। शीतोष्ण प्रदेशों में सामान्यतः जंगली भैंस, बाइसन, एंटीलोप आदि जानवर पाए जाते हैं। विभिन्न स्थानों पर इन घास स्थलों को अलग-अलग नामों से भी जाना जाता है; जैसे-अर्जेंटीना में पंपास, उत्तरी अमेरिका में प्रेयरी, दक्षिण अफ्रीका में वेल्ड, मध्य एशिया में स्टेपी तथा ऑस्ट्रेलिया में डाउन्स।

गुल्म एवं झाड़ियाँ

- कम वर्षा वाले शुष्क प्रदेशों में कंटीली झाड़ियाँ एवं गुल्म उगते हैं। इस प्रकार के क्षेत्रों में पौधों की जड़ें गहरी होती हैं। वाष्पोत्सर्जन से होने वाली आर्द्रता की हानि को कम करने के लिए इन पेड़ों की पत्तियाँ काँटेदार और मोटी सतह वाली होती हैं।
- उष्णकटिबंधीय रेगिस्तान, महाद्वीपों के पश्चिमी किनारों पर पाए जाते हैं। तीव्र गर्मी एवं बहुत कम वर्षा के कारण यहाँ वनस्पतियों की कमी पाई जाती है।

टुंड्रा वनस्पति

- ध्रुवीय प्रदेशों में काई, लाइकेन एवं छोटी झाड़ियाँ पाई जाती हैं। ये अल्पकालिक ग्रीष्म ऋतु के दौरान विकसित होती हैं, जिन्हें **टुंड्रा** (Tundra) वनस्पति कहा जाता है। ये वनस्पतियाँ यूरोप, एशिया एवं उत्तरी अमेरिका के ध्रुवीय प्रदेशों में पाई जाती हैं। यहाँ के जानवरों के शरीर पर मोटा फर एवं मोटी चमड़ी होती है, जो उन्हें ठंडी जलवायु में सुरक्षित रखती है।
- टुंड्रा प्रदेशों को तीन प्राकृतिक क्षेत्रों में विभाजित किया जाता है; ये हैं-आर्कटिक टुंड्रा, अल्पाइन टुंड्रा तथा अंटार्कटिक टुंड्रा। फिनिश भाषा में 'टुंड्रा' शब्द का अर्थ 'वृक्ष विहीन रास्ता' होता है।
- यहाँ सील, वालरस, कस्तूरी बैल (Musk Ox), ध्रुवीय उल्लू, ध्रुवीय भालू तथा स्नो फॉक्स (बर्फीली लोमड़ी) प्रमुख रूप से पाए जाते हैं।

मृदा

- पृथ्वी के पृष्ठ पर दानेदार कणों के आवरण की पतली परत **मृदा** (Soil) कहलाती है। यह भूमि से निकटता से जुड़ी हुई है। स्थल रूप मृदा के प्रकार को निर्धारित करते हैं। मृदा का निर्माण चट्टानों से प्राप्त खनिजों और जैव पदार्थ तथा भूमि पर पाए जाने वाले खनिजों से होता है। यह अपक्षय की प्रक्रिया के माध्यम से बनती है।
- खनिजों और जैव पदार्थों का सही मिश्रण मृदा को उपजाऊ बनाता है। मृदा वैज्ञानिकों के अनुसार, मृदा धरातल पर प्राकृतिक तत्त्वों का समुच्चय है, जिसमें जीवित पदार्थ तथा पौधों को पोषित करने की क्षमता होती है।

मृदा निर्माण

- मृदा एक गत्यात्मक माध्यम है, जिसमें रासायनिक, भौतिक एवं जैविक अपक्षय क्रियाएँ अनवरत् चलती रहती हैं।
- यह अपक्षय-अपकर्ष का परिणाम और वृद्धि का माध्यम भी है। यह एक परिवर्तनशील एवं विकासोन्मुख तत्त्व है। इसकी बहुत-सी विशेषताएँ मौसम के साथ बदलती रहती हैं।

- यह वैकल्पिक रूप से ठंडी और गर्म या शुष्क एवं आर्द्र हो सकती है।
- यदि मृदा बहुत अधिक ठंडी या बहुत अधिक शुष्क होती है, तो जैविक क्रिया मंद या बंद हो जाती है। यदि इसमें पत्तियाँ गिरती हैं या घासें सूख जाती हैं, तो जैव पदार्थ बढ़ जाते हैं।
- मृदा का रसायन, उसमें जैव पदार्थ की मात्रा, पेड़-पौधे और प्राणिजात, तापक्रम और नमी, सभी मौसम तथा निर्माण की अवधि के साथ परिवर्तित हो जाते हैं।
- मृदा जलवायु की दशाओं, भू-आकृतियों एवं वनस्पतियों के साथ अनुकूलित होती रहती है और यदि उक्त नियंत्रक दशाओं में परिवर्तन हो जाए, तो यह आंतरिक रूप से भी परिवर्तित हो सकती है।

मृदा निर्माण की प्रक्रियाएँ

- मृदा निर्माण या मृदा जनन (Pedogenesis) सर्वप्रथम अपक्षय पर निर्भर करता है।
- यह अपक्षयी प्रावार (अपक्षयी पदार्थ की गहराई) ही मृदा निर्माण का मूल निवेश होता है।
- सर्वप्रथम अपक्षयित प्रावार या लाए गए पदार्थों के निक्षेप, बैक्टीरिया या अन्य निकृष्ट पौधे, जैसे काई और लाइकेन द्वारा उपनिवेशित किए जाते हैं। प्रावार एवं निक्षेप के अंदर कई गौण जीव भी आश्रय प्राप्त कर लेते हैं।
- जीव एवं पौधों के मृत अवशेष ह्यूमस के एकत्रीकरण में सहायक होते हैं।
- प्रारंभ में गौण घास एवं फर्न्स की वृद्धि हो सकती है, बाद में पक्षियों एवं वायु द्वारा लाए गए बीजों से वृक्ष एवं झाड़ियों में वृद्धि होने लगती है।
- पौधों की जड़ें नीचे तक धँस जाती हैं। बिल बनाने वाले जानवर कणों को ऊपर लाते हैं, जिससे पदार्थों का पुंज (अंबार) छिद्रमय तथा स्पंज की भाँति हो जाता है।
- इस प्रकार जल धारण करने की क्षमता, वायु के प्रवेश आदि के कारण अंततः परिपक्व खनिज एवं जीव उत्पाद युक्त मृदा का निर्माण होता है।

नोट *पेडोलॉजी (Pedology) मृदा विज्ञान है एवं पेडोलॉजिस्ट (Pedologist) एक मृदा वैज्ञानिक होता है।*

मृदा अवयव

मृदा ठोस, द्रव एवं गैस तीनों प्रकार के तत्त्वों का मिश्रण है। पृथ्वी के शैलों से खनिज तथा जीवाणु से जैविक पदार्थ प्राप्त होते हैं। मृदा में निम्न महत्त्वपूर्ण अवयव पाए जाते हैं।

मृदा के प्रमुख अवयव एवं उनका प्रतिशत

प्रमुख अवयव	प्रतिशत (%)
खनिज पदार्थ	38 से 47
मृदा घोल	15 से 35
मृदा वायुमंडल	15 से 35
जैविक पदार्थ	5 से 12

मृदा निर्माण के कारक

मृदा निर्माण पाँच मूल कारकों द्वारा नियंत्रित होता है, जो संयुक्त रूप से कार्यरत् रहते हैं एवं एक-दूसरे के कार्य को प्रभावित करते हैं, इनका संक्षिप्त विवरण निम्नलिखित है

मूल पदार्थ/शैल

- मृदा निर्माण में मूल पदार्थ/शैल (Pavement Material) एक निष्क्रिय नियंत्रक कारक (Passive Control Factor) होता है। मूल शैल कोई भी **स्वस्थाने** (In-Situ) या इसी स्थान पर अपक्षयित शैल मलबा (अवशिष्ट मृदा) या लाए गए निक्षेप (परिवहनकृत मृदा) हो सकते हैं।
- मृदा निर्माण, गठन (मलबा का आकार), संरचना (एकल/पृथक् कणों/मलबा के कणों का विन्यास) तथा शैल निक्षेप के खनिज एवं रासायनिक संयोजन पर निर्भर करता है।
- मृदा निर्माण में मूल पदार्थ के अंतर्गत अपक्षय की प्रकृति एवं उसकी दर तथा आवरण की गहराई/मोटाई प्रमुख तत्त्व होते हैं। समान आधार शैल पर मृदाओं में अंतर हो सकता है तथा असमान आधार शैल में समान मृदाएँ मिल सकती हैं, परंतु जब मृदाएँ बहुत नूतन (Young) तथा पर्याप्त परिपक्व नहीं होतीं, तो मृदाओं एवं मूल शैलों के प्रकार में घनिष्ठ संबंध होता है।
- कुछ चूना क्षेत्रों में भी जहाँ अपक्षय प्रक्रियाएँ विशिष्ट एवं विचित्र (Peculiar) होती हैं, मिट्टियाँ मूल शैल से स्पष्ट संबंध दर्शाती हैं।

स्थलाकृति/उच्चावच

- मूल शैल की भाँति स्थलाकृति (Topography) भी एक दूसरा निष्क्रिय नियंत्रक कारक है।
- स्थलाकृति मूल पदार्थ के आच्छादन अथवा अनावृत होने को सूर्य की किरणों के संबंध में प्रभावित करती है। स्थलाकृति धरातलीय एवं उप सतही अपवाह प्रक्रिया को मूल पदार्थ के संबंध में भी प्रभावित करती है।
- तीव्र ढालों पर मृदा छिछली (Thin), सपाट तथा उच्च क्षेत्रों में गहरी/मोटी (Thick) होती है। निम्न ढालों, जहाँ अपरदन मंद तथा जल का परिश्रवण (Percolation) उचित रहता है, में मृदा निर्माण बहुत अनुकूल होता है। सपाट/समतल क्षेत्रों में चीका मिट्टी के मोटे स्तर का विकास हो सकता है तथा जैव पदार्थ के अच्छे एकीकरण के साथ मिट्टी/मृदा का रंग भी गहरा (काला) हो सकता है।
- मध्य अक्षांशों में दक्षिणोन्मुख सूर्य की किरणों से अनावृत्त ढालों की वनस्पति तथा मृदा की दशा भिन्न होती है एवं उत्तरोन्मुख ठंडे तथा नम दशाओं वाले ढालों पर अन्य प्रकार की मिट्टी एवं वनस्पति पाई जाती है।

जलवायु

- जलवायु (Climate) मृदा निर्माण में एक महत्त्वपूर्ण सक्रिय कारक (Active Factor) है।
- मृदा के विकास में संलग्न जलवायवी तत्त्वों में अनेक तत्त्व शामिल होते हैं; जैसे-प्रवणता, वर्षा एवं वाष्पीकरण की बारंबारता व अवधि, आर्द्रता तथा तापक्रम में मौसमी एवं दैनिक भिन्नता।

जैविक क्रियाएँ

- वनस्पति आवरण एवं जीव, जो मूल पदार्थों पर प्रारंभ तथा बाद में भी विद्यमान रहते हैं, मृदा की संरचना को प्रभावित करते हैं तथा मृदा में जैव पदार्थ, नमी धारण की क्षमता तथा नाइट्रोजन इत्यादि जोड़ने में सहायक होते हैं।
- मृत पौधे मृदा को सूक्ष्म विभाजित जैव पदार्थ ह्यूमस (Humus) प्रदान करते हैं। कुछ कार्बनिक अम्ल (Organic Acids) जो ह्यूमस बनने की अवधि में निर्मित होते हैं, मृदा के मूल पदार्थों के खनिजों के विनियोजन में सहायता करते हैं। बैक्टीरियल कार्य की गहनता ठंडी एवं गर्म जलवायु की मिट्टियों में अंतर को दर्शाती है।

- ठंडी जलवायु में ह्यूमस एकत्रित हो जाता है, क्योंकि यहाँ बैक्टीरियल वृद्धि धीमी होती है।
- उप-आर्कटिक एवं टुंड्रा जलवायु में निम्न बैक्टीरियल क्रियाओं के कारण अवियोजित जैविक पदार्थों के साथ पीट (Peat) के संस्तर विकसित हो जाते हैं।
- आर्द्र, उष्ण एवं भूमध्य रेखीय जलवायु में बैक्टीरियल वृद्धि एवं क्रियाएँ सघन होती हैं तथा मृत वनस्पति शीघ्रता से ऑक्सीकृत हो जाती है, जिससे मृदा में ह्यूमस की मात्रा बहुत कम रह जाती है।
- बैक्टीरिया एवं मृदा के जीव हवा से गैसीय नाइट्रोजन प्राप्त कर उसे रासायनिक रूप में परिवर्तित कर देते हैं, जिसका पौधों द्वारा उपयोग किया जा सकता है।
- इस प्रक्रिया को **नाइट्रोजन स्थिरीकरण** (Nitrogen Fixation) कहते हैं। **राइजोबियम** (Rhizobium), एक प्रकार का बैक्टीरिया है, जो फलीदार (Leguminous) पौधों की जड़ ग्रंथिका में रहता है तथा मेजबान (Host) पौधों के लिए लाभकारी नाइट्रोजन का निर्धारण करता है।
- चींटी (Ants), दीमक (Termites), केचुएँ (Earthworms), कृंतक (Rodents) इत्यादि कीटों का महत्त्व अभियांत्रिकी (Mechanical) से होता है, परंतु मृदा निर्माण में ये महत्त्वपूर्ण होते हैं, क्योंकि ये मृदा को ऊपर-नीचे करते रहते हैं। केचुएँ मिट्टी खाते हैं तथा उसका उत्सर्जन करते हैं, अत: इनके शरीर से निकलने वाली मिट्टी का गठन एवं रसायन परिवर्तित हो जाता है, जिससे वह बहुत उपजाऊ हो जाती है।

कालावधि

- मृदा निर्माण में कालावधि (Time) तीसरा महत्त्वपूर्ण नियंत्रक कारक है। मृदा निर्माण प्रक्रियाओं के प्रचलन में लगने वाले काल (समय) की अवधि, मृदा की परिपक्वता एवं उनकी पार्श्विका/परिच्छेदिका (Profile) का विकास निर्धारण करती है।
- एक मृदा तभी परिपक्व होती है, जब मृदा निर्माण की सभी प्रक्रियाएँ लंबे काल तक पार्श्विका/परिच्छेदिका विकास करते हुए कार्यरत् रहती हैं। केवल एक सेमी मृदा को बनने में सैकड़ों वर्ष लग जाते हैं।
- मृदा निर्माण के क्रम में कुछ समय पूर्व निक्षेपित जलोढ़ मिट्टी या हिमानी टिल से विकसित मृदाएँ तरुण/युवा मानी जाती हैं तथा उनमें संस्तर (Horizon) का अभाव होता है अथवा कम विकसित संस्तर मिलता है। अत: संपूर्ण परिप्रेक्ष्य में मिट्टी के विकास या उसकी परिपक्वता के लिए कोई विशिष्ट कालावधि नहीं है।

मृदा परिच्छेदिका

- मृदा परिच्छेदिका (Soil Profile) का विकास तब होता है, जब अपक्षयित पदार्थ बहुत समय तक एक ही स्थान पर पड़े रहते हैं।
- आधारी चट्टान के अपक्षय की मंद प्रक्रिया और उसमें जैविक पदार्थ की मिलावट के दौरान एक के ऊपर एक क्षैतिज परतें बनती हैं।
- मृदा परिच्छेदिका में क्रमश: तीन मुख्य संस्तर स्थितियाँ पाई जाती हैं, जो इस प्रकार हैं

  वास्तविक मृदा (Actual Soil) यह मृदा का सबसे ऊपरी संस्तर है, जिसमें ह्यूमस की मात्रा अधिक होती है। यह वनस्पति के विकास के लिए महत्त्वपूर्ण होती है।

  उपमृदा (Subsoil) यह वास्तविक मृदा से नीचे का संस्तर है, इसमें बालू, गाद, क्ले जैसे मृदा घटक पाए जाते हैं।

  अध: स्तर या निचली परत (Lower Layer) इस संस्तर में अपक्षयित चट्टानी पदार्थ विद्यमान होते हैं, इसके नीचे मूल आधारी चट्टानों की परतें पाई जाती हैं।
- भौतिक और रासायनिक संघटन तथा जैविक अंश के आधार पर मृदा का प्रत्येक संस्तर एक-दूसरे से बिल्कुल भिन्न होता है। मृदा निर्माण की लंबी प्रक्रिया के दौरान इस भिन्नता का विकास होता है।

मृदा के गुण

मृदा के गुणों को दो भागों में बाँटा गया है-

भौतिक गुण

- प्रत्येक प्रकार की मृदाओं में रंग, गठन और संरचना सदृश जैसे भौतिक गुण पाए जाते हैं। ये भौतिक गुण मूल पदार्थ/शैलों के स्वभाव पर निर्भर करते हैं, जिससे मृदा का निर्माण होता है।
- मिट्टी के गठन से इसमें विभिन्न प्रकार के कणों का पता चलता है; जैसे-बजरी, बालू, चिकनी मिट्टी तथा गाद आदि।
- मिट्टी में जब बालू के कणों का अनुपात अधिक होता है, तो इसे **बलुई मिट्टी** (Sandy Soil) कहते हैं।
- बलुई मिट्टी में रंध्र बड़े होते हैं, अत: इसमें जल का रिसाव तेज होता है।
- **चिकनी मिट्टी** (Clay Soil) में मृत्तिका का अनुपात अधिक होता है और बालू के कण होते हैं।
- चिकनी मिट्टी में रंध्र बड़े ही सूक्ष्म होते हैं, अत: इसमें जल धीमी गति से रिसता है, इसे **भारी मिट्टी** भी कहते हैं।
- वह मिट्टी जिसमें मृत्तिका, बालू और गाद का अनुपात लगभग बराबर होता है, **दोमट मिट्टी** (Alluvial Soil) कही जाती है।
- इस मिट्टी को बालू, मृत्तिका और गाद की अधिकता के आधार पर क्रमश: बलुई दोमट, मृत्तिका दोमट तथा गाद दोमट मिट्टी कहते हैं।
- दोमट मिट्टी जिसमें तीनों (बालू, मृत्तिका, गाद) का मिश्रण होता है, पौधों की उपज के लिए सबसे अच्छी होती है।
- मृदा की संरचना मृदा के अपरदन, इसकी जुताई में आसानी या कठिनाई तथा इसकी नमी शोषण की क्षमता को प्रभावित करती है।

रासायनिक गुण

- मृदा के अलग-अलग प्रकारों में रासायनिक गुण होते हैं, इसी आधार पर इन्हें अम्लीय, उदासीन या क्षारीय कहते हैं।
- जिस मिट्टी में चूने की मात्रा कम होती है, उसे **अम्लीय** मृदा कहते हैं तथा जिसमें इसकी अधिकता होती है, उसे **क्षारीय** मिट्टी कहते हैं।
- ह्यूमस युक्त मृदा का रंग काला या गाढ़ा भूरा होता है। इस प्रकार वनस्पति मिट्टी के रसायनिक गुणों पर निर्भर करती है।

मृदा का वर्गीकरण

- एक स्थान से दूसरे स्थान की मृदा में भी भिन्नता पाई जाती है, इन्हें दो मुख्य संस्तरों के वर्गों में बाँटा गया है-पेडल्फर (Pedalfers) मृदा तथा पेडोकल (Pedocals) मृदा।
- इन्हें पुन: 12 मुख्य प्रकार की मृदाओं में विभाजित किया गया है, जो वृहद् क्षेत्रों में पाई जाती हैं। संसार के जलवायु प्रदेशों, प्राकृतिक वनस्पतियों और मृदा में गहरे घनिष्ट संबंध पाए जाते हैं।

पेडल्फर मृदा

- यह मृदा उच्च अक्षांशीय कोणधारी वनों से लेकर मध्य अक्षांशीय पतझड़ के वनों से होती हुई निचले अक्षांशों में स्थित उष्णकटिबंधीय वनों और घास के मैदानों वाले आर्द्र जलवायु प्रदेशों में पाई जाती है।
- लंबी और अत्यधिक ठंडी शीत ऋतु, छोटी और ठंडी ग्रीष्म ऋतु तथा वर्षभर सामान्य वर्षा वाले उच्च अक्षांशीय कोणधारी वन वाली पट्टी में राख के समान धूसर रंग की **पौडसोल मृदा** पाई जाती है।
- इस मृदा में लवणों का रिसाव तीव्र होता है तथा पतली नुकीली पत्तियाँ मंद गति से सड़ती हैं और ह्यूमस का निर्माण धीमी गति से होता है।
- इस मृदा में जीवाणुओं की क्रियाशीलता भी सीमित होती है। यह मृदा अम्लीय, अनुपजाऊ और कृषि के लिए कम उपयोगी होती है।
- पश्चिमी यूरोप तथा उत्तरी-पूर्वी संयुक्त राज्य अमेरिका के मध्य अक्षांशीय पतझड़ वाले वनों की पट्टी में पाई जाने वाली धूसर बादामी रंग की पौडसोल मृदा में लवणों का रिसाव अपेक्षाकृत कम होता है तथा ह्यूमस की मात्रा अधिक होती है और खाद एवं उर्वरक के प्रयोग तथा फसलों के शस्यावर्तन (Rotation of Crops) से मृदा काफी उपजाऊ बनी रहती है।
- डेयरी उद्योग तथा मिश्रित कृषि के लिए इस मृदा का उपयोग किया जाता है। निचले अक्षांशों में ऊँचे तापमान और मौसमी आर्द्र दशा वाले क्षेत्रों में लाल और पीले रंग की उष्णकटिबंधीय पेडल्फर मृदा पाई जाती है।
- इसके घुलनशील खनिजों का नीचे की ओर रिसाव हो जाता है, किंतु इसमें उपस्थित लोहे के कारण इसका रंग लाल होता है।
- इसमें जैविक पदार्थों की अधिकता होने पर भी कीटाणुओं की तेज क्रियाशीलता अधिक ह्यूमस का उपयोग कर लेती है, जिससे इसमें ह्यूमस का अंश कम होता है और कैल्शियम की भी कमी होती है। यह अम्लीय होती है और उर्वरकों के अभाव में शीघ्र ही अनुपजाऊ हो जाती है।

पेडोकल मृदा

- विश्व के शुष्क, अर्द्ध शुष्क तथा उपार्द्र क्षेत्रों में पेडोकल श्रेणी की मृदा पाई जाती हैं।
- इसमें कैल्शियम और खनिज लवणों की मात्रा अधिक होती है। इसमें अधिक वाष्पीकरण के कारण ये घुलनशील खनिज, मृदा में जल के साथ नीचे से ऊपर की ओर आते हैं।
- समशीतोष्ण और उष्ण दोनों ही कटिबंधों में मरुभूमियों (Deserts) के चारों ओर इन मिट्टियों पर स्टेपी (Steppe) और प्रेयरी (Prairies) जैसे घास के मैदानों का विकास हुआ है।
- **चेरनोजम** (Chernozem) इस श्रेणी की सबसे उपजाऊ मृदा है, इसमें ह्यूमस और कैल्शियम की मात्रा अधिक होती है तथा इसमें जल के साथ खनिज तत्त्वों का नीचे की ओर रिसाव कम होता है।
- इसकी संरचना भुरभुरी होती है और यह उपजाऊ होती है। कई वर्षों उपयोग के बाद भी इसमें उर्वरक की आवश्यकता कम पड़ती है तथा इसमें जलधारण की क्षमता भी अधिक होती है, जिससे सिंचाई की आवश्यकता कम पड़ती है।
- यह यूक्रेन, संयुक्त राज्य अमेरिका का मध्य क्षेत्र, मध्य अफ्रीका, दक्षिणी अमेरिका तथा आस्ट्रेलिया के स्टेपी क्षेत्र गेहूँ और जई सदृश खाद्यान्नों की अच्छी उपज के लिए विख्यात हैं।
- संयुक्त राज्य अमेरिका में प्रेयरी क्षेत्र की मृदा पेडोकल मृदा के समान ही है, जबकि यह समशीतोष्ण घास भूमि के आर्द्र भागों में पाई जाती है।
- मरुभूमियों की मृदा समशीतोष्ण क्षेत्रों में धूसर रंग की तथा उष्ण क्षेत्रों में लाल रंग की होती है। यह क्षारीय होती है तथा इसमें वनस्पति के अभाव के कारण ह्यूमस का अभाव पाया जाता है। इसमें संस्तर का विकास उचित रूप में नहीं होता है।
- शुष्क स्टेपी जैसे जलवायु प्रदेशों की पेडोकल मृदा की पट्टी में ऊसर (Barren) मृदा के क्षेत्र बहुतायत में मिलते हैं।
- उत्तरी भारत के मैदानों में विशेषकर उत्तर प्रदेश में सभी अम्लीय और क्षारीय मृदाओं को संयुक्त रूप से **ऊसर** नाम दिया गया है।
- निचले मैदानों की चिकनी मिट्टी में जहाँ जल का बहाव उचित नहीं होता है, वहाँ रेह अधिक मात्रा में मिलती है। रेह सफेद या धूसर रंग का लवण होता है, जो शुष्क ऋतु में मिट्टी के धरातल को ढक लेता है।

मृदा के प्रकार

वैश्विक स्तर पर मृदा को तीन भागों में वर्गीकृत किया जाता है

1. क्षेत्रीय मृदा 2. अंत: क्षेत्रीय मृदा 3. अक्षेत्रीय मृदा

1. क्षेत्रीय मृदा

विश्व के प्रमुख मृदा वर्ग क्षेत्रीय मृदाओं के अंतर्गत आते हैं, इसे क्षेत्रीय अथवा **कटिबंधीय मृदा** भी कहा जाता है। यह मृदा दो प्रकार की होती है

पेडल्फर मृदा

- इसमें लोहा एवं एल्युमीनियम की मात्रा अधिक होती है। यह मृदा उन क्षेत्रों में पाई जाती है, जहाँ अधिक वर्षा के कारण मृदा में अपक्षालन (Leaching) की क्रिया तेजी से होती है। इसके अंतर्गत आने वाली मृदा निम्न हैं
  - **पोडजॉल मृदा** (Podzols) यह उत्तरी रूस, उत्तरी यूरोप एवं उत्तरी कनाडा के टैगा जलवायु वाले क्षेत्रों में पाई जाती है।
  - **लाल मृदा** (Podzolic) यह मृदा उष्ण एवं उपोष्ण कटिबंधों के आर्द्र भागों (Humid Regions) में पाई जाती है। यह मृदा उष्णकटिबंधीय सवाना पठारों; जैसे-ब्राजील, ब्रिटिश गुयाना, पूर्वी अफ्रीका, और मानसून वनों जैसे दक्षिण एवं उत्तर पूर्वी भारत, म्यांमार आदि में पाई जाती है।
  - **लैटेराइट मृदा** (Laterite) **या लैटोसोल** (Letrozole) यह मृदा अनुपजाऊ होती है तथा यह आर्द्र एवं उष्ण जलवायु जैसे विषुवतीय, सवाना एवं मानसूनी जलवायु के आर्द्र भागों में पाई जाती है, इसमें अपक्षालन के कारण सिलिका एवं पोषक तत्त्वों का अभाव होता है।
  - **चेरनोजम** (Chernozem) **या काली मृदा** (Black soils) यह मृदा काले रंग की होती है। यह मृदा समशीतोष्ण कटिबंध की महादेशीय जलवायु के क्षेत्रों में पाई जाती है। यह अर्जेंटीना के पंपास, दक्षिण अफ्रीका के वेल्ड एवं ऑस्ट्रेलिया के डाउंस के मैदानों में भी पाई जाती है।
  - **टुंड्रा मृदा** (Tundra Soils) यह अनुपजाऊ मृदा होती है। अत: यह मुख्य रूप से कनाडा, रूस, एवं अलास्का के उत्तरी भाग तथा ग्रीनलैंड के तटीय भागों में पाई जाती है।

पेडोकल मृदा

- इस मृदा में कैल्शियम की मात्रा अधिक होती है। यह मृदा शुष्क एवं अर्द्ध शुष्क देशों में पाई जाती है। इस मृदा को निम्न प्रकारों में बाँटा गया है
  - **प्रेयरी मृदा** (Chernozems) यह मुख्यत: अमेरिका में चेरनोजेम एवं धूसर भूरी पोडजॉलिक मृदा के बीच के क्षेत्रों में पाई जाती है। यह विश्व की सर्वाधिक उपजाऊ मृदा है।

– **गहरी भूरी** (Dark Brown) या **चेस्टनट मृदा** (Chestnut Soils) यह मृदा मध्यवर्ती अक्षांशों में स्थित महाद्वीपीय जलवायु के अर्द्ध शुष्क भागों में, अमेरिका के ऊँचे मैदानों, अर्जेंटीना के पंपास क्षेत्र आदि में पाई जाती है। इसमें सिंचाई के बिना कृषि असंभव होती है।

– **धूसर** (भूरी) **पोडजॉलिक मृदा** (Brown Podzolic Soils) यह मृदा मध्य एवं पश्चिमी यूरोप, उत्तर पूर्वी संयुक्त राज्य अमेरिका एवं उत्तर पूर्वी चीन में पाई जाती है। यह कम अम्लीय होती है। यह पोडजॉल की तुलना में उपजाऊ होती है।

– **धूसर मरुभूमि मृदा** (Brown Desert Soils) या **सरोजेम मृदा** (Sierozem Soils) यह मृदा मध्यवर्ती अक्षांशों के मरुस्थलीय क्षेत्रों में पाई जाती है। इसमें ह्यूमस की मात्रा कम होती है। कैस्पियन सागर के पूर्वी, रूस के दक्षिणी भाग तथा अमेरिका के पश्चिमी भाग में इस प्रकार की मृदा पाई जाती है।

– **लाल मरुस्थलीय मृदा** (Red Desert Soil) यह मृदा उष्ण मरुस्थलीय क्षेत्रों (Hot Desert Regions) में पाई जाती है। इसमें ह्यूमस का अभाव होता है या अंश मात्र में पाया जाता है। इस मृदा के संस्तर का विकास पूर्ण नहीं होता है।

2. अंतः क्षेत्रीय मृदा

अंत: क्षेत्रीय मृदा को निम्न भागों में विभाजित किया गया है

- **लवणीय मृदा** (Saline Soils) यह मृदा उन क्षेत्रों में पाई जाती है, जहाँ वाष्पीकरण की क्रिया अधिक होती है एवं जल निकासी की उचित सुविधा का अभाव पाया जाता है। यह मुख्य रूप से उष्ण मरुस्थलीय क्षेत्रों एवं महाद्वीपों के आंतरिक भागों में पाई जाती है।
- **क्षारीय मृदा** (Alkaline Soils) या **सोलोनेज** यह मृदा लवणीय मृदा वाले क्षेत्रों में ही पाई जाती है, किंतु यह अधिक वर्षा वाले क्षेत्रों में मिलती है। इसमें कृषि कार्य संभव नहीं होता है।

3. अक्षेत्रीय मृदा

अक्षेत्रीय मृदा को निम्न भागों में विभाजित किया गया है

- **जलोढ़ मृदा** (Alluvial Soils) यह मृदा विश्व की सभी बड़ी नदियों की घाटियों में पाई जाती है, यह अधिक उपजाऊ होती है। यह नदियों के अवसाद से निर्मित होती है।
- **लोयस मृदा** (Loess Soils) इस मृदा का सबसे विस्तृत क्षेत्र उत्तर पश्चिम चीन में है, जहाँ मध्य एशिया एवं मुख्य रूप से गोबी मरुस्थल से वायु द्वारा लाए गए धूल कणों के द्वारा इसका निर्माण हुआ है। यह मृदा उपजाऊ होती है।
- **पर्वतीय मृदा** (Mountain Soils) यह मृदा विश्व के अधिकांश पर्वतों की ढालों एवं पर्वतीय प्रदेशों में पाई जाती है। यह मृदा पतली परत वाली होती है अर्थात् मृदा संस्तर का पूर्ण विकास नहीं होता है।

USDA के अनुसार, मृदा के प्रकार

संयुक्त राज्य अमेरिका के कृषि विभाग (USDA) के वैज्ञानिक सी एफ मारबुत ने विश्व स्तर पर मृदा को 11 भागों में वर्गीकृत किया है, इन्होंने परिवर्द्धित रूप में विश्व की मृदा को निम्न वर्गों में वर्गीकृत किया है, जो इस प्रकार हैं

- ऑक्सीसोल्स
- एरिडोसोल्स
- मॉलीसोल्स
- एल्फिसोल्स
- अल्टीसोल्स
- स्पोडोसोल्स
- इरीटीसोल्स
- इंसेप्टिसोल्स
- वर्टी सोल्स
- हिस्टो सोल्स
- एंडोसोल्स

मृदा का निम्नीकरण और संरक्षण के उपाय

- मृदा अपरदन और क्षीणता मृदा संसाधन के लिए दो मुख्य खतरे हैं। मानवीय और प्राकृतिक दोनों ही कारकों से मृदाओं का निम्नीकरण हो सकता है।
- मृदा के निम्नीकरण में सहायक कारक वनोन्मूलन, अतिचारण, रासायनिक उर्वरकों और कीटनाशकों का अत्यधिक उपयोग, वर्षा, दोहन, भूस्खलन और बाढ़ हैं। मृदा संरक्षण की कुछ विधियाँ निम्न प्रकार हैं

– **मल्च बनाना** (Mulching) पौधों के बीच अनावरित भूमि, जैव पदार्थ जैसे पुआल से ढक दी जाती है, इससे मृदा की आर्द्रता रुक जाती है।

– **वेदिका फार्म** (Terrace Cultivation) चौड़े समतल सोपान अथवा वेदिका तीव्र ढालों पर बनाए जाते हैं, ताकि सपाट सतह फसल उगाने के लिए उपलब्ध हो जाए, इनसे पृष्ठीय प्रवाह और मृदा अपरदन कम होता है।

– **समोच्चरेखीय जुताई** (Contour Ploughing) एक पहाड़ी ढाल पर समोच्च रेखाओं के समांतर जुताई ढाल से नीचे बहते जल के लिए एक प्राकृतिक अवरोध का निर्माण करती है।

– **रक्षक मेखलाएँ** (Shelter Belts) तटीय प्रदेशों और शुष्क प्रदेशों में वायु की गति रोकने के लिए वृक्ष कतारों में लगाए जाते हैं, ताकि मृदा आवरण को बचाया जा सके।

– **समोच्चरेखीय रोधिकाएँ** (Contour Resistances) समोच्च रेखाओं पर रोधिकाएँ बनाने के लिए पत्थरों, घास तथा मृदा का उपयोग किया जाता है, रोधिकाओं के सामने जल एकत्र करने के लिए खाइयाँ बनाई जाती हैं।

– **चट्टान बाँध** (Rock Dams) ये बाँध जल के प्रवाह को कम करने के लिए बनाए जाते हैं। ये नालियों की रक्षा करते हैं और मृदा क्षति को रोकते हैं।

– **बीच की फसल उगाना** (Intercropping) वर्षा दोहन से मृदा को सुरक्षित रखने के लिए अलग-अलग समय पर भिन्न-भिन्न फसलें एकांतर कतारों में उगाई जाती हैं।

अतिरिक्त तथ्य
तमिलनाडु बोर्ड एवं NIOS

- उष्णकटिबन्धीय पर्णपाती वनों में गर्मियों में अधिकतम तापमान (38° से 48°) तक रहता है। यहाँ ग्रीष्म ऋतु गर्म और आर्द होती है। शुष्क ऋतु में तापमान 10° से 27° के बीच रहता है तथा वर्षा 75 से 150 सेमी/वर्ष होती है।
- सवाना में अधिकांश जानवरों के पैर लंबे होते हैं; जैसे-जिराफ, कंगारू और शेर आदि। इस बायोम में तेंदुए, चीता, सियार और लकड़बग्घे रहते हैं। यहाँ जेबरा और हाथी भी पाए जाते हैं।
- **5 दिसम्बर, 2015** को भारत सरकार के कृषि और किसान कल्याण मंत्रालय द्वारा **मृदा स्वास्थ्य कार्ड योजना** शुरू की गई थी।
- मृदा स्वास्थ्य कार्ड एक विशेष भूमि जोत की एक मुद्रित रिपोर्ट है, जो पोषक तत्वों की खुराक की सिफारिश के साथ-साथ 12 मिट्टी मापदंडों पर जानकारी देती है।
- भारत में विश्व के कुल भूमि का क्षेत्रफल 2.4% हिस्सा है, जो जानवरों और पौधों की प्रजातियों सहित सभी दर्ज प्रजातियों का 7-8% है। राज्य के रिकॉर्ड के अनुसार, भारत का कुल भूमि क्षेत्र का 23.28% भाग वन आवरण के अन्तर्गत आता है।

08

कृषि, पशुपालन एवं मत्स्यपालन

(स्रोत)

Class-VIII New NCERT Chap 3 **कृषि**, Class-IX Old NCERT Chap 8 **मानव व्यवसाय**, Class-XI Old NCERT Chap 2 **नवीकरण योग्य संसाधन**, Chap 3 **घास के मैदान तथा पशुचारण**, Chap 7 **प्राकृतिक संसाधनों का उपयोग**, Class-XI Old NCERT Chap 8 **संसार की प्रमुख फसलें**, Class-XII New NCERT Chap 4 **प्राथमिक क्रियाएँ**, Tamil Nadu Board (Class XII), NIOS

- आर्थिक गतिविधियाँ (Economic Activities), मनुष्य द्वारा प्रतिदिन आवश्यकताओं को पूरा करने के लिए किए जाने वाले कार्यों को कहते हैं, जिसमें वस्तुओं के उत्पादन, विपणन तथा सेवाओं को लोगों तक पहुँचाने की प्रवृत्तियाँ शामिल होती हैं, इन्हें पाँच वर्गों में विभाजित किया जाता है
  - प्राथमिक क्षेत्रक (Primary Sector)
  - द्वितीयक क्षेत्रक (Secondary Sector)
  - तृतीयक क्षेत्रक (Tertiary Sector)
  - चतुर्थक क्षेत्रक (Quaternary Sector)
  - पंचम क्षेत्रक (Quinary Sector)
- इसमें प्राथमिक क्रियाओं के अंतर्गत उन सभी क्रियाओं को शामिल किया जाता है, जिनका संबंध प्राकृतिक संसाधनों के उत्पादन और निष्कर्षण से होता है।
- प्राथमिक क्षेत्रक का संबंध प्रत्यक्षतः पर्यावरण से होता है; जैसे-वनों से संग्रहण, आखेट, मत्स्यन, पशुचारण, कृषि एवं खनन आदि।

आखेट एवं भोजन संग्रह

- मानव सभ्यता के आरंभिक युग में आदिमकालीन मानव अपने जीवन निर्वाह के लिए अपने समीप के वातावरण पर निर्भर रहता था।
- उसका जीवन निर्वाह दो कार्यों द्वारा होता था, जिसमें पहला पशुओं का आखेट (Hunting) करना तथा दूसरा अपने समीप के जंगलों से खाने योग्य जंगली पौधे एवं कंदमूल आदि को एकत्रित (Gathering) करना था।
- आदिमकालीन समाज (Primitive Societies) जंगली पशुओं पर निर्भर था। अतिशीत एवं अत्यधिक गर्म प्रदेशों में रहने वाले लोग आखेट द्वारा जीवन-यापन करते थे।
- तकनीकी विकास के कारण मत्स्य-ग्रहण आधुनिकीकरण से युक्त हो गया है तथा तटवर्ती क्षेत्रों में रहने वाले लोग आज भी मछली पकड़ने का कार्य करते हैं। अवैध शिकार के कारण जीवों की अनेक जातियाँ या तो लुप्त हो गई हैं या संकटापन्न हैं।
- भोजन संग्रह एवं आखेट **प्राचीनतम आर्थिक क्रियाएँ** (Ancient Economic Activities) हैं। ये क्रियाएँ विश्व के विभिन्न भागों में विभिन्न रूपों में की जाती हैं। वर्तमान समय में भी कुछ जनजातियाँ इस प्रकार की आर्थिक गतिविधियों में संलग्न हैं।
- यह कार्य कठोर जलवायविक दशाओं में किया जाता है। इसे अधिकतर आदिमकालीन समाज के लोग करते हैं। ये लोग अपने भोजन, वस्त्र एवं आवास की आवश्यकता की पूर्ति हेतु पशुओं एवं वनस्पति का संग्रह करते हैं।
- इस कार्य के लिए बहुत कम पूँजी एवं निम्न स्तरीय तकनीकी ज्ञान की आवश्यकता होती है।
- इसमें भोजन अधिशेष भी नहीं रहता है एवं प्रति व्यक्ति उत्पादकता भी कम होती है।
- आधुनिक समय में भोजन संग्रह के कार्य का कुछ भागों में व्यापारीकरण भी हो गया है, जिसमें लोग कीमती पौधों की पत्तियाँ, छाल एवं औषधीय पौधों को संशोधित कर बाजार में बेचने का कार्य भी करते हैं।
- भोजन संग्रह (Food Gathering) विश्व के दो भागों में किया जाता है
  - उच्च अक्षांश के क्षेत्र जिसमें उत्तरी कनाडा, उत्तरी यूरेशिया एवं दक्षिण चिली आते हैं।
  - निम्न अक्षांश के क्षेत्र जिसमें अमेजन बेसिन, उष्णकटिबंधीय अफ्रीका, ऑस्ट्रेलिया एवं दक्षिण पूर्वी एशिया के आंतरिक प्रदेश आते हैं।
- जायरे बेसिन में पाए जाने वाली **पिग्मी जनजाति** (Pygmy Tribes) के मानव पेड़ों की छाल तथा पत्तियों से बने वस्त्र पहनते हैं तथा इनका मुख्य भोजन वनों से प्राप्त कंदमूल, फल, शहद एवं पशुओं का मांस आदि हैं।
- कनाडा के कोणधारी घाटी वनों में लकड़ी काटने का कार्य करने वाले **लंबरजैक** (Lumberjack) कहलाते हैं।

कृषि

- कृषि शब्द अंग्रेजी भाषा के 'एग्रीकल्चर' से लिया गया है। एग्रीकल्चर (Agriculture) शब्द की उत्पत्ति लैटिन भाषा के शब्दों 'एगर' या 'एग्री' से हुई है, जिसका अर्थ मृदा और कल्चर है अर्थात् कृषि है।
- कृषि एक प्राथमिक क्रिया है। इसमें फसलों, फलों, सब्जियों, फूलों को उगाना और पशुपालन आदि शामिल होते हैं।
- प्रारम्भिक कृषि को वेजकल्चर (Vegeculture) कहा जाता है, जो सर्वप्रथम दक्षिण-पूर्व एशिया में प्रचलित थी। विश्व में 50% से अधिक लोग कृषि से संबंधित क्रियाओं में संलग्न हैं। भारत की दो-तिहाई जनसंख्या कृषि पर निर्भर है।
- मृदा, जलवायु और अनुकूल स्थलाकृति कृषि क्रियाकलाप के लिए अनिवार्य है, जिस भूमि पर फसलें उगाई जाती हैं, वह **कृषिगत भूमि** (Cultivated Land) कहलाती है।
- कृषि या खेती को एक तंत्र के रूप में देखा जा सकता है। इसके महत्त्वपूर्ण निवेश क्रमशः बीज, उर्वरक, मशीनरी और श्रमिक होते हैं। जुताई, बुआई, सिंचाई, निराई और कटाई इसकी प्रमुख संक्रियाएँ हैं। इस तंत्र के निर्गतों के अंतर्गत फसल, ऊन, डेरी तथा कुक्कुट उत्पाद आदि आते हैं।
- कृषि, मृदा की जुताई, फसलों के उत्पादन तथा पशुपालन की ऐसी प्रक्रिया है, जिसे सामान्य शब्दों में **खेती** (Cultivation) कहते हैं।

कृषि के प्रकार/प्रणालियाँ

- विश्व में पाई जाने वाली विभिन्न भौतिक, सामाजिक एवं आर्थिक दशाएँ कृषि को प्रभावित करती हैं और इसी प्रभाव के कारण विभिन्न कृषि प्रणालियों को अपनाया गया है। विभिन्न प्रकार की फसलों का बोया जाना तथा पशुपालन विभिन्न कृषि विधियों पर आधारित होता है।
- भौगोलिक दशाओं, उत्पाद की माँग, श्रम और प्रौद्योगिकी के स्तर के आधार पर कृषि को **निर्वाह कृषि** (Subsistence Farming) तथा **वाणिज्यिक कृषि** (Commercial Farming) में वर्गीकृत किया जा सकता है। विश्व में पाई जाने वाली कृषि प्रणालियों का विवरण निम्न प्रकार हैं

निर्वाह कृषि

- निर्वाह कृषि में स्थानीय उत्पादों का उपयोग किया जाता है। यह कृषि परिवार की आवश्यकताओं को पूरा करने के लिए की जाती है।
- इस कृषि में पारंपरिक रूप से कम उपज प्राप्त होती है, जिसमें निम्न स्तरीय प्रौद्योगिकी और पारिवारिक श्रम का उपयोग किया जाता है। इस कृषि को आदिम निर्वाह कृषि तथा गहन निर्वाह कृषि में वर्गीकृत किया जाता है।

आदिमकालीन निर्वाह कृषि

- आदिमकालीन निर्वाह कृषि (Primitive Subsistance Farming) में स्थानांतरित कृषि (स्थानांतरणशील कृषि) के साथ-साथ चलवासी पशुचारण सम्मिलित होता है।
  - **स्थानांतरणशील कृषि** (Shifting Cultivation) यह उष्णकटिबंधीय क्षेत्रों में की जाती है। यह कृषि कार्य आदिम जाति के लोग करते हैं। इसके क्षेत्र अफ्रीका, दक्षिणी एवं मध्य अमेरिका का उष्णकटिबंधीय भाग एवं दक्षिणी-पूर्वी एशिया हैं।
  - इसमें क्षेत्रों की वनस्पति को जला दिया जाता है एवं जली हुई राख की परत उर्वरक का कार्य करती है, इस प्रकार स्थानांतरणशील कृषि **कर्तन** एवं **दहन** कृषि भी कहलाती है।
  - इसमें बोए गए खेत बहुत छोटे होते हैं एवं खेती भी पुराने औजारों; जैसे- लकड़ी, कुदाली एवं फावड़े द्वारा की जाती है।
  - इसमें कुछ समय पश्चात् (3 से 5 वर्ष) जब मिट्टी का उपजाऊपन समाप्त हो जाता है, तब कृषक नए क्षेत्र में वन जलाकर कृषि के लिए भूमि तैयार करता है। कुछ समय पश्चात् कृषक वापस पहले वाले कृषि क्षेत्र पर कृषि कार्य करने के लिए आ जाता है।
  - इस कृषि कार्य में सबसे बड़ी समस्या यह है कि इस क्षेत्र में भूमि की उर्वरता कम होती जाती है, जिससे **झूम का चक्र** (आग लगाकर कृषि क्षेत्र तैयार करना) छोटा होता जाता है। इस कृषि को उष्णकटिबंधीय क्षेत्रों में अलग-अलग नामों से जाना जाता है।

विश्व में स्थानांतरित कृषि के नाम

स्थानांतरित	क्षेत्र
रे (Ray)	वियतनाम तथा लाओस
तावी (Tavi)	मेडागास्कर
मसोले (Masole)	कांगो (जायरे नदी घाटी क्षेत्र)
फैंगे (Fange)	भूमध्यरेखीय अफ्रीकी देश
लोगन (Logan)	पश्चिमी अफ्रीका
कोनूल अथवा कोमिले (Konul or Komile)	मैक्सिको
मिल्पा (Milpa)	मैक्सिको एवं मध्य अमेरिकी देश
कोनूको (Konuko)	वेनेजुएला
रोका (Roka)	ब्राजील
चेतेमिनी (Chatemini)	युगांडा, जाम्बिया तथा जिम्बाब्वे
कैंगिन (Kaingin) (चेनगिन)	फिलीपींस
तुंग्या (Tungya)	म्यांमार (बर्मा)
चेन्ना (Chenna)	श्रीलंका
लादांग (Ladang)	मलेशिया तथा इंडोनेशिया
तमराई (Tamrai)	थाइलैंड
हुमा/हुमाह (Hummah)	जावा तथा इंडोनेशिया

गहन निर्वाह कृषि

- यह वह कृषि पद्धति है, जिसमें प्रधानतः खाद्य फसलों का उत्पादन स्थानीय उपभोग के लिए किया जाता है।
- गहन निर्वाह कृषि (Intensive Subsistence Farming) मुख्य रूप से मानसून से प्रभावी एशिया के घने बसे देशों में की जाती है। इस कृषि को भी दो प्रकारों में वर्गीकृत किया जाता है

चावल प्रधान गहन निर्वाह कृषि

- इस प्रकार की कृषि प्रणाली में चावल प्रमुख फसल होती है। अधिक जनसंख्या घनत्व के कारण खेतों का आकार छोटा होता है एवं कृषि कार्य में कृषक का संपूर्ण परिवार लगा रहता है।
- इसमें भूमि का गहन उपयोग किया जाता है एवं यंत्रों की अपेक्षा मानव श्रम का अधिक महत्त्व होता है। इसमें उर्वरता बनाए रखने के लिए पशुओं के गोबर की खाद एवं हरी खाद का उपयोग किया जाता है। इस कृषि में प्रति इकाई उत्पादन अधिक होता है, परंतु प्रति कृषक उत्पादन कम होता है।

चावल रहित गहन निर्वाह कृषि

- एशिया के मानसूनी प्रदेशों के अनेक भागों में उच्चावच, जलवायु, मृदा तथा अन्य भौगोलिक कारकों की भिन्नता के कारण धान की फसल उगाना प्रायः संभव नहीं है।
- अतः उत्तरी चीन, मंचूरिया, उत्तरी कोरिया एवं उत्तरी जापान में गेहूँ, सोयाबीन, जौ एवं सोरगम पाया जाता है। भारत में सिंधु-गंगा के मैदान के पश्चिमी भाग में गेहूँ एवं दक्षिणी व पश्चिमी शुष्क प्रदेश में ज्वार-बाजरा प्रमुखता से उगाया जाता है।
- इस कृषि की अधिकांश विशेषताएँ वही हैं, जो चावल प्रधान कृषि की होती हैं, अंतर केवल यह है कि इसमें सिंचाई की जाती है।

वाणिज्यिक कृषि

- वाणिज्यिक कृषि (Commercial Farming) में फसल उत्पादन तथा पशुपालन बाजार में विक्रय के लिए किया जाता है। इस प्रकार की कृषि में अत्यधिक कृष्य क्षेत्र तथा अधिक पूँजी लगती है।
- वाणिज्यिक कृषि में अधिकांश कार्य मशीनों द्वारा किया जाता है। इसके अंतर्गत वाणिज्यिक अनाज कृषि, मिश्रित तथा रोपण कृषि को स्थान दिया जाता है।

वाणिज्य अनाज कृषि

- वाणिज्य अनाज कृषि (Commercial Grain Farming) मुख्य रूप से वाणिज्यिक उद्देश्य से की जाती है। यह कृषि मध्य अक्षांशों के आंतरिक अर्द्ध शुष्क प्रदेशों में की जाती है। इसकी मुख्य फसल **गेहूँ** है, हालाँकि इसके अतिरिक्त मक्का, जौ, राई एवं जई की भी कृषि की जाती है।
- इस कृषि में खेतों का आकार वृहद होता है एवं खेत जोतने से फसल काटने तक सभी कार्य यंत्रों द्वारा किए जाते हैं। इसमें प्रति एकड़ उत्पादन कम होता है, परंतु प्रति व्यक्ति उत्पादन अधिक होता है, क्योंकि कृषि क्षेत्र सैकड़ों हेक्टेयर के बड़े फार्मों से युक्त विरल आबादी वाले होते हैं।
- इस कृषि कार्य में 'साइडवाक कृषक' तथा 'सूटकेस कृषक' दो शब्दों का प्रयोग किया जाता है, जो कार्य पर कभी-कभी आते हैं।
- इस प्रकार की कृषि का क्षेत्र यूरेशिया के स्टेपीज, उत्तरी अमेरिका के प्रेयरीज, अर्जेंटीना के पंपास, दक्षिण अफ्रीका के वेल्ड्स, ऑस्ट्रेलिया के डाउंस एवं न्यूजीलैंड के केंटबरी के मैदान में पाया जाता है।

मिश्रित कृषि

- मिश्रित कृषि (Mixed Farming) में फसल उत्पादन के साथ-साथ पशुपालन भी किया जाता है। फसल एवं पशुपालन में एक संयोजन का होना, इस कृषि की प्रमुख विशेषता है।
- इस प्रकार की कृषि विश्व के अत्यधिक विकसित भागों में की जाती है, उदाहरणस्वरूप-उत्तरी-पश्चिमी यूरोप, उत्तरी अमेरिका का पूर्वी भाग, यूरेशिया के कुछ भाग एवं दक्षिणी महाद्वीपों के समशीतोष्ण अक्षांश वाले भागों में इसका विस्तार पाया जाता है।
- इस कृषि में खेतों का आकार मध्यम होता है। इसमें बोई जाने वाली फसलें गेहूँ, जौ, राई, जई, मक्का, चारे की फसल एवं कंदमूल प्रमुख हैं। चारे की फसलें इस कृषि के मुख्य घटक हैं। इसमें फसल उत्पादन तथा पशुपालन दोनों को समान महत्त्व दिया जाता है।
- फसलों के साथ पशु; जैसे-मवेशी, भेड़, सुअर एवं कुक्कुट आय के मुख्य स्रोत हैं।
- शस्यावर्तन (Crop Rotation) एवं अंतः फसली कृषि (Intercropping Cultivation) मृदा की उर्वरता को बनाए रखने में महत्त्वपूर्ण भूमिका निभाते हैं।
- विकसित कृषि यंत्र, इमारतों, रासायनिक एवं वनस्पति खाद (हरी खाद) के गहन उपयोग आदि पर अधिक पूँजी व्यय के साथ ही कृषकों की कुशलता और योग्यता, मिश्रित कृषि की मुख्य विशेषताएँ हैं।

रोपण कृषि

- रोपण कृषि (Plantations) वाणिज्यिक कृषि का एक प्रकार है, जहाँ चाय, कहवा, काजू, रबड़, केला, कपास आदि एकल फसलों की खेती की जाती है।
- इस कृषि का विकास उपनिवेश काल में यूरोपीय लोगों द्वारा किया गया। यूरोपीय उपनिवेशों ने अपने अधीन उष्णकटिबंधीय क्षेत्रों में चाय, कॉफी, कोको, रबड़, अनन्नास, गन्ना आदि के पौधे लगाए।
- यह कृषि एक वृहद् स्तरीय लाभोन्मुख उत्पादन प्रणाली है। इस कृषि का प्रमुख क्षेत्र उष्णकटिबंधीय क्षेत्र (Tropical Area) है।
- औपनिवेशिक काल में फ्रांसवासियों ने पश्चिमी अफ्रीका में कॉफी एवं कोकोआ के पौधे लगाए थे। ब्रिटेनवासियों ने भारत एवं श्रीलंका में चाय के बगान, मलेशिया में रबड़ के बागान एवं पश्चिमी द्वीप समूह में गन्ने एवं केले के खेत विकसित किए।
- स्पेन एवं अमेरिकावासियों ने फिलीपींस में नारियल व गन्ने के खेत लगाए। इंडोनेशिया में एक समय गन्ने की कृषि पर हॉलैंडवासियों (डचों) का एकाधिकार था।
- ब्राजील में पाए जाने वाले कॉफी के बागान को **फेजेंडा** (Fazendas) कहा जाता है, जो यूरोपवासियों के नियंत्रण में हैं। वर्तमान में अधिकांश बागानों का स्वामित्व देशों की सरकार अथवा नागरिकों के नियंत्रण में है।
- इस कृषि की मुख्य विशेषता यह है कि इसमें कृषि क्षेत्र का आकार बहुत विस्तृत होता है। इसमें अधिक पूँजी निवेश, उच्च प्रबंधन एवं तकनीकी आधार तथा वैज्ञानिक विधियों का प्रयोग किया जाता है।
- यह **एक फसली कृषि** (Single Crop Cultivation) है, जिसमें किसी एक फसल के उत्पादन पर ही संकेंद्रण किया जाता है। इस कृषि हेतु श्रमिक सस्ते मिल जाते हैं और यातायात विकसित होता है, जिसके द्वारा बागान एवं बाजार सुचारू रूप से जुड़े रहते हैं।

अन्य विशिष्ट प्रकार

- कृषि की वैज्ञानिक पद्धतियों तथा विशिष्ट वाणिज्यिक अनुप्रयोगों के लिए डेयरी कृषि, जैविक कृषि, फलों तथा सब्जियों की कृषि को अपनाया जाता है।

डेरी कृषि

- डेरी कृषि दुधारू पशुओं के पालन-पोषण के लिए महत्त्वपूर्ण है, इसमें पूँजी की भी अधिक आवश्यकता होती है। इसके अतिरिक्त पशुओं के लिए छप्पर, घास संचित करने के भंडार एवं दुग्ध उत्पादन में अधिक यंत्रों को खरीदने के लिए अधिक पूँजी की आवश्यकता होती है।
- इसमें पशुओं के स्वास्थ्य, प्रजनन एवं पशु चिकित्सा पर भी अधिक ध्यान दिया जाता है। इसमें पशुओं को चराने, दूध निकालने आदि कार्यों के लिए वर्षभर गहन श्रम (Intensive Labour) की आवश्यकता होती है।
- डेरी कृषि का कार्य नगरीय एवं औद्योगिक केंद्रों के समीप किया जाता है, क्योंकि ये क्षेत्र ताजा दूध एवं अन्य डेरी उत्पाद के अच्छे बाजार होते हैं अर्थात् नगरीय क्षेत्रों में डेयरी उत्पादों की माँग अधिक होती है।

- वर्तमान समय में विकसित यातायात के साधन, प्रशीतकों का उपयोग, किया जाता है। इसके अतिरिक्त पाश्चुरीकरण की सुविधा के कारण विभिन्न डेयरी उत्पादों को अधिक समय तक रखा जा सकता है।
- वाणिज्यिक डेरी कृषि के तीन प्रमुख क्षेत्र हैं, जिनमें सबसे बड़ा प्रदेश उत्तरी-पश्चिमी यूरोप का क्षेत्र है। दूसरा क्षेत्र कनाडा तथा तीसरा क्षेत्र न्यूजीलैंड, दक्षिणी-पूर्वी ऑस्ट्रेलिया एवं तस्मानिया है।

जैविक कृषि

- जैविक कृषि (Organic Farming), कृषि का वह प्रकार है, जिसमें रासायनिक खादों के स्थान पर जैविक खाद और प्राकृतिक पीड़कनाशी का उपयोग किया जाता है।
- इसमें भूमि की उर्वरा शक्ति को बचाए रखने के लिए फसल चक्र, हरी खाद, कंपोस्ट आदि का प्रयोग किया जाता है।
- इस प्रकार इस कृषि में फसलों का उत्पादन बढ़ाने के लिए कोई आनुवंशिक रूपांतरण (Genetic Modification) नहीं किया जाता है।

भूमध्यसागरीय कृषि

- भूमध्य सागरीय कृषि (Mediterranean Farming) अति विशिष्ट प्रकार की कृषि है।
- इसका विस्तार भूमध्यसागर के समीपवर्ती क्षेत्रों में है, जो दक्षिणी यूरोप से उत्तरी अफ्रीका में ट्यूनीशिया से अटलांटिक तट तक विस्तृत हैं।
- इसका विस्तार दक्षिणी कैलिफोर्निया, चिली का मध्य भाग, दक्षिणी अफ्रीका का दक्षिणी-पश्चिमी भाग एवं ऑस्ट्रेलिया के दक्षिण व दक्षिण-पश्चिम भाग में भी पाया जाता है। यह क्षेत्र खट्टे फलों की आपूर्ति में महत्त्वपूर्ण भूमिका निभाता है।
- अंगूर की कृषि भूमध्यसागरीय क्षेत्रों में की जाती है, इस क्षेत्र के विभिन्न देशों में अच्छे किस्म के अंगूरों से उच्च गुणवत्ता वाली शराब का उत्पादन किया जाता है। निम्न किस्म के अंगूरों को सुखाकर मुनक्का एवं किशमिश बनाई जाती है। यहाँ अंजीर एवं जैतून का भी उत्पादन होता है।
- शीत ऋतु में जब यूरोप एवं संयुक्त राज्य अमेरिका में फलों एवं सब्जियों की अधिक माँग होती है, तब इनकी आपूर्ति इसी क्षेत्र से की जाती है।

बाजार के लिए सब्जी की खेती एवं उद्यान कृषि

- बाजार के लिए सब्जी की खेती एवं उद्यान कृषि (Vegetable and Horticulture for Market Farming) की कृषि में अधिक मुद्रा प्रदान करने वाली फसलें (सब्जियाँ, फल, पुष्प) उगाई जाती हैं, जिनकी माँग नगरीय क्षेत्रों में पर्याप्त होती है।
- इस कृषि में खेतों का आकार छोटा होता है और खेत उचित यातायात साधनों के द्वारा नगरीय केंद्रों से जुड़े होते हैं, जहाँ ऊँची आय वाले उपभोक्ता रहते हैं।
- इसमें गहन श्रम एवं अधिक पूँजी (Excess Capital) की आवश्यकता होती है। इसके अतिरिक्त इस कृषि में सिंचाई, उर्वरक, अच्छी किस्म के बीज, कीटनाशी, हरितगृह एवं शीत क्षेत्रों में कृत्रिम ताप का भी उपयोग होता है।
- इस प्रकार की कृषि उत्तरी-पश्चिमी यूरोप, संयुक्त राज्य अमेरिका के उत्तरी-पूर्वी भाग एवं भूमध्यसागरीय प्रदेश में अधिक विकसित है। यहाँ औद्योगिक क्षेत्रों में जनघनत्व अधिक पाया जाता है।
- यूरोपीय देश नीदरलैंड का पुष्प उत्पादन में विशिष्ट स्थान है। यहाँ से बागवानी फसल विशेषत: ट्यूलिप (एक प्रकार का फूल) पूरे यूरोप के प्रमुख शहरों में भेजी जाती है। जिन प्रदेशों में कृषक केवल सब्जियों का उत्पादन करता है, वहाँ इसको 'ट्रक कृषि' कहा जाता है।
- सब्जियों के उत्पादन तथा उसके विपणन (Marketing) के लिए ट्रकों द्वारा ढुलाई की जाती है। ट्रक, फार्म एवं बाजार के मध्य की दूरी रातभर में तय करता है, इसी आधार पर इसका नाम **ट्रक कृषि** (Truck Farming) रखा गया है।
- पश्चिमी यूरोप एवं उत्तरी अमेरिका के औद्योगिक क्षेत्रों में उद्यान कृषि के अतिरिक्त **कारखाना कृषि** (Factory Farming) भी की जाती है, जिनमें विशेषकर गाय-बैल एवं कुक्कुट का पालन होता है।
- इस कृषि में भवन निर्माण, यंत्र खरीदने, प्रकाश एवं ताप की व्यवस्था करने एवं पशु चिकित्सा हेतु बहुत अधिक धन की आवश्यकता होती है।
- अच्छी नस्ल का चुनाव और प्रजनन की वैज्ञानिक विधियाँ कुक्कुट एवं पशुपालन के महत्त्वपूर्ण लक्षण हैं।

संगठन के आधार पर कृषि के प्रकार

- कृषि गतिविधियों को संचालित करने वाली संस्थागत प्रवृत्तियों के आधार पर भी कृषि के प्रकारों का वर्गीकरण किया जा सकता है।
- कृषि संगठन, कृषक का खेतों पर अपना अधिकार एवं उस पर सरकारी नीतियाँ, जो कृषि में सहायक होती हैं, से प्रभावित होता है।
- इस आधार पर कृषि को सहकारी तथा सामूहिक या सामुदायिक कृषि के रूप में वर्गीकृत किया जाता है, इनका विवरण इस प्रकार है

सहकारी कृषि

- जब कृषकों का एक समूह अपनी कृषि से अधिक लाभ कमाने के लिए स्वेच्छा से एक सहकारी संस्था बनाकर कृषि कार्य करता है, तो उसे सहकारी कृषि (Cooperative Agriculture) कहते हैं।
- इसमें व्यक्तिगत फार्म अक्षुण्ण (प्रभावित हुए बिना) रहते हुए सहकारी रूप में कृषि की जाती है।
- सहकारी संस्था (Cooperative Institutions) कृषकों को सभी सुविधाएँ (सहायता) प्रदान करती है। यह सहायता कृषि कार्य में आने वाली वस्तुओं की खरीद करने, कृषि उत्पाद को उचित मूल्य पर बेचने एवं सस्ती दरों पर प्रसंस्कृत साधनों को जुटाने के लिए होती है।
- सहकारी कृषि की एक प्रमुख विशेषता यह है कि इसमें जोत का आकार बड़ा होता है, इसलिए कृषि कार्य मशीनों से किया जा सकता है, अत: इसमें उत्पादन बड़े पैमाने पर संभव होता है।
- सहकारी आंदोलन एक शताब्दी पूर्व प्रारंभ हुआ था एवं पश्चिमी यूरोप के डेनमार्क, नीदरलैंड, बेल्जियम, स्वीडन एवं इटली में मिली, जहाँ प्रत्येक कृषक इसका सदस्य है।

सामूहिक या सामुदायिक कृषि

- सामूहिक कृषि (Community Agriculture) का आधारभूत सिद्धांत यह है कि इसमें उत्पादन के साधनों का स्वामित्व संपूर्ण समाज एवं सामूहिक श्रम पर आधारित होता है।
- कृषि का यह प्रकार पूर्व सोवियत संघ में 20वीं शताब्दी के आरंभिक दशकों में प्रारंभ किया गया, जहाँ कृषि की दशा सुधारने एवं उत्पादन में वृद्धि व आत्मनिर्भरता प्राप्ति के लिए सामूहिक कृषि प्रारंभ की गई।
- इस प्रकार की सामूहिक कृषि को पूर्व सोवियत संघ में **कोलखहोज** (Kolkhoz) का नाम दिया गया था। पूर्व सोवियत संघ की प्रथम पंचवर्षीय योजना के अंतर्गत सामूहिक स्वामित्व के आधार पर परंपरागत कृषि क्षेत्रों में इस कृषि को प्रारंभ किया गया।

- इसमें सभी कृषक अपने संसाधन; जैसे-भूमि, पशुधन एवं श्रम को मिलाकर कृषि कार्य करते थे। ये अपनी दैनिक आवश्यकताओं की पूर्ति के लिए भूमि का छोटा-सा भाग अपने अधिकार में भी रखते थे।
- वर्तमान समय में इसके प्रारूप, कार्य व विशेषताओं में परिवर्तन आ गया है तथा इसकी उपयोगिता भी कम हो गई है।

सरकारी फार्म (सोवखोज)

- सरकारी फार्म (Sovkhoz) भी सोवियत संघ के ही मॉडल पर स्थापित कुछ अन्य साम्यवादी देशों की कृषि पद्धति है।
- सर्वप्रथम इसका आविर्भाव (प्रारंभ) सोवियत संघ के नए कृषि क्षेत्रों; जैसे-साइबेरिया एवं कजाकिस्तान में 1920 के दशक में हुआ था।
- इसके अंतर्गत उत्पादन कारकों पर सरकार का स्वामित्व होता है तथा श्रमिकों को वेतन दिया जाता है।
- इसमें मशीनों का वृहत प्रयोग किया जाता है। वर्तमान समय में यह कृषि प्रभावहीन हो गई है।

प्रमुख कृषि पद्धतियाँ

- विश्व की वर्तमान कृषि व्यवस्था में बड़े पैमाने की विभिन्न कृषि पद्धतियों के अतिरिक्त कुछ विशेष प्रकार की कृषि प्रचलित हैं, जो इस प्रकार हैं

कृषि पद्धति	संबंधित क्षेत्र
विटीकल्चर (Viticulture)	अंगूरों का व्यापारिक स्तर पर उत्पादन
पीसीकल्चर (Pisciculture)	व्यापारिक स्तर पर किया जाने वाला मछली पालन
सेरीकल्चर (Sericulture)	रेशम उत्पादन
हॉर्टीकल्चर (Horticulture)	व्यापारिक स्तर पर किया जाने वाला विभिन्न प्रकार के फलों का उत्पादन।
आरबेरीकल्चर (Arboriculture)	विशेष प्रकार के वृक्षों तथा झाड़ियों की कृषि
एपीकल्चर (Apiculture)	व्यापारिक स्तर पर शहद उत्पादन
फ्लोरीकल्चर (Floriculture)	व्यापारिक स्तर पर की जाने वाली फूलों की कृषि
सिल्वीकल्चर (Silviculture)	वनों के संरक्षण एवं संवर्द्धन से संबंधित कार्य
वेजीकल्चर (Vegeculture)	दक्षिण-पूर्वी एशिया में आदिमानव द्वारा सर्वप्रथम की गई वृक्षों की कृषि आदिम कृषि (Primitive Agriculture) के नाम से जानी जाती है।
मॉरीकल्चर (Moriculture)	यह भी आदिम व्यवस्था की कृषि है, जिसमें मानव द्वारा जंगलों से फल, जड़ आदि का संग्रह किया जाता था।
ओलेरीकल्चर (Olericulture)	इसके अंतर्गत जमीन पर फैलने वाली सब्जियों की व्यापारिक कृषि आती है।
मेरीकल्चर (Mericulture)	यह व्यापारिक उद्देश्यों की पूर्ति हेतु समुद्री जीवों के उत्पादन की क्रिया है।
हॉर्सीकल्चर अथवा अश्व पालन (Horsiculture)	यह सवारी एवं यातायात के लिए उन्नत प्रजाति के घोड़ों एवं खच्चरों को व्यापारिक स्तर पर पालने की क्रिया है।

विश्व की फसलें

- विश्व की बढ़ती हुई जनसंख्या की आवश्यकताओं को पूरा करने के लिए विविध प्रकार की फसलें उगाई जाती हैं। फसलें खाद्यान्नों की उपलब्धता के साथ-साथ कृषि आधारित उद्योगों के लिए कच्चे माल की आपूर्ति भी करती हैं। अत: फसलों को विभिन्न वर्गों में वर्गीकृत किया जाता है, जो इस प्रकार हैं
  - **खाद्यान्न फसलें** (Food Grains) चावल, गेहूँ, जौ, मक्का।
  - **मोटे अनाज** (Millets) ज्वार/रागी तथा बाजरा
  - **तिलहन फसलें** (Oilseeds) सरसों, तिल, अलसी, मूँगफली, नारियल, सूर्यमुखी।
  - **रेशेदार फसलें** (Fibre Crops) कपास, जूट (पटसन)।
  - **पेय फसलें** चाय व कहवा।
  - **अन्य/व्यापारिक फसलें** गन्ना, चुकंदर व रबड़।

खाद्यान्न फसलें

- खाद्यान्न फसलों का उत्पादन भोजन संबंधी आवश्यकताओं को पूरा करने के लिए किया जाता है।
- विश्व की प्रमुख खाद्यान्न फसलों का विवरण निम्नलिखित है

चावल

- चावल मुख्य रूप से मानसूनी प्रदेशों की फसल है। इसका उत्पादन उष्ण एवं उपोष्ण कटिबंध की नदी घाटियों एवं डेल्टा क्षेत्रों में मुख्य रूप से किया जाता है।
- विश्व की लगभग आधी जनसंख्या का मुख्य भोजन चावल है।

आदर्श भौगोलिक दशाएँ

- चावल की खेती के लिए गर्म तथा आर्द्र जलवायु की आवश्यकता होती है अर्थात् इसके लिए उच्च तापमान, अधिक आर्द्रता तथा वर्षा की आवश्यकता होती है।
- इसके वर्धन काल में तापमान 27°C से 30°C के आस-पास होना चाहिए व वर्षा की मात्रा 100 सेमी से अधिक (125-200 सेमी) होना आवश्यक है।
- चावल के लिए चीका युक्त जलोढ़ मिट्टी, जिसमें जल को रोकने की सर्वोत्तम क्षमता पाई जाती है, उपयुक्त होती है, इसके अतिरिक्त चावल की खेती के लिए अधिक संख्या में सस्ते श्रम की आवश्यकता होती है।

विश्व के चावल उत्पादक देश

- विश्व में चावल का उत्पादन भारत, चीन, जापान, इंडोनेशिया, थाइलैंड, वियतनाम, कंबोडिया, बांग्लादेश, मलेशिया, मिस्र, इटली, ब्राजील, तुर्की, संयुक्त राज्य अमेरिका, स्पेन एवं फ्रांस आदि में किया जाता है।
- वर्ष 2022 के चावल के शीर्ष उत्पादक देश (घटते क्रम में) चीन, भारत एवं बांग्लादेश हैं।

चावल उत्पादक क्षेत्रों का विवरण

- चावल की खेती सामान्यत: 45° उत्तरी अक्षांश एवं 45° दक्षिणी अक्षांश के बीच की जाती है, किंतु 25° उत्तरी एवं 25° दक्षिणी अक्षांशों के बीच मानसूनी जलवायु वाले क्षेत्रों में विश्व के 90% चावल का उत्पादन होता है।
- विश्व के चावल उत्पादक क्षेत्रों का वर्णन निम्न है
  - **चीन** यांगटिसिक्यांग बेसिन, सिचुआन बेसिन, दक्षिण-पूर्वी तटीय प्रदेश चावल उत्पादक क्षेत्र हैं।

– **भारत** गंगा, ब्रह्मपुत्र के विशाल मैदान एवं समुद्र तटीय मैदान प्रमुख चावल उत्पादक क्षेत्र हैं। यहाँ के कुछ भागों में चावल की दो फसलें तथा कुछ भागों में तीन फसलें उगाई जाती हैं।
– **इंडोनेशिया** यहाँ का जावा द्वीप चावल की कृषि के लिए प्रसिद्ध है।
– **बांग्लादेश** यहाँ के प्रमुख चावल उत्पादक क्षेत्र गंगा-ब्रह्मपुत्र डेल्टा हैं। यहाँ वर्ष में दो से तीन चावल की फसलों का उत्पादन होता है।
– **म्यांमार** यहाँ चावल इरावदी, चिंदवीन, सितांग व सालवीन नदी घाटियों में उत्पन्न किया जाता है।
– **जापान** यहाँ चावल की खेती दक्षिण-पश्चिम क्यूशू, शिकोक्यू (शिकाकू) तथा दक्षिणी होंशू के तटीय मैदानों में की जाती है। दक्षिणी जापान में चावल की दो फसलों का उत्पादन होता है।
– **अन्य क्षेत्र** पो नदी घाटी क्षेत्र (इटली), मिसीसिपी का डेल्टा क्षेत्र (यूएसए), ब्राजील का तटीय क्षेत्र आदि प्रमुख चावल उत्पादक क्षेत्र हैं।

गेहूँ

• यह विश्व की मुख्य खाद्यान्न फसल है। गेहूँ का उद्भव शीतोष्ण कटिबंधीय क्षेत्र में हुआ था, इसमें अनुकूल शीतलता की सीमा बहुत अधिक होती है। इसलिए इसकी खेती साइबेरिया से लेकर उष्णकटिबंधीय क्षेत्रों में की जाती है। ऋतु के अनुसार गेहूँ की दो फसलें हैं
– **शीत ऋतु का गेहूँ**, यह गेहूँ उन क्षेत्रों में बोया जाता है, जहाँ शीत ऋतु बहुत कठोर नहीं होती है।
– **बसंत ऋतु का गेहूँ** यह उन क्षेत्रों में बोया जाता है, जहाँ शीत ऋतु में अत्यधिक सर्दी पड़ती है और कम तापक्रम के कारण फसल नहीं बढ़ती है।
• गेहूँ को गुणों के आधार पर दो किस्मों में विभक्त किया जाता है-मुलायम तथा कठोर गेहूँ। मुलायम गेहूँ अधिक आर्द्र क्षेत्रों में एवं कठोर गेहूँ शुष्क क्षेत्रों में उत्पन्न किया जाता है। गेहूँ की खेती गहन एवं विस्तृत कृषि पद्धति के अंतर्गत की जाती हैं।

आदर्श भौगोलिक दशाएँ

• गेहूँ की खेती समतल मैदानी भागों, तरंगित मैदानों (तटीय डेल्टाई मैदान) तथा घास भूमि क्षेत्रों में की जाती है। इसके लिए 40 से 75 सेमी वर्षा आवश्यक होती है। फसल उगने के समय ठंडा मौसम तथा मिट्टी में आर्द्रता की उपयुक्त मात्रा आवश्यक होती हैं।
• फसल पकने के समय तापक्रम लगभग 16°C तथा आकाश साफ होना चाहिए। इस प्रकार से गेहूँ के वर्धन काल में मध्यम तापमान, वर्षा और शस्य कर्तन (फसल की कटाई) के समय तेज धूप की आवश्यकता होती है। कम वर्षा तथा अधिक वाष्पोत्सर्जन के क्षेत्रों में सिंचाई के साधनों का विकास आवश्यक होता है।
• गेहूँ की फसल का विकास सुअपवाहित (Perfectly Drained) दोमट मिट्टी में सर्वोत्तम ढंग से होता है। यूक्रेन तथा संयुक्त राज्य अमेरिका के प्रेयरी मैदान की चर्नोजम मृदा (Chernozem Soil) में गेहूँ की उपज उत्तम होती है।

विश्व के गेहूँ उत्पादक देश

• विश्व में चीन, भारत, रूस, संयुक्त राज्य अमेरिका, कनाडा, अर्जेंटीना, यूक्रेन, ऑस्ट्रेलिया आदि प्रमुख गेहूँ उत्पादक देश हैं।
• विश्व के शीर्ष तीन गेहूँ उत्पादक देश (घटते क्रम में) क्रमशः चीन, भारत एवं रूस हैं।

विश्व के प्रमुख गेहूँ उत्पादक क्षेत्र

• गेहूँ का उत्पादन मुख्य रूप से 60° उत्तरी एवं 40° दक्षिणी अक्षांशों के बीच किया जाता है।
• कुल गेहूँ के उत्पादन का 90% उत्तरी गोलार्द्ध में एवं शेष 10% दक्षिणी गोलार्द्ध में होता है।
• विश्व के प्रमुख गेहूँ उत्पादक क्षेत्र निम्न हैं
– **चीन** यहाँ प्रमुख गेहूँ उत्पादक क्षेत्र-ह्वांगहो नदी घाटी क्षेत्र, उत्तरी मैदान, शान्टांग प्रायद्वीप, मेकांग नदी घाटी क्षेत्र हैं।
– **भारत** यहाँ गेहूँ के परंपरागत क्षेत्र सिंधु तथा गंगा की सहायक नदियों द्वारा निर्मित जलोढ़ मैदान हैं। इसके अतिरिक्त अन्य शुष्क क्षेत्रों तथा भी सिंचाई की सुविधा वाले क्षेत्रों में गेहूँ का उत्पादन होता है।
– **रूस** साइबेरिया के स्टेपीज प्रदेश, कैस्पियन सागर, काला सागर का मध्य पूर्वी क्षेत्र प्रमुख गेहूँ उत्पादक क्षेत्र हैं।
– **संयुक्त राज्य अमेरिका** यहाँ गेहूँ के मुख्य उत्पादक क्षेत्र डकोटा, मोंटाना एवं मिनसोटा हैं। कन्सास से पूर्वी कोलेरेडो होते हुए ओकलाहोमा तक के क्षेत्रों में शीतकाल में गेहूँ का उत्पादन किया जाता है।
– **कनाडा** यहाँ गेहूँ के मुख्य उत्पादक क्षेत्र मैनीटीबा, सस्केचवान तथा अल्बर्टा प्रांतों में स्थित हैं। यहाँ बसंतकालीन गेहूँ का उत्पादन होता है, वहीं ओंटेरियो तथा क्यूबेक प्रांत में शीतकालीन गेहूँ का उत्पादन होता है।
– **अर्जेंटीना** यहाँ पंपास के मैदानी क्षेत्र गेहूँ के प्रमुख उत्पादक क्षेत्र हैं। पंपास के पश्चिमी भाग में अर्द्धचंद्राकार गेहूँ की पेटी है।
– **यूरोप** यहाँ के लगभग प्रत्येक देश में गेहूँ का उत्पादन किया जाता है। महत्त्वपूर्ण गेहूँ उत्पादक देश भूमध्यसागरीय जलवायु वाले देश हैं।
– **ऑस्ट्रेलिया** यहाँ के मर्रे-डार्लिंग के समशीतोषण घास के मैदान, एडीलेड एवं पर्थ के समीपवर्ती भाग प्रमुख गेहूँ उत्पादक क्षेत्र हैं।

मक्का

• यह गेहूँ एवं चावल के बाद तीसरी प्रमुख फसल है।
• यह फसल अविकसित अथवा विकासशील देशों (एशिया एवं अफ्रीका) में लोगों की आजीविका के स्रोत के रूप में पाई जाती है, जबकि विकसित देशों में इसका प्रयोग पशुचारे के रूप में होता है।
• मक्का को कॉर्न (Corn) के नाम से जाना जाता है, जिसकी अनेक प्रजातियाँ पाई जाती हैं, जो विभिन्न रंगों की होती हैं।
• मक्का का उद्भव मध्य अमेरिका में हुआ था। इसका सर्वोत्तम उत्पादन ऐसे क्षेत्रों में होता है, जहाँ ऋतु ग्रीष्म व आर्द्र (Humid) होती है।

आदर्श भौगोलिक दशाएँ

• मक्का की कृषि के लिए 18°C से 27°C तापमान तथा 50 से 125 सेमी तक वर्षा की मात्रा की आवश्यकता होती है। इसके लिए अधिक जल हानिकारक होता है।
• मक्का की खेती के लिए चिकनी, दोमट एवं कांप मिट्टी अनुकूल होती है तथा कम-से-कम 40 पालारहित दिन आवश्यक होते हैं।
• इस प्रकार इसके लिए मध्यम तापमान, वर्षा, अधिक धूप तथा सुअपवाहित उपजाऊ मृदा आवश्यक होती है।

विश्व में मक्का के उत्पादक देश

- विश्व के संयुक्त राज्य अमेरिका, चीन, ब्राजील, अर्जेंटीना, भारत, यूक्रेन, रूस, कनाडा आदि देशों में मक्का का उत्पादन होता है।
- मक्का के तीन शीर्ष उत्पादक देश (घटते क्रम) यूएसए (अमेरिका), चीन तथा ब्राजील हैं।

विश्व के प्रमुख मक्का उत्पादक क्षेत्र

- विश्व के सभी उष्ण एवं उषोष्ण कटिबंधीय देशों में मक्का का उत्पादन होता है, जो इस प्रकार हैं
  - **संयुक्त राज्य अमेरिका** यहाँ मक्का की पेटी मध्य ओहियो से मध्य नेब्रास्का तक लगभग 1400 किमी की लंबाई में पूर्व-पश्चिम दिशा में फैली हुई है। यह क्षेत्र पेंसिलवेनिया, केंटुकी, कनेक्टीकट, मिसौरी, इलीनोइस, ओहियो, कन्सास राज्यों में विस्तृत है। यहाँ कुल मक्का उत्पादन का 80% भाग पशुओं को खिलाया जाता है।
  - **चीन** यहाँ प्रमुख उत्पादक क्षेत्र क्रमशः जेचवान बेसिन, कैंटन डेल्टा, मध्यवर्ती मैदान, यांगटिसिक्यांग बेसिन तथा उत्तरी मैदान हैं।
  - **ब्राजील** यहाँ मिनास, गेरास, साओपाउलो, रियो ग्रांडे प्रमुख मक्का उत्पादक क्षेत्र हैं।
  - **अर्जेंटीना** यहाँ मक्का पंपास के आर्द्र भाग में तथा पराना नदी के पश्चिम में उगाई जाती है।
  - **भूमध्यसागरीय क्षेत्र** इसमें स्पेन, पुर्तगाल, फ्रांस, उत्तरी अफ्रीका के प्रमुख क्षेत्र शामिल हैं।
  - **दक्षिण अफ्रीका** यहाँ के मक्का उत्पादक क्षेत्र में दक्षिणी ट्रांसवाल और ऑरेंज फ्री स्टेट प्रमुख हैं।

मोटे अनाज

मोटे अनाजों (Millets) का विवरण निम्नलिखित है

ज्वार/रागी

- ज्वार या रागी जैसी फसलों को मोटे अनाज के रूप में जाना जाता है। यह शुष्क क्षेत्रों में उत्पादित होने वाला प्रमुख अनाज है। भारत में प्रमुख मोटे अनाज (ज्वार, बाजरा तथा रागी आदि) का उत्पादन किया जाता है।
- यह फसल कम उपजाऊ तथा बलुई मृदा में उगाई जाती है। यह ऐसी फसल है, जिसमें कम वर्षा और उच्च से मध्यम तापमान तथा सूर्य प्रकाश की पर्याप्त आवश्यकता होती है।

विश्व में ज्वार तथा रागी के उत्पादक देश

- विश्व में भारत, नाइजर, माली, सूडान, नाइजीरिया, पाकिस्तान, नेपाल, यूक्रेन, घाना आदि देशों में ज्वार तथा रागी का उत्पादन होता है।
- ज्वार के तीन शीर्ष उत्पादक देश (घटते क्रम में) संयुक्त राज्य अमेरिका, नाइजीरिया तथा भारत हैं।
- शीर्ष तीन मिलेट उत्पादक देश (घटते क्रम में) भारत, नाइजर तथा चीन हैं।

बाजरा

- यह फसल मोटे अनाज के अंतर्गत आती है, जो एक अफ्रीकी मूल का पौधा है। इसे अफ्रीका एवं भारतीय उपमहाद्वीप में प्राचीन समय से उगाया जाता है।
- यह खरीफ की फसल है, जिसकी बुआई वर्षा ऋतु में की जाती है तथा शीत ऋतु के आरंभ में काट ली जाती है।
- बाजरे में सर्वाधिक सूखा, उच्च तापमान एवं अम्लीयता सहने की क्षमता होती है।
- सामान्यतः यह फसल 40 से 75 सेमी वर्षा वाले क्षेत्रों में उत्पादित होती है। इसके अच्छे उत्पादन के लिए 20°C से 28°C तापमान आवश्यक होता है। इसके लिए काली मृदा, दोमट मृदा एवं लाल मृदा उपजाऊ होती है।

विश्व में बाजरा के उत्पादक देश

- विश्व में बाजरे की खेती भारत, चीन, नाइजर, सूडान, पाकिस्तान, नाइजीरिया आदि देशों में की जाती हैं।
- बाजरे के शीर्ष तीन उत्पादक देश (घटते क्रम में) भारत, नाइजर एवं चीन हैं।

तिलहन फसलें

- तिलहन फसलों से मुख्य रूप से **खाने योग्य तेल** (Edible Oil) निकाला जाता है।
- मुख्य तिलहन फसलें सरसों, तिल, अलसी, मूँगफली, नारियल आदि हैं। इसके अतिरिक्त कुछ अन्य उत्पादों से भी तेल प्राप्त किया जाता है; जैसे- बिनौला, सोयाबीन तथा सूरजमुखी।
- भूमध्यसागरीय देशों में **जैतून का तेल** (Olive Oil) उत्पन्न किया जाता है तथा ताड़ से **पाम तेल** (Palm Oil) प्राप्त किया जाता है। अतः प्रमुख तिलहन फसलों का विवरण इस प्रकार है

सरसों तथा तोरिया

- इन फसलों की खेती उष्ण एवं उपोष्ण कटिबंधों में की जाती है। सरसों तथा तोरिया अपेक्षतया ठंडी जलवायु में उत्पन्न होती हैं।
- इनके लिए 25 से 40 सेमी वर्षा की आवश्यकता होती है, इसकी खेती के लिए दोमट मिट्टी सर्वोत्तम मानी जाती है।

विश्व के प्रमुख सरसों एवं तोरिया उत्पादक देश

- सरसों एवं तोरिया का उत्पादन चीन, भारत, पाकिस्तान, बांग्लादेश के अतिरिक्त, कनाडा, सोवियत संघ (रूस) यूरोपीय देशों आदि में होता है।
- सरसो बीज के शीर्ष तीन उत्पादक देश (घटते क्रम में) नेपाल, रूस एवं कनाडा हैं।

तिल

- तिल (Sesame) कम वर्षा वाले क्षेत्रों की फसल है। इसकी खेती के लिए हल्की रेतीली मिट्टी व दोमट मिट्टी उपयुक्त होती है, इसकी बुआई मुख्यतः खरीफ के मौसम में की जाती है।
- तिल की फसल हल्की वर्षा वाले क्षेत्रों में भी भारी मिट्टी में जल निकास की विशेष व्यवस्था के साथ उगाई जा सकती है।
- इस फसल के लिए अत्यधिक आर्द्रता, अत्यधिक शुष्कता तथा अधिक ठंडी हानिकारक होती है। तिल के बीज से तेल प्राप्त किया जाता है।

विश्व के प्रमुख तिल उत्पादक देश

- विश्व में तिल की खेती भारत, चीन, म्यांमार, सूडान, मिस्र, इथियोपिया, ट्यूनीशिया, टर्की, सीरिया, श्रीलंका, वियतनाम, थाइलैंड, बांग्लादेश आदि देशों में की जाती है।
- तिल के शीर्ष तीन उत्पादक देश (घटते क्रम में) भारत, चीन एवं म्यांमार हैं।

सूरजमुखी

- सूरजमुखी (Sunflower) का उद्भव क्षेत्र दक्षिणी संयुक्त राज्य अमेरिका तथा मैक्सिको है। 19वीं शताब्दी में तिलहन के रूप में सोवियत संघ ने इसका उत्पादन प्रारंभ किया।
- इसकी खेती मुख्य रूप से तेल के लिए की जाती है। इसकी खली में प्रोटीन की मात्रा अधिक होती है, अतः इसे पशुओं एवं मुर्गी के आहार के रूप में भी प्रयोग किया जाता है।
- इसके बीज बोने, अंकुरण एवं पौधे के विकास के समय ठंडे मौसम की आवश्यकता होती है।
- दाना पकते समय तापक्रम अपेक्षतया उच्च तथा आकाश मेघ रहित होना चाहिए। इसकी फसल सभी प्रकार की मिट्टी में उत्पन्न होती है, परंतु काली मिट्टी इसके लिए विशेष रूप से उपयुक्त होती है, इसकी फसल लगभग तीन महीने में पक जाती है।

विश्व के प्रमुख सूरजमुखी उत्पादक देश

- विश्व में सूरजमुखी के प्रमुख उत्पादक देश क्रमशः यूक्रेन, रूस, अर्जेंटीना, बुल्गारिया, रोमानिया, तुर्किये, स्पेन, संयुक्त राज्य अमेरिका, भारत एवं चीन आदि हैं।
- सूरजमुखी (बीज) के शीर्ष तीन उत्पादक देश (घटते क्रम में) रूस, यूक्रेन एवं अर्जेंटीना हैं।

सोयाबीन

- सोयाबीन (Soyabean) खरीफ मौसम की एक प्रमुख फसल है, जिसका सबसे अधिक उपयोग आर्थिक उद्देश्य से तेल के रूप में होता है, अतः यह दलहन के स्थान पर तिलहन की फसल मानी जाती है।
- इसकी खेती अधिक हल्की रेतीली भूमि को छोड़कर सभी प्रकार की भूमि में की जाती है, हालाँकि इसके लिए जल की निकास वाली चिकनी दोमट मिट्टी सबसे उपयुक्त मानी जाती है।
- यह खरीफ की फसल होने के कारण सामान्यतः इसमें सिंचाई की आवश्यकता नहीं होती है, किंतु पर्याप्त नमी न होने की स्थिति में सिंचाई की आवश्यकता होती है। इस प्रकार इसकी खेती उपोष्ण जलवायु से लेकर शीतोष्ण कटिबंधीय जलवायु में की जा सकती है।

विश्व के प्रमुख सोयाबीन उत्पादक देश

- संयुक्त राज्य अमेरिका, चीन, जापान, ब्राजील, अर्जेंटीना एवं इंडोनेशिया आदि सोयाबीन के प्रमुख उत्पादक देश हैं। संयुक्त राज्य अमेरिका में सोयाबीन की कृषि मक्का पेटी में, चीन के उत्तरी मैदान एवं मंचूरिया में तथा ब्राजील के दक्षिणी भाग में की जाती है।
- सोयाबीन के शीर्ष तीन उत्पादक देश (घटते क्रम में, 2022) ब्राजील, संयुक्त राज्य अमेरिका एवं अर्जेंटीना हैं।

अलसी

- अलसी (Flax) की खेती इसके बीज एवं सन दोनों के लिए की जाती है। इसकी खेती उष्ण एवं समशीतोष्ण कटिबंधों में की जाती है। इसके तेल का प्रयोग वार्निश, पेंट, लिनोलियम बनाने तथा खाने के लिए किया जाता है।
- इसकी खेती 10° से 65° अक्षांशों के मध्य की जाती है। इसके लिए 45 से 75 सेमी तक वर्षा की आवश्यकता होती है। ठंडी एवं नम जलवायु इसके लिए अति उत्तम होती है। नदियों की जलोढ़ एवं भारी चिकनी मिट्टी दोनों इसके लिए उपयुक्त होती हैं।

विश्व के प्रमुख अलसी उत्पादक देश

- इसके उत्पादन का परंपरागत क्षेत्र एशिया तथा भूमध्यसागरीय तटीय भाग रहा है। अतः भारत, अर्जेंटीना, सोवियत संघ, संयुक्त राज्य अमेरिका, कनाडा, पाकिस्तान तथा फ्रांस अलसी के प्रमुख उत्पादक देश हैं।
- अलसी के शीर्ष तीन उत्पादक देश (घटते क्रम में) रूस, कनाडा एवं चीन हैं।

मूँगफली

- मूँगफली (Peanuts) एक उष्ण एवं उपोष्ण कटिबंध की प्रमुख फसल है, जिसका जन्म स्थल **ब्राजील** माना जाता है, इसकी कृषि के लिए अच्छी जल निकास वाली भुरभुरी दोमट व बलुई मिट्टी दोनों सर्वोत्तम मानी जाती हैं।
- यह खरीफ की फसल होने के कारण इसमें सिंचाई की आवश्यकता कम होती है। इस प्रकार इसके लिए 20°C से 25°C तापमान तथा 50 से 75 सेमी वर्षा महत्त्वपूर्ण होती है।

विश्व के प्रमुख मूँगफली उत्पादक देश

- भारत, चीन, नाइजीरिया, यूएसए, सूडान, सेनेगल, इंडोनेशिया आदि प्रमुख मूँगफली उत्पादक देश हैं।
- मूँगफली के शीर्ष तीन उत्पादक देश (घटते क्रम में) चीन, भारत एवं नाइजीरिया हैं।

नारियल

- नारियल (Coconut) एक तिलहन फसल है। इसका फल पेय, खाद्य एवं तेल के लिए उपयोगी होता है। इसकी उपयोगिता के कारण इसे **कल्प वृक्ष** कहा जाता है।
- इसकी कृषि के लिए उच्च तापमान (25°C), 200 सेमी वर्षा एवं अधिक आर्द्रता की आवश्यकता होती है, इसके अतिरिक्त इसकी कृषि के लिए समुद्री जलवायु उत्तम होती है।
- विश्व में नारियल की खेती 20° उत्तरी एवं 20° दक्षिणी अक्षांशों के बीच सीमित है।

विश्व के प्रमुख नारियल उत्पादक देश

- इंडोनेशिया, फिलीपींस, भारत, न्यूगिनी, फिजी, श्रीलंका, मलेशिया, मोजाम्बिक आदि प्रमुख नारियल उत्पादक देश हैं।
- नारियल के शीर्ष तीन उत्पादक देश (घटते क्रम में) इंडोनेशिया, फिलीपींस एवं भारत हैं।

रेशेदार फसलें

- विश्व की रेशेदार प्रमुख फसलें निम्नलिखित हैं

कपास

- कपास (Cotton) उष्णकटिबंध क्षेत्र की फसल है, किंतु वर्तमान समय में इसका सर्वाधिक उत्पादन उपोष्ण क्षेत्र में होता है। औद्योगिक रेशेदार उत्पादों में कपास सबसे महत्त्वपूर्ण फसल है। इसका जन्म स्थल **मिस्र** (Egypt) को माना जाता है।

आदर्श भौगोलिक दशाएँ

- कपास की खेती के लिए गर्म जलवायु की आवश्यकता होती है। इसके वर्धन काल में 21°C से 27°C का तापमान आवश्यक होता है। कपास का पौधा 40°C का भी तापमान सहन कर सकता है, किंतु न्यूनतम तापमान 21°C से कम नहीं होना चाहिए।

- इसके लिए 50 सेमी से 100 सेमी तक वर्षा की आवश्यकता होती है।
- यह पाला सहन नहीं कर पाता है, अत: उपोष्ण कटिबंधों में इसकी खेती उन्हीं क्षेत्रों में संभव है, जहाँ कम-से-कम **210 पाला-रहित** दिन हैं।
- कम वर्षा वाले क्षेत्रों में सिंचाई की आवश्यकता होती है।
- कपास की परिपक्वता के समय आकाश का स्वच्छ होना आवश्यक होता है।
- लावा से निर्मित काली मिट्टी एवं जलोढ़ मिट्टी इसके लिए सबसे उपयुक्त होती है।
- इसके लिए मिट्टी में जल निकास उचित होना चाहिए।
- जलाक्रांत (Waterlogged) मिट्टी कपास की खेती के लिए उपयुक्त नहीं होती है। कपास में उर्वरकों की भी अधिक आवश्यकता होती है।
- इस प्रकार कपास की वृद्धि के लिए उच्च तापमान, हल्की वर्षा, 200 से 210 पाला-रहित दिन तथा तेज चमकीली धूप की आवश्यकता होती है।

कपास की किस्में

- कपास की उत्कृष्टता का आधार रेशे की लंबाई होती है। इस प्रकार रेशे की लंबाई के आधार पर कपास को निम्न किस्मों में विभाजित किया जाता है
  - **लंबे रेशे की कपास** ऐसे रेशे की लंबाई 5 सेमी से अधिक होती हैं। यह सर्वोत्तम कोटि की कपास होती है। यह संयुक्त राज्य अमेरिका के दक्षिणी-पूर्वी तट, प्यूर्टोरिको एवं पश्चिमी द्वीप समूह के अन्य द्वीपों में उत्पन्न की जाती है। इस किस्म की कपास को समुद्र **द्वीपीय कपास** (Gossypium Barbadense) कहते हैं।
  - **मध्यम रेशे की कपास** इस किस्म के कपास के रेशों की लंबाई 3.75 सेमी से 5 सेमी तक होती है। इसका उत्पादन नील नदी घाटी, सोवियत संघ के देश, मध्य एशिया तथा संयुक्त राज्य अमेरिका में किया जाता है। इसे **मिस्री कपास** (Egyptian Cotton) कहते हैं। जिस कपास के रेशे की लंबाई 2.5 सेमी से 3.75 सेमी तक होती है, वह उच्च भूमि की **अमेरिकी कपास** (American Cotton) कहलाती है। इसका उत्पादन मैक्सिको तथा मध्य अमेरिका में होता है।
- **छोटे रेशे की कपास** इस किस्म के कपास के रेशे की लंबाई 2.5 सेमी से कम होती है, इसे **भारतीय कपास** भी कहते हैं। इसका उत्पादन मुख्य रूप से भारत एवं ब्राजील में होता है।

विश्व के प्रमुख कपास उत्पादक देश

- विश्व के प्रमुख कपास उत्पादक देश निम्न हैं
- **संयुक्त राज्य अमेरिका** यहाँ कपास के मुख्य उत्पादक क्षेत्र क्रमश: टेक्सास के उत्तरी पश्चिमी उच्च मैदान, मिसीसिपी घाटी, मध्य टेनेसी घाटी तथा अटलांटिक के तटीय मैदान हैं। इनके अतिरिक्त कैलिफोर्निया, न्यू मैक्सिको, अरिजोना, नेवादा आदि में भी इसकी खेती की जाती है।
- **चीन** यहाँ कपास की खेती उत्तरी मैदान, ह्वांगहो घाटी, यांगटिसिक्यांग घाटी तथा हुप्पे क्षेत्र में की जाती है।
- **यूक्रेन** यहाँ कपास का प्रामुख उत्पादक क्षेत्र दक्षिणी यूक्रेन है।
- **ब्राजील** यहाँ का साओपाउलो प्रांत कपास मुख्य उत्पादक क्षेत्र है।
- **भारत** यहाँ के काली मृदा वाले प्रमुख क्षेत्र गुजरात, महाराष्ट्र, आंध्र प्रदेश आदि हैं, जिनमें कपास की खेती की जाती है।
- **अन्य** इसके अतिरिक्त पाकिस्तान, उज्बेकिस्तान, मिस्र, तुर्की आदि प्रमुख उत्पादक देश हैं। विश्व के शीर्ष तीन उत्पादक देश क्रमशः (घटते क्रम में) चीन, भारत तथा यूएसए हैं।

नोट *विश्व का सर्वाधिक कपास निर्यातक देश यूएसए (संयुक्त राज्य अमेरिका) है।*

जूट या पटसन

- जूट (पटसन) एक रेशेदार पौधा है, जिनका तना पतला और बेलनाकार होता है।
- यह उष्ण एवं आर्द्र जलवायु की फसल है, जिसकी कृषि में दक्षिणी एशिया को एकाधिकार प्राप्त है। पटसन को 'सुनहरा रेशा' (Golden Fiber) के नाम से भी जाना जाता है।
- इसका जन्म स्थल अफ्रीका व भारत को माना जाता है। इसका उपयोग बोरे, रस्सियाँ, कालीन, दरियाँ आदि को बनाने में होता है।

आदर्श भौगोलिक दशाएँ

- जूट (पटसन) सामान्यत: उष्ण कटिबंधीय पौधा है, जिसे उच्च तापमान, भारी वर्षा तथा आर्द्र जलवायु की आवश्यकता होती है।
- इसके लिए 25°C से 30°C तक का तापमान आवश्यक होता है, वहीं औसत रूप से 200 सेमी वर्षा अनुकूल होती है।
- यह जलोढ़ मिट्टी में अच्छे से विकसित होता है अर्थात् इसके लिए उर्वर दोमट मिट्टी, नवीन जलोढ़ मिट्टी एवं डेल्टाई काँप मिट्टी महत्त्वपूर्ण होती है। इसके लिए सापेक्षिक आर्द्रता कम-से-कम 50% होती है तथा इसके लिए सस्ते श्रमिक आवश्यक होते हैं।
- जूट के पौधे को काटकर सड़ाने तथा धोने के लिए प्रचुर मात्रा में साफ, मीठे और प्रवाहशील जल की आवश्यकता होती है।

विश्व के प्रमुख जूट उत्पादक देश

- भारत, बांग्लादेश, पाकिस्तान, चीन, उज्बेकिस्तान, नेपाल आदि देश जूट के प्रमुख उत्पादक देश हैं।
- भारत, बांग्लादेश एवं चीन मिलकर विश्व के 95% से भी अधिक जूट का उत्पादन करते हैं। जूट की खेती का सर्वाधिक क्षेत्रफल भारत में है।
- विश्व में जूट के शीर्ष तीन उत्पादक देश (घटते क्रम में) भारत, बांग्लादेश एवं चीन हैं। जूट का सबसे बड़ा निर्यातक देश बांग्लादेश है।

पेय फसलें

- विश्व की प्रमुख पेय फसलें निम्न हैं

चाय

- यह एक महत्त्वपूर्ण पेय है, जो एक सदाबहार पौधे की कोमल पत्तियों से तैयार किया जाता है।
- यह एक उष्णकटिबंधीय **बागानी फसल** (Plantation Crops) है, जिसका जन्म स्थान **चीन** को माना जाता है, इसकी कृषि मानसूनी जलवायु वाले देशों में सबसे अधिक की जाती है।
- चाय के दो किस्म के पौधे पाए जाते हैं-छोटी पत्ती वाला चीन का पौधा तथा चौड़ी पत्ती वाला असम का पौधा, इन पौधों के लिए गर्म तथा आर्द्र जलवायु की आवश्यकता होती है।

आदर्श भौगोलिक दशाएँ

- चाय की फसल के लिए 21°C से 29°C तक तापमान का होना आवश्यक होता है, वहीं इसे 125 सेमी से 750 सेमी के वर्षा क्षेत्र में उगाया जा सकता है, अत: इसके लिए 150-200 सेमी वर्षा की मात्रा अनुकूल होती है।
- इसके लिए गहरी एवं उपजाऊ दोमट मिट्टी अनुकूल होती है, जिसमें ह्यूमस की मात्रा अधिक हो तथा मिट्टी में फॉस्फोरस एवं लोहा पर्याप्त मात्रा में उपलब्ध हो अर्थात् मिट्टी ऐसी होनी चाहिए, जो अम्लीय हो तथा उसमें कैल्शियम की मात्रा कम, परंतु लोहांश एवं मैंगनीज की मात्रा अधिक हो।
- इसकी कृषि के लिए बड़ी संख्या में सस्ते श्रम बल की आवश्यकता होती है तथा इसके लिए पर्वतीय ढालू भूमि सबसे उपयुक्त होती है।
- इसकी पत्तियों को वर्ष में अनेक बार तोड़ा जाता है; जैसे-चीन में तीन बार एवं भारत में 6 बार।

चाय के प्रकार

- चाय की दो प्रमुख प्रकार की किस्में हैं
  - **काली चाय** (असम चाय) इसमें टैनिक अम्ल की मात्रा उच्च होती है। रॉबर्ट ब्रूस नामक अंग्रेज ने 1830 के दशक में इसकी कृषि प्रारंभ की। इसका उत्पादन भारत, श्रीलंका एवं इंडोनेशिया आदि देशों में होता है।
  - **हरी चाय** (ग्रीन चाय) यह चाय काली चाय की तुलना में उत्तम होती है एवं इसका उत्पादन मुख्यत: चीन एवं जापान में किया जाता है।

विश्व में चाय के प्रमुख उत्पादक देश

- चाय उष्ण एवं उपोष्ण जलवायु का पौधा (फसल) है। चाय की उपज मुख्य रूप से एशिया के मानसूनी जलवायु वाले क्षेत्रों में होती है, जिनका विवरण निम्न है
  - **चीन** यहाँ यांगटिसिक्यांग की घाटी एवं इसके आस-पास के पहाड़ी भागों में चाय की खेती होती है। चीन में चाय का उत्पादन घरेलू खपत के लिए होता है।
  - **भारत** यहाँ असम के ब्रह्मपुत्र एवं सुरमा घाटी तथा सदिया क्षेत्र, पश्चिम बंगाल के दार्जिलिंग एवं जलपाईगुड़ी, बिहार में पूर्णिया, झारखंड में राँची, उत्तराखंड में देहरादून, अल्मोड़ा एवं गढ़वाल, हिमाचल प्रदेश में कांगड़ा घाटी एवं दक्षिण भारत में नीलगिरि पहाड़ी क्षेत्र प्रमुख चाय उत्पादक क्षेत्र हैं।
  - **श्रीलंका** यहाँ चाय की कृषि मध्य एवं दक्षिणी पहाड़ी भागों में की जाती है। कैंडी, चाय उत्पादन का सबसे बड़ा केंद्र है।
  - **इंडोनेशिया** यहाँ जावा एवं सुमात्रा के उत्तर-पूर्वी भाग के ज्वालामुखी पर्वतीय क्षेत्र में चाय की खेती होती है।
  - **अन्य देश** इसके अतिरिक्त बांग्लादेश, रूस, जापान, केन्या, तुर्किये, अर्जेंटीना, ताइवान आदि देशों में चाय का उत्पादन होता है।
- चाय के शीर्ष तीन उत्पादक देश (घटते क्रम में) **चीन, भारत** एवं **केन्या** हैं।

विश्व व्यापार

- भारत, श्रीलंका, इंडोनेशिया, चीन, बांग्लादेश, जापान, केन्या एवं ताइवान चाय के प्रमुख निर्यातक देश हैं।
- भारत अपने कुल उत्पादन का लगभग एक-चौथाई भाग निर्यात करता है, यह निर्यात मुख्यत: कोलकाता बंदरगाह से होता है।
- **चीन** (2022) चाय का शीर्ष निर्यातक देश है। इसके पश्चात् श्रीलंका का स्थान है। चाय के प्रमुख आयातक देशों में ब्रिटेन, संयुक्त राज्य अमेरिका, सोवियत संघ (रूस), फ्रांस, जर्मनी, कनाडा, ऑस्ट्रेलिया, मिस्र, पाकिस्तान, इराक, ईरान आदि प्रमुख हैं।
- **संयुक्त राज्य अमेरिका** (2022) विश्व का सबसे बड़ा चाय आयातक देश है। इसके पश्चात् यूनाइटेड किंगडम का स्थान है।
- चाय की प्रति व्यक्ति सर्वाधिक खपत(घटते क्रम में) तुर्की (तुर्किए), आयरलैंड, ग्रेट ब्रिटेन एवं रूस में पाई जाती है। दक्षिणी चीन की **उलंग चाय** (Olong Tea) अमेरिका में काफी प्रसिद्ध है।

कहवा (कॉफी)

- कहवा (Coffee) भी चाय की भाँति रोपण कृषि का उत्पाद एवं महत्त्वपूर्ण पेय पदार्थ है। यह उष्णकटिबंध के उच्च भागों का पौधा है, जो समुद्र तल से 500 से 1500 मी की ऊँचाई तक उत्पन्न होता है।
- कहवा के उद्भव क्षेत्र के विषय में विवाद है। संभवत: इसकी कृषि एवं व्यापार सर्वप्रथम **अरब प्रायद्वीप** में किया गया और यहाँ से इसे **ब्राजील** लाया गया।
- कहवा एक झाड़ी का फल है, इसकी कई प्रजातियाँ (किस्में) पाई जाती हैं, किंतु दो प्रजातियाँ कॉफिया अरेबिका (Coffea Arabica) तथा कॉफिया रोबस्टा (Coffea Robusta) मुख्य रूप से कहवा उत्पादन के लिए उगाई जाती हैं।

कहवा के प्रकार

- कहवा के प्रमुख प्रकारों का विवरण इस प्रकार है
  - **अरेबिका कहवा** (Coffea Arabica) यह अच्छी किस्म का कहवा होता है, जिसकी कृषि मुख्य रूप से लैटिन अमेरिका में की जाती है। विश्व में अधिकांशत: व्यापार इसी कहवा का होता है।
  - **रोबस्टा कहवा** (Coffea Robusta) यह रोग प्रतिरोधी होता है, परंतु यह निम्न स्तर का कहवा होता है, इसकी कृषि मुख्य रूप से अफ्रीकी देशों में की जाती है।
  - **लिबेरिका कहवा** (Coffea Liberica) इसे कॉफिया अबीसीनिका भी कहा जाता है। यह लाइबेरिया से प्राप्त हुआ है एवं अफ्रीका के देशों में उगाया जाता है। वस्तुत: यह इथियोपिया से लाया गया था।

आदर्श भौगोलिक दशाएँ

- कहवा की खेती में अरेबिका कहवा के लिए 15°C से 25°C तथा रोबस्टा कहवा के लिए 20°C से 30°C तापमान की आवश्यकता होती है।
- इसके लिए 70-93% तक सापेक्ष आर्द्रता तथा लगभग 160 सेमी से 250 सेमी वर्षा की आवश्यकता होती है।
- इसके लिए गहरी, सरंध्र तथा ह्यूमस युक्त ऐसी मिट्टी की आवश्यकता होती है, जिसमें आर्द्रता धारण करने की क्षमता अधिक हो अर्थात् उपजाऊ, लोहा, नाइट्रोजन एवं ह्यूमस युक्त मृदा उपयोगी होती है। वनीय मिट्टी एवं टेरारोसा मिट्टी भी उपयुक्त होती है।
- इसके लिए तेज हवा एवं सीधी धूप तथा पाला हानिकारक होता है, इसके पौधों को छाया में (अर्थात् मक्का, केला आदि के साथ) लगाया जाता है। इसके लिए जल प्रवाह वाली ढालू भूमि महत्त्वपूर्ण होती है।

विश्व के प्रमुख कहवा उत्पादक देश

- कहवा प्राय: उच्च पठारों एवं समुद्र के समीप उगाया जाता है, इसके प्रमुख उत्पादक क्षेत्र निम्न हैं
  - **ब्राजील** यहाँ कहवा की खेती दक्षिणी-पूर्वी भाग में स्थित साओपाउलो, पराना, एस्पीरीटो, सेंटॉसू एवं मिनास-गेरास राज्यों में की जाती है। यहाँ के कॉफी के बड़े-बड़े बागानों को फेजेंडा (Fazendas) कहा जाता है।
  - **कोलंबिया** यहाँ कहवा की खेती 2000 मी की ऊँचाई तक की जाती है। यहाँ की काटका घाटी, केल्डास क्षेत्र, पूर्वी कार्डिलेरा, बकारामंगा एवं बगोटा क्षेत्र में कहवा का उत्पादन होता है, इसके अतिरिक्त दक्षिण अमेरिका के वेनेजुएला एवं इक्वाडोर कहवा के प्रमुख उत्पादक देश हैं।
  - **मध्य अमेरिका** ग्वाटेमाला, अल-सल्वाडोर, कोस्टारिका, पनामा एवं मैक्सिको प्रमुख कहवा उत्पादक क्षेत्र हैं। अल्टा-वेरापाज उत्तरी ग्वाटेमाला में उपजाया जाने वाला उच्चकोटि का कहवा है।
  - **पश्चिमी द्वीप समूह** क्यूबा, हैती, जमैका प्रमुख कहवा उत्पादक क्षेत्र हैं। जमैका का ब्लू माउंटेन कहवा विश्व में सर्वोच्च कोटि का माना जाता है।
  - **एशिया** यहाँ श्रीलंका, इंडोनेशिया, भारत (कर्नाटक, नीलगिरि क्षेत्र) प्रमुख कहवा उत्पादक क्षेत्र हैं।
  - **अफ्रीका** पश्चिमी अफ्रीका (आइवरी कोस्ट), पूर्वी अफ्रीका (कीनिया, तंजानिया, इथियोपिया, युगांडा, अंगोला) आदि प्रमुख कहवा उत्पादक क्षेत्र हैं।
  - **यमन** लाल सागर के तटीय क्षेत्र में उच्चकोटि का कहवा उत्पादित होता है, जिसे मोचा कहवा कहते हैं।
- वर्ष 2022 के अनुसार कहवा के शीर्ष उत्पादक देश (घटते क्रम में) क्रमशः ब्राजील, वियतनाम, कोलबिंया, इंडोनेशिया, इथियोपिया, होंडूरस, भारत, मैक्सिको, पेरू तथा युगांडा आदि हैं।
- **कॉफी के शीर्ष** निर्यातक (घटते क्रम में 2022) देश क्रमशः ब्राजील, कोलंबिया, स्विट्जरलैंड, जर्मनी तथा वियतनाम हैं।
- ब्राजील का सेंटॉस विश्व में सर्वाधिक कहवा निर्यात करने वाला बंदरगाह है, जो **विश्व का कहवा पत्तन** (Coffea Port of the World) कहलाता है। विश्व की कहवा की 30% माँग को ब्राजील पूरा करता है।
- वर्ष 2022 के अनुसार, कॉफी के शीर्ष आयातक देश (घटते क्रम में) क्रमशः संयुक्त राज्य अमेरिका, जर्मनी, फ्रांस एवं इटली तथा बेल्जियम हैं। इसके अतिरिक्त जापान, सोवियत संघ, यूनाइटेड किंगडम, अर्जेंटीना आदि प्रमुख आयातक देश हैं।

अन्य व्यापारिक फसलें

अन्य व्यापारिक फसलें निम्न हैं

गन्ना

- गन्ना (Sugarcane) मुख्यत: उष्णकटिबंध की फसल है, जिसका उद्भव क्षेत्र पूर्वी एवं दक्षिणी-पूर्वी एशिया माना जाता है।
- इस प्रकार यह उष्ण एवं उपोष्ण जलवायु की फसल है, जिसकी खेती 37° उत्तरी एवं 30° दक्षिणी अक्षांशों के बीच की जाती है। यह चीनी का मुख्य स्रोत है। विश्व के चीनी उत्पादन का दो-तिहाई भाग गन्ने से प्राप्त होता है।

आदर्श भौगोलिक दशाएँ

- गन्ने की फसल के लिए वर्षभर आवश्यक तापमान 21°C से 27°C तक होना आवश्यक है, वहीं वर्षा की मात्रा 75 सेमी से 120 सेमी आवश्यक होती है। इसके लिए उष्णकटिबंधीय जलवायु की गर्म तथा आर्द्र दशाएँ सर्वोत्तम होती हैं।
- इसके लिए कम वर्षा के क्षेत्रों में सिंचाई की आवश्यकता होती है। फसल तैयार होते समय शीत एवं शुष्क ऋतु में सुक्रोस की मात्रा बढ़ जाती है।
- गन्ने की फसल के लिए दोमट, चिकनी तथा जलोढ़ मिट्टी उपयुक्त होती है। कुछ क्षेत्रों में काली एवं लैटेराइट मिट्टी में भी गन्ने की खेती की जाती है अर्थात् गहरी मिट्टी, जिसमें आर्द्रता धारण करने की क्षमता अधिक हो, उपयुक्त होती है।
- इसमें मिट्टी की उर्वरता को बनाए रखने के लिए कंपोस्ट खाद एवं रासायनिक उर्वरक की आवश्यकता होती है। सस्ते मजदूर तथा मशीनीकरण भी इसके लिए महत्त्वपूर्ण होते हैं।

गन्ने के प्रमुख उत्पादक देश

- ब्राजील, भारत, चीन, पाकिस्तान, थाइलैंड, मैक्सिको, क्यूबा, कोलंबिया आदि गन्ने के प्रमुख उत्पादक देश हैं। शीर्ष तीन गन्ना उत्पादक (2022) देश (घटते क्रम में) ब्राजील, भारत एवं चीन हैं।
- गन्ने से प्राप्त चीनी के शीर्ष 10 उत्पादक (2023) देश (घटते क्रम में) ब्राजील, भारत, थाइलैंड, चीन, यूएसए, पाकिस्तान, रूस, मैक्सिको, आस्ट्रेलिया और मिस्र हैं।

विश्व के शीर्ष 5 चीनी निर्यातक एवं आयातक देश (2023)

निर्यातक देश	आयातक देश
ब्राजील	इंडोनेशिया
भारत	चीन
थाइलैंड	संयुक्त राज्य अमेरिका
फ्रांस	इटली
जर्मनी	दक्षिण कोरिया

चुकंदर

- चुकंदर (Beetroots) गन्ने के अतिरिक्त दूसरी फसल है, जिससे चीनी बनाई जाती है। यह मुख्यत: समशीतोष्ण कटिबंध की फसल है, इसकी कृषि मुख्य रूप से यूरोप में की जाती है।
- अत: इसे **यूरोपीय कृषि** (European Cultivation) भी कहा जा सकता है, हालाँकि वर्तमान में चुकंदर की खेती रूस, अमेरिका तथा एशिया के मध्य-पूर्व के देशों में भी हो रही है।

आदर्श भौगोलिक दशाएँ

- चुकंदर का उपज काल 5-6 माह का होता है। इसके लिए 16°C से 24°C का तापमान आवश्यक होता है तथा इसमें लगातार नमी की आवश्यकता होती है, वहीं 60 सेमी वर्षा की आवश्यकता होती है।
- फसल तैयार होते समय ठंड के साथ-साथ धूप की भी आवश्यकता होती है। इसके लिए दोमट एवं चिकनी मिट्टी तथा मिश्रित दोमट मिट्टी बहुत उपयुक्त होती है।
- लवणीय मृदा इसके लिए हानिकारक होती है, अत: उर्वर मिट्टी तथा नाइट्रोजन युक्त उर्वरक इसके लिए अधिक आवश्यक होते हैं।

विश्व के प्रमुख चुकंदर उत्पादक देश

- फ्रांस, यूएसए, जर्मनी, रूस, चीन, यूक्रेन, पोलैंड, टर्की, सीरिया, कनाडा, इराक, ईरान, अल्जीरिया, जापान, ऑस्ट्रेलिया आदि प्रमुख चुकंदर उत्पादक देश हैं।
- चुकंदर के शीर्ष 5 उत्पादक देश (घटते क्रम में 2021) रूस, यूएसए, जर्मनी, फ्रांस तथा तुर्की हैं। नीदरलैंड्स चुकंदर का सबसे बड़ा निर्यातक (2021-22) देश है।
- चुकंदर की चीनी अंतर्राष्ट्रीय व्यापार के स्तर पर सीमित मात्रा में उपलब्ध होती है।

रबड़

- रबड़ (Rubber) एक उष्णकटिबंधीय पौधा है, इसका जन्म स्थान अमेजन नदी घाटी (Amazon River Basin) है।
- यह सामान्यत: अमेजन तथा जायरे के उष्णकटिबंधीय जंगलों में पाए जाने वाले एक वृक्ष का दूध होता है।
- इस दूध को यहाँ के लोग **पेड़ का आँसू** (The tears of the tree) या **काउ या उक** कहते हैं।
- यूरोपीय देशों ने अपने उपनिवेशों में रबड़ के बागान लगाने प्रारंभ किए थे अर्थात् ब्रिटिश लोगों ने **श्रीलंका** तथा **मलेशिया** में तथा डचों ने **इंडोनेशिया** में रबड़ की कृषि प्रारंभ की थी, इसके अतिरिक्त अफ्रीकी देशों में भी रबड़ के बागान लगाए गए।

आदर्श भौगोलिक दशाएँ

- रबड़ के लिए भूमध्य रेखीय जलवायु सर्वोत्तम होती है। इसके लिए लगभग 21°C तापमान आवश्यक होता है, वहीं 150-200 सेमी वर्षा तथा जल निकास की उचित व्यवस्था आवश्यक होती है।
- रबड़ के बागान तरंगित भूमि अथवा साधारण ढाल की उच्च भूमियों पर लगाए जाते हैं।
- इसके लिए गहरी तथा उपजाऊ मिट्टी सर्वोत्तम होती है, परंतु मलेशिया में यह अनेक प्रकार की मिट्टी पर सफलतापूर्वक होती है।

विश्व के प्रमुख रबड़ उत्पादक देश

- रबड़ मुख्यत: दक्षिणी-पूर्वी एशिया की उपज है। अत: थाइलैंड, इंडोनेशिया, मलेशिया, भारत, चीन, श्रीलंका, लीबिया, ब्राजील, केन्या, कम्बोडिया, वियतनाम, कैमरून, नाइजीरिया आदि रबड़ के प्रमुख उत्पादक देश हैं।
- प्राकृतिक रबड़ के शीर्ष उत्पादक (2021-22) देश (घटते क्रम में) थाइलैंड, इंडोनेशिया, वियतनाम तथा भारत हैं।
- **अंतर्राष्ट्रीय व्यापार** (2022) के अनुसार, विश्व के शीर्ष रबड़ निर्यातक देशों (घटते क्रम में) में क्रमश: थाइलैंड, इंडोनेशिया, आइवरी कोस्ट, वियतनाम, मलेशिया आदि हैं, वहीं आयातक देश (घटते क्रम में) क्रमश: चीन, यूएसए, मलेशिया, जापान व भारत हैं।

नोट *वर्तमान समय में कृत्रिम रबड़ (Artificial Rubber) के उत्पादन से प्राकृतिक रबड़ (Natural Rubber) को अधिक प्रतिस्पर्द्धा का सामना करना पड़ रहा है।*

वैश्विक कृषिगत उत्पादों के उत्पादन में शीर्ष देश

प्रमुख फसल	देशों का क्रम
चावल	चीन, भारत, बांग्लादेश, इंडोनेशिया, वियतनाम
गेहूँ	चीन, भारत, रूस, यूएसए, फ्रांस
मक्का	यूएसए, चीन, ब्राजील, अर्जेंटीना, यूक्रेन
जौ	रूस, ऑस्ट्रेलिया, फ्रांस, जर्मनी, यूक्रेन
ज्वार	संयुक्त राज्य अमेरिका, नाइजीरिया, भारत
दलहन	भारत, पोलैंड, फ्रांस
मूँगफली (छिलकायुक्त)	चीन, भारत, नाइजीरिया, संयुक्त राज्य अमेरिका, सूडान
रेपसीड	कनाडा, भारत, चीन, फ्रांस, यूक्रेन
सोयाबीन	ब्राजील, यूएसए, अर्जेंटीना, चीन, भारत
सूरजमुखी (बीज)	यूक्रेन, रूस, अर्जेंटीना, चीन, रोमानिया
गन्ना	ब्राजील, भारत, चीन, पाकिस्तान, थाइलैंड
कपास (बीज)	भारत, चीन, ब्राजील, यूएसए, पाकिस्तान
जूट	भारत, बांग्लादेश, उज्बेकिस्तान, चीन, नेपाल
आलू	चीन, भारत, यूक्रेन, यूएसए, रूस
प्याज (सूखी)	भारत, चीन, मिस्र, यूएसए, तुर्किये
टमाटर	चीन, भारत, तुर्किये, संयुक्त राज्य अमेरिका, इटली
सेब	चीन, तुर्किये, यूएसए, पोलैंड, भारत
केला	भारत, चीन, इंडोनेशिया, ब्राजील, इक्वोडोर
नारियल (खोल में)	इंडोनेशिया, फिलीपींस, भारत, श्रीलंका, ब्राजील
चुकंदर	रूस, फ्रांस, यूएसए, जर्मनी, तुर्किये
मसाले	भारत, इथियोपिया, बांग्लादेश, तुर्किये, इंडोनेशिया
चाय	चीन, भारत, केन्या, तुर्किये, श्रीलंका,
कॉफी (हरी)	ब्राजील, वियतनाम, कोलंबिया, इंडोनेशिया, इथियोपिया
कोकोआ बींस	आइवरी कोस्ट, घाना, इंडोनेशिया, ब्राजील, इक्वाडोर
तंबाकू	चीन, भारत, ब्राजील, इण्डोनेशिया, संयुक्त राज्य अमेरिका
रबड़ (प्राकृतिक)	थाइलैंड, इंडोनेशिया, वियतनाम, भारत, चीन

पशुपालन (पशुचारण)

- पशुओं को व्यवस्थित तरीके से चराने और पालने का व्यवसाय, उनसे दूध, मांस, ऊन एवं खालें आदि प्राप्त करने के लिए किया जाता है, जिसे पशुपालन (Animal Husbandry) कहते हैं।
- विश्व की विभिन्न जलवायुविक दशाओं में रहने वाले लोगों ने उन क्षेत्रों में पाए जाने वाले पशुओं का चयन करके पशुपालन किया।
- भौगोलिक कारकों एवं तकनीकी विकास के आधार पर वर्तमान समय में पशुपालन व्यवसाय निर्वहन अथवा व्यापारिक स्तर पर किया जाता है।

चलवासी पशुचारण

- चलवासी पशुचारण (Nomadic Herding) एक प्राचीन जीवन निर्वाह व्यवसाय रहा है, जिसमें पशुचारक अपने भोजन, वस्त्र, आवास, औजार एवं यातायात के लिए पशुओं पर ही निर्भर रहता था।
- वे अपने पालतु पशुओं के साथ पानी एवं चरागाह की उपलब्धता एवं गुणवत्ता के अनुसार एक स्थान से दूसरे स्थान पर स्थानांतरित होते रहते थे। इन पशुचारक वर्गों के अपने-अपने निश्चित चरागाह क्षेत्र होते हैं।
- पशुचारक मुख्य रूप से भेड़, ऊँट, मवेशी, याक तथा बकरियाँ पालते है, जिनसे उन्हें तथा उनके परिवारों को दूध, मांस, ऊन, खाल तथा अन्य उत्पाद उपलब्ध होते हैं।
- भिन्न-भिन्न क्षेत्रों में अनेक प्रकार के पशु पाले जाते हैं, उदाहरणस्वरूप उष्णकटिबंधीय अफ्रीका में गाय-बैल प्रमुख पशु हैं, जबकि सहारा एवं एशिया के मरुस्थलों में भेड़, बकरी एवं ऊँट, तिब्बत एवं एंडीज के पर्वतीय भाग में याक व लामा तथा आर्कटिक एवं उत्तरी ध्रुवीय क्षेत्रों में रेडियर पाले जाते हैं।
- नए चरागाहों की खोज में ये पशुचारक समतल भागों एवं पर्वतीय क्षेत्रों में लंबी दूरियाँ तय करते हैं।
- गर्मियों में मैदानी भागों से पर्वतीय चरागाह की ओर एवं शीतकाल में पर्वतीय भाग से मैदानी चरागाहों की ओर प्रवास करते हैं। इस गतिविधि को **ऋतुप्रवास** (Seasonal Migration) कहा जाता है।
- भारत में हिमालय के पर्वतीय क्षेत्रों में **गुज्जर**, **बकरवाल**, **गद्दी** एवं **भूटिया** लोगों के समूह ग्रीष्मकाल में मैदानी क्षेत्रों से पर्वतीय क्षेत्रों में चले जाते हैं एवं शीतकाल में पर्वतीय क्षेत्रों से मैदानी क्षेत्र में आ जाते हैं।
- यह सहारा के अर्धशुष्क एवं शुष्क प्रदेशों में और मध्य एशिया एवं भारत के कुछ भागों; जैसे-राजस्थान तथा जम्मू और कश्मीर में प्रचलित है।
- इस गतिविधि में पशुचारक अपने पशुओं के साथ चारे और पानी के लिए एक स्थान से दूसरे स्थान पर निश्चित भागों में घूमते रहते हैं। यह जलवायविक बाधाओं तथा भू-भाग की प्रतिक्रियास्वरूप होता है।
- इसी प्रकार टुंड्रा प्रदेश में ग्रीष्मकाल में दक्षिण से उत्तर की ओर एवं शीतकाल में उत्तर से दक्षिण की ओर चलवासी पशुचारकों का अपने पशुओं के साथ प्रवास होता है।

चलवासी पशुचारण के क्षेत्र

- चलवासी पशुचारण के तीन प्रमुख क्षेत्र हैं
  - उत्तरी अफ्रीका के अटलांटिक तट से अरब प्रायद्वीप तक, मंगोलिया से मध्य चीन तक।
  - यूरोप तथा एशिया के टुंड्रा प्रदेश
  - दक्षिणी गोलार्द्ध में दक्षिणी-पश्चिमी अफ्रीका एवं मेडागास्कर द्वीप क्षेत्र।
- वर्तमान समय में चलवासी पशुचारकों की संख्या घट रही है तथा इनके द्वारा उपयोग में लाए गए क्षेत्र में भी कमी हो रही है, इसके मुख्यत: दो कारण पाए जाते हैं
  - राजनीतिक सीमाओं का अधिरोपण
  - अनेक देशों द्वारा नई बस्तियों की योजना बनाना।

वाणिज्य पशुधन पालन

- चलवासी पशुचारण की अपेक्षा वाणिज्य पशुधन पालन (Animal Husbandry) अधिक व्यवस्थित एवं पूँजी प्रधान है।
- यह पश्चिमी संस्कृति से प्रभावित है तथा इसके कार्य एवं फार्म भी स्थायी होते हैं।
- इसमें फार्म विशाल क्षेत्र पर फैले होते हैं और संपूर्ण क्षेत्र को छोटी-छोटी इकाइयों में विभाजित कर दिया जाता है।
- चराई को नियंत्रित करने के लिए इन्हें बाड़ लगाकर एक-दूसरे से अलग कर दिया जाता है। इसमें पशुओं की संख्या भी चरागाह की वहन क्षमता के अनुसार रखी जाती है।
- यह एक विशिष्ट गतिविधि है, जिसमें केवल एक ही प्रकार के पशु पाले जाते हैं। प्रमुख पशुओं में भेड़, बकरी, गाय-बैल एवं घोड़े शामिल हैं।
- इनसे प्राप्त मांस, खालें एवं ऊन को वैज्ञानिक ढंग से संसाधित एवं डिब्बाबंद कर विश्व के बाजारों में निर्यात कर दिया जाता है।
- पशु फार्म में पशुधन पालन वैज्ञानिक आधार पर व्यवस्थित किया जाता है। इसमें प्रमुख रूप से पशुओं के प्रजनन, जननिक सुधार बीमारियों पर नियंत्रण एवं उनके स्वास्थ्य पर ध्यान दिया जाता है।
- विश्व में न्यूजीलैंड, ऑस्ट्रेलिया, अर्जेंटीना, उरुग्वे एवं संयुक्त राज्य अमेरिका में वाणिज्य पशुधन पालन किया जाता है।
- वास्तविक रूप से व्यापारिक पशुपालन संसार के पाँच क्षेत्रों में किया जाता है, ये क्षेत्र हैं
  - (i) पश्चिमी कनाडा, पश्चिमी संयुक्त राज्य अमेरिका एवं मध्य मैक्सिको के उत्तर से दक्षिण की ओर विस्तृत प्रेयरी क्षेत्र,
  - (ii) वेनेजुएला का एक छोटा भाग तथा ब्राजील के पठारी भाग से अर्जेंटीना की दक्षिणी सीमा तक का क्षेत्र,
  - (iii) दक्षिण अफ्रीका का वेल्ड क्षेत्र,
  - (iv) ऑस्ट्रेलिया तथा न्यूजीलैंड की शीतोष्ण घास भूमि,
  - (v) कैस्पियन सागर के पूर्व तथा अरब सागर के उत्तर का विस्तृत भाग।
- विश्व के पश्चिमी यूरोप, भूमध्यसागरीय क्षेत्र, ऑस्ट्रेलिया तथा न्यूजीलैंड में भेड़ पालन अधिक महत्त्वपूर्ण हैं।
- विश्व में सर्वाधिक पशुधन ब्राजील में है। इसके बाद भारत का स्थान है। भारत विश्व में सर्वाधिक दुग्ध उत्पादक देश है।

मत्स्यन (मत्स्यपालन)

- मत्स्यन (Fisheries) मनुष्य की प्राचीन आर्थिक क्रिया है। तटवर्ती प्रदेशों में यह एक महत्त्वपूर्ण उद्योग है।
- मछलियों को मुख्यत: भोजन के रूप में प्रयोग किया जाता है, इसके अतिरिक्त इनका उपयोग खाद बनाने, तेल प्राप्त करने आदि में भी किया जाता है।
- मछलियाँ विषुवत् रेखा से लेकर ध्रुवीय प्रदेशों एवं नदियों तथा हिमानियों से निकलने वाले ठंडे पानी तक में पाई जाती हैं, इस प्रकार इनमें अनुकूलन की क्षमता होती है।

मछलियों का वर्गीकरण

- मछलियों का वर्गीकरण दो प्रकार से किया जाता है
  - (i) **जल की प्रकृति के आधार पर** मछलियाँ दो प्रकार की होती हैं-ताजे जल की मछलियाँ तथा खारे जल की मछलियाँ। नदियों, तालाबों, झीलों तथा जलाशयों से पकड़ी जाने वाली मछलियाँ, ताजे जल की मछलियाँ (Freshwater Fishes) कहलाती हैं, वहीं समुद्रों एवं सागरों से पकड़ी जाने वाली मछलियाँ खारे जल की मछलियाँ (Saltwater Fishes) कहलाती हैं।
  - (ii) **सामुद्रिक मछलियों की स्थिति के आधार** पर भी दो प्रकार की मछलियाँ पाई जाती हैं-तट तथा तट के निकट पकड़ी जाने वाली मछलियाँ तथा खुले समुद्र से पकड़ी जाने वाली मछलियाँ। खुले समुद्र में मछलियाँ दो क्षेत्रों से पकड़ी जाती हैं। कुछ मछलियाँ अधिक प्रकाश प्रिय होती हैं। अतः इनके झुंड सतह के निकट ही घूमते रहते हैं। ये समुद्र सतह पर पाई जाने वाली मछलियाँ होती हैं। इन्हें **वेलापवर्ती मछलियाँ** (Palegic Fishes) कहते हैं; उदाहरणस्वरूप-ट्यूना, सामन, पिल्कार्ड, सारडाइन, मैकरले तथा हेरिंग मछलियाँ।
- कुछ मछलियाँ समुद्र के नितल में रहती हैं। यहाँ पानी ठंडा तथा प्रकाश कम होता है। ये झुंड बनाकर नहीं रहती हैं, ऐसी मछलियाँ **तलमज्जी मछलियाँ** कहलाती हैं; जैसे- कॉड, हैलीबुट, हेडकॉक तथा फ्लाउंडर्स आदि।

मत्स्यन का विश्व वितरण

- समुद्र के लगभग सभी भागों में मत्स्यन होता है। कुछ क्षेत्रों में ये बहुत बड़े पैमाने के उद्योग हैं।
- संसार के चार क्षेत्रों में बड़े पैमाने पर मत्स्यन किया जाता है, जिनका विवरण इस प्रकार है
  - **प्रशांत महासागर का उत्तर-पश्चिमी क्षेत्र** यह क्षेत्र उत्तर में बेरिंग सागर से दक्षिण में फिलीपाइंस सागर तक विस्तृत है। इस क्षेत्र के महाद्वीपीय निमग्न तट पर क्यूरोशियो गर्म धारा, आयोशियो ठंडी धारा से मिलती है, जो प्लवक (Plankton) के बिकास के लिए अनुकूल परिस्थिति उत्पन्न करती है। प्लवक, मछलियों का भोजन होता है, अतः यहाँ मछलियों की अधिकता पाई जाती है। इस क्षेत्र के देशों में सबसे अधिक मछलियाँ जापान में पाई जाती हैं। इसके अतिरिक्त रूस, चीन, दक्षिण कोरिया आदि देशों में मत्स्यन किया जाता है।
  - **अटलांटिक महासागर का उत्तर-पश्चिमी क्षेत्र** यह क्षेत्र मुख्य रूप से लाँग द्वीप से न्यूफाउंडलैंड के मध्य स्थित है। यद्यपि इसके उत्तर एवं दक्षिण की ओर भी मत्स्यन होता है। इसकी पश्चिमी सीमा पर कनाडा तथा संयुक्त राज्य अमेरिका की तटरेखा है। यहाँ पर चौड़ा महाद्वीपीय निमग्न तट है, जिस पर अनेक बैंक स्थित हैं; उदाहरणस्वरूप-**ग्रांड बैंक** तथा **जार्जेज बैंक**, सैंबल बैंक, बैंक्वरी बैंक तथा लाहैव बैंक आदि। इस क्षेत्र में पर्च, कॉड, हेरिंग तथा हेडॉक आदि मछलियाँ पाई जाती हैं। इसके अतिरिक्त **लोब्स्टर** (Lobster) तथा **ओयस्टर** (Oyster) भी पाई जाती है। इस क्षेत्र के मत्स्यन के प्रसिद्ध बंदरगाह हैलीफैक्स, सेंटजॉन बोस्टन तथा न्यूयॉर्क हैं।
  - **अटलांटिक महासागर का उत्तर-पूर्वी क्षेत्र** यह क्षेत्र आर्कटिक वृत्त के उत्तर से यूरोपीय तट के साथ-साथ दक्षिण में भूमध्य सागर की सीमा तक फैला है। यह क्षेत्र गल्फ स्ट्रीम की गर्म धारा के कारण वर्षभर खुला रहता है। इस क्षेत्र में नॉर्वे, स्वीडन, डेनमार्क, नीदरलैंड, फ्रांस, आइसलैंड तथा यूनाइटेड किंगडम मछली पकड़ने वाले मुख्य देश हैं। नॉर्वे इस क्षेत्र का सबसे महत्त्वपूर्ण देश है।
  - **प्रशांत महासागर का उत्तर-पूर्वी क्षेत्र** इस क्षेत्र का विस्तार अलास्का से कैलीफोर्निया तट तक पाया जाता है। इस क्षेत्र में कनाडा तथा संयुक्त राज्य अमेरिका प्रमुख मत्स्यन देश हैं। इस क्षेत्र में सामन, पिलकार्ड, ट्यूना, सारडाइन तथा हैलीबुत मछलियाँ मुख्य रूप से पाई जाती हैं। कैलिफोर्निया में मछलियों को डिब्बे में बंद करने का उद्योग तट के साथ-साथ विकसित किए गए हैं।

मत्स्य-संरक्षण

पार्थिव पारिस्थितिकी अर्थव्यवस्था एवं मानव की खाद्य सामग्री के रूप में मछली का महत्त्वपूर्ण स्थान है। मनुष्य को पशुओं से प्राप्त समस्त प्रोटीन का 23% भाग मछलियों से प्राप्त होता है, अतः इनका संरक्षण आवश्यक है, इन्हें निम्न रूपों में संरक्षित किया जा सकता है

- मत्स्य संसाधन को सबसे अधिक हानि **अति मत्स्यन** (Overfishing) से होती है, अतः अति मत्स्यन को रोकना अनिवार्य है।
- औद्योगिक मलबे तथा जहाजों से निकले तेल मछलियों की संख्या को प्रभावित करते हैं, अतः इनसे बचाव आवश्यक है। मत्स्य संवर्द्धन एवं संरक्षण के लिए **ज्वारनदमुखों** (Estuary) को प्रदूषण से बचाना आवश्यक है।
- मछलियों को संरक्षित करने के लिए समुद्र में किए गए आण्विक परीक्षण पर भी रोक लगानी चाहिए, क्योंकि ये समुद्री जीवों के लिए घातक होते हैं।
- मत्स्यन क्षेत्रों में समुद्री (सागरीय) परिवहन के नियंत्रण के साथ-साथ मत्स्यन के लिए उचित जालों का उपयोग किया जाना चाहिए आदि।

अतिरिक्त तथ्य
तमिलनाडु बोर्ड एवं NIOS

- आर्कटिक क्षेत्रों में इनुइटी, कालहारी के पिग्मी यथावर जनजातियाँ हैं।
- ट्रांसह्यूमन्स निश्चित गर्मी और सर्दियों के चरागाहों के बीच अपने पशुओं के साथ लोगों की मौसमी आवाजाही है। पर्वतीय क्षेत्र में इसका तात्पर्य गर्मियों के दौरान अधिक ऊँचाई वाले चारागाहों और सर्दियों में घाटी के बीच गतिविधि से है।
- कृषि भूमि उपयोग में शुद्ध बोया गया क्षेत्र, वर्तमान परती भूमि और उप-वनों के नीचे की भूमि शामिल है।
- भारत में कृषि भूमि देश के भौगोलिक क्षेत्र के 50% से थोड़ी अधिक है। यह विश्व के किसी भी देश में सबसे ज्यादा हिस्सेदारी वाली भूमि है।
- भारत विश्व में दूध का अग्रणी उत्पादक है। यह **ऑपरेशन फ्लड** के माध्यम से सरकार द्वारा की गई एक पहल का परिणाम है।
- पशुधन की सबसे बड़ी संख्या **उत्तर प्रदेश** में पाई जाती है। इसके बाद राजस्थान, बिहार, मध्य प्रदेश में पाई जाती है। भारत में पशुधन का चार राज्यों में कुल योगदान **44%** है।

खनिज संसाधन

(स्रोत)

Class-VIII Old NCERT Chap 3 **खनिज और शक्ति संसाधन,**
Class-IX Old NCERT Chap 9 **हमारे संसाधन,** Class-XI New NCERT Chap 5 **खनिज एवं शैल,**
Class-XI Old NCERT Chap 4 **नवीकरणीय अयोग्य संसाधन (खनिज),**
Class-XII New NCERT Chap 4 **प्राथमिक क्रियाएँ,**
Tamil Nadu Board (Class XII), NIOS

खनिज

- भू-पर्पटी पर पाए जाने वाले सभी तत्त्व सामान्यत: एक-दूसरे के साथ मिलकर विभिन्न पदार्थों का निर्माण करते हैं। इन पदार्थों को ही खनिज (Minerals) कहा जाता है। इस प्रकार खनिज एक ऐसा प्राकृतिक, कार्बनिक एवं अकार्बनिक तत्त्व है, जिसमें एक क्रमबद्ध परमाणविक संरचना, निश्चित रासायनिक संघटन तथा भौतिक गुणधर्म होते हैं।
- खनिज का निर्माण दो-या-दो से अधिक तत्त्वों से मिलकर होता है। कभी-कभी सल्फर, ताँबा, चाँदी, स्वर्ण, ग्रेफाइट जैसे एक तत्त्वीय खनिज भी पाए जाते हैं।
- भू-पर्पटी पर कम-से-कम 2000 प्रकार के खनिजों को पहचाना गया है और इनका नामकरण किया गया है। खनिज अपने भौतिक गुणों; जैसे- रंग (Colour), घनत्व (Density), कठोरता (Hardness) और रासायनिक गुणों (Chemical Properties) तथा विलेयता (Solubility) के आधार पर पहचाने जा सकते हैं।
- खनिजों का उपयोग विभिन्न उद्योगों में होता है; जैसे-रत्नों, सोना, चाँदी आदि का उपयोग आभूषणों में किया जाता है। ताँबे का उपयोग सिक्के से लेकर पाइप तथा विद्युत तार तक प्रत्येक वस्तु बनाने में किया जाता है।
- कंप्यूटर उद्योग में प्रयुक्त होने वाला सिलिकॉन (Silicon), क्वार्ट्ज (Quartzite) से प्राप्त किया जाता है, वहीं एल्युमीनियम जैसे धातु का उपयोग ऑटोमोबाइल, हवाई जहाज, बोतल, भवन निर्माण, बर्तन निर्माण में किया जाता है।

खनिजों की भौतिक विशेषताएँ

स्वभाव के आधार पर प्रमुख खनिजों की भौतिक विशेषताएँ इस प्रकार हैं

- **क्रिस्टल** (Crystal) इसका बाहरी रूप अणुओं की आंतरिक व्यवस्था द्वारा निर्धारित होता है; जैसे-घनाकार, अष्टभुजाकार, षट्भुजाकार प्रिज्म आदि।
- **विदलन** (Cleavage) जब किसी सतह को समतल करने के लिए चट्टानों को काटा जाता है या दबाव डाला जाता है, तो यह प्रक्रिया 'विदलन' कहलाती है।
- **विभंजन** (Fracture) अणुओं की आंतरिक व्यवस्था इतनी जटिल होती है कि अणुओं का कोई तल नहीं होता है। क्रिस्टल विदलन तल के अनुसार नहीं, बल्कि अनियमित रूप से टूटता है।
- **चमक** (Lustre) रंगों के बिना किसी पदार्थ की कोई चमक नहीं होती। प्रत्येक खनिज की अपनी चमक होती है; जैसे-मैटेलिक, रेशमी, ग्लॉसी आदि।
- **रंग** (Colour) कुछ खनिजों के रंग उन्हें परमाणविक संरचना से निर्धारित करते हैं; जैसे-मैलाकाइट, एजूराइट, कैल्सोपाइराइट आदि तथा कुछ खनिजों में अशुद्धियों के कारण रंग आते हैं; उदाहरणस्वरूप-अशुद्धियों के कारण क्वार्ट्ज का रंग श्वेत, हरा, लाल या पीला हो सकता है।
- **धारियाँ** (Streaks) किसी भी खनिज के पिसने के बाद बने पाउडर का रंग खनिज के रंग का या किसी अन्य रंग का हो सकता है; जैसे-मैलकाइट का रंग हरा होता है और उस पर धारियाँ भी हरी होती हैं, फ्लोराइट का रंग बैंगनी या हरा होता है, जबकि इस पर श्वेत धारियाँ होती हैं।
- **पारदर्शिता** (Transparency) पारदर्शिता को निम्न प्रकार से दर्शाया गया है
  - **पारदर्शी** (Transparent) इसमें प्रकाश की किरणें इस प्रकार आर-पार होती हैं कि वस्तु सीधी दिखाई देती है।
  - **पारभासी** (Translucent) इसमें प्रकाश की किरणें आर-पार होती हैं, लेकिन इनके विसरित हो जाने के कारण वस्तु देखी नहीं जा सकती है।
  - **अपारदर्शी** (Opaque) इसमें प्रकाश की किरणें बिल्कुल भी आर-पार दिखाई नहीं देती हैं।

- **संरचना** (Structure) इसमें प्रत्येक क्रिस्टल की विशेष व्यवस्था-महीन, मध्यम अथवा खुरदरे पिसे हुए, तंतु युक्त पृथक् करने योग्य, अपसारी तथा विकरणकारी होते हैं।
- **कठोरता** (Hardness) इसमें सापेक्षिक प्रतिरोध (Relative Resistance) का चिह्नित होना आवश्यक है, दस चुने हुए खनिजों में एक से दस तक की श्रेणी में कठोरता को मापा जाता है, ये खनिज हैं

1. टैल्क
2. जिप्सम
3. कैल्साइट
4. फ्लोराइट
5. ऐपेटाइट
6. फेल्डस्फर
7. क्वार्ट्ज
8. टोपाज
9. कोरंडम
10. हीरा।

- **सापेक्षिक भार** (Relative Weight) इसमें दी गई वस्तु का भार तथा बराबर आयतन के पानी के भार का अनुपात, हवा एवं पानी में वस्तु का भार लेकर इन दोनों के अंतर से हवा में लिए गए भार से भाग देना सम्मिलित है।

कुछ प्रमुख खनिज तथा उनकी विशेषताएँ

फैल्डस्पर

- पृथ्वी की पर्पटी का आधा भाग फेल्डस्पर से बना है, इसका रंग हल्का क्रीम से हल्का गुलाबी तक होता है। चीनी मिट्टी के बर्तन तथा काँच बनाने में इसका उपयोग होता है।
- सिलिकन तथा ऑक्सीजन सभी फैल्डस्परों में उपस्थित होते हैं, जबकि सोडियम, पोटैशियम, कैल्शियम, एल्युमीनियम आदि तत्त्व भिन्न-भिन्न फैल्डस्पर में शामिल होते हैं।

क्वार्ट्ज

- ये रेत एवं ग्रेनाइट का प्रमुख घटक है। इसमें सिलिका होता है। यह एक कठोर खनिज है तथा पानी में सर्वथा अघुलनशील होता है।
- यह श्वेत या रंगहीन होता है तथा इसका उपयोग रेडियो एवं रडार में होता है। यह ग्रेनाइट का एक महत्त्वपूर्ण घटक है।

पाइरॉक्सीन

- पृथ्वी के भूपृष्ठ का 10% भाग पाइरॉक्सीन से बना होता है। इसमें कैल्शियम, एल्युमीनियम, मैग्नीशियम, आयरन तथा सिलिका शामिल हैं।
- सामान्यतः यह उल्कापिंड में पाया जाता है। इसका रंग हल्का हरा अथवा काला होता है।

एम्फीबोल

- यह पृथ्वी के भूपृष्ठ के 7% भाग पर निर्मित है। यह हरे एवं काले रंग का होता है तथा इसका उपयोग एस्बेस्टस के उद्योग में किया जाता है।
- एम्फीबोल के प्रमुख तत्त्व एल्युमीनियम, कैल्शियम, सिलिका, लौह एवं मैग्नीशियम हैं।

माइका

- पृथ्वी की भू-पर्पटी में इनका 4% अंश होता है। ये सामान्यतः आग्नेय एवं रूपांतरित शैलों में पाए जाते हैं। इनका उपयोग विद्युत उपकरणों में होता है।
- इनमें पोटैशियम, एल्युमीनियम, मैग्नीशियम, लौह, सिलिका आदि निहित होते हैं।

ऑलिवीन

- ये सामान्यतः हरे रंग के क्रिस्टल होते हैं, जो प्रायः बैसाल्टिक शैलों में पाए जाते हैं।
- मैग्नीशियम, लौह तथा सिलिका ऑलिवीन के प्रमुख तत्त्व होते हैं।
- इन प्रमुख खनिजों के अतिरिक्त शैलों में क्लोराइट, कैलसाइट, मैग्नेटाइट, हेमेटाइट, बॉक्साइट तथा बैराइट जैसे अन्य खनिज भी कुछ मात्रा में उपस्थित होते हैं।

खनिजों का खनन/निष्कर्षण

- पृथ्वी की सतह के अंदर दबी शैलों से खनिजों को बाहर निकालने की प्रक्रिया **खनन** (Mining) कहलाती है।
- प्राचीनकाल में खनिजों का उपयोग औजार, बर्तन एवं हथियार बनाने तक ही सीमित था।
- इसका वास्तविक विकास औद्योगिक क्रांति (Industrial Revolution) के पश्चात् ही संभव हुआ एवं निरंतर इसका महत्त्व बढ़ता जा रहा है।
- विकसित अर्थव्यवस्था वाले देश उत्पादन के खनन, प्रसंस्करण एवं शोधन कार्यों से पीछे हट रहे हैं, क्योंकि इसमें श्रमित लागत अधिक आने लगी है, जबकि विकासशील देश अपनी विशाल श्रमिक शक्ति के बल पर अपने देशवासियों के ऊँचे रहन-सहन को बनाए रखने के लिए खनन कार्य को महत्त्व दे रहे हैं।
- अफ्रीका के अनेक देशों में दक्षिण अमेरिका के कुछ देश एवं एशिया में आय के साधनों का 50% तक खनन कार्य से प्राप्त होता है।

खनन कार्य को प्रभावित करने वाले कारक

खनन कार्य को प्रभावित करने वाले कारक निम्न हैं

- **भौतिक कारक** (Physical Factors) ये वे कारक होते हैं, जिनमें खनिज निक्षेपों के आकार, श्रेणी एवं उपस्थिति की अवस्था को सम्मिलित किया जाता है।
- **आर्थिक कारक** (Economical Factors) इसके अंतर्गत खनिज की माँग, विद्यमान तकनीकी ज्ञान एवं उसका उपयोग, अवसंरचना के विकास के लिए उपलब्ध पूँजी तथा यातायात व श्रम पर होने वाले व्यय आदि आते हैं।

खनन की विधियाँ

उपस्थिति की अवस्था एवं अयस्क की प्रकृति के आधार पर खनन के दो प्रकार हैं

- **धरातलीय खनन** (Surface Mining) इस खनन को विवृत खनन (Open Cast Mining) भी कहा जाता है अर्थात् खनिज जो कम गहराई में स्थित होते हैं, इसके पृष्ठीय स्तर को हटाकर निकाला जाता है, इसे **विवृत खनन** कहते हैं। यह खनन का सस्ता तरीका है, क्योंकि इसमें सुरक्षात्मक पूर्व उपायों एवं उपकरणों पर अतिरिक्त खर्च अपेक्षाकृत कम होता है एवं उत्पादन **शीघ्र व अधिक** होता है।
- **भूमिगत खनन** (Undergound Mining) जब अयस्क धरातल के नीचे गहराई में होता है, तब भूमिगत अथवा **कूपकी खनन विधि** (Shaft Mining Method) का प्रयोग किया जाता है। इस विधि में लंबवत् कूपक गहराई तक स्थित होता है, जहाँ से भूमिगत गैलरियाँ खनिजों तक पहुँचाने के लिए विस्तृत होती हैं।

- इन मार्गों से होकर खनिजों का निष्कर्षण एवं परिवहन धरातल तक किया जाता है।
- खनन का यह तरीका जोखिम भरा होता है, क्योंकि जहरीली गैसें, आग एवं बाढ़ के कारण कई बार दुर्घटनाएँ होने का खतरा रहता है।
- अतः खदान में कार्य करने वाले श्रमिकों तथा निकाले जाने वाले खनिजों के सुरक्षित और प्रभावी आवागमन हेतु विशेष प्रकार की लिफ्ट बेधक (बरमा) माल ढोने की गाड़ियाँ तथा वायु संचार प्रणाली की आवश्यकता होती है।

खनन की अन्य विधियाँ

खनन की कुछ अन्य विधियाँ इस प्रकार हैं

- **प्रबेधन** (Drilling) पेट्रोलियम और प्राकृतिक गैस धरातल के बहुत नीचे पाए जाते हैं, इन्हें बाहर निकालने के लिए गहन कूपों की खुदाई की जाती है, जिसे प्रबेधन कहते हैं।
- **आखनन** (Quarrying) सतह के निकट स्थित खनिजों को जिस प्रक्रिया द्वारा आसानी से खोदकर निकाला जाता है, उसे आखनन कहते हैं।

खनिजों के प्रकार

पृथ्वी पर तीन हजार से अधिक खनिज हैं। संरचना के आधार पर खनिजों को मुख्यतः धात्विक और अधात्विक खनिजों में वर्गीकृत किया गया है

- **धात्विक खनिज** (Metallic) इसमें धातु तत्त्व होते हैं अर्थात् धातु कच्चे रूप में होती है। इन्हें तीन प्रकारों में विभाजित किया जा सकता है
  - **बहुमूल्य धातु** (Precious Metal) इसमें स्वर्ण, चाँदी, प्लेटिनम आदि आते हैं।
  - **लौह धातु** (Ferrous) इसमें लौह एवं स्टील के निर्माण के लिए लोहे में मिलाई जाने वाली अन्य धातुएँ आती हैं।
  - **अलौहिक धातु** (Non-Ferrous) इसमें ताम्र, सीसा, जिंक, टिन, एल्युमीनियम आदि धातुएँ शामिल होती हैं।
- धात्विक खनिजों को लौह अयस्क की उपस्थिति के आधार पर दो भागों में विभाजित किया जाता है
  - **लौह खनिज** (Ferrous Minerals) इसमें लोहे का अंश पाया जाता है; जैसे-लौह-अयस्क, मैंगनीज, क्रोमियम, निकिल, क्रोमाइट, टंगस्टन, कोबाल्ट, मॉलिब्डेनम, वेनेडियम आदि।
  - **अलौह खनिज** (Non-Ferrous Minerals) इसमें लोहे का अंश नहीं पाया जाता है; जैसे- ताँबा, एल्यूमीनियम, टिन, सीसा, सोना, चाँदी, प्लेटिनम, जिंक, अभ्रक आदि।
- **अधात्विक खनिज** (Non-Metallic Minerals) इस प्रकार के खनिजों में किसी धातु (Metal) की उपस्थिति नहीं होती। अधात्विक खनिजों में नाइट्रेट, सल्फर, पोटाश, कोयला, पेट्रोलियम इत्यादि खनिज शामिल होते हैं। खनिज ईंधन (Mineral Fuels) कोयला तथा पेट्रोलियम जैसे खनिजों की संरचना में कार्बनिक तत्त्वों का योगदान होता है, इनका उपयोग ईंधन के रूप में होता है।

खनिजों का वितरण (महाद्वीप)

- खनिज विभिन्न प्रकार की शैलों में पाए जाते हैं। कुछ आग्नेय शैलों में, कुछ कायांतरित शैलों में, जबकि अन्य अवसादी शैलों में पाए जाते हैं।
- धात्विक खनिज आग्नेय और कायांतरित शैल समूहों, जिनसे विशाल पठारों का निर्माण होता है, में पाए जाते हैं।
- उत्तरी स्वीडन में लौह अयस्क, ओंटरियो (कनाडा) में ताँबा और निकेल के निक्षेप, दक्षिण अमेरिका में लोहा, निकेल, क्रोमाइट और प्लेटिनम, आग्नेय और कायांतरित शैलों में पाए जाने वाले खनिजों के उदाहरण हैं।
- मैदानों और नवीन वलित पर्वतों के अवसादी शैल समूहों में अधात्विक खनिज; जैसे-चूना पत्थर पाए जाते हैं; जैसे- फ्रांस के काकेशस प्रदेश में चूना-पत्थर का निक्षेप तथा जॉर्जिया और यूक्रेन के मैंगनीज निक्षेप और अल्जीरिया के फॉस्फेट संस्तर इत्यादि।
- खनिज ईंधन; जैसे-कोयला और पेट्रोलियम भी अवसादी स्तर पर पाए जाते हैं। खनिजों का वितरण निम्नलिखित है
  - **एशिया** यहाँ मैंगनीज, बॉक्साइट, निकेल, जस्ता और ताँबा के निक्षेप पाए जाते हैं। चीन एवं भारत विशाल लौह अयस्क के निक्षेप वाले देश हैं। यह महाद्वीप विश्व के आधे से अधिक टिन का उत्पादन करता है। चीन सीसा, एंटीमनी तथा टंगस्टन का प्रमुख उत्पादक देश है। चीन, मलेशिया और इंडोनेशिया विश्व के अग्रणी टिन उत्पादक देश हैं।
  - **यूरोप** रूस, यूक्रेन, स्वीडन तथा फ्रांस लौह अयस्क के विशाल निक्षेप वाले देश हैं। यहाँ ताँबा, सीसा, जस्ता, मैंगनीज और निकेल के निक्षेप पूर्वी यूरोप के देशों विशेषकर रूस के पूर्वी भागों में पाए जाते हैं।
  - **उत्तर अमेरिका** यहाँ खनिज निक्षेप के तीन क्षेत्र हैं- कनाडियन शील्ड प्रदेश, अप्लेशियन प्रदेश तथा पश्चिम की पर्वत श्रृंखलाएँ। लौह अयस्क, निकेल, सोना, यूरेनियम और ताँबे का खनन कनाडियन शील्ड प्रदेश में तथा कोयले का खनन अप्लेशियन प्रदेश में होता है। पश्चिमी कार्डिलेरा में ताँबा, सीसा, जस्ता, सोना तथा चाँदी के विशाल निक्षेप पाए जाते हैं।
  - **दक्षिण अमेरिका** इस महाद्वीप में सोना, चाँदी, जस्ता, क्रोमियम, मैंगनीज, बॉक्साइट, अभ्रक, प्लेटिनम, एस्बेस्टस और हीरे के विशाल निक्षेप हैं। खनिज तेल वेनेजुएला, अर्जेंटीना, चिली, पेरू तथा कोलंबिया में पाया जाता है। ब्राजील विश्व में उच्चकोटि के लौह-अयस्क का सबसे बड़ा उत्पादक देश है। ब्राजील और बोलीविया विश्व में टिन के सबसे बड़े उत्पादक देशों में शामिल हैं।
  - **अफ्रीका** यह खनिज संसाधनों में संपन्न है। यह हीरा, सोना तथा प्लेटिनम का विश्व में बड़ा उत्पादक है। यहाँ दक्षिण अफ्रीका, जिम्बाब्वे और जायरे विश्व के सोने का सबसे ज्यादा उत्पादन करते हैं। ताँबा, लौह अयस्क, क्रोमियम, यूरेनियम, कोबाल्ट तथा बॉक्साइट दक्षिण अफ्रीका में पाए जाते हैं। कच्चा तेल नाइजीरिया, लीबिया तथा अंगोला में पाया जाता है।
  - **ऑस्ट्रेलिया** यह बॉक्साइट का सबसे बड़ा उत्पादक देश है। यह सोना, हीरा, लौह अयस्क, टिन और निकेल का भी प्रमुख उत्पादक देश है। ताँबा, सीसा, जस्ता तथा मैंगनीज का भंडार यहाँ स्थित है। पश्चिम ऑस्ट्रेलिया के काल गुर्ली और कूलगार्डी क्षेत्रों में सोने का बड़ा निक्षेप पाया जाता है।
  - **अंटार्कटिका** यहाँ ट्रांस अंटार्कटिक पर्वत पर कोयले और पूर्वी अंटार्कटिका के प्रिंस चार्ल्स पर्वत के निकट लोहे के निक्षेपों का पूर्वानुमान किया गया है, इस देश में लौह अयस्क, सोना, चाँदी और तेल भी वाणिज्यिक मात्रा में उपलब्ध हैं।

विश्व के प्रमुख खनिज संसाधन

विश्व के महत्त्वपूर्ण खनिज संसाधन इस प्रकार हैं

लौह अयस्क

- लोहा एक धात्विक खनिज है। यह प्रकृति में शुद्ध रूप में नहीं पाया जाता है, बल्कि अयस्क या यौगिक के रूप में मिलता है। लौह अयस्क को लौह अंश के आधार पर चार वर्गों में विभाजित किया जाता है
- **मैग्नेटाइड** (Fe_3O_4) यह सर्वोत्तम किस्म का लौह अयस्क होता है, जिसमें लोहे की मात्रा लगभग 72% तक होती है। इसमें वाष्प की मात्रा सबसे कम होती है। इसका रंग काला होता है। इसमें टाइटेनियम, वैनेडियम तथा क्रोमियम के भी अंश पाए जाते हैं।
- **हेमेटाइट** (Fe_2O_3) इसमें लोहे की मात्रा 60-70% तक होती है। यह ऑक्सीजन और लोहे का सम्मिश्रण होता है। यह लोहे की दूसरी सर्वोत्तम किस्म है। यह लाल एवं भूरे रंग का ऑक्साइड होता है, जो जलज चट्टानों से मिलता है।
- **लिमोनाइट** ($3Fe_2O_23H_2O$) इसमें लोहे की मात्रा 40-50% तक होती है। यह जलयोजित लौह ऑक्साइड तथा बॉग आयरन (Bog Iron) कहलाता है। यह अवसादी शैलों से प्राप्त किया जाता है, यह पीले से गहरे भूरे रंग का होता है, अतः इसे **भूरा अयस्क** (Brown Ore) भी कहते हैं।
- **सिडेराइट** ($FeCO_3$) इसमें लोहे की मात्रा 40-45% तक होती है, इसको **लोहा कार्बोनेट** (Ferrous Carbonate) कहते हैं। यह अवसादी शैलों से प्राप्त होता है, इसका रंग भूरा होता है, यह निम्न कोटि का होता है।

विश्व के प्रमुख लौह अयस्क उत्पादक क्षेत्र

देश	लौह अयस्क उत्पादक क्षेत्र
चीन	मंचूरिया, शान्तुंग, शान्सी, शेनयांग, वुहान, तापेह, हैनान द्वीप, होनान, हंकाऊ, नानकिंग, चिंगलिंग, तांगशान।
रूस	यूराल क्षेत्र, मैग्निटोगोर्स्क, पूर्वी साइबेरिया में क्रैस्नोयार्स्क तथा अंगारा-इलिम, कुलावासा क्षेत्र, टुला क्षेत्र।
संयुक्त राज्य अमेरिका	सुपीरियर झील के क्षेत्र में मिशीगन, मिनीसोटा व विसकांसिन के मैसाबी, मेनामिनी, वरमीलियन, गोगेबिक, क्यूयाना, पेंसिलवानिया, अलबामा क्षेत्र में बाटागुना तथा बर्मिंघम।
कनाडा	क्यूबेक, न्यूफाउण्डलैंड, ओंटोरियो, जेम्स टाउन, अरिकोकन, स्टीपरॉक, मोंट राइट, करोल लेक माइन, मैरी रिवर बेसिन।
ब्रिटेन	उत्तर-पश्चिम इंग्लैंड के नॉर्थम्बरलैंड, किंबरलैंड, क्लीवलैंड की पहाड़ियाँ, स्टैफर्डशायर, स्कॉटलैंड, मिडलैंड।
मलेशिया	इपोह, परांक, इंदाऊ, बाट तथा पहात (जोहार, तंमंगान, क्रलान्तन) कमामन और बुकिहत्सी (ईगान खानों से)
स्वीडन	किरूना, गैलीबारा क्षेत्र, मैलीवेयर, स्टॉकहोम तथा डेनीमोरा
चिली	कुम्बको की टोगो खान तथा अटाकामा
ऑस्ट्रेलिया	पिलबारा क्षेत्र (ऑस्ट्रेलिया का सबसे बड़ा लौह-अयस्क उत्पादक क्षेत्र), येंडिकुगिना, जिमब्लेबर, यांडी।
जर्मनी	साल्जगिटर व सीजेन
दक्षिण अफ्रीका	पोस्टमासबर्ग क्षेत्र व ट्रांसवाल
फ्रांस	लॉरेन क्षेत्र, नोरमंडी एवं पीरेनीज क्षेत्र
कजाखिस्तान	कुस्तनाई क्षेत्र

विश्व में लौह अयस्क के शीर्ष भंडारक एवं उत्पादक देश (2023)

भंडारक		उत्पादक	
देश	मिलियन टन में	देश	मिलियन टन में
ऑस्ट्रेलिया	27000	ऑस्ट्रेलिया	919
ब्राजील	15000	चीन	850
रूस	14000	ब्राजील	431
चीन	6900	भारत	198
भारत	3400	ईरान	105
विश्व	**85000**	**विश्व**	**3108**

लौह अयस्क का उपयोग एवं महत्त्व

- यह आधुनिक सभ्यता का प्रतीक है। इसका उपयोग सभी प्रकार की मशीनों, मशीनी औजारों, भवन, कारखानों के निर्माण, रेल, मोटर आदि में होता है।
- लौह अयस्क को कोयला और चूना पत्थर के साथ मिलाकर प्रगलन (Smelting) क्रिया के पश्चात् कच्चा लोहा अथवा ढलवा लोहा प्राप्त किया जाता है।
- सबलता, टिकाऊपन एवं कठोरता लोहे के महत्त्वपूर्ण गुण हैं। लोहे को पीटकर पत्तर या तार बनाया जाता है, इतना ही नहीं मैंगनीज, निकेल, बैनेडियम और क्रोमियम को अलग-अलग अनुपात में मिलाकर मिश्रधातु (Alloy) बनाई जाती है।

ताँबा

- ताँबा शुद्ध धातु के रूप में तथा यौगिक के रूप में भी पाया जाता है। ताँबे के प्रमुख अयस्क क्रमशः क्यूप्राइट, कैल्कोसाइट, पायराइट, मैलाकाइट एवं कैमकोसाइट हैं, जिनसे ताँबा प्राप्त किया जाता है।
- विश्व में ताँबा का प्राक्-ऐतिहासिक काल (Prehistoric Age) से ही प्रयोग हो रहा है, इसको टिन में मिश्रित करने पर **कांस्य** (Bronze) तथा जस्ते में मिलाने पर **पीतल** (Brass) बनता है।
- ताँबे के शीर्ष उत्पादक देश चिली, पेरू, डेमोक्रेटिक रिपब्लिक, कांगो, चीन तथा संयुक्त राज्य अमेरिका हैं।
- ताँबे के शीर्ष संचित भंडारक देश चिली, ऑस्ट्रेलिया, पेरू, रूस, मैक्सिको आदि हैं।

ताँबे का उपयोग एवं महत्त्व

- ताँबा आघात वर्धनीयता एवं तन्यता के कारण बहुत उपयोगी सिद्ध हुआ है। यह अन्य धातुओं में मिश्रण के काम आता है।
- विद्युत चालकता के गुण के कारण विद्युत उद्योग में इसका उपयोग होता है।
- इसके अतिरिक्त ताँबे का उपयोग इंजीनियरिंग, कैलिको, प्रिंटिंग तथा रंगाई में भी होता है।

विश्व में ताँबे के शीर्ष उत्पादक देश एवं खनन क्षेत्र

देश	खनन क्षेत्र
चिली	चुकुई कैमेटा एल टेनिमेंट, पोटेरीलय व बैड्यू
यूएसए	एरिजोना प्रांत व मोंटाना प्रांत का बूटे क्षेत्र
कनाडा	ओंटेरियो का सैडबरी जिला
ऑस्ट्रेलिया	माउंट मोरगन व माउंट ईसा
जायरे (कांगो)	कटंगा, क्षेत्र
रूस	यूराल क्षेत्र

मैंगनीज

- मैंगनीज (Manganese) प्रकृति में शुद्ध रूप में नहीं मिलती है, बल्कि इसमें लोहे के यौगिक शामिल होते हैं।
- इसके मुख्य अयस्क साइलोमैलेन (Psilomelane) और मैंगानाइट (Manganite) हैं, जिनमें धातु का अंश 40 से 60% तक होता है। साइलोमैलेन मुलायम एवं ब्रोनाइट कठोर होती है।
- मैंगनीज के अन्य अयस्क पायरोलूसाइट (Pyrolusite), हॉलैडाइट (Hollandite), रोडोक्रोसाइट (Rhodochrosite) और जैकोबाइट हैं, जिनसे मैंगनीज प्राप्त किया जाता है।
- विश्व में जापान और चीन, मैंगनीज के मुख्य आयातक राष्ट्र हैं तथा बेल्जियम और सिंगापुर प्रमुख निर्यातक राष्ट्र हैं।
- मैंगनीज के शीर्ष भंडारक देश दक्षिण अफ्रीका, चीन, ऑस्ट्रेलिया, ब्राजील हैं।
- मैंगनीज के शीर्ष उत्पादक देश दक्षिण अफ्रीका, गैबन, चीन हैं।

मैंगनीज के उपयोग एवं महत्त्व

- मैंगनीज का उपयोग बैटरी निर्माण में, खाद्य निर्मांण में, काँच बनाने एवं काँच का रंग उड़ाने में, क्लोरीन गैस एवं ब्लीचिंग पाउडर बनाने आदि में किया जाता है।
- मैंगनीज को एल्युमीनियम के साथ मिलाकर विद्युत तारों के प्रतिरोधक के रूप में प्रयोग किया जाता है।
- इस मिश्रित धातु से वायुयान, मोटरगाड़ियाँ और रेलगाड़ियों के डिब्बे तथा टैंक बनाए जाते हैं।
- विश्व के कुल मैंगनीज उत्पादन का लगभग 95% उपयोग लौहपरक धातु के रूप में किया जाता है।

विश्व में मैंगनीज के शीर्ष उत्पादक देश एवं खनन क्षेत्र

देश	खनन क्षेत्र
चीन	अंशान-चांगलिंग, पेकिंग क्षेत्र (दक्षिणी मंचूरिया) हुनान, तांगशुंग व बुटान क्षेत्र।
दक्षिण अफ्रीका	पोस्टमासबर्ग क्षेत्र, किम्बरले व कुरम ड्रॉप
गैबॉन	फ्रांसविले, कॉमिलांग
यूक्रेन	निकोपोल
ब्राजील	अमापा क्षेत्र
जॉर्जिया	चियातुरा

बॉक्साइट

- यह एल्युमीनियम (Aluminium) का अयस्क है। यह चिकनी मिट्टी जैसा होता है, जो गुलाबी, सफेद तथा लाल रंग का हो सकता है।
- बॉक्साइट का रंग उसमें उपस्थित लोहे की मात्रा पर निर्भर करता है।
- बॉक्साइट (Bauxite) से एल्युमिना एवं एल्युमीनियम बनाया जाता है तथा इसमें सिलिका की मात्रा अपेक्षाकृत कम होती है, किंतु एल्युमिना अधिक होता है। यह मुलायम तथा कठोर दोनों रूपों में होता है। बॉक्साइट की तीन किस्में पाई जाती हैं, जो क्रमशः बोहमाइट (85% एल्युमिना), डायस्पोर (85% एल्युमिना) तथा गिबसाइट (65% एल्युमिना) हैं।
- यह मुख्य रूप से उष्णकटिबंधीय क्षेत्रों में पाया जाता है, क्योंकि यहाँ जलवायु बॉक्साइट के निर्माण के लिए उपयुक्त होती है। एल्युमीनियम के निष्कासन में बड़ी मात्रा में सस्ती जलविद्युत की आवश्यकता होती है।

विश्व में बॉक्साइट के शीर्ष उत्पादक देश एवं खनन क्षेत्र

देश	उत्पादक क्षेत्र
ऑस्ट्रेलिया	केपयार्ड प्रायद्वीप, वाइपा व अर्नाहम लैंड
यूएसए	अर्कन्सास व राज्य का सेलाइन काउंटी क्षेत्र
जमैका	सेंट एलिजाबेथ सैटमैरी क्षेत्र।
गिनी	बोको व बरूका द्वीप
रूस	कोला प्रायद्वीप
दक्षिण अफ्रीका	उत्तरी नेटाल प्रांत

- बॉक्साइड के शीर्ष संचित भंडारक देश गिनी, वियतनाम, ऑस्ट्रेलिया, ब्राजील, जमैका हैं। बॉक्साइड के शीर्ष उत्पादक देश ऑस्ट्रेलिया, गिनी, चीन, ब्राजील, इंडोनेशिया, भारत हैं।

एल्युमीनियम का उपयोग एवं महत्त्व

- एल्युमीनियम एक हल्का मजबूत, आघात वर्धनीय, तन्य, ऊष्मा एवं विद्युत की सुचालक तथा वायुमंडलीय संरक्षण की प्रतिरोधी धातु होने के कारण अत्यधिक उपयोगी होती है।
- इसका उपयोग विद्युत, धातुकर्मी, स्वचालित वाहनों, बर्तन बनाने, हवाई जहाज, भवन निर्माण, पैकिंग पदार्थ आदि में होता है।

टिन

- टिन (Tin) एक कोमल धातु है, जिसका प्रमुख अयस्क **केसेराइट या टिन स्टोन** है। यह कायांतरित या ग्रेनाइट जैसी शिष्ट शैलों से प्राप्त होती है।
- काँसे का निर्माण ताँबे (90%) तथा टिन (10%) के मिश्रण से होता है। नदी घाटियों में काँप जमाव से मिलने वाले टिन कणों को **प्लेसर निक्षेप** (Placer Deposit) कहा जाता है।
- विश्व में 80% टिन, प्लेसर निक्षेपों से प्राप्त होती है, यह अत्यधिक दक्षिण-पूर्व एशिया में अत्यधिक मात्रा में पाई जाती है।

विश्व में टिन के शीर्ष उत्पादक देश एवं खनन क्षेत्र

देश	खनन क्षेत्र
मलेशिया	पेनांग द्वीप, सेंलागोर व जेलुबु घाटी
इंडोनेशिया	बंका, मलक्का व बिलिटन
चीन	युन्नान, हुनान व क्वांक्शी
थाइलैंड	यूकेट
ऑस्ट्रेलिया	हरबर्टन व तस्मानिया
म्यांमार	शान पठार व कायिन्नी पठार

- विश्व में टिन के प्रमुख निर्यातक देश बर्मा, ऑस्ट्रेलिया, खांडा, कांगो गणराज्य व नाइजीरिया हैं, जबकि प्रमुख आयातक देश क्रमशः चीन, मलेशिया, थाइलैंड, सिंगापुर एवं वियतनाम हैं।
- टिन के भंडारक देश-चीन (23%), इंडोनेशिया (17%), ब्राजील (15%), बोलीविया (8%), ऑस्ट्रेलिया (8%) हैं।
- टिन के उत्पादक देश चीन, इंडोनेशिया, पेरू, बोलीविया हैं।

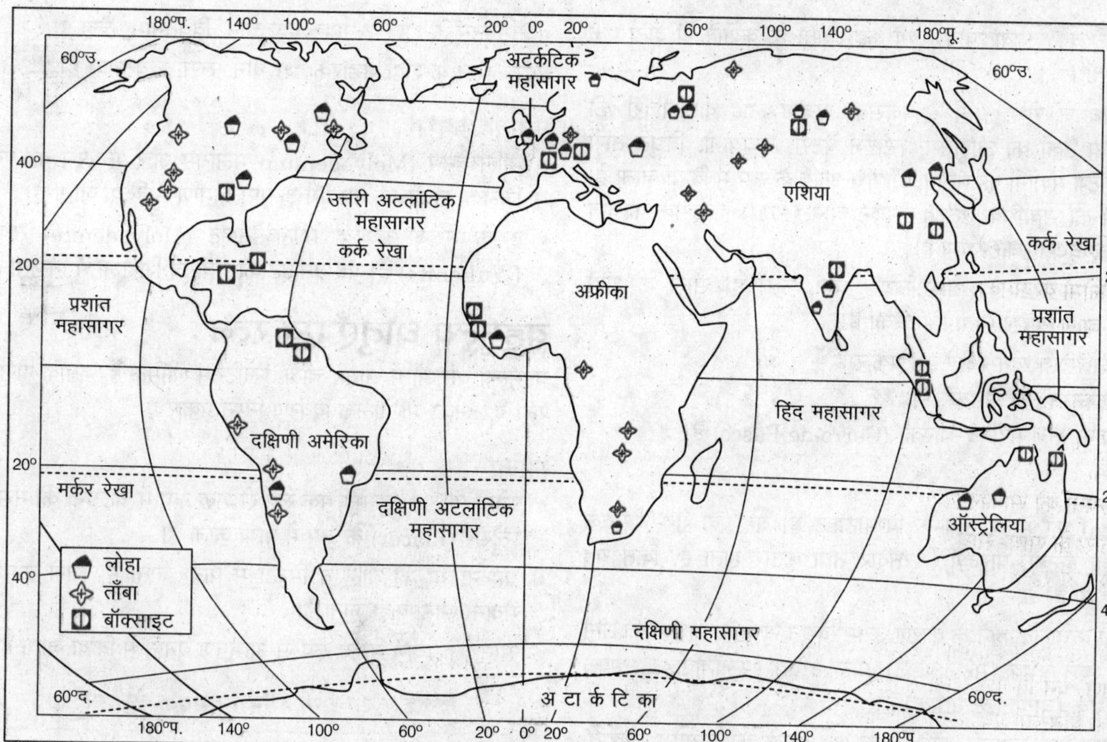

लोहे, ताँबे और बॉक्साइट का विवरण

टिन का उपयोग एवं महत्त्व

- इसकी कोमलता और जंग रहित स्वभाव के कारण इसका उपयोग मिश्र धातुओं के निर्माण, टिन की चादरें बनाने एवं शोल्डरिंग उद्योग में किया जाता है।
- इसके अतिरिक्त टाँका लगाने, टिन-प्लेट ढालने, मोटर, वायुयान तथा विभिन्न प्रकार के रसायन निर्माण उद्योग में भी किया जाता है।

क्रोमियम

- मैंगनीज के बाद क्रोमियम सर्वाधिक उपयोग में आने वाली पूरक धातु है। यह क्रोमाइट (Cr_2FeO_4) से प्राप्त होती है।
- इसमें उच्च धात्विक चमक होती है। यह गहरे काले एवं लाल रंग की होती है।
- विश्व के लगभग 70% क्रोमियम का उत्पादन कजाखिस्तान, भारत, दक्षिण अफ्रीका में होता है।
- क्रोमियम के शीर्ष उत्पादक देश दक्षिण अफ्रीका, कजाखिस्तान, तुर्किये हैं।
- क्रोमियम के शीर्ष भंडारक देश कजाखिस्तान, दक्षिण अफ्रीका, भारत हैं।

विश्व में क्रोमियम के शीर्ष उत्पादक देश एवं खनन क्षेत्र

देश	खनन क्षेत्र
कजाखिस्तान	क्रोमताऊ
रूस	यूराल के खलीलोबी, कर्ताली, कोमारोबो, कल्युचेबस्क आदि।
तुर्किये	गुलेमान, फेथिये, देनिलि व दिवरिग्ल आदि।
दक्षिण अफ्रीका	रुस्तनबर्ग क्षेत्र व लाइडेनबर्ग
जिम्बाब्वे	सेल्युक्वे व किल्दोनान
फिलीपींस	जम्बोलेज क्षेत्र (विश्व की सबसे बड़ी खान)

क्रोमियम का उपयोग एवं महत्त्व

- क्रोमियम का उपयोग लौह इस्पात उद्योग में लोहे तथा इस्पात के टिकाऊपन और मजबूती के लिए किया जाता है।
- इसके अतिरिक्त इसका उपयोग तापरोधी पदार्थों को बनाने, चमड़ा उद्योग एवं वस्त्र उद्योग में ब्लीचिंग और रंगाई में किया जाता है।

जस्ता

- जस्ते (Zinc) के महत्त्वपूर्ण अयस्क जिंक ब्लैंड (जिंक सल्फाइड) एवं कैलेमाइन हैं। इसके अन्य अयस्क जिंकाइट, विलेमाइट एवं हेमीमोरफाइट भी हैं।
- जस्ता एक मिश्र धातु है, जिसका प्रयोग विभिन्न प्रकार का साँचा ढालने में किया जाता है। इसे ताँबे के साथ मिश्रित करके काँसा (काँस्य) बनाया जाता है। इसका प्रयोग शुष्क बैटरी, काँच के जार, रंग रोगन तथा औषधियों के निर्माण आदि में किया जाता है। **ब्रिटिश कोलंबिया की सुलिवान खान** विश्व की सबसे बड़ी जस्ता-सीसे की खान है।
- जस्ते के शीर्ष उत्पादक क्षेत्र चीन, पेरू तथा ऑस्ट्रेलिया हैं।
- जस्ते के भंडारक देश ऑस्ट्रेलिया, चीन तथा रूस हैं।
- विश्व के प्रमुख जस्ता खनन क्षेत्र निम्न हैं
  - ऑस्ट्रेलिया का खनन क्षेत्र ब्रोकेन हिल व माउंट ईसा (क्वींसलैंड) हैं।
  - कनाडा का खनन क्षेत्र ब्रिटिश कोलंबिया है।

सीसा

- सीसा (Lead) प्रायः चाँदी और जस्ते के साथ प्राप्त होता है। सीसे का मुख्य अयस्क गैलेना (Galena) है। यह सामान्यतः शिष्ट शैलों की शिराओं से प्राप्त होता है।

- सीसे एवं जस्ते को 'जुड़वा खनिज' भी कहा जाता है, क्योंकि ये दोनों एक साथ पाए जाते हैं।
- यह एक अपघर्षण रोधी धातु है, जिसका प्रयोग लोहे की चादरों की कटिंग, अम्लीय टैंकों की लाइनिंग, स्टोरेज बैटरी, वायुयानों, विद्युत तारों तथा कैलकुलेटिंग मशीनों को बनाने, औषधि आदि के रूप में किया जाता है। विश्व में सीसे का सर्वाधिक उत्पादक राष्ट्र चीन (47%) है, इसके पश्चात् ऑस्ट्रेलिया एवं यूएसए का स्थान है।
- सीसे के शीर्ष भंडारक देश ऑस्ट्रेलिया, चीन, रूस हैं। सीसे के शीर्ष उत्पादक देश चीन, ऑस्ट्रेलिया, अमेरिका हैं।
- विश्व के प्रमुख सीसा खनन क्षेत्र इस प्रकार हैं
  - कनाडा का खनन क्षेत्र सैडबरी है।
  - पेरू का खनन क्षेत्र सेरो-द-पास्को (Cerro-de Pasco) है।

अभ्रक

- अभ्रक (Mica) का मुख्य अयस्क पिग्माटाइट है। यह एक गैर-धात्विक खनिज है, जो हल्का, पारदर्शी, परतदार तथा कठोर होता है, किंतु यह लचीला भी होता है।
- यह विद्युत का कुचालक होने के कारण उत्तम विद्युत रोधी है। अभ्रक की तीन मुख्य किस्में श्वेत अभ्रक (मस्कोबाइट), पीला अभ्रक (फ्लोगोपाइट अभ्रक) एवं काला अभ्रक (बायोटाइट अभ्रक) हैं।
- ताप एवं विद्युत का कुचालक होने के कारण अभ्रक का उपयोग मुख्यतः बिजली के उपकरण बनाने में किया जाता है। इसके अतिरिक्त इसका उपयोग चिमनी, चश्मा, दवा, रंग आदि के निर्माण में किया जाता है।
- भारत, अभ्रक का एक बड़ा निर्यातक देश है, इसके बाद क्रमशः मेडागास्कर, ब्राजील तथा तंजानिया का स्थान हैं, वहीं प्रमुख आयातक देश क्रमशः जापान, यूएसए, ब्रिटेन एवं जर्मनी हैं। अभ्रक के शीर्ष उत्पादक देश चीन, मेडागास्कर, अमेरिका हैं। अभ्रक के शीर्ष भंडारक देश भारत, अमेरिका (बहुत छोटा हिस्सा) हैं।

विश्व के अन्य प्रमुख खनिज संसाधन

- विश्व के अन्य प्रमुख खनिज संसाधन निम्नलिखित हैं

निकिल/निकेल

- निकेल (Nickel) धातु का मुख्य अयस्क पेंटलेण्डाइट (Pentlandite) है, जो निकेल, लोहे तथा सल्फर का मिश्रण होता है। अतः इसका अधिकांश उपयोग मैंगनीज एवं क्रोमियम धातु के साथ इस्पात निर्माण के लिए किया जाता है।
- इसके अतिरिक्त इसका उपयोग भारी यंत्र-वायुयान निर्माण एवं मोटर उद्योगों में मजबूत इस्पात के निर्माण में किया जाता है।
- निकेल के शीर्ष उत्पादक देशों में इंडोनेशिया, फिलीपींस तथा रूस शामिल हैं। निकेल के शीर्ष भंडारक देश ऑस्ट्रेलिया/इंडोनेशिया, ब्राजील, रूस हैं।

टंगस्टन

- यह एक कठोर धातु है, जो उच्च तापमान पर भी शीघ्र नहीं पिघलती है। यह वोल्फ्रामाइट अयस्क (Wolframite) से प्राप्त किया जाता है। यह टंगस्टन और मैंगनीज की भस्मों का रासायनिक मिश्रण होता है।
- टंगस्टन का उपयोग अधिकांश उच्च वेग वाले एवं उच्च तापमान पर अधिक समय तक धार को यथावत् रखने वाले औजारों के निर्माण में, जेट इंजनों एवं बल्बों के तंतु के निर्माण आदि में किया जाता है।
- टंगस्टन के शीर्ष उत्पादक देश चीन, वियतनाम, रूस हैं।
- टंगस्टन के शीर्ष भंडारक देश चीन, रूस, वियतनाम हैं।

मॉलिब्डेनम

- मॉलिब्डेनम (Molybdenum) मुलायम और भूरे रंग का एक खनिज है, जिसका सर्वाधिक उपयोग इस्पात निर्माण में किया जाता है।
- इसके मुख्य अयस्क मॉलिब्डेनाइट (Molybdenite) तथा वुल्फेनाइट (Wulfenite) हैं। यह ग्रेनाइट की क्वार्ट्ज शिराओं में मिलता है।

बहुमूल्य धातुएँ एवं रत्न

बहुमूल्य धातुओं में सोना, चाँदी, प्लेटिनम शामिल हैं, जबकि हीरा एक बहुमूल्य रत्न है, इनका भौगोलिक विवरण निम्न प्रकार है

सोना

- सोना (Gold) तुलनात्मक रूप से शुद्ध रूप में चट्टानों की नसों (Veins) में प्लेसर (Placer) के रूप में पाया जाता है।
- यह नदियों की बालू व मिट्टी में पाया जाता है, जिसे क्रमशः पठारी एवं मैदानी सोना कहा जाता है।
- सोने का प्रयोग मुख्य रूप से आभूषण बनाने में किया जाता है।

विश्व में सोने के शीर्ष उत्पादक देश एवं खनन क्षेत्र

देश	खनन क्षेत्र
दक्षिण अफ्रीका	विटवाटरसैंड की पहाड़ी में जोहान्सबर्ग (विश्व प्रसिद्ध), बोक्सबर्ग, ऑरेंज फ्री स्टेट व किम्बरले।
ऑस्ट्रेलिया	माउंट मोरगन, कालगुर्ली, कूलगार्डी, न्यू साउथ वेल्स व विक्टोरिया
यूएसए	कार्लिन, नेवादा, कोर्टेज
चीन	शानडांग, यून्नान व हेनान।

चाँदी

- चाँदी (Silver) एक चमकीली व बहुमूल्य धातु है, जो अधिकांश रूप में जस्ता, ताँबा, सीसा तथा सोने के साथ अशुद्धियों के रूप में मिलती है।
- इसका मुख्य अयस्क अर्जेंटाइन है, जिसमें 87% धातु का अंश होता है। इसके अतिरिक्त पायराजिराइट, स्टैफनाइट एवं हार्न सिल्वर चाँदी के प्रमुख अयस्क हैं।
- चाँदी का उपयोग सिक्के, आभूषण, सजावटी वस्तुएँ बनाने तथा सिल्वर प्लेटिंग, इलेक्ट्रोप्लेटिंग, फोटोग्राफी में शीशे को रंगने आदि में किया जाता है।

विश्व में चाँदी के शीर्ष उत्पादक क्षेत्र देश एवं खनन क्षेत्र

देश	खनन क्षेत्र
मैक्सिको	हिंडालो व चिनहुआ-हुआ
कनाडा	क्यूबेक, ओंटोरियो, सस्केचवान व ब्रिटिश कोलंबिया।
यूएसए	मोंटाना, एरीजोना, नेवादा व टेक्सास
ऑस्ट्रेलिया	कालगुर्ली, माउंट ईसा, ब्रोकेनहिल
दक्षिण अफ्रीका	नेटाल प्रांत व ट्रांसवाल
बोलीविया	पोटेसी

हीरा

- हीरा (Dimond) रासायनिक रूप से कार्बन का शुद्ध रूप है। यह ऊष्मा तथा विद्युत का कुचालक होता है। यह प्राकृतिक पदार्थों में सबसे कठोर है।
- हीरे की मुख्यत: चार किस्में पाई जाती हैं, जो क्रमश: विशिष्ट, बोर्ट, बैलेंस और कार्बनेडो हैं। हीरे का उपयोग आभूषणों को जड़ने में होता है, इसी प्रकार काले हीरे का उपयोग काँच काँटने में, हीरे पर पॉलिश करने में और चट्टानों में छेद करने में किया जाता है। विश्व में हीरे के प्रमुख खनन क्षेत्र निम्न हैं
  - दक्षिण अफ्रीका के उत्पादक क्षेत्र किम्बरले, जोहान्सबर्ग, केपटाउन हैं।
  - जायरे का उत्पादक क्षेत्र कटंगा पठार है।
  - भारत का उत्पादक क्षेत्र पन्ना, गोलकुंडा की खानें आदि हैं।

प्लेटिनम

- प्लेटिनम (Platinum) एक दुर्लभ खनिज है। इसे 'सफेद सोना' (White Gold) भी कहा जाता है। स्पेनिश भाषा में इसका नाम 'प्लेटिना' है।
- प्लेटिनम का उपयोग आभूषणों, प्रयोगशाला उपकरणों, मिश्र धातुओं इत्यादि में किया जाता है। प्लेटिनम का द्रवणांक 1550°C से 2700°C तक है।
- दक्षिण अफ्रीका प्लेटिनम के उत्पादन में अग्रणी देश है। कनाडा के सडबरी तथा दक्षिण अफ्रीका के रस्टेनबर्ग क्षेत्र में प्लेटिनम का भंडार स्थित है।
- कनाडा तथा दक्षिण अफ्रीका में कुल 70% प्लेटिनम के भंडार स्थित हैं। रूस प्लेटिनम का दूसरा बड़ा उत्पादक देश है। रूस के साइबेरिया तथा यूराल क्षेत्र में प्लेटिनम पाया जाता है।

कोबाल्ट

- कोबाल्ट एक कठोर तत्त्व है, जो प्राय: नीले रंग का होता है। कोबाल्ट के रासायनिक गुणों में लौह अयस्क से साम्यता है।
- कनाडा के सैडबरी क्षेत्र में निकेल के साथ कोबाल्ट का खनन किया जाता है। विश्व का 51% कोबाल्ट जैरे अफ्रीका के कटंगा क्षेत्र से प्राप्त होता है। जैरे के अतिरिक्त जाम्बिया, क्यूबा, ऑस्ट्रेलिया, रूस, फिनलैंड इत्यादि देशों में कोबाल्ट के भंडार स्थित हैं।
- कोबाल्ट का उपयोग खिड़की के शीशे, बर्तन तथा बोतल निर्माण में होता है। अपनी कठोरता के कारण इसे विभिन्न तत्त्वों के साथ मिश्रित किया जाता है।

खनिजों का उपयोग

- खनिजों का उपयोग कई उद्योगों में होता है।
- रत्नों के लिए प्रयोग किए जाने वाले खनिज प्राय: कठोर होते हैं। इन्हें आभूषण बनाने के लिए विभिन्न शैलियों में जड़ा जाता है।
- ताँबा एक अन्य धातु है, जिसका उपयोग सिक्के से लेकर पाइप तक प्रत्येक वस्तु में किया जाता है। कंप्यूटर उद्योग में प्रयुक्त होने वाला सिलिकन, कार्ट्ज से प्राप्त किया जाता है।
- ऐल्युमीनियम जिसे उसके अयस्क बॉक्साइट से प्राप्त किया जाता है, का उपयोग ऑटोमोबाइल और हवाई जहाज, बोतलबंदी उद्योग, भवन निर्माण और रसोई के बर्तनों में होता है।

खनिजों का संरक्षण

- खनिज एक अनवीकरणीय संसाधन है। खनिजों के निर्माण और संचयन में हजारों वर्ष लगते हैं।
- मानवीय उपयोग की दर की तुलना में निर्माण की दर धीमी है।
- खनिजों को संरक्षित करने का सबसे महत्त्वपूर्ण तरीका पुनर्चक्रण (Recycling) है। इसमें खनिजों के कम प्रयोग एवं पुनर्चक्रण एवं पुन: प्रयोग को शामिल किया जाता है।
- खनिजों के संरक्षण के लिए निम्न मापदंडों का प्रयोग किया जाता है
  - खनिजों का सुनियोजित एवं सतत पोषणीय उपयोग कर संतुलन बनाना।
  - निम्न कोटि के अयस्कों का उपयोग करने के लिए उच्च प्रौद्योगिकियों का सतत विकास करना।

अतिरिक्त तथ्य
तमिलनाडु बोर्ड एवं NIOS

- मैंगनीज एक प्रकार की फेरो-मिश्र धातु है, जिसका उपयोग वर्णक्रमीय गुणवत्ता वाले **स्टील** के निर्माण के लिए किया जाता है।
- लोहे में कुछ मात्रा में मैंगनीज मिलाया जाता है, जो आसानी से गैसों को दूर करता है और विनिर्माण प्रक्रियाओं में क्लीनर के रूप में कार्य करता है।
- भारत विश्व में मैंगनीज का **8वाँ** सबसे बड़ा उत्पादक है। हालाँकि इसके पास विश्व में मैंगनीज का सबसे बड़ा भण्डार भी है।
- ताँबे का प्रमुख अयस्क **कॉपर पाइराइट** है। यह ताँबे के विश्व उत्पादन का लगभग **76%** उत्पादन करता है।
- बॉक्साइड एक अशुद्ध कच्चा पदार्थ है। यह सामान्यत: **क्रायोलाइट** जैसे अत्यधिक जटिल खनिजों में रासायनिक यौगिक के एक घटक के रूप में होता है।
- प्लेटिनम सबसे सघन धातुओं में से एक है, जो सीसा से 2 गुना सघन है। यह **ऑस्मियम, पैलेडियम, इरिडियम** और **रीडियम** जैसी अन्य दुर्लभ धातुओं के साथ पाया जाता है।
- अभ्रक पानी, एसिड तेल या विलायक पर प्रतिक्रिया नहीं करता है। यह अत्यधिक उच्च तापमान या तापमान में अचानक परिवर्तन का प्रतिरोध कर सकता है। यह प्रकाश को अवशोषित या प्रतिबिम्बित कर सकता है।
- फॉस्फेट तलछटी चट्टानों में या फॉस्फेट नोडयूल के रूप में होता है। इसका उपयोग मुख्यत: उर्वरक में किया जाता है। विश्व में फॉस्फेट का सबसे बड़ा उत्पादक चीन है। इसके बाद **मोरक्को, अमेरिका, रूस** और **पेरू** देश अति हैं।
- भारत के पास विश्व के कुल लौह अयस्क भण्डार का 20% से अधिक है। भारत में पाए जाने वाले अयस्क की गुणवत्ता बहुत उच्च है, जिसमें **60%** से अधिक **लौह सामग्री** होती है।
- लाइमस्टोन उद्योगों की एक विस्तृत श्रृंखला में उपयोगी है। देश की कुल खपत का दो तिहाई सीमेंट उद्योग में उपयोग किया जाता है। लौह और इस्पात उद्योग, रासायनिक उद्योग, चीनी, कागज, उर्वरक और लौह मैंगनीज उद्योग कुछ अन्य क्षेत्र हैं, जहाँ इसका बड़ी मात्रा में उपयोग किया जाता है।

10

ऊर्जा संसाधन

(स्रोत)

Class-VIII Old NCERT Chap 3 **खनिज और शक्ति संसाधन,**
Class-IX Old NCERT Chap 9 **हमारे संसाधन,**
Class-XI Old NCERT Chap 5 **ऊर्जा के साधन,**
Tamil Nadu Board (Class XII), NIOS

ऊर्जा

- ऊर्जा (Energy) किसी भी देश के आर्थिक विकास के लिए अत्यंत आवश्यक होती है।
- विश्व में ऊर्जा व शक्ति संसाधनों का वितरण असामान्य है। विश्व में सामाजिक आर्थिक विकास के साथ ऊर्जा की माँग बढी है।
- सौर ऊर्जा अधिक भरोसेमंद और सार्वभौमिक रूप से लागू है। विश्व में ऊर्जा की बढ़ती माँग और 1973 के ऊर्जा संकट ने ऊर्जा के गैर-पारंपरिक स्रोतों के अनुसंधान और विकास को बढ़ावा दिया है।

ऊर्जा संसाधनों का वर्गीकरण

ऊर्जा संसाधनों को निम्न प्रकार से वर्गीकृत किया जाता है

- **परंपरागत ऊर्जा स्रोत** (Conventional Sources of Energy) इसके अंतर्गत ऊर्जा के उन स्रोतों को शामिल किया जाता है, जो लंबे समय से सामान्य उपयोग में लाए जाते हैं। ईंधन और जीवाश्मी ईंधन, परंपरागत ऊर्जा के दो मुख्य स्रोत हैं। इसके मुख्य स्रोत कोयला, पेट्रोलियम, प्राकृतिक गैस आदि हैं, जो सीमित संसाधन हैं अर्थात् भविष्य में इनके समाप्त होने की संभावना है, इसलिए इन्हें गैर-नवीकरणीय संसाधन (Non-Renewable Resources) भी कहते हैं।
- **गैर-परंपरागत ऊर्जा स्रोत** (Non-Conventional Sources of Energy) ये ऊर्जा के वे स्रोत हैं, जिनके भविष्य में समाप्त होने की संभावना न के बराबर होती है तथा इनका पुन: उपयोग करना संभव है। इसके मुख्य स्रोत सौर ऊर्जा, पवन ऊर्जा, भूतापीय ऊर्जा, जैव ऊर्जा तथा जल विद्युत आदि हैं। इन संसाधनों को नवीकरणीय संसाधन (Renewable Resources) भी कहते हैं।

परंपरागत ऊर्जा संसाधन

परंपरागत ऊर्जा संसाधनों का विवरण इस प्रकार है

कोयला

- भारत में कोयला बहुतायात में पाया जाने वाला जीवाश्म ईंधन हैं। यह देश की ऊर्जा आवश्यकताओं का महत्त्वपूर्ण भाग प्रदान करता है
- इसका उपयोग ऊर्जा उत्पादन तथा उद्योगों और घरेलू जरूरतों के लिए ऊर्जा की आपूर्ति के लिए किया जाता है।
- भारत अपनी वाणिज्यिक ऊर्जा आवश्यकताओं की पूर्ति हेतु मुख्यत: कोयले पर निर्भर है।
- यह एक जीवाश्मी ईंधन (Fossil Fuel) है, जिसका उपयोग घरेलू ईंधन, उद्योगों; जैसे-लोहा इस्पात, वाष्प इंजन और विद्युत उत्पन्न करने में किया जाता है।
- कोयले से प्राप्त विद्युत को **तापीय ऊर्जा** (Thermal Energy) कहा जाता है। कोयला, परतदार अवसादी चट्टानों में पाया जाता है।
- विश्व में कोयले का निर्माण मुख्यत: **कार्बोनिफेरस युग** (Carboniferous Period) में हुआ था। इसके अतिरिक्त कुछ कोयले का निर्माण **टर्शियरी युग** (Tertiary Period) में भी हुआ है।
- इस प्रकार पृथ्वी की परतों में दबने के कारण बनने वाले कोयले को अंतर्हित धूप (Inherent Sunlight) के रूप में जाना जाता है, इसे उद्योग-धंधों की जननी (Mother of Industries) भी कहा जाता है।
- कोयले का निर्माण पादप पदार्थों के लोखों वर्षों तक संपीडन से हुआ है। इसलिए संपीडन की मात्रा, गहराई और दबने के समय के आधार पर कोयला अनेक रूपों में पाया जाता है।

कोयले के प्रकार

कोयले में उपलब्ध कार्बन की मात्रा के आधार पर कोयले को चार वर्गों में विभाजित किया गया है

1. **एंथ्रेसाइट कोयला** (Anthracite Coal) यह कोयला बहुत कठोर, चमकदार एवं अशुद्धियों से रहित होता है। इसमें कार्बन की मात्रा लगभग 90% होती है। जलते समय इससे कम धुआँ निकलता है और जलने के पश्चात् राख की मात्रा कम होती है। यह सर्वोत्तम कोटि का कोयला है एवं इसका भंडार सीमित होता है।
2. **बिटुमिनस कोयला** (Bituminous Coal) इस कोयले में कार्बन की मात्रा 70% से 90% तक होती है। यह रंग में गहरा चमकीला काला होता है। जलते समय इससे अधिक धुआँ निकलता है तथा जलने के पश्चात् अधिक मात्रा में राख बचती है। इस कोयले को बिटुमिनस इसलिए कहा जाता है, क्योंकि गर्म करने पर इससे 'तारकोल' निकलता है। विश्व में इस प्रकार का कोयला सर्वाधिक पाया जाता है अर्थात् विश्व में 80% कोयला बिटुमिनस प्रकार का होता है। इसका उपयोग मुख्यत: कोक, कोयले के निर्माण में होता है।
3. **लिग्नाइट या भूरा कोयला** (Lignite Coal) इस कोयले में कार्बन की मात्रा 45% से 70% तक होती है। एंथ्रेसाइट एवं बिटुमिनस की तुलना में इसका निर्माण बाद में होने के कारण इसमें वनस्पति की मात्रा अधिक होती है तथा जलते समय इससे अधिक धुआँ निकलता है।
4. **पीट कोयला** (Peat Coal) यह वास्तविक रूप से कोयला नहीं है। यह वनस्पति अवशेष अंश से कोयला बनने का प्रथम रूप है। इसका रंग हल्का भूरा होता है तथा इसमें आर्द्रता की मात्रा बहुत अधिक होती है। यह निम्न स्तर का कोयला है, अत: इसका औद्योगिक महत्त्व कम होता है।

- विश्व के शीर्ष तीन कोयला भंडारक देश (घटते क्रम में) क्रमशः अमेरिका, रूस एवं आस्ट्रेलिया हैं। विश्व के शीर्ष तीन कोयला उत्पादक देश (घटते क्रम में) क्रमशः चीन, भारत एवं इंडोनेशिया हैं।

विश्व के प्रमुख कोयला उत्पादक क्षेत्र

देश	कोयला उत्पादक क्षेत्र
चीन	शांसी (शेंसी), सिचुआन, फुशान, रेड बेसिन, हुनान क्षेत्र व यून्नान क्षेत्र
संयुक्त राज्य अमेरिका	अप्लेशियन क्षेत्र, मिसौरी व टेक्सास
रूस	मास्को-तुला क्षेत्र, ओब नदी बेसिन, कुजनेट्स्क बेसिन, कारागंडा, पूर्वी साइबेरिया
ऑस्ट्रेलिया	न्यू साउथ वेल्स, क्वींसलेंड व विक्टोरिया प्रांत
जर्मनी	रूर बेसिन व वेस्टफेलिया
ब्रिटेन	स्काटिश निम्न प्रदेश, पेनाइन श्रेणी एवं दक्षिणी वेल्स।
दक्षिण अफ्रीका	ट्रांसवाल और नेटाल प्रांत।

खनिज तेल (पेट्रोलियम)

- पेट्रोलियम शब्द लैटिन के दो शब्दों पेट्रा (Petra) तथा ओलियम (Oleum) से मिलकर बना है।
- पेट्रा का अर्थ शैल तथा ओलियम का अर्थ तेल है, इसलिए पेट्रोलियम का अर्थ शैल तेल (Rock Oil) होता है।
- खनिज तेल (Mineral Oil) उन सूक्ष्म समुद्री जीवों, छोटे पादपों तथा जंतुओं के अपघटन (Decomposition) से प्राप्त होता है, जो आज से लगभग 10 से 20 करोड़ वर्ष पूर्व अवसादों के नीचे दब गए थे।
- खनिज तेल अवसादी चट्टानों के गुंबदाकार संरचना क्षेत्र में पाया जाता है।
- खनिज तेल शैलों की परतों के मध्य पाया जाता है। इसका बेधन (Drilling) अपतटीय व तटीय क्षेत्रों में स्थित तेल क्षेत्रों से किया जाता है।
- तदुपरांत इसे परिष्करणशाला भेजा जाता है, जहाँ अपरिष्कृत पेट्रोलियम के प्रक्रमण से विभिन्न प्रकार के उत्पाद; जैसे-डीजल, पेट्रोलियम, मिट्टी का तेल, मोम, प्लास्टिक और स्नेहक पदार्थ तैयार किए जाते हैं।
- पेट्रोलियम और इससे बने उत्पादों को 'काला सोना' (Black Gold) कहा जाता है, क्योंकि यह बहुत अधिक मूल्यवान है।
- विश्व के शीर्ष तीन कच्चा तेल भंडारक देश (घटते क्रम में) क्रमशः वेनेजुएला, सऊदी अरब एवं कनाडा हैं।
- विश्व के शीर्ष तीन कच्चा तेल उत्पादक देश (घटते क्रम में) क्रमशः संयुक्त राज्य अमेरिका, रूस एवं सऊदी अरब हैं।

विश्व के प्रमुख खनिज तेल (पेट्रोलियम) के उत्पादक क्षेत्र

देश	खनिज तेल (पेट्रोलियम) के उत्पादक क्षेत्र
संयुक्त राज्य अमेरिका	ओहियो, केंटुकी, गल्फ तटीय क्षेत्र, अप्लेशियन क्षेत्र, कैलिफोर्निया व टेक्सास
रूस	तोम्स्क, ग्रोजी, सखालिन द्वीप व पश्चिमी साइबेरिया
इराक	मोसुल, बसरा, किर्कुक व तिकरित
ईरान	करमशाह, नफ्त सफिद, हफ्त केल, गच सारन व लाली (यहाँ तेल शोधन अबादान की रिफाइनरी में होता है)
सऊदी अरब	धावर, एन धाहर, सफानिया व दम्माम (यहाँ तेल शोधन केंद्र रासनतुरा)
कुवैत	बुरधान की पहाड़ी
वेनेजुएला	ओरिनाको बेसिन, अपूरे बेसिन व मरेकैबो झील प्रदेश
म्यांमार	इरावदी एवं चिंदविन घाटी
चीन	यांगटिसिक्यांग घाटी व सैंसूई प्रांत
जापान	होकैडो एवं होंशू द्वीप
भारत	मुंबई हाई, डिग्बोई, खंभात की खाड़ी व ऊपरी असम

प्राकृतिक गैस

- प्राकृतिक गैस (Natural Gas) पेट्रोलियम निक्षेपों के साथ पाई जाती है। यह गैस तब निर्मुक्त (Released) होती है, जब अपरिष्कृत तेल को धरातल पर लाया जाता है।
- इसका प्रयोग घरेलू और वाणिज्यिक ईंधनों के रूप में किया जा सकता है।
- विश्व के शीर्ष तीन प्राकृतिक गैस के भंडारक देश (घटते क्रम में) क्रमशः रूस, ईरान एवं कतर हैं।
- विश्व के शीर्ष तीन प्राकृतिक गैस के उत्पादक देश (घटते क्रम में) क्रमशः सयुक्त राष्ट्र अमेरिका, रूस एवं ईरान है।

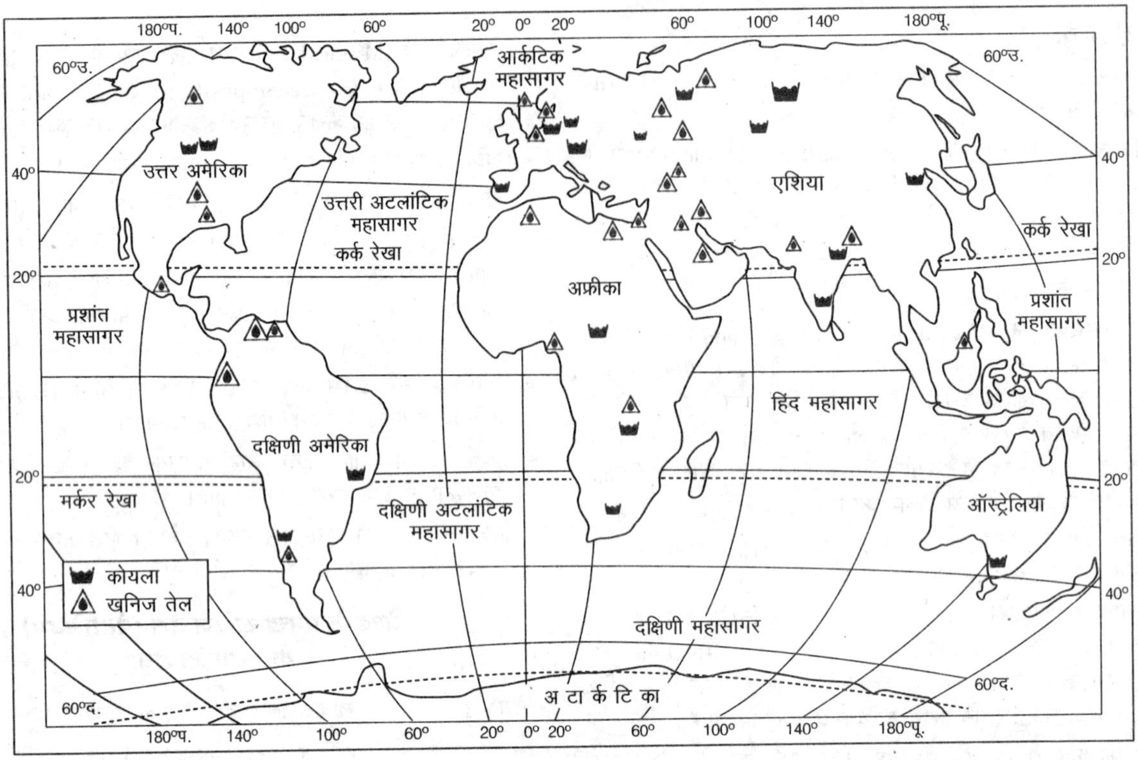

खनिज तेल और कोयले का वितरण

विश्व के प्रमुख प्राकृतिक गैस उत्पादक क्षेत्र

देश	प्राकृतिक गैस उत्पादक क्षेत्र
संयुक्त राज्य अमेरिका	अल्बामा, अरकासास, कोलोराडो टेक्सास, न्यू मैक्सिको, कैलिफोर्निया, ओक्लाहोमा व लुईसियाना।
रूस	ग्रोंजी व वोल्गा-यूराल क्षेत्र सखालिन
कनाडा	ब्रिटिश कोलंबिया एवं अल्बर्टा
ऑस्ट्रेलिया	बॉस स्ट्रेट व पोर्ट हेडलैंड
इराक	बसरा, किर्कुक व मोसूल

संपीड़ित प्राकृतिक गैस

संपीड़ित प्राकृतिक गैस (CNG) एक प्रचलित पर्यावरण हितैषी ऑटोमोबाइल ईंधन है, क्योंकि यह पेट्रोलियम और डीजल की तुलना में कम प्रदूषण करती है।

जल विद्युत

- गिरते या बहते हुए जल की गतिज ऊर्जा (Kinetic Energy) से जो विद्युत (Electricity) उत्पन्न होती है, उसे जल विद्युत (Hydel Power) कहा जाता है।
- बाँधों में वर्षा के जल अथवा नदी के जल को संग्रहित करके टरबाइन के ऊपर गिराकर जल से विद्युत का उत्पादन किया जाता है।
- विश्व में जल विद्युत के अग्रणी उत्पादक देश पराग्वे, नॉर्वे, ब्राजील तथा चीन हैं।
- नॉर्वे विश्व का पहला देश था, जिसने 'जल विद्युत' का विकास किया तथा इससे बिजली उत्पन्न की।
- जल विद्युत को **श्वेत कोयला** (White Coal) भी कहा जाता है, क्योंकि इसके कारण पर्यावरण प्रदूषण नहीं होता है। किसी स्थान पर जल विद्युत उत्पादन के लिए आवश्यक दशाएँ निम्न हैं
  - जल का वेग एवं आयतन अधिक होना
  - जल का ऊँचाई से गिरना
  - बाजार माँग-क्षेत्र की समीपता
  - परिवहन के साधनों की उपलब्धता
  - ऊर्जा के अन्य स्रोतों की अनुपलब्धता
  - सदावाहिनी नदियाँ
  - तीव्र ढाल
  - उचित प्राविधिकी (Technology)
  - पूँजी की उपलब्धता

विश्व की प्रमुख जल-विद्युत परियोजनाएँ

नाम	देश	नाम	देश
थ्री गार्जेज	चीन	टुकुराई	ब्राजील
इतापु	ब्राजील और पराग्वे	ग्रैंड कूली	संयुक्त राज्य अमेरिका
नूरी	वेनेजुएला	साबनो शुशेनरक्या	रूस

खनिज तेल		प्राकृतिक गैस
लाभ	हानि	लाभ
• आसानी से परिवहनीय (टेंकर) • पैट्रो-रसायन उद्योग का आधार	• तेल अधिप्लावन एवं गैस रिसाव के कारण ऑक्सीजन का अवक्षय • निर्मुक्त प्रदूषक के कारण अम्ल वर्षा • नए ईंधन का अंवेषण आसान नहीं	• आसानी से परिवहनीय (पाइपलाइन) • तेल और कोयले से अधिक स्वच्छ • तेल से सस्ता

ऊर्जा के परंपरागत स्रोत

ईंधन	
लाभ	हानि
• सुप्राप्य • बहुसंख्यक लोगों को ऊर्जा प्रदान करता है।	• संग्रहण में अधिक समय उपयोग • प्रदूषण फैलाने वाला • हरित गृह प्रभाव में वृद्धि करता है। • निर्वनीकरण

कोयला	
लाभ	हानि
• विस्तृत रूप से उपलब्ध • विद्युत रूपांतरण के लिए उपयुक्त	• प्रदूषण का स्रोत • परिवहन के लिए भारी

जल विद्युत	
लाभ	हानि
• प्रदूषण मुक्त • सिंचाई और मत्स्यन को बढ़ावा देता है • सस्ता	• स्थानीय समुदाय का विस्थापन • निम्न क्षेत्रों का जलप्लावन • स्थापित करने में खर्चीला

ऊर्जा के परंपरागत स्रोत

गैर-परंपरागत ऊर्जा संसाधन

गैर-परंपरागत ऊर्जा संसाधनों का विवरण इस प्रकार है

सौर ऊर्जा

- सौर ऊर्जा (Solar Energy) सूर्य के प्रकाश से विद्युत ऊर्जा में परिवर्तन की प्रक्रिया है।
- सौर ऊर्जा का मुख्य स्रोत सूर्य है। सौर ऊर्जा का प्रयोग करने के लिए फोटोवोल्टिक (Photovoltaic) तथा सोलर पैनल (Solar Panels) का प्रयोग किया जाता है।
- यह ऊर्जा उष्णकटिबंधीय देशों में वर्षभर अधिक मात्रा में उपलब्ध होती है।
- सौर ऊर्जा, सौर सेलों (Solar Cell) में विद्युत ऊर्जा उत्पन्न करने के लिए प्रयोग की जाती है, इसमें अनेक सेलों को सौर पैनलों से तापन व प्रकाश के लिए शक्ति उत्पन्न करने के लिए जोड़ा जाता है।
- इस ऊर्जा का उपयोग सौर तापक (Solar Heaters), सौर कुकर (Solar Cooker), सोलर ड्रायर (Solar Dryers), प्रकाश (Light) तथा यातायात संकेतों (Traffic Signals) में भी किया जाता है।
- सोलर लाइट के अतिरिक्त सौर ऊर्जा का ग्रामीण विद्युतीकरण, पानी के पंप को चलाने, रेफ्रिजरेटरों को चलाने तथा सिंचाई के लिए ऊर्जा प्राप्ति में विशेष महत्त्व है। वर्तमान में इसकी उपयोगिता और बढ़ गई है।
- विश्व में सोलर ऊर्जा के पाँच प्रमुख उत्पादक देश- चीन (430 GW), संयुक्त राज्य अमेरिका (141.8 GW), जापान (84.9 GW), जर्मनी (69.1 GW) एवं भारत (68 GW) हैं।

पवन ऊर्जा

- पवन ऊर्जा (Wind Energy) को पवन चक्कियों की सहायता से प्राप्त किया जाता है।
- पवन चक्की पवन की गति से चलती है, जो टरबाइन को चलाती है, इससे गतिज ऊर्जा को विद्युत ऊर्जा में परिवर्तित किया जाता है।
- पवन फार्म, पवन चालित टरबाइनों का ऐसा समूह होता है, जो अनुकूल भौगोलिक दशाओं में तटीय क्षेत्रों और पर्वत घाटियों में लगाया जाता है।
- **विश्व मौसम विज्ञान संस्थान** के अनुसार, यदि पवन ऊर्जा का सही उपयोग किया गया, तो इससे उत्पादित हो रही विद्युत से 13 गुना उत्पादन संभव है।
- वर्तमान में पवन फार्म द्वारा विद्युत का उत्पादन किया जा रहा है, जिसका उपयोग विभिन्न घरेलू कार्यों में हो रहा है।
- वर्ल्ड विंड पॉवर एनर्जी एसोसिएशन द्वारा जारी की गई वर्ल्ड विंड पॉवर एनर्जी रिपोर्ट के अनुसार, वर्ष 2020 तक पवन ऊर्जा की संस्थापित क्षमता 15,00,000 मेगावाट है।

- पवन फार्म से विद्युत उत्पादन यूएसए, नीदरलैंड, जर्मनी, डेनमार्क, यूके, स्पेन में अधिक मात्रा में किया जाता है। पवन ऊर्जा के पाँच शीर्ष उत्पादक देश चीन, यूएसए, ब्राजील, जर्मनी एवं स्वीडन हैं।

भू-तापीय ऊर्जा

- भू-तापीय ऊर्जा (Geothermal Energy) पृथ्वी के भू-गर्भ से प्राप्त होती है अर्थात् गर्म जल पृथ्वी के अंदर से बाहर निकलता है और इससे विद्युत उत्पादन किया जाता है।
- यह विद्युत उत्पादन का सबसे सस्ता तथा सरल स्रोत है, इसमें धरातल के छिद्र या दरार से निकले वाष्प को जलाशय में एकत्रित करके तथा उसे छानकर पाइप द्वारा टरबाइन में भेजा जाता है, जहाँ विद्युत उत्पादन होता है।
- वर्षों से गर्म जल के स्रोतों के रूप में भू-तापीय ऊर्जा का उपयोग खाना बनाने, ऊष्मा प्राप्त करने तथा गर्म पानी से स्नान करने में किया जाता है।
- इस ऊर्जा का प्रथम (1890 ई. में) व्यावसायिक उपयोग का सफल प्रयास संयुक्त राज्य अमेरिका में किया गया। इसके बाद इसका उपयोग इटली (1904), न्यूजीलैंड (1958) आदि देशों में किया गया।
- भारत में भू-तापीय ऊर्जा का संयंत्र हिमाचल प्रदेश के मणिकरण और लद्दाख की पूँगाघाटी में स्थित है। भू-तापीय ऊर्जा के पाँच शीर्ष उत्पादक देश यूएसए, इंडोनेशिया, फिलीपींस, तुर्की तथा न्यूजीलैंड हैं।

ज्वारीय ऊर्जा

- समुद्र में ज्वारों से उत्पन्न ऊर्जा को ज्वारीय ऊर्जा (Tidal Energy) कहते हैं। इस ऊर्जा का विदोहन समुद्र के रांकरे मुहाने में बाँध के निर्माण से किया जाता है। उच्च ज्वार के समय ज्वारों की ऊर्जा का उपयोग बाँध में स्थापित टरबाइन को घुमाने के लिए किया जाता है। ज्वारीय ऊर्जा का उत्पादन मुख्य रूप से फ्रांस, रूस और भारत में किया जाता है।
- विश्व का पहला ज्वारीय ऊर्जा स्टेशन फ्रांस में बनाया गया था, इसकी मुख्य बाधा यह है कि ऊर्जा स्रोत की अवस्थिति नियत है तथा यह ज्वारनदमुख (Estuary) क्षेत्रों में पारिस्थितक असंतुलन (Ecological Imbalance) भी उत्पन्न कर सकती है।

बायोगैस/जैव ऊर्जा

- जैविक स्रोतों अथवा जैव भार से उत्पन्न ऊर्जा को जैव ऊर्जा (Bio Energy) कहा जाता है। इसके अंतर्गत जैव अवशिष्टों; जैसे- मृत पौधे तथा जंतुओं के अवशेष, पशुओं के गोबर, रसोईघर के अपशिष्टों से गैस उत्पन्न की जाती है, इसे बायोगैस (Bio Gas) भी कहते हैं।
- जैविक अपशिष्ट बैक्टीरिया द्वारा बायोगैस संयंत्र में अपघटित होते हैं, जो अनिवार्य रूप से मीथेन और कार्बन-डाइऑक्साइड का मिश्रण होते हैं।
- बायोगैस खाना पकाने तथा विद्युत उत्पादन का सर्वोत्तम ईंधन है और इससे प्रति वर्ष बड़ी मात्रा में जैव खाद का उत्पादन होता है। यह ऊर्जा सर्वव्यापी है, किंतु इस ऊर्जा का विदोहन बहुत ही कठिन और खर्चीला होता है।
- विश्व में बायोगैस/जैव ऊर्जा के पाँच प्रमुख उत्पादक देश-ब्राजील, चीन, संयुक्त राज्य अमेरिका, ब्रिटेन और स्वीडन हैं।

परमाणु ऊर्जा/आणविक शक्ति

- यूरेनियम (Uranium) तथा थोरियम (Thorium) रेडियो सक्रिय तत्त्व हैं, जिनका उपयोग परमाणु ऊर्जा उत्पादन में किया जाता है। इन तत्त्वों के परमाणुओं के विखंडन से ऊर्जा प्राप्त की जाती है।
- विखंडन की यह क्रिया बहुत कम खनिजों में संभव है, इसके लिए महँगी प्रौद्योगिकी की आवश्यकता होती है। परमाणु ऊर्जा से जुड़े तत्त्वों का विवरण निम्न है

यूरेनियम

- यूरेनियम एक भारी खनिज है, जिसका उपयोग परमाणु ऊर्जा के उत्पादन में किया जाता है, इसकी प्राप्ति आर्कियन श्रेणी की चट्टानों मोनाजाइट, बालू तथा चेरालाइट से होती है।
- यूरेनियम के मुख्यत: दो प्राथमिक स्रोत हैं-पिच ब्लैंड (Pitchblende), जिसमें 50 से 80% यूरेनियम का अंश होता है तथा यूरेनीनाइट (Uraninite), जिसमें यूरेनियम का अंश 65 से 80% तक होता है।
- विश्व के प्रमुख यूरेनियम उत्पादक क्षेत्र निम्न हैं- कनाडा (अथाबास्का बेसिन, ग्रेट बियर झील के पास, यूरेनियम एवं पोर्ट रेडियम), ऑस्ट्रेलिया (मैक आर्थर बेसिन), संयुक्त राज्य अमेरिका (कोलोरैडो का पठार), दक्षिण अफ्रीका (विटवाटर्सरैंड पहाड़ी), जायरे (कांगो) (शिंकोलोब्वे खनन क्षेत्र), भारत (तमिलनाडु, झारखंड, आंध्र प्रदेश, राजस्थान एवं केरल का तटीय भाग) आदि।

विश्व के शीर्ष यूरेनियम उत्पादक एवं भंडार वाले देश

शीर्ष उत्पादक देश	शीर्ष भंडार वाले देश
कजाकिस्तान	कजाकिस्तान
कनाडा	कनाडा
ऑस्ट्रेलिया	रूस

थोरियम

- थोरियम एक रासायनिक तत्त्व है, जिसका रासायनिक संकेत Th है। इसकी परमाणु संख्या 90 है। यह परमाणु रिएक्टर में प्रयुक्त किया जाने वाला ईंधन है।
- थोरियम के मुख्य अयस्क थोरियानाइट (Thorianite), अलानाइट (Allanite) एवं मोनाजाइट (Monazite) हैं। थोरियम की पर्याप्त मात्रा श्रीलंका एवं मेडागास्कर में उपलब्ध है तथा भारत के केरल एवं राजस्थान में थोरियम पाया जाता है। अलानाइट भूरे एवं काले रंग का खनिज है, जो ग्रेनाइट एवं अन्य आग्नेय चट्टानों में पाया जाता है। विश्व में थोरियम का मुख्य स्रोत मोनाजाइट है। मोनाजाइट युक्त रेत केरल के तटीय क्षेत्रों में पाया जाता है।
- यह पीलापन लिए हुए भूरे रंग का खनिज है, जो ग्रेनाइट एवं पैगमेटाइट का एक घटक है। थोरियम के प्रमुख निक्षेप एवं खनन क्षेत्र निम्न हैं-मोनोजाइट (ब्राजील, ऑस्ट्रेलिया, मलेशिया, श्रीलंका के तटीय भाग, भारत का केरल तट, यूएसए के मोनटाना, उत्तरी कैरोलिना, दक्षिणी कैरोलिना, कैलीफोर्निया, फ्लोरिडा), थोरियानाइट (श्रीलंका का रत्नापुर जिला), अलनाइट (भारत के राजस्थान एवं आंध्र प्रदेश) आदि।

थोरियम के शीर्ष भंडारक एवं उत्पादक राष्ट्र

उत्पादक देश	भंडारक देश
भारत	भारत
यूएसए	संयुक्त राज्य अमेरिका
ऑस्ट्रेलिया	ऑस्ट्रेलिया
कनाडा	कनाडा
दक्षिण अफ्रीका	दक्षिण अफ्रीका

ऊर्जा के गैर-परंपरागत स्रोत

पवन ऊर्जा

लाभ	हानि
• प्रदूषण मुक्त • एक बार स्थापित हो जाने पर विद्युत उत्पादन की कम लागत • सुरक्षित और साफ	• ध्वनि प्रदूषण • पवन चक्कियों को स्थापित करना महँगा • रेडियो व दूरदर्शन के प्रसारण संकेतों में व्यवधान • पक्षियों के लिए हानिकारक

सौर ऊर्जा

लाभ	हानि
• असमाप्य • प्रदूषण मुक्त	• खर्चीला • स्रोत के विसरित होने से ऊर्जा की बर्बादी

ज्वारीय ऊर्जा

लाभ	हानि
• प्रदूषण मुक्त • असमाप्य	• वन्य जीवन आवास का नष्ट होना • दोहन में कठिन

परमाणु ऊर्जा

लाभ	हानि
• बड़ी मात्रा में ऊर्जा उत्पादन	• रेडियोएक्टिव व्यर्थ को उत्पन्न करना • खर्चीला

बायोगैस

लाभ	हानि
• कम लागत • उपयोग में आसान • जैव-व्यर्थ का उपयोग और बायोगैस का उत्पादन	• हरित गृह प्रभाव का कारण

भू-तापीय ऊर्जा

लाभ	हानि
• स्वच्छ, पर्यावरण हितैषी व हर समय उपलब्ध	• शहर से बहुत दूर अवस्थित होने के कारण विद्युत वहन खर्चीला

ऊर्जा के गैर-परंपरागत स्रोत

अतिरिक्त तथ्य
तमिलनाडु बोर्ड एवं NIOS

- विश्व के अधिकांश कोयला संसाधनों का निर्माण कार्बोनिफेरस काल (280 से 350 मिलियन वर्ष पूर्व) के दौरान हुआ था।
- भारत के कुल कोयला भण्डार और उत्पादन में से **गोंडवाना** कोयला क्षेत्र 98% का योगदान देता और शेष 20% टर्शियरी कोयला क्षेत्रों से उत्पादन होता है।
- कोयला क्षेत्रों का उपयोग भाप उत्पादन के लिए किया जाता है और इसमें सल्फर की मात्रा अधिक होती है। विश्व में भाप के लिए कोयला का सबसे बड़ा उत्पादक चीन है, उसके बाद भारत का स्थान है तथा इसके अन्य उत्पादक क्षेत्र **अमेरिका**, **इंडोनेशिया** और **दक्षिण अफ्रीका** हैं।
- कोयले का उपयोग विभिन्न प्रयोजनों के लिए; जैसे-विद्युत ऊर्जा, घरेलू ईंधन, धातुकर्म क्रोक, रासायनिक उद्योग और उपोत्पाद जैसे-अमोनियम सल्फेट, नेफ्थलीन, फिनोल, बैंजीन आदि स्रोत के रूप में किया जाता है।
- ओपेक पेट्रोलियम निर्यातक देशों का संगठन है, जिसका गठन वर्ष **1960 में बगदाद सम्मेलन** में किया गया था।
- प्रारम्भ में इसमें सऊदी अरब, ईरान, इराक, कुवैत और वेनेज़ुएला सदस्य थे।
- बाद में 8 देशों; जैसे- लीबिया, अल्जीरिया, कतर, UAE, इंडोनेशिया, नाइजीरिया, इक्वेडोर और अंगोला को इसमें जोड़ा गया, लेकिन हाल ही में **इंडोनेशिया** ओपेक से अलग हो गया है।
- प्राकृतिक गैस में एक तीव्र गंधक **इथेनाथियोल** (आमतौर पर एथिल मेरकैप्टन के रूप में जाना जाता है) मिलाया जाता है, ताकि इसके रिसाव का आसानी से पता लगाया जा सके। इसे पेट्रोलियम या गीली प्राकृतिक गैस को परिष्कृत करके तैयार किया जाता है।
- विश्व का पहला वाणिज्यिक परमाणु ऊर्जा स्टेशन काल्डर हॉल पिंड, स्केल, **इंग्लैंड** में वर्ष 1956 में खोला गया था।
- **नूर कॉम्प्लेक्स**, सहारा रेगिस्तान में स्थित विश्व का सबसे बड़ा एकीकृत सौर ऊर्जा संयंत्र है। विश्व का सबसे बड़ा पवन ऊर्जा फार्म कैलिफोर्निया के अल्टामेंट दर्रे में है।
- सबसे बड़ा ज्वारीय बिजली स्टेशन दक्षिण कोरिया में सिंहवा झील पर स्थित है और यह विश्व का सबसे बड़ा ज्वारीय बिजली उत्पादक है।

11

उद्योग

(स्रोत)

Class-VIII New NCERT Chap 4 **उद्योग,** Class-IX Old NCERT Chap 8 **मानव व्यवसाय,**
Class-XI Old NCERT Chap 9 **निर्माण उद्योग,**
Class-XI Old NCERT Chap 10 **उद्योगों की अवस्थिति एवं संसार के मुख्य उद्योग,**
Class-XII New NCERT Chap 5 **द्वितीयक क्रियाएँ,**
Tamil Nadu Board (Class XII), NIOS

उद्योग एक ऐसी भौतिक क्रिया (द्वितीयक क्रिया) है, जो प्राकृतिक संसाधनों के प्रसंस्करण (Processing) एवं मूल्य वर्धन पर आधारित होती है अर्थात् इसका संबंध वस्तुओं के उत्पादन, खनिजों के निष्कर्षण (Dredging) अथवा सेवाओं की व्यवस्था से संबंधित होता है। यह मानव की मूलभूत आवश्यकताओं की वस्तुओं का निर्माण करती है।

विनिर्माण

- मशीन, उपकरण तथा श्रम के उपयोग से किसी वस्तु के निर्माण की प्रक्रिया **विनिर्माण** (Manufacturing) कहलाती है।
- इसके अंतर्गत कच्चे माल (Raw Materials) को मूल्यवान उत्पाद में परिवर्तित कर अधिक मात्रा में वस्तुओं का निर्माण किया जाता है।
- **हस्तशिल्प** (Handicraft) कार्य से लेकर लोहे व इस्पात को निर्मित करना, प्लास्टिक के खिलौने बनाना, कंप्यूटर के अति सूक्ष्म घटकों को जोड़ना एवं अंतरिक्षयान का निर्माण इत्यादि सभी प्रकार के उत्पादनों को निर्माण के अंतर्गत ही सम्मिलित किया जाता है।

बड़े पैमाने पर होने वाले विनिर्माण की विशेषताएँ

वर्तमान समय में बड़े पैमाने पर होने वाले विनिर्माण की निम्नलिखित विशेषताएँ हैं

- **कौशल का विशिष्टीकरण/उत्पादन की विधियाँ** (Specialisation of Skill/Methods of Production) 'क्राफ्ट' (Craft Method) अथवा शिल्पीय प्रक्रिया से बनाए जाने वाले उत्पाद प्रायः ऑर्डर के अनुसार बनाए जाते हैं। ऐसी स्थिति में लागत अधिक आती है, परंतु अधिक उत्पादन का संबंध बड़े पैमाने पर बनाई जाने वाली वस्तुओं से होता है, जिसमें प्रत्येक कारीगर निरंतर एक ही प्रकार का कार्य करता है।
- **यंत्रीकरण** (Mechanisation) किसी कार्य को पूर्ण करने के लिए मशीनों का प्रयोग करना, यंत्रीकरण कहलाता है। स्वचालित प्रक्रिया यंत्रीकरण की विकसित अवस्था है।
- **प्रौद्योगिकीय नवाचार** (Technological Innovation) यह शोध एवं विकासमान युक्तियों के द्वारा विनिर्माण की गुणवत्ता को नियंत्रित करने, अपशिष्टों के निस्तारण (Disposal) एवं अदक्षता (Incapability) को समाप्त करने तथा प्रदूषण के विरुद्ध संघर्ष करने का महत्त्वपूर्ण पहलू है।
- **संगठनात्मक ढाँचा एवं स्तरीकरण** इसके अन्तर्गत निम्न विशेषताओं को शामिल किया जाता है-एक जटिल प्रौद्योगिकी तंत्र, आवधिक विशिष्टीकरण, श्रम विभाजन के द्वारा कम प्रयास, अल्प लागत से अधिक माल का निर्माण करना, अधिक पूँजी, बड़े संगठन एवं प्रशासकीय अधिकारी वर्ग की जरूरत आदि।
- **अनियमित भौगोलिक वितरण** (Uneven Geographic Distribution) आधुनिक निर्माण के मुख्य संकेंद्रण कुछ ही स्थानों पर सीमित हैं। विश्व के कुल स्थलीय भाग के 10% से कम भू-भाग पर इनका विस्तार है। ये देश की आर्थिक एवं राजनीतिक शक्ति के केंद्र बन गए हैं। विनिर्माण की सभी प्रक्रियाओं में कुछ सामान्य विशेषताएँ होती हैं; जैसे- शक्ति का उपयोग, एक ही प्रकार की वस्तुओं का विशाल उत्पादन एवं कारखाने में विशिष्ट श्रमिक, जो मानक वस्तुओं का उत्पादन करते हैं। विनिर्माण आधुनिक शक्ति के साधन एवं मशीनरी के द्वारा या पुराने साधनों द्वारा किया जाता है। वर्तमान समय में विश्व के अधिकांश देशों में विनिर्माण का शाब्दिक अर्थों में प्रयोग किया जाता है।

उद्योगों का विनिर्माण एवं विनिर्माण उद्योग

- विनिर्माण का शाब्दिक अर्थ **हाथ से बनाना** (To make by Hand) है, फिर भी इसके अंतर्गत यंत्रों द्वारा बनाई गई वस्तुएँ भी सम्मिलित होती हैं। यह एक ऐसी प्रक्रिया है, जिसमें कच्चे माल को स्थानीय या दूरस्थ बाजार में बेचने के लिए ऊँचे मूल्य के तैयार माल में परिवर्तित कर दिया जाता है।
- इस प्रकार उद्योग एक विनिर्माण इकाई होती है, जिसकी भौगोलिक स्थिति पृथक् होती है तथा प्रबंध तंत्र के अंतर्गत लेखा-बही एवं रिकॉर्ड को रखा जाता है, अत: उद्योग को विनिर्माण के पर्यायवाची रूप में भी देखा जाता है; जैसे- लौह इस्पात उद्योग आदि।
- पर्यटन उद्योग या मनोरंजन उद्योग गौण क्रिया वाले उद्योग हैं, अत: स्पष्टता हेतु **विनिर्माण उद्योग** (Manufacturing Industry) शब्द का प्रयोग किया जाता है।
- इस प्रकार कुछ क्षेत्रों को आच्छादित करने की दृष्टि से विनिर्माण स्थल, प्रक्रियाओं की अत्यधिक गहनता के कारण बहुत कम स्पष्ट हैं तथा कृषि की अपेक्षा बहुत छोटे क्षेत्रों में संकेंद्रित हैं; **उदाहरणस्वरूप** अमेरिका की मक्का की पेटी।

औद्योगिक विपदा

- औद्योगिक विपदा के मुख्य कारण तकनीकी विफलता या संकट उत्पन्न करने वाले पदार्थों के असफल उपयोग के कारण उत्पन्न होते हैं।
- इस प्रकार की एक आपदा **भोपाल** (मध्य प्रदेश) में **3 दिसम्बर, 1984** को घटित हुई थी, जो एक प्रौद्योगिकीय दुर्घटना थी, जिसमें यूनियन कार्बाइड के कीटनाशी कारखाने से **हाइड्रोजन सायनाइट** तथा अत्यंत विषैली गैस **मिथाइल आइसोसायनेट** (एम.आई.सी.) का रिसाव हुआ था।

उद्योगों की अवस्थिति को प्रभावित करने वाले कारक

उद्योगों की स्थिति को प्रभावित करने वाले कुछ कारक निम्न हैं

- **बाजार तक अभिगम्यता** (Access to Market) उद्योगों की स्थापना में सबसे प्रमुख कारक उसके द्वारा उत्पादित माल के लिए उपलब्ध बाजार का होना है। बाजार से तात्पर्य उस क्षेत्र में तैयार वस्तुओं की माँग एवं वहाँ के निवासियों में खरीदने की क्षमता (Ability to Purchase) तथा क्रय शक्ति (Purchasing Power) से है। विकसित क्षेत्रों में प्राय: कम जनसंख्या निवास करती है तथा ये छोटे बाजारों से युक्त होते हैं।
  यूरोप, उत्तरी अमेरिका, जापान एवं ऑस्ट्रेलिया में वृहद् वैश्विक बाजार हैं, क्योंकि इन प्रदेशों के लोगों की क्रय क्षमता अधिक है। दक्षिणी एवं दक्षिणी पूर्वी एशिया के घने बसे प्रदेश भी वृहद् बाजार उपलब्ध कराते हैं। कुछ उद्योगों का व्यापक बाजार (Large Market) होता है; जैसे- वायुयान निर्माण एवं शस्त्र निर्माण उद्योग आदि।
- **कच्चे माल की प्राप्ति तक अभिगम्यता** (Access to Raw Material) उद्योगों के लिए कच्चा माल अपेक्षाकृत सस्ता एवं सरलता से परिवहन योग्य होना चाहिए। भारी वजन, सस्ते मूल्य एवं कम वजन वाले पदार्थों (अयस्क) पर आधारित उद्योग कच्चे माल के स्रोत स्थल के समीप ही स्थित होते हैं; जैसे- इस्पात, चीनी एवं सीमेंट उद्योग आदि।
  कच्चे माल के स्रोतों के समीप स्थापित उद्योगों के लिए पदार्थ की शीघ्र नष्टशीलता एक अनिवार्य कारक है। कृषि प्रसंस्करण (Agro-Processing) एवं डेरी उत्पाद (Dairy Products) क्रमश: कृषि उत्पादन क्षेत्रों अथवा दुग्ध आपूर्ति स्रोतों के समीप ही स्थापित किए जाते हैं।
- **श्रम आपूर्ति की अभिगम्यता** (Access to Labour Supply) उद्योगों की अवस्थिति में श्रम एक प्रमुख कारक है। वर्तमान में यंत्रीकरण (Mechanism), स्वचलन (Automation) एवं औद्योगिक प्रक्रियाओं के लचीलेपन ने उद्योगों में श्रमिकों पर निर्भरता को कम किया है, परंतु फिर भी कुछ प्रकार के उद्योगों में अब भी कुशल श्रमिकों की आवश्यकता होती है।
- **शक्ति के साधनों तक अभिगम्यता** (Access to Sources of Energy) ऐसे उद्योग, जिनमें अधिक शक्ति की आवश्यकता होती है, ऊर्जा के स्रोत के समीप लगाए जाते हैं; जैसे-एल्युमीनियम उद्योग। प्राचीन समय में कोयला शक्ति का प्रमुख साधन था, परंतु आज जल विद्युत एवं खनिज तेल भी कई उद्योगों के लिए शक्ति के महत्त्वपूर्ण साधन हैं।
- **परिवहन एवं संचार की सुविधाओं तक अभिगम्यता** (Access to Transportation and Communication Facility) कच्चे माल को कारखाने तक लाने के लिए और परिष्कृत सामग्री (Refined Materials) को बाजार तक पहुँचाने के लिए तीव्र और सक्षम परिवहन सुविधाएँ (Transportation Facility) औद्योगिक विकास के लिए अति आवश्यक होती हैं। परिवहन लागत किसी औद्योगिक इकाई की अवस्थिति को निश्चित करने में महत्त्वपूर्ण कारक है। पश्चिमी यूरोप एवं उत्तरी अमेरिका के पूर्वी भागों में अत्यधिक परिवहन विकसित होने के कारण सदैव इन क्षेत्रों में उद्योगों का संकेंद्रण (Concentration) हुआ है। इसके अतिरिक्त उद्योगों के लिए सूचनाओं के आदान-प्रदान एवं प्रबंधन के लिए संचार की भी महत्त्वपूर्ण भूमिका होती है।
- **सरकारी नीति** (Government Policy) संतुलित आर्थिक विकास हेतु सरकार प्रादेशिक नीति अपनाती है, जिसके अंतर्गत विशिष्ट क्षेत्रों में उद्योगों की स्थापना की जाती है।
- **समूहन अर्थव्यवस्था तक अभिगम्यता/उद्योगों के मध्य संबंध** (Access to Agglomeration Economies/Links between Industries) प्रधान उद्योग की समीपता से अनेक उद्योग लाभांवित होते हैं, ये लाभ 'समूहन अर्थव्यवस्था' (Agglomeration Economy) के रूप में परिणत हो जाते हैं। विभिन्न उद्योगों के मध्य पाई जाने वाली शृंखला से बचत की प्राप्ति होती है।

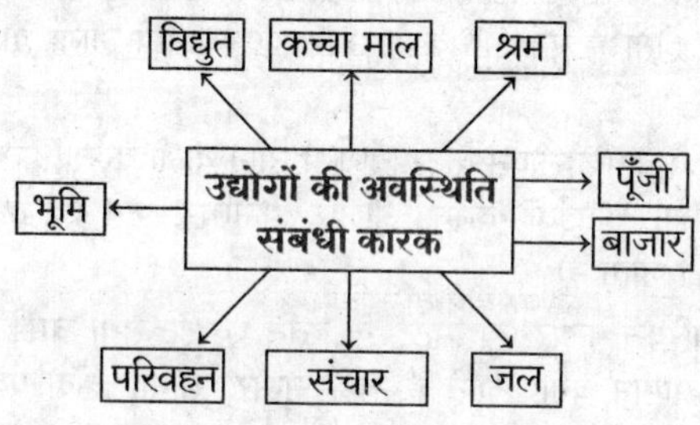

उद्योगों/विनिर्माण उद्योगों का वर्गीकरण

- विनिर्माण उद्योगों का वर्गीकरण उनके आकार, कच्चा माल, उत्पाद एवं स्वामित्व के आधार पर किया जाता है।

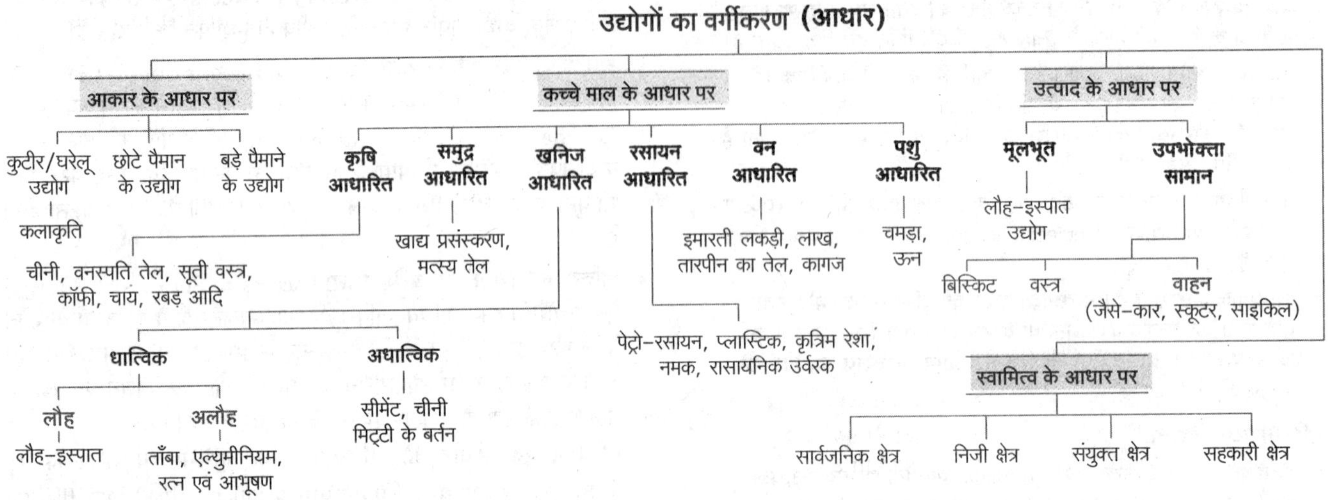

आकार पर आधारित उद्योग

किसी उद्योग का आकार उसमें निवेशित पूँजी (Capital Invested), कार्यरत् श्रमिकों की संख्या (Number of Workers Employed) एवं उत्पादन की मात्रा (Volume of Production Determine) पर निर्भर करता है। इसके अनुसार उद्योगों को निम्न प्रकार के उद्योगों में वर्गीकृत किया जा सकता है

कुटीर उद्योग

- कुटीर उद्योग (Cottage Manufacturing) निर्माण की सबसे छोटी इकाई है। इसमें शिल्पकार स्थानीय कच्चे माल का उपयोग करते हैं और साधारण औजारों द्वारा परिवार के सभी सदस्य मिलकर अपने दैनिक जीवन के उपभोग की वस्तुओं का उत्पादन करते हैं।
- इसमें तैयार माल का ये स्वयं उपभोग करते हैं या इसे स्थानीय गाँव के बाजार में बेच देते हैं। कभी-कभी ये अपने उत्पादों की अदला-बदली भी करते हैं।
- पूँजी (Capital) एवं परिवहन (Transport) इन उद्योगों को अधिक प्रभावित नहीं करते हैं, क्योंकि इनके द्वारा निर्मित वस्तुओं का व्यापारिक महत्त्व कम होता है एवं अधिकांश उपकरण स्थानीय लोगों द्वारा निर्मित होते हैं।
- इस उद्योग में दैनिक जीवन के उपयोग में आने वाली वस्तुएँ; जैसे- खाद्य पदार्थ, कपड़ा, चटाइयाँ, बर्तन, औजार, फर्नीचर, जूते एवं लघु मूर्तियाँ उत्पादित की जाती हैं।
- इसके अतिरिक्त पत्थर एवं मिट्टी के बर्तन एवं ईंट तथा चमड़े से अनेक प्रकार के सामान बनाए जाते हैं, वहीं सुनार, सोना, चाँदी एवं ताँबे से आभूषण बनाता है।
- कुछ शिल्प की वस्तुएँ बाँस एवं स्थानीय वन से प्राप्त लकड़ियों से बनाई जाती हैं। एशिया एवं अफ्रीका में भी कुटीर उद्योगों के उत्पाद महत्त्वपूर्ण होते हैं।

छोटे पैमाने के उद्योग

- छोटे पैमाने के उद्योग (Small Scale Manufacturing) कुटीर उद्योग से भिन्न होते हैं। इसके उत्पादन की तकनीक एवं निर्माण स्थल (घर से बाहर कारखाना) दोनों कुटीर उद्योग से भिन्न होते हैं।
- इसमें स्थानीय कच्चे माल के उपयोग के साथ अर्द्धकुशल श्रमिक एवं शक्ति के साधनों से चलने वाले यंत्रों का प्रयोग किया जाता है। इसमें रोजगार के अवसर अधिक होते हैं, जिससे स्थानीय निवासियों की क्रय शक्ति बढ़ती है।
- भारत, चीन, इंडोनेशिया एवं ब्राजील जैसे देशों ने अपनी जनसंख्या को रोजगार उपलब्ध कराने के लिए इस प्रकार के श्रम सघन छोटे पैमाने के उद्योग प्रारंभ किए हैं।

बड़े पैमाने के उद्योग

- बड़े पैमाने के उद्योग (Large Scale Manufacturing) के लिए विशाल बाजार, विभिन्न प्रकार का कच्चा माल, शक्ति के साधन, कुशल श्रमिक, विकसित प्रौद्योगिकी तथा अधिक उत्पादन एवं अधिक पूँजी की आवश्यकता होती है। आधुनिक लौह-इस्पात उद्योग, जहाज निर्माण, पेट्रो रसायन उद्योग आदि बड़े पैमाने के उद्योगों के उदाहरण हैं।
- इसका विकास विगत 200 वर्षों में हुआ है। पूर्व में ये उद्योग ग्रेट ब्रिटेन, संयुक्त राज्य अमेरिका के पूर्वी भाग एवं यूरोप में लगाए गए थे, परंतु वर्तमान में इनका विस्तार विश्व के सभी भागों में हो रहा है।
- विश्व के प्रमुख औद्योगिक प्रदेशों को उनके वृहत पैमाने पर किए गए निर्माण के आधार पर दो बड़े समूहों में बाँटा गया है
  - (i) **परंपरागत वृहत औद्योगिक प्रदेश** (Traditional Large Scale Industrial Region) इन औद्योगिक प्रदेशों के समूह कुछ अधिक विकसित देशों में हैं।
  - (ii) **उच्च प्रौद्योगिकी वाले वृहत औद्योगिक प्रदेश** (High Tech Large Scale industrial Region) इन औद्योगिक प्रदेशों का विस्तार कम विकसित देशों में हुआ है।

कच्चे माल पर आधारित उद्योग

कच्चे माल पर आधारित (Industries Based On Raw Materials) उद्योगों का वर्गीकरण निम्न प्रकार से किया गया है

- **कृषि आधारित उद्योग** (Agro-Based Industry) इन उद्योगों में भोजन तैयार करने वाले उद्योग, शक्कर, अचार, फलों के रस, पेय पदार्थ, मसाले, तेल, वस्त्र, रबड़ उद्योग आदि आते हैं।

खाद्य प्रसंस्करण (Food Processing) में कृषि से तैयार खाद्य में मलाई (क्रीम) का उत्पादन, डिब्बा खाद्य, फलों से खाद्य तैयार करना एवं मिठाइयाँ आदि सम्मिलित की जाती हैं।

खाद्य को सुरक्षित रखने की अनेक विधियाँ प्राचीन काल से चली आ रही हैं, जैसे उनको सुखाकर संधान कर या अचार के रूप में तेल या सिरका आदि डालकर सुरक्षित रखना।

कृषि व्यापार

- कृषि व्यापार (Agri Business) व्यापारिक कृषि पर आधारित होता है। यहाँ कृषि का उद्देश्य औद्योगिक प्रक्रिया के लिए होता है। इसका वित्त-पोषण प्रायः वह व्यापार करता है, जिसकी मुख्य रुचि कृषि के बाहर हो।
- कृषि व्यापार कार्य आकार में बड़े यंत्रीकृत, रसायनों पर निर्भर एवं अच्छी संरचना वाले होते हैं, इनको कृषि कारखाने भी कहा जाता है।

- **समुद्र आधारित उद्योग** (Ocean Based Industry) इसमें सागरों और महासागरों से प्राप्त उत्पादों का उपयोग कच्चे माल के रूप में किया जाता है। समुद्री खाद्य प्रसंस्करण उद्योग और मत्स्य तेल निर्माण इसके कुछ उदाहरण हैं।
- **खनिज आधारित उद्योग** (Ore Based Industry) इन उद्योगों में खनिजों को कच्चे माल के रूप में उपयोग किया जाता है। इसमें कुछ लौह अंश वाले धात्विक खनिजों का उपयोग किया जाता है; जैसे-लौह-इस्पात उद्योग कुछ उद्योग अलौह धात्विक खनिजों का उपयोग करते हैं; जैसे- एल्युमीनियम, ताँबा एवं रत्न उद्योग। सीमेंट, मिट्टी के बर्तन आदि उद्योगों में अधात्विक खनिजों का प्रयोग होता है।
- **रसायन आधारित उद्योग** (Chemical Based Industry) इस प्रकार के उद्योगों में प्राकृतिक रूप में पाए जाने वाले रासायनिक खनिजों का उपयोग किया जाता है; जैसे- पेट्रो-रसायन उद्योग में खनिज तेल (पेट्रोलियम) का उपयोग आदि। इसके अतिरिक्त नमक, गंधक एवं पोटाश उद्योगों में भी प्राकृतिक खनिजों का उपयोग किया जाता है। कुछ रासायनिक उद्योग लकड़ी एवं कोयले से प्राप्त कच्चे माल पर भी निर्भर करते हैं। कृत्रिम रेशे बनाना, प्लास्टिक निर्माण आदि अन्य रसायन उद्योग हैं।
- **वनों पर आधारित उद्योग** (Forestry Based Industry) वनों से प्राप्त अनेक मुख्य एवं गौण उपज कच्चे माल के रूप में उद्योगों में प्रयुक्त होती हैं। फर्नीचर उद्योग के लिए इमारती लकड़ी, कागज उद्योग के लिए लकड़ी, बाँस एवं घास तथा लाख उद्योग के लिए लाख वनों से प्राप्त होता है। तारपीन तेल, लुग्दी आदि उद्योग वनों पर आधारित उद्योग ही हैं।
- **पशु आधारित उद्योग** (Animal Based Industry) ये उद्योग पशु उत्पाद पर आधारित होते हैं। चमड़ा उद्योग के लिए चमड़ा एवं ऊनी वस्त्र उद्योग के लिए ऊन पशुओं से ही प्राप्त की जाती है।

उत्पादन/उत्पाद आधारित उद्योग

- **मूलभूत उद्योग** (Basic Industry) इसमें एक उद्योग के उत्पाद दूसरे उद्योग में कच्चे माल के रूप में उपयोग किए जाते हैं, उदाहरणस्वरूप मशीनें एवं औजारों के निर्माण में लौह-इस्पात का उपयोग कच्चे माल के रूप में किया जाता है। लौह-इस्पात स्वयं में एक उद्योग है, अतः वे उद्योग जिनके उत्पाद को अन्य वस्तुएँ बनाने के लिए कच्चे माल के रूप में प्रयोग में लाया जाता है, उन्हें आधारभूत उद्योग कहते हैं; जैसे- लौह-इस्पात, वस्त्र उद्योग के लिए मशीनें, उपभोक्ता के उपयोग हेतु कपड़ा आदि।
- **उपभोक्ता वस्तु उद्योग** (Consumer Goods Industry) इस उद्योग में ऐसी वस्तुओं का उत्पादन किया जाता है, जो प्रत्यक्ष रूप से उपभोक्ता द्वारा उपभोग में लाई जाती हैं; जैसे-रोटी (ब्रेड) एवं बिस्किट, चाय, साबुन, टेलीविजन एवं शृंगार का सामान इत्यादि। ऐसे उत्पादों का उत्पादन करने वाले उद्योगों को उपभोक्ता माल बनाने वाले अथवा गैर-आधारभूत उद्योग कहा जाता है।

स्वामित्व के आधार पर उद्योग

- **सार्वजनिक क्षेत्र के उद्योग** (Public Sector Industry) सार्वजनिक क्षेत्र के उद्योग सरकार के अधीन होते हैं अर्थात् इन पर सरकार का स्वामित्व होता है। भारत में बहुत-से उद्योग सार्वजनिक क्षेत्र के अधीन हैं। समाजवादी देशों (Socialist Countries) में अनेक उद्योग सरकारी स्वामित्व वाले होते हैं, जबकि मिश्रित अर्थव्यवस्था (Mixed Economy) वाले देशों में निजी एवं सार्वजनिक दोनों प्रकार के उद्यम होते हैं।
- **निजी क्षेत्र के उद्योग** (Private Sector Industry) निजी क्षेत्र के उद्योगों का स्वामित्व व्यक्तिगत निवेशकों के पास होता है। ये उद्योग निजी संगठन द्वारा संचालित होते हैं। पूँजीवादी देशों में अधिकांश उद्योग निजी क्षेत्र के होते हैं।
- **संयुक्त क्षेत्र के उद्योग** (Joint Sector Industry) संयुक्त क्षेत्र के उद्योग का संचालन संयुक्त कंपनी के द्वारा या किसी निजी या सार्वजनिक क्षेत्र की कंपनी के संयुक्त प्रयासों द्वारा किया जाता है। मारुति उद्योग लिमिटेड संयुक्त क्षेत्र के उद्योग का एक उदाहरण है।
- **सहकारी क्षेत्र के उद्योग** (Cooperative Sector Industry) सहकारी क्षेत्र का स्वामित्व और संचालन कच्चे माल के उत्पादकों या पूर्तिकारों, कामगारों अथवा दोनों के द्वारा होता है। आनंद मिल्क यूनियन लिमिटेड एवं सुधा डेयरी सहकारी उपक्रम के उदाहरण हैं।

औद्योगिक तंत्र

- औद्योगिक तंत्र (Industrial System) में आगत (Inputs), प्रक्रम (Processes) और निर्गत (Outputs) शामिल होते हैं। निवेश में कच्चे माल, श्रम और भूमि की लागत, जल की उपलब्धता, परिवहन, विद्युत और अन्य अवसंरचना शामिल होती हैं।
- प्रक्रम के अंतर्गत अनेक प्रकार के क्रियाकलाप शामिल होते हैं, जो कच्चे माल को परिष्कृत माल में परिवर्तित करते हैं। निर्गत में अंतिम उत्पाद और इससे अर्जित आय शामिल होती है।
- सूती वस्त्र उद्योग के संबंध में कपास, मानव श्रम, कारखाना और परिवहन लागत निवेश हो सकते हैं और कई प्रक्रमों में जब ओटाई, बुनाई, रंगाई तथा छपाई शामिल होती है, तब उत्पादन निर्गत होता है।

औद्योगिक प्रदेश/औद्योगिक संकुल

- औद्योगिक प्रदेश (Industrial Regions) का विकास तब होता है, जब अनेक प्रकार के उद्योग एक-दूसरे के निकट स्थित होते हैं और वे अपनी निकटता के लाभ आपस में बाँटते हैं।
- इस प्रकार औद्योगिक क्षेत्र में जब एक जैसे अथवा एक-दूसरे से अंतर्संबंधित उद्योग का एक समूह विकसित हो जाता है, तब यह औद्योगिक प्रदेश या औद्योगिक संकुल कहलाता है।
- विश्व के प्रमुख औद्योगिक प्रदेश पूर्वोत्तर अमेरिका, पश्चिमी तथा मध्य यूरोप, पूर्वी यूरोप और पूर्वी एशिया आदि हैं।
- अधिकांशत: मुख्य औद्योगिक प्रदेश शीतोष्ण कटिबंधीय क्षेत्रों में, समुद्री पत्तनों के समीप और कोयला क्षेत्रों के निकट स्थित होते हैं।
- औद्योगिक प्रदेशों अथवा संकुलों के विकास के अनेक कारक हैं, जिनमें कुछ प्रत्यक्ष कारक हैं और कुछ ऐतिहासिक, राजनैतिक एवं सामाजिक कारक भी हैं।

औद्योगिक प्रदेश की विशेषताएँ

औद्योगिक प्रदेश की विशेषताएँ निम्न हैं

- विनिर्माण उद्योगों के कारखानों, संयंत्रों तथा उत्पादन में पारस्परिक संबद्धता का पाया जाना।
- औद्योगिक इकाइयों का वितरण सघन तथा सहायक उद्योगों का बड़े पैमाने के उद्योगों की ओर आकर्षित होना।
- विनिर्माण उद्योगों की प्रधानता तथा बड़े पैमाने पर औद्योगिक उत्पादन का होना।
- अधिकांश जनसंख्या का निर्माण उद्योगों, परिवहन, व्यापार आदि व्यवसायों में संलग्न होना आदि।

परंपरागत बड़े पैमाने वाले औद्योगिक प्रदेश

- ये भारी उद्योग के क्षेत्र होते हैं, जिनमें कोयला खदानों के समीप स्थित धातु पिघलाने वाले उद्योग, भारी इंजीनियरिंग उद्योग, रसायन निर्माण, वस्त्र उत्पादन इत्यादि का कार्य किया जाता है। इन्हें 'धुएँ की चिमनी वाला उद्योग' भी कहते हैं।
- परंपरागत औद्योगिक प्रदेशों की पहचान निम्न प्रकार से की जा सकता है
  - निर्माण उद्योगों में रोजगार का अनुपात ऊँचा होता है।
  - उच्च गृह घनत्व, जिसमें घर कम गुणवत्ता वाले होते हैं एवं सेवाएँ अपर्याप्त होती हैं तथा वातावरण अनाकर्षक होता है, जिसमें प्रदूषण होता है।
  - बेरोजगारी की समस्या, उत्प्रवास, विश्वव्यापी माँग कम होने से कारखाने बंद होने के कारण परिव्यक्त भूमि का क्षेत्र।

विश्व के प्रमुख औद्योगिक प्रदेश

विश्व के प्रमुख औद्योगिक प्रदेशों का विवरण इस प्रकार है

उत्तरी अमेरिका के औद्योगिक प्रदेश

- उत्तरी अमेरिका के प्रमुख औद्योगिक प्रदेश उत्तर में कनाडा के सेंट लॉरेंस घाटी से अप्लेशियन पर्वत के दक्षिणी भाग तथा पश्चिम में मिसौरी एवं मिसीसिपी नदियों की घाटी से पूर्व में अटलांटिक महासागर तट तक विस्तृत हैं।
- उत्तरी अमेरिका के महत्त्वपूर्ण औद्योगिक प्रदेशों का विवरण निम्न है

औद्योगिक प्रदेश	विशेष तथ्य
सेंट लॉरेंस घाटी क्षेत्र	ग्रेट लेक्स तथा सेंट लॉरेंस घाटी क्षेत्र में सस्ता परिवहन तथा कनाडा की संकेंद्रित जनसंख्या का लाभ इस क्षेत्र को मिलता है। अप्लेशियन की घाटी से कोयला तथा ओंटारियो से लौह अयस्क प्राप्त होता है। इस क्षेत्र में लौह इस्पात, मशीनों के कारखाने तथा खाद्य प्रसंस्करण उद्योग लगाए गए हैं। हैमिल्टन, जिसे कनाडा का बर्मिंघम कहा जाता है, लौह इस्पात उद्योग का केंद्र है। ओटावा तथा मॉण्ट्रियल कागज उद्योग के लिए प्रसिद्ध हैं।
न्यू इंग्लैंड क्षेत्र	इस क्षेत्र में यह औद्योगिक प्रदेश मशीनरी, धातु से निर्मित वस्तुओं, मोटरकार, सूती तथा ऊनी वस्त्र निर्माण और वायुयान निर्माण संयंत्र स्थापित हैं। बोस्टन तथा उसके आस-पास के नगरों में वस्त्र उद्योग की प्रधानता है। न्यू ब्रेडफोर्ड, कॉल रिवर इत्यादि औद्योगिक नगर भी इस क्षेत्र में अवस्थित हैं।
कनेक्टीकट की घाटी क्षेत्र	इस क्षेत्र में ताँबे की वस्तुएँ बनाई जाती हैं। मैसाचुसेट्स तथा न्यू हैम्पशॉयर में कागज के उद्योग स्थापित हैं।
मिशिगन क्षेत्र	मिशिगन झील के दक्षिण तट पर औद्योगिक नगर स्थित हैं। शिकागो इस क्षेत्र का प्रमुख नगर है, जो मांस प्रसंस्करण के लिए प्रसिद्ध है। विस्कॉनसिन तथा इंडियाना राज्यों के औद्योगिक नगरों में औद्योगिक संकुल है। मिलवॉकी तथा गैरी प्रमुख औद्योगिक नगर हैं।
मध्य अटलांटिक क्षेत्र	न्यूयॉर्क, न्यू जर्सी, मेरीलैंड, पेंसिलवानिया तथा वर्जीनिया राज्यों में औद्योगिक प्रदेश संकेंद्रित हैं। यह क्षेत्र वस्त्र उत्पादन के लिए जाना जाता है। अलुबनी से बफैलो तक एक पतली पट्टी में वस्त्र, बर्तन तथा इलेक्ट्रॉनिक वस्तुओं के संयंत्रों की स्थापना हुई है।
पिट्सबर्ग-क्लीव लैंड क्षेत्र	यह यूएसए का महत्त्वपूर्ण क्षेत्र है। पिट्सबर्ग को इस्पात नगर कहा जाता है। कोयला, लौह अयस्क इत्यादि की खानों तथा नौ-वहन की सुविधा का लाभ इस क्षेत्र को मिला है। डेट्रायट में मोटर तथा वायुयान निर्माण, पॉंटियॉक तथा फ्लिंट में मोटर के कलपूर्जे बनाए जाते हैं।
दक्षिण-पूर्वी तटवर्ती क्षेत्र	दक्षिणी अप्लेशियन प्रदेश सूती वस्त्र, कागज तथा खाद्य प्रसंस्करण उद्योगों का संकेंद्रण है। बर्मिंघम में लौह इस्पात, रासायनिक उर्वरक बनाने के संयंत्र स्थापित हैं। इस क्षेत्र में प्लास, अटलांटा, ह्यूस्टन इत्यादि बड़े औद्योगिक नगर भी स्थित हैं। उत्तर कैरोलीना में वस्त्र उद्योग, ओकलाहोमा में खाद्य प्रसंस्करण तथा पेट्रो-कैमिकल्स संयंत्र स्थित हैं।
पश्चिमी तटवर्ती क्षेत्र	यह औद्योगिक प्रदेश संयुक्त राज्य अमेरिका के कैलीफोर्निया के सैन फ्रांसिस्को तथा लॉस इंजिलिस नगरों में केंद्रित है। यहाँ खाद्य प्रसंस्करण, वायुयान निर्माण तथा पेट्रो-कैमिकल्स उद्योग स्थापित हैं। लॉस एंजिलिस फिल्म उद्योग के लिए प्रसिद्ध है, जिसे 'हालीवुड' कहते हैं।

यूरोप के औद्योगिक प्रदेश

- यूरोप 18वीं शताब्दी की औद्योगिक क्रांति का जन्म स्थान है। यहाँ उद्योगों का संकेंद्रण ब्रिटेन, जर्मनी, पोलैंड, स्वीडन इत्यादि देशों में हुआ है।
- यूरोप के औद्योगिक प्रदेशों का विवरण इस प्रकार है

औद्योगिक प्रदेश	विशेष तथ्य
ब्रिटिश औद्योगिक क्षेत्र	ब्रिटेन के लंदन तथा बर्मिंघम में उद्योगों का सर्केद्रण है। तेल शोधक कारखाना, खाद्य प्रसंस्करण तथा फर्नीचर इत्यादि का निर्माण करने वाले संयंत्र लंदन में स्थित हैं। बर्मिघम में लौह इस्पात तथा भारी मशीनरी के उद्योग हैं। मिडलैंड में वृहद् उद्योग स्थापित हैं। स्कॉटलैंड की घाटी में ग्लासगो प्रमुख औद्योगिक नगर है।
राइन घाटी क्षेत्र	यह महत्त्वपूर्ण औद्योगिक क्षेत्र है। स्विट्जरलैण्ड तथा जर्मनी में स्थित यह औद्योगिक क्षेत्र जल विद्युत तथा जलमार्गों के कारण विकसित है। इस क्षेत्र में स्टुटगार्ट, मैनहाइम, स्ट्रसबर्ग प्रमुख औद्योगिक क्षेत्र स्थित हैं। वस्त्र उद्योग, मोटर कार निर्माण, कागज तथा विद्युत इंजीनियरिंग के संयंत्र इस क्षेत्र में स्थित हैं।
रूर औद्योगिक प्रदेश	यह यूरोप का प्रमुख औद्योगिक प्रदेश है। यहाँ अर्थव्यवस्था के प्रमुख आधार कोयला, लोहा तथा इस्पात रहे हैं। जर्मनी का 80% लौह इस्पात रूर औद्योगिक प्रदेश से आता है। रूर में कोयले तथा लौह अयस्क से पृथक् उद्योगों की स्थापना की जा रही है।
लॉरेन-सार क्षेत्र	यह लौह-इस्पात उद्योग पर आधारित औद्योगिक संकुल है। फ्रांस के नैंसी नगर से सारलैंड तक विस्तृत इस औद्योगिक क्षेत्र में अनेक भारी उद्योग के कारखाने स्थित हैं। उत्तरी फ्रांस तथा बेल्जियम के मध्य साम्ब्रे-म्यूज तथा कैम्पाइन की कोयले की खानों में यह औद्योगिक क्षेत्र अवस्थित है। यह लौह-इस्पात, जस्ता तथा सीसा उद्योगों के लिए भी प्रसिद्ध है। बेल्जियम में स्थित शार्लेरॉय सीसा उद्योग के लिए जाना जाता है।
यूक्रेन औद्योगिक प्रदेश	यूक्रेन का औद्योगिक प्रदेश वर्ष 1991 के पूर्व सोवियत संघ का हिस्सा था। यह भारी उद्योगों का केंद्र है। 'नीपरोपेट्रोवस्क' तथा 'नीपरोझरझिंस्क' लौह इस्पात के प्रमुख केंद्र हैं।
रूस के औद्योगिक केन्द्र	रूस का परंपरात औद्योगिक संकुल लेनिनग्राड, ओडेशा तथा गोर्की में स्थित है। मास्को तथा टुला के आस-पास महत्त्वपूर्ण औद्योगिक प्रदेश हैं। पहले यह वस्त्र उद्योग का केंद्र था, किन्तु अब रसायन खाद्य प्रसंस्करण इत्यादि उद्योग स्थापित होने लगे हैं। यूराल प्रदेश की औद्योगिक धूरी स्वर्डलोवस्क पर स्थित है। यहाँ वायुयान, रसायन तथा मशीनरी उद्योग महत्त्वपूर्ण हैं। चेलियाबिंस्क तथा मैंग्नीटोगोर्स्क में लौह-इस्पात के कारखाने स्थित हैं।

एशिया के औद्योगिक प्रदेश

एशिया में जापान तथा चीन के औद्योगिक प्रदेश अधिक विकसित हैं। इन औद्योगिक क्षेत्रों का विवरण निम्न है

औद्योगिक प्रदेश	विशेष तथ्य
चीन के औद्योगिक प्रदेश	दक्षिण मंचूरिया में लौह-इस्पात के उद्योग स्थापित हैं। शेनयांग में लौह इस्पात संयंत्र स्थित है। चानयुंग में मोटर गाड़ियों तथा रसायन उद्योग निर्माण केंद्र हैं। शेन्सूई, होर्व तथा शांडांग औद्योगिक क्षेत्र लौह इस्पात, भारी उद्योग तथा वस्त्र उद्योग के लिए महत्त्वपूर्ण हैं। यांगटिसीक्यांग की घाटी में छोटे-छोटे औद्योगिक केन्द्र विकसित हुए हैं, जिसमें शंघाई खाद्य प्रसंस्करण, जलपोत, सीमेंट तथा इंजीनियरिंग उद्योगों के लिए प्रसिद्ध है। मध्य यांगटिसीक्यांग घाटी में बुहान प्रमुख औद्योगिक नगर है। चुगकिंग सूती, रेशमी वस्त्र तथा उर्वरक के निर्माण का प्रमुख केन्द्र है।
जापान के औद्योगिक प्रदेश	किंकी मैदान औद्योगिक क्षेत्र में ओसाका, कोबे तथा क्योटो के औद्योगिक केंद्र स्थित हैं। ओसाका सूती-वस्त्र उद्योग का प्रमुख केंद्र है। यहाँ का वस्त्र उद्योग आयातित कच्चे मालों पर आधारित है। क्योटो शहर हस्तशिल्प तथा खिलौनों के निर्माण का प्रमुख केंद्र है। कोबे तथा कावासाकी लौह इस्पात उद्योग के लिए प्रसिद्ध है। नागोया औद्योगिक क्षेत्र ऊनी, सूती तथा रेशमी वस्त्रों के लिए प्रसिद्ध है। नागोया को 'जापान का डेट्रायट' कहते हैं। कांटो औद्योगिक क्षेत्र मोटर उद्योग के लिए जाना जाता है। टोकियो कांटो के मैदान में स्थित है। यहाँ वायुयान, इंजीनियरिंग वस्तु, इलेक्ट्रॉनिक इत्यादि के संयंत्र स्थित हैं। जापान का उत्तरी क्यूशू औद्योगिक क्षेत्र लौह इस्पात, इंजीनियरिंग मशीनरी इत्यादि के लिए जाना जाता है। यवाता, टोयोटा, नागासाकी, योकोहामा जैसे औद्योगिक नगर इस क्षेत्र में स्थित हैं। होंशू द्वीप के औद्योगिक नगर भी इस क्षेत्र में आते हैं।

विश्व के प्रमुख उद्योग

विश्व के प्रमुख उद्योग लौह-इस्पात उद्योग, सूती वस्त्र उद्योग और सूचना प्रौद्योगिकी उद्योग हैं।

- लौह-इस्पात उद्योग और सूती वस्त्र उद्योग प्राचीन उद्योग हैं, जबकि सूचना प्रौद्योगिकी नवीन उद्योग है।
- विश्व में लौह-इस्पात उद्योग जर्मनी, संयुक्त राज्य अमेरिका, चीन, जापान और रूस में अवस्थित हैं, जबकि वस्त्र उद्योग भारत, हाँगकाँग, दक्षिण कोरिया, जापान और ताइवान में संकेंद्रित हैं।
- सूचना प्रौद्योगिकी उद्योग (Information Technology Industry) का केंद्र मध्यवर्ती कैलिफोर्निया की सिलिकॉन घाटी में और भारत के बंगलुरु प्रदेश में स्थित है।

अत: विश्व के प्रमुख उद्योग एवं औद्योगिक केंद्रों का वितरण निम्नलिखित है

लौह-इस्पात उद्योग

- यह एक पोषक उद्योग (Feeder Industry) है, जिसके उत्पाद अन्य उद्योगों के लिए कच्चे माल के रूप में प्रयुक्त होते हैं। उद्योग के लिए निवेश में श्रम, पूँजी, स्थान तथा अन्य अवसंरचना के साथ-साथ लौह अयस्क, कोयला (कोक) तथा चूना पत्थर कच्चे माल के रूप में सम्मिलित होते हैं।
- लौह-इस्पात उद्योग को मूलभूत उद्योग (Basic Industry) कहा जाता है। इसे बनाने हेतु प्रगलन के लिए लौह अंश को कोक, चारकोल, चूना-पत्थर आदि को ब्लास्ट फर्नेस या झोंका भट्टी (Blast Furnace) में डाला जाता है।
- इसके बाद पिघला हुआ लोहा साँचे में डाल दिया जाता है, जहाँ यह ठंडा होकर ठोस बन जाता है, जिसे कच्चा लोहा या पिग आयरन (Pig Iron) कहते हैं, इसमें मैंगनीज मिलाकर इस्पात बनाया जाता है।
- पिग आयरन को पिघलाकर उसको साँचों में ढाला जाता है, जिसे ढलवाँ लोहा (Cast Iron) कहते हैं। इसमें कच्चे लोहे की अशुद्धताएँ; जैसे- कार्बन, सिलिकॉन, सल्फर तथा फॉस्फोरस विद्यमान रहती हैं।
- इस प्रकार पिग आयरन को पिघलाकर तथा अशुद्धताओं को साफ करके इसमें एक निर्धारित मात्रा में कार्बन मिलाकर इस्पात बनाया जाता है।
- लौह अयस्क से इस्पात निर्माण की प्रक्रिया में कई चरण शामिल हैं। इसमें कच्चे माल को झोंका भट्टी में डाला जाता है, जहाँ यह प्रगलित होता है, इसके पश्चात् परिशोधित होता है तथा प्राप्त उत्पाद इस्पात होता है।
- **प्रगलन** यह एक ऐसी प्रक्रिया है, जिसमें धातुओं को उसके अयस्कों द्वारा गलनांक बिंदु से अधिक तपाकर निष्कर्षित किया जाता है।
- मिश्रधातु, इस्पात को असामान्य कठोरता, दृढ़ता और जंग प्रतिरोधक क्षमता प्रदान करती है। अत: इस्पात प्राय: आधुनिक उद्योगों का मेरुदंड (Spinal Cord of Industry) कहलाता है।
- रेलगाड़ी, ट्रक और ऑटो, सेफ्टी पिन, पाइपलाइन, कृषि यंत्र, विशाल भवनों का ढाँचा लौह-इस्पात (Iron and Steel) का बना होता है।

लौह-इस्पात उद्योगों की अवस्थिति

- 1800 ई. के पूर्व इस्पात उद्योग वहाँ अवस्थित थे, जहाँ कच्चा माल, विद्युत आपूर्ति और बहता जल आसानी से उपलब्ध थे।
- इसके पश्चात् उद्योगों के लिए आदर्श स्थिति कोयला क्षेत्र के समीप, नहरों और रेलवे के निकट थी।
- वर्ष 1950 के बाद लोहा और इस्पात उद्योग समुद्रपत्तन के निकट सपाट भूमि के विशाल क्षेत्र में केंद्रित होने शुरू हुए।

अवस्थिति के संदर्भ में लौह-इस्पात उद्योगों का वितरण इस प्रकार है

- **तटीय क्षेत्र में स्थित कारखाने** जापान के अधिकांश कारखाने, संयुक्त राज्य अमेरिका के पूर्वी तट पर स्थित कारखाने, भारत में विशाखापत्तनम् का कारखाना आदि इसके प्रमुख उदाहरण हैं।
- **कोयला क्षेत्र के समीप स्थित कारखाने** जर्मनी का रूर क्षेत्र, दक्षिणी बेल्जियम, यूएसए का पिट्सबर्ग एवं बर्मिंघम क्षेत्र, ऑस्ट्रेलिया के न्यू साउथ वेल्स स्थित कारखाने, भारत में बोकारो एवं दुर्गापुर आदि कारखाने इसके प्रमुख उदाहरण हैं।
- **लौह खनिज के समीप स्थित कारखाने** फ्रांस का लॉरिन एवं जर्मनी के सैक्सनी क्षेत्र के कारखाने, यूएसए के वृहत झील प्रदेश के कारखाने, भारत में जमशेदपुर, भिलाई कारखाने आदि इसके उदाहरण हैं।

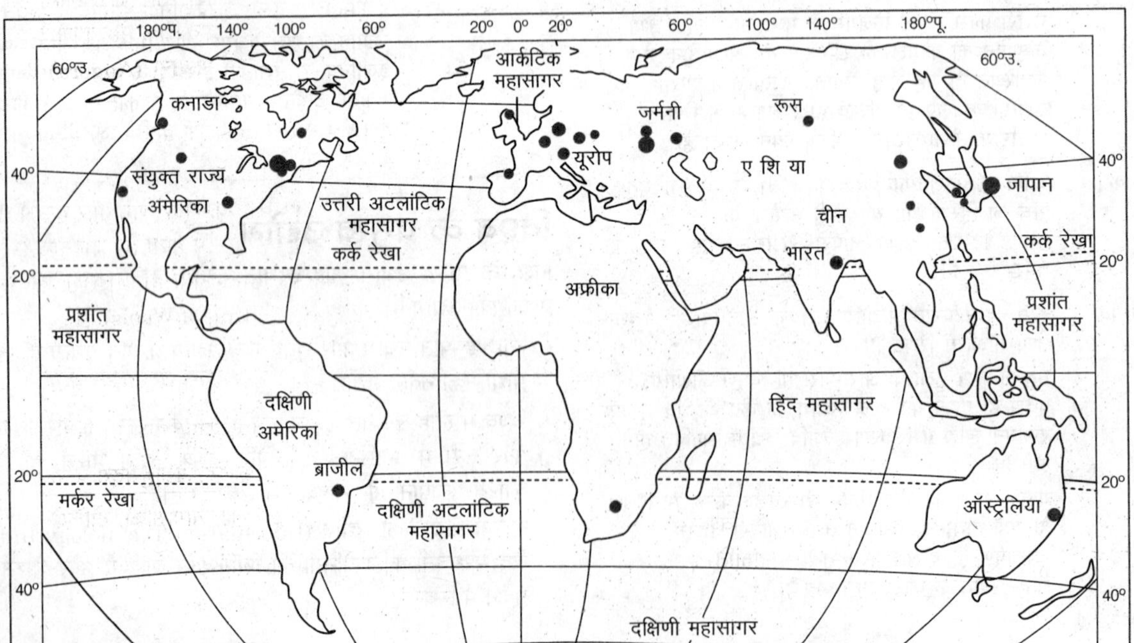

प्रमुख लोहा इस्पात उत्पादन के क्षेत्र

विश्व के प्रमुख लौह-इस्पात केंद्र

देश	लौह-इस्पात उद्योग केंद्र
संयुक्त राज्य अमेरिका	अप्लेशियन क्षेत्र (पिट्सबर्ग) (जंग का कटोरा), ग्रेट लेक्स क्षेत्र (शिकागो-गैरी-ईरी, क्लीवलैंड, फैलो एवं ड्यूलुथ), बर्मिंघम, मेसावी, न्यू आर्लियांस, मॉरिसविले व स्पैरोज प्वॉइंट आदि।
कनाडा	हैमिल्टन (कनाडा का बर्मिंघम)।
ब्रिटेन	बर्मिंघम, शैफील्ड व लंकाशायर।
जर्मनी	डुइसबर्ग, डोर्टमुंड, डूसेलडोर्फ व ऐसेन।
फ्रांस	लियोन विले, लॉरेन, सेंट इटीनी व ली क्रीयुसोट।
रूस	मास्को, सेंट पिट्सबर्ग, लीपेटस्क, टुला, मैग्नीटोगोर्स्क व चेलियाबिंस्क।
यूक्रेन	क्रिवॉयरॉग, दोनेत्स्क व क्रिबोई।
अर्जेंटीना	ला-प्लाटा
ऑस्ट्रेलिया	कंबलापोर्टर (सिडनी) व न्यू कैसिल।
चीन	शंघाई, तियनस्तिन, शेन्सी, होपे, शाडुंग, अंशन, मुकदेन (चीन का पिट्सबर्ग) व वुहान।
जापान	ओसाका, कोबे, कावासाकी, क्योटो, नागासाकी यवाटा, नागोया, याकोहोमा व टोक्यो।
भारत	जमशेदपुर, कुल्टी, बुरहानपुर, दुर्गापुर, राउरकेला, दुर्गापुर, भिलाई, बोकारो, सलेम व विशाखापत्तनम्।

वस्त्र उद्योग

- वस्त्र निर्माण उद्योग (Textile Industry) प्राचीन उद्योग है, जिसका प्राचीन काल से ही भारत, चीन, मिस्र (बेबीलोन), पेरु, मैक्सिको, जापान आदि देशों में प्रचलन में रहा है।
- वस्त्र उद्योग के लिए कच्चा माल जानवरों के बालों अथवा वनस्पतियों से प्राप्त होता है। ऊन, रेशम, कपास, फ्लैक्स आदि प्राकृतिक स्रोतों से प्राप्त कच्चा माल है।
- इसके अतिरिक्त कच्चा माल कृत्रिम रूप से मनुष्य द्वारा वैज्ञानिक विकास के फलस्वरूप बनाया गया है; जैसे-रेयॉन, नायलॉन, टेरीलॉन, एक्रीलॉन अथवा प्राकृतिक एवं कृत्रिम रेशों के द्वारा बनाया गया रेशा; जैसे- टेरीकॉट आदि।
- मनुष्य द्वारा बनाया गया सबसे महत्त्वपूर्ण रेशा रेयॉन है, जो लुग्दी से बनाया गया है। यह वनस्पति सामग्री तथा एक रसायन के मिश्रण से बना हुआ उत्पाद है। वस्त्र उद्योग के अंतर्गत सूती वस्त्र उद्योग, ऊनी वस्त्र उद्योग, रेशम वस्त्र उद्योग, पटसन वस्त्र उद्योग आदि को शामिल किया जाता है, जिनका संक्षिप्त विवरण निम्न है

सूती वस्त्र उद्योग

- सूती वस्त्र उद्योग (Cotton Textile Industry) विश्व के प्राचीनतम उद्योगों में से एक है। 18वीं सदी की औद्योगिक क्रांति तक सूती वस्त्र हस्तकताई तकनीकों एवं हथकरघों से बनाए जाते थे।
- 18वीं सदी में पावरलूम ने पहले ब्रिटेन में और बाद में विश्व के अन्य दूसरे भागों में सूती वस्त्र उद्योग के विकास को आगे बढ़ाया।
- वर्तमान में भारत, चीन, जापान और संयुक्त राज्य अमेरिका सूती वस्त्र के महत्त्वपूर्ण उत्पादक हैं।
- इस उद्योग को प्रभावित करने वाले कारको में कच्चा माल, शक्ति के साधन, सस्ता परिवहन, कोष्ण आर्द्र जलवायु, श्रम की उपलब्धता, पूँजी, जलापूर्ति तथा सरकारी प्रोत्साहन आदि हैं।
- वर्तमान में विश्व में चीन का सूती वस्त्र के उत्पादन में प्रथम स्थान है। शंघाई को **चीन का मैनचेस्टर** कहा जाता है।
- चीन के 75% सूती वस्त्र का उत्पादन यांगटीसीक्यांग घाटी के केंद्रों में एवं 25% ह्वांगहो घाटी में होता है।

विश्व के प्रमुख सूती वस्त्र उद्योग केंद्र

देश	सूती वस्त्र उद्योग केंद्र
ब्रिटेन	नॉटिंघम, लंकाशायर व मैनचेस्टर
चीन	शंघाई, मंचूरिया, तिएनशान, बीजिंग व नानचांग
संयुक्त राज्य अमेरिका	न्यू इंग्लैंड, जॉर्जिया, फ्लोरिडा व अलबामा
जापान	दक्षिणी क्यूशू, नगोया, किंकी मैदान व काण्टो मैदान
इटली	नेपल्स व मिलान
ब्राजील	रियो-डी-जेनेरियो, साओ पाउलो व रियो-ग्रांडे
रूस	इवानोवो (रूस का मैनचेस्टर)

ऊनी वस्त्र उद्योग

- ऊनी वस्त्र उद्योग (Woolen Textile Industry) का केंद्रीकरण (Centralisation) मध्य अक्षांशीय विकसित देशों में है।
- ऑस्ट्रेलिया, न्यूजीलैंड, अर्जेंटीना एवं अफ्रीका आदि ऊन के प्रमुख उत्पादक देश हैं।
- ऊन की प्राप्ति भेड़, बकरी, खरगोश, ऊँट तथा लामा आदि से होती है। उत्पादन की दृष्टि से भेड़ की ऊन सर्वाधिक महत्त्वपूर्ण है, किंतु गुणवत्ता की दृष्टि से संसार की **सर्वोत्तम ऊन अंगोरा** (Angora) है, जो खरगोश से प्राप्त होती है।
- **पश्मीना** (Pashmina) एक बकरी है, जिससे ऊन प्राप्त की जाती है। ब्रिटेन की लिटिस्यू भेड़ सबसे लंबी ऊन प्रदान करने वाली नस्ल है। **शहतूश** (Shahtoosh) संसार की सर्वाधिक सुंदर, गर्म और हल्की ऊन मानी जाती है, जिसका सर्वाधिक उत्पादन चीन में होता है। 'शहतूश' ऊन विलुप्त प्राय जीव 'तिब्बतन इण्टेलोप' से प्राप्त होती है। 'शहतूश' का फारसी भाषा में शाब्दिक अर्थ 'उन का राजा' (King of Wools) है।

विश्व के प्रमुख ऊन उत्पादक केंद्र

देश	ऊन उत्पादक केंद्र
संयुक्त राज्य अमेरिका	न्यू इंग्लैंड, मेसाचुसेट्स व रोड आइलैंड
जापान	ओसाका, नागासाकी, टोकियो-याकोहामा व कोबे
जर्मनी	सैक्सोनी, वेस्टफेलिया, रुर प्रदेश व वास्मेन
चीन	शंघाई व कैंटन
इटली	नेपल्स व पो नदी घाटी
ग्रेट ब्रिटेन	ब्रैडफोर्ड, लीड्स व हड्सफील्ड
फ्रांस	लिल्ले, रॉबेक्स व टोरकोइंग

रेशम वस्त्र उद्योग

- रेशम वस्त्र उद्योग (Silk Textile Industry) का विकास सर्वप्रथम चीन में घरेलू उद्योग के रूप में हुआ है।
- रेशम वस्त्र उद्योग, सूती वस्त्र उद्योग तथा ऊनी वस्त्र उद्योग की अपेक्षा सीमित मात्रा में प्राचीन समय से केंद्रित रहा है। वर्तमान में कच्चे रेशम का सर्वाधिक उत्पादक देश जापान है तथा दूसरा उत्पादक देश चीन है।

विश्व के प्रमुख रेशम उत्पादन केंद्र

देश	रेशम उत्पादन केंद्र
जापान	कनाजावा (Kanazawa), क्योटो, तोगीची व ईमानाची
यूएसए	न्यूयॉर्क, न्यू जर्सी व न्यू इंग्लैंड
फ्रांस	लियोन्स
ब्रिटेन	लीड्स, कांगलेटन व मैक्लोसफील्ड
जर्मनी	क्रैफ्लो, रहेडट व मुंचेन-ग्लैंडवाश
इटली	मिलान, कैमो व बरगैमो

कृत्रिम रेशे से बने वस्त्र उद्योग

- मनुष्य अपने ज्ञान तथा प्रौद्योगिकी की सहायता से कृत्रिम रेशा आधारित वस्त्रों (Artificial Fibre Based Textile) का निर्माण कर रहा है, जिससे सूती वस्त्र उद्योग को प्रतिस्पर्द्धा का सामना करना पड़ रहा है।
- कृत्रिम रेशे दो प्रकार के होते हैं-प्राकृतिक पॉलिमर अर्थात् सेल्यूलोज एवं प्रोटीन तत्त्वों से विकसित किए गए रेशे तथा पूर्ण रूप से संश्लिष्ट पॉलिमर से बने रेशे।
- संश्लिष्ट पॉलिमर (Synthetic Polymer) कोयले एवं पेट्रोलियम से रसायन प्रौद्योगिकी द्वारा प्राप्त किया जाता है।
- सेल्यूलोज रेशे (Cellulose Fibre) के अंतर्गत रेयॉन को सम्मिलित किया जाता है। यह विरकोज एसीटेट या केसीन प्रणाली से प्राप्त किया जाता है।
- संश्लिष्ट अथवा नॉन सेल्यूलोज रेशे, पेट्रोलियम गैस या कोयले से पॉलीमेराइजेशन विधि (Polymerisation Process) द्वारा प्राप्त किए जाते हैं।
- सेल्यूलोज एवं शुद्ध संश्लिष्ट रेशे रसायन उद्योग की देन हैं, क्योंकि अनेक जटिल क्रियाओं से ये रेशे तैयार किए जाते हैं। ये रेशे पहले कपास लिंटर से प्राप्त होते थे, किंतु वर्तमान में ये लकड़ी, बाँस तथा अन्य वनस्पतियों की लुग्दी से प्राप्त किए जाते हैं।

कृत्रिम रेशे से बने वस्त्र का विश्व वितरण

- कृत्रिम रेशों की प्रौद्योगिकी विकसित देशों में पाई जाती है। यूएसए, जापान, चीन, स्वीडन, फिनलैंड, फ्रांस, इटली आदि प्रमुख कृत्रिम रेशों के उत्पादक देश हैं।
- चीन में इसका बड़े स्तर पर उत्पादन हो रहा है, वहीं जापान के होंशू, क्यूशू तथा शिकोकू द्वीपों पर भी उत्पादन किया जाता है।

कागज उद्योग

- विश्व का 90% कागज काष्ठ लुग्दी से तैयार किया जाता है। कागज उद्योग (Paper Industry) के स्थानीयकरण (Localisation) में कच्चे माल की सुविधा सर्वाधिक महत्त्वपूर्ण है, इसके अतिरिक्त जल आपूर्ति एवं बाजार की सुविधा भी महत्त्वपूर्ण है।
- विश्व के अधिकांश अखबारी कागज एवं काष्ठ लुग्दी के कारखाने उत्तरी गोलार्द्ध में कोणधारी वनों के दक्षिणी किनारे मुख्यत: कनाडा, नॉर्वे, स्वीडन, फिनलैंड आदि स्थानों पर स्थित हैं।

विश्व के प्रमुख कागज उत्पादन केंद्र

देश	कागज उत्पादन केन्द्र
जापान	टोकियो, कावासाकी, याकोहामा, किताक्यूशु
कनाडा	क्यूबेक, ओंटेरियो, ब्रिटिश कोलंबिया
रूस	लेनिनग्राद, इवानोवो, यूराल, मॉस्को
जर्मनी	डोर्टमंड, डुसेलडोर्फ, फ्रैंकफर्ट, ड्रेसडेन

जहाज निर्माण उद्योग

- जहाज निर्माण उद्योग (Ship Building Industry) के लिए बड़ी मात्रा में इस्पात की आवश्यकता होती है। जहाज निर्माण में जापान महत्त्वपूर्ण भूमिका निभाता है। इसके अतिरिक्त स्वीडन एवं साउथ कोरिया जैसे देश भी इसमें महत्त्वपूर्ण भूमिका निभाते हैं।
- जापान में तटीय क्षेत्रों में इस्पात उत्पादक केंद्रों की स्थिति एवं प्राकृतिक बंदरगाहों की सुविधा के कारण इस उद्योग को बढ़ावा मिला है।

विश्व के प्रमुख जहाज निर्माण केंद्र

देश	जहाज निर्माण केंद्र
जापान	टोकियो, याकोहामा, कोबे, ओसाका, नागासाकी व नगोया
जर्मनी	हैमबर्ग, कील व ल्यूबेक
यूएसए	डेलावेयर, बाल्टीमोर व रिचमांड
रूस	लेनिनग्राद व ब्लादिवोस्टक

पेट्रो-रसायन उद्योग

- पेट्रोलियम से प्राप्त होने वाले रसायनों को पेट्रो-रसायन (Petro Chemical) कहा जाता है। इनका संकेंद्रण तेल शोधनशालाओं या तटीय क्षेत्रों में पाया जाता है। इस उद्योग के प्रमुख उत्पाद उर्वरक, प्लास्टिक, रेयॉन जैसे कृत्रिम रेशे होते हैं।
- प्रारंभ में इस उद्योग का विकास यूएसए तथा यूरोप में हुआ, किंतु वर्ष 1980 के पश्चात् विश्व के अन्य देशों में भी इसकी स्थापना हुई; जैसे- सिंगापुर, ताइवान-दक्षिण-कोरिया आदि। वर्तमान समय में विश्व के कई देशों में इन उद्योगों का विकास हुआ।

विश्व के प्रमुख पेट्रो-रसायन उद्योग केंद्र

देश	प्रमुख पेट्रो-रसायन उद्योग केंद्र
संयुक्त राज्य अमेरिका	शिकागो, टोलैडो, फिलाडेल्फिया, डेलावेयर व लॉस एंजिलिस
बेल्जियम	एंटवर्प
नीदरलैंड	रॉटरडम
जापान	टोकियो
चीन	बीजिंग
दक्षिण कोरिया	सियोल
ताइवान	ताइपे

स्वच्छंद उद्योग

- ये उद्योग व्यापक विविधता वाले स्थानों में स्थित होते हैं। ये किसी विशिष्ट कच्चे माल पर निर्भर नहीं रहते हैं, जिनके भार में कमी हो रही हो।
- ये उद्योग संघटक पुर्जों पर निर्भर रहते हैं, जो कहीं से भी प्राप्त किए जा सकते हैं। इनमें उत्पादन कम मात्रा में होता है एवं श्रमिकों की भी कम आवश्यकता होती है।
- सामान्यत: ये उद्योग प्रदूषण नहीं फैलाते, इनकी स्थापना में महत्त्वपूर्ण कारक सड़कों के जाल द्वारा अभिगम्यता होती है।

सनराइज उद्योग

उभरते हुए उद्योग को सनराइज उद्योग (Sunrise Industry) कहते हैं, इसमें सूचना प्रौद्योगिकी, स्वास्थ्य लाभ, सत्कार तथा ज्ञान से संबंधित उद्योग शामिल हैं।

उच्च प्रौद्योगिकी उद्योग

- निर्माण क्रियाओं में उच्च प्रौद्योगिकी नवीनतम स्तर पर है। इसमें उन्नत वैज्ञानिक एवं इंजीनियरिंग उत्पादों का निर्माण गहन शोध एवं विकास के प्रयोग द्वारा किया जाता है।
- इसमें संपूर्ण श्रमिक शक्ति का अधिकांश भाग व्यावसायिक श्रमिकों अर्थात् श्रमिक सफेद कॉलर (White Collar Workers) का होता है।
- ये उच्च, दक्ष एवं विशिष्ट व्यावसायिक श्रमिक, वास्तविक उत्पादक (नीला कॉलर) श्रमिकों से संख्या में अधिक होते हैं।
- उच्च प्रौद्योगिकी उद्योग में यंत्र मानव, कंप्यूटर आधारित डिजाइन (कैंड) तथा निर्माण, धातु पिघलाने एवं शोधन के इलेक्ट्रॉनिक नियंत्रण तथा नए रासायनिक व औषधीय उत्पादन प्रमुख स्थान रखते हैं।
- इस भू-दृश्य में विशाल भवनों-कारखानों एवं भंडार क्षेत्रों के स्थान पर आधुनिक, साफ-सुथरे, बिखरे कार्यालय एवं प्रयोगशालाएँ देखने को मिलती हैं। वर्तमान में प्रादेशिक एवं स्थानीय योजनाओं के संबंध में नियोजित व्यवसायिक पार्क का निर्माण किया जा रहा है।
- वे उच्च प्रौद्योगिकी उद्योग, जो प्रादेशिक संकेंद्रित (Region Based Concentration), आत्मनिर्भर एवं उच्च विशिष्टता वाले होते हैं, उन्हें प्रौद्योगिक ध्रुव (Technopolies) कहा जाता है। सेन फ्रांसिस्को के समीप सिलिकन घाटी एवं सियेटल के समीप सिलिकन वन औद्योगिक ध्रुव के उदाहरण हैं।

विश्व के महत्त्वपूर्ण औद्योगिक नगर

नगर	उद्योग	नगर	उद्योग
ओसाका (जापान का मैनचेस्टर)	वस्त्र उद्योग	साओ पाउलो (ब्राजील)	कॉफी उद्योग
कावासाकी (जापान)	लौह-इस्पात	रियो-डी-जेनेरियो (ब्राजील)	वस्त्र उद्योग व कॉफी उद्योग
कोबे व क्योटो (जापान)	लौह-इस्पात, जलपोत	ब्यूनस आयर्स (अर्जेंटीना)	मांस व डेयरी
नगोया (जापान का डेट्राइट)	सूती वस्त्र, इंजीनियरिंग जलयान-निर्माण	ला प्लाटा (अर्जेंटीना)	एयरक्राफ्ट, रसायन व लौह-इस्पात
टोकियो व नागासाकी (जापान)	जलपोत व इंजीनियरिंग	वालपरेजो (चिली)	तेलशोधन व शराब उद्योग
बाकू (अजरबेजान)	तेल शोधन	सैंटियागो (चिली)	शराब उद्योग
डूंडी (स्कॉटलैंड)	जूट निर्माण	मराकैबो (वेनेजुएला)	तेलशोधन उद्योग
ज्यूरिख (स्विट्जरलैंड)	इंजीनियरिंग	कासाब्लांका (मोरक्को)	रसायन उद्योग
सिंगापुर (सिंगापुर)	मुख्य व्यापारिक पत्तन	काहिरा/सिकंदरिया (मिस्र)	सूती वस्त्र
वियना (आस्ट्रिया)	काँच	मुल्तान (पाकिस्तान)	मिट्टी के बर्तन
वेलिंगटन (न्यूजीलैंड)	डेयरी	मॉण्ट्रियल (कनाडा)	जलपोत व एयरक्राफ्ट
ग्लास्गो (स्कॉटलैंड)	जलयान-निर्माण व मशीनरी	क्यूबेक (कनाडा)	मेरिन इंजीनियरिंग व जलपोत निर्माण
बैंकॉक (थाइलैंड)	जलयान-निर्माण	ओटावा (कनाडा)	कागज उद्योग
जोहान्सबर्ग (दक्षिणी अफ्रीका)	सोना खनन	हैमिल्टन (कनाडा का बर्मिंघम)	लौह-इस्पात व इंजीनियिंग
किम्बरले (दक्षिण अफ्रीका)	हीरा खनन	टोरंटो (कनाडा)	इंजीनियरिंग व ऑटोमोबाइल
खारकोव (यूक्रेन)	मशीनरी व इंजीनियरिंग	टुलुज (फ्रांस)	लड़ाकू विमान निर्माण
कीव (यूक्रेन)	इंजीनियरिंग	लियोन्स (फ्रांस)	रेशमी वस्त्र
क्रिवॉय रॉग (यूक्रेन)	लौह-इस्पात व इंजीनियरिंग	एंटवर्प (बेल्जियम)	हीरा उद्योग
राटरडम (नीदरलैंड)	मेरिन इंजीनियरिंग व जलपोत निर्माण	सैन-फ्रांसिस्को (यू.एस.ए.)	तेलशोधन, जलपोत, कंप्यूटर
एम्सटर्डम (नीदरलैंड)	हीरा पॉलिश	सिएटल (यू.एस.ए.)	वायुयान उद्योग

नगर	उद्योग	नगर	उद्योग
कोपेनहेगेन (डेनमार्क)	डेयरी उद्योग	शिकागो (यू.एस.ए.)	लौह-इस्पात एवं मांस
मिलान (मुख्य औद्योगिक क्षेत्र इटली)	रेशमी वस्त्र	डेट्रायट (यू.एस.ए.)	ऑटोमोबाइल्स (कार निर्माण)
तूरिन (इटली का डेट्रायट)	मोटरकार	कन्सास (यू.एस.ए.)	डिब्बा बंद मांस प्रसंस्करण
वेनिस (इटली)	काँच	लॉस एंजिलिस (यू.एस.ए.)	फिल्म एवं तेल शोधन
स्टॉकहोम (मुख्य औद्योगिक क्षेत्र स्वीडन)	जलपोत निर्माण	न्यू आर्लियंस (यू.एस.ए.)	लौह-इस्पात एवं कोयला खनन
लीड्स (ब्रिटेन)	ऊनी वस्त्र	पिट्सबर्ग (यू.एस.ए.)	लौह-इस्पात
ब्रेडफोर्ड (ब्रिटेन)	ऊनी वस्त्र	प्लाइमाउथ (यू.एस.ए.)	जलपोत निर्माण
शंघाई (चीन)	वस्त्र व मशीन	टुला (रूस)	लौह-इस्पात
अंशन (चीन)	लौह-इस्पात	ब्लादिवोस्टक (रूस)	जलयान निर्माण
चांगचुन (चीन)	ऑटोमोबाइल्स-मशीनरी औजार	मास्को (रूस)	रसायन, धातु व मशीनरी उद्योग
वुहान (चीन)	वस्त्र, जलपोत, मशीन व लौह-इस्पात	ड्रेस्डेन (जर्मनी)	ऑप्टिकल्स फोटो
चेलियाबिंस्क (रूस)	लौह-इस्पात, मशीनरी औजार	डुसलडर्फ (जर्मनी)	इंजीनियरिंग व लौह-इस्पात
गोर्की (रूस)	इंजीनियरिंग	एसेन (जर्मनी)	लौह-इस्पात व इंजीनियरिंग
लेनिनग्राड (रूस)	जलयान निर्माण व ऑटोमोबाइल	हैमबर्ग (जर्मनी)	जलयान
मैग्नीटोगोर्स्क (रूस)	लौह-इस्पात	म्यूनिख (जर्मनी)	लेंस निर्माण

अतिरिक्त तथ्य
तमिलनाडु बोर्ड एवं NIOS

- **महाराष्ट्र** देश में सूती वस्त्र का अग्रणी उत्पादक राज्य है। मुम्बई कपड़ा मिलों का प्रमुख केंद्र रहा है। लगभग आधी सूती कपड़ा मिल अभी भी केवल मुम्बई में स्थित हैं। इसी कारण इसे **भारत का कॉटन पॉलिस** भी कहा जाता है।
- भारत कपास उद्योग के उत्पादों को विभिन्न देशों में निर्यात करता है। उदाहरण के लिए, यह जापान, अमेरिका, ब्रिटेन, रूस, फ्रांस, पूर्वी यूरोपीय देशों, नेपाल, सिंगापुर, श्रीलंका और अफ्रीकी देशों को भी निर्यात करता है।
- भारत का पहला आधुनिक इस्पात संयंत्र **1870 ई.** में बंगाल में स्थापित किया गया था और इसका उत्पादन **1674 ई.** में शुरू हुआ था।
- अमेरिका के मिशिगन राज्य का **डेट्रॉयट** शहर विश्व के पारंपरिक ऑटोमोटिव केंद्र के रूप में जाना जाता है।
- भारत में चेन्नई को **भारत का डेट्रॉयट** कहा जाता है। इसमें जीएम, फोर्ड, हुंडई और महिंद्रा जैसे विश्व प्रसिद्ध ऑटोमोबाइल उद्योग शामिल हैं। देश के ऑटोमोबाइल निर्यात में शहर का **60%** हिस्सा है।

12

परिवहन एवं संचार

(स्रोत)

Class-VII Old NCERT Chap 7 मानवीय पर्यावरण : बस्तियाँ, परिवहन एवं संचार,
Class-XI Old NCERT Chap 11 परिवहन एवं संचार,
Class-XII New NCERT Chap 6 तृतीयक एवं चतुर्थ क्रियाकलाप
Chap 7 परिवहन एवं संचार Chap 8 अंतर्राष्ट्रीय व्यापार,

परिवहन

- व्यक्तियों और वस्तुओं को एक स्थान से दूसरे स्थान तक लाने व ले जाने की सेवा या सुविधा को परिवहन (Transportation) कहते हैं, जिसमें मनुष्यों, पशुओं तथा विभिन्न प्रकार की गाड़ियों का प्रयोग किया जाता है।
- सड़कें और रेलमार्ग स्थलीय परिवहन (Land Transport) के भाग हैं, जबकि नौ-परिवहन (जलमार्ग) एवं वायुमार्ग परिवहन के दो अन्य प्रकार हैं। पाइपलाइनें, पेट्रोलियम, प्राकृतिक गैस और तरल अवस्था में अयस्कों जैसे पदार्थों का परिवहन करती हैं।

परिवहन के साधन

- विश्व परिवहन की विधाएँ (साधन) (Mode of Transport) क्रमश: स्थल, जल, वायु और पाइपलाइन हैं।
- इनका प्रयोग अंत:प्रादेशिक (Inter-Region) तथा अंतरा-प्रादेशिक (Intra-Region) परिवहन के लिए किया जाता है।
- पाइपलाइन को छोड़कर सभी यात्रियों और माल दोनों का परिवहन करते हैं।
- परिवहन विधा की सार्थकता परिवहित की जाने वाली वस्तुओं और सेवाओं के प्रकार, परिवहन की लागतों और उपलब्ध विधा पर निर्भर करती है।
- वस्तुओं के अंतर्राष्ट्रीय संचलन का निपटान भारवाही जलयानों द्वारा किया जाता है। कम दूरी की सेवाएँ प्रदान करने में सड़क परिवहन सस्ता एवं तीव्रगामी साधन है।
- किसी देश के भीतर स्थूल पदार्थों के विशाल परिमाण को लंबी दूरियों तक परिवहन करने के लिए रेल सर्वाधिक अनुकूल साधन है।
- उच्च मूल्य वाली हल्की तथा नाशवान वस्तुओं का वायुमार्गों द्वारा परिवहन सर्वश्रेष्ठ होता है, वहीं परिवहन हेतु वायु यातायात भी अच्छा साधन है।

परिवहन जाल

अनेक स्थानों को परस्पर मार्गों की श्रेणियों द्वारा जोड़ दिए जाने पर जिस प्रारूप का निर्माण होता है, उसे परिवहन जाल (Transport Trap) कहते हैं।

परिवहन के साधनों को निम्नलिखित चार्ट द्वारा समझा जा सकता है

परिवहन के साधन

- स्थल परिवहन
  - सड़क
  - रेलमार्ग
  - पाइपलाइन
- जल परिवहन
  - समुद्री
  - आंतरिक
- वायु परिवहन
  - क्षेत्रीय
  - अंतर्राष्ट्रीय

स्थल परिवहन

- स्थल परिवहन (Land Transport) के अंतर्गत सड़क, रेल एवं पाइपलाइन परिवहन सम्मिलित हैं।
- आरंभिक दिनों में मानव स्वयं परिवहन संचलन का वाहक था, साथ ही खच्चरों, घोड़ों, ऊँटों आदि पशुओं का भी उपयोग किया जाता था। इसके पश्चात् गाड़ियों का उपयोग किया गया।
- 18वीं शताब्दी में भाप के इंजन के आविष्कार के पश्चात् स्थल परिवहन का विकास हुआ।
- संभवत: 1825 ई. में प्रथम सार्वजनिक रेलमार्ग उत्तरी इंग्लैंड के **स्टॉकटन** और **डर्लिंग्टन** स्थानों के मध्य प्रारंभ हुआ।
- 19वीं शताब्दी में परिवहन का सर्वाधिक लोकप्रिय साधन रेल परिवहन (Rail Transport) बन गया।

- रेलमार्गों ने संयुक्त राज्य अमेरिका के आंतरिक महाद्वीपीय क्षेत्रों को वाणिज्यिक, अन्न, कृषि, खनन और विनिर्माण के लिए मार्ग प्रशस्त किया।
- अंतर्दहन इंजन (Internal Combustion Engine) के आविष्कार ने सड़कों की गुणवत्ता और उन पर चलने वाले वाहनों (कार, ट्रक आदि) के संदर्भ में सड़क परिवहन में विकास किया।
- स्थल परिवहन के अंतर्गत नवीनतम विकास के रूप में पाइपलाइनों तथा राजमार्गों को सम्मिलित किया जाता है।
- तरल पदार्थ; जैसे-खनिज तेल, जल, अवमल और नाली मल का परिवहन पाइपलाइनों द्वारा किया जाता है। रेलमार्ग, समुद्री पोत, नौकाएँ, मोटर ट्रक और पाइपलाइन बड़े मालवाहक हैं।
- सामान्यतः मानव कुली, बोझा ढोने वाले पशु, गाड़ियाँ अथवा माल डिब्बे जैसे पुराने और प्रारंभिक रूप, परिवहन के सर्वाधिक महँगे साधन हैं, जबकि बड़े मालवाही साधन मितव्ययी होते हैं।
- विशाल देशों के आंतरिक भागों में पाए जाने वाले आधुनिक जलमार्गों और वाहकों को संपूरकता (Supplement) प्रदान करने में इनका बहुत महत्त्व है।

सड़कें

- सड़क परिवहन (Road Transport), छोटी दूरियों के लिए रेल परिवहन की अपेक्षा आर्थिक दृष्टि से लाभदायक होता है, क्योंकि इसके द्वारा घर तक वस्तुओं को पहुँचाना सरल होता है।
- सड़कें पक्की एवं कच्ची हो सकती हैं। मैदानी क्षेत्रों में सड़कों का घना जाल बिछा हुआ है।
- मरुस्थलों, वनों एवं ऊँचे पर्वत जैसे स्थानों पर भी सड़कें बनाई गई हैं। भूमिगत सड़कों को भूमिगत मार्ग (सब वे) भी कहते हैं।
- सड़कें किसी भी देश के व्यापार और वाणिज्य को विकसित करने एवं पर्यटन को बढ़ावा देने में महत्त्वपूर्ण भूमिका निभाती हैं।
- विकसित एवं विकासशील देशों में सड़कों की गुणवत्ता में पर्याप्त अंतर पाया जाता है, क्योंकि सड़कों के निर्माण व उनके रख-रखाव पर भारी व्यय आता है।
- सड़क परिवहन के विकास एवं विस्तार पर भौगोलिक उच्चावचों (Relief) का प्रत्यक्ष प्रभाव पड़ता है, इसी प्रभाव के कारण मैदानी भागों में सड़कों की सघनता अधिक है, जबकि पर्वतीय, वनीय एवं मरुस्थलीय भागों में सड़कों की सघनता कम है।
- विकसित एवं विकासशील देशों में सड़कों की गुणवत्ता में पर्याप्त अंतर पाया जाता है, क्योंकि सड़कों के निर्माण व उनके रख-रखाव पर भारी खर्च आता है।
- विकसित देशों में अच्छी गुणवत्ता वाली सड़कें सर्वत्र पाई जाती हैं और ये तीव्रगामी संचलन के लिए मोटर मार्गों और अंतर्राज्यीय राजमार्गों के द्वारा लंबी दूरियों को जोड़ती हैं।
- विश्व की कुल मोटर वाहन चलाने योग्य सड़कों की लंबाई मात्र 150 लाख किमी है, जिसका 33% भाग उत्तरी अमेरिका में पाया जाता है।
- सर्वाधिक घनत्व और सबसे अधिक वाहनों की संख्या पश्चिमी यूरोप की तुलना में उत्तरी अमेरिका महाद्वीप में पाई जाती है।
- इससे यह स्पष्ट होता है कि विश्व में सड़कों के विकास में प्रादेशिक, राष्ट्रीय, अंतर्राष्ट्रीय एवं महाद्वीपीय स्तर पर समानता के स्थान पर असमान वितरण है।

दीर्घकालीन संकुलता

- यातायात प्रवाह जब सड़क तंत्र की आवश्यकताओं के अनुरूप विकसित न हो पाए, तो सड़कों पर संकुलन (Congestion) बढ़ जाता है। नगरों की सड़कों पर दीर्घकालीन संकुलता (Longterm Congestion) पाई जाती है।
- यातायात के शीर्ष (उच्च बिंदु) और गर्त (निम्न बिंदु) सड़कों पर दिन के विशेष समय पर देखे जा सकते हैं, उदाहरणस्वरूप कार्य के समय से पहले और बाद में यातायात संकुलता की समस्या विश्व के अधिकांश नगरों की सड़कों पर पाई जाती है।

महामार्ग

- दूरस्थ स्थानों को जोड़ने वाली पक्की सड़कें महामार्ग (Highway) कहलाती हैं।
- इनका निर्माण इस प्रकार किया जाता है कि अबाधित रूप से यातायात का आवागमन हो सके।
- यातायात के अबाधित प्रवाह की सुविधा के लिए अलग-अलग यातायात लेन, पुलों, फ्लाई ओवरों और दोहरे वाहन मार्गों के लिए 80 मीटर चौड़ी सड़कें होती हैं।
- विकसित देशों से प्रत्येक नगर और पत्तन नगर महामार्गों द्वारा जुड़े हुए हैं।

विश्व में महामार्गों का वितरण

- **अमेरिका** यहाँ महामार्गों का घनत्व उच्च है, जो लगभग 0.65 प्रति वर्ग किमी है। प्रत्येक स्थान महामार्ग से 20 किमी की दूरी पर स्थित है।
- पश्चिमी प्रशांत महासागरीय तट पर स्थित नगर, पूर्व में अटलांटिक महासागरीय तट पर स्थित नगरों से भली-भाँति जुड़े हुए हैं, इसी प्रकार उत्तर में कनाडा के नगर, दक्षिण में मैक्सिको के नगरों से जुड़े हुए हैं।
- उत्तर अमेरिका महाद्वीप में अवस्थित महत्त्वपूर्ण महामार्ग इस प्रकार हैं
  - **ट्रांस कनाडियन महामार्ग** (Trans-Canadian Highway) यह पश्चिमी तट पर स्थित ब्रिटिश कोलंबिया प्रांत के बैंकूवर स्थान को पूर्वी तट पर स्थित न्यू फाउंडलैंड प्रांत के सेंटजॉन नगर से जोड़ता है, इसकी लंबाई 7821 किमी है।
  - **अलास्का राजमार्ग** (Alaska Highway) यह कनाडा के एडमंडन को अलास्का के एंकॉरेज से जोड़ता है।
  - **पैन-अमेरिकन महामार्ग** (Pan-American Highway) यह उत्तरी अमेरिका (यूएसए) एवं कनाडा तथा मध्य अमेरिका को दक्षिण अमेरिका से जोड़ता है। इसके अधिकांश भाग निर्मित हो गए हैं और शेष का कार्य प्रगति पर है। इसकी कुल लंबाई 48000 किमी है।
- **यूरोप** इसमें वाहनों की बहुत विशाल संख्या तथा महामार्गों का सुविकसित जाल पाया जाता है। फ्रांस, ब्रिटेन, जर्मनी, इटली, पोलैंड, यूरोपीय रूस आदि देशों में सड़कों का सघन जाल है तथा इनके नगर महामार्ग से जुड़े हुए हैं।

- **रूस** इसमें यूराल के पश्चिम में स्थित औद्योगिक प्रदेश में महामार्गों के अत्यधिक सघन जाल का विकास हुआ है, जिसकी धुरी मास्को है। अत्यधिक विस्तृत भौगोलिक क्षेत्रफल के कारण रूस में महामार्ग इतने महत्त्वपूर्ण नहीं हैं, जितने रेलमार्ग। यहाँ का महत्त्वपूर्ण महामार्ग पार साइबेरियन महामार्ग है।
  - **पार साइबेरियन महामार्ग** (Trans Siberian Highway) यह रूस की राजधानी मास्को को सुदूर पूर्व में स्थित ब्लादिवोस्टक से जोड़ता है। इस प्रकार यह महामार्ग पूर्व में स्थित प्रदेश को सेवा प्रदान करता है।
- **चीन** यहाँ महामार्ग प्रमुख नगरों को जोड़ते हुए देश में क्रिस-क्रॉस करते हैं। ये महामार्ग शांसो (वियतनाम सीमा के समीप), शंघाई (मध्य चीन), ग्वांगझाओ (दक्षिण) एवं बीजिंग उत्तर को परस्पर जोड़ते हैं।

  एक महत्त्वपूर्ण व नवीन महामार्ग तिब्बती क्षेत्र में चेगडू को ल्हासा से जोड़ता है। चीन का चीन राष्ट्रीय महामार्ग, जो टोंगजियांग (हेलांगजियांग) महामार्ग तथा सान्या (हैनान) को जोड़ता है, 5700 किमी लंबा महामार्ग है।
- **अफ्रीका** यह सबसे कम सड़कों वाला महाद्वीप है, इसमें सबसे अधिक सड़कें दक्षिण अफ्रीका में पाई जाती हैं। मिस्र, सूडान, इथियोपिया तथा पूर्वी अफ्रीका के देशों में भी अल्प दूरी की सड़कें स्थित हैं। अफ्रीका के महत्त्वपूर्ण महामार्ग निम्न हैं
  - **अल्जियर्स कोनाक्री महामार्ग** (Aligners Conakry Highway) यह महामार्ग अफ्रीका के भूमध्य सागरीय तट पर स्थित अल्जियर्स नगर को गिनी के कोनाक्री शहर से जोड़ता है।
  - **अंतरमहाद्वीपीय महामार्ग** (Trans-Continental Highway) यह महामार्ग मिस्र की राजधानी काहिरा के अलकैरो को दक्षिण अफ्रीका के केपटाउन से जोड़ता है। यह महामार्ग अभी भी विकासशील अवस्था में है।
- **ऑस्ट्रेलिया** यहाँ महामार्गों द्वारा सभी राज्यों को जोड़ा गया है, ऑस्ट्रेलिया के महत्त्वपूर्ण महामार्ग इस प्रकार हैं
  - **ऑस्ट्रेलिया महामार्ग** (Australian Highway) यह ऑस्ट्रेलिया महाद्वीप में चारों ओर से किनारे के सभी राज्यों से होकर गुजरता है। इसकी लंबाई 1450 किमी है। यह विश्व के सबसे लंबे महामार्गों में से एक है।
  - **स्टुअर्ट महामार्ग** (Stuart Highway) यह ऑस्ट्रेलिया महाद्वीप का सबसे लंबा महामार्ग है, जो उत्तरी ऑस्ट्रेलिया में स्थित विरहूम नगर को एलिस स्प्रिंग व डेनेन्ट क्रीक होते हुए दक्षिणी ऑस्ट्रेलिया में स्थित ऑदनादत्ता नगर से जोड़ता है।

सीमावर्ती सड़कें

- अंतर्राष्ट्रीय सीमाओं के सहारे बनाई गई सड़कों को **सीमावर्ती सड़कें** (Border Roads) कहा जाता है। ये सड़कें सुदूर क्षेत्रों में रहने वाले लोगों को प्रमुख नगरों से जोड़ने और प्रतिरक्षा प्रदान करने में महत्त्वपूर्ण भूमिका निभाती हैं।
- प्रायः सभी देशों में गाँवों एवं सैन्य शिविरों तक वस्तुओं को पहुँचाने के लिए ऐसी सड़कें पाई जाती हैं।

रेल परिवहन/रेलमार्ग

- रेलमार्ग (Railways) लंबी दूरी तक स्थूल वस्तुओं और यात्रियों के परिवहन का साधन है।
- यह सड़क मार्ग की तुलना में बड़ी संख्या में व्यक्तियों तथा वस्तुओं को अधिक दूरी तक ले जाने के लिए अपेक्षाकृत सस्ता एवं अधिक सुविधाजनक माध्यम है।
- विश्व में प्रथम रेलमार्ग का निर्माण 1835 ई. में इंग्लैंड में हुआ और यहीं पर पहली रेलगाड़ी मैनचेस्टर से लिवरपुल के मध्य चलाई गई थी।
- रेल लाइनों की चौड़ाई (गेज) प्रत्येक देश में अलग-अलग पाई जाती है, जिन्हें अलग-अलग नामों से जाना जाता है।
- रेल लाइनों की चौड़ाई को क्रमशः बड़ी लाइन (1.5 मीटर से अधिक), मानक (1.44 मीटर), मीटर लाइन (1 मीटर) तथा छोटी लाइन में वर्गीकृत किया जाता है। मानक लाइन का उपयोग ब्रिटेन में किया जाता है।
- औद्योगिक क्रांति ने वाष्प के इंजन की खोज एवं रेल परिवहन के तीव्र विकास में सहायता प्रदान की।
- डीजल एवं विद्युत इंजनों ने आगे चलकर वाष्प इंजनों का स्थान ले लिया। वर्तमान समय में सुपरफास्ट रेलगाड़ियों के परिचालन से इसकी परिवहन की गति और तीव्र हो गई है।
- दैनिक आवागमन की रेलें, ब्रिटेन, संयुक्त राज्य अमेरिका, जापान और भारत में अधिक लोकप्रिय हैं। ये दैनिक गाड़ियाँ नगरों में प्रतिदिन लाखों यात्रियों को लाती और ले जाती हैं।

विश्व में रेलमार्गों का प्रतिरूप

- विश्व में लगभग 13 लाख किमी लंबे रेलमार्ग हैं। रेलमार्गों के विस्तार में प्रादेशिक भिन्नताएँ पाई जाती हैं, क्योंकि इनके निर्माण तथा रख-रखाव पर बहुत अधिक पूँजी व्यय होती है।
- सामान्यतः रेलों का प्रबंधन सरकारें ही करती हैं, क्योंकि रेल व्यवस्था मूलभूत सेवाओं के अंतर्गत आती है। विश्व महाद्वीपों व महत्त्वपूर्ण देशों में रेलमार्गों के प्रारूप का विवरण इस प्रकार है

उत्तरी अमेरिका

- यहाँ रेलमार्गों का सर्वाधिक विस्तृत रेलमार्ग तंत्र है। यहाँ विश्व के कुल रेलमार्गों का लगभग 40% भाग पाया जाता है। यहाँ सर्वाधिक सघन रेलतंत्र पूर्वी-मध्य संयुक्त राज्य अमेरिका तथा कनाडा के उच्च औद्योगिक एवं नगरीय प्रदेश में पाया जाता है।
- कनाडा में रेलमार्ग सार्वजनिक क्षेत्र में है और विरल जनसंख्या वाले क्षेत्रों में वितरित है। महाद्वीप पारीय रेलमार्गों (Trans-Continental Rail Routes) द्वारा गेहूँ एवं कोयले के भार के अधिकांश भाग का परिवहन किया जाता है।

यूरोप

- यहाँ विश्व का सघनतम रेलतंत्र (Densest Railway System) पाया जाता है। ये रेलमार्ग लगभग 4 लाख 40 हजार किमी लंबे हैं, जिनमें से अधिकांश दोहरे अथवा बहुमार्गी हैं।
- बेल्जियम में रेल घनत्व सर्वाधिक अर्थात् प्रति 6.5 वर्ग किमी क्षेत्र पर लगभग 1 किमी है। औद्योगिक प्रदेश विश्व के कुछ सर्वाधिक घनत्वों को प्रदर्शित करते हैं।

- लंदन, पेरिस, ब्रूसेल्स, मिलान, बर्लिन और वारसा महत्त्वपूर्ण रेल केंद्र हैं। इंग्लैंड में स्थित यूरो टनल ग्रुप द्वारा प्रचलित 'सुरंग मार्ग' लंदन को पेरिस से जोड़ता है।
- **यूरोप** के अनेक देशों में रेलमार्गों का प्रयोग यात्री परिवहन की अपेक्षा अधिकांश लंबी दूरी के स्थूल पदार्थों; जैसे-अयस्क, अनाज, इमारती लकड़ी तथा मशीनरी आदि के परिवहन में होता है।
- यूराल के पश्चिम में अत्यंत सघन जाल से युक्त रूस में रेलमार्गों के द्वारा देश के कुल परिवहन का लगभग 90% भाग प्रबंधित होता है।
- मास्को रेलवे का महत्त्वपूर्ण मुख्यालय है। यहाँ से देश के विस्तृत भौगोलिक क्षेत्र के विभिन्न भागों के लिए प्रमुख लाइनें निकलती हैं। मास्को में भूमिगत रेलमार्ग और दैनिक आवागमन की गाड़ियाँ भी पाई जाती हैं।

ऑस्ट्रेलिया

- यहाँ लगभग 40,000 किमी लंबे रेलमार्ग हैं, जिनका 25% भाग न्यू साउथ वेल्स में पाया जाता है। पश्चिमी-पूर्वी ऑस्ट्रेलिया, राष्ट्रीय रेलमार्ग पर्थ से सिडनी तक एक छोर से दूसरे छोर तक जाता है।
- न्यूजीलैंड में रेलमार्ग मुख्यत: उत्तरी द्वीप में पाए जाते हैं, जो कृषि क्षेत्रों को सेवाएँ प्रदान करते हैं।

दक्षिण अमेरिका

- यहाँ रेलमार्ग दो प्रदेशों, अर्जेंटाइना के पंपास और ब्राजील के कॉफी उत्पादक प्रदेश में सघन है। इन दोनों प्रदेशों में दक्षिणी अमेरिका है। यह रेलमार्ग के कुल रेलमार्गों का 40% भाग पाया जाता है।
- इसके अतिरिक्त शेष देशों में केवल चिली एकमात्र ऐसा देश है, जहाँ महत्त्वपूर्ण लंबाई के रेलमार्ग हैं, जो तटीय केंद्रों को आंतरिक क्षेत्रों में स्थित खनन स्थलों से जोड़ते हैं।
- पेरू, बोलीविया, इक्वाडोर, कोलंबिया और वेनेजुएला में छोटे एकल मार्ग वाली रेल लाइनें पाई जाती हैं, जो पत्तनों को आंतरिक क्षेत्रों के साथ अंतर जोड़क योजकों के बिना जोड़ती हैं।
- यहाँ एक महाद्वीप पारीय रेलमार्ग है, जो एंडीज पर्वतों के पार 3900 मी की ऊँचाई पर अवस्थित प्लाटा (Platas) दर्रे से गुजरता हुआ ब्यूनस आयर्स (अर्जेंटीना) को वाल पैराइजो से जोड़ता है।

एशिया

- यहाँ जापान, चीन और भारत के सघन बसे हुए क्षेत्रों में रेलमार्गों का सघनतम घनत्व पाया जाता है, अन्य शेष देशों में सघन रेलमार्ग कम हैं।
- विस्तृत मरुस्थलों और विरल जनसंख्या के प्रदेशों के कारण रेल सुविधाओं का न्यूनतम विकास हुआ है।
- जायनिंग से ल्हासा के बीच चलने वाली रेलगाड़ी समुद्रतल से 4,000 मीटर की ऊँचाई पर चलती है, जिसका सबसे ऊँचा बिंदु समुद्रतल से 5,072 मीटर है।

अफ्रीका

- यहाँ केवल 40,000 किमी लंबे रेलमार्ग हैं, जिनमें सोने, हीरे के सांद्रण और ताँबा खनन क्रियाकलापों के कारण केवल दक्षिण अफ्रीका में 18000 किमी लंबे रेलमार्ग हैं। अफ्रीका के प्रमुख रेलमार्ग इस प्रकार हैं
  - **बेंगुएला रेलमार्ग** (Benguela Railway) यह रेलमार्ग अंगोला से कटंगा-जांबिया ताँबे की पेटी से होकर जाता है।
  - **तंजानिया रेलमार्ग** (Tanzania Railway) यह रेलमार्ग जांबिया ताँबे की पेटी से तट पर स्थित दार-ए-सलाम तक जाता है।
  - **बोत्सवाना और जिम्बाब्वे रेलमार्ग** (Botswana and Zimbabwe Railway) यह रेलमार्ग स्थलरुद्ध राज्यों को दक्षिण अफ्रीकी रेलतंत्र से (South African Rail Network) जोड़ता है।
  - **दक्षिण अफ्रीका रेलमार्ग** (South African Railway) यहाँ केपटाउन से प्रीटोरिया तक एलू ट्रेन संचालित है।
- अन्य स्थानों पर; जैसे-अल्जीरिया, सेनेगल, नाइजीरिया, केन्या और इथोपिया में रेलमार्ग पत्तन नगरों को आंतरिक केंद्रों से जोड़ते हैं।

विश्व के प्रमुख रेलमार्ग

विश्व के प्रमुख रेलमार्ग निम्नलिखित हैं

पार महाद्वीपीय रेलमार्ग

- पार महाद्वीपीय रेलमार्ग (Trans Continental Railways) पूरे महाद्वीप से गुजरते हुए महाद्वीप के दोनों छोरों को जोड़ता है।
- इसका निर्माण आर्थिक और राजनीतिक कारणों से विभिन्न दिशाओं में लंबी यात्राओं की सुविधाएँ प्रदान करने के लिए किया गया था।

पार साइबेरियन रेलमार्ग

- पार साइबेरियन रेलमार्ग, (Trans-Siberian Railways) रूस का प्रमुख रेलमार्ग है।
- यह रेलमार्ग पश्चिम में सेंट पिटर्सबर्ग से पूर्व में प्रशांत महासागर तट पर स्थित ब्लादिवोस्टक तक मास्को, कजान, ट्यूमिन, नोवोसिबिर्स्क, चीता और ख्बरोवस्क से होता हुआ जाता है।
- यह एशिया का सबसे महत्त्वपूर्ण और विश्व का सर्वाधिक लंबा (9322 किमी) दोहरे पथ से युक्त विद्युतीकृत (Electrified) पार महाद्वीपीय रेलमार्ग है। इसने अपने एशियाई प्रदेश को पश्चिमी यूरोपीय बाजार से जोड़ा है।
- यह रेलमार्ग यूराल पर्वतों, ओब और येनिसी नदियों से गुजरती है। इस रेलमार्ग को दक्षिण से जोड़ने वाला योजक मार्ग भी कहते हैं; जैसे- ओडेसा (यूक्रेन), कैस्पियन तट पर बाकू (अजरबेजान), ताशकंद (उज्बेकिस्तान), उलानबटोर (मंगोलिया) और रोनयांग (चीन) में बीजिंग की ओर आदि।

पार कैनेडियन रेलमार्ग

- कनाडा का पार कैनेडियन रेलमार्ग (Trans Canadian Railways) 7050 किमी पूर्व में हैलिफैक्स से आरंभ होकर मॉण्ट्रियल, ओटावा, विनिपेग और कलगैरी से होता हुआ पश्चिम में प्रशांत तट पर स्थित बैंकूवर तक जाता है।
- इसका निर्माण 1886 ई. में मूलरूप से एक संधि के अंतर्गत पश्चिमी तट पर स्थित ब्रिटिश कोलंबिया को राज्यों के संघ में सम्मिलित करने के उद्देश्य से किया गया था।
- क्यूबेक मॉण्ट्रियल औद्योगिक प्रदेश को प्रेयरी प्रदेश की गेहूँ मेखला और उत्तर में शंकुधारी वन प्रदेश से जोड़ने के कारण इस रेलमार्ग के महत्त्व में वृद्धि हुई।
- इन प्रदेशों में से प्रत्येक रेलमार्ग दूसरे का संपूरक बन गया। विनिपेग से थंडरखाड़ी (सुपीरियर झील) तक एक संवृत मार्ग इस रेल लाइन को विश्व के सर्वाधिक महत्त्वपूर्ण जलमार्गों से जोड़ता है। यह रेल लाइन कनाडा का आर्थिक आधार है।

ऑस्ट्रेलियाई पार महाद्वीपीय रेलमार्ग

- ऑस्ट्रेलियाई पार महाद्वीपीय रेल लाइन (Australian Trans Continental Railways) पश्चिमी तट पर पर्थ से आरंभ होकर कालगुर्ली, बॉकेन हिल और पोर्ट ऑगस्ता से होकर पूर्वी तट पर स्थित सिडनी को मिलाते हुए महाद्वीप के दक्षिणी भाग के आर-पार पश्चिम से पूर्व की ओर जाती है। यह महाद्वीप का सबसे लंबा रेलमार्ग है।
- इसके अतिरिक्त एक अन्य उत्तर दक्षिण लाइन एडीलेड और एलिस स्प्रिंग को जोड़ती है और आगे इसे डार्विन-विरदूम लाइन से जोड़ा जाता है।

अन्य प्रमुख रेलमार्ग

अन्य प्रमुख रेलमार्ग निम्नलिखित हैं

- **संघ और प्रशांत रेलमार्ग** (The Union and Pacific Railway) यह संयुक्त राज्य अमेरिका का सबसे लंबा तथा महत्त्वपूर्ण रेलमार्ग है। यह उत्तरी अमेरिका के पूर्वी तट पर स्थित सबसे बड़े नगर न्यूयॉर्क को पश्चिमी तट के सबसे बड़े बंदरगाह सैन फ्रांसिस्को से जोड़ता है। इस मार्ग द्वारा किए जाने वाले सर्वाधिक मूल्यवान निर्यात अयस्क, अनाज, कागज, रसायन एवं मशीनरी आदि हैं।
- **ट्रांस एंडीज रेलमार्ग** (Trans Indies Railway) यह दक्षिणी अमेरिका का रेलमार्ग है। यह रेलमार्ग चिली के वालपरेजो नगर को महाद्वीप के दूसरे किनारे पर स्थित ब्यूनर्स आयर्स नगर (अर्जेंटीना) से जोड़ता है। इस रेलमार्ग पर क्लीवलैंड, शिकागो, ओगडॉन इत्यादि प्रमुख दक्षिणी अमेरिकी शहर स्थित हैं।
- **उत्तरी ट्रांस महाद्वीपीय रेलमार्ग** (Northern Trans Continental Railway) यह रेलमार्ग भी यूएसए का ही एक रेलमार्ग है, जो सिएटल नगर को न्यूयॉर्क से जोड़ता है।
- **दक्षिणी ट्रांस महाद्वीपीय रेलमार्ग** (Southern Trans Continental Railway) यह भी यूएसए का एक प्रमुख रेलमार्ग है, जो लॉस एंजिल्स को न्यूयॉर्क के साथ जोड़ता है।
- **केप टू कैरो रेलमार्ग** (Cape to Cairo Railway) यह अफ्रीका का सबसे महत्त्वपूर्ण रेलमार्ग है। यह रेलमार्ग अफ्रीका के दक्षिणी छोर पर स्थित केपटाउन से उत्तरी-पूर्वी छोर की काहिरा नगर तक की यात्रा तय करने का एकमात्र साधन है। यह मार्ग अभी पूर्णत: तैयार नहीं है। यह रेलमार्ग आस्वान, आदिस अबाबा तथा मोम्बासा होते हुए काहिरा से केपटाउन तक जाती है।
- **ट्रांस एशियन रेलवे नेटवर्क** (Trans Asian Railway Network) यह यूरोप व एशिया में एकीकृत रेलवे नेटवर्क बनाने की एक परियोजना है, जो 28 देशों को सेवा प्रदान करेगी। यह परियोजना वर्ष 1992 में प्रारंभ हुई थी। यह संयुक्त राष्ट्र के आर्थिक और सामाजिक आयोग के लिए एशिया और प्रशांत क्षेत्र (यूएनइएससीएपी) की परियोजना है।
- **बीजिंग-केण्टन रेलमार्ग** (Beijing-Canton Railway) यह चीन का उत्तर दक्षिण दिशा में विस्तृत (2350 किमी लंबा) सबसे लंबा एवं सबसे महत्त्वपूर्ण रेलमार्ग है। इस रेलमार्ग के प्रमुख केंद्र व जंक्शन क्रमश: बीजिंग से झोंगहऊ, बुहान, झुझऊ, शंघाई, हेनयांग एवं केंटन हैं।
- **ओरिएंटल एक्सप्रेस** (The Oriental Express) यह रेलवे लाइन पेरिस से स्ट्रेस्बर्ग, म्यूनिख, वियाना, बुडापेस्ट और बेलग्रेड होती हुई इस्तांबुल तक जाती है। इस एक्सप्रेस लाइन द्वारा लंदन से इस्तांबुल तक लगने वाला यात्रा का समय समुद्री मार्ग से लगने वाले 10 दिनों की तुलना में मात्र 96 घंटे रह गया है। इस रेलमार्ग द्वारा होने वाले प्रमुख निर्यात मदें पनीर, सुअर का मांस, जई, शराब, फल और मशीनरी हैं। इसके अतिरिक्त इस्तांबुल को बैंकॉक, ईरान, पाकिस्तान, भारत, बांग्लादेश और म्यांमार से जोड़ने वाले एशियाई रेलवे निर्माण का भी प्रस्ताव है।

वन बेल्ट वन रोड (ओबीओआर) परियोजना

- वन बेल्ट वन रोड परियोजना (One Belt one Road Project) वर्ष 2013 में चीन के राष्ट्रपति **शी जिनपिंग** द्वारा प्रारंभ की गई थी, इसे **सिल्क रोड इकोनॉमिक बेल्ट** (Silk Road Economic Belt) तथा 21वीं सदी के समुद्री सिल्क रोड (वन बेल्ट वन रोड) के रूप में जाना जाता है।
- इसके अंतर्गत रेल, सड़कों, बंदरगाह, पाइपलाइनों और अन्य बुनियादी सुविधाओं को स्थल व **समुद्री मार्गों** से होते हुए एशिया, यूरोप और अफ्रीका को जोड़ा जाना है।
- इसका उद्देश्य आर्थिक सहयोग नीति साझेदारी सहित व्यापार व वित्तीय सहयोग को बढ़ाने तथा सामाजिक व सांस्कृतिक सहयोग हेतु विश्व के सबसे बड़े प्लेटफार्म का निर्माण करना है।

पाइपलाइन

- जल, पेट्रोलियम और प्राकृतिक गैसों जैसे तरल एवं गैसीय पदार्थों के अबाधित प्रवाह और परिवहन के लिए पाइपलाइनों का व्यापक रूप से प्रयोग किया जाता है।
- विश्व के अनेक भागों में रसोई गैस अथवा एल.पी.जी की आपूर्ति पाइपलाइनों द्वारा की जाती है।
- पाइपलाइनों का प्रयोग तरलीकृत कोयले के परिवहन के लिए भी किया जाता है। न्यूजीलैंड में फार्मों से फैक्ट्रियों तक दूध को पाइपलाइनों द्वारा भेजा जाता है।
- संयुक्त राज्य अमेरिका में उत्पादन क्षेत्रों और उपभोग क्षेत्रों के बीच तेल पाइपलाइनों का सघन जाल पाया जाता है।
- संयुक्त राज्य अमेरिका में प्रति टन किमी कुल भार का 17% भाग पाइपलाइनों द्वारा ले जाया जाता है।
- यूरोप, रूस, पश्चिम एशिया और भारत में पाइपलाइनों का प्रयोग तेल के कुओं को तेल परिष्करण शालाओं और पत्तनों तथा घरेलू बाजारों से जोड़ने के लिए किया जाता है।
- मध्य एशिया में स्थित तुर्कमेनिस्तान से पाइपलाइन को ईरान और चीन के कुछ भागों तक बढ़ा दिया गया है।
- इसी प्रकार ईरान-भारत वाया पाकिस्तान प्रस्तावित अंतर्राष्ट्रीय तेल और प्राकृतिक गैस पाइपलाइन विश्व में सर्वाधिक लंबी है।

विश्व की प्रमुख पाइपलाइन

विश्व की प्रमुख पाइपलाइनें निम्नलिखित हैं

- **बिग इंच पाइपलाइन** (Big Inch Pipeline) यह संयुक्त राज्य अमेरिका की प्रसिद्ध पाइपलाइन है, जो मैक्सिको की खाड़ी में तेल के कुओं से उत्तरी पूर्वी राज्यों में तेल ले जाती है।
- **टैपलाइन** (Tapline) यह पाइपलाइन फारस की खाड़ी के समीपवर्ती तेल कुओं को सिडान नामक नगर से जोड़ती है, इस पाइपलाइन की लंबाई 1600 किमी है।

- **कॉमेकन** (Comecon) यह यूरोप की महत्त्वपूर्ण पाइपलाइन है, इसे 'फ्रेंडशिप पाइपलाइन' (Friendship Pipeline) की संज्ञा भी प्रदान की गई है। इस पाइपलाइन से वोल्गा तथा यूराल तेल क्षेत्र से पूर्वी यूरोप (यूक्रेन, बेलारूस, पोलैंड, हंगरी, स्लोवाकिया, चैक गणराज्य तथा जर्मनी) के राष्ट्रों तक खनिज तेल पहुँचाया जाता है।
- **तापी पाइपलाइन** (TAPI Pipeline) यह पाइपलाइन तुर्कमेनिस्तान, अफगानिस्तान, पाकिस्तान तथा अजरबैजान के बीच 1680 किमी में बिछाई जानी है।
- **ESPO तेल पाइपलाइन** (ESPO Oil Pipeline) यह जनवरी, 2011 में रूस और चीन के बीच की पहली पाइपलाइन है, जिसे 'ईस्ट साइबेरिया प्रशांत महासागर पाइपलाइन परियोजना' (Eastern Siberian Pacific Ocean Oil Pipeline) कहा जाता है, इसकी कुल लंबाई 4857 किमी है। इसे रूस से होते हुए जापान, चीन और कोरिया तक पहुँचाया जाना है। रूस और चीन के मध्य इस परियोजना का शुभारंभ जनवरी, 2018 में किया गया है तथा आगे का कार्य प्रगति पर है।
- **अन्य पाइपलाइन** विश्व में एक बड़ी तेल पाइपलाइन एडमॉण्टन से सुपीरियर झील के तट तक बनाई गई है। यह ओंटोरियो में सरनिया तक विस्तृत है, इसकी कुल लंबाई 1840 किमी है। एक अन्य पाइपलाइन एडमॉण्टन से बैंकूवर तक लगभग 1150 किमी में विस्तृत है। पश्चिमी देशांतर से पूर्व में रसोई गैस, विशेष गैस (CNG) एवं शोधित तथा अशोधित खनिज तेल के लिए अलग-अलग पाइपलाइनें हैं, जो जाल के रूप में विस्तृत हैं।

जल परिवहन

- जल परिवहन भारी तथा अधिक स्थान घेरने वाले कच्चे माल को ढोने के लिए विशेष रूप से उपयुक्त होता है। अंतर्राष्ट्रीय व्यापार में कच्ची धातुएँ, खनिज तेल, कोयला, लकड़ी, रासायनिक पदार्थ, भारी मशीनें, वस्त्र, वाहन, सीमेंट आदि का आवागमन जल परिवहन द्वारा ही होता है।
- जलयानों के संचालन में कम ईंधन, कम धन तथा कम व्यक्तियों की आवश्यकता रहती है।
- जल परिवहन में जल मार्गों को गहरा करने, पोताश्रयों के निर्माण करने, विशाल जलयानों को तैयार करने आदि पर व्यय के कारण आरंभिक व्यय अधिक करना पड़ता है। जल परिवहन को दो वर्गों में बाँटा जा सकता है

  1. समुद्री मार्ग 2. आंतरिक जलमार्ग

1. समुद्री मार्ग

- महासागर सभी दिशाओं में मुड़ सकने वाले ऐसे समुद्री मार्ग (Sea Route) प्रस्तुत करते हैं, जिनके रख-रखाव की लागत नहीं होती है।
- समुद्री जहाजों द्वारा महासागरों का मार्गों में रूपांतरण मनुष्य की पर्यावरण के साथ अनुकूलन की महत्त्वपूर्ण घटना है।
- एक महाद्वीप से दूसरे महाद्वीप तक स्थूल पदार्थों का लंबी दूरियों तक समुद्री परिवहन स्थल और वायु परिवहन की अपेक्षा मितव्ययी होता है।
- आधुनिक यात्री, जहाज और माल वाहक पोत राडार, बेतार के तार व अन्य नौ परिवहन संबंधी सुविधाओं से लैस होते हैं, वहीं शीघ्र नाशवान वस्तुओं के लिए प्रशीतन (Refrigeration) कोष्ठक, टैंकरों और विशेषीकृत जहाजों ने नौभार के परिवहन को उन्नत बना दिया है।

महत्त्वपूर्ण समुद्री मार्ग

विश्व के कुछ महत्त्वपूर्ण समुद्री मार्गों का विवरण इस प्रकार है

- **उत्तरी अटलांटिक समुद्री मार्ग** (North Atlantic Sea Route) यह मार्ग औद्योगिक दृष्टि से विकसित विश्व के दो प्रदेशों उत्तर-पूर्वी संयुक्त राज्य अमेरिका और पश्चिमी यूरोप को मिलाता है। विश्व का एक चौथाई विदेशी व्यापार इसी मार्ग द्वारा संचालित होता है। यह विश्व का सर्वाधिक व्यस्त व्यापारिक जलमार्ग है। इसे 'वृहद् ट्रंक मार्ग' भी कहा जाता है।
- **दक्षिणी अटलांटिक समुद्री मार्ग** (South Atlantic Sea Route) अटलांटिक महासागर के पार यह एक अन्य महत्त्वपूर्ण समुद्री मार्ग है, जो पश्चिमी यूरोपीय और पश्चिमी अफ्रीकी देशों को दक्षिण अमेरिका में ब्राजील, अर्जेंटीना और उरुग्वे से मिलाता है। इस मार्ग पर यातायात उत्तरी अटलांटिक मार्ग की तुलना में दक्षिण अमेरिका और अफ्रीका के सीमित विकास और कम जनसंख्या के कारण बहुत कम है। दक्षिण पूर्वी ब्राजील, प्लाटा ज्वारनदमुख और दक्षिण अफ्रीका के कुछ भागों में बड़े पैमाने पर औद्योगीकरण हुआ है। रियो-डी-जेनरियो और केपटाउन के बीच मार्ग पर भी यातायात बहुत कम है, क्योंकि दक्षिण अमेरिका और अफ्रीका में एक जैसे उत्पाद और संसाधन हैं।
- **भूमध्यसागर हिंद महासागरीय समुद्री मार्ग** (Mediterranean Indian Ocean Sea Route) यह समुद्री मार्ग प्राचीन विश्व के हृदय स्थल कहे जाने वाले क्षेत्रों से गुजरता है। यह मार्ग किसी भी अन्य मार्ग की अपेक्षा अधिक देशों और लोगों को सेवाएँ प्रदान करता है। इस जलमार्ग पर अवस्थित महत्त्वपूर्ण पत्तनों में पोर्ट सईद, अदन, मुंबई, कोलंबो और सिंगापुर प्रमुख हैं। उत्तमाशा अंतरीप से होकर जाने वाले आरंभिक मार्ग की तुलना में स्वेज नहर के निर्माण से दूरी और समय में अत्यधिक कमी हुई है।
- **उत्तमाशा अंतरीप समुद्री मार्ग** (The Cape of Good Hope Sea Route) यह व्यापारिक समुद्री मार्ग अत्यधिक औद्योगिक पश्चिम यूरोपीय प्रदेश को पश्चिमी अफ्रीका, दक्षिण अफ्रीका, दक्षिण पूर्वी एशिया और ऑस्ट्रेलिया तथा न्यूजीलैंड की वाणिज्यिक कृषि (Commercial Agriculture) एवं पशुपालन (Animal Husbandry) आधारित अर्थव्यवस्थाओं से जोड़ता है।

  स्वेज नहर के निर्माण से पहले यह मार्ग लिवरपुल और कोलंबो को जोड़ता था, जो स्वेज नहर मार्ग से 6400 किमी लंबा था। सोना, हीरा, ताँबा, टिन, मूँगफली, गिरि का तेल, कहवा और फलों जैसे समृद्ध प्राकृतिक संसाधनों के कारण पूर्वी और पश्चिमी अफ्रीका के बीच व्यापार की मात्रा और यातायात में वृद्धि हो रही है।
- **उत्तरी प्रशांत समुद्री मार्ग** (North Pacific Sea Route) उत्तरी प्रशांत महासागर के आर-पार व्यापार अनेक मार्गों द्वारा संचालित होता है, जो होनोलूलू में मिलते हैं। वृहत वृत्त पर स्थित सीधा मार्ग बैंकूवर और याकोहामा को जोड़ता है और यात्रा की दूरी को कम करके 2,480 किमी कर देता है।

  यह समुद्री मार्ग उत्तरी अमेरिका के पश्चिम तट पर स्थित पत्तनों को एशिया के पत्तनों से जोड़ता है; जैसे-बैंकूवर, सीएटल, पोर्टलैंड, सैन-फ्रांसिस्को (अमेरिका की ओर), याकोहामा, कोबे, शंघाई, हाँगकाँग, मनीला और सिंगापुर (एशिया की ओर) आदि।
- **दक्षिणी प्रशांत समुद्री मार्ग** (South Pacific Sea Route) यह समुद्री मार्ग पश्चिमी यूरोप और उत्तरी अमेरिका को ऑस्ट्रेलिया, न्यूजीलैंड और पनामा नहर से होते हुए प्रशांत महासागर में प्रकीर्णित द्वीपों से मिलाता है। इस मार्ग

का प्रयोग हाँगकाँग, फिलीपींस और इंडोनेशिया पहुँचने के लिए किया जाता है। पनामा और सिडनी के बीच निर्धारित की गई दूरी 12,000 किमी है। होनोलूलू इस मार्ग पर महत्त्वपूर्ण पत्तन है।

- **तटीय नौ परिवहन** (Coastal Shipping) सामुद्रिक मार्ग विभिन्न देशों को जोड़ने का कार्य करते हैं, वहीं तटवर्ती नौ परिवहन लंबी तटरेखा वाले देशों के लिए एक सुगम विधि है, जैसे संयुक्त राज्य अमेरिका, चीन और भारत।

यूरोप में शेनगेन देशों की स्थिति तटीय नौ परिवहन की दृष्टि से उपयुक्त है, जो एक सदस्य देश के तट को दूसरे सदस्य देश के तट से जोड़ता है। इस प्रकार यदि तटवर्ती नौ परिवहन का विकास किया जाए, तो इसके द्वारा स्थलमार्गों पर होने वाली यातायात भीड़ को कम किया जा सकता है।

नौ परिवहन नहरें

स्वेज और पनामा दो ऐसी महत्त्वपूर्ण मानव निर्मित वाहन नहरें अथवा जलमार्ग हैं, जो पूर्वी एवं पश्चिमी विश्व दोनों के लिए ही प्रवेश द्वारों का कार्य करती हैं। इनका संक्षिप्त विवरण इस प्रकार है

स्वेज नहर

- यह एक मानव निर्मित नहर है, जिसका निर्माण 1869 ई. में मिस्र के उत्तर में पोर्ट सईद एवं दक्षिण में स्थित पोर्ट स्वेज (स्वेज पत्तन) के मध्य भूमध्य सागर एवं लाल सागर को जोड़ने हेतु किया गया अर्थात् यह मिस्र में भूमध्य सागर को काला सागर से जोड़ती है।
- इस नहर को बनाने का कार्य 1854 ई. में एक फ्रांसीसी इंजीनियर फर्डीनेण्ड डी लैसेप्स ने शुरू किया था, जो 1869 ई. में बनकर तैयार हुई थी।
- यह यूरोप को हिंद महासागर में एक नवीन प्रवेश मार्ग प्रदान करती है तथा लिवरपूल एवं कोलंबो के बीच प्रत्यक्ष समुद्री मार्ग की दूरी को उत्तमाशा अंतरीप मार्ग की तुलना में घटाती है।
- यह जल बंधकों से रहित समुद्र सतह के बराबर नहर है, यह लगभग 160 किमी लंबी, 365 मी चौड़ी तथा 11 से 15 मी गहरी है।
- यह नहर पश्चिम में मिस्र की नील घाटी के निचले भाग तथा पूर्व में सिनाई प्रायद्वीप को पृथक् करती है।
- इसके उत्तर में पोर्ट सईद (Port Said) तथा पोर्ट फौद (Port Fuad) तथा दक्षिण में पोर्ट तौफीक (Port Tewfik) स्थित है।
- स्वेज के मध्य में इस्माइलिया मुख्य नगर है, जो तिस्मा झील पर स्थित है। इसके अतिरिक्त एल कन्तारा, एल बलक तथा एल कुबरा चेक पोस्ट हैं।
- इस नहर में प्रतिदिन लगभग 100 जलयान आवागमन करते हैं तथा उन्हें इस नहर को पार करने में 10-12 घंटे का समय लगता है।
- एक रेलमार्ग इस नहर के सहारे स्वेज नहर तक जाता है और फिर इस्माइलिया से एक शाखा कैरो (काहिरा) को जाती है।
- नील नदी से एक नौगम्य ताजे पानी की नहर भी स्वेज नहर से इस्माइलिया में मिलती है, जिससे पोर्ट सईद और स्वेज नगरों को ताजे पानी की आपूर्ति की जाती है।
- इस नहर के निर्माण से लंदन से मुंबई की दूरी आशा अंतरीप की तुलना में 9,600 किमी, लिस्बन से मकाओ तक 5,120 किमी तथा न्यूयॉर्क से अदन के बीच की दूरी 10,720 किमी तक कम हो गई है।

नई स्वेज नहर

- स्वेज नहर की क्षमता में वृद्धि करने के लिए नई स्वेज नहर नाम से एक 35 किमी लंबी नहर बनाई गई है।
- इस नहर का निर्माण विपरीत दिशाओं में चलने वाले जहाजों के पृथक् आवागमन के लिए किया गया है। इसका निर्माण भी स्वेज नहर बनाने वाले स्वेज नहर प्राधिकरण ने किया है। यह पुरानी स्वेज नहर की एक शाखा है।

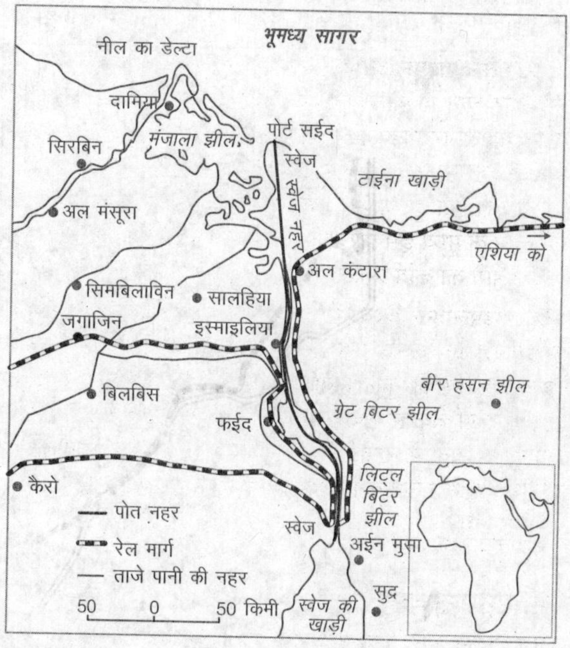

पनामा नहर

- यह नहर पूर्व में अटलांटिक महासागर को पश्चिम में प्रशांत महासागर से जोड़ती है।
- इसका निर्माण पनामा जलडमरूमध्य (Panama Strait) के आर-पार पनामा नगर एवं कोलोन के बीच संयुक्त राज्य अमेरिका के द्वारा किया गया, जिसने दोनों ओर के 8 किमी क्षेत्र को खरीद कर इसे पनामा नहर मंडल (Isthmus of Panama) का नाम दिया है।
- इस नहर का निर्माण वर्ष 1906 में प्रारंभ हुआ तथा यह नहर जलपोतों के लिए 15 अगस्त, 1914 को खोली गई।
- यह नहर पनामा स्थल संधि को काटकर बनाई गई है, अतः यह उत्तर एवं दक्षिण अमेरिका के मुख्य स्थल खंडों को अलग करती है।
- यह नहर लगभग 72 किमी लंबी है, जो लगभग 12 किमी लंबे अत्यधिक गहरे कटान से युक्त है।
- नहर में कुल छः जलबंधक तंत्र (Waterlocked System) हैं तथा जलयान पनामा की खाड़ी में प्रवेश करने से पहले इन जलबंधकों से होकर विभिन्न ऊँचाई की समुद्री सतह (26 मीटर ऊपर एवं नीचे) को पार करते हैं।
- इस नहर के द्वारा समुद्री मार्ग से न्यूयॉर्क एवं सैन फ्रांसिस्को के मध्य लगभग 13,000 किमी की दूरी कम हो गई है।

- इसी प्रकार पश्चिमी यूरोप और संयुक्त राज्य अमेरिका के पश्चिमी तट उत्तर पूर्वी और मध्य संयुक्त राज्य अमेरिका और पूर्वी तथा दक्षिण पूर्वी एशिया के मध्य की दूरी भी कम हो गई है।
- इस नहर का आर्थिक महत्त्व स्वेज नहर की अपेक्षा कम है, फिर भी दक्षिणी अमेरिका की अर्थव्यवस्था में इसकी महत्त्वपूर्ण भूमिका है।
- वर्तमान में इसकी एक प्रतिद्वंद्वी नहर निकारागुआ का निर्माण प्रस्तावित है, जिसे निकारागुआ देश इसके विकल्प के रूप में बनाना चाहता है।

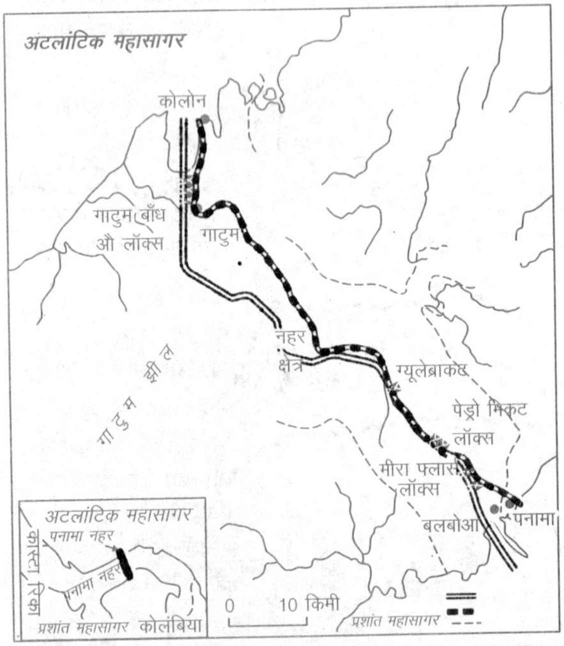

यूरोप की प्रमुख परिवहन नहरें

नहर	अवस्थिति	मार्ग के बिंदु
गोटा (Gota)	स्वीडन	स्टॉकहोम-गोटेबर्ग
कील (Kiel)	जर्मनी	उत्तरी सागर-बाल्टिक सागर
न्यू वाटरवे (New Waterway)	नीदरलैंड	उत्तरी सागर और रॉटरडम
वोल्गा (Volga)	रूस	रोस्तोव-वोल्गाग्राड
राइन (Rhine)	नीदरलैंड	उत्तरी सागर-काला सागर
डेन्यूब (Danube)	पूर्वी यूरोप	उत्तरी सागर-काला सागर

2. आंतरिक जलमार्ग

- नदियाँ, नहरें, झीलें तथा तटीय क्षेत्र प्राचीन समय से महत्त्वपूर्ण जलमार्ग हैं। नावें तथा स्टीमर भी यात्रियों तथा माल वाहन हेतु साधन के रूप में उपयोग किए जाते हैं, जो आंतरिक जलमार्ग (Inland Waterways) को बढ़ावा देते हैं।
- आंतरिक जलमार्गों का विकास नहरों की नौगम्यता, चौड़ाई और गहराई, जल प्रवाह की निरंतरता तथा उपयोग में लाई जाने वाली परिवहन प्रौद्योगिकी पर निर्भर करता है।
- आंतरिक जलमार्ग उन स्थानों पर परिवहन का प्रमुख साधन है, जहाँ नदी, चौड़ी, गहरी एवं गाद से मुक्त होती है।
- सघन वनों से युक्त क्षेत्रों में मात्र नदियाँ ही परिवहन का साधन होती हैं। अत्यधिक भारी वस्तुएँ; जैसे-कोयला, सीमेंट, इमारती लकड़ी, धात्विक अयस्क इत्यादि का आंतरिक जलमार्गों द्वारा यातायात किया जा सकता है। वर्तमान समय में नदी मार्ग से होने वाले जल परिवहन का महत्त्व कम है।
- स्वाभाविक बाध्यता के होते हुए भी अधिकांश नदियों में नदी तल को गहरा करने, नदी तल को स्थिर करने तथा बाँध बनाकर जल प्रवाह को नियंत्रित कर नदियों की नौगम्यता को बढ़ाया गया है।
- आंतरिक जलमार्गों के रूप में नदियों की सार्थकता घरेलू एवं अंतर्राष्ट्रीय परिवहन तथा व्यापार के क्षेत्र में सभी विकसित देशों में मान्यता प्राप्त कर चुकी है।

निम्नलिखित नदी जलमार्ग विश्व के महत्त्वपूर्ण वाणिज्यिक मार्ग हैं जिनका विवरण इस प्रकार है

राइन जलमार्ग

- राइन नदी (Rhine River) जर्मनी और नीदरलैंड से होकर प्रवाहित होती है। यह जलमार्ग नीदरलैंड के रोटरडम में अपने मुहाने से लेकर स्विट्जरलैंड में बेसल तक 700 किमी लंबाई में नौकायन योग्य है, इस जलमार्ग से होकर सामुद्रिक पोत कोलोन तक पहुँच सकते हैं।
- रूर नदी (Ruhr River) पूर्व से आकर राइन नदी में मिलती है। यह नदी एक संपन्न कोयला क्षेत्र से होकर प्रवाहित होती है तथा संपूर्ण नदी बेसिन विनिर्माण क्षेत्र की दृष्टि से अत्यधिक संपन्न है।
- इस प्रदेश में डसलडोर्फ (Dusseldorf) राइन नदी पर स्थित पत्तन है। रूर के दक्षिण में विस्तृत पट्टी से होकर भारी वस्तुओं का आवागमन होता है। यह जलमार्ग विश्व में अधिक प्रयोग में लाया जाता है।
- इस जलमार्ग से प्रतिवर्ष 20,000 से अधिक समुद्री जलयान तथा लगभग 2 लाख आंतरिक मालवाहक पोत वस्तुओं एवं सामग्रियों का आदान-प्रदान करते हैं।
- यह जलमार्ग स्विट्जरलैंड, जर्मनी, फ्रांस, बेल्जियम तथा नीदरलैंड के औद्योगिक क्षेत्रों को उत्तरी अटलांटिक समुद्री मार्ग से जोड़ता है।

डेन्यूब जलमार्ग

- डेन्यूब जलमार्ग (Danube Waterway) पूर्वी यूरोपीय भागों को अपनी सेवाएँ प्रदान करता है।
- डेन्यूब नदी ब्लैक फॉरेस्ट से निकलकर अनेक देशों से होती हुई पूर्व दिशा की ओर बहती है।
- यह टारना-सेविरिन तक नौकायन योग्य है। यहाँ से मुख्य निर्यात किए जाने वाले पदार्थ गेहूँ, मक्का, इमारती लकड़ी, मशीनरी इत्यादि हैं।

वोल्गा जलमार्ग

- रूस में अत्यधिक संख्या में विकसित जलमार्ग पाए जाते हैं, जिनमें से वोल्गा जलमार्ग (Volga Waterway) सर्वाधिक महत्त्वपूर्ण है। यह 11,200 किमी तक नौकायन की सुविधा प्रदान करता है।
- वोल्गा नदी कैस्पियन सागर में गिरती है। वोल्गा-मास्को नहर इसको मास्को प्रदेश से तथा वोल्गा-डोन नहर काला सागर से जोड़ती है।

वृहद् झीलें सेंट लारेंस समुद्री मार्ग

- उत्तरी अमेरिका की वृहद् झीलें सुपीरियर, ह्यूरन, इरी तथा ओंटारिया, सू नहर तथा वलैंड नहर के द्वारा जुड़ी हुई हैं तथा ये आंतरिक जलमार्ग की सुविधा प्रदान करती हैं।
- सेंट लॉरेंस नदी की एश्चुअरी वृहद् झीलों के साथ उत्तरी अमेरिका के उत्तरी भाग में विशिष्ट वाणिज्यिक जलमार्ग का निर्माण करती है।
- इस मार्ग पर स्थित मुख्य पत्तन डुलुथ और बुफालो आधुनिक समुद्री पत्तन की सभी सुविधाओं से युक्त हैं। इस प्रकार विशाल सामुद्रिक जलयान महाद्वीप के आंतरिक भाग में मॉण्ट्रियल तक नौकायन करते हैं।
- वृहद् झीलों से होकर समुद्री मार्ग में इन नदियों पर पाए जाने वाले छोटे-छोटे प्रपातों के कारण सामानों को छोटे मालवाहक पोंतो पर लादना पड़ता है, जिसके लिए नहरों को 3.5 मीटर तक गहरा बनाया गया है।

मिसीसिपी जलमार्ग

- मिसीसिपी उनोहियो जलमार्ग (Mississippi Waterway) संयुक्त राज्य अमेरिका के आंतरिक भागों को दक्षिण में मैक्सिको की खाड़ी के साथ जोड़ता है।
- लंबे स्टीमर इस मार्ग द्वारा मिनियापोलिस तक जा सकते हैं।

अमेजन जलमार्ग

- यह नदी जल की मात्रा के आधार पर विश्व की सबसे बड़ी नदी है। इसमें समुद्री जहाज 1600 किमी अंदर मनौस तक जा सकते हैं।
- छोटे-छोटे स्टीमर पेरू में इक्वीटास तक जाते हैं, जो अटलांटिक तट से 3,650 किमी दूर स्थित है।

पराना-पराग्वे जलमार्ग

- यह दक्षिण अमेरिका की महत्त्वपूर्ण जल प्रवाह प्रणाली है। पराना में 240 किमी अंदर स्थित सान्ताफे तक समुद्री जहाज से जा सकते हैं। छोटे स्टीमर पराग्वे से होकर 1,360 किमी अंदर स्थित असेंशन द्वीप तक जा सकते हैं।
- पराना तथा पराग्वे नदियाँ एक साथ मिलकर **रियो डेला प्लाटा** में ज्वारनदमुख (Estuary) बनाती हैं।
- डेल्टा न होने के कारण बड़े जहाज आंतरिक भागों तक जा सकते हैं। ये नदियाँ विकसित क्षेत्र में बहती हैं, अतः इनका आर्थिक महत्त्व अपेक्षाकृत अधिक होता है।

पत्तन

- पत्तन (Ports) अंतर्राष्ट्रीय व्यापार की दुनिया के मुख्य प्रवेश द्वार होते हैं। इन्हीं पत्तनों के द्वारा जहाजी माल तथा यात्री विश्व के एक भाग से दूसरे भाग में जाते हैं। पत्तन जहाज के लिए गोदी, लदान उतारने तथा भंडारण हेतु सुविधाएँ प्रदान करते हैं।
- इन सुविधाओं को प्रदान करने के उद्देश्य से पत्तन के प्राधिकारी नौगम्य द्वारों का रख-रखाव, रस्सों व बजरों (छोटी अतिरिक्त नौकाएँ) की व्यवस्था करने और श्रम एवं प्रबंधकीय सेवाओं को उपलब्ध कराने की व्यवस्था करते हैं।
- पत्तन के महत्त्व को नौभार के आकार और निपटान किए गए जहाजों की संख्या द्वारा निश्चित किया जाता है। पत्तन द्वारा निपटाया गया नौभार, उसके पृष्ठ प्रदेश के विकास के स्तर का सूचक होता है।

पत्तन के प्रकार

सामान्य पत्तनों का वर्गीकरण उनके द्वारा सँभाले गए यातायात के प्रकार के अनुसार किया जाता है, अतः विभिन्न आधारों पर पत्तनों का वर्गीकरण इस प्रकार है

निपटाए गए नौभार के अनुसार पत्तनों के प्रकार

निपटाए गए नौभार के अनुसार पत्तनों के प्रकार निम्नलिखित हैं

- **औद्योगिक पत्तन** (Industrial Ports) ये पत्तन थोक नौवाहन भार के लिए विशेषीकृत होते हैं; जैसे- अनाज, चीनी, अयस्क, तेल, रसायन आदि प्रकार के पदार्थ।
- **वाणिज्यिक पत्तन** (Commercial Ports) ये पत्तन सामान्य नौवाहन भार वाले संवेष्ठित उत्पादों तथा विनिर्मित वस्तुओं का निपटान करते हैं। ये पत्तन यात्री यातायात का भी प्रबंध करते हैं।
- **विस्तृत पत्तन** (Large Ports) ये पत्तन बड़े परिमाण में सामान्य नौवाहन भार का थोक में प्रबंध करते हैं। संसार के अधिकांश महान पत्तन विस्तृत पत्तनों के रूप में वर्गीकृत किए गए हैं।

अवस्थिति के आधार पर पत्तनों के प्रकार

अवस्थिति के आधार पर पत्तनों के प्रकार निम्नलिखित हैं

- **अंतर्देशीय पत्तन** (Inland Ports) ये पत्तन समुद्री तट से दूर अवस्थित होते हैं। ये समुद्र से एक नदी अथवा नहर द्वारा जुड़े होते हैं। ऐसे पत्तन में चौरस तल वाले जहाज या नाव द्वारा ही जाया जाता है। उदाहरणस्वरूप- मैनचेस्टर समुद्र नहर द्वारा जुड़ा है। मेंफिस मिसीसिपी नदी पर अवस्थित है, राइन के अनेक पत्तन हैं; जैसे-मैनहीम तथा ड्यूसबर्ग। इसी प्रकार कोलकाता पत्तन हुगली नदी पर अवस्थित है, जो गंगा नदी की एक शाखा है।
- **बाह्य पत्तन** (Out Ports) ये गहरे जल वाले पत्तन हैं, जो वास्तविक पत्तन से दूर बने होते हैं। ये पत्तन उन जहाजों की जो अपने बड़े आकार के कारण पत्तन तक पहुँचाने में असफल होते है, उन्हें ये अपने पैतृक पत्तन तक पहुँचने के लिए सेवाएँ प्रदान करते हैं। उदाहरणस्वरूप-एथेंस तथा यूनान का बाह्य पत्तन पिरेइअस एक उच्चकोटि का संयोजन है।

विशिष्टीकृत कार्यकलापों के आधार पर पत्तनों के प्रकार

कुछ विशिष्टीकृत कार्यकलापों के आधार पर पत्तनों के प्रमुख प्रकार निम्नलिखित हैं

- **तेल पत्तन** (Oil Ports) ये पत्तन तेल के प्रक्रमण और नौ परिवहन का कार्य करते हैं, इनमें से कुछ टैंकर पत्तन हैं और कुछ तेल शोधन पत्तन हैं। वेनेजुएला में माराकाइबो, ट्यूनीशिया में एस्सखीरा, लेबनान में त्रिपोली टैंकर पत्तन हैं। पर्शिया की खाड़ी पर आबादान एक तेलशोधन पत्तन है।
- **मार्ग पत्तन** (Ports of Call) ये ऐसे पत्तन हैं, जो मूल रूप से मुख्य समुद्री मार्गों पर विश्राम केंद्र के रूप में विकसित हुए, जहाँ पर जहाज पुनः ईंधन भरने, जल भरने तथा खाद्य सामग्री लेने के लिए लंगर डाला करते थे। बाद में वे वाणिज्यिक पत्तनों के रूप में विकसित हो गए। अदन, होनोलूलू तथा सिंगापुर इसके अच्छे उदाहरण हैं।
- **पैकेट स्टेशन** (Packet Station) इन्हें 'फेरी पत्तन' के नाम से भी जाना जाता है। ये पैकेट स्टेशन विशेष रूप से छोटी दूरियों को निश्चित करते हुए जलीय क्षेत्रों के आर-पार डाक तथा यात्रियों के परिवहन (आवागमन) से जुड़े होते हैं। ये स्टेशन जोड़ों में इस प्रकार अवस्थित होते हैं, जिससे जलीय क्षेत्र के आर-पार एक-दूसरे के सामने होते हैं; जैसे-इंग्लिश चैनल के आर-पार इंग्लैंड में डोबर तथा फ्रांस में कैलाइस।

- **आंत्रपो पत्तन** (Entrepot Ports) ये वे एकत्रण केंद्र होते हैं, जहाँ विभिन्न देशों से निर्यात हेतु वस्तुएँ लाई जाती हैं। सिंगापुर एशिया के लिए आंत्रपो पत्तन है, रोटरडम यूरोप के लिए और कोपेन हेगेन बाल्टिक क्षेत्र के लिए आंत्रपो पत्तन हैं।
- **नौ सेना पत्तन** (Naval Ports) ऐसे पत्तन केवल सामरिक महत्त्व के लिए होते हैं। ये पत्तन युद्धक जहाजों को सेवाएँ देते हैं तथा उनके लिए मरम्मत कार्यशालाएँ चलाते हैं। कोच्चि तथा कारवाड़ भारत में ऐसे पत्तनों के उदाहरण हैं।

वायु परिवहन

- वायु परिवहन (Air Transport), परिवहन का तीव्र साधन है, परंतु यह अत्यंत महँगा है। यह लंबी दूरी की यात्रा करने, मूल्यवान जहाजी भार को तीव्रता के साथ पूरे विश्व में भेजने, अगम्य क्षेत्रों तक पहुँचने का एकमात्र साधन है।
- यह पर्वतों, हिम क्षेत्रों, भू-स्खलन, एवेलांश अथवा भारी हिमपात तथा विषम मरुस्थलीय भू-भागों आदि के लिए महत्त्वपूर्ण साधन है। वायुमार्ग का सामरिक महत्त्व भी होता है; जैसे-संयुक्त राज्य अमेरिका एवं ब्रिटिश सेनाओं द्वारा ईरान में किए गए हवाई हमले।

वायु परिवहन की कार्य प्रणाली

- वायुयान मार्गों का निर्धारण दो कारकों से होता है, पहला, इनके संचालन के लिए धरातल पर उपलब्ध सुविधाएँ; जैसे-हवाई अड्डा, मौसम संबंधी सूचना सेवा तथा तकनीकी जाँच पड़ताल एवं रख-रखाव सेवा आदि। दूसरा, पर्याप्त संख्या में यात्री एवं सामान की उपलब्धता।
- इस प्रकार वायुयानों के निर्माण तथा उनकी कार्य प्रणाली के लिए अत्यंत विकसित अवस्थापनात्मक सुविधाओं; जैसे-विमानशाला, भूमि पर माल उतारने, ईंधन तथा रख-रखाव की सुविधाओं की आवश्यकता होती है।
- हवाई पत्तनों का निर्माण खर्चीला होता है, इसलिए यह परिवहन उन्हीं देशों में विकसित हुआ है, जहाँ अत्यधिक औद्योगीकरण एवं अधिक संख्या में यातायात उपलब्ध हैं।
- वर्तमान समय में विश्व में कोई भी स्थान 35 घंटे से अधिक की दूरी पर नहीं है। विश्व के अनेक भागों में प्रतिदिन वायु सेवाएँ उपलब्ध हैं। यद्यपि ब्रिटेन का वाणिज्यिक वायु परिवहन का प्रयोग अनुकरणीय है, संयुक्त राज्य अमेरिका ने मुख्य रूप से युद्धोत्तर अंतर्राष्ट्रीय नागरिक उड्डयन का विकास किया है।
- वर्तमान में 250 से अधिक वाणिज्यिक एयरलाइनें (Commercial Flights) विश्व के विभिन्न भागों में नियमित सेवाएँ प्रदान करती हैं, वहीं सुपरसोनिक वायुयान लंदन और न्यूयॉर्क के बीच की दूरी को साढ़े तीन घंटों में तय कर लेता है।

अंतर्राष्ट्रीय वायु यातायात संघ (आईएटीए)

- अंतर्राष्ट्रीय वायु यातायात संघ (International Air Transport Association) अंतर्राष्ट्रीय वायु सेवाओं के लिए उद्योग व्यापार समूह है, जो 280 वायु सेवाओं का (कुल का 33%) प्रतिनिधित्व करता है। इसका मुख्यालय **मॉण्ट्रियल** (कनाडा) में स्थित है।
- इसकी स्थापना अप्रैल, 1945 में हवाला (क्यूबा) में एक निजी संगठन के रूप में की गई थी।
- वायु परिवहन विश्व के सबसे गतिशील उद्योगों में से एक है।
- इस संगठन का उद्देश्य विभिन्न क्षेत्रों में वायु सेवा का विस्तार, सहयोग व इससे संबंधित नीतियों के निर्माण में सहयोग करना है।

कुछ महत्त्वपूर्ण वायुमार्ग

विश्व के महत्त्वपूर्ण वायुमार्ग निम्नलिखित हैं

अंतर-महाद्वीपीय वायुमार्ग

- उत्तरी गोलार्द्ध में अंतर-महाद्वीपीय वायुमार्गों (Inter-Continental Air Routes) की एक सुस्पष्ट पूर्व-पश्चिम पट्टी है।
- पूर्वी संयुक्त राज्य अमेरिका, पश्चिमी यूरोप और दक्षिण-पूर्वी एशिया में वायुमार्गों का सघन जाल पाया जाता है।
- विश्व के कुल वायुमार्गों का 60% भाग केवल संयुक्त राज्य अमेरिका उपयोग करता है।
- न्यूयॉर्क, लंदन, पेरिस, एमस्टर्डम और शिकागो नोडीय बिंदु हैं, जो अभिसरित होते हैं अथवा सभी महाद्वीपों की ओर विकरित होते हैं।
- अफ्रीका, रूस के एशियाई भाग और दक्षिण अमेरिका में वायु सेवाओं का अभाव है।
- दक्षिणी गोलार्द्ध में 10°-35° अक्षांशों के मध्य अपेक्षाकृत विरल जनसंख्या, सीमित स्थलखंड और आर्थिक विकास के कारण वायु सेवाएँ सीमित मात्रा में उपलब्ध हैं।
- इस प्रकार अंतर-महाद्वीपीय वायुमार्ग विभिन्न महाद्वीपों के बीच वायुमार्ग प्रदान करते हैं; जैसे-न्यूयॉर्क-लंदन-पेरिस-रोम-काहिरा-दिल्ली-मुंबई-कोलकाता-हाँगकाँग-टोक्यो वायुमार्ग विश्व का सबसे लंबा वायुमार्ग है।
- न्यूयॉर्क-सेन फ्रांसिस्को-होनोलुलु-हाँगकाँग-एडिलैड पथ मार्ग प्रशांत महासागर को पार करता है।

महाद्वीपीय वायुमार्ग

- इसमें एक ही महाद्वीप के विभिन्न देशों के बीच वायुमार्ग को शामिल किया जाता है
  - न्यूयॉर्क-शिकागो-मॉण्ट्रियल मार्ग।
  - लंदन-पेरिस-फ्रैंकफर्ट-प्राग-वारसा मार्ग।

राष्ट्रीय वायुमार्ग

- किसी भी देश की आंतरिक दूरी की यात्राओं को तय करने के लिए राष्ट्रीय वायुमार्ग (National Air Routes) का प्रयोग किया जाता है; जैसे न्यूयॉर्क-शिकागो-सेन फ्रांसिस्को-लेनिनग्राद-मॉस्को-नोवोसिबिर्स्क-इर्कुटस्क-ब्लादिवोस्टक मार्ग इत्यादि।

अंतर्राष्ट्रीय हवाई अड्डे

भारत	कोलकाता, दिल्ली, मद्रास, मुंबई व तिरुअनंतपुरम् इत्यादि
अमेरिका	अटलांटा, शिकागो, लॉस एंजिल्स, न्यूयॉर्क व जे. एफ कैनेडी और ला गार्डिया।
फ्रांस	पेरिस, ओर्ल्टी तथा चार्ल्स द गाल
रूस	शेरमेताओ, वेनूकोवो व मास्को
ब्रिटेन	हीथ्रो, गैटविक व लंदन
जापान	नरिता, हेनेडा व टोक्यो

संचार

- संचार (Communication) से तात्पर्य मनुष्य द्वारा अपने संदेश या बात को किसी दूर स्थित व्यक्ति तक प्रेषण या भेजने से होता है।
- संचार हेतु जिन माध्यमों का प्रयोग किया जाता है, उसे संचार का साधन (Mode of Communication) कहा जाता है। संचार सेवाओं में शब्दों तथा विचारों का प्रेषण शामिल होता है।
- संचार के विभिन्न साधनों; जैसे-समाचार-पत्रों, रेडियो एवं टेलीविजन के द्वारा बड़ी संख्या में लोगों के साथ विचार प्रेषित होते हैं, इसलिए इनको **जनसंपर्क माध्यम** कहते हैं।
- लंबी दूरियों के संचार के लिए मनुष्य ने विभिन्न विधियों का प्रयोग किया, जिनमें से टेलीग्राफ और टेलीफोन महत्त्वपूर्ण थे। 1844 ई. में **सैमुअल मोर्स** ने तार का आविष्कार करके संचार प्रणाली में क्रांतिकारी परिवर्तन किया।
- इसी प्रकार ग्राह्म बेल ने 1875 ई. में टेलीफोन का आविष्कार करके संदेश के माध्यम को बहुत सरल बना दिया। मारकोनी के रेडियो के आविष्कार से बेतार माध्यम का जन्म हुआ।
- आरंभिक और मध्य बीसवीं शताब्दी के दौरान अमेरिकी टेलीग्राफ और टेलीफोन कंपनी का संयुक्त राज्य अमेरिका के टेलीफोन उद्योग पर एकाधिकार था।
- वास्तव में, टेलीफोन अमेरिका के नगरीकरण का एक क्रांतिक कारक बना। फर्मों ने अपने कार्यों को नगर स्थित मुख्यालयों पर केंद्रित कर दिया तथा अपनी शाखाएँ छोटे नगरों में खोल दीं।
- आज भी टेलीफोन सर्वाधिक प्रयोग की जाने वाली विधा है। विकासशील देशों में उपग्रहों द्वारा संभव बनाया गया सेल्फोन का प्रयोग ग्रामीण संपर्क के लिए महत्त्वपूर्ण है। वर्तमान समय में संचार साधनों का विकास तीव्र गति से बढ़ रहा है। इस दिशा में पहला प्रमुख पारवेधन आप्टिकल फाइबर (Optical Fibre) तारों का प्रयोग है।
- कंपनियों ने पूरे विश्व में ऑप्टिकल तारों को समाविष्ट करने के लिए अपनी ताँबे की तारों वाली प्रणालियों को उन्नत किया।
- इनसे आँकड़ों की विशाल यात्राओं का तीव्रता से सुरक्षापूर्वक और लगभग त्रुटिहीन संप्रेषण संभव होता है।
- 1990 के दशक में सूचनाओं के अंकीकरण के साथ दूर संचार का धीरे-धीरे कंप्यूटर के साथ विलय हो गया। परिणामस्वरूप एक समन्वित नेटवर्क बना, जिसे इंटरनेट (Internet) के नाम से जाना जाता है।
- इंटरनेट के माध्यम से इलेक्ट्रॉनिक मेल या ई-मेल भेज सकते हैं। वर्तमान में सेल्युलर फोन के द्वारा बेतार टेलीफोनिक संचार अत्यधिक लोकप्रिय है।
- इंटरनेट के माध्यम से विश्वभर में केवल सूचना एवं परस्पर समीपता ही नहीं मिलती है, अपितु इनसे हमारा जीवन अधिक सुखमय भी बन गया है।

उपग्रह संचार

- आज इंटरनेट पृथ्वी पर सबसे बड़े विद्युतीय जाल के रूप में 100 से अधिक देशों के लगभग 1000 करोड़ लोगों को जोड़ता है। यह उपग्रह संचार (Satellite Communication) का ही एक रूप है।
- वर्ष 1970 में संयुक्त राज्य अमेरिका एवं रूस के द्वारा अंतरिक्ष विज्ञान के क्षेत्र में अग्रणी शोध किया गया है।
- उपग्रह के माध्यम से होने वाले संचार ने संचार तकनीकी के क्षेत्र में एक नवीन युग का आरंभ किया है।
- पृथ्वी की कक्षा में कृत्रिम उपग्रहों के सफलतापूर्वक प्रेक्षण के कारण अब ग्लोब के उन दूरस्थ भागों को जोड़ा गया है, जिनका यथास्थान सत्यापन सीमित था।
- इस तकनीक के प्रयोग द्वारा दूरी के संदर्भ में संचार में लगने वाले इकाई मूल्य एवं समय में होने वाले संचार में लगने वाली लागत 500 किमी की दूरी तक होने वाली संचार लागत उपग्रह के द्वारा 5,000 किमी की दूरी तक होने वाली संचार लागत के बराबर है।
- उपग्रह विकास के क्षेत्र में भारत ने भी बड़े कदम उठाए हैं। आर्यभट्ट का 19 अप्रैल, 1979 में, भास्कर-1 का वर्ष 1979 में तथा रोहिणी का वर्ष 1980 में प्रक्षेपण हुआ।
- 18 जून, 1981 को एप्पल (एरियन पैसेंजर पे लोड एक्सपेरीमेंट) का प्रक्षेपण एरियन रॉकेट के द्वारा हुआ।
- भास्कर, चैलेंजर तथा इंसेट 1-बी ने लंबी दूरी के संचार दूरदर्शन तथा रेडियो को प्रभावी बनाया। वर्तमान में दूरदर्शन के माध्यम से मौसम की भविष्यवाणी किसानों के लिए वरदान सिद्ध हो रही है।

उपग्रह का महत्त्व

- उपग्रहों ने मानव जीवन को अनेक प्रकार से प्रभावित किया है। लोग, मित्रों को फोन करने व केबिल टेलीविजन (Cable Television) पर लोकप्रिय कार्यक्रमों को देखने के लिए उपग्रह संचार सेवा का उपयोग करते हैं।
- आधुनिक विज्ञान एवं प्रौद्योगिकी ने रेडियो, टेलीविजन, टेलीफोन, रडार तथा उपग्रह संचार माध्यमों का विकास करके, संचार की दूरियों को कम कर दिया है।

साइबर स्पेस इंटरनेट

- साइबर स्पेस (Cyber Space) विद्युत द्वारा कंप्यूटरीकृत स्पेस का संसार है। यह वर्ल्ड वाइड वेव (World Wide Wave) जैसे इंटरनेट द्वारा आवृत्त है।
- साधारण शब्दों में, यह भेजने वाले और प्राप्त करने वाले के शारीरिक संचलन के बिना कंप्यूटर पर सूचनाओं के प्रेषण और प्राप्ति की विद्युतीय अंकीय दुनिया है, इसे इंटरनेट के नाम से जाना जाता है।
- साइबर स्पेस प्रत्येक स्थान पर विद्यमान है। यह किसी कार्यालय में, जल में चलती नौका में, उड़ते जहाजों आदि में उपस्थित है।
- वर्ष 1995 में 5 करोड़, वर्ष 2000 में 40 करोड़ और वर्ष 2010 में 200 करोड़ इंटरनेट प्रयोक्ता (Internet-User) थे, जबकि जनवरी, 2021 में विश्व के 4.66 बिलियन (59.5%) सक्रिय इंटरनेट प्रयोक्ता थे।
- अक्टूबर, 2023 तक विश्व भर में 5.3 बिलियन इंटरनेट उपयोगकर्ता थे, जो वैश्विक आबादी का 65.7% है। इसमें से 4.95 अरब या 61.4% आबादी सोशल मीडिया उपयोगकर्ता है।
- वर्ष 2023 में इंटरनेट का उपयोग करने वाली आबादी की हिस्सेदारी के हिसाब से नॉर्वे (उत्तरी यूरोप) अग्रणी रहा। इसके बाद सऊदी अरब और UAE है, जबकि उत्तरी कोरिया विश्व भर में अंतिम स्थान पर है।
- विगत कुछ वर्षों में वैश्विक प्रयोक्ताओं का संयुक्त राज्य अमेरिका से विकासशील देशों में स्थानांतरण हुआ है। संयुक्त राज्य अमेरिका में प्रयोक्ताओं का प्रतिशत अंश वर्ष 1995 में 66% था।
- वर्ष 2023 में विश्व के शीर्ष इंटरनेट प्रयोक्ता वाले देश (Top Internet User Countries) **चीन**, **भारत** तथा **संयुक्त राज्य अमेरिका** हैं।

- एशिया विश्व भर में सबसे बड़ी संख्या में ऑनलाइन उपयोगकताओं का घर (2.93 बिलियन से अधिक) था।

***विश्व के शीर्ष 10 इण्टरनेट प्रयोक्ता वाले देश** (2023-24)*

	देश	इंटरनेट यूजर्स (मिलियन)
1	चीन	1.05 (बिलियन)
2	भारत	692 मिलियन
3	संयुक्त राज्य अमेरिका	311.3 मिलियन
4	इंडोनेशिया	212.9 मिलियन
5	ब्राजील	181.8 मिलियन
6	रूस	127.6 मिलियन
7	नाइजीरिया	122.5 मिलियन
8	जापान	102.5 मिलियन
9	मैक्सिको	100.6 मिलियन
10	पाकिस्तान	87.35 मिलियन

संचार एवं वैश्विक ग्राम की संकल्पना

- साइबर स्पेस, लोगों के समकालीन, आर्थिक और सामाजिक स्पेस को ई-मेल (E-mail), ई-वाणिज्य (E-Commerce), ई-शिक्षा (E-Education) और ई-प्रशासन (E-Governance) के माध्यम से विस्तृत करता है।
- फैक्स, टेलीविजन और रेडियो के साथ इंटरनेट को समय और स्थान की सीमाओं को कम करते हुए अधिक-से-अधिक लोगों तक पहुँचाया जा रहा है। ये आधुनिक संचार प्रणालियाँ हैं, जिन्होंने परिवहन से अधिक वैश्विक ग्राम की संकल्पना को साकार किया है।
- तकनीकी विकास के साथ-साथ सुरक्षात्मक दृष्टिकोण से इस पर लगाए गए प्रतिबंध समाप्त हो रहे हैं।
- निजी व्यावसायिक कंपनियाँ, शैक्षणिक संस्थान तथा सरकार द्वारा इन सूचनाओं तथा उपग्रह चित्रों का उपयोग असैनिक क्षेत्रों, नगरीय नियोजन, प्रदूषण नियंत्रण, वन विनाश (वनोन्मूलन) से प्रभावित क्षेत्रों को ढूँढना तथा सैकड़ों भौतिक प्रतिरूपों एवं प्रक्रमों को पहचानने हेतु किया जाएगा।

वैश्विक स्थान-निर्धारण प्रणाली (जीपीएस)

- ग्लोबल पोजीशनिंग सिस्टम (जीपीएस) एक वैश्विक नौवहन उपग्रह प्रणाली है, जिसका विकास संयुक्त राज्य अमेरिका के रक्षा विभाग द्वारा किया गया है।
- इस प्रकार की तकनीक का विकास करने वाले देशों में जापान, चीन, रूस, भारत और यूरोपियन यूनियन प्रमुख हैं।

जीपीएस तकनीक का विकास करने वाले देश

देश	तकनीक
यूएसए	GPS (ग्लोबल पोजीशनिंग सिस्टम)
जापान	QZSS (क्वेजी जेनिथ सैटेलाइट सिस्टम)
रूस	ग्लोनास (रसियन ग्लोबलनाया नेविगेशन सैटेलाइट सिस्टम)
चीन	वायदू नेविगेशन सैटेलाइट सिस्टम (चलन में)
यूरोपियन यूनियन	गैलीलियो
भारत	IRNSS (इंडियन रिजनल नेविगेशन सैटेलाइट सिस्टम)

अतिरिक्त तथ्य
तमिलनाडु बोर्ड एवं NIOS

- भारत रेवले नेटवर्क रूस, अमेरिका औरा कनाडा के बाद विश्व का चौथा सबसे बड़ा नेटवर्क है।
- भारत में पहली बार (1855 ई. में) रेलगाड़ी **मुम्बई** से **थाणे** तक **34 किमी** की दूरी तक चली थी।
- आजादी के बाद सड़कों की लम्बाई में काफी विकास हुआ तथा वर्ष 1950-51 सतही सड़कों की लम्बाई 1.5 लाख किमी थी, जो वर्ष 2019 में बढ़कर 41.16 लाख किमी हो गई।
- भारत में राष्ट्रीय राजमार्ग सड़कों की कुल लम्बाई का केवल 2% है, जिससें 40% माल और यात्री परिवहन का कार्य होती है।
- राष्ट्रीय राजमार्गो में सबसे अधिक हिस्सेदारी वाला राज्य महाराष्ट्र (17,757 किमी) है, इसके बाद क्रमशः उत्तर प्रदेश (11,737 किमी) और राजस्थान (10,312 किमी) है।
- भारत की लम्बी तटरेखा में 12 प्रमुख बन्दरगाह शामिल हैं, जिनका प्रबन्धन केन्द्र सरकार करती है। जबकि 200 छोटे बन्दरगाह राज्य सरकारों के अधिकार क्षेत्र द्वारा संचालित होते हैं।
- भारतीय विमानपत्तन प्राधिकारण यात्रियों को सुरक्षित और कुशल हवाई यातायात सेवाएँ प्रदान करने के लिए जिम्मेदार है। यह भारतीय हवाई क्षेत्र में हवाई यातायात के नियन्त्रण के लिए वैमानिक संचार सेवाएँ भी प्रदान करता है।
- भारत में 131 परिचालन हवाई अड्डे हैं। इसमें 29 अन्तराष्ट्रीय हवाई अड्डे शामिल हैं।
- भारत की मुख्य डिजिटल अर्थव्यवस्था ने 2019 में 8.5% सकल मूल्य वर्धित (GVA) जोड़ा है। इसकी वृद्धि भारतीय अर्थव्यवस्था की तुलना में 2.4 गुना तेज है।

13

विश्व जनसंख्या एवं अधिवास

(स्रोत)

Class-VIII New NCERT Chap 5 **मानव संसाधन,** Class-IX Old NCERT Chap 7 **हमारी बढ़ती जनसंख्या,** Class-XI Old NCERT Chap 14 **बस्तियाँ,** Class-XII Old NCERT Chap 3 **जनसंख्या संघटन,** Class-XII New NCERT Chap 2 **विश्व जनसंख्या वितरण, घनत्व और वृद्धि,** Chap 3 **मानव विकास,** Class-XII Old NCERT Chap 10 **मानव बस्ती,** Tamil Nadu Board (Class XII), NIOS

विश्व जनसंख्या

- किसी देश के निवासी ही उसके वास्तविक संसाधन (Real Wealth) होते हैं, जो देश के अन्य संसाधनों का उपयोग करते हैं और उसकी नीतियाँ निर्धारित करते हैं।
- किसी देश की जनसंख्या को उस देश का 'मानव संसाधन' (Human Resource) कहते हैं।
- 21वीं शताब्दी के प्रारंभ में विश्व की जनसंख्या 600 करोड़ (6 बिलियन) से अधिक दर्ज की गई, जबकि 1 जुलाई, 2023 को यह बढ़कर 804 करोड़ (8.04 बिलियन) हो गई है।
- विश्व की जनसंख्या असमान रूप से वितरित है। एशिया की जनसंख्या के संबंध में **जॉर्ज बी. क्रेसी** (George B. Cressey) ने टिप्पणी की है कि ''एशिया में बहुत अधिक स्थानों पर कम लोग और कम स्थानों पर बहुत अधिक लोग रहते हैं।'' यह जनसंख्या वितरण के प्रारूप (The Pattern of Population Distribution) के संबंध में सही है।

विश्व में जनसंख्या वितरण के प्रारूप

- जनसंख्या वितरण (Population Distribution) शब्द का अर्थ होता है-भूपृष्ठ पर लोग किस प्रकार वितरित हैं।
- विश्व की जनसंख्या का 90% भाग, 10% स्थल भाग पर निवास करता है।
- विषुवत् वृत्त के दक्षिण की अपेक्षा विषुवत् वृत्त के उत्तर में बहुत अधिक लोग निवास करते हैं। विश्व की कुल जनसंख्या के लगभग तीन-चौथाई लोग दो महाद्वीपों एशिया और अफ्रीका में रहते हैं।
- विश्व में जनसंख्या का वितरण असमान है। दक्षिण और दक्षिण पूर्वी एशिया, यूरोप और उत्तर-पूर्वी उत्तर अमेरिका घने बसे क्षेत्र हैं।
- उच्च अक्षांशीय क्षेत्रों, उष्णकटिबंधीय मरुस्थलों, उच्च पर्वतों और विषुवतीय वनों के क्षेत्र में बहुत कम लोग रहते हैं।
- विश्व के दस सर्वाधिक आबादी वाले देशों में विश्व की लगभग 60% जनसंख्या निवास करती है, इन दस देशों में से छ: देश एशिया में अवस्थित हैं।

सर्वाधिक जनसंख्या वाले दस देश

महाद्वीप	देश
एशिया	चीन, भारत, इंडोनेशिया, पाकिस्तान, बांग्लादेश तथा जापान
उत्तरी अमेरिका	संयुक्त राज्य अमेरिका
दक्षिणी अमेरिका	ब्राजील
अफ्रीका	नाइजीरिया
यूरोप	रूस

जनसंख्या वितरण को प्रभावित करने वाले कारक

जनसंख्या वितरण को प्रभावित करने वाले कारक निम्नलिखित हैं

भौगोलिक कारक

जनसंख्या वितरण को प्रभावित करने वाले भौगोलिक कारक निम्नलिखित हैं

- **जल की उपलब्धता** (Availability of Water) जल जीवन का महत्त्वपूर्ण घटक है, अत: लोग उन क्षेत्रों में बसने को प्राथमिकता देते हैं, जहाँ जल सरलता से उपलब्ध होता है। जल का उपयोग पेयजल के रूप में, स्नान करने के लिए और भोजन बनाने के साथ-साथ पशुओं, फसलों, उद्योगों तथा नौसंचालन में किया जाता है। यही कारण है कि नदी घाटियाँ विश्व के सबसे सघन बसे हुए क्षेत्र हैं।

- **भू-आकृति** (Land Forms) व्यक्ति समतल मैदानों तथा मंद ढालों पर बसने को वरीयता देते हैं। इसका कारण यह है कि ऐसे क्षेत्र फसलों के उत्पादन, सड़क निर्माण तथा उद्योगों के अनुकूल होते हैं। पर्वतीय और पहाड़ी क्षेत्र परिवहन तंत्र के विकास में अवरोधक हैं, इसलिए ये प्रारंभ में कृषिगत और औद्योगिक विकास के लिए अनुकूल नहीं होते हैं। ऐसे क्षेत्रों में कम जनसंख्या पाई जाती है। भू-आकृति विशेषताओं के कारण ही गंगा का मैदान विश्व के सर्वाधिक संघन जनसंख्या वाले क्षेत्रों में से एक है, जबकि हिमालय का पर्वतीय भाग विरल जनसंख्या वाला क्षेत्र है।
- **जलवायु** (Climate) अति उष्ण तथा ठंडे मरुस्थलों की विषम जलवायु (Extreme Climate) मानव बसाव के लिए असुविधाजनक होती है। अनुकूल जलवायु वाले क्षेत्र, जिनमें अधिक मौसमी जनसंख्या पाई जाती है, विश्व में भूमध्यसागरीय क्षेत्र अपनी अनुकूल जलवायु के कारण इतिहास के आरंभिक कालों में बसे हुए हैं।
- **मृदाएँ** (Soils) उपजाऊ मृदाएँ कृषि तथा इनसे संबंधित क्रियाओं के लिए महत्त्वपूर्ण होती हैं, इसलिए उपजाऊ दोमट मिट्टी वाले प्रदेशों में अधिक लोग निवास करते हैं, क्योंकि ये मृदाएँ गहन कृषि का आधार बन सकती हैं।

आर्थिक कारक

जनसंख्या वितरण को प्रभावित करने वाले आर्थिक कारक निम्नलिखित हैं

- **खनिज** (Minerals) खनिज निक्षेपों (Mineral Deposits) वाले क्षेत्र जनसंख्या वितरण को प्रभावित करते हैं, क्योंकि इन क्षेत्रों में उद्योगों की अवस्थिति होती है। ये खनन, औद्योगिक गतिविधियाँ एवं रोजगार उत्पन्न करते हैं। अत: कुशल एवं अर्द्धकुशल कर्मी इन क्षेत्रों में पहुँचते हैं और जनसंख्या को सघन बना देते हैं। अफ्रीका महाद्वीप में कटंगा-जांबिया ताँबा पेटी इसका महत्त्वपूर्ण उदाहरण है।
- **नगरीकरण** (Urbanisation) नगर रोजगार के बेहतर अवसर, शैक्षणिक व चिकित्सा संबंधी सुविधाएँ तथा परिवहन एवं संचार के बेहतर साधन प्रस्तुत करते हैं। उचित नागरिक सुविधाएँ तथा नगरीय जीवन का आकर्षण लोगों को नगरों की ओर आकर्षित करता है। इससे ग्रामीण क्षेत्रों से नगरीय क्षेत्रों में प्रवास होता है और नगर आकार में बढ़ जाते हैं। विश्व के विराट नगर (Mega Cities) प्रतिवर्ष बड़ी संख्या में प्रवासियों को निरंतर आकर्षित करते हैं।
- **औद्योगीकरण** (Industrialisation) औद्योगिक पेटियाँ (Industrial Belts) रोजगार के अवसर उपलब्ध कराती हैं और बड़ी संख्या में लोगों को आकर्षित करती हैं। इनमें केवल कारखानों के श्रमिक ही नहीं होते हैं, बल्कि परिवहन परिचालक, दुकानदार, बैंक कर्मी, डॉक्टर, अध्यापक तथा अन्य सेवाएँ उपलब्ध कराने वाले भी शामिल होते हैं। उदाहरण के लिए, जापान का कोबे-ओसाका प्रदेश (Kobe-Osaka Region) अनेक उद्योगों की उपस्थिति के कारण सघन बसा हुआ क्षेत्र है।

सामाजिक एवं सांस्कृतिक कारक

- कुछ स्थान धार्मिक अथवा सांस्कृतिक महत्त्व के कारण अधिक लोगों को आकर्षित करते हैं। इसी प्रकार लोग उन क्षेत्रों को छोड़कर चले जाते हैं, जहाँ सामाजिक और राजनीतिक अशांति होती है।
- अनेक अवसरों पर सरकार लोगों को अत्यधिक सघन क्षेत्रों से बाहर बसने के लिए प्रोत्साहित करती है। विरल क्षेत्रों में जनसंख्या संतुलन के लिए भी ऐसा किया जाता है।

महाद्वीपीय आधार पर जनसंख्या वितरण

क्षेत्र	जनसंख्या (2018)	भूमि (किमी^{2})	जनघनत्व (प्रति/किमी^{2})	हिस्सेदारी (प्रतिशत)
एशिया	4,545,133,094	31,033,123	146	59.5%
अफ्रीका	1,287,920,518	29,648,481	43	16.9%
यूरोप	742,648,010	22,134,900	34	9.7%
लैटिन अमेरिका तथा कैरेबियन	652,012,001	20,139,378	32	8.5%
उत्तरी अमेरिका	363,844,490	18,651,660	20	4.8%
ओशेनिया	41,261,212	8486,460	5	0.5%

जनसंख्या का घनत्व

- किसी देश या क्षेत्र में प्रति वर्ग किमी में निवास करने वाले व्यक्तियों की संख्या को जनघनत्व (Density of Population) कहा जाता है अर्थात् जनघनत्व को प्रति वर्ग किमी में रहने वाले व्यक्तियों के रूप में मापा जाता है।
- भूमि की प्रत्येक इकाई में उस पर रह रहे लोगों के पोषण की सीमित क्षमता होती है, अत: लोगों की संख्या और भूमि के आकार के बीच के अनुपात को ही जनसंख्या घनत्व कहते हैं।

$$\text{जनसंख्या का घनत्व} = \frac{\text{जनसंख्या}}{\text{क्षेत्रफल}}$$

- उदाहरणस्वरूप यदि किसी प्रदेश का क्षेत्रफल 100 वर्ग किमी है और जनसंख्या 1,50,000 है, तो इसका जनसंख्या घनत्व निम्न होगा।

$$\text{जनसंख्या का घनत्व} = \frac{1,50,000}{100} = 1500 \text{ व्यक्ति/वर्ग किमी}$$

सर्वाधिक जनघनत्व वाले देश (2022)

देश	जनघनत्व (प्रति वर्ग किमी)	देश	जनघनत्व (प्रति वर्ग किमी)
मोनाको	24361	बहरीन	1897
मकाऊ (चीन)	22005	मालदीव	1737
सिंगापुर	8806	भारत	480
हाँगकाँग (चीन)	6817	विश्व	61.70
जिब्राल्टर	3269		

न्यूनतम जनघनत्व वाले देश (2022)

देश	जनघनत्व
ग्रीनलैंड	0 प्रति वर्ग किमी
मंगोलिया	2 प्रति वर्ग किमी
ऑस्ट्रेलिया/आइसलैंड/नामीबिया/सूरीनाम	3 प्रति वर्ग किमी
बोत्सवाना/कनाडा/युगांडा/मॉरितानिया/ लीबिया	4 प्रति वर्ग किमी

जनसंख्या वृद्धि

- जनसंख्या वृद्धि (Population Growth) अथवा जनसंख्या परिवर्तन (Population Change) का अभिप्राय किसी क्षेत्र में समय की किसी निश्चित अवधि के दौरान लोगों की संख्या में परिवर्तन से है।
- जनसंख्या का परिवर्तन धनात्मक भी हो सकता है और ऋणात्मक भी। जनसंख्या परिवर्तन को निरपेक्ष संख्या (Absolute Numbers) अथवा प्रतिशत (Percentage) के रूप में अभिव्यक्त किया जा सकता है।
- जनसंख्या परिवर्तन किसी क्षेत्र की आर्थिक प्रगति, सामाजिक उत्थान, ऐतिहासिक और सांस्कृतिक पृष्ठभूमि का महत्त्वपूर्ण सूचक होती है।

जनसंख्या परिवर्तन (वृद्धि) के घटक

जनसंख्या परिवर्तन के निम्नलिखित तीन घटक हैं

जन्मदर

- अशोधित जन्मदर (CBR-Crude Birth Rate) को प्रति हजार स्त्रियों द्वारा जन्म दिए गए जीवित बच्चों के रूप में व्यक्त किया जाता है।
- यह किसी देश या क्षेत्र में प्रति 1000 व्यक्तियों पर एक वर्ष में जन्मे जीवित बच्चों की संख्या होती है। इसकी गणना इस प्रकार की जाती है

अशोधित जन्मदर

$$= \frac{\text{किसी वर्ष विशेष में जीवित जन्म}}{\text{किसी क्षेत्र विशेष में वर्ष के मध्य जनसंख्या}} \times 100$$

मृत्युदर

- मृत्युदर (Death Rate) से तात्पर्य प्रति 1000 जीवित जन्मे बच्चों में से एक वर्ष या इससे कम आयु के बच्चों की संख्या से है। यह जनसंख्या परिवर्तन में सक्रिय भूमिका निभाती है।
- जनसंख्या वृद्धि केवल बढ़ती हुई जन्मदर से नहीं, बल्कि घटती हुई मृत्युदर से भी प्रभावित होती है।
- अशोधित मृत्युदर किसी क्षेत्र में मृत्युदर को मापने की सरल विधि है। इसे किसी क्षेत्र विशेष में किसी वर्ष के दौरान प्रति 1000 जनसंख्या के पीछे मृतकों की संख्या के रूप में अभिव्यक्त किया जाता है।
- अशोधित मृत्युदर की गणना इस प्रकार की जाती है

अशोधित मृत्युदर

$$= \frac{\text{किसी वर्ष विशेष में मृतकों की संख्या}}{\text{उस वर्ष के मध्य में अनुमानित जनसंख्या}} \times 1000$$

- सामान्यत: मृत्युदर किसी क्षेत्र की जनांकिकीय संरचना, सामाजिक उन्नति और आर्थिक विकास के स्तर द्वारा प्रभावित होती है।

प्रवास

- जनसंख्या वृद्धि में प्रवास (Migration) एक महत्त्वपूर्ण कारक है। जन्मदर तथा मृत्युदर से अधिक प्रवास जनसंख्या के आकार को प्रभावित करता है।
- जब लोग एक स्थान से दूसरे स्थान पर जाते हैं, तो वह स्थान जहाँ से लोग गमन करते हैं, उद्गम स्थान (Place of Origin) कहलाता है और जिस स्थान पर आगमन करते हैं, वह गंतव्य स्थान (Place of Destination) कहलाता है।
- इसमें उद्गम स्थान जनसंख्या में कमी को, जबकि गंतव्य स्थान जनसंख्या बढ़ोतरी को दर्शाता है। प्रवास को मनुष्य और संसाधन के बीच बेहतर संतुलन प्राप्त करने की दिशा में एक स्वत: स्फूर्त प्रयास के रूप में निरूपित किया जा सकता है।
- प्रवास स्थायी, अस्थायी अथवा मौसमी हो सकता है। यह गाँव से गाँव, गाँव से नगर, नगर से नगर तथा नगर से गाँव की ओर हो सकता है।
- इसमें प्रवासी, जो किसी नए स्थान पर जाते हैं, अप्रवासी (Immigrants) कहलाते हैं तथा वे प्रवासी जो एक देश से बाहर चले जाते हैं, उत्प्रवासी (Emigrants) कहलाते हैं। इस प्रकार इस प्रक्रिया में एक ही व्यक्ति आप्रवासी और उत्प्रवासी भी हो सकता है।

प्रवास को प्रभावित करने वाले कारक

लोग बेहतर आर्थिक और सामाजिक जीवन के लिए प्रवास करते हैं, अत: प्रवास को प्रभावित करने वाले कारकों के दो समूह हैं

1. **प्रतिकर्ष कारक** (Push Factor) बेरोजगारी, रहन-सहन की निम्न दशाएँ, राजनीतिक उपद्रव, प्रतिकूल जलवायु, प्राकृतिक विपदाएँ, महामारियाँ, सामाजिक-आर्थिक पिछड़ेपन आदि। कारक उद्गम स्थान को कम आकर्षित करते हैं, अत: ये प्रतिकर्ष कारक हैं।
2. **अपकर्ष कारक** (Pull Factor) काम के बेहतर अवसर और रहन-सहन की अच्छी दशाएँ, शांति व स्थायित्व, जीवन व संपत्ति की सुरक्षा तथा अनुकूल जलवायु जैसे कारक गंतव्य स्थान को उद्गम स्थान की अपेक्षा अधिक आकर्षक बनाते हैं, अत: ये अपकर्ष कारक हैं।

जनसंख्या भूगोल की आधारभूत संकल्पनाएँ

जनसंख्या भूगोल की आधारभूत संकल्पनाएँ निम्नलिखित हैं

- **जनसंख्या वृद्धि** (Growth of Population) किसी विशेष क्षेत्र में दो विशिष्ट समय के दौरान जनसंख्या के वितरण को 'जनसंख्या वृद्धि' कहा जाता है। भारत में प्रत्येक 10 वर्षों पर 'जनगणना' (Census) की जाती है। जनगणना अवधि के बीच की जनसंख्या वृद्धि को दशकीय जनसंख्या वृद्धि (Decadal Growth Rate of Population) कहा जाता है।
- **जनसंख्या वृद्धि दर** (Growth Rate of Population) जनसंख्या वृद्धि दर को प्रतिशत में व्यक्त किया जाता है। दशकीय तथा वार्षिक जनसंख्या में वृद्धि को इसी के अनुरूप व्यक्त किया जाता है।
- **जनसंख्या की प्राकृतिक वृद्धि** (Natural Growth of Population) एक स्थान पर दो भिन्न समय अवधि में जन्म तथा मृत्यु के कारण जनसंख्या में आए परिवर्तन को जनसंख्या की प्राकृतिक वृद्धि कहा जाता है।

  प्राकृतिक जनसंख्या वृद्धि = जन्म – मृत्यु
- **जनसंख्या की धनात्मक वृद्धि** (Positive Growth of Population) यह तब संभव होती है, जब दो भिन्न-भिन्न समय अवधि में जन्मदर, मृत्युदर से अधिक होती है। इस प्रवृत्ति में जनसंख्या की वृद्धि धनात्मक होती है।
- **जनसंख्या की ऋणात्मक वृद्धि** (Negative Growth of Population) मृत्युदर के जन्मदर से अधिक होने की स्थिति में जनसंख्या की ऋणात्मक वृद्धि स्पष्ट होती है। जनसंख्या की ऋणात्मक वृद्धि का कारण प्रवासन (Migration) भी हो सकता है, जब असहज कारणों से बड़ी संख्या में लोग अपना निवास स्थल छोड़ रहे हों।

जनसंख्या वृद्धि की प्रवृत्तियाँ

- 1 जुलाई, 2023 के अनुसार, पृथ्वी पर जनसंख्या 804 करोड़ (8.04 बिलियन) से अधिक है।
- इस आकार तक पहुँचने में जनसंख्या को कई शताब्दियाँ लगी हैं।
- आरंभिक कालों में विश्व की जनसंख्या धीरे-धीरे बढ़ी, किंतु विगत् कुछ सौ वर्षों के दौरान जनसंख्या आश्चर्यजनक दर से बढ़ी है।
- आज से लगभग 8000 से 12000 वर्ष पूर्व कृषि के उद्भव व आरंभ के पश्चात् जनसंख्या का आकार बहुत छोटा था अर्थात् विशेष रूप से 80 लाख था।
- ईसा की पहली शताब्दी में जनसंख्या 30 करोड़ से भी कम थी। 16वीं और 17वीं शताब्दी में बढ़ते विश्व व्यापार ने जनसंख्या की तीव्र वृद्धि के लिए मंच तैयार किया।
- 1750 ई. के आस-पास औद्योगिक क्रांति के दौरान विश्व की जनसंख्या 55 करोड़ थी। विश्व की जनसंख्या में तीव्र वृद्धि 18वीं शताब्दी में औद्योगिक क्रांति के बाद स्पष्ट हुई।
- तकनीकी विकास ने जन्मदर को नियंत्रित कर जनसंख्या वृद्धि दर की तीव्र वृद्धि को स्थिरता प्रदान की है।

जनसंख्या वृद्धि में विज्ञान एवं प्रौद्योगिकी का योगदान

- विज्ञान एवं प्रौद्योगिकी (Science and Technology) ने भी जनसंख्या वृद्धि में महत्त्वपूर्ण भूमिका निभाई, इसे निम्न रूपों में समझा जा सकता है
- मानवीय और प्राणी संसाधन के स्थान पर भाप इंजन प्रतिस्थापित हो गया, जिसने पवन और जल के लिए यांत्रिक ऊर्जा उपलब्ध कराई, इससे कृषिगत और औद्योगिक उत्पादन में भी वृद्धि हुई।
- महामारियों व अन्य संक्रामक रोगों के विरुद्ध टीकाकरण, चिकित्सा सुविधाओं में सुधार तथा स्वच्छता ने संपूर्ण विश्व में मृत्युदर को तीव्रता से घटाने में योगदान दिया, इससे जनसंख्या वृद्धि को बढ़ावा मिला।

विश्व जनसंख्या के दो गुना होने की अवधि

- मानव जनसंख्या को एक करोड़ तक जाने में 10 लाख से भी अधिक वर्ष लग गए, किंतु इसे 5 अरब से 6 अरब होने में मात्र 12 वर्ष लगे, इस प्रकार विश्व जनसंख्या के दो गुना होने की अवधि तेजी से घट रही है।
- यह दो गुना होने की अवधि विभिन्न प्रदेशों में अलग-अलग पाई जाती है। विकसित देश, विकासशील देशों की तुलना में अपनी जनसंख्या को दो गुना करने में अधिक समय ले रहे हैं।
- जनसंख्या की अधिकतर वृद्धि विकासशील विश्व में हो रही है, जहाँ 'जनसंख्या विस्फोट' (Explosion of Population) हो रहा है।
- भारत की जनसंख्या वृद्धि जनवरी, 2022 में 0.99% थी। अमेरिका में यह दर 0.4% तथा कनाडा में 1.1% थी।

जनसंख्या परिवर्तन का स्थानिक प्रारूप

- विश्व के विभिन्न भागों में जनसंख्या वृद्धि की तुलना की जा सकती है। विकसित देशों में विकासशील देशों की अपेक्षा जनसंख्या वृद्धि कम है।
- जनसंख्या वृद्धि और आर्थिक विकास में ऋणात्मक सहसंबंध पाया जाता है अर्थात् जनसंख्या वृद्धि का आर्थिक विकास पर ऋणात्मक प्रभाव पड़ता है।
- विश्व की जनसंख्या परिवर्तन की वार्षिक दर 1.4% है, जो निम्न है, किंतु वास्तव में, ऐसा नहीं होता है, इसके निम्न कारण पाए जाते हैं
  - जब एक निम्न वार्षिक दर (Small Annual Rate) अत्यंत बड़ी जनसंख्या पर लागू होती है, तो इससे जनसंख्या में विशाल परिवर्तन होता है।
  - यद्यपि वृद्धि दर निरंतर घटती रही हो, तब भी जनसंख्या प्रतिवर्ष बढ़ती है। प्रसव के दौरान शिशुओं की मृत्युदर के बढ़ने से शिशु मृत्युदर में भी वृद्धि हो सकती है।

जनसंख्या परिवर्तन (वृद्धि) के प्रभाव

- जनसंख्या में अल्प वृद्धि से विकासशील अथवा विकसित अर्थव्यवस्था पर कोई प्रभाव नहीं पड़ता है, किंतु तीव्र वृद्धि अनेक समस्याओं तथा चुनौतियों को उत्पन्न करती है।
- संसाधनों के दुरुपयोग तथा बड़ी जनसंख्या के संसाधनों से दूर होने की संभावना बनी रहती है।
- कम जनसंख्या के कारण संसाधनों पर सभी का समान अधिकार होता है।
- जनसंख्या वृद्धि ही नहीं, बल्कि कमी भी एक बड़ी चिंता का विषय होती है। इससे संसाधनों के समुचित दोहन के लिए मानव संसाधनों की अनुपस्थिति कष्टकारक होती है।
- विभिन्न देशों में जनसंख्या वृद्धि में कमी देखने को मिलती है।
- इसमें एचआईवी/एड्स तथा अन्य महामारियों के कारण मरने वाले लोगों की संख्या अधिक होती है। अफ्रीका महाद्वीप में यह समस्या पाई जाती है।

जनांकिकीय संक्रमण/जनांकिकीय संक्रमण सिद्धांत

- जनांकिकीय संक्रमण सिद्धांत (Demographic Transition Theory) एक जनसंख्या सिद्धांत है, जिसमें किसी क्षेत्र में दीर्घ अवधि में जनसंख्या की जन्मदर और मृत्युदर के मध्य अंतर के कारण जनसंख्या वृद्धि का विश्लेषण किया जा सकता है।
- इसका उपयोग किसी क्षेत्र की जनसंख्या का वर्णन तथा भविष्य की जनसंख्या के पूर्वानुमान के लिए किया जा सकता है।
- यह सिद्धांत जनसांख्यिकीय सातत्य संकल्पना पर आधारित है।
- इसका मूल रूप में प्रतिपादन **डब्ल्यू एस. थाम्पसन** (1929) एवं **एफ. डब्ल्यू नोटस्टीन** (1945) द्वारा किया गया।
- इस सिद्धांत के अनुसार, प्रत्येक प्रदेश की जनसंख्या में वृद्धि क्रमिक चरण में होती है, जिसे चार अवस्थाओं से होकर गुजरना पड़ता है।
- इन चारों अवस्थाओं में एक परंपरागत पशुपालक एवं कृषक समाज विकास की विभिन्न अवस्थाओं से गुजरते हुए, अंततः एक औद्योगिक व नगरीय समाज में परिवर्तित हो जाता है।
- इन विभिन्न अवस्थाओं में जनांकिकीय संरचना (Demographic Structure) में भी परिवर्तन परिलक्षित होता है।
- इसकी परिकल्पना करते हुए **कोलिन क्लार्क महोदय** ने इस सिद्धांत का समर्थन करते हुए पाँचवीं अवस्था की परिकल्पना की।

- जनांकिकीय परिवर्तन की इन विभिन्न अवस्थाओं को जनांकिकी विशेषज्ञ जनसंख्या चक्र एवं भूगोलविद् **जनांकिकीय संक्रमण** (Demograpic Transition) कहते हैं।

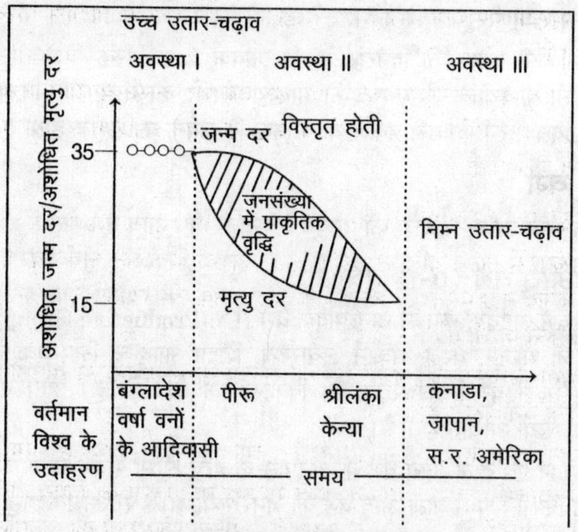

जनांकिकीय संक्रमण सिद्धांत

जनांकिकीय संक्रमण की अवस्थाएँ

जनांकिकीय संक्रमण सिद्धांत की विभिन्न अवस्थाओं का विवरण निम्नलिखित हैं

प्रथम अवस्था

- प्रथम अवस्था (First Stage) में उच्च प्रजनन दर (High Fertility) एवं उच्च मृत्युदर (High Mortality) पाई जाती है, क्योंकि लोग महामारियों और भोजन की अनिश्चित आपूर्ति से होने वाली मृत्यु की क्षतिपूर्ति अधिक **पुनरुत्पादन** से करते हैं।
- इसमें जनसंख्या वृद्धि धीमी होती है और अधिकांश लोग कृषि में कार्यरत् होते हैं, जहाँ बड़े परिवारों को **परिसंपत्ति** (Assets) माना जाता है।
- इस अवस्था में **जीवन प्रत्याशा** (Life Expectancy) निम्न होती है, अधिकांश लोग अशिक्षित होते हैं और उनके प्रौद्योगिकी स्तर निम्न होते हैं। 200 वर्ष पूर्व विश्व के सभी देश इसी अवस्था में थे।
- ऐसी अवस्था वाले देशों में जन्मदर एवं मृत्युदर दोनों 40 से 50 प्रति हजार के मध्य पाई जाती है। इस अवस्था में बोत्सवाना, अंगोला, सोमालिया, नाइजर, लाओस, जाम्बिया आदि देश शामिल हैं।

दूसरी अवस्था

- दूसरी अवस्था (Second Stage) में **जन्मदर उच्च** (High Birthrate) एवं **मृत्युदर निम्न** (Low Mortality) पाई जाती है। इसमें सामान्यत: जन्मदर 40 से 50 प्रति हजार एवं मृत्युदर 15 से 20 प्रति हजार के बीच होती है।
- इसमें जन्म और मृत्यु में अंतर के कारण जनसंख्या विस्फोट (Explosion of Population) पाया जाता है, इससे संसाधनों पर दबाव अधिक बढ़ता है। इसमें चिकित्सीय सुविधा की उपलब्धता के कारण मृत्युदर कम होती है। वर्तमान के अधिकांश विकासशील देशों की स्थिति को इस अवस्था में देखा जा सकता है।

तीसरी अवस्था

- तीसरी अवस्था (Third Stage) में जन्म एवं मृत्यु दोनों दरों में कमी आती है।
- इसमें जन्मदर 20 से 30 प्रति हजार तथा मृत्युदर 10 से 15 प्रति हजार तक पाई जाती है।
- यह अवस्था धीमी जनसंख्या वृद्धि का परिचायक है। भारत सहित मध्य एशिया तथा पूर्वी यूरोप के देशों को इस अवस्था में देखा जा सकता है।
- इस अवस्था में साक्षरता स्तर में सुधार, छोटे परिवार के प्रति जागरूकता एवं बढ़ते हुए सामाजिक-आर्थिक विकास के कारण जन्मदर में कमी आती है।

चतुर्थ अवस्था

- यह अवस्था विकसित समाज में पाई जाती है। यहाँ जनसंख्या वृद्धि की अवस्था स्थिर (Stable) होती है।
- इसमें जन्म दर एवं मृत्यु दर दोनों निम्न पाई जाती हैं अर्थात् इनमें जन्मदर 10 से 15 प्रति हजार एवं मृत्युदर 10 से भी कम प्रति हजार पाई जाती है।
- इस अवस्था में G-8 समूह के देश तथा सिंगापुर, हाँगकाँग, पश्चिमी यूरोप के देश आदि आते हैं।

पाँचवीं अवस्था

- यह अवस्था अत्यधिक विकसित एवं तकनीकी समाज का सूचक है। वर्ष 1970 के बाद विकसित देशों में इस प्रकार की प्रवृत्ति देखी गई है।
- इस अवस्था में पारिवारिक संस्थाओं एवं विवाह जैसे मूल्यों के पतन के कारण जन्मदर, मृत्युदर से भी कम पाई जाती है अर्थात् इसमें मृत्युदर न्यूनतम होती है।
- इस अवस्था को **कॉलिन क्लार्क** ने **ऋणात्मक वृद्धि की अवस्था** (Negative Growth Stage) कहा है।
- इस अवस्था वाले देशों में सिंगापुर, जापान, जर्मनी, डेनमार्क, स्विट्जरलैंड, बेल्जियम आदि प्रमुख हैं।

भारत के संदर्भ में जनसंख्या संक्रमण की अवस्थाएँ

जनसंख्या संक्रमण सिद्धांत को भारत के संदर्भ में निम्न अवस्थाओं में देखा जा सकता है

- वर्ष 1901 से 1921–स्थिर जनसंख्या
- वर्ष 1921 में 1951–धीमी गति से बढ़ती जनसंख्या
- वर्ष 1951 से 1981–जनसंख्या विस्फोट की अवस्था
- वर्ष 1981 से 2011–जनसंख्या वृद्धि दर में गिरावट की अवस्था

जनसंख्या नियंत्रण के उपाय

- माल्थस द्वारा दिए गए जनसंख्या सिद्धांत में प्रकृति द्वारा स्वयं जनसंख्या नियंत्रण करने के विनाशकारी उपायों के विषय में विश्लेषण किया जाता है, जिसके कारण मानवीय आधार पर इसका नियंत्रण आवश्यक है।
- जनसंख्या नियंत्रण (Population Control) के लिए परिवार नियोजन (Family Planning) को अपनाया जाता है, जिससे बच्चों के जन्म को नियंत्रित किया जा सके। विज्ञापन, प्रचार-प्रसार तथा गर्भधारण से बचाव के उपायों के संबंध में जागरुकता उत्पन्न कर जनसंख्या नियंत्रण की प्रक्रिया को प्रोत्साहित किया जा सकता है।

जनसंख्या संघटन

- किसी भी देश के लोगों को आयु, लिंग तथा उनके निवास स्थान के आधार पर पृथक् किया जा सकता है।
- जनसंख्या को पृथक् करने वाली कुछ विशेषताएँ हैं; जैसे-व्यवसाय, शिक्षा और जीवन प्रत्याशा।
- जनसंख्या संघटन (Population Composition) के अंतर्गत लिंगानुपात, आयु, साक्षरता तथा व्यवसाय आदि का अध्ययन किया जाता है।

लिंग संघटन

किसी देश की स्त्रियों और पुरुषों की संख्या महत्त्वपूर्ण जनांकिकीय विशेषता होती है। जनसंख्या में स्त्रियों और पुरुषों की संख्या के बीच के अनुपात को **लिंगानुपात** (Sex-Ratio) कहा जाता है।

इसकी गणना निम्न सूत्रों से की जाती है

$$\text{लिंगानुपात} = \frac{\text{पुरुष जनसंख्या}}{\text{स्त्री जनसंख्या}} \times 1000$$

अथवा प्रति 1000 स्त्रियों पर पुरुषों की संख्या।

- भारत में इस सूत्र का प्रयोग लिंग अनुपात ज्ञात करने में किया जाता है

$$\text{लिंगानुपात} = \frac{\text{स्त्रियों की जनसंख्या}}{\text{पुरुषों की जनसंख्या}} \times 1000$$

अथवा प्रति 1000 पुरुषों पर स्त्रियों की संख्या।

- लिंग अनुपात किसी देश में स्त्रियों की स्थिति के संबंध में महत्त्वपूर्ण सूचना होती है, जिन प्रदेशों में लिंग भेदभाव अनियंत्रित होता है, वहाँ लिंग अनुपात निश्चित रूप से स्त्रियों के प्रतिकूल होता है।
- इन क्षेत्रों में कन्या भ्रूण हत्या तथा कन्या शिशु-हत्या और स्त्रियों के प्रति घरेलू हिंसा की प्रथा पाई जाती है।
- इसका एक कारण इन क्षेत्रों में स्त्रियों के सामाजिक-आर्थिक स्तर का निम्न पाया जाना भी है।

विश्व लिंग अनुपात प्रतिरूप

- विश्व की जनसंख्या का औसत लिंग अनुपात प्रति 100 स्त्रियों पर 102 पुरुष है।
- विश्व में उच्चतम लिंग अनुपात यूरोपीय देश **लाटविया** में दर्ज किया गया है, जहाँ प्रति 100 स्त्रियों पर 85 पुरुष हैं।
- इसके विपरीत निम्नतम लिंग अनुपात संयुक्त अरब अमीरात (United Arab Emirates-UAE) में दर्ज किया गया है, जहाँ प्रति 100 स्त्रियों पर 311 पुरुष हैं। लिंग अनुपात के विश्व प्रतिरूप से विश्व के विकसित प्रदेशों में कोई अंतर नहीं है।
- संयुक्त राष्ट्र (United Nations-UN) के 193 देशों में से 139 देशों में लिंग अनुपात स्त्रियों के अनुकूल है, जबकि 54 देशों में यह उनके प्रतिकूल पाया जाता है।
- एशिया में लिंग अनुपात निम्न है। चीन, भारत, सऊदी अरब, पाकिस्तान व अफगानिस्तान जैसे देशों में लिंग अनुपात और भी निम्न है।
- रूस सहित यूरोप के एक बड़े भाग में पुरुष अल्प संख्या में हैं।
- यूरोप के अनेक देशों में पुरुषों की कमी, वहाँ स्त्रियों की बेहतर स्थिति तथा भूतकाल में विश्व के विभिन्न भागों में अत्यधिक पुरुष उत्प्रवास (Emmigration) के कारण है।

आयु संरचना

- आयु संरचना (Age Structure) किसी देश की जनसंख्या के विभिन्न आयु वर्गों में लोगों की संख्या को प्रदर्शित करती है। यह जनसंख्या संघटन का महत्त्वपूर्ण सूचक होती है।
- यह किसी प्रदेश की जनसंख्या की जैविक व शारीरिक विशेषताओं को दर्शाती है, क्योंकि यह मनुष्य की आवश्यकताओं, कार्यक्षमता एवं विचारों को प्रभावित करती है। इस प्रकार यह मानव की क्षमता का सूचक होती है।

आयु वर्ग

वैश्विक स्तर पर जनसंख्या की आयु संरचना में तीन आयु वर्ग होते हैं

बाल आयु वर्ग (0-14 वर्ष)

- यह वर्ग आर्थिक रूप से अनुत्पादक वर्ग (Un-Productive Group) होता है, जो भोजन, वस्त्र, मकान, स्वास्थ्य, शिक्षा आदि के लिए युवा व प्रौढ़ जनसंख्या पर निर्भर रहता है। विकासशील देशों में इस आयु वर्ग की जनसंख्या अधिक होती है।
- जन्मदर एवं बाल आयु वर्ग के अनुपात के बीच सीधा संबंध पाया जाता है, जब किसी देश में बाल आयु वर्ग की जनसंख्या 40% से अधिक होती है, तो उस देश की जनसंख्या प्रगतिशील होती है।
- अफ्रीका, एशिया तथा लैटिन अमेरिका के अधिकांश देशों में इस आयु वर्ग की जनसंख्या का आकार विशाल पाया जाता है, वहीं पश्चिमी यूरोप, ऑस्ट्रेलिया तथा संयुक्त राज्य अमेरिका जैसे विकसित देशों में इनकी संख्या कम होती है।

प्रौढ़ आयु वर्ग (15-59 वर्ष)

- यह वर्ग उत्पादक वर्ग (Productive Group) होता है। विकासशील देशों में इस आयु वर्ग की अधिकतम आयु को सामान्यत: 59 वर्ष माना जाता है, क्योंकि यहाँ का जीवन स्तर व जीवन प्रत्याशा (Life Expectancy) अपेक्षाकृत कम होती है।
- इस वर्ग पर बाल वर्ग तथा वृद्ध वर्ग दोनों के पालन-पोषण का भार होता है। यह वर्ग प्रवासपरक होता है, जो रोजगार की खोज में प्रवास करता है।
- इसे **कार्यशील जनसंख्या** (Working Population) कहा जाता है, जिन देशों में इस वर्ग की जनसंख्या अधिक होती है, उन्हें आर्थिक दृष्टि से लाभकारी माना जाता है, क्योंकि ये आर्थिक कार्यों में योगदान देते हैं, जिससे देश की आर्थिक वृद्धि को बढ़ावा मिलता है।

वृद्ध आयु वर्ग (60 से अधिक)

- विकसित देशों में 64 वर्ष या उससे अधिक तथा विकासशील देशों में 60 वर्ष से अधिक आयु के व्यक्ति को वृद्ध माना जाता है। विश्व की 11% जनसंख्या 60 वर्ष से अधिक आयु की है।
- इस वर्ग को भी अनुत्पादक वर्ग में शामिल किया जाता है। इसके स्वास्थ्य पर अधिक खर्च होता है। ये प्रौढ़ वर्ग पर निर्भर रहते हैं, अत: यह निर्भर जनसंख्या (Aging Population) होती है।

वृद्ध होती जनसंख्या

- जनसंख्या का वृद्ध होना एक ऐसी प्रक्रिया है, जिसमें बुजुर्ग की जनसंख्या का हिस्सा अनुपात की दृष्टि से बड़ा हो जाता है।
- यह 20वीं शताब्दी की नई परिघटना है। विश्व के अधिकांश विकसित देशों में उच्च आयु वर्गों में बढ़ी हुई जीवन प्रत्याशा के कारण जनसंख्या बढ़ गई है, वहीं जन्मदर में कमी के साथ जनसंख्या में बच्चों का अनुपात घट गया है।

आयु पिरामिड

- यह एक प्रकार का रेखाचित्र होता है, जो जनसंख्या की आयु संरचना को प्रदर्शित करता है। इसकी आकृति पिरामिड से मिलती है, इसलिए इसे **आयु पिरामिड** (Age Pyramid) के नाम से जाता है।
- इसमें विभिन्न आयु वर्ग में स्त्रियों तथा पुरुषों की संख्या को दर्शाया जाता है।
- जनांकिकीय संक्रमण की विभिन्न अवस्थाओं में अलग-अलग प्रकार के पिरामिड देखने को मिलते हैं, जिनके आधार पर देश की जनांकिकीय विशेषताओं को समझा जा सकता है।
- आयु पिरामिड में प्रत्येक वर्ग की जनसंख्या को क्षैतिज दंड के रूप में दर्शाया जाता है।
- इसमें दंड की लंबाई उस वर्ग में स्त्रियों एवं पुरुषों के प्रतिशत के अनुपात में होती है।
- इस पिरामिड में पुरुषों को बाएँ भाग तथा स्त्रियों को दाएँ भाग में ऊर्ध्वाधर रूप में दिखाया जाता है।
- यह अलग-अलग जनसंख्या के संबंध में भिन्न-भिन्न पिरामिड को प्रदर्शित करता है; जैसे-विस्तारित होती जनसंख्या का पिरामिड, स्थिर जनसंख्या का पिरामिड, ह्रासमान जनसंख्या का पिरामिड आदि।

विस्तारित होती जनसंख्या का पिरामिड

- इसकी आकृति त्रिभुजाकार अर्थात् पिरामिड की भाँति होती है। इसका आधार चौड़ा तथा शीर्ष संकरा होता है।
- विस्तारित होती जनसंख्या के पिरामिड का आधार अधिक चौड़ा होना यह दर्शाता है कि कम आयु वर्ग के लोगों (0-14 वर्ष) की संख्या अधिक है।
- इस पिरामिड से यह स्पष्ट होता है कि जन्म लेने वाले लोगों की संख्या अधिक है अर्थात् जन्मदर अधिक होती है।
- शीर्ष का संकरा होना यह दर्शाता है कि 60 वर्ष से अधिक आयु वर्ग के लोगों की संख्या कम है।
- उच्च आयु वर्ग में मृत्युदर के अधिक होने के कारण इनकी संख्या कम होती है।
- इस प्रकार के पिरामिड की रचना अल्प विकसित देशों में होती है। नाइजीरिया, बांग्लादेश में इस प्रकार का पिरामिड बन सकता है।

स्थिर जनसंख्या का पिरामिड

- इसकी आकृति घंटी के समान होती है, जो शीर्ष की ओर शुंडाकार होती है। इस प्रकार के आयु-लिंग पिरामिड में जनसंख्या वृद्धि स्थिर होती है।
- इसमें जन्मदर तथा मृत्युदर समान होती है तथा पुरुष और स्त्रियों की संख्या लगभग बराबर होती है।
- युवाओं की संख्या स्थिर होती है। ऑस्ट्रेलिया के लिए जनसंख्या का पिरामिड इसी के अनुरूप बनता है।

ह्रासमान जनसंख्या का पिरामिड

- इस प्रकार का पिरामिड नीचे की ओर से संकीर्ण होता है तथा इसका शीर्ष शुंडाकार होता है।
- इसमें निम्न जन्मदर तथा निम्न मृत्युदर होती है। इस प्रकार के जनसंख्या पिरामिड की रचना वाले देशों में जनसंख्या वृद्धि शून्य अथवा ऋणात्मक होती है। इस प्रकार के पिरामिड की रचना अधिकांश विकसित देशों की जनसंख्या में बनती है, जापान इसका सबसे अच्छा उदाहरण है।

आयु सूचकांक

- आयु सूचकांक (Age Index) भी विभिन्न आयु वर्ग की स्थिति की माप करता है तथा उसे प्रस्तुत करता है।
- यह मानव शक्ति नियोजन, जनसंख्या वृद्धि का विश्लेषण, प्रवास विश्लेषण आदि के लिए महत्त्वपूर्ण होता है।
- यह सूचकांक जनसंख्या को शिशु निर्भरता अनुपात, वृद्ध निर्भरता अनुपात तथा निर्भरता या पराश्रित अनुपात के रूप में प्रदर्शित करता है।
- विकासशील देशों में पराश्रित या निर्भरता सूचकांक (Dependency Index) का स्तर उच्च पाया जाता है, क्योंकि इसमें बाल जनसंख्या का अनुपात अधिक पाया जाता है।

विश्व के प्रमुख देशों में विभिन्न आयु वर्ग की जनसंख्या प्रतिशत में (2023)

प्रमुख देश	0-14	15-64	65+
चीन	16.48	69.40	14.11
जापान	12.29	58.49	29.22
भारत	24.77	68.42	6.80
यूएसए	18.15	63.72	18.12
यूके	16.91	64.03	19.06
जर्मनी	13.75	62.97	23.28
फिनलैंड	16.25	60.50	23.25
मैक्सिको	23.76	68.22	8.02
मिस्र	34.37	60.27	5.36
इथियोपिया	38.91	57.55	3.54
नाइजर	49.70	47.60	2.70
नाइजीरिया	40.69	55.95	3.36
यूएई	16.32	81.77	2.00
विश्व	24.70	65.20	10.10

जनसंख्या का ग्रामीण एवं नगरीय संघटन

- जनसंख्या का ग्रामीण- नगरीय विभाजन (Rural-Urban Division of Population) निवास के आधार पर होता है।
- यह विभाजन आवश्यक है, क्योंकि ग्रामीण और नगरीय जीवन आजीविका और सामाजिक दशाओं में एक-दूसरे से भिन्न होते हैं।
- ग्रामीण तथा नगरीय क्षेत्रों में आयु, लिंग संघटन, व्यावसायिक संरचना, जनसंख्या का घनत्व तथा विकास का स्तर अलग-अलग होता है। इन संख्या के मापदंडों में भी अंतर पाया जाता है।
- सामान्यत: ग्रामीण क्षेत्रों में लोग प्राथमिक क्रियाओं में संलग्न होते हैं और नगरीय क्षेत्र के लोग गैर-प्राथमिक कार्यों में संलग्न होते हैं।
- कनाडा और फिनलैंड जैसे पश्चिमी यूरोपीय देशों में ग्रामीण और नगरीय क्षेत्रों के लिंग अनुपात में अंतर अफ्रीकी और एशियाई देशों क्रमश: जिम्बाब्वे तथा नेपाल के ग्रामीण-नगरीय लिंग अनुपात के विपरीत पाया जाता है।

- पश्चिमी देशों के ग्रामीण क्षेत्रों में स्त्रियों की अपेक्षा पुरुषों की संख्या अधिक पाई जाती है, वहीं नगरीय क्षेत्रों में स्त्रियों की संख्या पुरुषों की अपेक्षा अधिक पाई जाती है। नेपाल, भारत, पाकिस्तान जैसे देशों की स्थिति इसके विपरीत है।
- नगरीय क्षेत्रों में रोजगार के अवसरों की अधिक संभावनाओं के कारण ग्रामीण क्षेत्रों से महिलाओं के आगमन के परिणामस्वरूप यूरोप, कनाडा और संयुक्त राज्य अमेरिका के नगरीय क्षेत्रों में महिलाओं की अधिकता पाई जाती है।
- विकसित देशों में कृषि अधिक मशीनीकृत है और वहाँ पुरुष प्रधान व्यवसाय पाया जाता है, इसके विपरीत एशिया के नगरीय क्षेत्रों में पुरुष प्रधान प्रवास के कारण लिंग अनुपात भी पुरुषों के अनुकूल पाया जाता है।
- भारत जैसे देशों में ग्रामीण क्षेत्रों के कृषि कार्यों में महिलाओं की सहभागिता अधिक होती है।
- नगरों में आवास की कमी, रहन-सहन की उच्च लागत, रोजगार के अवसरों की कमी और सुरक्षा की कमी महिलाओं के गाँव से नगरीय क्षेत्रों में प्रवास को रोकते हैं।

साक्षरता

- किसी देश में साक्षर जनसंख्या (Literate Population) का अनुपात उसके सामाजिक-आर्थिक विकास का सूचक होता है, क्योंकि इससे रहन-सहन के स्तर, महिलाओं की सामाजिक स्थिति, शैक्षणिक सुविधाओं की उपलब्धता तथा सरकार की नीतियों का पता चलता है।
- आर्थिक विकास का स्तर साक्षरता का कारण एवं परिणाम दोनों ही होता है। भारत में **साक्षरता दर** (Literacy Rate) 7 वर्ष से अधिक आयु वाली जनसंख्या के उस प्रतिशत को सूचित करती है, जो पढ़-लिख सकता है और जिसमें समझ के साथ अंकगणितीय परिकलन (गणना) करने की योग्यता होती है।
- **संयुक्त राष्ट्र जनसंख्या एवं विकास आयोग** (UNCPD-United Nations Commission on Population and Development) के अनुसार, 15 वर्ष या इससे अधिक आयु वर्ग को साक्षर माना जा सकता है, यदि वह एक सरल कथन को समझकर पढ़-लिख सकता है।

आर्थिक संघटन अथवा व्यावसायिक संरचना

- कार्यशील जनसंख्या (अर्थात् 15-59 आयु वर्ग में स्त्री और पुरुष) कृषि, वानिकी, मत्स्यन, विनिर्माण, व्यावसायिक, परिवहन सेवाओं, संचार तथा अन्य अवर्गीकृत सेवाओं जैसे व्यवसायों में भाग लेती है।
- कृषि, वानिकी, मत्स्यन तथा खनन को प्राथमिक क्रियाओं, विनिर्माण को द्वितीयक क्रिया, व्यापार, परिवहन, संचार और अन्य सेवाओं को तृतीयक क्रिया तथा अनुसंधान, सूचना प्रौद्योगिकी और वैचारिक विकास से जुड़े कार्यों को चतुर्थक क्रिया के रूप में वर्गीकृत किया जाता है।
- इन चार खंडों में कार्यशील जनसंख्या का अनुपात किसी राष्ट्र के आर्थिक विकास के स्तरों का एक अच्छा सूचक होता है।
- इसका कारण यह है कि केवल उद्योगों और अवसंरचना से युक्त एक विकसित अर्थव्यवस्था ही द्वितीयक, तृतीयक और चतुर्थक सेक्टरों में अधिक कर्मियों को समायोजित कर सकती है।
- यदि अर्थव्यवस्था अभी भी आदिम अवस्था में है, तो प्राथमिक क्रियाओं में संलग्न लोगों का अनुपात अधिक होगा।

मानव विकास की अवधारणा

- मानव विकास (Human Development) की अवधारणा का प्रतिपादन पाकिस्तानी अर्थशास्त्री डॉ. महबूब उल-हक के द्वारा किया गया था।
- **डॉ. महबूब उल-हक** ने मानव विकास का वर्णन एक ऐसे विकास के रूप में किया, जो लोगों के विकल्पों में वृद्धि करता है और जीवन में सुधार लाता है।
- महबूब-उल-हक ने वर्ष 1990 में मानव विकास सूचकांक निर्मित किया। वर्ष 1990 से संयुक्त राष्ट्र विकास कार्यक्रम ने वार्षिक मानव विकास प्रतिवेदन प्रकाशित करने के लिए मानव विकास की संकल्पना का प्रयोग किया।
- इस अवधारणा के सभी प्रकार के विकास का केंद्र बिंदु मनुष्य है। विकास का मूल उद्देश्य ऐसी दशाओं को उत्पन्न करना है, जिनमें लोग सार्थक जीवन व्यतीत कर सकते हैं।
- केवल दीर्घ जीवन सार्थक नहीं होता, बल्कि उद्देश्यपूर्ण जीवन का होना आवश्यक होता है अर्थात् इसका अर्थ है कि लोग स्वस्थ हों, अपने विवेक और बुद्धि का विकास कर सकते हों, वे समाज में प्रतिभागी हों तथा अपने उद्देश्यों को पूरा करने में स्वतंत्र हों।
- दीर्घ एवं स्वस्थ जीवन जीना, ज्ञान प्राप्त कर पाना तथा एक शिष्ट जीवन जीने के पर्याप्त साधनों का होना मानव विकास का सर्वाधिक महत्त्वपूर्ण पक्ष है, अत: संसाधनों तक पहुँचने के लिए स्वास्थ्य एवं शिक्षा मानव विकास के केंद्र बिंदु हैं।
- लोगों के विकल्पों में वृद्धि करने के लिए स्वास्थ्य, शिक्षा और संसाधनों तक पहुँच में उनकी क्षमताओं का निर्माण करना महत्त्वपूर्ण है, क्योंकि यदि इन क्षेत्रों में लोगों की क्षमता नहीं है, तो विकल्प भी सीमित हो जाते हैं; उदाहरणस्वरूप-एक अशिक्षित बच्चा डॉक्टर बनने का विकल्प नहीं चुन सकता, क्योंकि उसका विकल्प शिक्षा के अभाव में सीमित होता है।
- इसी प्रकार निर्धन लोग भी बीमारी के लिए चिकित्सा उपचार नहीं चुन सकते हैं, क्योंकि संसाधनों के अभाव में उनका विकल्प सीमित हो जाता है।

वृद्धि और विकास

- वृद्धि और विकास दोनों समय के संदर्भ में परिवर्तन को केंद्रित करते हैं। वृद्धि मात्रात्मक और मूल्य निरपेक्ष होती है और इसका चिह्न धनात्मक तथा ऋणात्मक हो सकता है। इसमें होने वाले परिवर्तन धनात्मकता तथा ऋणात्मकता को इंगित करते हैं।
- विकास का अर्थ गुणात्मक परिवर्तन से है, जो मूल्य के सापेक्ष होता है। विकास के सन्दर्भ में वृद्धि सकारात्मक होती है अथवा विकास उस समय होता है जब गुणवत्ता में सकारात्मक परिवर्तन होता है।

मानव विकास के चार स्तंभ

मानव विकास का विचार समता, सतत् पोषणीयता, उत्पादकता और सशक्तीकरण की संकल्पनाओं पर आश्रित है, जिनका विवरण इस प्रकार है

समता

- समता (Equality) का आशय प्रत्येक व्यक्ति को उपलब्ध अवसरों की समान व्यवस्था करना होता है।
- इसके अंतर्गत लोगों को उपलब्ध अवसर लिंग, प्रजाति, आय और भारत के संदर्भ में जाति के भेदभाव के विचार के बिना समान होना चाहिए।

- यह लगभग प्रत्येक समाज में घटित होता है, उदाहरणस्वरूप भारत में स्त्रियाँ और सामाजिक एवं आर्थिक रूप से पिछड़े हुए वर्गों के व्यक्ति बड़ी संख्या में विद्यालय से वंचित पाए जाते हैं।
- इससे ज्ञात होता है कि शिक्षा तक पहुँच न होना, किस प्रकार इन वर्गों के विकल्पों को सीमित करता है।

सतत् पोषणीयता

- मानव विकास के लिए आवश्यक है कि प्रत्येक पीढ़ी को समान अवसर मिलें। सतत् पोषणीयता (Sustainability) में समस्त पर्यावरणीय वित्तीय एवं मानव संसाधनों का उपयोग भविष्य को ध्यान में रखकर करना चाहिए। किसी एक का भी दुरुपयोग भावी पीढ़ियों हेतु इन संसाधनों हेतु अवसरों को कम करेगा।
- एक समुदाय यदि अपनी बालिकाओं को विद्यालय में भेजने पर बल नहीं देता है, तो युवा होने पर इन स्त्रियों के लिए अवसर समाप्त हो जाएँगे तथा उनकी वृत्तिका के विकल्पों में तीव्रता से छँटनी हो जाएगी और यह उनके जीवन के अन्य पक्षों को भी प्रभावित करेगा। अतः प्रत्येक पीढ़ी को अपनी भावी पीढ़ियों के लिए अवसरों और विकल्पों की उपलब्धता को सुनिश्चित करना चाहिए।

उत्पादकता

- उत्पादकता (Productivity) का अर्थ मानव श्रम उत्पादकता अथवा मानव के संदर्भ कार्य में उत्पादकता से है। लोगों में क्षमताओं का निर्माण करके ऐसी उत्पादकता में निरंतर वृद्धि की जानी चाहिए।
- अंततः जनसमुदाय ही राष्ट्रों का वास्तविक धन होता है। इस प्रकार उनके ज्ञान को बढ़ाने के प्रयास द्वारा अथवा उन्हें बेहतर चिकित्सा सुविधाओं को उपलब्ध कराकर उनकी कार्यक्षमता को बढ़ाया जा सकता है।

सशक्तीकरण

- सशक्तीकरण (Empowerment) का अर्थ है, अपने विकल्प चुनने के लिए शक्ति प्राप्त करना। ऐसी शक्ति बढ़ती हुई स्वतंत्रता और क्षमता से आती है।
- लोगों को सशक्त करने के लिए सुशासन एवं लोक उन्मुखी नीतियों की आवश्यकता होती है। सामाजिक एवं आर्थिक दृष्टि से पिछड़े हुए समूहों के लिए सशक्तीकरण का विशेष महत्त्व है।

मानव विकास के उपागम

मानव विकास के कुछ महत्त्वपूर्ण उपागम निम्न हैं

- **आय उपागम** (Income Approach) यह मानव विकास के सबसे पुराने उपागमों में से एक है, इसमें मानव विकास को आय के साथ जोड़कर देखा जाता है। यह माना जाता है कि आय का स्तर किसी व्यक्ति द्वारा भोगी जा रही स्वतंत्रता के स्तर को परिलक्षित करता है। आय का स्तर ऊँचा होने पर मानव विकास का स्तर भी ऊँचा होगा।
- **कल्याण उपागम** (Welfare Approach) यह उपागम मानव को लाभार्थी अथवा सभी विकासात्मक गतिविधियों के लक्ष्य के रूप में देखता है। यह उपागम शिक्षा, स्वास्थ्य, सामाजिक सुरक्षा और सुख-सुविधाओं पर उच्चतर सरकारी व्यय का तर्क देता है। लोग विकास में प्रतिभागी नहीं हैं, किंतु वे केवल प्राप्तकर्ता हैं। सरकार कल्याण पर अधिकतम व्यय करके मानव विकास के स्तरों में वृद्धि करने के लिए उत्तरदायी होती है।
- **आधारभूत आवश्यकता उपागम** (Basic Needs Approach) इस उपागम को मूल रूप से अंतर्राष्ट्रीय श्रम संगठन ने प्रस्तावित किया था। इसमें छः न्यूनतम आवश्यकताओं; जैसे-स्वास्थ्य, शिक्षा, भोजन, जलापूर्ति, स्वच्छता और आवास की पहचान की गई थी। इसमें मानव विकल्पों के प्रश्नों की उपेक्षा की गई और परिभाषित वर्गों की मूलभूत आवश्यकताओं की व्यवस्था पर बल दिया गया।
- **क्षमता उपागम** (Capability Approach) इस उपागम का संबंध प्रो. अमर्त्य सेन से है। शिक्षित वर्ग के लोगों की संसाधनों तक पहुँच प्रभावी रूप में होती है। संसाधनों तक पहुँच के क्षेत्रों में मानव क्षमताओं का निर्माण बढ़ते मानव विकास की कुँजी है। संसाधनों तक पहुँच को क्रय शक्ति (अमेरिकी डॉलर में) के संदर्भ में मापा जाता है।

भूटान

- भूटान विश्व में अकेला ऐसा देश है, जिसने सकल राष्ट्रीय प्रसन्नता (Gross National Happiness-GNH) को देश की प्रगति का आधिकारिक माप घोषित किया है।
- भूटानियों ने अपने पर्यावरण अथवा सांस्कृतिक एवं आध्यात्मिक जीवन के अन्य पहलुओं को भौतिक प्रगति और प्रौद्योगिकी विकास से होने वाली संभावित हानि को सतर्कतापूर्वक ध्यान में रखकर अपनाया है। इसका सामान्य अर्थ है कि प्रसन्नता की कीमत पर भौतिक प्रगति नहीं की जा सकती है।
- सकल राष्ट्रीय प्रसन्नता हमें विकास के आध्यात्मिक, भौतिक और गुणात्मक पक्षों को सोचने के लिए प्रोत्साहित करती है।

मानव विकास का मापन

- मानव विकास सूचकांक (HDI) स्वास्थ्य, शिक्षा और संसाधनों तक पहुँच जैसे प्रमुख क्षेत्रों में निष्पादन के आधार पर देशों को रैंक प्रदान करता है।
- यह रैंक 0 से 1 के बीच के स्कोर पर आधारित होती है, जो देशों द्वारा मानव विकास के महत्त्वपूर्ण सूचकों में अपने प्रदर्शन से प्राप्त होती है।
- मानव विकास में स्वास्थ्य का मूल्यांकन करने के लिए इसका सूचक जन्म के समय जीवन प्रत्याशा है। उच्च जीवन-प्रत्याशा का अर्थ लोगों के पास दीर्घ और स्वस्थ जीवन जीने का अवसर ज्यादा होना।
- प्रौढ़ साक्षरता दर और सकल नामांकन अनुपात ज्ञान तक पहुँच को प्रदर्शित करती है। पढ़-लिखने वाले व्यस्कों की संख्या और विद्यालयों में नामांकित बच्चों की संख्या दर्शाती है कि किसी देश विशेष में ज्ञान तक पहुँच कितनी आसान अथवा कठिन है।
- संसाधनों तक पहुँच को क्रय शक्ति के संदर्भ में मापा जाता है। इनमें से प्रत्येक आयाम को 1/3 भारिता दी जाती है। इसलिए मानव विकास सूचकांक में दिए गए सभी आयामों के भार के योग को सम्मिलित किया जाता है।
- मानव विकास सूचकांक मानव विकास में प्राप्तियों का मापन करता है। इससे यह पता चलता है कि मानव विकास के प्रमुख क्षेत्रों में क्या उपलब्धि हुई है।
- मानव गरीबी सूचकांक मानव विकास सूचकांक से संबंधित है। यह सूचकांक मानव विकास में कमी को मापता है।
- यह एक बिना आय वाला माप है। किसी प्रदेश के मानव विकास में कमी दर्शाने के लिए 40 वर्ष की आयु तक जीवित न रह पाने की संभाव्यता, प्रौढ़ निरक्षरता दर, स्वच्छ जल तक पहुँच न रखने वाले लोगों की संख्या और अल्पभार वाले छोटे बच्चों की संख्या इसमें सम्मिलित है।

अंतर्राष्ट्रीय तुलनाएँ

- मानव विकास की अंतर्राष्ट्रीय तुलनाएँ रुचिकर हैं। प्रदेश के आकार और प्रतिव्यक्ति आय (Per-Capita Income) का मानव विकास से प्रत्यक्ष संबंध नहीं होता है।
- प्राय: मानव विकास में बड़े देशों की अपेक्षा छोटे देशों का कार्य बेहतर रहा है। इसी प्रकार मानव विकास में अपेक्षाकृत निर्धन राष्ट्रों का कोटि क्रम धनी पड़ोसियों से ऊँचा रहा है; उदाहरणस्वरूप-श्रीलंका, ट्रिनिडाड और टोबैगो का मानव विकास सूचकांक भारत से ऊँचा है।
- इसी प्रकार, प्रतिव्यक्ति कम आय होने के बावजूद मानव विकास में केरल का प्रदर्शन पंजाब और गुजरात से बेहतर है।
- मानव विकास स्कोर के आधार पर देशों को चार समूहों में वर्गीकृत किया जा सकता है

मानव विकास का स्तर	मानव विकास सूचकांक का स्कोर
अति उच्च	0.800 से ऊपर
उच्च	0.701 से 0.799 के बीच
मध्यम	0.550 से 0.700 के बीच
निम्न	0.549 से नीचे

मानव विकास के संबंध में देशों का विवरण

- उच्चतर मानव विकास वाले देश वे हैं, जहाँ सामाजिक खंड में अधिक निवेश हुआ है। लोगों और सुशासन में उच्चतर निवेश हुआ है, जो ऐसे देश को अन्य देशों से पृथक् करता है।
- उच्च मानव विकास स्कोर वाले देश यूरोप में अवस्थित हैं और वे औद्योगिक पश्चिमी विश्व का प्रतिनिधित्व करते हैं। वर्तमान में गैर-यूरोपीय देश भी इसमें शामिल हो रहे हैं।
- मध्यम स्कोर या स्तर वाले अधिकांश देशों का विकास द्वितीय विश्व युद्ध की अवधि के बाद हुआ है।
- ऐसे देश लोक उन्मुखी नीतियों को अपनाकर तथा सामाजिक भेदभाव को दूर करके तेजी से अपने मानव विकास स्कोर में सुधार कर रहे हैं।
- निम्न स्तरों वाले देशों में अधिकांश छोटे देश हैं, जो राजनीतिक उपद्रव गृहयुद्ध के रूप में सामाजिक अस्थिरता, अकाल अथवा बीमारियों की अधिक घटनाओं की समस्याओं का सामना कर रहे हैं। इन देशों में मानव विकास समस्या समाधान की नितांत आवश्यकता है।
- मानव विकास के संबंध में सामाजिक सेक्टर पर सरकारी व्यय के प्रतिरूप को देखना या जानना महत्त्वपूर्ण पक्ष है। देश का राजनीतिक परिवेश तथा लोगों को उपलब्ध स्वतंत्रता भी महत्त्वपूर्ण है।
- मानव विकास के उच्च स्तर वाले देश सामाजिक क्षेत्र में अधिक निवेश करते हैं और राजनैतिक उपद्रव और अस्थिरता से प्राय: स्वतंत्र होते हैं, साथ ही इन देशों में संसाधनों का वितरण भी अपेक्षाकृत समान पाया जाता है।
- इसके विपरीत निम्न स्तरों वाले देश सामाजिक क्षेत्रों की बजाय प्रतिरक्षा पर अधिक व्यय करते हैं।
- इससे स्पष्ट होता है कि राजनीतिक अस्थिरता वाले देश अभी भी त्वरित आर्थिक विकास प्रारंभ नहीं कर पाए हैं।

मानव अधिवास एवं जनजाति

- मानव बस्ती (Human Settlement) का अध्ययन मानव भूगोल का मूल है, क्योंकि किसी भी क्षेत्र में बस्तियों का रूप उस क्षेत्र के वातावरण से मानव का संबंध दर्शाता है। वह स्थान, जो स्थायी रूप से बसा हुआ होता है, उसे मानव बस्ती या मानव अधिवास कहते हैं।
- मकानों का स्वरूप परिवर्तित किया जा सकता है, उनके कार्य परिवर्तित हो सकते हैं, परंतु बस्तियाँ समय एवं स्थान के साथ निरंतर बसती रहेंगी। ये अस्थायी भी हो सकती हैं, जिनमें मानव का बसाव किसी ऋतु के लिए हो।
- इस प्रकार धरातल पर मानव द्वारा निर्मित एवं विकसित आवासों के संगठित समूह को अधिवास कहा जाता है, जो मानव निवास के लिए उपयोगी होता है।

बस्तियों का वर्गीकरण-ग्रामीण, नगरीय द्विभाजन

- ग्रामों एवं नगरों/शहरों में आधारभूत अंतर यह होता है कि नगरों के निवासियों का मुख्य व्यवसाय द्वितीयक एवं तृतीयक गतिविधियों से संबंधित होता है।
- इसके विपरीत ग्रामों में रहने वाले निवासियों का मुख्य व्यवसाय प्राथमिक गतिविधियों; जैसे-कृषि, मछली पकड़ना, लकड़ी काटना, खनन कार्य, पशुपालन इत्यादि से संबंधित होता है।
- इसके अतिरिक्त ग्रामीण एवं नगरीय जनसंख्या में उनके द्वारा संपन्न कार्यों के आधार पर विभेदीकरण (Differentiation) अधिक अर्थपूर्ण है, क्योंकि ग्रामीण एवं नगरीय बस्तियों द्वारा किए गए कार्यों के पदानुक्रम में समरूपता नहीं पाई जाती है।
- संयुक्त राज्य अमेरिका में पेट्रोल पंप को पदानुक्रम में निम्न श्रेणी का कार्य समझा जाता है, जबकि भारत में यह नगरीय कार्य के अंतर्गत आता है।
- इसके अतिरिक्त देश के अंदर ही कार्यों का स्तर प्रादेशिक अर्थव्यवस्था के अनुसार अलग-अलग होता है, जो सुविधाएँ विकसित देशों के ग्रामों में पाई जाती हैं, ऐसी सुविधाएँ विकासशील एवं अल्प विकसित देशों के ग्रामों में दुर्लभ होती हैं।

उप-नगरीकरण

- उप-नगरीकरण (Sub-Urbanisation) एक नवीन प्रवृत्ति है, जिसमें मनुष्य शहर के घने बसे क्षेत्रों से हटकर रहन-सहन की अच्छी गुणवत्ता की खोज में शहर के बाहर स्वच्छ एवं खुले क्षेत्रों में जा रहे हैं।
- बड़े शहरों के समीप ऐसे महत्त्वपूर्ण उपनगर विकसित हो जाते हैं, जहाँ से प्रतिदिन हजारों व्यक्ति अपने घरों से कार्य स्थलों पर आते-जाते हैं।
- भारत में नगरीय बस्ती को इस प्रकार परिभाषित किया है ''सभी स्थान जहाँ नगरपालिका, निगम, छावनी बोर्ड (कैंटोनमेंट बोर्ड) या अधिसूचित नगरीय क्षेत्र समिति (नोटीफाइड टाउन एरिया कमेटी) हों एवं कम-से-कम 5000 व्यक्ति वहाँ निवास करते हों, 75% पुरुष श्रमिक गैर कृषि कार्यों में संलग्न हों व जनसंख्या का घनत्व 400 व्यक्ति प्रति वर्ग किमी हो, ऐसे स्थान या क्षेत्र को नगरीय बस्ती कहते हैं।''

बस्तियों के प्रकार एवं प्रतिरूप

बस्तियों का वर्गीकरण उनकी आकृति एवं प्रतिरूपों के आधार पर किया जाता है। आकृति के आधार पर बस्तियों को निम्न प्रकारों में वर्गीकृत किया जा सकता है

- **संहत बस्ती** (Compact Settlements) ये वे बस्तियाँ होती हैं, जिनमें मकान एक-दूसरे के समीप बनाए जाते हैं। ऐसी बस्तियों का विकास नदी घाटियों के सहारे उपजाऊ मैदानों में होता है। यहाँ रहने वाला समुदाय मिलकर रहता है एवं उनके व्यवसाय भी समान होते हैं।
- **प्रकीर्ण बस्ती** (Dispersed Settlements) इन बस्तियों में घर दूर-दूर होते हैं तथा प्रायः खेतों के द्वारा एक-दूसरे से अलग होते हैं। ऐसी बस्तियों में एक सांस्कृतिक आकृति, जैसे पूजा स्थल अथवा बाजार बस्तियों को एक साथ बाँधकर रखता है।
- **नियोजित बस्तियाँ** (Planned Settlements) सरकार द्वारा बसाई गई बस्तियों को नियोजित बस्तियाँ कहते हैं। ग्रामवासियों द्वारा स्वतः जिन बस्तियों की स्थिति का चयन नहीं किया जाता है, वहाँ सरकार अधिग्रहीत की गई ऐसी भूमि पर निवासियों को सभी प्रकार की सुविधाएँ; जैसे- आवास, पानी तथा अन्य अवसंरचना आदि उपलब्ध कराकर बस्तियों को विकसित करती है।

ग्रामीण बस्ती

- ग्रामीण बस्ती (Rural Settlements) प्रत्यक्ष रूप से भूमि से निकटतम संबंध रखती हैं।
- यहाँ के निवासी अधिकतर प्राथमिक गतिविधियों में लगे होते हैं; जैसे- कृषि, पशुपालन, मछली पकड़ना आदि। बस्तियों का आकार अपेक्षाकृत छोटा होता है, किंतु यहाँ के लोगों में आपसी निकट संबंध पाए जाते हैं।

ग्रामीण बस्तियों को प्रभावित करने वाले कारक

ग्रामीण बस्तियों को प्रभावित करने वाले कारक निम्नलिखित हैं

- **जल आपूर्ति** ग्रामीण बस्तियाँ साधारणतः जल स्रोतों या जलराशियों के समीप ही अवस्थित होती हैं, जिससे कि जल की सुलभता ग्रामीण लोगों को आसानी से हो सके। जल की उपलब्धता से ग्रामीण बस्तियों में पीने का पानी, खाना बनाने, वस्त्र धोने, कृषि कार्य करने, भूमि की सिंचाई के लिए जल उपलब्ध हो सके।
- **भूमि** ग्रामीण बस्तियों के लिए भूमि एक अन्य महत्त्वपूर्ण कारक है, क्योंकि मनुष्य बसने के लिए साधारणतः उपजाऊ भूमि का ही चुनाव करता है।
- **उच्च भूमि के क्षेत्र** मानव अपने अधिवास के लिए उच्च भूमि के क्षेत्रों का चुनाव करता है, क्योंकि यहाँ पर बाढ़ से सुरक्षा होती थी।
- **गृह निर्माण सामग्री** मानव बस्तियों के विकसित होने में गृह निर्माण सामग्री की उपलब्धता भी एक बड़ा कारक होती है।
- **सुरक्षा** राजनीतिक अस्थिरता, युद्ध या पड़ोसी समूहों के उपद्रवी होने की स्थिति में गाँवों को सुरक्षात्मक पहाड़ियों एवं द्वीपों पर बसाया जाता था।

ग्रामीण बस्तियों के प्रतिरूप

- ग्रामीण बस्तियों का प्रतिरूप यह दर्शाता है कि मकानों की स्थिति किस प्रकार एक-दूसरे से संबंधित है। गाँव की आकृति एवं प्रसार को प्रभावित करने वाले कारकों में गाँव की स्थिति, समीपवर्ती स्थलाकृति एवं क्षेत्र का भू-भाग प्रमुख स्थान रखते हैं।
- ग्रामीण बस्तियों का वर्गीकरण अनेक मापदंडों के आधार पर किया जा सकता है
  - **विन्यास के आधार पर** (On the Basis of Setting) इसके मुख्य प्रकार क्रमशः मैदानी ग्राम, पठारी ग्राम, तटीय ग्राम, वन ग्राम एवं मरुस्थलीय ग्राम हैं।
  - **कार्य के आधार पर** (On the Basis of Functions) इसके अंतर्गत कृषि ग्राम, मछुआरों के ग्राम, लकड़हारों के ग्राम, पशुपालक ग्राम आदि आते हैं।
  - **बस्तियों की आकृति के आधार पर** (On the Basis Forms or Shapes of Settlements) इसमें अनेक प्रकार की ज्यामितिक आकृतियाँ हो सकती हैं; जैसे-रेखीय, आयताकार, वृत्ताकार, तारे के आकार की, टी के आकार की, चौक पट्टी, दोहरे ग्राम आदि। नदी पर पुल या फेरी के दोनों ओर ऐसी बस्तियों का विस्तार पाया जाता है।

प्रमुख ग्रामीण प्रतिरूप

प्रमुख ग्रामीण प्रतिरूप निम्नलिखित हैं

- **रैखिक प्रतिरूप** (Linear Pattern) इस प्रकार के प्रतिरूप में बस्तियों के मकान, सड़कों, रेल लाइनों, नदियों, नहरों, घाटी के किनारे अथवा तटबंधों पर स्थित होते हैं।
- **आयताकार प्रतिरूप** (Rectangular Pattern) ग्रामीण बस्तियों का यह प्रतिरूप समतल क्षेत्रों अथवा चौड़ी अंतराल पर्वतीय घाटियों में पाया जाता है। इसमें सड़कें आयताकार होती हैं तथा एक-दूसरे को समकोण पर काटती हैं।
- **वृत्ताकार प्रतिरूप** (Circular Pattern) इस प्रकार के गाँव झीलों व तालाबों आदि क्षेत्रों में चारों ओर बस्ती बस जाने से विकसित होते हैं। इसे कभी-कभी इस योजना के अंतर्गत बसाया जाता है कि उसका मध्य भाग खुला रहे, जिसमें पशुओं को रखा जाए, ताकि वे जंगली जानवरों से सुरक्षित रहें।
- **तारे के आकार का प्रतिरूप** (Star like Pattern) जहाँ अनेक मार्ग आकर एक स्थान पर मिलते हैं और उन मार्गों के सहारे मकान बन जाते हैं, वहाँ तारे के आकार की बस्तियाँ होती हैं।
- **'टी' आकार** (T-Shaped), **'वाई' आकार** (Y-Shaped) तथा **'क्रॉस' आकार** (Cross Shaped) टी के आकार की बस्तियाँ सड़क के तिराहे पर विकसित होती हैं।
- वाई आकार की बस्तियाँ उन क्षेत्रों में पाई जाती हैं, जहाँ पर दो मार्ग आकर तीसरे मार्ग से मिलते हैं। क्रॉस आकार की बस्तियाँ चौराहों पर प्रारंभ होती हैं, जहाँ चौराहे से चारों दिशा में बसाव आरंभ हो जाता है।

ग्रामीण बस्तियों की समस्याएँ

- विकासशील देशों में ग्रामीण बस्तियों की संख्या अधिक है एवं इनका आधारभूत ढाँचा भी अविकसित होता है। विकासशील देशों की ग्रामीण बस्तियों में जल की उचित व्यवस्था नहीं होती है, जिससे जल-जनित बीमारियों के फैलने की आशंका बनी रहती है।
- ग्रामीण बस्तियों में शौचघर एवं कूड़ा-कचरा निस्तारण की सुविधाएँ नगण्य रहती हैं, जिससे इन क्षेत्रों में स्वास्थ्य संबंधी समस्याएँ रहती हैं। कच्ची सड़क एवं आधुनिक संचार के साधनों की कमी भी यहाँ की प्रमुख समस्या है, जिसके कारण इन क्षेत्रों का संपर्क बरसात के दिनों में आसपास से कट जाता है, जिससे आपातकालीन सेवाएँ को पहुँचाने में कठिनाई होती है।

नगरीय बस्तियाँ

- नगरीय बस्तियों (Urban Settlements) का विकास एक नवीन प्रक्रिया है, जो समय के साथ बढ़ती रहती है। लंदन नगर की प्रथम नगरीय बस्ती को 1810 ई. में बसाया गया था, जिसकी जनसंख्या लगभग 10 लाख थी।

- वर्ष 1982 में विश्व में 10 लाख से अधिक जनसंख्या वाले लगभग 175 नगर थे। 1800 ई. में विश्व की केवल 3% जनसंख्या नगरीय बस्तियों में निवास करती थी। वर्ष 2017 में विश्व की 54% जनसंख्या नगरीय पाई गई। वर्ष 2020 में विश्व की 56.2% जनसंख्या नगरों में निवास करती थी।

विश्व में नगरीय जनसंख्या का प्रतिशत

वर्ष	प्रतिशत (%)	वर्ष	प्रतिशत (%)
1800	3	1982	37
1850	6	2001	48
1900	14	2017	54
1950	30	2020	56.2

महाद्वीपीय नगरीकृत जनसंख्या का विवरण

महाद्वीप/उपमहाद्वीप	नगरीकरण % में	महाद्वीप/उपमहाद्वीप	नगरीकरण % में
1. यूरोप	74.5	(iv) द.-पूर्वी एशिया	48.9
2. लैटिन अमेरिका	80.7	(v) पश्चिमी एशिया	71.6
3. ओशीनिया	68.2	5. अफ्रीका	42.5
4. एशिया	49.9	6. उत्तरी-अमेरिका	82.2
(i) पूर्वी एशिया	62.9	7. ऑस्ट्रेलिया	86.0
(ii) मध्य एशिया	48.2	8. विश्व	55.3
(iii) द. मध्य एशिया	36.2		

नगरीय बस्तियों का वर्गीकरण

नगरीय क्षेत्रों की परिभाषा प्रत्येक देश में भिन्न-भिन्न पाई जाती है। वर्गीकरण का सामान्य आधार जनसंख्या का आकार, मनुष्यों द्वारा किया जाने वाला व्यवसाय एवं प्रशासकीय ढाँचा है।

जनसंख्या का आकार

- विश्व के अधिकांश देशों ने नगरीय क्षेत्रों को परिभाषित करने के लिए इसी मापदंड को अपनाया है। नगरीय क्षेत्र की श्रेणी में आने के लिए जनसंख्या के आकार की निचली सीमा कोलंबिया में 1500, अर्जेंटाइना एवं पुर्तगाल में 2000, संयुक्त राज्य अमेरिका एवं थाइलैंड में 2500, भारत में 5000 एवं जापान में 30,000 व्यक्ति हैं।
- भारत में जनसंख्या के अतिरिक्त जनसंख्या घनत्व भी 400 व्यक्ति प्रतिवर्ग किमी होना चाहिए एवं साथ-ही-साथ गैर कृषि कार्य में लगी जनसंख्या को भी ध्यान में रखा जाता है।
- विश्व के विभिन्न देशों में जनसंख्या घनत्व अधिक या कम होने की स्थिति में घनत्व वाला मापदंड उसी के अनुरूप बढ़ा या घटा दिया जाता है। डेनमार्क, स्वीडन एवं फिनलैंड में 250 व्यक्तियों वाले सभी क्षेत्र, नगरीय क्षेत्र कहलाते हैं।
- **आइसलैंड** में नगर होने के लिए न्यूनतम जनसंख्या 300 व्यक्ति होनी चाहिए, वहीं **कनाडा** एवं **वेनेजुएला** में यह संख्या 1000 व्यक्ति है।

व्यावसायिक संरचना

- जनसंख्या के आकार के अतिरिक्त भारत सहित कुछ देशों में आर्थिक गतिविधियों को भी नगरीय बस्तियाँ निर्दिष्ट करने के लिए मापदंड माना जाता है।
- इटली में उस बस्ती को नगरीय कहा जाता है, जिसका आर्थिक रूप से उत्पादक जनसंख्या का 50% गैर कृषि कार्यों में संलग्न हो। भारत में यह मापदंड 75% रखा गया है।

प्रशासन

- विश्व के कुछ देशों में प्रशासनिक ढाँचे को नगरीय बस्ती के लिए मापदंड माना जाता है; उदाहरणस्वरूप-भारत में किसी भी आकार की बस्तियों को नगर के रूप में वर्गीकृत किया जाता है, यदि वहाँ नगरपालिका, छावनी बोर्ड या अधिसूचित नगरीय क्षेत्र समिति हैं।
- भारत की भाँति अमेरिका के देश, ब्राजील एवं बोलीविया में जनसंख्या के आकार का ध्यान नहीं रखते हुए किसी भी प्रशासकीय केंद्र को नगरीय केंद्र माना जाता है।

स्थिति

- नगरीय केंद्रों की स्थिति उनके द्वारा संपन्न कार्यों के आधार पर देखी जाती है; उदाहरणस्वरूप-किसी अवकाश सैरगाह की स्थिति के लिए जो आवश्यक बातें होनी चाहिए, वे औद्योगिक नगर, सेना नगर या एक समुद्री पत्तन नगर के लिए आवश्यक स्थितियों से भिन्न होती हैं।
- सामरिक नगरों की स्थिति ऐसे स्थान पर हो, जहाँ इन्हें प्राकृतिक सुरक्षा मिले। खनिज नगरों के लिए क्षेत्र में आर्थिक दृष्टिकोण से उपयोगी खनिजों का पाया जाना आवश्यक है तथा औद्योगिक नगरों के लिए स्थानीय शक्ति के साधन एवं कच्चा माल आवश्यक होता है।
- पर्यटन केंद्र के लिए आकर्षक दृश्य या समुद्र तट, औषधीय जल वाला झरना या कोई ऐतिहासिक अवशेष एवं पत्तन के लिए पोताश्रय का होना आवश्यक होता है। प्राचीन नगरीय बस्तियों की स्थिति, जल, गृह निर्माण सामग्री एवं उपजाऊ भूमि उपलब्धता पर निर्भर करती थी।
- वर्तमान समय में भी उपरोक्त कारकों का महत्त्व कम नहीं हुआ है, फिर भी आधुनिक प्रौद्योगिकी के कारण ऐसी श्रेणी में भी नगरीय बस्तियाँ विकसित हो रही हैं, जहाँ उपरोक्त सुविधाएँ उपलब्ध नहीं होती हैं।

नगरीय क्षेत्रों के कार्य

- नगरीय क्षेत्रों के कार्य (Functions of Urban Centres) विविधता से पूर्ण होते हैं। नगरों में प्रशासन, वाणिज्य, उद्योग रक्षा तथा धार्मिक कार्यों को बढ़ावा दिया गया, जिससे इनके अनुरूप नगरों का विकास हुआ है। हम शहरों को उनके प्रमुख कार्यों से ही जानते हैं; जैसे-शैफील्ड का औद्योगिक नगर, लंदन का पत्तन नगर, चंडीगढ़ का प्रशासकीय नगर आदि।
- बड़े नगरों में विभिन्न प्रकार के कार्य होते हैं तथा नए कार्य विकसित होते रहते हैं; **उदाहरणस्वरूप**-इंग्लैंड के 19वीं शताब्दी के मछली पकड़ने वाले पत्तनों ने अब पर्यटन को विकसित कर लिया है और अनेक प्राचीन बाजार नगर, अब विनिर्माण के लिए जाने जाते हैं।

नगरों एवं शहरों का वर्गीकरण

नगरों एवं शहरों का वर्गीकरण निम्न प्रकार से किया जा सकता है

- **प्रशासनिक नगर** (Administrative Towns) राष्ट्र की राजधानियाँ, जहाँ पर केंद्रीय सरकार के प्रशासनिक कार्यालय होते हैं, उनको प्रशासनिक नगर कहा जाता है। नई दिल्ली, केनबेरा, बीजिंग, अदीस अबाबा, वाशिंगटन डी. सी. एवं लंदन आदि प्रमुख प्रशासनिक नगर हैं। राज्यों में भी ऐसे नगर हो सकते हैं, जिनका कार्य प्रशासनिक हो; जैसे-विक्टोरिया (ब्रिटिश-कोलंबिया), अलबैनी (न्यूयार्क), चेन्नई (तमिलनाडु) आदि।

- **व्यापारिक एवं व्यावसायिक नगर** (Trading and Commercial Towns) वाणिज्य तथा व्यापार के केंद्र के नगरों को 'व्यापारिक एवं व्यावसायिक नगर' कहा जाता है। कृषि बाजार कस्बे; जैसे-विनिपेग एवं कंसास नगर, बैंकिंग एवं वित्तीय कार्य करने वाले नगर; जैसे-फ्रैंकफर्ट एवं एमस्टर्डम, विशाल अंतर्देशीय केंद्र; जैसे-मैनचेस्टर एवं सेंट लूइस एवं परिवहन के केंद्र; जैसे- लाहौर, बगदाद एवं आगरा प्रमुख व्यापारिक केंद्र रहेहैं।
- **सांस्कृतिक नगर** (Cultural Towns) येरूसलम, मक्का, जगन्नाथ पुरी एवं बनारस आदि सांस्कृतिक नगर हैं। धार्मिक दृष्टिकोण से इनका बहुत महत्त्व है। इसके अतिरिक्त जो कार्य नगर करते हैं, उनमें स्वास्थ्य एवं मनोरंजन (मियामी एवं पणजी), औद्योगिक (पिट्सबर्ग एवं जमशेदपुर), खनन (ब्रोकन हिल एवं धनबाद) एवं परिवहन (सिंगापुर एवं मुगलसराय) आदि सम्मिलित होते हैं।

महत्त्वपूर्ण तथ्य

- **नगरीकरण** (Urbanisation) से तात्पर्य, एक देश की नगरीय क्षेत्र में निवास करने वाली जनसंख्या में आनुपातिक वृद्धि से है।
- नगरीकरण का प्रमुख कारण ग्रामों से नगरों की ओर स्थानांतरण है। 1990 के दशक के अंत में 2 से 3 करोड़ मनुष्य प्रतिवर्ष गाँव छोड़कर नगरों और शहरों की ओर रहने के लिए चले जाते थे।
- 19वीं शताब्दी में विकसित देशों में नगरीकरण तेजी से हुआ है।
- 20वीं शताब्दी के उत्तरार्द्ध में विकासशील देशों में नगरीकरण तेजी से हुआ है।

नगरीय बस्तियों के प्रकार

नगरीय बस्तियाँ अपने आकार, उपलब्ध सुविधाओं एवं उनके द्वारा संपन्न किए जाने वाले कार्यों के आधार पर नगर, शहर, मिलियन सिटी, सन्नगर, विश्वनगरी आदि नामों से जानी जाती हैं।

- **नगर** (City) इसकी संकल्पना को ग्राम के संदर्भ में समझा जा सकता है, केवल जनसंख्या का आकार ही मापदंड नहीं होता है। नगरों में कुछ विशेष प्रकार के कार्य; जैसे- निर्माण, खुदरा एवं थोक व्यापार तथा व्यावसायिक सेवाएँ विद्यमान होती हैं।
- **शहर** (Town) यह अग्रणी नगर होता है, जो अपनी स्थानीय व क्षेत्रीय प्रतिस्पर्द्धाओं को पीछे छोड़ देता है। **लेविस ममफोर्ड** के अनुसार, "वास्तव में, शहर उच्च एवं अधिक जटिल प्रकार के सहचारी जीवन का भौतिक रूप है।" शहर, नगरों से बड़े होते हैं एवं इनके आर्थिक कार्य भी अधिक होते हैं। यहाँ पर प्रमुख वित्तीय संस्थान, प्रादेशिक प्रशासकीय कार्यालय एवं यातायात के केंद्र होते हैं, जब इनकी जनसंख्या 10 लाख से अधिक हो जाती है, तब इन्हें **मिलियन सिटी** (Million City) कहा जाता है।
- **सन्नगर** (Conurbation) इस शब्दावली का प्रयोग वर्ष 1915 में **पेट्रिक गिडिज** ने किया था। ये विशाल विकसित नगरीय क्षेत्र होते हैं, जो मूलत: अलग-अलग नगरों या शहरों के आपस में मिल जाने से एक विशाल नगरीय विकास क्षेत्र में परिवर्तित हो जाते हैं। ग्रेटर लंदन, मानचेस्टर, शिकागो एवं टोक्यो प्रमुख सन्नगर हैं, जो विशाल नगरीय क्षेत्रों के रूप में अवस्थित हैं।
- **मिलियन सिटी** जिनकी जनसंख्या 1 मिलियन (10 लाख) या उससे अधिक होती है। उसे मिलियन सिटी कहते हैं। 1800 ई. में लंदन, 1850 ई. में पेरिस, 1860 ई. में न्यूयॉर्क नगर इस श्रेणी में आए। वर्ष 1950 तक विश्व में 80 शहर मिलियन सिटी थे। मिलियन सिटी की संख्या प्रत्येक तीसरे दशक में तीन गुनी हुई है। वर्ष 1975 में इनकी संख्या 160 थी, जो वर्ष 2005 में बढ़कर 438 हो गई। वर्ष 2016 में विश्व में 512 शहरों में कम-से-कम 1 मिलियन निवासी हैं और अनुमानत: वर्ष 2030 तक 662 शहरों में कम-से-कम 1 मिलियन व्यक्ति होंगे।
- **विश्वनगरी** (Megalopolis) यह ग्रीक शब्द मेगालोपोलिस से बना है, जिसका अर्थ है-'विशाल नगर'। इसका प्रयोग वर्ष 1957 में जीन गोटमेन ने किया। यह बड़ा महानगर प्रदेश है, जिसमें सन्नगरों का समूह होता है। विश्वनगरी का सबसे अच्छा उदाहरण संयुक्त राज्य अमेरिका में है, जहाँ उत्तर में बोस्टन से दक्षिण में वाशिंगटन तक का नगरीय भूदृश्य दिखाई देता है।
- **मेगासिटी** (Megacity) यह शब्द उन नगरों के लिए प्रयोग किया जाता है, जिनकी जनसंख्या मुख्य नगर व उपनगरों को मिलाकर 1 करोड़ से अधिक पाई जाती है। मेगासिटी होने का श्रेय सबसे पहले वर्ष 1950 में न्यूयॉर्क ने प्राप्त किया, तब उसकी जनसंख्या 1 करोड़ 25 लाख थी। वर्तमान में (NCERT के अनुसार) 25 मेगासिटी हैं। यूएन रिपोर्ट (2020) के अनुसार वर्तमान में विश्व में कुल 34 मेगासिटी हैं, वहीं सिटी पॉपुलेशन (2020) के अनुसार, इनकी संख्या 37 हो गई। पिछले 50 वर्षों में विकसित देशों की अपेक्षा विकासशील देशों में इनकी संख्या बढ़ी है।

विकासशील देशों में मानव बस्तियों की समस्याएँ

- विकासशील देशों में बस्तियों से संबंधित अनेक प्रकार की समस्याएँ हैं; जैसे- अवहनीय जनसंख्या का केंद्रीयकरण, छोटे आवास एवं गलियाँ, पीने योग्य जल आदि।
- इसके अतिरिक्त इनमें आधारभूत ढाँचा; जैसे- बिजली, गंदे पानी की निकासी, स्वास्थ्य एवं शिक्षा आदि सुविधाओं की भी कमी है।

नगरीय बस्तियों की समस्याएँ

- मनुष्य रोजगार के अवसर एवं नागरिक सुविधाओं के लिए शहरों की ओर जाते हैं, परंतु विकासशील देशों में अधिकांश शहर अनियोजित हैं।
- विकासशील देशों में आधुनिक शहरों में आवासों की कमी, लंबवत् विस्तार (बहुमंजिला मकान) तथा गंदी बस्तियों की वृद्धि आदि प्रमुख विशेषताएँ पाई जाती हैं।
- जनसंख्या का बढ़ता भाग निम्न स्तरीय आवासों; जैसे- गंदी बस्तियों तथा अनधिकृत बस्तियों में रहता है। भारत के अधिकांश मिलियन सिटी की 25% जनसंख्या अवैध बस्तियों में रहती है, वहीं एशिया-पेसिफिक देशों (Asia-Pacific Countries) में नगरीय जनसंख्या का 60% भाग अनधिकृत बस्तियों में रहता है।

आर्थिक समस्याएँ

- विश्व के विकासशील देशों के ग्रामीण व छोटे नगरीय क्षेत्रों में रोजगार के घटते अवसरों के कारण जनसंख्या का शहरों की ओर पलायन हो रहा है।
- यह विशाल प्रवासी जनसंख्या नगरीय क्षेत्रों तथा अकुशल एवं अर्द्धकुशल श्रमिकों की संख्या में अत्यधिक वृद्धि कर देती है, जबकि इन क्षेत्रों में जनसंख्या पहले से ही चरम पर होती है।

सामाजिक-सांस्कृतिक समस्याएँ

- विकासशील देशों के शहर विभिन्न प्रकार की सामाजिक बुराइयों से ग्रस्त हैं।
- अपर्याप्त वित्तीय संसाधनों के कारण बहुसंख्यक निवासियों की आधारभूत सामाजिक ढाँचागत आवश्यकताएँ भी पूरी नहीं हो पाती हैं।

- शिक्षा एवं स्वास्थ्य संबंधी सुविधाएँ गरीब नगरवासियों की पहुँच से बाहर रहती हैं। यहाँ स्वास्थ्य सूचक भी निराशाजनक होते हैं। बेरोजगारी एवं शिक्षा की कमी के कारण अपराध अधिक होते हैं। ग्रामीण क्षेत्रों से स्थानांतरित जनसंख्या में पुरुषों की अधिकता के कारण इन नगरों में जनसंख्या का लिंग अनुपात असंतुलित हो जाता है।

पर्यावरण संबंधी समस्याएँ

- विकासशील देशों में रहने वाली विशाल नगरीय जनसंख्या जल का केवल उपयोग ही नहीं करती है, वरन् जल एवं सभी प्रकार के व्यर्थ पदार्थों का निस्तारण भी करती है। नगरों में पीने योग्य जल की न्यूनतम आवश्यकता की पूर्ति तथा घरेलू और औद्योगिक उपयोग के लिए जल की उपलब्धता सुनिश्चित करना अत्यधिक कठिन होता है।
- घरेलू एवं औद्योगिक कार्यों के लिए परंपरागत ईंधन के व्यापक उपयोग के कारण वायु प्रदूषित हो जाती है। मल निस्तारण व्यवस्था अस्वास्थ्यकर दशाएँ उत्पन्न करती है। घरेलू एवं औद्योगिक अपशिष्ट को सामान्य मल व्यवस्था में बिना किसी शोधन के अनिश्चित स्थानों पर डाल दिया जाता है।
- जनसंख्या को आवास प्रदान करने के लिए विशाल कंकरीट के ढाँचे बनाए जाते हैं, जो नगरों में **उष्म द्वीप** बनाने में सहायक की भूमिका निभाते हैं।

नगरीय बस्तियों के समस्या समाधान संबंधी उपाय

- समान संसाधन एवं मनुष्यों के संचालन के द्वारा शहर, नगर एवं ग्रामीण बस्ती आपस में एक-दूसरे के संपर्क में रहते हैं, इसलिए ग्रामीण-नगरीय संपर्क को व्यवस्थित करना आवश्यक है।
- रोजगार सृजन एवं आर्थिक अवसरों, समस्याग्रस्त ढाँचागत सुविधाओं और सेवाओं पर विशेष ध्यान देना चाहिए। ग्रामीण निर्धनता को दूर करना तथा ग्रामीण बस्तियों में रहन-सहन के स्तर को सुधारना आवश्यक है।
- ग्रामीण तथा नगरीय क्षेत्रों में विभिन्न आर्थिक, सामाजिक एवं पर्यावरणीय आवश्यकताओं को संतुलित करके उनके अनुपूरक योगदान तथा संपर्कों का संपूर्ण लाभ उठाना चाहिए।

मानव प्रजातियाँ

- मानव प्रजाति (Human Race) एक जैविक विचार है, जो वंशानुक्रम के द्वारा शारीरिक लक्षणों में समानता रखता है।
- मानवशास्त्रियों (Anthropologists) ने प्रजातियों का वर्गीकरण मानव की शारीरिक बनावट के विशिष्ट लक्षणों; जैसे- त्वचा का रंग, सिर की लंबाई, जबड़ों का उभार, शरीर का कद, बाल, चेहरे की आकृति, आँखों की बनावट आदि के आधार पर किया है। सामान्यत: प्रजातियों का वर्गीकरण निम्न दो लक्षणों के आधार पर किया जाता है

1. **बाह्य लक्षण** (Outer Characteristic) इसके अंतर्गत त्वचा का रंग, बालों की बनावट, शरीर का कद, आँखों का रंग और उसकी बनावट, होंठों का आकार आदि को शामिल किया जाता है।
2. **आंतरिक लक्षण** (Inner Characteristic) इसमें मुख्य रूप से दो सूचकांकों का सहारा लिया जाता है, जिनका विवरण निम्न है

   (i) **कपाल सूचकांक** (Cranial Index) इस सूचकांक के अंतर्गत मानव सिर को तीन श्रेणियों में बाँटा जाता है, जब सूचकांक 78 से कम होता है, तो इसे लंबा सिर, जब 78 से 82 के बीच होता है, तो मध्य सिर और जब सूचकांक 82 से अधिक होता है, तो उसे चौड़ा सिर कहा जाता है। इसकी गणना इस प्रकार की जाती है

$$\text{कपाल सूचकांक} = \frac{\text{सिर की लंबाई}}{\text{सिर की चौड़ाई}} \times 100$$

   (ii) **नासिका सूचकांक** (Nasal Index) नाक की लंबाई-चौड़ाई का प्रतिशत अनुपात नासिका सूचकांक कहलाता है। यदि सूचकांक 70 से कम होता है, तो पतली नाक, 70 से 85 तक मध्यम नाक और उससे अधिक होने पर चौड़ी नाक होती है।

   इसकी गणना इस प्रकार की जाती है

$$\text{नासिका सूचकांक} = \frac{\text{नाक की लंबाई}}{\text{नाक की चौड़ाई}} \times 100$$

विश्व की मानव प्रजातियों का वर्गीकरण

मानव प्रजातियों के वर्गीकरण का प्रथम प्रयास **लिनियस महोदय** ने 18वीं शताब्दी में किया, अत: विश्व की वृहद् प्रजातियाँ निम्नलिखित हैं

काकेशायड प्रजाति

- काकेशायड (Caucasoid) प्रजाति के लोग श्वेत अर्थात् गौरे वर्ण के होते हैं। इनकी नाक ऊँची तथा पतली, होंठ पतले, कद साधारण से ऊँचा और सिर लंबा होता है। ये यूरोपियन, इंडो-ईरानियन, सोमाइट एवं हेमाइट शाखाओं में बँटे होते हैं।
- यूरोपियन शाखा के भी तीन उपवर्ग क्रमश: नार्डिक, भूमध्य सागरीय, अल्पाइन हैं। इंडो-ईरानियन-भारत, पाक, ईरान में पाए जाते हैं, वहीं सोमाइट और हेमाइट अल्जीरिया, मोरक्को, मिस्र, सोमालिया, जॉर्डन आदि देशों में पाए जाते हैं।

नीग्रोयड प्रजाति

- नीग्रोयड (Negroid) मानव इतिहास की प्रथम प्रजाति है, इसका जन्म स्थान अफ्रीका तथा ओशेनिया माना जाता है। इनका वर्ण काला या भूरे कत्थई रंग का होता है, इनकी दो शाखाएँ क्रमश: अफ्रीकी नीग्रोयड तथा एशिया नीग्रोयड हैं।
- अफ्रीकी नीग्रोयड नाइजीरिया, घाना, आइबरी कोष्ट आदि देशों में पाए जाते हैं, वहीं एशियाई नीग्रोयड के अंतर्गत द्रविड़ तथा ऑस्ट्रेलियाई प्रजातियाँ पाई जाती हैं।

मंगोलॉयड प्रजाति

- मंगोलॉयड (Mongoloid) प्रजाति का मुख्य विस्तार मध्य एवं पूर्वी एशिया के देशों में पाया जाता है। इनका सिर चौड़ा, लघु कापालिक, नाक सपाट, वर्ण पीला तथा भूरे रंग का पाया जाता है।
- इनके बाल लंबे, सीधे, मोटे तथा अल्प होते हैं। यह प्राचीन मंगोलॉयड, आर्कटिक मंगोलॉयड, अमेरिकन इंडियन, इंडियन मलय के उपवर्गों व शाखाओं के रूप में विद्यमान हैं।

जनजातियाँ

- लोगों का ऐसा समूह, जो रूढ़िवादी चरित्र के साथ और उत्पत्ति के समय से ही अपने आदिम स्वरूप में जीता रहा है, उन्हें जनजाति (Tribes) कहा जाता है।
- वर्तमान समय में तथाकथित विकसित समाज से दूर अपनी परंपरागत जीवन पद्धति, वंशानुगत संस्कार, विशिष्ट रीति-रिवाज, प्राथमिक व्यवसाय और सामाजिक विरासत को बनाए रखने वाले ये जनजाति समूह अंटार्कटिका को छोड़कर शेष सभी महाद्वीपों में विद्यमान हैं।

विश्व की प्रमुख जनजातियाँ एवं निवास्य विशेषताएँ

जनजाति	क्षेत्र
कुलामन	दक्षिण मिंडनाओ (फिलीपींस) के मूल निवासी हैं।
कुर्द	ईरान, इराक, अर्मीनिया तथा अजरबैजान में बड़े पठारी क्षेत्रों में रहने वाले एक पशुपालक कृषक।
माओरी	न्यूजीलैंड के मूल निवासी।
युइत	साइबेरिया तथा अलास्का के सेंट लॉरेन्स द्वीप के एस्कीमो लोग।
जुलू	दक्षिण अफ्रीका में नैटाल प्रांत के बांटुभाषी लोग।
जेमी	असम तथा म्यांमार के सीमांत क्षेत्र में रहने वाले लोग।
सैमॉयड	तैमूर प्रायद्वीप, श्वेतसागर और उत्तरी सागर के तट व द्वीपों के किनारे रहने वाले लोग, जो मुख्यतः आखेटक एवं पशुपालक हैं।
शान	दक्षिणी चीन, असम, म्यांमार व थाइलैंड की एक मंगोलाभ प्रजाति।
स्वाहिली	जंजीबार तथा निकटवर्ती तट पर रहने वाले बांटुभाषी लोग।
उइघुर	तारिम बेसिन के नखलिस्तानों (Oasis) में रहने वाले जन समुदाय।
वेद्दा	श्रीलंका के दुबले-पतले व नाटे मूल निवासी।
जिंका	अफ्रीका के केप प्रांत में जुलू लोगों से संबद्ध लोग।
याकूत	उत्तर-पूर्वी साइबेरिया के तुर्की लोग, जो पशुचारण, शिल्प एवं व्यापार में लगे हुए हैं।
माया	मध्य अमेरिका के आदिवासी, जोकि मैक्सिको, ग्वाटेमाला और होंडुरास में पाए जाते हैं।
रेड इंडियन	उत्तरी अमेरिका के मूल निवासी, जो आकार में मंगोलॉयड प्रजाति से संबंधित होते हैं। यह नाम कोलंबस (यूरोपीय) द्वारा दिया गया।
एबोरिजिन्स	ऑस्ट्रेलिया के मूल निवासी।
एटा	फिलीपींस के पर्वतों पर रहने वाले निग्रीटो लोग
आइनू	जापान के (काकेशॉयड) मूल निवासी।
बेजा	नील नदी व लाल सागर के मध्य रहने वाले खानाबदोश चरवाहे।
बोरो	दक्षिण-पूर्वी कोलंबिया तथा ब्राजील के समीपवर्ती क्षेत्र में रहने वाले लोग।
बरयाट्स	मध्य एशिया में रहने वाली जनजाति।
चुकची	साइबेरियाई लोग, जो चुकची प्रायद्वीप में रहते हैं।
दयाक	बोर्नियो में रहने वाला एक वर्ग।
फेल्लाह	मिस्र (नील नदी घाटी) का एक खेतिहर मजदूर वर्ग।
इन्का	दक्षिणी अमेरिका के पेरू देश की जनजाति।
इन्यूट	उत्तरी अमेरिका के एस्किमो।
काफिर	दक्षिण अफ्रीकी घास मैदान के निवासी।
कैमसिन	साइबेरिया के येनीसी नदी के ऊपरी भाग में निवास करने वाले सैमॉयड लोग।
कम्बा	मध्य कीनिया के बांटु लोग।
काराकलपक	अरल सागर के समीप रहने वाली एक तुर्की जनजाति।
काराडकिरगीज	तिएनशान तथा पामीर पठार पर रहने वाले मंगोलों से मिलते-जुलते किरगीज लोग।
कुबु	सुमात्रा की जनजाति।

विश्व की प्रमुख जनजातियों का क्षेत्रीय वितरण

जनजातियाँ	क्षेत्र	जनजातियाँ	क्षेत्र
एस्किमो	कनाडा, ग्रीनलैंड के टुंड्रा	औका	इक्वेडोर
सिगोटाड्स	एशियाई टुंड्रा	माउचो	उरुग्वे एवं अर्जेंटीना
एलेट्स	अलास्का	पापुअन	न्यूगिनी
युगाजिर, ओरतयाक	रूसी टुंड्रा	सेमांग	मलेशिया
खिरगीज	मध्य एशिया के स्टेपी क्षेत्र	यूनान	बोर्निया
हैमाइट्रस	उत्तर-पश्चिमी अफ्रीका	बद्दू	अरब
पिग्मी	जायरे बेसिन	कज्जाक	मध्य एशिया
फूलानी	नाइजीरिया	कालमुख	मध्य एशिया
फेल्लाह	नील नदी घाटी	लाई	म्यांमार
अफरीदी	पाकिस्तान	विंडिबू	ऑस्ट्रेलिया
बोर	दक्षिण अफ्रीका	टपीरो	न्यूगिनी
बुशमैन	कालाहारी	मग्यार	हंगरी
हौसा	नाइजीरियाई		

अतिरिक्त तथ्य

तमिलनाडु बोर्ड एवं NIOS

- **मानव विकास सूचकांक** एक संयुक्त सूचकांक है, जिसमें ज्ञान का मापन प्रौढ़ साक्षरता दर (2/3 की धारिता) और संयुक्त प्राथमिक, द्वितीयक तथा तृतीयक स्तर पर सकल नामांकित दर के अनुपात (1/3 धारिता) से होता है।
- शिष्ट और शालीन जीवन जीने का मापन उस देश के सकल घरेलू उत्पादन तथा प्रति व्यक्ति क्रय शक्ति (अमेरिकी डॉलरों) के संदर्भ में किया जाता है। इसे क्रय शक्ति समरूपता (पी.पी.पी.) कहते हैं।
- मानव विकास की अवधारणा का आधार स्वतंत्रता तथा मुक्त विकास है।
- मानव विकास का उद्देश्य मानवों में उनकी **क्षमता, सामर्थ्य** एवं **मानवीय योग्यताओं** को बढ़ाना है।
- मानव विकास उच्चतम उत्पादकता का एक उत्तम साधन है। एक सुपोषित, स्वस्थ, सुशिक्षित, कुशल व जागरुक श्रमिक शक्ति सर्वाधिक उत्पादक परिसम्पत्ति है। अतः उत्पादकता के आधार पर इस क्षेत्र में किया गया पूँजी निवेश न्याय संगत है।
- मानव विकास का भौतिक पर्यावरण से मैत्रीपूर्ण संबंध है, क्योंकि जब गरीबी घटती है तो जंगलों की कटाई, मरुस्थलीकरण और मृदा अपक्षरण एवं अपरदन में कमी आती है।
- प्रजनन दर, तक निर्दिष्ट भौगोलिक क्षेत्र में प्रति 1000 महिलाओं की अनेक अपेक्षित जीवन काल में जीवित जन्म लेने वाले बच्चों की संख्या को इंगित करती है।
- न्यूनतम प्रजनन दर वाला देश सिंगापुर (.83) है, जबकि उच्चतम प्रजनन दर वाला देश नाइजीरिया (6.49) है।

14

विश्व के महाद्वीप

(स्रोत)

Class-VI खंड-2 अफ्रीका, खंड-3 दक्षिण अमेरिका, खंड-4 ऑस्ट्रेलिया, खंड-5 अंटार्कटिका, Class-VII खंड-3 उत्तर अमेरिका, खंड-4 यूरोप, Class-VIII खंड-3 एशिया

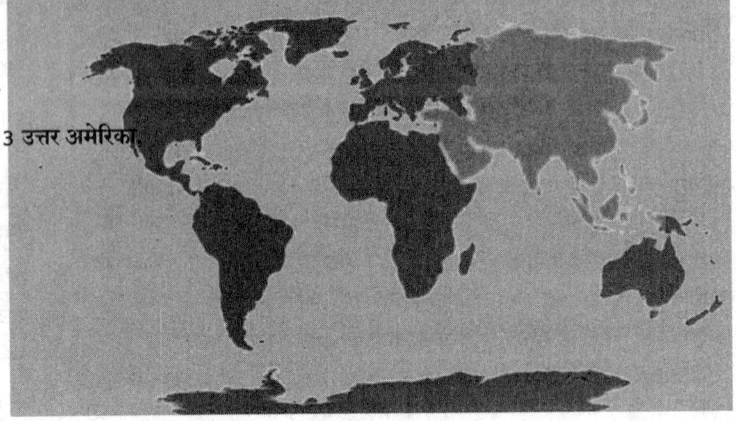

महाद्वीप

- महाद्वीप (Continent) का अर्थ एकीकृत या आपस में जुड़ी हुई भूमि से होता है।
- प्रारंभ में महाद्वीप शब्द का प्रयोग प्रायद्वीपीय क्षेत्रों (Peninsular Regions) या टापुओं (Islands) के लिए किया जाता था।
- वर्तमान में समुद्र तल से ऊपर उठे हुए पृथ्वी के विशाल भूखंडों को **महाद्वीप** कहते हैं।
- विश्व को सात महाद्वीपीय क्षेत्रों में विभाजित किया जाता है; जैसे-एशिया, अफ्रीका, उत्तरी अमेरिका, दक्षिणी अमेरिका, यूरोप महाद्वीप, ऑस्ट्रेलिया एवं अंटार्कटिका आदि। इनका विस्तृत विवरण निम्नलिखित है

एशिया महाद्वीप

- विश्व के कुल भू-भाग का लगभग एक-तिहाई भाग (लगभग 29.9%) एशिया (Asia) महाद्वीप में है।
- इस महाद्वीप का क्षेत्रफल 4.4 करोड़ वर्ग किमी है। क्षेत्रफल तथा जनसंख्या की दृष्टि से एशिया विश्व का सबसे बड़ा महाद्वीप है।
- इसका अक्षांशीय विस्तार 10° दक्षिणी अक्षांश से 80° उत्तरी अक्षांश के बीच स्थित है, किंतु एशिया की मुख्य भूमि का पूरा भाग विषुवत् वृत्त के उत्तर में स्थित है।
- इसका पूर्व-पश्चिम देशांतर क्रमश: 25° पूर्वी देशांतर से 17° पश्चिमी देशांतर तक है।
- यह विस्तार पृथ्वी के लगभग आधे भाग के बराबर है, इस प्रकार इसका अधिकांश भाग पूर्वी गोलार्द्ध (Eastern Hemisphere) में स्थित है, परंतु कुछ भाग पश्चिमी गोलार्द्ध (Western Hemisphere) में भी स्थित है।
- एशिया तीनों ओर से महासागरों से घिरा हुआ है, जिसमें पूर्व में प्रशांत महासागर, दक्षिण में हिंद महासागर तथा उत्तर में आर्कटिक महासागर है।
- एशिया तथा यूरोप के मध्य यूराल पर्वत, कैस्पियन सागर, कॉकेशस पर्वत तथा काला सागर सीमा बनाते हैं, जबकि न्यूगिनी द्वीप एशिया तथा ऑस्ट्रेलिया महाद्वीपों के मध्य की सीमा माना जाता है।
- इस महाद्वीप को विविधता वाला महाद्वीप (Continent of Contrasts) भी कहा जाता है।
- इसका उच्चतम तापमान 54°C इजरायल के तिरात जिवी में जबकि न्यूनतम तापमान -69°C साइबेरिया के वर्खोयांस्क में पाया जाता है।
- एशिया महाद्वीप में द्वीपों के सागर व तटों की लंबाई को छोड़कर इसकी समुद्री तटरेखा की लंबाई 69000 किमी है।
- यहाँ के भू-क्षेत्र का औसत विस्तार उत्तर से दक्षिण में 6400 किमी तथा पूर्व से पश्चिम में 9650 किमी पाया जाता है।

एशिया महाद्वीप के प्रमुख बिंदु

- उत्तरी बिंदु-चिल्युस्किन, अंतरीप (Cape Chelyuskin)-रूस (77°43' N)
- दक्षिणी बिंदु-तांजुंग पिआई (Tanjung Cape Piai)-मलेशिया, (10°14' N)
- पूर्वी बिंदु-डजनेव अंतरीप (Cape Dezhnev)- साइबेरिया (169°40' W)
- पश्चिमी बिंदु-बाबा अंतरीप (Cape Baba)- तुर्किये (26°4' E)

भौतिक लक्षण

एशिया को पाँच प्रमुख भौतिक विभागों में बाँटा गया है, जो निम्न हैं

उत्तरी निम्न भूमियाँ (मैदान)

- उत्तरी निम्न भूमियाँ (The Northern Low lands) पश्चिम में यूराल पर्वत तथा पूर्व में लीना नदी के बीच विस्तृत हैं। इस निम्न भूमि को साइबेरिया का मैदान कहते हैं।
- इसका आधा पश्चिमी भाग समतल तथा अवसादी शैलों से बना हुआ है, जबकि पूर्वी भाग अपरदित पठार द्वारा निर्मित है।
- इस मैदान में ओब, येनिसी और लीना नदियाँ प्रवाहित होती हैं। ये नदियाँ मध्य एशिया की उच्च भूमियों और पर्वतों से निकलकर उत्तर की ओर बहती हैं।
- इन नदियों के निचले मार्गों एवं मुहानों में कई महीनों तक बर्फ जमी रहती है। नदियों के ऊपरी भागों से बहकर आने वाला जल यहाँ रुककर विस्तृत भाग में फैल जाता है और इस भूमि को दलदली बना देता है।
- इस क्षेत्र में संसार की सबसे गहरी झील बैकाल (Lake Baikal) (साइबेरिया) स्थित है। विश्व की झीलों में से 20% मीठा जल बैकाल झील में पाया जाता है।
- एशिया का आंतरिक भू-भाग (Interior Heartland of Asia) स्थलरुद्ध तथा जनसंख्या से विहीन है। पर्वतों तथा मरुस्थलों से घिरा हुआ यह भाग एशिया के अन्य भागों से पृथक् है।

मध्यवर्ती पर्वतमालाएँ

- एशिया की उत्तरी निम्न भूमियों के दक्षिण में मध्यवर्ती पर्वत (Mountain) मालाएँ स्थित हैं। ये पर्वत मालाएँ पामीर के पठार पर आकर मिलती हैं, जो पामीर ग्रंथि (Pamir knot) का निर्माण करती हैं।
- यह पठार **संसार की छत** (Roof of the World) कहलाता है, क्योंकि यह संसार का सबसे ऊँचा पठार है।
- इसके पश्चिम की ओर हिंदूकुश, उत्तर-पूर्व की ओर तिएनशान, पूर्व की ओर कुनलून तथा दक्षिण-पूर्व की ओर काराकोरम व हिमालय पर्वत शृंखलाएँ विस्तृत हैं। हिंदूकुश के पश्चिम से ही पर्वत श्रेणियों के दो समूह होते हैं
  1. **उत्तरी समूह** (Northern Group) यह समूह एलबुर्ज पर्वतों का निर्माण करता है, जो कैस्पियन सागर के दक्षिणी तट के साथ-साथ होकर पश्चिम की ओर विस्तृत है। दक्षिण-पश्चिम की ओर क्रमशः सुलेमान, किरथर तथा जाग्रोस पर्वत श्रेणियाँ हैं।
  2. **दक्षिण समूह** (Southern Group) इस समूह के जाग्रोस पर्वत अरब सागर के साथ-साथ फारस की खाड़ी की ओर चले गए हैं। ये ईरान पठार को चारों ओर से घेरे हुए हैं। ये दोनों पर्वत श्रेणियाँ माउंट अराराट (Mount Ararat) की ग्रंथि पर आकर मिलती हैं। माउंट अराराट से दो पर्वत श्रेणियाँ पश्चिम की ओर चली गई हैं।
- प्राचीन शैलों से निर्मित अनातोलिया का पठार, उत्तर में पांटिक पर्वत तथा दक्षिण में टौरस पर्वत से घिरा हुआ है।
- काराकोरम तथा हिमालय की श्रेणियाँ पामीर ग्रंथि के दक्षिण-पूर्व की ओर विस्तृत हैं।
- इसमें विश्व के सबसे उच्चतम पर्वत शिखर (माउंट एवरेस्ट) तथा के-2 (K-2) (दूसरा उच्चतम शिखर) अवस्थित हैं।
- तिब्बत के पठार के पश्चिम में तिएनशान पर्वतमाला तथा उत्तर-पूर्वी साइबेरिया की पर्वतमालाओं के बीच प्राचीन वलित पर्वत; जैसे-अल्ताई, याब्लोनोय तथा स्टेनोवॉय श्रेणियों की खंडित अर्द्धचंद्राकार पहाड़ियाँ भी स्थित हैं। इनके अतिरिक्त यहाँ तारिम बेसिन तथा गोबी का विशाल ठंडा मरुस्थल भी है।

एशिया के पर्वत

पर्वत/पर्वत श्रेणी	विशेषताएँ
फ्यूजीयामा	जापान का सबसे बड़ा पर्वत (ज्वालामुखी)
स्टालिन	रूस का सबसे ऊँचा पर्वत शिखर
हिमालय	विश्व का सबसे ऊँचा पर्वत
हिंदूकुश पर्वत	यह पामीर गाँठ के पश्चिमी भाग में ईरान के एलबुर्ज पर्वत तक विस्तृत है।
एलबुर्ज पर्वत	यह कैस्पियन सागर के समीप आर्मीनियन गाँठ से संबद्ध है।
मकरान पर्वत	यह ईरान के दक्षिण-पूर्व में स्थित है।
टुडुस श्रेणी	इसमें ताँबा एवं एस्बेस्टस का खनन होता है। माउंट ओलंपस इसका सर्वोच्च शिखर है।

दक्षिणी पठार

- दक्षिणी पठार (Southern Plateaus) मध्यवर्ती पर्वतीय पट्टी के दक्षिण में अवस्थित है। ये एशिया की मुख्य भूमि के दक्षिण की ओर प्रायद्वीपों के बड़े भू-भाग हैं।
- पठार के निम्न तीन पठारों का विवरण इस प्रकार है
  1. **अरब का पठार** यह एशिया महाद्वीप के दक्षिण-पश्चिम भाग में स्थित है। यह एक शुष्क रेतीला मरुस्थल है, जो प्राचीन शैलों से निर्मित है तथा प्राचीन गोंडवानालैंड का भाग है। यह पूर्व में फारस की खाड़ी, पश्चिम में लाल सागर तथा दक्षिण में अरब सागर से घिरा है।
  2. **दक्कन का पठार या भारतीय प्रायद्वीपीय पठार** यह प्राचीन गोंडवानालैंड का भाग है, जो आग्नेय तथा रूपांतरित शैलों से निर्मित है।
  3. **इंडो-चाइना का पठार** यह कंबोडिया, लाओस तथा वियतनाम में विस्तृत है, जो नदियों द्वारा अपरदित हो गया है। इसके अंतर्गत शान का पठार, क्वीचाऊ का पठार तथा यूनान का पठार आदि सम्मिलित हैं।

एशिया के पठार

पठार	तथ्य
अनातोलिया का पठार	तुर्की में अवस्थित, पांटिक तथा टौरस पर्वत के मध्य स्थित
ईरान का पठार	एलबुर्ज तथा हिंदूकुश पर्वत के मध्य स्थित
पामीर का पठार	विश्व में सबसे ऊँचा, संसार की छत
तिब्बत का पठार	कुनलून तथा हिमालय के मध्य स्थित
तारिम बेसिन	पश्चिमी चीन में अवस्थित
मंगोलिया का पठार	गोबी मरुस्थल के उत्तर में अवस्थित
अरब का पठार	अरब प्रायद्वीप में स्थित
दक्कन का पठार	गोंडवानालैंड का हिस्सा, पश्चिमी घाट तथा पूर्वी घाट के मध्य स्थित

नदी घाटियाँ

एशिया में संसार की सबसे अधिक नदी घाटियाँ अवस्थित हैं, इनका संक्षिप्त विवरण निम्नलिखित है

- **दजला-फरात का मैदान** यह इराक में दजला और फरात नदियों के दोआब क्षेत्र में स्थित है। ये दोनों नदियाँ उत्तर में टॉरस पर्वत से निकलकर दक्षिण की ओर फारस की खाड़ी में गिरती हैं। इस नदी घाटी में ही बेबीलोन, असीरियन तथा सुमेरियन की प्राचीन सभ्यताओं का विकास हुआ था।
- **सिंधु-गंगा-ब्रह्मपुत्र का मैदान** यह सुलेमान एवं किरथर श्रेणियों के पूर्व में तथा हिमालय के दक्षिण में अवस्थित है, जो विश्व का सबसे बड़ा जलोढ़ मैदान है।
- **ह्वांगहो का मैदान** यह चीन के उत्तरी भाग में विस्तृत है, जो ह्वांगहो तथा उसकी सहायक नदियों के द्वारा लाए गए अवसादों से निर्मित है।
- **यांगटीसिक्यांग तथा ह्वांगहो का मैदान** यह मध्यवर्ती चीन में विस्तृत है, जो सर्वाधिक घना बसा हुआ क्षेत्र है। वहीं सिक्यांग का मैदान, दक्षिणी चीन में है, जो चावल तथा चाय की खेती के लिए विश्व में प्रसिद्ध है।

एशिया के प्रमुख मैदान

मैदान	अवस्थिति/देश
सिंध का मैदान	पाकिस्तान
गंगा-ब्रह्मपुत्र का मैदान	भारत एवं बांग्लादेश
इरावदी का मैदान	म्यांमार
मीनाम का मैदान	थाइलैंड
मेकांग का मैदान	म्यांमार
ह्वांगहो का मैदान	उत्तरी चीन
यांगटिसिक्यांग का मैदान	मध्यवर्ती चीन
सिक्यांग का मैदान	दक्षिणी चीन

द्वीप समूह

- एशिया के पूर्वी तथा दक्षिण-पूर्वी भाग में अनेक द्वीप (Islands) व द्वीप समूह (Archipelago) स्थित हैं, जो उत्तर से दक्षिण की ओर चापाकार रूपों (Arcs Type) में विस्तृत हैं।
- एशिया के दक्षिण तथा दक्षिण-पूर्वी हिस्से में इंडोनेशिया, फिलीपींस और जापान तीन प्रमुख द्वीप समूह हैं।
- इनमें अधिकांश के मध्यवर्ती भाग पर्वतीय हैं तथा इनके चारों ओर संकीर्ण तटीय मैदान अवस्थित हैं।
- इनका निर्माण टर्शियरी युग में हुआ था अर्थात् ये द्वीप समूह वलित पर्वत के भाग हैं, जो कालांतर में सागर में डूब गए।
- वर्तमान में इन पर्वतों ने द्वीप का रूप ले लिया। इनमें से कुछ द्वीपों पर सक्रिय ज्वालामुखी विद्यमान है। जावा और सुमात्रा को ज्वालामुखी राख ने अत्यधिक उपजाऊ मृदा प्रदान की है।

जलवायु

- एशिया की जलवायु (Climate) विशाल आकार, व्यापक अक्षांशीय विस्तार तथा उच्चावच, वृहत् पर्वतीय अवरोध (पूर्व से पश्चिम) तथा यूरोप के साथ खुली सीमा आदि से प्रभावित होती है।
- शीत ऋतु में एशिया के आंतरिक भाग का तापमान समुद्र तट से दूर होने के कारण हिमांक (Freezing Point) से नीचे चला जाता है।
- मंगोलिया के ऊपर उच्च वायुदाब का क्षेत्र बन जाता है और हवाएँ बाहर की ओर चलती हैं, जिससे यहाँ की जलवायु शुष्क हो जाती है और यहाँ वर्षा नहीं होती है। ग्रीष्म काल में एशिया का अधिकतर भाग अत्यधिक गर्म हो जाता है। अत: इस समय महासागरों से आने वाली आर्द्र वायु से वर्षा होती है।
- एशिया के अक्षांशीय विस्तार, पूर्व-पश्चिम दिशा में पर्वतीय अवरोध तथा यूरोप के साथ खुली सीमा का यहाँ के तापमान तथा वर्षा पर स्पष्ट प्रभाव पड़ता है।
- उत्तर-पूर्व साइबेरिया में वर्खोयांस्क (Verkhoyansk) उत्तरी गोलार्द्ध का सबसे ठंडा स्थान है, जिसका जनवरी का औसत तापमान -45°C पाया जाता है।
- भारत के मेघालय राज्य का मॉसिनराम (पूर्वी खासी पहाड़ियों का गाँव) विश्व में सर्वाधिक (1200 सेमी से अधिक) वर्षा वाला स्थान है। इसके विपरीत एशिया में लाल सागर से मंगोलिया तक विस्तृत क्षेत्र में वर्षा की मात्रा 10 सेमी से भी कम है।

जलवायु के आधार पर एशिया का विभाजन

जलवायु के आधार पर एशिया को तीन भागों में बाँटा गया है

1. **मानसून एशिया** (Monsoon Asia) दक्षिण एवं दक्षिण-पूर्व एशिया के देशों की जलवायु मानसूनी प्रकार की है। एशिया की 90% वर्षा ग्रीष्म कालीन मानसूनी वर्षा होती है।
2. **शुष्क एशिया** (Dry Asia) मध्य एशिया, मंगोलिया तथा दक्षिणी-पश्चिम एशिया के कुछ भागों में शुष्क जलवायु पाई जाती है। इन क्षेत्रों में औसत वार्षिक वर्षा 25 सेमी से लेकर 20 सेमी तक होती है। एशिया का सबसे गर्म स्थान जैकोबाबाद (पाकिस्तान) है, जिसका तापमान 58°C दर्ज किया गया है।
3. **शीत एशिया** (Cold Asia) साइबेरिया की जलवायु को इसमें शामिल किया जाता है, जहाँ सबसे ठंडा स्थान **वर्खोयांस्क** अवस्थित है, इसे **पृथ्वी का शीत ध्रुव** (Frigid Zone of the Earth) भी कहा जाता है।

मृदा

- एशिया की मृदा अपने स्थान विशेष की जलवायु तथा प्राकृतिक वनस्पतियों से साम्यता रखती है। अत: उत्तर में टुंड्रा की मिट्टी पाई जाती है, इसके दक्षिण में टैगा की पेटी (Belt of Taiga) है, जिसकी मिट्टी **पॉडजोल** के नाम से जानी जाती है, यह अम्लीय होती है।
- टैगा के दक्षिण में काले रंग की मिट्टी पाई जाती है, जिसमें ह्यूमस की मात्रा अधिक होती है। पर्वतीय ढालों की मिट्टी पतली होती है।
- गर्म, आर्द्र तथा मानसूनी प्रदेशों में पेडल्फर प्रकार की मिट्टी पाई जाती है,जिसमें आयरन ऑक्साइड की मात्रा अधिक होती है, इनका रंग लाल होता है, यह अधिक उपजाऊ होती है।
- ज्वालामुखी प्रदेशों में लावा मिट्टी पाई जाती है। जावा द्वीप की मिट्टी तथा भारत में दक्षिण के पठार की मिट्टी इसका प्रमुख उदाहरण है।

प्राकृतिक वनस्पति एवं वन्यजीव

एशिया की प्राकृतिक वनस्पति (Natural Vegetation) में व्यापक भिन्नता पाई जाती है। यहाँ एक ओर आर्कटिक टुंड्रा (Arctic Tundra) की काई (Mosses) और लिचेन (Lichens) से लेकर दक्षिण-पूर्व एशिया के वर्षा वन पाए जाते हैं।

यहाँ विश्व की लगभग सभी प्रकार की वनस्पतियाँ पाई जाती हैं जिनका वर्णन निम्न है

- **टुंड्रा वन** (Tundra Forest) यहाँ एशिया के उत्तरी तट के साथ-साथ टुंड्रा वनस्पति की पेटी (Tundra Belt) भी है, जहाँ ग्रीष्म ऋतु छोटी और ठंडी होती है, जबकि शीत ऋतु लंबी और ठंडी होती है। टुंड्रा प्रदेश के महत्त्वपूर्ण पशु रेंडियर यहाँ पाए जाते हैं।
- **टैगा वन** (Tega Forest) टुंड्रा प्रदेश के दक्षिण में शंकुधारी वनों की पेटी (Coniferous Forest Belt) है, जिसे टैगा कहते हैं। यहाँ शीत ऋतु अत्यधिक ठंडी तथा ग्रीष्म ऋतु गर्म होती है। यह प्रदेश मुलायम लकड़ी वाले वृक्षों; जैसे- चीड़, फर और स्प्रूस के लिए जाना जाता है, जिनका उपयोग इमारत बनाने, कागज की लुग्दी तथा रेयान बनाने में किया जाता है। यहाँ मुलायम बालों वाले जानवर; जैसे- लोमड़ी, सेंबल तथा मिंक पाए जाते हैं।
- टैगा वन के दक्षिण में शीतोष्ण कटिबंधीय घास के मैदान हैं, जिन्हें स्टेपीज (Steppes) कहा जाता है। यहाँ वार्षिक वर्षा 20 से 40 सेमी के बीच होती है। यहाँ हरी-भरी घास भूमियों का विस्तार पाया जाता है। इसमें घास खाने वाले जानवर; जैसे- बारहसिंगा पाए जाते हैं।
- **मरुस्थलीय वन** (Desert Forest) ये वन दक्षिण-पश्चिम और मध्य एशिया के विशाल भू भाग पर विस्तृत हैं। दक्षिण-पश्चिम में अरब और थार के उष्ण मरुस्थल हैं, जबकि मध्य एशिया में गोबी और तिब्बत के ठंडे मरुस्थल हैं, अत: यहाँ मरुस्थलीय वनस्पति पाई जाती है। इस प्रदेश के प्रमुख पशु ऊँट, गधा, छोटा हिरण तथा ऊँचे पठारी भागों पर याक पाया जाता है।
- **मानसूनी वन** (Monsoon Forest) दक्षिणी, दक्षिणी-पूर्वी तथा पूर्वी एशिया में मानसूनी वन पाए जाते हैं। यहाँ अधिकतर वर्षा ग्रीष्म ऋतु में 62 से 1250 सेमी के मध्य होती है। इन वनों में उपयोगी वृक्ष; जैसे-सागौन, साल, चंदन आदि मिलते हैं, इसमें विशिष्ट पशु हाथी पाया जाता है।
- **शीतोष्ण वन** (Temperate Wood Lands) उत्तर-पूर्वी एशिया में अपेक्षाकृत अधिक ठंडी जलवायु मिलने के कारण शीतोष्ण वन का विस्तार मिलता है। इस क्षेत्र में शंकुधारी तथा पर्णपाती वन अधिक मात्रा में पाए जाते हैं। यहाँ के प्रमुख वृक्ष ओक, चीड़, मैपल इत्यादि हैं।
- **विषुवतीय वर्षा वन** (Equatorial Rain Forest) एशिया के सुदूर दक्षिणी भागों में विषुवत् वृत्त के निकट विषुवतीय वर्षा वन मिलते हैं। इसमें विविध प्रकार के वृक्ष, पौधे तथा झाड़ियाँ मिलती हैं, वहीं लंगूर, बंदर तथा अन्य जीव इन वनों में पाए जाते हैं।

कृषि

- एशिया की कुल भूमि का छठा भाग अर्थात् लगभग 17% भू-भाग खेती के योग्य है, जिस पर परंपरागत से लेकर आधुनिक खेती की जाती है।
- यहाँ सबसे अधिक कृषि योग्य भूमि भारत में (50%) तथा इसके बाद चीन (37%) के पास है। इसके अतिरिक्त तुर्की, ईरान, इंडोनेशिया आदि कृषि प्रधान देश हैं।
- एशिया में कृषि की अनेक प्रचलित विधियाँ पाई जाती हैं, इनका संक्षिप्त विवरण इस प्रकार है
  - **स्थानांतरी कृषि/झूम कृषि** (Shifting Cultivation) यह फसल उगाने का प्राचीन तरीका है, इसमें मिट्टी को खोदना, फसलों को काटने जैसे कार्य साधारण एवं अपरिष्कृत औजारों से किए जाते हैं। इस प्रकार की कृषि मुख्य रूप से जनजातीय व पर्वतीय क्षेत्रों में की जाती है।
  - **सघन कृषि** (Intensive Farming) यह कृषि एशिया में सर्वाधिक प्रचलित है, जो मैदानी क्षेत्रों तथा नदी घाटियों में की जाती है। इसमें श्रम बल की अधिक आवश्यकता होती है। छोटे भूखंड पर, व्यवस्थित रूप से अधिक श्रम बल की सहायता से खेती की जाती है।
  - **विस्तीर्ण कृषि** (Extensive Farming) यह कृषि पश्चिमी साइबेरिया और मध्य एशिया के कुछ क्षेत्रों में की जाती है। इन क्षेत्रों में जनघनत्व अपेक्षाकृत कम होता है, खेतों का आकार बड़ा होता है। अत: कृषि वैज्ञानिक पद्धति से मशीनों द्वारा की जाती है इसलिए उत्पादन अधिक होता है।

प्रमुख फसलें

एशिया में उगाई जाने वाली प्रमुख फसलें निम्नलिखित हैं

- **चावल** इसकी खेती मुख्यत: मानसूनी एशिया तक सीमित पाई जाती है, क्योंकि इसके लिए उष्ण और आर्द्र जलवायु की आवश्यकता होती है। इसके प्रमुख उत्पादक देश क्रमश: भारत, चीन, जापान, बांग्लादेश और दक्षिण-पूर्व एशिया के देश हैं।
- **गेहूँ** इसकी खेती उपोष्ण और शीतोष्ण क्षेत्रों में की जाती है। इसके प्रमुख उत्पादक देश; क्रमश: चीन, उत्तरी भारत, पाकिस्तान, दक्षिण-पश्चिम एशिया के देश, कजाखिस्तान तथा साइबेरिया आदि हैं।
- **मोटा अनाज** ज्वार, बाजरा और रागी को अर्द्ध शुष्क क्षेत्रों में उगाया जाता है वहीं दालों तथा तिलहनों को एशिया के विभिन्न भागों में उगाया जाता है।
- **गन्ना** इसके लिए गर्म और आर्द्र जलवायु, अच्छी जल निकास वाली उपजाऊ मिट्टी की आवश्यकता होती है। ये चीन, भारत, पाकिस्तान, थाइलैंड और इंडोनेशिया की प्रमुख फसले हैं।
- **चाय** उष्ण और आर्द्र जलवायु वाले अच्छे जल निकास वाले ढालों पर उगाई जाती है। इसके प्रमुख उत्पादक देश चीन, भारत, श्रीलंका, जापान तथा इंडोनेशिया हैं।
- **कपास** को शुष्क जलवायु में उगाया जाता है। इसके प्रमुख उत्पादक देश क्रमश: चीन, भारत, पाकिस्तान, मध्य एशिया के देश (कजाकिस्तान, ताजिकिस्तान, तुर्कमेनिस्तान और उज्बेकिस्तान) हैं। पटसन इसको गंगा-ब्रह्मपुत्र डेल्टा के बाढ़ मैदानों की उपजाऊ मिट्टी में उगाया जाता है, इसके वर्धनकाल में उच्च तापमान की आवश्यकता होती है।
- **रबड़** एक व्यापारिक फसल है, जो प्रमुख रूप से मलेशिया, इंडोनेशिया, थाइलैंड, भारत, चीन और श्रीलंका में उगाई जाती है, थाइलैंड में विश्व का सर्वाधिक रबड़ उत्पादन होता है।

खनिज एवं ऊर्जा संसाधन

- एशिया में अनेक प्रकार के खनिज; जैसे- लोहा, मैंगनीज, बॉक्साइट, अभ्रक, टिन, कोयला, खनिज तेल और प्राकृतिक गैस का विशाल भंडार आदि पाए जाते हैं, इनमें से कुछ का संक्षिप्त विवरण इस प्रकार है
  - **लौह अयस्क** रूस, चीन, अजरबैजान और भारत लौह अयस्क के उत्पादन में अग्रणी देश हैं।
  - **अभ्रक और बॉक्साइट** यह मुख्य रूप से भारत में पाया जाता है, वहीं टिन का उत्पादन मलेशिया में होता है।

– **कोयला** इसके भंडार रूस, चीन और भारत में पाए जाते हैं, वहीं रूस, चीन, भारत तथा कोरिया कोयला उत्पादन करने वाले प्रमुख देश हैं। एशिया के 60% कोयले का भंडार रूस में पाया जाता है। विश्व में सर्वाधिक कोयला एशिया महाद्वीप में पाया जाता है।

– **खनिज तेल एवं प्राकृतिक गैस** इसके भंडार दक्षिण, दक्षिण-पश्चिम तथा मध्य एशिया के देशों में पाए जाते हैं। खनन कार्य, एशिया की महत्त्वपूर्ण आर्थिक क्रिया है। विश्व का 60% पेट्रोलियम भी एशिया महाद्वीप में पाया जाता है। कोयला, खनिज तेल तथा प्राकृतिक गैस ऊर्जा के प्रमुख स्रोत हैं।

जनसंख्या

- एशिया में नृजातीय विविधता बहुत अधिक है। यहाँ की दो-तिहाई जनसंख्या मंगोल प्रजाति अथवा पीली नस्ल से संबंधित है। उत्तरी भारत में आर्य तथा दक्षिणी भारत में द्रविड़ लोगों की जनसंख्या अधिक है।
- हिंदी एशिया की दूसरी सर्वाधिक बोली जाने वाली भाषा है। पाकिस्तान की मुख्य भाषा उर्दू है। जनसंख्या तथा क्षेत्रफल की दृष्टि से एशिया विश्व का सबसे बड़ा महाद्वीप है। यहाँ विश्व की 59% से अधिक जनसंख्या निवास करती है, जो सर्वाधिक है। एशिया का औसत जनघनत्व 148 व्यक्ति प्रति वर्ग किमी है।
- साइबेरिया के उत्तरी और पूर्वी भागों, मरुस्थलीय क्षेत्रों तथा मध्य एवं पश्चिमी एशिया की उच्च भूमियों में जनसंख्या का घनत्व (Density of Population) अत्यंत विरल अर्थात् 10 व्यक्ति प्रति वर्ग किमी से भी कम पाया जाता है।
- पश्चिमी और दक्षिण-पूर्व एशिया के बड़े भू-भागों में तथा पूर्वी और दक्षिणी एशिया के कुछ भागों में जनसंख्या का घनत्व मध्यम अर्थात् 10 से 50 व्यक्ति प्रति वर्ग किमी पाया जाता है। दक्षिण तथा पूर्व एशिया में जनघनत्व 50 से 100 व्यक्ति प्रति वर्ग किमी तथा दक्षिण-पूर्व एशिया में 100 व्यक्ति प्रति वर्ग किमी से अधिक जनसंख्या घनत्व है।
- एशिया की 52% जनसंख्या शहरी क्षेत्रों में तथा 48% जनसंख्या ग्रामीण क्षेत्रों में निवास करती है। जापान में 91.78% जनसंख्या शहरी क्षेत्रों में निवास करती है। जापान, विश्व का सर्वाधिक नगरीकृत देश है।
- एशिया के 10 सर्वाधिक नगरीय जनसंख्या वाले शहर इस प्रकार हैं

  1. टोकियो (जापान) 2. जकार्ता (इंडोनेशिया) 3. दिल्ली (भारत)
  4. मुंबई (भारत) 5. सियोल (दक्षिण कोरिया) 6. शंघाई (चीन)
  7. मनीला (फिलीपींस) 8. कराची (पाकिस्तान) 9. बीजिंग (चीन)
  10. ग्वांग्झाऊ (चीन)

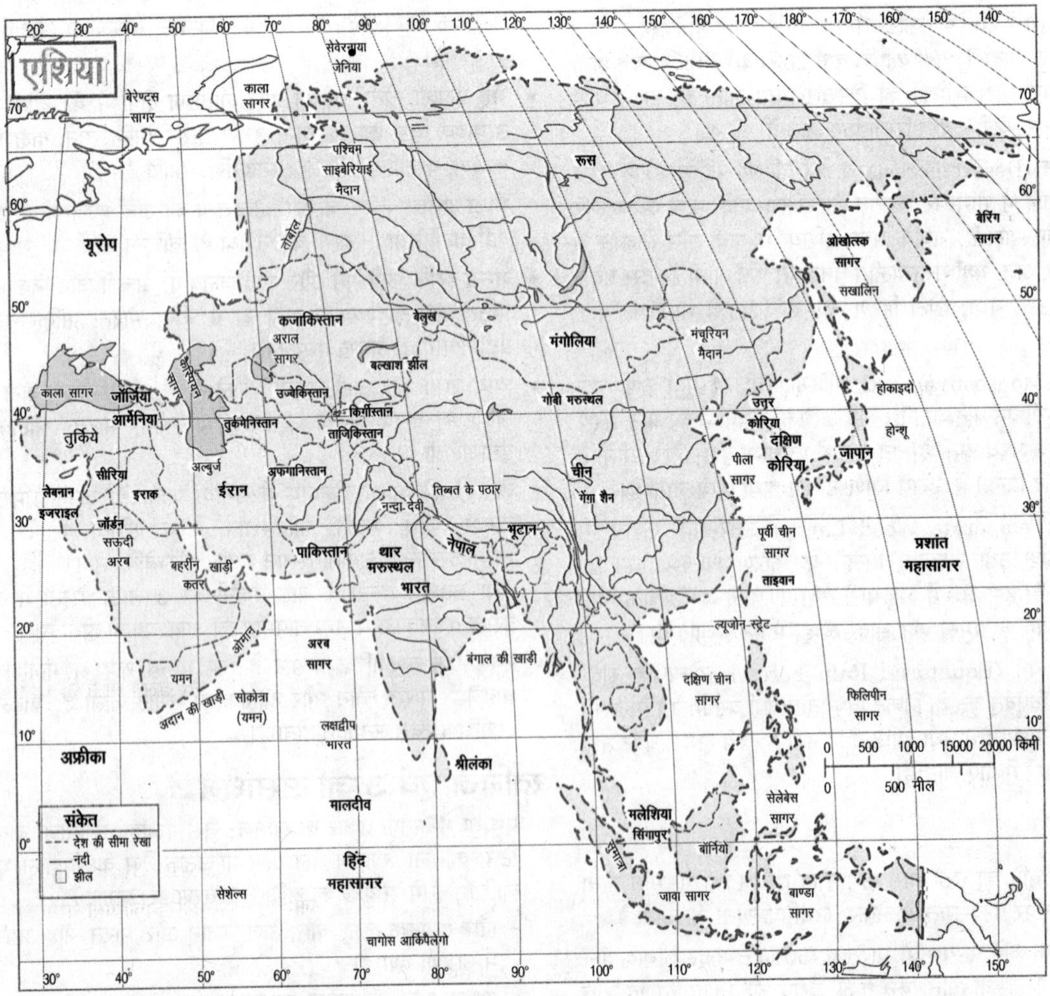

एशिया महाद्वीप

एशिया महाद्वीप के प्रमुख देश

देश	परीक्षा उपयोगी महत्त्वपूर्ण तथ्य
पाकिस्तान	• इसे **नहरों का देश** (Country of Canals) कहा जाता है। इसकी स्वात घाटी को पाकिस्तान का स्वर्ग कहा जाता है। • पाकिस्तान का जैकोबाबाद स्थान विश्व का सर्वाधिक गर्म (58°C) स्थानों में से एक माना जाता है। • देश में चमन (ब्लूचिस्तान), क्वेटा तथा कलात फलों की खेती के लिए प्रसिद्ध है। • यहाँ का साल्टरेंज (Salt Range) सेंधा नमक, जिप्सम व चूना-पत्थर के लिए प्रसिद्ध है। • फैसलाबाद को **पाकिस्तान का मैनचेस्टर** कहा जाता है।
नेपाल	• यह भारत के उत्तर में एक **बफर स्टेट** (Buffer State) के रूप में स्थापित है। यह एक स्थल अवरुद्ध देश है। • संसार का सबसे ऊँचा पर्वत **माउंट एवरेस्ट** (8848 मी) नेपाल में स्थित है, जिसे यहाँ **सागरमाथा** कहा जाता है। • यहाँ की देवीघाट, त्रिशूली तथा कोशी परियोजना भारत सरकार की सहायता से शुरू की गई है। • विराट नगर प्रसिद्ध औद्योगिक नगर है। • सुक्लाफांटा वन्यजीव अभयारण्य नेपाल में अवस्थित है।
भूटान	• यह एक स्थलरुद्ध देश है, जिसे **लैंड ऑफ थंडरबोल्ट** (Land of Thunderbolt) के नाम से जाना जाता है। • भूटान का सबसे ऊँचा पर्वत शिखर **ड्रंगखर पुन्सुम** (कुला काँगड़ी) (7561 मी) है। • यह एकमात्र ऐसा देश है, जो अपने देश के आर्थिक विकास की माप राष्ट्रीय खुशहाली के आधार पर करता है। • भूटान के भोटिया लोग स्वयं को **दुर्कपा** कहते हैं, जिसका अर्थ होता है-सर्प लोक।
म्यांमार	• इसे **स्वर्ण पैगोडा का देश** कहा जाता है। • इसकी सालवीन और इरावदी नदी के दोआब को सुदूर पूर्व का 'चावल का कटोरा' (The Rice Bowl of the World) कहते हैं। • इरावदी नदी म्यांमार की जीवन रेखा है। • मांडले एक ऐतिहासिक नगर है, जो अयारवादी नदी के किनारे है। इसका प्यू शहर विश्व विरासत सूची में शामिल है।
बांग्लादेश	• बांग्लादेश को नदियों का देश कहा जाता है। • कॉक्स बाजार (Coxs Bazar), बांग्लादेश सबसे बड़ी पुलिन है, जिसकी लंबाई 120 किमी है। • बांग्लादेश तीन ओर से भारत की सीमा से घिरा है। त्रिपुरा और बांग्लादेश के बीच की सीमा **जीरो लाइन** (Zero Line) कहलाती है। • विश्व की 50% जूट तथा जूट के सामानों की आपूर्ति बांग्लादेश करता है।
श्रीलंका	• इसे **पूर्व का मोती** तथा **स्वर्ग वाटिका** उपनाम से जाना जाता है। • श्रीलंका की सबसे ऊँची चोटी माउंट **पिथुराथालागला** (2524 मी) है। • महाबेली गंगा श्रीलंका की सबसे लंबी नदी है, जो उत्तर-पूर्व की ओर बहते हुए बंगाल की खाड़ी में गिरती है। इसकी कुल लंबाई 335 किमी है। • यहाँ का कैंदी नगर बौद्ध मंदिर के लिए प्रसिद्ध है। यहाँ एशिया में सबसे अधिक समाचार-पत्रों का वितरण होता है।
इंडोनेशिया	• इंडोनेशिया का सबसे बड़ा द्वीप, **बोर्नियो** है, जिसे इंडोनेशिया भाषा में कालीमंतान कहते हैं। • यहाँ जावा तथा सुमात्रा के मध्य स्थित क्राकातोआ (Krakatoa) विश्व का प्रसिद्ध ज्वालामुखी द्वीप है। • जावा तथा मदुरा द्वीपों को **इंडोनेशिया का हृदय** कहा जाता है। • यह चीन के बाद विश्व में टिन का दूसरा सर्वाधिक उत्पादक देश है।
मलेशिया	• यहाँ रबड़ के बड़े-बागान हैं, जिन्हें **रबर स्टेट** (Rubber State) के नाम से जाना जाता है। यह रबर का शीर्ष उत्पादक देश है। • मलेशिया का सबसे ऊँचा पर्वत शिखर **किनाबलू** (4101 मी) है। • पाहवांग तथा केलांतान यहाँ की प्रमुख नदियाँ हैं। • मलेशिया के सारावाक प्रांत में चीन की भाषा बोलने वाले लोग बड़ी संख्या में रहते हैं। • विश्व के टिन उत्पादन में अग्रणी देशों में मलेशिया प्रमुख है। यहाँ के क्षेत्र क्रमशः सेलांगोर, पेनांग द्वीप एवं जेलुबु घाटी हैं।
चीन	• यह क्षेत्रफल की दृष्टि से चौथा तथा जनसंख्या की दृष्टि से विश्व का सबसे बड़ा देश है। • यहाँ का तकलामकान ठंडा एवं एक निर्जन मरुस्थल है, जो तारिम बेसिन में स्थित है। • चीन की ह्वांगहो नदी को पीली नदी के नाम से जाना जाता है। • चीन के **शंघाई** को **चीन का मैनचेस्टर** कहा जाता है।
जापान	• जापान को जापानी भाषा में निप्पॉन या निहॉन कहा जाता है, जिसका अर्थ होता है- **सूर्योदय का देश** (The Land of the Rising Sun)। • हौंशू द्वीप जापान का सबसे बड़ा द्वीप है, जिस पर जापान का सबसे बड़ा मैदान क्वांटो, जागृत ज्वालामुखी फ्यूजीयामा तथा राजधानी टोक्यो अवस्थित है। जापान के दक्षिण तट पर आने वाले उष्ण कटिबंधीय तूफान को 'टाइफून' कहा जाता है। • नागोया को **जापान का डेट्राइट** एवं **ब्रेडफोर्ड** के नाम से जाना जाता है। • जापान के क्योटो को छोटे कारखानों का नगर तथा **ओसाका** को **जापान का मैनचेस्टर** कहा जाता है।

अफ्रीका महाद्वीप

- अफ्रीका (Africa) विश्व का दूसरा सबसे बड़ा महाद्वीप है। यह विश्व के कुल भू-भाग का 20.3% है। यह एक ऐसा महाद्वीप है, जिससे विषुवत् वृत्त, कर्क वृत्त तथा मकर वृत्त गुजरता है। अफ्रीका महाद्वीप का विस्तार 37°14' उत्तरी और 35°50' दक्षिण अक्षांशों के मध्य है।
- इसका देशांतरीय विस्तार 17°32' पश्चिम तथा 51°24' पूर्व देशांतर के मध्य है। अफ्रीका महाद्वीप का कुल क्षेत्रफल 3.3 करोड़ वर्ग किमी है।
- यह यूरोप से भूमध्य सागर द्वारा तथा एशिया से अरब सागर द्वारा अलग है, वहीं स्वेज जलसंधि द्वारा अफ्रीका का उत्तरी भाग एशिया से जुड़ा हुआ है।
- अफ्रीका, यूरोप तथा एशिया से तीन स्थानों से जुड़ता है
  1. उत्तर-पश्चिम में जिब्राल्टर जलसंधि (Gibraltar Strait)
  2. उत्तर-पूर्व में स्वेज नहर स्थल संधि (Suez Canal)
  3. पूर्व में बाब-अल-मंदेब जलसंधि (Bab al-Mandab Strait)।

भौतिक लक्षण

- अफ्रीका एक विशाल पठार है, जो दक्षिण और पूर्व में अपेक्षाकृत ऊँचा है। अफ्रीका का सबसे उच्च शिखर किलिमंजारो (5895 मी) पूर्वी उच्च भूमि में स्थित है, जो एक ज्वालामुखी पर्वत है।
- अफ्रीका महाद्वीप में स्थित ज्वालामुखी पर्वतों में रुवेन्जोरी पर्वत (युगांडा), कैमरुन पर्वत (कैमरुन), मुचिंगा पर्वत (जॉम्बिया), माउंट एल्गन (केन्या) तथा माउंट केन्या (केन्या) प्रमुख हैं।
- अफ्रीका में दो छोटी पर्वत श्रेणियाँ हैं। इसके उत्तरी पश्चिमी भाग में **एटलस** पर्वत विस्तृत है, वहीं दूसरी पर्वत श्रेणी इस महाद्वीप के दक्षिणी-पूर्वी तट के साथ-साथ है, जिसे ड्रेकेंसबर्ग पर्वत कहते हैं।
- उत्तर मध्य अफ्रीका में तिबेस्ती पठार, अहग्गर पर्वत अथवा पठार और एयर पर्वत/पठार अवस्थित हैं, वहीं पश्चिमी अफ्रीका में अदामावा पर्वत, जोस पठार आदि उच्च भूमियाँ हैं।
- अफ्रीका महाद्वीप का लगभग एक-तिहाई भाग मरुस्थलीय है। अफ्रीका के मरुस्थलीय प्रदेशों को साहेल प्रदेश कहा जाता है। उत्तरी अफ्रीका में अटलांटिक तट से लेकर लाल सागर तक सहारा मरुस्थल है।
- **सहारा** विश्व का सबसे बड़ा गर्म मरुस्थल है। दक्षिण-पश्चिम अफ्रीका में **कालाहारी** तथा **नामीब** मरुस्थल हैं।
- निम्न भूमि प्रदेश, पश्चिमी और उत्तरी भागों में तथा समुद्र तट के साथ-साथ है। अफ्रीका महाद्वीप की निम्न भूमि की सबसे महत्त्वपूर्ण विशेषता महान भूभ्रंश घाटी (Great Rift Valley) है। इसकी लंबाई 4800 किमी है, जो मलावी झील के दक्षिण से उत्तर में लाल सागर, स्वेज की खाड़ी और अकाबा की खाड़ी से होते हुए मृत सागर तक जाती है, इसलिए इसे महान भू-भ्रंश कहते हैं।

अपवाह तंत्र

- **विक्टोरिया झील** (Victoria Lake) अफ्रीका की सबसे बड़ी झील है। नील नदी इसी झील से निकलती है, जो संसार की सबसे लंबी नदी (6650 किमी) है।
- नील नदी विषुवत् वृत्त के निकट के क्षेत्रों से निकलकर सहारा रेगिस्तान से लंबी यात्रा के पश्चात् भूमध्य सागर में गिरती है।
- जायरे (कांगो) अफ्रीका की दूसरी सबसे लंबी नदी है, जो मध्य अफ्रीका में बहती है। इसकी लंबाई 4770 किमी है।
- यह पश्चिमी अफ्रीका के फाउटा जालौन से निकलकर माली, नाइजर तथा नाइजीरिया में प्रवाहित होते हुए दक्षिण अटलांटिक महासागर (गिनी की खाड़ी) में गिरती है।
- अफ्रीका के पश्चिमी भाग में नाइजर तथा दक्षिणी भाग में जांबेजी और ऑरेंज प्रमुख नदियाँ हैं।
- नाइजर नदी, अफ्रीका की तीसरी सबसे बड़ी नदी है। जांबेजी नदी का स्रोत दक्षिण मध्य अफ्रीका है।
- ऑरेंज नदी लेसोथो में स्थित ड्रेकेंसबर्ग पर्वत से निकलती है, यह दक्षिण अफ्रीका की सबसे लंबी नदी है।
- नील और जायरे को छोड़कर अफ्रीका की दूसरी नदियाँ नाव या स्टीमर चलाने योग्य नहीं हैं।
- **जांबेजी नदी** पर स्थित **विक्टोरिया जलप्रपात** (Victoria Waterfall) उत्तरी अमेरिका के प्रसिद्ध न्याग्रा जलप्रपात से भी ऊँचा और चौड़ा है।

जलवायु

- इसका अधिकांश भाग उष्णकटिबंध क्षेत्र में स्थित है। संसार में सबसे उच्च तापमान 58° लीबिया के अल अजीजिया नामक स्थान पर दर्ज किया गया है।
- विषुवत् वृत्त के निकट दोनों ओर फैले क्षेत्रों में उष्ण और आर्द्र जलवायु पाई जाती है, इसे विषुवतीय जलवायु (Equatorial Climate) कहते हैं, यहाँ उष्णकटिबंधीय वर्षा वन पाए जाते हैं।
- वर्षा वनों के उत्तर और दक्षिण में सवाना या सूडान तुल्य जलवायु पाई जाती है, जो बड़े क्षेत्र पर फैली है। सवाना लंबा और चौड़ा घास क्षेत्र है।
- सवाना के उत्तर और दक्षिण में विस्तृत मरुस्थल है। उत्तरी मरुस्थल सहारा और दक्षिणी मरुस्थल को कालाहारी कहते हैं, अतः यहाँ मरुस्थलीय जलवायु (Desert Climate) पाई जाती है।
- अफ्रीका के उत्तरी और दक्षिणी तटीय प्रदेशों में भूमध्य सागरीय जलवायु पाई जाती है। यहाँ वर्षा शीत ऋतु में होती है और ग्रीष्म ऋतु शुष्क रहती है, वहीं अफ्रीका की दक्षिणी और पूर्वी उच्च भूमि की जलवायु शीतल पाई जाती है।

मृदा

- पूर्वी अफ्रीका में ज्वालामुखी के लावे से बनी मिट्टी, नील घाटी की कांप या जलोढ़ मिट्टी तथा सवाना घास के मैदानों की कुछ मिट्टियाँ हैं, जो बहुत उपजाऊ हैं।
- अफ्रीका के अन्य भागों में जलवायु और धरातल अच्छी मिट्टी के निर्माण के लिए उपयुक्त नहीं हैं।

प्राकृतिक वनस्पति

- मध्य अफ्रीका का विस्तृत भू-भाग घने वनों से ढका हुआ है। इनसे कठोर लकड़ी प्राप्त होती है।
- इनमें महोगनी, आबनूस और शाल्मली (कैपॉक) जैसे अनेक प्रकार के मूल्यवान वृक्ष पाए जाते हैं तथा रबड़ का वृक्ष भी अफ्रीका में पाया जाता है।

- अफ्रीका में तीन प्रकार के ताड़ वृक्ष मिलते हैं-नारियल, तेल ताड़ और खजूर।
- नारियल के वृक्ष विषुवत् वृत्त के निकटस्थ द्वीपों जैसे-जंजीबार और पेंबा में तंजानिया के समुद्र तटीय भागों में मिलते हैं।
- पश्चिमी अफ्रीका में तेल ताड़ अधिक मिलता है, जिनसे तेल निकाला जाता है।
- खजूर, मरु उद्यान और शुष्क भागों में उत्पन्न होता है। यह स्थानीय लोगों का एक मुख्य खाद्य पदार्थ है। यहाँ कैको और कोला के वृक्ष से पेय पदार्थ प्राप्त होता है।
- कैको के वृक्ष से कोको प्राप्त होता है, जो विषुवतीय निम्न भूमि प्रदेशों में मिलता है।
- पश्चिमी अफ्रीका के देश जैसे नाइजीरिया और घाना, कैको को बड़ी मात्रा में निर्यात करते हैं। कोला वृक्ष के फल से कोला पेय तैयार किया जाता है। कोला के फलों से चुइंगम (Chewing Gum) भी बनता है।
- उष्ण कटिबंधीय प्रदेशों में केला, अनन्नास, पपीता, कटहल, आम तथा नींबू आदि जातियों के वृक्ष उगाए जाते हैं
- भूमध्य सागरीय जलवायु प्रदेशों (Mediterranean Climate Region) में जैतून, सेब, नाशपाती और अँगूर उत्पन्न होते हैं, अफ्रीका के पूर्वी भागों में काजू होता है, जंजीबार और पेंबा द्वीप संसार में लौंग (Clove) का अधिक उत्पादन करते हैं।

वन्यजीव

- विषुवतीय वन एवं दलदली क्षेत्रों में हाथी, जंगली भैंसें, साँप, अजगर, बंदर, दरियाई घोड़ा (हिप्पो) बारहसिंगा और गैंडा आदि प्रमुख जीव-जंतु पाए जाते हैं।
- विरल वृक्षों वाले वनों और घास के मैदानों में हिरण, जेबरा, जिराफ आदि पाए जाते हैं।
- मरुस्थलों में ऊँट पाए जाते हैं, वहीं शुतुरमुर्ग (Ostrich) कालाहारी मरुस्थल में पाया जाता है। यहाँ बहुत से राष्ट्रीय उद्यान एवं अभयारण्यों का विकास किया गया है।

कृषि एवं पशुपालन

- अफ्रीका का केवल 10% भू-भाग ही कृषि योग्य है। यहाँ खाद्य एवं नगदी दोनों फसलों का उत्पादन होता है।
- खाद्य फसलों में मक्का, मिलेट, चावल, कसावा, शकरकंद, मूँगफली, दालें तथा मोटे अनाज मुख्य रूप से उगाए जाते हैं।
- नकदी फसलों में ताड़ का तेल, मूँगफली, कोको, कहवा, कपास और सिसल महत्त्वपूर्ण हैं।
- सिसल जूट के समान रेशा होता है, जिसका उपयोग रस्सियाँ एवं बोरियाँ बनाने में होता है।
- कपास का उत्पादन नील नदी की घाटी में होता है। विषुवतीय जलवायु वाले देशों में बागवानी कृषि होती है। चाय एवं जैतून उत्पादक देश क्रमशः केन्या एवं ट्यूनीशिया हैं।
- किलिमंजारो के पूर्वी ढालों पर कहवा की खेती होती है। पूर्वी एवं पश्चिमी तटीय क्षेत्रों में नारियल की खेती होती है।
- जंजीबार और पेंबा द्वीपों में लौंग, इलायची और नारियल का उत्पादन तथा अफ्रीका के पूर्वी भाग में काजू का उत्पादन किया जाता है। नाइजीरिया में कोकोआ (Cocoa) एवं गैम्बिया में मूँगफली की कृषि की जाती है।
- सवाना प्रदेश की ऊँची भूमियों पर पशुपालन महत्त्वपूर्ण है। ये उच्च भूमियाँ अफ्रीका के पूर्वी, उत्तरी और पश्चिमी भागों में फैली हैं। यहाँ चलवासी जातियाँ पशुओं के बड़े-बड़े झुंड पालती हैं। इस प्रकार अर्द्ध शुष्क क्षेत्रों एवं सवाना जलवायु के क्षेत्रों में बड़े स्तर पर पशु पालन होता है।

खनिज एवं ऊर्जा संसाधन

- अफ्रीका महाद्वीप बहुमूल्य खनिजों से संपन्न है। सोना, हीरा और प्लेटिनम के उत्पादन में अफ्रीका का प्रथम स्थान है। दक्षिण अफ्रीका की **किम्बरले** (Kimberley) खान विश्व की सबसे प्रसिद्ध व बड़ी सोने की खान है। विश्व का 95% हीरा अफ्रीका से प्राप्त होता है।
- यहाँ कोबाल्ट, मैंगनीज, क्रोमियम, टिन, बॉक्साइट, यूरेनियम और ताँबे का विशाल भंडार है।
- दक्षिण अफ्रीका सोने तथा प्लेटिनम का प्रमुख उत्पादक देश है। दक्षिण अफ्रीका का जोहानसबर्ग **स्वर्ण नगरी** (Golden City) कहलाता है।
- विश्व में सर्वाधिक क्रोमियम दक्षिण अफ्रीका से निकाला जाता है। जायरे तथा दक्षिण अफ्रीका ताँबे, बॉक्साइट और यूरेनियम के मुख्य उत्पादक देश हैं।
- जायरे (कांगो) का कटंगा प्रदेश ताँबे के भंडार हेतु विश्व में प्रसिद्ध है। विश्व का लगभग 50% कोबाल्ट जायरे से प्राप्त किया जाता है। ग्रेफाइट का बड़ा निक्षेप **मेडागास्कर** में है।
- लौह-अयस्क एवं कोयला अफ्रीका महाद्वीप में कम मात्रा में पाया जाता है। लीबिया, नाइजीरिया, मिस्र एवं अल्जीरिया प्रमुख तेल उत्पादक देश हैं। इन क्षेत्रों में कच्चे तेल (Crude Oil) का विशाल भंडार है। **अल्जीरिया,** अफ्रीका का सबसे बड़ा एवं विश्व का एक प्रमुख प्राकृतिक गैस उत्पादक देश है।

उद्योग

- दक्षिण अफ्रीका का वृहत्तम औद्योगिक कॉम्पलेक्स प्रिटोरिया, जोहान्सबर्ग-वर्निन क्षेत्र है, जहाँ लौह इस्पात, धातु निर्माण, मशीनरी तथा वस्त्र एवं रसायन उद्योग अवस्थित हैं। केपटाउन एवं डरबन इसके प्रमुख केंद्र हैं।
- सूती वस्त्रों का उद्योग मुख्य रूप से अलेक्जेंड्रिया, (मिस्र), दक्षिण अफ्रीका के जोहान्सबर्ग, डरबन, ईस्ट लंदन आदि में है तथा इसके अतिरिक्त नाइजीरिया, इथियोपिया तथा तंजानिया में भी विस्तृत है।
- यहाँ सीमेंट उद्योग जोहानिसबर्ग (दक्षिण अफ्रीका), काहिरा (मिस्र) तथा नाइजीरिया में केंद्रित हैं।

परिवहन एवं संचार

- यहाँ परिवहन साधनों का उन्नत विकास नहीं हुआ है। सड़कें एवं रेलमार्ग मुख्य रूप से तटों को जोड़ते हैं। नदियों का प्रयोग स्थानीय यातायात में किया जाता है।
- अफ्रीका महाद्वीप में डरबन, पोर्ट ऑफ रिचर्डवे (केन्या), पोर्ट दर-एस-सलाम (जिबूती) आदि प्रमुख समुद्री पत्तन हैं। इसके अतिरिक्त यहाँ काहिरा, जोहानिसबर्ग, आदिस अबाबा, केपटाउन आदि प्रमुख अंतर्राष्ट्रीय वायु पत्तन हैं, जो विश्व के महत्त्वपूर्ण देशों को आपस में जोड़ते हैं।

जनसंख्या

- वर्ष 2022 के आँकड़ों के अनुसार, अफ्रीका महाद्वीप की जनसंख्या 373 मिलियन है तथा जनसंख्या का घनत्व 44 व्यक्ति प्रति वर्ग किमी है। विश्व की 16% जनसंख्या यहाँ निवास करती है। यहाँ अनेक नृजातीय लोग रहते हैं। यहाँ का सर्वाधिक जनसंख्या वाला देश नाइजीरिया है। वर्ष 1952 में दक्षिण अफ्रीका में यूरोप प्रवासियों ने पहली बस्ती बसाई थी।
- भूमध्य सागर तटीय एवं सहारा मरुस्थल के देशों में सेमिटिक (अरब), बर्बर तथा तुरेंग नृजाति की प्रधानता है।
- तुरेंग लोग मूलतः पशुपालक एवं बर्बर हैं, जो सहारा मरु उद्यानों के कृषक हैं।
- अफ्रीका महाद्वीप के प्रत्येक वर्ग की, भाषा, मूल्य, क्षेत्र, संस्कृति में भिन्नता पाई जाती है; जैसे नाइजीरिया के योरूबा तथा इबो, घाना के अकान तथा आइवरी कोस्ट तट एवं लाइबेरिया के 'क्रू' प्रमुख भाषा वर्ग हैं।
- स्थानीय भाषा के अतिरिक्त यहाँ फ्रांसीसी, इतालवी, अंग्रेजी, अरबी तथा स्वाहिली भाषाएँ बोली जाती हैं।
- स्वाहिली भाषा के बोलने व समझने वालों की संख्या अधिक पाई जाती है।

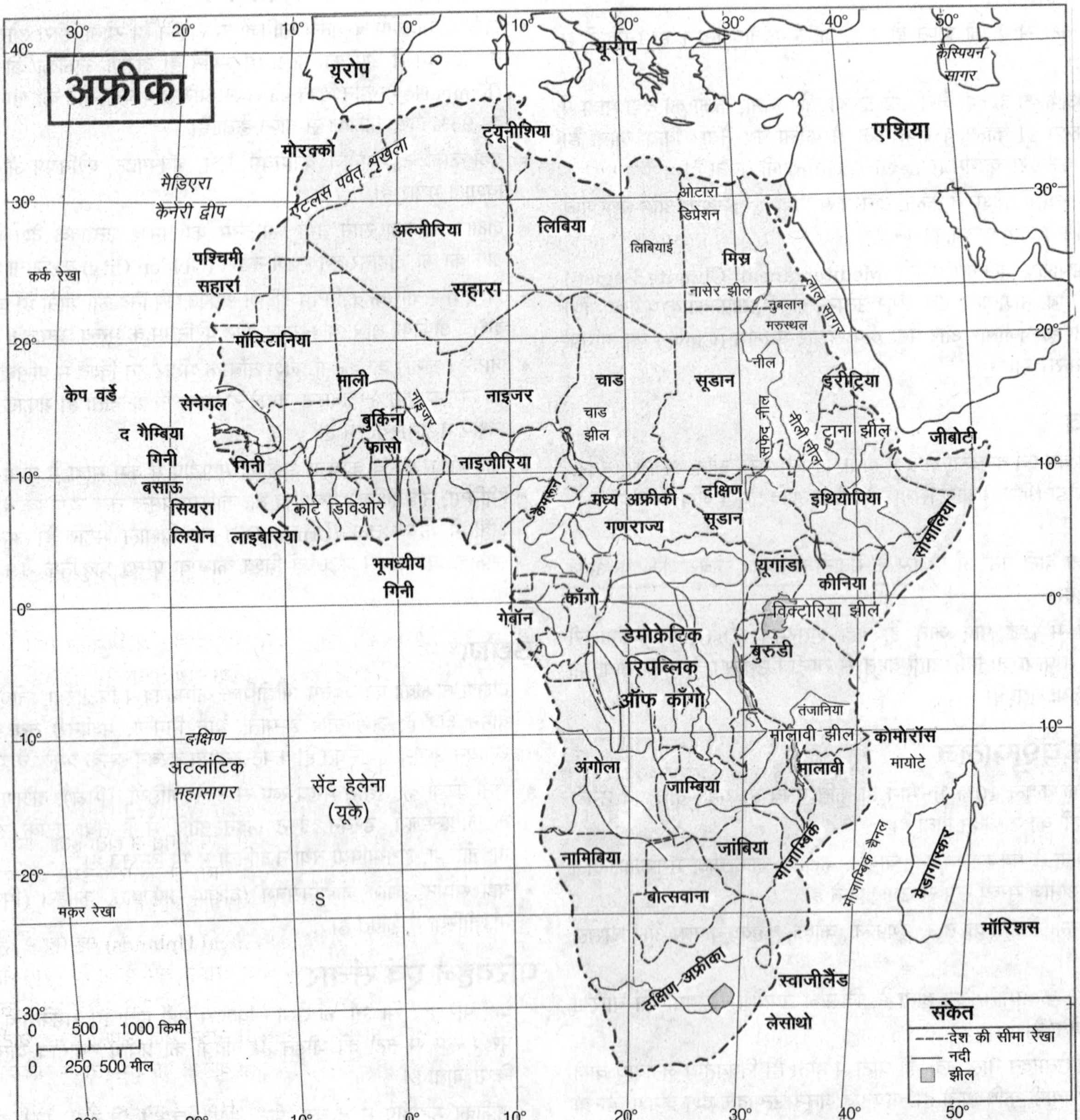

अफ्रीका महाद्वीप

अफ्रीका महाद्वीप के प्रमुख देश

देश	महत्त्वपूर्ण तथ्य
वनों का देश (जायरे)	• कांगो गणतंत्र (जायरे) का नाम जायरे नदी के नाम पर पड़ा है। जायरे नदी विषुवत् रेखा को दो बार काटती है। • वन्य प्राणियों की अधिकता व विविधता के कारण जायरे को 'विशाल चिड़ियाघर' की उपमा दी गई है। • यहाँ के लुबुम्वाशी शहर को ताँबा की राजधानी के नाम से जाना जाता है। • जायरे नदी पर स्थित मताड़ी देश का प्रमुख पत्तन है।
तेल-ताड़ का देश (नाइजीरिया)	• यह निम्न भूमि एवं पठारों का देश है, जो वर्ष 1963 में राष्ट्रमंडल का सदस्य बना। • यहाँ ग्रीष्म ऋतु में गर्म एवं धूल भरी हवाएँ उत्तर पूर्व की ओर से चलती हैं, जिसे 'हरमट्टन' कहा जाता है। • इबादान यहाँ का सबसे बड़ा नगर और व्यापारिक केंद्र है। • लागोस (पुरानी राजधानी) और पोर्ट हार्ट कोर्ट प्रमुख बंदरगाह एवं औद्योगिक नगर हैं।
मिस्र गणतंत्र (इजिप्ट)	• इसे नील नदी का उपहार, 'नदी मरुद्यान' तथा 'सहारा मरुभूमि का उद्यान' कहा जाता है। • यहाँ ग्रीष्म ऋतु में शुष्क और धूल भरी हवाएँ चलती हैं, जिसे **खमसिन** कहते हैं। • यहाँ के किसानों को फैल्लाह कहते हैं। • नील नदी पर निर्मित **ऑस्वान बाँध** सिंचाई व जल विद्युत के लिए महत्त्वपूर्ण है। • यहाँ की प्रमुख नहर स्वेज नहर है, जो लाल सागर को भूमध्य सागर से जोड़ती है, इसके उत्तरी छोर पोर्ट सईद तथा दक्षिणी छोर पर स्वेज नगर स्थित है।
दक्षिण अफ्रीका (सोने और हीरे का देश)	• इसकी प्रशासनिक राजधानी प्रिटोरिया तथा विधायी राजधानी केपटाउन है। • यहाँ की प्रमुख पर्वतमाला ड्रेकेंसबर्ग है, जो वाल एवं ऑरेंज नदियों का उद्‌गम स्थान है। • यहाँ की एक प्रमुख नदी लिंपोपो है, जो मकर रेखा को दो बार काटती है। • यहाँ के घास के मैदान को **वेल्ड** कहा जाता है तथा इस वेल्ड क्षेत्र को **मक्का का त्रिभुज** कहा जाता है। • यहाँ का ट्रांसवाल क्षेत्र स्वर्ण उत्पादन के लिए प्रसिद्ध है, जो जोहान्सबर्ग के निकट है तथा किंबरले क्षेत्र मे विश्व प्रसिद्ध हीरे की खाने हैं।

यूरोप महाद्वीप

- यूरोप का विस्तार 36° से 71°30' उत्तर अक्षांशों के बीच है। इसका देशांतरीय विस्तार 10° पश्चिम से 66° पूर्व देशांतर के मध्य है।
- यूरोप महाद्वीप उपोष्ण कटिबंध में स्थित विश्व का छठा महाद्वीप है, इसका कुल क्षेत्रफल 10,180,000 वर्ग किमी है।
- यूरोप के उत्तर में बैरन सागर (आर्कटिक महासागर) या उत्तरी सागर, दक्षिण में भूमध्य सागर और काला सागर, पश्चिम में अटलांटिक महासागर तथा पूर्व में यूराल पर्वत, काकेशस पर्वत और कैस्पियन सागर हैं।
- यूरोप का अधिकांश भाग प्रायद्वीप तथा द्वीप है, इसकी तटरेखा बहुत ही दंतुरित है।
- यूरोप के उत्तरी भाग में स्कैंडिनेवियन देश स्थित है, जिसमें आइसलैंड, नॉर्वे, स्वीडन और डेनमार्क सम्मिलित हैं। यूरोप के प्रदेशों को विभिन्न नामों से जाना जाता है, जो इस प्रकार हैं
  - **बाल्टिक राज्य** (Baltic States) के अंतर्गत यूरोप के तीन देश एस्तोनिया, लातविया तथा लिथुआनिया आते हैं।
  - **बालकन राज्य** (Balkan States) के अंतर्गत बुल्गारिया, सर्बिया, मांटेनेग्रो, रोमानिया, अल्बानिया, बोस्निया एंड हर्जेगोविना, क्रोएशिया, कोसोवो, नार्थ मेसीडोनिया तथा स्लोवानिया इत्यादि देश आते हैं।
  - इटली और ग्रीस दक्षिणी यूरोप के दो देश हैं, जो प्राचीन सभ्यता के लिए प्रसिद्ध हैं। वैटिकन सिटी एक छोटा-सा स्वतंत्र राज्य है।
  - ब्रिटिश द्वीप समूह में आयरलैंड और ग्रेट ब्रिटेन के मुख्य द्वीप तथा अनेक छोटे-छोटे द्वीप शामिल हैं।
  - ग्रेट ब्रिटेन स्कॉटलैंड, वेल्स और इंग्लैंड से मिलकर बना है। यूनाइटेड किंग्डम के अंतर्गत ग्रेट ब्रिटेन तथा नार्थ आयरलैंड आते हैं।

भौतिक लक्षण

यूरोप के चार भौतिक विभाग हैं, जो निम्न हैं

- **उत्तर पश्चिमी उच्च भूमियाँ** (North Western Uplands) यह फिनलैंड से लेकर स्वीडन, नॉर्वे और ब्रिटिश द्वीप समूह से होता हुआ, आइसलैंड तक फैला है। इस उच्च भूमि के उत्तरी भाग को फेनोस्कैंडियन शील्ड कहते हैं। यहाँ धात्विक खनिज लोहा एवं ताँबा पाए जाते हैं।
- **यूरोप का उत्तरी मैदान** (The Central Uplands) यह पूर्व में यूराल पर्वतों से लेकर पश्चिम में अटलांटिक महासागर तक फैला है। इसमें नौ संचालन योग्य बड़ी नदियाँ बहती हैं, जैसे राइन और सीन, जो क्रमश: उत्तरी सागर और इंग्लिश चैनल में गिरती हैं। राइन नदी अपनी दरार घाटी के लिए प्रसिद्ध है। डेन्यूब, नीपर, डॉन तथा वोल्गा अन्य महत्त्वपूर्ण नदियाँ हैं।
- **मध्यवर्ती उच्च भूमियाँ** (Middle High Lands) इसमें विविध प्रकार के पर्वत, पहाड़ियाँ और पठार शामिल होते हैं। इसमें स्पेन और पुर्तगाल का **मेसेटा पठार**, फ्रांस का मध्यवर्ती **मैसिफ पठार** तथा जूरा पर्वत, जर्मनी का ब्लैक फॉरेस्ट और चेकोस्लोवाकिया की कम ऊँचाई वाली अनेक पर्वत श्रेणियाँ शामिल हैं। इस प्रदेश से होकर दो प्रमुख नदियाँ बहती हैं, जिसमें **राइन** उत्तर की ओर तथा **डॉन** दक्षिण की ओर बहती है।

- **आल्पस पर्वतमाला** (Alps Mountain) यह एक नवीन पर्वतमाला है, इसका विस्तार पश्चिम में अटलांटिक महासागर से पूर्व में कैस्पियन सागर तक है। माउंट ब्लांक (4807 मी) आल्पस की सबसे ऊँची चोटी है।
- पिरेनीज (फ्रांस-स्पेन सीमा पर), कार्पेथियन (सार्बिया एवं मोंटेनेग्रो) और काकेशस यूरोप की अन्य महत्त्वपूर्ण पर्वत श्रेणियाँ हैं। यूरोप का सबसे ऊँचा पर्वत शिखर एलब्रुस (5633 मी) है, जो काकेशस श्रेणी में है।

यूरोप के प्रमुख पर्वत

पर्वत	देश
स्पेरिन पर्वत	आयरिश गणराज्य
पेनाइन पर्वत	इंग्लैंड
कैंब्रियन पर्वत	इंग्लैंड
पिरेनीज पर्वत	फ्रांस-स्पेन की सीमा पर
जूरा पर्वत	फ्रांस
वासजेस पर्वत	फ्रांस
ब्लैक फॉरेस्ट पर्वत	जर्मनी
बवेरिया आल्पस पर्वत	जर्मनी
हार्ज पर्वत	जर्मनी
यूराल पर्वत	रूस
वर्खोयांस्क	रूस
खिंगशशान	रूस
कार्पेथियन	(सर्बिया/मोंटेनेग्रो)
बाल्कन पर्वत	बुल्गारिया
आल्पस पर्वत	फ्रांस
काकेशस पर्वत	रूस
सियरा नेवादा	स्पेन

यूरोप के मुख्य सागर

नाम	अवस्थिति
भूमध्य सागर	यूरोप और अफ्रीका को अलग करता है
श्वेत सागर	उत्तरी रूस, आर्कटिक महासागर
बाल्टिक सागर	अटलांटिक महासागर
उत्तरी सागर	अटलांटिक महासागर में ब्रिटेन के उत्तर में
आयरिश सागर	अटलांटिक महासागर में ग्रेट ब्रिटेन और आयरलैंड के बीच
एड्रियाटिक सागर	भूमध्यसागर में इटली के उत्तर-पूर्व में
काला सागर	यूरोप और एशिया के बीच
एजोव सागर	यूक्रेन के दक्षिण-पूर्व और काला सागर के उत्तर में

जलवायु

यूरोप में मुख्यतया चार प्रकार के जलवायु प्रदेश हैं, जो निम्न हैं

- **पश्चिमी यूरोप तुल्य जलवायु क्षेत्र** (North Europe Type Climate Region) यह पश्चिमी यूरोप में पाई जाती है। यहाँ पछुआ पवनों तथा समुद्र से निकटता के कारण ग्रीष्म ऋतु कोष्ण तथा शीत ऋतु शीतल होती है।
- **महाद्वीपीय जलवायु क्षेत्र** (Interior Continental Climate) यह जलवायु पूर्वी यूरोप में पाई जाती है, यहाँ वार्षिक तापांतर में अधिक भिन्नता रहती है तथा हल्की वर्षा होती है।
- **भूमध्य सागरीय जलवायु क्षेत्र** (Mediterranean Climate) यह जलवायु दक्षिणी यूरोप में पाई जाती है, जहाँ शीत ऋतु कोष्ण तथा आर्द्र होती है।
- **उपध्रुवीय या टुंड्रा जलवायु क्षेत्र** (Sub Arctic and Tundra Climate Region) यह यूरोप के उत्तरी भाग में पाई जाती है, जो वर्ष के अधिकांश महीने बर्फ से ढके होते हैं।

प्राकृतिक वनस्पति

- आर्कटिक वृत्त के उत्तरी भागों में टुंड्रा वनस्पति पाई जाती है, जिसमें लाइकेन, काई तथा बौने पेड़ उगते हैं।
- टुंड्रा प्रदेश के दक्षिण में टैगा वनों का विस्तार है। ये शंकुधारी वृक्षों (Coniferous Trees) के प्रदेश हैं, जिसमें चीड़, स्प्रूस तथा देवदार के वृक्ष पाए जाते हैं तथा सेबल, मिंक, गिलहरी जैसे जीव मिलते हैं।
- इसके दक्षिण में मिश्रित वनों की पेटी का विस्तार है, जिसमें कुछ शंकुधारी वृक्ष तथा कुछ चौड़ी पत्ती वाले **पर्णपाती वृक्ष** (Deciduous Trees) पाए जाते हैं।
- बांज, एश तथा पोपलर इस प्रदेश के सामान्य वृक्ष हैं।
- यूरोप के दक्षिण-पूर्वी भाग में विस्तृत घास के मैदान हैं, जिन्हें **स्टैप्स (स्टेपी)** (Steppes) कहते हैं।
- यह घासभूमि रोमानिया में डेन्यूब नदी घाटी से लेकर पूर्व में यूक्रेन तक विस्तृत है।
- यूरोप के अधिकतर वन स्कैंडिनेविया आल्पस पर्वतों पर और रूस के टैगा प्रदेश में पाए जाते हैं, इन क्षेत्रों में लकड़ी काटना प्रमुख व्यवसाय है।

मृदा (मिट्टियाँ)

- यूरोप के टैगा के कोणधारी वनों में पॉडजोल मिट्टी (Podzol Soils) पाई जाती है, इस क्षेत्र का विस्तार स्कैंडिनेविया तथा रूस के उत्तरी भागों में है।
- **चेरनोजम मिट्टी** (Chernozem Soils), स्टेपी घास के प्रदेशों में विकसित है, जो यूक्रेन तथा रूस में मिलती है। रेडजिना मिट्टी (Redzina Soils) जो काले रंग की होती है, यह दक्षिणी यूरोप में मिलती है। इटली तथा सर्बिया में टेराशेसा लाल रंग की उष्ण कटिबंधीय मिट्टी मिलती है। नीदरलैंड में समुद्र तट के किनारे पोल्डर भूमि (Polder Land) पाई जाती है, जो तटबंधों/डाइको से घिरा क्षेत्र होता है।

कृषि

- यूरोप के अनेक भागों में एक ही फार्म पर कृषि एवं पशुपालन किया जाता है, जिसे मिश्रित कृषि (Mixed Farming) कहते हैं। यहाँ की प्रमुख फसल गेहूँ है। यूरोप के उत्तरी मैदान, हंगरी के मैदान तथा इटली में पो नदी घाटी गेहूँ के प्रमुख उत्पादक क्षेत्र हैं। जौ, राई तथा जई कम उपजाऊ मिट्टी में उत्पादित किए जाते हैं, जो गेहूँ की पूरक फसलें हैं।
- चुकंदर और आलू कंद वाली दो प्रमुख फसले हैं तथा सेब, जैतून, अंगूर, अंजीर तथा संतरे आदि प्रमुख फल हैं।
- चुकंदर, यूरोप में चीनी का प्रमुख स्रोत है, अत: यूरोपीय देशों में विश्व का 60% चुकंदर उत्पादित होता है। फ्लेक्स (Flax), यूरोप की एकमात्र रेशेदार फसल है, जिससे लिनेन के कपड़े बनाए जाते हैं।
- बेल्जियम तथा बाल्टिक राज्य प्रमुख फ्लेक्स उत्पादक देश हैं, वहीं नीदरलैंड के ट्यूलिप तथा बुल्गारिया के गुलाब विश्व में प्रसिद्ध हैं।

पशुपालन

- यूरोप के कुल भू-भाग के 5वें भाग पर चरागाह है। मांस के लिए यहाँ पशुओं को पाला जाता है। सुअरों को मुख्य रूप से पोर्क या बेकन हेतु पाला जाता है।
- यहाँ अच्छी नस्ल के दुधारू पशु, शुष्क भागों में भेड़ों को ऊन एवं मांस हेतु तथा मुर्गी आदि को पाला जाता है। यूरोप का डेनमार्क डेयरी उद्योग के लिए प्रसिद्ध है।

जल संसाधन

- यूरोप में महासागरों का मछली पकड़ने तथा नौ परिवहन के लिए बड़े पैमाने पर उपयोग होता है। उत्तरी सागर के **डॉगर बैंक** (Doggar Bank) और **ग्रेट फिशर बैंक** (Great Fisher Bank) महत्त्वपूर्ण मत्स्य ग्रहण क्षेत्र हैं।
- यहाँ नदियों तथा नहरों को जोड़कर अंत: स्थलीय जलमार्ग का विकास किया गया है।

खनिज एवं ऊर्जा संसाधन

- कोयला, लौह-अयस्क, पेट्रोलियम तथा प्राकृतिक गैस के अतिरिक्त मैंगनीज, ताँबा, गंधक एवं पोटाश आदि यूरोप के खनिज संसाधन हैं।
- जर्मनी के रूर बेसिन, उत्तरी फ्रांस और बेल्जियम के सार बेसिन में उत्तम कोटि का कोयला मिलता है।
- ग्रेट ब्रिटेन की पेनाइन पर्वत श्रेणी, पोलैंड स्थित साइलेशियन में कोयले का विशाल भंडार है, इसके अतिरिक्त यूक्रेन के डोनेट्ज बेसिन तथा रूस के कुजबास, पिचोरा तथा टंगस बेसिन से कोयला प्राप्त होता है।
- पेट्रोलियम के भंडार उत्तरी सागर, बाकू आदि क्षेत्रों में पाए जाते हैं। पो नदी घाटी, एग्री बेसिन, जर्मनी, फ्रांस तथा रूमानिया से प्राकृतिक गैस प्राप्त होती है।
- दक्षिण फ्रांस, यूगोस्लाविया, हंगरी तथा यूराल में बॉक्साइट मिलता है वहीं फ्रांस, जर्मनी, स्पेन तथा रूस से पोटाश, ताँबा, सीसा, जस्ता, सोना एवं चाँदी आदि को प्राप्त किया जाता है।

उद्योग

- पूर्वी यूरोप के बुल्गारिया, हंगरी और पोलैंड में खाद्य वस्तुओं के संसाधन तथा कृषि आधारित उद्योग का विस्तार है।
- यहाँ ऊन, फ्लैक्स तथा रेशम से कपड़े बनाए जाते हैं। यूरोप में लौह इस्पात उद्योग के प्रमुख केंद्र यूनाइटेड किंगडम, फ्रांस, जर्मनी, यूक्रेन तथा रूस में हैं।

यूरोप के प्रमुख लौह-अयस्क उत्पादक क्षेत्र

- फ्रांस–लॉरेन क्षेत्र
- स्वीडन–किरुना एवं मामबगैट क्षेत्र
- रूस–यूराल क्षेत्र
- स्पेन–बिल्बाव, संताडर व अवीडो क्षेत्र

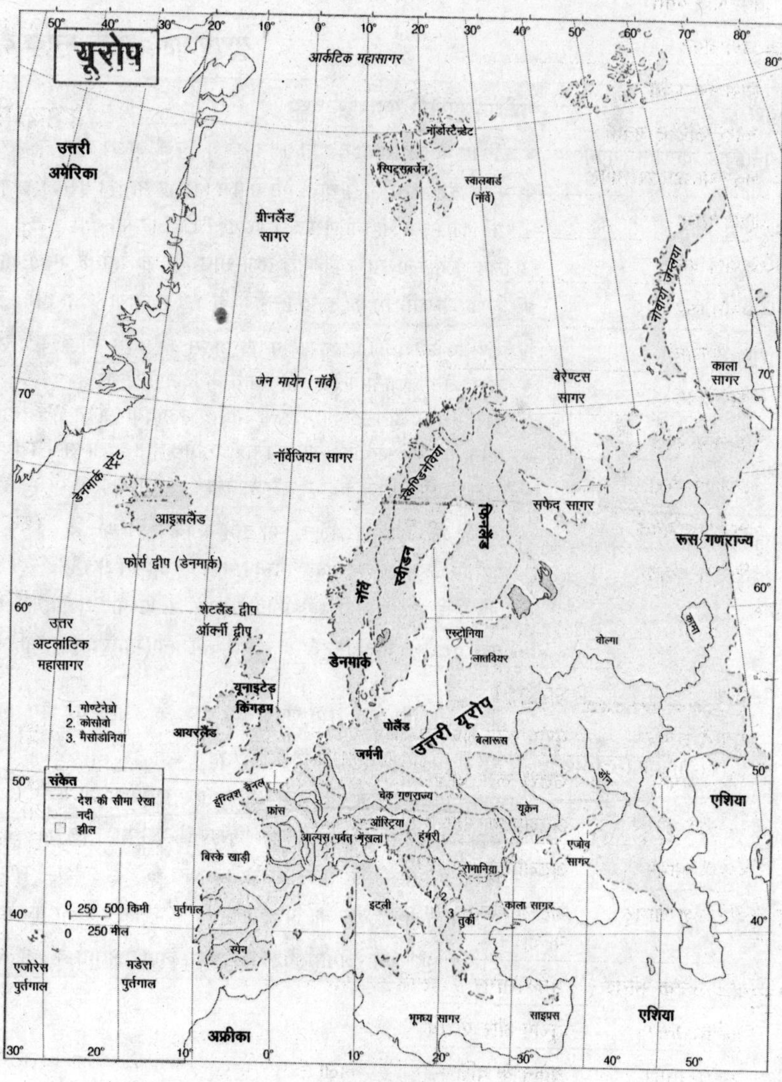

यूरोप महाद्वीप

परिवहन एवं संचार

- यूरोप में सड़कें अच्छी हैं। महामार्गों द्वारा विभिन्न देश आपस में जुड़े हैं। यूरोप महाद्वीप में सड़क परिवहन अत्यधिक लोकप्रिय है।
- यूरोप के लंदन, पेरिस, बर्लिन तथा मास्को प्रमुख रेल जंक्शन हैं। विश्व का सबसे लंबा भूमिगत रेलमार्ग लंदन को पेरिस से जोड़ता है।
- राइन नदी यूरोप सहित विश्व का सबसे अधिक व्यस्ततम अंत: स्थलीय जलमार्ग है।
- अन्य प्रमुख जलमार्ग टेम्स, सीन, डेन्यूब और वोल्गा नदियों के हैं। रोमानिया में 9 नदी पत्तन हैं, जो डेन्यूब नदी पर हैं, जो एक बड़ी (1075 किमी) नौवहन नदी है।
- डेनमार्क में जटलैंड प्रायद्वीप (Jutland Peninsula) तथा 400 से अधिक द्वीपों को पुल के माध्यम से जोड़ा गया है, जिनके बीच नावें भी चलती हैं।
- यूरोप के लंदन, पेरिस, फ्रैंकफर्ट, बर्लिन, जेनेवा, रोम, मास्को तथा एम्सटर्डम अंतर्राष्ट्रीय हवाई अड्डे विश्व के सभी महाद्वीपों से जुड़े हैं।

जनसंख्या

- वर्तमान में (वर्ष 2024) यूरोप की जनसंख्या 748 मिलियन है तथा इसका जनघनत्व 34 व्यक्ति प्रति वर्ग किमी है। यह संसार का सबसे घना बसा हुआ महाद्वीप है।
- यहाँ के यूनाइटेड किंगडम, फ्रांस, जर्मनी तथा इटली के कोयला क्षेत्रों और औद्योगिक क्षेत्रों में जनसंख्या अधिक तथा पूर्वी और दक्षिणी यूरोप में जनसंख्या का घनत्व मध्यम तथा उत्तरी यूरोप में विरल जनसंख्या पाई जाती है।
- यूरोप में सर्वाधिक प्रचलित धर्म ईसाई है। इसके साथ ही यहाँ की एक-चौथाई जनसंख्या किसी भी धर्म पर विश्वास नहीं करती है।

यूरोप महाद्वीप के प्रमुख देश

देश	परीक्षा उपयोगी महत्त्वपूर्ण तथ्य
यूनाइटेड किंगडम (यूके)	• इंग्लिश चैनल, यूनाइटेड किंगडम को यूरोप की मुख्य भूमि से अलग करता है। • यू.के. की सबसे ऊँची चोटी वेन नेविस (1347 मी) है। इसकी राजधानी लंदन टेम्स नदी पर स्थित है। • यहाँ का सबसे महत्त्वपूर्ण मत्स्य ग्रहण क्षेत्र डॉगर बैंक है। • लिवरपूल, ग्लास्गो, न्यूकैसिल तथा साउथेम्पटन यहाँ के प्रमुख औद्योगिक नगर हैं। • यू. के. के बर्मिंघम को इस्पात नगरी के रूप में जाना जाता है।
फ्रांस	• फ्रांस के पेरिस को फैशन की नगरी, फ्रांस का हृदय स्थल जैसी उपमा प्राप्त है। • फ्रांस की राजधानी पेरिस, सीन नदी के किनारे स्थित है। • फ्रांस में लौह-अयस्क का 90% से अधिक उत्पादक लॉरेन क्षेत्र से होता है। • शैंपेन, कॉग्नेक एवं बिऊजोलिस यहाँ निर्मित होने वाली सुप्रसिद्ध शराब हैं। • फ्रांस के औद्योगिक केंद्रों में टुलुज विमान उद्योग के लिए प्रसिद्ध है।
जर्मनी	• जर्मनी की राजधानी बर्लिन, स्प्री नदी के किनारे स्थित है। • यहाँ के ब्लैक फॉरेस्ट पर्वत, डेन्यूब नदी के उद्गम क्षेत्र हैं। • जर्मनी के रुर बेसिन को जर्मनी का काला प्रदेश और यूरोप का **औद्योगिक हृदय स्थल** (Industrial Heart Land) कहा जाता है। • यहाँ ड्रेसडेन (चीनी मिट्टी के बर्तन), कोलोन (मोटरयान), म्यूनिख (रसायन उद्योग), स्टुटगार्ट (यंत्रों के लिए) प्रसिद्ध औद्योगिक नगर हैं। • यहाँ एल्ब नदी घाटी तथा राइन नदी घाटी के ढलानों पर अँगूर की खेती की जाती है।
रूस (दो महाद्वीपों का देश)	• यह क्षेत्रफल की दृष्टि से विश्व का सबसे बड़ा देश है। • यूराल पर्वत, यूराल नदी तथा केस्पियन सागर रूस को यूरोप तथा एशियाई देशों में बाँटते हैं। • काकेशस पर्वत पर स्थित एल्ब्रुश शिखर (5633 मी) रूस का सबसे ऊँचा शिखर है। • विश्व का सबसे ठंडा स्थान वर्खोयांस्क रूस के टुंड्रा प्रदेश में स्थित है। • रूस के **तुला** को रूस का पिट्सबर्ग, इवानोवा को **रूस का मैनचेस्टर** कहा जाता है। • ट्रांस साइबेरियन रेलमार्ग विश्व का सबसे लंबा रेलमार्ग है, जो रूस को पूर्व से पश्चिम तक जोड़ता है।

उत्तर अमेरिका महाद्वीप

- उत्तर अमेरिका (North America) एशिया और अफ्रीका के पश्चात् तीसरा सबसे बड़ा महाद्वीप है। यह 7° से 85° उत्तरी अक्षांश एवं 12°8' से 170° पश्चिमी देशांतर के मध्य स्थित है।
- इसका कुल क्षेत्रफल 2.42 करोड़ वर्ग किमी से कुछ अधिक है। इसका तीन-चौथाई हिस्सा कनाडा और संयुक्त राज्य अमेरिका के अंतर्गत आता है। एक चौथाई में ग्रीनलैंड, मैक्सिको तथा कई छोटे-छोटे देश हैं।
- यह उत्तर पश्चिम में अलास्का, उत्तर-पूर्व में लैब्राडोर तथा दक्षिण में पनामा के मध्य विस्तृत है।
- इसके उत्तर में उत्तरी ध्रुव महासागर है तथा उत्तर-पूर्व में ग्रीनलैंड नाम का सबसे बड़ा द्वीप है, जो डेनमार्क के अधीन है।
- दक्षिण में भूमि एक संकरी पट्टी के रूप में है, जिसे **मध्य अमेरिका** या **लैटिन अमेरिका** कहते हैं।

पश्चिमी द्वीप समूह के देश

देश	राजधानियाँ	देश	राजधानियाँ
क्यूबा	हवाना	ट्रिनिडाड एवं टोबैको	पोर्ट ऑफ स्पेन
हैती	पोर्ट ऑफ प्रिंस	बारबाडोस	ब्रिजटाउन
डोमिनिकन गणराज्य	सेंटो डोमिंगो	बहामास	नसाऊ
जमैका	किंग्सटन	प्यूर्टोरिको	सेनजुआन
ग्रेनाडा	सेंट जॉर्ज	बरमूडा	हैमिल्टन

मध्य अमेरिका के मुख्य देश

देश	राजधानियाँ	देश	राजधानियाँ
ग्वाटेमाला	ग्वाटेमाला	कोस्टारिका	सेन जोस
बेलिज	बेल्मोपान	पनामा	पनामा सिटी
एल-साल्वाडोर	सेन-साल्वाडोर	निकारागुआ	मानागुआ
होंडुरास	टेगू-सीगाल्पा		

भौतिक लक्षण

उत्तर अमेरिका को चार प्रमुख भौतिक भागों में बाँटा जा सकता है, जो इस प्रकार हैं

- **कनाडियन शील्ड** (The Canadian Shield) यह शील्ड कनाडा के आधे भाग में विस्तृत है। इसकी ऊँचाई 300-400 मी तक पाई जाती है। इसके बड़े भाग में दलदली तथा अनेक झीले हैं, जिसमें ग्रेट बियर, विनिपेग तथा ग्रेट लेक्स (सुपीरियर, मिशिगन, ह्यूरन, ओंटारियो तथा इरी) प्रमुख हैं। इसका उत्तरी भाग हिम से ढका है। दक्षिणी भाग में ग्रेट लेक्स तथा सेंट लॉरेंस नदी की निम्न भूमियाँ हैं। विश्व प्रसिद्ध न्याग्रा जलप्रपात इरी और ओंटारियो झील के बीच स्थित है। सेंट लॉरेंस इस प्रदेश की मुख्य नदी है, जो अटलांटिक महासागर में विसर्जित होती है। यह उत्तरी अमेरिका का सबसे व्यस्त अंत: स्थलीय जलमार्ग है। यहाँ सोना, चाँदी, निकेल, लोहा, ताँबा, प्लेटिनम, रेडियम, कोबाल्ट, यूरेनियम आदि बहुमूल्य खनिज संसाधन पाए जाते हैं।
- **अपलेशियन पर्वत** (Appalachian Mountain) उत्तर-पूर्व में स्थित इस पर्वत को पूर्वी उच्च भूमियाँ कहते हैं। दक्षिण-पश्चिम पेन्सिलवानिया में इसकी ऊँचाई 1000 मी तथा माउंट वाशिंगटन की ऊँचाई 1800 मी है। हडसन नदी इस पर्वत से होकर बहती है। इसे इरी नहर द्वारा 'ग्रेट लेक्स' से जोड़ा गया है। यहाँ से कोयला, ताँबा और सीसा आदि प्रमुख खनिजों की प्राप्ति होती हैं।
- **मध्यवर्ती विशाल मैदान** (Interior Planes) इसे मध्यवर्ती विशाल मैदान या निम्न भूमि कहते हैं। यह अपलेशियन पर्वत से लेकर रॉकी पर्वत तक 2000 किमी की दूरी में फैला है। उत्तर में मैकेंजी नदी के डेल्टा से लेकर दक्षिण में टैक्सास के तटीय मैदानों के छोर तक इसका विस्तार 6000 किमी है। इसके मध्यवर्ती और दक्षिणी भाग में मिसीसिपी-मिसौरी नदियों की विशाल, निम्न तथा समतल द्रौणी विस्तृत है। इस नदी द्रोणी की मिट्टी बहुत उपजाऊ है और यहाँ कृषि का विकास हुआ है।
- **पश्चिमी कार्डिलेरा** (Western Cordilleras) यह महाद्वीप की पूरी लंबाई में उत्तर से दक्षिण तक विस्तृत है। इसका सबसे ऊँचा पर्वत शिखर माउंट मैकिनले है, जो यह अलास्का में स्थित है। इसकी समुद्र तल से ऊँचाई 6187 मी है। इसमें रॉकी पर्वत श्रेणी तथा सियरा नेवादा प्रमुख पर्वत श्रेणियाँ हैं। ग्रेट बेसिन, इस महाद्वीप का सबसे बड़ा अंतरा-पर्वतीय पठार है। ग्रेट बेसिन के दक्षिण में कोलोरेडो का पठार है।
- कोलोरेडो की **ग्रांड कैनियन** संसार में सबसे बड़ी कैनियन है, जो अपनी प्राकृतिक सुंदरता के लिए विश्व प्रसिद्ध है। अलास्का और मैक्सिको के पश्चिम में कार्डिलेरा सक्रिय ज्वालामुखी है। यहाँ सबसे प्रसिद्ध उष्णोत्स (गीजर) ओल्ड-फेथफुल है, जो येलो स्टोन नेशनल पार्क में स्थित है। यह पर्यटन का केंद्र है। तटीय मैदान (Coastal Plains) तटीय मैदानों का विस्तार अटलांटिक मैदान तथा मैक्सिको की खाड़ी के सापेक्ष अधिक है। न्यू इंग्लैंड तथा न्यू फाउंडलैंड के निकट महत्त्वपूर्ण मत्स्यन केंद्र स्थित हैं।

उत्तर अमेरिका की प्रमुख चोटियाँ

प्रमुख चोटियाँ	स्थिति
माउंट मैकिनले	यह अलास्का श्रेणी में स्थित उत्तरी अमेरिका की सबसे ऊँची चोटी (6187 मी) है।
माउंट एलबर्ट	यह रॉकी की मुख्य श्रेणी का सर्वोच्च शिखर है।
माउंट रेनियर	यह कास्केड श्रेणी का सर्वोच्च शिखर है।
माउंट व्हिटनी	यह कास्केड श्रेणी के दक्षिणी भाग में स्थित पर्वत की चोटी है।

अपवाह तंत्र

उत्तर अमेरिका में अनेक नदियाँ बहती हैं, जिनका आर्थिक महत्त्व है। अत: कुछ महत्त्वपूर्ण नदियाँ इस प्रकार हैं

- **सेंट लॉरेंस नदी** यह परिवहन की दृष्टि से व्यस्ततम नदी है। यह ओंटारियो झील से निकलकर उत्तर-पूर्व में बहते हुए सेंट लॉरेंस खाड़ी (अटलांटिक महासागर) में गिरती है। यह विश्व का सबसे बड़ा अंत:स्थलीय जलमार्ग बनाती है। यह कनाडा एवं संयुक्त राज्य अमेरिका के बीच सीमा भी बनाती है।
- **मिसीसिपी नदी** यह सुपीरियर झील से निकलकर दक्षिण में बहते हुए मैक्सिको की खाड़ी में गिरती है, इसकी लंबाई 3751 किमी है। **मिसौरी नदी** इसकी सहायक नदी है।
- **मैकेंजी नदी** यह नदी ग्रेट स्लेव झील से निकलकर आर्कटिक सागर में गिरती है। यह कनाडा की सबसे लंबी नदी है।

- **कोलोरेडो नदी** यह रॉकी पर्वत से निकलकर कोलोरेडो पठार से बहते हुए कैलिफोर्निया की खाड़ी में गिरती है।
- **हडसन नदी** यह यूएसए के न्यूयॉर्क राज्य के एडिरॉण्डेक पर्वत से निकलकर अटलांटिक महासागर में गिरती है।

जलवायु

- उत्तर अमेरिका उष्ण तथा शीत दोनों कटिबंधों में स्थित है। अत: यहाँ विविध प्रकार की जलवायु पाई जाती है। उत्तरी भाग को छोड़कर ग्रीष्म ऋतु गर्म रहती है। केवल उत्तरी ध्रुवीय क्षेत्र तथा पश्चिमी उच्च भूमियाँ बहुत ठंडी हैं।
- ठंडी धाराओं के प्रभावस्वरूप, **अटलांटिक** तथा **प्रशांत महासागर** तट महाद्वीपों के आंतरिक भागों की तुलना में कम गर्म होते हैं।
- उत्तर में पश्चिमी तट पछुवा पवनों के प्रभाव में और दक्षिणी-पूर्वी तट सन्मार्गी पवनों (Trade Winds) से प्रभावित रहता है।
- प्रशांत महासागर के तट पर **पछुआ पवनों** के प्रभाव से पूरे वर्ष भारी वर्षा होती है, वहीं पूर्वी मध्य अमेरिका की उच्च भूमि तथा पश्चिमी द्वीप समूह में उत्तर-पूर्वी सन्मार्गी पवनों से भारी वर्षा होती है। जबकि यूएसए के दक्षिण-पश्चिमी भाग में तथा मैक्सिको के उत्तर-पश्चिमी भाग में बिल्कुल सूखा रहता है।
- इस महाद्वीप के अधिकांश भागों में शीत ऋतु बहुत ठंडी होती है, उत्तर तथा मध्यवर्ती भागों में तापमान हिमांक से भी नीचे चला जाता है।
- इस प्रकार तापमान दक्षिण से उत्तर में घटता जाता है वहीं वर्षा की मात्रा महाद्वीप के आंतरिक भाग में घटती जाती है।

प्राकृतिक वनस्पति

- महाद्वीप के सबसे उत्तरी भागों में जलवायु बहुत ही ठंडी और कठोर है। यहाँ शीत ऋतु लंबी होती है। यहाँ लगभग 8 से 9 माह बर्फ जमी रहती है, इसे **टुंड्रा प्रदेश** (Tundra Region) नाम से जाना जाता है। यहाँ ध्रुवीय भालू, रेंडियर, कैरिबू, मस्कबैल आदि जानवर पाए जाते हैं।
- टुंड्रा प्रदेश के दक्षिण में शंकुधारी वनों की चौड़ी पेटी है। इन वनों को टैगा कहते हैं। कनाडा में टैगा अटलांटिक महासागर से लेकर प्रशांत महासागर तक विस्तृत हैं। इन वनों में वाल्सम, देवदार तथा लाल एवं सफेद चीड़ के वृक्ष पाए जाते हैं।
- टैगा प्रदेश (Taiga Region) यह शंकुधारी वनों के दक्षिण में मिश्रित वनों का क्षेत्र है। यह दक्षिण-पूर्वी कनाडा तथा उत्तर-पूर्वी संयुक्त राज्य अमेरिका में फैला है।
- इस पेटी में शंकुधारी तथा पर्णपाती वन पाए जाते हैं। पर्णपाती कठोर लकड़ी वाले वनों के प्रमुख वृक्ष लाल और सफेद स्प्रूस, चीड़ और हैम्लॉक हैं।
- उष्ण कटिबंधीय वन मध्य अमेरिका, मैक्सिको के पूर्वी भागों में तथा पश्चिमी द्वीप समूह में पाए जाते हैं। इन वनों में ताड़, महोगनी और लॉगवुड नामक वृक्ष पाए जाते हैं।
- उत्तर अमेरिका के आंतरिक भागों में घास भूमियाँ पाई जाती हैं, जिन्हें **प्रेयरीज** (Prairies) कहते हैं।
- वहीं संयुक्त राज्य अमेरिका के दक्षिण-पश्चिमी भागों में तथा मैक्सिको के उत्तर-पश्चिमी भागों में कैक्टस प्रकार की वनस्पति पाई जाती है। कैलिफोर्निया के पश्चिमी तटों पर भूमध्य सागरीय जलवायु पाई जाती है, जिसके प्रमुख वृक्ष जैतून, चीड़, संतरा, चेरी तथा कार्क ओक आदि हैं।

कृषि

- उत्तरी अमेरिका में विस्तृत खेती की जाती है। यहाँ खेतों का आकार बहुत बड़ा है तथा किसान वैज्ञानिक ढंग से खेती करते हैं।
- मक्का, गेहूँ एवं जौ यहाँ की प्रमुख खाद्यान्न फसलें हैं। संयुक्त राज्य अमेरिका में मक्का का उपयोग सूअरों तथा पशुओं को खिलाने के लिए किया जाता है। अन्य फसलों में कपास, तंबाकू, सोयाबीन और अलसी प्रमुख हैं।
- विश्व का आधा मक्का उत्तर अमेरिका उत्पादित करता है। यहाँ मक्का को **'कार्न'** (Corn) कहा जाता है। गेहूँ का उत्पादन कनाडा और संयुक्त राज्य के प्रेयरी क्षेत्र में होता है।
- कपास और तंबाकू मुख्य रूप से मिसीसिपी द्रोणी के दक्षिणी भागों में पैदा होते हैं।
- मैक्सिको की खाड़ी के तट के साथ-साथ चावल और गन्ने की खेती की जाती है। गन्ने के लिए वेस्टइंडीज या पश्चिमी द्वीप समूह प्रसिद्ध हैं।
- मध्य अमेरिका की उष्ण कटिबंधीय निम्न भूमियाँ केले और गन्ने के लिए प्रसिद्ध हैं।
- उत्तर अमेरिका विश्व के कुल गाय के दूध का एक-चौथाई उत्पादन करता है। यह महाद्वीप विश्व में सबसे अधिक मांस का उत्पादन करता है।

मत्स्यन

- उत्तर अमेरिका में खुले सागरों के तथा अंत:स्थलीय दोनों के मत्स्य क्षेत्र महत्त्वपूर्ण हैं। महाद्वीप के उत्तर-पूर्वी तट के साथ छिछला सागर है, जिसमें मछलियाँ पाई जाती हैं।
- न्यू फाउंडलैंड के तट के निकट ग्रैंड बैंक (Grand Bank) मत्स्यन क्षेत्र विश्व प्रसिद्ध है।
- प्रशांत महासागर के तट पर टूना (Tuna) और सालमन (Salmon) मछलियाँ पकड़ी जाती हैं।

खनिज और ऊर्जा संसाधन

यह महाद्वीप पेट्रोलियम, प्राकृतिक गैस, निकेल, जस्ता, एस्बेस्टस, सोना, चाँदी, ताँबा, लौह-अयस्क आदि का उत्पादक है।

- **कनाडियन शील्ड** से निकेल, लौह-अयस्क, सोना, प्लेटिनम एवं ताँबा प्राप्त होता है।
- **सुपीरियर झील** उच्चकोटि का लौह अयस्क उत्पादक क्षेत्र है। सोना मुख्यत: ओंटोरियो से प्राप्त किया जाता है।
- **अप्लेशियन उच्च भूमियाँ** एंथ्रेसाइट तथा उत्तम कोटि के बिटुमिनस कोयले के लिए प्रसिद्ध हैं।
- **मैक्सिको की खाड़ी** तथा **अटलांटिक महासागर** का तटीय क्षेत्र पेट्रोलियम, प्राकृतिक गैस, गंधक, फॉस्फेट तथा पोटाश के उत्पादन के लिए प्रसिद्ध है।
- **पश्चिमी कार्डिलेरा** में ताँबे का भंडार है। इसके अतिरिक्त यहाँ पेट्रोलियम, प्राकृतिक गैस, कोयले तथा फॉस्फेट के निक्षेप पाए जाते हैं। विश्व में सीसे तथा जस्ते का सबसे बड़ा निक्षेप ब्रिटिश कोलंबिया में है। यह महाद्वीप जल शक्ति संसाधन से संपन्न है। उत्तर अमेरिका का न्याग्रा जलप्रपात जल विद्युत का बहुत बड़ा स्रोत है।

परिवहन एवं संचार

- यहाँ सड़कों तथा रेलमार्गों का सघन जाल है। छः लेन वाली सड़कों को फ्री वे या सुपर वे (Free Way or Super Way) कहते हैं। उत्तर अमेरिका के आधे पूर्वी भाग में रेलमार्गों का जाल है।
- मिसीसिपी और सेंट लॉरेंस, नौ संचालन योग्य बड़ी नदियाँ हैं। सेंट लॉरेंस नदी और ग्रेट लेक्स का जलमार्ग संसार का सबसे अधिक व्यस्त अंतः स्थलीय जलमार्ग (Busiest Internal Land Waterway) है।
- पनामा नहर प्रशांत और अटलांटिक महासागरों को जोड़ती है। न्यूयॉर्क से सैन फ्रांसिस्को तक पनामा नहर द्वारा यात्रा करने पर जलमार्ग में पहले की अपेक्षा लगभग 12,640 किमी दूरी की कमी आई है।

जनसंख्या

- उत्तर अमेरिका महाद्वीप की कुल जनसंख्या 572 मिलियन (2022) है। यहाँ का जनघनत्व 20 व्यक्ति प्रति वर्ग किमी है। यहाँ विश्व की कुल जनसंख्या का 9% भाग रहता है। इसमें से दो-तिहाई संयुक्त राज्य अमेरिका में रहते हैं।
- यहाँ विभिन्न क्षेत्रों के प्रवासी लोग आकर बसे हैं। इस महाद्वीप के उत्तरी भाग, पश्चिमी कार्डिलेरा एवं दक्षिण-पश्चिम मरुस्थल में जनसंख्या विरल है, जबकि संयुक्त राज्य अमेरिका का पूर्वी भाग एवं मध्यवर्ती निम्न भूमि सघन बसी हुई है।

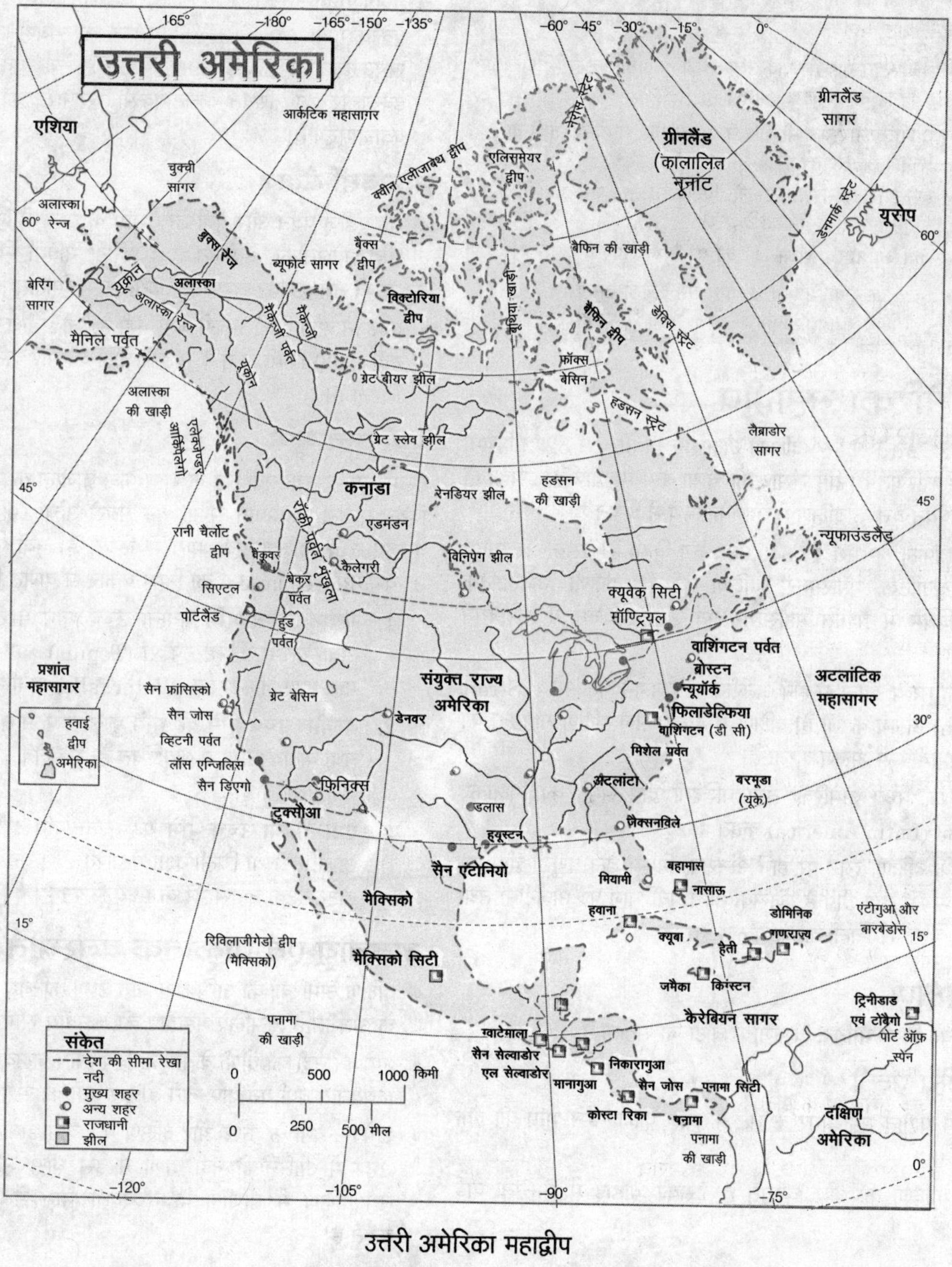

उत्तरी अमेरिका महाद्वीप

उत्तर अमेरिका महाद्वीप के देश

देश	परीक्षा उपयोगी महत्त्वपूर्ण तथ्य
कनाडा	• यह विश्व की सबसे लंबी तट रेखा (20,20,800 किमी) वाला देश है। • कनाडा की लूसी झील को एमराल्ड झील (Emerald Lake) के नाम से भी जाना जाता है। • विश्व का सबसे बड़ा पार्क वुडबुफैलो नेशनल पार्क (Wood Buffalo National Park) कनाडा के अलबर्टा प्रांत में है। • कनाडा के जंगलों में लकड़ी काटने वाले लोगों को लंबरजैक (Lumberjack) कहा जाता है। • कनाडा का सबसे बड़ा लौह इस्पात केंद्र हैमिल्टन में अवस्थित है।
संयुक्त राज्य अमेरिका	• येलोस्टोन नेशनल पार्क संयुक्त राज्य अमेरिका में है, जो पर्यटकों के आकर्षण का केंद्र है। • यूएसए की राजधानी वॉशिंगटन डी.सी., पोटोमैक नदी के किनारे अवस्थित है। • इरी झील पर स्थित बफैलो, क्लिवलैंड तथा डेट्राइट में मोटरगाडियाँ बनाने का केंद्र है। • यहाँ की महत्त्वपूर्ण सड़कों को फ्री वे या सुपर वे कहते हैं। • विश्व का सर्वाधिक व्यस्त वायुपत्तन कैनेडी वायुपत्तन (न्यूयॉर्क) संयुक्त राज्य अमेरिका में ही स्थित है।

दक्षिण अमेरिका महाद्वीप

- यह महाद्वीप 12° उत्तरी से 55° दक्षिणी अक्षांश तथा 35° से 82° पश्चिमी देशांतरों के मध्य स्थित है। यह संसार का चौथा बड़ा महाद्वीप है, इसका दो तिहाई भाग विषुवत् वृत्त के दक्षिण में उष्णकटिबंध में स्थित है।
- इसका कुल क्षेत्रफल लगभग 17,840,000 वर्ग किमी है। इसके उत्तर-पूर्व में उत्तरी अटलांटिक महासागर, दक्षिण-पूर्व में दक्षिणी अटलांटिक महासागर, पश्चिम में प्रशांत महासागर एवं उत्तर-पश्चिम में कैरेबियन सागर स्थित है।
- इस महाद्वीप के मुख्य स्थल से हार्न अंतरीप को मैगलेन जल संधि (Strait of Magellan) अलग करती है। दक्षिण में ड्रेक पासेज दक्षिण महाद्वीप को अंटार्कटिका महाद्वीप से अलग करता है।
- दक्षिण अमेरिका, मध्य अमेरिका तथा पश्चिमी द्वीप समूह को मिलाकर लैटिन अमेरिका (Latin America) कहते हैं।
- इस महाद्वीप के दक्षिणी छोर पर हार्न अंतरीप, टिएरा डेल फ्यूगो द्वीप पर स्थित है, जो सबसे बड़ा द्वीप है, जिसके आधे पूर्वी भाग पर अर्जेंटीना तथा आधे पश्चिमी भाग पर चिली का अधिकार है।

भौतिक लक्षण

दक्षिण अमेरिका को निम्न भौतिक विभागों में बाँटा जा सकता है

पश्चिमी तटीय पट्टी

- यह पश्चिम में प्रशांत महासागर के तट के साथ फैली निम्न भूमि की एक संकरी पट्टी है।
- यह उत्तर से दक्षिण की ओर विस्तृत है, इसकी चौड़ाई में भिन्नता पाई जाती है।

पश्चिमी पर्वतमाला

- इस पर्वत श्रेणी को **एंडीज** कहते हैं, जो हिमालय के पश्चात् संसार की दूसरी सबसे ऊँची पर्वतमाला है। यह कैरेबियन सागर से लेकर सुदूर दक्षिण छोर तक विस्तृत है। यह नवीन वलित पर्वत है।
- एंडीज की तीन समानांतर प्रमुख श्रेणियाँ हैं, जिसमें पूर्व की ओर विस्तृत दो श्रेणियाँ बहुत ऊँची हैं।
- इन श्रेणियों के मध्य में इक्वाडोर का पठार, बोलीविया का पठार, पेरु का पठार तथा डैस्पोब्लोडो का पठार स्थित हैं।
- बोलीविया का पठार विश्व के सर्वोच्च पठारों में से एक है, टिटिकाका झील इसी पठार में स्थित है। इन पर्वत श्रेणियों के दक्षिण में पेटागोनिया का भी पठार अवस्थित है।
- एकांकागुआ (Aconcagua) एंडीज का सबसे ऊँचा शिखर है, जिसकी समुद्र तल से ऊँचाई 6962 मीटर है। यह एक ज्वालामुखी शिखर है, इक्वाडोर में स्थित कोटोपेक्सी संसार का सबसे ऊँचा सक्रिय ज्वालामुखी है।

मध्यवर्ती मैदान

- यह एंडीज पर्वत और पूर्वी उच्च भूमि के मध्य में स्थित है, इसका अधिकांश भाग ओरिनोको, अमेजन तथा प्लाटा नदियों से बना है। पराना, पराग्वे, उरुग्वे तथा उनकी सहायक नदियों के सम्मिलित तंत्र को प्लाटा कहते हैं।
- अमेजन संसार की सबसे बड़ी नदी है, जो एंडीज पर्वत से निकलती है, यह नदी 6400 किमी लंबी है, यह ब्राजील को पार कर अटलांटिक महासागर में गिरती है।

पूर्वी उच्च भूमि

इसमें गुयाना तथा पूर्वी तट के साथ फैले ब्राजील के पठार आते हैं। इस भाग में स्थित एंजिल जलप्रपात संसार का सबसे ऊँचा (980 मी) जल प्रपात है, जो वेनेजुएला के दक्षिण-पूर्वी भाग में स्थित है। पूर्वी उच्च भूमि में तीन प्रमुख उच्चभूमियों (Uplands) को निम्न प्रकार से वर्णित किया गया है

1. **गुयाना उच्च भूमि** गुयाना उच्च भूमि में टेबल के आकार के पर्वत अवस्थित हैं, जिन्हें टेपुईस (Tepuis) कहा जाता है। इस क्षेत्र में कई महत्त्वपूर्ण जल प्रपात (Water falls) अवस्थित हैं।
2. **ब्राजील उच्च भूमि** यह भूमि मुख्य रूप से ब्राजील के पूर्वी, दक्षिणी तथा केंद्रीय भागों में अवस्थित है। यह क्षेत्र उच्चभूमि में सर्वाधिक वनाच्छादित है।
3. **पैटागोनिया उच्च भूमि** यह उच्च भूमि दक्षिणी अमेरिकी महाद्वीप के अर्जेंटीना तथा चिली देशों में परिवृत्त है। यह क्षेत्र प्रशांत महासागर तथा अटलांटिक महासागर के मध्य स्थित है।

जलवायु एवं प्राकृतिक वनस्पति

- दक्षिण अमेरिका का अधिकांश भाग उष्ण कटिबंध क्षेत्र (Tropical Region) के अंतर्गत है, इसलिए महाद्वीप की जलवायु सामान्यत: गर्म रहती है।
- अमेजन नदी की द्रोणी के निकट विषुवतीय जलवायु पाई जाती है। अत: यहाँ विषुवतीय वर्षा वन पाए जाते हैं। इन वनों का स्थानीय नाम सेल्वास है।
- अमेजन वनों के उत्तर और दक्षिण में सवाना प्रकार का जलवायु कटिबंध है। उत्तर में ओरिनोको नदी द्रोणी में इस घास भूमि को **लानोस** (Lanos) तथा दक्षिण में ब्राजील के मध्यवर्ती भाग में इन्हें **कैंपोस** (Campos) कहते हैं।

- उत्तरी अर्जेंटीना और पश्चिमी पराग्वे के निम्न भूमि प्रदेशों में घने वनों तथा घास का विस्तार है, जिसे 'ग्रान चाको' कहते हैं।
- दक्षिणी पेरू तथा उत्तरी चिली में गर्म मरुस्थलीय जलवायु पाई जाती है, इस प्रदेश को **अटाकामा मरुस्थल** (Atacama Desert) कहते हैं। नागफनी तथा कँटीली झाड़ियाँ इस प्रदेश की प्रमुख वनस्पतियाँ हैं।
- अटाकामा मरुस्थल के दक्षिण मध्य चिली में भूमध्य सागरीय जलवायु पाई जाती है।
- ओक, अखरोट, चेस्टनट तथा अंजीर के पेड़ इसके सामान्य वृक्ष हैं। महाद्वीप के सुदूर दक्षिण में अर्थात् दक्षिणी चिली में महासागरीय जलवायु पाई जाती है। यहाँ वर्षा पूरे वर्ष होती है, अत: यहाँ की जलवायु शीतल है।
- यह जलवायु सामान्यत: शीतोष्ण कटिबंध (Temperate Zone) में महाद्वीप के पश्चिमी तटीय प्रदेशों में मिलती है, जिसमें शीतोष्ण मिश्रिण वन पाए जाते हैं। चीड़ तथा बीच इन वनों के मुख्य वृक्ष हैं।
- दक्षिणी ब्राजील की उष्ण कटिबंधीय घास भूमियों के दक्षिण में शीतोष्ण घास भूमि का प्रदेश पाया जाता है।
- इस प्रदेश की जलवायु **कोष्ण** (Subtropic) पाई जाती है। अर्जेंटीना के मध्य भाग में इन घास भूमियों को **पंपास** कहते हैं।
- पम्पास (Pampas) से दक्षिण एंडीज पर्वतमाला के पूर्वी भाग में पेटागोनिया का मरुस्थल विस्तृत है। इसकी जलवायु शुष्क है, क्योंकि यह वृष्टिछाया क्षेत्र में आता है।

वन संसाधन

- दक्षिण अमेरिका का बड़ा भाग वनों से ढका है। अमेजन द्रोणी के अधिकतर वन उष्ण कटिबंधीय वर्षा वन हैं। इन वनों में **वाल्सा** (Walsa) नामक विश्व की सबसे हल्की लकड़ी भी मिलती है।
- ब्राजील में ताड़ जाति का वृक्ष **कार्नोबा** (Carnauba) पाया जाता है, जिससे मोम प्राप्त किया जाता है, जिसका प्रयोग जूतों की पॉलिश, मोमबत्ती तथा फर्नीचर की पॉलिश में किया जाता है।
- सिनकोना की छाल से कुनैन औषधि बनाई जाती है। चिकिल से चुइंगम बनाई जाती है। यहाँ **येर्बा** (Yerba) पूर्वी उच्च भूमि का मुख्य वृक्ष है।
- 'क्वेब्रेको' ग्रानचाको के वनों का वृक्ष है, जिसका अर्थ है-'कुल्हाड़ी तोड़ने वाला'।
- इस पेड़ से **टैनिक अम्ल** (Tannic Acid) निकाला जाता है, जिसका उपयोग चमड़ा बनाने में होता है। एंडीज पर्वतों के पूर्वी ढलानों के वनों को **मोण्टाने** (Montane) कहते हैं।

वन्यजीव

- अमेजन नदी द्रोणी में विविध प्रकार के जीव तथा 1500 जातियों के रंग-बिरंगे पक्षी मिलते हैं। यहाँ केंडोर, रीआ जैसे पक्षी मिलते हैं।
- ऐनाकोंडा यहाँ का विशाल अजगर है, जो 10 मी लंबा है। प्यूमा, सिंह परिवार का खतरनाक जीव है, जो यहाँ पाया जाता है। एंडीज पर्वतीय क्षेत्रों में लामा जीव पाया जाता है, जिस पर बोझा ढोया जाता है।
- ग्वानाको (Guanaco) एक प्रकार का जंगली लामा है। यह पेटागोनिया के मरुस्थल में पाया जाता है।
- आर्मेडिलो जीव विपत्ति के समय अपने को छोटा कर लेता है। यहाँ प्यूमा तथा जैगुआर दोनों बंदरों की भाँति पेड़ पर रहते हैं।

कृषि

- यहाँ कुल क्षेत्रफल का 10% भाग कृषि योग्य है। अधिकांश कृषि योग्य भूमि अर्जेंटीना और उरुग्वे में पाई जाती है। गेहूँ तथा मक्का इस महाद्वीप की प्रमुख खाद्य फसलें हैं। गेहूँ की खेती शीतल शीतोष्ण प्रदेशों में की जाती है। अर्जेंटीना और चिली गेहूँ के प्रमुख उत्पादक देश हैं।
- कहवा, गन्ना, कोको और केला इस महाद्वीप की प्रमुख नगदी फसलें हैं। ब्राजील, कोलंबिया तथा इक्वाडोर कहवा के बड़े उत्पादक देश हैं। ब्राजील की एक अन्य नकदी फसल कपास है।
- अर्जेंटीना में चाको का मैदान कपास उत्पादन के लिए प्रसिद्ध है तथा अमेजन बेसिन में जंगली रबड़ का उत्पादन होता है।

पशुपालन/मत्स्यपालन

- दक्षिण अमेरिका में अधिकतर पशुपालन अर्जेंटीना, उरुग्वे और ब्राजील के अर्द्ध भागों में होता है। इस घास भूमि में मूल घासों के स्थान पर पोषक युक्त **अल्फाल्फा** (लूसर्न) नामक घास लगाई गई है।
- **अल्फाल्फा** (Alfalfa) एक फलीदार पौधा होता है, जो मिट्टी की उर्वरता को बढ़ाता है तथा इसे खाने से पशु जल्दी मोटे हो जाते हैं। यहाँ भेड़पालन अर्जेंटीना तथा चिली में होता है। अर्जेंटीना संसार में मांस का सबसे बड़ा निर्यातक देश है।
- यहाँ चिली में मत्स्यपालन सर्वाधिक होता है। यह मछली उत्पादन में विश्व के देशों में दूसरे स्थान पर है। पेरु में भी मत्स्यपालन एक उद्योग बन चुका है, जो अत्यधिक विकसित है।

खनिज एवं ऊर्जा संसाधन

- दक्षिण अमेरिका में लौह-अयस्क, मैंगनीज, अभ्रक, टिन, ताँबा, बॉक्साइट, सीसा, जस्ता, सोना, चाँदी तथा पेट्रोलियम आदि प्रमुख खनिज संसाधन पाए जाते हैं। ब्राजील का **माउंट इटाविश** क्षेत्र लौह-अयस्क का उत्पादक क्षेत्र है। चिली ताँबा एवं नाइट्रेट का सबसे बड़ा उत्पादक है। यहाँ संसार के बड़े लौह-अयस्क क्षेत्र हैं।
- वेनेजुएला, ट्रिनीडाड तथा टोवैगो द्वीपों में खनिज तेल के विशाल भंडार हैं। माराकाइबो झील से खनिज तेल निकाला जाता है।
- ट्रिनीडाड में तारकोल भी मिलता है। अटाकामा मरुस्थल में नाइट्रेट के विशाल भंडार पाए जाते हैं।
- पेरू के तट के निकट गुआना द्वीपों में प्राकृतिक खाद के भंडार हैं। यहाँ बॉक्साइट, एंटीमनी तथा चाँदी के बड़े भंडार विद्यमान हैं। सूरीनाम तथा गुयाना प्रमुख बॉक्साइट उत्पादक देश हैं।
- टिन का उत्पादन बोलीविया में होता है। यहाँ कोयले का अभाव है, किंतु अल्प मात्रा में कोलंबिया, पेरु, चिली तथा ब्राजील में मिलता है।

परिवहन

- यहाँ आधुनिक यातायात के साधनों का विकास नहीं हुआ है। ऊँचे-ऊँचे पर्वत एवं पठार रेलमार्गों के विकास में बाधक हैं।
- रेलमार्गों तथा सड़कों का विकास मुख्य रूप से अर्जेंटीना के उत्तरी और ब्राजील के पूर्वी भागों में हुआ है। यहाँ ट्रांस एंडियन रेलमार्ग प्रशांत महासागर को अटलांटिक से जोड़ता है, जो **वालपरेजो** पत्तन से ब्यूनस आयर्स तक जाता है। अर्जेंटीना से चिली तक अवस्थित **पार महाद्वीपीय सड़क** (Trans-Continental Roadways) विश्व की सबसे सुंदर सड़कों में से एक है।

जनसंख्या

- दक्षिण अमेरिका की कुल जनसंख्या 436,198,301 (2023) है तथा औसत जनघनत्व 25 व्यक्ति प्रति वर्ग किमी है। अमेजन नदी के विस्तृत मैदानों, लानोस, ग्रानचाको तथा गुयाना के पठारी भागों, अटाकामा तथा पेटागोनिया के मरुस्थलों में जनसंख्या बहुत कम है। यहाँ की अधिक जनसंख्या तटीय क्षेत्रों, बंदरगाहों, राजधानी क्षेत्रों में पाई जाती है। दक्षिण अमेरिका में मुख्यत: अमेरिकन इंडियन, अश्वेत तथा यूरोपीय प्रजाति के लोग रहते हैं।
- इसके अतिरिक्त मिश्रित प्रजातियों के लोग भी यहाँ निवास करते हैं, जैसे-मेस्टीजो (इंडियन तथा यूरोपीय प्रजातियों का मिश्रण), मुलाटो (अश्वेत तथा यूरोपीय प्रजातियों का मिश्रण) तथा जैम्बो (अश्वेत तथा इंडियन प्रजातियों का मिश्रण)। इसमें मेस्टीजो (Mestizo) प्रजाति के लोगों की संख्या सबसे अधिक है।

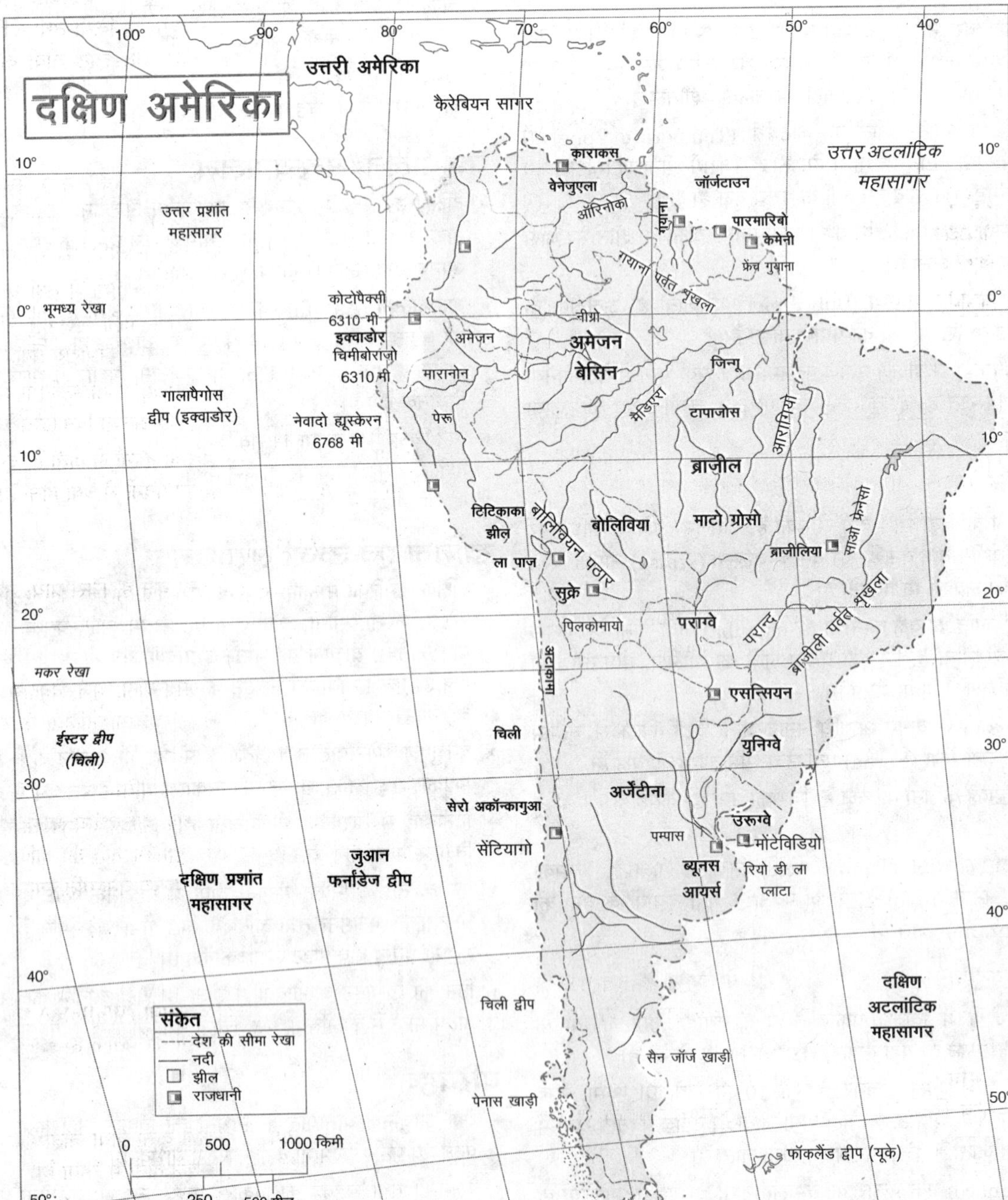

दक्षिण अमेरिका महाद्वीप

दक्षिण अमेरिका महाद्वीप के प्रमुख देश

देश	महत्त्वपूर्ण तथ्य
ब्राजील (संसार का कहवा पात्र)	• इसका नाम यहाँ पाए जाने वाले रेडवुड वृक्ष पाऊ ब्रासिल (लाल रंग के वृक्ष) पर पड़ा। ब्राजील का सर्वोच्च शिखर बैडीरिया (2890 मी) है। यहाँ के कहवे के बड़े-बड़े बागानों को फजेंडा कहते हैं। • यहाँ चाय के समान पाए जाने वाले उपयोगी वृक्ष को यर्वामाटे के नाम से जाना जाता है। • साओ-पाउलो (Sao-Paulo) ब्राजील का सबसे घना बसा तथा सबसे बड़ा नगर है, जो मकर रेखा पर स्थित है। • इटाबिरा, ब्राजील का विश्व में प्रसिद्ध लौह-अयस्क खनन केंद्र है।
अर्जेंटीना (गेहूँ और पशुओं का देश)	• इसके विस्तृत मैदान पंपास को अर्जेंटीना का हृदय स्थल कहा जाता है। यह गेहूँ उत्पादन के लिए विश्व में प्रसिद्ध है। यहाँ क्वेब्रेको वृक्ष की छाल से टेनिन अम्ल प्राप्त किया जाता है। • यहाँ के रोजेरियो तथा ब्यूनस आयर्स (राजधानी) में स्थापित माँस के उद्योग (Beef Industry) को **फ्रीगोरीफिको** (Frigorifico) कहा जाता है। • अर्जेंटीना के चाको का मैदान कपास की खेती के लिए प्रसिद्ध है।

ऑस्ट्रेलिया

- ऑस्ट्रेलिया (Australia) एक ऐसा देश है, जो पूरे **महाद्वीप** पर विस्तृत है। इसलिए इसे द्वीपीय महाद्वीप कहते हैं। यह पूर्ण रूप से दक्षिणी गोलार्द्ध में स्थित है। यह 10° से 40° दक्षिणी अक्षांशों तथा 114° से 154° पूर्वी देशांतरों के मध्य लगभग 7,741,420 वर्ग किमी क्षेत्र पर विस्तृत है। यह एशिया महाद्वीप के दक्षिण-पूर्व में विषुवत् रेखा के दक्षिण में स्थित है।
- इस महाद्वीप के दक्षिण में स्थित तस्मानिया द्वीप इसके मुख्य स्थल से बना तथा जल संधि द्वारा अलग होता है। इसके पूर्व में प्रशांत महासागर तथा पश्चिम में हिंद महासागर है। यह चारों ओर से सागरों व महासागरों से घिरा है।
- ऑस्ट्रेलिया, न्यूजीलैंड और आस-पास के द्वीपों को मिलाकर ओशिनिया (Oceania) कहा जाता है। ऑस्ट्रेलिया की खोज एक अंग्रेज नाविक कैप्टन जेम्स कुक ने 1770 ई. में की थी। यह देश छः स्वशासी तथा दो केंद्रशासित क्षेत्रों में बँटा है।

भौतिक लक्षण

ऑस्ट्रेलिया के भौतिक प्रदेश को तीन भागों में बाँटा गया है

- **पश्चिमी पठार** (Western Plateau) यह महाद्वीप के लगभग दो-तिहाई भाग पर विस्तृत है। यह प्राचीन कठोर शैलों से निर्मित है। इस पठार का अधिकांश भाग मरुस्थल या अर्द्ध मरुस्थल है। महाद्वीप के मध्य में मेक्डोनेल श्रेणियाँ हैं, जिसकी सर्वोच्च चोटी माउंट जैली (1531 मी) है।
- **मध्यवर्ती निम्न भूमि** (Central Low Land) यह पश्चिमी पठार एवं पूर्वी उच्च भूमि के बीच स्थित है। यह उत्तर में कार्पेंट्रिया की खाड़ी से लेकर महाद्वीप को पार करता हुआ ऑस्ट्रेलिया के दक्षिणी तट तक विस्तृत है। मर्रे और डार्लिंग (Murray Darling Basin) नदियाँ मध्यवर्ती निम्न भूमि के दक्षिणी भाग से होकर बहती हैं। इस भाग से होकर बहने वाली सभी नदियाँ समुद्र तक नहीं पहुँच पाती हैं।
- **पूर्वी उच्च भूमि** (Eastern High land) यह ऑस्ट्रेलिया के पूर्वी तट के समानांतर विस्तृत है। इसका विस्तार उत्तर में केप यार्क प्रायद्वीप से लेकर दक्षिण में तस्मानिया तक है। यह ऊँचे-ऊँचे पठारों की लंबी पट्टी है, जिसे ग्रेट डिवाइडिंग रेंज (Great Dividing Range) कहते हैं।

कोशियुस्को ऑस्ट्रेलिया का सबसे ऊँचा शिखर (2234 मी) है। ऑस्ट्रेलिया की अधिकांश नदियाँ इस भाग से निकलती हैं। ग्रेट बैरियर रीफ (Great Barrier Reef) ऑस्ट्रेलिया के उत्तर-पूर्वी तट के साथ-साथ समुद्र में यह प्रवाल भित्ति (मूँगे की चट्टानों की बहुत चौड़ी दीवार) है, जिसे ग्रेट बैरियर रीफ कहते हैं। विश्व प्रसिद्ध प्रवाल भित्ति की लंबाई 1900 किमी से भी अधिक है। तट से इसकी न्यूनतम दूरी 38 किमी तथा अधिकतम दूरी 240 किमी है। इस प्रवाल भित्ति का नाम छोटे-छोटे जीवों के अस्थि पंजर से पड़ा है।

जलवायु

- ऑस्ट्रेलिया का अधिकांश क्षेत्र उष्ण कटिबंध में है, जिस कारण इसका अधिकांश भाग शुष्क है। ऑस्ट्रेलिया के पूर्वी, उत्तर-पूर्वी तथा दक्षिण-पश्चिमी भागों में पवन समुद्र की ओर चलती है, फलतः भारी वर्षा होती है।
- इस महाद्वीप के मध्यवर्ती तथा पश्चिमी भागों में वर्षा बहुत कम होती है। इसके भीतरी भागों में गर्म मरुस्थलों वाली जलवायु पाई जाती है। इस महाद्वीप के दक्षिणी तट की जलवायु भूमध्य सागरीय प्रकार की जलवायु है।
- ग्रीष्म ऋतु अर्थात् दिसंबर तथा जनवरी में ऑस्ट्रेलिया में 'विली विलीज' नामक चक्रवात का प्रकोप होता है। यह अत्यंत विनाशकारी चक्रवात है।
- तस्मानिया द्वीप में वर्ष भर वर्षा पछुआ पवनों से होती है, वहीं ऑस्ट्रेलिया के उत्तरी भागों में ग्रीष्म ऋतु में मानसून पवनों से वर्षा होती है।

प्राकृतिक वनस्पति

- यूकेलिप्टस ऑस्ट्रेलिया का सामान्य वृक्ष है, जिसे प्रायः गम (गोंद) वृक्ष के नाम से पुकारा जाता है। यहाँ वैटल नामक सामान्य वृक्ष भी पाया जाता है, जिस पर ग्रीष्म काल में सुनहरे फूल आते हैं।
- उत्तर-पूर्वी तटीय क्षेत्र के वनों में ताड़, बाँस, भूर्ज, देवदार वृक्ष बहुतायत से मिलते हैं। शीतोष्ण वन तस्मानिया तथा ऑस्ट्रेलिया के दक्षिण-पूर्वी और दक्षिण-पश्चिमी भागों में पाए जाते हैं।
- ऑस्ट्रेलिया की उष्ण कटिबंधीय घास भूमियाँ उत्तर में फैली हुई हैं, जिन्हें सवाना कहा जाता है, वहीं शीतोष्ण कटिबंधीय घास भूमि को **डाउन्स** (Downs) कहते हैं, जो मर्रे और डार्लिंग नदी की द्रोणियों में विस्तृत हैं। ऑस्ट्रेलिया के अर्द्ध शुष्क क्षेत्रों की मुख्य वनस्पति साल्ट ब्रुश तथा मुल्गा पौधे हैं।

वन्यजीव

- यहाँ कंगारू (Kangaroo) तथा वेल्लाबी (Wallaby) धानी-प्राणी वर्ग के जीव पाए जाते हैं। कंगारू ऑस्ट्रेलिया का प्रतीक है। कोला दूसरा धानी वर्ग का जानवर है, जो पेड़ों पर रहता है तथा यूकेलिप्टस के वृक्षों की पत्तियाँ खाता है।
- यहाँ डिंगो (Dingo) नाम का जंगली कुत्ता पाया जाता है। प्लेटिपस संसार का विचित्र जंतु है, यह जल तथा स्थल दोनों में रहता है।
- ऐमू, कोकाबर्रा तथा लायरबर्ड ऑस्ट्रेलिया के कुछ विचित्र पक्षी हैं। ऐमू बड़े आकार का पक्षी है, जो उड़ नहीं सकता है, किंतु तेज दौड़ सकता है। कोकाबर्रा (Kookaburra) को लाफिंग कोकाबर्रा भी कहते हैं। लायरबर्ड नकल करने वाला जीव है, जो पक्षियों के गाने, कुत्तों के भौंकने तथा कारों के हॉर्न की आवाजों की नकल कर लेता है।

कृषि

- ऑस्ट्रेलिया में अधिकतर कृषि दक्षिण-पश्चिमी, दक्षिणी पूर्वी तथा पूर्वी तटीय भागों में होती है। गेहूँ, ऑस्ट्रेलिया की सबसे महत्त्वपूर्ण खाद्य फसल है। न्यू साउथ वेल्स तथा पश्चिमी ऑस्ट्रेलिया गेहूँ के प्रमुख उत्पादक राज्य हैं। जौ, जई, मक्का यहाँ की खाद्य फसलें हैं।
- सिंचित क्षेत्रों में चावल की खेती होती है। गन्ना, तंबाकू तथा कपास मुख्यत: क्वींसलैंड में उत्पन्न होते हैं। यहाँ अनन्नास, केला, पपीता का उत्पादन उत्तर के उष्ण कटिबंधीय क्षेत्रों में होता है।

पशुपालन

- ऑस्ट्रेलिया में भेड़ों को मुख्यत: ऊन के लिए पाला जाता है। मर्रे तथा डार्लिंग नदियों के मध्य विस्तृत क्षेत्र भेड़ पालन के लिए उपयुक्त हैं। यहाँ के बड़े-बड़े भेड़ पालन फार्मों को स्टेशन (Station) कहते हैं। ऑस्ट्रेलिया कुल ऊन उत्पादन का 90% निर्यात करता है।
- यहाँ दुधारू पशु अधिकतर पूर्वी तथा दक्षिण-पूर्वी क्षेत्रों में पाले जाते हैं। अच्छा माँस देने वाले पशु क्वींसलैंड तथा उत्तरी क्षेत्र की घास भूमियों में पाले जाते हैं।

खनिज एवं ऊर्जा संसाधन

- ऑस्ट्रेलिया में खनिजों का पर्याप्त भंडार है। यहाँ कोयला, लौह-अयस्क, बॉक्साइट, मैंगनीज और टिन के बहुत बड़े भंडार हैं। यह बॉक्साइट का विश्व में सबसे बड़ा उत्पादक है। इसके अतिरिक्त यह सोना, हीरा, लौह-अयस्क, टिन तथा निकेल का अग्रणी उत्पादक है। यह ताँबा, सीसा, जस्ता और मैंगनीज में भी संपन्न है।

उद्योग

- ऑस्ट्रेलिया में लोहा इस्पात, कृषि संबंधी मशीनें, मोटरगाड़ियाँ, बिजली का सामान, रसायन, कागज, जलयान, मशीनी उपकरण, तेल कारखाने आदि प्रमुख उद्योग हैं।
- इनके अतिरिक्त ऊनी एवं सूती वस्त्र उद्योग एवं डेयरी उत्पाद से संबंधी उद्योग भी हैं। यहाँ के अधिकांश उद्योग विक्टोरिया एवं न्यू साउथ वेल्स राज्यों में स्थित हैं।

परिवहन

- ऑस्ट्रेलिया में यातायात का मुख्य साधन रेल है। इस महाद्वीप का एकमात्र अंतर महाद्वीपीय रेलमार्ग **ट्रांस ऑस्ट्रेलियन रेलमार्ग** (Trans- Australian Railways) है। यह रेलमार्ग सिडनी और पर्थ को जोड़ता है। इसकी कुल लंबाई 4000 किमी है।
- सिडनी, ऑस्ट्रेलिया का सबसे बड़ा नगर तथा प्रथम श्रेणी का बंदरगाह भी है, जो न्यू साउथ वेल्स की राजधानी है।

जनसंख्या

- ऑस्ट्रेलिया की जनसंख्या लगभग 23,401,892 है तथा औसत जनसंख्या का घनत्व 2 व्यक्ति प्रति वर्ग किमी है। यहाँ की अधिकांश जनसंख्या महाद्वीप के पूर्वी तथा दक्षिण-पूर्वी भागों में निवास करती है। यहाँ की 60% जनसंख्या केवल 8 नगरों में निवास करती है, जो सभी राज्यों की राजधानियाँ हैं तथा ये समुद्र तट पर अवस्थित हैं।

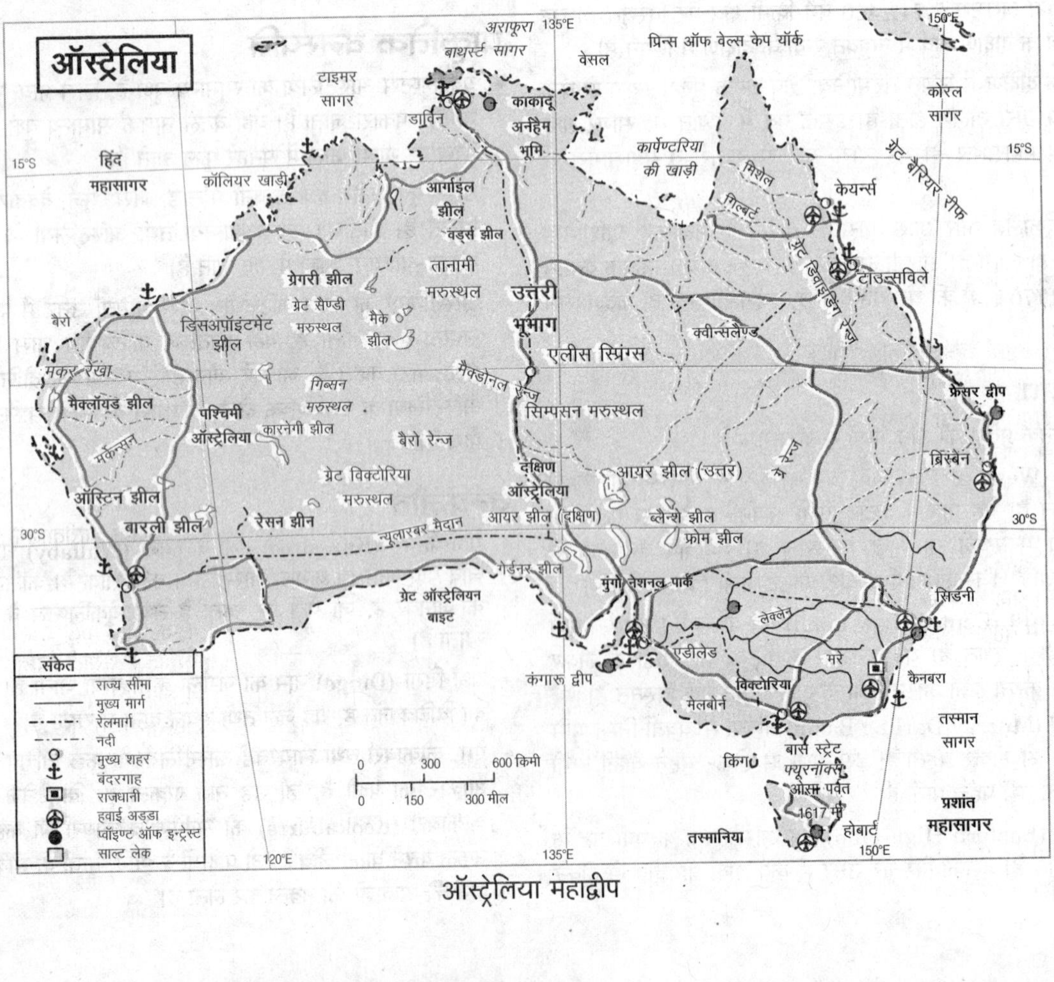

ऑस्ट्रेलिया महाद्वीप

अंटार्कटिका

- अंटार्कटिका (Antarctica) संसार का अकेला महाद्वीप है, जो हमेशा बर्फ से ढका रहता है, इसलिए इसे श्वेत महाद्वीप कहते हैं। यह पूर्णत: **दक्षिणी गोलार्द्ध** में स्थित है। यह आकार में पाँचवाँ महाद्वीप है।
- यह सबसे ठंडा तथा वीरान महाद्वीप है। अत: यहाँ मानव बसाव का अभाव है। इसका कुल क्षेत्रफल 1,420,000 वर्ग किमी है। इस महाद्वीप की खोज सर्वप्रथम ब्रिटिश नाविक जेम्स कुक ने 1773 ई. में की थी, किंतु इसकी मुख्य खोज 1820 ई. में **फेबियन वॉन वेलिंकसहासेन** ने की थी।
- वर्तमान समय में यह वैज्ञानिक शोध व निरीक्षण का केंद्र बना हुआ है। यहाँ भारत ने वैज्ञानिक खोज के लिए 'दक्षिणी गंगोत्री' नामक एक स्थायी आधार शिविर बनाया है। वैज्ञानिकों का मानना है कि अंटार्कटिका का मौसम संसार के दूसरे भागों के मौसम को प्रभावित करता है।
- अंटार्कटिका का 98% भाग औसत 1.6 किमी मोटी बर्फ से ढका है। इसका अधिकांश भू-भाग ऊबड़-खाबड़ तथा पर्वतीय है। क्वीन मॉड पर्वत श्रेणी इस महाद्वीप को लगभग दो बराबर भागों में विभाजित करती है।
- यहाँ की सर्वोच्च चोटी **विंसन मैसिफ** (4892 मी) है। यहाँ का एर्ब्रुस शिखर या इरेबस एकमात्र ज्वालामुखी शिखर है। लैम्बर्ट ग्लेशियर (Lambert Glacier) विश्व का सबसे बड़ा हिमनद (Glacier) है।
- पाल्मर प्रायद्वीप एक मात्र ऐसा भू-भाग है, जो बर्फ से कुछ समय तक मुक्त है। यह पश्चिमी अंटार्कटिका प्रायद्वीप का दक्षिणी भाग है। यहाँ की मुख्य वनस्पति लाइकेन एवं मॉस हैं।
- यहाँ ग्राहमलैंड (Graham Land) पश्चिमी अंटार्कटिका प्रायद्वीप का उत्तरी भाग है, जो दक्षिण अमेरिका महाद्वीप का सबसे निकटतम क्षेत्र है। दक्षिणी महासागर, इस महाद्वीप को चारों ओर से घेरे हुए है, इस महासागर के ऊपरी जल का तापमान 4°C से अधिक नहीं होता है।
- यहाँ की जलवायु बहुत कठोर होती है। संसार में सबसे कम तापमान –95°C इस महाद्वीप में स्थित दक्षिण ध्रुव पर शीत ऋतु में अंकित किया गया था। यहाँ ग्रीष्म ऋतु में भी तापमान शून्य डिग्री से ऊपर नहीं जाता है।
- सूर्य के उत्तरायण के पश्चात् यहाँ छ: माह तक रात व सूर्य के दक्षिणायन के बाद छ: माह तक दिन होता है। यहाँ ग्रीष्म ऋतु नवंबर से फरवरी तक होती है। इस अवधि में सूर्य कभी भी अस्त नहीं होता है। यहाँ के **पोल ऑफ कोल्ड** (Pole of Cold) में विश्व का न्यूनतम वार्षिक तापमान पाया जाता है।
- इस महाद्वीप में शीत ऋतु मई, जून, जुलाई और अगस्त में होती है। इस अवधि में सूर्योदय नहीं होता। महाद्वीप के केंद्रीय भाग में वायु अपेक्षाकृत शांत रहती है। यहाँ कोयले, लौह अयस्क तथा ताँबे के थोड़े भंडारों का पता चला है, किंतु कठिनाइयों के कारण उपयोग संभव नहीं हुआ है।
- संसार के मीठे पानी के 70% भंडार इस महाद्वीप के बर्फ छत्रकों तथा बर्फ की चादरों में संचित पाए जाते हैं।
- यहाँ बर्फ के बड़े-बड़े टुकड़े समुद्र में तैरते हैं, जिन्हें हिमशैल कहते हैं। पेंग्विन, समुद्री पक्षी तथा सील यहाँ बड़ी संख्या में पाए जाते हैं। सागरों में व्हेल मछली भी मिलती है। इस महाद्वीप पर क्रील मछली बड़ी संख्या में मिलती है।
- क्रील बहुत छोटी मछली है, जिसकी लंबाई 6 सेमी तक, वजन 1 ग्राम से लेकर 105 ग्राम तक होता है। यह मछली झुंडों में रहती है। इससे माँस, क्रिल-पेस्ट तथा क्रिल प्रोटीन प्राप्त किया जाता है। यह महाद्वीप वैज्ञानिकों को पृथ्वी के विषय में अधिक जानकारी देने के उचित अवसर प्रदान करता है, इसलिए इस महाद्वीप को विज्ञान के लिए समर्पित महाद्वीप कहा जाता है।

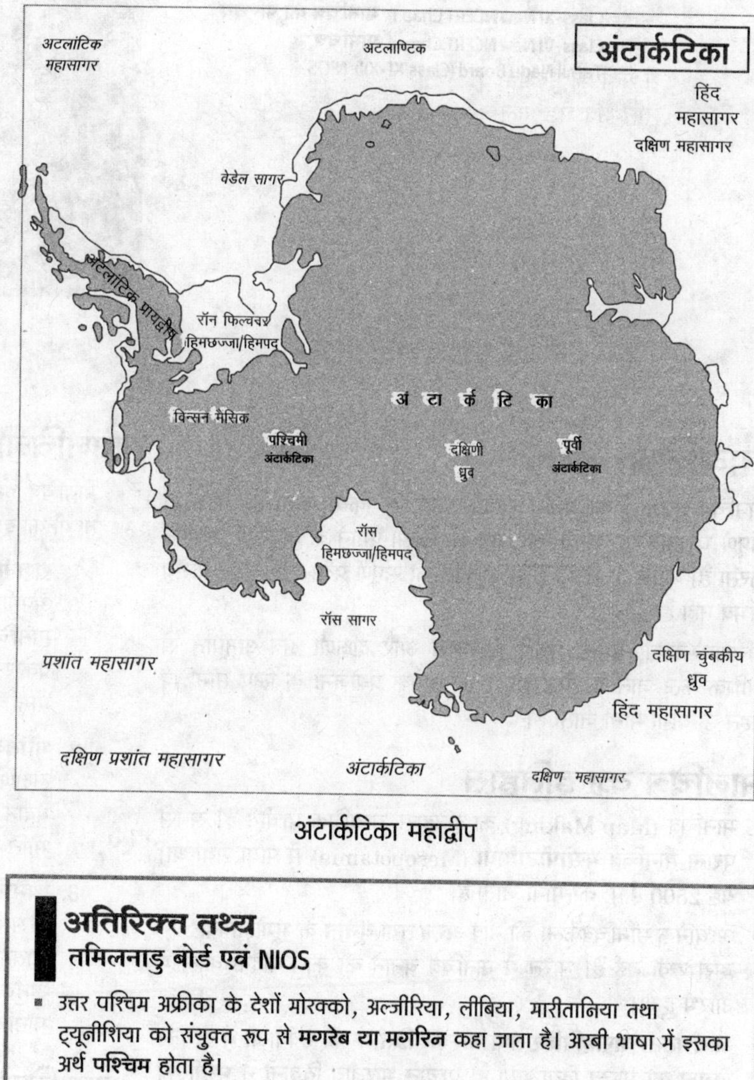

अंटार्कटिका महाद्वीप

अतिरिक्त तथ्य
तमिलनाडु बोर्ड एवं NIOS

- उत्तर पश्चिम अफ्रीका के देशों मोरक्को, अल्जीरिया, लीबिया, मारीतानिया तथा ट्यूनीशिया को संयुक्त रूप से **मगरेब या मगरिन** कहा जाता है। अरबी भाषा में इसका अर्थ **पश्चिम** होता है।
- सवाना का मैदान विषुवत् के निकट शुष्क क्षेत्रों में पाए जाने वाले घास के मैदान हैं। अफ्रीका के लगभग आधे क्षेत्र में सवाना मैदान पाए जाते हैं सेरेंगटी मैदान, सवाना के वृहद् मैदानों में सक एक है, जिसे **ओपेन एयर जू** जाता है।
- **रिफ्ट घाटी** पृथ्वी में सबसे बड़ी दरार है, जिसका विस्तार 6400 किमी क्षेत्र में एशिया उत्तरी सीरिया से अफ्रीका के मोजांबिक तक विस्तारित है।
- नील की दो प्रमुख सहायक नदियाँ हैं। श्वेत नील नदी जो बुरंडी से निकलती है तथा नीली नील नदी जो यूथोपिया से निकलती है। नील नदी उत्तर की ओर प्रवाहित होते हुए भूमध्य सागर में अपना जल प्रवाह करती है। नील नदी को **अफ्रीकन नदियों का जनक** कहा जाता है।

15

मानचित्र अध्ययन

(स्रोत)

Class-XI New NCERT Chap 1 **मानचित्र का परिचय,**
Class-VI New NCERT Chap 4 **मानचित्र,**
Tamil Nadu Board (Class XI-XII), NIOS

मानचित्र

मानचित्र (Map) का प्रयोग चपटी सतह पर किया जाता है। मानचित्र संपूर्ण धरातल या उसके एक भाग को किसी पैमाने के अनुसार प्रदर्शित करता है। ग्लोब या किसी गोल आकृति को संपूर्ण प्रकार से चपटा करना संभव नहीं है।

परिणामस्वरूप, हमारी पृथ्वी के उत्तरी और दक्षिणी क्षेत्र अनुपात से अधिक फैल जाते हैं, फिर भी, हमारे अनेक प्रयोजनों के लिए मानचित्र बहुत उपयोगी माना जाता है।

मानचित्र का इतिहास

- मानचित्र (Map Making) का इतिहास अत्यधिक प्राचीन है। सबसे पुराना मानचित्र **मेसोपोटामिया** (Mesopotamia) में पाया गया था। यह 2500 ई.पू. का माना जाता है।
- आधुनिक मानचित्रकला की नींव **अरब** तथा **यूनान** के भूगोलविदों द्वारा रखी गई है। भारत में मानचित्र बनाने का कार्य वैदिक काल में आरंभ हुआ।
- **आर्यभट्ट, वाराहमिहिर** तथा **भास्कर द्वितीय** की रचनाओं में खगोल विज्ञान को महत्त्व दिया गया है। प्राचीन भारतीय विद्वानों ने पृथ्वी को सात द्वीपों में विभाजित किया था।
- महाभारत में माना गया है कि पृथ्वी गोलाकार है, जो विश्व के चारों ओर जल के स्रोतों से घिरी हुई है।
- मध्य काल में **टोडरमल** तथा **शेरशाह** ने मानचित्रों का निर्माण करवाया, जिसके आधार पर लगान वसूले गए।
- 1767 ई. में **सर्वे ऑफ इंडिया** की स्थापना हुई। सर्वप्रथम 1785 ई. में हिंदुस्तान का मानचित्र बनाया गया।

मानचित्रों का वर्गीकरण

- मानचित्र हमारी विभिन्न आवश्यकताओं को पूरा करते हैं। ये अनेक महत्त्वपूर्ण तथ्यों को दर्शाते हैं। इस आधार पर मानचित्रों को तीन विशिष्ट वर्गों में रखा जाता है

1. **राजनीतिक मानचित्र** (Political Map) जिन मानचित्रों को बनाकर हम अपनी इच्छानुसार अनेक वस्तुओं को प्रदर्शित कर सकते हैं, उन्हें राजनैतिक मानचित्र कहते हैं। प्रवृत्तियों को प्रदर्शित करने के आधार पर मानचित्र अनेक प्रकार के होते हैं। देश और उनके राज्यों की सीमाएँ प्रदर्शित करने वाले मानचित्रों को राजनैतिक मानचित्र कहते हैं।
2. **भौतिक मानचित्र** (Physical Map) जिन मानचित्रों में पृथ्वी के भौतिक लक्षणों तथा विभिन्न ऊँचाइयों की स्थलाकृतियों; जैसे- पर्वत, पठार और मैदान, नदियाँ, महासागर आदि को प्रदर्शित किया जाता है, ऐसे मानचित्रों को भौतिक मानचित्र कहते हैं।
3. **थिमैटिक मानचित्र** (Thematic Map) कुछ मानचित्रों में विभिन्न प्रकार के मौसम या वनों, उद्योगों और जनसंख्या आदि का वितरण प्रदर्शित किया जाता है, अतः मानचित्र में जिस प्रकार की सूचनाएँ प्रदर्शित होती हैं, उसके अनुरूप उनका शीर्षक रखा जाता है। इस प्रकार के मानचित्र को थिमैटिक मानचित्र कहा जाता है।

मानचित्र के घटक

मानचित्र के तीन प्रमुख घटक निम्नलिखित हैं

1. **दूरी** (Distance) मानचित्र एक आरेखण होता है, जिसमें संपूर्ण विश्व या उसका कोई भाग एक छोटे से कागज पर दर्शाया जाता है। मानचित्र छोटे पैमानों पर खींचे जाते हैं, किंतु इन्हें इतनी सावधानी से खींचा जाता है, जिससे स्थानों के मध्य की दूरी की वास्तविकता बनी रहे। दूरी की वास्तविकता तभी संभव है, जब कागज पर एक छोटी दूरी स्थल की बड़ी दूरी को मापने में सक्षम हो। इन्हें **छोटे पैमाने वाला मानचित्र** कहा जाता है।

2. **दिशा** (Direction) मानचित्र निर्माण के समय 'दिशा सूचक रेखा' का प्रयोग किया जाता है। इसके माध्यम से चारों दिशाओं को ज्ञात किया जाता है। इसके ऊपरी भाग को 'उत्तरी दिशा का सूचक' कहा जाता है। मानचित्र पर उत्तरी दिशा ज्ञात होने के बाद अन्य दिशाएँ- दक्षिण, पूर्व और पश्चिम दिशा सरलता से जानी जा सकती हैं। उत्तर-पूर्व, दक्षिण-पूर्व, दक्षिण-पश्चिम और उत्तर-पश्चिम चार मुख्य दिशाओं के मध्य की दिशाएँ हैं।
3. **प्रतीक** (Symbol) किसी भी मानचित्र का एक प्रमुख घटक 'प्रतीक' है। किसी भी मानचित्र पर वास्तविक आकार एवं प्रकार में विभिन्न आकृतियों- भवनों, सड़कों, पुलों, वृक्षों, रेल की पटरियों को दिखाना संभव नहीं होता, इसलिए इनके लिए निश्चित अक्षरों, छायाओं, रंगों, चित्रों तथा रेखाओं का उपयोग करके दर्शाया जाता है। प्रतीकों द्वारा कम स्थान पर अधिक जानकारी प्राप्त होती है। इनके प्रयोग द्वारा मानचित्र को आसानी से खींचा जा सकता है, इससे मानचित्र का अध्ययन सरल हो जाता है।

मानचित्र के प्रकार

मानचित्र विभिन्न प्रकार के होते हैं। ये एक बड़े क्षेत्र का सामान्य चित्र प्रस्तुत करते हैं, जैसे एक महाद्वीप या कुछ देशों का मानचित्र। एक समूह स्थलाकृतिक मानचित्र सामान्य प्रयोजनों वाले मानचित्र होते हैं, जो छोटे से क्षेत्र के विषय में अधिक विवरण देते हैं। मानचित्रों के प्रकारों का प्रवृत्तियों के आधार पर अध्ययन किया जाता है

1. मापनी पर आधारित मानचित्रों के प्रकार

मापनी के आधार पर (Based on Scale) मानचित्रों को दो भागों में विभाजित किया जाता है

(i) **वृहत मापनी मानचित्र** (Large Scale Maps) इस मानचित्र में छोटे क्षेत्रों को अपेक्षाकृत वृहत दिखाया जाता है। इस मापनी मानचित्र को निम्न प्रकारों में वर्गीकृत किया जाता है

- **भू-संपत्ति** (Cadastral Map) यह मानचित्र व्यक्तिगत परिसंपत्तियों को दर्शाता है।
- **स्थलाकृतिक मानचित्र** (Topographical Map) यह मानचित्र राज्य अथवा देश की परिसंपत्तियों को एक मानचित्र पर दर्शाता है।

(ii) **लघु मापनी मानचित्र** (Short Scale Map) इस मानचित्र को निम्न वर्गों में विभाजित किया जाता है

- **भित्ति मानचित्र** (Wall Maps) यह मानचित्र बड़े आकार के कागज या प्लास्टिक पर बनाया जाता है।
- **एटलस मानचित्र** (Atlas Maps) यह मानचित्र भौगोलिक आलेखों का विश्वकोश है।

2. प्रकार्य के आधार पर मानचित्रों का वर्गीकरण

- मानचित्रों को उनके प्रकार्य के आधार (Based on Function) पर भी वर्गीकृत किया जा सकता है। इस श्रेणी में एक राजनीतिक मानचित्र, एक महाद्वीप या प्रशासनिक विभाजनों को दर्शाने वाला मानचित्र आता है। प्रकार्य के आधार पर मानचित्रों को दो वर्गों में वर्गीकृत किया जाता है

(i) **भौतिक मानचित्र** (Physical Maps) यह प्राकृतिक लक्षणों को दर्शाता है; जैसे-उच्चावच, मृदा, अपवाह, जलवायु के तत्त्व तथा वनस्पति आदि।

(ii) **सांस्कृतिक मानचित्र** (Cultural Maps) यह मानव निर्मित लक्षणों को दर्शाता है; जैसे-जनसंख्या वितरण एवं वृद्धि, लिंग तथा आयु, सामाजिक व धार्मिक घटक, व्यावसायिक संरचना, बस्तियों की स्थिति इत्यादि।

- **रेखाचित्र** यह एक कच्चा आरेखण है, जो पैमाने पर आधारित न होकर याद्दाश्त और स्थानीय प्रेक्षण पर आधारित होता है तथा इसे बिना पैमाने की सहायता से खींचा जाता है; जैसे-आपको रास्ते की जानकारी देने के लिए कोई व्यक्ति कच्चा आरेखण बनाकर दे दे।
- **खाका** एक छोटे क्षेत्र का बड़े पैमाने पर खींचा गया रेखाचित्र खाका कहलाता है; जैसे-किसी कमरे की लंबाई तथा चौड़ाई दिखाने के लिए बड़े पैमाने वाला रेखाचित्र खींचना।

मानचित्रों का उपयोग

मानचित्रों का उपयोग भूगोल के अध्ययन-अध्यापन, नियोजन संबंधी कार्यों तथा संसाधनों की जानकारी के लिए किया जाता है। मानचित्र का अध्ययन करने के लिए विभिन्न प्रकार के मापन को महत्त्व दिया जाता है। इनका वर्णन निम्न है

दूरी का मापन

- मानचित्रों में दिखाए गए रैखिक लक्षणों को दो वर्गों में बाँटा जाता है-सीधी रेखाएँ तथा टेढ़ी-मेढ़ी रेखाएँ। सीधी रेखा वाले लक्षणों; जैसे-सड़क, रेल की पटरियों तथा नहरों इत्यादि से मापन सरल होता है।
- दूरियाँ मापने की कठिनाई टेढ़े-मेढ़े रास्तों, तटीय किनारों, नदियों तथा धाराओं को मापने की स्थिति में आती है, इस दूरी को वक्ररेखा मापी द्वारा मापा जाता है।

दिशा का मापन

- दिशा, मानचित्र पर काल्पनिक सीधी रेखा है, जो एक समान आधार से दिशाओं की कोणीय स्थिति को प्रदर्शित करती है।
- उत्तर दिशा की ओर संकेत करने वाले रेखा-बिंदु को **शून्य दिशा** (Zero Direction) या **आधार दिशा** (Base Direction) रेखा कहते हैं।
- एक मानचित्र सदैव उत्तर दिशा को दर्शाता है। अन्य दिशाओं का निर्धारण उसके संबंध से किया जाता है। उत्तर, दक्षिण, पूर्व तथा पश्चिम दिशाओं को **दिक् बिंदु** (Cardinal Points) माना जाता है। प्रधान दिक् बिंदु के बीच अनेक अन्य मध्यवर्ती दिशाएँ होती हैं।

क्षेत्र का मापन

- प्रशासनिक (Administrative) तथा भौगोलिक (Geographic) इकाइयों जैसी आकृतियों का मापन मानचित्र की सतह पर किया जाता है। मानचित्र उपयोगकर्ताओं द्वारा क्षेत्रों को विभिन्न तरीकों से मापा जाता है।
- वर्गों की एक नियमित शैली द्वारा किसी भी क्षेत्र (Area) की माप की जा सकती है, किंतु यह विधि अधिक परिशुद्ध नहीं है। ध्रुवीय प्लेनीमीटर (Polar Planimeter) से भी क्षेत्रफल की गणना की जा सकती है।
- ध्रुवीय प्लेनीमीटर उपकरण में एक छड़ की गति को मापा जाता है, जिसके एक सिरे को त्रिज्या चाप पर स्थिर करके उसके रेखापथ को सीमित किया जाता है। जिस क्षेत्र का क्षेत्रफल मापना है, उसकी परिधि को एक निर्देश बिंदु की सहायता से दक्षिणावर्त (Southward) दिशा में ट्रेसिंग (Tracing) किया जाता है।

मानचित्र बनाने की अनिवार्यताएँ

मानचित्र कला, मानचित्र बनाने की कला और विज्ञान है, जिसमें सभी प्रकार के मानचित्रों को बनाने का प्रक्रम समन्वित होता है। ये प्रक्रम हैं

- **मानचित्र मापनी** (Map Scale) मानचित्र बनाने के लिए पहले 'मापनी' के विषय में निर्णय लेना होता है अर्थात् मापनी का चयन अत्यधिक महत्त्वपूर्ण है। किसी मानचित्र की मापनी इस बात को निर्धारित करती है कि उस मानचित्र में कितनी सूचनाओं, विषय-वस्तु एवं वास्तविकताओं का समावेश कहाँ तक संभव है।
- **मानचित्र प्रक्षेप** (Map Projection) समतल सतह पर मानचित्र पृथ्वी की त्रिवीमिय सतह की सरल प्रस्तुति है। एक गोलाकार सतह को समतल सतह पर दर्शाने की प्रणाली प्रक्षेप कहलाती है। प्रक्षेपों का चयन, उपयोग तथा निर्माण मानचित्र बनाने के लिए सबसे महत्त्वपूर्ण है।
- **मानचित्र व्यापीकरण** (Map Generalisation) प्रत्येक मानचित्र का निर्माण एक विशिष्ट उद्देश्य के लिए किया जाता है। किसी सामान्य सूचना को दर्शाने के लिए मानचित्र को विषय-वस्तु से जोड़ा जाता है। मानचित्र के उद्देश्य को ध्यान में रखते हुए विषय-वस्तु को सावधानीपूर्वक निर्धारित किया जाता है। इससे जुड़ी सूचनाओं (आँकड़ों) को एकत्रित कर आवश्यकता अनुसार सरल बनाया जाता है।
- **मानचित्र अभिकल्पना** (Map Design) मानचित्रों को आलेखी विशिष्टताओं के साथ योजनाबद्ध किया जाता है, जिसमें उचित संकेतों का चयन, उनके आकार एवं प्रकार, लिखावट का तरीका, रेखाओं की चौड़ाई का निर्धारण, रंगों का चयन इत्यादि प्रमुख हैं। मानचित्र अभिकल्पना मानचित्र बनाने की एक जटिल अभिमुखता है, जिसमें उन सिद्धांतों की गहन जानकारी आवश्यक होती है, जो आरेखीय संवाद को स्थापित करते हैं।
- **मानचित्र निर्माण एवं प्रस्तुतीकरण** (Map Construction and Production) मानचित्र का निर्माण और उसे उत्पादित करना एक महत्त्वपूर्ण प्रक्रिया है। प्राचीन समय में मानचित्र बनाने का कार्य कलम तथा स्याही से किया जाता था। छपाई की तकनीकों के विकास के बाद इसे मशीनों द्वारा छापा जाता था। अब कंप्यूटर की सहायता से मानचित्रों का उत्पादन किया जाता है।

महत्त्वपूर्ण चिह्न

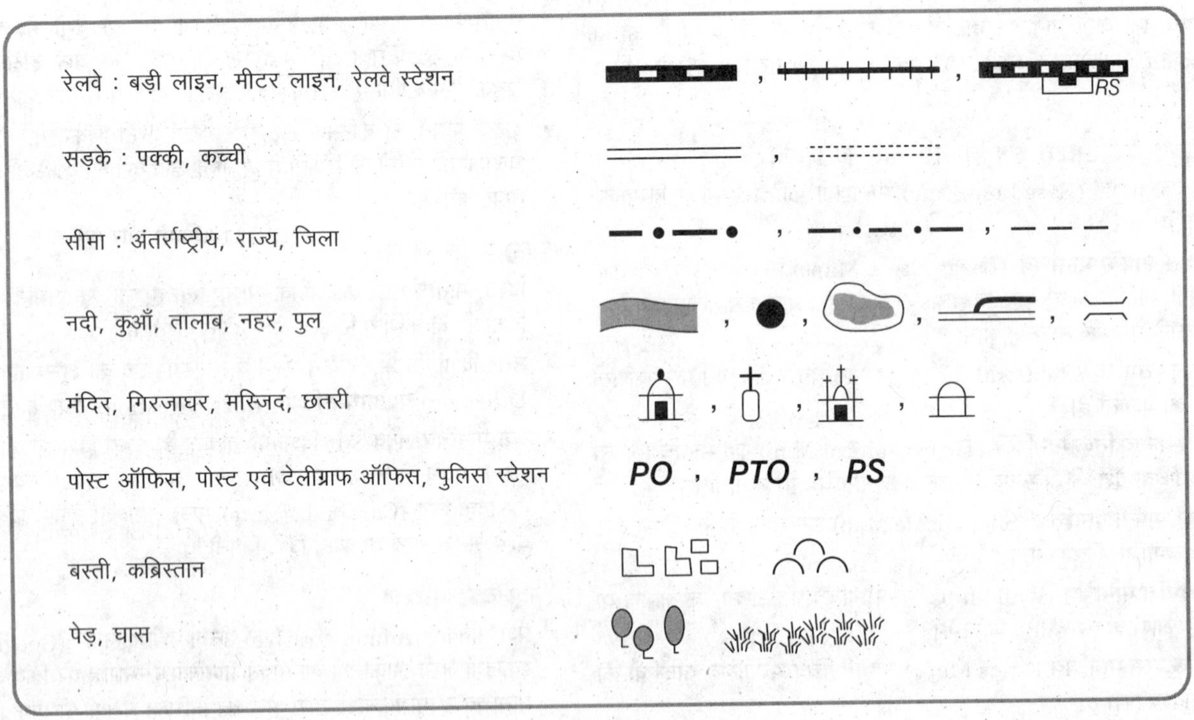

16

भारत की भौगोलिक अवस्थिति

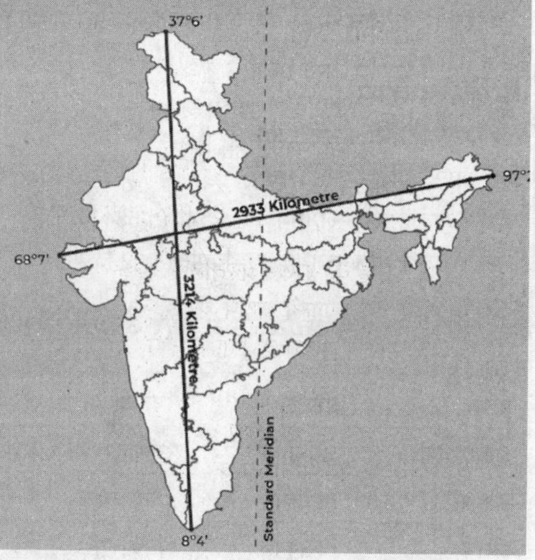

(स्रोत)

Class-VI New NCERT Chap 6 **हमारा देश : भारत**, Class-IX New NCERT Chap 1 **भारत : आकार और स्थिति**, Class-XI New NCERT Chap 1 **भारत-स्थिति**, Class-XII Old NCERT Chap 1 **भारत का परिचय**

भौगोलिक अवस्थिति

- भौगोलिक दृष्टि से भारत पृथ्वी के **उत्तरी गोलार्द्ध** (Northern Hemisphere) में अवस्थित है। भारत का **मुख्य भू-भाग** 8°4' उत्तरी अक्षांश से 37°6' उत्तरी अक्षांश तथा 68°7' पूर्वी देशांतर से 97°25' पूर्वी देशांतर के बीच स्थित है।
- **कर्क रेखा** (Tropic of Cancer) 23°30' उत्तर अक्षांश, भारत को लगभग दो बराबर भागों में विभाजित करती है। कर्क रेखा भारत के आठ राज्यों- गुजरात, राजस्थान, मध्य प्रदेश, छत्तीसगढ़, झारखंड, पश्चिम बंगाल, त्रिपुरा तथा मिजोरम से गुजरती है।
- **भारत का मानक समय** (Indian Standard Time) बताने वाली देशांतर रेखा अर्थात् **मानक याम्योत्तर** (Standard Meridian) 82°30' पूर्व देशांतर है, जो मिर्जापुर (उत्तर प्रदेश) से होकर गुजरती है।
- भारत का मानक समय **ग्रीनविच** (Greenwich) माध्य समय से 5 घंटे 30 मिनट आगे है।
- भारत के देशांतरीय विस्तार के मध्य का अंतर लगभग 30° है, जिस कारण पूर्व से पश्चिम के समय में 2 घंटे का अंतर है।
- अक्षांशीय रेखाओं के आधार पर भारत का दक्षिणी भाग **उष्ण कटिबंधीय क्षेत्र** (Torrid Zone) तथा उत्तरी भाग उपोष्ण कटिबंध या **कोष्ण शीतोष्ण कटिबंध क्षेत्र** (Subtorrid Zone) में स्थित है।

देश के अंतिम भौगोलिक बिंदु

- **भारत का दक्षिणतम बिंदु** इंदिरा प्वॉइंट (ग्रेट निकोबार द्वीप) या पिगमेलियन प्वॉइंट या पाइसन प्वॉइंट (6°45' उत्तरी अक्षांश)
- **मुख्य भूमि की दक्षिण सीमा** कन्याकुमारी (तमिलनाडु)
- **उत्तरी बिंदु** इंदिरा कोल (लद्दाख)
- **पश्चिमी बिंदु** गौहर मोती (गुजरात)
- **पूर्वी बिंदु** किबिथु (अरुणाचल प्रदेश)

क्षेत्रफल एवं सीमा विस्तार

- भारत का क्षेत्रफल **32.8 लाख वर्ग किलोमीटर** है, जो विश्व के कुल स्थलीय धरातल का **2.4%** भाग है। भारत क्षेत्रफल के आधार पर विश्व का **7वाँ** सबसे बड़ा देश है।
- भारत की उत्तर से दक्षिण की दूरी **3214 किमी** और पूर्व से पश्चिम की दूरी **2933 किमी** है।
- भारत की मुख्य भूमि का विस्तार उत्तर में **लद्दाख** से लेकर दक्षिण में **तमिलनाडु** तक और पूर्व में **अरुणाचल प्रदेश** से लेकर पश्चिम में **गुजरात** तक है।
- भारत की स्थल सीमा रेखा लगभग 15200 किमी और समुद्री तट रेखा अंडमान और निकोबार द्वीप समूह तथा लक्षद्वीप दीप समूह सहित 7516.6 किमी है।
- भारत की प्रादेशिक जल सीमा (Territorial Sea Boundary) उसकी तटीय रेखा से 12 समुद्री मील (21.9 किमी) अंदर समुद्र तक है, इस क्षेत्र पर भारत का पूर्ण अधिकार है।
- भारत के उत्तर-पश्चिम, उत्तर तथा उत्तर-पूर्वी सीमा पर नवीनतम वलित पर्वत हिमालय अवस्थित है। इसके दक्षिण का भू-भाग उत्तर में अधिक चौड़ा तथा 22° उत्तरी अक्षांश से हिंद महासागर की ओर संकरा होता गया है। इसके पश्चिम में अरब सागर तथा पूर्व में बंगाल की खाड़ी स्थित है।
- आकार की दृष्टि से भारत विशिष्ट भौगोलिक विविधता वाला देश है। इसके उत्तरी भाग में ऊँचे पर्वत, गंगा, ब्रह्मपुत्र, गोदावरी, कृष्णा जैसी बड़ी नदियाँ, उत्तरी-पूर्वी एवं दक्षिणी भारत में वनाच्छादित पहाड़ियाँ तथा मरुस्थल में रेत के विस्तार मिलते हैं।
- उत्तर में हिमालय, उत्तर-पश्चिम में हिंदुकुश व सुलेमान श्रेणियाँ, उत्तर-पूर्व में पूर्वांचल पहाड़ियाँ तथा दक्षिण में हिंद महासागर से सीमांकित भौगोलिक प्रदेश को भारतीय उपमहाद्वीप कहा जाता है, इसमें पाकिस्तान, नेपाल, भूटान, बांग्लादेश और भारत आते हैं।

- भारतीय मुख्य भू-भाग के दक्षिण-पूर्व में **अंडमान और निकोबार द्वीप समूह** बंगाल की खाड़ी में तथा दक्षिण-पश्चिम में **लक्षद्वीप समूह अरब सागर** में स्थित है।
- भारत में वर्तमान में 28 राज्य व 8 केंद्रशासित प्रदेश हैं।

विशेष तथ्य

- मानक मील–63360 इंच
- समुद्री मील–72960 इंच
- 1 मानक मील–लगभग 1.6 किमी (1.584 किमी)
- 1 समुद्री मील–लगभग 1.8 किमी (1.82 किमी)

भारतीय राज्य और उनकी राजधानी

राज्य	राजधानी	राज्य	राजधानी
आंध्र प्रदेश	अमरावती	मणिपुर	इंफाल
अरुणाचल प्रदेश	इटानगर	मेघालय	शिलांग
असम	दिसपुर	मिजोरम	आइजोल
बिहार	पटना	नागालैंड	कोहिमा
छत्तीसगढ़	रायपुर	ओडिशा	भुवनेश्वर
गोवा	पणजी	पंजाब	चंडीगढ़
गुजरात	गाँधीनगर	राजस्थान	जयपुर
हरियाणा	चंडीगढ़	सिक्किम	गंगटोक
हिमाचल प्रदेश	शिमला	तमिलनाडु	चेन्नई
झारखंड	राँची	तेलंगाना	हैदराबाद
कर्नाटक	बेंगलुरु	त्रिपुरा	अगरतला
केरल	तिरुवनंतपुरम	उत्तर प्रदेश	लखनऊ
मध्य प्रदेश	भोपाल	उत्तराखंड	देहरादून
महाराष्ट्र	मुंबई	पश्चिम बंगाल	कोलकाता

केंद्रशासित प्रदेश

केंद्रशासित प्रदेश	मुख्यालय
अंडमान और निकोबार द्वीप समूह	पोर्ट ब्लेयर
चंडीगढ़	चंडीगढ़
दादरा और नगर हवेली एवं दमन और दीव	दमन
राष्ट्रीय राजधानी क्षेत्र (NCR दिल्ली)	नई दिल्ली
लक्षद्वीप	कवारत्ती
पुदुचेरी	पुदुचेरी
लद्दाख	लेह
जम्मू कश्मीर	श्रीनगर

***शीर्ष 5 राज्य** (क्षेत्रफल की दृष्टि से)*

राज्य	**क्षेत्रफल** (वर्ग किमी में)	राज्य	**क्षेत्रफल** (वर्ग किमी में)
राजस्थान	342239	उत्तर प्रदेश	240928
मध्य प्रदेश	308245	गुजरात	196024
महाराष्ट्र	307713		

***शीर्ष 5 जिले** (क्षेत्रफल की दृष्टि से)*

जिला	राज्य	क्षेत्रफल	जिला	राज्य	क्षेत्रफल
कच्छ	गुजरात	45652	बीकानेर	राजस्थान	28466
लेह	लद्दाख	45110	बाड़मेर	राजस्थान	28393
जैसलमेर	राजस्थान	39313			

शीर्ष 5 भारतीय राज्यों/केंद्रशासित प्रदेशों की समुद्री तट रेखा

राज्य/केंद्रशासित प्रदेश	तटीय रेखा (किमी में)	राज्य/केंद्रशासित प्रदेश	तटीय रेखा (किमी में)
अंडमान एवं निकोबार द्वीप समूह	1962.00	आंध्र प्रदेश	973.7
		तमिलनाडु	906
गुजरात	1214.7	महाराष्ट्र	652.6

भारत के पड़ोसी देश

- भारत का दक्षिण एशिया में एक महत्त्वपूर्ण स्थान है। भारत सात देशों के साथ अपनी सीमाएँ साझा करता है।
- भारत की मुख्य भूमि की सीमाएँ उत्तर-पश्चिम में **पाकिस्तान** और **अफगानिस्तान** के साथ, उत्तर में **चीन** (तिब्बत) **नेपाल** और **भूटान** के साथ तथा पूर्व में **म्यांमार** व **बांग्लादेश** के साथ संलग्न हैं।
- भारत का एकमात्र राज्य **त्रिपुरा**, जो बांग्लादेश से तीन ओर से घिरा हुआ है। बांग्लादेश तथा त्रिपुरा के बीच की सीमा को **शून्य सीमा रेखा** (Zero Border Line) कहा जाता है।
- पाकिस्तान के साथ सबसे लंबी अंतर्राष्ट्रीय रेखा वाला राज्य **राजस्थान** (1170 किमी) है।
- सागरीय क्षेत्र में भारत के क्रमशः दक्षिण-पश्चिम तथा दक्षिण-पूर्व दो द्वीपीय देश **मालदीव** व **श्रीलंका** भारत के पड़ोसी देश हैं।
- श्रीलंका **पाक जलसंधि** व **मन्नार की खाड़ी** द्वारा भारत से अलग होता है।
- पड़ोसी देशों से जुड़ी सीमा वाले राज्यों की संख्या 17 है। पुदुचेरी केंद्रशासित प्रदेश के क्षेत्र तीन राज्यों के स्थलीय भागों से जुड़े हैं, ये हैं-**माहे** (केरल), **करिकाल एवं पुदुचेरी** (तमिलनाडु) तथा **यनम** (आंध्र प्रदेश)।
- भारत के उत्तर-पूर्वी राज्यों में बांग्लादेश को स्पर्श नहीं करने वाले राज्य **अरुणाचल प्रदेश, मणिपुर, नागालैंड** तथा **सिक्किम** हैं।

पड़ोसी देशों की सीमा से लगने वाले भारतीय राज्य/केंद्रशासित प्रदेश

देश	सीमा की लंबाई	सीमावर्ती राज्य/केंद्रशासित प्रदेश
बांग्लादेश	4096.7 किमी	मिजोरम, त्रिपुरा, असम, मेघालय तथा पश्चिम बंगाल
चीन	3488 किमी	लद्दाख, हिमाचल प्रदेश, उत्तराखंड, सिक्किम व अरुणाचल प्रदेश
पाकिस्तान	3323 किमी	गुजरात, राजस्थान, पंजाब, जम्मू-कश्मीर तथा लद्दाख
नेपाल	1751 किमी	उत्तराखंड, उत्तर प्रदेश, पश्चिम बंगाल, बिहार, सिक्किम
म्यांमार	1643 किमी	अरुणाचल प्रदेश, नागालैंड, मणिपुर, मिजोरम
भूटान	699 किमी	सिक्किम, पश्चिम बंगाल, असम, अरुणाचल प्रदेश
अफगानिस्तान	106 किमी	लद्दाख

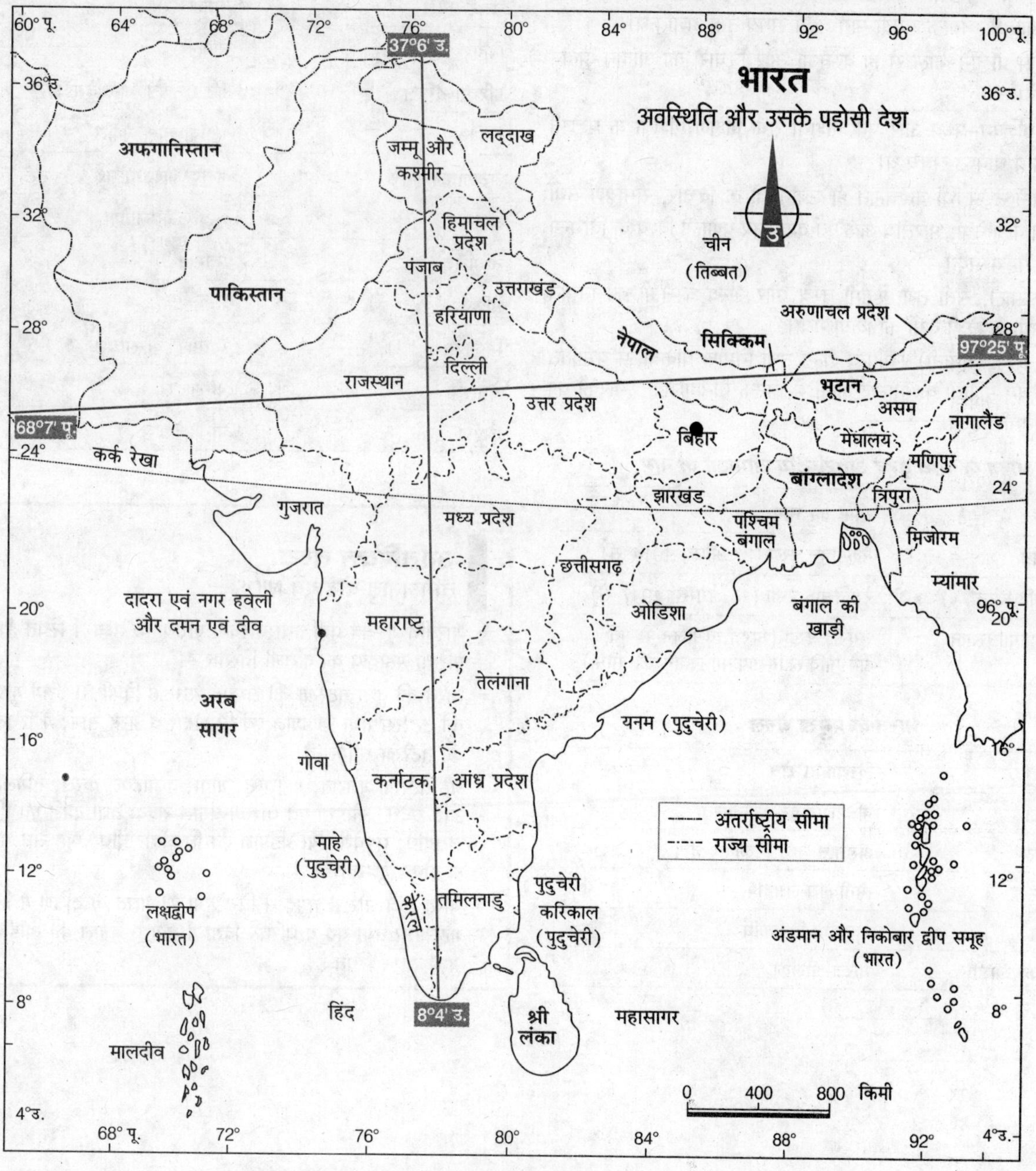

भारत और विश्व

- भारत का स्थलीय भाग पूर्व तथा पश्चिम एशिया के मध्य में स्थित है। भारत एशिया महाद्वीप के दक्षिणी भाग में स्थित है।
- भारत के दक्षिण में स्थित **हिंद महासागर** (Indian Ocean) इसे एक विशिष्ट स्वरूप प्रदान करता है।
- **हिंद महासागर** का नाम भारत के नाम पर पड़ा है, क्योंकि भारत की स्थिति इसके केंद्र में है। इस महासागर के कारण भारत सीधे दक्षिण-पूर्व एशिया के देशों तथा अफ्रीका और यूरोप से जुड़ता है।
- विश्व के देशों के साथ भारत का संपर्क अत्यंत प्राचीन है, किंतु यह संबंध समुद्री मार्गों की अपेक्षा भू-भागों से अधिक था।
- हिमालय पर्वतीय शृंखला में स्थित विभिन्न दर्रों (Passes) से विदेशी यात्री भारत में आए थे, जबकि समुद्री मार्ग बहुत समय तक अज्ञात थे।
- इन मार्गों से प्राचीन काल से ही वस्तुओं और विचारों का आदान-प्रदान होता रहा है।
- भारत के पश्चिम-मध्य और पूर्वी एशिया तथा दक्षिण एशिया के पड़ोसी देशों के साथ घनिष्ठ संबंध थे।
- परस्पर घनिष्ठ संबंधों के चलते ही उपनिषदों के विचार, रामायण तथा पंचतंत्र की कहानियाँ, भारतीय अंक एवं दशमलव प्रणाली विश्व के विभिन्न भागों तक पहुँच सके।
- भारतीय मसाले, सूती तथा रेशमी वस्त्र और अन्य वस्तुओं का निर्यात यूरोपीय तथा अफ्रीकी देशों को किया गया।
- भारत भी **ग्रीक** (यूनानी) स्थापत्य शैली तथा निर्माण प्रक्रिया से प्रभावित हुआ। पश्चिम एशिया की मीनार शैली में अनेक ऐतिहासिक स्मारकों का भारत में निर्माण हुआ।

भारत के साथ वृहद् अंतर्राष्ट्रीय सीमाओं के नाम

देश	सीमा का नाम
भारत-चीन	मैकमोहन रेखा (27 अप्रैल, 1914 से)
भारत-पाकिस्तान	रेडक्लिफ रेखा (15 अगस्त, 1947 से)
भारत-अफगानिस्तान	ड्यूरंड रेखा (भारत विभाजन से पूर्व, अब पाकिस्तान-अफगानिस्तान की सीमा)

भारत के प्रमुख चैनल

चैनल	विस्थापित क्षेत्र
ग्रेट चैनल	इंदिरा प्वॉइंट-इंडोनेशिया
10° चैनल	अंडमान तथा निकोबार द्वीप
9° चैनल	मिनीकॉय-लक्षद्वीप
8° चैनल	मालदीव-मिनीकॉय
मन्नार की खाड़ी	भारत-श्रीलंका

अंतर्राष्ट्रीय सीमाओं के साथ भारतीय राज्य

राज्य/केंद्रशासित प्रदेश	देश
गुजरात	पाकिस्तान
राजस्थान	पाकिस्तान
पंजाब	पाकिस्तान
जम्मू एवं कश्मीर	पाकिस्तान
लद्दाख	चीन, पाकिस्तान, अफगानिस्तान
हिमाचल प्रदेश	चीन
उत्तराखंड	चीन, नेपाल
उत्तर प्रदेश	नेपाल
बिहार	नेपाल
पश्चिम बंगाल	भूटान, नेपाल, बांग्लादेश
सिक्किम	भूटान, चीन, नेपाल
अरुणाचल प्रदेश	भूटान, चीन, म्यांमार
असम	भूटान, बांग्लादेश
नागालैंड	म्यांमार
मणिपुर	म्यांमार
मिजोरम	म्यांमार, बांग्लादेश
मेघालय	बांग्लादेश
त्रिपुरा	बांग्लादेश

अतिरिक्त तथ्य
तमिलनाडु बोर्ड एवं NIOS

- भारतीय भू-क्षेत्र पूर्वी तथा पश्चिमी एशिया के मध्य में स्थित है। यह एशिया महाद्वीप का दक्षिणी विस्तार है।
- भारत की कुल तटरेखा की लम्बाई 7516.6 किमी है। इसमें मुख्य भूमि की तटरेखा तथा अण्डमान एवं निकोबार व अरब सागर में स्थित लक्षद्वीप की तटरेखा शामिल है।
- यह तटरेखा गुजरात, महाराष्ट्र, गोवा, कर्नाटक, केरल, तमिलनाडु, आंध्र प्रदेश, ओडिशा एवं पश्चिम बंगाल राज्यों तथा दमन एवं द्वीव, लक्षद्वीप, पुडुचेरी तथा अंडमान एवं निकोबार द्वीप समूह संघ शासित क्षेत्रों से होकर गुजरती है।
- भारत तीन ओर से समुद्र से घिरा हुआ है। भारत के दक्षिण में हिन्द महासागर तथा पूर्व व पश्चिम दिशा में क्रमशः बंगाल की खाड़ी तथा अरब सागर स्थित है।

17

भारत की भू-गर्भिक संरचना एवं भौतिक प्रदेश

(स्रोत)

Class-VIII Old NCERT Chap 12 भूमि, Class-IX New NCERT Chap 2 भारत का भौतिक स्वरूप, Class-X Old NCERT Chap 1 भौतिक लक्षण, Class-XI New NCERT Chap 2 संरचना तथा भू-आकृति विज्ञान, Class-XII Old NCERT Chap 5 भारत के प्रदेश

भारत की भू-गर्भिक संरचना

भारतीय चट्टानों को भू-गर्भीय चट्टानों (Geological Rocks) की प्रकृति, उनके क्रम तथा व्यवस्था के आधार पर चार वर्गों में विभाजित किया गया है।

भारतीय चट्टानों का वर्गीकरण

- 1. आर्कियन समूह
  - आर्कियन चट्टानें
  - धारवाड़ चट्टानें
- 2. पुराण समूह
  - कुडप्पा चट्टानें
  - विंध्यन चट्टानें
- 3. द्रविड़ समूह
- 4. आर्यन समूह
  - गोंडवाना चट्टानें
  - दक्कन ट्रैप
  - टर्शियरी चट्टानें
  - क्वाटर्नरी चट्टानें

1. आर्कियन समूह

आर्कियन समूह (Archaean System) की चट्टानों को दो वर्गों में विभाजित किया गया है

(i) **आर्कियन चट्टानें** (Archaean Rocks) ये चट्टानें पृथ्वी की प्राचीनतम व मूलभूत चट्टानें हैं और इनका निर्माण लावा के ठंडा होने से हुआ है। भारतीय महाद्वीप का दो-तिहाई भाग आर्कियन चट्टानों से बना है। ये चट्टानें हिमालय से लेकर कन्याकुमारी के पश्चिमी भागों तक तथा अरुणाचल प्रदेश के पूर्वोत्तर भाग तक व्याप्त हैं। इनमें जीवाश्म (Fossils) का अभाव है।

(ii) **धारवाड़ चट्टानें** (Dharwar Rocks) इस चट्टान का निर्माण आर्कियन क्रम की चट्टानों के अपरदन व निक्षेपण से हुआ है और ये परतदार चट्टान हैं। ये चट्टानें कर्नाटक के धारवाड़, बेल्लारी जिले, नीलगिरि, छोटानागपुर, मेघालय के पठार, दिल्ली की अरावली तथा हिमाचल प्रदेश तक विस्तृत हैं। इनमें अत्यधिक रूपांतरण के कारण जीवाश्म (Fossils) का अभाव होता है।

2. पुराण समूह

पुराण समूह (Purana System) की चट्टानों को दो वर्गों में विभाजित किया गया है

(i) **कुडप्पा चट्टानें** (Cuddapah Rocks) इन चट्टानों का निर्माण धारवाड़ क्रम की चट्टानों के अपरदन व निक्षेपण से हुआ है। ये चट्टानें दिल्ली से अलवर तक, निम्न हिमालय क्षेत्रों के अतिरिक्त प्रायद्वीपीय प्रदेशों तथा छत्तीसगढ़ तक विस्तृत हैं। इनमें भी जीवाश्म (Fossils) का अभाव होता है।

(ii) **विंध्यन चट्टानें** (Vindhyan Rocks) इन चट्टानों का नामकरण विंध्य पर्वत से हुआ है। ये चट्टानें गंगा के मैदान तथा दक्कन के पठार के मध्य विभाजक रेखा बनाती हैं। ये परतदार चट्टानें हैं, जिनका निर्माण जल निक्षेपों द्वारा हुआ है एवं ये चट्टानें राजस्थान के उदयपुर से लेकर बिहार के भोजपुर तक विस्तृत हैं।

3. द्रविड़ समूह

- भारतीय भू-गर्भिक संरचना के कालक्रम में द्रविड़ समूह (Dravidian System) की चट्टानों को 'पुराजीवी समूह' की चट्टानों के नाम से जाना जाता है।
- ये चट्टानें प्रायद्वीपीय भारत में मध्य प्रदेश के उमरिया जिले के निकटवर्ती क्षेत्रों में उपस्थित हैं तथा ये चट्टानें उत्तराखंड के पर्वतीय क्षेत्रों में भी पाई जाती हैं।

4. आर्यन समूह

आर्यन समूह (Aryan System) की चट्टानों को निम्न चार प्रकार की चट्टानों में विभाजित किया गया है

(i) **गोंडवाना चट्टानें** (Gondwana Rocks) इन चट्टानों का निर्माण ऊपरी कार्बोनिफेरस युग से जुरैसिक युग के मध्य हुआ है। इन चट्टानों में जीवों के अवशेष प्राप्त होते हैं। इनका विस्तार दामोदर घाटी, महानदी घाटी, कश्मीर, दार्जिलिंग तथा असम में है।

(ii) **दक्कन ट्रैप** (Deccan Trap) क्रिटेशियस युग के अंत में प्रायद्वीपीय भारत के पश्चिमी भाग में ज्वालामुखी क्रियाओं के कारण बेसाल्ट लावा से सीढ़ीदार भू-आकृति का निर्माण हुआ, इस आकृति को दक्कन ट्रैप कहा जाता है। इसका विस्तार महाराष्ट्र, गुजरात, दक्षिण पश्चिमी मध्य प्रदेश इत्यादि में है।

(iii) **टर्शियरी चट्टानें** (Tertiary Rocks) इयोसीन युग से लेकर प्लायोसीन युग तक टर्शियरी चट्टानें निर्मित हुईं। कच्छ, काठियावाड़, कोंकण, मालाबार, नीलगिरि इत्यादि की चट्टानें इस श्रेणी की हैं। इन चट्टानों में जीवाश्म (Fossils) पाए जाते हैं।

(iv) **क्वाटर्नरी चट्टानें** (Quaternary Rocks) इसके अंतर्गत प्लीस्टोसीन तथा वर्तमान होलोसीन युगीन चट्टानें पाई जाती हैं। प्लीस्टोसीन क्रम की चट्टानों का विस्तार कश्मीर घाटी, झेलम घाटी, गंगा-ब्रह्मपुत्र तथा अन्य नदियों की घाटियों में हुआ है।

भारतीय उपमहाद्वीप की आकृति एवं संरचना

- भारतीय उपमहाद्वीप की वर्तमान भू-वैज्ञानिक संरचना (Geological Structure) व इसके क्रियाशील भू-आकृति प्रक्रम, मुख्यत: अंतर्जनित व बहिर्जनिक बलों व प्लेट के क्षैतिज संचरण की अंत:क्रिया के परिणामस्वरूप अस्तित्व में आए।
- भू-वैज्ञानिक संरचना व शैल समूह की भिन्नता के आधार पर भारत को तीन भू-वैज्ञानिक खंडों-**प्रायद्वीपीय खंड, हिमालय** और अन्य अतिरिक्त **प्रायद्वीपीय पर्वतमालाएँ** और **सिंधु-गंगा-ब्रह्मपुत्र मैदान** में विभाजित किया जाता है, इनका विस्तृत वर्णन अग्रलिखित है-

प्रायद्वीपीय खंड

- प्रायद्वीपीय खंड प्राचीन **नाइस** व **ग्रेनाइट** से बना है। कैंब्रियन कल्प से यह भूखंड एक कठोर खंड के रूप में स्थित है।
- प्रायद्वीपीय खंड की उत्तरी सीमा कटी-फटी है, जो **कच्छ** से आरंभ होकर **अरावली पहाड़ियों** के पश्चिम से गुजरती हुई दिल्ली तक और फिर यमुना तथा गंगा नदी के समानांतर राजमहल की पहाड़ियों व गंगा डेल्टा तक जाती है।
- उत्तर-पूर्व में **कार्बी ऐंगलांग** व **मेघालय का पठार** तथा पश्चिम में **राजस्थान** भी इसी खंड का विस्तार है।
- **पश्चिम बंगाल** में मालदा भ्रंश, कार्बी ऐंगलांग पठार व मेघालय पठार को छोटानागपुर पठार से अलग करता है।
- राजस्थान में यह प्रायद्वीपीय खंड मरुस्थल व मरुस्थल सदृश्य स्थलाकृतियों से ढका हुआ है।
- **इंडो ऑस्ट्रेलियन प्लेट** (Indo-Australian Plate) का भाग होने के कारण यह ऊर्ध्वाधर हलचलों व खंड भ्रंश से प्रभावित है।
- पश्चिमी समुद्र तट समुद्र में डूबा होने और कुछ भाग विवर्तनिक क्रियाओं से परिवर्तित होने के उपरांत भी इस भूखंड के वास्तविक आधार तल पर कोई प्रभाव नहीं पड़ता है।
- **नर्मदा**, **तापी** और **महानदी** की रिफ्ट घाटियाँ और सतपुड़ा ब्लॉक पर्वत इसके उदाहरण हैं।
- प्रायद्वीप में मुख्यत: अवशिष्ट पहाड़ियाँ स्थित हैं, जिनमें अरावली, नल्लामाला, जवादी, बेलीकोंडा, पालकोंडा श्रेणी और महेंद्रगिरि पहाड़ियाँ प्रमुख हैं।
- यहाँ की नदी घाटियाँ उथली होती हैं और उनकी प्रवणता कम होती है।
- पूर्व की ओर बहने वाली अधिकांश प्रायद्वीपीय नदियाँ बंगाल की खाड़ी में गिरने से पहले डेल्टा का निर्माण करती हैं। **महानदी, गोदावरी** और **कृष्णा नदी** द्वारा निर्मित डेल्टा प्रमुख हैं।

भारत की वर्तमान स्थलाकृति का विकास

- भारत का सबसे प्राचीन भू-भाग (प्रायद्वीपीय भाग) गोंडवाना लैंड का भाग था।
- इस भू-भाग के विशाल क्षेत्र में आस्ट्रेलिया, दक्षिण अफ्रीका, दक्षिण अमेरिका तथा अंटार्कटिका के क्षेत्र शामिल थे।
- संवहनीय धाराओं के फलस्वरूप भू-पर्पटी अनेक टुकड़ों में बँट गई। इस प्रकार इंडो-ऑस्ट्रेलियन प्लेट गोंडवाना लैंड से अलग होकर उत्तर दिशा में प्रवाहित हुई।
- उत्तर दिशा में प्रवाह के परिणामस्वरूप इंडो-ऑस्ट्रेलियाई प्लेट, यूरेशियन प्लेट से टकराई।
- इस टकराव के कारण इन प्लेटों के मध्य स्थित 'टेथिस' भू-अभिनति के अवसादी चट्टान वलित होकर हिमालय के रूप में विकसित हो गए।
- टेथिस के हिमालय के रूप में उठने तथा प्रायद्वीपीय पठार के उत्तरी किनारे के नीचे धंसने के फलस्वरूप एक द्रोणी का निर्माण हुआ।
- समय के साथ यह बेसिन उत्तर के पर्वतों एवं दक्षिण के प्रायद्वीपीय पठारों से बहने वाली नदियों के अवसादी निक्षेप से धीरे-धीरे भर गया।
- इस प्रकार जलोढ़ निक्षेपों से निर्मित एक विस्तृत समतल भू-भाग भारत के उत्तरी मैदान के रूप में विकसित हो गया।

हिमालय और अतिरिक्त प्रायद्वीपीय पर्वतमालाएँ

- हिमालय और अतिरिक्त प्रायद्वीपीय पर्वतमालाओं की भू-वैज्ञानिक संरचना युवा, दुर्बल और लचीली है।
- ये पर्वत वर्तमान समय में भी बहिर्जनिक तथा अंतर्जनित बलों की अंतर्क्रियाओं से प्रभावित हैं, इसके परिणामस्वरूप इनमें **वलन** (Fold), **भ्रंश** (Fault) और **क्षेप** (Thrust) बनते हैं।
- इन पर्वतों की उत्पत्ति विवर्तनिक हलचलों (Tectonic Bustles) से जुड़ी है।
- तेज बहाव वाली नदियों से अपरदित ये पर्वत अभी भी युवा अवस्था में हैं।
- गॉर्ज (Gorge), V-आकार की घाटियाँ (V-Shaped Valley), क्षिप्रिकाएँ (Rapids) व जल प्रपात (Water Falls) इसके प्रमाण हैं।

सिंधु-गंगा-ब्रह्मपुत्र मैदान

- भारत का तृतीयक भू-वैज्ञानिक खंड सिंधु, गंगा और ब्रह्मपुत्र नदियों का मैदान है। मूलतः यह एक **भू-अभिनति गर्त** (Geo-Oriented Trough) है, जिसका निर्माण मुख्य रूप से हिमालय पर्वतमाला की निर्माण प्रक्रिया के तीसरे चरण में लगभग 6.4 करोड़ वर्ष पहले हुआ था।
- हिमालय और प्रायद्वीप से निकलने वाली नदियाँ अपने साथ लाए हुए अवसादों (Depression) से इन मैदानों को समतल कर रही हैं। इन मैदानों में जलोढ़ (Alluvial) की औसत गहराई 1000 से 2000 मीटर है।

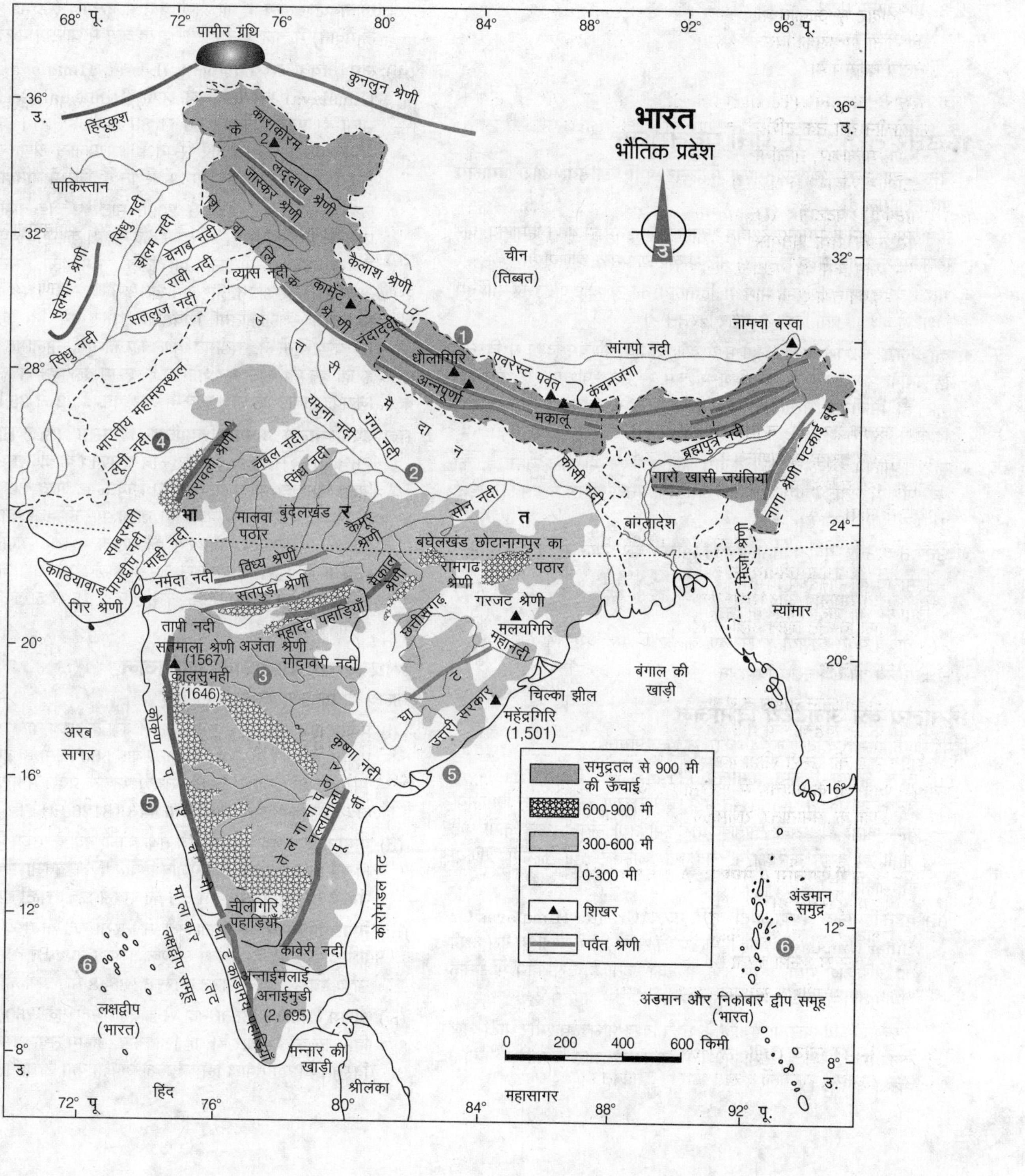

भारत के भौतिक प्रदेश

- भारत के भौतिक प्रदेश को निम्नलिखित भू-आकृतिक खंडों में बाँटा जा सकता है
  1. उत्तर तथा उत्तर-पूर्वी पर्वतमाला (हिमालय पर्वतीय क्षेत्र)
  2. उत्तरी भारत के मैदान
  3. प्रायद्वीपीय पठार
  4. भारतीय मरुस्थल
  5. तटीय मैदान
  6. द्वीप समूह

1. उत्तर तथा उत्तर-पूर्वी पर्वतमाला

- उत्तर तथा उत्तर-पूर्वी पर्वतमाला में **उत्तर-पूर्वी पहाड़ियाँ** और **हिमालय पर्वत** शामिल हैं।
- हिमालय में अनेक समानांतर पर्वत शृंखलाएँ हैं। इनमें से वृहत हिमालय, पार हिमालय शृंखलाएँ, मध्य हिमालय और शिवालिक प्रमुख श्रेणियाँ हैं।
- भारत के उत्तरी-पश्चिमी भाग में हिमालय की ये श्रेणियाँ उत्तर-पश्चिम दिशा से दक्षिण-पूर्वी दिशा की ओर विस्तृत हैं।
- **दार्जिलिंग** और **सिक्किम** क्षेत्रों में ये श्रेणियाँ पूर्व-पश्चिम दिशा में विस्तृत हैं, जबकि अरुणाचल में ये दक्षिण-पश्चिम से उत्तर-पश्चिम की ओर घूम जाती हैं। **मिजोरम**, **नागालैंड** और **मणिपुर** में ये पहाड़ियाँ उत्तर-दक्षिण दिशा में विस्तृत हैं।
- वृहत हिमालय शृंखला, जिसे **केंद्रीय अक्षीय श्रेणी** भी कहा जाता है, की पूर्व-पश्चिम लंबाई लगभग 2500 किमी तथा उत्तर-दक्षिण में इसकी चौड़ाई 160 से 400 किमी है।
- उत्तर तथा उत्तर-पूर्वी पर्वतमाला का विभाजन चार प्रकार से किया गया है
  - हिमालय का अनुदैर्ध्य विभाजन
  - हिमालय का प्रादेशिक विभाजन
  - उच्चावच पर्वत श्रेणियों के संरेखण के आधार पर विभाजन
  - हिमालय का देशांतरीय विभाजन

हिमालय का अनुदैर्ध्य विभाजन

हिमालय का अनुदैर्ध्य विभाजन 4 प्रकार से किया गया है

(i) **ट्रांस अथवा तिब्बत हिमालय** (Trans or Tibet Himalaya) इसका अधिकांश भाग तिब्बत में है, इसी कारण इसे 'तिब्बत हिमालय' कहा जाता है। इसकी चौड़ाई 40 किमी तथा लंबाई 965 किमी पाई जाती है। इसमें काराकोरम, लद्दाख, जास्कर तथा कैलाश श्रेणियाँ सम्मिलित हैं।

(ii) **वृहत हिमालय अथवा आंतरिक हिमालय** (Greater Himalayas Or Inner Himalayas) यह हिमालय की सबसे ऊँची श्रेणी है। इस श्रेणी का अधिकांश भाग वर्षभर बर्फ से ढका रहता है। इस भाग में अनेक हिमानियाँ स्थित हैं। अनेक महत्त्वपूर्ण दर्रे भी इस भाग में हैं।

वृहत हिमालय और पीरपंजाल के मध्य विश्व प्रसिद्ध **कश्मीर घाटी** और **डल झील** स्थित हैं। इसी प्रदेश में **बालटोरो** और **सियाचिन** हिमानी नदियाँ भी स्थित हैं।

वृहत हिमालय में **जोजीला दर्रा** (Zojila Pass), पीरपंजाल में **बनिहाल दर्रा**, (Banihal Pass) जास्कर श्रेणी में **फोटुला दर्रा** (Fotula Pass) और लद्दाख श्रेणी में **खार्दुंगला दर्रा** स्थित है। वृहत हिमालय में अलवण जल की झीलें **डल** और **वुलर** एवं लवण जल की झीलें **पाँगांगसो** (Pangong Tso) और **सोमुरीरी** (Tsomoriri) स्थित हैं।

वृहत हिमालय की घाटियों में **भोटिया प्रजाति** के लोग रहते हैं। ये खानाबदोश लोग हैं, जो ग्रीष्म ऋतु में **बुग्याल** (ऊँचाई पर स्थित घास के मैदान) में चले जाते हैं और शरद ऋतु में घाटियों में लौट आते हैं।

(iii) **लघु अथवा मध्य हिमालय** (Lesser Himalaya Or Middle Himalaya) इसे **हिमाचल श्रेणी** (Himachal Region) भी कहा जाता है। इसकी चौड़ाई 60 से 80 किमी होती है। इसमें 3000 से 4500 मी ऊँची शृंखलाएँ स्थित हैं। पीरपंजाल श्रेणी सबसे लंबी है। अनेक महत्त्वपूर्ण दर्रे इस भाग में स्थित हैं, जिसमें **बनिहाल** प्रमुख है।

लघु हिमालय में 1000 से 2000 मीटर ऊँचाई वाले पर्वत ब्रिटिश प्रशासन के लिए मुख्य आकर्षण केंद्र रहे हैं। कुछ महत्त्वपूर्ण पर्वत नगर; जैसे-शिमला, नैनीताल, दार्जिलिंग, धर्मशाला, मसूरी, कसौली, अलमोड़ा, लैंसडाउन और रानीखेत इसी क्षेत्र में स्थित हैं। इस क्षेत्र की महत्त्वपूर्ण स्थलाकृतियाँ **शिवालिक** और **दून** हैं। यहाँ स्थित कुछ महत्त्वपूर्ण दूनों में, चंडीगढ़-कालका का दून, नालागढ़ दून, देहरादून, हरीके दून एवं कोटा दून शामिल हैं। इसमें देहरादून सबसे बड़ी घाटी है, जिसकी लंबाई 35 से 45 किमी और चौड़ाई 22 से 25 किमी है।

(iv) **उप-हिमालय अथवा शिवालिक हिमालय** (Sub-Himalaya or Shivaliks Himalaya) यह लघु हिमालय के दक्षिण में स्थित है। इसे 'बाह्य हिमालय' भी कहा जाता है। **शिवालिक** शब्द की उत्पत्ति देहरादून के निकट शिवाला में पाई जाने वाली भू-गर्भिक रचनाओं से हुई है। शिवालिक हिमालय, हिमालय की तुलना में छोटे आकार की पर्वतीय शृंखला है, जिस कारण इसे उप-हिमालय भी कहा जाता है। इसकी लंबाई 900 से 1100 मी के बीच, चौड़ाई 15 से 50 किमी तथा औसत ऊँचाई 600 मी है।

हिमालय का प्रादेशिक विभाजन

हिमालय का प्रादेशिक विभाजन निम्न है

(i) **पंजाब हिमालय** सिंधु तथा सतलज नदी के मध्य वाले पर्वतीय भाग को पंजाब हिमालय कहते हैं। इसकी लंबाई 560 किमी है। इसका अधिकांश भाग लद्दाख, जम्मू-कश्मीर तथा हिमाचल प्रदेश में पाया जाता है। इस क्षेत्र की सबसे ऊँची चोटी **नंगा पर्वत** (8126 मी) है।

(ii) **कुमाऊँ हिमालय** यह सतलुज तथा काली नदी के मध्य स्थित है। इसकी लंबाई 320 किमी है। यह पंजाब हिमालय की अपेक्षा ऊँचा भाग नहीं है। **नंदा देवी** (7120 मी) इस क्षेत्र की सबसे ऊँची चोटी है।

(iii) **नेपाल हिमालय** यह काली नदी से तिस्ता नदी के मध्य 800 किमी की लंबाई में स्थित है। इसका अधिकांश भाग नेपाल में है। विश्व की सबसे ऊँची पर्वतीय चोटी **माउंट एवरेस्ट** (8848 मी) इसी क्षेत्र में है।

(iv) **असम हिमालय** तिस्ता नदी से ब्रह्मपुत्र नदी तक 750 किमी में असम हिमालय का विस्तार है। यह सिक्किम, असम तथा अरुणाचल प्रदेश में विस्तृत है। यह नेपाल हिमालय की अपेक्षा कम ऊँचा है।

हिमालय के प्रमुख हिमनद

नाम	अवस्थिति	लंबाई	नाम	अवस्थिति	लंबाई
सियाचिन	काराकोरम	72 किमी	गंगोत्री	कुमाऊँ	26 किमी
हिस्फर	काराकोरम	60 किमी	मिलाम	कुमाऊँ	19 किमी
बियाफो	काराकोरम	60 किमी	कंचनजंगा	नेपाल/सिक्किम	16 किमी
बालटोरो	काराकोरम	58 किमी	रूपल	कश्मीर/पंजाब	16 किमी
बाटुरा	काराकोरम	58 किमी	केदारनाथ	कुमाऊँ	14 किमी
खार्दोजीन	काराकोरम	41 किमी	दियामिर	कश्मीर/पंजाब	11 किमी
रिमो	कश्मीर/पंजाब	40 किमी	सोनापानी	कश्मीर/पंजाब	11
पुन्माह	कश्मीर/पंजाब	27 किमी	कोसा	कुमाऊँ	11
जेमू	नेपाल/सिक्किम	26 किमी	–	–	–

उच्चावच पर्वत श्रेणियों के संरेखण के आधार पर विभाजन

- उच्चावच (Relief) पर्वत श्रेणियों के संरेखण (Alignment of Ranges) और दूसरी भू-आकृतियों के आधार पर हिमालय को निम्नलिखित उपखंडों में विभाजित किया जाता है
  - कश्मीर या उत्तरी-पश्चिमी हिमालय
  - हिमाचल और उत्तराखंड हिमालय
  - दार्जिलिंग और सिक्किम हिमालय
  - अरुणाचल हिमालय
  - पूर्वी (पूर्वांचल) पहाड़ियाँ और पर्वत

कश्मीर या उत्तर-पश्चिमी हिमालय

- कश्मीर हिमालय में अनेक पर्वत श्रेणियाँ हैं; जैसे- **काराकोरम**, **लद्दाख**, **जास्कर** और **पीरपंजाल**। कश्मीर हिमालय का उत्तर-पूर्वी भाग एक ठंडा मरुस्थल (Cold Desert) है, जो हिमालय तथा काराकोरम के मध्य स्थित है।
- इसमें **वैष्णो देवी**, **अमरनाथ गुफा** और **चरार-ए-शरीफ** जैसे प्रसिद्ध तीर्थ स्थान भी स्थित हैं। कश्मीर हिमालय में **करेवा** का जमाव पाया जाता है, जहाँ **जाफरान** (केसर) की खेती की जाती है।
- जम्मू और कश्मीर की राजधानी श्रीनगर झेलम नदी के किनारे स्थित है।
- कश्मीर घाटी में झेलम नदी युवा अवस्था में बहती है तथापि नदीय स्थल रूप के विकास में प्रौढ़ावस्था में निर्मित होने वाली विशिष्ट आकृति विसर्पों का निर्माण करती है।
- इस प्रदेश के दक्षिणी भाग में अनुदैर्ध्य घाटियाँ पाई जाती हैं, जिन्हें **दून** कहा जाता है। इनमें **जम्मू-दून** और **पठानकोट-दून** प्रमुख हैं।

हिमाचल और उत्तराखंड हिमालय

- हिमालय का यह भाग पश्चिम में **रावी नदी** और पूर्व में **काली नदी** (घाघरा की सहायक नदी) के मध्य स्थित है।
- यह भारत के दो मुख्य नदी तंत्रों, सिंधु और गंगा द्वारा अपवाहित है। इस प्रदेश के अंदर बहने वाली नदियाँ रावी, व्यास, सतलुज, (सिंधु की सहायक नदियाँ) तथा यमुना और घाघरा (गंगा की सहायक नदियाँ) हैं।
- हिमाचल, हिमालय का सुदूर उत्तरी भाग **लद्दाख** के ठंडे मरुस्थल का विस्तार है और **लाहौल** एवं **स्पीति** जिले के स्पीति उपमंडल में हैं। हिमालय की तीनों मुख्य पर्वत शृंखलाएँ वृहत हिमालय, लघु हिमालय (जिन्हें हिमाचल में धौलाधार और उत्तराखंड में **नागटीभा** कहा जाता है) और उत्तर-दक्षिण दिशा में विस्तृत शिवालिक श्रेणी इसी हिमालय खंड में स्थित हैं।
- चमोली तथा पिथौरागढ़ जिलों में स्थित प्रसिद्ध **फूलों की घाटी** भी इसी पर्वतीय क्षेत्र में स्थित है। **गंगोत्री**, **यमुनोत्री**, **केदारनाथ**, **बद्रीनाथ** और **हेमकुंड साहिब** भी इसी क्षेत्र में स्थित हैं।

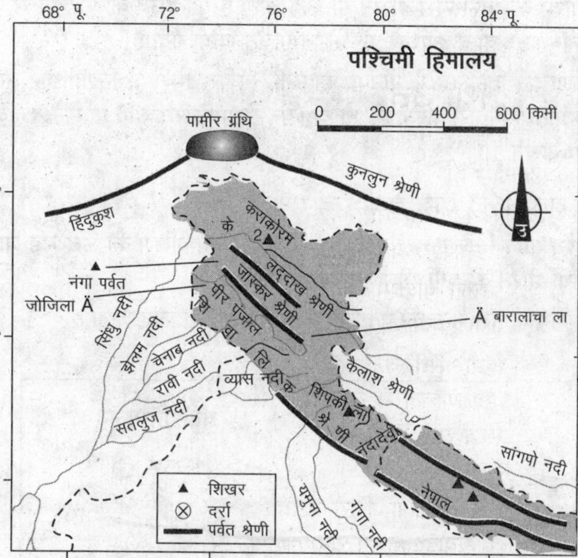

पश्चिमी हिमालय

दार्जिलिंग और सिक्किम हिमालय

- इसके पश्चिम में नेपाल और पूर्व में भूटान हिमालय अवस्थित है। दार्जिलिंग एवं सिक्किम हिमालय में **कंचनजंगा** जैसी ऊँची चोटियाँ स्थित हैं। यहाँ पर तेज बहाव वाली तिस्ता नदी प्रवाहित होती है।
- इन पर्वतों के उत्तरी ऊँचे शिखरों पर लेपचा (Lepcha) जनजाति और दक्षिणी भाग (विशेष रूप से दार्जिलिंग हिमालय) में मिश्रित जनसंख्या है, जिसमें नेपाली, बंगाली और अन्य जनजातियाँ अधिवासित हैं।
- यहाँ की प्राकृतिक दशाओं; जैसे-मध्यम ढाल, गहरी व जीवाश्मयुक्त मिट्टी, अधिक वर्षा तथा मंद शीत ऋतु का लाभ उठाकर अंग्रेजों ने यहाँ चाय के बागान लगाए।
- इस क्षेत्र में **दुआर** स्थलाकृति पाई जाती है, जिसका प्रयोग चाय बागानों के लिए किया जाता है। यहाँ पर वनस्पति जात, प्राणि जात तथा आर्किड भी पाए जाते हैं।

अरुणाचल हिमालय

- अरुणाचल हिमालय का विस्तार भूटान हिमालय से लेकर पूर्व में दिफू दर्रे तक है, इसकी दिशा दक्षिण-पूर्व से उत्तर-पूर्व है, इसकी प्रमुख चोटियाँ **कांगतु** और **नामचा बरवा** हैं।
- ब्रह्मपुत्र नदी नामचा बरवा को पार करने के बाद गहरे गॉर्ज का निर्माण करती है।

- यहाँ पर **कामेंग**, **सुबनसरी**, **दिहांग**, **दिबांग** और **लोहित नदियाँ** बहती हैं। ये बारहमासी नदियाँ हैं और बहुत से जलप्रपात बनाती हैं, इसलिए यहाँ जल विद्युत उत्पादन की क्षमता अधिक है। यह क्षेत्र जैव विविधता की दृष्टि से समृद्ध है।
- इस भाग में पहाड़ियों की दिशा उत्तर से दक्षिण है। यहाँ पटकाई बूम, नागा पहाड़ियाँ, मणिपुर पहाड़ियाँ, मिजो या लुशाई आदि पहाड़ियाँ स्थित हैं।
- बराक नदी मणिपुर और मिजोरम की प्रमुख नदी है। मणिपुर घाटी के मध्य में एक झील है, जिसे **लोकटक झील** कहा जाता है।
- मिजोरम को **मोलेसिस बेसिन** भी कहा जाता है। हिमालय को पश्चिम से पूर्व तक स्थित क्षेत्रों के आधार पर भी विभाजित किया गया है।
- अरुणाचल हिमालय में मोनपा, डाफला, अबोर, मिशमी, निशी और नागा जनजातियाँ निवास करती हैं, जो यहाँ पर **स्थानांतरित कृषि** या **स्लैश** व **बर्न कृषि** करती हैं।

पूर्वी (पूर्वांचल) पहाड़ियाँ एवं पर्वत

- **दिहांग गॉर्ज** (अरुणाचल प्रदेश) के बाद हिमालय दक्षिण की ओर मुड़ जाता है तथा भारत की पूर्वी सीमा का निर्धारण करता है।
- हिमालय के इस भाग को पूर्वी या पूर्वांचल पहाड़ियाँ कहा जाता है।

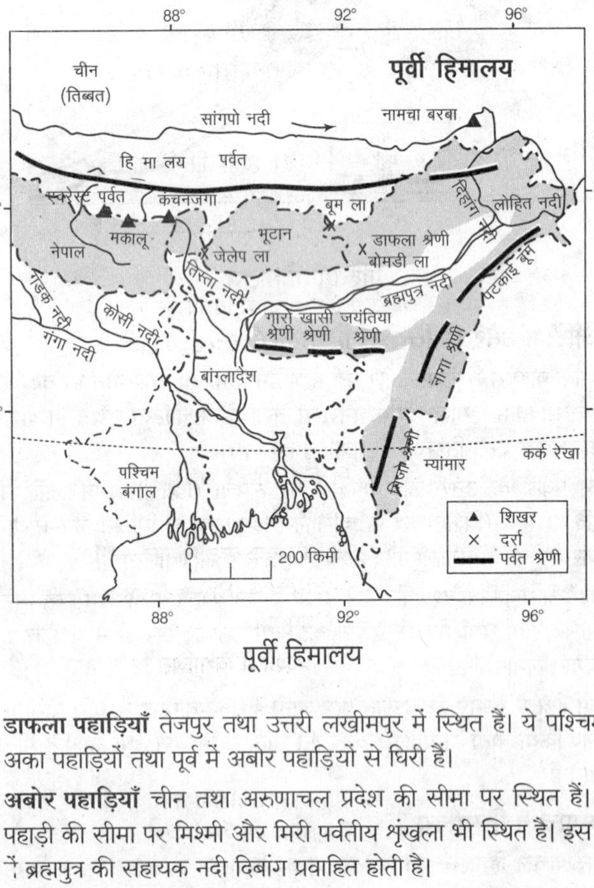

पूर्वी हिमालय

- **डाफला पहाड़ियाँ** तेजपुर तथा उत्तरी लखीमपुर में स्थित हैं। ये पश्चिम में अका पहाड़ियों तथा पूर्व में अबोर पहाड़ियों से घिरी हैं।
- **अबोर पहाड़ियाँ** चीन तथा अरुणाचल प्रदेश की सीमा पर स्थित हैं। इस पहाड़ी की सीमा पर मिश्मी और मिरी पर्वतीय शृंखला भी स्थित है। इस क्षेत्र में ब्रह्मपुत्र की सहायक नदी दिबांग प्रवाहित होती है।
- **पटकाई बूम पहाड़ियाँ** भारत तथा म्यांमार की सीमा में विस्तृत हैं। यहाँ स्थित गहरी घाटियाँ अपने तीव्र ढाल के लिए जानी जाती हैं।
- पूर्वी तथा पूर्वांचल की पहाड़ियाँ जैव विविधता के क्षेत्र में महत्त्वपूर्ण भूमिका निभाती हैं, इन क्षेत्रों में विश्व में सर्वाधिक वर्षा होती है।
- इस क्षेत्र में डाफला, अबोर, मिश्मी, पटकाई बूम, नागा, मणिपुर, गारो खासी, जयंतिया तथा मिजो पहाड़ियाँ स्थित हैं।

हिमालय का देशांतरीय विभाजन

हिमालय का देशांतरीय विभाजन (Longitudinal Division) दो भागों में हुआ है

- **पश्चिमी हिमालय** इसका विस्तार लद्दाख, जम्मू कश्मीर, हिमाचल प्रदेश तथा उत्तराखंड में है। यह हिमालय का मुख्य भाग है। अत्यधिक वलन के कारण इस भाग में हिमालय की सभी पर्वत श्रेणियों का स्पष्ट तथा विस्तृत रूप परिलक्षित होता है।
- **पूर्वी हिमालय** यह मुख्य हिमालय के पूर्व में स्थित है। अरुणाचल, नागालैंड, त्रिपुरा, मिजोरम, पूर्वी असम इत्यादि में यह भाग विस्तृत है। पूर्वी हिमालय द्वारा भारत तथा म्यांमार की सीमा का निर्धारण होता है।

हिमालय में स्थित प्रमुख दर्रे

दर्रे (मी)	संबद्ध क्षेत्र	अवस्थिति
अघिल (4779)	लद्दाख एवं सिनकियांग (चीन)	काराकोरम श्रेणी
बनिहाल (2832 जवाहर सुरंग)	जम्मू और श्रीनगर	पीरपंजाल श्रेणी
बाड़ालाचा-ला (5045)	मनाली एवं लेह	हिमाचल प्रदेश
बुर्जिल (4199)	कश्मीर एवं मध्य एशिया	जास्कर श्रेणी
जोजिला (3850)	श्रीनगर-कारगिल एवं लेह	वृहत हिमालय
बोमडीला (2217)	अरुणाचल प्रदेश-तिब्बत	अरुणाचल प्रदेश
चांग ला (5270)	लद्दाख-तिब्बत	महान हिमालय
देवसा (5340)	कुल्लू-स्पीति (हिमाचल प्रदेश)	हिमाचल प्रदेश
दिहांग (4353)	अरुणाचल प्रदेश-म्यांमार	अरुणाचल प्रदेश
दिफू (4353)	अरुणाचल प्रदेश-म्यांमार	अरुणाचल प्रदेश
काराकोरम (5575)	लद्दाख-सिनकियांग (चीन)	काराकोरम श्रेणी
खार्दुंगला (5359)	लेह-सियाचिन हिमनद	लद्दाख
रोहतांग (3979)	कुल्लू-स्पीति	हिमाचल प्रदेश
लिपु लेख	उत्तराखंड-तिब्बत	उत्तराखंड
नीति (5068)	उत्तराखंड-तिब्बत (मानसरोवर)	उत्तराखंड
पांगला (5205)	उत्तराखंड-तिब्बत	उत्तराखंड
माना (5611)	उत्तराखंड-तिब्बत	उत्तराखंड
शिपकीला (6000)	हिमाचल प्रदेश-तिब्बत	हिमाचल प्रदेश
नाथुला (4310)	सिक्किम-ल्हासा (तिब्बत)	सिक्किम
जेलेप ला (4538)	गंगटोक-ल्हासा (तिब्बत)	सिक्किम
लिखापानी (4000)	अरुणाचल प्रदेश-म्यांमार	अरुणाचल प्रदेश

हिमालय के प्रमुख शिखर

शिखर	देश	ऊँचाई (मी)	शिखर	देश	ऊँचाई (मी)
माउंट एवरेस्ट	नेपाल	8848	अन्नपूर्णा	नेपाल	8078
कंचनजंगा	भारत	8598	नंदादेवी	भारत	7817
मकालू	नेपाल	8481	कामेट	भारत	7756
धौलागिरि	नेपाल	8172	नामचा बरवा	भारत	7756
नंगापर्वत	भारत	8126	गुरु मंधाता	नेपाल	7728

2. उत्तरी भारत का मैदान

- यह मैदान मूलत: सिंधु गंगा और ब्रह्मपुत्र नदियों द्वारा बहाकर लाए गए जलोढ़ निक्षेप (Alluvial Deposits) से निर्मित हुआ है।
- इसकी पूर्व से पश्चिम की लंबाई 3200 किमी और इसकी औसत चौड़ाई 150 से 300 किमी है।
- जलोढ़ विक्षेप की अधिकतम गहराई 1000-2000 मी है। इस मैदान का विस्तार लगभग 7 लाख वर्ग किमी के क्षेत्र पर है। गंगा के मैदान का विस्तार **घग्घर** तथा **तिस्ता** नदियों के मध्य है।
- पंजाब के मैदान का निर्माण सिंधु और इसकी सहायक नदियों के निक्षेप से हुआ है।
- सहायक नदियों में चिनाब, झेलम, रावी, व्यास एवं सतलुज प्रमुख हैं। पंजाब मैदान को **दोआब का मैदान** भी कहा जाता है।
- **ब्रह्मपुत्र के मैदान** का विस्तार मुख्यत: असम में पाया जाता है।
- उत्तर-भारत में प्रवाहित होने वाली नदियाँ अपने मुहाने पर विश्व के सबसे वृहद् डेल्टा का निर्माण करती हैं, जिसे **सुंदरबन डेल्टा** कहा जाता है।
- उत्तर के मैदान को मुख्यत: तीन भागों में बाँट सकते हैं- **भाबर**, **तराई** और **जलोढ़** मैदान।
  - **भाबर** (Bhabar) इस मैदान की चौड़ाई 8 से 10 किमी है और यह **शिवालिक गिरिपाद** के समांतर फैली है। यहाँ पर प्रवाहित होने वाली नदियाँ बड़ी मात्रा में पत्थर, कंकड, बजरी आदि लाकर जमा कर देती हैं और इसी में लुप्त हो जाती है, इसका विस्तार सिंधु नदी से तिस्ता नदी तक है।
  - **तराई** (Tarai) भाबर के दक्षिण में तराई क्षेत्र है। इस प्रदेश की चौड़ाई 10 से 20 किमी है। यह क्षेत्र **अनूप क्षेत्र** कहलाता है, क्योंकि यहाँ पर प्राकृतिक वनस्पति का आवरण अधिक होता है। यहाँ प्रवाहित होने वाली नदियाँ धरातल पर दिखाई देती हैं।
  - **जलोढ़** (Alluvial) यह मैदान तराई क्षेत्र के दक्षिण में स्थित है। उत्तरी मैदान का सबसे विशालतम भाग पुराने जलोढ़ का बना है। इस मैदान में नदी द्वारा अपरदनात्मक (Erosional) और निक्षेपणात्मक स्थलाकृतियों (Depositional Landform) का निर्माण किया जाता है; जैसे-बालू रोधिका, विसर्प, गोखुर झील और गुंफित नदियाँ। जलोढ़ मैदान को दो भागों में बाँटा जाता है- **खादर** और **बाँगर** मैदान।
  - उत्तरी मैदान में पुराने जलोढ़ निक्षेप को **बाँगर मैदान** कहा जाता है। इसकी मृदा में चूना निक्षेप पाए जाते हैं। बाढ़ वाले मैदानों के नए तथा युवा निक्षेपों को **खादर** कहा जाता है।

उत्तर भारतीय मैदान का प्रादेशिक प्रतिरूप

पश्चिम में राजस्थान से लेकर पूर्व में असम तक विशाल उत्तर भारतीय मैदान के उच्चावच में प्रादेशिक भिन्नताएँ पाई जाती हैं, इस दृष्टिकोण से इसे पश्चिम से पूर्व की ओर निम्न भागों में विभाजित किया जाता है

राजस्थान का मैदान (सिंध का मैदान)

इसका विस्तार मुख्य रूप से राजस्थान के पश्चिम भाग में अरावली पहाड़ियों से भारत-पाकिस्तान की सीमा तक है। इस मैदान को दो भागों में विभाजित किया जाता है

पंजाब-हरियाणा का मैदान

- इस मैदान का निर्माण सतलुज, व्यास तथा रावी नदियों के निक्षेप से हुआ है। दिल्ली कटक (Delhi Ridge), इसे गंगा के मैदान से अलग करता है।
- यह दोआबों का बना मैदान है। दो नदियों के बीच के क्षेत्र को **दोआब** (Doab) कहते हैं।
- इस मैदान में पाँच दोआब हैं
  (i) विस्त दोआब (व्यास और सतलुज के बीच)
  (ii) बारी दोआब (व्यास और रावी के बीच)
  (iii) चाज दोआब (चिनाब और झेलम के बीच)
  (iv) रेचना दोआब (रावी और चेनाब के बीच)
  (v) सिंध सागर दोआब (झेलम-चिनाब तथा सिंधु के बीच)

गंगा का मैदान

- इस मैदान की लंबाई 1400 किमी है। 330 किमी की चौड़ाई में यह शिवालिक पर्वतमाला से प्रायद्वीपीय उच्च भूमि के मध्य विस्तृत है।
- गंगा का मैदान उत्तर प्रदेश, बिहार तथा पश्चिम बंगाल में विस्तृत है। इसका डेल्टाई भाग पश्चिम बंगाल तथा बांग्लादेश में स्थित है। यह विश्व का सबसे बड़ा डेल्टा है। गंगा के मैदान को तीन भागों में विभाजित किया जाता है
  (i) ऊपरी गंगा का मैदान (ii) मध्य गंगा का मैदान
  (iii) निम्न गंगा का मैदान

ब्रह्मपुत्र का मैदान

- ब्रह्मपुत्र का मैदान देश के पूर्वोत्तर भाग में है। यह ब्रह्मपुत्र तथा सहायक नदियों द्वारा अपवाहित पदार्थों से निर्मित है।
- ढाल प्रवणता कम होने के कारण ब्रह्मपुत्र एक गुंफित नदी (Braided River) हो गई है, जिसमें अनेक नदीय द्वीप (River Island) बन गए हैं। **माजुली** विश्व का सबसे बड़ा नदीय द्वीप है।
- ब्रह्मपुत्र द्वारा असम घाटी को दो उप-प्रदेशों में विभाजित किया गया है
  (i) ऊपरी असम घाटी (ii) निचली असम घाटी

3. प्रायद्वीपीय पठार

- प्रायद्वीपीय पठार (Peninsular Plateau) **गोंडवाना भूमि** का भाग है और इसका निर्माण प्राचीन क्रिस्टलीय आग्नेय एवं रूपांतरित शैलों से हुआ है। यह प्राचीनतम भू-भाग है, जिसकी ऊँचाई 600 से 900 मीटर है।
- इस प्रायद्वीपीय पठार का विस्तार उत्तर-पश्चिम में **दिल्ली कटक** (अरावली विस्तार), पूर्व में **राजमहल पहाड़ियों**, पश्चिम में **गिर पहाड़ियों** और दक्षिण में **इलायची** (कार्डमम) **पहाड़ियों** तक है। उत्तर-पूर्व में **शिलांग** तथा **कार्बी ऐंगलांग** पठार पर भी इसी का विस्तार है।

- यह पठार अनेक पठारों से मिलकर बना है; जैसे- हजारीबाग पठार, पलामु पठार, राँची पठार, मालवा पठार, कोयंबटूर पठार और कर्नाटक पठार।
- यह पठार भारत के प्राचीनतम एवं स्थिर भू-भागों में से एक है। सामान्यत: प्रायद्वीप की ऊँचाई पश्चिम से पूर्व की ओर कम होती जाती है, जिसका प्रमाण यहाँ की नदियों के बहाव की दिशा से मिलता है।
- इस पठार के पश्चिमी और उत्तर-पश्चिमी भाग में मुख्य रूप से काली मिट्टी पाई जाती है।
- इस क्षेत्र में कुछ प्रमुख स्थलाकृतियों में टॉर ब्लॉक पर्वत, भ्रंश घाटियाँ, स्कंध पर्वत, नग्न चट्टान संरचना, टेकरी पहाड़ियाँ शृंखला और क्वार्ट्जाइट भित्तियाँ प्रमुख हैं, जो प्राकृतिक जल संग्रह केंद्र हैं।
- इस पठार के उत्तर-पश्चिम भाग में नदी खड्ड और महाखड्ड जैसी आकृतियों को **चंबल**, **भिंड** और **मोरैना खड्ड** कहा जाता है।
- मुख्य उच्चावच के आधार पर प्रायद्वीपीय पठार को तीन भागों में बाँटा जाता है

1. दक्कन का पठार
2. मध्य उच्च भू-भाग
3. उत्तर-पूर्वी पठार

दक्कन का पठार

- दक्कन का पठार एक त्रिभुजाकार भू-भाग है, जो नर्मदा के दक्षिण में स्थित है। उत्तर में इसके चौड़े आधार पर सतपुड़ा की शृंखला है, जबकि महादेव, मैकाल तथा कैमूर इसका पूर्वी विस्तार है।
- इस पठार के पश्चिम में **पश्चिमी घाट**, पूर्व में **पूर्वी घाट** और उत्तर में **सतपुड़ा**, **मैकाल** और **महादेव पहाड़ियाँ** हैं।
- पश्चिमी घाट की औसत ऊँचाई लगभग 1500 मी है, जो उत्तर-दणिण में विस्तृत है। पश्चिमी घाट को स्थानीय रूप से महाराष्ट्र में **सह्याद्रि**, कर्नाटक और तमिलनाडु में **नीलगिरि** और केरल में **अन्नामलाई** तथा **इलायची** (कार्डामम) **पहाड़ियाँ** कहते हैं।
- प्रायद्वीपीय पठार की सबसे ऊँची चोटी **अनाईमुडी** (2695 मी) है, जो अन्नामलाई पहाड़ी में स्थित है, इसकी दूसरी सबसे ऊँची चोटी **दोद्दाबेटा** (2633 मी) है। यह नीलगिरि की पहाड़ियों में स्थित है।
- अधिकांश प्रायद्वीपीय नदियों की उत्पत्ति पश्चिमी घाट से होती है।
- पूर्वी घाट की सबसे ऊँची चोटी **महेंद्रगिरि** (1500 मी) है।
- पूर्वी घाट का विस्तार महानदी घाटी से दक्षिण में नीलगिरी तक है।
- यहाँ की प्रमुख पहाड़ियों में **शेवरॉय**, **जावादी**, **पालकोंडा**, **नल्लामाला पहाड़ियाँ** और **महेंद्रगिरि** प्रमुख हैं।
- पूर्वी और पश्चिमी घाट में नीलगिरि पहाड़ियाँ आपस में मिलती हैं।
- पश्चिमी घाट में **थाल घाट**, **भोर घाट** (महाराष्ट्र) और **पाल घाट** (केरल) दर्रे स्थित हैं।

मध्य उच्च भू-भाग

- पश्चिमी अरावली पर्वत मध्य उच्च भू-भाग की सीमा बनाता है, इसके दक्षिण में सतपुड़ा पर्वत है।
- समुद्रतल से मध्य उच्च भू-भाग की ऊँचाई 700 से 1000 मी के बीच है और उत्तर तथा उत्तर-पूर्व में इसकी ऊँचाई कम होती चली जाती है। ये अवशिष्ट पर्वतों के भाग हैं। ये दक्कन पठार की उत्तरी सीमा बनाते हैं।
- पर्वतीय पठार के इस भाग का विस्तार जैसलमेर तक है, जहाँ यह अनुदैर्ध्य रेत के टिब्बों और चापाकार (बरखान) रेतीले टिब्बों से ढके हैं।
- मध्य उच्च भू-भाग का पूर्वी विस्तार राजमहल की पहाड़ियों तक है, जिसके दक्षिण में स्थित छोटानागपुर खनिजों का विशाल भंडार है।
- इस क्षेत्र में **चंबल**, **सिंध**, **बेतवा** व **केन नदियाँ** दक्षिण-पश्चिम से उत्तर-पूर्व की ओर प्रवाहित होती हैं। इस पठार के पूर्वी विस्तार को स्थानीय रूप से **बुंदेलखंड** तथा **बघेलखंड** के नाम से जाना जाता है।
- **मालवा का पठार** विंध्याचल पर्वत के उत्तर-पश्चिम में त्रिभुजाकार आकृति में विस्तृत है। यह ग्रेनाइट की चट्टानों से बना है। इस पठार का पूर्व में विस्तार **दामोदर नदी** द्वारा अपवाहित छोटानागपुर पठार (झारखंड) तक है।

उत्तर-पूर्वी पठार

- यह प्रायद्वीपीय पठार का ही विस्तारित भाग है। यह राजमहल पहाड़ियों और मेघालय पठार के मध्य भ्रंश घाटी बनने से अलग हो गया।
- मेघालय पठार में निवास करने वाली जनजातियों के नाम के आधार पर इसे तीन भागों में बाँटा गया है; जैसे- **गारो पहाड़ियाँ**, **खासी पहाड़ियाँ** और **जयंतिया पहाड़ियाँ**। असम में स्थित कार्बी ऐंगलांग पहाड़ियों पर भी इसी का विस्तार है।
- मेघालय पठार में कोयला, लोहा, सिलीमेनाइट, चूने के पत्थर और यूरेनियम जैसे खनिज पाए जाते हैं।
- इस क्षेत्र में अधिकांश वर्षा दक्षिण-पश्चिमी मानसून से होती है। मेघालय का पठार एक अति अपरदित भूतल है।

4. भारतीय मरुस्थल

- विशाल भारतीय मरुस्थल (Desert) अरावली पहाड़ियों से उत्तर-पश्चिम में स्थित है। यहाँ पर बहुत से अनुदैर्ध्य रेतीले टीले और बरखान पाए जाते हैं। यहाँ पर वार्षिक वर्षा 150 मिलीमीटर तक होती है। यह क्षेत्र शुष्क और वनस्पति रहित है।
- इन्हीं स्थलाकृतिक गुणों के कारण इसे **मरुस्थली** के नाम से जाना जाता है। इस क्षेत्र की सबसे बड़ी नदी **लूनी** है।
- मेसोजोइक काल में यह क्षेत्र समुद्र का भाग था। यहाँ की प्रमुख स्थलाकृतियों में **स्थानांतरी रेतीले टीले**, **छत्रक चट्टानें** और **मरु उद्यान** हैं। यहाँ पर **प्लाया झीलें** पाई जाती हैं, जिनका पानी खारा होता है और इनसे नमक निर्मित किया जाता है।
- ढाल के आधार पर मरुस्थल को दो भागों में बाँटा जा सकता है- सिंध की ओर ढाल वाला उत्तरी भाग और कच्छ के रन की ओर ढाल वाला दक्षिणी भाग।

5. तटीय मैदान

स्थिति और सक्रिय भू-आकृतिक प्रक्रियाओं के आधार पर तटीय मैदान (Coastal Plain) को दो भागों में बाँटा जा सकता है-पश्चिमी तटीय मैदान तथा पूर्वी तटीय मैदान।

पश्चिमी तटीय मैदान

- पश्चिमी तट, पश्चिमी घाट और अरब सागर के मध्य स्थित एक संकीर्ण मैदान है। यह एक जलमग्न तटीय मैदान का उदाहरण है। पौराणिक शहर द्वारका जो किसी समय पश्चिमी तट पर स्थित था अब पानी में डूब चुका है।
- यह एक संकीर्ण पट्टी है, जो पत्तनों एवं बंदरगाहों के विकास के लिए प्राकृतिक परिस्थितियाँ प्रदान करती है।

- इस मैदान के उत्तरी भाग को **कोंकण** (मुंबई तथा गोवा), मध्य भाग को **कन्नड़ मैदान** एवं दक्षिणी भाग को **मालाबार तट** कहा जाता है।
- इस तट पर स्थित प्राकृतिक बंदरगाहों में कांडला, मझगाँव, जे एल न्हावाशेवा, मर्मागाओ, मैंगलोर और कोचीन प्रमुख हैं।
- उत्तर में गुजरात तट से दक्षिण में केरल तट तक विस्तृत पश्चिमी तटीय मैदान को गुजरात का कच्छ और काठियावाड़ तट, महाराष्ट्र का कोंकण तट और गोवा तट, कर्नाटक तथा केरल के क्रमश: मालाबार तट में विभाजित किया गया है।
- पश्चिमी तटीय मैदान मध्य में संकरे, किंतु उत्तर एवं दक्षिण में चौड़े हैं। इस तटीय मैदान में प्रवाहित होने वाली नदियाँ डेल्टा नहीं बनाती हैं।
- इस तटीय मैदान में बहने वाली नदियाँ **एश्चुअरी** बनाती हैं।
- मालाबार तट की विशेष स्थलाकृति को **कयाल** कहा जाता है। यह मछली पकड़ने और अंत: स्थलीय नौकायन के लिए प्रसिद्ध है।
- केरल में प्रतिवर्ष नेहरू ट्रॉफी **वलामकल्ली** (नौका दौड़) का आयोजन **पुन्नामदा कयाल** में किया जाता है।

पूर्वी तटीय मैदान

- यह तट चौड़ा एवं उभरा हुआ है। पूर्व की ओर बहने वाली नदियाँ यहाँ पर डेल्टा का निर्माण करती हैं। यहाँ प्रवाहित होने वाली प्रमुख नदियों में **महानदी**, **गोदावरी**, **कृष्णा** और **कावेरी** हैं।
- पूर्वी तट को उत्तरी भाग में **उत्तरी सरकार** और दक्षिणी भाग को **कोरोमंडल तट** कहा जाता है।
- **चिल्का झील** (ओडिशा) पूर्वी तट पर स्थित एक महत्त्वपूर्ण झील है। पूर्वी तट के उभरा होने के कारण यहाँ पर पत्तनों और पोताश्रयों का विकास कम हुआ है।

6. द्वीप समूह

- भारत में दो द्वीप समूह हैं- एक बंगाल की खाड़ी में और दूसरा अरब सागर में। बंगाल की खाड़ी के द्वीप समूह में लगभग 572 द्वीप हैं। ये द्वीप 6° उत्तर से 14° उत्तर और 92° पूर्व से 94° पूर्व के बीच स्थित हैं। **रीची द्वीप समूह** और **लबरींथ द्वीप** यहाँ के दो प्रमुख द्वीप समूह हैं।
- बंगाल की खाड़ी में स्थित द्वीप को **अंडमान एवं निकोबार द्वीप समूह** कहते हैं। अंडमान द्वीप उत्तर में और निकोबार द्वीप दक्षिण में स्थित है। यह द्वीप समुद्र में जलमग्न पर्वतों का भाग है।
- **बैरन आइलैंड** नामक भारत का एकमात्र जीवंत ज्वालामुखी भी निकोबार द्वीप समूह में स्थित है। इस द्वीप समूह की प्रमुख चोटियों में **सैडल चोटी** (उत्तरी अंडमान 738 मी), **माउंट डियोवेली** (मध्य अंडमान-515 मी), **माउंट कोयोब** (दक्षिणी अंडमान 460 मी) और **माउंट थुईल्लर** (ग्रेट निकोबार 642 मी) शामिल हैं।
- **अरब सागर के द्वीप समूह** में **लक्षद्वीप** और **मिनिकॉय** प्रमुख हैं। ये द्वीप 80° उत्तर से 12° उत्तरी अक्षांश और 71° पूर्व से 74° पूर्वी देशांतर के मध्य विस्तारित हैं। ये द्वीप केरल तट से 280 से 480 किमी दूर स्थित हैं।
- संपूर्ण द्वीप समूह प्रवालों के निक्षेप से बना है। यहाँ 36 द्वीप हैं, जिनमें से 11 पर मानव आवास है। लक्षद्वीप को पहले **लकादीव**, मिनीकाय एवं **चमीनदीव** के नाम से जाना जाता था। वर्ष 1973 में इसका नाम **लक्षद्वीप** रखा गया है। इसका क्षेत्रफल 32 वर्ग किमी है। **कवारत्ती** द्वीप लक्षद्वीप का प्रशासनिक मुख्यालय है।
- मिनिकॉय सबसे बड़ा द्वीप है, जिसका क्षेत्रफल 453 वर्ग किमी है। सम्पूर्ण द्वीप समूह 11 डिग्री चैनल द्वारा दो भागों में विभाजित है- उत्तर में **अमीनी द्वीप** और दक्षिण में **कनानोरे द्वीप**।
- **पिटली द्वीप** पर एक पक्षी अभयारण्य है और यहाँ मनुष्य का आवास नहीं है।

अतिरिक्त तथ्य
तमिलनाडु बोर्ड एवं NIOS

- भारत भौतिक विविधता का देश है। यहाँ लगभग सभी प्रकार की भू-आकृतियाँ पाई जाती हैं। एक अनुमान के अनुसार भारत के कुल क्षेत्रफल के **29.3%** भाग पर पर्वत, **27.7%** भाग पर पठार तथा **43%** भाग पर मैदान पाए जाते हैं।
- **हिमाद्री** (सर्वोच्च हिमालय) श्रेणी के पश्चिमी छोर पर नंगापर्वत शिखर (8126 मी) तथा पूर्वी छोर पर नामचाबरवा शिखर (7756 मी) है। इस श्रेणी की समुद्र तल से औसत ऊँचाई लगभग **6100 मी** है।
- संसार की सबसे ऊँची पर्वत चोटी **एवरेस्ट** (8848 मी) इसी पर्वत श्रेणी में स्थित है। **कंचनजंगा** (8598 मी), मकालू, **धौलागिरी** तथा **अन्नपूर्णा** आदि हिमाद्री की अन्य चोटियाँ हैं, जिनकी ऊँचाई **8000 मी** से अधिक है। कंचनजंगा भारत में हिमालय का सर्वोच्च शिखर है।
- ट्रांस हिमालय में स्थित श्रेणियों में काराकोरम सबसे उत्तर में, लद्दाख मध्य में तथा जास्कर सबसे दक्षिण में स्थित है। संस्कृत साहित्य में काराकोरम को **कृष्णगिरि** कहा गया है। इस पर्वत श्रेणी का पर्वत शिखर **K2** (8611 मी) एवरेस्ट के बाद विश्व का दूसरा सबसे ऊँचा पर्वत शिखर है।
- हिमालय का विस्तार लगभग **5 लाख वर्ग किमी** में है। बह्मपुत्र गार्ज के पास भारत के उत्तर-पूर्वी राज्यों में विस्तृत पहाड़ियों का सम्मिलित नाम पूर्वांचल है। इन पहाड़ियों की समुद्र तल से औसत ऊँचाई **500 से 3000** मी तक है।
- उत्तर का विशाल मैदान हिमालय के दक्षिण तथा भारतीय विशाल पठार के उत्तर में पश्चिम से पूर्व तक विस्तृत है। यह मैदान पश्चिम में राजस्थान के शुष्क तथा अर्धशुष्क भागों से लेकर पूर्व में ब्रह्मपुत्र नदी घाटी तक विस्तृत है।
- उत्तरी विशाल मैदान की समुद्र तल से औसत ऊँचाई लगभग 200 मी है। समुद्र तल की ओर मंद ढाल के कारण इस मैदान की नदियाँ बहुत धीमी गति से प्रवाहित होती हैं। यह भाग पूर्व के **गंगा** तथा पश्चिम में **सतलुज** नदी घाटियों के मध्य जल विभाजक का कार्य करता है।
- **पश्चिमी मैदान** में राजस्थान का मरुस्थली भाग तथा अरावली श्रेणी का पश्चिमी बांगर क्षेत्र सम्मिलित है। **उत्तरी मध्य मैदान** पंजाब, हरियाणा तथा उत्तर प्रदेश में विस्तृत है।
- **पूर्वी मैदान** गंगा की मध्य एवं निचली घाटियों में विस्तृत है, जबकि ब्रह्मपुत्र का मैदान असम एवं पूर्वोत्तर के अन्य राज्यों में विस्तृत है।
- उत्तरी विशाल मैदान के दक्षिण में भारतीय विशाल पठार विस्तृत है। यह हमारे देश का सबसे बड़ा भौतिक भू-भाग है। इसका क्षेत्रफल लगभग 16 लाख वर्ग किमी है।
- नर्मदा नदी ने विशाल भारतीय पठार को दो भागों में विभाजित कर दिया है। नर्मदा नदी के उत्तरी भाग को मध्यवर्ती उच्चभूमि तथा दक्षिणी भाग को प्रायद्वीपीय पठार कहते हैं। इस भाग का अधिक प्रचलित नाम **दक्कन का पठार** है।
- प्रायद्वीपीय पठार (दक्कन का पठार) भारतीय विशाल पठार का सबसे बड़ा भू-आकृतिक भाग है। इस पठार की आकृति **त्रिभुज** के समान तथा क्षेत्रफल लगभग **7 लाख वर्ग किमी** है।
- पूर्वी तटीय मैदान उत्तर में गंगा नदी के मुहाने से लेकर कन्याकुमारी तक बंगाल की खाड़ी के सहारे विस्तृत है।
- पश्चिमी तटीय मैदान की तुलना में यह अधिक चौड़ा है, जबकि पश्चिमी तटीय मैदान उत्तर में कच्छ के तट से लेकर दक्षिण में कन्याकुमारी तक अरब सागर के साथ-साथ विस्तृत है।

अपवाह तंत्र

(स्रोत)

Class-IX New NCERT Chap 3 अपवाह,
Class-XI New NCERT Chap 3 अपवाह तंत्र
Class-XII Old NCERT, Chap 2 उच्चावच एवं अपवाह

निश्चित वाहिकाओं के माध्यम से हो रहे जलप्रवाह को **अपवाह** (Drainage) कहते हैं। इन वाहिकाओं के जल को **अपवाह तंत्र** (Drainage System) कहा जाता है।

अपवाह प्रतिरूप

किसी नदी बेसिन में प्रवाह रेखा जाल के दृश्य स्वरूप को अपवाह प्रतिरूप (Drainage Pattern) कहते हैं।

भारत में भौगोलिक विषमताओं के कारण निम्न प्रवाह-प्रतिरूप अस्तित्व में हैं

- **पूर्ववर्ती अपवाह** (Antecedent Drainage) यह अपवाह प्रणाली उन नदियों द्वारा निर्मित है, जो हिमाचल के उत्थान से पहले प्रवाहित थीं। इन नदियों में सिंधु, सतलज, ब्रह्मपुत्र, अरुण इत्यादि नदियाँ शामिल हैं।
- **अध्यारोपित अपवाह** (Superimposed Drainage) इस अपवाह का निर्माण सर्वप्रथम ऊपरी आवरण पर होता है। निम्न कटाव द्वारा नदी अपनी निर्मित घाटी का विस्तार तथा विकास निचली संरचना पर करती है। सोन, सुवर्णरेखा, बनास इत्यादि अध्यारोपित (Superimposed) नदियाँ हैं।
- **अनुगामी अपवाह** (Consequent Drainage) इस प्रकार की नदियाँ धरातलीय ढाल तथा संरचना के अनुसार बहती हैं। अधिकांश प्रायद्वीपीय नदियाँ इस प्रकार के अपवाह प्रतिरूप का निर्माण करती हैं।
- **परवर्ती अपवाह** (Subsequent Drainage) अनुवर्ती नदियों के बाद उत्पन्न तथा कटकों (Ridges) के अक्षों का अनुसरण करने वाली नदियाँ परवर्ती अपवाह निर्मित करती हैं। चंबल, केन, बेतवा, सोन इत्यादि नदियाँ गंगा, यमुना से समकोण पर मिलती हैं।
- **खंडित अपवाह** (Braided Pattern) हिमालय के बाढ़ प्रदेश में उतरने वाली अनेक नदियाँ भाबर में लुप्त हो जाती हैं तथा पुन: धरातल पर प्रकट होती हैं। डेल्टा के निकट नदियाँ अनेक धाराओं में विभाजित होती हैं।
- **अंत: स्थलीय अपवाह** (Inland Drainage) ऐसी नदियाँ सागर तट तक नहीं पहुँच पाती हैं। राजस्थान में लूनी, रूपनारायण, मेढ़ा, जोजरी तथा सुकरी इस प्रकार के 'अपवाह प्रारूप' का निर्माण करती हैं।
- **समानांतर अपवाह** (Parallel Drainage) इस अपवाह प्रारूप के अंतर्गत नदियाँ एक-दूसरे के समानांतर प्रवाहित होती हुई प्रादेशिक ढाल का अनुसरण करती हैं। गंगा के ऊपरी मैदान में समानांतर प्रवाह पाया जाता है।
- **आयताकार अपवाह** (Rectangular Drainage) यह अपवाह प्रतिरूप उस दौरान बनता है, जब सहायक नदियाँ मुख्य नदी के समकोण पर मिलती हैं तथा मैदानी भागों को आयताकार बना देती हैं, जैसे-कोसी तथा विंध्यन नदियाँ।
- **वृक्षाकार प्रतिरूप** (Dendritic Pattern) जो अपवाह प्रतिरूप पेड़ की शाखाओं के अनुरूप हो उसे **वृक्षाकार** (Dendritic) **प्रतिरूप** कहा जाता है; जैसे-उत्तरी मैदान की नदियाँ।
- **अरीय प्रतिरूप** (Radial Pattern) जब नदियाँ किसी पर्वत से निकलकर सभी दिशाओं में बहती हैं, तो इसे **अरीय** (Radial) **प्रतिरूप** कहा जाता है। उदाहरण-अमरकंटक शिखर से निकलने वाली नदियाँ।
- **जालीनुमा प्रतिरूप** (Trellis Pattern) जब मुख्य नदियाँ एक-दूसरे के समांतर बहती हों तथा सहायक नदियाँ उनसे समकोण पर मिलती हों, तो ऐसे प्रतिरूप को **जालीनुमा** (Trellis) **अपवाह प्रतिरूप** कहते हैं।
- **अभिकेंद्रीय प्रतिरूप** (Centripetal Pattern) जब सभी दिशाओं से नदियाँ बहकर किसी झील या गर्त में विसर्जित होती हैं, तो ऐसे अपवाह प्रतिरूप को **अभिकेंद्रीय** (Centripetal) **प्रतिरूप** कहते हैं।

भारतीय अपवाह तंत्र का वर्गीकरण

भारतीय अपवाह तंत्र का निम्न आधारों पर वर्गीकरण किया गया है

समुद्र में जल विसर्जन के आधार पर

- भारतीय अपवाह तंत्र को समुद्र में जल विसर्जन के आधार पर दो समूहों में बाँटा जा सकता है
  1. अरब सागर का अपवाह तंत्र
  2. बंगाल की खाड़ी का अपवाह तंत्र

- अरब सागर एवं बंगाल की खाड़ी के अपवाह तंत्र को **दिल्ली कटक, अरावली** एवं **सह्याद्रि पर्वत** द्वारा विभाजित किया जाता है।
- कुल अपवाह क्षेत्र के लगभग 77% भाग में गंगा, ब्रह्मपुत्र, महानदी, कृष्णा आदि नदियाँ बंगाल की खाड़ी में जल विसर्जित करती हैं, जबकि कुल अपवाह क्षेत्र के 23% जिसमें सिंधु, नर्मदा, तापी, माही व पेरियार नदियाँ अपना जल अरब सागर में विसर्जित करती हैं।

जलसंभरण क्षेत्र के आकार के आधार पर

जल संभर क्षेत्र के आकार के आधार पर भारतीय अपवाह द्रोणियों को तीन भागों में बाँटा गया है

(i) **वृहद् नदी द्रोणी** (Major River Basin) इनका अपवाह क्षेत्र 20000 वर्ग किमी से अधिक होता है। इसमें देश के 14 नदी बेसिन शामिल हैं। इसकी प्रमुख नदियाँ गंगा, ब्रह्मपुत्र, कृष्णा, ताप्ती, गोदावरी, नर्मदा, माही, पेन्नार, साबरमती और बराक आदि हैं।

(ii) **मध्यम नदी द्रोणी** (Medium River Basin) इसका अपवाह 2000 से 20,000 वर्ग किमी है। इसकी प्रमुख नदी कालिंदी, पेरियार, मेघना जैसी 44 नदियों की द्रोणियाँ हैं।

(iii) **लघु नदी द्रोणी** (Minor River Basin) इनका अपवाह क्षेत्र 2000 वर्ग किमी से कम होता है।

- प्रायद्वीपीय पठार की अधिकतर नदियों का उद्गम स्रोत पश्चिमी घाट है और ये नदियाँ बंगाल की खाड़ी में अपना जल विसर्जित करती हैं।

नदियों से संबंधित शब्दावली

- किसी क्षेत्र का **अपवाह तंत्र** (Drainage System) वहाँ की भू-वैज्ञानिक समयावधि, चट्टानों की प्रकृति एवं संरचना, स्थलाकृति, ढाल, प्रवाहित जल की मात्रा और बहाव की अवधि का परिणाम होता है।
- जब नदी विशिष्ट क्षेत्र से अपना जल बहाकर लाती है, तो उसे जलग्रहण क्षेत्र (Catchment Area) कहा जाता है।
- नदी तथा उसकी सहायक नदियों द्वारा अपवाहित क्षेत्र को अपवाह **द्रोणी** (River Basin) कहते हैं।
- अपवाह द्रोणी को एक-दूसरे से अलग करने वाली सीमा को **जल विभाजक या जल संभर** (Watershed) कहते हैं।
- बड़ी नदियों के जलग्रहण क्षेत्र को **नदी द्रोणी** (River Basin), जबकि छोटी नदियों व नालों द्वारा अपवाहित क्षेत्र को **जल संभर** भी कहा जाता है। **नदी द्रोणी** का आकार बड़ा एवं जल संभर का आकार छोटा होता है।

भारत के अपवाह तंत्र

- भारत के अपवाह तंत्र (Drainage System of India) का नियंत्रण मुख्यतः भौगोलिक आकृतियों द्वारा होता है। भारतीय नदियों को दो मुख्य अपवाह तंत्रों में विभाजित किया जाता है
  - **हिमालय की नदियाँ** (Himalayan River) ये नदियाँ बारहमासी होती हैं। इनमें वर्ष भर पानी रहता है, क्योंकि इन्हें वर्षा के अतिरिक्त ऊँचे पर्वतों से पिघलने वाले हिम द्वारा भी जल की प्राप्ति होती है। हिमालय की दो नदियाँ सिंधु तथा ब्रह्मपुत्र हिमालय के उत्तरी भाग से निकलती हैं। ये नदियाँ अपने प्रवाह मार्ग में भारी मात्रा में सिल्ट और बालू का संवहन करती हैं। इन नदियों द्वारा मध्य एवं निचले भागों में विसर्प (Meander), गोखुर झील (Oxbow lake) एवं अन्य निक्षेपणात्मक आकृतियों (Depositional Landforms) का निर्माण किया जाता है। ये महासागर के मुहाने पर डेल्टाओं का निर्माण करती हैं।
  - **प्रायद्वीपीय नदियाँ** (Peninsular Rivers) ये मौसमी नदियाँ हैं, क्योंकि इनका प्रवाह वर्षा पर निर्भर होता है। इन नदियों की लंबाई कम होती है और ये छिछली होती हैं।

हिमालयी अपवाह तंत्र

- हिमालयी अपवाह तंत्र (The Himalayan Drainage System) में मुख्यतः **गंगा, सिंधु** व **ब्रह्मपुत्र नदी द्रोणियाँ** शामिल हैं। ये नदियाँ गहरे महाखड्डों (Gorges) से होकर गुजरती हैं। ये महाखड्ड हिमालय के उत्थान तथा अपरदन क्रिया द्वारा निर्मित होते हैं।
- इसके अतिरिक्त ये नदियाँ V- आकार की घाटियाँ (V-Shaped Valleys), क्षिप्रिकाएँ (Rapids) व जलप्रपात (Waterfalls) भी बनाती हैं।
- मैदानी भाग में प्रवेश करने पर हिमालयी अपवाह तंत्र की नदियाँ निक्षेपणात्मक स्थलाकृतियाँ (Depositional Features), समतल घटियाँ (Flat Valleys), गोखुर झीलें (Ox-Bow Lakes), बाढ़कृत मैदान (Flood Plains), गुंफित वाहिकाएँ (Braided Channels) और नदी के मुहाने पर डेल्टा (Delta) का निर्माण करती हैं।
- हिमालय क्षेत्र में इन नदियों का मार्ग टेढ़ा-मेढ़ा होता है, किंतु मैदानी क्षेत्र में इनमें सर्पाकार मार्ग में बहने की प्रवृत्ति पाई जाती है और ये अपना रास्ता बदलती रहती हैं।
- कोसी नदी को **बिहार का शोक** (Sorrow of Bihar) कहा जाता है, क्योंकि यह नदी अपना मार्ग बदलने के लिए प्रसिद्ध है।

हिमालय पर्वतीय अपवाह तंत्र का विकास

- भू-वैज्ञानिकों के अनुसार, मायोसीन कल्प में (लगभग 2.4 करोड़ से 50 लाख वर्ष पूर्व) एक विशाल नदी, जिसे **शिवालिक** या **इंडोब्रह्म** (Indo- Brahma) कहा गया है।
- हिमालय के संपूर्ण विस्तार के साथ असम से पंजाब तक बहती थी और अपना जल सिंधु की खाड़ी में विसर्जित (Discharged) करती थी।
- इसकी पुष्टि शिवालिक पहाड़ियों की असाधारण निरंतरता, इनके सरोवरी उद्गम और इनके जलोढ़ निक्षेप से बने होने से होती है।
- कालांतर में इंडोब्रह्म नदी तीन मुख्य अपवाह तंत्रों-पश्चिम में सिंध एवं इसकी पाँच सहायक नदियाँ, मध्य में गंगा व इसकी सहायक नदियाँ तथा पूर्व में ब्रह्मपुत्र व इसकी सहायक नदियों द्वारा विभाजित हो गई।
- इस नदी का विभाजन प्लीस्टोसीन काल में हिमालय के पश्चिमी भाग में व **पोटवार पठार** (Delhi Ridge) के उत्थान के कारण हुआ।
- यह क्षेत्र सिंधु तथा गंगा अपवाह तंत्रों के मध्य जल विभाजक का कार्य करता है।
- मध्य प्लीस्टोसीन काल में राजमहल पहाड़ियों और मेघालय पठार के मध्य स्थित माल्दा गैप का **अधोक्षेपण** (Down-Thrusting) हुआ, जिससे गंगा और ब्रह्मपुत्र नदी तंत्र की धारा की दिशा में परिवर्तन हुआ तथा ये नदियाँ बंगाल की खाड़ी की ओर प्रवाहित हुईं।

हिमालय अपवाह तंत्र की नदियाँ

हिमालय अपवाह तंत्र की प्रमुख नदियाँ निम्नलिखित हैं

सिंधु नदी तंत्र

- सिंधु नदी तंत्र हिमालय से निकलने वाली नदियों का एक महत्त्वपूर्ण तंत्र है। यह विश्व की वृहत्तम नदी प्रणाली है।
- सिंधु नदी तंत्र का अपवाह क्षेत्र 11,65,000 वर्ग किमी है, जिसमें से भारत में सिंधु नदी तंत्र का अपवाह क्षेत्र 3,21,289 वर्ग किमी है।

सिंधु नदी

- भारत में यह नदी हिमालय की सबसे पश्चिमी नदी है, जिसका उद्‌गम तिब्बती क्षेत्र में स्थित **कैलाश पर्वत** श्रेणी के **बोखर चू** (Bokhar-Chu) के निकट एक हिमनद से हुआ है, जो 4,164 मी की ऊँचाई पर स्थित है।
- तिब्बत में इसे **सिंगी खंबान** (Singi Khamban) अथवा **शेर मुख** कहा जाता है। इस नदी की कुल लंबाई 2880 किमी है और भारत में इसकी लंबाई **1114 किमी** है।
- यह नदी लद्दाख और जास्कर के मध्य से बहती हुई जम्मू-कश्मीर में गिलगित के समीप एक महाखड्ड बनाती है। यह पाकिस्तान में चिल्लस के निकट दरदिस्तान प्रदेश में प्रवेश करती है।
- इसकी अनेक सहायक नदियाँ हिमालय पर्वत से निकलती हैं; जैसे-श्योक, गिलगित, जास्कर, हुँजा, नुबरा, सिगार, गास्टिंग, द्रास। अंततः सिंधु नदी अटक के निकट पहाड़ियों से बाहर निकलती है, जहाँ दाएँ तट पर काबुल नदी इसमें मिलती है। इसके दाएँ तट पर मिलने वाली अन्य प्रमुख नदियाँ काबुल, खुर्रम, तोची, गोमल, विबोआ और संगर हैं। यह सभी नदियाँ सुलेमान श्रेणियों से निकलती हैं।
- यह नदी दक्षिण की ओर बहती हुई **मिठनकोट** के निकट पंचनद (झेलम, चिनाब, रावी, व्यास, सतलुज) का जल प्राप्त करती है। सिंधु नदी कराची से पूर्व **अरब सागर** में जा मिलती है। भारत में सिंधु, जम्मू-कश्मीर के केवल लेह जिले में बहती है।

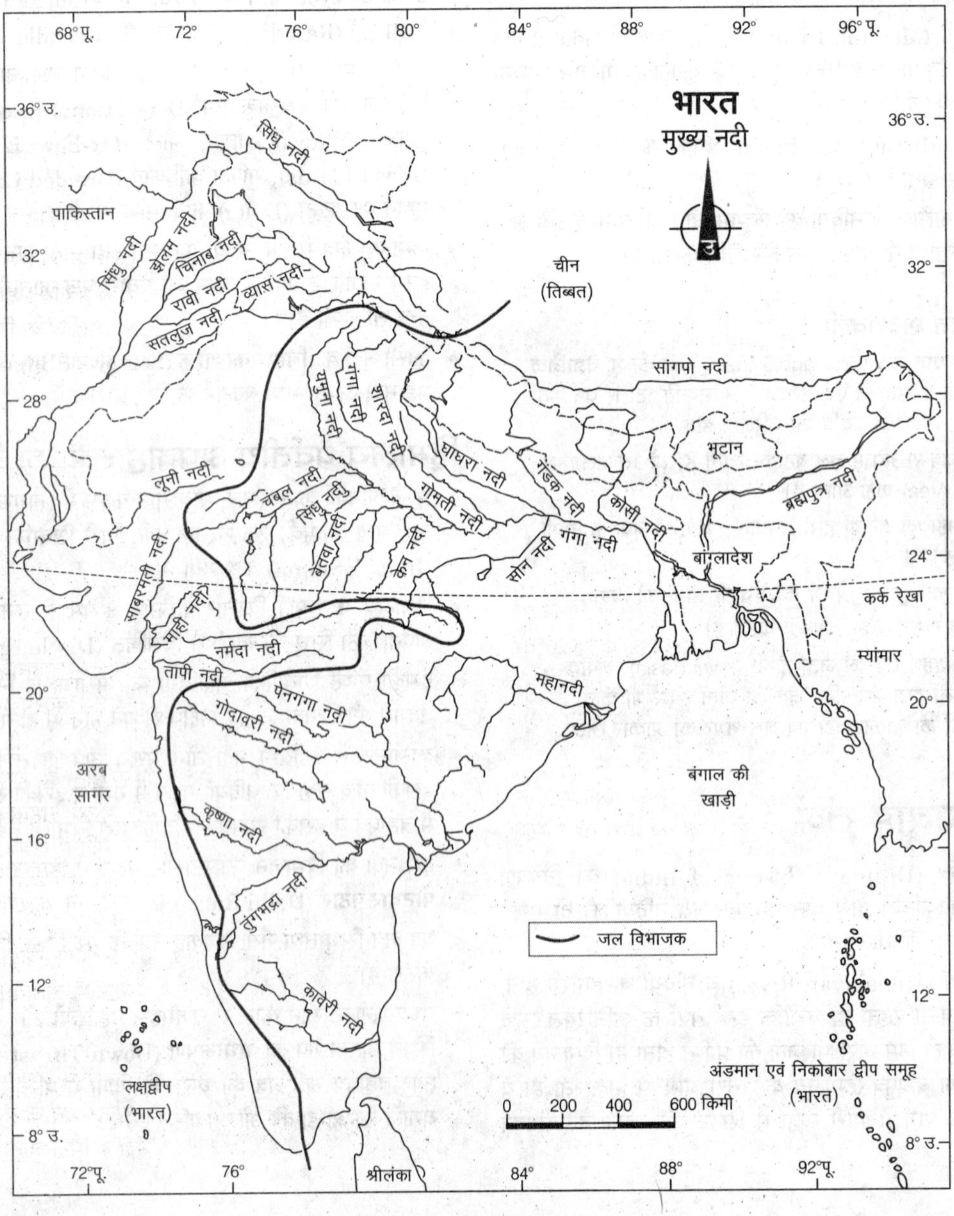

सिंधु नदी की प्रमुख सहायक नदियों का विवरण निम्न है

झेलम नदी

- यह सिंधु की सहायक नदी है और इसका उद्गम कश्मीर घाटी के दक्षिणी-पूर्वी भाग में **पीरपंजाल गिरिपद** में स्थित **बेरीनाग** झरने से होता है, इसकी कुल लंबाई 725 किमी है।
- यह नदी श्रीनगर और वुलर झील से प्रवाहित होते हुए, पाकिस्तान में झंग के निकट **चेनाब नदी** से मिलती है।

चेनाब नदी

- यह सिंधु की सबसे बड़ी सहायक नदी है। यह **चंद्रा** और **भागा** नामक दो सरिताओं के मिलने से बनती है। ये सरिताएँ हिमाचल प्रदेश के केलांग के निकट तांडी में आपस में मिलती हैं।
- इस नदी को **चंद्रभागा** के नाम से भी जाना जाता है। पाकिस्तान में प्रवेश से पहले यह नदी 1180 किमी तक प्रवाहित होती है।

रावी नदी

- यह सिंधु की सहायक नदी है। इसका उद्गम हिमाचल प्रदेश की कुल्लू पहाड़ियों में **रोहतांग दर्रे** के पश्चिम से होता है और यह राज्य की चंबा घाटी से बहती है। इसकी कुल लंबाई 720 किमी है।
- यह नदी सराय सिंधु (पाकिस्तान) के निकट चेनाब नदी से मिलती है। इसका प्रवाह पीरपंजाल के दक्षिण-पूर्वी भाग व धौलाधार के बीच प्रदेश में है।

व्यास नदी

- यह सिंधु की सहायक नदी है। इस नदी का उद्गम समुद्र तल से 4000 मी की ऊँचाई पर रोहतांग दर्रे के निकट **व्यास कुंड** से होता है। यह धौलाधार श्रेणी में काली और लारगी में **महाखड्ड** (Interlocked Gorge) का निर्माण करती है।
- व्यास नदी पंजाब के मैदान में हरिके के पास **सतलुज नदी** से मिलती है। इसकी कुल लंबाई 470 किमी है।

सतलुज नदी

- इसका उद्गम तिब्बत में 4555 मी की ऊँचाई पर मानसरोवर के निकट **राकस ताल** (Rakas Lake) से होता है। तिब्बत में इसे **लॉगचेन खंबाब** के नाम से जाना जाता है।
- यह हिमालय पर्वत श्रेणी में शिपकीला दर्रे से बहती हुई पंजाब के मैदान में प्रवेश करती है। यह एक पूर्ववर्ती नदी है।
- इस नदी की कुल लंबाई 1500 किमी है। भारत में इसकी लंबाई 1050 किमी है। इस नदी पर हिमाचल प्रदेश में **भाखड़ा नांगल बाँध** का निर्माण किया गया है।
- भारत में प्रवेश करने से पहले यह लगभग 400 किमी तक सिंधु नदी के समानांतर बहती है।

गंगा नदी तंत्र

- गंगा नदी तंत्र में हिमालय से निकलने वाली नदियाँ तथा अनेक प्रायद्वीपीय नदियाँ शामिल हैं।
- गंगा नदी द्रोणी (Ganga River Basin) का कुल क्षेत्रफल 8.6 **लाख वर्ग किमी** है। यह भारत का सबसे बड़ा अपवाह तंत्र है।

गंगा नदी

- गंगा नदी भारत की सबसे महत्त्वपूर्ण नदी है। इसका उद्गम उत्तराखंड राज्य के उत्तरकाशी जिले में गोमुख के निकट गंगोत्री हिमनद से 3900 मी की ऊँचाई से होता है।
- यहाँ यह नदी **भागीरथी** के नाम से जानी जाती है। मध्य एवं लघु हिमालय श्रेणियों को काटकर यह तंग महाखंडों से होकर गुजरती है। देवप्रयाग में यह भागीरथी एवं अलकनंदा से मिलती है और इसके बाद **गंगा** कहलाती है।
- विभिन्न नदियों से मिलने के पश्चात् इस नदी को निम्न नामों से पुकारा जाता है
  - अलकनंदा + भागीरथी ⇒ देवप्रयाग
  - अलकनंदा + धौलीगंगा ⇒ विष्णुप्रयाग
  - अलकनंदा + पिंडार ⇒ कर्णप्रयाग
  - अलकनंदा + मंदाकिनी ⇒ रुद्रप्रयाग
  - अलकनंदा + मंदाकिनी ⇒ नंदप्रयाग
- गंगा नदी हरिद्वार में मैदानी भाग से प्रवेश करती है। इस नदी की लंबाई **2525 किमी** है। यह उत्तराखंड में 110 किमी, उत्तर प्रदेश में 1450 किमी, बिहार में 445 किमी और पश्चिम बंगाल में 520 किमी में प्रवाहित होती है।
- गंगा नदी में दायीं ओर से मिलने वाली नदियाँ **यमुना** एवं **सोन** इसकी प्रमुख सहायक नदियाँ हैं। गंगा नदी में बायीं ओर से मिलने वाली महत्त्वपूर्ण सहायक नदियाँ रामगंगा, गोमती, घाघरा, गंडक, कोसी एवं महानंदा आदि हैं। सागर द्वीप के निकट यह नदी बंगाल की खाड़ी से मिलती है।
- बाएँ तथा दाएँ किनारे की सहायक नदियों के जल से परिपूर्ण होकर गंगा पूर्व दिशा में पश्चिम बंगाल के फरक्का तक प्रवाहित होती है। यहाँ यह नदी दो भागों में बँट जाती है। भागीरथी हुगली (इसकी एक वितरिका) दक्षिण की ओर प्रवाहित होती है तथा डेल्टा के मैदान से होते हुए बंगाल की खाड़ी में मिल जाती है।
- गंगा की मुख्य धारा दक्षिण की ओर बहती हुई बांग्लादेश में प्रवेश करती है एवं ब्रह्मपुत्र नदी से मिल जाती है। गंगा और ब्रह्मपुत्र समुद्र में विलीन होने से पूर्व 'मेघना' नाम से जानी जाती है। इन नदियों के द्वारा बनाए गए डेल्टा को सुंदरबन डेल्टा के नाम से जाना जाता है।

गंगा अपवाह तंत्र की नदियाँ निम्नलिखित हैं

यमुना नदी

- यह गंगा की सबसे पश्चिमी और सबसे लंबी सहायक नदी है। इसका उद्गम यमुनोत्री हिमनद से होता है, जो हिमालय में बंदरपूँछ श्रेणी की पश्चिमी ढाल पर 6316 मी की ऊँचाई पर स्थित है।
- प्रयागराज में इसका संगम गंगा नदी से होता है। यमुना नदी की कुल लंबाई 1376 किमी है। इसकी दाएँ तट की मुख्य सहायक नदियाँ चंबल, सिंधु, बेतवा, केन तथा बाएँ तट की सहायक नदियाँ हिंडन, रिहंद, सेंगर व वरुणा आदि हैं। चंबल, सिंध, बेतवा तथा केन दाईं ओर से यमुना में मिलती हैं, जबकि हिंडन, रिहंद, सेंगर, वरुणा इत्यादि बायीं ओर से मिलती हैं।
- इस नदी के जल का प्रयोग सिंचाई के लिए किया जाता है। इसका जल पश्चिमी व पूर्वी यमुना नहर व आगरा नहर में जाता है।

चंबल नदी

- इसका उद्गम मध्य प्रदेश के **मालवा पठार** में स्थित **महू** से होता है। इसकी कुल लंबाई 1024 किमी है। यह नदी राजस्थान के बूँदी, सवाई माधोपुर और धौलपुर से प्रवाहित होती हुई यमुना नदी में मिल जाती है।

- चंबल अपनी उत्खात भूमि वाली भू-आकृति के लिए प्रसिद्ध है, जिसे **चंबल खड्ड** (Ravine) कहा जाता है।
- राजस्थान के कोटा में इस नदी पर **गाँधीसागर बाँध** बनाया गया है।

गंडक नदी

- यह नदी दो धाराओं **काली गंडक** और **त्रिशूलगंगा** के मिलने से बनती है। यह नेपाल हिमालय में धौलागिरि व माउंट एवरेस्ट के बीच से निकलती है।
- बिहार के पश्चिमी चंपारण जिले में यह गंगा के मैदान में प्रवेश करती है और पटना के निकट **सोनपुर** में **गंगा नदी** में मिलती है। यह नदी 814 किमी लंबी है।

घाघरा नदी

- इसका उद्गम **मापचाचुँगो** (Mapchachungo) हिमनद से होता है। तिला, सेती व बेरी नामक सहायक नदियों का जल ग्रहण करने के पश्चात् यह शीशपानी में एक गहरे महाखड्ड का निर्माण करती है।
- शारदा नदी (काली या काली गंगा) इससे मैदान में मिलती है। यह नदी छपरा (बिहार) में गंगा नदी में मिल जाती है। इसकी कुल लंबाई 1080 किमी है।

कोसी नदी

- यह एक **पूर्ववर्ती नदी** है, जिसका उद्गम तिब्बत में **माउंट एवरेस्ट** के उत्तर से होता है। इसकी मुख्य धारा को **अरुण** कहते हैं।
- नेपाल में मध्य हिमालय को पार करने के बाद इसमें पश्चिम से सोन, कोसी और पूर्व से तमुर कोसी नदी मिलती हैं। अरुण नदी से मिलने के बाद इसे **सप्तकोसी** कहा जाता है।

रामगंगा नदी

इसका उद्गम गैरसेन के निकट गढ़वाल की पहाड़ियों से होता है। यह नदी कन्नौज के निकट गंगा नदी में मिलती है।

दामोदर नदी

- यह नदी छोटानागपुर पठार के पूर्वी किनारे पर भ्रंश घाटी से होकर बहती है और हुगली नदी में गिरती है। **बराकर** इसकी मुख्य सहायक नदी है। दामोदर नदी को **बंगाल का शोक** कहा जाता है।
- इस नदी पर दामोदर घाटी कॉरपोरेशन निगम का निर्माण किया गया है। यह एक बहुउद्देशीय नदी घाटी परियोजना है।

शारदा या सरयू नदी

- इसका उद्गम नेपाल हिमालय के मिलाप हिमनद से हुआ है, जहाँ इसे **गौरीगंगा** के नाम से जाना जाता है।
- यह भारत-नेपाल सीमा के साथ बहती है, जहाँ इसे **काली** या **चाइक** कहा जाता है। अंत में यह घाघरा नदी में मिल जाती है।

महानंदा नदी

इसका उद्गम दार्जिलिंग पहाड़ियों से हुआ है। यह बंगाल में गंगा के बाएँ तट पर मिलने वाली अंतिम सहायक नदी है।

सोन नदी

- इसका उद्गम अमरकंटक पठार से हुआ है। यह गंगा के दाएँ तट की एक प्रमुख सहायक नदी है।
- पठार के उत्तरी किनारे पर जलप्रपातों की श्रृंखला बनाती हुई यह नदी पटना से पश्चिम में आरा के पास गंगा नदी में मिल जाती है।

ब्रह्मपुत्र अपवाह तंत्र

- ब्रह्मपुत्र नदी तंत्र में अधिकांश नदियाँ हिमालय से निकलती हैं। यह नदी तंत्र चीन, भारत तथा बांग्लादेश में विस्तृत है।
- ब्रह्मपुत्र नदी तंत्र का कुल क्षेत्रफल 6,51,334 वर्ग किमी है। भारत तथा भूटान में इस नदी बेसिन का क्षेत्रफल 2,40,000 वर्ग किमी है।

ब्रह्मपुत्र नदी

- ब्रह्मपुत्र नदी का उद्गम कैलाश पर्वत श्रेणी में मानसरोवर झील के निकट **चेमायुंगडुंग** (Chemayungdung) **हिमनद** से होता है। तिब्बत में इसे **सांगपो** (Tsangpo) के नाम से जाना जाता है, जिसका अर्थ है 'शोधक'। तिब्बत में **रांगोसांग्पो** (Rango-Tsangpo) इसके दाहिने तट पर एक प्रमुख सहायक नदी है।
- यह मध्य हिमालय में नामचा बरवा (7755 मी) के निकट एक गहरे महाखड्ड का निर्माण करती है। हिमालय के गिरिपद में यह **सिशंग** या **दिशंग** के नाम से निकलती है। यह नदी अरुणाचल प्रदेश में सदिया कस्बे के पश्चिम से भारत में प्रवेश करती है।
- दक्षिण-पश्चिम दिशा में बहते हुए इसके बाएँ तट पर इसकी प्रमुख सहायक नदियाँ-दिबांग या सिकांग और लोहित इसमें मिलती हैं तथा इसके बाद यह **ब्रह्मपुत्र** के नाम से जानी जाती है।
- यह नदी असम घाटी में 750 किमी प्रवाहित होती है। इसके बाएँ तट की प्रमुख सहायक नदियाँ **बूढ़ी दिहांग** और धनसरी हैं, जबकि दाएँ तट पर मिलने वाली प्रमुख सहायक नदियों में **सुबनसिरी**, **कामेंग**, **मानस** व **संकोश** हैं।
- **सुबनसिरी** का उद्गम तिब्बत में होता है और यह एक पूर्ववर्ती नदी है। ब्रह्मपुत्र नदी बांग्लादेश में प्रवेश करती है और यह दक्षिण दिशा में बहती है। बांग्लादेश में तिस्ता नदी इसके दाहिने किनारे से मिलती है और इसके बाद यह जुमना कहलाती है। अंत में यह नदी पद्मा के साथ मिलकर बंगाल की खाड़ी में विसर्जित हो जाती है।
- यह नदी बाढ़, मार्ग परिवर्तन एवं तटीय अपरदन के लिए जानी जाती है, क्योंकि इसकी अधिकतर सहायक नदियाँ बड़ी हैं तथा इसके जलग्रहण क्षेत्रों में भारी वर्षा होने से यह अत्यधिक अवसाद बहाकर लाती है।

प्रायद्वीपीय अपवाह तंत्र

- प्रायद्वीपीय अपवाह तंत्र (Peninsular Drainage System) हिमालयी अपवाह तंत्र से प्राचीन है। इसका प्रमाण यहाँ पर नदियों की प्रौढ़ावस्था और नदी घाटियों के चौड़ा व उथला होने से मिलता है।
- पश्चिम घाट, बंगाल की खाड़ी में गिरने वाली प्रायद्वीपीय नदियों और अरब सागर में गिरने वाली छोटी नदियों के बीच **जल विभाजक** (Water divider) का कार्य करता है।
- प्रायद्वीपीय नदियों में नर्मदा तथा तापी को छोड़कर लगभग सभी नदियाँ पश्चिम से पूर्व की ओर प्रवाहित होती हैं। नर्मदा तथा तापी पश्चिम की ओर प्रवाहित होकर अरब सागर में गिरती हैं।
- प्रायद्वीप के उत्तरी भाग से निकलने वाली चंबल, सिंध, बेतवा, केन एवं सोन नदियाँ गंगा नदी तंत्र के भाग हैं। प्रायद्वीप के प्रमुख अपवाह तंत्रों में गोदावरी, महानदी, कृष्णा और कावेरी सम्मिलित हैं। प्रायद्वीपीय नदियों की विशेषता है कि ये एक सुनिश्चित मार्ग पर चलती हैं, विसर्प (Meander) नहीं बनाती हैं।
- प्रायद्वीपीय नदियाँ 'बारहमासी' नहीं होती हैं, किंतु भ्रंश घाटियों से होकर प्रवाहित होने वाली नदियाँ नर्मदा तथा तापी इसका अपवाद हैं।

प्रायद्वीपीय अपवाह तंत्र का विकास

- अतिप्राचीन काल की तीन प्रमुख भू-गर्भिक घटनाओं ने प्रायद्वीपीय भारत के अपवाह तंत्र को आज का स्वरूप प्रदान किया है
  - **आरंभिक टर्शियरी काल** के दौरान प्रायद्वीप के पश्चिमी पार्श्व का अवतलन (धँसाव) हुआ, जिससे यह समुद्र के नीचे चला गया।
  - **हिमालय में होने वाले उत्थान** के कारण प्रायद्वीपीय खंड के उत्तरी भाग का अवतलन हुआ, जिससे भ्रंश घाटी का विकास हुआ।
  - भ्रंश घाटी से होकर बहने वाली नदियाँ नर्मदा तथा तापी जलोढ़ तथा डेल्टा निक्षेप का निर्माण नहीं करती हैं। इसका कारण अपरद (Detritus) पदार्थों द्वारा मूल दरारों का भर जाना है।
  - इसी काल में **प्रायद्वीपीय खंड उत्तर-पश्चिम दिशा से दक्षिण-पूर्व दिशा** में झुक गया, परिणामस्वरूप इसका अपवाह बंगाल की खाड़ी की ओर हो गया।

प्रायद्वीपीय अपवाह तंत्र की नदियाँ

प्रायद्वीपीय अपवाह तंत्र में अनेक नदियाँ हैं, जिनका विवरण निम्नलिखित है

महानदी

- महानदी का उद्‌गम छत्तीसगढ़ के रायपुर जिले में स्थित **सिहावा पहाड़ी** से हुआ है और यह ओडिशा से बहती हुई अपना जल बंगाल की खाड़ी में विसर्जित करती है। इस नदी की लंबाई 851 किमी है और इसका जलग्रहण क्षेत्र लगभग 1.42 लाख वर्ग किमी है।
- इसकी अपवाह द्रोणी का लगभग 53% भाग **मध्य प्रदेश** व **छत्तीसगढ़** में और 47% भाग **ओडिशा** में है।

गोदावरी नदी

- यह सबसे बड़ा प्रायद्वीपीय नदी तंत्र है। आकार एवं विस्तार के कारण इसे **दक्षिण गंगा** के नाम से भी जाना जाता है।
- इसका उद्‌गम महाराष्ट्र के नासिक जिले में स्थित **त्र्यंबकेश्वर** पहाड़ी से होता है। इस नदी की लंबाई 1465 किमी है और इसका जलग्रहण क्षेत्र लगभग 3.13 लाख वर्ग किमी है।
- इसके जलग्रहण क्षेत्र का 49% भाग **महाराष्ट्र** में 20% भाग **मध्य प्रदेश** व **छत्तीसगढ़** और शेष भाग **आंध्र प्रदेश** में पड़ता है। गोदावरी की सहायक नदियों में पेनगंगा, इंद्रावती, प्राणहिता, मंजरा, सबरी, मनेयर इत्यादि प्रमुख हैं। प्रवरा, पूर्णा, वर्धा तथा वेनगंगा अन्य सहायक नदियाँ हैं।
- गोदावरी नदी बेसिन, महाराष्ट्र, तेलंगाना, आंध्र प्रदेश, छत्तीसगढ़ तथा ओडिशा के अतिरिक्त मध्य प्रदेश, कर्नाटक तथा पुदुचेरी तक विस्तृत है।
- पोलावरम के दक्षिण में इसके मार्ग के निचले हिस्सों में बाढ़ से भारी तबाही होती है।
- राजमहेंद्रम के बाद यह नदी कई धाराओं में विभक्त होकर वृहद् डेल्टा का निर्माण करती है।
- यह नदी बंगाल की खाड़ी में जल विसर्जित करती है। इस नदी के डेल्टाई भाग में **नौसंचालन** होता है।

कृष्णा नदी

- यह पूर्व दिशा में बहने वाली दूसरी बड़ी प्रायद्वीपीय नदी है, जो **सह्याद्रि** में **महाबलेश्वर** के निकट से निकलती है। इसकी कुल लंबाई **1401 किमी** है।
- इस नदी के कुल जलग्रहण क्षेत्र का 27% भाग **महाराष्ट्र** में, 44% भाग **कर्नाटक** में और 29% भाग **तेलंगाना** व आंध्र प्रदेश में है।
- इसकी प्रमुख सहायक नदियाँ **कोयना, तुंगभद्रा, घाट प्रभा, मूसी** और **भीमा** हैं।

कावेरी नदी

- इसका उद्‌गम कर्नाटक के कोडागु जिले में स्थित ब्रह्मगिरि पहाड़ियों (1341 मी की ऊँचाई से) से होता है। इसकी लंबाई 800 किमी है और यह 81,155 वर्ग किमी क्षेत्र में अपवाहित होती है।
- इस नदी में लगभग वर्षभर जल रहता है, क्योंकि इसके ऊपरी जलग्रहण क्षेत्र में दक्षिण-पश्चिम मानसून से और निम्न क्षेत्रों में उत्तर-पूर्वी मानसून से वर्षा होती है।
- इस नदी द्रोणी का 3% भाग केरल में, 41% भाग कर्नाटक में और 56% भाग तमिलनाडु में पड़ता है। इसकी महत्त्वपूर्ण सहायक नदियाँ काबिनी, भवानी, हेमावती और अमरावती हैं।

नर्मदा नदी

- इस नदी का उद्‌गम अमरकंटक पठार के पश्चिमी पार्श्व से लगभग 1057 मी की ऊँचाई से होता है।
- इसकी लंबाई लगभग 1312 किमी है। यह नदी भड़ौच (गुजरात) के दक्षिण में अरब सागर में मिलती है। यह 27 किमी लंबा ज्वारनदमुख (Estuary) बनाती है।
- यह नदी सतपुड़ा (दक्षिण) और विंध्याचल (उत्तर) पर्वत के मध्य में भ्रंश घाटी में बहती है और संगमरमर की चट्टानों में महाखड्ड बनाती है। यह जबलपुर के निकट **धुआँधार जलप्रपात** का निर्माण करती है।
- इस नदी पर **सरदार सरोवर परियोजना** का निर्माण किया गया है। मध्य प्रदेश सरकार द्वारा इसके संरक्षण के लिए **नमामि देवि नर्मदे-एक यात्रा** नामक कार्यक्रम की शुरुआत की गई है।

तापी नदी

- इसका उद्‌गम मध्य प्रदेश के बैतूल जिले में स्थित **मुल्ताई पहाड़ी** से हुआ है। इसकी लंबाई 724 किमी है और यह 65,145 वर्ग किमी क्षेत्र में अपवाहित होती है।
- इस नदी के क्षेत्र का लगभग 79% भाग **महाराष्ट्र** में, 15% भाग **मध्य प्रदेश** व शेष 6% भाग **गुजरात** में पड़ता है।

लूनी नदी

- लूनी राजस्थान का सबसे बड़ा नदी तंत्र है। यह पुष्कर के समीप दो धाराओं (सरस्वती और सागरमती) के रूप में उत्पन्न होती है, जो गोविंदगढ़ के पास आपस में मिल जाती हैं।
- यहाँ से यह नदी अरावली पहाड़ियों के नाग पहाड़ (अजमेर के निकट) से निकलती है और **लूनी** कहलाती है। यह नदी कच्छ के रण में जा मिलती है। इस नदी की कुल लंबाई 495 किमी है।

पश्चिम की ओर बहने वाली छोटी नदियाँ

पश्चिम की ओर बहने वाली छोटी नदियाँ निम्नलिखित हैं

- **शेतरूनीजी नदी** यह नदी गुजरात के अमरेली जिले में डलकाहवा से निकलती है।
- **भद्रा नदी** यह नदी राजकोट जिले के अनियाली गाँव के निकट से निकलती है।

- **ढाढर नदी** यह नदी पंचमहल जिले के घंटार गाँव से निकलती है।
- **साबरमती और माही** ये गुजरात की अन्य प्रसिद्ध नदियाँ हैं। ये अहमदाबाद, साबरमती के किनारे स्थित हैं।
- **वैतरणी नदी** यह नदी नासिक जिले में त्र्यंबक पहाड़ी से 670 मी की ऊँचाई से निकलती है।
- **कालिंदी नदी** यह नदी बेलगाँव जिले से निकलकर करवाड़ की खाड़ी में गिरती है।
- **बेद्ती नदी** यह नदी हुबली (धारवाड़) से निकलती है और 161 किमी लंबा मार्ग तय करती है।
- **शरावती नदी** यह नदी कर्नाटक के शिमोगा जिले से निकलती है और इसका जलग्रहण क्षेत्र 2209 वर्ग किमी है। यह पश्चिम की ओर बहने वाली कर्नाटक की एक अन्य महत्त्वपूर्ण नदी है। इस नदी पर जोग या गरसोप्पा जलप्रपात स्थित है।
- **मांडवी और जुआरी नदी** ये गोवा की दो महत्त्वपूर्ण नदियाँ हैं, जो अरब सागर में मिलती हैं।
- **भरतपूझा नदी** यह केरल की सबसे बड़ी नदी है, जो अन्नामलाई पहाड़ी से निकलती है। इस नदी को पोंनानी के नाम से भी जाना जाता है। इसका अपवाह क्षेत्र 5397 वर्ग किमी है।
- **पेरियार नदी** यह केरल की दूसरी सबसे बड़ी नदी है और इसका जलग्रहण क्षेत्र लगभग 5243 वर्ग किमी है।
- **पंबा नदी** यह केरल की अन्य प्रमुख नदी है, जो 177 किमी लंबा मार्ग तय करने के बाद वेंबनाद झील में जा गिरती है।

पूर्व की ओर बहने वाली छोटी नदियाँ

पूर्व की ओर प्रवाहित होने वाली छोटी नदियों में स्वर्णरेखा (474 किमी), वैतरणी (154 किमी), ब्रह्माणी (799 किमी), वामसाधारा (254 किमी), पेंनर (597 किमी), पालार (348 किमी) और बैंगई (258 किमी) महत्त्वपूर्ण हैं।

हिमालय और प्रायद्वीपीय नदियों का तुलनात्मक अध्ययन

पक्ष	हिमालयी नदी	प्रायद्वीपीय नदी
उद्गम स्थल	हिम नदियों से ढके हिमालय पर्वत	प्रायद्वीपीय पठार व मध्य उच्चभूमि
प्रवाह प्रवृत्ति	बारहमासी हिमनद व वर्षा से जल प्राप्ति	मौसमी; मानसून वर्षा पर निर्भर
अप्रवाह के प्रकार	पूर्ववर्ती व अनुवर्ती; मैदानी भाग में वृक्षाकार प्रारूप	अध्यारोपित, पुनर्युवनित नदियाँ, अरीय व आयताकार प्रारूप बनाती हुई नदियाँ
नदी की प्रकृति	लंबा मार्ग, ऊबड़-खाबड़ पर्वतों से गुजरती नदियाँ, अभिशीर्ष अपरदन व नदी अपहरण, मैदानों में जल मार्ग बदलना तथा विसर्प बनाना	सुसमायोजित घाटियों के साथ छोटे निश्चित मार्ग
जलग्रहण क्षेत्र	बहुत बड़ी द्रोणी	अपेक्षाकृत छोटी द्रोणी
नदी की आयु	युवा, क्रियाशील व घाटियों को गहरा करना	प्रवणित परिच्छेदिका वाली प्रौढ़ नदियाँ, जो अपने आधार तल जा पहुँची हैं।

नदी बहाव प्रकृति

- एक नदी के चैनल में वर्षपर्यंत जल प्रवाह के प्रारूप को **नदी बहाव प्रवृत्ति** (River Regimes) कहा जाता है।
- उत्तर भारत में हिमालय से निकलने वाली नदियाँ बारहमासी होती हैं, क्योंकि ये अपना जल बर्फ पिघलने तथा वर्षा होने से प्राप्त करती हैं।
- दक्षिण भारत की नदियाँ हिमनदों से नहीं निकलती हैं, जिससे इनकी बहाव प्रवृत्ति में उतार-चढ़ाव दिखता है।
- दक्षिण भारत की नदियों की बहाव प्रवृत्ति में वर्षा का प्रभाव रहता है। इनका बहाव मानसून ऋतु में काफी ज्यादा बढ़ जाता है। वूलर झील भारत की सबसे बड़ी मीठे पानी वाली प्राकृतिक झील है।
- **जल विसर्जन** (Water Discharge) नदी में समयानुसार जल प्रवाह के आयतन का माप है। इसे **क्यूसेक्स** (क्यूबिट फुट प्रति सेकंड) या **क्यूमेक्स** (क्यूबिक मीटर प्रति सेकंड) में मापा जाता है।
- **गंगा नदी** में न्यूनतम जल प्रवाह जनवरी से जून की अवधि के दौरान होता है। अधिकतम प्रवाह अगस्त या सितंबर में होता है।
- फरक्का में गंगा नदी का औसत अधिकतम जल प्रवाह लगभग 55,000 क्यूसेक्स है, जबकि न्यूनतम औसत केवल 1300 क्यूसेक्स है।
- प्रायद्वीपीय नदियों से **नर्मदा** में जल विसर्जन का स्तर जनवरी से जुलाई माह तक बहुत कम रहता है, लेकिन अगस्त में सबसे अधिक होता है।
- **गोदावरी** में न्यूनतम प्रवाह मई में और अधिकतम जुलाई-अगस्त में होता है।

राष्ट्रीय नदी संरक्षण योजना (NRCP)

- गंगा कार्य योजना के क्रियाकलापों का प्रथम चरण वर्ष 1985 में आरंभ किया गया एवं 31 मार्च, 2000 को समाप्त कर दिया गया था।
- राष्ट्रीय नदी संरक्षण प्राधिकरण की कार्यकारी समिति ने गंगा कार्य योजना के प्रथम चरण की प्रगति की समीक्षा की और इससे प्राप्त अनुभवों के आधार पर आवश्यक सुझाव दिए।
- इस कार्य योजना को देश की प्रमुख प्रदूषित नदियों में राष्ट्रीय नदी संरक्षण योजना के अंतर्गत लागू किया गया है।
- गंगा कार्य योजना के दूसरे चरण को राष्ट्रीय नदी संरक्षण योजना के अंतर्गत शामिल कर लिया गया है। इस योजना में अब तक 16 राज्यों की 27 नदियों के किनारे बसे 152 शहर शामिल हैं।

प्रमुख जलप्रपात

जलप्रपात उस स्थल को कहते हैं, जहाँ नदी का पानी पहाड़ की चट्टान से नीचे भूमि पर गिरता है। भारत के अधिकांश जलप्रपात छोटे हैं। अधिकांश जलप्रपातों की अवस्थिति दक्षिण भारत तथा प्रायद्वीपीय पठार में हैं। इनकी सूची निम्न है

जलप्रपात	नदी	जलप्रपात	नदी
जोग (गरसोप्पा)	शरावती	चूलिया	चंबल
धुआँधार जलप्रपात	नर्मदा	चित्रकूट	इंद्रावती
शिव समुद्रम	कावेरी	दूदूमा	मचकुंड
हुंडरू	सुवर्णरेखा	कुंचीकल	वाराही
गोकक	घाटप्रभा	थोसेधर	सतारा
कपिलधारा	नर्मदा		

भारत की झीलें

- भारत की सबसे बड़ी झील **चिल्का झील** (ओडिशा) है। यह खारे पानी की झील है। यह 'बंगाल की खाड़ी' समुद्र तट के पास स्थित एक लैगून झील है।
- भारत में ताजे जल की सबसे बड़ी झील **वुलर झील** है, जो जम्मू एवं कश्मीर में है। यह मीठे पानी की झील है। यह झेलम नदी के परिवर्तित मार्ग पर निर्मित है।
- भारत में बहुत-सी झीलें हैं। ये एक-दूसरे से आकार तथा अन्य लक्षणों में भिन्न हैं। अधिकांश झीलें स्थायी होती हैं तथा कुछ में केवल वर्षा ऋतु में ही पानी होता है। इनमें **अंतर्देशीय अपवाह** वाले व शुष्क क्षेत्रों की द्रोणी वाली झीलें हैं।
- भारत में कुछ ऐसी झीलें हैं, जिनका निर्माण हिमानियों एवं बर्फ चादर की क्रिया के फलस्वरूप हुआ है, जबकि कुछ अन्य झीलों का निर्माण वायु, नदियों एवं मानवीय क्रियाकलापों के कारण हुआ है।
- एक विसर्प नदी बाढ़ वाले क्षेत्रों में कटकर **गोखुर झील** का निर्माण करती है।
- **स्पिट** तथा **बार** (रोधिका) तटीय क्षेत्रों में लैगून का निर्माण करते हैं; जैसे- चिल्का, पुलीकट तथा कोलेरू। अंतर्देशीय भागों वाली झीलें कभी-कभी मौसमी होती हैं। उदाहरण के लिए राजस्थान की सांभर झील, जो एक लवणीय जल वाली झील है। इसके जल का उपयोग नमक के निर्माण के लिए किया जाता है।

मीठे जल की झीलें

- मीठे जल की अधिकांश झीलें हिमालयी क्षेत्रों में हैं और ये मुख्यत: हिमानी द्वारा निर्मित हैं। जम्मू तथा कश्मीर की वूलर झील भूगर्भीय क्रियाओं से बनी है। वूलर झील भारत की सबसे बड़ी मीठे पानी वाली प्राकृतिक झील है।
- **डल झील**, **भीमताल**, **नैनीताल**, **लोकतक** तथा **बड़ापानी** मीठे जल की महत्त्वपूर्ण झीलें हैं।

मानव निर्मित झीलें

- जल विद्युत उत्पादन के लिए नदियों पर बाँध बनाने के उपरांत झीलों का निर्माण हुआ है।
- **गुरु गोविंद सागर** (भाखड़ा-नांगल परियोजना) मानव निर्मित झील का उदाहरण है।

केंद्रशासित प्रदेश तथा राज्यों की झीलें

केंद्रशासित प्रदेश/राज्य	झीलें
आंध्र प्रदेश	कोलेरू, पुलिकट, हुसैन सागर, निजाम सागर
केरल	वेंबनाद, अष्टमुडी
जम्मू-कश्मीर	डल, वूलर, मानसबल
ओडिशा	चिल्का
उत्तराखंड	भीमताल, नैनीताल, रूपकुंड, नौकुचियाताल
मणिपुर	लोकतक
राजस्थान	सांभर, पुष्कर, अनासागर, राजसमंद, डीडवाना, लूणकरनसर, घेवर, पिछोला, पचपद्रा, बालसमंद
महाराष्ट्र	लोनार
लद्दाख	सो मोरारी (Tso Moriri)
हरियाणा	बडखल

झीलों का महत्त्व

- झीलें मानव के लिए अत्यधिक लाभदायक होती हैं। एक झील नदी के बहाव को सुचारू बनाने में सहायक होती है।
- अत्यधिक वर्षा के समय यह बाढ़ को रोकती है तथा सूखे के मौसम में यह पानी के बहाव को संतुलित करने में सहायता करती है।
- झीलें आस-पास के क्षेत्रों की जलवायु को सामान्य बनाती हैं, जलीय पारितंत्र को संतुलित रखती हैं तथा प्राकृतिक सुंदरता व पर्यटन को बढ़ाती हैं तथा हमें मनोरंजन प्रदान करती हैं।

अतिरिक्त तथ्य
तमिलनाडु बोर्ड एवं NIOS

- जल बजट का अर्थ है-उपलब्ध जल और प्रयोज्य तथा अप्रयोज्य जल के बीच संतुलन। भारत में जल संसाधनों का वितरण असमान है। राजस्थान के जैसलमेर में केवल **10 सेमी वर्षा** होती है, जबकि दूसरी तरफ चेरापूँजी में **1148 सेमी वर्षा** होती है।
- भारत मानसूनी वर्षा पर निर्भर है। 110 सेमी औसत वर्षा वाला देश भारत विश्व के अधिकतम वर्षा वाले देशों में से एक है। इसकी वर्षा का भाग या तो वाष्पन द्वारा वायुमंडल में विलीन हो जाता है या नदियों से बहकर सागरों में चला जाता है।
- भारत को प्रतिवर्ष औसतन **4200 घन किलोमीटर** जल प्राप्त होता है। कुल उपलब्ध जल का प्राकृतिक प्रवाह लगभग **1800 घन किमी है**, लेकिन प्रयोज्य जल की अनुमानित मात्रा **1140 घन किमी** है।
- भारत में 90% वर्षा जून से लेकर अगस्त तक केवल 3 माह में होती है। भारत में वर्षा के दिनों में भी अंतर पाया जाता है। पश्चिमी तट पर वर्षा वाले दिनों का औसत 137 है, लेकिन राजस्थान में घटकर यह 10 दिन से भी कम रह जाता है।
- भारत में वर्षा का क्षेत्रीय वितरण और भी असमान है। कुल क्षेत्रफल के 8% भाग पर 200 सेमी से अधिक वर्षा होती है, 20% भाग में 125 से 200 सेमी से भी कम वर्षा होती है, 42% भाग में 75 से 125 सेमी तथा 30% भाग में 75 सेमी से भी कम वर्षा होती है।
- देश के अधिकतर भागों में 6 से 8 महीनों में वर्षा बहुत कम या बिल्कुल ही नहीं होती है, जबकि 80% भाग में 80% से अधिक वर्षा केवल 100 दिनों में ही हो जाती है।
- सामान्यत: 82° पूर्वी देशांतर एक ऐसी विभाजक रेखा है, जिसके पूर्व में जल की अधिकता एवं पश्चिम में कमी रहती है।
- थार मरुस्थल को छोड़कर देश के अधिकतर भागों में नदियाँ पाई जाती हैं। भारत में 121 मुख्य नदियाँ हैं, जिनका क्षेत्र 23.5 लाख वर्ग किमी है।
- मध्यम आकार की नदियाँ 44 हैं, जिनका क्षेत्रफल 2,40,000 वर्ग किमी है। छोटी-छोटी बहुत-सी नदियाँ हैं, जो केवल छोटी-सी जलधाराएँ हैं। इनका अपवाह क्षेत्र 2 लाख वर्ग किमी है।
- मरुस्थलीय नदियों के पाले का क्षेत्रफल 1 लाख वर्ग किमी है। सभी नदी तंत्रों में जल का कुल वार्षिक प्रवाह 17.68 **करोड़ हेक्टेयर मी** है। इसमें से प्रमुख नदियों का योगदान 85% का तथा मध्यम आकार और मरुस्थलीय नदियों सहित छोटी नदियों का योगदान क्रमश: 7% व 8% है।
- गंगा नदी तंत्र भारत का सबसे बड़ा अपवाह तंत्र है, जो **7010 मीटर** की ऊँचाई पर **8,61,404 वर्ग किमी** क्षेत्र पर विस्तृत है।

जलवायु

(स्रोत)

Class-VI Old NCERT Chap 8 **भारत : जलवायु, वनस्पति तथा वन्य प्राणी**, Class-VIII Old NCERT Chap 13 **जलवायु**, Class-IX New NCERT Chap 4 **जलवायु**, Class-X Old NCERT Chap 2, **जलवायु**, Class-XI New NCERT Chap 4 **जलवायु**, Class XII Old NCERT Chap 3 **जलवायु**

भारत की जलवायु

- किसी स्थान अथवा देश में लंबे समय के तापमान, वर्षा, वायुमंडलीय दबाव तथा पवनों की दिशा एवं वेग के अध्ययन को **जलवायु** (Climate) कहते हैं।
- मौसम वायुमंडल की क्षणिक अवस्था है, जबकि जलवायु का तात्पर्य अपेक्षाकृत लंबे समय की मौसमी दशाओं के औसत से होता है।
- जलवायु में बदलाव 50 वर्षों अथवा इससे भी अधिक वर्षों में आता है।
- भारत में उष्णकटिबंधीय मानसूनी जलवायु पाई जाती है और यहाँ अरब सागर एवं बंगाल की खाड़ी से चलने वाली हवाओं की दिशा में ऋतुवत् परिवर्तन हो जाता है, जिस कारण भारतीय जलवायु को **मानसूनी जलवायु** (Monsoon Climate) कहा जाता है।
- भारत की जलवायु में अनेक प्रादेशिक भिन्नताएँ (Regional Variations) हैं, जिनमें तापमान तथा वर्षा में प्रादेशिक विभिन्नता प्रमुख हैं।

तापमान में प्रादेशिक विभिन्नता

- भारत में एक स्थान से दूसरे स्थान पर तथा एक क्षेत्र से दूसरे क्षेत्र के तापमान में ऋतुवत् अंतर (Climatic Difference) पाया जाता है।
- गर्मियों में पश्चिमी राजस्थान का तापमान 55° सेल्सियस रहता है एवं उसी समय अरुणाचल प्रदेश के तवांग का तापमान 19° सेल्सियस रहता है।
- इसी प्रकार सर्दियों में लद्दाख के द्रास का तापमान–45° सेल्सियस रहता है, जबकि उसी समय तिरुवनंतपुरम एवं चेन्नई में तापमान 20-22° सेल्सियस तक पाया जाता है।
- थार के मरुस्थल में सबसे अधिक तापांतर पाया जाता है, क्योंकि यहाँ दिन का तापमान 50° सेल्सियस एवं रात का तापमान 15°-20° सेल्सियस के मध्य रहता है।

वर्षा में प्रादेशिक विभिन्नता

- भारत के विभिन्न भागों में वर्षण की मात्रा एवं प्रकारों में भी अंतर पाया जाता है, क्योंकि हिमालय में वर्षण हिमपात के रूप में, जबकि देश के अन्य भागों में वर्षण बूँदों के रूप में होता है।
- भारत के मेघालय की खासी पहाड़ियों में स्थित मॉसिनराम में औसत वार्षिक वर्षा 1080 सेमी और राजस्थान के जैसलमेर में औसत वार्षिक वर्षा लगभग 9 सेमी ही होती है।
- देश के अधिकतर भागों में वर्षा जून से सितंबर तक एवं तमिलनाडु के कोरोमंडल तट पर वर्षा अक्टूबर एवं नवंबर में होती है।
- जुलाई या अगस्त में गंगा के डेल्टा तथा ओडिशा के तटीय भागों में प्रत्येक तीसरे या पाँचवें दिन प्रचंड तूफान मूसलाधार वर्षा करते हैं, जबकि इन्हीं महीनों में मात्र 1 हजार किमी दूर स्थित तमिलनाडु का कोरोमंडल तट शांत एवं शुष्क रहता है।

जलवायवी नियंत्रण

- किसी भी क्षेत्र की जलवायु को नियंत्रित करने वाले 6 प्रमुख कारक **अक्षांश, तुंगता (ऊँचाई), वायुदाब एवं पवनतंत्र, समुद्र से दूरी, महासागरीय धाराएँ तथा उच्चावच लक्षण** हैं।
- पृथ्वी की गोलाई के कारण इससे प्राप्त सौर ऊर्जा की मात्रा अक्षांशों के अनुसार अलग-अलग होती है। इसके परिणामस्वरूप तापमान विषुवत् वृत्त

- समुद्र का जलवायु पर समभारी प्रभाव पड़ता है, जैसे-जैसे समुद्र से दूरी बढ़ती है, यह प्रभाव कम होता जाता है।
- महासागरीय धाराएँ समुद्र से तट की ओर चलने वाली हवाओं के साथ तटीय क्षेत्रों की जलवायु को प्रभावित करती हैं।
- उच्चावच लक्षणों की भी जलवायु को निर्धारित करने में विशेष भूमिका होती है। ऊँचे पर्वत ठंडी अथवा गर्म वायु को अवरोहित कर वर्षा लाने वाली वायु को रोक सकते हैं या उस क्षेत्र में वर्षा का कारण भी बन सकते हैं।

भारत की जलवायु को प्रभावित करने वाले कारक

भारत की जलवायु को प्रभावित करने वाले अनेक कारक हैं, जिन्हें दो वर्गों में बाँटा जा सकता है

स्थिति एवं उच्चावच संबंधी कारक

स्थिति एवं उच्चावच संबंधी कारक (Factors Related to Location and Relief) निम्नलिखित हैं

अक्षांश

- जलवायु को प्रभावित करने वाले कारकों में अक्षांशीय अवस्थिति (Latitudinal Extent) की भूमिका महत्त्वपूर्ण होती है। भारत का अक्षांशीय विस्तार 8°4' उत्तर से 37°6' उत्तर के मध्य है।
- **कर्क रेखा** (Tropic of Cancer) भारत के मध्य भाग (गुजरात, राजस्थान, मध्य प्रदेश, छत्तीसगढ़, झारखंड, पश्चिम बंगाल, त्रिपुरा और मिजोरम) से गुजरती है, जिसकी दिशा पूर्व-पश्चिम है।
- भारत का उत्तरी भाग **शीतोष्ण कटिबंध** (Temperate) में और कर्क रेखा के दक्षिण में स्थित भाग **उष्ण कटिबंध** (Tropical) में पड़ता है।
- उष्णकटिबंध भूमध्य रेखा के निकट होने के कारण वर्षभर उच्च तापमान तथा कम दैनिक और वार्षिक तापांतर का अनुभव करता है।
- कर्क रेखा से उत्तर में स्थित भाग में भूमध्य रेखा से दूर होने के कारण उच्च दैनिक तथा वार्षिक तापांतर के साथ विषम जलवायु पाई जाती है।

हिमालय पर्वत

- हिमालय पर्वत मानसूनी पवनों को रोककर भारतीय उपमहाद्वीप में वर्षा का कारण बनता है।
- यह पर्वत उत्तरी ध्रुव रेखा के निकट उत्पन्न होने वाली ठंडी पवनों से भारत का बचाव करता है। इस प्रकार हिमालय एक प्रभावी जलवायु विभाजक की भूमिका निभाता है।
- इन्हीं पर्वतों के कारण इस क्षेत्र में मध्य एशिया की तुलना में कम ठंड पड़ती है।

जल एवं स्थल का वितरण

- भारत के दक्षिणी भाग के तीन ओर हिंद महासागर व उत्तर की ओर उच्च व अविच्छिन्न पर्वत श्रेणियाँ हैं।
- स्थल की अपेक्षा जल देर से गर्म होता है और देर से ठंडा होता है।
- जल और स्थल के इस विभेदी तापन के कारण ही भारतीय उपमहाद्वीप की ऋतुओं में विभिन्न वायुदाब प्रदेश विकसित हो जाते हैं।
- वायुदाब में भिन्नता मानसून पवनों के उत्क्रमण का कारण बनती है।

समुद्र तट से दूरी

- भारत की लंबी तटीय रेखा के कारण भारत के विस्तृत तटीय प्रदेशों में **समकारी जलवायु** (Equalising Climate) पाई जाती है। भारत के आंतरिक भाग समुद्र के समकारी प्रभाव (Moderating Influence) से वंचित रह जाते हैं।
- ऐसे क्षेत्रों में विषम जलवायु पाई जाती है। यही कारण है कि मुंबई तथा कोंकण तट के निवासी तापमान की विषमता और ऋतु परिवर्तन का अनुभव नहीं कर पाते हैं।
- समुद्र तट से दूरी देश के आंतरिक भागों में स्थित दिल्ली, कानपुर, अमृतसर इत्यादि में मौसमी परिवर्तन तथा जीवन को प्रभावित करते है।

समुद्रतल से ऊँचाई

ऊँचाई के साथ तापमान घटता जाता है। विरल वायु के कारण पर्वतीय प्रदेश मैदानों की तुलना में अधिक ठंडे होते हैं। उदाहरण के लिए आगरा और दार्जिलिंग एक ही अक्षांश पर स्थित हैं, किंतु जनवरी में आगरा का तापमान 16°C तथा दार्जिलिंग का तापमान 4°C होता है।

उच्चावच

- भारत का भौतिक स्वरूप अथवा उच्चावच (Relief) तापमान, वायुदाब, पवनों की गति एवं दिशा तथा ढाल की मात्रा और वितरण को प्रभावित करता है।
- जून और जुलाई के बीच पश्चिमी घाट तथा असम के पवनाभिमुखी ढाल (Windward Sides) अधिक वर्षा प्राप्त करते हैं, जबकि इसी दौरान पश्चिमी घाट के साथ लगे दक्षिणी पवनाभिमुखी ढाल (Leeward Side) पर कम वर्षा होती है।

वायुदाब एवं पवन संबंधी कारक

भारत में जलवायु संबंधी मौसमी अवस्थाएँ निम्नलिखित वायुदाब एवं पवन संबंधी कारक (Factors Related to Air Pressure and Winds) से संचालित होती हैं।

शीत ऋतु में मौसम की क्रियाविधि

शीत ऋतु में मौसम की क्रियाविधि निम्नलिखित हैं

धरातलीय वायुदाब तथा पवनें

- भारत का मौसम शीत ऋतु में मध्य एवं पश्चिम एशिया के वायुदाब वितरण (Distribution of Pressure) से प्रभावित होता है।
- इस समय हिमालय के उत्तर में तिब्बत पर उच्च वायुदाब केंद्र (High Pressure Zone) स्थित होता है। यहाँ से पवनों का प्रवाह भारतीय उपमहाद्वीप की ओर होता है।

जेट प्रवाह और ऊपरी वायु परिसंचरण

यह परिसंचरण धरातल के निकट या वायुमंडल की निचली सतहों पर होता है। यहाँ पर चलने वाली पवनें पश्चिम एशिया से चलने वाली पवनों के प्रभाव में आती हैं।

जेटप्रवाह/धारा

- ये एक संकरी पट्टी में स्थित क्षोभमंडल में अत्यधिक ऊँचाई (12000 मी से अधिक) वाली पश्चिमी हवाएँ हैं।
- इनकी गति गर्मी में 110 किमी प्रति घंटा एवं सर्दी में 184 किमी प्रति घंटा होती है।

- सबसे स्थिर जेटधाराएँ (Jet Streams) **मध्य अक्षांशीय** (Mid-Latitudinal) एवं **उपोष्ण कटिबंधीय** (Sub-Tropical) धाराएँ हैं।
- जेटधाराएँ 27° से 30° उत्तर अक्षांश के मध्य स्थित होती हैं, इसलिए इन्हें **उपोष्ण कटिबंधीय पश्चिमी जेटधाराएँ** (Subtropic Western Jetstream) कहा जाता है।

पश्चिमी चक्रवातीय विक्षोभ तथा उष्णकटिबंधीय चक्रवात

- पश्चिमी विक्षोभ, जो भारतीय उपमहाद्वीप में सर्दी के मौसम में पश्चिम तथा उत्तर-पश्चिम से प्रवेश करते हैं, भूमध्यसागर पर उत्पन्न होते हैं। भारत में इनका प्रवेश पश्चिमी जेट प्रवाह द्वारा होता है।
- शीतकाल में रात्रि के तापमान में वृद्धि इन विक्षोभों के आने का पूर्व संकेत है।
- भारत में इनका प्रवेश पश्चिमी जेटप्रवाह द्वारा होता है। उष्णकटिबंधीय चक्रवात बंगाल की खाड़ी तथा हिंद महासागर में उत्पन्न होते हैं।
- इन उष्णकटिबंधीय चक्रवातों से तेज गति की हवाएँ चलती हैं और भारी वर्षा होती है। ये चक्रवात तमिलनाडु, आन्ध्र प्रदेश और ओडिशा के तटीय भागों से टकराते हैं।
- मूसलाधार वर्षा और पवनों की तीव्र गति के कारण ऐसे अधिकतर चक्रवात अत्यधिक विनाशकारी होते हैं।

ग्रीष्म ऋतु में मौसम की क्रियाविधि

ग्रीष्म ऋतु में मौसम की क्रियाविधि निम्नलिखित है

धरातलीय वायुदाब तथा पवनें

- गर्मी की ऋतु में जब सूर्य उत्तरायण में स्थित होता है, तब उपमहाद्वीप के निम्न तथा उच्च दोनों ही स्तरों पर वायु परिसंचरण में उत्क्रमण (Reversal) हो जाता है।
- गर्मी के मौसम में उष्णकटिबंधीय अभिसरण क्षेत्र (ITCZ) उत्तर की ओर खिसककर हिमालय के लगभग समानांतर 20° से 25° उत्तरी अक्षांश पर स्थित हो जाता है। इस समय तक पश्चिमी जेट प्रवाह भारतीय क्षेत्र से लौट जाता है।
- मौसम वैज्ञानिकों के अनुसार, भूमध्य रेखीय द्रोणी (ITCZ) के उत्तर की ओर खिसकने तथा पश्चिमी जेट प्रवाह के भारत के उत्तर मैदान से लौटने के बीच एक अंतर्संबंध है।
- ITCZ निम्न वायुदाब का क्षेत्र होने के कारण विभिन्न दिशाओं से पवनों को अपनी ओर आकर्षित करता है।
- दक्षिणी गोलार्द्ध से उष्णकटिबंधीय सामुद्रिक वायु संहति (mT) विषुवत् वृत्त को पार करके सामान्यतः दक्षिण-पश्चिम दिशा में इसी कम दाब वाली पेटी की ओर अग्रसर होती है। यही आर्द्र वायुधारा दक्षिण-पश्चिम मानसून कहलाती है।

जेट प्रवाह एवं ऊपरी वायु संचरण

- वायुदाब एवं पवनों का प्रतिरूप केवल क्षोभमंडल के निम्न स्तर पर पाया जाता है। जून में प्रायद्वीप के दक्षिणी भाग पर पूर्वी जेट प्रवाह 90 किमी/घंटे की गति से चलता है।
- यह जेट प्रवाह अगस्त में 15° उत्तर अक्षांश पर तथा सितंबर में 22° उत्तर अक्षांश पर स्थित हो जाता है। ऊपरी वायुमंडल में पूर्वी जेट-प्रवाह सामान्यतः 30° उत्तर अक्षांश से दूर नहीं जाता है।

पूर्वी जेटप्रवाह तथा उष्णकटिबंधीय चक्रवात

- पूर्वी जेटप्रवाह उष्णकटिबंधीय चक्रवातों को भारत में लाता है। इन चक्रवातों की भारतीय उपमहाद्वीप में वर्षा वितरण में महत्त्वपूर्ण भूमिका है।
- इन चक्रवातों के मार्ग में भारत के सर्वाधिक वर्षा वाले भाग हैं।

कोरिऑलिस बल

- पृथ्वी के घूर्णन के कारण उत्पन्न आभासी बल को **कोरिऑलिस बल** (Coriolis Force) कहते हैं।
- इस बल के कारण पवनें उत्तरी गोलार्द्ध में दाहिनी ओर तथा दक्षिणी गोलार्द्ध में बाईं ओर विक्षेपित हो जाती हैं, इसे फेरल का नियम भी कहते हैं।

अंतःउष्णकटिबंधीय अभिसरण क्षेत्र (ITCZ)

- विषुवत् वृत्त पर स्थित यह एक निम्न वायुदाब वाला क्षेत्र है। इस क्षेत्र में व्यापारिक पवनें मिलती हैं। जुलाई के महीने में **अंतः उष्णकटिबंधीय अभिसरण क्षेत्र** (ITCZ-Inter Tropical Convergence Zone) 20° से 25° उत्तर अक्षांशों के आस-पास गंगा मैदान में स्थित होता है। इसे कभी-कभी **मानसूनी गर्त** (Monsoon Trough) भी कहा जाता है।
- यह मानसूनी गर्त उत्तर और उत्तर पश्चिमी भारत पर तापीय निम्न वायुदाब के विकास को प्रोत्साहित करता है।
- ITCZ के उत्तर की ओर खिसकने के कारण दक्षिणी गोलार्द्ध की व्यापारिक पवनें 40° और 60° पूर्वी देशांतरों के बीच विषुवत् वृत्त को पार कर जाती हैं। शीत ऋतु में ITCZ दक्षिण की ओर खिसक जाता है।

मानसून

मानसून शब्द की उत्पत्ति **अरबी भाषा** के शब्द 'मौसिम' से हुई है, जिसका शाब्दिक अर्थ है- मौसम। मानसून से अभिप्राय ऐसी जलवायु से है, जिसमें ऋतु के अनुसार पवनों की दिशा में उत्क्रमण हो जाता है। भारत की जलवायु उष्ण मानसूनी है, जो दक्षिणी एवं दक्षिणी-पूर्वी एशिया में पाई जाती है।

मानसून उत्पत्ति संबंधी सिद्धांत

मानसून उत्पत्ति के तीन प्रमुख सिद्धांत निम्नलिखित हैं

1. **तापीय संकल्पना** (Thermal Concept) इस संकल्पना का प्रतिपादन 1866 ई. में **एडमण्ड हेली** ने किया था। इस संकल्पना के अनुसार **ग्रीष्म आयनांत** (Summer Solistice) के समय हिंद महासागर के क्षेत्र में उच्चदाब (High Pressure) होता है। इस समय दक्षिण-पूर्वी व्यापारिक पवनें निम्नदाब (Low Pressure) क्षेत्र की ओर मुड़ जाती हैं, जिसे दक्षिण-पश्चिमी मानसून कहते हैं। आर्द्रतायुक्त पवनों के कारण स्थलीय भाग में वर्षा होती है।
2. **गतिक संकल्पना** (Dynamic Concept) इस संकल्पना का प्रतिपादन **फ्लोन** ने वर्ष 1952 में किया था। इस संकल्पना के अनुसार ऋतु परिवर्तन के साथ अंतः उष्णकटिबंधीय अभिसरण क्षेत्र (ITCZ) की स्थिति में परिवर्तन आ जाता है, जिससे निम्न वायुदाब की ओर प्रवाहित पवनों से वर्षा होती है।
3. **आधुनिक संकल्पना** (Modern Concept) इस संकल्पना के अंतर्गत मानसून की नई संकल्पनाओं को स्थान दिया जाता है। आधुनिक संकल्पना के अनुसार मानसून की उत्पत्ति में जेट हवाओं, तिब्बत के पठार, एलनिनो तथा ला-निना जलधारा की महत्त्वपूर्ण भूमिका है।

भारतीय मानसून की प्रकृति

मानसून का आरंभ

- भारत की जलवायु मानसूनी पवनों से बहुत अधिक प्रभावित है। सर्वप्रथम मानसून परिघटना की खोज ऐतिहासिक काल में भारत आए नाविकों द्वारा की गई। स्थल तथा समुद्र का **विभेदी तापन** (Differential Heating) ही मानसूनी पवनों को उपमहाद्वीप की ओर चलने के लिए प्रेरित करता है।
- अप्रैल तथा मई के महीने में जब सूर्य कर्क रेखा पर लंबवत् चमकता है, तो हिंद महासागर के उत्तर में स्थित विशाल भूखंड अत्यधिक गर्म हो जाता है। इससे उपमहाद्वीप के उत्तर पश्चिमी भाग पर एक गहन **न्यून दाब क्षेत्र** (Low Pressure Areas) विकसित हो जाता है।
- दक्षिणी-पश्चिमी मानसूनी पवनें भूमध्य रेखा को 40° पूर्वी तथा 60° पूर्वी देशांतर रेखाओं के मध्य पार करती हैं। दक्षिणी भारत में 15° उत्तर अक्षांश पर पूर्वी जेट-प्रवाह विकसित हो जाता है।
- इसी पूर्वी जेट प्रवाह को भारत में **मानसून के प्रस्फोट** (Burst of Monsoon) के लिए जिम्मेदार माना जाता है।
- मानसून का समय जून से मध्य सितंबर तक लगभग 100 से 120 दिनों का होता है। इसके आगमन के समय सामान्य वर्षा में वृद्धि हो जाती है तथा लगातार कई दिनों तक वर्षा होती रहती है। इसे मानसून प्रस्फोट कहते हैं।
- अरब सागर की शाखा मध्य जून तक सौराष्ट्र, कच्छ एवं देश के मध्य भागों में पहुँचती है। बंगाल की खाड़ी की शाखा जून के प्रथम सप्ताह में असम पहुँच जाती है तथा ऊँचे पर्वतों के कारण यह शाखा गंगा के मैदान की ओर मुड़ जाती है। अरब सागर एवं बंगाल की खाड़ी की शाखा दोनों आपस में, गंगा के मैदान के उत्तर पश्चिमी भाग में मिल जाती हैं।
- जुलाई के प्रथम सप्ताह तक मानसून पश्चिमी उत्तर प्रदेश, पंजाब, हरियाणा तथा पूर्वी राजस्थान में पहुँच जाता है। मध्य जुलाई तक मानसून हिमाचल प्रदेश एवं देश के अन्य हिस्सों में पहुँच जाता है।
- मानसून का प्रभाव उष्णकटिबंधीय क्षेत्रों में लगभग 20° उत्तर एवं दक्षिण के मध्य रहता है। विषुवत् वृत्त से उत्तर में विषुवतीय गर्त पाया जाता है।
- हिंद महासागर में मेडागास्कर के पूर्व लगभग 20° दक्षिण अक्षांश के ऊपर उच्चदाब वाला क्षेत्र होता है, जोकि भारतीय मानसून को प्रभावित करता है। सामान्यत: जब दक्षिण प्रशांत महासागर के उष्णकटिबंधीय पूर्वी भाग में उच्चदाब होता है, तब हिंद महासागर के उष्णकटिबंधीय पूर्वी भाग में निम्न दाब होता है।
- दाब की अवस्था में इस नियतकालिक परिवर्तन को **दक्षिणी दोलन** (Southern Oscillation) के नाम से जाना जाता है। डार्विन उत्तरी ऑस्ट्रेलिया (हिंद महासागर 12°30' दक्षिण/ 131° पूर्व) तथा ताहिती (प्रशांत महासागर 18° दक्षिण/ 199° पश्चिम) के दाब के अंतर की गणना मानसून की तीव्रता के पूर्वानुमान के लिए की जाती हैं।

मानसून का भारत में प्रवेश

- दक्षिण पश्चिम मानसून (South-Western Monsoon) केरल तट पर 1 जून को पहुँचता है और शीघ्र ही 10 और 13 जून के बीच ये आर्द्र पवनें मुंबई और कोलकाता तक पहुँच जाती हैं।
- मध्य जुलाई तक संपूर्ण उपमहाद्वीप में दक्षिण पश्चिम मानसून पहुँच जाता है।
- मानसून की प्रवृत्ति तथा उसके उद्भव-तंत्र को विश्व के विभिन्न भागों में स्थल, महासागरों तथा ऊपरी वायुमंडल से एकत्रित मौसम संबंधी आँकड़ों के आधार पर समझा जाता है।
- पूर्वी प्रशांत महासागर में स्थित फ्रेंच पोलिनेशिया के ताहिती तथा हिंद महासागर में ऑस्ट्रेलिया के पूर्वी हिस्से पर स्थित पोर्ट डार्विन के बीच पाए जाने वाले वायुदाब का अंतर मापकर मानसून की तीव्रता का पूर्वानुमान (Forecast) लगाया जा सकता है।
- भारत का मौसम विभाग 16 कारकों (Factors) के आधार पर मानसून का पूर्वानुमान लगाता है।

एलनिनो

- एलनिनो (Elnino) एक स्पेनिश शब्द है, जिसका अर्थ- लिटिल ब्यॉय या चाइल्ड क्राइस्ट (Child Christ) को व्यक्त करता है, क्योंकि यह धारा क्रिसमस के समय बढ़ना शुरू करती है।
- एलनिनो दक्षिणी दोलन (Southern Oscillation) से जुड़ा हुआ एक लक्षण है। यह गर्म समुद्री जलधारा है, जो पेरू की ठंडी धारा के स्थान पर प्रत्येक 7 वर्ष के अंतराल में पेरू तट से होकर बहती है।
- ठंडी पेरू जलधारा के स्थान पर अस्थायी रूप से गर्म जलधारा के विकास को एलनिनो कहा गया है।
- दाब की अवस्था में परिवर्तन का संबंध एलनिनो से है, इसलिए इस घटना को **एंसो** (ENSO) एलनिनो दक्षिणी दोलन कहा जाता है।
- इसकी उपस्थिति समुद्र की सतह के तापमान को बढ़ा देती है तथा उस क्षेत्र में व्यापारिक पवनों को शिथिल कर देती है।

ला-निना

- एलनिनो के विपरीत, **ला-निना** (La-Nina) से मध्य तथा पश्चिमी प्रशांत महासागर में तापमान सामान्य से काफी नीचे गिर जाता है।
- इसका मुख्य कारण ग्रीष्म ऋतु में दक्षिणी प्रशांत महासागर में उपोष्ण कटिबंधीय (Subtropical) उच्च वायुभार पेटी का सामान्य से बहुत अधिक प्रबल होना है।
- **सन्मार्गी पवनें** (Trade Winds) इतनी अधिक प्रबल हो जाती हैं, जिससे पेरू के तट के निकट बड़ी मात्रा में ठंडे जल का उद्वेलन (Upwelling) होता है। ला-निना बनने से भारत में अच्छी वर्षा होती है।

मानसूनी वर्षा का वितरण

- भारत में वर्षा मानसून की दो शाखाओं, बंगाल की खाड़ी एवं अरब सागर की शाखा से होती है।
- बंगाल की खाड़ी की शाखा उष्णकटिबंधीय अवदाब है, जो बंगाल की खाड़ी या दक्षिणी चीन सागर (पूर्व) में उत्पन्न होता है और इससे उत्तरी भारत के मैदानों एवं पूर्वोत्तर प्रदेश में वर्षा होती है।
- अरब सागर की शाखा दक्षिण-पश्चिम मानसून धारा है, जो भारत के पश्चिमी तट पर वर्षा कराती है। पश्चिमी घाट के साथ-साथ होने वाली अधिकतर वर्षा पर्वतीय है, क्योंकि यह आर्द्र हवाओं से अवरुद्ध होकर घाट के सहारे ऊपर उठने से होती है।
- भारत के पश्चिमी तट पर होने वाली वर्षा की तीव्रता दो कारकों से संबंधित हैं

1. समुद्र तट से दूर घटित होने वाली मौसमी दशाएँ
2. अफ्रीका के पूर्वी तट के साथ भूमध्यरेखीय जेट-प्रवाह की स्थिति।

मानसून विच्छेद

- दक्षिण-पश्चिम मानसून काल में एक बार कुछ दिनों तक वर्षा होने के बाद यदि एक-दो या कई सप्ताह तक वर्षा न हो, तो इसे मानसून विच्छेद (Break in the Monsoon) कहा जाता है।

इस विच्छेद के निम्न कारण हैं—

(i) उत्तरी भारत के मैदानों में मानसून विच्छेद, उष्णकटिबंधीय चक्रवातों की संख्या कम हो जाने से और **अंत:उष्णकटिबंधीय अभिसरण क्षेत्र** (ITCZ-Intertropical Convergence Zone) की स्थिति में बदलाव से होता है।

(ii) पश्चिमी तट पर मानसून विच्छेद आर्द्र पवनों के तट के समानांतर बहने से होता है।

(iii) राजस्थान में मानसून विच्छेद तब होता है, जब वायुमंडल के निम्न स्तरों पर तापमान की विलोमता वर्षा करने वाली आर्द्र पवनों को ऊपर उठने से रोक देती है।

मानसून का निवर्तन

- मानसून के पीछे हटने या लौट जाने को मानसून का निवर्तन कहते हैं।
- भारतीय मानसून का निवर्तन (Retreat of Monsoon) उत्तर-पश्चिमी राज्यों से सितंबर से आरंभ हो जाता है। मध्य अक्टूबर तक मानसून प्रायद्वीप के उत्तरी भाग से पूरी तरह पीछे हट जाता है।
- लौटती हुई मानसूनी पवनें बंगाल की खाड़ी से जल ग्रहण करके उत्तर-पूर्वी मानसून के रूप में तमिलनाडु में वर्षा करती हैं।

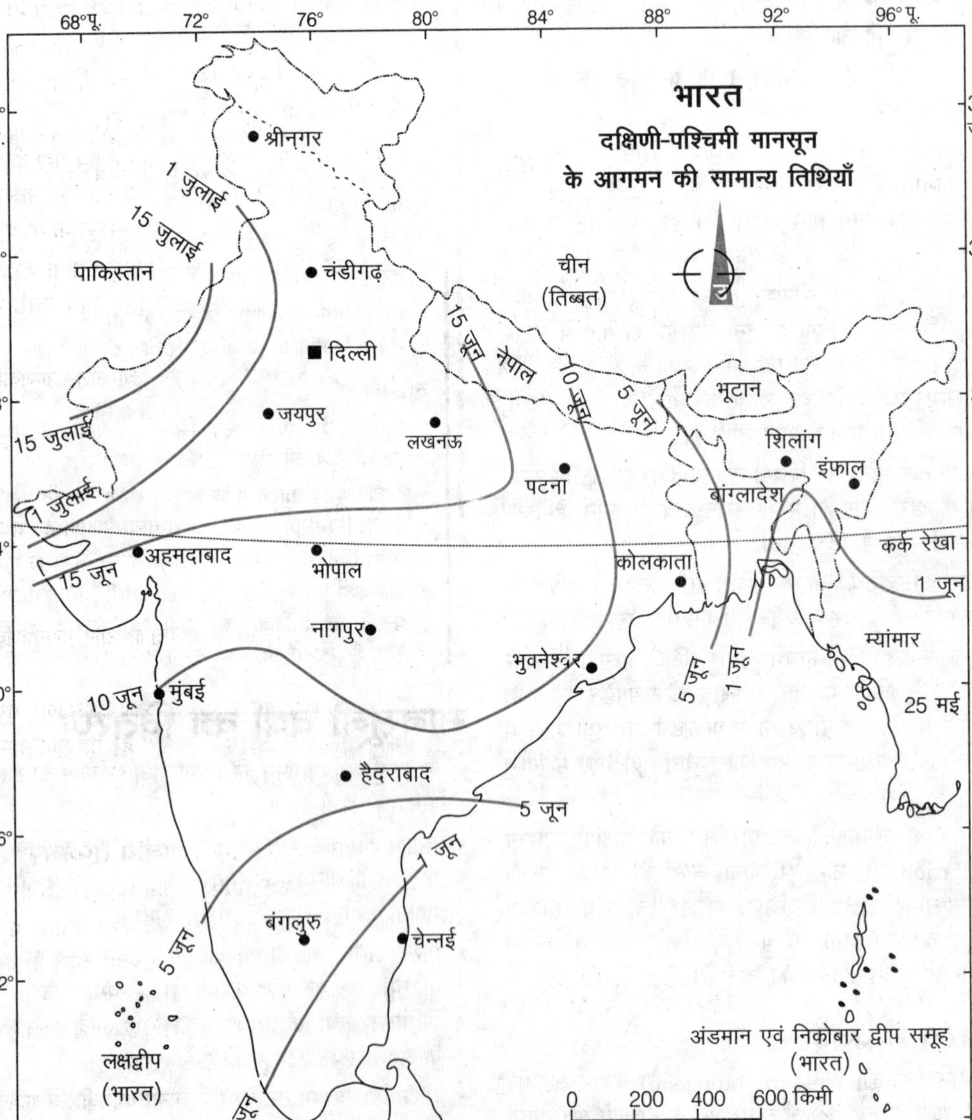

भारत में ऋतुएँ

भारत में मुख्यत: चार ऋतुओं का काल होता है, जिनका वर्णन निम्नलिखित है

शीत ऋतु

- उत्तरी भारत में शीत ऋतु (Winter Season) मध्य नवंबर से लेकर फरवरी के मध्य तक रहती है।
- जनवरी एवं फरवरी **सर्वाधिक ठंडे महीने** होते हैं। इस समय उत्तर भारत का औसत दैनिक तापमान 21° सेल्सियस से कम रहता है। पंजाब एवं राजस्थान में रात्रि का तापमान हिमांक (0° सेल्सियस) से भी नीचे हो जाता है।
- इस ऋतु में उतरी भारत में अधिक ठंड पड़ने के तीन कारण हैं
  1. पंजाब, हरियाणा और राजस्थान जैसे राज्य समुद्र के समकारी प्रभाव से दूर स्थित होने के कारण महाद्वीपीय जलवायु का अनुभव करते हैं।
  2. हिमालय की श्रेणियों में हिमपात के कारण शीत लहर की स्थिति उत्पन्न हो जाती है।
  3. फरवरी के आस-पास कैस्पियन सागर और तुर्कमेनिस्तान की ठंडी पवनें उत्तरी भारत में शीत लहर ला देती हैं।
- प्रायद्वीपीय भारत में कोई निश्चित शीत ऋतु नहीं होती है। तटीय भागों में भी समुद्र के समकारी प्रभाव तथा भूमध्य रेखा की निकटता के कारण तापमान वितरण में बदलाव नहीं आता है।
- **22 दिसंबर** को सूर्य दक्षिणी गोलार्द्ध में मकर रेखा पर सीधा चमकता है और शीत ऋतु में उत्तरी मैदान में एक क्षीण उच्च वायुदाब विकसित होता है।
- उत्तर-पश्चिमी उच्च वायुदाब क्षेत्र से दक्षिण में हिंद महासागर पर स्थित निम्न वायुदाब क्षेत्र की ओर पवनें चलना प्रारंभ कर देती हैं।
- कम दाब प्रवणता के कारण 3 से 5 किमी प्रति घंटा की दर से मंद पवनें चलती हैं।
- गंगा घाटी में इनकी दिशा पश्चिमी और उत्तर-पश्चिमी होती है एवं बंगाल की खाड़ी (गंगा–बह्मपुत्र डेल्टा) में इनकी दिशा उत्तर-पूर्व होती है। अत: भू आकृति भी पवनों की दिशा को प्रभावित करती है।
- सर्दियों में पश्चिमी विक्षोभ (Western Disturbances) चक्रवात पूर्वी भूमध्यसागर पर उत्पन्न होते हैं और पूर्व की ओर एशिया-ईरान, अफगानिस्तान एवं पाकिस्तान से होते हुए भारत के उत्तर-पश्चिमी भाग में पहुँचते हैं।
- मार्ग में उत्तर में कैस्पियन सागर तथा दक्षिण में ईरान की खाड़ी से गुजरते समय इन चक्रवातों की आर्द्रता में संवर्द्धन हो जाता है।
- शीतकालीन मानसूनी पवनें स्थल से समुद्र की ओर चलने के कारण वर्षा नहीं करती हैं, क्योंकि एक तो इनमें नमी केवल नाममात्र की होती है, दूसरा, स्थल पर घर्षण के कारण इन पवनों का तापमान बढ़ जाता है, जिससे वर्षा की संभावना निरस्त हो जाती है। कुछ क्षेत्रों में शीत ऋतु में वर्षा होती है।
- उत्तर-पश्चिम भारत में भूमध्यसागर से आने वाले कुछ क्षीण शीतोष्ण कटिबंधीय चक्रवात से पंजाब, हरियाणा एवं दिल्ली में वर्षा होती है।
- शीतकाल की यह वर्षा भारत में रबी की फसल के लिए लाभदायक होती है। लघु हिमालय में वर्षा हिमपात के रूप में होती है। यह वही हिम है, जो गर्मियों के महीनों में हिमालय से निकलने वाली नदियों में जल के प्रवाह को निरंतर बनाए रखता है।
- वर्षा की मात्रा मैदानों के पश्चिम से पूर्व और पर्वतों में उत्तर से दक्षिण की ओर घटती जाती है।
- दिल्ली में शीतऋतु में औसत वर्षा 53 मिमी जबकि पंजाब और बिहार के बीच में यह वर्षा 18 से 25 मिमी के बची रहती है।
- **उत्तर-पूर्वी मानसूनी पवनें** (North East Monsoon Winds) अक्टूबर से नवंबर के बीच बंगाल की खाड़ी से आर्द्रता ग्रहण कर तमिलनाडु, दक्षिण आंध्र प्रदेश, दक्षिण-पूर्वी कर्नाटक तथा दक्षिण-पूर्वी केरल में **झंझावाती वर्षा** (Torrential Rainfall) कराती हैं।

ग्रीष्म ऋतु

- भारत में मार्च से मई तक ग्रीष्म ऋतु (Summer Season) रहती है। सूर्य के उत्तर की ओर आभासी गति के कारण भूमंडलीय ताप पट्टी उत्तर की ओर खिसक जाती है।
- अप्रैल, मई व जून में उत्तरी भारत में गर्म ऋतु रहती है। इस समय यहाँ का तामपान 30° से 32° सेल्सियस के मध्य रहता है।
- मार्च में **दक्कन पठार** पर दिन का अधिकतम तापमान **38° सेल्सियस** हो जाता है, जबकि अप्रैल में गुजरात और मध्य प्रदेश में यह तापमान 38° से 43° सेल्सियस के मध्य पाया जाता है।
- दक्षिण भारत में ग्रीष्म ऋतु मृदु होती है एवं यहाँ की प्रायद्वीपीय स्थिति समुद्र के समकारी प्रभाव के कारण यहाँ पर तापमान उत्तरी भारत से कम रहता है। दक्षिण में तापमान 26° से 32° सेल्सियस के मध्य रहता है।
- पश्चिमी घाट में ऊँचाई के कारण कुछ स्थानों का तापमान 25° सेल्सियस से कम रहता है। ग्रीष्म ऋतु में देश के आधे उत्तरी भाग में अधिक गर्मी और गिरता हुआ वायुदाब पाया जाता है।
- उपमहाद्वीप के गर्म हो जाने के कारण अंत: उष्णकटिबंधीय अभिसरण क्षेत्र की स्थिति 25° उत्तरी अक्षांश रेखा होती है।
- उत्तर-पश्चिम में **थार मरुस्थल** से पूर्व और दक्षिण-पूर्व में **पटना** एवं **छत्तीसगढ़ पठार** तक निम्न दाब की मानसून द्रोणी स्थित है।
- **लू** (Loo) ग्रीष्मकाल का एक प्रभावी लक्षण है। ये धूल भरी गर्म एवं शुष्क पवनें होती हैं, जोकि दिन के समय भारत के उत्तर एवं उत्तर-पश्चिमी क्षेत्रों में चलती हैं।
- यह हवा गंगा के मैदान में चलती है और इसकी दिशा पश्चिम से पूर्व की ओर होती है।
- मई के महीने में शाम के समय पंजाब-हरियाणा, पूर्वी राजस्थान और उत्तर प्रदेश में **धूल भरी आँधियाँ** चलती हैं। यह एक अस्थायी तूफान है, जिससे गर्मी से राहत मिलती है।

ग्रीष्म ऋतु के प्रसिद्ध स्थानीय तूफान

ग्रीष्म ऋतु के प्रसिद्ध स्थानीय तूफान निम्नलिखित हैं

- ग्रीष्म ऋतु के अंत में कर्नाटक एवं केरल में प्राय: पूर्व-मानसूनी वर्षा होती है, जिसे **आम्र वर्षा** (Mango Shower) कहते हैं, क्योंकि यह आमों को जल्दी पकाने में सहायता करती है।
- फूलों वाली **बौछार** (Blossom Shower) से केरल व निकटवर्ती कहवा उत्पादक क्षेत्रों में कहवा खिलने लगता है।
- असम एवं पश्चिम बंगाल में बैसाख के महीने में शाम को चलने वाली भयंकर व विनाशकारी वर्षा युक्त पवन **काल बैसाखी** (Norwester) कहलाती है। यह चाय, पटसन व चावल की खेती के लिए अच्छी मानी जाती है, असम में इसे **बारदोली छिड़ा** कहा जाता है।

वर्षा ऋतु (दक्षिण-पश्चिम मानसून की ऋतु)

- मई माह में उत्तर-पश्चिम मैदानों में तापमान के तेजी से बढ़ने के कारण निम्न वायुदाब की दशाएँ बनने लगती हैं। जून के प्रारंभ में ये दशाएँ इतनी शक्तिशाली हो जाती हैं कि वे हिंद महासागर से आने वाली दक्षिणी गोलार्द्ध की व्यापारिक पवनों को आकर्षित करती हैं।
- ये दक्षिणी-पूर्वी व्यापारिक पवनें भूमध्य रेखा को पार करके बंगाल की खाड़ी और अरब सागर में प्रवेश कर जाती हैं, जहाँ ये भारत के ऊपर विद्यमान वायुपरिसंचरण में मिल जाती हैं।
- भूमध्य रेखीय गर्म समुद्री धाराओं के ऊपर से गुजरने के कारण ये पवनें अपने साथ पर्याप्त मात्रा में आर्द्रता लाती हैं।
- भूमध्य रेखा को पार करके इनकी दिशा दक्षिण-पश्चिम हो जाती है, इसी कारण इन्हें दक्षिणी-पश्चिमी मानसून कहा जाता है।
- दक्षिण-पश्चिम मानसून की ऋतु में वर्षा अचानक आरंभ हो जाती है, जिससे तापमान में गिरावट आती है।
- जून के पहले सप्ताह में केरल, कर्नाटक, गोवा और महाराष्ट्र के तटीय भागों में वर्षा होती है।
- मध्य जून से मध्य जुलाई के बीच दिन के तापमान में 5° से 8° सेल्सियस की गिरावट आ जाती है।
- दक्षिण-पश्चिम मानसून की दो शाखाएँ भारत में प्रवेश करती हैं- अरब सागर की शाखा एवं दूसरी बंगाल की खाड़ी की शाखा।

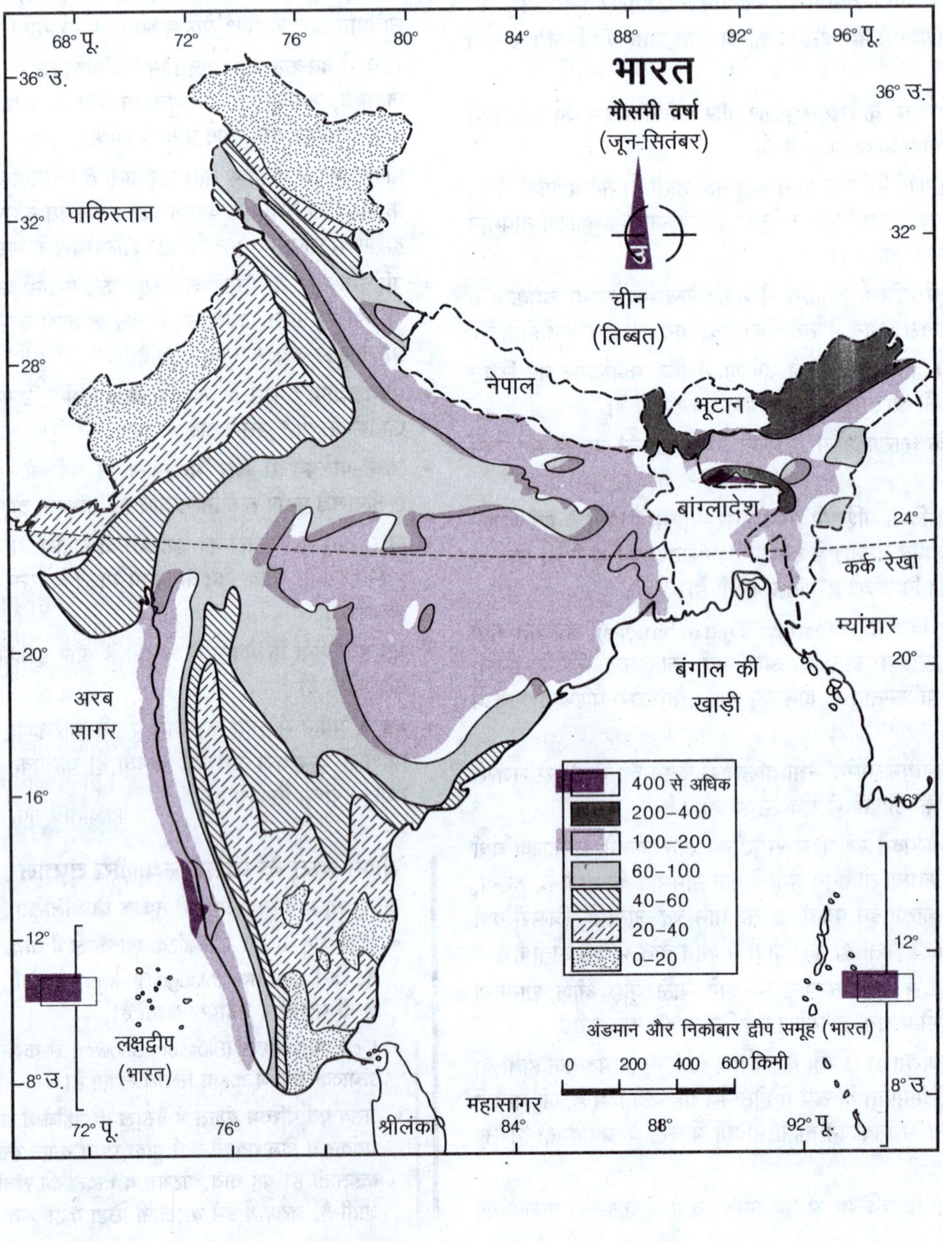

अरब सागर की मानसूनी पवनें

अरब सागर से उत्पन्न होने वाली मानसूनी पवनों को तीन शाखाओं में विभाजित किया गया है

1. अरब सागर की एक शाखा पश्चिमी घाट से टकराती है। ये पवनें पश्चिमी घाट के ढलानों पर 900 से 1200 मी तक ऊँचाई पर चढ़ती हैं। ये पवनें तत्काल ठंडी होकर और सह्याद्रि के **पवनाभिमुखी ढाल** (Leeward Slope) पर 250 से 400 सेमी के मध्य भारी वर्षा करती हैं।
   पश्चिमी घाट को पार करने के बाद ये पवनें नीचे उतरती हैं और गर्म होने लगती हैं। इससे इन पवनों की आर्द्रता में कमी आ जाती है। परिणामस्वरूप पश्चिमी घाट के पूर्व में इन पवनों से नाममात्र की वर्षा होती है। कम वर्षा का यह क्षेत्र वृष्टि छाया क्षेत्र कहलाता है।
2. अरब सागर की दूसरी शाखा, मुंबई के उत्तर में नर्मदा और तापी नदियों की घाटियों से होकर मध्य भारत में दूर तक वर्षा कराती है। छोटानागपुर पठार में इससे 15 सेमी वर्षा होती है। यहाँ यह गंगा के मैदान में प्रवेश कर जाती है और बंगाल की खाड़ी से आने वाली मानसून की शाखा से मिल जाती है।
3. अरब सागर की तीसरी शाखा, सौराष्ट्र प्रायद्वीप और कच्छ से टकराती है। यह शाखा अरावली के साथ-साथ चलती है और पश्चिमी राजस्थान में कम वर्षा कराती है।

- अरब सागर की तीसरी शाखा और बंगाल की खाड़ी की मानसून शाखा पंजाब एवं हरियाणा में दोनों आपस में मिल जाती हैं। ये शाखाएँ प्रबलित होकर हिमाचल प्रदेश की धर्मशाला में वर्षा कराती हैं।

बंगाल की खाड़ी की मानसूनी पवनें

- बंगाल की खाड़ी की मानसूनी पवनें पश्चिम बंगाल और बांग्लादेश में दक्षिण-पश्चिम दिशा की अपेक्षा दक्षिणी व दक्षिण-पूर्वी दिशा से प्रवेश करती हैं।
- यह शाखा म्यांमार के तट और दक्षिण-पूर्वी बांग्लादेश से टकराती है।
- म्यांमार तट पर स्थित **अराकान पहाड़ियाँ** इसकी एक शाखा को भारतीय उपमहाद्वीप की ओर विक्षेपित कर देती हैं।
- यहाँ से यह शाखा हिमालय पर्वत तथा भारत के उत्तर-पश्चिम में स्थित तापीय निम्न दाब के प्रभावाधीन दो भागों में बँट जाती है।
- बंगाल की खाड़ी की एक शाखा गंगा के मैदान के सहारे पश्चिम की ओर बढ़ती है तथा पंजाब के मैदान तक पहुँचती है। दूसरी शाखा उत्तर एवं उत्तर-पूर्व में ब्रह्मपुत्र घाटी में पहुँचती है।
- बंगाल की खाड़ी की एक उपशाखा मेघालय में स्थित **गारो** व **खासी** पहाड़ियों से टकराती है।
- खासी पहाड़ियों पर स्थित मॉसिनराम विश्व की सर्वाधिक औसत वार्षिक **वर्षा** (Maximum Average Annual Rainfall) प्राप्त करता है।
- तमिलनाडु का तट बंगाल की खाड़ी की मानसून पवनों के समानांतर पड़ता है और यह अरब सागर की शाखा के वृष्टिछाया क्षेत्र में स्थित है, जिससे दक्षिण-पश्चिम मानसून से यहाँ वर्षा नहीं होती है।

मानसूनी वर्षा की विशेषताएँ

- दक्षिण-पश्चिम मानसून से वर्षा जून से सितंबर तक प्राप्त होती है, जो मौसमी प्रकार की है।
- मानसूनी वर्षा मुख्य रूप से उच्चावच एवं भू-आकृति द्वारा निर्धारित होती है।
- समुद्र से बढ़ती दूरी के साथ मानसूनी वर्षा में घटने की प्रवृत्ति पाई जाती है; जैसे-कोलकाता में 119 सेमी, पटना में 105 सेमी, प्रयागराज में 76 सेमी, दिल्ली में 56 सेमी।
- बंगाल की खाड़ी में बनने वाले चक्रवातीय अवदाबों (Depressions) की बारंबारता (Frequency) तथा गहनता (Intensity) के साथ उनके द्वारा अपनाए गए मार्ग से वर्षा का वितरण प्रभावित होता है।
- ग्रीष्मकालीन वर्षा मूसलाधार होती है, जिससे मृदा का अपरदन होता है।
- भारतीय कृषि में मानसून का अत्यधिक महत्त्व है, क्योंकि दक्षिणी-पश्चिमी मानसून से देश में तीन-चौथाई वर्षा प्राप्त होती है।
- मानसूनी वर्षा का स्थानिक वितरण भी असमान है, जो 12 सेमी से 250 सेमी से अधिक वर्षा के रूप में पाया जाता है।
- कई बार पूरे देश में या इसके एक भाग में वर्षा का आरंभ काफी देर से होता है। कई बार वर्षा की ऋतु समय से पहले समाप्त हो जाती है, जिससे देश में खेती करने में कठिनाई होती है।

मानसून के निवर्तन की ऋतु

- **अक्टूबर** और **नवंबर** के महीनों को मानसून के निवर्तन की ऋतु कहा जाता है। सूर्य के दक्षिणायन (सितंबर के अंत में) होने की स्थिति में गंगा के मैदान पर स्थित निम्न वायुदाब की द्रोणी (Low Pressure Through) दक्षिण की ओर खिसक जाती है, जिससे दक्षिण-पश्चिम मानसून कमजोर होने लगता है।
- सितंबर के पहले सप्ताह से मानसून पश्चिमी राजस्थान से लौटने लगता है। इस महीने के अंत तक मानसून राजस्थान, गुजरात, पश्चिमी गंगा मैदान तथा मध्यवर्ती उच्च भूमियों से लौट जाता है। मानसून के निवर्तन की ऋतु में आकाश स्वच्छ हो जाता है और तापमान बढ़ने लगता है।
- उच्च तापमान और आर्द्रता की दशाओं में मौसम कष्टकारी हो जाता है, जिसे सामान्यतः **कार्तिक मास की ऊष्मा** (October Heat) कहा जाता है।
- मानसून के निवर्तन (Retreating of Monsoon) के समय प्रायद्वीप के पूर्वी भागों में अक्टूबर और नवंबर में **सर्वाधिक वर्षा** होती है, जबकि उत्तरी भारत सूखा रहता है। इस ऋतु में अंडमान समुद्र में उष्णकटिबंधीय चक्रवात उत्पन्न होते हैं, जिससे गोदावरी, कृष्णा और अन्य नदियों के घने बसे डेल्टाई प्रदेश में तूफान आते हैं।
- उष्णकटिबंधीय चक्रवात पश्चिम बंगाल, बांग्लादेश व म्यांमार के तट से भी टकराते हैं। कोरोमंडल तट पर होने वाली अधिकांश वर्षा इन्हीं अवदाबों और चक्रवातों से प्राप्त होती है। ऐसे चक्रवातीय तूफान (Cyclonic storm) अरब सागर में कम आते हैं।

भारत की परंपरागत ऋतुएँ

ऋतु	भारतीय कैलेंडर के अनुसार महीने	ग्रेगोरियन कैलेंडर के अनुसार महीने
बसंत	चैत्र-बैसाख	मार्च-अप्रैल
ग्रीष्म	ज्येष्ठ-आषाढ़	मई-जून
वर्षा	श्रावण-भाद्र	जुलाई-अगस्त
शरद	आश्विन-कार्तिक	सितंबर-अक्टूबर
हेमंत	मार्गशीर्ष-पौष	नवंबर-दिसंबर
शिशिर	माघ-फाल्गुन	जनवरी-फरवरी

वर्षा का वितरण

भारत में औसत वार्षिक वर्षा 125 सेमी होती है, किंतु इसमें क्षेत्रीय विभिन्नताएँ भी पाई जाती हैं। क्षेत्रों के अनुसार वर्षा का वितरण निम्नलिखित है

- **अधिक वर्षा वाले क्षेत्र** भारत में पश्चिमी घाट, पश्चिमी तट, उत्तर-पूर्वी के उपहिमालयी क्षेत्र तथा मेघालय की पहाड़ियाँ अधिक वर्षा वाले क्षेत्र हैं। यहाँ वर्षा की मात्रा 200 सेमी से अधिक होती है। खासी और जयंतिया पहाड़ियों पर वर्षा 1000 सेमी से अधिक होती है। ब्रह्मपुत्र से जुड़े पहाड़ी क्षेत्रों में वर्षा 200 सेमी से कम होती है।
- **मध्यम वर्षा वाले क्षेत्र** गुजरात के दक्षिणी भाग, पूर्वी तमिलनाडु, ओडिशा सहित उत्तर-पूर्वी प्रायद्वीप झारखंड, बिहार, पूर्वी मध्य प्रदेश उपहिमालय के साथ संलग्न गंगा का उत्तरी मैदान, कछार घाटी और मणिपुर देश के मध्यम वर्षा वाले क्षेत्र हैं। यहाँ पर वर्षा 100 से 200 सेमी के मध्य होती है।
- **न्यून वर्षा वाले क्षेत्र** पश्चिमी उत्तर प्रदेश, दिल्ली, हरियाणा, पंजाब, जम्मू व कश्मीर, पूर्वी राजस्थान, गुजरात तथा दक्कन के पठार पर वर्षा 50 से 100 सेमी के मध्य होती है।
- **अपर्याप्त वर्षा वाले क्षेत्र** प्रायद्वीप के कुछ भागों विशेष रूप से आंध्र प्रदेश, कर्नाटक और महाराष्ट्र में, लद्दाख और पश्चिमी राजस्थान के अधिकतर भागों में 50 सेमी से कम वर्षा होती है।

वर्षा की परिवर्तिता

भारत की वर्षा की परिवर्तिता को निम्न सूत्र से समझा जाता है

विचरण गुणांक (CV-Coefficient of Variation)

$$= \frac{\text{मानक विचलन (Standard Deviation)}}{\text{माध्य (Mean)}} \times 100$$

- **25% से कम परिवर्तिता का क्षेत्र** पश्चिमी तट, पश्चिमी घाट, उत्तर-पूर्वी प्रायद्वीप, गंगा के पूर्वी मैदान, उत्तर-पूर्वी भारत, उत्तराखंड, हिमालय प्रदेश तथा जम्मू और कश्मीर के दक्षिण-पश्चिम भागों में वार्षिक वर्षा 100 सेमी से अधिक होती है।
- **50% से अधिक परिवर्तिता का क्षेत्र** राजस्थान के पश्चिमी भाग, जम्मू व कश्मीर के उत्तरी भाग तथा दक्कन पठार के आंतरिक भागों में वार्षिक वर्षा 50 सेमी से कम होती है। शेष भारत में वर्षा की परिवर्तिता 25 से 50% तक है। इन क्षेत्रों में वार्षिक वर्षा 50 से 100 सेमी के बीच होती है।

भारत के जलवायु प्रदेश

भारत की जलवायु मानसून प्रकार की है। तापमान एवं वर्षा जलवायु के दो महत्त्वपूर्ण तत्त्व हैं, जिन्हें जलवायु वर्गीकरण की सभी पद्धतियों में शामिल किया जाता है। कोपेन ने अपने जलवायु वर्गीकरण में तापमान तथा वर्षण के मासिक मान को रखा है, जो इस प्रकार हैं

- **उष्णकटिबंधीय जलवायु** (Tropical Climate) यहाँ पूरे वर्ष औसत मासिक तापमान 18° सेल्सियस से अधिक रहता है।
- **शुष्क जलवायु** (Dry Climates) जहाँ तापमान की तुलना में वर्षण बहुत कम होता है।
- **गर्म जलवायु** (Warm Climate) जहाँ सबसे ठंडे महीने का औसत तापमान 18° सेल्सियस और –3° सेल्सियस के मध्य रहता है।
- **हिम जलवायु** (Cool Temperate Climate) जहाँ गर्म महीने का औसत तापमान 10° सेल्सियस से अधिक और सबसे ठंडे महीने का औसत तापमान –30° सेल्सियस से कम रहता है।
- **बर्फीली जलवायु** (Snowy Climate) जहाँ सबसे गर्म महीने का तापमान 10° सेल्सियस से कम रहता है।

कोपेन की योजना के अनुसार भारत का जलवायु प्रदेश

कोपेन वर्गीकरण	जलवायु के प्रकार	क्षेत्र
Amw	लघु शुष्क ऋतु वाला मानसून प्रकार	गोवा के दक्षिण में भारत का पश्चिमी तट
As	शुष्क ग्रीष्म ऋतु वाला मानसून प्रकार	तमिलनाडु का कोरोमंडल तट
Aw	उष्णकटिबंधीय सवाना प्रकार	कर्क रेखा के दक्षिण में प्रायद्वीपीय पठार का अधिकतर भाग
BShw	अर्द्ध शुष्क स्टेपी जलवायु	उत्तर-पश्चिमी गुजरात, पश्चिमी राजस्थान और पंजाब के कुछ भाग
BWhw	गर्म मरुस्थल	राजस्थान का सबसे पश्चिमी भाग
Cwg	शुष्क शीत ऋतु वाला मानसून प्रकार	गंगा का मैदान, पूर्वी राजस्थान, उत्तरी मध्य प्रदेश, उत्तर पूर्वी भारत का अधिकतर प्रदेश
Dfc	लघु ग्रीष्म तथा ठंडी आर्द्र शीत ऋतु वाला जलवायु प्रकार	अरुणाचल प्रदेश
E	ध्रुवीय प्रकार	जम्मू और कश्मीर, हिमाचल प्रदेश और उत्तराखंड

मानसून और भारत का आर्थिक जीवन

- भारत की 64% जनसंख्या कृषि पर निर्भर है और इनकी जीविका (Livelihood) का मुख्य साधन खेती है, जो मुख्यत: दक्षिणी-पश्चिमी मानसून पर आधारित है।
- हिमालय क्षेत्रों को छोड़कर संपूर्ण भारत में खेती की जा सकती है, क्योंकि पूरे भारत में वर्षभर गर्मी रहती है।
- मानसूनी जलवायु की क्षेत्रीय विभिन्नता विभिन्न प्रकार की फसलों को उगाने में सहायक हैं।
- वर्षा की परिवर्तनीयता से देश के कुछ भागों में सूखा एवं बाढ़ की स्थिति हो जाती है।
- भारत में कृषि की समृद्धि वर्षा के सही समय पर आने तथा उसके पर्याप्त वितरित होने पर निर्भर करती है।
- वर्षा के समय पर न होने से कृषि अर्थव्यवस्था (Agriculture Economy) पर प्रतिकूल प्रभाव पड़ता है।
- मानसून के अचानक प्रस्फोट से मृदा अपरदन (Soil Erosion) की समस्या रहती है।
- भारत की जलवायु की क्षेत्रीय विभिन्नता भोजन, वस्त्र और आवासों की विविधता से पता चलती है। उत्तर भारत में शीतकालीन वर्षा रबी की फसलों के लिए अत्यधिक लाभकारी होती है।

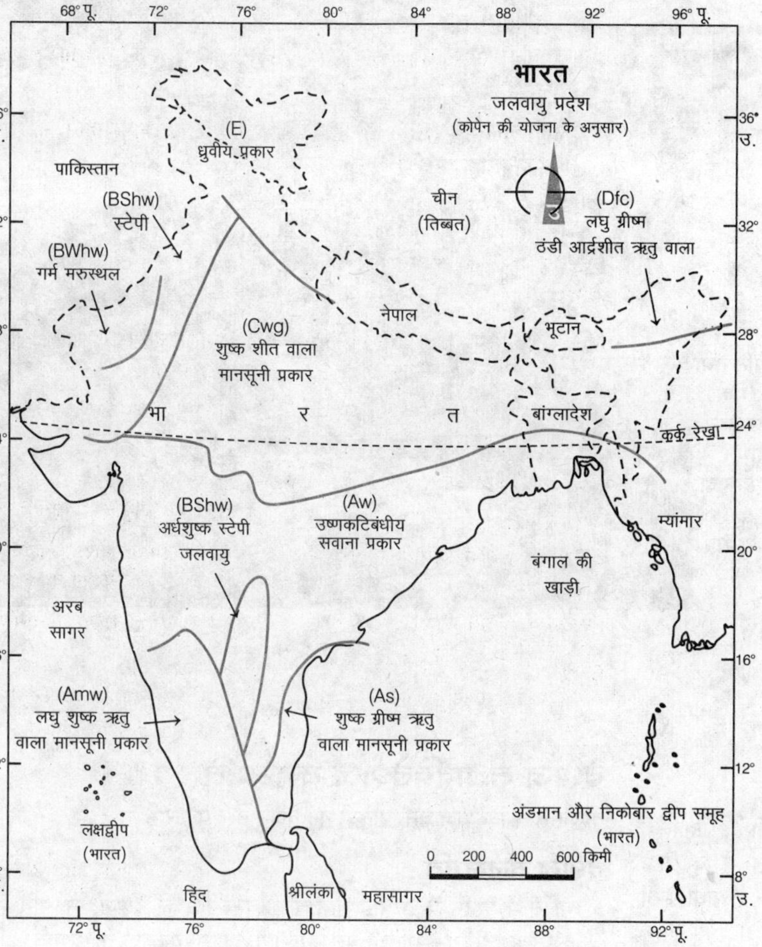

अतिरिक्त तथ्य
तमिलनाडु बोर्ड एवं NIOS

- **मानसून** से तात्पर्य उष्णकटिबंधीय प्रदेश के ऐसे पवन तंत्र से होता है, जिसमें ग्रीष्म और शीत ऋतुओं में पवनें अपनी दिशा पूर्णतः पलट लेती हैं। शीत ऋतु में ये पवनें स्थल से समुद्र की ओर तथा ग्रीष्म ऋतु में समुद्र से स्थल की ओर चलती हैं, इसलिए मानसून पवनों के प्रभाव वाले प्रदेशों में अधिकांश वर्षा ग्रीष्म ऋतु में होती है, जबकि शीत ऋतु सामान्यतः शुष्क रहती है।
- दक्षिण-पश्चिम मानसून की अरब सागर शाखा भारत के पश्चिमी घाट से अवरोधित होकर पश्चिमी घाट के पश्चिमी ढलानों पर भारी वर्षा करती है। पश्चिमी घाट को पार करने के बाद ये पवनें पूर्वी ढाल पर कम वर्षा करती हैं, क्योंकि उतरते हुए उनके तापमान में वृद्धि हो जाती है, इसलिए इस क्षेत्र को **वृष्टि छाया क्षेत्र** कहते हैं।
- भारत में विशेष रूप से दक्षिण-पश्चिम मानसून से प्राप्त वर्षा के वितरण का उच्चावच से गहरा संबंध होता है। अतः इस वर्षा को **उच्चावच या पर्वत-कृत वर्षा** भी कहते हैं।
- भारतीय जलवायु को मानसूनी जलवायु कहते हैं। इससे यह स्पष्ट होता है कि भारत की जलवायु संबंधी एकता बनाए रखने में मानसूनी पवनों का अधिक प्रभाव है।
- जलवायु दशाओं में प्रादेशिक भिन्नता के होते हुए भी भारत में जलवायविक एकता है। जलवायु संबंधी एकता का अर्थ है कि भारत के विभिन्न भागों में मौजूद ये सभी दशाएँ वर्ष की विभिन्न ऋतुओं में कुछ अपवादों को छोड़कर लगभग एकसमान रहती हैं।
- ऊँचाई बढ़ने के साथ-साथ तापमान में कमी होती जाती है। प्रति 1000 मीटर की ऊँचाई पर तापमान में 6.5°C की कमी होती है, जिसे सामान्य ह्रास दर (Normal labse rate) कहते हैं।
- **जेट स्ट्रीम सिद्धांत** के अनुसार, भारत में दक्षिण-पश्चिमी मानसून की शुरुआत भारत के मैदानी क्षेत्रों से उपोष्ण कटिबंधीय पश्चिमी जेट धाराओं के तिब्बत के पठार की ओर स्थानान्तरण से होती है। पूर्वी जेट धाराएँ दक्षिण पश्चिमी मानसून तथा लौटते हुए मानसून दोनों के लिए उष्णकटिबंधीय गर्त (अवसाद) का कारण बनती हैं।
- वर्तमान गतिशील अवधारणा के अनुसार, मानूसन पवनें भू-मंडलीय पवनों के मौसमी प्रवाह तथा सूर्य की स्थिति के कारण भिन्न वायुदाब क्षेत्र के कारण उत्पन्न होती हैं।
- ग्रीष्म ऋतु में सूर्य की किरणें कर्क रेखा पर लम्बवत् पड़ती हैं।

भूमंडलीय तापन

- वैश्विक तापमान में निरंतर वृद्धि हो रही है। मानवीय क्रियाओं द्वारा उत्पन्न कार्बन डाइ-ऑक्साइड की वृद्धि चिंता का मुख्य कारण है। जीवाश्म ईंधनों के जलने से वायुमंडल में CO_2 की मात्रा में वृद्धि हो रही है। इसके अतिरिक्त कुछ अन्य गैसें; जैसे-मीथेन, क्लोरो-फलोरो-कार्बन, ओजोन और नाइट्रस ऑक्साइड वायुमंडल में अल्प मात्रा में विद्यमान हैं। इन सभी गैसों और कार्बन डाइ-ऑक्साइड गैस को ग्रीनहाउस गैसे कहते हैं।
- CO_2 की तुलना में अन्य चार गैसें दीर्घ तरंगी विकिरण का उचित तरीके से अवशोषण करती हैं, इसलिए ग्रीनहाउस प्रभाव को बढ़ाने में उनका अधिक योगदान है। इन्हीं के प्रभाव से पृथ्वी का तापमान बढ़ रहा है।
- ऐसा अनुमान है कि वर्ष 2100 में भूमंडलीय तापन में 2°C की वृद्धि हो जाएगी। तापमान में इस वृद्धि से कई अन्य परिवर्तन भी होंगे, जैसे- हिमानियों और समुद्री बर्फ के पिघलने से समुद्र तल का ऊँचा होना, बाढ़ों की संख्या में वृद्धि, कृषि प्रतिरूप में बदलाव आदि।

20

प्राकृतिक वनस्पति एवं मृदा

(स्रोत)

Class-VI Old NCERT Chap 8 **भारत जलवायु वनस्पति तथा वन्य प्राणी**, Class-VIII Old NCERT Chap 14 **प्राकृतिक संसाधन (मृदा)**, Class-IX New NCERT Chap 5 **प्राकृतिक वनस्पति एवं वन्यप्राणी**, Class-X New NCERT Chap 2 **वन एवं वन्यजीव संसाधन**, Class-XI Old NCERT Chap 3 **वनस्पति, जीव-जंतु एवं मृदा**, Class-XI New NCERT Chap 5 **प्राकृतिक वनस्पति**, Class-XI Old NCERT Chap 6 **मृदा**, Class-XII Old NCERT Chap 4 **मृदा एवं प्राकृतिक वनस्पति**

प्राकृतिक वनस्पति

जो वनस्पति अनेक प्रकार के पर्यावरणीय क्षेत्रों में स्वत: ही उग जाती है, प्राकृतिक वनस्पति (Natural Plants) कहलाती है। प्राकृतिक वनस्पति में वे पौधे सम्मिलित किए जाते हैं, जो मानव की सहायता के बिना ही उगते हैं तथा ऐसी वनस्पति प्राय: **अक्षत वनस्पति** (Renewable Forest) कहलाती है।

भारत में वनस्पति वितरण

- मिट्टी और जलवायु में विभिन्नता के कारण भारत की वनस्पति में क्षेत्रीय विभिन्नताएँ पाई जाती हैं।
- **हिमालय पर्वतों** पर शीतोष्ण कटिबंधीय वनस्पति, **पश्चिमी घाट** (Western Ghat) तथा **अंडमान** और **निकोबार द्वीप समूह** में उष्ण कटिबंधीय वन, **डेल्टा क्षेत्रों में** उष्ण कटिबंधीय वन व मैंग्रोव तथा **राजस्थान** के मरुस्थलीय और अर्ध-मरुस्थलीय क्षेत्रों में विभिन्न प्रकार की झाड़ियाँ, कैक्टस एवं काँटेदार वनस्पति पाई जाती हैं।
- **लेण्टाना** (Lantanas) तथा **जल कुंभी** (Water Hyacinth) पौधे भारत में बागों के सजावटी पौधों के रूप में थे। जल कुंभी के पौधों को **बंगाल का आतंक** (Terror of Bengal) कहते हैं, क्योंकि ये लगभग समस्त जल मार्गों, नदियों, तालाबों एवं नालों आदि में फैले रहते हैं।
- **पारथेनियम** एक प्रकार की विदेशज घास है, जो मानव के स्वास्थ्य पर कुप्रभाव डालने के लिए जानी जाती है।

देशज तथा विदेशज वनस्पति

देशज तथा विदेशज वनस्पतियों का वर्णन इस प्रकार है

देशज वनस्पति

- भारत में मूल रूप से पाई जाने वाली वनस्पति को देशज वनस्पति कहते हैं। इन वनस्पतियों पर मनुष्य के क्रिया-कलापों का प्रभाव नहीं हुआ है।
- देशज वनस्पति (Endemic Plants) में भारत में बहुत से बिना फूलों के पौधे हैं, जैसे कि फर्न शैवाल (एलेगी) तथा कवक (फंजाई) आदि।
- वह वनस्पति जोकि मूलरूप से भारतीय है, उसे देशज वनस्पति कहा जाता है।

विदेशज वनस्पति

- भारत में बाहर से आने वाली वनस्पति को विदेशज वनस्पति (Exotic Plants) कहते हैं।
- भारतीय वनों में पाया जाने वाला 40% वन विदेशज वनस्पति है, इसे 'बोरियल वनस्पति जात' भी कहते हैं।
- गढ़वाल और कुमाऊँ में पाए जाने वाले ओक के स्थान पर चीड़ के पेड़ उगाए गए, जो रेल की पटरी बिछाने के लिए आवश्यक थे।
- चाय, कॉफी और रबड़ के बागान लगाने के लिए भी इन वनों को साफ किया गया।

भारत की प्राकृतिक वनस्पतियाँ

भारत की प्राकृतिक वनस्पतियों को निम्न वर्गों में बाँटा जा सकता है

1. उष्णकटिबंधीय सदाबहार एवं अर्द्ध-सदाबहार वन

- **उष्ण कटिबंधीय सदाबहार** एवं **अर्द्ध-सदाबहार वन** (Tropical Evergreen and Semi Evergreen Forests) पश्चिमी घाट की पश्चिमी ढाल पर, उत्तर-पूर्वी क्षेत्र की पहाड़ियों पर और अंडमान और निकोबार द्वीप समूह में पाए जाते हैं। उष्णकटिबंधीय वन सघन और पत्तों वाले होते हैं, जहाँ भूमि के नजदीक झाड़ियाँ और बेलें होती हैं, इनके ऊपर छोटे कद वाले पेड़ और सबसे ऊपर लंबे पेड़ होते हैं।
- इन वनों में वार्षिक वर्षा 200 सेमी से अधिक होती है और औसत वार्षिक तापमान 22° सेल्सियस से अधिक रहता है। यहाँ वृक्षों की लंबाई 60 मीटर या इससे अधिक होती है।
- चूँकि ये क्षेत्र वर्षभर गर्म तथा आर्द्र रहते हैं, अत: यहाँ प्रत्येक प्रकार की वनस्पति, वृक्ष झाड़ियाँ व लताएँ उगती हैं और वनों में इनकी विभिन्न ऊँचाइयों के अनेक स्तर विद्यमान हैं। वृक्षों में पतझड़ होने का कोई निश्चित समय नहीं होता, अत: ये वन वर्षभर हरे भरे लगते हैं।
- इन वनों में पाए जाने वाले व्यापारिक महत्त्व के कुछ वृक्ष **आबनूस** (एबोनी), **महोगनी**, **रोजवुड**, **रबड़** और **सिनकोना** प्रमुख हैं। इन वनों में सामान्य रूप से पाए जाने वाले जानवर हाथी, बंदर, लैमूर और हिरण हैं। एक सींग वाले गैंडे असम और पश्चिम बंगाल के दलदली क्षेत्र में मिलते हैं। इसके अतिरिक्त इन जंगलों में कई प्रकार के पक्षी, चमगादड़ तथा कई रेंगने वाले जीव भी पाए जाते हैं।
- अर्द्ध-सदाबहार वन, इन्हीं क्षेत्रों में अपेक्षाकृत कम वर्षा वाले भागों में पाए जाते हैं। ये वन सदाबहार और आर्द्र पर्णपाती वनों के मिश्रित रूप हैं, इनमें मुख्य वृक्ष प्रजातियाँ **साइडर, होलक** और **कैल** हैं।

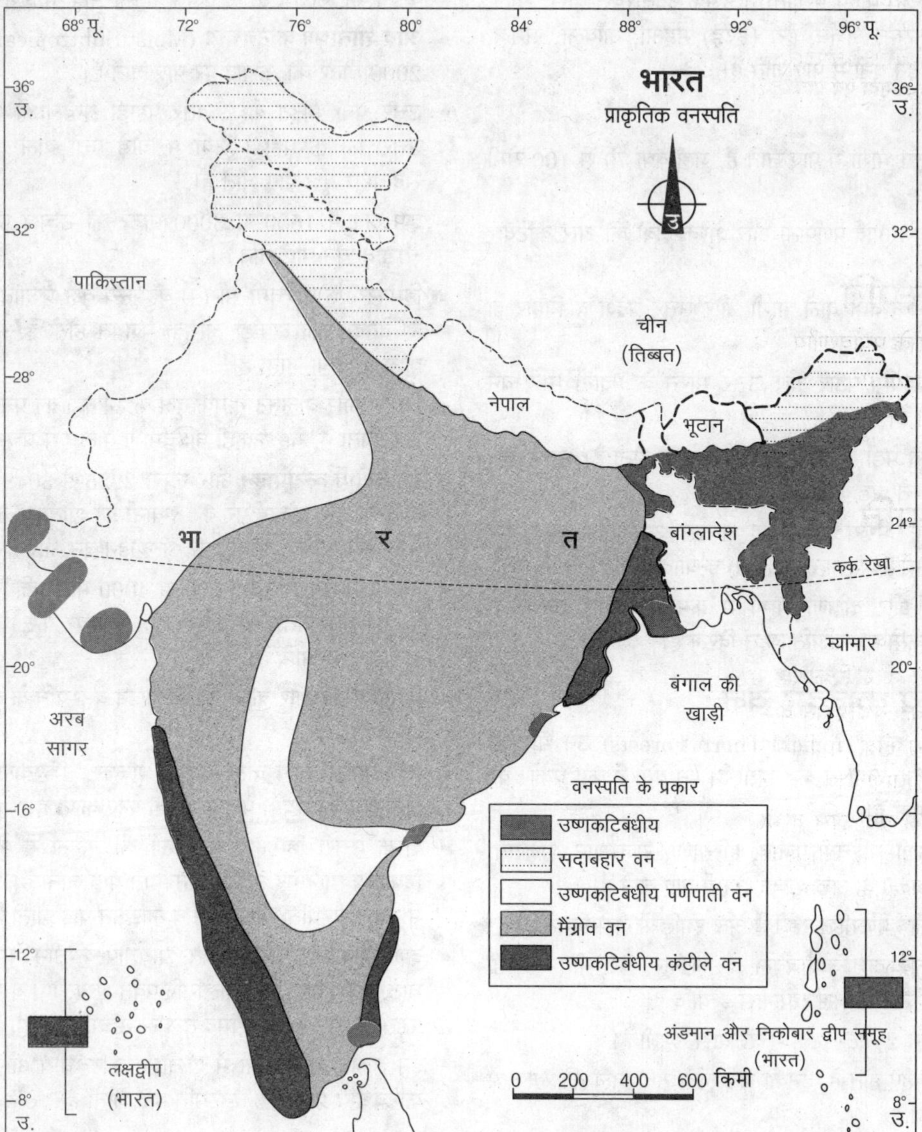

2. उष्णकटिबंधीय पर्णपाती वन

- भारतवर्ष में उष्णकटिबंधीय पर्णपाती वन (Tropical Deciduous Forests) बहुतायत क्षेत्रों में पाए जाते हैं।
- इन्हें **मानसून वन** भी कहा जाता है। ये वन उन क्षेत्रों में पाए जाते हैं, जहाँ वार्षिक वर्षा 70 से 200 सेमी होती है।
- जल की उपलब्धता के आधार पर इन वनों को आर्द्र (Wet) और शुष्क पर्णपाती (Dry Deciduous) वनों में विभाजित किया जाता है, जिनका विवरण निम्न है

आर्द्र पर्णपाती वन

- ये वन उन क्षेत्रों में पाए जाते हैं, जहाँ वर्षा 100 से 200 सेमी होती है।
- इस प्रकार के वन उत्तर-पूर्वी राज्यों और हिमालय के गिरिपाद प्रदेशों, पश्चिमी घाटों के पूर्वी और ओडिशा में पाए जाते हैं।
- सागवान इस वन की मुख्य पादप प्रजाति है। इसके अतिरिक्त बाँस, साल, शीशम, चंदन, खैर, कुसुम, अर्जुन, हर्रा (हरड़) महुआ, आँवला, सेमल, आदि प्रजातियों के वृक्ष इन वनों में पाए जाते हैं।

शुष्क पर्णपाती वन

- ये वन देश के उन विस्तृत भागों में पाए जाते हैं, जहाँ वर्षा 70 से 100 सेमी के मध्य होती है।
- आर्द्र क्षेत्रों की ओर ये वन आर्द्र पर्णपाती और शुष्क क्षेत्रों की ओर काँटेदार वनों में मिल जाते हैं।
- ये वन प्रायद्वीप में अधिक वर्षा वाले भागों और उत्तर प्रदेश व बिहार के मैदानी भागों में पाए जाते हैं।
- अधिक वर्षा वाले प्रायद्वीपीय पठार और उत्तर भारत के मैदानों में ये वन पार्कनुमा भू-दृश्य बनाते हैं।
- यहाँ सागवान और अन्य पेड़ों के मध्य हरी-भरी घास होती है। शुष्क ऋतु आरंभ होते ही पेड़ों से पत्ते झड़ जाते हैं।
- इन वनों में पाए जाने वाले मुख्य पेड़ों में तेंदु, पलास, अमलतास, बेल, खैर और पीपल, नीम व अक्सलवुड (Axlewood) इत्यादि हैं।
- राजस्थान के पश्चिमी और दक्षिणी भागों में कम वर्षा और अत्यधिक पशुचारण के कारण प्राकृतिक वनस्पति बहुत विरल है।

3. उष्णकटिबंधीय काँटेदार वन

- उष्णकटिबंधीय काँटेदार वन (Tropical Thorn Forests) उन भागों में पाए जाते हैं, जहाँ वर्षा 50 सेमी से कम होती है। इन वनों में कई प्रकार की घास और झाड़ियाँ शामिल हैं।
- इस प्रकार के वन दक्षिणी-पश्चिमी पंजाब, हरियाणा, राजस्थान, गुजरात, मध्य प्रदेश और उत्तर प्रदेश के अर्द्ध शुष्क क्षेत्र में पाए जाते हैं।
- इन वनों में पौधे संपूर्ण वर्ष पर्णरहित रहते हैं और झाड़ियों जैसे लगते हैं।
- इनमें पाई जाने वाली मुख्य प्रजातियाँ बबूल, बेर, खजूर, खैर, नीम, खेजड़ी अकासिया, यूफोरबिया, नागफनी और पलास इत्यादि हैं।
- इन वृक्षों के नीचे लगभग 2 मीटर लंबी गुच्छ घास उगती है।
- इन वनों के वृक्ष बिखरे हुए होते हैं, इनकी जड़ें लंबी तथा जल की खोज में चारों और फैली होती हैं।
- इनकी पत्तियाँ प्राय: छोटी होती हैं, जिनसे वाष्पीकरण कम होता है। शुष्क भागों में झाड़ियाँ और कंटीले पादप पाए जाते हैं।
- इन जंगलों में प्राय चूहे, खरगोश, लोमड़ी, भेड़िए, शेर, सिंह, जंगली गधा, घोड़े तथा ऊँट पाए जाते हैं।

4. पर्वतीय वन

- पर्वतीय क्षेत्रों में पाए जाने वाले वनों को पर्वतीय वन (Mountainous Forest) कहा जाता है।
- पर्वतीय क्षेत्रों में ऊँचाई बढ़ने के साथ तापमान में कमी होने लगती है, जिससे प्राकृतिक वनस्पति में भी बदलाव आता है। इन वनों को दो भागों में बाँटा जा सकता है- उत्तरी पर्वतीय वन और दक्षिणी पर्वतीय वन।
- वनस्पति में जिस प्रकार का अंतर हम उष्णकटिबंधीय प्रदेशों से टुंड्रा की ओर देखते हैं, उसी प्रकार का अंतर पर्वतीय भागों में ऊँचाई के साथ-साथ देखने को मिलता है। हिमालय के गिरिपाद पर पर्णपाती वन पाए जाते हैं।
- **आर्द्र शीतोष्ण कटिबंधीय** (Moist Subtropical) प्रकार के वन 1000 से 2000 मीटर की ऊँचाई पर पाए जाते हैं।
- उत्तर-पूर्वी भारत की उच्चतर पहाड़ी श्रृंखलाओं और पश्चिम बंगाल और उत्तरांचल के पहाड़ी क्षेत्रों में चौड़े पत्तों वाले ओक और चेष्टनट जैसे सदाबहार वृक्ष पाए जाते हैं।
- इस क्षेत्र में 1500 से 3000 मीटर की ऊँचाई पर व्यापारिक महत्त्व वाले **चीड़** के वन पाए जाते हैं।
- हिमालय के पश्चिमी भाग में बहुमूल्य वृक्ष प्रजाति देवदार के वन पाए जाते हैं। देवदार की लकड़ी अधिक मजबूत होती है और इसका प्रयोग निर्माण कार्य में किया जाता है।
- चिनार और वालनट नामक वृक्ष की लकड़ी का प्रयोग **कश्मीर हस्तशिल्प** के लिए होता है, यह लकड़ी पश्चिमी हिमालय में प्रचुर मात्रा में पाई जाती है।
- इन वनों में **ब्ल्यूपाइन** और **स्प्रूस** 2225 से 3048 मीटर की ऊँचाई पर पाए जाते हैं। इस ऊँचाई पर कई स्थानों पर शीतोष्ण कटिबंधीय घास भी उगती है। इससे अधिक ऊँचाई पर अल्पाइन वन और चरागाह पाए जाते हैं।
- अल्पाइन वनस्पतियाँ 3000 से 4000 मीटर की ऊँचाई के मध्य पाई जाती हैं। इन वनस्पतियों के प्रमुख वृक्ष सिल्वर फर, जूनिफर, पाइन, बर्च और रोडोडेन्ड्रॉन आदि हैं।
- हिमरेखा की ओर बढ़ने पर अल्पाइन वनस्पति के वृक्षों की ऊँचाई कम होती जाती है।
- ऋतु प्रवास करने वाले समुदाय गुज्जर, बकरवाल, गद्दी और भूटिया इन चरागाहों का प्रयोग पशुचारण के लिए करते हैं।
- शुष्क उत्तरी हिमालय के ढालों की तुलना में अधिक वर्षा वाले दक्षिणी हिमालय ढाल पर अधिक वनस्पति पाई जाती है। अधिक ऊँचाई वाले भागों में टुंड्रा वनस्पति, जैसे मॉस व लाइकेन पाई जाती हैं।
- दक्षिणी पर्वतीय वन मुख्यत: प्रायद्वीप के तीन भागों में मिलते हैं, पश्चिमी घाट, विंध्याचल और नीलगिरि पर्वत श्रृंखलाएँ। ये श्रृंखलाएँ उष्ण कटिबंध में पड़ती हैं और इनकी समुद्र तल से ऊँचाई लगभग 1500 मीटर है।
- इन ऊँचाई वाले क्षेत्रों में शीतोष्ण कटिबंधीय और निचले क्षेत्रों में उपोष्ण कटिबंधीय प्राकृतिक वनस्पति पाई जाती है।

- केरल, तमिलनाडु और कर्नाटक प्रांतों में पश्चिमी घाट में इस प्रकार की वनस्पति पाई जाती है।
- नीलगिरि, अन्नामलाई और पालनी पहाड़ियों पर पाए जाने वाले शीतोष्ण कटिबंधीय वनों को **शोलास** (Sholas Forest) कहा जाता है।
- इन वनों में मुख्य रूप से मगनोलिया, लैरेल, सिनकोना और वैटल नामक वृक्ष प्रजातियाँ पाई जाती हैं।
- इस प्रकार के वन सतपुड़ा और मैकाल श्रेणियों में भी पाए जाते हैं।

5. वेलांचली व अनूप वन

- भारत में विभिन्न प्रकार के आर्द्र वन पाए जाते हैं, जिन्हें वेलांचली तथा अनूप वन (Littoral and Swamp forest) कहते हैं।
- इसके 70% भाग पर चावल की खेती की जाती है। भारत में लगभग 39 लाख हेक्टेयर भूमि आर्द्र है।
- ओडिशा में चिल्का झील और भरतपुर में केवलादेव राष्ट्रीय पार्क अंतर्राष्ट्रीय महत्त्व की आर्द्र भूमियों में रामसर अधिवेशन के अंतर्गत संरक्षित जलकुक्कुट के आवास हैं।

भारत में आर्द्रभूमियों को आठ वर्गों में विभाजित किया गया है

(i) दक्षिण में दक्कन पठार के जलाशय और दक्षिण पश्चिमी तटीय क्षेत्र की लैगून व अन्य आर्द्र भूमि।
(ii) राजस्थान, गुजरात और कच्छ की खारे जल वाली भूमि।
(iii) गुजरात, राजस्थान से पूर्व (केवलादेव राष्ट्रीय पार्क) और मध्यप्रदेश की ताजा जल वाली झीलें व जलाशय
(iv) भारत के पूर्वी तट पर डेल्टाई आर्द्रभूमि व लैगून (चिल्का झील)
(v) गंगा के मैदान में ताजे जल वाले कच्छ क्षेत्र
(vi) ब्रह्मपुत्र घाटी में बाढ़ के मैदान व उत्तर-पूर्वी भारत और हिमालय गिरिपद के कच्छ एवं अनूप क्षेत्र
(vii) कश्मीर और लद्दाख की पर्वतीय झीलें और नदियाँ
(viii) अंडमान और निकोबार द्वीप समूह के द्वीप चापों के मैंग्रोव वन और दूसरे आर्द्र क्षेत्र

- मैंग्रोव वन, लवण, कच्छ, ज्वारीय सँकरी खाड़ी, पंक मैदानों और ज्वारनदमुख के तटीय क्षेत्रों पर उगते हैं। इसमें बहुत से पेड़-पौधे लवण से प्रभावित नहीं होते हैं।
- भारत में **मैंग्रोव वन** (Mangrove Forest) 6740 वर्ग किमी क्षेत्र में फैले हैं, जो विश्व के मैंग्रोव क्षेत्र का 7% है।
- ये अंडमान और निकोबार द्वीप समूह व पश्चिम बंगाल के सुंदरवन डेल्टा में अत्यधिक विकसित हैं।
- मैंग्रोव वन महानदी, गोदावरी और कृष्णा नदियों के डेल्टाई भाग में पाए जाते हैं। इन वनों में बढ़ते अतिक्रमण के कारण इनका संरक्षण आवश्यक हो गया है।

वनों का वितरण

- वन संसाधनों का संरक्षण, उनका प्रबंधन, नियंत्रण और विनियमन अपेक्षाकृत कठिन है।
- भारत में अधिकतर वन सरकार के अधिकार क्षेत्र में हैं या वन विभाग अथवा अन्य विभागों के द्वारा सरकार के प्रबंधन में हैं।
- इन्हें निम्नलिखित वर्गों में बाँटा गया है
  - **आरक्षित वन** (Reserved Forest) देश में आधे से अधिक वन क्षेत्र को आरक्षित वन घोषित किया गया है। जहाँ तक वन और वन्य प्राणियों के संरक्षण की बात है, आरक्षित वनों को सर्वाधिक मूल्यवान माना जाता है। मध्य प्रदेश में स्थायी वनों के अंतर्गत सर्वाधिक क्षेत्र है, जोकि प्रदेश के कुल वन क्षेत्र का 75% है। जम्मू और कश्मीर, आंध्र प्रदेश, उत्तराखंड, केरल, तमिलनाडु, पश्चिम बंगाल और महाराष्ट्र में भी कुल वनों में एक बड़ा अनुपात आरक्षित वनों का है।
  - **रक्षित वन** (Protected Forest) वन विभाग के अनुसार, देश के कुल वन क्षेत्र का एक-तिहाई भाग रक्षित है। इन वनों को और अधिक नष्ट होने से बचाने के लिए इनकी सुरक्षा की जाती है। बिहार, हरियाणा, पंजाब, हिमाचल प्रदेश, ओडिशा और राजस्थान में कुल वनों में रक्षित वनों (6.98%) का एक बड़ा अनुपात है।
  - **अवर्गीकृत वन** (Unclassified Forest) अन्य सभी प्रकार के वन और बंजर भूमि जो सरकार, व्यक्तियों और समुदायों के स्वामित्व में होते हैं, अवर्गीकृत वन कहे जाते हैं। पूर्वोत्तर के सभी राज्यों में और गुजरात में अधिकतर वन क्षेत्र अवर्गीकृत वन (20.22%) हैं तथा स्थानीय समुदायों के प्रबंधन में हैं।
- आरक्षित और रक्षित वन ऐसे स्थायी वन क्षेत्र हैं, जिनका रख-रखाव इमारती लकड़ी, अन्य वन पदार्थों और उनके बचाव के लिए किया जाता है।

औषधीय पादप

- भारत प्राचीन समय से अपने मसालों तथा जड़ी-बूटियों के लिए विख्यात रहा है। आयुर्वेद में लगभग 2000 पादपों का वर्णन किया गया है और कम-से-कम 500 तो निरंतर प्रयोग में आते रहे हैं।
- इंटरनेशनल यूनियन फॉर कंजर्वेशन ऑफ नेचर (IUCN) ने अपनी रेड डाटा बुक (Red Data Book) के अंतर्गत 352 पादपों की गणना की है, जिसमें से 52 पादप अति संकटग्रस्त (Endangered) हैं और 49 पादपों के विनष्ट होने का खतरा है।
- निम्नलिखित पादपों का प्रयोग औषधि के रूप मे किया जाता है
  - **सर्पगंधा** यह रक्तचाप के निदान के लिए प्रयोग होता है और केवल भारत में ही पाया जाता है।
  - **जामुन** इसके पके हुए फल से सिरका बनाया जाता है, जोकि वायुसारी और मूत्रवर्धक है और इसमें पाचन शक्ति के गुण हैं। इसके बीज का पाउडर मधुमेह रोग में सहायक है।
  - **अर्जुन** इसके ताजे पत्तों का निकाला हुआ रस कान के दर्द के उपचार में सहायता करता है।
  - **बबूल** इसके पत्ते आँख की फुंसी के लिए लाभदायक हैं। इससे प्राप्त गोंद का प्रयोग शारीरिक शक्ति की वृद्धि के लिए होता है।
  - **नीम** यह जैव व जीवाणु प्रतिरोधक है।
  - **तुलसी पादप** इसका प्रयोग जुकाम और खाँसी की दवा में होता है।
  - **कचनार** इसका प्रयोग फोड़ा (अल्सर) व दमा रोगों के लिए होता है। इसकी जड़ और कली पाचन शक्ति में वृद्धि करती है।

वन संरक्षण

- वनों का जीवन और पर्यावरण के साथ जटिल संबंध है। वन प्रत्यक्ष और अप्रत्यक्ष रूप से हमें बहुत आर्थिक व सामाजिक लाभ पहुँचाते हैं, अत: वनों के संरक्षण की मानवीय विकास में एक महत्त्वपूर्ण भूमिका है। भारत सरकार ने पूरे देश के लिए **वन संरक्षण नीति, 1952** (Forest Conservation Policy-1952) लागू की, जिसे वर्ष 1988 में संशोधित किया गया।

- नई वन नीति के अनुसार सरकार सतत् पोषणीय वन प्रबंध पर बल देगी, जिससे वन संसाधनों का संरक्षण व विकास किया जाएगा। इस वन नीति के निम्नलिखित उद्देश्य हैं
  - देश में 33% भाग पर वन लगाना, जो वर्तमान राष्ट्रीय स्तर से 6% अधिक है। पर्यावरण संतुलन बनाए रखना तथा पारिस्थितिक असंतुलित क्षेत्रों में वन लगाना।
  - देश की **प्राकृतिक धरोहर** (Natural Heritage) के संरक्षण के साथ **जैव विविधता** (Biological Diversity) तथा **आनुवंशिक पूल** (Genetic Pool) का संरक्षण करना।
  - मृदा अपरदन और मरुस्थलीकरण (Desertification) रोकना तथा बाढ़ व सूखा नियंत्रण पर रोक लगाना।
  - निम्नीकृत भूमि पर सामाजिक वानिकी एवं वनरोपण द्वारा वन आवरण का विस्तार।
  - वनों की उत्पादकता बढ़ाकर वनों पर निर्भर ग्रामीण जनजातियों को इमारती लकड़ी, ईंधन, चारा और भोजन उपलब्ध करवाना तथा लकड़ी के स्थान पर अन्य वस्तुओं को प्रयोग में लाना।
  - पौधारोपण को बढ़ावा देना एवं पेड़ों की कटाई रोकने के लिए जन-आंदोलन चलाना, जिसमें महिलाएँ भी शामिल हों, ताकि वनों पर दबाव कम हो।
- इस वन संरक्षण नीति के अंतर्गत निम्न कदम उठाए गए हैं

सामाजिक वानिकी

- सामाजिक वानिकी (Social Forestry) का अर्थ है-पर्यावरणीय सामाजिक व ग्रामीण विकास में सहायता के उद्देश्य से वनों का प्रबंध और सुरक्षा तथा ऊसर भूमि पर वनरोपण।
- **राष्ट्रीय कृषि आयोग** (1976-79) ने सामाजिक वानिकी को तीन वर्गों शहरी वानिकी, ग्रामीण वानिकी और फार्म वानिकी में बाँटा है।

शहरी वानिकी

शहरों और उनके आस-पास की सार्वजनिक भूमि; जैसे-हरित पट्टी, पार्क, सड़कों के साथ स्थान, औद्योगिक व व्यापारिक स्थलों पर वृक्ष लगाना और उनका प्रबंध शहरी वानिकी (Urban Forestry) के अंतर्गत आते हैं।

ग्रामीण वानिकी

- **ग्रामीण वानिकी** (Rural Forestry) में कृषि वानिकी (Agro-Forestry) और समुदाय कृषि वानिकी (Community Agro-Forestry) को बढ़ावा दिया जाता है।
  - **कृषि वानिकी** (Agro Forestry) का अर्थ है-कृषि योग्य तथा बंजर भूमि पर पेड़ और फसलें एक साथ लगाना। इसका अभिप्राय है वानिकी और खेती एक साथ करना, जिससे खाद्यान्न चारा, ईंधन, इमारती लकड़ी और फलों का उत्पादन एक साथ किया जाए।
  - **समुदाय वानिकी** (Community Forestry) में सार्वजनिक भूमि; जैसे-गाँव-चरागाह, मंदिर-भूमि, सड़कों के दोनों ओर नहर किनारे, रेल पटरी के साथ और विद्यालयों में पेड़ लगाना शामिल है। इसका उद्देश्य पूरे समुदाय को लाभ पहुँचाना है।

  इस योजना का उद्देश्य भूमिविहीन लोगों को वानिकीकरण से जोड़ना तथा इससे उन्हें वे लाभ पहुँचाना, जो केवल भूस्वामियों को ही प्राप्त होते हैं।

फार्म वानिकी

- इसके अंतर्गत किसान अपने खेतों में व्यापारिक महत्त्व वाले या दूसरे पेड़ लगाते हैं।
- वन विभाग, इसके लिए छोटे और मध्यम किसानों को निःशुल्क पौधे उपलब्ध कराता है।
- फार्म वानिकी (Farm Forestry) के अंतर्गत अनेक प्रकार की भूमि; जैसे-खेतों की मेड़ें, चरागाह, घासस्थल, घर के पास पड़ी खाली जमीन और पशुओं के बाड़ों में भी पेड़ लगाए जाते हैं।

समुदाय और वन संरक्षण

- वन संरक्षण की नीतियाँ हमारे देश में कोई नई बात नही हैं।
- भारत के कुछ क्षेत्रों में तो स्थानीय समुदाय सरकारी अधिकारियों के साथ मिलकर अपने आवास स्थलों के संरक्षण में जुटे हुए हैं, क्योंकि इसी से ही दीर्घकाल तक उनकी आवश्यकताओं की पूर्ति हो सकती है।
- **सरिस्का बाघ रिजर्व** में राजस्थान के गाँवों के लोग वन्यजीव रक्षण अधिनियम के अंतर्गत वहाँ से खनन कार्य बंद करवाने के लिए संघर्षरत हैं।
- राजस्थान के अलवर जिले में 5 गाँवों के लोगों ने तो 1200 हेक्टेयर वन भूमि **भैरोदेव डाकव सेंचुरी** घोषित कर दी, जिसके अपने ही नियम कानून हैं, जो शिकार वर्जित करते हैं तथा बाहरी लोगों की घुसपैठ से यहाँ के वन्य जीवन को बचाते हैं।

वनों का सांस्कृतिक महत्त्व

- प्रकृति की पूजा सदियों पुराना जनजातीय विश्वास है, जिसका आधार प्रकृति के प्रत्येक रूप की रक्षा करना है। छोटानागपुर क्षेत्र में मुंडा और संथाल जनजातियाँ **महुआ** और **कदंब** के पेड़ों की पूजा करती हैं।
- ओडिशा और बिहार की जनजातियाँ शादी के दौरान इमली और आम के पेड़ों की पूजा करती हैं। बहुत से व्यक्ति पीपल और वट वृक्ष को पवित्र मानते हैं।

वनों का संरक्षण

वनों के संरक्षण के संबंध में चिपको आंदोलन तथा संयुक्त वन प्रबंधन कार्यक्रम का विशेष महत्त्व है

- **चिपको आंदोलन** वर्ष 1973 में उत्तराखंड में पेड़ों को काटने के विरुद्ध अहिंसक आंदोलन था। हिमालय में प्रसिद्ध चिपको आंदोलन (Chipko Movement) कई क्षेत्रों में वन कटाई रोकने में ही सफल नहीं रहा, अपितु इसने यह भी दिखाया कि स्थानीय पौधों की जातियों को प्रयोग करके सामुदायिक वनीकरण अभियान को सफल बनाया जा सकता है।
- भारत में **संयुक्त वन प्रबंधन कार्यक्रम** (Joint Forest Management Programme) क्षरित वनों के प्रबंध और पुनर्निर्माण में स्थानीय समुदायों की भूमिका के महत्त्व को उजागर करते हैं। संयुक्त वन प्रबंधन की शुरुआत वर्ष **1988** में हुई, जब ओडिशा राज्य ने संयुक्त वन प्रबंधन का पहला प्रस्ताव पास किया। यह वन विभाग के अंतर्गत क्षरित वनों के बचाव के लिए कार्य करता है।
- संयुक्त वन प्रबंधन के अंतर्गत ग्रामीण स्तर पर संस्थाएँ बनाई जाती हैं, जिसमें ग्रामीण और वन विभाग के अधिकारी संयुक्त रूप से कार्य करते हैं। इसके बदले ये समुदाय मध्य स्तरीय लाभ, जैसे गैर-इमारती वन उत्पादों के अधिकारी होते हैं तथा सफल संरक्षण से प्राप्त इमारती लकड़ी के लाभ में भी भागीदार होते हैं।

भारत में वन आवरण

भारत वन स्थिति रिपोर्ट-2021 (17वीं रिपोर्ट)

- भारत सरकार द्वारा 13 जनवरी, 2022 को 17वीं भारत वन स्थिति रिपोर्ट 2021 (India State of Forest Report-ISFR) जारी की गई।
- इस रिपोर्ट के अनुसार देश का कुल वनावरण (Forest cover) 71.37 मिलियन हेक्टेयर (7137898 वर्ग किमी) है, जो देश के कुल भौगोलिक क्षेत्रफल का 21.71% है। ISFR रिपोर्ट के अनुसार देश का कुल वृक्षावरण (Tree Cover) 9.57 मिलियन हेक्टेयर (95748 वर्गकिमी) है, जो देश के कुल भौगोलिक क्षेत्रफल का 2.91% है।
- देश में कुल वनावरण तथा वृक्षावरण (Forest and Tree Cover) 80.93 मिलियन हेक्टेयर (809537 वर्ग किमी) है, जो देश के कुल भौगोलिक क्षेत्रफल का 24.62% है।
- ISFR 2021 में वनावरण ((Forest Cover) में सर्वाधिक वृद्धि आंध्र प्रदेश (647 वर्ग किमी) तथा कम वृद्धि झारखंड (110 वर्ग किमी) राज्य की है।
- ISFR 2021 में वृक्षावरण (Tree Cover) की दृष्टि से सर्वाधिक क्षेत्रफल वाले तीन राज्य क्रमश: महाराष्ट्र, राजस्थान तथा मध्य प्रदेश हैं, जबकि न्यूनतम क्षेत्रफल वाले राज्य क्रमश: सिक्किम, मणिपुर एवं त्रिपुरा हैं।
- भौगोलिक क्षेत्र की प्रतिशतता के आधार पर सर्वाधिक वृक्षावरण वाला राज्य केरल है।
- भारत वन स्थिति रिपोर्ट 2021 के अनुसार देश के 17 राज्य/केंद्रशासित प्रदेशों में उनके भौगोलिक क्षेत्र का 33% से अधिक भाग वनाच्छादित है। राज्य तथा केंद्रशासित प्रदेश में 70% से अधिक भू-भाग वनाच्छादित है।
- भारत के सभी राज्य एवं केंद्रशासित प्रदेशों में सर्वाधिक वनावरण मध्य प्रदेश तथा सबसे कम वनावरण हरियाणा में है।

सर्वाधिक वन क्षेत्रफल वाले पाँच राज्य

राज्य	क्षेत्रफल
मध्य प्रदेश	77,493
अरुणाचल प्रदेश	66,431
छत्तीसगढ़	55,717
ओडिशा	52,156
महाराष्ट्र	50,798

सर्वाधिक वन प्रतिशतता वाले पाँच राज्य/केंद्रशासित प्रदेश

राज्य/केंद्रशासित प्रदेश	वन प्रतिशतता (%)	राज्य/केंद्रशासित प्रदेश	वन प्रतिशतता (%)
लक्षद्वीप	90.33	मेघालय	76.00
मिजोरम	84.53	मणिपुर	74.34
अंडमान एवं निकोबार द्वीप समूह	81.74	नागालैंड	73.90
अरुणाचल प्रदेश	79.39		

मृदा

- मृदा, शैल मलबा (Rock Debris) और जैव सामग्री (Organic Materials) का सम्मिश्रण होती है, जो पृथ्वी की सतह पर विकसित होती है।
- मिट्टी अथवा मृदा सबसे महत्त्वपूर्ण नवीकरण योग्य (Renewable) प्राकृतिक संसाधन है। यह पौधों के विकास का माध्यम है, जो पृथ्वी पर विभिन्न प्रकार के जीवों का पोषण करती है। मृदा एक जीवंत तंत्र है, कुछ सेंटीमीटर गहरी मृदा बनने में लाखों वर्ष लग जाते हैं।
- मृदा निर्माण की प्रक्रिया में प्रकृति के अनेक तत्त्व; जैसे- तापमान परिवर्तन, बहते जल की क्रिया, पवन, हिमनदी और अपघटन क्रियाएँ आदि योगदान देती हैं।

मृदा के घटक

- मृदा के घटक खनिज कण, ह्यूमस, जल तथा वायु होते हैं। इनमें से प्रत्येक की वास्तविक मात्रा मृदा के प्रकार पर निर्भर करती है। कुछ मृदाओं में इनमें से एक या अधिक घटक कम मात्रा में होते हैं, जबकि अन्य कुछ मृदाओं में इन घटकों का संयोजन भिन्न प्रकार से पाया जाता है। मृदा के घटकों का वर्णन निम्नलिखित है
  - **खनिज कण** (Mineral Particles) खनिज चट्टानों का भाग होते हैं, जो मिट्टी के निर्माण में सहायक होते हैं। प्रत्येक खनिज में कुछ विशिष्ट गुण होते हैं, जिनकी कमी से मिट्टी की गुणवत्ता प्रभावित होती है।
  - **कार्बनिक पदार्थ** (Organic Materials) यह एक ऐसी सामग्री है, जो पौधों की जड़ों और पत्तियों में पाई जाती है। ये पदार्थ मिट्टी को शक्ति प्रदान करते हैं और उसकी गुणवत्ता में भी सुधार करते हैं।
  - **जल तथा वायु** (Water and Air) दो मिट्टी के कणों के मध्य हवा का जमाव पाया जाता है और इसमें कार्बन-डाई ऑक्साइड की मात्रा अधिक होती है, जो पौधों की वृद्धि में सहायक होती है।
  - **मिट्टी की नमी** (Soil Moisture) मिट्टी की नमी अत्यधिक सीमा तक वाष्प के रूप में होती है। इसकी कमी से पौधों का अंकुरण रुक जाता है। इसी प्रकार नमी की अधिकता होने से मिट्टी में मौजूद पौधे मुरझा जाते हैं एवं इनकी बढ़ने की शक्ति कम हो जाती है।
- मिट्टी सामान्यत: अपनी उर्वरा शक्ति को इसमें मौजूद विभिन्न बैक्टीरिया, एक्टिनोमाइसेट्स और कवक द्वारा बढ़ाती रहती है, इसके अतिरिक्त इसकी उर्वरा शक्ति को बढ़ाने के लिए इसे परती भी छोड़ा जाता है।

मृदा निर्माण के कारक

मृदा निर्माण या मृदा जनन की प्रक्रिया निम्नलिखित कारकों पर निर्भर करती है

- **जनक सामग्री** (Parent Materials) मृदा का निर्माण करने वाले जनक पदार्थों की प्राप्ति धरातल पर अनावृत्त शैलों के अपक्षरण (Erosion) से होती है। अगर मृदा लावा शैलों से बनी है, तो इसका रंग सामान्यत: काला होता है। पठारों की मृदा का संबंध जनक शैलों से अत्यधिक घनिष्ठ होता है। अपक्षरण के कारण पठारों की मृदा के रासायनिक संघटन में क्रमिक परिवर्तन हुआ है।
- **उच्चावच** (Relief) मृदा निर्माण की प्रक्रिया को उच्चावच कई प्रकार से प्रभावित करता है। धरातल की ढाल में पाई जाने वाली भिन्नता इसके धरातलीय जल प्रवाह के परिणाम एवं गति को निर्धारित करती है। किसी भी क्षेत्र में होने वाले अपरदन की मात्रा अत्यधिक सीमा तक उच्चावच, वनस्पति आवरण एवं ढाल की प्रकृति पर निर्भर करती है।

- **जलवायु** (Climate) मृदा निर्माण में जलवायु संभवत: सबसे महत्त्वपूर्ण कारक है। यह मृदा निर्माण की दशाओं को कई प्रकार से प्रभावित करती है। तापमान एवं वर्षा की मात्रा जलवायु के दो महत्त्वपूर्ण तत्त्व हैं, जो मृदा निर्माण में महत्त्वपूर्ण भूमिका निभाते हैं।
- **प्राकृतिक वनस्पति** (Natural Vegetation) उच्चावच एवं मौसम के तत्त्वों का संयुक्त प्रभाव किसी प्रदेश की प्राकृतिक वनस्पति के प्रकार में देखा जा सकता है। मृदा निर्माण की प्रक्रिया का मूलभूत संबंध वनस्पति की वृद्धि और पौधों पर पलने वाले सूक्ष्म जीवों के साथ है। वृक्षों के सड़े हुए पत्ते मृदा की उर्वरता को बढ़ाते हैं। ये मृदा को अत्यंत आवश्यक ह्यूमस (Humus) तत्त्व प्रदान करते हैं।

कालावधि

- मृदा निर्माण में कालावधि एक महत्त्वपूर्ण कारक है। मृदा निर्माण प्रक्रियाओं के प्रचलन में लगने वाले काल (समय) की अवधि मृदा की परिपक्वता एवं उसके पार्श्विका (Profile) का विकास निर्धारित करती है।
- एक मृदा तभी परिपक्व होती है, जब मृदा निर्माण की सभी प्रक्रियाएँ लंबे समय तक पार्श्विका विकास करते हुए कार्य करती हैं। कुछ समय पूर्व (Recently) निक्षेपित जलोढ़ मृदा या हिमानी टिल से विकसित मृदाएँ तरून/युवा मानी जाती है तथा उनमें संस्तर का अभाव पाया जाता है।

मृदा संस्तर

यदि भूमि पर एक गड्ढा खोदा जाए और मृदा को देखें, तो वहाँ हमें मृदा की तीन परतें दिखाई देती हैं, जिन्हें **मृदा संस्तर** (Soil Horizon) कहा जाता है।

इन संस्तरों का वर्णन निम्नलिखित है

- **संस्तर 'क'** (Horizon A) यह सबसे ऊपरी परत होती है, जहाँ पौधों की वृद्धि के लिए अनिवार्य जैव पदार्थों का खनिज पदार्थ, पोषक तत्त्वों तथा जल से संयोग होता है।
- **संस्तर 'ख'** (Horizon B) यह 'क' संस्तर और 'ग' संस्तर के बीच संक्रमण खंड होता है, जिसे नीचे व ऊपर दोनों से पदार्थ प्राप्त होते हैं, इसमें कुछ जैव पदार्थ हैं तथापि खनिज पदार्थ का अपक्षय स्पष्ट दिखाई देता है।
- **संस्तर 'ग'** (Horizon C) इसकी रचना ढीली जनक सामग्री से होती है। यह परत मृदा निर्माण प्रक्रिया की प्रथम अवस्था होती है और अंतत: ऊपर की दो परतें इसी से बनती हैं। परतों की इस अवस्था को **मृदा परिच्छेदिका** (Soil Profile) कहा जाता है।
- इन तीन संस्तरों के नीचे एक चट्टान होती है, जिसे **जनक चट्टान** (Parent Rocks) तथा **आधारी चट्टान** (Bed Rocks) कहा जाता है।
- मृदा जिसका एक जटिल तथा भिन्न अस्तित्व है, सदैव मृदा वैज्ञानिकों को आकर्षित करती है।

मृदा का वर्गीकरण

- भारत में भिन्न-भिन्न प्रकार के उच्चावच, भू-आकृति, जलवायु परिमंडल तथा वनस्पतियाँ पाई जाती हैं। इन्होंने भारत में अनेक प्रकार की मिट्टियों के विकास में योगदान दिया है।
- प्राचीन काल में मृदा को दो मुख्य वर्गों में बाँटा जाता था- **उर्वर** (Fertile), जो उपजाऊ थी और **ऊसर** (Sterile), जो अनुर्वर थी।
- वर्ष 1956 में भारत में स्थापित **मृदा सर्वेक्षण विभाग** ने दामोदर घाटी जैसे कुछ चुने हुए क्षेत्रों में मृदाओं का व्यापक अध्ययन किया।
- **भारतीय कृषि अनुसंधान परिषद्** (Indian Council of Agricultural Research, ICAR) की संस्था राष्ट्रीय मृदा सर्वेक्षण तथा भूमि उपयोग आयोजन ब्यूरो (National Bureau of Soil Survey and Land Use Planning, NBSS & LUP) ने भारत की मृदाओं पर अध्ययन किए।
- **भारतीय कृषि अनुसंधान परिषद्** (ICAR) ने भारतीय मृदाओं को उनकी प्रकृति और उनके गुणों के आधार पर वर्गीकृत किया है। यह वर्गीकरण **संयुक्त राज्य अमेरिका के कृषि विभाग** (USDA) के मृदा वर्गीकरण पर आधारित है।
- ICAR ने USDA मृदा वर्गीकरण के अनुसार भारत की **मिट्टियों को** निम्नलिखित क्रम में वर्गीकृत किया है

क्रम	क्षेत्र (हजार हैक्टेयर में)	प्रतिशत
इंसेप्टीसोल्स	130372.90	39.74
एंटीसोल्स	92131.71	28.08
एल्फीसोल्स	44448.68	13.55
वर्टीसोल्स	27960.00	8.52
एरीडीसोल्स	14069.00	4.28
अल्टीसोल्स	8250.00	2.51
मॉलीसोल्स	1320.00	0.40
अन्य	9503.10	2.92
योग		**100**

- उत्पत्ति, रंग, संयोजन तथा अवस्थिति के आधार पर भारत की मिट्टियों को निम्नलिखित प्रकारों में वर्गीकृत किया जाता है
  - जलोढ़ मृदा
  - काली मृदा
  - लाल और पीली मृदा
  - लैटेराइट मृदा
  - शुष्क मृदा
  - लवण मृदा
  - पीटमय मृदा
  - वन मृदा

जलोढ़ मृदा

- जलोढ़ मृदा (Alluvial Soils) उत्तरी मैदान और नदी घाटियों के विस्तृत भागों में पाई जाती है। यह मृदा देश के कुल क्षेत्रफल के लगभग 40% भाग में फैली है।
- ये निक्षेपण मृदा (Depositional Soils) है, जिसे नदियों और सरिताओं ने वाहित और निक्षेपित किया है।
- राजस्थान के एक संकीर्ण गलियारे से होती हुई यह मृदा **गुजरात** के मैदान में फैली मिलती है।
- प्रायद्वीपीय प्रदेश में यह पूर्वी तट की नदियों के डेल्टाओं और नदियों की घाटियों में भी पाई जाती है।
- जलोढ़ मृदा गठन से बलुई-दोमट से चिकनी मिट्टी की प्रकृति की पाई जाती है। इसमें पोटाश की मात्रा अधिक और फॉस्फोरस की मात्रा कम पाई जाती है। गंगा के ऊपरी और मध्यवर्ती मैदान में खादर (Khadar) और बांगर (Bangar) नाम की दो भिन्न मृदाएँ मिलती हैं।

- खादर प्रतिवर्ष बाढ़ों द्वारा निक्षेपित होने वाला नया जमाव है और यह उर्वर मृदा है। बांगर पुराना जमाव है, जो बाढ़कृत मैदानों से दूर जमा होता है।
- खादर और बांगर मृदाओं में **कैल्शियमी संग्रथन** (Calcareous Concretion) अर्थात् कंकड़ पाया जाता है। निम्न तथा मध्य गंगा के मैदान और ब्रह्मपुत्र घाटी में ये मृदाएँ अधिक दोमटी और मृण्मय हैं।
- पश्चिम से पूर्व इनमें बालू की मात्रा घटती जाती है। जलोढ़ मृदा बहुत उपजाऊ होती है और गन्ने, चावल, गेहूँ और अन्य अनाजों और दलहन की खेती के लिए उपयुक्त होती है।
- अधिक उपजाऊ होने के कारण इस मिट्टी में गहन कृषि की जाती है।
- जलोढ़ मृदा का रंग **हल्के धूसर** से **राख-धूसर** (Ash-Gray) जैसा होता है। सूखे क्षेत्रों की मृदा अधिक क्षारीय होती है।

काली मृदा

- इस मृदा का रंग काला है और इसे **रेगुर मिट्टी** (Regur Soils) भी कहा जाता है। काली मृदा कपास की खेती के लिए उपयुक्त होती है और इसे काली कपास मृदा के नाम से भी जाना जाता है।
- **काली मृदा** (Black Soils) दक्कन के पठार के अधिकतर भाग पर पाई जाती है। इसमें महाराष्ट्र के कुछ भाग, **गुजरात**, **आंध्र प्रदेश** तथा **तमिलनाडु** के कुछ भाग शामिल हैं।
- गोदावरी और कृष्णा नदियों के ऊपरी भागों और दक्कन पठार के उत्तरी पश्चिमी भागों में गहरी काली मृदा पाई जाती है। काली मृदा मृण्मय, गहरी और अपारगम्य होती है। यह मृदा गीली होने पर फूल जाती है और चिपचिपी हो जाती है। सूखने पर ये सिकुड़ जाती है।

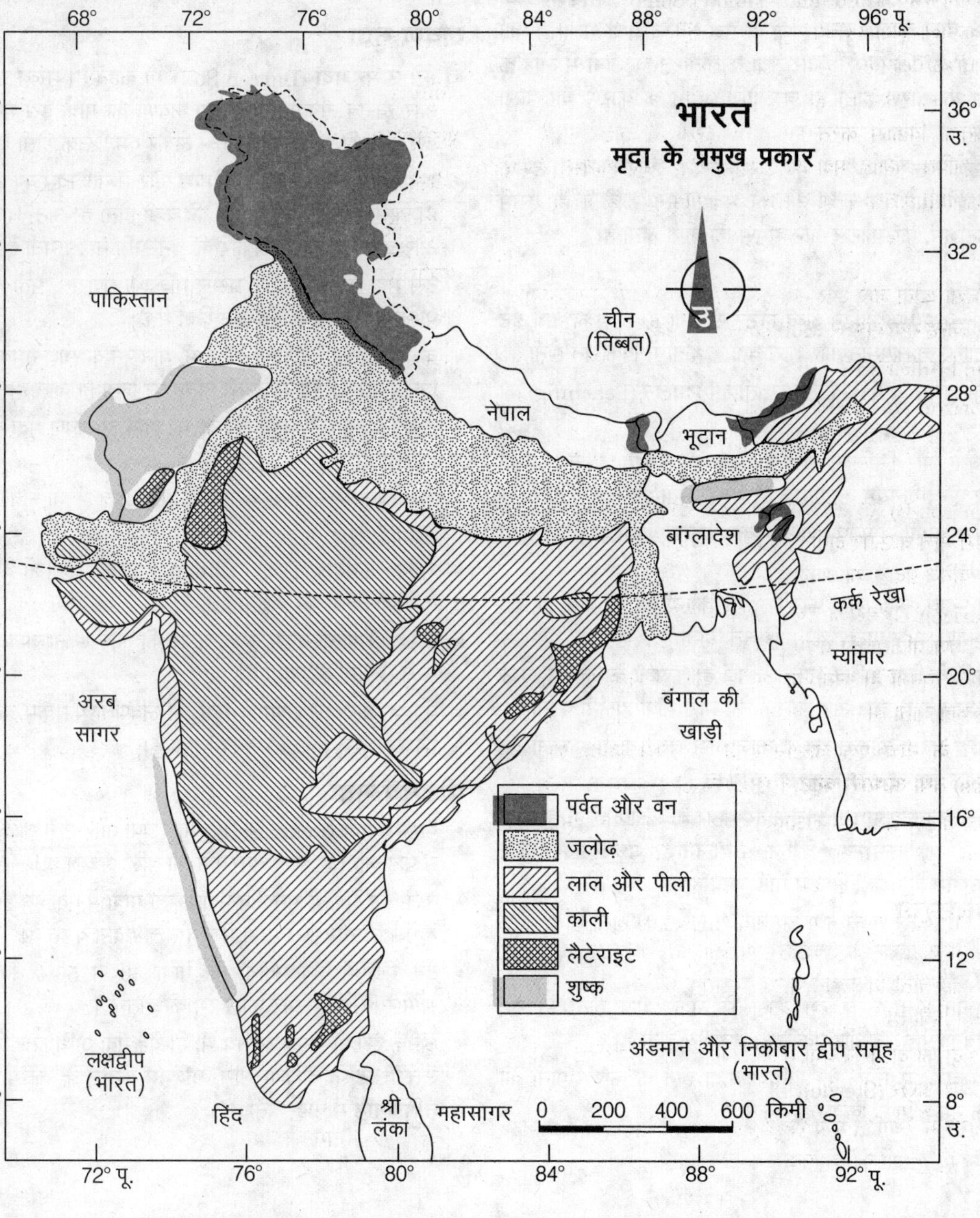

- शुष्क ऋतु में इसमें चौड़ी दरारें पड़ जाती हैं। इस समय ऐसा प्रतीत होता है कि जैसे इनमें स्वत: जुताई (Self Ploughing) हो गई थी।
- रासायनिक दृष्टि से काली मृदा में चूने, लौह, मैगनीशियम तथा ऐलुमिना के तत्त्व अत्यधिक मात्रा में पाए जाते हैं। इसमें पोटाश की मात्रा भी पाई जाती है, लेकिन इसमें फॉस्फोरस, नाइट्रोजन और जैव पदार्थों की कमी होती है। इस मृदा का रंग गाढ़े काले और स्लेटी रंग के मध्य का होता है।

लाल और पीली मृदाएँ

- लाल मृदा (Red Soils) का विकास दक्कन पठार के पूर्वी तथा दक्षिणी भाग में कम वर्षा वाले उन क्षेत्रों में हुआ है, जहाँ रवेदार आग्नेय चट्टानें पाई जाती हैं। पश्चिमी घाट के गिरिपाद क्षेत्र में एक लंबी पट्टी के रूप में लाल दोमटी मृदा पाई जाती है।
- लाल और पीली मृदाएँ (Red and Yellow Soils) **ओडिशा** तथा **छत्तीसगढ़** के कुछ भागों और मध्य गंगा के मैदान के दक्षिणी भागों में पाई जाती हैं। इस मृदा का लाल रंग रवेदार तथा कायांतरित चट्टानों में लोहे के व्यापक विसरण के कारण होता है। जलयोजित होने के कारण यह पीली दिखाई पड़ती है।
- महीन कणों वाली लाल और पीली मृदाएँ सामान्यत: उर्वर होती हैं। इसके विपरीत मोटे कणों वाली उच्च भूमियों की मृदाएँ अनुर्वर होती हैं, इसमें सामान्यत: नाइट्रोजन, फॉस्फोरस और ह्यूमस की कमी होती है।

लैटेराइट मृदा

- लैटेराइट (Laterite) एक लैटिन शब्द **लेटर** से बना है, जिसका अर्थ **ईंट** होता है। यह मृदाएँ उच्च तापमान और भारी वर्षा के क्षेत्रों में विकसित होती हैं।
- यह मृदा उष्णकटिबंधीय वर्षा के कारण हुए तीव्र **निक्षालन** (Leaching) का परिणाम है।
- वर्षा के साथ चूना और सिलिका तो निक्षालित हो जाते हैं, परंतु लोहे के ऑक्साइड और एल्युमीनियम के यौगिक से भरपूर मृदा शेष रह जाती है।
- उच्च तापमान में आसानी से पनपने वाले जीवाणु ह्यूमस की मात्रा को तेजी से नष्ट कर देते हैं।
- इस मृदा में जैव पदार्थ, नाइट्रोजन, फॉस्फेट और कैल्शियम की कमी होती है तथा लौह ऑक्साइड और पोटाश की अधिकता होती है।
- लैटेराइट मृदा कृषि के लिए अधिक उपजाऊ नहीं है। फसलों के लिए उपजाऊ बनाने के लिए इस मृदा में खाद और उर्वरकों की भारी मात्रा डालनी पड़ती है।
- **तमिलनाडु**, **आंध्र प्रदेश** और **केरल** में काजू जैसे वृक्षों वाली फसलों की खेती के लिए लाल लैटेराइट मृदा अधिक उपयुक्त है।
- इस मृदा का विकास मुख्य रूप से प्रायद्वीपीय पठार के ऊँचे क्षेत्रों में हुआ है। इसके अतिरिक्त यह **कर्नाटक**, **केरल**, **तमिलनाडु**, **मध्य प्रदेश** तथा **ओडिशा** और **असम** के पहाड़ी क्षेत्रों में पाई जाती है।
- लैटेराइट मृदाएँ अधिकतर गहरी तथा अम्लीय ($pH<6.0$) होती हैं।

शुष्क मृदा

- शुष्क मृदा (Arid Soils) का रंग लाल से लेकर भूरा होता है। यह सामान्यत: संरचना से बलुई और प्रकृति से लवणीय होती है।
- कुछ क्षेत्रों की मृदाओं में नमक की अधिक मात्रा होने के कारण पानी को वाष्पीकृत करके नमक प्राप्त किया जा सकता है।
- शुष्क जलवायु, उच्च तापमान और तीव्रगति से वाष्पीकरण के कारण इस मृदा में नमी और ह्यूमस कम होते हैं, इसमें नाइट्रोजन अपर्याप्त और फॉस्फेट सामान्य मात्रा में होता है।
- इस मृदा में नीचे की ओर चूने की मात्रा के बढ़ते जाने के कारण निचले संस्तरों में कंकड़ों की परतें पाई जाती हैं।
- मृदा के तली संस्तर में कंकड़ों की परत के बनने के कारण पानी का रिसाव सीमित हो जाता है, इसलिए सिंचाई किए जाने पर इन मृदा में पौधों की सतत् वृद्धि के लिए नमी सदा उपलब्ध रहती है।
- यह मृदा विशिष्ट शुष्क स्थलाकृति वाले **पश्चिमी राजस्थान** में अधिक विकसित हुई है।
- यह मृदा अनुर्वर है, क्योंकि इसमें **ह्यूमस** (Humus) और **जैव पदार्थ** (Organic Matter) कम मात्रा में पाए जाते हैं।

लवण मृदा

- इसे **ऊसर मृदा** (Barren Soil) भी कहते हैं। मुख्य रूप से शुष्क जलवायु और खराब अपवाह के कारण लवणों की मात्रा इस मृदा में बढ़ती जाती है। इस मृदा की संरचना बलुई से लेकर दुमटी तक होती है।
- इस मृदा में सोडियम, पोटैशियम और मैग्नीशियम का अनुपात अधिक रहता है। इसमें नाइट्रोजन एवं चूने की कमी होती है। अत: यह मृदा अनुर्वर होती है और इसमें किसी भी प्रकार की वनस्पति नहीं उगती है।
- इस मृदा का अधिकतर प्रसार पश्चिमी गुजरात, पूर्वी तट के डेल्टाओं और पश्चिमी बंगाल के सुंदरबन क्षेत्रों में है।
- कच्छ के रन में दक्षिणी-पश्चिमी मानसून के साथ नमक के कण आते हैं, जो एक पपड़ी के रूप में ऊपरी सतह पर जमा हो जाते हैं।
- डेल्टा प्रदेश में समुद्री जल के भर जाने से लवण मृदा के विकास को बढ़ावा मिलता है।
- अत्यधिक सिंचाई वाले गहन कृषि के क्षेत्र में भी लवणीय मृदा की समस्या बढ़ रही है।
- **शुष्क जलवायु** (Dry Climate) वाली दशाओं में अत्यधिक सिंचाई केशिका क्रिया को बढ़ावा देती है।
- इसके परिणामस्वरूप नमक ऊपर की ओर बढ़ता जाता है और सबसे ऊपरी परत में जमा हो जाता है।
- **पंजाब** और **हरियाणा** में मृदा की लवणता को कम करने के लिए खेतों मे **जिप्सम** (Gypsum) डाला जाता है।

पीटमय मृदा

- पीटमय मृदा (Peaty Soils) भारी वर्षा और उच्च आर्द्रता से युक्त उन क्षेत्रों में पाई जाती है, जहाँ वनस्पति की वृद्धि अच्छी हो।
- अत: इन क्षेत्रों में मृत जैव पदार्थ बड़ी मात्रा में एकत्रित हो जाते हैं, जो मृदा को ह्यूमस और पर्याप्त मात्रा में जैव तत्त्व प्रदान करते हैं।
- इस मृदा में जैव पदार्थों की मात्रा 40 से 50% तक होती है। यह मृदा सामान्यत: गाढ़े और काले रंग की होती है।
- अनेक स्थानों पर ये क्षारीय भी हैं। यह मृदा अधिकतर बिहार के ऊपरी भाग, **उत्तराखंड** के दक्षिणी भाग, **पश्चिम बंगाल** के तटीय क्षेत्रों, **ओडिशा** और **तमिलनाडु** में पाई जाती है।

वन मृदाएँ

- वन मृदाओं (Forest Soils) का विकास पर्याप्त वर्षा वाले वन क्षेत्रों में होता है। इस मृदा का निर्माण पर्वतीय पर्यावरण में होता है, क्योंकि पर्यावरण के अनुसार मृदाओं का गठन और संरचना बदलती रहती है।
- यह मृदा घाटियों में दुमटी और पांशु होती है तथा ऊपरी ढालों पर यह मोटे कणों वाली होती है।
- हिमालय के हिमाच्छादित क्षेत्रों में इस मृदा का अनाच्छादन होता रहता है और यह अम्लीय और कम ह्यूमस वाली होती है। निचली घाटियों में पाई जाने वाली मृदा उर्वर होती है।

मृदा अवकर्षण

- मृदा अवकर्षण (Soil Degradation) को मृदा की उर्वरता के ह्रास के रूप में परिभाषित किया जाता है। इसमें मृदा का पोषण स्तर गिर जाता है तथा अपरदन और दुरुपयोग के कारण मृदा की गहराई कम हो जाती है।
- भारत में मृदा संसाधनों के क्षय का मुख्य कारक-मृदा अवकर्षण है।
- मृदा अवकर्षण की दर भू-आकृति, पवनों की गति तथा वर्षा की मात्रा के अनुसार एक स्थान से दूसरे स्थान पर भिन्न होती है।

मृदा अपरदन

- मृदा के आवरण का विनाश, मृदा अपरदन (Soil Erosion) कहलाता है। बहते जल और पवनों की अपरदनात्मक प्रक्रियाएँ तथा मृदा निर्माणकारी प्रक्रियाएँ साथ-साथ घटित हो रही होती हैं।
- धरातल के सूक्ष्म कणों के हटने की दर वही होती है, जो मिट्टी की परत में कणों के जुड़ने की होती है।
- मानवीय तथा प्राकृतिक कारकों से यह संतुलन कई बार बिगड़ जाता है, जिससे मृदा अपरदन की दर बढ़ जाती है।
- मानवीय गतिविधियाँ, मृदा अपरदन के लिए अत्यधिक उत्तरदायी होती हैं। जनसंख्या में बढ़ोतरी से भूमि की मांग में बढ़ोतरी हो जाती है।
- मानव बस्तियों, कृषि, पशुचारण तथा अन्य आवश्यकताओं की पूर्ति हेतु, वन तथा अन्य प्राकृतिक वनस्पतियों को साफ कर दिया जाता है।

मृदा अपरदन के प्रकार

मृदा को हटाने और उसका परिवहन कर सकने के गुण के कारण पवन और जल मृदा अपरदन के दो शक्तिशाली कारक हैं। मृदा अपरदन के निम्न कारण हैं

- **पवन अपरदन** (Wind Erosion) शुष्क और अर्ध शुष्क प्रदेशों में होता है। यह अपरदन उन क्षेत्रों में होता है, जहाँ भूमि मुख्यत: समतल, शुष्क तथा रेतीली होती है। वर्षा की कमी के कारण पवन द्वारा भूमि की ऊपरी परत को उड़ा दिया जाता है।
- **जल अपरदन** (Water Erosion) भारी वर्षा और खड़ी ढालों वाले प्रदेशों में बहते जल द्वारा होता है। जल अपरदन अधिक गंभीर है और यह भारत के विस्तृत क्षेत्रों में हो रहा है। जल अपरदन दो रूपों में होता है-परत अपरदन और अवनालिका अपरदन।
- **परत अपरदन** (Sheet Erosion) समतल भूमियों पर मूसलाधार वर्षा के बाद होता है और इसमें मृदा का हटना आसानी से दिखाई भी नहीं देता, किंतु यह अधिक हानिकारक है, क्योंकि इससे मिट्टी की सूक्ष्म और अधिक उर्वर ऊपरी परत हट जाती है।
- **अवनालिका अपरदन** (Gully Erosion) सामान्यत: तीव्र ढालों पर होता है। वर्षा से गहरी हुई अवनालिकाएँ कृषि भूमियों को छोटे-छोटे टुकड़ों में खंडित कर देती हैं, जिससे वे कृषि के लिए अनुपयुक्त हो जाती हैं। जिस प्रदेश में अवनालिकाएँ अथवा बीहड़ अधिक संख्या में होते हैं, उसे **उत्खात भूमि स्थलाकृति** कहा जाता है। चंबल नदी की द्रोणी में बीहड़ बहुत विस्तृत हैं, इसके अतिरिक्त ये तमिलनाडु और पश्चिम बंगाल में भी पाए जाते हैं।

मृदा अपरदन के अन्य कारण

मृदा अपरदन के कारण निम्नलिखित हैं-

- **वनोन्मूलन** (Deforestation) मृदा अपरदन के प्रमुख कारणों में से एक है। पौधों की जड़ें मृदा को बाँधे रखकर अपरदन को रोकती हैं। पत्तियाँ और टहनियाँ गिराकर वे मृदा में ह्यूमस की मात्रा में वृद्धि करती हैं। वास्तव में, संपूर्ण भारत में वनों का विनाश हुआ है, लेकिन मृदा अपरदन पर उनका प्रभाव देश के पहाड़ी भागों में अधिक पड़ा है।
- **अति सिंचाई** (Over-Irrigation) भारत में सिंचित क्षेत्रों में कृषि योग्य भूमि का अत्यधिक बड़ा भाग अति सिंचाई के प्रभाव से लवणीय होता जा रहा है। मृदा के निचले संस्तरों में जमा नमक धरातल के ऊपर आकर उर्वरता को नष्ट कर देता है।
- **रासायनिक उर्वरक** (Chemical Fertilisers) भी मृदा के लिए हानिकारक हैं, जब तक मृदा को पर्याप्त ह्यूमस नही मिलता, रसायन इसे कठोर बना देते हैं और दीर्घकाल में इसकी उर्वरता घट जाती है। यह समस्या नदी घाटी परियोजनाओं के उन सभी **समादेशी क्षेत्रों** (Command Area) में अधिक है, जो हरित क्रांति के आरंभिक समय में इससे लाभांवित थे।

मृदा अपरदन का प्रभाव

मृदा अपरदन के निम्नलिखित प्रभाव होते हैं

- मृदा उर्वरता और कृषि उत्पादकता में ह्रास होता है, फलत: कृषि योग्य भूमि में कमी आती है।
- आप्लावन और निक्षालन से मृदा के पोषक तत्त्व नष्ट हो जाते हैं।
- भौम जलस्तर और मृदा आर्द्रता में गिरावट आ जाती है।
- वनस्पति सूखने से मरुक्षेत्र का विस्तार होता है।
- सूखा और बाढ़ का प्रकोप बढ़ जाता है।
- नदियों और नहरों के तल में रेत का जमाव बढ़ जाता है।
- भूस्खलन के खतरे बढ़ जाते हैं तथा उत्खात भूमि में बढ़ोतरी होती है।

मृदा संरक्षण

- मृदा संरक्षण (Soil Conservation) एक विधि है, जिसमें मिट्टी की उर्वरता बनाए रखी जाती है, मिट्टी के अपरदन और क्षय को रोका जाता है और मिट्टी की निम्नीकृत दशाओं को सुधारा जाता है।
- मृदा अपरदन और मृदा क्षय मानव द्वारा किया जाता है, तो इसे मानव द्वारा ही रोका जा सकता है।
- मृदा अपरदन मूल रूप से दोषपूर्ण पद्धतियों द्वारा बढ़ता है।

मृदा संरक्षण निम्नलिखित प्रकार से किया जा सकता है

- भारत में विभिन्न भागों में **अति चराई** और **स्थानांतरी कृषि** ने भूमि के प्राकृतिक आवरण को दुष्प्रभावित किया है, जिससे विस्तृत क्षेत्र में अपरदन की समस्या हो गई है।

- 15 से 25% ढाल प्रवणता वाली भूमि का उपयोग कृषि के लिए नहीं होना चाहिए।
- ढाल वाली भूमि पर **सीढ़ीदार खेती को बढ़ावा** दिया जाना चाहिए।
- समोच्च रेखा के अनुसार मेढ़बंदी (Contour Bunding) समोच्च रेखीय सीढ़ीदार खेत बनाना (Contour Terracing), नियमित वानिकी (Regulated Forestry), नियंत्रित चराई (Controlled Grazing), आवरण फसलें उगाना (Cover Cropping), मिश्रित खेती तथा शस्यावर्तन (Mixed Farming and Crop Rotation) आदि उपचार के कुछ ऐसे तरीके हैं, जिनका उपयोग मृदा अपरदन को कम करने के लिए किया जाता है।
- अवनालिका अपरदन को सीढ़ीदार खेत बनाकर कम किया जा सकता है। बड़ी अवनालिकाओं में जल की अपरदनात्मक तीव्रता को रोक-बाँधों द्वारा कम किया जा सकता है।
- शुष्क एवं अर्द्ध शुष्क क्षेत्रों में कृषि योग्य भूमि पर बालू के टीलों के प्रसार को वृक्षों की मेखला बनाकर तथा वन कृषि करके रोकने के प्रयास करना चाहिए।
- कृषि के लिए अनुपयुक्त भूमि को चरागाहों के रूप में परिवर्तित कर देना चाहिए।
- भारत सरकार द्वारा स्थापित **केंद्रीय मृदा संरक्षण बोर्ड** (Central Soil Conservation Board) ने देश के विभिन्न भागों में मृदा संरक्षण के लिए अनेक योजनाएँ बनाई हैं।
- **केंद्रीय शुष्क भूमि अनुसंधान संस्थान** (Central Arid Zone Research Institute-CAZRI) ने पश्चिमी राजस्थान में बालू के टीलों को स्थिर करने के लिए प्रयोग किए हैं।
- मृदा संरक्षण का सर्वोत्तम उपाय भूमि उपयोग की समन्वित योजनाएँ हैं।

अतिरिक्त तथ्य
तमिलनाडु बोर्ड एवं NIOS

प्राकृतिक वनस्पति एवं मृदा

- भारत के वनों को विशेष रूप से 6 वर्गों में विभाजित किया जा सकता है, जो उष्णकटिबंधीय सदाबहार या वर्षा वन, उष्णकटिबंधीय पर्णपाती वन, शुष्क पर्णपाती वन, अर्द्ध मरुस्थलीय तथा मरुस्थलीय वन, पर्वतीय एवं मैंगोव वन हैं।
- उष्णकटिबंधीय सदाबहार या वर्षा वन चौड़ी पत्ती वाले सघन वन हैं। इन वनों के वृक्ष बहुत लंबे होते हैं। इनकी ऊँचाई 35 से 50 मी या उससे भी अधिक होती है।
- उष्णकटिबंधीय पर्णपाती वन लगभग 2.25 लाख हेक्टेयर क्षेत्र में पाए जाते हैं। ये वन आर्थिक दृष्टि से अत्यधिक महत्त्वपूर्ण माने जाते हैं। इन वनों में **सागौन, साल, बरगद, चंदन** आदि के वृक्ष पाए जाते हैं।
- शुष्क पर्णपाती वन भारत के लगभग **39% भाग** में फैले हुए हैं। ये सामान्य प्रकार के वन हैं। इनके बाद दूसरा स्थान उष्णकटिबंधीय पर्णपाती वनों का है, जो लगभग **31% भाग** में फैले हुए हैं। उष्णकटिबंधीय पर्णपाती वनों का अनुमानित क्षेत्रफल लगभग **3 करोड़ हेक्टेयर** है।
- अर्द्ध मरुस्थलीय व मरुस्थलीय वन को **कंटीले वन** अथवा **झाड़ियाँ** भी कहते हैं। ये **50 सेमी** से कम औसत वार्षिक वर्षा वाले क्षेत्रों में पाए जाते हैं। ये वन थार **मरुस्थल** और **दक्कन** के शुष्क भागों में फैले हुए हैं। यहाँ की मुख्य वनस्पतियाँ **एकेशिया** तथा **यूफोर्विया** हैं।
- मैंग्रोव वन गंगा-ब्रह्मपुत्र के सुंदरबन डेल्टा में पाए जाते हैं। **सुंदरी** इसका मुख्य वृक्ष है। कठोर लकड़ी वाले इन वृक्षों का उपयोग जलावन तथा नाव बनाने के लिए किया जाता है। ये वन ज्वारनदमुख तथा संकरी घाटियों में भी मिलते हैं। वन संरक्षण का मुख्य उद्देश्य पर्यावरणीय स्थिरता और पारिस्थितिकी संतुलन बनाए रखना है।

21

प्राकृतिक संसाधन

(स्रोत)

Class-X New NCERT Chap 1 संसाधन एवं विकास, Chap 3 जल संसाधन, Class-X Old NCERT Chap 4 भूमि उपयोग तथा जन संसाधन, Class-XII New NCERT Chap 3 भूमि संसाधन तथा कृषि, Chap 4 जल संसाधन, Class-XII Old NCERT Chap 1 भारत के प्राकृतिक संसाधन, Tamil Nadu Board (Class XII), NIOS

प्राकृतिक संसाधन

- हमारे पर्यावरण में उपलब्ध प्रत्येक वस्तु, जो हमारी आवश्यकताओं को पूरा करने में प्रयुक्त की जा सकती है और जिसको बनाने के लिए प्रौद्योगिकी उपलब्ध है, जो आर्थिक रूप से संभाव्य और सांस्कृतिक रूप से मान्य है, प्राकृतिक संसाधन (Natural Resource) कहलाती है।
- हमारे पर्यावरण में उपलब्ध वस्तुओं की रूपांतरण प्रक्रिया प्रकृति, प्रौद्योगिकी और संस्थाओं के पारस्परिक क्रियात्मक संबंध में निहित है।
- प्राकृतिक संसाधन मानवीय क्रियाओं का परिणाम है। मानव स्वयं संसाधनों का महत्त्वपूर्ण हिस्सा है।
- मानव पर्यावरण में पाए जाने वाले पदार्थों को संसाधनों में परिवर्तित करते हैं तथा इन्हें प्रयोग करते हैं।

संसाधनों का वर्गीकरण

संसाधनों का वर्गीकरण निम्न प्रकार से किया जा सकता है

—**उत्पत्ति के आधार पर** (On the Basis of Origin) जैव एवं अजैव संसाधन

—**समाप्यता के आधार पर** (On the Basis of Exhaustibility) नवीकरण योग्य एवं अनवीकरण योग्य

—**स्वामित्व के आधार पर** (On the Basis of Ownership) व्यक्तिगत, सामुदायिक, राष्ट्रीय और अंतर्राष्ट्रीय

—**विकास स्तर के आधार पर** (On the Basis of Status of Development) संभावी, विकसित भंडार और संचित कोष

संसाधनों के प्रकार

संसाधनों के प्रकार निम्नलिखित हैं

उत्पत्ति के आधार पर

- **जैव संसाधन** (Biotic Resources) इन संसाधनों की प्राप्ति जीवमंडल से होती है और इनमें जीवन पाया जाता है; जैसे-मनुष्य, वनस्पतिजात, प्राणीजात, मत्स्य जीवन, पशुधन इत्यादि।
- **अजैव संसाधन** (Abiotic Resources) वे संसाधन, जो निर्जीव वस्तुओं से बने हैं, अजैव संसाधन कहलाते हैं; जैसे-चट्टानें और धातुएँ।

समाप्यता के आधार पर

- **नवीकरण योग्य संसाधन** (Renewable Resources) ऐसे संसाधन जिन्हें भौतिक, रासायनिक या यांत्रिक प्रक्रियाओं द्वारा नवीकृत या पुन: उत्पन्न किया जा सकता है, उन्हें नवीकरण योग्य या पुन: पूर्ति योग्य संसाधन कहा जाता है; जैसे-सौर ऊर्जा, पवन ऊर्जा, जल, वन एवं वन्य जीवन।
- **अनवीकरण योग्य संसाधन** (Non-Renewable Resources) इन संसाधनों का विकास एक लंबे भू-वैज्ञानिक अंतराल में होता है; जैसे-खनिज एवं जीवाश्म ईंधन। इनके बनने में लाखों वर्ष लग जाते हैं। इनमें से कुछ संसाधन, जैसे-धातुएँ पुन: चक्रीय हैं और कुछ संसाधन; जैसे- जीवाश्म ईंधन अचक्रीय हैं व एक बार के प्रयोग से समाप्त हो जाते हैं।

स्वामित्व के आधार पर

- **व्यक्तिगत संसाधन** (Individual Resources) ऐसे संसाधन निजी व्यक्तियों के स्वामित्व में होते हैं। बहुत से किसानों के पास सरकार द्वारा आवंटित भूमि होती है।

गाँव में लोगों की अपनी भूमि होती है और कुछ लोग भूमिहीन भी होते हैं। शहरों में लोग भूखंड, घरों व अन्य संपत्ति के मालिक होते हैं।

- **सामुदायिक संसाधन** (Community Resources) ये संसाधन समुदाय के सभी सदस्यों को उपलब्ध होते हैं। गाँव में चरागाह भूमि, श्मशान भूमि, तालाब इत्यादि और नगरीय क्षेत्रों में सार्वजनिक पार्क, पिकनिक स्थल तथा खेल के मैदान, वहाँ रहने वाले सभी लोगों के लिए उपलब्ध होते हैं।
- **राष्ट्रीय संसाधन** (National Resources) तकनीकी तौर पर देश में पाए जाने वाले संपूर्ण संसाधन राष्ट्रीय हैं। देश की सरकार को कानूनी अधिकार है कि वह व्यक्तिगत संसाधनों को भी आम जनता के हित में अधिग्रहित कर सकती है। शहरी विकास प्राधिकरणों को सरकार ने भूमि अधिग्रहण का अधिकार दिया हुआ है।

सारे खनिज पदार्थ जल संसाधन, वन, वन्य जीवन, राजनीतिक सीमाओं के अंदर सारी भूमि **12 समुद्री मील** (22.2 किमी) तक महासागरीय क्षेत्र (भू-भागीय समुद्र) व इसमें पाए जाने वाले संसाधन राष्ट्र की संपदा हैं।

- **अंतर्राष्ट्रीय संसाधन** (International Resources) अंतर्राष्ट्रीय संस्थाएँ इस प्रकार के संसाधनों को नियंत्रित करती हैं। तट रेखा से 200 समुद्री मील की दूरी (अपवर्जक आर्थिक क्षेत्र- Exclusive Economic Zone EEZ) से परे खुले महासागरीय संसाधनों पर किसी देश का अधिकार नहीं है। इन संसाधनों को अंतर्राष्ट्रीय संस्थाओं की सहमति के बिना उपयोग नहीं किया जा सकता है।

विकास स्तर के आधार पर

- **संभावी संसाधन** (Potential Resources) ये वे संसाधन हैं, जो किसी प्रदेश में विद्यमान होते हैं, परंतु इनका उपयोग नहीं किया गया है; जैसे- भारत के पश्चिमी भाग विशेषकर राजस्थान और गुजरात में पवन और सौर ऊर्जा संसाधनों की अपार संभावना है, परंतु इनका सही प्रकार से विकास नहीं हुआ है।
- **विकसित संसाधन** (Developed Resources) वे संसाधन, जिनका सर्वेक्षण किया जा चुका है और इनके उपयोग की गुणवत्ता और मात्रा का निर्धारण भी हो चुका है, विकसित संसाधन कहलाते हैं। संसाधनों का विकास प्रौद्योगिकी और उनकी संभाव्यता के स्तर पर निर्धारित होता है।
- **भंडार** (Stock) पर्यावरण में उपलब्ध वे पदार्थ, जो मानवीय आवश्यकताओं की पूर्ति कर सकते हैं, लेकिन उपयुक्त प्रौद्योगिकी के अभाव में पहुँच से बाहर हैं, भंडार में शामिल हैं; जैसे-हाइड्रोजन गैस।
- **संचित कोष** (Reserve) यह संसाधन भंडार का ही हिस्सा है, जिन्हें उपलब्ध तकनीकी ज्ञान की सहायता से प्रयोग में लाया जा सकता है, परंतु इनका उपयोग अभी आरंभ नहीं हुआ है। इनका उपयोग भविष्य की आवश्यकताओं की पूर्ति के लिए किया जा सकता है।
- नदियों के जल को विद्युत पैदा करने में प्रयुक्त किया जा सकता है, किंतु वर्तमान समय में इनका उपयोग सीमित पैमाने पर ही किया जा रहा है।

संसाधन नियोजन

- संसाधनों के विवेकपूर्ण उपयोग के लिए नियोजन एक सर्वमान्य रणनीति है। भारत जैसे देश में जहाँ संसाधनों की उपलब्धता में बहुत अधिक विविधता है, वहीं संसाधनों का नियोजन और भी महत्त्वपूर्ण हो जाता है
- भारत में ऐसे भी प्रदेश हैं, जहाँ एक तरह के संसाधनों की प्रचुरता है, परंतु दूसरे तरह के संसाधनों की कमी है।
- कुछ ऐसे राज्य हैं, जो संसाधनों की उपलब्धता के संदर्भ में आत्मनिर्भर हैं, जबकि कुछ राज्यों में महत्त्वपूर्ण संसाधनों की अत्याधिक कमी है।
- झारखंड, मध्य प्रदेश और छत्तीसगढ़ आदि राज्यों में खनिजों एवं कोयले के प्रचुर भंडार हैं तथा अरुणांचल प्रदेश में जल संसाधन प्रचुर मात्रा में पाया जाता है, किंतु इन सभी प्रदेशों में मूल विकास की कमी है।
- राजस्थान में पवन और सौर ऊर्जा संसाधनों की प्रचुरता है, लेकिन जल संसाधनों की कमी है। लद्दाख, धनी सांस्कृतिक विरासत तथा शीत मरुस्थल के लिए जाना जाता है, किंतु यहाँ जल, आधारभूत अवसंरचना तथा महत्त्वपूर्ण खनिजों की कमी है।
- राष्ट्रीय, प्रांतीय, प्रादेशिक और स्थानीय स्तर पर संतुलित संसाधन नियोजन की आवश्यकता है।
- स्वतंत्रता के पश्चात् भारत में संसाधन नियोजन के उद्देश्य की पूर्ति के लिए पंचवर्षीय योजनाओं की शुरुआत की गई।
- किसी क्षेत्र के विकास के लिए संसाधनों की उपलब्धता एक आवश्यक शर्त है, किंतु प्रौद्योगिकी और संस्थाओं में तदनरूपी परिवर्तनों के अभाव में मात्र संसाधनों की उपलब्धता से विकास संभव नहीं है।
- देश में बहुत ऐसे क्षेत्र हैं, जो संसाधन समृद्ध होते हुए भी आर्थिक रूप से पिछड़े हुए हैं, जबकि कुछ ऐसे भी प्रदेश हैं, जो संसाधनों की कमी के बावजूद आर्थिक रूप से विकसित हैं।
- **संसाधनों का संरक्षण** संसाधन विकास में महत्त्वपूर्ण भूमिका निभाते हैं, परंतु संसाधनों के विवेकहीन उपभोग और अति उपभोग से कई सामाजिक-आर्थिक तथा पर्यावरणीय समस्याएँ पैदा हो सकती हैं। इन समस्याओं से बचाव के लिए संसाधनों का संरक्षण आवश्यक है।

- अंतर्राष्ट्रीय स्तर पर व्यवस्थित तरीके से संसाधन संरक्षण की वकालत वर्ष 1968 में क्लब ऑफ रोम ने की।
- वर्ष 1974 में शुमेसर ने अपनी पुस्तक 'स्माल इज ब्यूटीफल' में संसाधनों के संरक्षण पर बल दिया।
- वर्ष 1987 में ब्रंटलैंड आयोग ने हमारा साझा भविष्य (Our common future) नामक रिपोर्ट में सतत पोषणीय विकास की संकल्पना प्रस्तुत की।
- वर्ष 1992 में रियो डे जेनेरो (ब्राजील) में पृथ्वी सम्मेलन आयोजित किया गया।
- संयुक्त राष्ट्र पर्यावरण और विकास सम्मेलन (UNCED) के तत्वाधान में आयोजित पृथ्वी सम्मेलन (1992- रियो डी जेनेरो) में एजेंडा-21 स्वीकृत किया गया।

भूमि संसाधन

- भूमि एक महत्त्वपूर्ण प्राकृतिक संसाधन है। प्राकृतिक वनस्पति, वन्य जीवन, मानव जीवन, आर्थिक क्रियाएँ, परिवहन तथा संचार व्यवस्थाएँ भूमि पर ही आधारित हैं, परंतु भूमि एक सीमित संसाधन है, इसलिए उपलब्ध भूमि का विभिन्न उद्देश्यों के लिए उपयोग सावधानी और योजनाबद्ध तरीके से होना चाहिए।
- भारत में भूमि पर विभिन्न प्रकार की भू-आकृतियाँ; जैसे- पर्वत, पठार, मैदान और द्वीप पाए जाते हैं। लगभग 43% भू-क्षेत्र मैदान है, जो कृषि और उद्योग के विकास के लिए सुविधाजनक है। पर्वत पूरे भू-क्षेत्र के 30% भाग पर विस्तृत है।

- देश के क्षेत्रफल का लगभग 27% हिस्सा पठारी क्षेत्र है। इस क्षेत्र में खनिजों (Minerals), जीवाश्म ईंधन (Fossil Fuels) और वनों (Forests) का अपार संचय कोष है।

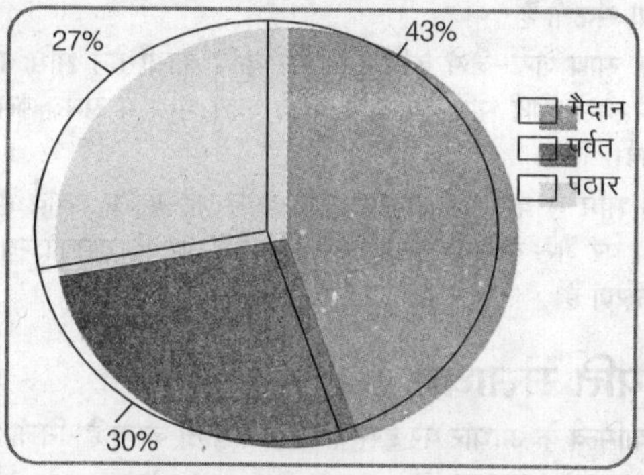

मुख्य भू-आकृतियों के अंतर्गत क्षेत्र

भू-उपयोग वर्गीकरण

- **भू-राजस्व विभाग** भू-उपयोग संबंधी अभिलेख रखता है। भारत की प्रशासकीय इकाइयों के भौगोलिक क्षेत्र की सही जानकारी देने का दायित्व **भारतीय सर्वेक्षण विभाग** पर है।
- भू-राजस्व तथा सर्वेक्षण विभाग दोनों में मूलभूत अंतर यह है कि भू-राजस्व द्वारा प्रस्तुत क्षेत्रफल पत्रों के अनुसार रिपोर्टिंग क्षेत्र पर आधारित है, जबकि कुल भौगोलिक क्षेत्र भारतीय सर्वेक्षण विभाग के सर्वेक्षण पर आधारित है तथा यह स्थायी है।

भू-राजस्व अभिलेख द्वारा अपनाया गया भू-उपयोग वर्गीकरण निम्न प्रकार है

- **वनों के अधीन क्षेत्र** इसके अंतर्गत वर्गीकृत वन क्षेत्र एवं वनों के अंतर्गत वास्तविक क्षेत्र दोनों पृथक् होते हैं। सरकार द्वारा वर्गीकृत वन क्षेत्र का सीमांकन वहाँ किया जाता है, जहाँ वन विकसित हो सकते हैं।
- **बंजर व व्यर्थ भूमि** वह भूमि, जो प्रचलित प्रौद्योगिकी की मदद से कृषि योग्य नहीं बनाई जा सकती; जैसे-बंजर पहाड़ी भू-भाग, मरुस्थल, खड्ड आदि को कृषि अयोग्य व्यर्थ भूमि में वर्गीकृत किया जाता है।
- **गैर कृषि कार्यों में प्रयुक्त भूमि** इसमें बस्तियाँ (ग्रामीण व शहरी), अवसंरचना (सड़कें, नहरें) उद्योगों, दुकानों आदि हेतु भू-उपयोग सम्मिलित है। द्वितीयक व तृतीयक कार्यकलापों में वृद्धि से इस संवर्ग के भू-उपयोग में वृद्धि होती है।
- **स्थायी चरागाह क्षेत्र** इस प्रकार की अधिकतर भूमि पर ग्राम पंचायत या सरकार का स्वामित्व होता है। इस भूमि का केवल एक छोटा भाग निजी स्वामित्व में होता है। ग्राम पंचायत के स्वामित्व वाली भूमि को साझा संपत्ति संसाधन कहा जाता है।
- **विविध तरू-फसलों** (Diverse Tree-Crops) व उपवनों के अंतर्गत क्षेत्र (जो बोए गए निवल क्षेत्र में शामिल नही हैं) इस संवर्ग में वह भूमि सम्मिलित है, जिस पर उद्यान व फलदार वृक्ष हैं, इस प्रकार की अधिकतर भूमि व्यक्तियों के निजी स्वामित्व में है।
- **कृषि योग्य व्यर्थ भूमि** वह भूमि, जो पिछले पाँच वर्षों तक या अधिक समय तक परती या कृषि रहित है, इस संवर्ग में सम्मिलित की जाती है। भूमि उद्धार तकनीक द्वारा इसे सुधार कर कृषि योग्य भूमि बनाया जा सकता है।
- **वर्तमान परती भूमि** वह भूमि, जो एक कृषि वर्ष या इससे कम समय तक कृषिरहित रहती है, वर्तमान परती भूमि कहलाती है। भूमि की गुणवत्ता बनाए रखने हेतु भूमि का परती रखना एक सांस्कृतिक चलन है। इस विधि से भूमि की क्षीण उर्वरता या पौष्टिकता प्राकृतिक रूप से वापस आ जाती है।
- **पुरातन परती भूमि** यह भी कृषि योग्य भूमि है, जो एक वर्ष से अधिक लेकिन पाँच वर्षों से कम समय तक कृषि रहित रहती है। यदि कोई भू-भाग पाँच वर्ष से अधिक समय तक कृषि रहित रहता है, तो इसे कृषि योग्य व्यर्थ भूमि संवर्ग में सम्मिलित कर दिया जाता है।
- **निवल बोया क्षेत्र** वह भूमि, जिस पर फसलें उगाई व काटी जाती हैं, वह निवल बोया गया क्षेत्र कहलाता है।

भूमि उपयोग

- भूमि संसाधन का व्यवस्थित वितरण 'भूमि उपयोग' कहा जाता है। भूमि उपयोग को जनसंख्या के औसत भोजन की आवश्यकता की प्रति इकाई क्षेत्र में खाद्यान्न उपज के आधार पर निश्चित किया जाता है।
- भूमि उपयोग के अंतर्गत इस तथ्य को समझाने का प्रयास किया जाता है कि एक क्षेत्र विशेष में बंजर तथा कृषि अयोग्य भूमि का विस्तार कितना है। गैर-कृषि प्रयोजन के क्षेत्रों की जानकारी के आधार पर भूमि के उपयोग की नीतियों तथा नीतिगत फैसलों पर कार्य होता है।
- भूमि उपयोग का एक विशिष्ट पहलू भूमि संसाधन के विविध क्षेत्रों; जैसे-कृषि, चरागाह, वन, यातायात, मानव आवास इत्यादि में किए जाने वाले विकास कार्यों तथा प्रबंध को दिया जाता है।
- भूमि उपयोग के आधार पर औद्योगीकरण तथा शहरीकरण की प्रक्रिया को प्रोत्साहित या उसे स्थिर रखने का प्रयास किया जाता है। प्राकृतिक पर्यावरण के संरक्षण के लिए यह महत्त्वपूर्ण है।

भारत में भू-उपयोग परिवर्तन

किसी क्षेत्र में भू-उपयोग अधिकतर वहाँ की आर्थिक क्रियाओं की प्रवृत्ति पर निर्भर है। यद्यपि समय के साथ आर्थिक क्रियाओं में बदलाव आता रहता है, लेकिन भूमि अन्य संसाधनों की भाँति क्षेत्रफल की दृष्टि से स्थायी है।

भू-उपयोग को प्रभावित करने वाली अर्थव्यवस्था में प्रमुख तीन परिवर्तन निम्नलिखित हैं

- **पहला**, अर्थव्यवस्था का आकार (जिसे उत्पादित वस्तुओं तथा सेवाओं के मूल्य के संदर्भ में समझा जाता है) समय के साथ बढ़ता है, जो बढ़ती जनसंख्या, बदलते आय-स्तर, उपलब्ध प्रौद्योगिकी व इसी से मिलते-जुलते कारकों पर निर्भर है। परिणामस्वरूप समय के साथ भूमि पर दबाव बढ़ता है तथा सीमांत भूमि को भी प्रयोग में लाया जाता है।
- **दूसरा**, समय के साथ अर्थव्यवस्था की संरचना में भी बदलाव होता है। द्वितीयक व तृतीयक सेक्टरों में प्राथमिक सेक्टर की अपेक्षा अधिक तीव्रता से वृद्धि होती है। इस प्रकार के परिवर्तन भारत जैसे विकासशील देश में एक सामान्य बात है। इस प्रक्रिया में धीरे-धीरे कृषि भूमि गैर-कृषि संबंधित कार्यों में प्रयुक्त होती है। इस प्रकार के परिवर्तन शहरों के चारों ओर अधिक तीव्र हैं, जहाँ कृषि भूमि को भवनों के निर्माण के लिए उपयोग किया जा रहा है।
- **तीसरा**, यद्यपि समय के साथ कृषि क्रियाकलापों का अर्थव्यवस्था में योगदान कम होता जाता है, परंतु भूमि पर कृषि क्रियाकलापों का दबाव कम नहीं होता।

कृषि भूमि पर बढ़ते दबाव के निम्न कारण हैं

- प्राय: विकासशील देशों में कृषि पर निर्भर व्यक्तियों का अनुपात अपेक्षाकृत धीरे-धीरे घटता है, जबकि कृषि का सकल घरेलू उत्पाद (Gross Domestic Product-GDP) में योगदान तीव्रता से कम होता है।
- वह जनसंख्या, जो कृषि सेक्टर पर निर्भर करती है, प्रतिदिन बढ़ती ही जाती है।

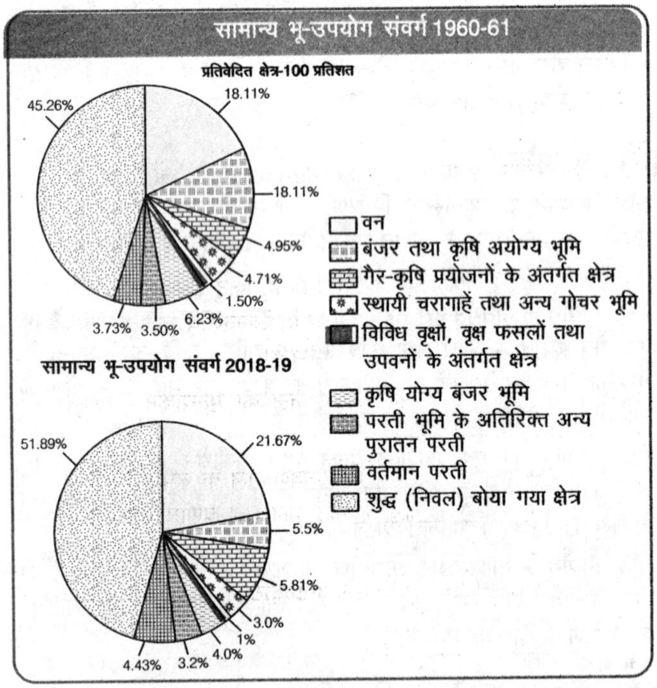

उपरोक्त चित्र से ज्ञात होता है कि चार संवर्गों में वृद्धि व चार संवर्गों के अनुपात में कमी दर्ज की गई है। वन क्षेत्रों, गैर-कृषि कार्यों में प्रयुक्त भूमि, वर्तमान परती भूमि, निवल बोया गया क्षेत्र आदि के अनुपात में वृद्धि हुई है, इस वृद्धि के निम्न कारण हो सकते हैं

- **गैर-कृषि कार्यों** (Non-Agriculture Activities) में प्रयुक्त क्षेत्र में वृद्धि दर अधिकतम है। इसका कारण भारतीय अर्थव्यवस्था की बदलती संरचना है, जिसकी निर्भरता औद्योगिक व सेवा सेक्टरों तथा अवसंरचना संबंधी विस्तार पर उत्तरोत्तर बढ़ रही है। इसके अतिरिक्त गाँवों व शहरों में, बस्तियों के अंतर्गत क्षेत्रफल में विस्तार से भी इसमें वृद्धि हुई है। अत: गैर कृषि कार्यों में प्रयुक्त भूमि का प्रसार कृषि योग्य परंतु व्यर्थ भूमि तथा कृषि भूमि की हानि पर हुआ है।
- **वर्तमान परती भूमि** (Current Fallow Land) में वृद्धि को दो कारणों से समझा जा सकता है- वर्तमान परती क्षेत्र में समयानुसार काफी उतार-चढ़ाव की प्रवृत्ति रही है, जो वर्षा की अनियमितता तथा फसल चक्र पर निर्भर है।
- कृषि हेतु **कृषि योग्य व्यर्थ भूमि** के उपयोग के कारण निवल बोए गए क्षेत्र में वृद्धि एक वर्तमान घटना है। इससे पहले निवल बोए गए क्षेत्र में धीमी गति से ह्रास दर्ज किया जाता रहा। ऐसे संकेत हैं कि निवल बोए गए क्षेत्र में न्यूनता का कारण गैर कृषि कार्यों में प्रयुक्त भूमि (भवनों के निर्माण आदि) के अनुपात में वृद्धि थी।
- वे चार भूमि उपयोग संवर्ग, जिनमें क्षेत्रीय अनुपात में गिरावट आई है- बंजर, व्यर्थ भूमि व कृषि योग्य व्यर्थ भूमि, चरागाहों तथा तरू फसलों के अंतर्गत क्षेत्र तथा परती भूमि हैं। इनके घटते क्रम की व्याख्या निम्न कारणों द्वारा की जा सकती है
  - समय के साथ जैसे-जैसे कृषि तथा गैर कृषि कार्यों हेतु भूमि पर दबाव बढ़ा वैसे-वैसे व्यर्थ भूमि एवं कृषि योग्य व्यर्थ भूमि में समयानुसार कमी आती गई।
  - चरागाह भूमि में कमी का कारण कृषि भूमि पर बढ़ता दबाव है। साझी चरागाहों पर गैर-कानूनी तरीकों से कृषि विस्तार ही इसकी न्यूनता का मुख्य कारण है।

साझा संपत्ति संसाधन

- भूमि के स्वामित्व के आधार पर इसे दो वर्गों में बाँटा जाता है-निजी भूसंपत्ति तथा साझा संपत्ति संसाधन (Common Property Resources)।
- पहले वर्ग की भूमि पर व्यक्तियों का निजी स्वामित्व अथवा कुछ व्यक्तियों का सम्मिलित निजी स्वामित्व होता है।
- दूसरे वर्ग की भूमियाँ सामुदायिक उपयोग हेतु राज्यों के स्वामित्व में होती हैं।
- साझा संपत्ति संसाधन पशुओं के लिए चारा, घरेलू उपयोग हेतु ईंधन, लकड़ी तथा साथ ही अन्य वन उत्पाद, जैसे-फल रेशे गिरी, औषधीय पौधे आदि उपलब्ध कराती है।
- ग्रामीण क्षेत्रों में भूमिहीन छोटे कृषकों तथा अन्य आर्थिक रूप से कमजोर वर्ग के व्यक्तियों के जीवन-यापन में इन भूमियों का विशेष महत्त्व है, क्योंकि इनमें से अधिकतर भूमिहीन होने के कारण पशुपालन से प्राप्त आजीविका पर निर्भर हैं।
- साझा संपत्ति संसाधनों को **सामुदायिक प्राकृतिक संसाधन** (Community Owned Natural Resources) भी कहा जाता है, जहाँ सभी सदस्यों को इसके उपयोग का अधिकार होता है तथा किसी विशेष का संपत्ति पर अधिकार न होकर सभी सदस्यों के कुछ विशेष कर्तव्य भी हैं।
- **सामुदायिक वन** (Community Forest) **चरागाहों** (Pasture lands), ग्रामीण जलीय क्षेत्र (Village Water Bodies) तथा अन्य सार्वजनिक स्थान (Other Public Spaces) साझा संपत्ति संसाधन के ऐसे उदाहरण हैं, जिनका उपयोग एक परिवार से बड़ी इकाई करती है तथा यही उसके प्रबंधन के दायित्वों का निर्वहन करती है।

भारत में कृषि भू-उपयोग

- भू-संसाधनों का महत्त्व उन लोगों के लिए अधिक है जिनकी आजीविका कृषि पर निर्भर है
  - द्वितीयक व तृतीयक आर्थिक क्रियाओं की अपेक्षा कृषि पूर्णतया भूमि पर आधारित है।
  - कृषि उत्पादन में भूमि का योगदान अन्य सेक्टरों में इसके योगदान से अधिक है, अत: ग्रामीण क्षेत्रों में भूमिहीनता प्रत्यक्ष रूप से वहाँ की गरीबी से संबंधित है।
  - भूमि की गुणवत्ता कृषि उत्पादकता को प्रभावित करती है, जो अन्य कार्यों में नहीं है।
  - ग्रामीण क्षेत्रों में भू-स्वामित्व का आर्थिक मूल्य के अतिरिक्त सामाजिक मूल्य भी है तथा प्राकृतिक आपदाओं या निजी विपत्ति में एक सुरक्षा की भाँति है एवं समाज में प्रतिष्ठा बढ़ाता है।

- समस्त कृषि भूमि संसाधनों का अनुमान (अर्थात् समस्त कृषि योग्य भूमि) निवल बोया गया क्षेत्र (Net Shown Area) तथा सभी प्रकार की परती भूमि (All Fallow Land) और कृषि योग्य व्यर्थ भूमि (Culturable Waste Land) के योग से लगाया जा सकता है।
- पिछले वर्षों में कृषि भूमि का प्रतिशत कम हुआ है। कृषि योग्य व्यर्थ भूमि संवर्ग में कमी आई है।
- भारत में निवल बोए गए क्षेत्र में बढ़ोतरी की संभावनाएँ सीमित हैं, अत: भूमि बचत प्रौद्योगिकी विकसित करना आज अत्यंत आवश्यक है।
- यह प्रौद्योगिकी दो भागों में बाँटी जा सकती है- पहली, वह जो प्रति इकाई भूमि में फसल विशेष की उत्पादकता बढ़ाए तथा दूसरी, वह प्रौद्योगिकी, जो एक कृषि वर्ष में गहन भू-उपयोग से सभी फसलों का उत्पादन बढ़ाए। दूसरी, प्रौद्योगिकी का लाभ यह है कि इसमें सीमित भूमि से भी कुल उत्पादन बढ़ने के साथ श्रमिकों की माँग भी पर्याप्त रूप से बढ़ती है।
- भारत जैसे देश में भूमि की कमी तथा श्रम की अधिकता है, ऐसी स्थिति में फसल सघनता की आवश्यकता केवल भू-उपयोग हेतु वांछित है, अपितु ग्रामीण क्षेत्रों में बेरोजगारी जैसी आर्थिक समस्या को भी कम करने के लिए आवश्यक है।
- प्रतिशत में **फसल गहनता** (Cropping Intensity in Percentage) की गणना निम्न प्रकार से की जाती है

$$\text{फसल गहनता} = \frac{\text{सकल बोया गया क्षेत्र}}{\text{निवल बोया गया क्षेत्र}} \times 100$$

भूमि निम्नीकरण और संरक्षण उपाय

- भूमि एक ऐसा संसाधन है, जिसका उपयोग हमारे पूर्वज करते आए हैं तथा भावी पीढ़ी भी इसी भूमि का उपयोग करेगी। हम भोजन, मकान और कपड़े की अपनी मूल आवश्यकताओं का 95% भाग भूमि से प्राप्त करते हैं।
- भारत में लगभग 13 करोड़ हेक्टेयर भूमि निम्नीकृत है। इनमें से लगभग 28% भूमि निम्नीकृत वनों के अंतर्गत है, 56% क्षेत्र जल अपरदित है और शेष क्षेत्र लवणीय और क्षारीय है।
- मानवीय क्रियाओं जैसे **वनोन्मूलन** (Deforestation), **अति पशुचारण** (Over-Grazing), **खनन** (Mining) ने भी भूमि निम्नीकरण में मुख्य भूमिका निभाई है। खनन के उपरांत खदानों वाले स्थानों को गहरी खाइयों और मलबे के साथ खुला छोड़ दिया जाता है। खनन के कारण **झारखंड, छत्तीसगढ़, मध्य प्रदेश** और **ओडिशा** जैसे राज्यों में वनोन्मूलन भूमि निम्नीकरण का कारण बना है।
- **गुजरात, राजस्थान, मध्य-प्रदेश** और **महाराष्ट्र** में अति पशुचारण भूमि निम्नीकरण (Land Degradation) का मुख्य कारण है।
- **पंजाब, हरियाणा** और **पश्चिमी उत्तर प्रदेश** जैसे राज्यों में अधिक सिंचाई भूमि निम्नीकरण के लिए उत्तरदायी है। अति सिंचाई से उत्पन्न जलाक्रांतता भी भूमि निम्नीकरण के लिए उत्तरदायी है, जिससे मृदा में लवणीयता और क्षारीयता बढ़ जाती है।
- खनिज प्रक्रियाएँ, जैसे सीमेंट उद्योग में चूने (खड़िया मृदा) और सेलखड़ी के प्रयोग से बहुत अधिक मात्रा में वायुमंडल में धूल विसर्जित होती है, जब इसकी परत भूमि पर जम जाती है, तो मृदा की जल सोखने की प्रक्रिया अवरुद्ध हो जाती है।
- **भूमि निम्नीकरण** (Land Degradation) की समस्याओं को सुलझाने के कई तरीके हैं। वनारोपण (Afforestation) और चरागाहों का उचित प्रबंधन इसमें कुछ सीमा तक मदद कर सकते हैं।
- पेड़ों की **रक्षक मेखला** (Shelter belt), पशुचारण नियंत्रण और रेतीले टीलों को काँटेदार झाड़ियाँ, लगाकर स्थिर बनाने की प्रक्रिया से भी भूमि कटाव की रोकथाम शुष्क क्षेत्रों में की जा सकती है।
- **बंजर भूमि** (Barren Land) के उचित प्रबंधन, खनन नियंत्रण और औद्योगिक जल को परिष्करण के पश्चात् विसर्जित करके जल और भूमि प्रदूषण को कम किया जा सकता है।

जल संसाधन

- जल एक **चक्रीय संसाधन** (Cyclic Resource) है, जो पृथ्वी पर प्रचुर मात्रा में पाया जाता है।
- पृथ्वी का लगभग 71% धरातल पानी से आच्छादित है, परंतु अलवणीय जल कुल जल का केवल लगभग 3% ही है, किंतु इसका एक बहुत छोटा भाग ही मानव उपयोग के लिए उपलब्ध है। अलवणीय जल की उपलब्धता स्थान और समय के अनुसार भिन्न-भिन्न है।
- विकास को सुनिश्चित करने के लिए जल का मूल्यांकन, उपयोग और संरक्षण आवश्यक हो गए हैं।
- विश्व के कुल जल का 96.5% भाग लवण जल के रूप में महासागरों में मौजूद है और केवल 2.5% जल मीठे जल (अलवणीय जल) के रूप में मौजूद है।
- इस मीठे पानी का लगभग 70% भाग **अंटार्कटिका, ग्रीनलैंड** और दुनिया के **पर्वतीय क्षेत्रों** में बर्फ की चादरों और ग्लेशियरों में मौजूद है, जबकि 30% से थोड़ा कम दुनिया के जलभृतों में भौम जल के रूप में मौजूद है।
- भारत वैश्विक वर्षा का लगभग 4% भाग प्राप्त करता है और प्रतिव्यक्ति प्रतिवर्ष पानी की उपलब्धता के मामले में दुनिया में **133वें** स्थान पर है।
- भारत के कुल नवीकरणीय जल संसाधन की मात्रा प्रतिवर्ष 1897 वर्ग किमी अनुमानित है।
- स्वीडिश विशेषज्ञ **फाल्कन मार्क** के अनुसार, पानी की कमी तब होती है, जब प्रत्येक व्यक्ति को प्रतिदिन 1,000 घन मीटर से कम जल उपलब्ध होता है, अथवा पानी की आवश्यकता प्रतिव्यक्ति प्रतिवर्ष 1000 से 1600 क्यूबिक मीटर के मध्य होती है।

भारत के जल संसाधन

- भारत का क्षेत्रफल विश्व के स्थलीय भू-भाग का 2.45% है। यहाँ विश्व की कुल जनसंख्या का 16% निवास करता है जबकि भारत में विश्व के जल संसाधन की 4% मौजूदगी है।
- देश में एक वर्ष में वर्षण से प्राप्त कुल जल की मात्रा लगभग 4000 घन किमी है।
- धरातलीय जल और पुन: पूर्तियोग्य भौम जल का 1869 घन किमी जल उपलब्ध है।
- इसमें से केवल 60% जल का लाभदायक उपयोग किया जा सकता है। इस प्रकार देश में कुल उपयोगी जल संसाधन 1,122 घन किमी हैं।

भारत के कुछ प्रमुख जल संसाधनों का वर्णन निम्न प्रकार है

धरातलीय जल संसाधन

- धरातलीय जल के चार मुख्य स्रोत-नदियाँ, झीलें, तलैया और तालाब हैं।
- देश में कुल नदियों तथा उन सहायक नदियों, जिनकी लंबाई 1.6 किमी से अधिक है को मिलाकर लगभग 10360 नदियाँ हैं।
- भारत में सभी नदी बेसिनों में औसत वार्षिक प्रवाह 1869 घन किमी होने का अनुमान किया गया है।
- स्थलाकृतिक, जलीय और अन्य दबावों के कारण प्राप्त धरातलीय जल का लगभग 690 घन किमी (36%) जल का ही उपयोग किया जा सकता है।
- नदी में जल प्रवाह इसके जल ग्रहण क्षेत्र के आकार अथवा नदी बेसिन और इस जल ग्रहण क्षेत्र में हुई वर्षा पर निर्भर करता है।
- भारत में कुछ नदियाँ, जैसे गंगा, ब्रह्मपुत्र और सिंधु के जलग्रहण क्षेत्र बहुत बड़े हैं। गंगा, ब्रह्मपुत्र और बराक नदियों के जलग्रहण क्षेत्र में वर्षा अपेक्षाकृत अधिक होती है। ये नदियाँ देश के कुल क्षेत्र के लगभग एक-तिहाई भाग पर पाई जाती हैं, जिनमें कुल धरातलीय जल संसाधनों का 60% जल पाया जाता है।
- दक्षिण भारतीय नदियों; जैसे- गोदावरी, कृष्णा और कावेरी में वार्षिक जल प्रवाह का अधिकतर भाग कार्य में लाया जाता है, लेकिन ऐसा ब्रह्मपुत्र और गंगा बेसिनों में अभी संभव नहीं हो सका है।

भौम जल संसाधन

- देश में कुल पुन: **पूर्तियोग्य भौम जल संसाधन** (Total Replenishable Ground Water) लगभग 432 घन किमी है। उत्तर-पश्चिमी प्रदेश और दक्षिणी भारत के कुछ भागों के नदी बेसिनों में भौम जल उपयोग अपेक्षाकृत अधिक है।
- पंजाब, हरियाणा, राजस्थान और तमिलनाडु राज्यों में भौम जल का उपयोग बहुत अधिक है, परंतु कुछ राज्य जैसे छत्तीसगढ़ ओडिशा, केरल आदि अपनी भौम जल क्षमता का बहुत कम उपयोग करते हैं।
- गुजरात, उत्तर प्रदेश, बिहार, त्रिपुरा और महाराष्ट्र अपने भौम जल संसाधनों का मध्यम दर से उपयोग कर रहे हैं।
- यदि वर्तमान प्रवृत्ति जारी रहती है, तो जल की माँग की आपूर्ति करने की आवश्यकता होगी। ऐसी स्थिति विकास के लिए हानिकारक होगी और सामाजिक उथल-पुथल और विघटन का कारण हो सकती है।

लैगून और पश्च जल

- भारत की समुद्र तट रेखा विशाल है और कुछ राज्यों में समुद्र तट बहुत दंतुरित (idented) है। इसी कारण बहुत-सी **लैगून** (Lagoon) और **झीलें** (Lacks) बन गई हैं।
- केरल, ओडिशा और पश्चिम बंगाल में इन लैगूनों और झीलों में बड़े धरातलीय जल संसाधन हैं।
- लैगून तथा झीलों से अलग समुद्री क्षेत्रों में अप्रवाही या पश्चभूमि (Back Waters) का निर्माण होता है, जो समुद्रतटीय क्षेत्रों में आर्द्र भूमियाँ हैं, जो पर्यटन के लिए महत्त्वपूर्ण होती हैं।
- यद्यपि सामान्यत: इन जलाशयों में खारा जल है, इसका उपयोग मछली पालन और चावल की कुछ निश्चित किस्मों, नारियल आदि की सिंचाई में किया जाता है।

जल की माँग और उपयोग

- भारत की अर्थव्यवस्था कृषि प्रधान है और इसकी जनसंख्या का लगभग दो-तिहाई भाग कृषि पर निर्भर है।
- इसलिए पंचवर्षीय योजनाओं में कृषि उत्पादन को बढ़ाने के लिए सिंचाई के विकास को एक अति उच्च प्राथमिकता प्रदान की गई है। बहुउद्देशीय नदी घाटी परियोजनाओं; जैसे-भाखड़ा नांगल, हीराकुड, दामोदर घाटी, नागार्जुन सागर, इंदिरा गाँधी नहर परियोजना आदि शुरू की गई हैं।
- भारत की वर्तमान में जल की माँग, सिंचाई की आवश्यकताओं के लिए अधिक है। धरातलीय और भौम जल का सबसे अधिक उपयोग कृषि में होता है। इसमें धरातलीय जल का 89% और भौम जल का 92% जल उपयोग किया जाता है।
- औद्योगिक सेक्टर में सतह जल का केवल 2% और भौम जल का 5% भाग ही उपयोग में लाया जाता है। घरेलू सेक्टर में धरातलीय जल का उपयोग भौम जल की तुलना में अधिक (9%) है।
- कुल जल उपयोग में कृषि सेक्टर का भाग दूसरे सेक्टरों से अधिक है फिर भी भविष्य में विकास के साथ-साथ देश में औद्योगिक और घरेलू सेक्टरों में जल का उपयोग बढ़ने की संभावना है।

सिंचाई के लिए जल की माँग

- कृषि में जल का उपयोग मुख्य रूप से सिंचाई (Irrigation) के लिए होता है। देश में वर्षा की स्थानिक सामयिक परिवर्तिता (Spatio-Temporal Variability) के कारण सिंचाई की आवश्यकता होती है। देश के अधिकांश भाग वर्षाविहीन और **सूखाग्रस्त** (Drought prone) हैं। उत्तर-पश्चिमी भारत और दक्कन पठार इसके अंतर्गत आते हैं।
- देश के अधिकांश भागों में शीत और ग्रीष्म ऋतुओं में **न्यूनाधिक शुष्कता** (More or less Dry) पाई जाती है, इसलिए शुष्क ऋतुओं में बिना सिंचाई के खेती करना कठिन होता है।
- पर्याप्त मात्रा में वर्षा वाले क्षेत्र, जैसे पश्चिम बंगाल और बिहार में भी मानसून के मौसम में अवर्षा अथवा इसकी असफलता सूखा जैसी स्थिति उत्पन्न कर देती है, जो कृषि के लिए हानिकारक होती है।
- सिंचाई की व्यवस्था **बहुफसलीकरण** (Multiple Cropping) को संभव बनाती है। सिंचित भूमि की कृषि उत्पादकता असिंचित भूमि की अपेक्षा अधिक होती है। दूसरे फसलों की अधिक उपज देने वाली किस्मों के लिए आर्द्रता आपूर्ति नियमित रूप से आवश्यक है, जो केवल विकसित सिंचाई तंत्र से ही संभव होती है।
- देश में कृषि विकास के लिए हरित क्रांति (Green Revolution) की रणनीति पंजाब, हरियाणा और पश्चिमी उत्तर प्रदेश में अधिक सफल हुई है। इन राज्यों में निवल बोए गए क्षेत्र का 85% भाग सिंचाई के अंतर्गत आता है।
- निवल सिंचित क्षेत्र का 76.1% पंजाब में और 51.3% हरियाणा में कुँओं और नलकूपों द्वारा सिंचित है।
- इन राज्यों में भौम जल संसाधन के अत्यधिक उपयोग से भौम जल स्तर निम्न हो गया है।
- वास्तव में, कुछ राज्यों; जैसे-राजस्थान और महाराष्ट्र में अधिक जल निकासी के कारण भूमिगत जल में फ्लुओराइड (Fluoride) का संकेंद्रण बढ़ गया है और इसी प्रकार पश्चिम बंगाल और बिहार के कुछ भागों के भौमजल में **संखिया** (Arsenic) के संकेंद्रण में वृद्धि दर्ज की गई है।

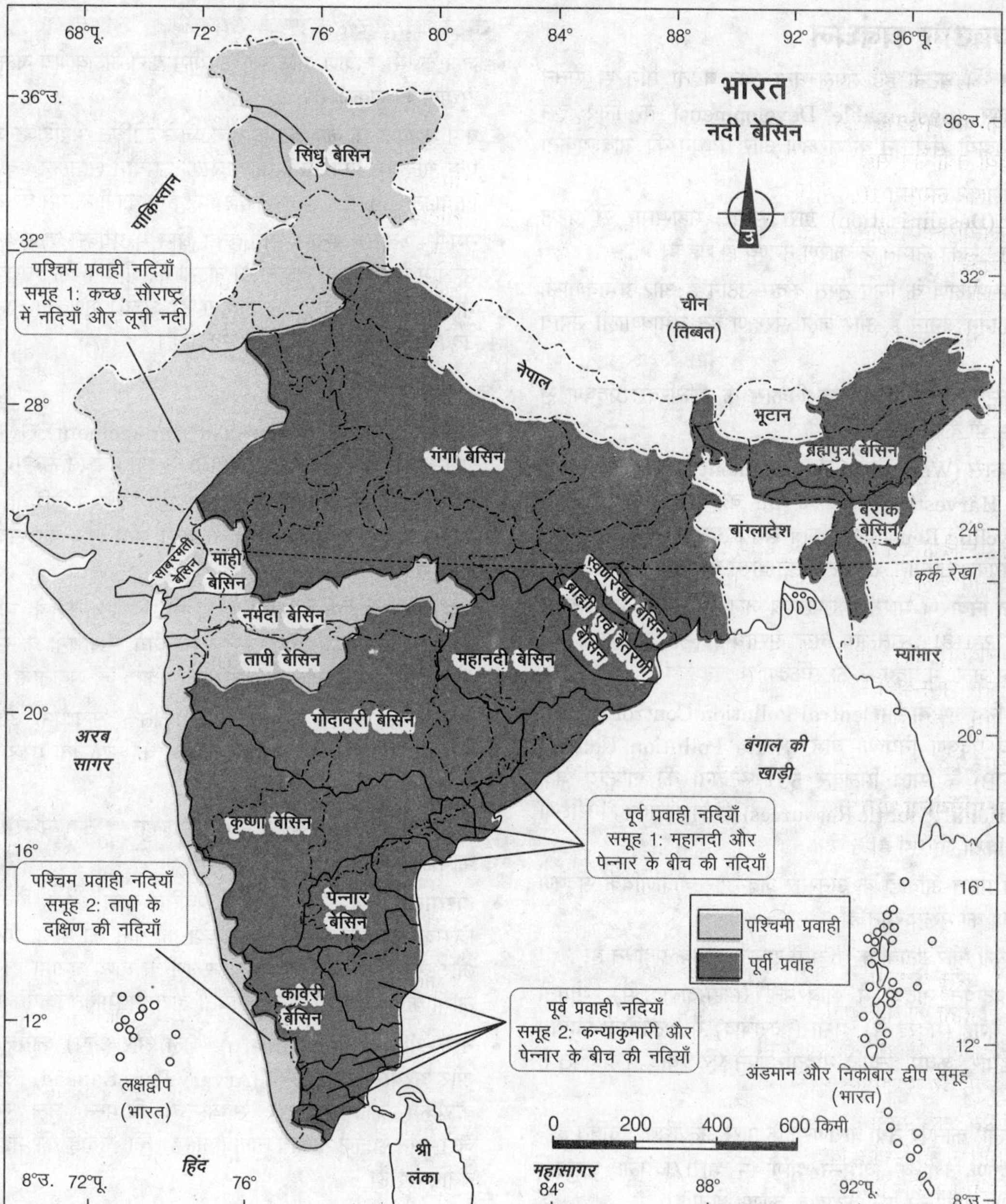

संभावित जल समस्या एवं जल के गुणों का ह्रास

जल की प्रतिव्यक्ति उपलब्धता जनसंख्या बढ़ने से दिन-प्रतिदिन कम होती जा रही है। उपलब्ध जल संसाधन औद्योगिक कृषि और घरेलू स्तर से निकलने वाले प्रदूषण से प्रदूषित होता जा रहा है और इस कारण उपयोगी जल संसाधनों की उपलब्धता और सीमित होती जा रही है।

- जल गुणवत्ता (Water Quality) से तात्पर्य, जल की शुद्धता अथवा अनावश्यक बाहरी पदार्थों से रहित जल से है।
- जल बाह्य पदार्थों; जैसे-सूक्ष्मजीवों, रासायनिक पदार्थों, औद्योगिक और अन्य अपशिष्ट पदार्थों से प्रदूषित होता है।
- इस प्रकार के पदार्थ जल के गुणों में कमी लाते हैं और इसे मानव उपयोग के योग्य नहीं रहने देते हैं।
- जब विषैले पदार्थ झीलों, सरिताओं, नदियों, समुद्रों और अन्य जलाशयों में प्रवेश करते हैं, तो वे जल में घुल जाते हैं अथवा जल में निलंबित हो जाते हैं और भौम जल भी प्रदूषित हो जाता है, जिससे जलीय तंत्र प्रभावित होता है।
- इससे प्रदूषक कभी-कभी नीचे भौम जल में भी पहुँच जाते हैं और भौम जल प्रदूषित हो जाता है। **गंगा** और **यमुना** देश की दो सबसे प्रदूषित नदियाँ हैं।

जल संरक्षण और प्रबंधन

- अलवणीय जल की घटती हुई उपलब्धता और बढ़ती माँग से सतत् **पोषणीय विकास** (Sustainable Development) के लिए इस महत्त्वपूर्ण जीवनदायी संसाधन के संरक्षण और प्रबंधन की आवश्यकता बढ़ गई है।
- **विलवणीकरण** (Desalinisation) द्वारा सागर, महासागर से प्राप्त जल उपलब्धता उसकी लागत के कारण नगण्य हो गई है।
- भारत को जल-संरक्षण के लिए तुरंत कदम उठाने हैं और प्रभावशाली नीतियाँ और कानून बनाने हैं और जल संरक्षण हेतु प्रभावशाली उपाय अपनाने हैं।
- जल बचत तकनीकी और विधियों के विकास के अतिरिक्त प्रदूषण से बचाव के प्रयास भी करने चाहिए।
- **जल-संभर विकास** (Watershed Development), वर्षा जल संग्रहण (Rainwater Harvesting), जल के पुन: चक्रण और पुन: उपयोग (Water Recycling Reuse) और लंबे समय तक जल की आपूर्ति के लिए जल के संयुक्त उपयोग को प्रोत्साहित करने की आवश्यकता है।
- **जल प्रदूषण का निवारण** भारत में उपलब्ध जल सासाधनों का तेजी से निम्नीकरण हो रहा है। धरातलीय जल संसाधनों (नदियों, झीलों) के साथ-साथ भौम जल में प्रदूषकों का संकेंद्रण भी बढ़ रहा है।
- **केंद्रीय प्रदूषण नियंत्रण बोर्ड** (Central Pollution Control Board, CPCB) राज्य प्रदूषण नियंत्रण बोर्ड (State Pollution Control Board, SPCB) के साथ मिलकर 507 स्टेशनों की राष्ट्रीय जल संसाधनों (National Aquatic Resources) की गुणवत्ता का निरीक्षण तथा अधीक्षण किया जा रहा है।
- इन स्टेशनों से प्राप्त आँकड़ों के अनुसार जैव और जीवाणविक संदूषण नदियों में प्रदूषण का मुख्य स्रोत है।
- यमुना नदी दिल्ली और इटावा के मध्य में सबसे अधिक प्रदूषित है।
- दूसरी अन्य प्रदूषित नदियों में साबरमती (अहमदाबाद में), गोमती (लखनऊ में), बैगई (मदुरई में), मूसी (हैदराबाद) में अत्यधिक प्रदूषित हैं। काली, अडयार, कुवम इत्यादि नदियाँ अपने पूरे प्रवाह में प्रदूषित हैं (मदुरई में)।
- गंगा नदी, दिल्ली, कानपुर तथा वाराणसी के पास अत्यधिक प्रदूषित है।
- भौम जल प्रदूषण देश के विभिन्न भागों में भारी/विषैली धातुओं, फ्लुओराइड और नाइट्रेट्स के संकेंद्रण के कारण होता है।
- वैधानिक व्यवस्थाएँ, जैसे **जल अधिनियम, 1974** (प्रदूषण का निवारण और नियंत्रण) और **पर्यावरण सुरक्षा अधिनियम, 1986** प्रभावपूर्ण ढंग से कार्यान्वित नहीं हुए हैं।
- परिणाम यह है कि वर्ष 1997 में प्रदूषण फैलाने वाले 251 उद्योग नदियों और झीलों के किनारे स्थापित किए गए थे।
- **जल उपकर अधिनियम, 1977** जिसका उद्देश्य प्रदूषण कम करना है, उसके भी सीमित प्रभाव दिखते हैं।
- जनजागरूकता और उनकी भागीदारी से कृषिगत कार्यों तथा घरेलू और औद्योगिक विसर्जन से प्राप्त प्रदूषकों में बहुत प्रभावशाली ढंग से कमी लाई जा सकती है।

जल का पुनः चक्रण और पुनः उपयोग

- जल के पुन: चक्रण और पुन: उपयोग द्वारा अलवणीय जल की उपलब्धता को सुधारा जा सकता है।
- कम गुणवत्ता के जल का उपयोग, जैसे शोधित अपशिष्ट जल उद्योगों के लिए एक आकर्षक विकल्प है और इसका उपयोग शीतलन एवं अग्निशमन के लिए किया जा सकता है, जिससे जल पर होने वाली लागत को कम किया जा सके।
- नगरीय क्षेत्रों में स्नान और बर्तन धोने में प्रयुक्त जल को बागवानी के लिए उपयोग में लाया जा सकता है। वाहनों को धोने के लिए प्रयुक्त जल का उपयोग भी बागवानी में किया जा सकता है। अच्छी गुणवत्ता वाले जल का पीने के उद्देश्य से संरक्षण किया जा सकता है।

जल संभर प्रबंधन

- जल संभर प्रबंधन (Watershed Management) से तात्पर्य मुख्य रूप से धरातलीय और भौम जल संसाधनों के दक्ष प्रबंधन से है।
- इसके अंतर्गत बहते जल को रोकना और विभिन्न विधियों; जैसे- अंत:स्रावण, तालाब पुनर्भरण, कुँओं आदि के द्वारा भौम जल का संचयन और पुनर्भरण शामिल है।
- जल संभर के अंतर्गत सभी संसाधनों प्राकृतिक (जैसे-भूमि, जल, पौधे और प्राणियों) और जल संभर सहित मानवीय संसाधनों के संरक्षण, पुनरुत्पादन और विवेकपूर्ण उपयोग को सम्मिलित किया जा सकता है।
- जल संभर प्रबंधन का उद्देश्य प्राकृतिक संसाधनों और समाज के बीच संतुलन लाना है। जल-संभर व्यवस्था की सफलता मुख्य रूप से संप्रदाय के सहयोग पर निर्भर करती है।
- केंद्रीय और राज्य सरकारों ने देश में बहुत से जल संभर विकास और प्रबंधन कार्यक्रम चलाए हैं।
- **हरियाली**, केंद्र सरकार द्वारा प्रवर्तित जल-संभर विकास परियोजना है, जिसका उद्देश्य ग्रामीण जनसंख्या को पीने का पानी, सिंचाई, मत्स्य पालन और वन रोपण के लिए जल संरक्षण के योग्य बनाना है। इस परियोजना को लोगों के सहयोग से ग्राम पंचायतों द्वारा निष्पादित किया जा रहा है।
- **नीरू-मीरू** (Neeru-Meeru) (जल और आप) कार्यक्रम (आंध्र प्रदेश में) और **अरवारी पानी संसद** (Arvary Pani Sansad) (अलवर राजस्थान में) कार्यक्रम को लोगों के सहयोग से विभिन्न जल संग्रहण संरचनाओं, जैसे-अंत:स्रावण तालाब ताल (जोहड़) की खुदाई की गई है और रोक-बाँध बनाए गए हैं।
- तमिलनाडु में राज्य सरकार ने घरों में जल संग्रहण संरचना को बनाना आवश्यक कर दिया है। देश में लोगों के बीच जल संभर विकास और प्रबंधन के लाभों को बताकर जागरूकता उत्पन्न करने की आवश्यकता है और इस एकीकृत जल संसाधन प्रबंधन उपागम (Integrated Water Resource Management Approach) द्वारा जल उपलब्धता सतत् पोषणीय आधार पर निश्चित रूप से की जा सकती है।

वर्षा जल संग्रहण

- वर्षा जल संग्रहण (Rain Water Harvesting) विभिन्न उपयोगों के लिए वर्षा के जल को रोकने और एकत्र करने की विधि है।
- इसका उपयोग भूमिगत जलभृतों के पुनर्भरण के लिए भी किया जाता है।

- यह एक कम मूल्य और पारिस्थितिकी अनुकूल विधि है, जिसके द्वारा पानी की प्रत्येक बूँद संरक्षित करने के लिए वर्षा जल को नलकूपों, गड्ढों और कुँओं में एकत्र किया जाता है।
- वर्षा जल संग्रहण पानी की उपलब्धता को बढ़ाता है, भूमिगत जल स्तर को नीचा होने से रोकता है, फ्लुओराइड और नाइट्रेट्स जैसे संदूषकों को कम करके अवमिश्रण भूमिगत जल की गुणवत्ता बढ़ाता है।
- देश में विभिन्न समुदाय लंबे समय से अनेक विधियों से वर्षा जल संग्रहण करते आ रहे हैं।
- ग्रामीण क्षेत्रों में परंपरागत वर्षा जल संग्रहण सतह संचयन जलाशयों, जैसे-झीलों, तालाबों, सिंचाई तालाबों आदि में किया जाता है।
- राजस्थान में वर्षा जल संग्रहण ढाँचे, जिन्हें **कुंड** (Kund) अथवा **टाँका** (Tanka) (एक ढकी हुई भूमिगत टंकी) के नाम से जाना जाता है, जिनका निर्माण घर अथवा गाँव के पास संग्रहित वर्षा जल को एकत्र करने के लिए किया जाता है।
- पहाड़ी और पर्वतीय क्षेत्रों में लोगों ने **गुल** (Gul) अथवा **कुल** (Kul) (पश्चिमी हिमालय) जैसी वाहिकाएँ नदी की धारा का रास्ता बदलकर खेतों की सिंचाई के लिए बनाई हैं।
- पश्चिम बंगाल में बाढ़ के मैदान में लोग अपने खेतों की सिंचाई के लिए बाढ़ जल वाहिकाएँ बनाते थे।
- शुष्क और अर्द्ध शुष्क क्षेत्रों में खेतों में वर्षा जल एकत्रित करने के लिए गड्ढे बनाए जाते थे, ताकि मृदा को सिंचित किया जा सके और संरक्षित जल को खेती के लिए उपयोग में लाया जा सके। राजस्थान के जिले जैसलमेर में **खादीन** और अन्य क्षेत्रों में **जोहड़** इसके उदाहरण हैं।
- राजस्थान में **वर्षा जल** अथवा **पालर पानी** को प्राकृतिक जल का शुद्धतम रूप समझा जाता है। कर्नाटक के मैसूर जिले में स्थित एक सुदूर गाँव गंडाथूर में ग्रामीणों ने अपने घर में जल आवश्यकता पूर्ति के लिए **छत वर्षा जल संग्रहण** (Roof top Rain Water Collection) की व्यवस्था की है।
- मेघालय की राजधानी शिलांग में छत वर्षा जल संग्रहण प्रचलित है। यह रोचक इसलिए है, क्योंकि चेरापूँजी और मॉसिनराम जहाँ विश्व की सबसे अधिक वर्षा होती है, शिलांग से 55 किमी की दूरी पर स्थित हैं और यह शहर पीने के जल की कमी की गंभीर समस्या का सामना कर रहा है।
- शिलांग शहर के लगभग प्रत्येक घर में छत वर्षा जल संग्रहण की व्यवस्था है। घरेलू जल आवश्यकता की कुल माँग के लगभग 15-25% हिस्से की पूर्ति छत जल संग्रहण व्यवस्था से होती है।

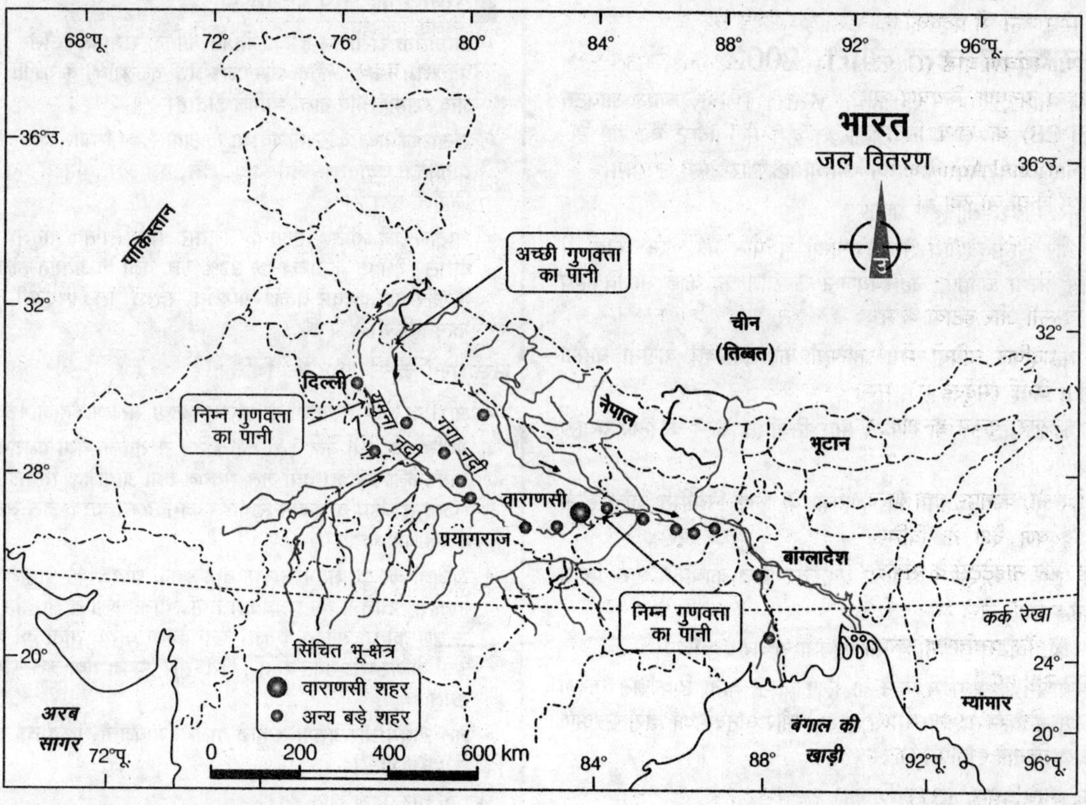

बाँस ड्रिप सिंचाई प्रणाली

- मेघालय में नदियों व झरनों के जल को बाँस द्वारा बने पाइप से एकत्रित करने की 200 वर्ष पुरानी विधि प्रचलित है। लगभग 18 से 20 लीटर पानी सिंचाई वाली बाँस पाइप में आ जाता है तथा उसे सैकड़ों मीटर की दूरी तक ले जाया जाता है।
- अंत में पानी का बहाव 20 से 80 बूँद प्रति मिनट तक घटाकर पौधे की जड़ों पर छोड़ दिया जाता है।

रालेगन सिद्धि में जल संभर विकास

- महाराष्ट्र के अहमदनगर जिले में रालेगन सिद्धि एक छोटा-सा गाँव है। यह पूरे देश में जल संभर विकास का उदाहरण है। यहाँ वर्ष 1975 में अंतःस्रावी तालाब में पानी के संग्रहण के लिए तटबंध की मरम्मत गाँव के नौजवानों के समूह **तरुण मंडल** के सहयोग से की गई। यहाँ पर कम पानी की आवश्यकता वाली फसलों, जैसे दालें, तिलहन और कुछ नगदी फसलों की खेती के लिए लोगों को प्रोत्साहित किया गया तथा गहन जल फसल, जैसे-गन्ने की खेती पर प्रतिबंध लगा दिया गया।
- वर्षा जल संग्रहण के साथ भूमिगत जल पर सामुदायिक निर्भरता को कम किया गया। वर्षा जल संग्रहण के लिए खुले स्थानों का प्रयोग किया गया, जिससे जल का अभाव स्वतः समाप्त होने लगा।
- इसके अतिरिक्त माँग-आपूर्ति अंतर के लिए सेतु बंधन के कार्य के अतिरिक्त इससे भी भौम जल निकालने में ऊर्जा की बचत होती है, क्योंकि पुनर्भरण से भौम जल स्तर में वृद्धि हो जाती है।
- वर्षा जल संग्रहण से मुख्य रूप से नगरीय क्षेत्रों को लाभ मिल सकता है, क्योंकि जल की माँग अधिकांश नगरों और शहरों में पहले ही आपूर्ति से आगे बढ़ चुकी है। इसके अतिरिक्त विशेषकर तटीय क्षेत्रों में पानी के विलवणीकरण, शुष्क और अर्द्ध शुष्क क्षेत्रों में खारे पानी की समस्या, नदियों को जोड़कर अधिक जल के क्षेत्रों से कम जल के क्षेत्रों में जल स्थानांतरित करके भारत में जल समस्या को सुलझाया जा सकता है।

भारतीय राष्ट्रीय जल नीति, 2002

- राष्ट्रीय जल नीति, 2002 (National Water Policy) जल आवंटन प्राथमिकताएँ विस्तृत रूप में निम्नलिखित क्रम में निर्दिष्ट की गई हैं– पेयजल सिंचाई, जलशक्ति नौकायन, औद्योगिक और अन्य उपयोग।

इस नीति की मुख्य विशेषताएँ इस प्रकार हैं

- सिंचाई और बहुउद्देशीय परियोजनाओं में पीने का जल घटक में सम्मिलित करना चाहिए, जहाँ पेयजल के स्रोत का कोई भी विकल्प नहीं है।
- पेयजल मानवजाति और सभी प्राणियों को उपलब्ध कराना पहली प्राथमिकता होनी चाहिए।
- भौमजल के निष्कासन को सीमित और नियमित करने के लिए प्रयास करना चाहिए।
- सतह और भौम जल दोनों की गुणवत्ता के लिए नियमित जाँच होनी चाहिए।
- जल की गुणवत्ता सुधारने के लिए एक चरणबद्ध कार्यक्रम शुरू किया जाना चाहिए।
- जल के सभी विविध प्रयोगों में कार्यक्षमता सुधारनी चाहिए।
- दुर्लभ संसाधन के रूप में जल के लिए जागरूकता विकसित करनी चाहिए। शिक्षा विनिमय, उपक्रमणों, प्रेरकों और अनुक्रमणों द्वारा संरक्षण चेतना बढ़ानी चाहिए।

जलक्रांति अभियान (2015-16)

- जल की उपलब्धता सीमित है। इसकी आपूर्ति और माँग के मध्य अंतर समय के साथ बढ़ता जा रहा है।
- वैश्विक स्तर पर जलवायु परिवर्तन दुनिया के अनेक क्षेत्रों में जल तनाव की स्थिति उत्पन्न कर सकता है।
- जलक्रांति अभियान, भारत सरकार द्वारा वर्ष 2015-16 में प्रारंभ किया गया, जिसका मुख्य उद्देश्य देश में प्रतिव्यक्ति जल की उपलब्धता (Percapita Water Availability) को सुनिश्चित करना है।
- जलक्रांति अभियान के अंतर्गत निम्नलिखित गतिविधियाँ प्रस्तावित की गई हैं
  - जल ग्राम बनाने के लिए देश के 672 जिलों में से प्रत्येक जिले में एक ग्राम जिसमें जल की कमी है, उसे चुना गया है।
  - भारत के विभिन्न भागों में 1000 हेक्टेयर मॉडल कमांड क्षेत्र (Model Command Area) की पहचान की गई है; जैसे-उत्तर प्रदेश, हरियाणा (उत्तर में), कर्नाटक, तेलंगाना, तमिलनाडु (दक्षिण में), राजस्थान, गुजरात (पश्चिम में), ओडिशा (पूर्व में) एवं मेघालय (उत्तर पूर्व में)।
  - प्रदूषण कम करने के लिए जल संरक्षण और कृत्रिम पुनर्भरण (Water Conservation and Artificial Recharge) भूमिगत जल प्रदूषण को कम करना, देश के चयनित क्षेत्रों में आर्सेनिक मुक्त कुओं का निर्माण।
  - लोगों में जागरूकता फैलाने के लिए **जनसंचार माध्यम** (रेडियो, टी. वी. प्रिंट मीडिया) का प्रयोग।

अतिरिक्त तथ्य

तमिलनाडु बोर्ड एवं NIOS

- **प्राकृतिक संसाधन** इसके अंतर्गत भौतिक संसाधन; जैसे- भूमि, जल, मृदा एवं खनिज तथा जैविक संसाधन; जैसे-वनस्पति, वन्यजीव एवं जलीय जीव/समुद्री जीव दोनों शामिल होते हैं।
- **संसाधन** राष्ट्र की अर्थव्यवस्था के आधार का निर्माण करते हैं। यह संसाधन प्राकृतिक पर्यावरण; जैसे-वायु, जल, वन और विभिन्न जैव रूपों का निर्माण करते हैं।
- **राष्ट्रीय वन नीति, 1988** के अनुसार, पारिस्थितिक संतुलन बनाए रखने के लिए देश के कुल क्षेत्र का **33%** भाग वनों के अंतर्गत होना चाहिए। भारत में मत्स्यिकी के चार प्रकार-सागरीय, स्वच्छ जल, एश्चुअरी तथा पर्ल मात्स्यकी हैं।

संसाधनों के संरक्षण की विधियाँ

- लोगों के मध्य संसाधनों के परिरक्षण तथा सरंक्षण हेतु जागरूकता बढ़ाना।
- अपरिपक्व तथा युवा वृक्षों को काटने से रोकना तथा वनरोपण हेतु जागरूकता बढ़ाना। वर्षा जल संचयन तथा आधुनिक सिंचाई तकनीक (फव्वारा, ड्रिप व ट्रिकल सिंचाई) का विकास करके जल संरक्षण की दिशा में सहायता करना।
- खनिजों का कुशलतम उपयोग तथा इनके शोधन की आधुनिक तकनीकों का विकास, खनिजों का पुनर्चक्रण तथा स्थानापन्नों के उपयोग द्वारा इनके संरक्षण को प्रोत्साहित करना। ऊर्जा के पारंपरिक स्रोतों को बचाने के लिए, ऊर्जा के गैर परंपरागत स्रोतों; जैसे-सौर, पवन तथा जल ऊर्जा का विकास करना।
- जल आपूर्य और असमाप्त होने वाला संसाधन है, किंतु यह संकटग्रस्त संसाधन भी है।

जल के चार प्रमुख स्रोत हैं

1. पृष्ठीय जल 2. भूमिगत जल 3. वायुमंडलीय जल 4. महासागरीय जल

- वर्ष **1982** में भारत सरकार ने **राष्ट्रीय जल विकास अभिकरण** का गठन किया। इसके गठन का मुख्य उद्देश्य **राष्ट्रीय जल के जाल** की पहचान करना था।

भारतीय कृषि एवं सिंचाई

(स्रोत)

Class-VIII Old NCERT Chap 15 कृषि, Class X New NCERT Chap 4 कृषि, Class-X Old NCERT Chap 6 कृषि, Class-XII New NCERT Chap 3 भू-संसाधन तथा कृषि, Class-XII (II) Old NCERT Chap 2 भारतीय कृषि के प्रमुख लक्षण, Chap 5 प्रादेशिक विकास, Tamil Nadu Board (Class XII), NIOS

कृषि

- कृषि एक प्राथमिक क्रिया है, जो हमारे लिए खाद्यान्न उत्पन्न करती है। खाद्यान्नों के अतिरिक्त यह विभिन्न उद्योगों के लिए कच्चा माल भी उत्पन्न करती है।
- भारत की लगभग आधी जनसंख्या कृषि तथा कृषि अनुसंगी कार्यों में संलग्न है।
- भारत के सकल घरेलू उत्पाद (GDP) में कृषि की भागीदारी वर्ष 2021-22 में 19% है। इस क्षेत्र में कुल श्रम शक्ति का 45.5% भाग संलग्न है।

कृषि के प्रकार

- कृषि हमारे देश की प्राचीन आर्थिक क्रिया है। भौतिक पर्यावरण, प्रौद्योगिकी और सामाजिक-सांस्कृतिक रीति-रिवाजों के अनुसार कृषि करने की विधियों में सार्थक परिवर्तन हुए हैं। जीवन निर्वाह कृषि से लेकर वाणिज्यिक कृषि तक कृषि के अनेक प्रकार हैं।
- भारत का तापमान वर्षभर किसी भी उष्ण कटिबंधीय फसल की बुवाई में सहायक है। इसके लिए पर्याप्त आर्द्रता उपलब्ध होनी चाहिए, इसलिए देश के इस भाग में जहाँ भी पर्याप्त मात्रा में सिंचाई सुविधाएँ उपलब्ध हैं, एक कृषि वर्ष में एक ही फसल तीन बार उगाई जा सकती है।

वर्तमान समय में भारत के विभिन्न भागों में निम्नलिखित प्रकार के कृषि-तंत्र अपनाए गए हैं

प्रारंभिक जीविका निर्वाह कृषि

- भारत के अनेक क्षेत्रों में प्रारंभिक जीविका निर्वाह कृषि (Primitive Subsistence Farming) आज भी अपनाई जाती है।
- इस प्रकार की कृषि भूमि के छोटे टुकड़ों पर आदिम कृषि औजारों; जैसे-लकड़ी के हल (Noe), डाओ (Dao) और खुदाई करने वाली छड़ी (Digging Sticks) तथा परिवार अथवा समुदाय श्रम की सहायता से की जाती है।
- इस प्रकार की कृषि प्रायः मानसून, मृदा की प्राकृतिक उर्वरता और फसल उगाने के लिए अन्य पर्यावरणीय परिस्थितियों की उपयुक्तता पर निर्भर करती है।
- यह **कर्तन दहन प्रणाली** (Slash and Burn) कृषि का एक प्रकार है। किसान भूमि के कुछ भाग को साफ करके उन पर अपने परिवार के भरण-पोषण के लिए अनाज व अन्य खाद्य फसलें उगाते हैं। जब मृदा की उर्वरता कम हो जाती है, तो किसान उस भूमि के भाग को छोड़ देते हैं और कृषि के लिए भूमि का दूसरा भाग साफ करते हैं।
- कृषि के इस प्रकार के स्थानांतरण से प्राकृतिक प्रक्रियाओं द्वारा मिट्टी की उर्वरता शक्ति बढ़ जाती है। चूँकि किसान उर्वरक अथवा अन्य आधुनिक तकनीकों का प्रयोग नहीं करते, इसलिए इस प्रकार की कृषि में उत्पादकता कम होती है। देश के विभिन्न भागों में इस प्रकार की कृषि को विभिन्न नामों से जाना जाता है

  —झूमिंग (Jhumming) कर्तन दहन कृषि प्रणाली को मैक्सिको और मध्य अमेरिका में मिल्पा, वेनेजुएला में कोनुको, ब्राजील में रोका, मध्य अफ्रीका में मसोले, इंडोनेशिया में लदांग और वियतनाम में रे के नाम से जाना जाता है।

  —भारत में भी यह प्रारंभिक किस्म की कृषि है, जो अनेक नामों से जानी जाती है; जैसे-मध्य प्रदेश में बेबर या दहिया, आंध्र प्रदेश में पोडु अथवा पेंडा, ओडिशा में पामाडाबी, कोमान या बरीगाँ, पश्चिमी घाट में कुमारी, दक्षिण-पूर्वी राजस्थान में वालरे या वाल्टरे, हिमालयन क्षेत्र में खिल, झारखंड में कुरुवा और उत्तर-पूर्वी प्रदेशों में झूमिंग आदि।

गहन जीविका कृषि

- गहन जीविका कृषि (Intensive Subsistence Farming) उन क्षेत्रों में की जाती है, जहाँ भूमि पर जनसंख्या का दबाव अधिक होता है।
- यह श्रम गहन कृषि (Labour Intensive Farming) है, जहाँ अधिक उत्पादन के लिए अधिक मात्रा में जैव रासायनिक निवेशों और सिंचाई का प्रयोग किया जाता है।

- भू-स्वामित्व में विरासत के अधिकार के कारण पीढ़ी-दर-पीढ़ी जोतों का आकार छोटा और अलाभप्रद होता जा रहा है और किसान वैकल्पिक रोजगार न होने के कारण सीमित भूमि से अधिकतम पैदावार लेने का प्रयास करते हैं। अतः कृषि भूमि पर बहुत अधिक दबाव होता है।

वाणिज्यिक कृषि

- वाणिज्यिक कृषि के मुख्य लक्षणों में आधुनिक निवेशों; जैसे- अधिक पैदावार देने वाले बीजों, रासायनिक उर्वरकों और कीटनाशकों के प्रयोग से उच्च पैदावार प्राप्त करना है।
- कृषि के वाणिज्यीकरण का स्तर विभिन्न प्रदेशों में अलग-अलग है। हरियाणा और पंजाब में चावल एक प्रमुख वाणिज्यिक फसल है, परंतु ओडिशा में यह एक जीविका आधारित फसल है।
- रोपण कृषि (Plantation Farming) भी एक प्रकार की वाणिज्यिक कृषि (Commercial Farming) है। इस प्रकार की कृषि लंबे-चौड़े क्षेत्र में एकल फसल के रूप में की जाती है। रोपण कृषि, उद्योग और कृषि के बीच एक अंतरापृष्ठ (Interface) है।

रोपण कृषि

- रोपण कृषि व्यापक क्षेत्र में अत्यधिक पूँजी और श्रमिकों की सहायता से की जाती है। इससे प्राप्त उत्पादों का प्रयोग विभिन्न खाद्य प्रसंस्करण उद्योगों में कच्चे माल के रूप में होता है।
- भारत में चाय, कॉफी, रबड़, गन्ना, केला इत्यादि रोपण कृषि की प्रमुख फसलें हैं। असम और उत्तरी बंगाल में चाय तथा कर्नाटक में कॉफी मुख्य रोपण फसलें हैं।
- रोपण कृषि में उत्पादन बिक्री के लिए होता है, इसलिए इसके विकास में परिवहन और संचार साधन से संबंधित उद्योग और बाजार महत्त्वपूर्ण योगदान देते हैं।
- आर्द्रता के प्रमुख उपलब्ध स्रोत के आधार पर कृषि को सिंचित कृषि तथा वर्षा निर्भर (बारानी) कृषि में वर्गीकृत किया जाता है।

सिंचित कृषि

- सिंचित कृषि में भी सिंचाई के उद्देश्य के आधार पर अंतर पाया जाता है; जैसे-रक्षित सिंचाई कृषि तथा उत्पादक सिंचाई कृषि।
- रक्षित सिंचाई का मुख्य उद्देश्य आर्द्रता की कमी के कारण फसलों को नष्ट होने से बचाना है, जिसका अभिप्राय यह है कि वर्षा के अतिरिक्त जल की कमी को सिंचाई द्वारा पूरा किया जाता है। इस प्रकार की सिंचाई का उद्देश्य अधिकतम क्षेत्र को पर्याप्त आर्द्रता उपलब्ध कराना है।
- उत्पादक सिंचाई का उद्देश्य फसलों को पर्याप्त मात्रा में पानी उपलब्ध कराकर अधिकतम उत्पादकता प्राप्त करना है। उत्पादक सिंचाई में जल निवेश की मात्रा रक्षित सिंचाई की अपेक्षा अधिक होती है।

वर्षा निर्भर कृषि

- वर्षा निर्भर कृषि भी कृषि ऋतु में उपलब्ध आर्द्रता की मात्रा के आधार पर दो वर्गों-शुष्क भूमि कृषि तथा आर्द्र भूमि कृषि में बाँटी जाती है।
- भारत में शुष्क भूमि कृषि (Dry Land Cultivation) मुख्यतः उन प्रदेशों तक सीमित है, जहाँ वार्षिक वर्षा 75 सेमी से कम होती है। इन क्षेत्रों में शुष्कता को सहने में सक्षम फसलें; जैसे-रागी, बाजरा, मूँग, चना तथा ज्वार (चारा फसलें) आदि उगाई जाती हैं तथा इन क्षेत्रों में आर्द्रता, संरक्षण तथा वर्षा जल के प्रयोग के लिए अनेक विधियाँ अपनाई जाती हैं।
- आर्द्र भूमि कृषि (Wet Land Cultivation) क्षेत्रों में वर्षा ऋतु के अंतर्गत वर्षा पौधों की जरूरत से अधिक होती है।
- ये प्रदेश बाढ़ तथा मृदा अपरदन का सामना करते हैं। इन क्षेत्रों में वे फसलें उगाई जाती हैं, जिन्हें जल की अधिक मात्रा की आवश्यकता होती है; जैसे चावल, जूट, गन्ना आदि।

भारत में फसल ऋतुएँ

भारत के उत्तरी व आंतरिक भागों में तीन प्रमुख ऋतुएँ-खरीफ, रबी व जायद के नाम से जानी जाती हैं।

- **खरीफ फसल ऋतु** खरीफ की फसलें अधिकतर दक्षिण-पश्चिमी मानसून के साथ बोई जाती हैं, जिसमें उष्ण कटिबंधीय फसलें सम्मिलित हैं; जैसे-चावल, कपास, जूट, ज्वार, बाजरा व अरहर आदि।
- **रबी फसल ऋतु** रबी की फसलों को शीत ऋतु में अक्टूबर से दिसंबर के मध्य बोया जाता है और ग्रीष्म ऋतु में अप्रैल से जून के मध्य काटा जाता है। इस समय कम तापमान शीतोष्ण और उपोष्ण कटिबंधीय फसलों; जैसे-गेहूँ, चना, जौ, मटर और सरसों आदि की बुआई में सहायक होता है।
- **जायद फसल ऋतु** जायद एक अल्पकालिक ग्रीष्मकालीन फसल ऋतु है, जो रबी और खरीफ फसल ऋतुओं के मध्य ग्रीष्म ऋतु में बोई जाती है। इस ऋतु में तरबूज, खीरा, ककड़ी, सब्जियाँ व चारे की फसलों की कृषि सिंचित भूमि पर की जाती है। यद्यपि इस प्रकार की पृथक् फसल ऋतुएँ देश के दक्षिणी भागों में नहीं पाई जाती हैं।

भारतीय कृषि ऋतु

कृषि ऋतु	प्रमुख फसलें	
	उत्तरी भारतीय राज्य	दक्षिणी भारतीय राज्य
खरीफ (जून से सितंबर)	चावल, कपास, बाजरा, मक्का, ज्वार, अरहर (तूअर)	चावल, मक्का, रागी, ज्वार तथा मूँगफली
रबी (अक्टूबर से मार्च)	गेहूँ, चना, तोरिया, सरसों, जौ	चावल, मक्का, रागी, मूँगफली
जायद (अप्रैल से जून)	सब्जियाँ, फल, चारा फसलें	चावल, सब्जियाँ, चारा फसलें

प्रमुख फसलें

देश के सभी भागों में खाद्यान्न फसलें प्रमुख हैं। अनाज की संरचना के आधार पर खाद्यान्नों को अनाज तथा दालों में वर्गीकृत किया जाता है।

अनाज

- भारत में कुल बोए गए क्षेत्र के लगभग 54% भाग पर अनाज (Cereals) बोया जाता है। भारत विश्व का लगभग 11% अनाज उत्पन्न करके अमेरिका व चीन के बाद तीसरे स्थान पर है।
- भारत विविध प्रकार के अनाजों का उत्पादन करता है, जिन्हें उत्तम अनाजों (चावल, गेहूँ) तथा मोटे अनाजों (ज्वार, बाजरा, मक्का, रागी) आदि में विभाजित किया जाता है। मुख्य अनाजों का विवरण निम्नलिखित है

चावल

- भारत में अधिकांश लोगों का खाद्यान्न चावल (Rice) है। यद्यपि यह एक उष्ण आर्द्र कटिबंधीय फसल है। इसकी 3000 से भी अधिक किस्में हैं, जो विभिन्न कृषि जलवायु प्रदेशों में उगाई जाती हैं।

- यह एक खरीफ की फसल है, जिसे उगाने के लिए उच्च तापमान (25° सेल्सियस से ऊपर) और अधिक आर्द्रता (100 सेमी से अधिक वर्षा) की आवश्यकता होती है।
- कम वर्षा वाले क्षेत्रों में इसे सिंचाई करके उगाया जाता है। चावल की फसल हेतु चिकनी एवं दोमट मिट्टी उपयुक्त होती है।
- इसकी कृषि समुद्रतल से 2000 मीटर की ऊँचाई तक एवं पूर्वी भारत के आर्द्र भागों से लेकर उत्तर-पश्चिमी भारत के शुष्क, परंतु सिंचित क्षेत्र (पंजाब, हरियाणा, पश्चिमी उत्तर प्रदेश व उत्तरी राजस्थान) में सफलतापूर्वक की जाती है।
- भारत विश्व का 23.71% चावल उत्पादन करता है तथा चीन के बाद विश्व में यह दूसरा उत्पादक देश है।
- दक्षिणी राज्यों तथा पश्चिम बंगाल में जलवायु अनुकूलता के कारण एक कृषि वर्ष में चावल की दो या तीन फसलें बोई जाती हैं।
- पश्चिम बंगाल में चावल की तीन फसलों की कृषि की जाती है, जिसे औस (Aus), अमन (Aman) और बोरो (Boro) कहा जाता है, परंतु हिमालय तथा देश के उत्तर-पश्चिम भागों में यह दक्षिण-पश्चिम मानसून ऋतु में खरीफ फसल के रूप में उगाई जाती है।
- देश के कुल बोए गए क्षेत्र के एक-चौथाई भाग पर चावल बोया जाता है। चावल उत्तर और उत्तर-पूर्वी मैदानों, तटीय क्षेत्रों और डेल्टाई प्रदेशों में उगाया जाता है। देश के प्रमुख चावल उत्पादक राज्य पश्चिम बंगाल, उत्तर प्रदेश तथा पंजाब हैं। चावल की प्रति हेक्टेयर पैदावार पंजाब, तमिलनाडु, हरियाणा, आंध्र प्रदेश, तेलंगाना, पश्चिम बंगाल तथा केरल राज्यों में अधिक होती है। प्रथम चार राज्यों में लगभग संपूर्ण चावल क्षेत्र सिंचित क्षेत्रों में हैं।
- पंजाब तथा हरियाणा पारंपरिक रूप से चावल उत्पादक राज्य नहीं हैं। हरित क्रांति के अंतर्गत हरियाणा तथा पंजाब के सिंचित क्षेत्रों में चावल की कृषि 1970 के दशक में प्रारंभ की गई।

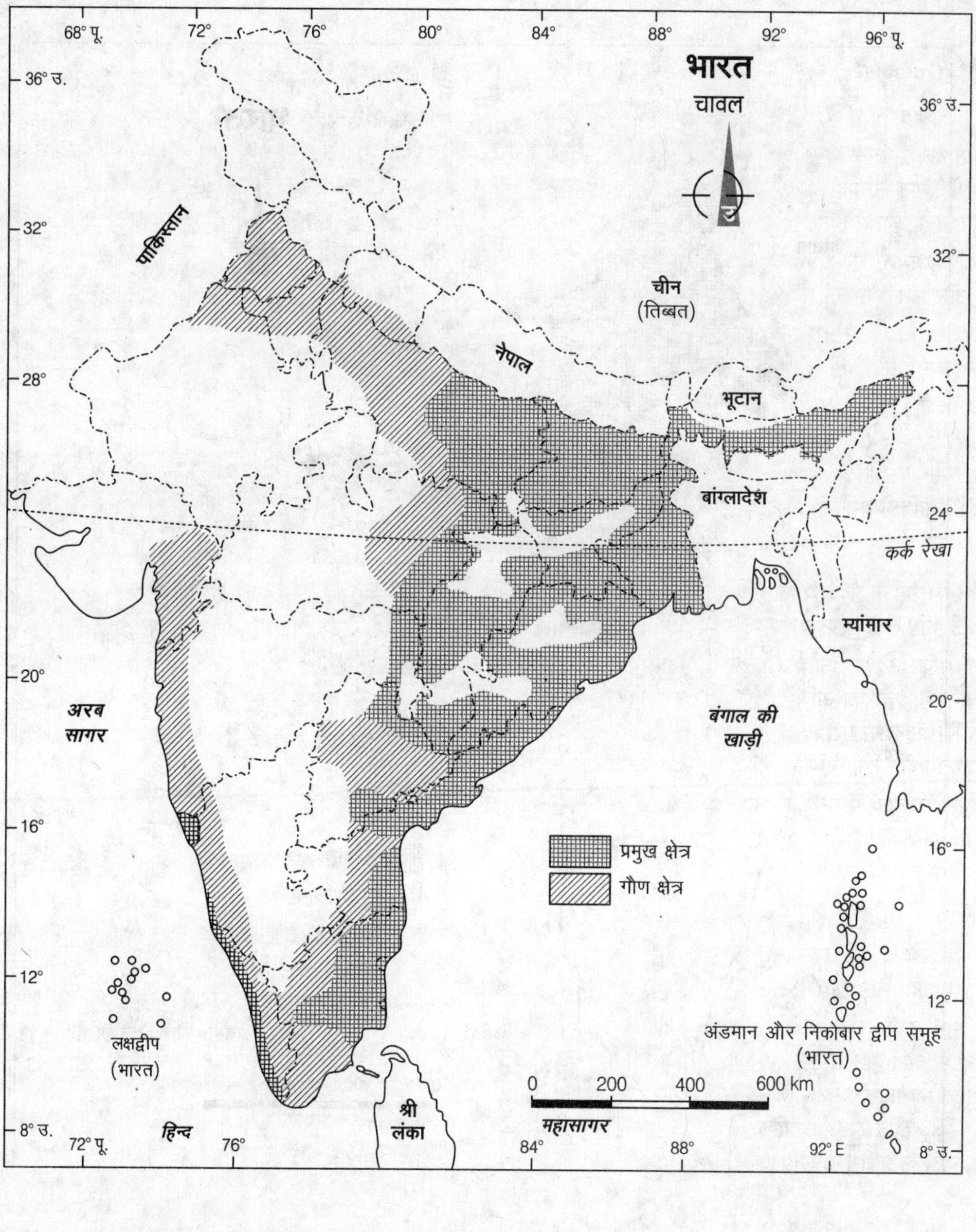

- उत्तम किस्म के बीज, अपेक्षाकृत अधिक खाद तथा कीटनाशकों का प्रयोग एवं शुष्क जलवायु के कारण फसलों में रोग प्रतिरोधकता आदि कारक इस प्रदेश में चावल की अधिक पैदावार के लिए उत्तरदायी हैं।
- चावल की प्रति हैक्टेयर पेदावार मध्य प्रदेश, छत्तीसगढ़ व ओडिशा के वर्षा निर्भर क्षेत्रों में बहुत कम है। चावल की प्रमुख किस्में आई आर 20, जया, पूसा-2-21, कावेरी, आईईटी-1039, आईईटी-1136 हैं।

गेहूँ

- भारत में चावल के पश्चात् गेहूँ दूसरा प्रमुख अनाज है। भारत विश्व का लगभग 13.5% गेहूँ उत्पादन करता है।
- यह मुख्यत: **शीतोष्ण कटिबंधीय** (Temperate Zone) फसल है। अत: इसे शरद ऋतु अर्थात् रबी ऋतु में बोया जाता है।
- रबी की फसल को उगाने के लिए शीत ऋतु और पकने के समय तेज धूप की आवश्यकता होती है।
- इसे उगाने के लिए समान रूप से वितरित 50 से 75 सेमी वार्षिक वर्षा की आवश्यकता होती है।
- गेहूँ की फसल हेतु तापमान 10°C-15°C एवं जलोढ़ मिट्टी उपयुक्त है।
- इस फसल का 85% क्षेत्र भारत के उत्तरी-मध्य भाग तक केंद्रित है अर्थात् उत्तर गंगा का मैदान, मालवा पठार तथा हिमालय पर्वतीय श्रेणी में 2700 मी ऊँचाई तक का क्षेत्र इसमें सम्मिलित हैं।
- देश के कुल बोए गए क्षेत्र के लगभग 23% भाग पर गेहूँ की कृषि की जाती है। गेहूँ के प्रमुख उत्पादक राज्य उत्तर प्रदेश, मध्य प्रदेश, पंजाब, हरियाणा तथा राजस्थान हैं।
- पंजाब तथा हरियाणा में गेहूँ की उत्पादकता सबसे अधिक है।
- उत्तर प्रदेश, राजस्थान व बिहार में प्रति हेक्टेयर पैदावार मध्यम स्तर की है।
- मध्य प्रदेश, हिमाचल प्रदेश तथा जम्मू-कश्मीर में गेहूँ की कृषि वर्षा आधारित है तथा उत्पादकता कम है।

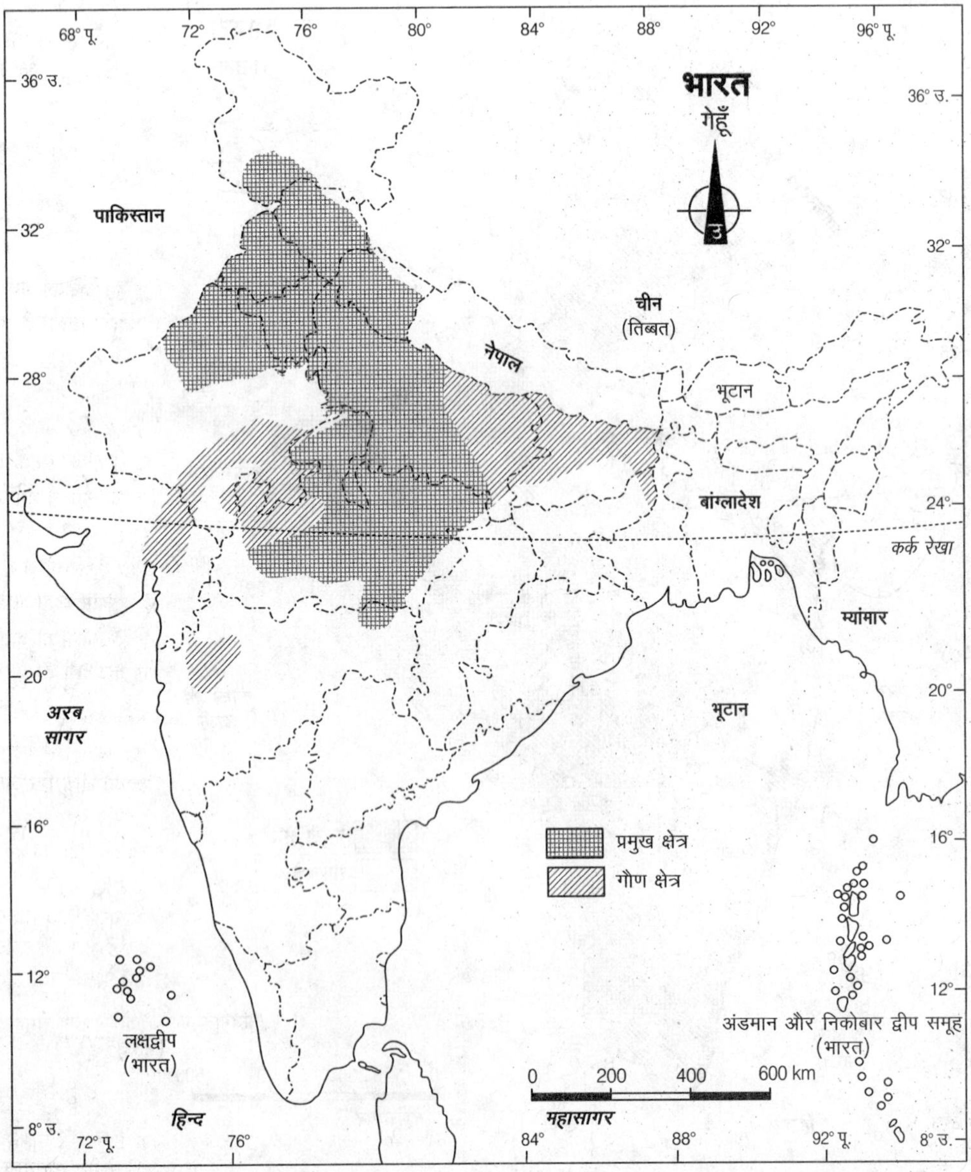

मोटे अनाज

- ज्वार, बाजरा और रागी भारत में उगाए जाने वाले मुख्य मोटे अनाज (Coarse grains) हैं, परंतु इनमें पोषक तत्त्व की मात्रा अधिक होती है।
- रागी में प्रचुर मात्रा में लोहा, कैल्शियम, सूक्ष्म पोषक और भूसी पाई जाती है।
- देश के कुल बोए गए क्षेत्र के लगभग 17% भाग पर मोटे अनाज बोए जाते हैं।

ज्वार

- ज्वार कुल बोए गए क्षेत्र के लगभग 3% भाग पर बोई जाती है, यह दक्षिण व मध्य भारत के **अर्द्ध-शुष्क क्षेत्रों** (Semi-Arid Areas) की प्रमुख खाद्य फसल है।
- महाराष्ट्र देश में 40% से अधिक ज्वार का उत्पादन करता है। अन्य प्रमुख ज्वार उत्पादक राज्यों में कर्नाटक, मध्य प्रदेश, आंध्र प्रदेश व तेलंगाना हैं।
- दक्षिण राज्यों में यह खरीफ तथा रबी दोनों ऋतुओं में बोई जाती है, परंतु उत्तर भारत में यह मुख्यत: खरीफ की फसल है और यह चारा फसल के रूप में उगाई जाती है।
- ज्वार की फसल हेतु 27°C-32°C तापमान, 30-65 सेमी वार्षिक वर्षा एवं काली व चिकनी दोमट मिट्टी आवश्यक होती है।
- ज्वार की प्रमुख किस्में CSH-1, CSH-4, CSV-1, CSV-6, M35-1 हैं।

बाजरा

- भारत के पश्चिम तथा उत्तर-पश्चिम भागों में गर्म तथा शुष्क जलवायु में बाजरा बोया जाता है। यह फसल इस क्षेत्र के शुष्क मौसम तथा सूखा सहन करने में समर्थ है।
- यह एकल तथा मिश्रित फसल (Mixed Cropping) के रूप में बोया जाता है। यह फसल देश के कुल बोए गए क्षेत्र के लगभग 5.2% भाग पर बोई जाती है।
- बाजरा उत्पादक प्रमुख राज्य राजस्थान, उत्तर प्रदेश, हरियाणा, गुजरात, मध्य प्रदेश तथा महाराष्ट्र हैं। वर्षा निर्भर फसल होने के कारण राजस्थान में इसकी उत्पादकता कम होती है तथा इसमें अत्यधिक उतार-चढ़ाव पाया जाता है।
- कुछ वर्षों से सूखा प्रतिरोधक किस्मों के आगमन से तथा गुजरात व हरियाणा में सिंचाई सुविधाओं के विस्तार से इस फसल की पैदावार में वृद्धि हुई है। बाजरे की फसल हेतु 25°C-31°C तापमान, 40-50 सेमी वर्षा एवं हल्की रेतीली काली मिट्टी उपयुक्त होती है।
- बाजरे की प्रमुख किस्में CO1, CO2, HHB67, WCC75 हैं।

मक्का

- यह एक ऐसी फसल है, जो खाद्यान्न व चारा दोनों रूप में प्रयोग होती है, जो निम्न कोटि की मिट्टी व अर्द्ध-शुष्क जलवायवी परिस्थितियों में उगाई जाती है।
- मक्का की फसल हेतु 21°C से 27°C तापमान, 50-70 सेमी वर्षा एवं पुरानी जलोढ़ मिट्टी आवश्यक होती है। बिहार जैसे कुछ राज्यों में मक्का रबी की ऋतु में भी उगाई जाती है।
- यह फसल कुल बोए गए क्षेत्र के केवल 7.7% भाग में बोई जाती है। मक्का की कृषि किसी विशेष क्षेत्र में केंद्रित नहीं है। यह पूर्वी तथा उत्तर-पूर्वी भारत को छोड़कर देश के लगभग सभी भागों में बोई जाती है।
- मक्का के प्रमुख उत्पादक राज्य कर्नाटक, मध्य प्रदेश, महाराष्ट्र, तमिलनाडु, पश्चिम बंगाल, बिहार तथा तेलंगाना हैं।
- अन्य मोटे अनाजों की अपेक्षा इसकी पैदावार अधिक है। इसकी पैदावार दक्षिण भारतीय राज्यों में अधिक है, जो मध्य भागों की ओर कम होती जाती है।
- गंगा 101, गंगा 3, हिमालय 123, जवाहर प्रभात मक्का की प्रमुख किस्में हैं।

प्रमुख दलहन फसलें

- प्रचुर मात्रा में प्रोटीन के स्रोत होने के कारण दालें (Pulses) शाकाहारी भोजन के प्रमुख संघटक हैं।
- ये फलीदार फसलें (Legume Crops) हैं, जो नाइट्रोजन यौगिकीकरण (Nitrogen Fixation) के द्वारा मिट्टी की प्राकृतिक उर्वरता बढ़ाती हैं।
- भारत दालों का विश्व में सबसे बड़ा उत्पादक और उपभोक्ता है।
- दालों के उत्पादन के लिए कम नमी की आवश्यकता होती है और इन्हें शुष्क परिस्थितियों में भी उगाया जा सकता है।
- भारत में दालों की खेती अधिकतर दक्कन पठार, मध्य पठारी भागों तथा उत्तर-पश्चिम के शुष्क भागों में की जाती है।
- देश में कुल बोए गए क्षेत्र का लगभग 23.8% क्षेत्र दालों के अधीन है।
- शुष्क क्षेत्रों में वर्षा आधारित फसल होने के कारण दालों की उत्पादकता कम है तथा इसमें वार्षिक उतार-चढ़ाव पाया जाता है।
- चना तथा अरहर भारत में उत्पादित होने वाली प्रमुख दालें हैं।

चना

- चना **उपोष्ण कटिबंधीय क्षेत्रों** (Subtropical Areas) की फसल है। यह मुख्यत: वर्षा आधारित फसल है, जो देश के मध्य, पश्चिमी तथा उत्तर-पश्चिमी भागों में रबी की ऋतु में बोई जाती है।
- इस फसल को उगाने के लिए वर्षा की केवल एक या दो हल्की बौछारों या एक या दो बार सिंचाई की आवश्यकता होती है।
- चने की फसल हेतु 20°C-25°C तापमान, 40-50 सेमी वर्षा एवं हल्की बलुई मिट्टी आवश्यक होती है।
- हरियाणा, पंजाब तथा उत्तरी राजस्थान में हरित क्रांति की शुरुआत से चने के फसल क्षेत्रों में कमी आई है तथा इसके स्थान पर गेहूँ की फसल बोई जाती है। वर्तमान समय में देश में कुल बोए गए क्षेत्र के केवल 7.5% भाग पर ही चने की कृषि की जाती है।
- इस फसल के मुख्य उत्पादक राज्य मध्य प्रदेश, उत्तर प्रदेश, महाराष्ट्र, आंध्र प्रदेश, तेलंगाना तथा राजस्थान हैं। इसकी उत्पादकता कम होती है तथा सिंचित क्षेत्रों में भी इसकी उत्पादकता में एक वर्ष से दूसरे वर्ष के मध्य उतार-चढ़ाव पाया जाता है।
- चने की प्रमुख किस्में G-130, H-208, H-355, RS-10, Chaffa, Annergeri (अन्नेरगेरी) हैं।

अरहर (तूअर)

- यह देश की दूसरी प्रमुख दाल फसल है। इसे **लाल चना** (Red Gram) तथा **पिजन पी** (Pigeon Pea) के नाम से भी जाना जाता है।
- यह देश के मध्य तथा दक्षिणी राज्यों के शुष्क भागों में वर्षा आधारित परिस्थितियों तथा सीमांत भू-क्षेत्रों में बोई जाती है।

- भारत के कुल बोए गए क्षेत्र के लगभग 3.8% भाग पर इसकी कृषि की जाती है।
- अरहर की फसल हेतु 20°C-25°C तापमान, 40-80 सेमी वर्षा एवं जलोढ़ और काली मिट्टी आवश्यक होती है।
- देश में अरहर के कुल उत्पादन का लगभग एक-तिहाई भाग केवल महाराष्ट्र से आता है।
- अन्य प्रमुख उत्पादक राज्यों में उत्तर प्रदेश, कर्नाटक, गुजरात तथा मध्य प्रदेश शामिल हैं। इस फसल की प्रति हेक्टेयर उत्पादकता कम तथा अनियमित है।

तिलहन फसलें

- खाद्य तेल निकालने के लिए तिलहन (Oilseeds) की खेती की जाती है। भारत के प्रमुख तिलहन उत्पादक क्षेत्र मालवा पठार, मराठवाड़ा, गुजरात, राजस्थान के शुष्क भाग, तेलंगाना व आंध्र प्रदेश के रायलसीमा प्रदेश हैं।
- देश के कुल शस्य क्षेत्र के लगभग 22.3% भाग पर तिलहन फसलें बोई जाती हैं।
- भारत की प्रमुख तिलहन फसलों में मूँगफली, तोरिया, सरसों, अरंडी, बिनौली, अलसी, तिल, सोयाबीन तथा सूरजमुखी शामिल हैं।
- इनमें से अधिकतर फसलें खाद्य हैं और इनका प्रयोग भोजन बनाने में किया जाता है, परंतु कुछ फसलों के बीजों के तेल को साबुन, प्रसाधन (शृंगार सामान) और उबटन उद्योगों में कच्चे माल के रूप में प्रयोग किया जाता है।

मूँगफली

- भारत विश्व में 13.58% मूँगफली (Groundnut) का उत्पादन करता है। यह मुख्यत: शुष्क प्रदेशों की वर्षा आधारित खरीफ फसल है, परंतु दक्षिण भारत में यह रबी की ऋतु में बोई जाती है। यह देश के कुल शस्य क्षेत्र के 4.4% क्षेत्र पर बोई जाती है।
- गुजरात, महाराष्ट्र, तमिलनाडु, तेलंगाना तथा आंध्र प्रदेश इसके अग्रणी उत्पादक राज्य हैं।
- तमिलनाडु में जहाँ भी यह फसल आंशिक रूप से सिंचित है, वहाँ इसकी पैदावार अपेक्षाकृत अधिक है, परंतु तेलंगाना, आंध्र प्रदेश तथा कर्नाटक में इसकी पैदावार कम होती है।
- तिल उत्तरी भारत में खरीफ की फसल है और दक्षिणी भारत में रबी की।
- अरंडी, खरीफ तथा रबी दोनों ही ऋतुओं में बोया जाता है।
- अलसी तथा सरसों रबी की फसलें हैं।

तोरिया व सरसों

- तोरिया व सरसों में बहुत से तिलहन शामिल हैं; जैसे-राई, सरसों, तोरिया व तारामीरा आदि।
- ये **उपोष्ण कटिबंधीय फसलें** (Subtropical Crops) हैं तथा ये भारत के मध्य व उत्तर-पश्चिमी भाग में रबी की ऋतु में बोई जाती हैं।
- इन फसलों में पाला सहन करने की क्षमता नहीं होती है तथा इनके उत्पादन में वार्षिक उतार-चढ़ाव होता है, परंतु सिंचाई के प्रसार, बीज सुधार तथा प्रौद्योगिकी विकास के कारण इनके उत्पादन में वृद्धि हुई है।
- इन फसलों के अंतर्गत क्षेत्र का लगभग दो-तिहाई भाग सिंचित है। तिलहन फसलें देश के कुल शस्य क्षेत्र के केवल 6% भाग पर ही बोई जाती हैं।
- भारत में सरसों का प्रमुख उत्पादक राज्य राजस्थान है, जो कुल उत्पादन का एक तिहाई भाग उत्पादित करता है।
- अन्य प्रमुख उत्पादक राज्य उत्तर प्रदेश, हरियाणा, पंजाब, पश्चिम बंगाल तथा मध्य प्रदेश हैं। इन फसलों की प्रति हेक्टेयर उत्पादकता हरियाणा तथा पंजाब में सबसे अधिक है।

अन्य तिलहन फसलें

- **सोयाबीन** (Soyabean) तथा **सूरजमुखी** (Sunflower) भारत की अन्य महत्त्वपूर्ण तिलहन फसलें हैं।
- सोयाबीन अधिकतर **मध्य प्रदेश** व **महाराष्ट्र** में बोई जाती है। ये दोनों राज्य मिलकर देश की लगभग 90% सोयाबीन उत्पादित करते हैं।
- सूरजमुखी की फसल का केंद्रण राजस्थान, कर्नाटक, आंध्र प्रदेश, तेलंगाना तथा इससे जुड़े हुए महाराष्ट्र के भागों में है।
- देश के उत्तरी भागों में यह एक गौण फसल (Minor Crops) है, परंतु सिंचित क्षेत्रों में इसका उत्पादन अधिक होता है।

रेशेदार फसलें

रेशेदार फसलों से कपड़ा, थैला, बोरा व अन्य कई प्रकार की वस्तुएँ बनाई जाती हैं। कपास तथा जूट भारत की दो प्रमुख रेशेदार फसलें (Fibre Crops) हैं।

कपास

- भारत को कपास (Cotton) के पौधे का मूल स्थान माना जाता है। कपास एक **उष्ण कटिबंधीय फसल** (Tropical Crops) है, जो देश के अर्द्ध-शुष्क भागों में खरीफ ऋतु में बोई जाती है।
- भारत में कपास के क्षेत्रों में लगातार वृद्धि हो रही है। भारत छोटे रेशे वाली (भारतीय) व लंबे रेशे वाली (अमेरिकन) दोनों प्रकार की कपास का उत्पादन करता है।
- दक्कन पठार के शुष्कतर भागों में काली मिट्टी कपास उत्पादन के लिए उपयुक्त मानी जाती है।
- इस फसल को उगाने के लिए उच्च तापमान (21°C-30°C), 50-75 सेमी वर्षा या सिंचाई, 210 पाला रहित दिन और तेज धूप की आवश्यकता होती है। यह खरीफ की फसल है और इसे पककर तैयार होने में 6 से 8 महीने लगते हैं।
- भारतीय कपास छोटे रेशे वाले (Short Staple), जबकि अमेरिकन कपास लम्बे रेशे वाले (Long Staple) होते हैं। अमेरिकन कपास को देश के उत्तर-पश्चिमी भाग में नरमा (Narma) कहा जाता है।
- कपास उत्पादन में भारत का विश्व में प्रथम स्थान है और पूरे विश्व का 25% कपास भारत में उत्पादित होता है।
- देश के समस्त बोए गए क्षेत्र (Total Sown Area) के लगभग 9.1% क्षेत्र पर कपास बोई जाती है।
- कपास के तीन मुख्य उत्पादक क्षेत्र हैं। इसमें उत्तर-पश्चिम भारत में पंजाब, हरियाणा तथा उत्तरी राजस्थान, पश्चिम में गुजरात एवं महाराष्ट्र तथा दक्षिण में तेलंगाना, आंध्र प्रदेश, कर्नाटक व तमिलनाडु के पठारी भाग सम्मिलित हैं।
- कपास के अग्रणी उत्पादक राज्य गुजरात, महाराष्ट्र, तेलंगाना, आंध्र प्रदेश, पंजाब तथा हरियाणा हैं।
- भारत के उत्तर-पश्चिमी राज्यों; जैसे- पंजाब, राजस्थान तथा हरियाणा में सिंचित क्षेत्र में कपास का उत्पादन अधिक होता है। कपास की प्रमुख किस्में कल्याण, जरीना, गारौनी-इंदौरी, कोमिला इत्यादि हैं।

जूट

- जूट को **सुनहरा रेशा** कहा जाता है। जूट बाढ़ के मैदानों में जल निकास वाली उर्वर मिट्टी में उगाई जाती है, जहाँ प्रत्येक वर्ष बाढ़ से आई नई मिट्टी जमा होती रहती है।
- जूट की फसल हेतु 24-35°C तापमान, 125-200 सेमी वर्षा एवं बलुई और दोमट मिट्टी आवश्यक होती है। जूट का प्रयोग बोरियाँ, चटाई, रस्सी, तंतु व धागे, गलीचे और दस्तकारी की वस्तुएँ बनाने में किया जाता है।
- इसकी उच्च लागत के कारण और कृत्रिम रेशों एवं पैकिंग सामग्री, विशेषकर नाइलॉन की कीमत कम होने के कारण बाजार में माँग कम हो रही है।
- जूट पश्चिम बंगाल तथा इससे सटे पूर्वी भागों की एक प्रमुख व्यापारिक फसल है।
- विभाजन के समय देश का विशाल जूट उत्पादक क्षेत्र बांग्लादेश (तत्कालीन पूर्वी पाकिस्तान) में चला गया।
- जूट उत्पादन में भारत का विश्व में प्रथम स्थान है। वर्तमान में भारत विश्व का लगभग 50.52% जूट उत्पादन करता है। पश्चिम बंगाल देश के उत्पादन का तीन-चौथाई से अधिक भाग उत्पन्न करता है।
- बिहार, ओडिशा, मेघालय और असम अन्य जूट उत्पादक क्षेत्र हैं। यह देश के कुल शस्य क्षेत्र के 0.5% भाग पर बोया जाता है।

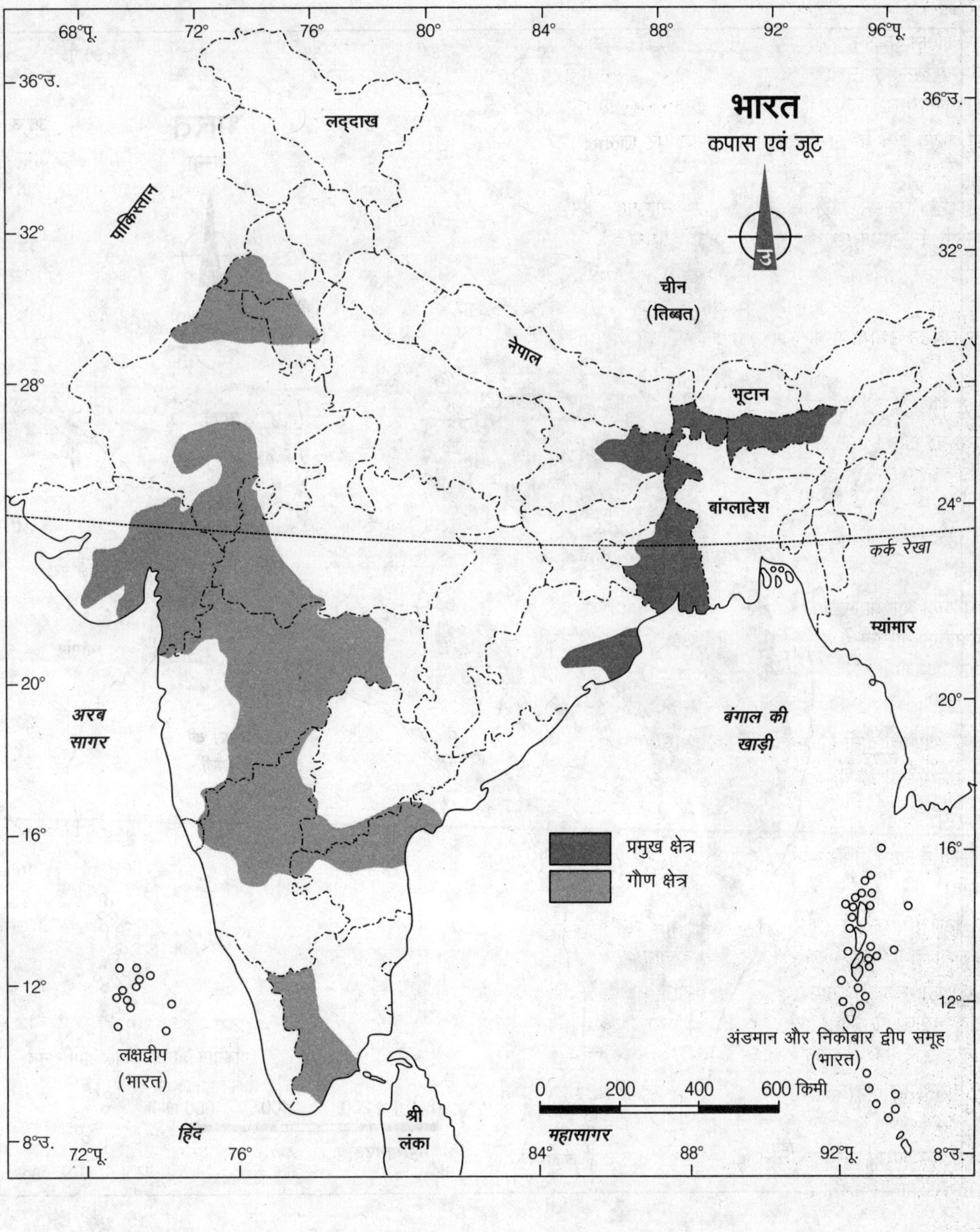

अन्य फसलें

गन्ना, चाय तथा कॉफी भारत की अन्य महत्त्वपूर्ण फसलें हैं

गन्ना

- गन्ना एक **उष्ण** और **उपोष्ण कटिबंधीय** फसल है। इसे उष्ण और आर्द्र जलवायु में बोया जाता है। इसके लिए कम वर्षा वाले प्रदेशों में सिंचाई की आवश्यकता होती है।
- गन्ने की फसल हेतु 21°C से 27°C तापमान और 75 सेमी से 100 सेमी वार्षिक वर्षा की आवश्यकता होती है। भारत में गन्ने की खेती अधिकतर सिंचित क्षेत्रों में की जाती है।
- गंगा-सिंधु के मैदानी भाग में इसकी अधिकतर बुआई उत्तर प्रदेश तक सीमित है।
- पश्चिम भारत में गन्ना उत्पादक प्रदेश महाराष्ट्र व गुजरात तक विस्तृत है।
- दक्षिण भारत में इसकी कृषि कर्नाटक, तमिलनाडु, तेलंगाना व आंध्र प्रदेश के सिंचाई वाले भागों में की जाती है।
- ब्राजील के बाद भारत विश्व का दूसरा सबसे बड़ा गन्ना उत्पादक देश है। यहाँ विश्व के 20.73% गन्ने का उत्पादन होता है। देश के कुल शस्य क्षेत्र के लगभग 4% भाग पर इसकी कृषि की जाती है। उत्तर प्रदेश देश का 41% गन्ना उत्पादन करता है। उत्तरी भारत में इसका उत्पादन कम है।

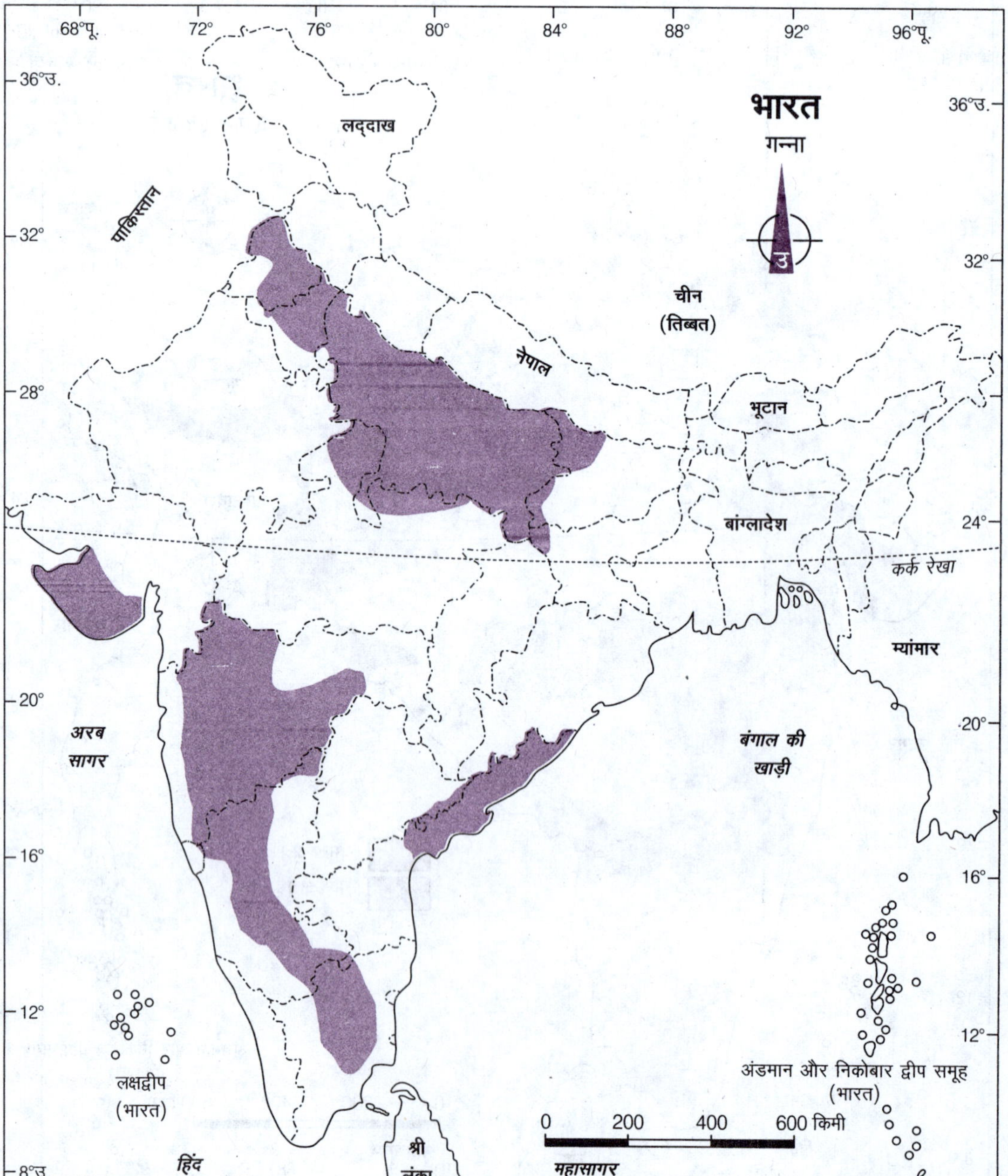

चाय

- चाय एक **रोपण फसल** (Plantation Crop) है, जो पेय पदार्थ के रूप में प्रयोग की जाती है। काली चाय की पत्तियाँ किण्वित (Fermented) होती हैं, जबकि चाय की हरी पत्तियाँ अकिण्वित (Unfermented) होती हैं। चाय की पत्तियों में कैफिन तथा टैनिन की मात्रा अधिक होती है। यह उत्तरी चीन के पहाड़ी क्षेत्रों की देशज फसल (Indigenous Crops) है।
- यह उष्ण, आर्द्र तथा उपोष्ण आर्द्र कटिबंधीय जलवायु वाले तरंगित भागों पर अच्छे अपवाह वाली मिट्टी में बोई जाती है।
- चाय के पौधे के उत्पादन हेतु 24-30°C तापमान, 150-250 सेमी वर्षा तथा ह्यूमस और जीवांश युक्त गहरी मिट्टी तथा सुगम जल निकासी आवश्यक होती है। वर्षभर समान रूप से होने वाली वर्षा की बौछारें इसकी कोमल पत्तियों के विकास में सहायक होती हैं।
- चाय एक श्रम-सघन उद्योग है। इसके लिए प्रचुर मात्रा में सस्ता तथा कुशल श्रम चाहिए।
- भारत में चाय की कृषि 1840 ई. में असम की ब्रह्मपुत्र घाटी में प्रारंभ हुई, जो आज भी देश का प्रमुख चाय उत्पादक क्षेत्र है। बाद में इसकी कृषि पश्चिम बंगाल के उपहिमालयी भागों (दार्जिलिंग, जलपाईगुड़ी तथा कूचबिहार जिलों) में प्रारंभ की गई।
- दक्षिण में चाय की कृषि पश्चिमी घाट की नीलगिरि (Nilgiri) तथा **इलायची की पहाड़ियों** (Cardamom Hills) के निचले ढालों पर की जाती है।
- भारत चाय का अग्रणी उत्पादक देश है तथा यह विश्व का लगभग 20.56% चाय का उत्पादन करता है। चाय निर्यातक देशों में भारत का विश्व में चौथा स्थान है।
- असम के कुल शस्य क्षेत्र (Total Cropped Area) के लगभग 53.2% भाग पर चाय की कृषि की जाती है। चाय के अन्य महत्त्वपूर्ण उत्पादक राज्य पश्चिम बंगाल तथा तमिलनाडु हैं। इसके अतिरिक्त चाय की खेती हिमाचल प्रदेश, उत्तराखंड, मेघालय, आंध्र प्रदेश और त्रिपुरा आदि राज्यों में भी की जाती है।

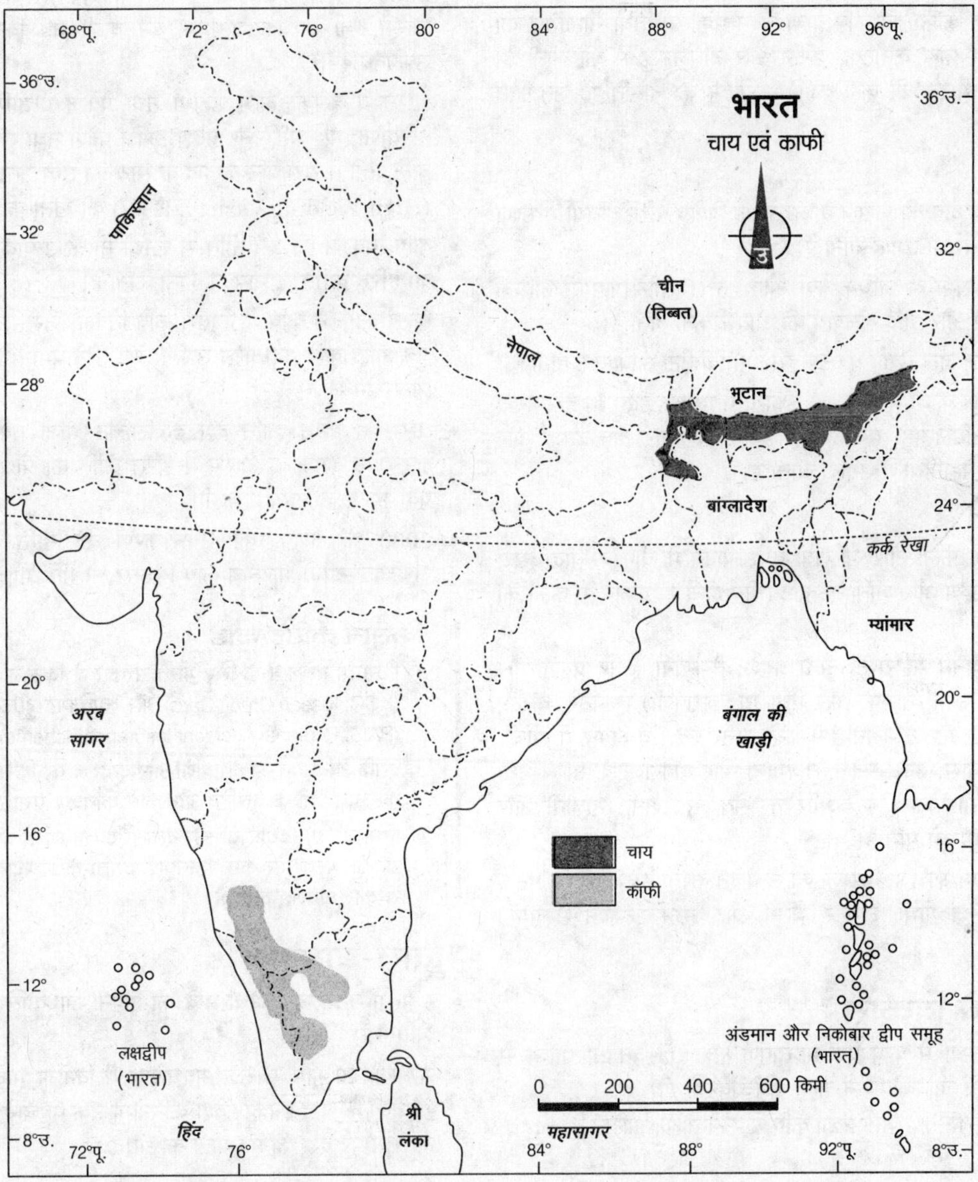

कॉफी

- कॉफी एक **उष्ण कटिबंधीय रोपण फसल** (Tropical Plantation Crop) है। भारतीय कॉफी अपनी गुणवत्ता के लिए विश्व विख्यात है। इसके बीजों को भूनकर पीसा जाता है तथा एक पेय के रूप में प्रयोग किया जाता है।
- कॉफी की तीन किस्में हैं-**अरेबिका**, **रोबस्टा** व **लिबेरिका**। भारत अधिकतर उत्तम किस्म की अरेबिका कॉफी का उत्पादन करता है, जिसकी अंतर्राष्ट्रीय बाजार में बहुत अधिक माँग है।
- भारत में अरेबिका कॉफी आरंभ में मध्य एशिया के देश **यमन** से लाई गई थी। कॉफी की फसल हेतु 16°C-28°C तापमान, 150-250 सेमी वर्षा एवं जल प्रवाह युक्त पहाड़ी ढालों पर दोमट मिट्टी आवश्यक होती है।
- भारत में विश्व का केवल 3.19% कॉफी का उत्पादन होता है और इसके उत्पादन में भारत का विश्व में आठवाँ स्थान है।
- ब्राजील, वियतनाम, कोलंबिया, इंडोनेशिया, इथियोपिया होंडुरस तथा पेरू प्रथम सात मुख्य कॉफी उत्पादक देश हैं।
- भारत में अरेबिका कॉफी की कृषि बाबा बूदन पहाड़ियों तथा नीलगिरि की पहाड़ियों के आस-पास कर्नाटक, केरल और तमिलनाडु में की जाती है। कर्नाटक, अकेले भारत की कुल कॉफी उत्पादन का दो-तिहाई उत्पादित करता है।

रबड़

- रबड़ भूमध्यरेखीय क्षेत्र की फसल है, परंतु यह विशेष परिस्थितियों में उष्ण और उपोष्ण क्षेत्रों में भी उगाई जाती है।
- इसके लिए 200 सेमी से अधिक वर्षा और 25°C सेल्सियस से अधिक तापमान वाली नम और आर्द्र जलवायु की आवश्यकता होती है।
- रबड़ की फसल हेतु जल प्रवाह युक्त गहरी दोमट मिट्टी आवश्यक होती है।
- रबड़ एक महत्त्वपूर्ण कच्चा माल है, जो उद्योगों में प्रयुक्त होता है। इसे मुख्य रूप से केरल, तमिलनाडु, कर्नाटक, अंडमान-निकोबार द्वीप समूह और मेघालय की गारो पहाड़ियों में उगाया जाता है।

बागवानी फसलें

- भारत का विश्व में फलों और सब्जियों के उत्पादन में चीन के बाद दूसरा स्थान है। भारत उष्ण और शीतोष्ण कटिबंधीय दोनों ही प्रकार के फलों का उत्पादक है।
- भारतीय फलों, जिनमें महाराष्ट्र, आंध्र प्रदेश, तेलंगाना, उत्तर प्रदेश और पश्चिम बंगाल में आम, नागपुर और मेघालय (चेरापूंजी) में संतरे, केरल, मिजोरम, महाराष्ट्र और तमिलनाडु में केले, उत्तर प्रदेश व बिहार में लीची, मेघालय में अनन्नास, आंध्र प्रदेश, तेलंगाना और महाराष्ट्र के अंगूर तथा हिमाचल प्रदेश और जम्मू व कश्मीर के सेब, नाशपाती, खूबानी और अखरोट की विश्वभर में माँग है।
- भारत विश्व की लगभग 13% सब्जी का उत्पादन करता है। भारत का मटर, फूलगोभी, प्याज, बंदगोभी, टमाटर, बैंगन और आलू उत्पादन में प्रमुख स्थान है।

भारत में कृषि विकास

- भारतीय अर्थव्यवस्था में कृषि एक महत्त्वपूर्ण क्षेत्र है। स्वतंत्रता प्राप्ति से पहले भारतीय कृषि जीविकोपार्जन वाली अर्थव्यवस्था थी।
- भारत की लगभग 45.5% जनसंख्या कृषि में संलग्न या आश्रित है।
- स्वतंत्रता प्राप्ति के बाद सरकार का तात्कालिक उद्देश्य खाद्यान्नों का उत्पादन बढ़ाना था, जिसके लिए निम्न उपाय अपनाए गए हैं
  - व्यापारिक फसलों की जगह खाद्यान्नों को उगाना।
  - कृषि गहनता को बढ़ाना।
  - कृषि योग्य बंजर तथा परती भूमि को कृषि भूमि में परिवर्तित करना।
- प्रारंभ में इस नीति से खाद्यान्नों का उत्पादन बढ़ा, परंतु 1950 के दशक के अंत तक कृषि उत्पादन स्थिर हो गया।
- इस समस्या से उभरने के लिए **गहन कृषि जिला कार्यक्रम** (Intensive Agriculture District Programme-IADP) तथा गहन कृषि क्षेत्र कार्यक्रम (Intensive Agriculture Area Programme-IAAP) प्रारंभ किए गए, परंतु 1960 के दशक के मध्य में लगातार दो अकालों से देश में अन्न संकट उत्पन्न हो गया।
- परिणामस्वरूप, दूसरे देशों से खाद्यान्नों का आयात करना पड़ा।
- 1960 के दशक के मध्य में गेहूँ (मैक्सिको) तथा चावल (फिलीपींस) की किस्में, जो अधिक उत्पादन देने वाली नई किस्में थीं, कृषि के लिए उपलब्ध हुईं।
- भारत ने इसका लाभ उठाया तथा पैकेज प्रौद्योगिकी के रूप में पंजाब, हरियाणा, पश्चिमी उत्तर प्रदेश, आंध्र प्रदेश तथा गुजरात के सिंचाई सुविधा वाले क्षेत्रों में रासायनिक खाद के साथ इन उच्च उत्पादकता देने वाली किस्मों (High Yielding Variety, HYV) की खेती को अपनाया गया।
- कृषि विकास की इस नीति से खाद्यान्नों के उत्पादन में अभूतपूर्व वृद्धि हुई, जो **हरित क्रांति** के नाम से जानी जाती है।
- हरित क्रांति ने कृषि में प्रयुक्त कृषि निवेश; जैसे-उर्वरक, कीटनाशक, कृषि यंत्र आदि कृषि आधारित उद्योग तथा छोटे पैमाने के उद्योगों के विकास को प्रोत्साहन दिया।
- प्रारंभ में हरित क्रांति देश के सिंचित भागों तक ही सीमित थी, परंतु 1980 के दशक के आरंभ में हरित क्रांति की प्रौद्योगिकी मध्य भारत तथा पूर्वी भारत के भागों में फैली।
- 1990 के दशक की **उदारीकरण की नीति** तथा **उन्मुक्त बाजार अर्थव्यवस्था** ने भारतीय कृषि विकास को भी प्रभावित किया है।

किसान क्रेडिट कार्ड

- किसानों के लाभ के लिए भारत सरकार ने किसान क्रेडिट कार्ड (KCC, Kissan Credit Card) और व्यक्तिगत दुर्घटना बीमा योजना (PAIS, Personal Accident Insurance Scheme) भी शुरू की है।
- इसके अतिरिक्त आकाशवाणी और दूरदर्शन पर किसानों के लिए मौसम की जानकारी के बुलेटिन और कृषि कार्यक्रम प्रसारित किए जाते हैं।
- किसानों को बिचौलियों और दलालों के शोषण से बचाने के लिए न्यूनतम समर्थन मूल्य और कुछ महत्त्वपूर्ण फसलों के लाभदायक खरीद मूल्यों की सरकार घोषणा करती है।

भूदान-ग्रामदान

- महात्मा गाँधी ने **विनोबा भावे** को अपना आध्यात्मिक उत्तराधिकारी घोषित किया था।
- गाँधीजी की ग्राम स्वराज अवधारणा में विनोबा भावे की गहरी आस्था थी। गाँधीजी के बाद इनके संदेश को लोगों तक पहुँचाने के लिए विनोबा भावे ने लगभग पूरे देश की पद यात्रा की थी।

- पोचमपल्ली (आंध्र प्रदेश) गाँव के कुछ भूमिहीन किसानों ने अपने आर्थिक भरण-पोषण के लिए कुछ भूमि की माँग रखी।
- इन्होंने किसानों को आश्वासन दिया कि यदि वे सहकारी कृषि करते हैं, तो वे भारत सरकार से बात करेंगे।
- **श्री रामचंद्र रेड्डी** ने 80 भूमिहीन ग्रामीणों को 80 एकड़ भूमि बाँटने की पेशकश की, जिसे **भूदान** के नाम से जाना गया। बाद में कुछ जमींदारों ने, जो अनेक गाँवों के मालिक थे, भूमिहीनों को पूरा गाँव देने की पेशकश भी की, इसे **ग्रामदान** कहा गया।
- विनोबा भावे द्वारा शुरू किए गए इस भूदान-ग्रामदान आंदोलन को **रक्तहीन क्रांति** के नाम से जाना जाता है।

राष्ट्रीय कृषि नीति, 2000

- भारत सरकार द्वारा राष्ट्रीय कृषि नीति (National Agriculture Policy) की घोषणा 28 जुलाई, 2000 को की गई।
- इसके अंतर्गत अगले दो दशकों तक कृषि क्षेत्र का अनुमानित विकास लगभग 4.1% रहने की संभावना है।
- कृषि क्षेत्र में होने वाले विकास को विभिन्न क्रांतियों के माध्यम से समझा जा सकता है

क्रांतियाँ	संबद्ध क्षेत्र
हरित क्रांति	प्रमुख अनाज
श्वेत क्रांति	दुग्ध
नीली क्रांति	मछली
पीली क्रांति	सरसों तेल
भूरी क्रांति	ऊन उत्पादन
बादामी क्रांति	मसाला उत्पादन
गुलाबी क्रांति	झींगा उत्पादन
इंद्रधनुषी क्रांति	सभी क्रांतियों को बढ़ावा
लाल क्रांति	मांस व टमाटर उत्पादन

कृषि जलवायु प्रदेश

- कृषि जलवायु प्रादेशिक नियोजन का मुख्य उद्देश्य कृषि एवं संबद्ध संसाधनों का वैज्ञानिक उपयोग कर कृषि उत्पादन में सर्वाधिक वृद्धि करना, कृषि आय बढ़ाना और रोजगार के अधिक अवसर उत्पन्न करना है।
- इन उद्देश्यों को ध्यान में रखते हुए मृदा के प्रकार, वर्षा, तापमान, जल संसाधन आदि सामान्य कृषि-जलवायु कारकों के आधार पर योजना आयोग ने देश को 15 प्रमुख **कृषि जलवायु प्रदेशों** (Agro Climatic Zones) में विभाजित किया है
  - **पश्चिमी हिमालय प्रदेश** जम्मू-कश्मीर, हिमाचल प्रदेश, उत्तराखंड।
  - **पूर्वी हिमालय प्रदेश** दार्जिलिंग क्षेत्र, सिक्किम, अरुणाचल प्रदेश, नागालैंड, मिजोरम।
  - **निचला गंगा मैदान** पूर्वी बिहार, पश्चिम बंगाल और असम घाटी का क्षेत्र।
  - **मध्य गंगा मैदान** पूर्वी उत्तर प्रदेश व बिहार के भाग।
  - **ऊपरी गंगा मैदान** मध्यवर्ती और पश्चिमी उत्तर प्रदेश का क्षेत्र।
  - **गंगा-पार मैदान** पंजाब, हरियाणा, दिल्ली, चंडीगढ़, राजस्थान का गंगानगर जिला।
  - **पूर्वी पठार और पहाड़ियाँ** छोटानागपुर पठार, राजमहल पहाड़ियाँ, छत्तीसगढ़ मैदान, दंडकारण्य।
  - **मध्यवर्ती पठार एवं पहाड़ियाँ** बुंदेलखंड, बघेलखंड, भांडेर पठार, मालवा पठार, विंध्याचल पहाड़ी।
  - **पश्चिमी पठार एवं पहाड़ियाँ** मालवा पठार का दक्षिणी भाग, महाराष्ट्र का दक्कन पठार क्षेत्र।
  - **दक्षिण पठार एवं पहाड़ियाँ** दक्षिणी महाराष्ट्र, कर्नाटक, पश्चिमी आंध्र प्रदेश एवं उत्तरी तमिलनाडु के भाग।
  - **पूर्वी तटीय मैदान एवं पहाड़ियाँ** कोरोमंडल व उत्तरी सागर तट।
  - **पश्चिमी तटीय मैदान एवं घाट** मालाबार एवं कोंकण तट और सह्याद्रि।
  - **गुजरात मैदान एवं पहाड़ियाँ** काठियावाड़ तथा साबरमती और माही नदी की उपजाऊ घाटी।
  - **पश्चिमी शुष्क प्रदेश** अरावली के पश्चिम का पश्चिमी राजस्थान।
  - **द्वीप प्रदेश** अंडमान-निकोबार और लक्षद्वीप समूह के भाग।

कृषि उत्पादन में वृद्धि तथा प्रौद्योगिकी का विकास

- पिछले पचास वर्षों में कृषि उत्पादन तथा प्रौद्योगिकी में उल्लेखनीय वृद्धि हुई है। बहुत-सी फसलों; जैसे-चावल तथा गेहूँ के उत्पादन तथा पैदावार में प्रभावशाली वृद्धि हुई है। अन्य फसलों मुख्यत: **गन्ना**, **तिलहन** तथा **कपास** के उत्पादन में प्रशंसनीय वृद्धि हुई है।
- सिंचाई के प्रसार ने देश में कृषि उत्पादन बढ़ाने में महत्त्वपूर्ण भूमिका निभाई है। इसने आधुनिक कृषि प्रौद्योगिकी; जैसे-बीजों की उत्तम किस्में, रासायनिक खादों, कीटनाशकों तथा मशीनरी के प्रयोग के लिए आधार प्रदान किया है।
- देश के विभिन्न क्षेत्रों में आधुनिक कृषि प्रौद्योगिकी का प्रसार तीव्रता से हुआ है। चूँकि उत्तम बीज की किस्मों में कीट प्रतिरोधकता कम होती है।
- अत: देश में 1960 के दशक से कीटनाशकों की खपत में भी वृद्धि हुई। पिछले 40 वर्षों में रासायनिक उर्वरकों की खपत में भी 15 गुना वृद्धि हुई है।
- कृषि के महत्त्व को समझते हुए भारत सरकार ने इसके आधुनिकीकरण के लिए बहुत अधिक प्रयास किए हैं।
- भारतीय कृषि में सुधार के लिए भारतीय कृषि अनुसंधान परिषद् व कृषि विश्वविद्यालयों की स्थापना, पशु चिकित्सा सेवाएँ और पशु प्रजनन केंद्र की स्थापना, बागवानी विकास, मौसम विज्ञान और मौसम के पूर्वानुमान के क्षेत्र में अनुसंधान और विकास को वरीयता दी गई है।

भारतीय कृषि की समस्याएँ

कृषि पारिस्थितिकी तथा विभिन्न प्रदेशों के ऐतिहासिक अनुभवों के अनुसार भारतीय कृषि की समस्याएँ निम्नलिखित हैं

अनियमित मानसून पर निर्भरता

- भारत में कृषि क्षेत्र का केवल एक-तिहाई भाग ही सिंचित है। शेष कृषि क्षेत्र में फसलों का उत्पादन प्रत्यक्ष रूप से वर्षा पर निर्भर है।
- दक्षिण-पश्चिम मानसून की अनिश्चितता व अनियमितता से सिंचाई हेतु नहरी जल आपूर्ति प्रभावित होती है।

- दूसरी ओर राजस्थान तथा अन्य क्षेत्रों में वर्षा बहुत कम होती है तथा उसका वितरण असमान है। अधिक वार्षिक वर्षा वाले क्षेत्रों में भी अत्यधिक उतार-चढ़ाव पाया जाता है। कम वर्षा वाले क्षेत्रों में सूखा एक सामान्य परिघटना है, लेकिन यहाँ कभी-कभी बाढ़ भी आ जाती है।
- विगत वर्षों में महाराष्ट्र, गुजरात तथा राजस्थान के शुष्क क्षेत्रों में आई आकस्मिक बाढ़ इस परिघटना का उदाहरण है।
- सूखा तथा बाढ़ भारतीय कृषि के जुड़वा संकट बने हुए हैं।

निम्न उत्पादकता

- अंतर्राष्ट्रीय स्तर की अपेक्षा भारत में फसलों की उत्पादकता कम है। भारत में अधिकांश फसलों; जैसे-चावल, गेहूँ, कपास व तिलहन का प्रति हैक्टेयर उत्पादन अमेरिका, रूस तथा जापान से कम है।
- भू-संसाधनों पर अधिक दबाव के कारण अंतर्राष्ट्रीय स्तर की तुलना में भारत में श्रम उत्पादकता भी बहुत कम है।
- देश के विस्तृत वर्षा निर्भर विशेषकर शुष्क क्षेत्रों में अधिकांश मोटे अनाज, दालें तथा तिलहन की खेती की जाती है तथा यहाँ इनकी उत्पादकता बहुत कम है।

वित्तीय संसाधनों की बाध्यताएँ तथा ऋणग्रस्तता

- आधुनिक कृषि में लागत बहुत अधिक आती है। सीमांत और छोटे किसानों की कृषि बचत बहुत कम या न के बराबर है। कृषि में निवेश की स्थिति में ऐसे किसान नहीं होते हैं। इस स्थिति में अनेक किसान विविध संस्थाओं तथा महाजनों से ऋण लेते हैं।
- कृषि से कम होती आय के कारण तथा फसलों के खराब होने से किसान ऋण ग्रस्त हो जाते हैं।

भूमि सुधारों की कमी

- भूमि के असमान वितरण के कारण भारतीय किसान लंबे समय से शोषित हैं। स्वतंत्रता प्राप्ति के बाद भूमि सुधारों के लिए कार्य किया गया, किंतु यह अधिक सफल नहीं हुए।
- भूमि सुधारों के लागू न होने के कारण कृषि योग्य भूमि का असमान वितरण जारी रहा, जिससे कृषि विकास में बाधा पड़ी है।

छोटे खेत तथा विखंडित जोत

- भारत में सीमांत तथा छोटे किसानों की संख्या अधिक है। 60% से अधिक किसानों के पास एक हैक्टेयर से छोटे भू-जोत हैं और लगभग 40% किसानों की जोतों का आकार तो 0.5 हैक्टेयर से भी कम है।
- बढ़ती जनसंख्या के कारण इन जोतों का औसत आकार और भी कम होता जा रहा है। भारत में अधिकतर भूजोत बिखरे हुए हैं। विखंडित और छोटे भू-जोत (Land Holding) आर्थिक दृष्टि से अलाभकारी हैं।

वाणिज्यीकरण का अभाव

- अधिकांश किसान अपनी आवश्यकता या स्वयं उपभोग हेतु फसलें उगाते हैं। इन किसानों के पास अपनी आवश्यकता से अधिक उत्पादन के लिए पर्याप्त भू-संसाधन नहीं हैं।
- अधिकांश छोटे तथा सीमांत किसान खाद्यान्नों की कृषि करते हैं, जो उनकी पारिवारिक आवश्यकताओं को पूरा करती है। यद्यपि सिंचित क्षेत्रों में कृषि का आधुनिकीकरण तथा वाणिज्यीकरण हो रहा है।

अल्प रोजगारी

- भारतीय कृषि में विशेषकर असिंचित क्षेत्रों में बड़े पैमाने पर अल्प रोजगारी पाई जाती है।
- इन क्षेत्रों में **ऋतुगत बेरोजगारी** है, जो 4 से 8 महीने तक रहती है। अतः कृषि में कार्यरत् लोगों को वर्ष भर कार्य करने के अवसर प्राप्त नहीं होते हैं।

कृषि योग्य भूमि का निम्नीकरण

- भूमि संसाधनों का निम्नीकरण, सिंचाई और कृषि विकास की दोषपूर्ण नीतियों से उत्पन्न हुई समस्याओं में से एक गंभीर समस्या है।
- मृदा निम्नीकरण की समस्या विशेषकर सिंचित क्षेत्रों में अधिक होती है। कृषि भूमि का एक बड़ा भाग जलाक्रांत, लवणता तथा मृदा क्षारता के कारण बंजर हो चुका है।
- कीटनाशक रसायनों के अत्यधिक प्रयोग से मृदा परिच्छेदिका में जहरीले तत्त्वों का सांद्रण हो रहा है।
- सिंचित क्षेत्रों में फसल प्रतिरूप के दलहन (लेग्यूम) विस्थापित हो रहे हैं तथा बहु-फसलीकरण में बढ़ोतरी से परती भूमि में अत्यधिक मात्रा में कमी आई है। इससे भूमि में पुनः उर्वरता पाने की प्राकृतिक प्रक्रिया अवरुद्ध हुई है; जैसे- नाइट्रोजन यौगिकीकरण।
- उष्ण कटिबंधीय आर्द्र व अर्द्ध शुष्क क्षेत्र भी अनेक प्रकार के भूमि निम्नीकरण से प्रभावित हुए हैं, जैसे-जल द्वारा मृदा अपरदन तथा वायु अपरदन, जो प्रायः मानवकृत हैं।

वैश्वीकरण का कृषि पर प्रभाव

- वर्ष 1990 के बाद वैश्वीकरण के अंतर्गत भारतीय किसानों को अनेक नई चुनौतियों का सामना करना पड़ रहा है।
- चावल, कपास, रबड़, चाय, कॉफी, जूट और मसालों का मुख्य उत्पादक होने के पश्चात् भी भारतीय कृषि विश्व के विकसित देशों से स्पर्द्धा करने में असमर्थ है, क्योंकि उन देशों में कृषि को अत्यधिक सहायिकी (Subsidy) दी जाती है।
- हरित क्रांति के दौरान रसायनों के अधिक प्रयोग से जलस्रोतों के सूखने और जैव-विविधता विलुप्त होने के कारण भूमि का निम्नीकरण हुआ है।
- वर्तमान में **जैविक कृषि** (Organic Farming) का अधिक प्रचलन है, क्योंकि यह उर्वरकों तथा कीटनाशकों और कारखानों में निर्मित रसायनों के बिना की जाती है, इसलिए पर्यावरण पर इसका नकारात्मक प्रभाव नहीं पड़ता है।

खाद्य सुरक्षा

- भोजन एक आधारभूत आवश्यकता है और देश के प्रत्येक नागरिक को ऐसा भोजन उपलब्ध होना चाहिए, जो न्यूनतम पोषण स्तर प्रदान करे।
- यदि देश की जनसंख्या के किसी भांग को न्यूनतम पोषणयुक्त भोजन उपलब्ध नहीं होता, तो वह खंड खाद्य सुरक्षा से वंचित होता है।
- समाज के सभी वर्गों को खाद्य उपलब्धता सुनिश्चित कराने के लिए सरकार ने राष्ट्रीय खाद्य सुरक्षा प्रणाली की रचना की है।
- इसके दो घटक हैं
  1. बफर स्टॉक
  2. सार्वजनिक वितरण प्रणाली (PDS)।

- सार्वजनिक वितरण प्रणाली एक कार्यक्रम है, जो ग्रामीण और नगरीय क्षेत्रों में खाद्य पदार्थ और अन्य आवश्यक वस्तुएँ सस्ती दरों पर उपलब्ध कराती है।
- भारत की खाद्य सुरक्षा नीति का प्राथमिक उद्देश्य सामान्य लोगों को क्रय योग्य कीमतों पर खाद्यान्नों की उपलब्धता को सुनिश्चित करना है।
- इस नीति का केंद्र कृषि उत्पादन में वृद्धि और भंडारों को बनाए रखने के लिए चावल और गेहूँ की अधिक प्राप्ति के लिए समर्थन मूल्य को निर्धारित करना है।
- खाद्यान्नों की अधिप्राप्ति और भंडारण की व्यवस्था भारतीय खाद्य निगम (FCI) करती है, जबकि इसके वितरण को सार्वजनिक वितरण प्रणाली सुनिश्चित करती है।

पशुपालन

- भारत में पशुपालन के अंतर्गत भैंसें, गाय, भेड़ों, बकरियों, सुअरों तथा कुक्कुट पालन विशेष महत्त्व रखते हैं।
- यह सूखाग्रस्त क्षेत्रों, पहाड़ी तथा जनजाति क्षेत्रों में रहने वाले असंख्य लोगों का गौण व्यवसाय है।
- कृषि भूमि के कम होने के कारण पशुपालन क्रिया उनकी आय के अनुरूप है।
- यह उन व्यक्तियों के लिए मुख्य व्यवसाय हो सकता है, जिनके पास आय का कोई अन्य स्रोत नहीं है।
- **20वीं पशुधन संगणना** के आँकड़ों के अनुसार भारत में कुल पशुधन की संख्या 535.8 मिलियन है।
- कुल पशुधन के अंतर्गत मवेशी (Cattle), भैंस, भेड़, बकरियाँ, सुअर, घोड़े और टट्टू, खच्चर, गधे, ऊँट, याक एवं मिथुन को शामिल किया जाता है।
- कुल पशुधन की संख्या (2019) के संदर्भ में राज्यों की भागीदारी में सबसे अधिक उत्तर प्रदेश (12.7%), राजस्थान (10.6%), मध्य प्रदेश (7.6%), पश्चिम बंगाल (7.0%) आदि प्रमुख हैं।
- भारत को कुछ बड़ी महत्त्वपूर्ण गाय-बैलों की नस्लों का जन्म स्थल माना जाता है; जैसे-कांकरेज, राठी, साहीवाल, गिर, थरपारकर तथा केंगेयाज।
- कर्षण-पशु के लिए नागोरी नस्ल बहुत प्रसिद्ध है।
- राजस्थान, पंजाब, हरियाणा, गुजरात, आंध्र प्रदेश, कर्नाटक और तमिलनाडु के अल्प वर्षा वाले क्षेत्रों में पशुओं की उत्तम नस्लें पाई जाती हैं।

प्रमुख पशुओं का विवरण निम्नलिखित है

भैंसें

- विश्व की आधे से अधिक भैंसें भारत में पाई जाती हैं। भारत में सबसे अधिक भैंसें उत्तर प्रदेश में पाई जाती हैं।
- इनकी प्रमुख नस्लें भदावरी, सुरती, मेहसाणा, जाफराबादी, मुर्रा, नागपुरी और नीली रावी हैं।
- पश्चिम बंगाल, आंध्र प्रदेश, राजस्थान, गुजरात, बिहार, महाराष्ट्र, हरियाणा एवं पंजाब में भैसों की संख्या अधिक है।

श्वेत क्रांति (ऑपरेशन फ्लड)

- देश में दुग्ध उत्पादन में उल्लेखनीय वृद्धि को श्वेत क्रांति के नाम से जाना जाता है। नेशनल डेयरी डेवलपमेंट बोर्ड (National Dairy Development Board-NDDB) के अध्यक्ष **वर्गीज कुरियन** ने वर्ष 1970 में **ऑपरेशन फ्लड कार्यक्रम** शुरू किया। इसे तीन चरणों में शुरू किया गया।

ऑपरेशन फ्लड-I

- डॉ. वर्गीज कुरियन के नेतृत्व में राष्ट्रीय डेयरी विकास कार्यक्रम (National Dairy Development Programme) के अंतर्गत वर्ष 1970 में यह कार्यक्रम शुरू किया गया। यह कार्यक्रम 10 राज्यों में शुरू किया गया, जिसके अंतर्गत 17 फीडर डेयरियाँ स्थापित की गईं, पहले से स्थापित डेयरियों का विस्तार किया गया तथा दिल्ली, कोलकाता, मुंबई एवं चेन्नई में चार मदर डेयरियाँ स्थापित की गईं।

ऑपरेशन फ्लड-II

- इसे वर्ष 1980-83 में शुरू किया गया और इसका उद्देश्य 144 नगरों में बाजार को व्यवस्थित करना, चारे की उपयुक्त व्यवस्था करना तथा पशुओं में बीमारियों की रोकथाम करना था।

ऑपरेशन फ्लड-III

- वर्ष 1985-94 का उद्देश्य राज्यों के 250 जिलों में 170 दुग्ध केंद्र स्थापित करना था। ऑपरेशन फ्लड एकीकृत कार्यक्रम है, जिसने 65, 092 डेयरी सहकारिता समितियों के माध्यम से 83.5 लाख किसानों को लाभ पहुँचाया है।
- इससे किसानों को आय का सुनिश्चित साधन मिल गया, क्योंकि 62% से अधिक दूध सीमांत, छोटे तथा भूमिहीन किसानों से प्राप्त किया जाता है।

बकरी पालन

- बकरी को **गरीब की गाय** कहा जाता है। यह देश के लिए मांस का मुख्य स्रोत है, जिनसे वार्षिक मांस उत्पादन 4.88 लाख टन होता है।
- भारत की लगभग 90% बकरियाँ देसी नस्ल की हैं, जिनमें देशी नस्लों में अंगोरा नस्ल (हिमाचल प्रदेश, हरियाणा और जम्मू व कश्मीर), जमुनापारी-बरबरी (पश्चिमी उत्तर प्रदेश, हरियाणा और दिल्ली), मारवाड़ी, मेहसाणा, काठियावाड़ी, जलवाड़ी और सुरती (राजस्थान, गुजरात और मध्य प्रदेश), दक्कनी (प्रायद्वीप) प्रमुख हैं।

भेड़ पालन

- भेड़ देश में **मांस** और ऊन का एक महत्त्वपूर्ण स्रोत है। भारत में भेड़ों का पालन मुख्य रूप से पहाड़ी और पठारी क्षेत्रों में किया जाता है।
- भारत में भेड़ों की सर्वाधिक संख्या तेलंगाना (19.1%) में है, जबकि आंध्र प्रदेश में (17.6%), कर्नाटक (11.1%), राजस्थान (7.9%), तमिलनाडु (4.5%) तथा जम्मू कश्मीर (3.2%) भेड़ों की संख्या अधिक है।
- राजस्थान से प्राप्त भेड़ों से ऊन उत्पादित होती है। भेड़ों की अनेक प्रजातियाँ हैं-बागड़ी, मारवाड़ी, मालपुरी, जैसलमेरी इत्यादि।
- राजस्थान में 'मारवाड़ी' प्रजाति की भेड़ों से सर्वाधिक ऊन प्राप्त की जाती है।
- भेड़ों की अन्य प्रजातियों में **दक्कनी**, **नेल्लोरी**, **मांडला**, **बेल्लारी**, **यलग** और **बांटूर** प्रमुख हैं।

मुर्गीपालन/कुक्कुट पालन

- कुक्कुट पालन के अंतर्गत मुर्गी, बत्तख, तीतर, बटेर, हंस या तान मयूर आदि का गोश्त, अंडे एवं पंखों के लिए पालन किया जाता है।
- भारत में वृहत स्तर पर मुर्गी पालन आंध्र प्रदेश, तमिलनाडु, पश्चिम बंगाल, महाराष्ट्र और कर्नाटक में किया जाता है।

- देश के लगभग सभी महत्त्वपूर्ण शहरी केंद्रों के आसपास पोल्ट्री फार्म विकसित किए जा रहे हैं।
- बत्तखों की सबसे अधिक संख्या पश्चिम बंगाल में है और इसके बाद असम, तमिलनाडु, केरल, आंध्र प्रदेश, बिहार और ओडिशा में इन्हें पाला जाता है।

रेशम उत्पादन

- रेशम का उत्पादन (Sericulture) रेशम के कीड़ों द्वारा किया जाता है। ये रेशम के कीड़े शहतूत, महुआ, साल एवं कुसुम आदि वृक्षों की पत्तियों पर पाले जाते हैं।
- विश्व में रेशम उत्पादन में भारत का दूसरा स्थान है। यहाँ विश्व का 17% रेशम उत्पन्न किया जाता है।
- भारत में चारों प्रकार के रेशम का उत्पादन होता है–मलबरी, टसर, मूँगा, ईरी। रेशम के उत्पादन में कर्नाटक का स्थान सर्वोपरि है, जिसके बाद क्रमश: आंध्र प्रदेश, पश्चिम बंगाल, तमिलनाडु एवं असम आते हैं। ये पाँच राज्य मिलकर देश के लगभग 90% रेशम का उत्पादन करते हैं।

मात्स्यिकी

- भारत की जनसंख्या बड़ी तीव्रता से बढ़ रही है और इस कारण हमारा कृषि संसाधन हमारी बढ़ती हुई माँग को पूरा करने में असमर्थ है।
- ऐसी परिस्थिति में मात्स्यिकी (Pisciculture) उद्योग का महत्त्व बढ़ता जा रहा है। मछली के प्रयोग से हमें पौष्टिक आहार मिलता है।
- इसमें प्रोटीन, विटामिन व कार्बोहाइड्रेट्स होते हैं। अधिकांश भारतीयों के भोजन में प्रोटीन की कमी होती है, जो मछली के आहार से पूर्ण हो सकती है।
- देश में आंध्र प्रदेश 40.70 लाख टन अंतर्देशीय मछली उत्पादन के साथ शीर्ष पर है, जबकि गुजरात देश में समुद्री मछली का सबसे बड़ा (6.83 लाख टन) उत्पादक राज्य है।

सिंचाई

- प्राचीनकाल में सिंचाई के लिए पत्थरों और मलबे से बाँध, जलाशय अथवा झीलों के तटबंध और नहरों जैसी उत्कृष्ट जलीय कृतियाँ बनाई जाती थीं।
- परंपरागत बाँध, नदियों और वर्षा जल को एकत्रित करके बाद में उसे खेतों की सिंचाई के लिए उपलब्ध कराया जाता था, परंतु बाँध केवल सिंचाई के लिए नहीं बनाए जाते, अपितु इनका उद्देश्य विद्युत उत्पादन, घरेलू और औद्योगिक उपयोग, जल आपूर्ति, बाढ़ नियंत्रण, मनोरंजन, आंतरिक नौचालन और मछली पालन में भी होता है।
- आधुनिक समय में बाँधों का निर्माण कई महत्त्वपूर्ण कार्यों का संकेंद्रण एक साथ करता है।
- इस प्रकार के बाँधों को बहुउद्देशीय परियोजनाएँ भी कहा जाता है, जहाँ एकत्रित जल के अनेक उपयोग संभव हैं; जैसे- सतलुज- व्यास बेसिन में भाखड़ा-नांगल परियोजना जल विद्युत उत्पादन और सिंचाई दोनों के कार्य में आती है।
- महानदी बेसिन में हीराकुड परियोजना जल संरक्षण और बाढ़ नियंत्रण का समन्वय है।
- जवाहरलाल नेहरू ने गर्व से **बाँधों को आधुनिक भारत के मंदिर** कहा है। उनका मानना था कि इन परियोजनाओं के चलते कृषि और ग्रामीण अर्थव्यवस्था, औद्योगिकीकरण और नगरीय अर्थव्यवस्था समंवित रूप से विकास करेगी।

सिंचाई के मुख्य साधन

साधन	सिंचित भाग	साधन	सिंचित भाग
कुएँ तथा नलकूप	61.58%	तालाब	2.97%
नहर	24.54%	अन्य साधन	10.91%

बहुउद्देशीय परियोजनाओं का विवरण

प्रमुख बहुउद्देशीय परियोजनाएँ निम्नलिखित हैं

- **नागार्जुन सागर परियोजना** इसके अंतर्गत कृष्णा नदी पर नंदीकोंडा (नलगोंडा जनपद, आंध्र प्रदेश) के पास एक बाँध बनाया गया है। इससे **जवाहरलाल नेहरू** और **लाल बहादुर शास्त्री** नामक नहरें निकाली गई हैं।
- **गंडक परियोजना** यह उत्तर प्रदेश और बिहार राज्यों की संयुक्त परियोजना है, जिसका कुछ लाभ नेपाल को भी दिया जा रहा है।
- **व्यास परियोजना** यह पंजाब, हरियाणा और राजस्थान राज्यों की सम्मिलित परियोजना है। इसके अंतर्गत इंदिरा गाँधी नहर में नियमित जलापूर्ति बनाए रखने के लिए व्यास नदी पर धौलाधर पहाड़ियों में **पोंग बाँध** बनाया गया है।
- **मयूराक्षी परियोजना** मयूराक्षी हुगली की सहायक नदी है। इसमें मयूराक्षी नदी पर कनाडा बाँध बनाया गया है। इससे पश्चिम बंगाल एवं झारखंड राज्य लाभांवित हो रहे हैं।
- **इंदिरा गाँधी नहर परियोजना** इंदिरा गाँधी नहर परियोजना (राजस्थान) भारत की एक बड़ी सिंचाई परियोजना है, इसके लिए व्यास तथा सतलुज नदी पर बने हरिके बैराज से जल दिया जा रहा है।
- **नर्मदा घाटी परियोजना** इसके अंतर्गत गुजरात में सरदार सरोवर परियोजना व मध्य प्रदेश में नर्मदा सागर परियोजना सम्मिलित हैं। इससे मध्य प्रदेश व गुजरात राज्य लाभान्वित होंगे।
- **टिहरी बाँध परियोजना** इस बाँध का निर्माण भागीरथी और भिलांगना के संगम के नीचे उत्तराखंड के टिहरी जिले में किया गया है।
- **पोचम्पाद परियोजना** यह गोदावरी नदी पर निर्मित है। इसके अंतर्गत आंध्र प्रदेश के आदिलाबाद जनपद में एक बाँध बनाया गया है।
- **बालिमेला परियोजना** यह ओडिशा राज्य की एक जलविद्युत परियोजना है, जो सिलेरू नदी पर बनी है। इसका निर्माण कार्य पूर्ण हो चुका है। इसकी कुल क्षमता 510 मेगावाट है।
- **कालिंदी परियोजना** यह कर्नाटक राज्य की जलविद्युत परियोजना है, जिसकी विद्युत उत्पादन क्षमता 270 मेगावाट है।
- **साबरमती परियोजना** इस परियोजना के अंतर्गत गुजरात राज्य में मेहसाना जिले के धारा गाँव के पास एक बाँध निर्मित है तथा दूसरा अहमदाबाद के पास वासना बाँध निर्मित किया गया है।
- **कुंडा परियोजना** यह तमिलनाडु राज्य की जलविद्युत परियोजना है, जिसकी विद्युत उत्पादन की प्रारंभिक क्षमता 425 मेगावाट थी, जिसे बढ़ाकर 535 मेगावाट कर दिया गया है।

भारत की अन्य बहुउद्देशीय परियोजनाएँ

बहुउद्देशीय परियोजना	राज्य/केंद्रशासित प्रदेश	नदी
भीमा परियोजना	महाराष्ट्र	पवना एवं कृष्णा नदी
महानदी जलविद्युत परियोजना	ओडिशा	महानदी
सुवर्णरेखा जलविद्युत परियोजना	झारखंड	सुवर्णरेखा
तिलैया परियोजना	झारखंड	दामोदर
सरदार सरोवर परियोजना	मध्य प्रदेश, महाराष्ट्र, राजस्थान, गुजरात	नर्मदा नदी (इसका जलाशय इंदिरा सागर के नाम से जाना जाता है तथा यह भारत की सबसे बड़ी मानव निर्मित झील है।)
मेट्टूर नहर परियोजना	तमिलनाडु	कावेरी (मेट्टूर)
नर्मदा सागर परियोजना	मध्य प्रदेश	नर्मदा नदी
चूखा जलविद्युत परियोजना	भारत और भूटान	वांग्चू नदी
पंचेश्वर बाँध परियोजना	उत्तराखंड	काली नदी (पिथौरागढ़)
तिपाई मुख बाँध परियोजना	मणिपुर-मिजोरम	बराक नदी
रानी लक्ष्मीबाई सागर परियोजना (राजघाट बाँध परियोजना का नया नाम)	मध्य प्रदेश व उत्तर प्रदेश	बेतवा नदी
महेश्वर विद्युत परियोजना	मध्य प्रदेश	नर्मदा नदी
सरहिंद नहर परियोजना	हरियाणा	सतलुज नदी
आगरा नहर परियोजना	उत्तर प्रदेश	सतलुज नदी
बीकानेर नहर परियोजना	राजस्थान	यमुना नदी
इंदिरा गाँधी नहर परियोजना	राजस्थान	रावी, व्यास, सतलुज
फरक्का परियोजना	पश्चिम बंगाल	गंगा (यह परियोजना कोलकाता बंदरगाह से कीचड़ हटाने व हुगली नदी के जल का खारापन दूर करने के काम में भी आती है।)
गंडक परियोजना	भारत-नेपाल	गंडक
कृष्णा परियोजना	कर्नाटक	कृष्णा
दुलहस्ती परियोजना	जम्मू-कश्मीर	चिनाब नदी
चेहरार परियोजना	हिमाचल प्रदेश	सतलुज नदी
सावरीगिरी परियोजना	केरल	पम्बा नदी
इडुकी परियोजना	केरल	पेरियार नदी
शरावती परियोजना	कर्नाटक	शरावती नदी
विष्णुप्रयाग जलविद्युत परियोजना	उत्तराखंड	अलकनंदा नदी
बेताली परियोजना	राजस्थान	बेताली नदी
काली नदी परियोजना	कर्नाटक	काली नदी
थीन बाँध	हिमाचल प्रदेश	रावी नदी
भाखड़ा नांगल बाँध परियोजना	हरियाणा, पंजाब, राजस्थान	सतलुज नदी (यह विश्व का दूसरा सबसे ऊँचा बाँध (226 मी) है।)
व्यास परियोजना	हरियाणा, पंजाब, राजस्थान	व्यास-सतलुज
शिवपुरी जलविद्युत परियोजना	महाराष्ट्र	आंध्र नदी
कोयना जलविद्युत परियोजना	महाराष्ट्र	कोयना नदी
तीस्ता जलविद्युत परियोजना	सिक्किम	तीस्ता नदी
तुलबुल परियोजना	भारत-पाकिस्तान	झेलम नदी
चिल्का परियोजना	ओडिशा	चिल्का नदी
टनकपुर बाँध परियोजना	भारत और नेपाल	शारदा (भारत)/महाकाली (नेपाल)
निचली पेरियार परियोजना	केरल	पेरियार
पंचेतहिल परियोजना	झारखण्ड	दामोदर नदी

बहुउद्देशीय परियोजना	राज्य/केंद्रशासित प्रदेश	नदी
सलाल पनबिजली परियोजना	जम्मू-कश्मीर	चिनाब
चेनानी पनबिजली परियोजना	जम्मू-कश्मीर	तवी नदी (चिनाब की सहायक नदी)
पोचम्पाद परियोजना	आंध्र प्रदेश	गोदावरी
कोसी परियोजना	बिहार (भारत-नेपाल)	कोसी नदी
सोन परियोजना	बिहार	सोन
काकरापारा परियोजना	गुजरात (सूरत)	ताप्ती
उकई परियोजना (उकी)	गुजरात	ताप्ती
माही परियोजना	गुजरात	माही
साबरमती परियोजना	गुजरात (मेहसाना)	साबरमती
तवा परियोजना	मध्य प्रदेश (होशंगाबाद)	तवा
गाँधी सागर परियोजना	मध्य प्रदेश	चंबल
राणाप्रताप सागर परियोजना	राजस्थान	चंबल
जवाहर सागर परियोजना	राजस्थान	चंबल
हंसदो बाँगो परियोजना	हिमाचल प्रदेश	हंसदेव नदी
रामगंगा परियोजना	उत्तर प्रदेश	रामगंगा (गंगा की सहायक)
शारदा प्रोजेक्ट	उत्तर प्रदेश	घाघरा-शारदा
माताटीला बाँध परियोजना	उत्तर प्रदेश	बेतवा
खातीमा परियोजना	उत्तर प्रदेश	गोमती व सई
छिबरो पनबिजली परियोजना	उत्तर प्रदेश	घाघरा-शारदा
टिहरी बाँध परियोजना	उत्तराखंड	भागीरथी-भीलांगना
मचकुंड परियोजना	आंध्र प्रदेश, ओडिशा	मचकुंड

अतिरिक्त तथ्य
तमिलनाडु बोर्ड एवं NIOS

अनुबंध या संविदा कृषि

- कृषि की यह प्रणाली किसानों तथा निजी कंपनियों के मध्य करार (संविदा) पर आधारित होती है।
- निजी कंपनियाँ किसानों को कृषि आगत तथा तकनीक उपलब्ध कराती हैं तथा किसान उत्पादित फसल को अनुबंध के तहत पूर्वनिर्धारित कीमतों पर बेचते हैं।

जीरो बजट प्राकृतिक खेती (ZBNF)

- रासायनिक उर्वरकों तथा कीटनाशकों के प्रयोग के बिना की जाने वाली कृषि **जीरो बजट प्राकृतिक खेती** कहलाती है। इस कृषि में क़िसी बाह्य आगत (Inputs) का प्रयोग नहीं किया जाता है। जीरो बजट से तात्पर्य उत्पादन प्रकिया में **शून्य व्यय** से है।

क्रॉप रोटेशन (Gap Rotation)

- एक ही भूखण्ड पर विविध फसलों को क्रमिक रूप से उगाने (प्लांटेशन) की क्रिया, क्रॉप रोटेशन कहलाती है।
- इससे भूमि, स्वास्थ्य, मृदा पोषकता में वृद्धि तथा कीटों व खरपतवार की रोकथाम में सहायता मिलती है।

मिश्रित कृषि

- मिश्रित कृषि से तात्पर्य कृषि की उस प्रणाली से है, जिसमें फसल उत्पादन के साथ-साथ पशुपालन, मुर्गीपालन, मत्स्यपालन तथा मधुमक्खी पालन को शामिल किया जाता है।
- भारत में अनेक प्रकार के मसालों का उत्पादन होता है। भारत को **मसालों का घर** कहा जाता है। काली मिर्च, इलायची, मिर्च, हल्दी, अदरक, लौंग आदि भारत में उत्पादित प्रमुख मसाले हैं।
- भारत का केरल राज्य कई प्रकार के मसालों का प्रमुख उत्पादक है; जैसे- लौंग, इलायची, काली मिर्च, अदरक आदि। विश्व में फलों के उत्पादन में चीन के बाद भारत का द्वितीय स्थान है।
- भारत आम, केला, चीकू तथा विभिन्न प्रकार के नींबू के उत्पादन में विश्व में एक अग्रणी देश है।
- विश्व के कुल फल का **11.79%** भारत में उत्पादित होता है। भारत विश्व का दूसरा सबसे बड़ा सब्जी उत्पादक देश है। (प्रथम स्थान-चीन)
- भारत आलू, प्याज, टमाटर, बैंगन तथा फूलगोभी का प्रमुख उत्पादक देश है।

पंचवर्षीय योजनाओं के अंतर्गत कृषि विकास नीतियाँ

- **प्रथम पंचवर्षीय योजना** (1951-56) में कृषि उत्पादन को सर्वोच्च प्राथमिकता दी गई। इस योजना में कृषि क्षेत्र को सकल पूंजी निवेश का एक-तिहाई (31%) भाग आवंटित किया गया।
- **तृतीय पंचवर्षीय योजना** (1961-66) के अंतर्गत अनाज उत्पादन में आत्मनिर्भरता के लक्ष्य को प्राथमिकता दी गई।
- वर्ष **1962** में चीन आक्रमण एवं वर्ष **1965** में भारत-पाकिस्तान युद्ध तथा देश के अनेक भागों में सूखे के कारण खाद्यान्न संकट की समस्या उत्पन्न हो गई।
- तत्कालीन प्रधानमंत्री श्री लाल बहादुर शास्त्री ने जनता से स्वेच्छापूर्वक सप्ताह में एक दिन उपवास रखने की अपील की।
- **पाँचवी पंचवर्षीय योजना** (1974-79) में अनाज उत्पादन में आत्मनिर्भरता तथा गरीबी-उन्मूलन पर बल दिया गया।

23

खनिज तथा ऊर्जा संसाधन

(स्रोत)

Class-VIII Old NCERT Chap 4 प्राकृतिक संसाधन (खनिज), Class-X New NCERT Chap 5 खनिज तथा ऊर्जा संसाधन, Class-X Old NCERT Chap 5 खनिज तथा शक्ति के संसाधन, Class-XII New NCERT Chap 5 खनिज तथा ऊर्जा संसाधन, Class-XII Old NCERT Chap 1 भारत के प्राकृतिक संसाधन, Tamil Nadu Board (Class XII), NIOS

खनिजों की उत्पत्ति एवं वितरण

- भारत अपनी विविधतापूर्ण भूगर्भिक संरचना के कारण विविध प्रकार के खनिज संसाधनों से संपन्न है।
- भारी मात्रा में बहुमूल्य खनिज पूर्व-पुराजीवी काल या **प्री-पैलाइजोइक काल** (Pre-Palaezoic Age) में निर्मित हुए हैं और ये मुख्यत: प्रायद्वीपीय भारत की आग्नेय (Igneous) एवं कायांतरित चट्टानों (Metamorphic) से संबद्ध हैं।
- एक खनिज निश्चित रासायनिक एवं भौतिक गुणधर्मों (विशिष्टताओं) के साथ कार्बनिक या अकार्बनिक उत्पत्ति का एक प्राकृतिक पदार्थ है।
- भू-पर्पटी (Earth Crust) विभिन्न खनिजों के योग से बनी चट्टानों से निर्मित है।
- इन खनिजों का उपयुक्त शोधन करके ही ये धातुएँ निकाली जाती हैं।
- उत्तर भारत के विशाल जलोढ़ मैदानी भू-भाग आर्थिक उपयोग के खनिजों से विहीन हैं। किसी भी देश के खनिज संसाधन औद्योगिक विकास के लिए आवश्यक आधार प्रदान करते हैं।

खनिज

- भू-वैज्ञानिकों के अनुसार खनिज प्राकृतिक रूप में विद्यमान समरूप तत्त्व है, जिसकी एक निश्चित आंतरिक संरचना होती है।
- खनिज, प्रकृति में अनेक रूपों में पाए जाते हैं, जिनमें कठोर हीरा व नरम चूना सम्मिलित हैं।
- चट्टानें, खनिजों के समरूप तत्त्वों के यौगिक हैं। कुछ चट्टानें, चूना पत्थर केवल एक ही खनिज से बनी होती हैं, लेकिन अधिकांश चट्टानें विभिन्न अनुपातों के अनेक खनिजों के योग से बनी होती हैं। यद्यपि 2000 से अधिक खनिजों की पहचान की जा चुकी है, लेकिन अधिकांश चट्टानों में केवल कुछ ही खनिजों की अधिकता है।
- एक खनिज विशेष जो निश्चित तत्त्वों का योग है, उन तत्त्वों का निर्माण उस समय की भौतिक व रासायनिक परिस्थितियों का परिणाम है। इसके फलस्वरूप ही खनिजों में विविध रंग, कठोरता, चमक, घनत्व तथा क्रिस्टल पाए जाते हैं।

भूगोलविदों और भूवैज्ञानिकों द्वारा खनिजों का अध्ययन

- भूगोलविद् स्थलाकृतियों की बेहतर जानकारी हेतु खनिजों का अध्ययन भू-पृष्ठ के एक अंश के रूप में करते हैं।
- भूगोलवेत्ता खनिज संसाधन के वितरण व खनिजों से संबंधित आर्थिक क्रियाओं में अधिक रुचि रखते हैं, परंतु भूवैज्ञानिक, खनिजों की निर्माण प्रक्रिया, इनकी आयु व खनिजों के भौतिक व रासायनिक संगठन से संबंधित विषयों की जानकारी रखते हैं।

खनिजों की विशेषताएँ

- खनिजों की कुछ निश्चित विशेषताएँ होती हैं। ये क्षेत्र में असमान रूप से वितरित होते हैं।
- खनिजों की गुणवत्ता और मात्रा के मध्य **प्रतिलोमी संबंध** (Inverse Relation) पाया जाता है अर्थात् अधिक गुणवत्ता वाले खनिज कम गुणवत्ता वाले खनिज की तुलना में कम मात्रा में पाए जाते हैं। सभी खनिज समय के साथ समाप्त होते जाते हैं।
- भूगर्भिक दृष्टि से इन्हें बनने में लंबा समय लगता है और आवश्यकता के समय इनका तुरंत पुनर्भरण (Recharge) नहीं किया जा सकता, अत: इन्हें संरक्षित किया जाना चाहिए।

खनिजों का वर्गीकरण

सामान्य व वाणिज्यिक (व्यापारिक) उद्देश्य हेतु खनिज निम्न प्रकार से वर्गीकृत किए जाते हैं

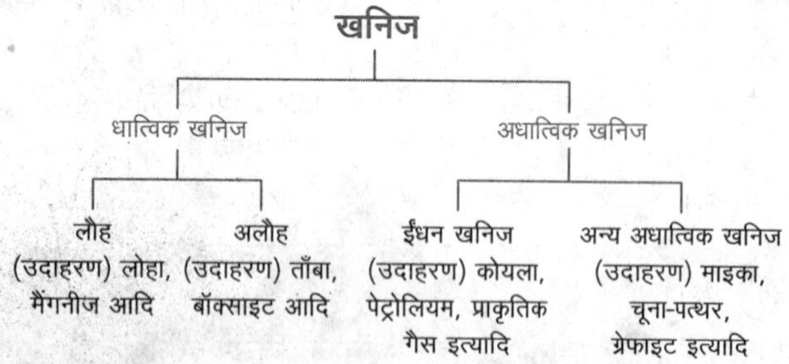

धात्विक खनिज

- वे खनिज अयस्क जिनमें धातुएँ होती हैं, धात्विक खनिज (Metallic Mineral) कहलाते हैं।
- धातु के स्रोत धात्विक खनिज हैं। लौह अयस्क, ताँबा, सोना आदि को धात्विक खनिज माना जाता है।
- धात्विक खनिजों को **लौह** एवं **अलौह** धात्विक श्रेणी में बाँटा जाता है।
- वे सभी खनिज जिनमें लौह अंश पाया जाता है, लौह धात्विक खनिज (Ferrous Metallic Minerals) होते हैं और जिनमें लौह अंश नहीं होता है, वे अलौह धात्विक खनिज (Non-Ferrous Metallic Minerals) कहलाते हैं; जैसे- ताँबा, बॉक्साइट आदि।

अधात्विक खनिज

- अधात्विक खनिज (Non-Metallic Minerals) कार्बनिक उत्पत्ति के होते हैं; जैसे- जीवाश्म ईंधन। इन्हें **खनिज ईंधन** (Mineral Fuels) के नाम से भी जाना जाता है।
- इसके अतिरिक्त पृथ्वी में दबे प्राणी एवं पादप जीवों से प्राप्त होने वाले खनिज कोयला और पेट्रोलियम हैं।
- अन्य प्रकार के अधात्विक खनिज अकार्बनिक उत्पत्ति के होते हैं; जैसे- अभ्रक, चूना-पत्थर तथा ग्रेफाइट आदि।

भारत में खनिजों का वितरण

- भारत में अधिकांश धात्विक खनिज प्रायद्वीपीय पठारी क्षेत्र की प्राचीन क्रिस्टलीय शैलों में पाए जाते हैं।
- कोयले का लगभग 97% भाग दामोदर, सोन, महानदी और गोदावरी नदियों की घाटियों में पाया जाता है।
- पेट्रोलियम के आरक्षित भंडार असम, गुजरात तथा मुंबई हाई अर्थात् अरब सागर के अपतटीय क्षेत्र में पाए जाते हैं। नए आरक्षित क्षेत्र कृष्णा-गोदावरी तथा कावेरी बेसिनों में पाए जाते हैं।
- अधिकांश प्रमुख खनिज मंगलौर (मैंगलुरु) से कानपुर को जोड़ने वाली रेखा (कल्पित) के पूर्व में पाए जाते हैं।

भारत में खनिज मुख्यत: निम्न तीन विस्तृत पट्टियों में संकेंद्रित हैं

1. **उत्तर-पूर्वी पठारी प्रदेश** (The North-Eastern Plateau Region) यह पट्टी छोटानागपुर (झारखंड), ओडिशा के पठार, पश्चिम बंगाल तथा छत्तीसगढ़ के कुछ भागों में विस्तारित है। इस क्षेत्र में लौह-इस्पात उद्योग की अवस्थिति अधिक महत्त्वपूर्ण है। यहाँ पर विभिन्न प्रकार के खनिज उपलब्ध हैं; जैसे-लौह अयस्क, कोयला, मैंगनीज, बॉक्साइट व अभ्रक आदि।
2. **दक्षिण-पश्चिमी पठारी प्रदेश** (South-Western Plateau Region) यह पट्टी कर्नाटक, गोवा तथा संस्पर्शी तमिलनाडु उच्च भूमि और केरल तक विस्तृत है। यह पट्टी लौह धातुओं तथा बॉक्साइट में समृद्ध है।

   इसमें उच्च कोटि का लौह अयस्क, मैंगनीज तथा चूना-पत्थर भी पाया जाता है। निवेली लिग्नाइट को छोड़कर इस क्षेत्र में कोयला निक्षेपों (Deposits) का अभाव है। इस पट्टी के खनिज निक्षेप उत्तर-पूर्वी पट्टी की भाँति विविधतापूर्ण नहीं हैं। केरल में मोनोजाइट तथा थोरियम और बॉक्साइट क्ले के निक्षेप हैं। गोवा में लौह अयस्क निक्षेप पाए जाते हैं।
3. **उत्तर-पश्चिमी प्रदेश** (The North-Western Region) यह पट्टी राजस्थान में अरावली और गुजरात के कुछ भाग पर विस्तृत है और यहाँ के प्रमुख खनिज धारवाड़ क्रम की शैलों से संबद्ध हैं, जिनमें ताँबा, जिंक आदि सम्मिलित हैं।

- राजस्थान बलुआ पत्थर, ग्रेनाइट, संगमरमर, जिप्सम जैसे भवन निर्माण के पत्थरों से समृद्ध है और यहाँ मुल्तानी मिट्टी के भी विस्तृत निक्षेप पाए जाते हैं।
- डोलोमाइट तथा चूना पत्थर सीमेंट उद्योग के लिए कच्चा माल उपलब्ध कराते हैं।
- गुजरात अपने पेट्रोलियम निक्षेपों के लिए जाना जाता है। गुजरात व राजस्थान दोनों स्थानों पर नमक के निक्षेप मिलते हैं।
- हिमालयी पट्टी एक अन्य खनिज पट्टी है, जहाँ ताँबा, सीसा, जस्ता, कोबाल्ट तथा रंगरत्न पाया जाता है। ये पूर्वी और पश्चिमी दोनों भागों में पाए जाते हैं।
- असम घाटी में खनिज तेलों के निक्षेप हैं। इसके अतिरिक्त खनिज तेल संसाधन मुंबई के निकट अपतटीय क्षेत्र (मुंबई हाई) में भी पाए जाते हैं।

खनिजों की उपलब्धता

- खनिज सामान्यत: खनिज अयस्कों में पाए जाते हैं। किसी भी खनिज में अन्य अवयवों या तत्त्वों के मिश्रण या संचयन हेतु **अयस्क** (Ore) शब्द का प्रयोग किया जाता है।
- खनन (Minning) का आर्थिक महत्त्व तभी है, जब अयस्क में खनिजों का संचयन पर्याप्त मात्रा में हो।
- खनिजों के खनन की सुविधा इनके निर्माण व संरचना पर निर्भर होती है। खनन सुविधा इसके मूल्य को निर्धारित करती है।

खनिज प्राय: निम्न शैल समूहों से प्राप्त होते हैं

- **आग्नेय** तथा **कायांतरित चट्टानें** (Igneous and Metamorphic Rocks) इन चट्टानों में खनिज दरारों, जोड़ों, भ्रंशों व विदरों में मिलते हैं। इसके छोटे जमाव शिराओं के रूप में और बड़े जमाव परत के रूप में पाए जाते हैं। इनका निर्माण भी अधिकतर उस समय होता है, जब ये तरल अथवा गैसीय अवस्था में दरारों के सहारे भू-पृष्ठ की ओर धकेले जाते हैं। ऊपर आते हुए ये ठंडे होकर जम जाते हैं। मुख्य धात्विक खनिज; जैसे-जस्ता, ताँबा, जिंक और सीसा आदि इसी प्रकार की शिराओं व जमावों में प्राप्त होते हैं।
- **अवसादी चट्टानें** (Sedimentary Rocks) इन चट्टानों के संस्तरों या परतों में अनेक प्रकार के खनिज पाए जाते हैं। इनका निर्माण क्षैतिज परतों में निक्षेपण, संचयन व जमाव का परिणाम है। कोयला तथा कुछ अन्य प्रकार के लौह अयस्कों का निर्माण लंबी अवधि तक अत्यधिक ऊष्मा व दबाव का परिणाम है। अवसादी चट्टानों में दूसरी श्रेणी के खनिजों में जिप्सम, पोटाश, नमक व सोडियम सम्मिलित हैं। इनका निर्माण विशेषकर शुष्क प्रदेशों में वाष्पीकरण के फलस्वरूप होता है।
- खनिजों के निर्माण की एक अन्य विधि **धरातलीय चट्टानों** (Surface Rocks) का अपघटन है। चट्टानों के घुलनशील तत्त्वों के अपरदन के पश्चात् अयस्क वाली अवशिष्ट चट्टानें रह जाती हैं। बॉक्साइट का निर्माण इसी प्रकार होता है।
- पहाड़ियों के आधार तथा घाटी तल की रेत में जलोढ़ जमाव के रूप में भी कुछ खनिज पाए जाते हैं। ये निक्षेप, **प्लेसर निक्षेप** (Placer Deposits) के नाम से जाने जाते हैं। इनमें प्राय: ऐसे खनिज होते हैं, जो जल द्वारा घर्षित नहीं होते, इन खनिजों में सोना, चाँदी, टिन व प्लेटिनम प्रमुख हैं।
- महासागरीय जल में भी विशाल मात्रा में खनिज पाए जाते हैं, लेकिन इनमें से अधिकांश के व्यापक रूप से विसरित होने के कारण इनकी आर्थिक सार्थकता कम है। फिर भी सामान्य नमक, मैगनीशियम तथा ब्रोमाइन अधिकांश समुद्री जल से ही प्राप्त होते हैं। महासागरीय तल भी मैंगनीज ग्रंथिकाओं में धनी है।

रैट होल खनन

- भारत के अधिकांश खनिज राष्ट्रीयकृत हैं और इनका निष्कर्षण सरकारी अनुमति के बाद ही संभव है। भारत के उत्तर-पूर्वी अधिकांश जनजातीय क्षेत्रों में, खनिजों का स्वामित्व व्यक्तिगत व समुदायों को प्राप्त है।
- मेघालय में कोयला, लौह अयस्क, चूना-पत्थर व डोलोमाइट के विशाल निक्षेप पाए जाते हैं। **जोवाई** व **चेरापूँजी** में कोयले का खनन परिवार के सदस्यों द्वारा एक लंबी संकीर्ण सुरंग के रूप में किया जाता है,जिसे रैट होल खनन (Rat Hole Minning) कहा जाता है।

प्रमुख धात्विक खनिज

प्रमुख धात्विक खनिज निम्नलिखित हैं

लौह खनिज

- लौह खनिज धात्विक खनिजों के कुल उत्पादन मूल्य के तीन-चौथाई भाग का योगदान करते हैं। ये धातु शोधन उद्योगों के विकास को मजबूत आधार प्रदान करते हैं।
- भारत अपनी घरेलू माँग को पूरा करने के पश्चात् बड़ी मात्रा में धात्विक खनिजों का निर्यात करता है।

लौह अयस्क

- भारत में लौह अयस्क के प्रचुर संसाधन हैं। यहाँ एशिया के विशालतम लौह अयस्क आरक्षित हैं।
- लौह अयस्क की खदानें देश के उत्तर-पूर्वी पठार प्रदेश में कोयला क्षेत्रों के निकट स्थित हैं, जो औद्योगिक विकास के लिए लाभप्रद हैं।
- लौह अयस्क एक आधारभूत खनिज है तथा औद्योगिक विकास का आधार है।
- हमारे देश में इस अयस्क के दो मुख्य प्रकार **हेमेटाइट** तथा **मैग्नेटाइट** पाए जाते हैं।
- मैग्नेटाइट सर्वोत्तम प्रकार का लौह अयस्क है, जिसमें 70% लोहांश पाया जाता है। इसमें सर्वश्रेष्ठ चुंबकीय गुण होते हैं, जो विद्युत उद्योगों के लिए विशेष रूप से उपयोगी हैं।
- हेमेटाइट सर्वाधिक महत्त्वपूर्ण औद्योगिक लौह अयस्क है, जिसका अधिकतम मात्रा में उपयोग हुआ है, किंतु इसमें लोहांश की मात्रा मैग्नेटाइट की अपेक्षा थोड़ी-सी कम होती है। इसमें लोहांश की मात्रा 50 से 60% तक पाई जाती है।
- लौह अयस्क के अन्य प्रकारों में **लियोनाइट** एवं **सीडेराइठ** प्रमुख हैं।

लौह अयस्क की पेटी

लौह अयस्क के कुल आरक्षित भंडारों का लगभग 95% भाग ओडिशा, झारखंड, छत्तीसगढ़, कर्नाटक, गोवा, आंध्र प्रदेश तथा तमिलनाडु राज्यों में स्थित है।

भारत में लौह अयस्क की पेटियाँ निम्नलिखित हैं

- **ओडिशा-झारखंड पेटी** ओडिशा में हेमेटाइट किस्म का लौह अयस्क (उच्चकोटि) मयूरभंज व केंदूझार जिलों में बादाम पहाड़ खदानों से निकलता है। यहाँ की महत्त्वपूर्ण खदानों में गुरुमहिसानी, सुलाइपत, बादामपहाड़ (मयूरभंज), किरुबुरू (केंदूझार) तथा बोनाई सुंदरगढ़ हैं। झारखंड के पश्चिमी सिंहभूम में गुवा तथा नोआमुडी से हेमेटाइट अयस्क का खनन किया जाता है।
- **दुर्ग-बस्तर चंद्रपुर पेटी** यह पेटी महाराष्ट्र व छत्तीसगढ़ राज्यों के अंतर्गत पाई जाती है। छत्तीसगढ़ के बस्तर जिले में बैलाडिला पहाड़ी शृंखलाओं में अति उत्तम कोटि का हेमेटाइट पाया जाता है, जिसमें इस गुणवत्ता के लौह के 14 जमाव मिलते हैं। इसमें इस्पात बनाने में आवश्यक सर्वश्रेष्ठ भौतिक गुण विद्यमान हैं।

महाराष्ट्र के चंद्रपुर, रत्नागिरि व भंडारा जिलों में भी लौह अयस्क का जमाव पाया जाता है। छत्तीसगढ़ से प्राप्त होने वाले लौह अयस्क को विशाखापत्तनम के समुद्री पत्तन से जापान और दक्षिण कोरिया को निर्यात किया जाता है।

- **बल्लारी-चित्रदुर्ग, चिकमंगलुरु-तुमकुरु पेटी** कर्नाटक की इस पेटी में लौह अयस्क की वृहत् राशि संचित है। कर्नाटक के पश्चिमी घाट में अवस्थित कुद्रेमुख की खानें शत-प्रतिशत निर्यात इकाई हैं। कुद्रेमुख निक्षेप संसार के सबसे बड़े निक्षेपों में से एक माना जाता है।
- कर्नाटक में लौह अयस्क के निक्षेप बल्लारी जिले के संदूर-होसपेट क्षेत्र में, चिकमंगलुरु जिले की बाबाबूदन पहाड़ियों और कुद्रेमुख तथा शिमोगा, चित्रदुर्ग एवं तुमकुरु जिलों के कुछ हिस्सों में पाए जाते हैं।

- लौह अयस्क कर्दम (Slurry) रूप में पाइपलाइन द्वारा मंगलुरु के निकट एक पत्तन पर भेजा जाता है।
- **महाराष्ट्र-गोवा पेटी** यह पेटी गोवा तथा महाराष्ट्र राज्य के रत्नागिरि जिले में स्थित है। यद्यपि यहाँ का लोहा उत्तम प्रकार का नहीं है, किंतु इसका दक्षता से दोहन किया जाता है। मार्मागाओ (गोवा) पत्तन से इसका निर्यात किया जाता है। इसके अतिरिक्त अन्य लौह अयस्क उत्पादन क्षेत्रों में तेलंगाना के करीम नगर, वारंगल जिले, आंध्र प्रदेश के कुरुनूल, कड़प्पा तथा अनंतपुर जिले और तमिलनाडु राज्य के सेलम तथा नीलगिरि जिले लौह अयस्क खनन के लिए प्रसिद्ध हैं।

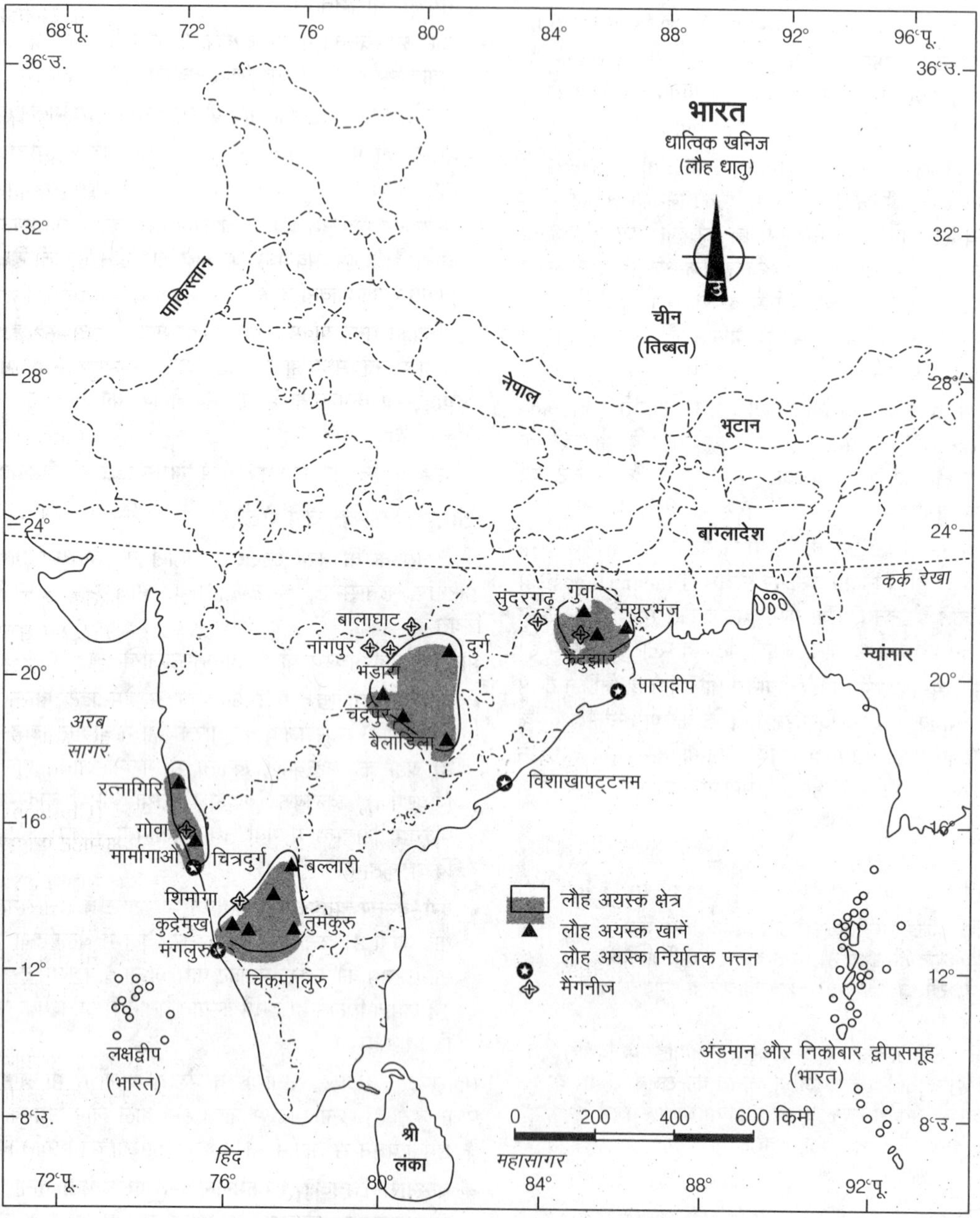

मैंगनीज

- लौह अयस्क के प्रगलन के लिए मैंगनीज एक महत्त्वपूर्ण कच्चा माल है और इसका उपयोग लौह-मिश्रधातु, विनिर्माण में भी किया जाता है।
- मैगनीज मुख्य रूप से इस्पात के विनिर्माण में प्रयोग किया जाता है। मैंगनीज के निक्षेप लगभग सभी भूगर्भिक संरचनाओं में पाए जाते हैं। हालाँकि, मुख्य रूप से ये **धारवाड़ क्रम** (Dharwar System) की चट्टानों में पाए जाते हैं।
- मैंगनीज का उपयोग ब्लीचिंग पाउडर, कीटनाशक दवाएँ व पेंट बनाने में किया जाता है। मैंगनीज के मुख्य निक्षेप निम्नलिखित स्थानों पर पाए जाते हैं
  - **ओडिशा** यह मैंगनीज का अग्रणी उत्पादक है। ओडिशा की मुख्य खदानें लौह अयस्क पट्टी के मध्य भाग में विशेष रूप से बोनाई, केंदूझार, सुंदरगढ़, गंगपुर, कोरापुट, कालाहांडी तथा बोलनगीर में स्थित हैं।
  - **कर्नाटक** यह मैंगनीज का एक अन्य प्रमुख उत्पादक है तथा इसकी खदानें धारवाड़, बल्लारी, बेलगावी, उत्तरी कनारा, चिकमंगलुरु, शिमोगा, चित्रदुर्ग तथा तुमकुरु में स्थित हैं।
  - **महाराष्ट्र** यह भी मैंगनीज का एक मुख्य उत्पादक है। यहाँ मैंगनीज का खनन नागपुर, भंडारा तथा रत्नागिरि जिलों में होता है। इन खदानों की हानि यह है कि ये इस्पात संयंत्रों से दूर स्थित हैं।
  - **मध्य प्रदेश** इसके अन्तर्गत मैंगनीज की पट्टी बालाघाट, छिंदवाड़ा, निमाड़, मंडला और झाबुआ जिलों तक विस्तृत है।
  - तेलंगाना, गोवा तथा झारखंड मैंगनीज के अन्य गौण उत्पादक हैं।
  - मैंगनीज के पाँच प्रमुख उत्पादक राज्य मध्य प्रदेश, महाराष्ट्र, ओडिशा, आंध्र प्रदेश तथा कर्नाटक हैं।

अलौह खनिज

भारत में अलौह खनिजों (Non-Ferrous Minerals) की संचित राशि व उत्पादन अधिक संतोषजनक नहीं है। यद्यपि ये खनिज जिनमें ताँबा, बॉक्साइट, सीसा और सोना आते हैं, धातु शोधन, इंजीनियरिंग व विद्युत उद्योगों में महत्त्वपूर्ण भूमिका निभाते हैं।

बॉक्साइट को छोड़कर अन्य सभी अलौह खनिजों के संबंध में भारत की स्थिति निम्न है

बॉक्साइट

- बॉक्साइट एक अयस्क है, जिसका प्रयोग एल्युमीनियम के विनिर्माण में किया जाता है।
- बॉक्साइट मुख्यत: **टर्शियरी निक्षेपों** (Tertiary Deposits) में पाया जाता है और यह लैटेराइट चट्टानों से संबद्ध है।
- यद्यपि अनेक अयस्कों में एल्युमीनियम पाया जाता है, किंतु सबसे अधिक एल्युमिना क्ले (clay) जैसे दिखने वाले पदार्थ बॉक्साइट से प्राप्त किए जाते हैं।
- बॉक्साइट निक्षेपों की रचना एल्युमीनियम सिलिकेटों से समृद्ध व्यापक भिन्नता वाली चट्टानों के विघटन से होती है।
- एल्युमीनियम एक महत्त्वपूर्ण धातु है, क्योंकि यह लौहे जैसी शक्ति के साथ-साथ अत्यधिक हल्की एवं सुचालक भी होती है, इसमें अत्यधिक घातवर्ध्यता (Malleability) भी पाई जाती है।
- बॉक्साइट के प्रमुख अयस्क बोहेमाइट एवं गिबसाइट हैं।
- बॉक्साइट के प्रमुख निक्षेप निम्नलिखित स्थानों पर पाए जाते हैं
  - भारत में बॉक्साइट के निक्षेप (Bauxite Deposits) मुख्यत: प्रायद्वीपीय भारत के पठारी क्षेत्रों में अमरकंटक पठार, मैकाल पहाड़ी तथा बिलासपुर-कटनी के पठारी प्रदेशों के साथ-साथ देश के तटीय भागों में भी पाए जाते हैं।
  - ओडिशा बॉक्साइट का सबसे बड़ा उत्पादक है। **कालाहांडी** तथा **संबलपुर** बाक्साइट के अग्रणी उत्पादक हैं।
  - दो अन्य क्षेत्र जो अपने उत्पाद को बढ़ा रहे हैं, बोलनगीर एवं कोरापुट जिले में स्थित पंचपतमाली निक्षेप राज्य के सबसे महत्त्वपूर्ण बॉक्साइट निक्षेप हैं।
  - झारखंड में **लोहरदग्गा** जिले की पाटलैंड्स (Patlands) में इसके समृद्ध निक्षेप हैं। पाटलैंड्स (Patlands), पठार की एक प्रवृत्ति है, इसे उप-पठार (Sub-Plateau) की संज्ञा भी दी जाती है।
  - गुजरात के भावनगर एवं जामनगर में इसके प्रमुख निक्षेप हैं।
  - छत्तीसगढ़ में बॉक्साइट निक्षेप के भंडार, अमरकंटक पठार में पाए जाते हैं, जबकि मध्य प्रदेश में कटनी, जबलपुर तथा बालाघाट में इसके महत्त्वपूर्ण निक्षेप हैं।
  - महाराष्ट्र में कोलाबा, थाणे, रत्नागिरि, सतारा, पुणे तथा कोल्हापुर इसके महत्त्वपूर्ण उत्पादक हैं।
  - कर्नाटक, तमिलनाडु तथा गोवा बॉक्साइट के गौण उत्पादक हैं।

ताँबा

- भारत में ताँबे का भंडार व उत्पादन क्रांतिक रूप से कम होता है। घातवर्ध्य (Malleable), तन्य (Tensile) और ताप सुचालक (Thermal Conductor) होने के कारण ताँबे का उपयोग मुख्यत: बिजली के तार बनाने, इलेक्ट्रॉनिक्स और रसायन उद्योगों में किया जाता है।
- आभूषणों को सुदृढ़ता प्रदान करने के लिए इसे स्वर्ण के साथ भी मिलाया जाता है।
- ताँबे के मुख्य अयस्कों में चाल्कोपायराइट (Chalcopyrite), बोरनाइट, चेल्कासाइट (Chalcocite), क्यूप्राइट, मेलासाइट एवं एज़ूराइट शामिल हैं।
- मध्य प्रदेश की बालाघाट खदानें देश का लगभग 52% ताँबा उत्पादित करती हैं।
- झारखंड के पूर्वी तथा पश्चिमी सिंहभूम जिले भी ताँबे के मुख्य उत्पादक हैं। राजस्थान के झुंझुनूँ जिले में खेतड़ी की खान एवं अलवर जिला भी मुख्य उत्पादक हैं।
- ताँबा के गौण उत्पादक में आंध्र प्रदेश गुंटूर जिले का अग्निगुंडाला, कर्नाटक के चित्रदुर्ग तथा हासन जिले और तमिलनाडु का दक्षिण आरकाट जिला मुख्य है।

अन्य अलौह खनिज

अन्य अलौह खनिज निम्नलिखित हैं

- **सोना** भारत में सोने के निक्षेप (Gold Deposits) बहुत कम हैं। सोने का उत्पादन कर्नाटक राज्य में कोलार तथा हट्टी (रायचूर जिला) की खानों से होता है। कोलार की खाने संसार की सबसे गहरी खान है। आंध्र प्रदेश के अनंतपुर जिले की खानों से भी सोने का खनन किया जा रहा है। सोने के प्रमुख उत्पादक राज्य कर्नाटक (99%) तथा झारखंड हैं।

- **चाँदी** चाँदी की प्राप्ति राजस्थान के उदयपुर में स्थित जावर की खान से तथा भीलवाड़ा जिले में अंगुचा-रामपुरा से होती है। अन्य चाँदी उत्पादक क्षेत्रों में तुण्डू, सिंहभूम, संथाल-परगना (झारखंड),कोलार व हट्टी (कर्नाटक) एवं रामगिरि अनंतपुर (आंध्र प्रदेश) सम्मिलित हैं। चाँदी के प्रमुख उत्पादक राज्य राजस्थान तथा कर्नाटक हैं।
- **लेड और जिंक** राजस्थान लेड (सीसा) और जिंक (जस्ता) उत्पन्न करने में अग्रणी राज्य है। उदयपुर जिले की जावर खानें देश की सबसे महत्त्वपूर्ण खानें हैं। आंध्र प्रदेश का कड़प्पा जिला, गुजरात के बनासकंठा, वडोदरा, सूरत, पंचमहल और मेघालय एवं सिक्किम में भी लेड और जिंक के निक्षेपों के कुछ अन्य क्षेत्र हैं। हमारे देश में लेड और जिंक दोनों का अभाव है, इस अभाव को ऑस्ट्रेलिया तथा कनाडा से आयात द्वारा पूरा किया जाता है।
- **टिन** (Tin) यह मुख्य रूप से धारवाड़ क्रम की चट्टानों में पाया जाता है। छत्तीसगढ़, भारत का एकमात्र टिन उत्पादक राज्य है।

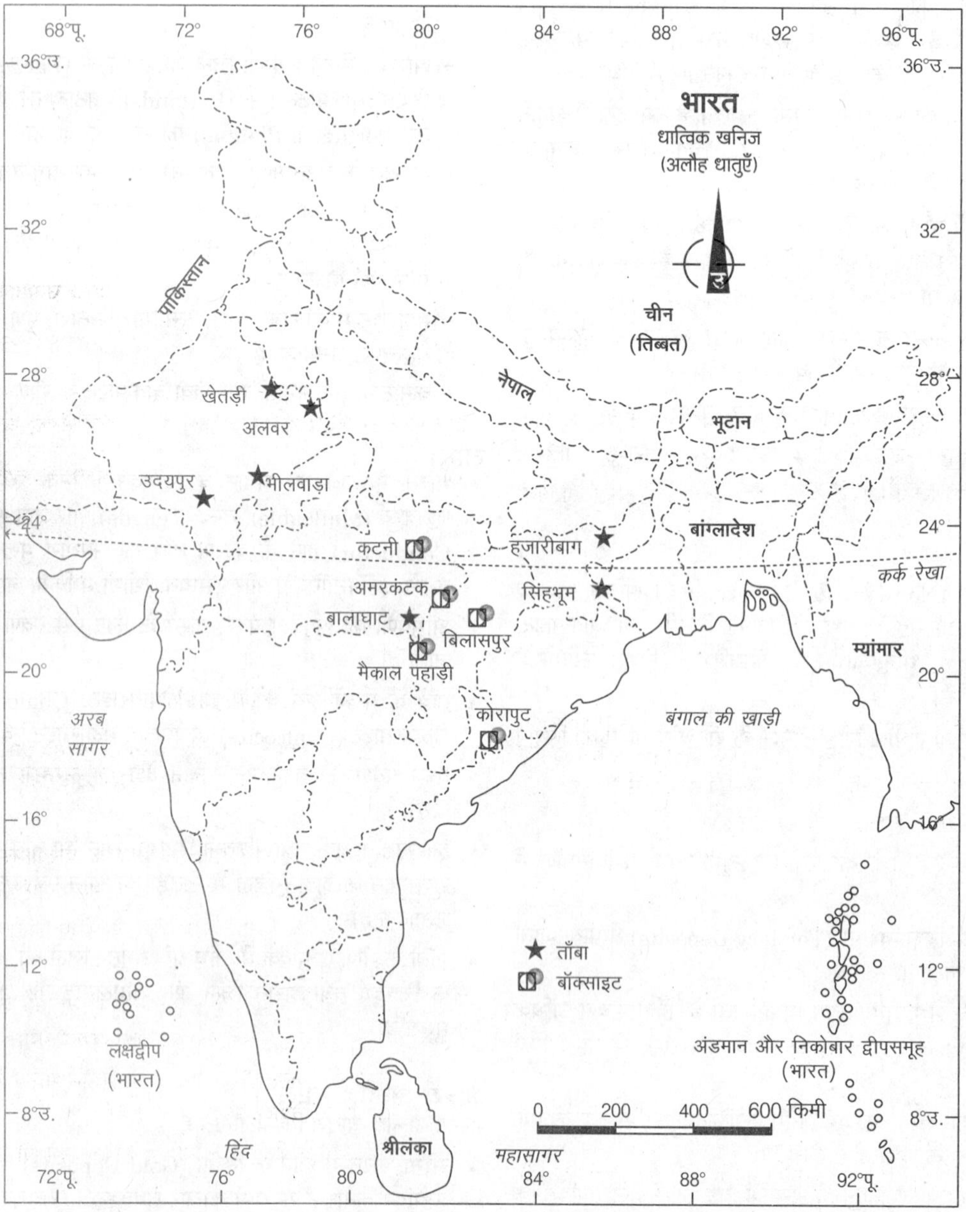

अधात्विक खनिज

भारत में उत्पादित अधात्विक खनिजों (Non Metallic Minerals) में अभ्रक महत्त्वपूर्ण है। स्थानीय खपत के लिए उत्पन्न किए जा रहे अन्य खनिज चूना पत्थर, डोलोमाइट तथा फॉस्फेट हैं।

अभ्रक

- अभ्रक (Mica) एक ऐसा खनिज है, जो प्लेटों अथवा स्तर क्रम में पाया जाता है।
- इसका चादरों में **विपाटन** (Split) आसानी से हो सकता है। ये परतें इतनी महीन होती हैं कि इनकी एक हजार परतें कुछ सेंटीमीटर ऊँचाई में समाहित हो सकती हैं।
- अभ्रक पारदर्शी, काले, हरे, लाल, पीले अथवा भूरे रंग का हो सकता है।
- इसकी सर्वोच्च परावैद्युत शक्ति, ऊर्जा ह्रास का निम्न गुणांक, विसंवाहन के गुण और उच्च वोल्टेज की प्रतिरोधिता के कारण अभ्रक विद्युत व इलेक्ट्रॉनिक उद्योगों में प्रयुक्त होने वाले अपरिहार्य खनिजों में से एक है।
- भारत में अभ्रक की तीन किस्में पाई जाती हैं-**मस्कोबाइट**, **फ्लोगोपाइट** तथा **बायोटाइट**।
- भारत में अभ्रक मुख्यत: झारखंड, आंध्र प्रदेश, तेलंगाना व राजस्थान में पाया जाता है।
- इसके अतिरिक्त तमिलनाडु, पश्चिम बंगाल व मध्य प्रदेश अभ्रक के गौण उत्पादक राज्य हैं।
- झारखंड में उच्च गुणवत्ता वाला अभ्रक हजारीबाग पठार की 150 किमी लंबी व 22 किमी चौड़ी पट्टी में पाया जाता है।
- आंध्र प्रदेश में नेल्लोर जिले में सर्वोत्तम प्रकार के अभ्रक का उत्पादन किया जाता है।
- राजस्थान में अभ्रक की पट्टी लगभग 320 किमी लंबाई में जयपुर से भीलवाड़ा और उदयपुर के आस-पास विस्तृत है।
- कर्नाटक के मैसूर व हासन जिले, तमिलनाडु के कोयंबटूर, तिरुचिरापल्ली, मदुरई और कन्याकुमारी जिले, महाराष्ट्र के रत्नागिरि तथा पश्चिम बंगाल के पुरुलिया एवं बाँकुरा जिलों में भी अभ्रक के निक्षेप पाए जाते हैं। अभ्रक के प्रमुख उत्पादक राज्य आंध्र प्रदेश तथा राजस्थान हैं।

चट्टानी खनिज

पृथ्वी की ऊपरी परत में चट्टानी खनिजें (Rock Minerals) पाए जाते हैं। ये बालुका तथा पत्थर के रूप में मौजूद होते हैं। चूना पत्थर एक विशिष्ट चट्टानी खनिज है।

चूना पत्थर

- चूना पत्थर कैल्शियम या कैल्शियम कार्बोनेट तथा मैग्नीशियम कार्बोनेट से बनी चट्टानों में पाया जाता है। यह अधिकांशत: **अवसादी चट्टानों** में पाया जाता है।
- चूना पत्थर सीमेंट उद्योग का एक आधारभूत कच्चा माल होता है और लौह-प्रगलन (Iron-Smelting) की भट्टियों के लिए अनिवार्य है।
- चूना पत्थर के प्रमुख उत्पादक राज्य राजस्थान, मध्य प्रदेश, आंध्र प्रदेश तथा छत्तीसगढ़ हैं।

लवण

- लवण (Salt) एक अन्य महत्त्वपूर्ण खनिज है, जिसका उपयोग रसायन उद्योग में होता है।
- सोडियम क्लोराइड, जिसे सामान्य लवण कहते हैं, खाने वाला नमक होता है।
- लवण, समुद्री जल, जल स्रोतों, कुओं तथा **राजस्थान** के शुष्क प्रदेशों की झीलों में लवण क्यारियों से प्राप्त किया जाता है।
- इसके अतिरिक्त **गुजरात** और **हिमाचल प्रदेश** के मंडी क्षेत्र से सेंधा नमक प्राप्त किया जाता है।
- लवण की प्राप्ति, महाराष्ट्र, गुजरात और तमिलनाडु के समुद्री जल से होती है। राजस्थान के लवण उत्पादन में महत्त्वपूर्ण क्षेत्र सांभर, डिडवाना तथा पचपदरा हैं।
- लवण के प्रमुख उत्पादक राज्य गुजरात, तमिलनाडु तथा राजस्थान हैं।

अन्य प्रमुख अधात्विक खनिज

खनिज	प्रमुख उत्पादक
जिप्सम	राजस्थान (99%), जम्मू एवं कश्मीर
डोलोमाइट (मैग्नीशियम का अयस्क)	छत्तीसगढ़, आंध्र प्रदेश, ओडिशा
कायनाइट	झारखंड, महाराष्ट्र व कर्नाटक
सिलिमेनाइट	आंध्र प्रदेश, ओडिशा, केरल
स्टीयटाइट (Talc) (यह मैग्नीशियम का हाइड्रस सिलिकेट होता है।)	राजस्थान, उत्तराखंड, आंध्र प्रदेश

खनिजों का संरक्षण

- सतत पोषणीय विकास (Sustainable Development) की चुनौती के लिए आर्थिक विकास की इच्छा का पर्यावरणीय मुद्दों से समन्वय आवश्यक है।
- संसाधन उपयोग के परंपरागत तरीकों के परिणामस्वरूप बड़ी मात्रा में अपशिष्ट के साथ-साथ अन्य पर्यावरणीय समस्याएँ भी उत्पन्न होती हैं।
- सतत पोषणीय विकास भावी पीढ़ियों के लिए संसाधनों के संरक्षण का आह्वान करता है।
- धात्विक खनिजों के मामले में छाजन (स्क्रैप) धातुओं का उपयोग, धातुओं के पुनर्चक्रण (Recycling of Metals) द्वारा संभव होगा।
- ताँबा-सीसा और जस्ते जैसी धातुओं में, जिनमें भारत के भंडार अपर्याप्त हैं, छाजन का प्रयोग विशेष रूप से सार्थक है।
- अत्यल्प धातुओं के लिए प्रतिस्थापनों का उपयोग भी उनकी खपत को घटा सकता है।
- सामरिक और कम भंडार वाले खनिजों के निर्यात को भी घटाना आवश्यक है, ताकि वर्तमान आरक्षित भंडार (Existing Reserve) का लंबे समय तक प्रयोग किया जा सके।

ऊर्जा संसाधन

- ऊर्जा का उत्पादन ईंधन खनिजों; जैसे-कोयला, पेट्रोलियम, प्राकृतिक गैस, यूरेनियम तथा विद्युत से किया जाता है।
- ऊर्जा संसाधनों (Energy Resources) को **परंपरागत** (Conventional) तथा **गैर-परंपरागत** (Non-Conventional) साधनों में वर्गीकृत किया जा सकता है।
- गैर-परंपरागत साधनों में सौर, पवन, ज्वारीय, भू-तापीय, बायोगैस तथा परमाणु ऊर्जा शामिल किए जाते हैं।
- एक अनुमान के अनुसार, ग्रामीण घरों में आवश्यक ऊर्जा का 70% से अधिक लकड़ी व उपले का प्रयोग होता है, लेकिन अब घटते वन क्षेत्र के कारण इनका उपयोग करना कठिन होता जा रहा है।

परंपरागत ऊर्जा के स्रोत

परंपरागत साधनों में लकड़ी, उपले, कोयला, पेट्रोलियम, प्राकृतिक गैस तथा विद्युत (जल विद्युत व ताप विद्युत दोनों) सम्मिलित हैं। परंपरागत स्रोत **समाप्य संसाधन** (Non-Renewable Resource) हैं।

कोयला

- कोयला (Coal) महत्त्वपूर्ण खनिजों में से एक है। भारत में कोयला बहुतायत में पाया जाने वाला जीवाश्म ईंधन है। यह देश की ऊर्जा की आवश्यकताओं का महत्त्वपूर्ण भाग प्रदान करता है।
- इसका उपयोग ऊर्जा उत्पादन तथा उद्योगों और घरेलू आवश्यकताओं के लिए एवं ऊर्जा की आपूर्ति के लिए किया जाता है।
- भारत अपनी वाणिज्यिक ऊर्जा आवश्यकताओं की पूर्ति हेतु मुख्यत: कोयले पर निर्भर है।
- कोयले का मुख्य प्रयोग ताप विद्युत उत्पादन तथा लौह अयस्क के **प्रगलन** (Smelting) के लिए किया जाता है।
- कोयले का निर्माण पादप पदार्थों के लाखों वर्षों तक संपीडन (Compression) से हुआ है। इसीलिए संपीडन की मात्रा, गहराई और दबने के समय के आधार पर कोयला अनेक रूपों में पाया जाता है।
- दलदलों में क्षय होते पादपों से पीट कोयला उत्पन्न होता है, जिसमें कम कार्बन, नमी की उच्च मात्रा व निम्न ताप क्षमता होती है।
- **लिग्नाइट** एक निम्न कोटि का भूरा कोयला होता है। यह मुलायम होने के कारण अधिक नमीयुक्त होता है। लिग्नाइट के प्रमुख भंडार तमिलनाडु के नैवेली में मिलते हैं और विद्युत उत्पादन में प्रयोग किए जाते हैं।
- गहराई में दबे तथा अधिक तापमान से प्रभावित कोयले को **बिटुमिनस कोयला** कहा जाता है।
- वाणिज्यिक प्रयोग में यह सर्वाधिक लोकप्रिय है।
- धातु शोधन में उच्च श्रेणी के बिटुमिनस कोयले का प्रयोग किया जाता है, जिसका लोहे के प्रगलन में विशेष महत्त्व है। एंथ्रेसाइट सर्वोत्तम गुण वाला कठोर कोयला है।
- भारत में कोयला निक्षेपों का लगभग 80% बिटुमिनस प्रकार का तथा गैर-कोककारी श्रेणी (Non-Coking Coal) का है।

प्रमुख कोयला उत्पादक क्षेत्र एवं वितरण

भारत में कोयला दो प्रमुख **भूगर्भिक युगों** (Geological Time Period) के शैल क्रम में पाया जाता है

गोंडवाना कोयला क्षेत्र

- गोंडवाना कोयला क्षेत्र से प्राप्त होने वाला कोयला 200 लाख वर्ष से अधिक पुराना है।
- भारत में कोयले के कुल संचित भंडार का 98% भाग तथा कुल उत्पादन का 99% भाग गोंडवाना कोयला क्षेत्र से प्राप्त होता है।
- गोंडवाना युगीन कोयला मुख्यत: बिटुमिनस प्रकार का होता है।
- भारत में सर्वाधिक महत्त्वपूर्ण गोंडवाना कोयला क्षेत्र **दामोदर घाटी** में स्थित है। यह झारखंड-बंगाल कोयला पट्टी में स्थित है और इस प्रदेश के महत्त्वपूर्ण कोयला क्षेत्र रानीगंज, झरिया, बोकारो, गिरिडीह तथा करनपुरा (झारखंड) हैं।
- **झरिया** (झारखंड) सबसे बड़ा कोयला क्षेत्र है, इसके बाद रानीगंज आता है। कोयले से संबद्ध अन्य घाटियाँ गोदावरी, महानदी तथा सोन हैं।
- अन्य महत्त्वपूर्ण कोयला खनन केंद्र मध्य प्रदेश में सिंगरौली, (सिंगरौली कोयला क्षेत्र का कुछ भाग उत्तर प्रदेश में भी आता है) छत्तीसगढ़ में कोरबा, ओडिशा में तलचर तथा रामपुर, महाराष्ट्र में चंद्रपुर- वर्धा, कांपटी और बांदेर, तेलंगाना में सिंगरेनी व आंध्र प्रदेश में पांडुर हैं।

टर्शियरी कोयला क्षेत्र

- इस श्रेणी का कोयला असम, अरुणाचल प्रदेश, मेघालय तथा नागालैंड में पाया जाता है, इसके अतिरिक्त यह जम्मू-कश्मीर में भी मिलता है।
- यह दरानगिरि, चेरापूँजी, मेवलांग तथा लैंग्रिन (मेघालय), माकुम, जयपुर तथा ऊपरी असम में, नजीरा नामचिक-नाम्फुक (अरुणाचल प्रदेश) तथा कालाकोट (जम्मू-कश्मीर) से निष्कर्षित किया जाता है।

कोयला का वितरण क्षेत्र

कोयला का वितरण क्षेत्र निम्नलिखित हैं

- **झारखंड** कोयला भंडार की दृष्टि से यह अग्रणी राज्य है। यहाँ के प्रमुख कोयला क्षेत्रों में झरिया, बोकारो, रामगढ़, कर्णपुरा एवं गिरिडीह प्रमुख हैं।
- **झरिया** यह भारत का सबसे बड़ा कोयला उत्पादक क्षेत्र है और यहाँ से बिटुमिनस प्रकार का कोयला प्राप्त होता मिलता है।
- **छत्तीसगढ़** कोयले के भंडार की दृष्टि से छत्तीसगढ़ का तीसरा स्थान है एवं यह भारत का सबसे बड़ा कोयला उत्पादक राज्य है। यहाँ पर कोयले की प्रमुख खानें कोरबा एवं सरगुजा जिले के बिसरामपुर, तातापानी, चिरिमिरी, सोनहट तथा कोरियागढ़ में हैं।
- **ओडिशा** यहाँ पर भारत के एक-चौथाई कोयले की संचित राशि पाई जाती है। ओडिशा के कोयला भंडार धनकनाल, संबलपुर तथा सुंदरगढ़ जिलों में हैं। यहाँ के कोयला क्षेत्र तलचर (धनकनाल), रामपुर (संबलपुर), हिमगीर (सुंदरगढ़) प्रमुख हैं।
- **मध्य प्रदेश** यहाँ के प्रमुख कोयला क्षेत्र सिंगरौली (शहडोल एवं सीधी जिले), सोहागपुर (शहडोल), पेंचघाटी (छिंदवाड़ा), पाथरखेड़ा (बैतूल) आदि महत्त्वपूर्ण हैं।

- **आंध्र प्रदेश** यहाँ पर अधिकांशत: कोयला गोदावरी नदी घाटी में पाया जाता है। यहाँ की प्रमुख कोयला खाने सिंगरेनी, कान्यपाली, कोठागुडम तथा तंदूर की खानें हैं।
- **महाराष्ट्र** यहाँ पर अधिकांश कोयला वर्धा घाटी में पाया जाता है। यहाँ के प्रमुख कोयला क्षेत्र कांपटी (नागपुर), उन (यवतमाल) एवं चंद्रपुर, घुघुस, बल्लारपुर तथा वरोरा अन्य प्रमुख कोयला क्षेत्र हैं।
- **पश्चिम बंगाल** यहाँ पर सबसे महत्त्वपूर्ण कोयला क्षेत्र रानीगंज है। यह भारत का दूसरा सबसे बड़ा कोयला क्षेत्र है। यह बर्दवान, पुरुलिया तथा बाकुरा जिलों में विस्तृत है, यहाँ पर बिटुमिनस प्रकार का कोयला मिलता है।
- **तमिलनाडु** यहाँ पर कुड्डलोर जिले में नेवेली कोयला क्षेत्र लिग्नाइट कोयले के लिए प्रसिद्ध है।
- **राजस्थान** यहाँ पर जोधपुर तथा जयपुर जिलों में लिग्नाइट प्रकार का कोयला मिलता है।
- **जम्मू-कश्मीर** इसकी टर्शियरी चट्टानों में लिग्नाइट कोयले के भंडार पाए जाते हैं। यहाँ कोयले की खानें पुंछ, रियासी, बालाकोट तथा उधमपुर जिलों में मिलती हैं।
- अन्य प्रमुख कोयला क्षेत्र **दार्जिलिंग** तथा **जलपाईगुड़ी** हैं, जहाँ लिग्नाइट कोयला पाया जाता है।

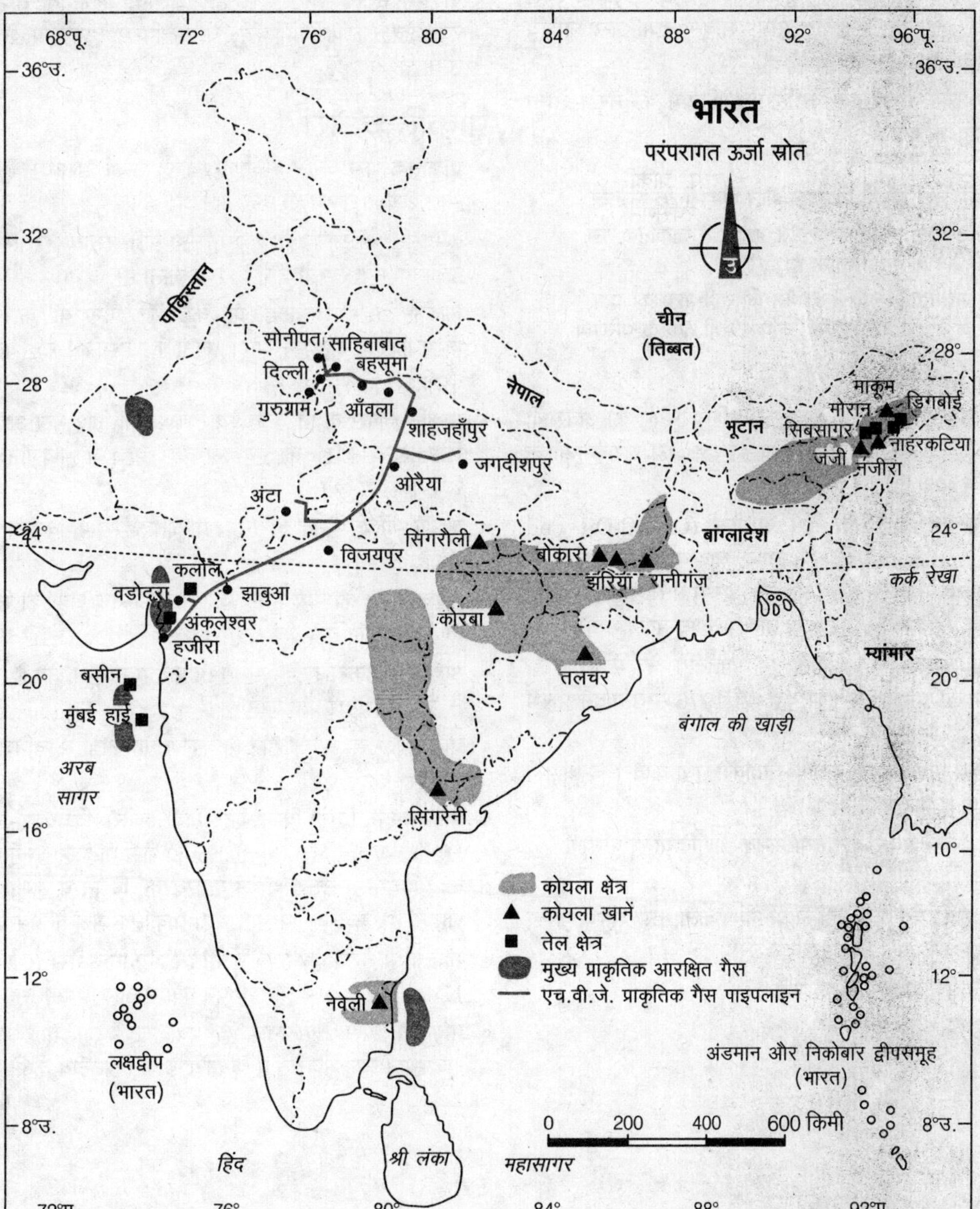

पेट्रोलियम

- भारत में कोयले के पश्चात् ऊर्जा का दूसरा प्रमुख साधन पेट्रोलियम या खनिज तेल है।
- कच्चा पेट्रोलियम द्रव और गैसीय अवस्था के **हाइड्रोकार्बन** (Hydrocarbon) से युक्त होता है तथा इसकी रासायनिक संरचना, रंगों एवं विशिष्ट घनत्व में भिन्नता पाई जाती है।
- यह मोटर वाहनों, रेलवे तथा वायुयानों के अंतर-दहन ईंधन के लिए ऊर्जा का एक अनिवार्य स्रोत है।
- इसके अनेक सह-उत्पाद पेट्रो-रसायन उद्योगों; जैसे- उर्वरक, कृत्रिम रबर, कृत्रिम रेशे, दवाइयाँ, वैसलीन स्नेहकों, मोम, साबुन तथा अन्य सौंदर्य सामग्री में प्रक्रमित किए जाते हैं।
- अपनी दुर्लभता और विविध उपयोगों के लिए पेट्रोलियम को **तरल सोना** (Liquid Gold) कहा जाता है।

रामानाथपुरम (तमिलनाडु) में विशाल गैस भंडारों के संकेत

- रामानाथपुरम जिले में तेल एवं प्राकृतिक गैस आयोग ने प्राकृतिक गैस भंडारों के संभावित क्षेत्र का पता लगाया है।
- यह सर्वेक्षण अभी प्रारंभिक अवस्था में है। गैस की सही मात्रा का पता सर्वेक्षण पूरा होने के बाद ही चल पाएगा, लेकिन अभी तक के परिणाम उत्साहवर्द्धक हैं।

- **अपरिष्कृत पेट्रोलियम** (Crude Petroleum) टर्शियरी युग की अवसादी शैलों (Sedimentry Rocks) में पाया जाता है। यह शैल संरचनाओं के अपनति व भ्रंश ट्रैप में पाया जाता है।
- वर्ष 1956 में **तेल एवं प्राकृतिक गैस आयोग** (ONGC-Oil and Natural Gas Commission) की स्थापना के बाद व्यवस्थित तरीके से तेल अन्वेषण और उत्पादन प्रारंभ हुआ। तब तक असम में **डिगबोई** एकमात्र तेल उत्पादक क्षेत्र था, लेकिन वर्ष 1956 के बाद परिदृश्य बदल गया।
- **मुंबई हाई**, जो मुंबई नगर से 160 किमी दूर अपतटीय क्षेत्र में पड़ता है, इसको वर्ष 1973 में खोजा गया था और वहाँ वर्ष 1976 में उत्पादन प्रारंभ हो गया।
- तेल एवं प्राकृतिक गैस पूर्वी तट पर कृष्णा-गोदावरी तथा कावेरी के बेसिनों में अन्वेषणात्मक कूपों में पाए जाते हैं।
- कूपों से निकाला गया तेल अपरिष्कृत तथा अनेक अशुद्धियों से परिपूर्ण होता है।
- अपरिष्कृत तेल को सीधे प्रयोग में नहीं लाया जा सकता, इसे शोधित किए जाने की आवश्यकता होती है।
- भारत में दो प्रकार के तेल शोधन कारखाने हैं
  - क्षेत्र आधारित
  - बाजार आधारित
- **डिगबोई** तेल शोधन कारखाना क्षेत्र आधारित तथा **बरौनी** बाजार आधारित तेल शोधन कारखाने के उदाहरण हैं।

पेट्रोलियम वितरण क्षेत्र

- **भारत की ब्रह्मपुत्र घाटी** में डिगबोई, नाहरकटिया, मोरान-हुगरीजन, रुद्रसागर-लकवा (शिवसागर), सूरमा घाटी इत्यादि पेट्रोलियम उत्पादक क्षेत्र हैं।
- **गुजरात** में अंकलेश्वर (भरुच), खंभात-लूनेज क्षेत्र, अहमदाबाद, कलोल, मेहसाणा, नवागाम, सानंद आदि में पेट्रोलियम का खनन होता है।
- **पश्चिमी तटीय क्षेत्र** में मुंबई हाई, बसीन, अलियाबेट तथा **पूर्वी तटीय क्षेत्र** में रवा क्षेत्र (कृष्णा-गोदावरी), अमलापुरम (आंध्र प्रदेश) आदि पेट्रोलियम उत्पादक क्षेत्र हैं।

प्राकृतिक गैस

- प्राकृतिक गैस एक महत्त्वपूर्ण स्वच्छ ऊर्जा संसाधन है, जो पेट्रोलियम के साथ अथवा अलग भी पाई जाती है।
- इसे ऊर्जा के साधन के रूप में तथा पेट्रो-रसायन उद्योग के एक औद्योगिक कच्चे माल के रूप में प्रयोग किया जाता है।
- कार्बन डाइ-ऑक्साइड के कम उत्सर्जन के कारण प्राकृतिक गैस को पर्यावरण अनुकूल माना जाता है, इसलिए यह वर्तमान शताब्दी का ईंधन है।
- प्राकृतिक गैस के परिवहन एवं विपणन के लिए गैस अथॉरिटी ऑफ इंडिया लिमिटेड (GAIL) की स्थापना वर्ष 1984 में सार्वजनिक क्षेत्र के उद्यम के रूप में की गई थी।
- कृष्णा-गोदावरी नदी बेसिन में प्राकृतिक गैस के विशाल भंडार खोजे गए हैं।
- पश्चिमी तट के साथ मुंबई हाई और सन्निध क्षेत्रों को **खंभात की खाड़ी** में पाए जाने वाले तेल क्षेत्र संपूरित करते हैं।
- अंडमान-निकोबार द्वीप समूह भी एक महत्त्वपूर्ण क्षेत्र है, जहाँ प्राकृतिक गैस के विशाल भंडार पाए जाते हैं।
- प्राकृतिक गैस, हल्की होने के कारण तेल क्षेत्रों में खनिज तेल के ऊपर पाई जाती है।
- **पाइपलाइन** 1700 किलोमीटर लंबी हजीरा-विजयपुर-जगदीशपुर (HVJ-Hajira-Vijaipur-Jagdishpur) गैस पाइपलाइन मुंबई हाई और बसीन को पश्चिमी व उत्तरी भारत के उर्वरक, विद्युत व अन्य औद्योगिक क्षेत्रों से जोड़ती है। ऊर्जा व उर्वरक उद्योग प्राकृतिक गैस के प्रमुख प्रयोक्ता हैं।
- गाड़ियों में तरल ईंधन का **संपीडित प्राकृतिक गैस** (CNG-Compressed Natural Gas) से प्रतिस्थापन देश में लोकप्रिय हो रहा है।
- प्राकृतिक गैस तमिलनाडु के पूर्वी तट, ओडिशा, आंध्र प्रदेश, त्रिपुरा, राजस्थान तथा गुजरात एवं महाराष्ट्र के अपतटीय कुओं में पाई जाती है।

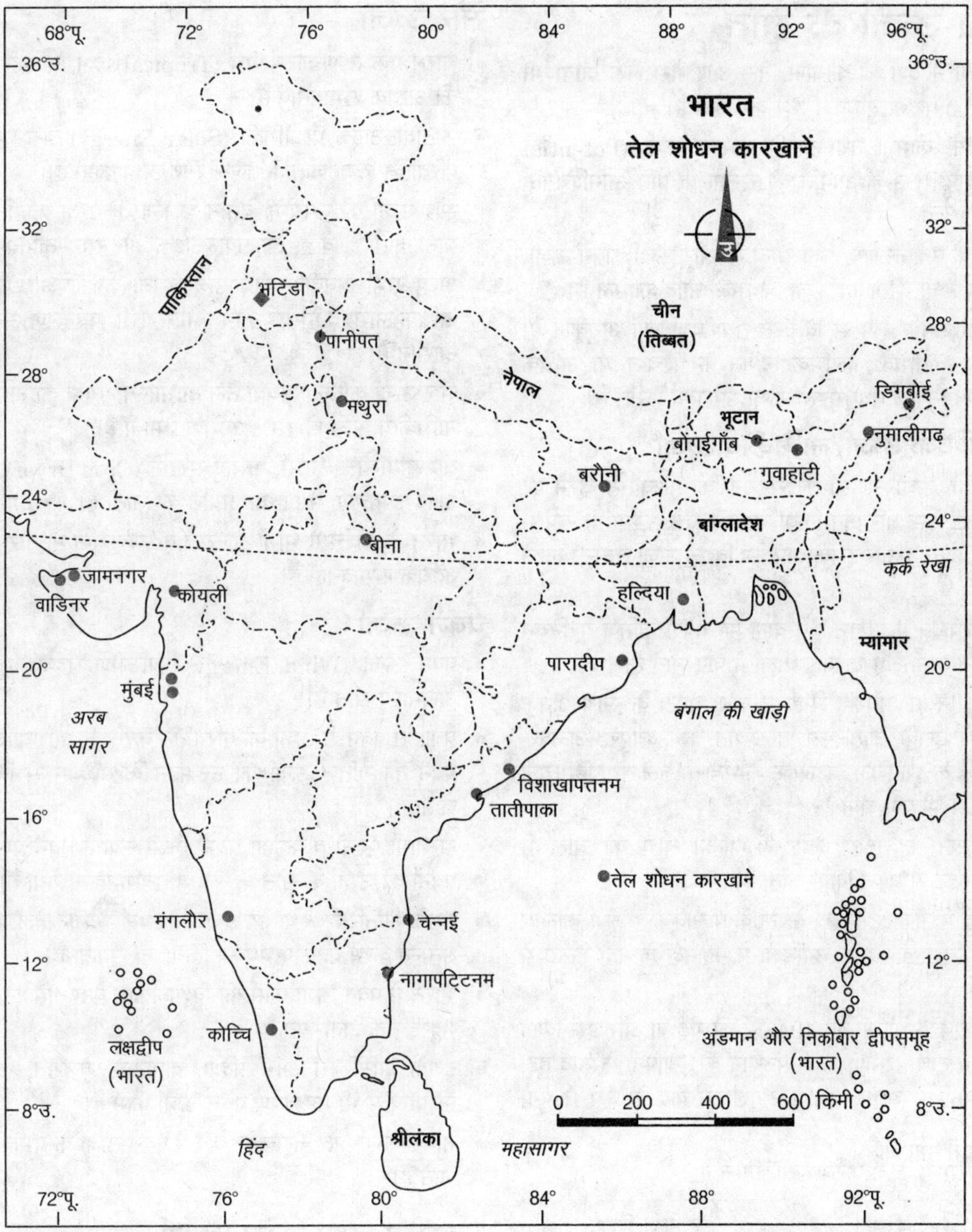

विद्युत

- आधुनिक विश्व में विद्युत के अनुप्रयोग इतने अधिक विस्तृत हैं कि इसके प्रतिव्यक्ति उपयोग को विकास का सूचकांक माना जाता है।
- विद्युत मुख्यत: दो प्रकार से उत्पन्न की जाती है
  – **प्रवाही जल** यह हाइड्रो-टरबाइन चलाकर जल विद्युत उत्पन्न करता है।
  – **अन्य ईंधन** कोयला, पेट्रोलियम व प्राकृतिक गैस को जलाने से टरबाइन चलाकर ताप विद्युत उत्पन्न की जाती है।
- भारत में अनेक बहुउद्देश्यीय परियोजनाएँ हैं, जो जल विद्युत ऊर्जा उत्पन्न करती हैं, जैसे-भाँखड़ा नांगल, दामोदर घाटी परियोजना और कोयली हाइडल परियोजना आदि।
- ताप-विद्युत कोयला, पेट्रोलियम तथा प्राकृतिक गैस के प्रयोग से उत्पन्न की जाती है। ताप विद्युत गृह अनवीकरण योग्य जीवाश्मी ईंधन का प्रयोग कर विद्युत उत्पन्न करते हैं।

गैर-परंपरागत ऊर्जा के स्रोत

- ऊर्जा के बढ़ते उपभोग ने देश को कोयला, तेल और गैस जैसे **जीवाश्मी ईंधनों** (Fossil Fuels) पर अत्यधिक निर्भर कर दिया है।
- गैस व तेल की बढ़ती कीमतों तथा इनकी संभाव्य कमी (Potential Shortages) ने भविष्य में ऊर्जा आपूर्ति की सुरक्षा के प्रति अनिश्चितता उत्पन्न कर दी है।
- गैर-परंपरागत ऊर्जा के नवीकरणीय ऊर्जा स्रोतों में-सौर ऊर्जा, पवन ऊर्जा, ज्वारीय ऊर्जा, जैविक ऊर्जा, भूतापीय ऊर्जा, जैवभार आदि शामिल हैं।
- ये ऊर्जा स्रोत अधिक समान रूप से वितरित तथा पर्यावरण अनुकूल हैं। परंपरागत ऊर्जा साधन अधिक आरंभिक लागत के पश्चात् भी अधिक स्थायी, पारिस्थितिक-अनुकूल तथा सस्ती ऊर्जा उपलब्ध कराते हैं।

परमाणु अथवा आण्विक ऊर्जा/नाभिकीय ऊर्जा

- परमाणु अथवा आण्विक ऊर्जा अणुओं की संरचना को परिवर्तित करने पर प्राप्त की जाती है, जब ऐसा परिवर्तन किया जाता है, तो ऊष्मा के रूप में अधिक ऊर्जा विमुक्त होती है और इसका उपयोग विद्युत ऊर्जा उत्पन्न करने में किया जाता है।
- नाभिकीय ऊर्जा के उत्पादन में प्रयुक्त होने वाले महत्त्वपूर्ण खनिज यूरेनियम और थोरियम हैं। यूरेनियम निक्षेप धारवाड़ शैलों में पाए जाते हैं।
- भौगोलिक रूप से यूरेनियम अयस्क सिंहभूम ताँबा पट्टी के साथ अनेक स्थानों पर मिलते हैं। इसके अतिरिक्त राजस्थान के उदयपुर, अलवर, झुँझुनूँ जिले छत्तीसगढ़ के दुर्ग जिले, महाराष्ट्र के भंडारा जिले तथा हिमाचल प्रदेश के कुल्लू जिले में भी पाए जाते हैं।
- थोरियम मुख्यत: केरल के तटीय क्षेत्रों की पुलिन बीच की बालू में मोनोजाइट एवं इल्मेनाइट से प्राप्त किया जाता है।
- विश्व के सबसे समृद्ध मोनोजाइट निक्षेप केरल के पालाक्काड तथा कोलाम जिले, आंध्र प्रदेश के विशाखापत्तनम, ओडिशा में महानदी के नदी डेल्टा में पाए जाते हैं।
- **परमाणु ऊर्जा आयोग** की स्थापना वर्ष 1948 में की गई थी और इस दिशा में प्रगति वर्ष 1954 में ट्रांबे परमाणु ऊर्जा संस्थान की स्थापना के बाद हुई, जिसे बाद में वर्ष 1967 में भाभा परमाणु अनुसंधान केंद्र के रूप में पुन: नामित किया गया।

महत्त्वपूर्ण नाभिकीय व परमाणु ऊर्जा परियोजनाएँ निम्न हैं

विद्युत गृह	अवस्थिति	कुल विद्युत उत्पादन
तारापुर परमाणु ऊर्जा	तारापुर (महाराष्ट्र)	1400 (MW)
राजस्थान परमाणु ऊर्जा	रावतभाटा, कोटा (राजस्थान)	1180 (MW)
मद्रास परमाणु ऊर्जा	कलपक्कम, चेन्नई तमिलनाडु	440 (MW)
कैगा परमाणु ऊर्जा	कैगा (कर्नाटक)	880 (MW)
नरोरा परमाणु ऊर्जा	नरौरा, बुलंदशहर (उत्तर प्रदेश)	440 (MW)
काकरापार परमाणु ऊर्जा	काकरापार, सूरत (गुजरात)	440 (MW)
कुडनकुलम परमाणु ऊर्जा	कुडनकुलम (तमिलनाडु)	2000 (MW)

सौर ऊर्जा

- भारत एक **उष्णकटिबंधीय** (Tropical) देश है। यहाँ सौर ऊर्जा के दोहन की अधिक संभावनाएँ हैं।
- फोटोवोल्टाइक प्रौद्योगिकी (Solar Energy) द्वारा धूप को सीधे विद्युत में परिवर्तित किया जाता है, जिसे सौर ऊर्जा कहते हैं।
- सौर ऊर्जा को उपयोगी बनाने के लिए जिन दो प्रक्रमों को बहुत ही प्रभावी माना जाता है, वे हैं- फोटोवोल्टाइक और सौर-तापीय प्रौद्योगिकी।
- अन्य सभी अनवीकरणीय ऊर्जा स्रोतों की अपेक्षा सौर-तापीय प्रौद्योगिकी अधिक लाभप्रद है। यह लागत प्रतिस्पर्द्धी, पर्यावरण अनुकूल तथा निर्माण में आसान है।
- सौर ऊर्जा कोयला अथवा तेल आधारित संयंत्रों की अपेक्षा 7% अधिक और नाभिकीय ऊर्जा से 10% अधिक प्रभावी है।
- यह सामान्यत: हीटरों, फसल सुखाने (Crop Dryer), कुकर्स (Cookers) आदि उपकरणों में अधिक प्रयोग की जाती है।
- भारत के पश्चिमी भागों गुजरात व राजस्थान में सौर ऊर्जा के विकास की अधिक संभावनाएँ हैं।

पवन ऊर्जा

- पवन ऊर्जा (Wind Energy) पूर्णरूपेण प्रदूषण मुक्त और ऊर्जा का असमाप्य स्रोत है।
- प्रवाहित पवन से ऊर्जा को परिवर्तित करने की अभियांत्रिकी अत्यंत सरल है। पवन की गतिज ऊर्जा को टरबाइन के माध्यम से विद्युत ऊर्जा में बदला जाता है।
- सन्मार्गी पवनों व पछुआ पवनों जैसी स्थायी पवन प्रणालियों और मानसून पवनों को ऊर्जा के स्रोत के रूप में प्रयोग किया गया है।
- इसके अतिरिक्त स्थानीय हवाओं, स्थलीय और जलीय पवनों को भी विद्युत उत्पन्न करने के लिए प्रयुक्त किया जा सकता है।
- भारत में पवन ऊर्जा फार्म की विशालकाय पेटी तमिलनाडु के नागरकोइल से मदुरई तक अवस्थित है।
- इसके अतिरिक्त आंध्र प्रदेश, कर्नाटक, गुजरात, केरल, महाराष्ट्र तथा लक्षद्वीप में भी महत्त्वपूर्ण पवन ऊर्जा फार्म हैं।
- नागरकोइल और जैसलमेर देश में पवन ऊर्जा के प्रभावी प्रयोग के लिए जाने जाते हैं।

ज्वारीय तथा तरंग ऊर्जा

- महासागरीय धाराएँ (Ocean Currents) ऊर्जा का अपरिमित भंडार हैं। सत्रहवीं एवं अठारहवीं शताब्दी के प्रारंभ से ही अविरल ज्वारीय तरंगों और महासागरीय धाराओं से अधिक ऊर्जा तंत्र बनाने के लिए निरंतर प्रयास जारी हैं।
- भारत के पश्चिमी तट पर वृहत ज्वारीय तरंगें उत्पन्न होती हैं। यद्यपि भारत के पास तटों के साथ ज्वारीय ऊर्जा विकसित करने की व्यापक संभावनाएँ हैं, परंतु अभी तक इनका उपयोग नहीं किया गया है।
- भारत में खंभात की खाड़ी, कच्छ की खाड़ी तथा पश्चिमी तट पर गुजरात में और पश्चिमी बंगाल में सुंदरबन क्षेत्र में, गंगा के डेल्टा में ज्वारीय तरंगों द्वारा ऊर्जा उत्पन्न करने की आदर्श दशाएँ उपस्थित हैं।

भू-तापीय ऊर्जा

- पृथ्वी के आंतरिक भागों से ताप का प्रयोग कर उत्पन्न की जाने वाली विद्युत को भू-तापीय ऊर्जा (Geo Thermal Energy) कहते हैं।
- भू-तापीय ऊर्जा इसलिए अस्तित्व में होती है, क्योंकि बढ़ती गहराई के साथ पृथ्वी प्रगामी ढंग से तप्त होती जाती है। जहाँ भी भू-तापीय प्रवणता अधिक होती है, वहाँ उथली गहराइयों पर भी अधिक तापमान पाया जाता है।
- ऐसे क्षेत्रों में भूमिगत जल चट्टानों से ऊष्मा का अवशोषण कर तप्त हो जाता है। यह इतना तप्त हो जाता है कि जब यह पृथ्वी की सतह की ओर उठता है, तो यह भाप में परिवर्तित हो जाता है।
- इसी भाप का उपयोग टरबाइन (Turbine) को चलाने और विद्युत उत्पन्न करने के लिए किया जाता है। भारत में सैकड़ों गर्म पानी के चश्मे (Springs) हैं, जिनका विद्युत उत्पादन में प्रयोग किया जा सकता है।
- जब पृथ्वी के गर्भ से मैग्मा निकलता है, तो अत्यधिक ऊष्मा निर्मुक्त होती है। इस ऊष्मा को विद्युत ऊर्जा में परिवर्तित किया जा सकता है।
- भू-तापीय ऊर्जा के दोहन के लिए भारत में दो प्रायोगिक परियोजनाएँ शुरू की गई हैं। एक, हिमाचल प्रदेश में मणिकर्ण के निकट **पार्वती घाटी** में स्थित है तथा दूसरी, लद्दाख में **पूगा घाटी** में स्थित है।
- भूमिगत ताप के उपयोग का पहला सफल प्रयास 1890 ई. में बोयजे (Boise) शहर इडाहो, अमेरिका में हुआ था, जहाँ आस-पास के भवनों को ताप देने के लिए गरम जल के पाइपों का जाल तंत्र (नेटवर्क) बनाया गया था।

जैव ऊर्जा (बायोगैस)

- जैव ऊर्जा (Bio Energy) उस ऊर्जा को कहा जाता है, जिसे जैविक उत्पादों से प्राप्त किया जाता है, जिसमें कृषि अवशेष, नगरपालिका, औद्योगिक तथा अन्य अपशिष्ट शामिल होते हैं। यह ऊर्जा, ऊर्जा परिवर्तन का एक संभावित स्रोत है। इसे विद्युत ऊर्जा, ताप-ऊर्जा अथवा खाना पकाने के लिए गैस में परिवर्तित किया जा सकता है। यह अपशिष्ट एवं कूड़ा-कचरा प्रक्रमित करेगा एवं ऊर्जा भी उत्पन्न करेगा।
- यह विकासशील देशों के ग्रामीण क्षेत्रों के आर्थिक जीवन को भी बेहतर बनाएगा, पर्यावरण प्रदूषण को कम करेगा, उनकी आत्मनिर्भरता बढ़ाएगा तथा जलाऊ लकड़ी पर दबाव कम करेगा। नगरपालिका कचरे को ऊर्जा में बदलने वाली ऐसी ही एक परियोजना नई दिल्ली के ओखला में स्थित है।

ऊर्जा संसाधनों का संरक्षण

- आर्थिक विकास के लिए ऊर्जा एक आधारभूत आवश्यकता है। राष्ट्रीय अर्थव्यवस्था के प्रत्येक सेक्टर-कृषि, उद्योग, परिवहन, वाणिज्य व घरेलू आवश्यकताओं की पूर्ति के लिए ऊर्जा के निवेश की आवश्यकता है।
- ऊर्जा विकास के सतत् पोषणीय मार्ग को विकसित करने की तुरंत आवश्यकता है।
- ऊर्जा संरक्षण की प्रोन्नति (Promotion of Energy Conservation) और नवीकरणीय ऊर्जा संसाधनों का बढ़ता प्रयोग (Increased Use of Renewable Energy Sources) सतत् पोषणीय ऊर्जा के दो आधार हैं।
- वर्तमान में भारत विश्व के अल्पतम ऊर्जा दक्ष देशों में गिना जाता है। हमें ऊर्जा के सीमित संसाधनों के न्यायसंगत उपयोग के लिए सावधानीपूर्वक उपागम अपनाना होगा, क्योंकि ऊर्जा की बचत ही ऊर्जा उत्पादन है।

अतिरिक्त तथ्य

तमिलनाडु बोर्ड एवं NIOS

- **ऑस्ट्रेलिया** विश्व का सर्वाधिक लौह अयस्क उत्पादक देश है। इसके बाद क्रमशः चीन, ब्राजील, भारत तथा ईरान विश्व में सर्वाधिक मात्रा में लौह अयस्क का उत्पादन करते हैं।
- हेमेटाइट अयस्क का रंग लाल होता है, इसलिए इसे **लाल अयस्क** कहा जाता है तथा मैग्नेटाइट अयस्क को काले रंग के कारण **काला अयस्क** कहा जाता है।
- मैंगनीज अयस्क के उत्पादन में भारत का स्थान विश्व में **पाँचवाँ** है।
- मैंगनीज की उपयोगिता शुष्क बैटरियों के निर्माण में, फोटोग्राफी में, चमड़ा तथा माचिस उद्योग में होती है।
- एल्युमीनियम धातु, जो बॉक्साइट खनिज से निकाला जाता है, का बहुमुखी उपयोग वायुयान निर्माण, विद्युत उपकरणों के निर्माण तथा घरेलू सजावटी सामानों के निर्माण में किया जाता है।
- बॉक्साइट का प्रयोग सफेद सीमेंट के निर्माण तथा कुछ रासायनिक वस्तुएँ बनाने में भी होता है।
- **रूस** विश्व का सर्वाधिक **हीरा उत्पादक** तथा भण्डारण वाला देश है।
- विश्व में **चीन** स्वर्ण का शीर्ष उत्पादक देश है, जबकि **मैक्सिको** चाँदी का सर्वाधिक मात्रा में उत्पादन करता है।
- चूना पत्थर का उपयोग सीमेंट उद्योग, लौह-इस्पात उद्योग, रासायनिक उद्योग तथा उर्वरक, कागज उद्योग में किया जाता हैं।
- भारत का सबसे पुराना कोयला क्षेत्र **रानीगंज, पश्चिम बंगाल** में स्थित है।
- भारत में लिग्नाइट (भूरे कोयले) के सीमित भंडार हैं। देश के कोकिंग कोयले की आवश्यकता की आपूर्ति आयात द्वारा की जाती है।
- पेट्रोलियम के प्रमुख उत्पाद पेट्रोल, डीजल तथा मिट्टी का तेल हैं।
- पेट्रोलियम उत्पादों का प्रयोग उद्योगों में कृत्रिम पदार्थों व आवश्यक रसायनों के निर्माण में, तेल व चिकनाईयुक्त पदार्थों के रूप में किया जाता है।
- वर्तमान में भारत में 23 **तेलशोधक संयंत्र** स्थापित हैं, जिसमें सार्वजनिक क्षेत्र के 18 **संयंत्र**, 2 **संयुक्त संयंत्र** तथा 3 **निजी क्षेत्र** के संयंत्र सम्मिलित हैं।
- यूरेनियम उत्पादन से संबंधित जादूगुड़ा खादान, झारखंड के सिंहभूमि जिले में अवस्थित है।
- थोरियम का प्रमुख स्रोत मोनोजाइट है, जिसका भंडारण विश्व में सबसे अधिक **भारत** में ही है।
- कोयला आधारित ताप विद्युत संयंत्रों की स्थापना कोयले की खादानों के समीपस्थ क्षेत्रों में की गई, जिससे संयंत्र तक की परिवहन लागत को बचाया जा सके।
- अधिकांश संयंत्रों की स्थापना मध्य प्रदेश, छत्तीसगढ़, झारखंड एवं उड़ीसा राज्य में हुई है तथा कुछ ताप विद्युत संयंत्र महाराष्ट्र, उत्तर प्रदेश, आंध्र प्रदेश की सीमाओं पर स्थापित किए गए हैं।
- भारत में जल विद्युत का विकास 19वीं सदी के अंतिम दशक में **1897 ई.** में **दार्जिलिंग** में जलविद्युत संयंत्र की स्थापना से शुरू हुआ था।
- वर्ष 1902 में कर्नाटक के शिवसमुद्रम में कावेरी नदी के जलप्रपात पर दूसरा जलविद्युत संयंत्र स्थापित किया गया।
- भारत का प्रथम परमाणु शक्ति केंद्र मुंबई के पास तारापुर में वर्ष 1969 में स्थापित किया गया।
- **राजस्थान** तीव्र धूप तथा मेघाच्छादन रहित होने के कारण सौर ऊर्जा उत्पादन की दृष्टि से एक आदर्श क्षेत्र है।

24

परिवहन एवं संचार

(स्रोत)

Class-VIII Old NCERT Chap 7 , Class-X Old NCERT Chap 8 व्यापार, परिवहन एवं संचार,
Class-X New NCERT Chap 7 राष्ट्रीय अर्थव्यवस्था की जीवन रेखाएँ,
Class-XII New NCERT Chap 7 परिवहन एवं संचार,
Class-XII Old NCERT Chap 4 परिवहन तंत्र, Class-XII New NCERT Chap 8 अंतर्राष्ट्रीय व्यापार

परिवहन

- वस्तुएँ तथा सेवाएँ आपूर्ति स्थल से माँग स्थल पर स्वयं नहीं पहुँच सकतीं। वस्तुओं तथा सेवाओं को आपूर्ति स्थलों से माँग स्थलों तक ले जाने हेतु **परिवहन** (Transport) की आवश्यकता होती है।
- सक्षम व तीव्र गति वाले परिवहन के विकास से आज विश्व एक बड़े गाँव में परिवर्तित हो गया है। परिवहन का यह विकास संचार साधनों के विकास की सहायता से संभव हो सका है। इसलिए परिवहन, संचार तथा व्यापार एक दूसरे के पूरक बन चुके हैं।
- वस्तुओं तथा सेवाओं का आवागमन पृथ्वी के तीन महत्त्वपूर्ण क्षेत्रों पर किया जाता है-स्थल, जल व वायु। इन्हीं आधारों पर परिवहन को स्थल, जल व वायु परिवहन में वर्गीकृत किया जाता है।

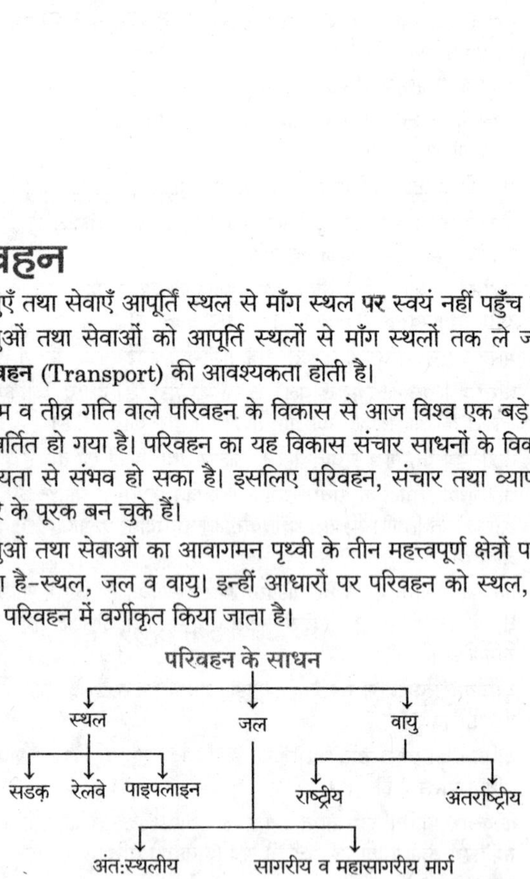

स्थल परिवहन

भारत में स्थल मार्गों का प्रचलन प्राचीन समय से है। रेल आधुनिक परिवर्तन के रूप में विकसित हुई है। सड़क परिवहन तथा रेल परिवहन स्थल परिवहन के घटक हैं।

सड़क परिवहन

- भारत विश्व के सर्वाधिक सड़क जाल वाले देशों में से एक है। यह सड़क जाल 63.31 लाख किमी है।
- भारत में सड़क परिवहन, रेल परिवहन से पहले प्रारंभ हुआ। भारत में द्वितीय विश्व युद्ध से पूर्व आधुनिक सड़क परिवहन अत्यंत सीमित था।
- सड़क निर्माण का पहला संगठित प्रयास वर्ष 1943 में **नागपुर योजना** द्वारा किया गया, किंतु रजवाड़ों तथा ब्रिटिश भारत सरकार के बीच समन्वय के अभाव में यह योजना क्रियांवित न हो सकी।
- स्वतंत्रता के पश्चात वर्ष 1961 में सड़कों की दशा सुधारने के लिए एक 'बीस वर्षीय सड़क योजना' शुरू की गई। निर्माण तथा व्यवस्था में सड़क परिवहन, रेल परिवहन की अपेक्षा अधिक सुविधाजनक माना जाता है।
- निर्माण एवं रख-रखाव के उद्देश्य से सड़कों को राष्ट्रीय महामार्गों, राज्य महामार्गों, प्रमुख जिला सड़कों एवं ग्रामीण सड़कों के रूप में वर्गीकृत किया गया है। इनका संक्षिप्त वर्णन निम्नलिखित है

राष्ट्रीय महामार्ग

- वे प्रमुख सड़कें जिन्हें केंद्र सरकार द्वारा निर्मित एवं अनुरक्षित किया जाता है, राष्ट्रीय महामार्ग (NH-National Highway) के नाम से जानी जाती हैं।
- इन सड़कों का उपयोग अंतर्राज्यीय परिवहन एवं सामरिक क्षेत्रों तथा रक्षा सामग्री व सेना के आवागमन के लिए होता है। राष्ट्रीय महामार्ग राज्यों की राजधानियों, प्रमुख नगरों, महत्त्वपूर्ण पत्तनों तथा रेलवे जंक्शनों को आपस में जोड़ते हैं।

राष्ट्रीय महामार्ग विकास परियोजनाएँ

- **भारतीय राष्ट्रीय महामार्ग प्राधिकरण** (National Highways Authority of India-NHAI) ने देशभर में विभिन्न चरणों में प्रमुख परियोजनाएँ प्रारंभ की हैं।
- **स्वर्णिम चतुर्भुज परियोजना** (Golden Quadrilateral) इसके अंतर्गत 5,846 किमी लंबी 4/6 लेन वाले उच्च सघनता के यातायात गलियारे शामिल हैं, जो देश के विशाल चार महानगरों दिल्ली, मुंबई, चेन्नई एवं कोलकाता को जोड़ते हैं।
- **उत्तर-दक्षिण तथा पूर्व-पश्चिम गलियारा** (North-South and East-West Corridor) इसका मुख्य उद्देश्य जम्मू व कश्मीर के श्रीनगर से तमिलनाडु के कन्याकुमारी (कोच्चि-सेलम पर्वत स्कंध सहित) को 4,016 किमी लंबे मार्ग द्वारा जोड़ना है।
- **पूर्व-पश्चिम गलियारा** (East-West Corridor) इसका उद्देश्य असम के सिलचर को गुजरात में स्थित पोरबंदर (3,640 किमी) से जोड़ना है।

- भारत का सबसे लंबा **राष्ट्रीय राजमार्ग-44** है (पूर्व में NH-7 था)। इसकी कुल लंबाई 3,745 किमी है।
- यह उत्तरी एवं दक्षिणी गलियारा परियोजना का एक हिस्सा भी है। राष्ट्रीय राजमार्ग-44 श्रीनगर से कन्याकुमारी को जोड़ता है।
- राष्ट्रीय राजमार्ग-44 में अनेक पुराने राजमार्गों को शामिल किया जाता है, जिसमें राष्ट्रीय राजमार्ग संख्या (NH-1A), NH-1, NH-2, NH-3, NH-75, NH-26 एवं NH-7 शामिल हैं। भारत में लगभग 200 से अधिक राष्ट्रीय राजमार्ग हैं।

भारत के प्रमुख राष्ट्रीय राजमार्ग

राष्ट्रीय राजमार्ग संख्या	लंबाई	कहाँ से कहाँ तक
NH-44	3745 किमी	श्रीनगर से कन्याकुमारी
NH-27	3507 किमी	पोरबंदर से सिलचर
NH-48	2807 किमी	दिल्ली से चेन्नई
NH-52	2317 किमी	संगरूर से अंकोला
NH-30	2040 किमी	सितारगंज से इब्राहिम पत्तनम्
NH-6	876 किमी	जोरबट (मेघालय) से सेलिंग (मिजोरम)
NH-53	1781 किमी	हजीरा से पारादीप
NH-16	1711 किमी	कोलकाता से चेन्नई
NH-66	1622 किमी	पनवेल से कन्याकुमारी
NH-19	1435 किमी	दिल्ली से कोलकाता
NH-32	657 किमी	चेन्नई से रामनाथपुरम्

- राष्ट्रीय महामार्गों की लंबाई संपूर्ण देश की सड़कों की लंबाई की मात्र 2% है, किंतु ये सड़कें यातायात के दृष्टिकोण से 40% भाग का वहन करती हैं।
- भारतीय राष्ट्रीय महामार्ग प्राधिकरण का प्रचालन वर्ष 1995 में हुआ था। यह **भूतल परिवहन मंत्रालय** के अधीन एक स्वायत्तशासी निकाय (Autonomous Body) है। यह राष्ट्रीय महामार्गों का विकास, रख-रखाव तथा प्रचालन करता है।

राज्य राजमार्ग

- राज्यों की राजधानियों को जिला मुख्यालयों से जोड़ने वाली सड़कें राज्य राजमार्ग (State Highways) कहलाती हैं।
- इन मार्गों का निर्माण एवं अनुरक्षण राज्य सरकारों द्वारा (लोक निर्माण विभाग) किया जाता है। इसके अंतर्गत देश की कुल सड़कों की लंबाई का 4% भाग आता है।

जिला सड़कें

- जिला सड़कें (Districts Roads) जिले के विभिन्न प्रशासनिक केंद्रों को जिला मुख्यालयों से जोड़ती हैं।
- इन सड़कों की व्यवस्था का उत्तरदायित्व जिला परिषद् का होता है। इसके अंतर्गत देशभर की कुल सड़कों की लंबाई का 14% (लगभग) भाग आता है।

ग्रामीण सड़कें

- ग्रामीण सड़कें (Village Roads) ग्रामीण क्षेत्रों को आपस में जोड़ने के लिए अत्यंत महत्त्वपूर्ण साधन होती हैं।
- भारत की कुल सड़कों की लंबाई का लगभग 80% ग्रामीण सड़कों के रूप में वर्गीकृत है। ग्रामीण सड़कों की सघनता में प्रादेशिक विषमता अधिक पाई जाती है।
- ग्रामीण सड़कों के माध्यम से ग्रामीण क्षेत्रों व गाँवों को शहरों से जोड़ा जाता है। प्रधानमंत्री ग्रामीण सड़क परियोजना के अंतर्गत इन सड़कों के विकास को विशेष प्रोत्साहन मिला है।

सीमांत सड़कें

- भारत सरकार के अधीन **सीमा सड़क संगठन** (BRO-The Border Road Organisation) है, जो देश के सीमांत क्षेत्रों में सड़कों का निर्माण व उनकी देख-रेख करता है।
- वर्ष 1960 में सीमा सड़क संगठन का निर्माण किया गया था, जिसका कार्य उत्तर तथा उत्तर-पूर्वी क्षेत्रों में सामरिक महत्त्व की सड़कों का विकास करना है।
- सीमा सड़क संगठन बहुमुखी निर्माण अभिकरण है। इसने अति ऊँचाई वाले पर्वतीय क्षेत्रों में **मनाली** (हिमाचल प्रदेश) तथा **लेह** (लद्दाख) को **चंडीगढ़** से जोड़ने वाली सड़क बनाई है। यह सड़क समुद्रतल से औसतन **4270 मी** की ऊँचाई पर स्थित है।
- सीमा सड़क संगठन अति ऊँचाई वाले क्षेत्रों में बर्फ हटाने की जिम्मेदारी भी संभालता है। **सड़क घनत्व (Road Density)** प्रति सौ वर्ग किमी क्षेत्र में सड़कों की लंबाई को सड़क घनत्व कहा जाता है।
- देश में सड़कों का असमान वितरण है। अधिकतर उत्तरी राज्यों तथा प्रमुख दक्षिण भारतीय राज्यों में सड़कों का घनत्व ऊँचा है।
- यह हिमालयी पर्वतीय क्षेत्रों, उत्तर-पूर्वी क्षेत्रों, मध्य प्रदेश तथा राजस्थान में निम्न है। भूभाग की प्रकृति तथा आर्थिक विकास का स्तर सड़कों के घनत्व के प्रमुख निर्धारक हैं।

***भारत के सड़क मार्ग** (2022)*

क्रम	सड़क श्रेणी	लंबाई (किमी में)
1.	राष्ट्रीय राजमार्ग	1,44,955
2.	राज्य राजमार्ग	1,67,079
3.	अन्य सड़क मार्ग	60,19,757
	कुल	**63,317,91**

रेल परिवहन

- भारतीय रेलवे (Indian Railways) जाल विश्व के सर्वाधिक लंबे रेल जालों में से एक माना जाता है।
- भारतीय रेल के संदर्भ में महात्मा गाँधी ने कहा था कि "भारतीय रेलवे ने विविध संस्कृति के लोगों को एक साथ लाकर भारत के स्वतंत्रता संग्राम में योगदान दिया था।"
- भारत में रेलवे की शुरुआत 1853 ई. में हुई तथा मुंबई से थाणे के बीच 34 किमी लंबी रेलवे लाइन निर्मित की गई। वर्तमान समय में भारतीय रेल जाल की कुल लंबाई **68,426 किमी** है। भारतीय रेल को **19 मंडलों (Zone)** में विभाजित किया जाता है

भारतीय रेलवे के मंडल (जोन)

रेलमंडल	मुख्यालय	रेलमंडल	मुख्यालय	रेलमंडल	मुख्यालय
सेंट्रल रेलवे	मुंबई	नॉर्थ ईस्ट फ्रंटियर	मालेगाँव (गुवाहाटी)	साउथ वेस्टर्न	हुबली
इस्टर्न	कोलकाता	नॉर्थ वेस्टर्न	जयपुर	वेस्टर्न	मुंबई (चर्चगेट)
ईस्ट सेंट्रल	हाजीपुर	साउथ रेलवे	चेन्नई	वेस्ट सेंट्रल	जबलपुर
ईस्ट कोस्ट	भुवनेश्वर	साउथ सेंट्रल	सिकंदराबाद	कोलकाता मेट्रो	कोलकाता
नार्दन रेलवे	नई दिल्ली	साउथ इस्टर्न	कोलकाता	साउथ कोस्ट रेलवे	विशाखापत्तनम्
नॉर्थ सेंट्रल रेलवे	प्रयागराज	साउथ ईस्ट सेंट्रल	बिलासपुर	कोंकण रेलवे	नवी मुम्बई

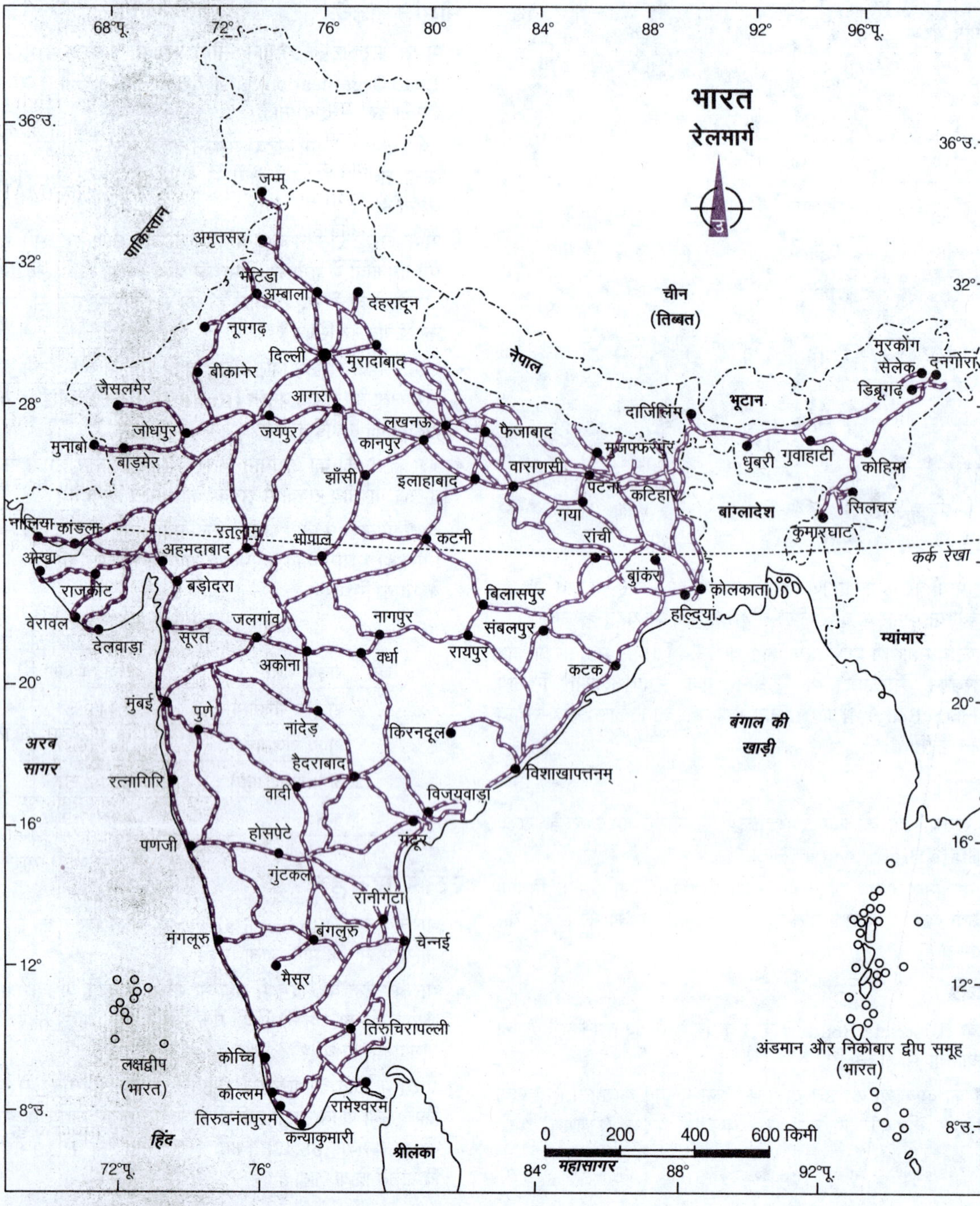

रेल गेज

भारतीय रेल गेज को तीन भागों में विभाजित किया जाता है

- **बड़ी लाइन अथवा ब्रॉड गेज** (Broad Gauge) इसकी चौड़ाई अर्थात् दोनों पटरियों की आपसी दूरी 1.676 मी होती है। ब्रॉड गेज की कुल लंबाई 6,2891 किमी से भी अधिक है।
- **मीटर गेज या मध्यम लाइन** (Metre Gauge) इसकी चौड़ाई एक मीटर होती है और इसकी कुल लंबाई 2,839 किमी है।
- **नैरो गेज** (Narrow Gauge) इसे छोटी लाइन कहते हैं। इसकी चौड़ाई 0.762 मी तथा 0.610 मी होती है। इसकी कुल लंबाई 1,685 किमी तक है। पर्वतीय क्षेत्रों में इसका विस्तार अधिक मिलता है।
- भारतीय रेल ने मीटर तथा नैरो गेज रेलमार्गों को ब्रॉड गेज में बदलने के लिए व्यापक कार्यक्रम प्रारंभ किए हैं। इसके अतिरिक्त वाष्पचालित इंजनों के स्थान पर डीजल और विद्युत इंजनों का उपयोग किया जा रहा है।

कोंकण रेलवे

- कोंकण रेलवे (Konkan Railway) का निर्माण भारतीय रेल की एक महत्त्वपूर्ण उपलब्धि है। इसे वर्ष 1998 में निर्मित किया गया। यह 760 किमी लंबा रेलमार्ग महाराष्ट्र में रोहा को कर्नाटक के मंगलुरु से जोड़ता है।
- यह रेलमार्ग 146 नदियों एवं धाराओं तथा 2000 पुलों एवं 91 सुरंगों को पार करता है। इसी मार्ग पर एशिया की सबसे लंबी (6.5 किमी) सुरंग भी स्थित है।

मेट्रो रेल

- भारत में मेट्रो रेल (Metro Train) का परिचालन वर्ष 1984 में कोलकाता मेट्रो रेल के साथ शुरू किया गया। इस परियोजना की शुरुआत वर्ष 1972 में की गई थी। 16.45 किमी लंबी यह मेट्रो दमदम से **टॉलीगंज** तक जाती है।
- कोलकाता मेट्रो, भारतीय रेलवे का एक मंडल है, जिसका मुख्यालय कोलकाता में है। दिल्ली मेट्रो रेल की स्वीकृति वर्ष 1996 में दी गई थी, परंतु इसका व्यावसायिक परिचालन सर्वप्रथम **दिसंबर 2002** को तीस हजारी से **शाहदरा** के बीच हुआ था, इसे दिल्ली मेट्रो ट्रांजिट प्रणाली कहा जाता है।

भारत में परिचालित (ऑपरेशनल) मेट्रो रेल

शहर	मेट्रो प्रारम्भ वर्ष	प्राधिकारण का नाम
कोलकाता	1984	भारतीय रेलवे
दिल्ली	2002	दिल्ली मेट्रो रेल कॉर्पोरेशन
बंगलुरु	2011	बंगुलरु मेट्रो रेल कॉर्पोरेशन
गुरुग्राम	2013	हरियाणा मास रैपिड ट्रांसपोर्ट कॉर्पोरेशन
मुंबई मोनोरेल	2014	महा मुंबई मेट्रो ऑपरेशन्स
मुम्बई मेट्रो	2014	मुम्बई मेट्रो वन/महा मुम्बई मेट्रो
जयपुर	2015	जयपुर मेट्रो रेल कॉर्पोरेशन
चेन्नई	2015	चेन्नई मेट्रो रेल लिमिटेड
कोच्चि/कोची	2017	कोची मेट्रो रेल लिमिटेड
लखनऊ	2017	उत्तर प्रदेश मेट्रो रेल कॉर्पोरेशन
हैदराबाद	2017	एल & टी मेट्रो रेल (हैदराबाद) लिमिटेड
नोएडा	2019	नोएडा मेट्रो रेल कॉर्पोरेशन
अहमदाबाद	2019	गुजरात मेट्रो रेल कॉर्पोरेशन
नागपुर	2019	महाराष्ट्र मेट्रो रेल कॉर्पोरेशन
कानपुर	2021	उत्तर प्रदेश मेट्रो रेल कॉर्पोरेशन
पुणे	2022	महाराष्ट्र मेट्रो रेल कॉर्पोरेशन

भारतीय रेलवे से संबंधित महत्त्वपूर्ण तथ्य

- भारत और पाकिस्तान के बीच **समझौता एक्सप्रेस** वर्ष 1976 में आरंभ की गई थी तथा **थार एक्सप्रेस** का परिचालन वर्ष 2006 में आरंभ हुआ था।
- **मैत्री एक्सप्रेस रेल सेवा** बांग्लादेश और भारत के मध्य संचालित है।
- दार्जिलिंग हिमालय रेलवे, नीलगिरि पहाड़ी रेलवे तथा कालका-शिमला रेलवे को संयुक्त रूप से विश्व विरासत की सूची में शामिल किया गया है।
- **भारतीय रेलवे बोर्ड** की स्थापना वर्ष 1905 में तत्कालीन **वायसराय लॉर्ड कर्जन** द्वारा की गई थी।
- भारत का सबसे लंबा रेलमार्ग निर्धारित करने वाली ट्रेन **विवेक एक्सप्रेस है**, जो असम के डिब्रूगढ़ को कन्याकुमारी (4286 किमी) से जोड़ती है।

बुलेट ट्रेन परियोजना

- भारत की प्रथम हाई-स्पीड रेल परियोजना (High Speed Poli Project), जिसे बुलेट ट्रेन परियोजना भी कहा जाता है, का निर्माण मुम्बई से अहमदाबाद के बीच किया जा रहा है। इसका निर्माण कार्य वर्ष 2017 में शुरू किया गया। मुम्बई-अहमदाबाद हाई-स्पीड रेल (MAHSR) कॉरिडोर की कुल लम्बाई 508 किमी है।
- बुलेट ट्रेन मुम्बई से अहमदाबाद के बीच की दूरी को 320 किमी प्रति घण्टे की रफ्तार से 2 घण्टे 7 मिनट के भीतर तय पर लेगी।
- मुम्बई-अहमदाबाद हाई-स्पीड रेल कॉरिडोर का निर्माण नेशनल हाई-स्पीड कॉर्पोरेशन लिमिटेड (NHSRCL) द्वारा किया जा रहा है।
- NHSRCL को भारत में हाई-स्पीड रेल कॉरिडोर के वित्तीयन, निर्माण, रखरखाव व प्रबन्धन के उद्देश्य से 12 फरवरी, 2016 की कम्पनी अधिनियम, 2013 के तहत स्थापित किया गया।
- हाई-स्पीड रेल परियोजना के चालू होने से यात्रा के समय तथा वाहन संचालन लागत मे बचत, प्रदूषण के स्तर में कमी रोजगार का सृजन, दुर्घटनाओं में कमी/सुरक्षा में वृद्धि तथा आयातित ईंधन के प्रतिस्थापित में सहायता मिलेगी।
- इस परियोजना के क्रियान्वयन से भारत उन देशों (लगभग 15) की सूची में शामिल हो जाएगा, जिनके यहाँ हाई-स्पीड रेलवे प्रणाली संचालित है।

पाइपलाइन परिवहन

- तरल पदार्थों और गैस की लंबी दूरियों के परिवहन के लिए पाइपलाइन परिवहन सबसे सुविधाजनक साधन है।
- जल आपूर्ति के साथ-साथ पाइपलाइनें अब पेट्रोलियम और पेट्रोलियम उत्पादों तथा गैस का लंबी दूरियों तक परिवहन करती हैं। ठोस पदार्थों का भी गाद के रूप में पाइपलाइनों द्वारा परिवहन होता है। भारत में पाइपलाइन परिवहन एक नई उपलब्धि है।

भारत की प्रमुख पाइपलाइनें

भारत की प्रमुख पाइपलाइनें निम्नलिखित हैं

- **नाहरकटिया नूनमाटी-बरौनी पाइपलाइन** भारत में सबसे पहले पाइपलाइन असम में तेल परिवहन के लिए बनाई गई थी। असम के तेलकूपों से **नूनमाटी तेल परिष्करणशाला** तक पाइपलाइन द्वारा तेल ले जाया जाता है। इस पाइपलाइन का विस्तार करके इसे बिहार में स्थित बरौनी ले जाया गया। इस पाइपलाइन की कुल लंबाई 1,152 किमी है। वर्तमान में इस पाइपलाइन का विस्तार कानपुर तक कर दिया गया है।

- **सलाया-कोयली-मथुरा पाइपलाइन** यह एक महत्त्वपूर्ण पाइपलाइन है, जो कच्छ की खाड़ी के किनारे पर स्थित **सलाया** से **मथुरा** के बीच बिछाई गई है। यह 1,256 किमी लंबी पाइपलाइन है, जो मुंबई हाई से प्राप्त आयातित तेल को मथुरा तेल शोधनशाला तक ले जाती है। इस पाइपलाइन को कोयली से भी जोड़ दिया गया है और इसे पंजाब के जालंधर तक ले जाया गया है।
- **मुंबई हाई-मुंबई-अंकलेश्वर कोयली पाइपलाइन** यह पाइपलाइन मुंबई हाई को कोयली से जोड़ती है और कोयली तेल परिष्करणशाला को मुंबई हाई का तेल उपलब्ध कराती है। यह 210 किमी लंबी पाइपलाइन मुंबई को मुंबई-हाई से जोड़ती है।
- **हजीरा-विजयपुर-जगदीशपुर गैस पाइपलाइन** गैस के परिवहन के लिए देश की सबसे लंबी हजीरा-विजयपुर-जगदीशपुर (Hajira-Vijaipur-Jagdishpur, HVJ) गैस पाइपलाइन का निर्माण किया गया है। शुरुआत में इसकी लंबाई 1,750 किमी थी, लेकिन वर्तमान में इसकी लंबाई 3,474 किमी हो गई है। यह विश्व की सबसे लंबी भूमिगत पाइपलाइन है।
- **नुमालीगढ़-सिलीगुड़ी पाइपलाइन** ऑयल इंडिया लिमिटेड (Oil India Limited) द्वारा नुमालीगढ़-सिलीगुड़ी पाइपलाइन का निर्माण किया गया है। यह असम में स्थित नुमालीगढ़ रिफाइनरी से सिलीगुड़ी को जोड़ती है। इस पाइपलाइन की शुरुआत वर्ष 2009 में की गई। इसकी कुल लंबाई 600 किमी है।
- **कांडला-भटिंडा पाइपलाइन** यह पाइपलाइन अभी प्रस्तावित है। गुजरात में कांडला से पंजाब के भटिंडा तक इसकी लंबाई 1,443 किमी होगी, इससे राजस्थान, हरियाणा तथा पंजाब राज्यों को लाभ होगा। इसे मथुरा-जालंधर पाइपलाइन से भी जोड़ने की योजना है।
- **जामनगर-लोनी एलपीजी पाइपलाइन** इस पाइपलाइन की लंबाई 1,415 किमी है। इस पाइपलाइन का निर्माण **गैस अथॉरिटी ऑफ इंडिया लिमिटेड** (GAIL-Gas Authority of India Limited) ने किया है। यह पाइपलाइन गुजरात के जामनगर को दिल्ली के निकट लोनी (उत्तर प्रदेश) के साथ जोड़ती है।
- **मुंद्रा-दिल्ली पाइपलाइन** इस पाइपलान का निर्माण हिंदुस्तान-पेट्रोलियम कॉर्पोरेशन लिमिटेड (HPCL) द्वारा किया गया है। इस पाइपलाइन की लंबाई 1,054 किमी है। यह पाइपलाइन गुजरात में स्थित मुंद्रा को दिल्ली से जोड़ती है।
- **मोतिहारी-अमलेखगंज पाइपलाइन** दक्षिण एशिया की पहली सीमा पार जाने वाली 69 किमी लंबी पाइपलाइन बिहार के मोतिहारी और नेपाल के अमलेखगंज के मध्य स्थित है।

जल परिवहन

- भारत में जलमार्ग यात्री तथा माल वहन दोनों के लिए परिवहन की एक महत्त्वपूर्ण सुविधा है।
- यह परिवहन का सबसे सस्ता साधन माना जाता है। स्थूल एवं भारी सामग्री के परिवहन के लिए इसे सर्वाधिक उपयुक्त माना जाता है।
- जल परिवहन को पारिस्थितिकीय अनुकूल एवं ईंधन दक्ष प्रणाली माना जाता है।
- वर्तमान समय में विश्व में सबसे अधिक व्यापार जल-परिवहन के माध्यम से ही होता है। जल परिवहन को दो भागों में विभाजित किया जाता है
  1. अंतः स्थलीय जलमार्ग 2. महासागरीय जलमार्ग।

1. अंतः स्थलीय जलमार्ग

- रेलमार्ग के विकास से पूर्व अंतःस्थलीय जलमार्ग (Inland Waterways) का अधिक उपयोग किया जाता था। इसके अंतर्गत नदियाँ, नहरें, पश्च जल तथा संकरी खाड़ियाँ आदि आते हैं।
- कालांतर में इसे रेल एवं सड़क परिवहन से कड़ी स्पर्द्धा का सामना करना पड़ा।
- इस समय भारत में 14,500 किमी लंबा जलमार्ग नौकायन हेतु उपलब्ध है, जो देश के परिवहन में योगदान देता है।
- वर्तमान समय में 5,685 किमी प्रमुख नदी जलमार्ग चपटे तल वाले व्यापारिक जलपोतों द्वारा नौकायन योग्य है।
- देश में राष्ट्रीय जलमार्गों के विकास, अनुरक्षण तथा नियमन हेतु वर्ष 1986 में अंत: स्थलीय जलमार्ग प्राधिकरण (Inland Waterways Authority) का निर्माण किया गया था।
- भारत के प्रमुख राष्ट्रीय जलमार्गों का विवरण इस प्रकार है

जलमार्ग	विस्तार	विशिष्टता
जलमार्ग 1	प्रयागराज-हल्दिया विस्तार (1,620 किमी)	यह भारत के सर्वाधिक महत्त्वपूर्ण जलमार्गों में से एक है, जो यंत्रीकृत नौकाओं द्वारा पटना तक व साधारण नौकाओं द्वारा हरिद्वार तक नौकायन योग्य है। यह विकासात्मक उद्देश्यों के लिए तीन भागों में विभाजित है (i) हल्दिया-फरक्का (560 किमी), (ii) फरक्का-पटना (460 किमी), (iii) पटना-प्रयागराज (600 किमी)
जलमार्ग 2	सदिया-धुबरी विस्तार (891 किमी)	ब्रह्मपुत्र नदी स्टीमर द्वारा डिब्रूगढ़ (1384 किमी) तक नौकायन योग्य है, जिसका भारत व बांग्लादेश साझेदारी में प्रयोग करते हैं।
जलमार्ग 3	कोट्टापुरम-कोल्लम विस्तार (205 किमी)	इसके अंतर्गत पश्चिमी तट नहर (168 किमी) के साथ चंपाकारा (14 किमी) तथा उद्योग मंडल (23 किमी) नहरें आती हैं।
जलमार्ग 4	काकीनाडा तथा पुदुचेरी नहर स्ट्रेच के साथ-साथ गोदावरी और कृष्णा नदी का विशेष विस्तार (2,890 किमी)	फेज- 1- मुक्ताल्या से विजयवाड़ा, (82 किमी) कृष्णा नदी फेज- 2- विजयवाड़ा-काकीनाड़ा और राजमुंद्री से पोलावरम (233 किमी) कृष्णा नदी-वजीराबाद से गलगली (628 किमी) गोदवारी नदी-भद्राचलस से नासिक (1184 किमी)
जलमार्ग 5	ब्रह्मणी नदी और महानदी डेल्टा सिस्टम के साथ पूर्वी तटीय नहर का विस्तार 623 किमी	ओडिशा तथा बंगाल में संचालित

- अंत: स्थलीय जलमार्ग प्राधिकरण ने 106 अन्य जलमार्गों की भी पहचान की है, जिनका कोटि उन्नयन किया जाना है। केरल के पश्च जल का (कयाल) अंत: स्थलीय जलमार्गों में अपना विशिष्ट महत्त्व है। केरल की प्रसिद्ध **नेहरू ट्रॉफी नौकादौड़** (वल्लामकाली) भी इसी पश्च जलीय भाग में आयोजित की जाती है।

2. सागरीय व महासागरीय जलमार्ग

- भारत में द्वीपों सहित लगभग 7,517 किमी लंबा व्यापक समुद्री तट है। 13 प्रमुख तथा 200 गौण पत्तन इनको संरचनात्मक आधार प्रदान करते हैं। भारत की अर्थव्यवस्था के परिवहन क्षेत्र में महासागरीय मार्गों की भूमिका महत्त्वपूर्ण होती है।
- भारत में भार के अनुसार लगभग 90% तथा मूल्य के अनुसार 70% विदेशी व्यापार महासागरीय मार्गों द्वारा संपन्न होता है।
- अंतर्राष्ट्रीय व्यापार के साथ-साथ इन मार्गों का उपयोग देश की मुख्य भूमि तथा द्वीपों के मध्य परिवहन के लिए भी होता है।
- भारत को एक लंबी तट रेखा (Coastline) तथा अरब सागर और बंगाल की खाड़ी में स्थित द्वीपों की रक्षा करनी पड़ती है। तटीय एवं गहरे समुद्रों के मत्स्य उद्योग की रक्षा तथा विकास भी अनिवार्य माना जाता है।
- तटों के साथ-साथ 12 समुद्री मीलों तक फैले सागर क्षेत्र पर भारत की प्रभुसत्ता है। समुद्र तट से दूर गहरे सागरों में इसके प्रमुख खनिज तेल क्षेत्र हैं। बंबई हाई तेल क्षेत्र तट 115 किमी पश्चिम में स्थित है। हमारे आर्थिक क्षेत्र का विस्तार सागरों में तट के साथ-साथ 200 किमी की दूरी तक है। यह क्षेत्र 20 लाख वर्ग किमी का है।

समुद्री पत्तन

- भारत तीनों ओर से समुद्र से घिरा हुआ है। इस प्रकार प्रकृति ने भारत को लंबी तटरेखा प्रदान की है। जल सस्ते परिवहन के लिए एक सपाट तल प्रदान करता है।
- भारत में समुद्री पत्तन (Ports) पूर्वी तट की अपेक्षा पश्चिमी तट पर अधिक हैं।
- भारत में प्राचीनकाल से ही पत्तनों का व्यापक उपयोग हो रहा है। समुद्री पत्तनों का अंतर्राष्ट्रीय व्यापार के प्रवेश द्वार के रूप में उभरना, यूरोपीय व्यापारियों के आगमन तथा अंग्रेजों द्वारा भारत के उपनिवेशीकरण के बाद महत्त्वपूर्ण बना।
- भारत के प्रमुख पत्तनों के संबंध में केंद्र सरकारें नीतियाँ बनाती हैं तथा नियामक क्रियाओं को निभाती हैं। ये सभी पत्तन प्रमुख पत्तन ट्रस्ट, वर्ष 1963 के अंतर्गत संचालित होते हैं। यद्यपि छोटे पत्तनों के लिए राज्य सरकारें नीतियाँ बनाती हैं।
- उपनिवेशकाल के समय अंग्रेजों ने इन पत्तनों का उपयोग उनके **पृष्ठ प्रदेशों** (Hinter Lands) के संसाधनों के दोहन केंद्र के रूप में किया। वर्ष 1947 में विभाजन के पश्चात् भारत के दो महत्त्वपूर्ण पत्तन अलग हो गए।
- **कराची** पत्तन पाकिस्तान में एवं चिटगाँव पत्तन वर्तमान बांग्लादेश में चला गया। इन दो पत्तनों के अलग होने पर क्षतिपूर्ति के रूप में कांडला (वर्तमान में दीनदयाल उपाध्याय पत्तन) एवं डायमंड हार्बर (कोलकाता के समीप) पत्तन का विकास किया गया।
- वर्तमान समय में भारतीय पत्तन विशाल मात्रा में घरेलू व्यापार के साथ-साथ विदेशी व्यापार भी कर रहा है।
- भारत के अधिकांश बंदरगाह आधुनिक अवसंरचना से लैस हैं।
- वर्तमान में सरकारी अभिकरणों के साथ-साथ निजी उद्यमियों को भी पत्तनों की अवसंरचना के विकास के लिए आमंत्रित किया जा रहा है।

कांडला पत्तन

- कच्छ की खाड़ी के मुहाने पर अवस्थित इस बंदरगाह को देश के पश्चिम एवं उत्तर-पश्चिम भाग की आवश्यकताओं को पूरा करने और मुंबई पत्तन पर दबाव को घटाने के लिए एक प्रमुख पत्तन के रूप में विकसित किया गया।
- दीनदयाल उपाध्याय एक ज्वारीय पत्तन (Tidal Port) है। यहाँ एक मुक्त व्यापार क्षेत्र भी स्थापित किया गया है। इस पत्तन से खनिज तेल, पेट्रोलियम उत्पाद, उर्वरक, खाद्यान्न, नमक, कपास, सीमेंट, चीनी तथा खाद्य तेलों का व्यापार होता है।
- कांडला के समीप वाडीनार में एक अपतटीय टर्मिनल (Off Shore) विकसित किया गया, ताकि कांडला पत्तन के दबाव को घटाया जा सके।
- पृष्ठ प्रदेश (Hinter land) की सीमाओं का चिह्नांकन मुश्किल होता है, क्योंकि ये क्षेत्र सुस्थिर नहीं होते हैं। अधिकतर मामलों में एक पत्तन का पृष्ठ प्रदेश दूसरे पत्तन के पृष्ठ प्रदेश का अतिव्यापन करता है।

मुंबई पत्तन

- यह भारत का सबसे बड़ा तथा प्राकृतिक बंदरगाह है। यह पत्तन मध्य-पूर्व, भूमध्य सागरीय देशों, उत्तरी अफ्रीका, उत्तर अमेरिका तथा यूरोप के देशों के सामान्य मार्ग के समीप स्थित है, जहाँ से देश के विदेशी व्यापार का अधिकांश भाग संचालित किया जाता है। भारत का 1/4 व्यापार यहीं से होता है।
- यह पत्तन 20 किमी लंबा तथा 6-10 किमी चौड़ा है, जिसमें 54 गोदियाँ हैं और यह देश का विशालतम टर्मिनल है।
- मध्य प्रदेश, उत्तर प्रदेश, गुजरात, महाराष्ट्र तथा राजस्थान के भाग मुंबई पत्तन के पृष्ठ प्रदेश की रचना करते हैं।

जवाहरलाल नेहरू पत्तन

जवाहरलाल नेहरू पत्तन को न्हावाशेवा कहा जाता है और इसे मुंबई पत्तन के दबाव को कम करने के लिए एक **अनुषंगी पत्तन** (Subsidiary Port) के रूप में विकसित किया गया था। यह भारत का विशालतम कंटेनर पत्तन है।

मार्मागाओ पत्तन

- गोवा में **जुआरी नदी** के मुहाने के समीप स्थित यह एक **प्राकृतिक बंदरगाह** है। जापान को लौह-अयस्क के निर्यात का निपटान करने के लिए वर्ष 1961 में हुए पुनर्प्रतिरूपण के बाद इसका महत्त्व बढ़ गया है।
- कोंकण रेलवे ने इस पत्तन के पृष्ठ प्रदेश में महत्त्वपूर्ण विस्तार किया है। कर्नाटक, गोवा तथा दक्षिणी महाराष्ट्र इसकी पृष्ठभूमि की रचना करते हैं। यातायात की दृष्टि से यह देश का पाँचवाँ बड़ा बंदरगाह है।

न्यू मंगलुरु पत्तन

- न्यू मंगलुरु पत्तन कर्नाटक में स्थित है और यह लौह-अस्यक और लौह-सांद्र के निर्यात की आवश्यकताओं को पूरा करता है।
- यह पत्तन भी उर्वरकों, पेट्रोलियम उत्पादों, खाद्य तेलों, कॉफी, चाय, लुग्दी, सूत, ग्रेनाइट पत्थर, शीरा आदि का निपटान करता है। कर्नाटक इस पत्तन का प्रमुख पृष्ठ प्रदेश है।

कोच्चि पत्तन

- कोच्चि पत्तन केरल के पश्चिमी तट पर वेंबनाद कयाल (Vembanad Lake) के मुहाने पर स्थित है। यह एक प्राकृतिक बंदरगाह है, जिसे **अरब सागर की रानी** के नाम से जाना जाता है।
- इस पत्तन को स्वेज कोलम्बो मार्ग के समीप स्थित होने के कारण विशेष लाभ प्राप्त होता है। यह केरल, दक्षिण कर्नाटक तथा दक्षिण-पश्चिम तमिलनाडु की आवश्यकताओं को पूरा करता है। यहाँ से पेट्रोलियम उत्पाद, उर्वरक तथा अन्य कच्चा माल भेजा जाता है। इसी पत्तन के द्वारा कोच्चि तेल परिष्करणशाला के लिए कच्चा तेल आयात किया जाता है।

कोलकाता पत्तन

- कोलकाता पत्तन हुगली नदी पर स्थित है, जो बंगाल की खाड़ी से 128 किमी अंदर स्थल में स्थित है। मुंबई पत्तन की भाँति इसका विकास भी अंग्रेजों द्वारा किया गया था। कोलकाता को **ब्रिटिश भारत की राजधानी** होने का लाभ प्राप्त था। कोलकाता पत्तन हुगली नदी द्वारा लाई गई गाद की समस्या से भी जूझता रहा है, जोकि उसे समुद्र से जुड़ने का मार्ग प्रदान करती है।
- इसके पृष्ठ प्रदेशों के अंतर्गत उत्तर प्रदेश, बिहार, झारखंड, पश्चिम बंगाल, सिक्किम और उत्तर-पूर्वी राज्य आते हैं। इसके अतिरिक्त यह पत्तन भूटान व नेपाल जैसे स्थलरुद्ध पड़ोसी देशों को भी सुविधाएँ उपलब्ध कराता है।

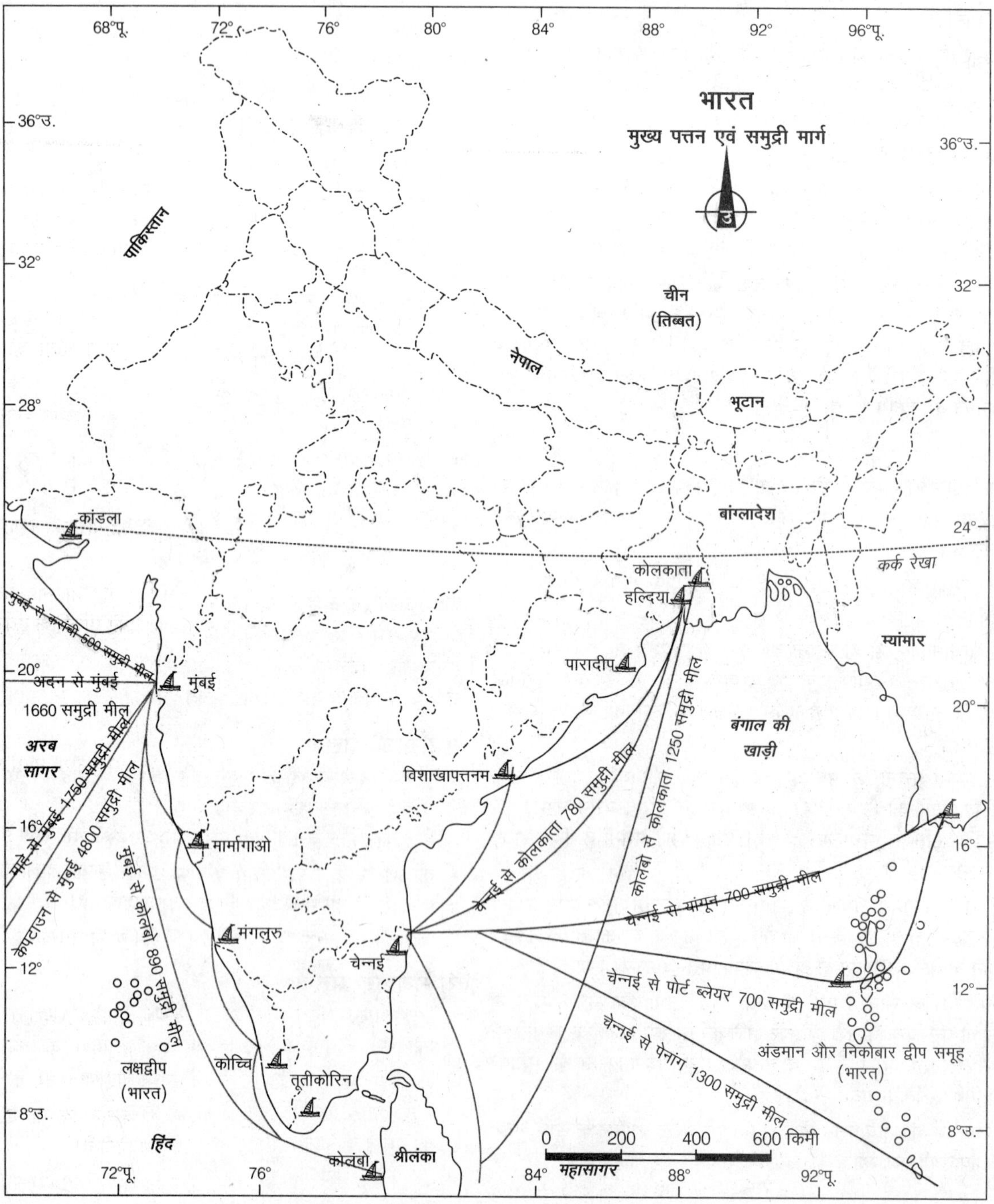

हल्दिया पत्तन

- हल्दिया पत्तन कोलकाता से 105 किमी अंदर अनुप्रवाह (डाउनस्ट्रीम) पर स्थित है।
- इसका निर्माण कोलकाता बंदरगाह की संकुलता को घटाने के लिए किया गया है। यह एक ज्वारीय पत्तन है।
- इस बंरदगाह से लौह-अयस्क, कोयला, पेट्रोलियम तथा पेट्रोलियम उत्पाद, उर्वरक, जूट, जूट उत्पाद, कपास तथा सूती धागों आदि का निर्यात होता है।

पारादीप पत्तन

- यह पत्तन कटक से 100 किमी की दूरी पर महानदी डेल्टा पर स्थित है। इसका पोताश्रय सबसे गहरा माना जाता है, जो भारी पोतों के निपटान के लिए सर्वाधिक अनुकूल है।
- इसे मुख्य रूप से बड़े पैमाने पर लौह-अयस्क के निर्यात के लिए विकसित किया गया है। ओडिशा, झारखंड एवं छत्तीसगढ़ इसके पृष्ठ प्रदेश के अंतर्गत आते हैं।

विशाखापत्तनम पत्तन

- विशाखापत्तनम आंध्र प्रदेश में स्थित एक **भू-आबद्ध पत्तन** है, जो ठोस चट्टान एवं बालू को काटकर एक नहर द्वारा समुद्र से जोड़ा गया है।
- इसका विकास एक बाह्य पत्तन के रूप में लौह-अयस्क, पेट्रोलियम तथा सामान्य नौभार को निपटाने के लिए किया गया है। इस पत्तन के प्रमुख पृष्ठ प्रदेश आंध्र प्रदेश तथा तेलंगाना हैं।
- यह सबसे गहरा बंदरगाह (Deepest Port) माना जाता है। लौह-अयस्क निर्यात के लिए यहाँ बाह्य भाग में पोताश्रय का निर्माण किया गया है। यहाँ से उर्वरकों का आयात-निर्यात भी किया जाता है। यहाँ पर पोत निर्माण तथा मरम्मत का उद्योग भी विकसित है।

चेन्नई पत्तन

- भारत के पूर्वी तट पर स्थित यह भारत का **सबसे प्राचीन बंदरगाह** (Oldest Port) माना जाता है।
- यह एक **कृत्रिम बंदरगाह** (Artificial Port) है, जिसे 1859 ई. में बनाया गया था।
- तट के समीप उथले जल के कारण यह पत्तन विशाल पोतों के लिए अनुकूल नहीं है। तमिलनाडु और पुदुचेरी इसके पृष्ठ प्रदेश में स्थित हैं।
- अक्टूबर तथा नवंबर के महीनों में चेन्नई में चक्रवाती तूफान आते हैं, जिसके कारण जहाजरानी इस मौसम में अवरुद्ध हो जाती है।
- तट पर जल की गहराई कम होने से पत्तन पर बड़े जहाज नहीं आ सकते हैं।
- सामान्य माल के अतिरिक्त यहाँ से पेट्रोलियम उत्पाद, उर्वरक तथा अयस्क का आवागमन होता है।

एन्नौर पत्तन

- चेन्नई पत्तन के दबाव को कम करने हेतु चेन्नई के उत्तरी भाग (25 किमी दूर) में इस बंदरगाह को विकसित किया गया है।
- इसे भारत का **प्रथम निगमीकृत बंदरगाह** (First Corporated Port) माना जाता है, जहाँ आधुनिक सुविधाएँ विद्यमान हैं। इसे भारत सरकार ने कंपनी अधिनियम द्वारा बनाया है।

तूतीकोरिन पत्तन

- इस बंदरगाह का विकास भी चेन्नई बंदरगाह के भार को कम करने के उद्देश्य से किया गया था।
- इस बंदरगाह से विभिन्न वस्तुओं; जैसे- कोयला, नमक, खाद्यान्न, खाद्य तेल, चीनी, रसायन तथा पेट्रोलियम उत्पाद इत्यादि का निर्यात होता है।

पोर्ट ब्लेयर पत्तन

- पोर्ट ब्लेयर को देश के 13वें बड़े बंदरगाह के रूप में विकसित किया जा रहा है। यह अंडमान-निकोबार द्वीप समूह में स्थित है।
- सामरिक एवं आर्थिक दृष्टिकोण से इसे एक महत्त्वपूर्ण पत्तन माना जाता है। यह अंडमान-निकोबार द्वीप समूह के लिए **पोर्ट ऑफ कॉल** की सुविधा प्रदान करता है।

जल परिवहन से संबंधित परियोजनाएँ

जल परिवहन से संबंधित परियोजनाएँ निम्नलिखित हैं

सेतु समुद्रम परियोजना

- भारतीय प्रायद्वीप के पूर्वी और पश्चिमी तट को नौवहनीय नहर से जोड़ने तथा भारत व श्रीलंका के बीच समुद्री मार्ग को नौवहन योग्य बनाने के लिए महत्त्वाकांक्षी **सेतु समुद्रम शिप कैनाल** को 19 दिसंबर, 2005 को स्वीकृति प्रदान की गई थी।
- सेतु समुद्रम परियोजना (Setu Samudram Project) के अंतर्गत बंगाल की खाड़ी व मन्नार की खाड़ी के बीच 167 किमी के समुद्री मार्ग को पोतों के परिचालन योग्य बनाने की योजना है।
- सेतु समुद्रम परियोजना के लिए एडम्स ब्रिज (Adam's Bridge) की समुद्री चट्टानों की छँटाई की जानी थी।
- इस नहर के बन जाने से भारतीय जलपोतों को श्रीलंका का चक्कर नहीं लगाना पड़ता। वर्ष 2010 में इस परियोजना को स्थगित कर दिया गया।

सागरमाला परियोजना

- इस परियोजना की घोषणा वर्ष 2004 में तत्कालीन प्रधानमंत्री अटल बिहारी वाजपेयी द्वारा की गई थी, जिसे केंद्रीय मंत्रिमंडल ने तटीय क्षेत्रों में बंदरगाह के विकास हेतु 25 मार्च, 2015 को सैद्धांतिक मंजूरी दी।
- सागरमाला परियोजना (Sagarmala Project) का क्रियान्वयन जहाजरानी क्षेत्र के अंतर्गत किया जाना है, जिसमें सार्वजनिक एवं निजी दोनों क्षेत्रों की भागीदारी शामिल है।
- इस परियोजना का उद्देश्य तटीय क्षेत्रों के प्रमुख बंदरगाहों का आधुनिकीकरण, क्षमता विस्तार, नए बंदरगाहों का निर्माण तथा आंतरिक जल परिवहन तंत्र का उन्नयन करना है।
- इस परियोजना के अन्य उद्देश्यों में तटों का चौड़ीकरण, गहराई को बढ़ाना तथा बंदरगाहों में आधुनिक संयंत्रों व उपकरणों का प्रयोग करना आदि सम्मिलित है।
- सागरमाला परियोजना के क्रियान्वयन के विभिन्न मुद्दों की समीक्षा हेतु एक **राष्ट्रीय सागरमाला सर्वोच्च समिति** का गठन किया गया है, जिसके अध्यक्ष जहाजरानी मंत्री हैं।
- इस परियोजना के प्रथम चरण के अंतर्गत न्हावाशेवा एवं कोच्चि बंदरगाहों को विकसित किया गया है।

वायु परिवहन

- वायु परिवहन एक स्थान से दूसरे स्थान तक गमनागमन (आना-जाना) का तीव्रतम साधन है। इसने यात्रा समय को घटाकर दूरियों को कम कर दिया है।
- यह भारत जैसे विशालतम व विस्तृत देश के लिए बहुत ही आवश्यक है, क्योंकि यहाँ दूरियाँ बहुत लंबी हैं तथा भू-भाग एवं जलवायविक दशाएँ अत्यंत विविधतापूर्ण हैं।
- भारत में वायु परिवहन की शुरुआत वर्ष 1911 में हुई थी, तब प्रयागराज से नैनी तक की 10 किमी की दूरी हेतु वायु डाक प्रचालन संपन्न किया गया था, लेकिन इसका वास्तविक विकास देश की स्वतंत्रता प्राप्ति के पश्चात् ही हुआ।
- **भारतीय विमानपत्तन प्राधिकरण** (AAI-The Airport Authority of India) का गठन 1 अप्रैल, 1995 को किया गया था, जो देश के सभी हवाई अड्डों के प्रबंधन के लिए उत्तरदायी है। यह भारतीय वायु क्षेत्र में सुरक्षित, सक्षम वायु यातायात एवं वैमानिकी संचार सेवाएँ प्रदान करने के लिए उत्तरदायी है। भारत में वायु परिवहन का प्रबंधन एयर इंडिया द्वारा किया जाता है। वर्तमान में अनेक निजी कंपनियाँ भी यात्रियों को सेवाएँ प्रदान कर रही हैं।
- वर्ष 1953 में वायु परिवहन का राष्ट्रीयकरण किया गया था। एयर इंडिया यात्रियों तथा नौभार यातायात, दोनों के लिए अंतर्राष्ट्रीय वायु सेवाएँ उपलब्ध कराता है। वर्तमान समय में टाटा ग्रुप्स ने एयर इंडिया का अधिग्रहण कर लिया है।
- देश में कई निजी विमानन कंपनियाँ भी वायु परिवहन सेवाएँ प्रदान करती हैं। इनमें स्पाइस जेट, इंडिगो इत्यादि प्रमुख हैं।

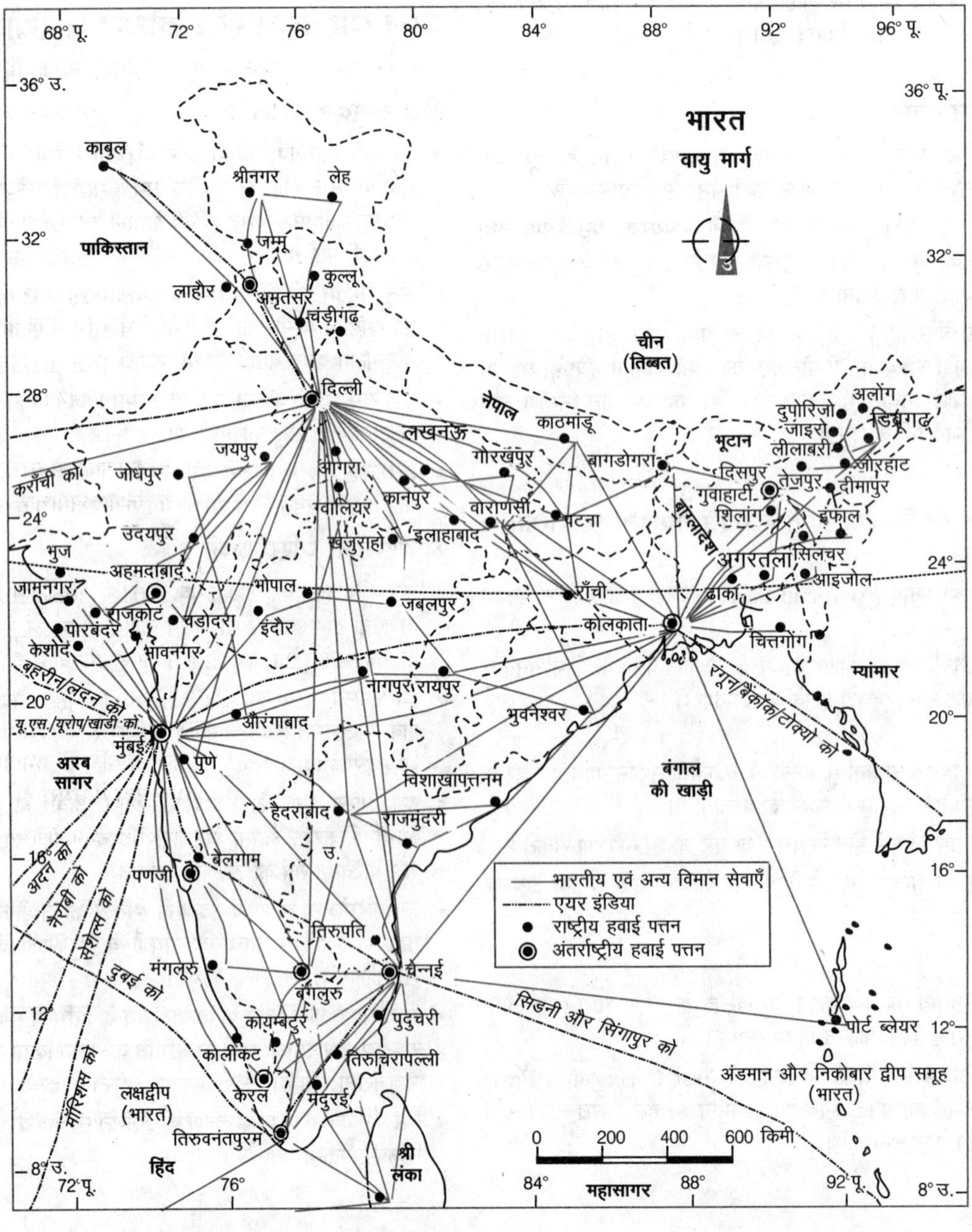

इंडियन एयरलाइंस का इतिहास

- वर्ष 1947 में भारत में वायु परिवहन सेवा मुख्यतः 4 प्रमुख कंपनियों इंडियन नेशनल एयरवेज, टाटा संस लिमिटेड, एयर सर्विसेज ऑफ इंडिया तथा डकन एयरवेज द्वारा उपलब्ध करवाई जाती थी।
- वर्ष 1951 में भारत की चार अन्य कंपनियाँ भारत एयरवेज, हिमालयन एविएशन लिमिटेड, एयरवेज इंडिया तथा कलिंगा एयरलाइंस, इस सेवा में शामिल हुईं।
- वर्ष 1953 में वायु परिवहन का राष्ट्रीयकरण करके दो निगम एयर इंडिया लिमिटेड तथा इंडियन एयरलाइंस का गठन किया गया।
- एयर इंडिया को अंतर्राष्ट्रीय उड़ानों का दायित्व सौंपा गया, जबकि इंडियन एयरलाइंस को अंतर्देशीय तथा पड़ोसी देशों की सेवाओं की जिम्मेदारी सौंपी गई।
- 31 मार्च, 2007 को इंडियन एयरलाइंस एवं एयर इंडिया का आपस में विलय कर दिया गया। दोनों का विलय करके इसका नाम एयर इंडिया रखा गया।
- 5 अक्टूबर, 2021 को घाटे में चल रही एयर इंडिया को निजी कंपनी टाटा ग्रुप्स ने अधिग्रहण कर लिया।

- **पवन हंस** एक हेलीकॉप्टर सेवा है, जो पर्वतीय क्षेत्रों में सेवारत् है और उत्तर-पूर्व क्षेत्र में व्यापक रूप से पर्यटकों द्वारा उपयोग में लाया जाता है।
- यह तेल एवं प्राकृतिक गैस निगम, ऑयल इंडिया लिमिटेड, निजी संस्थानों एवं राज्य सरकारों को हैलीकॉप्टर सेवा प्रदान करता है।
- वर्तमान समय में भारत में कुल **34 अंतर्राष्ट्रीय हवाई अड्डे** हैं, इनके अतिरिक्त 137 घरेलू हवाई अड्डे हैं, जिनका संचालन भारतीय विमानपत्तन प्राधिकरण (AAI) करता है।
- **इंदिरा गाँधी राष्ट्रीय उड़ान अकादमी** (Indira Gandhi National Flight Academy) एक स्वायत्त संस्था है, जो फुर्सतगंज, रायबरेली, उत्तर प्रदेश में स्थित है। इस संस्था का प्रमुख उद्देश्य पायलटों को प्रशिक्षण देना है।
- **मुक्त आकाश नीति (Open Sky Policy)** भारतीय निर्यातकों को मदद देने तथा उसके निर्यात को प्रतियोगितापूर्ण बनाने के लिए सरकार ने अप्रैल, 1992 में मुक्त आकाश नीति प्रारंभ की। इस नीति के तहत विदेशी एयरलाइंस या निर्यातकों का संगठन कोई भी मालवाहक वायुयान देश में ला सकता है।

संचार जाल

- संचार (Communication) एक ऐसा माध्यम है, जिसकी सहायता से लोग अपने संदेशों को किसी अन्य व्यक्ति के पास पहुँचाते हैं।
- विभिन्न मापदंडों एवं गुणवत्ता के आधार पर संचार के साधनों को निम्न श्रेणियों में विभाजित किया जाता है
  (i) **वैयक्तिक** इसके अंतर्गत पत्रादि, दूरभाष (टेलीफोन), तार (टेलीग्राम), फैक्स, ई-मेल, इंटरनेट आदि आते हैं।
  (ii) **सार्वजनिक** इसके अंतर्गत रेडियो, टेलीविजन, सिनेमा, उपग्रह (सैटेलाइट), समाचार-पत्र, पत्रिकाएँ व पुस्तकें, जनसभाएँ, गोष्ठियाँ एवं सम्मेलन आदि आते हैं।

वैयक्तिक संचार

- वैयक्तिक संचार तंत्रों (Personal Communication System) में इंटरनेट सर्वाधिक प्रभावी एवं आधुनिक है। नगरीय क्षेत्रों में इसका व्यापक उपयोग किया जाता है। यह उपयोगकर्ता को **ई-मेल** के माध्यम से ज्ञान एवं सूचना की दुनिया से प्रत्यक्ष पहुँच बनाने में सहायक होता है। यह ई-कॉमर्स और मौद्रिक लेन-देन के लिए अधिकाधिक प्रयोग में लाया जा रहा है।
- इंटरनेट विभिन्न मदों पर विस्तृत जानकारी सहित आँकड़ों का विशाल केंद्रीय भंडारागार की भाँति होता है। इंटरनेट तथा ई-मेल के माध्यम से यह नेटवर्क अपेक्षाकृत कम लागत में सूचनाओं को अभिगम्यता प्रदान करता है।

जनसंचार के साधन

जनसंचार के साधन निम्नलिखित हैं

रेडियो

- भारत में रेडियो (Radio) का प्रसारण वर्ष 1923 में **रेडियो क्लब ऑफ बाम्बे** (Radio Club of Bombay) द्वारा प्रारंभ किया गया था।
- इसी समय से रेडियो ने असीमित लोकप्रियता प्राप्त की है और लोगों का सामाजिक-सांस्कृतिक जीवन परिवर्तित कर दिया। बहुत कम समय में ही रेडियो ने देश के प्रत्येक घरों में अपनी जगह बना ली।
- सरकार ने इस सुअवसर का लाभ उठाया और वर्ष 1930 में इंडियन ब्रॉडकास्टिंग सिस्टम (Indian Broadcasting System) के अंतर्गत इस लोकप्रिय संचार माध्यम को अपने नियंत्रण में ले लिया।
- वर्ष 1936 में इसे ऑल इंडिया रेडियो (All India Radio) और वर्ष 1957 में **आकाशवाणी** (Akashvani) में बदल दिया गया।
- ऑल इंडिया रेडियो सूचना, शिक्षा एवं मनोरंजन से जुड़े विभिन्न प्रकार के कार्यक्रमों को प्रसारित करता है। विशिष्ट अवसरों, जैसे संसद तथा राज्य विधानसभाओं के सत्रों के दौरान विशेष समाचार बुलेटिनों को भी प्रसारित किया जाता है।
- वर्तमान समय में सरकारी रेडियो चैनलों के साथ-साथ निजी क्षेत्र की कंपनियाँ भी रेडियो प्रसारण संबंधित कार्यों में संलग्न हैं। एफ.एम. चैनलों के माध्यम से मनोरंजनात्मक कार्यक्रम प्रस्तुत किए जाते हैं।

टेलीविजन

- सूचना के प्रसार और सामान्य लोगों को शिक्षित करने में टेलीविजन (Television) प्रसारण एक अत्यधिक प्रभावी दृश्य-श्रव्य माध्यम (Audio-Visual Medium) के रूप में उभरा है।
- प्रारंभिक दौर में टीवी सेवाएँ केवल राष्ट्रीय राजधानी तक सीमित थीं, जहाँ इसे वर्ष 1959 में प्रारंभ किया गया था।
- वर्ष 1972 के बाद अन्य केंद्र में भी प्रारंभ हुए। वर्ष 1975 तक भारत के केवल 7 शहरों में ही टेलीविजन की सुविधा प्रारंभ हो पाई है।
- वर्ष 1976 में टेलीविजन को ऑल इंडिया रेडियो से अलग कर दिया गया। टेलीविजन को **दूरदर्शन** के रूप में एक अलग पहचान दी गई।
- इनसैट (INSAT) 1A (राष्ट्रीय टेलीविजन डीडी-1) के चालू होने के बाद समूचे नेटवर्क के लिए साझा राष्ट्रीय कार्यक्रमों (CNP-Common National Programmes) की शुरुआत की गई।

- भारत में कलर टीवी की शुरुआत वर्ष 1982 में हुई थी। 26 जनवरी, 1993 को **मेट्रो चैनल** शुरू करने के लिए एक दूसरे चैनल नेटवर्किंग की शुरुआत की गई।
- 14 मार्च, 1995 को अंतर्राष्ट्रीय चैनल **डी.डी. इंडिया** की शुरुआत हुई। 23 नवंबर, 1997 को प्रसार भारती का गठन किया गया तथा 16 दिसंबर, 2004 को डायरेक्ट-टू-होम (DTH-Direct to Home) सेवा प्रारंभ की गई।

डाक सेवा

- भारतीय डाक सेवा विश्व की सबसे बड़ी डाक सेवा है। आधुनिक भारतीय डाक प्रणाली की शुरुआत 1776 ई. में वॉरेन हेस्टिंग्स द्वारा की गई थी। यद्यपि यह प्रणाली जनसाधारण के लिए 1837 ई. में शुरू की गई थी।
- पहला भारतीय डाक टिकट 1852 ई. में **कराची** (पाकिस्तान) में **लॉर्ड डलहौजी** के कार्यकाल के दौरान जारी किया गया था। भारतीय डाक विभाग को 1854 ई. में संस्थागत रूप दिया गया।
- डाक व्यवस्था में सुधार तथा आधुनिकीकरण के लिए सरकार द्वारा सतत् प्रयास किया जा रहा है।
- भारतीय डाक सेवा के आधुनिकीकरण के लिए इसमें कंप्यूटरीकरण, स्वचालित डाक प्रोसेसिंग, जीआईएस मैपिंग, जीपीएस इत्यादि जैसी अत्याधुनिक तकनीकों को अपनाने पर बल दिया जा रहा है।
- भारत 1876 ई. से **यूनिवर्सल पोस्टल यूनियन** (UPU) का सदस्य रहा है। **विश्व डाक सेवा दिवस** प्रत्येक वर्ष 9 अक्टूबर को मनाया जाता है। इसकी शुरुआत 1874 ई. में की गई थी तथा वर्ष 1984 से भारत एशिया प्रशांत पोस्टल यूनियन का भी सदस्य है।

उपग्रह-संचार

- उपग्रह-संचार की एक विधा है और ये संचार के अन्य साधनों का भी नियमन करते हैं। हालाँकि उपग्रह के उपयोग से एक विस्तृत क्षेत्र का सतत् दृश्य प्राप्त होने के कारण उपग्रह-संचार आर्थिक एवं सामरिक कारणों से महत्त्वपूर्ण हो गया है।
- उपग्रह (Satellite) से प्राप्त चित्रों का मौसम के पूर्वानुमान, प्राकृतिक आपदाओं की निगरानी, सीमा क्षेत्रों की निगरानी आदि के लिए उपयोग किया जा सकता है।
- भारत की उपग्रह प्रणाली को आकृति तथा उद्देश्यों के आधार पर दो भागों में विभाजित किया जाता है-इंडियन नेशनल सैटेलाइट सिस्टम (INSAT-Indian National Satellite System) तथा इंडियन रिमोट सेंसिंग सैटेलाइट सिस्टम (IRS-Indian Remote Sensing Satellite System)।
- इनसैट (INSAT) जिसकी स्थापना वर्ष 1983 में हुई थी। एक बहुउद्देशीय उपग्रह प्रणाली है, जो दूरसंचार, मौसम विज्ञान संबंधित अवलोकनों तथा विभिन्न अन्य आँकड़ों एवं कार्यक्रमों के लिए उपयोगी है।
- IRS उपग्रह प्रणाली मार्च, 1988 में रूस के बैकानूर (वर्तमान में कजाकिस्तान) से IRS (IRS-1A) के प्रक्षेपण के साथ आरंभ की गई थी।
- भारत ने भी अपना स्वयं का प्रक्षेपण वाहन (PSLV-Polar Satellite Launch Vehicle) (पोलर सैटेलाइट लॉन्च वेहकिल) विकसित किया है।
- तेलंगाना (हैदराबाद) स्थित नेशनल रिमोट सेंसिंग सेंटर आँकड़ों के अधिग्रहण एवं प्रक्रमण की सुविधा उपलब्ध कराता है।
- प्राकृतिक संसाधनों के प्रबंधन के लिए यह बहुत उपयोगी होता है।

अतिरिक्त तथ्य

तमिलनाडु बोर्ड एवं NIOS

परिवहन

भारतीय रेलवे ने अपनी उपयोगिता तथा क्षमता में सुधार एवं अभिवृद्धि लाने हेतु निम्नलिखित उपायों को अपनाया है
- कार्यशील रेलवे लाइन की लंबाई में विस्तार करना।
- व्यस्त यातायात के प्रमुख रेलमार्गों का शीघ्रता से विद्युतीकरण करना।
- मीटर गेज रेल मार्गों को ब्राड गेज रेल मार्गों में बदलना।
- द्रुतगामी रेलगाड़ियाँ चलाना।
- इंटरनेट रिजर्वेशन (आरक्षण) की सुविधा उपलब्ध कराना आदि।

- सड़क घनत्व का अर्थ प्रति 100 वर्ग किमी क्षेत्र पर सड़कों की कुल लंबाई है।
- विकसित देशों की तुलना में भारत में सड़क घनत्व कम है। भारत में **सर्वाधिक** सड़क घनत्व **केरल** में तथा **सबसे कम जम्मू** तथा **कश्मीर** एवं लद्दाख में है।

भारत में अंत:स्थलीय जलमार्ग परिवहन को प्रभावित करने वाले कारक हैं
- नदियों के तल का अधिकांश भाग सिंचाई के लिए प्रयुक्त किया जाना।
- नदियों के जल में निरंतर गाद के जमाव से जल की गहराई का कम होना।
- नदी मार्गों में पुल, छोटे तथा बड़े जलप्रपात की उपस्थिति।

- रेल तथा सड़क परिवहन की सुविधाओं ने असमान्य प्रतिस्पर्द्धा स्थापित कर दी है। **राष्ट्रीय जलमार्ग अधिनियम, 2016** के अंतर्गत **106** नए अंत:स्थलीय जलमार्गों की घोषणा के पश्चात भारत में राष्ट्रीय अंत:स्थलीय जलमार्गों की कुल संख्या **111** हो गई है।
- राष्ट्रीय जलमार्गों के विकास, रखरखाव तथा नियमन हेतु वर्ष 1986 में अत:स्थलीय जलमार्ग प्राधिकरण स्थापित किया गया। राज्य राजमार्गों का प्रशासन तथा वित्तीयन राज्य सरकार द्वारा किया जाता है। जिला सड़कों का निर्माण तथा मरम्मत का कार्य राज्य का लोक निर्माण विभाग (PWD) करता है।

संचार

- डाक सेवा देश में सबसे अधिक प्रयुक्त संचार का माध्यम रहा है।
- लगभग **1.55 लाख पोस्ट ऑफिस** के साथ भारत विश्व का सबसे बड़ा डाकसेवा प्रदाता देश है। लगभग **99%** ग्रामीण क्षेत्रों को डाक सेवा का लाभ मिल रहा है। पिनकोड (PIN)-डाक वितरण को अधिक द्रुतगामी करने के लिए डाक सूचना अंक प्रणाली (पिन) को प्रयोग में लाया गया है।

दूरसंचार

- सामूहिक तथा व्यक्तिगत स्तर पर संचार अत्याधुनिक तथा महत्त्वपूर्ण माध्यम हैं। इसके अंतर्गत **तार-सेवा, दूरभाष, टेलेक्स** एवं **फैक्स** आदि आते हैं।
- तार-सेवा टेलीग्राम संचार माध्यम का अपेक्षाकृत सबसे पुराना माध्यम है। यह अतिशीघ्र सूचना प्रेषण में प्रयुक्त होता है।

दूरभाष

- दूरभाष सेवाओं का भारत में बहुत तीव्रता से विस्तार हुआ है।
- 16 नवंबर, 2022 तक भारत में **1.2 बिलियन** से अधिक मोबाइल फोन प्रयोगकर्ता तथा **600 मिलियन** से अधिक स्मार्ट फोन प्रयोगकर्ता हैं।
- भारत वित्त वर्ष 2022-23 में 31 करोड़ यूनिट मोबाइल फोन उत्पादन के साथ विश्व का दूसरा सबसे बड़ा मोबाइल फोन निर्माता बन गया है।

जनसंचार

- भारत मीडिया की एक समृद्ध परंपरा वाला देश है। देश में **897** टेलीविजन चैनल हैं, जिनमें **350** से अधिक समाचार चैनल हैं तथा **80** हजार से अधिक समाचार-पत्रों का प्रकाशन विविध भाषाओं में किया जा रहा है।

उद्योग

(स्रोत)

Class-VIII Old NCERT Chap 16 **निर्माण उद्योग**,
Class-X New NCERT Chap 6 **विनिर्माण उद्योग**, Class-X Old NCERT
Chap 7 **उद्योगों का विकास**, Class-XII Old NCERT Chap 8 **निर्माण उद्योग**,
Class-XII Old NCERT Chap 3 **विनिर्माण उद्योग**,
Tamil Nadu Board (Class XII), NIOS

उद्योग

- उद्योग वे आर्थिक क्रियाएँ हैं, जो प्रकृति से प्राप्त संसाधनों के प्रसंस्करण (Processing) एवं मूल्यवर्द्धन (Value Addition) पर आधारित होती हैं।
- कच्चे पदार्थ को मूल्यवान उत्पाद में परिवर्तित कर अधिक मात्रा में वस्तुओं का उत्पादन करना **विनिर्माण या वस्तु निर्माण** (Manufacturing) कहलाता है।

विनिर्माण का महत्त्व

- विनिर्माण उद्योग (Manufacturing Industry) विशेषत: आर्थिक विकास का आधार है, क्योंकि विनिर्माण उद्योग न केवल कृषि के आधुनिकीकरण में सहायक है, वरन् यह द्वितीयक व तृतीयक क्षेत्रकों में रोजगार उपलब्ध कराकर कृषि पर हमारी निर्भरता को कम करता है।
- देश में औद्योगिक विकास, बेरोजगारी तथा गरीबी उन्मूलन की एक आवश्यक शर्त है।
- भारत में सार्वजनिक तथा संयुक्त क्षेत्र में लगे उद्योग इसी विचार पर आधारित थे।
- निर्मित वस्तुओं का निर्यात वाणिज्य व्यापार को बढ़ाता है, जिससे अपेक्षित विदेशी मुद्रा की प्राप्ति होती है।
- वे देश ही विकसित हैं, जो कच्चे माल को विभिन्न तथा अधिक मूल्यवान तैयार माल से विनिमय करते हैं।
- भारत का विकास विविध व शीघ्र औद्योगिक विकास में निहित है।

उद्योगों का वर्गीकरण

उद्योगों का वर्गीकरण अनेक प्रकार से किया गया है। आकार, पूँजी-निवेश और श्रमशक्ति के आधार पर उद्योगों को वृहत, मध्यम, लघु और कुटीर उद्योग में वर्गीकृत किया गया है। उद्योगों का वर्गीकरण निम्न है

स्वामित्व के आधार पर

- **सार्वजनिक क्षेत्र के उद्योग** (Public Sector Industry) ये उद्योग सरकार द्वारा नियंत्रित कंपनियाँ या निगम हैं, जो **सरकार द्वारा निधि प्रदत्त** (Funded by the Government) होते हैं। सार्वजनिक क्षेत्र में सामान्यत: सामरिक और राष्ट्रीय महत्त्व के उद्योग-धंधे सम्मिलित हैं; जैसे–भारत हैवी इलेक्ट्रिकल लिमिटेड (BHEL), स्टील अथॉरिटी इंडिया लिमिटेड (SAIL)।
- **निजी क्षेत्र के उद्योग** (Private Sector Industry) ऐसे उद्योग जो एक व्यक्ति के स्वामित्व में हैं और उसके द्वारा संचालित हैं अथवा कुछ लोगों के स्वामित्व में या उनके द्वारा संचालित हैं, निजी उद्योग कहलाते हैं; जैसे-टिस्को, बजाज ऑटो लिमिटेड, डाबर उद्योग आदि।
- **संयुक्त उद्योग** (Joint Sector Industry) ऐसे उद्योग जो राज्य सरकार और निजी क्षेत्र के संयुक्त प्रयास से चलाए जाते हैं, संयुक्त उद्योग कहलाते हैं; जैसे- ऑयल इंडिया लिमिटेड (OIL)।
- **सहकारी उद्योग** (Cooperative Sector Industry) ऐसे उद्योग जिनका स्वामित्व कच्चे माल की पूर्ति करने वाले उत्पादकों, श्रमिकों या दोनों के अधीन होता है, सहकारी उद्योग कहलाते हैं। संसाधनों का कोष संयुक्त होता है तथा लाभ-हानि का विभाजन भी आनुपातिक होता है;

उत्पादों के उपयोग के आधार पर

- **मूल पदार्थ उद्योग** (Basic Goods Industry) इन उद्योगों में अन्य उद्योगों के कच्चे माल का निर्माण होता है; जैसे- वस्त्र निर्माण के लिए सूत निर्माण उद्योग।
- **पूँजीगत पदार्थ उद्योग** (Capital Goods Industry) इन उद्योगों में वैसे पदार्थों का उत्पादन होता है, जिनका उपयोग विभिन्न उद्योगों में पूँजीगत पदार्थों के रूप में होता है; जैसे-मशीन के उपकरणों से संबंधित उद्योग।
- **मध्यवर्ती पदार्थ उद्योग** (Intermediate Goods Industry) इस प्रकार के उद्योगों को अन्य उद्योगों से निर्मित वस्तुओं की प्राप्ति होती है तथा वह अंतिम उत्पाद के रूप में निर्मित वस्तुओं को बाजार में प्रस्तुत करते हैं; जैसे- साइकिल निर्माता के लिए टायर तथा अन्य पुर्जों का निर्माण।
- **उपभोक्ता पदार्थ उद्योग** (Consumer Goods Industry) इन उद्योगों में उपभोग से जुड़ी वस्तुओं का उत्पादन होता है; जैसे- खाने योग्य तेल (Edible Oil) उद्योग, चाय पत्ती उद्योग इत्यादि।

कच्चे माल के उपयोग के आधार पर

- **कृषि आधारित उद्योग** (Agriculture Based Industry) ऐसे उद्योग, जिसमें कच्चा माल कृषि आधारित उद्योग से प्राप्त होता है, को कृषि आधारित उद्योग कहते हैं; जैसे- सूती वस्त्र उद्योग, तिलहन उद्योग, चीनी आदि।
- **वन आधारित उद्योग** (Forest Based Industry) ऐसे उद्योग जिनके लिए कच्चा माल वनोपज तथा वनों से प्राप्त होता है, वन आधारित उद्योग कहलाते हैं; जैसे- कागज उद्योग, दियासलाई उद्योग आदि।
- **खनिज आधारित उद्योग** (Mineral Based Industry) इन उद्योगों में खानों से निकाले गए खनिजों का उपयोग कच्चे माल के रूप में होता है; जैसे- लौह इस्पात उद्योग, एल्युमीनियम उद्योग इत्यादि।
- **उद्योगों द्वारा निर्मित कच्चे माल पर आधारित उद्योग** (Industrially Processed Raw Materials Industry) इन उद्योगों में कुटीर उद्योगों तथा लघु उद्योगों में उत्पादित वस्तुओं का उपयोग वृहद् उत्पादन के लिए किया जाता है। ऑटोमोबाइल इंडस्ट्री इस प्रकार के उद्योग का उदाहरण है।

निर्मित उत्पादों की प्रकृति के आधार पर

- **धातुकर्म उद्योग** (Metallurgical Industry) इन उद्योगों में खनिज अयस्कों से धातुओं का निष्कर्षण किया जाता है तथा इनसे मिश्रधातु अथवा अन्य विशिष्ट धातुओं का भी निर्माण किया जाता है। इस उद्योग से लौह अयस्क से लौह-इस्पात बनाने की प्रक्रिया संबद्ध है।
- **यांत्रिक इंजीनियरी उद्योग** (Mechanical Engineering Industry) इस प्रकार के उद्योगों में यांत्रिकी से जुड़े उपकरणों तथा यंत्रों का निर्माण होता है। इस उद्योग के अंतर्गत विमानन उद्योग, ऑटोमोबाइल इत्यादि सम्मिलित हैं।
- **रासायनिक और संबद्ध उद्योग** (Chemical and Allied Industry) इस प्रकार के उद्योग में रसायनों का निर्माण तथा कीटनाशकों, उर्वरकों का निर्माण किया जाता है।
- **वस्त्र उद्योग** (Textile Industry) इन उद्योगों का संबंध परिधानों से है; जैसे- सूती वस्त्र, रेशमी वस्त्र, ऊनी वस्त्र आदि।
- **खाद्य प्रसंस्करण उद्योग** (Food Processing Industry) इस प्रकार के उद्योगों में विशिष्ट खाद्य पदार्थों का निर्माण किया जाता है; जैसे- डेयरी, बेकरी, खाद्यान्न, फल, सब्जी, मत्स्यन इत्यादि ।
- **विद्युत उत्पादन उद्योग** (Electric Generation Industry) इस प्रकार के उद्योगों में बिजली से जुड़े उपकरणों का निर्माण किया जाता है। बिजली के तार, ट्रांसफार्मर का निर्माण, पंखे तथा अन्य इलेक्ट्रिक उपकरणों से जुड़े उद्योग इस श्रेणी के अंतर्गत आते हैं।
- **इलेक्ट्रॉनिक उद्योग** (Electronic Industry) इस प्रकार के उद्योगों का संबंध इलेक्ट्रॉनिक आधारित वस्तुओं के निर्माण से है। लैपटॉप, कंप्यूटर तथा इनसे जुड़े उपकरणों का निर्माण इलेक्ट्रॉनिक उद्योग के अंतर्गत होता है।
- **संचार उद्योग** (Communication Industry) इस प्रकार के उद्योगों में संचार से जुड़े उपकरणों-टेलीविजन, रेडियो, टेलीफोन इत्यादि के निर्माण को स्थान दिया जाता है। प्रकाशन उद्योग भी संचार उद्योग का भाग है।

पूँजी निवेश के आधार पर

- **लघु उद्योग** (Small Industry) ऐसे उद्योग जिनमें 10 या उससे अधिक व्यक्ति कार्य करते हैं, लघु उद्योग कहलाते हैं। इन उद्योगों में मशीनों का प्रयोग होता है। लघु उद्योगों में ₹ 5 करोड़ तक की पूँजी का निवेश किया जाता है।
- **कुटीर उद्योग** (Cottage Industry) ऐसे उद्योग जिनमें परिवार के सदस्यों द्वारा उत्पादन कार्य किया जाता है, कुटीर उद्योग कहलाते हैं। इसमें कम पूँजी की आवश्यकता होती है।
- **बड़े पैमाने के उद्योग** (Large Scale Industry) ऐसे उद्योग जिनमें उत्पादन कार्य बड़ी-बड़ी मशीनों से होता है, बड़े पैमाने के उद्योग कहलाते हैं। इसमें वृहद् पूँजी की आवश्यकता होती है। इन उद्योगों में बड़ी संख्या में लोग कार्यरत् होते हैं।

कच्चे तथा निर्मित माल की मात्रा व भार के आधार पर

- **भारी उद्योग** (Heavy Industry) ये उद्योग भारी कच्चे मालों का प्रयोग कर भारी निर्मित माल का उत्पादन करते हैं, भारी उद्योग कहलाते हैं; जैसे- लौह-इस्पात उद्योग, जहाज निर्माण इत्यादि।
- **हल्के उद्योग** (Light Industry) जो कम भार वाले कच्चे माल का प्रयोग कर हल्के निर्मित माल का उत्पादन करते हैं, हल्के उद्योग कहलाते हैं; जैसे-विद्युतीय उद्योग।

प्रमुख भूमिका के आधार पर

- **आधारभूत उद्योग** (Basic (Key) Industry) ये ऐसे उद्योग हैं जिनके उत्पादन या कच्चे माल पर दूसरे उद्योग निर्भर हैं; जैसे- लौह-इस्पात, ताँबा प्रगलन व एल्युमीनियम प्रगलन उद्योग आदि।
- **उपभोक्ता उद्योग** (Consumer Industry) ये ऐसे उद्योग हैं जिनका उत्पादन उपभोक्ताओं के सीधे उपयोग हेतु होता है; जैसे-चीनी, दंतमंजन, कागज, पंखे, सिलाई मशीन आदि।

औद्योगिक अवस्थिति

- उद्योगों की स्थापना एक जटिल प्रक्रिया का भाग है। इनकी स्थापना कच्चे माल की उपलब्धता, श्रमिक, पूँजी, शक्ति के साधन तथा बाजार आदि की उपलब्धता से प्रभावित होती है। इन सभी कारकों का एक स्थान पर पाया जाना लगभग असंभव है।
- आर्थिक दृष्टि से निर्माण उद्योग को उस स्थान पर स्थापित करना चाहिए, जहाँ उत्पादन मूल्य और निर्मित वस्तुओं को उपभोक्ताओं तक वितरण करने का मूल्य न्यूनतम हो। औद्योगिक प्रक्रिया के प्रारंभ होने के साथ-साथ नगरीकरण (Urbanisation) प्रारंभ होता है।
- कभी-कभी उद्योग शहरों में या उनके निकट स्थापित किए जाते हैं। इस प्रकार औद्योगीकरण तथा नगरीकरण साथ-साथ चलते हैं।
- नगर, उद्योगों को बाजार तथा सेवाएँ; जैसे-बैंकिंग, बीमा, परिवहन, श्रमिक तथा वित्तीय परामर्श आदि उपलब्ध कराते हैं।
- नगर, केंद्रों द्वारा दी गई सुविधाओं से लाभावित होते हैं तथा कई बार बहुत से उद्योग नगरों के आस-पास ही केंद्रित हो जाते हैं, जिसे 'समूहन अर्थव्यवस्थाएँ' (Agglomeration Economies) कहा जाता है।
- ऐसे स्थानों पर धीरे-धीरे बड़ा औद्योगिक समूहन स्थापित हो जाता है।
- स्वतंत्रता से पूर्व अधिकांश विनिर्माण उद्योगों की स्थापना दूरस्थ देशों से व्यापार पर आधारित थी; जैसे-मुंबई, कोलकाता व चेन्नई आदि।
- परिणामस्वरूप कुछ नगर औद्योगिक केंद्र के रूप में उभरे, जो ग्रामीण कृषि पृष्ठ प्रदेश (Hinterland) से घिरे हुए थे।
- किसी उद्योग की अवस्थिति (Location of Industry) का निर्धारण उसकी न्यूनतम उत्पादन लागत से निर्धारित होता है।
- सरकारी नीतियों तथा निपुण श्रमिकों की उपलब्धता भी उद्योगों की अवस्थिति को प्रभावित करती है।
- कच्चे माल और उद्योग के प्रकार में घनिष्ठ संबंध होता है। उद्योगों की अवस्थिति को प्रभावित करने वाले कारकों का संक्षिप्त विवरण निम्न है

कच्चा माल

- भार ह्रास वाले कच्चे माल (Weight-losing Raw Material) का उपयोग करने वाले उद्योग, उन प्रदेशों में स्थापित किए जाते हैं, जहाँ ये उपलब्ध होते हैं।
- भारत में चीनी मिलें गन्ना उत्पादक क्षेत्रों में स्थापित की जाती हैं। इस प्रकार लुगदी उद्योग (Pulp Industry), ताँबा प्रगलन (Copper Smelting) और पिग आयरन (Pig Iron) उद्योग अपने कच्चे माल प्राप्ति के स्थानों के निकट ही स्थापित किए जाते हैं।
- लौह-इस्पात उद्योग में लोहा और कोयला दोनों ही भार ह्रास वाले कच्चे माल हैं, इसलिए लौह-इस्पात उद्योग की स्थिति के लिए अनुकूल स्थान कच्चा माल (Perishable Raw Materials) स्रोतों के निकट होना चाहिए।
- यही कारण है कि अधिकांश लौह-इस्पात उद्योग या तो कोयला क्षेत्रों (बोकारो, दुर्गापुर आदि) के निकट स्थित होते हैं या लौह-अयस्क स्रोतों (भद्रावती, भिलाई और राउरकेला) के निकट स्थित होते हैं।

शक्ति

- शक्ति (Power) मशीनों के लिए गतिदायी बल प्रदान करती है और इसलिए किसी भी उद्योग की स्थापना से पूर्व इसकी आपूर्ति सुनिश्चित कर ली जाती है।
- इसके पश्चात् फिर भी कुछ उद्योगों, जैसे-एल्युमीनियम और कृत्रिम नाइट्रोजन निर्माण उद्योग की स्थापना शक्ति स्रोत के निकट की जाती है, क्योंकि ये अधिक शक्ति उपयोग करने वाले उद्योग हैं, जिन्हें विद्युत की बड़ी मात्रा की आवश्यकता होती है।

बाजार

- बाजार, निर्मित उत्पादों के लिए निर्गम (Outlets) उपलब्ध कराता है।
- भारी मशीन, मशीन के औजार, भारी रसायनों की स्थापना उच्च माँग वाले क्षेत्रों (High Demand Area) के निकट की जाती है, क्योंकि ये बाजार अभिमुख होते हैं।
- सूती वस्त्र उद्योग में शुद्ध कच्चे माल का उपयोग होता है और ये प्राय: बड़े नगरीय केंद्रों में स्थापित किए जाते हैं; जैसे-मुंबई, अहमदाबाद, सूरत आदि।
- पेट्रोलियम परिशोधनशालाओं की स्थापना भी बाजारों के निकट की जाती है, क्योंकि अपरिष्कृत तेल (Crude Oil) का परिवहन सरल होता है और उनसे प्राप्त कई उत्पादों का उपयोग दूसरे उद्योगों में कच्चे माल के रूप में किया जाता है।
- परिशोधनशालाओं (Refineries) की स्थापना में पत्तन भी एक महत्त्वपूर्ण भूमिका निभाते हैं।

परिवहन

- मुंबई, चेन्नई, दिल्ली और कोलकाता के अंदर और इनके चारों ओर उद्योगों के संकेंद्रण (Concentration) का प्रमुख कारण है-परिवहन प्रणाली का विकास। ऐसा इसलिए हुआ, क्योंकि ये प्रारंभ में ही परिवहन मार्गों को जोड़ने वाले केंद्र बिंदु (Nodal Points) बन गए।
- रेलवे लाइन बिछाने के बाद ही उद्योगों को आंतरिक भागों में स्थानांतरित किया गया। सभी मुख्य उद्योगों की अवस्थिति देश के प्रमुख रेल मार्गों पर है।

श्रम

- भारत में श्रम (Labour) अधिक गतिशील है तथा जनसंख्या आधिक्य के कारण बड़ी संख्या में श्रम की उपलब्धता है।
- बिना श्रम के उद्योग की संकल्पना संभव नहीं है, क्योंकि उद्योगों में कुशल श्रमिकों की आवश्यकता होती है।

ऐतिहासिक कारक

- मुंबई, चेन्नई, कोलकाता का औद्योगिक केंद्र होने का मुख्य कारण इन नगरों का औपनिवेशिक काल (Colonial Age) में महत्त्वपूर्ण केंद्रों के रूप में विकसित होना है।
- औपनिवेशिक काल के आरंभिक चरणों में यूरोपीय व्यापारियों द्वारा प्रोत्साहन के कारण विनिर्माण संबंधी गतिविधियों को नई गतिशीलता प्राप्त हुई।

- इस समय मुर्शिदाबाद, ढाका, भदोई, सूरत, वड़ोदरा, कोझिकोड, कोयंबटूर, मैसूरू इत्यादि नगरों ने महत्त्वपूर्ण विनिर्माण केंद्रों के रूप में अपना विस्तार किया।
- उपनिवेशवाद (Colonialism) के उत्तरकालीन औद्योगिक चरण में ब्रिटेन में निर्मित वस्तुओं से प्रतिस्पर्द्धा और उपनिवेशिक शक्ति की भेदमूलक नीति के कारण इन निर्माण केंद्रों का तेजी से विकास हुआ।
- उपनिवेशवाद के अंतिम चरणों में अंग्रेजों ने चुने हुए क्षेत्रों में कुछ उद्योगों को प्रोन्नत किया।
- इससे देश में विभिन्न प्रकार के उद्योगों का बड़े पैमाने पर स्थानिक विस्तार हुआ।

मुख्य उद्योग

- किसी भी देश के औद्योगिक विकास के लिए लौह-इस्पात उद्योग (Iron and Steel Industry) एक मूल आधार होता है।
- सूती वस्त्र उद्योग (Cotton Textile Industry) हमारे परंपरागत उद्योगों में से एक है।
- चीनी उद्योग (Sugar Industry) स्थानिक कच्चे माल पर आधारित है, जो कि अंग्रेजों के समय में विकसित हुआ।
- इसके अतिरिक्त आधुनिक उद्योग; जैसे-पेट्रोलियम रासायनिक उद्योग (Petrochemical Industry) और सूचना प्रौद्योगिकी उद्योग (Information Technology Industry) भी हैं।

लौह-इस्पात उद्योग

- भारतीय उद्योग के लगभग सभी क्षेत्र अपनी मूल आधारिक अवसंरचना के लिए मुख्य रूप से लौह-इस्पात उद्योग (Iron and Steel Industry) पर निर्भर हैं।
- लौह तथा इस्पात एक भारी उद्योग है, क्योंकि इसमें प्रयुक्त कच्चा तथा तैयार माल दोनों ही भारी और स्थूल होते हैं तथा इसके लिए अधिक परिवहन की आवश्यकता होती है।
- लौह-इस्पात उद्योग के लिए लौह-अयस्क (Iron Ore) और कोककारी कोयले (Coking Coal) के अतिरिक्त चूना पत्थर, डोलोमाइट, मैंगनीज और अग्निसह मृत्तिका (Fire-Clay) आदि कच्चे माल की आवश्यकता होती है।
- इस उद्योग के लिए लौह-अयस्क, कोकिंग कोल तथा चूना पत्थर का अनुपात लगभग 4 : 2 : 1 का है।
- इस्पात को कठोर बनाने के लिए इसमें मैंगनीज की कुछ मात्रा की भी आवश्यकता होती है।
- ये सभी कच्चे माल स्थूल (भार-ह्रास वाले) होते हैं, इसलिए लौह-इस्पात उद्योग की सबसे अच्छी स्थिति कच्चे माल स्रोतों के निकट होती है।
- भारत में छत्तीसगढ़, उत्तरी ओडिशा, झारखंड और पश्चिम बंगाल के पश्चिमी भागों को समाविष्ट करते हुए एक अर्द्धचंद्राकार प्रदेश है, जोकि उच्च कोटि के लौह-अयस्क, अच्छे गुणवत्ता वाले कोककारी कोयला और अन्य संपूरकों से समृद्ध हैं।
- भारत में छोटानागपुर के पठारी क्षेत्र में अधिकांश लौह-इस्पात उद्योग संकेंद्रित हैं। इस प्रदेश में इस उद्योग के विकास के लिए अधिक अनुकूल सापेक्षिक परिस्थितियाँ हैं।
- इनमें लौह-अयस्क की कम लागत, उच्चकोटि के कच्चे माल की निकटता, सस्ते श्रमिक और स्थानीय बाजार में माँग की विशाल संभाव्यता सम्मिलित है। यद्यपि भारत संसार का एक महत्त्वपूर्ण लौह-इस्पात उत्पादक देश है, तथापि हम इनके संपूर्ण संभाव्य का विकास नहीं कर पाए हैं, जिसके प्रमुख कारण हैं
  - उच्च लागत और कोकिंग कोयले की सीमित उपलब्धता
  - कम श्रमिक उत्पादकता
  - ऊर्जा की अनियमित पूर्ति
  - अविकसित अवसंरचना
- भारतीय लौह-इस्पात उद्योग के अंतर्गत बड़े एकीकृत इस्पात कारखानें और छोटी इस्पात मिलें भी सम्मिलित हैं।
- इसके अंतर्गत द्वितीयक उत्पादक (Secondary Producer), ढलाई मिलें (Rolling Mills) और आनुषंगिक उद्योग (Ancillary Industry) भी सम्मिलित हैं।
- सार्वजनिक क्षेत्र के लगभग सभी उपक्रम अपने इस्पात को स्टील अथॉरिटी ऑफ इंडिया (SAIL) के माध्यम से बेचते हैं।
- 1950 के दशक में भारत तथा चीन लगभग एक समान मात्रा में इस्पात उत्पादित करते थे।
- वर्तमान में चीन विश्व में इस्पात का सबसे बड़ा उत्पादक और उपभोक्ता दोनों है। भारत का इस्पात उत्पादन में द्वितीय स्थान है और यह इस्पात के प्रमुख उपभोक्ताओं में से एक है।

एकीकृत इस्पात कारखानें

एकीकृत इस्पात कारखानें निम्नलिखित हैं

टाटा लौह-इस्पात कंपनी

- वर्ष 1947 से पूर्व टिस्को (TISCO-Tata Iron & Steel Company) भारत में केवल एक इस्पात कारखाना था।
- यह निजी स्वामित्व में था। झारखंड में स्वर्ण रेखा और खरकई नदियों के संगम के समीप साकची में वर्ष 1907 में टिस्को की शुरुआत की गई थी। बाद में **साकची** का नाम बदलकर जमशेदपुर कर दिया गया।
- टाटा लौह-इस्पात कंपनी, मुंबई-कोलकाता रेलवे मार्ग के बहुत निकट स्थित है। यहाँ के इस्पात के निर्यात के लिए कोलकाता सबसे समीपस्थ पत्तन है।
- यह स्थान लौह-अयस्क, कोयला और मैंगनीज निक्षेपों के साथ-साथ कोलकाता के निकट भी था, जहाँ विशाल बाजार उपलब्ध था।
- टिस्को को झरिया क्षेत्र से कोयला तथा ओडिशा और छत्तीसगढ़ से लौह-अयस्क, चूना-पत्थर, डोलोमाइट और मैंगनीज प्राप्त होता है।
- इस संयंत्र को जल की आपूर्ति सुवर्णरिखा और खरकई नदी से, लोहा, नोआमंडी एवं बादाम पहाड़ से, कोयला, जोडा खान से और कोककारी कोयला झरिया एवं पश्चिमी बोकारो कोयला क्षेत्रों से प्राप्त होता है।

भारतीय लोहा और इस्पात कंपनी

- भारतीय लोहा और इस्पात कंपनी (IISCO-Indian Iron and Steel Company) ने अपना पहला कारखाना हीरापुर में और दूसरा कारखाना कुल्टी में स्थापित किया।
- वर्ष 1937 में भारतीय लोहा और इस्पात कंपनी के साहचर्य से बंगाल स्टील कॉर्पोरेशन की स्थापना की गई।
- बर्नपुर (पश्चिम बंगाल) में लोहा और इस्पात के उत्पादन की दूसरी इकाई की स्थापना की गई।
- 'इंडियन आयरन स्टील कंपनी' के अधिकार क्षेत्र में आने वाले तीनों संयंत्र दामोदर घाटी कोयला क्षेत्रों (रानीगंज, झरिया, रामगढ़) के निकट कोलकाता-आसनसोल रेल मार्ग पर स्थित हैं। इस संयंत्र को लौह-अयस्क सिंहभूम (झारखंड) से और जल की आपूर्ति बराकर नदी से होती है।

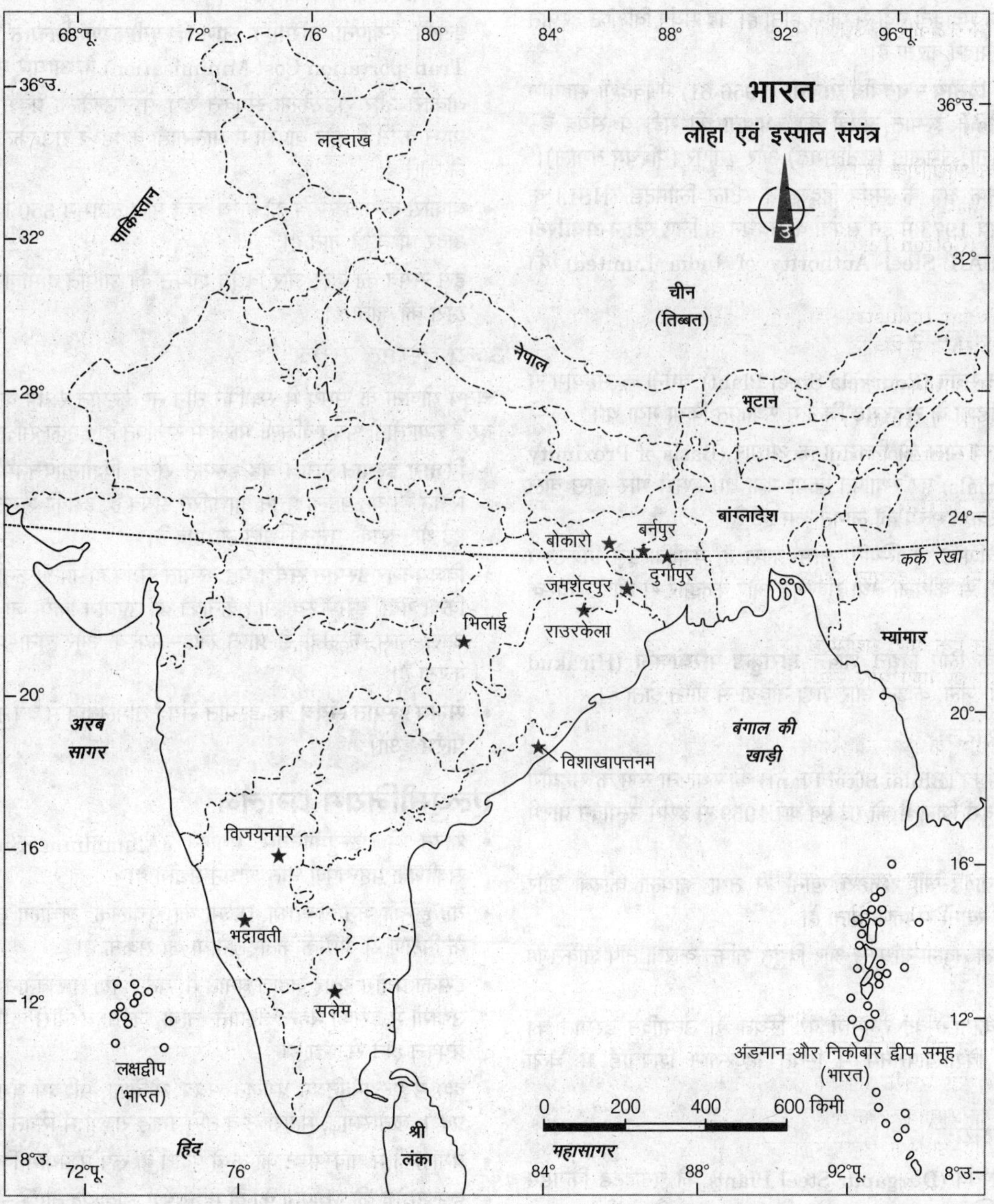

विश्वेश्वरैया आयरन एंड स्टील वर्क्स

- तीसरा एकीकृत इस्पात संयंत्र विश्वेश्वरैया आयरन एंड स्टील वर्क्स है, जो प्रारंभ में मैसूर लोहा और इस्पात वर्क्स के नाम से जाना जाता था।
- यह बाबाबूदन की पहाड़ियों के केमानगुंडी के लौह-अयस्क क्षेत्रों के निकट स्थित है।
- चूना पत्थर और मैंगनीज भी आस-पास के क्षेत्रों में उपलब्ध है, लेकिन इस प्रदेश में कोयला प्राप्त नहीं होता।
- इस संयंत्र को जल भद्रावती नदी से प्राप्त होता है। यह संयंत्र विशिष्ट इस्पात एवं एलॉय का उत्पादन करता है।
- स्वतंत्रता के बाद **द्वितीय पंचवर्षीय योजना** (1956-61) में विदेशी सहयोग से तीन नए एकीकृत इस्पात संयंत्रों की स्थापना की गई। ये संयंत्र हैं- राउरकेला (ओडिशा), भिलाई (छत्तीसगढ़) और दुर्गापुर (पश्चिम बंगाल)।
- ये सभी सार्वजनिक क्षेत्र के संयंत्र हिंदुस्तान स्टील लिमिटेड (HSL) के अधिकार में थे। वर्ष 1973 में इन संयंत्रों के प्रबंधन के लिए **स्टील अथॉरिटी ऑफ इंडिया** (SAIL-Steel Authority of India Limited) की स्थापना की गई।

राउरकेला इस्पात संयंत्र

- राउरकेला इस्पात संयंत्र (Rourkela Steel Plant) जर्मनी के सहयोग से वर्ष 1959 में ओडिशा के **सुंदरगढ़** जिले में स्थापित किया गया था।
- इस संयंत्र को कच्चे माल की निकटता के आधार (Basis of Proximity to Raw Materials) पर स्थापित किया गया था। इससे भार-ह्रास वाले कच्चे माल के परिवहन मूल्य की लागत कम हुई है।
- इस संयंत्र को विशिष्ट अवस्थिति लाभ-प्राप्त है, क्योंकि इसे निकटस्थ झरिया (झारखंड) से कोयला तथा सुंदरगढ़ और केंदूझार से लौह-अयस्क प्राप्त होता है।
- विद्युत भट्ठियों के लिए विद्युत शक्ति **हीराकुड परियोजना** (Hirakud Project) से तथा जल, कोइल और शंख नदियों से प्राप्त होता है।

भिलाई इस्पात संयंत्र

- भिलाई इस्पात संयंत्र (Bhilai Steel Plant) की स्थापना रूस के सहयोग से छत्तीसगढ़ के **दुर्ग** जिले में की गई एवं वर्ष 1959 से इसमें उत्पादन प्रारंभ हो गया।
- यहाँ लौह-अयस्क डल्ली राजहरा खानों से तथा कोयला कोरबा और करगाली कोयला खानों से प्राप्त होता है।
- इस संयंत्र को जल तंदुला बाँध से और विद्युत शक्ति कोरबा ताप शक्तिगृह से प्राप्त होती है।
- यह संयंत्र कोलकाता-मुंबई रेलमार्ग पर स्थित है। उत्पादित इस्पात का अधिकांश भाग विशाखापत्तनम में स्थित हिंदुस्तान शिपयार्ड में चला जाता है।

दुर्गापुर इस्पात संयंत्र

- दुर्गापुर इस्पात संयंत्र (Durgapur Steel Plant) को यूनाइटेड किंगडम के सहयोग से पश्चिम बंगाल में स्थापित किया गया था और वर्ष 1962 से इसमें उत्पादन प्रारंभ हुआ था।
- यह संयंत्र **रानीगंज-झरिया कोयला पेटी** में स्थित है और लौह-अयस्क नोआमंडी से प्राप्त होता है।
- दुर्गापुर कोलकाता-दिल्ली रेलवे मार्ग पर स्थित है। इसे जल, विद्युत शक्ति दामोदर घाटी कॉर्पोरेशन से प्राप्त होती है।

बोकारो इस्पात संयंत्र

- बोकारो इस्पात संयंत्र (Bokaro Steel Plant) की स्थापना वर्ष 1964 में रूस के सहयोग से की गई।
- इसकी स्थापना **परिवहन लागत न्यूनीकरण सिद्धांत** (Principal of Transportation Cost Minimisation) के आधार पर की गई थी।
- बोकारो और राउरकेला संयुक्त रूप से राउरकेला प्रदेश से लौह-अयस्क प्राप्त करते हैं और वापसी में मालगाड़ी के डिब्बे राउरकेला के लिए कोयला ले जाते हैं।
- बोकारो इस्पात संयंत्र को अन्य कच्चे माल लगभग 350 किमी की परिधि के अंदर प्राप्त हो जाते हैं।
- इस संयंत्र को जल और विद्युत शक्ति की आपूर्ति दामोदर घाटी कॉर्पोरेशन द्वारा की जाती है।

अन्य इस्पात संयंत्र

चतुर्थ योजना के समय में स्थापित तीन नए इस्पात संयंत्र कच्चे माल स्रोतों से दूर हैं तथा तीनों संयंत्र दक्षिणी भारत में स्थापित हैं। इनका संक्षिप्त वर्णन निम्न है

- **विजाग इस्पात संयंत्र** यह इस्पात संयंत्र विशाखापत्तनम (आंध्र प्रदेश) में स्थित है। यह पहला पत्तन आधारित संयंत्र है, इसकी शुरुआत वर्ष 1992 में हुई थी, इसकी पत्तन स्थिति लाभप्रद है।
- **विजयनगर इस्पात संयंत्र** यह इस्पात संयंत्र होसपेट (कर्नाटक) में विकसित किया गया। इसमें स्वदेशी तकनीकी का उपयोग किया जा रहा है। यह संयंत्र आस-पास के क्षेत्रों से प्राप्त लौह-अयस्क और चूना-पत्थर का उपयोग करता है।
- **सेलम इस्पात संयंत्र** यह इस्पात संयंत्र तमिलनाडु में वर्ष 1982 में प्रारंभ हुआ।

एल्युमीनियम प्रगलन

- भारत में एल्युमीनियम प्रगलन (Aluminium Smelting) दूसरा सर्वाधिक महत्त्वपूर्ण धातु शोधन उद्योग है।
- यह हल्का जंग अवरोधी, ऊष्मा का सुचालक, लचीला तथा अन्य धातुओं के मिश्रण से अधिक कठोर बनाया जा सकता है।
- इसका प्रयोग हवाई जहाज बनाने में, बर्तन तथा तार बनाने में होता है। अनेक उद्योगों में इसका महत्त्व इस्पात, ताँबा, जस्ता व सीसे के विकल्प के रूप में प्रयुक्त होने से बढ़ा है।
- देश में एल्युमीनियम प्रगलन संयंत्र ओडिशा, पश्चिम बंगाल, केरल, उत्तर प्रदेश, छत्तीसगढ़, महाराष्ट्र व तमिलनाडु राज्यों में स्थित हैं।
- प्रगालकों में बॉक्साइट का कच्चे पदार्थ के रूप में प्रयोग किया जाता है।
- इस उद्योग की स्थापना की दो महत्त्वपूर्ण आवश्यकताएँ हैं-नियमित ऊर्जा की पूर्ति तथा कम कीमत पर कच्चे माल की सुनिश्चित उपलब्धता।

एल्युमीनियम संयंत्र

कंपनी	सहयोगी देश	इकाइयाँ
इंडियन एल्युमीनियम कंपनी (INDALCO)		मूरी (झारखंड), अलवान (केरल), बेसूर (पश्चिम बंगाल), बेलगाँव (कर्नाटक)
हिंदुस्तान एल्युमीनियम कॉर्पोरेशन लिमिटेड (HINDALCO)	यू.एस.ए.	रेनूकूट (उत्तर प्रदेश)
मद्रास एल्युमीनियम कंपनी लिमिटेड (MALCO)	इटली	मेट्टूर (तमिलनाडु)
भारत एल्युमीनियम कंपनी लिमिटेड (BALCO)	पूर्व सोवियत संघ	कोरबा (छत्तीसगढ़)
नेशनल एल्युमीनियम कंपनी लिमिटेड (NALCO)	फ्रांस	अंगूल, दमनजोड़ी (ओडिशा)

वस्त्र उद्योग

भारतीय अर्थव्यवस्था में वस्त्र उद्योग का अपना अलग महत्त्व है, क्योंकि इसका औद्योगिक उत्पादन में महत्त्वपूर्ण योगदान है। देश का यह अकेला उद्योग है, जो कच्चे माल से उच्चतम अतिरिक्त मूल्य उत्पाद तक की श्रृंखला में परिपूर्ण तथा आत्मनिर्भर है। वस्त्र उद्योग देश के रोजगार सृजन के सबसे महत्त्वपूर्ण स्रोतों में से एक है। लगभग 4.5 करोड़ लोग प्रत्यक्ष रूप से इस क्षेत्र से जुड़े हुए हैं, जिनमें बड़ी संख्या में महिलाएँ और ग्रामीण आबादी शामिल हैं।

सूती वस्त्र उद्योग

- प्राचीन भारत में सूती वस्त्र हाथ से कताई और हथकरघा बुनाई तकनीकों से बनाए जाते थे। भारत संसार में उत्कृष्ट कोटि का मलमल, कैलिको, छींट और अन्य प्रकार के अच्छी गुणवत्ता वाले सूती कपड़ों के उत्पादन के लिए प्रसिद्ध था। यह भारत के परंपरागत उद्योगों में से एक है। मध्यकाल में यह केवल एक कुटीर उद्योग के रूप में व्यवस्थित था।
- अठारहवीं शताब्दी के बाद विद्युतीय करघों का उपयोग आरंभ हुआ। औपनिवेशिक काल के दौरान हमारे परंपरागत उद्योगों को बहुत हानि हुई, क्योंकि हमारे उद्योग इंग्लैंड के मशीन निर्मित वस्त्रों से स्पर्द्धा नहीं कर पाए।
- अंग्रेज कच्चे कपास को मैनचेस्टर और लिवरपूल स्थित मिलों के लिए निर्यात कर देते थे और वहाँ तैयार माल को बेचने के लिए भारत ले आते थे। यह कपड़ा भारत में उत्पादित कपड़ों की तुलना में सस्ता होता था।
- भारत, जापान को सूत का निर्यात करता है। भारत में बने सूती वस्त्र के अन्य आयातक देश संयुक्त राज्य अमेरिका, इंग्लैंड, रूस, फ्रांस, पूर्वी यूरोपीय देश, नेपाल, सिंगापुर, श्रीलंका तथा अफ्रीका हैं।

भारत में सूती वस्त्र उद्योग का विकास

भारत में इस उद्योग का विकास अनेक कारणों से हुआ। पहला, भारत एक उष्णकटिबंधीय देश है एवं सूती कपड़ा, गर्म और आर्द्र जलवायु के लिए एक आरामदायक वस्त्र है। दूसरा भारत में कपास का बड़ी मात्रा में उत्पादन होता था।

वस्त्र उद्योग में अतिरिक्त मूल्य उत्पाद

- पहला सफल सूती वस्त्र उद्योग **1854 ई.** में मुंबई में लगाया गया।
- यूरोप दो विश्व-युद्धों से जूझ रहा था तथा भारत, इंग्लैंड के अधीन था। ऐसे में इंग्लैंड में कपड़े की माँग आपूर्ति हेतु भारतीय वस्त्र उद्योग को प्रोत्साहन मिला।

- देश में इस उद्योग के लिए आवश्यक कुशल श्रमिक बड़ी संख्या में उपलब्ध थे। वस्तुतः कुछ क्षेत्रों में लोग सूती वस्त्रों का उत्पादन कई पीढ़ियों से कर रहे थे और अपनी कुशलता को एक पीढ़ी से दूसरी पीढ़ी में स्थानांतरित करते रहे और इस प्रक्रिया में उनकी कुशलताएँ मजबूत हो गईं।
- वर्ष 1921 के बाद रेलमार्गों के विकास के साथ ही दूसरे सूती वस्त्र केंद्रों का तेजी से विस्तार हुआ।
- दक्षिणी भारत में कोयंबटूर, मदुरई और बंगलुरु में मिलों की स्थापना की गई। मध्य भारत में नागपुर, इंदौर के अतिरिक्त भोपाल और वडोदरा सूती वस्त्र के केंद्र बन गए। भारत में सूती वस्त्र उद्योग का विभाजन दो क्षेत्रों- संगठित एवं असंगठित क्षेत्रों में किया जाता है।

भारत में **सूती वस्त्र केंद्रों** का वर्णन निम्नलिखित है

- उत्तर प्रदेश में कानपुर सबसे बड़ा केंद्र है तथा मोदीनगर, हाथरस, सहारनपुर, आगरा और लखनऊ कुछ अन्य महत्त्वपूर्ण केंद्र हैं। कानपुर में स्थानिक निवेश के आधार पर सूती वस्त्र मिलों की स्थापना की गई। पत्तन की सुविधा के कारण कोलकाता में भी मिलें स्थापित की गईं।
- तमिलनाडु में इस उद्योग के तेजी से विकास का कारण मिलों के लिए प्रचुर मात्रा में जल विद्युत शक्ति की उपलब्धता है।
- तमिलनाडु राज्य में सबसे अधिक मिलें हैं और उनमें से अधिकांश कपड़ा न बनाकर सूत का उत्पादन करती हैं। कोयंबटूर जहाँ तमिलनाडु की लगभग आधे से अधिक मिलों के अवस्थिति होने के कारण सबसे महत्त्वपूर्ण केंद्र के रूप में उभरा है, वहीं चेन्नई, मदुरई, तिरुनेलवेली, तूतीकोरिन, तंजावूर, रामानाथपुरम और सेलम दूसरे महत्त्वपूर्ण केंद्र हैं।
- उज्जैन, भरूच, आगरा, हाथरस, कोयंबटूर और तिरुनेलवेली आदि केंद्रों में कम श्रम लागत के कारण कपास उत्पादक क्षेत्रों से उनके दूर होते हुए भी उद्योगों की स्थापना की गई।
- महाराष्ट्र, गुजरात और तमिलनाडु अग्रणी कपास उत्पादक राज्य हैं। पश्चिम बंगाल, उत्तर प्रदेश, कर्नाटक और पंजाब दूसरे महत्त्वपूर्ण सूती वस्त्र उत्पादक राज्य हैं। कर्नाटक में सूती वस्त्र उद्योग का विकास राज्य के उत्तरी पूर्वी भागों के कपास उत्पादक क्षेत्रों में हुआ है, जहाँ देवनगरी, हुब्बली, बल्लारी, मैसुरू और बंगलुरु महत्त्वपूर्ण केंद्र हैं।
- सूती वस्त्र उद्योग कपास उत्पादक राज्य तेलंगाना प्रदेश में स्थित है। यहाँ अधिकांश कताई मिलें हैं, जो सूत का उत्पादन करती हैं। हैदराबाद, सिकंदराबाद और वारंगल यहाँ के महत्त्वपूर्ण केंद्र हैं।
- पश्चिम बंगाल में सूती मिलें हुगली प्रदेश में स्थित हैं। हावड़ा, श्रीरामपुर कोलकाता और श्यामनगर सूती वस्त्र उद्योग के महत्त्वपूर्ण केंद्र हैं।

ऊनी वस्त्र उद्योग

- ऊनी वस्त्र तैयार करने वाला प्रथम कारखाना 1876 ई. में कानपुर में स्थापित किया गया था। दूसरी उद्योग मिल की स्थापना 1881 ई. में धारीवाल में की गई। भारत ऊन उत्पादन में विश्व का सातवाँ सबसे बड़ा देश है, जो कुल उत्पादन में 1.8% का योगदान देता है।
- जम्मू और कश्मीर के पशुचारक जैसे बकरवाल और हिमाचल प्रदेश के गद्दी, भेड़ों को पालते हैं और ऊन की आपूर्ति करते हैं।
- ऊनी वस्त्र का प्रमुख उत्पादक राज्य पंजाब है। पंजाब के अतिरिक्त हरियाणा, राजस्थान, उत्तर प्रदेश, महाराष्ट्र तथा गुजरात में ऊन का उत्पादन होता है। श्रीनगर, कानपुर, आगरा, जयपुर, जामनगर एवं मुंबई महत्त्वपूर्ण ऊन प्रसंस्करण केंद्र हैं।

रेशम वस्त्र उद्योग

- भारत रेशम उत्पादक के रूप में प्राचीन काल से बहुत प्रसिद्ध देश रहा है। मध्यकालीन अवधि में इस उद्योग को शासकों का संरक्षण प्राप्त हुआ था।
- भारत रेशम उत्पादन में चीन के बाद दूसरे स्थान पर है। भारत में चार प्रकार का रेशम उत्पादन किया जाता है; जैसे- मलबरी, टसर, एरी और मूँगा।
- भारत में प्रथम रेशम वस्त्र मिल की स्थापना 1832 ई. में **हावड़ा** (पश्चिम बंगाल) में की गई थी।
- कर्नाटक, हमारे देश का सबसे बड़ा रेशम उत्पादक राज्य है। यहाँ देश के कुल उत्पादन का लगभग 32.1% रेशम उत्पादित होता है। इसके अतिरिक्त आंध्र प्रदेश में 25.3%, पश्चिम बंगाल में 4.7% एवं तमिलनाडु में 6.8% रेशम उत्पादन किया जाता है।
- झारखंड, टसर रेशम का मुख्य उत्पादक है और असम एवं बोडोलैण्ड में सुनहरी पीली मूँगा रेशम का उत्पादन किया जाता है। बंगलुरु को 'सिल्क सिटी' के नाम से जाना जाता है। भारत द्वारा रेशमी वस्त्रों का निर्यात, यूएसए, यूएई, चीन तथा नीदरलैंड्स को किया जाता है।

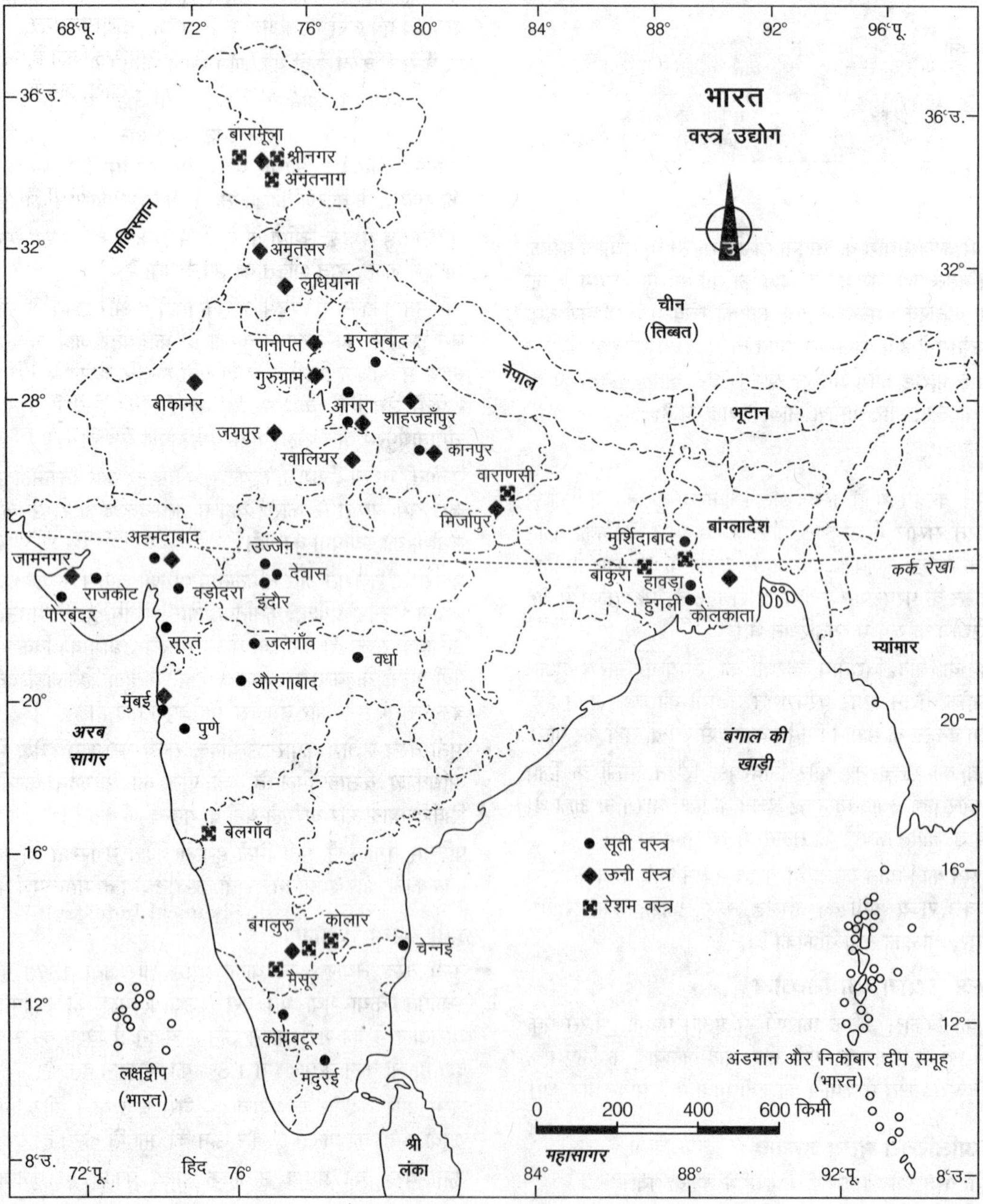

पटसन/जूट उद्योग

- भारत, पटसन व पटसन निर्मित वस्तुओं का सबसे बड़ा उत्पादक है तथा बांग्लादेश के पश्चात् दूसरा बड़ा निर्यातक भी है।
- वर्ष 2021 के अनुसार भारत में 73 जूट मिलें अवस्थित हैं। इनमें से अधिकांश पटसन उद्योग पश्चिम बंगाल में हुगली नदी तट पर 98 किमी लंबी तथा 3 किमी चौड़ी एक संकरी मेखला में स्थित हैं।

> पहला पटसन उद्योग कोलकाता के निकट **रिशरा** में 1855 ई. में लगाया गया। वर्ष 1947 में देश के विभाजन के पश्चात् पटसन मिलें तो भारत में रह गई, लेकिन तीन-चौथाई जूट उत्पादक क्षेत्र पूर्वी पाकिस्तान अर्थात् बांग्लादेश में चले गए।

- पटसन उद्योग के हुगली नदी तट पर स्थित होने के निम्न कारण हैं
  - पटसन उत्पादन क्षेत्रों की निकटता
  - सस्ता जल परिवहन, सड़क, रेल व जल परिवहन का जाल, कच्चे माल को मिलों तक ले जाने में सहायक होना।
  - कच्चे पटसन को संशोधित करने में प्रचुर जल की मात्रा
  - पश्चिम बंगाल तथा समीपवर्ती राज्य ओडिशा, बिहार व उत्तर प्रदेश से सस्ता श्रमिक उपलब्ध होना।
  - कोलकाता का एक बड़े नगरीय केंद्र के रूप में बैंकिंग बीमा और जूट के सामान के निर्यात के लिए पत्तन की सुविधा प्रदान करना आदि।
- इस उद्योग की चुनौतियों में अंतर्राष्ट्रीय बाजार में कृत्रिम वस्त्रों से और बांग्लादेश, ब्राजील, फिलीपींस, मिस्र तथा थाइलैंड जैसे अन्य देशों से कड़ी प्रतिस्पर्द्धा शामिल है।
- पटसन पैकिंग की अनिवार्य प्रयोग की सरकारी नीति के कारण इसकी घरेलू माँग बढ़ी है और माँग बढ़ाने हेतु उत्पाद में विविधता भी आवश्यक है।
- पटसन के प्रमुख क्रेता-अमेरिका, कनाडा, घाना, सऊदी अरब, ब्रिटेन किंगडम और ऑस्ट्रेलिया हैं।
- बढ़ते वैश्विक पर्यावरण अनुकूल जैव निम्नीकरणीय पदार्थों के लिए विश्व की बढ़ती जागरूकता ने पुनः जूट उत्पादों के लिए अवसर प्रदान किया है।

जूट उत्पादक क्षेत्र

जूट उत्पादक क्षेत्र निम्नलिखित हैं

- **पश्चिम बंगाल** टीटागढ़, जगतडल, बुड़गे-बुड़गे, हावड़ा, भद्रेश्वर, रिशरा, अगरपाड़ा, सेरामपुर, श्यामनगर, बांसबेरिया, ग्लूबेरिया, काकीनारा, नैहती व शिबपुर।
- **आंध्र प्रदेश** एलुरू, सितवालस, गुंटूर, ओंगोसे व मेलिमेनेला।
- **बिहार** कटिहार, समस्तीपुर व दरभंगा।
- **उत्तर प्रदेश** कानपुर व गोरखपुर।

चीनी उद्योग

- भारत विश्व में गन्ना उत्पादन की दृष्टि से शीर्ष देश है। चीनी उत्पादन में भारत का दूसरा स्थान है। भारत विश्व के कुल चीनी उत्पादन का लगभग 8% उत्पादन करता है।
- भारत में गन्ने से खंडसारी और गुड़ भी तैयार किया जाता है। यह उद्योग 4 लाख से अधिक लोगों को प्रत्यक्ष रूप से और एक बड़ी संख्या में किसानों को अप्रत्यक्ष रूप से रोजगार प्रदान करता है। गन्ना एक भार ह्रास वाली फसल है।
- खेतों में गन्ने को काटकर एकत्रित करने से लेकर ढुलाई करने तक इसमें सुक्रोज की मात्रा सूखती रहती है, इसलिए अधिकांश चीनी मिलें गन्ना उत्पादक क्षेत्रों के समीप स्थित हैं।
- आधुनिक आधार पर उद्योग का विकास वर्ष 1903 में प्रारंभ हुआ, जब बिहार में एक चीनी मिल की स्थापना की गई।
- वर्ष 1950-51 में 139 चीनी मिलें प्रचलन में थीं तथा वर्ष 2020-21 में चीनी मिलों की संख्या 732 है।
- देश में चीनी उत्पादन में उत्तर प्रदेश का प्रथम स्थान है। चीनी उद्योग दो पेटियों-गंगा-यमुना दोआब और तराई प्रदेश में केंद्रित हैं।
- गंगा-यमुना दोआब में सहारनपुर, मुजफ्फरनगर, मेरठ, गाजियाबाद, बागपत और बुलंदशहर मुख्य चीनी उत्पादक जिले हैं, जबकि तराई प्रदेश के मुख्य चीनी उत्पादक जिले लखीमपुर-खीरी, बस्ती, गोंडा, गोरखपुर एवं बहराइच हैं।
- महाराष्ट्र चीनी का अग्रणी उत्पादक राज्य है और देश में कुल चीनी उत्पादन के एक-तिहाई से अधिक भाग का उत्पादन करता है। यहाँ चीनी मिलें एक संकरी पट्टी में उत्तर में मनमाड से लेकर दक्षिण में कोल्हापुर तक विस्तृत हैं।
- तमिलनाडु में चीनी मिलें कोयंबटूर, बेलौर, तिरुवनमलाई, विल्लुपुरम और तिरुचिरापल्ली जिलों में स्थित हैं।
- कर्नाटक में बेलगाँव, बेल्लारी, माण्ड्या, शिमोगा, विजयपुर और चित्रदुर्ग मुख्य चीनी उत्पादक जिले हैं। आंध्र प्रदेश के तटीय जिलों में पूर्वी गोदावरी, पश्चिमी गोदावरी, विशाखापत्तनम और तेलंगाना के निजामाबाद और मेडक मुख्य चीनी उत्पादक जिले हैं।
- बिहार, पंजाब, हरियाणा, मध्य प्रदेश और गुजरात अन्य चीनी उत्पादक राज्य हैं। बिहार में सारण, चंपारण, मुजफ्फरपुर, सीवान, दरभंगा और गया मुख्य गन्ना उत्पादक जिले हैं।
- पंजाब का सापेक्षिक महत्त्व कम हो गया है। यद्यपि गुरदासपुर, जालंधर, संगरूर, पटियाला एवं अमृतसर अब भी प्रमुख चीनी उत्पादक क्षेत्र हैं।
- हरियाणा में चीनी मिलें यमुनानगर, रोहतक, हिसार और फरीदाबाद जिलों में स्थित हैं।
- गुजरात में चीनी उद्योग तुलनात्मक रूप से नया है। यहाँ चीनी मिलें सूरत, जूनागढ़, राजकोट, अमरेली, वलसाड और भावनगर जिलों में गन्ना उत्पादक क्षेत्रों में स्थित हैं।

रसायन उद्योग

- भारत में रसायन उद्योग (Chemical Industry) तेजी से विकसित और विस्तृत हो रहे हैं।
- इसकी भागीदारी सकल घरेलू उत्पाद में लगभग 3% है। यह उद्योग एशिया का तीसरा बड़ा तथा विश्व में आकार की दृष्टि से 12वें स्थान पर है।
- इसमें लघु तथा वृहत दोनों प्रकार की विनिर्माण इकाइयाँ सम्मिलित हैं। अकार्बनिक और कार्बनिक दोनों क्षेत्रों में तीव्र वृद्धि दर्ज की गई है।
- अकार्बनिक रसायनों में सल्फ्यूरिक अम्ल (उर्वरक, कृत्रिम वस्त्र, प्लास्टिक, गोंद, रंग-रोगन, डाई आदि में प्रयुक्त) नाइट्रिक अम्ल, क्षार, सोडा ऐश (साबुन, शोधक या अपमार्जक, कागज में प्रयुक्त होने वाला) तथा कास्टिक सोडा आदि शामिल हैं।

- कार्बनिक रसायनों में पेट्रो-रसायन शामिल है, जो कृत्रिम वस्त्र, कृत्रिम रबर, प्लास्टिक, रंजक पदार्थ, दवाइयाँ औषध, रसायनों के बनाने में प्रयोग किया जाता है। ये उद्योग तेलशोधन शालाओं या पेट्रो-रसायन संयंत्रों के समीप स्थापित हैं।
- रसायन उद्योग एक बड़ा उपभोक्ता उद्योग भी है। आधारभूत रसायन एक प्रक्रिया द्वारा अन्य रसायन उत्पन्न करते हैं, जिनका उपयोग औद्योगिक अनुप्रयोग, कृषि अथवा उपभोक्ता बाजारों के लिए किया जाता है।

पेट्रो-रसायन उद्योग

- उद्योगों का यह वर्ग भारत में तेजी से विकसित हो रहा है। उद्योगों की इस श्रेणी के अंतर्गत अनेक प्रकार के उत्पाद आते हैं।
- अपरिष्कृत पेट्रोल (Crude Petrol) से अनेक प्रकार की वस्तुएँ तैयार की जाती हैं, जो अनेक नए उद्योगों के लिए कच्चा माल उपलब्ध कराती हैं, इन्हें सामूहिक रूप से पेट्रो-रसायन उद्योग के नाम से जाना जाता है।
- उद्योगों के इस वर्ग को चार उपवर्गों में विभाजित किया गया है- (i) पॉलीमर (Polymers), (ii) कृत्रिम रेशे (Synthetic Fibers), (iii) इलेस्टोमर्स (Elastomers), (iv) पृष्ठ संक्रियक (Surfacant Intermediate)।
- मुंबई शैल-रसायन उद्योगों का केंद्र है। पटाखों के उद्योग औरेया (उत्तर प्रदेश), जामनगर, गाँधीनगर और हजीरा (गुजरात), नगोबाने, रत्नागिरि (महाराष्ट्र), हल्दिया (पश्चिम बंगाल) और विशाखापत्तनम (आंध्र प्रदेश) में भी स्थित हैं।
- रासायनिक और पेट्रो-रासायनिक विभाग के प्रशासनिक नियंत्रण में पेट्रो रसायन क्षेत्र के अंतर्गत तीन संस्थाएँ कार्य कर रही हैं
  - **भारतीय पेट्रो-रासायनिक कॉर्पोरेशन लिमिटेड** (IPCL-Indian Petro-Chemical Corporation Limited) यह सार्वजनिक क्षेत्र की संस्थान है, जो विभिन्न प्रकार के पेट्रो-रसायनों; जैसे-पॉलीमर, रेशों और रेशों से बने संक्रियक (Intermediate) का निर्माण और वितरण करती है।
  - **पेट्रोफिल्स कॉपरेटिव लिमिटेड** (PCL-Petrofils Cooperative Limited) भारत सरकार एवं बुनकरों की सहकारी संस्थाओं का संयुक्त प्रयास है। यह पॉलिस्टर तंतु, सूत और नायलॉन चिप्स का उत्पादन गुजरात स्थित वड़ोदरा एवं नलधारी संयंत्रों में करती है।
  - **सेंट्रल इंस्टीट्यूट ऑफ प्लास्टिक इंजीनियरिंग एंड टेक्नोलॉजी** (CIPET-Central Institute of Plastic Engineering and Technology) पेट्रोकेमिकल उद्योग में प्रशिक्षण प्रदान करती है।
- सार्वजनिक क्षेत्र में वर्ष 1961 में स्थापित **द नेशनल ऑर्गेनिक केमिकल्स इंडस्ट्रीज लिमिटेड** (NOCIL-National Organic Chemical Engineering Limited) नेफ्था (Naphtha) पर आधारित मुंबई का पहला रासायनिक उद्योग था।
- मुंबई, बरौनी, पिंपरी, मेटूर और रिशरा में स्थित संयंत्र प्लास्टिक की वस्तुओं के मुख्य उत्पादक हैं।
- लगभग 75% इकाइयाँ लघु पैमाने के क्षेत्रों में हैं। यह उद्योग पुन: चक्रित प्लास्टिक का भी प्रयोग करता है, जो पूरे उत्पादन का लगभग 30% है।
- संश्लिष्ट तंतु (Synthetic Fibres) का प्रयोग मजबूती, स्थायी रूप, प्रक्षालनता, धोने पर न सिकुड़ने के गुणों के कारण व्यापक रूप में कपड़ा बनाने के लिए किया जाता है।
- नायलॉन तथा पॉलिस्टर धागा बनाने के संयंत्र कोटा, पिंपरी, मुंबई, मोदीनगर, पुणे, उज्जैन, नागपुर एवं उधना (सूरत) में स्थापित किए गए हैं। कोटा और वड़ोदरा में ऐक्रिलिक (Acrylic) वस्त्र बनाए जाते हैं।

उर्वरक उद्योग

- उर्वरक उद्योग नाइट्रोजनी उर्वरक (मुख्यत: यूरिया), फास्फेटिक उर्वरक तथा अमोनियम फॉस्फेट और मिश्रित उर्वरक, जिसमें तीन मुख्य पोषक उर्वरक नाइट्रोजन, फॉस्फेट व पोटाश शामिल हैं, के उत्पादन क्षेत्रों के आस-पास केंद्रित हैं।
- पोटाश पूर्णत: आयात किया जाता है, क्योंकि हमारे देश में वाणिज्यिक रूप से या किसी भी रूप में प्रयुक्त होने वाला पोटाश या पोटैशियम यौगिकों के भंडार नहीं हैं।
- वर्ष 1961 में फर्टिलाइजर कॉर्पोरेशन ऑफ इंडिया (FCIL-Fertilizer Corporation of India Limited) और वर्ष 1974 में नेशनल फर्टिलाइजर लिमिटेड (NFL) की स्थापना हो जाने से इस उद्योग को एक दृढ़ आधार मिल गया।
- हरित क्रांति के पश्चात् यह उद्योग देश के अन्य अनेक भागों में भी विस्तृत हो गया है।
- गुजरात, तमिलनाडु, उत्तर प्रदेश, पंजाब और केरल राज्य कुल उर्वरक उत्पादन का लगभग 50% उत्पादन करते हैं।
- अन्य महत्त्वपूर्ण उत्पादक राज्य आंध्र प्रदेश, ओडिशा, राजस्थान, बिहार, महाराष्ट्र, असम, पश्चिम बंगाल, गोवा, दिल्ली, मध्य प्रदेश तथा कर्नाटक हैं।
- उर्वरक के सार्वजनिक क्षेत्र के कारखाने सिंदरी, नांगल, ट्रॉम्बे, भटिंडा, पानीपत, गोरखपुर, नामरूप (असम), दुर्गापुर, बरौनी, रामगुंडम (आंध्र प्रदेश), तलचर (ओडिशा), उद्योग मंडल (केरल), कोच्चि तथा चेन्नई में स्थित हैं।

सीमेंट उद्योग

- सीमेंट आधुनिक विनिर्माण उद्योग का एक बड़ा महत्त्वपूर्ण संघटक है, इसका उत्पादन सर्वप्रथम चेन्नई में वर्ष 1904 में प्रारंभ किया गया।
- निर्माण कार्यों- जैसे-घर, कारखाने, पुल, सड़कें, हवाई अड्डा, बाँध तथा अन्य व्यापारिक प्रतिष्ठानों के निर्माण में सीमेंट आवश्यक है।
- इस उद्योग को भारी व स्थूल कच्चे माल; जैसे-चूना पत्थर, सिलिका और जिप्सम की आवश्यकता होती है।
- रेल परिवहन के अतिरिक्त इसमें कोयला तथा विद्युत ऊर्जा भी आवश्यक है। इस उद्योग की इकाइयाँ गुजरात में लगाई गई हैं, क्योंकि यहाँ से इसे खाड़ी के देशों के बाजार की उपलब्धता होती है।
- गुणवत्ता में सुधार के कारण भारत की बड़ी घरेलू माँग के अतिरिक्त पूर्वी एशिया, मध्य पूर्व, अफ्रीका तथा दक्षिण एशिया के बाजारों में इसकी माँग बढ़ी है।
- यह उद्योग उत्पादन तथा निर्यात दोनों ही रूपों में प्रगति पर है। इस उद्योग को बनाए रखने के लिए पर्याप्त घरेलू माँग और पूर्ति में वृद्धि करने के प्रयास किए जा रहे हैं।
- सीमेंट उत्पादन के प्रमुख राज्यों में तमिलनाडु, मध्य प्रदेश, गुजरात, बिहार, राजस्थान, कर्नाटक तथा आंध्र प्रदेश हैं।
- सीमेंट उद्योग की सबसे महत्त्वपूर्ण विनिर्माणी मेखला बिहार से मध्य प्रदेश तक फैली है।
- इस मेखला में सीमेंट उद्योग के लिए कच्चे पदार्थ विंध्य, कैमूर तथा राजमहल की श्रेणियों से प्राप्त किए जाते हैं।

कागज उद्योग

- भारत में कागज उद्योग के प्रथम संयंत्र की स्थापना 1832 ई. में सेरामपुर (पश्चिम बंगाल) में की गई थी, किंतु यह अधिक समय तक संचालित नहीं रह सका। 1870 ई. में एक नया प्रयत्न किया गया और कोलकाता के निकट बालीगंज में एक कारखाना स्थापित किया गया।
- बाँस, सबाई तथा सलाई घास, व्यर्थ कागज तथा पल्प मुख्य कच्चे पदार्थ हैं, जिनका उपयोग कागज उद्योग में किया जाता है।
- कागज उद्योग की अवस्थिति पर कच्चे पदार्थ की उपलब्धता का प्रभाव सबसे अधिक पड़ता है।
- पश्चिम बंगाल में कागज उद्योग बाँस पर आधारित है, जो यहाँ स्थानीय क्षेत्र में उपलब्ध हैं, इसके अतिरिक्त असम, ओडिशा और बिहार से भी बाँस की प्राप्ति होती थी। पश्चिम बंगाल में टीटानगर, काकीनारा, नैहाती, कोलकाता तथा बारानागोर महत्त्वपूर्ण केंद्र हैं।
- तेलंगाना में सरपुर, आंध्र प्रदेश में राजमुंद्री एवं महाराष्ट्र में बिखरोली, कल्याण एवं गोरेगाँव अन्य महत्त्वपूर्ण केंद्र हैं। मध्य प्रदेश मे इंदौर, भोपाल, सीहोर तथा शहडोल कागज उद्योग के महत्त्वपूर्ण केंद्र हैं।
- नेशनल न्यूजप्रिंट और पेपर मिल लिमिटेड (The National News Print and Paper Mills) नेपानगर (मध्य प्रदेश) में स्थित कागज उत्पादक प्रमुख संयंत्र है।

मोटरगाड़ी उद्योग

- मोटरगाड़ी यात्रियों तथा सामान के तीव्र परिवहन का साधन है। भारत में विभिन्न केंद्रों पर ट्रक, बसें, कारें, मोटर-साइकिल, स्कूटर, तिपहिया तथा बहुउपयोगी वाहन निर्मित किए जाते हैं।
- उदारीकरण (Liberalisation) के पश्चात् नए और आधुनिक मॉडल के वाहनों का बाजार तथा वाहनों की माँग बढ़ी है, जिससे इस उद्योग में विशेषकर कार, दोपहिया तथा तिपहिया वाहनों में अपार वृद्धि हुई है।
- यह उद्योग दिल्ली, गुरुग्राम, मुंबई, पुणे, चेन्नई, कोलकाता, लखनऊ, इंदौर, हैदराबाद, जमशेदपुर तथा बंगलुरु के आस-पास स्थित हैं। भारत, विश्व का तीसरा सबसे बड़ा ऑटोमोबाइल बाजार है।
- वर्ष 2022 में भारत दोपहिया एवं तिपहिया वाहनों एवं यात्री गाड़ियों का विश्व का चौथा सबसे बड़ा निर्माता बन गया है।

वनस्पति तेल उद्योग

- वनस्पति तेल वास्तव में, भारतीय जनता के भोजन में चर्बी का एक प्रमुख स्रोत है। गाँवों में तेल निष्कासन की प्रमुख परंपरागत प्रौद्योगिकी **घानी** (Ghani) के नाम से जानी जाती है।
- स्थानीय कच्चे माल (ऑयल सीड) उदाहरण के लिए मूँगफली कच्चे माल गुजरात में, नारियल केरल में और सरसों उत्तर प्रदेश में इस उद्देश्य के लिए उपयोग किए जाते हैं।
- महाराष्ट्र में वनस्पति तेल उत्पादन इकाइयों की संख्या सबसे अधिक पाई जाती है। अन्य महत्त्वपूर्ण उत्पादक राज्य उत्तर प्रदेश, गुजरात, पंजाब, आंध्र प्रदेश, पश्चिम बंगाल, कर्नाटक, राजस्थान, तमिलनाडु और मध्य प्रदेश हैं।

चमड़ा उद्योग

- भारत में पशुधन का एक विशाल समूह पाया जाता है और वह विश्व की कुल गौ-संख्या का लगभग 33.38% (2020 के अनुसार) भाग है।
- भारतीय चर्म उद्योग के दो घटक हैं-चर्म-शोधन तथा चर्म-वस्तुओं, जैसे-जूतों, पेटियों तथा पर्सों आदि का विनिर्माण/शोधित चर्म तथा खालों का उपयोग विशेषकर जूते बनाने में किया जाता है।
- भारत में जूता उत्पादन के प्रमुख केंद्र- कानपुर, आगरा, कोलकाता, मुंबई और बंगलुरु हैं।

रबड़-वस्तुओं के उद्योग

- प्राकृतिक रबड़ तीन दक्षिणी राज्यों केरल, कर्नाटक तथा तमिलनाडु के रबड़ बागान से प्राप्त की जाती है।
- रबड़ की वस्तुओं के विनिर्माण के लिए, कच्चे पदार्थ का एक अन्य प्रमुख स्रोत संश्लिष्ट तथा कृत्रिम रबड़ है।
- मोटरकार उद्योग के विकास और वाहनों की बढ़ती हुई माँग ने रबड़ उद्योगों को प्रेरणा दी है। संश्लिष्ट रबड़ निर्मित करने का प्रथम कारखाना वर्ष 1955 में बरेली, उत्तर प्रदेश में स्थापित किया गया।
- रबड़ का प्रयोग टायर एवं ट्यूब के अतिरिक्त जूते, पंखे, पेटियाँ, रबड़-होजेस, शल्य तथा औद्योगिक रबड़ दस्ताने तथा संचार-पेटियाँ आदि बनाने में होता है। रबड़ उद्योग हुगली मेखला तथा मुंबई की पश्चभूमि में संकेंद्रित है।

सीसा उद्योग

- सीसा उद्योग में प्रयुक्त होने वाले मूल कच्चे पदार्थ बालू, चूना पत्थर, फेल्सपर, सोडा एश, सिलिका आदि हैं।
- सभी कच्चे माल भारत में उपलब्ध हैं, केवल सोडा ऐश की थोड़ी मात्रा का विदेशों से आयात किया जाता है।
- भारत का पहला सीसा उद्योग झारखंड के 'टूण्डु' (Tundoo) नामक स्थान पर वर्ष 1942-43 में स्थापित किया गया था, इसे मेटल कॉर्पोरेशन ऑफ इंडिया के नाम से जाना जाता है।
- भारत के उत्तर प्रदेश में फिरोजाबाद और कर्नाटक में बेलगाम नामक शहरों में कुछ इकाइयाँ ऐसी हैं, जो चूड़ियों और मणिकाओं का विनिर्माण कर रही हैं। उत्तरी भारत में सीसा उद्योग उत्तर प्रदेश में बहजोई (बिजनौर), शिकोहाबाद (मैनपुरी), हाथरस, सासनी, एतमादपुर तथा नैनी कुछ अन्य महत्त्वपूर्ण केंद्र हैं।
- महाराष्ट्र में सीसा उद्योग के केंद्र पुणे, मुंबई, सतारा, नागपुर तथा कोल्हापुर उल्लेखनीय हैं।
- पश्चिम बंगाल में आसनसोल, बैलूर, बेलगाचिया, रिशरा तथा दुर्गापुर महत्त्वपूर्ण केंद्र हैं।

ज्ञान आधारित उद्योग

- सूचना प्रौद्योगिकी (Information Technology) की उन्नति ने देश की अर्थव्यवस्था पर गहरा प्रभाव डाला है। सूचना तथा संचार उद्योग की क्रांति ने आर्थिक और सामाजिक रूपांतरण के लिए नई संभावनाएँ उत्पन्न कर दी हैं।
- सूचना प्रौद्योगिकी के क्षेत्र में कार्यरत् अधिकांश बहुराष्ट्रीय कंपनियों के या तो सॉफ्टवेयर विकास केंद्र या अनुसंधान विकास केंद्र भारत में हैं।
- इस विकास का मुख्य प्रभाव रोजगार अवसर के सृजन पर पड़ा है, जो प्रतिवर्ष लगभग दुगुना हो रहा है।
- भारत के सूचना प्रौद्योगिकी और सेवा उद्योग का भारतीय जीडीपी (GDP) में लगभग 2% का योगदान है।

इलेक्ट्रॉनिक उद्योग

- इलेक्ट्रॉनिक उद्योग (Electronic Industry) के अंतर्गत आने वाले उत्पादों में ट्रांजिस्टर से लेकर टेलीविजन, टेलीफोन, सेल्यूलर, टेलीकॉम, टेलीफोन एक्सचेंज, रडार, कंप्यूटर तथा दूरसंचार उद्योग के लिए उपयोगी अन्य उपकरण बनाए जाते हैं।
- बंगलुरु, भारत की इलेक्ट्रॉनिक राजधानी (Electronic Capital of India) के रूप में विकसित हुआ है।
- इलेक्ट्रॉनिक सामान के अन्य महत्त्वपूर्ण उत्पादक केंद्र मुंबई, दिल्ली, हैदराबाद, पुणे, चेन्नई, कोलकाता तथा लखनऊ हैं।
- इस उद्योग का सर्वाधिक संकेंद्रण बंगलुरु, नोएडा, मुंबई, चेन्नई, हैदराबाद और पुणे में है।

भारी इंजीनियरिंग और मशीन टूल उद्योग

- इंजीनियरिंग उद्योग (Engineering Industry) आधुनिक भारतीय उद्योग का आधार है। इसके अंतर्गत वे सभी पूँजी माल आते हैं, जो वस्त्रोत्पादन उद्योग, उर्वरक संयंत्रों, शक्ति परियोजनाओं, सीमेंट इस्पात और पेट्रो-रसायन कारखानों, खनन, निर्माण तथा कृषि में उपयोग की जाने वाली मशीनों के उपयोग में लाए जा रहे हैं; जैसे-सिंचाई परियोजनाओं के लिए उपस्कर, डीजल, इंजन, पंप और ट्रैक्टर तथा परिवहन गाड़ियाँ आदि। इन सबका उत्पादन स्वदेशी है।
- हैवी इंजीनियरिंग कॉर्पोरेशन लिमिटेड (HECL-Heavy Engineering Corporation Limited) की स्थापना वर्ष 1958 में **राँची** (झारखण्ड) में की गई थी। इसके अंतर्गत विशाल मशीनों का निर्माण किया जाता है।

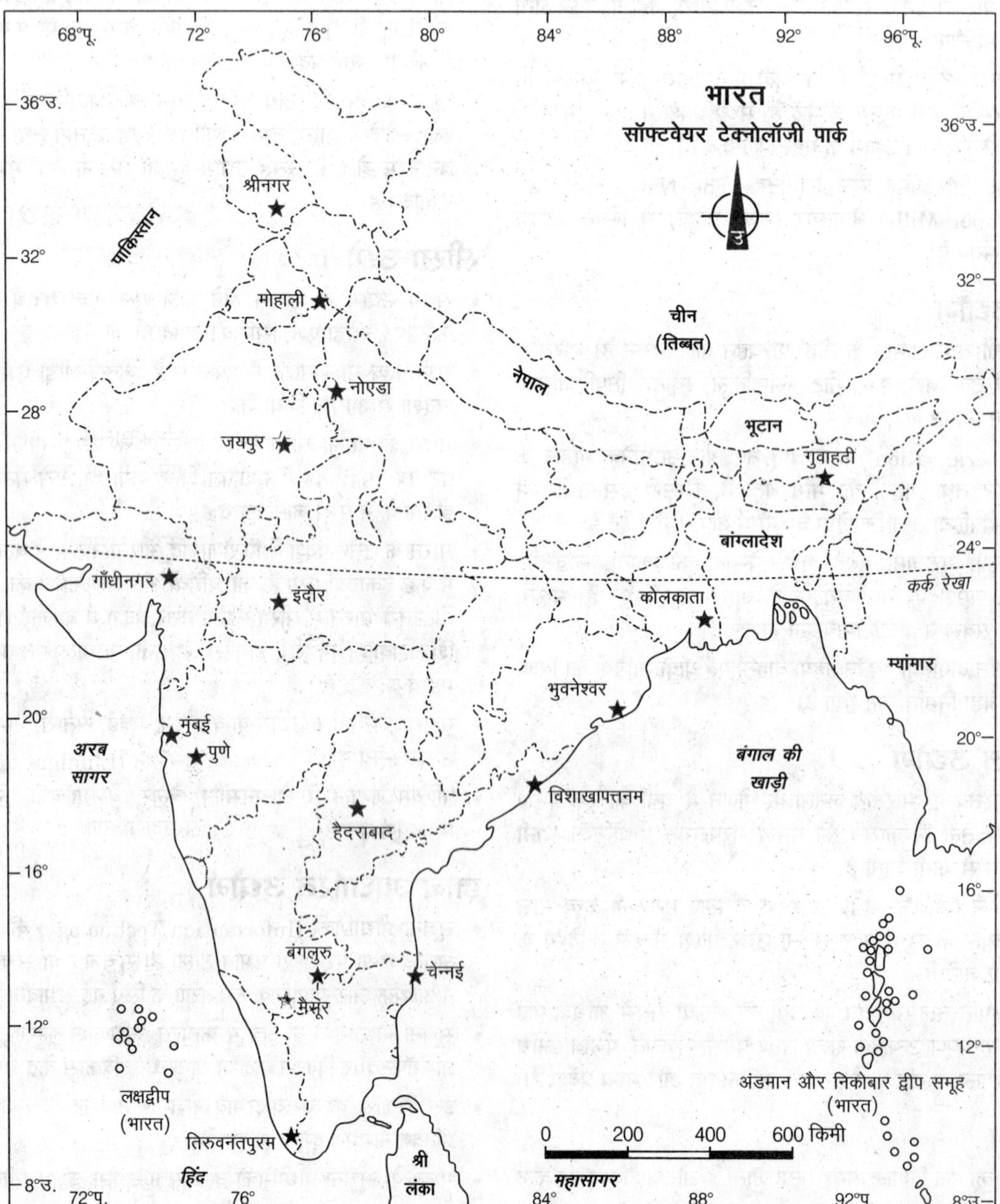

- इस क्षेत्र के कुछ अन्य प्रमुख उद्योग निम्न हैं
  - दि माइनिंग एंड ऐलाइड मशीनरी कॉर्पोरेशन, दुर्गापुर, (पश्चिम बंगाल)
  - मझगाँव डॉक लिमिटेड, गोवा
  - भारत हैवी इलेक्ट्रिकल लिमिटेड, हैदराबाद (ऑफ शोर ड्रिलिंग के लिए विनिर्माण रिंग का निर्माण)
  - दि हिंदुस्तान मशीन टूल्स लिमिटेड (1953), बंगलुरु, पिंजौर (हरियाणा), कालामासेटी (केरल), हैदराबाद
  - भारत हैवी इलेक्ट्रिकल लिमिटेड भोपाल, तिरुचिरापल्ली, हरिद्वार, रानीपेट, बंगलुरु, जगदीशपुर (उत्तर प्रदेश)।

परिवहन उपकरण उद्योग

परिवहन उपकरण उद्योग निम्नलिखित हैं

रेलवे

- परिवहन उपकरण उद्योग (Transport Ancillaries Industries) भारतीय रेल यात्रियों और सामान के परिवहन के साथ-साथ अपनी आवश्यकता के उपकरण; जैसे-रेल इंजन, सवारी और मालगाड़ियों के डिब्बे भी बनाते हैं।
- रेल इंजन तीन प्रकार के होते हैं-भाप इंजन, डीजल इंजन तथा विद्युत इंजन। रेल के इंजनों का विनिर्माण निम्न इकाइयों द्वारा किया जाता है
  - चितरंजन, लोकोमोटिव वर्क्स, चितरंजन (पश्चिम बंगाल)
  - डीजल लोकोमोटिव वर्क्स, वाराणसी (उत्तर प्रदेश)
  - टाटा इंजीनियरिंग एंड लोकोमोटिव कंपनी लिमिटेड (टेल्को) जमशेदपुर।
  - इलेक्ट्रिक लोकोमोटिव फैक्ट्री, मधेपुरा (बिहार)

इसके अतिरिक्त अन्य प्रमुख रेल संयंत्र इस प्रकार हैं

- डीजल कंपोनेट वर्क्स, पटियाला (पंजाब)
- व्हील एक्सेल प्लांट, बंगलुरु
- इंटीग्रल कोच फैक्ट्री, चेन्नई
- रेल कोच फैक्ट्री, कपूरथला (पंजाब)
- भारत अर्थ मूवर्स लिमिटेड, बंगलुरु
- रेल कोच फैक्ट्री, पेरांबुर (तमिलनाडु)
- रेल पहिया कारखाना, बेला (बिहार)

पोत निर्माण उद्योग

- मुंबई, कोलकाता, कोच्चि, विशाखापत्तनम तथा मार्मागाओ भारत के प्रमुख पोत निर्माण केंद्र हैं। ये सभी सार्वजनिक क्षेत्र में हैं। जापानी सहायता से विकसित कोच्चि का पोत प्रांगण देश का नवीनतम तथा सबसे बड़ा पोत प्रांगण है।
- भारत में समुद्री पोत निर्माण विशाखापत्तनम में स्थापित 'सिंधिया स्टीम नैविगेशन कंपनी लिमिटेड' द्वारा किया गया।
- इस कंपनी ने अपने पहले जहाज को वर्ष 1948 में जलावतरित किया, जिसका नाम 'जलूशा' रखा गया था। इसे वर्ष 1952 में राष्ट्रीयकृत कर दिया गया और इसका नाम **हिंदुस्तान शिपयार्ड** हो गया। अन्य प्रमुख सार्वजनिक क्षेत्र की पोत निर्माण कंपनी निम्न हैं
  - शिपिंग कॉर्पोरेशन ऑफ इंडिया, मुंबई
  - कोचीन शिपयार्ड लिमिटेड, कोच्चि
  - गार्डेन रीच शिपबिल्डर्स एंड इंजीनियर्स लिमिटेड, कोलकाता
  - हिंदुस्तान शिपयार्ड लिमिटेड, विशाखापत्तनम
  - मझगाँव डॉक लिमिटेड, मुंबई
  - गोवा शिपयार्ड लिमिटेड, गोवा
  - हुगली डाक और पोर्ट इंजीनियरिंग लिमिटेड, कोलकाता

वायुयान उद्योग

- भारत में पहली वाणिज्यिक उड़ान 18 फरवरी, 1911 को इलाहाबाद (प्रयागराज) से नैनी के बीच संपन्न हुई।
- वर्ष 1932 में जेआरडी टाटा ने एयर इंडिया का गठन किया, जो भारत में पहली स्वदेशी विमानन कंपनी थी।
- वायुयान निर्माण से संबंधित भारत में पहला उद्यम वर्ष 1940 में हिंदुस्तान एयरक्राफ्ट लिमिटेड (HAL) के रूप में **वालचंद हीराचंद** उद्यमी द्वारा बंगलुरु में शुरू किया गया।
- वर्ष 1942 में भारत सरकार द्वारा इसे अपने अधिकार में ले लिया गया और वर्ष 1964 में इसका नया नाम हिंदुस्तान एयरोनॉटिक्स लिमिटेड (Hindustan Aeronautics Limited) रखा गया, जिसका मुख्यालय बंगलुरु (कर्नाटक) में है।

भारत में उदारीकरण, निजीकरण तथा वैश्वीकरण एवं औद्योगिक विकास

- नई औद्योगिक नीति की घोषणा वर्ष 1991 में की गई। इस नीति के मुख्य उद्देश्य थे- अब तक प्राप्त किए गए लाभों को बढ़ाना, इसमें विकृति अथवा कमियों को दूर करना, उत्पादकता और लाभकारी रोजगार में स्वपोषित वृद्धि को बनाए रखना और अंतर्राष्ट्रीय प्रतियोगिता प्राप्त करना।
- सरकार ने औद्योगिक स्थिति संबंधी नीतियों में भी परिवर्तन की घोषणा की है। पर्यावरणीय कारणों से बड़े शहरों में या उनके निकट उद्योगों की स्थिति को हतोत्साहित किया है।
- इस नीति के अंतर्गत निम्नलिखित उपाय किए गए हैं
  - औद्योगिक लाइसेंस व्यवस्था का समापन
  - विदेशी तकनीक का निःशुल्क प्रवेश
  - विदेशी निवेश नीति
  - पूँजी बाजार में अभिगम्यता (Accessibility in Capital Market)
  - खुला व्यापार
  - प्रावस्थबद्ध निर्माण कार्यक्रम का उन्मूलन (Elimination of Move up Manufacturing Programmes)
  - औद्योगिक अवस्थिति कार्यक्रम का उदारीकरण
- इस नीति के तीन मुख्य लक्ष्य हैं- उदारीकरण, निजीकरण और वैश्वीकरण।
- नई औद्योगिक नीति के अंतर्गत आर्थिक संवृद्धि का ऊँचा स्तर प्राप्त करने के लिए प्रत्यक्ष विदेशी निवेश (Foreign Direct Investment) को घरेलू निवेश के पूरक के रूप में देखा गया।
- औद्योगिक नीति में उदारता घरेलू तथा बहुराष्ट्रीय कंपनियों तथा व्यक्तिगत पूँजी निवेशकों को आकर्षित करने के लिए लाई गई थी।
- वैश्वीकरण का अर्थ देश की अर्थव्यवस्था को वैश्विक अर्थव्यवस्था के साथ एकीकृत करना है।
- इस प्रक्रिया के अंतर्गत सामान और पूँजी (Capital) सहित सेवाएँ, श्रम ओर संसाधन एक देश से दूसरे देश को स्वतंत्रतापूर्वक पहुँचाए जा सकते हैं।

- **भारतीय संदर्भ में वैश्वीकरण का अर्थ है**
  - भारत में आर्थिक क्रियाओं के विभिन्न क्षेत्रों में प्रत्यक्ष विदेशी निवेश की अनुमति प्रदान करना। भारत में बहुराष्ट्रीय कंपनियों के प्रवेश पर लगे प्रतिबंधों और बाधाओं को समाप्त करना।
  - भारतीय कंपनियों को देश में विदेशी कंपनियों के सहयोग से उद्योग स्थापित करने की अनुमति देना तथा विदेशों में उनके सहयोग से साझा उद्योग स्थापित करने हेतु प्रोत्साहित करना।
  - आयात उदारता कार्यक्रम को कार्यांवित करना, आयात के मात्रात्मक प्रतिबंधों में कमी लाना तथा आयात कर की दर को कम करना।
  - निर्यात प्रोत्साहन के लिए विनिमय दर (Exchange Rate) व्यवस्था को चुनना।

भारत के औद्योगिक प्रदेश

- देश में उद्योगों का वितरण समान नहीं है। उद्योग कुछ अनुकूल अवस्थितिक कारकों से कुछ निश्चित स्थानों पर केंद्रित हो जाते हैं।
- उद्योगों के समूहन को पहचानने के लिए अनेक सूचकांकों का उपयोग किया जाता है, जिनमें प्रमुख हैं
  - औद्योगिक इकाइयों की संख्या
  - औद्योगिक कर्मियों की संख्या
  - औद्योगिक उद्देश्यों के लिए उपयोग की जाने वाली प्रयुक्त शक्ति की मात्रा।
  - कुल औद्योगिक निर्गत (Output)
  - उत्पादन प्रक्रिया जन्य मूल्य आदि।
- भारत के प्रमुख औद्योगिक प्रदेशों की संख्या 8 है। ये ऐसे क्षेत्र हैं, जिनमें कई प्रकार के औद्योगिक केंद्रों का विकास हुआ है।
- औद्योगिक प्रदेश किसी विस्तृत क्षेत्र में औद्योगिक वातावरण का निर्माण करता है। उद्योगों की विविधता तथा रोजगार के विस्तृत अवसरों के कारण इन्हें महत्त्वपूर्ण माना जाता है।

औद्योगिक प्रदेश और जिले

मुख्य औद्योगिक प्रदेश-(8)

- मुंबई-पुणे प्रदेश
- हुगली प्रदेश
- बंगलुरु-तमिलनाडु प्रदेश
- गुजरात प्रदेश
- छोटानागपुर प्रदेश
- विशाखापत्तनम - गुंटूर प्रदेश
- गुरुग्राम-दिल्ली-मेरठ
- कोल्लम-तिरुवनंतपुरम प्रदेश

लघु औद्योगिक प्रदेश (13)

- अंबाला-अमृतसर
- सहारनपुर- मुजफ्फरनगर- बिजनौर
- इंदौर- देवास-उज्जैन
- जयपुर- अजमेर
- कोल्हापुर-दक्षिणी कन्नड़
- उत्तरी मालाबार
- मध्य मालाबार
- अदीलाबाद-निजामाबाद
- इलाहाबाद - वाराणसी- मिर्जापुर
- भोजपुर-मुंगेर
- दुर्ग-रायपुर
- बिलासपुर-कोरबा
- ब्रह्मपुत्र घाटी।

औद्योगिक जिले (15)

- कानपुर
- हैदराबाद
- आगरा
- ग्वालियर
- भोपाल
- लखनऊ
- जलपाईगुड़ी
- कटक
- गोरखपुर
- अलीगढ़
- कोटा
- पूर्णिया
- जबलपुर
- बरेली

मुंबई-पुणे औद्योगिक प्रदेश

- यह प्रदेश मुंबई थाने से पुणे तथा नासिक और शोलापुर जिलों के संस्पर्शी क्षेत्रों तक विस्तृत है।
- इस औद्योगिक प्रदेश के कारण रायगढ़, अहमदनगर, सतारा, सांगली और जलगाँव जिलों में औद्योगिक विकास तेजी से हुआ है। इस प्रदेश का विकास मुंबई में सूती वस्त्र उद्योग की स्थापना के साथ प्रारंभ हुआ।
- मुंबई में कपास के पृष्ठ प्रदेश में स्थित होने और नम जलवायु के कारण मुंबई में सूती वस्त्र उद्योग का विकास हुआ। 1869 ई. में स्वेज नहर के खुलने के कारण मुंबई पत्तन के विकास को प्रोत्साहन मिला।
- इस पत्तन के द्वारा मशीनों का आयात किया जाता था। इस उद्योग की आवश्यकता पूर्ति के लिए पश्चिमी घाट प्रदेश में जलविद्युत शक्ति का विकास किया गया।
- सूती वस्त्र उद्योग के विकास के साथ रासायनिक उद्योग भी विकसित हुए। मुंबई हाई पेट्रोलियम क्षेत्र और नाभिकीय ऊर्जा संयंत्र की स्थापना ने इस प्रदेश को अतिरिक्त बल प्रदान किया।
- इसके अतिरिक्त अभियांत्रिकी वस्तुएँ, पेट्रोलियम परिशोधन, पेट्रो-रासायनिक, चमड़ा संश्लिष्ट और प्लास्टिक वस्तुएँ, दवाएँ, उर्वरक, विद्युत वस्तुएँ, जलयान निर्माण, इलेक्ट्रॉनिक्स, सॉफ्टवेयर, परिवहन उपकरण और खाद्य प्रसंस्करण उद्योगों का भी विकास हुआ है।
- इस प्रदेश में मुंबई, कोलाबा, कल्याण, थाणे, ट्राम्बे, पुणे, पिंपरी, नासिक मनमाड़, शोलापुर, कोल्हापुर, अहमदनगर, सतारा और सांगली महत्त्वपूर्ण औद्योगिक प्रदेश हैं।

हुगली औद्योगिक प्रदेश

- हुगली नदी के किनारे बसा हुआ यह प्रदेश उत्तर में बाँसबेरिया से दक्षिण में बिडलानगर तक लगभग 100 किमी में विस्तृत है।
- कोलकाता हावड़ा इस औद्योगिक प्रदेश का केंद्र है। इस प्रदेश का विकास हुगली नदी पर पत्तन बनने के बाद प्रारंभ हुआ। देश में कोलकाता एक प्रमुख औद्योगिक केंद्र के रूप में उभरा।
- दामोदर घाटी के कोयला निक्षेप और छोटानागपुर पठार के लौह-अयस्क के निक्षेपों के साथ संलग्न होने से इस प्रदेश का औद्योगिक विकास तीव्र गति से हुआ।
- इस प्रदेश में 1855 ई. में **रिशरा** में पहली जूट मिल की स्थापना की गई, जिससे यहाँ आधुनिक औद्योगिक समूहन के युग का प्रारंभ हुआ।
- जूट उद्योग का मुख्य केंद्रीकरण हावड़ा और भटपारा में है। इसके अतिरिक्त यहाँ पर सूती वस्त्र, कागज, इंजीनियरिंग, टेक्सटाइल मशीनों, विद्युत, रासायनिक, औषधीय, उर्वरक और पेट्रो-रासायनिक उद्योग अन्य प्रमुख उद्योग हैं।
- इस प्रदेश के महत्त्वपूर्ण औद्योगिक केंद्र कोलकाता, हावड़ा, हल्दिया, सेरामपुर (श्रीरामपुर), रिशरा, काकीनारा, श्यामनगर, वजवज, बिडलानगर, बाँसबेरिया, हुगली, बेलूर आदि हैं।

बंगलुरु-चेन्नई औद्योगिक प्रदेश

- यह प्रदेश स्वतंत्रता प्राप्ति के बाद अत्यधिक तीव्रता से औद्योगिक विकास का साक्षी है।
- वर्ष 1960 तक इस प्रदेश में उद्योगों का विस्तार बंगलुरु, सेलम और मदुरई जिलों में हो रहा था।

- वर्तमान में लगभग तमिलनाडु के सभी जिलों में इस औद्योगिक प्रदेश के कारण उद्योगों का विस्तार हो रहा है।
- इस प्रदेश का विकास पायकारा जलवद्युित संयंत्र पर निर्भर करता है, जिसका निर्माण वर्ष 1932 में किया गया।
- इस प्रदेश में कपास की खेती अधिक होती थी, जिससे सूती वस्त्र उद्योग यहाँ पर सबसे पहले विकसित हुआ एवं सूती मिलों के साथ करघा उद्योग का भी तेजी से विकास हुआ।
- इस प्रदेश में विभिन्न उद्योगों का विकास हुआ, जिनमें भारी अभियांत्रिकी उद्योग, वायुयान, मशीन उपकरण, टेलीफोन एवं इलेक्ट्रॉनिक्स शामिल हैं। चेन्नई में मुख्य रूप से पेट्रोलियम परिशोधन शालाएँ, सेलम में लौह-इस्पात संयंत्र और उर्वरक संयंत्र का विकास हुआ।

गुजरात औद्योगिक प्रदेश

- इस प्रदेश का केंद्र अहमदाबाद और वड़ोदरा के मध्य है, लेकिन यह प्रदेश दक्षिण में वलसाड और सूरत तक और पश्चिम में जामनगर तक फैला है।
- इस प्रदेश का विकास 1860 ई. में सूती वस्त्र उद्योग की स्थापना से हुआ है। तेल क्षेत्रों की खोज से पेट्रो-रासायनिक उद्योगों की स्थापना अंकलेश्वर, वड़ोदरा और जामनगर के चारों ओर हुई। कोयली में पेट्रोलियम परिशोधनशाला ने अनेक पेट्रो-रासायनिक उद्योगों के लिए कच्चा माल उपलब्ध कराया।
- इस प्रदेश में कपड़ा उद्योग, पेट्रो-रासायनिक, मोटर, टैक्टर, डीजल इंजन, औषधि, दुग्ध उत्पाद और खाद्य प्रक्रमण प्रमुख हैं। यहाँ के महत्त्वपूर्ण औद्योगिक केंद्र अहमदाबाद, वड़ोदरा, भरूच, कोयली, आनंद, खेरा, सुरेंद्रनगर, राजकोट, सूरत, वलसाड और जामनगर हैं।

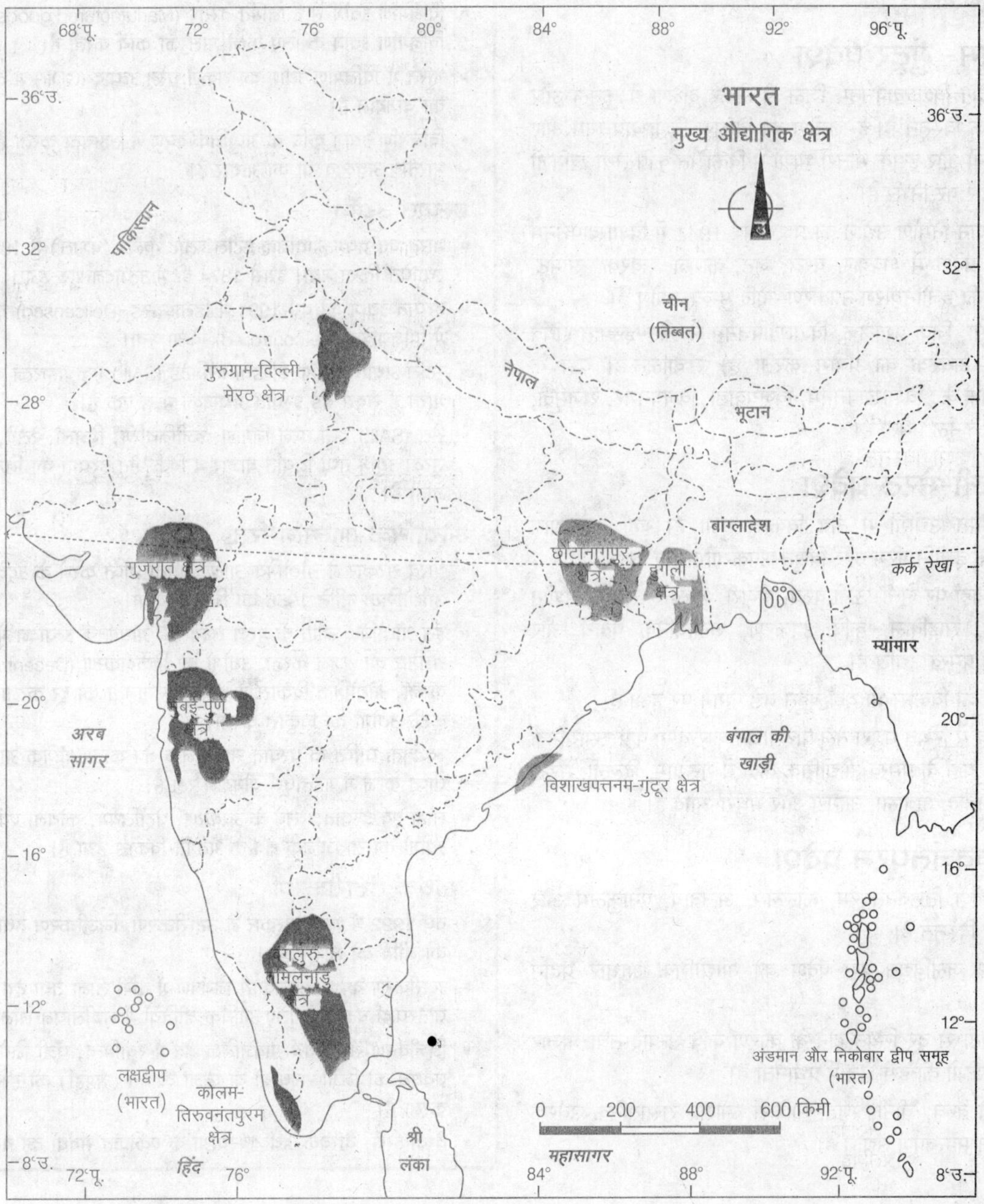

छोटानागपुर प्रदेश

- यह प्रदेश झारखंड, उत्तरी ओडिशा और पश्चिमी बंगाल में विस्तृत है और यह भारी धातु उद्योगों के लिए जाना जाता है।
- इस प्रदेश में छः बड़े एकीकृत लौह-इस्पात संयंत्र जमशेदपुर, बर्नपुर, कुल्टी, दुर्गापुर, बोकारो और राउरकेला में स्थापित हैं।
- इस प्रदेश की ऊर्जा आवश्यकताओं को पूर्ण करने के लिए ऊष्मीय और जलविद्युत संयंत्रों का निर्माण दामोदर घाटी में किया गया है।
- यहाँ पर स्थित उद्योगों में भारी इंजीनियरिंग मशीन, औजार, उर्वरक, सीमेंट, कागज, रेल इंजन और भारी विद्युत उद्योग प्रमुख हैं।
- इस प्रदेश में महत्त्वपूर्ण औद्योगिक केंद्र राँची, धनबाद, चाईबासा, सिंदरी, हजारीबाग, जमशेदपुर, बोकारो, राउरकेला, दुर्गापुर, आसनसोल और डालमियानगर प्रमुख हैं।

विशाखापत्तनम- गुंटूर प्रदेश

- यह औद्योगिक प्रदेश विशाखापत्तनम जिले से लेकर दक्षिण में कुर्नूल और प्रकाशम जिलों तक विस्तृत है। इस प्रदेश का विकास विशाखापत्तनम और मछलीपत्तनम पत्तनों और इसके भीतरी भागों में विकसित कृषि तथा खनिजों के बड़े संचित भंडार पर निर्भर है।
- इस प्रदेश में जलयान निर्माण उद्योग का प्रारंभ वर्ष 1941 में विशाखापत्तनम में हुआ था। इस प्रदेश में शक्कर, वस्त्र, जूट, कागज, उर्वरक, सीमेंट, एल्युमीनियम, हल्की इंजीनियरिंग उपकरण आदि मुख्य उद्योग हैं।
- गुंटूर जिले में सीसा, जिंक प्रगालक, विशाखापत्तनम में लौह-इस्पात संयंत्र (बैलाडिला, लौह-अयस्क का प्रयोग करता है) संचालित हैं। यहाँ के महत्त्वपूर्ण औद्योगिक केंद्र विशाखापत्तनम, विजयवाड़ा, विजयनगर, राजमुंद्री, गुंटूर, एलुरु और कर्नूल प्रमुख हैं।

गुरुग्राम-दिल्ली-मेरठ प्रदेश

- इस प्रदेश में स्थित उद्योगों में तीव्र विकास हुआ है। यहाँ के उद्योग इलेक्ट्रॉनिक, हल्के इंजीनियरिंग और विद्युत उपकरण प्रमुख हैं।
- इसके अतिरिक्त यहाँ पर सूती-ऊनी वस्त्र, होजरी, शक्कर, सीमेंट, मशीन उपकरण, ट्रैक्टर, साइकिल, कृषि उपकरण, रासायनिक पदार्थ और वनस्पति घी आदि प्रमुख उद्योग हैं।
- सॉफ्टवेयर उद्योग का विकास भी यहाँ बहुत बड़े पैमाने पर हुआ है।
- इस औद्योगिक क्षेत्र में स्थित मथुरा तेल परिशोधन कारखाना पेट्रो रसायनिक पदार्थों का केंद्र है। यहाँ के प्रमुख औद्योगिक केंद्रों में गुरुग्राम, दिल्ली, मेरठ, मोदीनगर, गाजियाबाद, अंबाला, आगरा और मथुरा आदि हैं।

कोल्लम-तिरुवनंतपुरम प्रदेश

- यह औद्योगिक प्रदेश तिरुवनंतपुरम, कोल्लम, अलवाय, एर्नाकुलम और अलपुझा जिलों में विस्तृत है।
- बागान कृषि और जलविद्युत इस प्रदेश को औद्योगिक आधार प्रदान करते हैं।
- देश की खनिज पेटी से दूर स्थित होने के कारण कृषि उत्पाद तथा बाजार विनिर्मित हल्के उद्योगों की इस क्षेत्र में प्रधानता है।
- इस प्रदेश में सूती वस्त्र, चीनी, रबड़, माचिस, सीसा, रासायनिक उर्वरक और मछली पालन महत्त्वपूर्ण उद्योग हैं।
- खाद्य प्रसंस्करण, कागज, नारियल, रेशा उत्पादक, एल्युमीनियम और सीमेंट उद्योग भी यहाँ के महत्त्वपूर्ण उद्योग हैं।
- कोचीन में पेट्रोलियम परिशोधनशाला की स्थापना ने इस प्रदेश को एक नया आधार प्रदान किया। इस औद्योगिक प्रदेश के महत्त्वपूर्ण केंद्र कोल्लम, तिरुवनंतपुरम्, अलवाय, कोच्चि, अलपुझा और पुनालूर महत्त्वपूर्ण हैं।

अतिरिक्त तथ्य
तमिलनाडु बोर्ड एवं NIOS

विनिर्माण

- प्राकृतिक संसाधनों का संसाधित (Processed) कर अधिक उपयोगी तथा मूल्यवान वस्तुओं में बदलना **विनिर्माण** कहलाता है।
- विनिर्माण उद्योग से विनिर्मित वस्तुएँ (Manufactured goods) दूसरे विनिर्माण उद्योग के लिए कच्चे माल का कार्य करती हैं।
- भारत में विनिर्माण उद्योग का सकल घरेलू उत्पाद (GDP) में लगभग 17% का योगदान है।
- विनिर्माण उद्योग कृषि के आधुनिकीकरण में सहायता करता है। कृषि भारतीय अर्थव्यवस्था का आधार है।

इस्पात उद्योग

- भारत का प्रथम आधुनिक स्टील प्लांट कुल्टी (बंगाल) में 1870 ई. में स्थापित किया गया। इससे 1874 ई. में उत्पादन शुरू हुआ।
- इस्पात उद्योग को वर्ष **1991** में डिलाइसेंस्ड (Delicensed) तथा वर्ष 1992 में विनियंत्रित (De-controlled) किया गया।
- स्टील अथॉरिटी ऑफ इण्डिया लिमिटेड (SAIL) एक महारत्न कंपनी है। यह भारत में सबसे बड़े इस्पात उत्पादकों में से एक है।
- सेल (SAIL) द्वारा घरेलू निर्माण, इंजीनियरिंग, बिजली, रेलवे, मोटरगाड़ी, सुरक्षा उद्योग तथा निर्यात बाजार में बिक्री हेतु इस्पात का निर्माण किया जाता है।

औद्योगिक आत्मनिर्भरता

- भारत सरकार ने औद्योगिक आत्मनिर्भरता प्राप्त करने के उद्देश्य से **औद्योगिक नीति 1956** का निर्माण किया।
- इस औद्योगिक नीति के मुख्य लक्ष्य थे- औद्योगिक उत्पादन में वृद्धि करना, रोजगार का सृजन करना, उद्योगों का विकेंद्रीकरण (Decentralization) करना, औद्योगिक विकास में क्षेत्रीय असमानता को दूर करना तथा लघु एवं कुटीर उद्योगों का विकास करना।
- स्वतंत्रता प्राप्ति के पश्चात् सार्वजनिक क्षेत्र का औद्योगिक आत्मनिर्भरता प्राप्त करने में महत्त्वपूर्ण योगदान रहा है।
- लोहा एवं इस्पात, रेलवे के उपकरण, पेट्रोलियम, कोयला एवं उर्वरक आदि उद्योगों का सार्वजनिक क्षेत्र के अंतर्गत विकास हुआ है।

आर्थिक उदारीकरण

- वर्ष **1992** में भारत सरकार ने **उदारीकरण, निजीकरण** तथा **वैश्वीकरण** की नीति को लागू किया।
- उदारीकरण का अर्थ-सरकारी नियंत्रण में कमी लाना तथा देश के बाजारों में प्रतिस्पर्द्धा बढ़ाने के लिए आर्थिक नीतियों में लचीलापन लाना है।
- निजीकरण से तात्पर्य सार्वजनिक क्षेत्र में स्वामित्व, पूँजी निवेश तथा प्रबंधन को निजी संस्थाओं या निजी व्यक्ति (समूहों) को हस्तांतरित करना है।
- वैश्वीकरण, वैश्विक अर्थव्यवस्थाओं के एकीकृत संबंधों को बढ़ावा देता है।

26

मानव संसाधन, अधिवास तथा प्रवास

(स्रोत)

Class-VIII New NCERT Chap 5 **मानव संसाधन,** Class-VIII Old NCERT, Chap 18 **मानव संसाधन,** Class-IX New NCERT Chap 6 **जनसंख्या,** Class-IX Old NCERT Chap 7 **हमारी बढ़ती जनसंख्या,** Class-XII New NCERT Chap 1 **जनसंख्या : वितरण, घनत्व, वृद्धि और संघटन,** Class-XII Old NCERT Chap 2 **प्रवास : प्रकार, कारण और परिणाम,** Chap 2 **मानव बस्तियाँ,** Chap 7 **भारत की जनसंख्या : क्षेत्रीय वितरण एवं वृद्धि के पहलू ,** Tamil Nadu Board (Class XII), NIOS

अधिवास (बस्ती)

- मानव बस्ती (Human Settlements) का अर्थ है-किसी भी प्रकार और आकार के घरों का संकुलन, जिनमें मनुष्य रहते हैं। इस उद्देश्य के लिए लोग मकानों और अन्य इमारतों का निर्माण करते हैं और अपने आर्थिक पोषण आधार के लिए कुछ क्षेत्रों पर स्वामित्व रखते हैं।
- बस्ती बसने की प्रक्रिया में मूलरूप से लोगों के समूहन और उनके संसाधन तथा आधार के रूप में क्षेत्र का आवंटन सम्मिलित होता है।
- घरों के समूह से बस्तियों का निर्माण होता है, जो 6 से 12 झोंपड़ियों का समूह (पल्ली या खेड़ा) या दस-बीस या सैकड़ों घरों वाले संहत गाँव भी इसमें सम्मिलित होते हैं।
- बस्तियाँ, आकार और प्रकार में भिन्न होती हैं। उनका परिसर एक पल्ली (Hamlet) से लेकर महानगर (Metropolitan) तक होता है।
- आकार के साथ बस्तियों के आर्थिक अभिलक्षण (Economic Characteristics) और सामाजिक संरचना (Social Structure) बदल जाती है और साथ ही पारिस्थितिकी और प्रौद्योगिकी में बदलाव आता है।
- बस्तियाँ, छोटी अथवा विरल रूप से लेकर बड़ी और संकुलित अवस्थिति में हो सकती हैं।
- बस्तियाँ स्थायी अथवा अस्थायी हो सकती हैं। जो बस्तियाँ कुछ समय के लिए बनाई जाती हैं, उन्हें अस्थायी बस्तियाँ कहते हैं। वर्तमान में अधिकांश बस्तियाँ स्थायी प्रकृति की है।

बस्तियों के प्रकार को निर्धारित करने वाले कारक

- **भौतिक कारक** (Physical Factors) उच्चावच (Relief), ऊँचाई (Height), अपवाह तंत्र (Drainage System), भौम जल स्तर की गहराई (Underwater Depth Level), जलवायु एवं मृदा आदि बस्तियों के प्रकार तथा उनके अंतरण (बीच की दूरी) के निर्धारण में भौतिक कारक महत्त्वपूर्ण भूमिका निभाते हैं। राजस्थान के शुष्क प्रदेशों में बस्तियों की संहतता (Clustered) जल आपूर्ति से निर्धारित होती है।
- **नृ-जातीय एवं सांस्कृतिक कारक** (Cultural or Ethnic Factors) जनजातीय अथवा सांप्रदायिक पहचान भी ग्रामीण बस्तियों के अभिविन्यास को निर्धारित करने में महत्त्वपूर्ण है। भारत में प्रमुख भू-स्वामित्व वाली जातियों के मकान गाँव के मध्य में उनके केंद्र के रूप में बसे होते हैं। ये अन्य जाति-समूहों को (जैसे-कुम्हार, लोहार, बुनकर), जो ग्रामीण समुदाय को सेवा प्रदान करते हैं, अपनी ओर आकर्षित करते हैं।
बस्ती के अभिविन्यास में उनका एक विशिष्ट स्थान होता है। हरिजनों के मकान सामान्यत: गाँव की परिसीमा या मुख्य बस्ती से दूर स्थित होते हैं। यह सामाजिक विलगीकरण (Separated) को प्रदर्शित करता है।
- **ऐतिहासिक कारक** (Historical Factors) भारत में ग्रामीण बस्तियों के प्रकारों के निर्धारण में ऐतिहासिक कारक भी महत्त्वपूर्ण रहे हैं। उन प्रदेशों में जो उत्तर भारतीय मैदान की भाँति ब्राह्य आक्रमणों के समय फौजों के आतंक से त्रस्त रहे, संहत बस्तियों में रहने को वरीयता देते थे।

बस्तियों के प्रकार

बस्तियाँ मुख्य रूप से दो प्रकार की होती हैं

ग्रामीण बस्तियाँ

- ग्रामीण बस्तियों (Rural Settlements) में अधिकांश लोग कृषि कार्य में लगे होते हैं। इन बस्तियों में स्वास्थ्य तथा शिक्षा सेवा का सीमित विस्तार होता है तथा इनमें सामाजिक संबंध अच्छे होते हैं।
- इन बस्तियों में जीवन का पोषण प्राथमिक आर्थिक क्रियाओं पर निर्भर होता है और ग्रामीण लोग कम गतिशील होते हैं।

ग्रामीण बस्तियों के प्रकार

- बस्तियों के प्रकार, निर्मित क्षेत्र के विस्तार (Extent) और अंतर्वास दूरी (Inter-Household Distance) द्वारा निर्धारित होते हैं।
- भारत में सौ घरों से युक्त **संहत** अथवा **गुच्छित गाँव** (Compact or Clustered Villages) विशेष रूप से उत्तरी मैदानों में एक सार्वत्रिक लक्षण है। फिर भी अनेक क्षेत्र ऐसे हैं, जहाँ अन्य प्रकार की ग्रामीण बस्तियाँ (Rural Settlements) पाई जाती हैं।
- वृहत रूप से भारत की ग्रामीण बस्तियों को चार प्रकारों में बाँटा जा सकता है

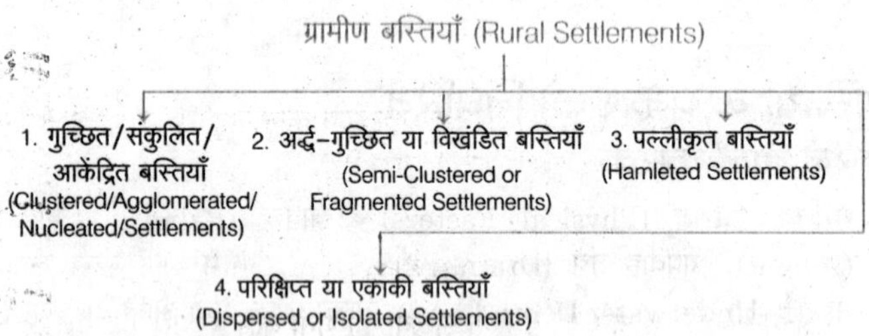

1. गुच्छित बस्तियाँ

- गुच्छित ग्रामीण बस्तियाँ (Clustered Rural Settlements) घरों का एक संहत अथवा संकुलित रूप से निर्मित क्षेत्र होता है।
- इस प्रकार के गाँव में रहन-सहन का सामान्य क्षेत्र स्पष्ट और चारों ओर विस्तृत खेत-खलिहानों और चरागाहों से पृथक् होता है।
- संकुलित निर्मित क्षेत्र और इसकी मध्यवर्ती गलियाँ कुछ जाने पहचाने प्रारूप अथवा ज्यामितीय आकृतियाँ प्रस्तुत करती हैं; जैसे– आयताकार, अरीय, रैखिक इत्यादि। ऐसी बस्तियाँ प्रायः उपजाऊ जलोढ़ मैदानों और उत्तर-पूर्वी राज्यों में पाई जाती हैं।
- राजस्थान में जल के अभाव में उपलब्ध जल संसाधनों के अधिकतम उपयोग ने संहत बस्तियों को अनिवार्य बना दिया है। इसके अतिरिक्त असम, त्रिपुरा, तटीय ओडिशा, मध्य प्रदेश, दक्षिण भारत के कावेरी बेसिन एवं बैगा बेसिन, कर्नाटक के मैदानी जिले तथा रायलसीमा प्रदेश में भी गुच्छित बस्तियों का संकेंद्रण है।

2. अर्द्ध-गुच्छित बस्तियाँ

- अर्द्ध-गुच्छित बस्तियाँ (Semi-Clustred Settlements) परिक्षिप्त बस्ती के किसी सीमित क्षेत्र में गुच्छित होने की प्रवृत्ति का परिणाम हैं। अधिकतर ऐसा प्रारूप किसी बड़े संहत गाँव के विखंडन के परिणामस्वरूप भी उत्पन्न हो सकता है।
- ऐसी स्थिति में ग्रामीण समाज के एक अथवा अधिक वर्ग स्वेच्छा से अथवा बलपूर्वक मुख्य गुच्छ अथवा गाँव से थोड़ी दूरी पर रहने लगते हैं।
- ऐसी स्थितियों में, जमींदार और अन्य प्रमुख समुदाय मुख्य गाँव के केंद्रीय भाग पर आधिपत्य कर लेते हैं, जबकि समाज के निचले वर्ग के लोग और निम्न कार्यों में संलग्न लोग गाँव के बाहरी हिस्सों में बसते हैं।
- इस प्रकार की बस्तियाँ गुजरात के मैदान और राजस्थान के कुछ भागों में व्यापक रूप से पाई जाती हैं।

3. पल्ली बस्तियाँ

- अनेक बार बस्तियाँ भौतिक रूप से एक-दूसरे से पृथक् अनेक इकाइयों में बँट जाती हैं, किंतु पल्ली बस्तियों का (Hamleted Settlements) नाम एक रहता है।
- इन इकाइयों को देश के विभिन्न भागों में स्थानीय स्तर पर पन्ना, पाड़ा, पाली, नगला, ढाणी इत्यादि कहा जाता है।
- किसी विशाल गाँव का ऐसा खंडीभवन प्रायः सामाजिक एवं मानवजातीय कारकों द्वारा अभिप्रेरित होता है।
- इस प्रकार के गाँव मध्य और निम्न गंगा के मैदान, छत्तीसगढ़ और हिमालय की निचली घाटियों में बहुतायत में पाए जाते हैं।

4. परिक्षिप्त बस्तियाँ

- भारत में परिक्षिप्त अथवा एकांकी बस्तियाँ (Dispersed Settlements) प्रारूप सुदूर जंगलों में एकांकी झोंपड़ियों अथवा कुछ झोंपड़ियों की पल्ली अथवा छोटी पहाड़ियों की ढालों पर खेतों अथवा चरागाहों के रूप में दिखाई देती हैं।
- बस्ती का चरम विक्षेपण, प्रायः भू-भाग और निवास योग्य क्षेत्रों के भूमि संसाधन आधार की अत्यधिक विखंडित प्रकृति के कारण होता है।
- इस प्रकार की बस्तियाँ मेघालय, उत्तराखंड, हिमाचल प्रदेश और केरल के अनेक भागों में पाई जाती हैं।

ग्रामीण बस्तियों का प्रतिरूप

ग्रामीण बस्तियों के स्थानीय प्रतिरूप पर वहाँ की सामाजिक-सांस्कृतिक गतिविधियों का सर्वाधिक प्रभाव होता है तथा इनकी सामाजिक-सांस्कृतिक गतिविधियों में भिन्नता पाई जाती है। ग्रामीण बस्तियों के प्रतिरूप का वर्गीकरण निम्न प्रकार है

- **रेखीय प्रतिरूप** (Linear Pattern) भारत में ओडिशा के समुद्रतटीय प्रदेश में, झारखंड के संथाल परगना में, आंध्र प्रदेश के पूर्वी भाग में, गुजरात के सौराष्ट्र व कच्छ क्षेत्र में, दक्षिणी भारत में आंध्र प्रदेश के नेल्लोर जिले में इस प्रकार के गाँव पाए जाते हैं।
- **अरीय त्रिज्या प्रतिरूप** (Radial Pattern) बिहार, मध्य प्रदेश, राजस्थान, हरियाणा व उत्तर प्रदेश के प्रत्येक जिले में इस प्रकार के गाँव पाए जाते हैं।
- **त्रिभुजाकार प्रतिरूप** (Triangle Type Pattern) भारत में इस प्रकार के गाँव दक्षिणी सिरे पर कुमारी अंतरीप पर दृष्टिगत होते हैं।
  - ओडिशा के चिल्का झील क्षेत्र में व खंभात की खाड़ी में गोपीनाथ, कुंडा आदि इस प्रकार के गाँव हैं।
  - मध्य प्रदेश में सोनार नदी के मोड़ पर असलाना, बिहार में बूढ़ी गंडक के मोड़ पर मंझोल सिवारी गाँव और केरल के तटीय भाग में मुन्नामतुरा इस प्रकार के गाँव हैं।

- **वृत्ताकार प्रतिरूप** (Circular Pattern) इस प्रकार के गाँव सामान्यत: किसी झील, तालाब या वट वृक्ष तथा कभी-कभी कुएँ के चारों ओर बसे होते हैं। किसी मुखिया या पंचायत घर के चारों ओर से भी गृहों का विकास होने से वृत्ताकार प्रतिरूप बन जाता है। भारत में दोनों ही प्रकार के गाँव पाए जाते हैं। ये गाँव मध्य प्रदेश, महाराष्ट्र, गुजरात, आंध्र प्रदेश, हरियाणा, बिहार, पंजाब, गंगा-यमुना के दोआब आदि में मिलते हैं। राजस्थान की मरुभूमि में कहीं-कहीं मीठे पानी के कुएँ के चारों ओर वृत्ताकार गाँव बसे हैं।
- **तारा प्रतिरूप** (Star Pattern) भारत के सभी राज्यों में ये गाँव उदाहरण स्वरूप मिलते हैं। उत्तर प्रदेश के बहाना और मटौना के गाँव भी इसी प्रकार के हैं।
- **मालानुमा प्रतिरूप** (String Pattern) इस प्रकार के गाँवों का विस्तार बिहार, दक्षिण-पश्चिम बंगाल, केरल, पाकिस्तान, बांग्लादेश आदि स्थानों पर मिलता है।
- **तीर प्रतिरूप** (Arrow Type Pattern) जब मानव बसाव नुकीले मोड़ पर होता है, तो उसकी आकृति तीरनुमा हो जाती है, इसका विस्तार दक्षिणी भारत में कन्याकुमारी, मुन्नमातुरा, बिहार में बूढ़ी गंडक नदी के मोड़ पर, झारखंड में तथा मध्य प्रदेश आदि स्थानों पर मिलता है।
- **आयताकार या वर्गाकार प्रतिरूप** (Rectangular Pattern) इस प्रकार के अधिवास राजस्थान के पश्चिमी व आंध्र प्रदेश के रायलसीमा क्षेत्र में मिलते हैं।
- **चौकोर पट्टी प्रतिरूप** (Checker Board Pattern) इस प्रकार के गाँव दो सड़कों के मिलन स्थल अथवा चौराहों पर बसे होते हैं। इनकी गलियाँ व सड़कें एक-दूसरे के समानांतर होती हैं। उत्तरी भारत, दक्षिणी आंध्र, कर्नाटक व तमिलनाडु राज्यों में इस प्रकार के गाँव पाए जाते हैं।

नगरीय बस्तियाँ

- नगरीय बस्तियाँ (Urban Settlements) सामान्यत: संहत और विशाल आकार (Compact and Larger Size) की होती हैं। ये बस्तियाँ अनेक प्रकार के अकृषि, आर्थिक और प्रशासकीय प्रकार्यों में संलग्न होती हैं।
- नगर अपने चारों ओर के क्षेत्रों से प्रकार्यात्मक रूप में जुड़े होते हैं। अत: वस्तुओं और सेवाओं का विनिमय कई बार प्रत्यक्ष रूप से और कई बार मंडी, शहरों और नगरों की शृंखला के माध्यम से संपन्न होता है।
- नगर गाँवों से प्रत्यक्ष और अप्रत्यक्ष दोनों प्रकार से परस्पर जुड़े हुए होते हैं।

भारत में नगरों का विकास

- भारत में नगरों का अभ्युदय प्रागैतिहासिक काल (Pre-historic Times) से हुआ है। सिंधु घाटी सभ्यता के युग में भी **हड़प्पा** और **मोहनजोदड़ो** जैसे नगर अस्तित्व में थे। विभिन्न युगों में उनके विकास के आधार पर भारतीय नगरों को इस प्रकार वर्गीकृत किया जा सकता है
  - **प्राचीन नगर** (Ancient Towns) भारत में 2000 से अधिक वर्षों की ऐतिहासिक पृष्ठभूमि वाले अनेक नगर हैं। इनमें से अधिकांश का विकास धार्मिक अथवा सांस्कृतिक केंद्रों के रूप में हुआ है।
  - वाराणसी इनमें से सर्वाधिक महत्त्वपूर्ण नगर है। प्रयागराज (इलाहाबाद), पाटलिपुत्र (पटना), मदुरई देश में प्राचीन नगरों के कुछ अन्य उदाहरण हैं।
  - **मध्यकालीन नगर** (Medieval Towns) वर्तमान के लगभग 100 नगरों का इतिहास मध्यकाल से जुड़ा है। इनमें से अधिकांश का विकास रजवाड़ों और राज्यों के मुख्यालयों के रूप में हुआ है। ये किला नगर हैं, जिनका निर्माण प्राचीन नगरों के खंडहरों पर हुआ है। ऐसे नगरों में दिल्ली, हैदराबाद, जयपुर, लखनऊ, आगरा और नागपुर महत्त्वपूर्ण हैं।
  - **आधुनिक नगर** (Modern Towns) अंग्रेजों और अन्य यूरोपियों ने भारत में अनेक नगरों का विकास किया। तटीय स्थानों पर अपना आधिपत्य स्थापित करते हुए, इन्होंने सर्वप्रथम सूरत, दमन, गोवा, पुदुचेरी इत्यादि में व्यापारिक पत्तन विकसित किए। अंग्रेजों ने बाद में तीन मुख्य केंद्र मुंबई, चेन्नई और कोलकाता पर अपनी पकड़ मजबूत की और उनका अंग्रेजी शैली में निर्माण किया।
  - इन्होंने प्रशासनिक केंद्रों (Administrative Centres) और ग्रीष्मकालीन विश्राम स्थलों (Summer Resorts) के रूप में पर्वतीय नगरों को स्थापित किया और उनमें सिविल, प्रशासनिक और सैन्य क्षेत्रों को जोड़ा। 1850 ई. के बाद आधुनिक उद्योगों पर आधारित नगरों का भी उद्भव हुआ। जमशेदपुर इसका एक उदाहरण है।
  - स्वतंत्रता प्राप्ति के पश्चात् अनेक नगर प्रशासनिक केंद्रों; जैसे-चंडीगढ़, भुवनेश्वर, गाँधीनगर, दिसपुर इत्यादि और औद्योगिक केंद्रों; जैसे-दुर्गापुर, भिलाई, सिंदरी, बरौनी के रूप में विकसित हुए।
  - कुछ पुराने नगर महानगरों के चारों ओर अनुषंगी (Ancillary) नगरों के रूप में विकसित हुए; जैसे-दिल्ली के चारों ओर गाजियाबाद, रोहतक और गुरुग्राम इत्यादि।

भारत में नगरीकरण

- नगरीकरण (Urbanisation) के स्तर का माप कुल जनसंख्या में नगरीय जनसंख्या के प्रतिशत के रूप में किया जाता है।
- 2011 की जनगणना में भारत में नगरीकरण का स्तर 31.16% था, जो विकसित देशों की तुलना में काफी कम है।
- 20वीं शताब्दी के दौरान नगरीय जनसंख्या 11 गुना बढ़ी है। नगरीय केंद्रों के विवर्धन (Enlargement of Urban Centres) और नए नगरों के आविर्भाव (Emergence of New Towns) ने देश में नगरीय जनसंख्या की वृद्धि और नगरीकरण में सार्थक भूमिका निभाई है, किंतु नगरीकरण की वृद्धि की दर पिछले दो दशकों में धीमी हुई है।

ग्रामीण तथा नगरीय बस्तियों में अंतर

- ग्रामीण बस्तियाँ अपने जीवन का पोषण अथवा आधारभूत आर्थिक आवश्यकताओं की पूर्ति भूमि आधारित प्राथमिक आर्थिक क्रियाओं से करती हैं, जबकि नगरीय बस्तियाँ एक ओर कच्चे माल के प्रक्रमण और तैयार माल के विनिर्माण तथा दूसरी ओर विभिन्न प्रकार की सेवाओं पर निर्भर करती हैं।
- नगर आर्थिक वृद्धि के नोड (Node of Economic Growth) के रूप में कार्य करते हैं और न केवल नगर निवासियों को, बल्कि अपनी पश्च भूमि की ग्रामीण बस्तियों को भी भोजन और कच्चे माल के बदले वस्तुएँ और सेवाएँ उपलब्ध कराते हैं। नगरीय और ग्रामीण बस्तियों के मध्य प्रकार्यात्मक संबंध परिवहन और संचार परिपथ के माध्यम से स्थापित होता है।
- ग्रामीण और नगरीय बस्तियाँ सामाजिक संबंधों की अभिवृत्ति और दृष्टिकोण की दृष्टि से भी भिन्न होती हैं। ग्रामीण लोग कम गतिशील होते हैं और इसलिए उनमें सामाजिक संबंध घनिष्ठ होते हैं। दूसरी ओर नगरीय क्षेत्रों में जीवन का ढंग जटिल और तीव्र होता है और सामाजिक संबंध औपचारिक होते हैं।

भारत : नगरीकरण की प्रवृत्तियाँ (1901-2011)

वर्ष	नगरीय संकुलों की संख्या	नगरीय जनसंख्या (हजार में)	कुल नगरीय जनसंख्या (%)	दशकीय वृद्धि (%)
1901	1,827	2,58,51.9	10.84	—
1911	1,815	2,59,41.6	10.29	0.35
1921	1,949	2,80,86.2	11.18	8.27
1931	2,072	3,34,56.0	11.99	19.12
1941	2,250	4,41,53.3	13.86	31.97
1951	2,843	6,24,43.7	17.29	41.42
1961	2,365	7,89,36.6	17.97	26.41
1971	2,590	1,09,114	19.91	38.23
1981	3,378	1,59,463	23.34	46.14
1991	4,689	2,17,611	25.71	36.47
2001	5,161	2,85,355	27.78	31.13
2011	6,166	3,77,000	31.16	31.08

जनसंख्या आकार के आधार पर नगरों का वर्गीकरण

- भारत की जनगणना नगरों (Census Towns) को छः वर्गों में वर्गीकृत करती है।
- एक लाख से अधिक नगरीय जनसंख्या वाले नगरीय केंद्र को **नगर** (City) अथवा **प्रथम वर्ग का नगर** (Class I City) कहा जाता है।
- 10 लाख से 50 लाख की जनसंख्या वाले नगरों को **महानगर** (Metropolitan) तथा 50 लाख से अधिक जनसंख्या वाले नगरों को **मेगा नगर** (Mega Cities) कहा जाता है। बहुसंख्यक महानगर और मेगा नगर नगरीय संकुल हैं।

एक नगरीय संकुल में निम्नलिखित तीन संयोजकों में से किसी एक का समावेश होता है

- नए नगर व उनका संलग्न (Adjacent) नगरीय बहिर्बद्ध (विस्तार)
- बहिर्बद्ध (Outgrowth) के सहित अथवा रहित दो अथवा अधिक संस्पर्शी नगर।
- एक अथवा अधिक संलग्न नगरों के बहिर्बद्ध से युक्त एक संस्पर्शी प्रसार नगर का निर्माण।

- भारत की 60% नगरीय जनसंख्या प्रथम वर्ग के नगरों में रहती है। इन 468 नगरों में से 53 नगर नगरीय संकुल महानगर हैं। इनमें से आठ मेगानगर (Mega City) हैं, जिनमें से प्रत्येक की जनसंख्या 50 लाख से अधिक है।
- पाँचवें भाग से अधिक (21.01) नगरीय जनसंख्या इन मेगानगरों में रहती है। इनमें से 1 करोड़ 84 लाख लोगों के साथ वृहत मुंबई सबसे बड़ा **नगरीय संकुल** है। दिल्ली, कोलकाता, चेन्नई, बंगलुरु और हैदराबाद, अहमदाबाद तथा पुणे देश के अन्य मेगानगर हैं।
- संयुक्त राष्ट्र (UN) की परिभाषा के आधार पर भारत में केवल 3 मेगा सिटी (Mega City) हैं।
- UN के अनुसार, ऐसे नगरीय संकुलन जिनकी संख्या 10 मिलियन (एक करोड़) से अधिक है, **मेगा सिटी** कहलाते हैं।
- तीन मेगा शहर, वृहद् मुंबई (18.41 मिलियन), दिल्ली (16.31 मिलियन) तथा कोलकाता (14.11 मिलियन) हैं।

भारत : वर्गानुसार शहरों और नगरों की संख्या एवं उनकी जनसंख्या, 2011

वर्ग	जनसंख्या आकार	शहरों की संख्या	कुल शहरी जनसंख्या (हजार में)	नगरीय जनसंख्या का %
I.	1,00,000 और अधिक	468	2,27,899	60.45
II.	50,000-99,999	474	41,328	10.96
III.	20,000-49,999	1,373	58,174	15.43
IV.	10,000-19,999	1,683	31,866	8.45
V.	5,000-9,999	7,749	15,883	4.21
VI.	5,000 से कम	424	1,956	0.51

नगरीकरण का प्रादेशिक प्रतिरूप

- भारतीय नगरीकरण के प्रादेशिक प्रतिरूप में अत्यधिक विषमताएँ पाई जाती हैं। सबसे अधिक नगरीकृत राज्य क्रमशः गोवा (62.2%), मिजोरम (52.1%) तथा तमिलनाडु (48.4%) हैं। इनके पश्चात् केरल (47.7%), महाराष्ट्र (45.2%), गुजरात (42.6%), कर्नाटक (38.7%) तथा पंजाब (37.5%) का स्थान है, जहाँ एक-तिहाई से अधिक जनसंख्या नगरों में रहती है।
- इसके विपरीत हिमाचल प्रदेश सबसे कम नगरीकृत प्रदेश है, जहाँ पर 10.00% जनसंख्या नगरीय है।
- उत्तराखंड, मणिपुर, नागालैंड, मध्य प्रदेश, बिहार, झारखंड, छत्तीसगढ़, उत्तर प्रदेश, ओडिशा, असम में नगरीय जनसंख्या का प्रतिशत भारत की नगरीय जनसंख्या के औसत प्रतिशत से कम है।
- केंद्रशासित प्रदेशों में दिल्ली तथा चंडीगढ़ सबसे नगरीकृत हैं, जहाँ पर क्रमशः 97.5% एवं 97.3% जनसंख्या नगरीय है। अन्य केंद्रशासित प्रदेशों में भी नगरीकरण औसत से अधिक है; जैसे- लक्षद्वीप (78.1%), दमन एवं दीव (75.2%), पुदुचेरी (68.31%), दादरा एवं नगर हवेली (46.7%), अंडमान और निकोबार (37.7%)।
- देश में आधे से अधिक नगरीय जनसंख्या केवल पाँच बड़े राज्यों में पाई जाती है। सबसे अधिक नगरीय जनसंख्या महाराष्ट्र में पाई जाती है, जहाँ 5.82 करोड़ लोग नगरों में रहते हैं। इसके बाद उत्तर प्रदेश (4.44 करोड़), तमिलनाडु (3.49 करोड़), पश्चिम बंगाल (2.91 करोड़) तथा आंध्र प्रदेश (2.83 करोड़) का स्थान है।

नगरों का प्रकार्यात्मक वर्गीकरण

प्रमुख अथवा विशेषीकृत प्रकार्यों के आधार पर भारतीय नगरों को सामान्यतः निम्नलिखित प्रकार से वर्गीकृत किया जाता है

- **प्रशासन शहर और नगर** (Administrative Cities) उच्चतर क्रम के प्रशासनिक मुख्यालयों वाले शहरों को प्रशासन नगर कहते हैं; जैसे-चंडीगढ़, नई दिल्ली, भोपाल, शिलांग, गुवाहाटी, इंफाल, श्रीनगर, गाँधीनगर, जयपुर, चेन्नई इत्यादि प्रशासनिक नगर हैं।

- **औद्योगिक नगर** (Industrial Cities) औद्योगिक विकास के कारण स्थापित होने वाले नगरीय संकुल को औद्योगिक नगर कहते हैं। मुंबई, सेलम, कोयंबटूर, मोदीनगर, जमशेदपुर, हुगली, भिलाई इत्यादि के विकास का प्रमुख अभिप्रेरक बल उद्योगों का विकास रहा है।
- **परिवहन नगर** (Transport Cities) कई शहर अथवा पत्तन नगर, जो मुख्यत: आयात और निर्यात कार्यों में संलग्न रहते हैं, परिवहन नगर कहलाते हैं; जैसे– कांडला, कोच्चि, कोझीकोड, विशाखापत्तनम इत्यादि। कुछ नगर आंतरिक परिवहन की धुरी होते हैं, जो विशिष्ट मार्गों के केंद्र में स्थित हैं; जैसे– धुलिया, मुगलसराय, इटारसी, कटनी इत्यादि।
- **वाणिज्यिक नगर** (Commercial Cities) व्यापार और वाणिज्य में विशिष्टता प्राप्त शहरों और नगरों को इस वर्ग में रखा जाता है। कोलकाता, सहारनपुर, सतना इत्यादि इसके उदाहरण हैं।
- **खनन नगर** (Mining Cities) ये नगर खनिज समृद्ध क्षेत्रों में विकसित हुए हैं। रानीगंज, झरिया, डिगबोई, अंकलेश्वर, सिंगरौली इत्यादि खनन नगर हैं।
- **गैरिसन** (छावनी) **नगर** (Garrison Cities) ब्रिटिश शासन के समय सैन्य छावनियों का निर्माण हुआ। इन छावनियों के निकट शहरों का विकास संभव हुआ, जो गैरिसन नगर कहलाते हैं। अंबाला, जालंधर, महू, बबीना, उधमपुर इत्यादि नगरों में छावनियाँ स्थापित की गई थीं, जो गैरिसन नगर के रूप में विकसित हुईं।
- **धार्मिक और सांस्कृतिक नगर** (Religious and Cultural Cities) तीर्थ स्थानों तथा पवित्र नदियों-जलाशयों के निकट विकसित शहरों को धार्मिक तथा सांस्कृतिक नगरों की संज्ञा दी जाती है। ऐसे नगरों का देश के सांस्कृतिक विकास में महत्त्वपूर्ण योगदान है। वाराणसी, मथुरा, अमृतसर, मदुरै, पुरी, अजमेर, पुष्कर, तिरुपति, कुरुक्षेत्र, हरिद्वार, उज्जैन अपने धार्मिक/सांस्कृतिक महत्त्व के कारण प्रसिद्ध हुए हैं।
- **शैक्षिक नगर** (Educational Cities) शिक्षा तथा शैक्षणिक वातावरण के लिए अनेक नगरों की चर्चा होती है। अपने संस्थानों की गुणवत्ता के आधार पर उन्हें शैक्षणिक नगर की संज्ञा दी जाती है। मुख्य परिसर नगरों में से कुछ नगर शिक्षा केंद्रों के रूप में विकसित हुए; जैसे– रुड़की, वाराणसी, अलीगढ़, पिलानी, इलाहाबाद इत्यादि।
- **पर्यटन नगर** (Tourist Cities) नैनीताल, मसूरी, शिमला, पचमढ़ी, जोधपुर, जैसलमेर, उडगमंडलम (ऊँटी), माउंटआबू कुछ पर्यटन गंतव्य स्थान हैं। नगर अपने प्रकार्यों में स्थिर नहीं हैं, उनके गतिशील स्वभाव के कारण प्रकार्यों में परिवर्तन हो जाता है।

शहरी/ग्रामीण विकास की नवीन योजनाएँ

- **स्वच्छ भारत मिशन** (Swachcha Bharat Mission) इस मिशन की शुरुआत 2 अक्टूबर, 2014 को की गई। इस मिशन का उद्देश्य राष्ट्रीय स्तर पर गलियों, सड़कों तथा अधो-संरचना को साफ-सुथरा करना तथा स्वच्छता को बढ़ावा देना है। स्वच्छ भारत मिशन (शहरी) के दूसरे संस्करण की शुरुआत 1 अक्टूबर, 2021 को की गई। इसमें शहरी ठोस कचरा प्रबंधन पर अधिक बल दिया गया है। इसमें कचरा मुक्त शहर बनाने का लक्ष्य रखा गया है।
- **प्रधानमंत्री आवास योजना-शहरी** (Pardhan Mantri Awas Yojana-Urban, PMAY-U) यह एक महत्त्वाकांक्षी मिशन है, जिसकी शुरुआत 25 जून, 2015 को की गई। यह मिशन आवासन तथा शहरी कार्य मंत्रालय द्वारा संचालित किया जा रहा है, जिसके अंतर्गत आर्थिक रूप से पिछड़े (EWS-Economically Weaker Section), कम आय समूह (LIG-Low Income Group), मध्यम आय समूह (MIG-Medium Income Group) श्रेणी के लोगों को आवास की सुविधा प्रदान करना मुख्य उद्देश्य है।
- **स्मार्ट सिटी मिशन** (Smart Cities Mission) इस मिशन को 25 जून, 2015 को लॉन्च किया गया। इस मिशन का उद्देश्य शहरों को बढ़ावा देना है, जो आधारभूत सुविधा, साफ तथा सतत पर्यावरण और अपने नागरिकों को बेहतर जीवन प्रदान करते हैं। स्मार्ट शहरों की एक विशेषता आधारभूत सुविधाओं और सेवाओं के लिए स्मार्ट समाधानों को लागू करना है, जिससे क्षेत्रों को प्राकृतिक आपदाओं के कम जोखिम वाले क्षेत्रों के रूप में बनाया जा सके, साथ-ही-साथ कम संसाधनों का उपयोग तथा सस्ती सुविधाएँ उपलब्ध कराई जा सकें। इस योजना में सतत तथा समग्र विकास पर ध्यान केंद्रित किया गया है।
- **अमृत योजना** अटल मिशन फॉर रिजुवेनेशन एंड अर्बन ट्रांसफॉर्मेशन (AMRUT-Atal Mission for Rejuvenation and Urban Transformation) की शुरुआत जून, 2015 में की गई। इसके अंतर्गत शहर के प्रत्येक परिवार को नल का पानी और सीवर कनेक्शन जैसी बुनियादी सुविधाएँ प्रदान करने तथा ठोस कचरा प्रबंधन, सड़कों और सार्वजनिक परिवहन पर विशेष ध्यान दिया गया है। अमृत योजना में एक लाख से अधिक आबादी वाले 500 शहरों को शामिल किया जाएगा, जिसमें सर्वाधिक शहर (642 शहरों) उत्तर प्रदेश से चिह्नित किए गए हैं।
- **श्यामा प्रसाद मुखर्जी रूर्बन मिशन** (SPMRM- Shyama Prasad Mukherjee Rurban Mission) इस मिशन की शुरुआत वर्ष 2016 में की गई। इसका मुख्य उद्देश्य ग्रामीण क्षेत्रों को आर्थिक, सामाजिक और भौतिक वहनीयता केंद्र के रूप में परिवर्तित करना है। इसमें ग्रामीण विकास संभाग के विकास की संभावना द्वारा राज्यों व केंद्रशासित प्रदेशों के विकास पर बल दिया जाता है, जिससे उस क्षेत्र विशेष में प्रेरित विकास होता है। रूर्बन मिशन में आर्थिक क्रियाकलाप, कौशल विकास और स्थानीय उद्यमिता के साथ-साथ अवसंरचना विकास पर भी बल दिया गया है। इस प्रकार रूर्बन मिशन स्मार्ट गाँवों के एक संभाग को विकसित करता है।

शीर्ष 5 शहरी जनसंख्या % वाले राज्य

राज्य	प्रतिशत (% में)	राज्य	प्रतिशत (% में)
गोवा	62.2	केरल	47.7
मिजोरम	52.1	महाराष्ट्र	45.2
तमिलनाडु	48.4		

न्यूनतम 5 शहरी जनसंख्या % वाले राज्य

राज्य	प्रतिशत (% में)	राज्य	प्रतिशत (% में)
हिमाचल प्रदेश	10.0	ओडिशा	16.7
बिहार	11.3	मेघालय	20.1
असम	14.1		

शीर्ष 5 नगरीय जनसंख्या वाले राज्य

राज्य	नगरीय जनसंख्या	राज्य	नगरीय जनसंख्या
महाराष्ट्र	50818259	पश्चिम बंगाल	29093002
उत्तर प्रदेश	44495063	आंध्र प्रदेश	28219075
तमिलनाडु	34917440		

न्यूनतम नगरीय जनसंख्या वाले राज्य

राज्य	नगरीय जनसंख्या	राज्य	नगरीय जनसंख्या
सिक्किम	153578	नागालैंड	570966
अरुणाचल प्रदेश	317369	मिजोरम	571771

मानव संसाधन

- किसी देश की जनसंख्या उसकी सबसे बड़ी संपत्ति होती है।
- किसी देश के विकास के लिए केवल बहुत बड़े क्षेत्र अथवा बहुत से प्राकृतिक संसाधनों का होना ही पर्याप्त नहीं है, बल्कि इन संसाधनों को संपदा में बदलने के लिए मानव प्रयास आवश्यक है।
- भारत का संपूर्ण क्षेत्रफल 32,87,263 वर्ग किमी है। क्षेत्रफल के अनुसार भारत का विश्व में सातवाँ स्थान है, जबकि जनसंख्या के दृष्टिकोण से भारत प्रथम स्थान पर है।
- भारत का क्षेत्रफल विश्व के कुल क्षेत्रफल का 2.4% है, लेकिन विश्व की कुल जनसंख्या के लगभग 17.5% से अधिक जनसंख्या यहाँ निवास करती है।
- संयुक्त राष्ट्र जनसंख्या कोष (UNFPA) के अनुसार, भारत 142.86 करोड़ की जनसंख्या के साथ विश्व का सबसे अधिक आबादी वाला देश बन गया है।
- जनसंख्या में चीन का भारत के बाद दूसरा स्थान (142.5 करोड़) है।

भारत में प्रजातियाँ

- मानव-वैज्ञानिकों (Anthropologists) की मान्यता है कि आदिमानव लगभग चार-पाँच लाख वर्ष पूर्व भारत आए थे। यह निष्कर्ष पुरापाषाण काल के औजारों के प्रमाणों पर आधारित है।
- पुरापाषाण काल के औजार मिलने वाले स्थानों की अवस्थिति (सोहन, सोन, नर्मदा, साबरमती, पेन्नार, गोदावरी, कृष्णा तथा अन्य नदियों की घाटियों एवं वेदिकाओं में होने) से यह ज्ञात होता है कि आदिमानव संसाधनों, विशेषत: खाद्य संसाधनों के दोहन हेतु नदी घाटियों को अधिक पसंद करता था।
- गंगा घाटी तथा उसके डेल्टा में आदिमानव के अस्तित्व का कोई प्रमाण नहीं मिलता है, इसका मुख्य कारण प्लीस्टोसीन काल में इस क्षेत्र में पाई जाने वाली प्रतिकूल दशाएँ हैं।
- प्रजाति की भिन्नताएँ मानव जनसंख्या के शारीरिक गुण पर आधारित हैं। इनका मनुष्य के आंतरिक गुणों, मस्तिष्क और हृदय से कोई संबंध नहीं है।

प्रजातियों का वर्गीकरण

भारतीय उपमहाद्वीप की वर्तमान जनसंख्या सामान्यत: निम्नलिखित प्रजातियों से जुड़ी है

- निग्रिटो वर्ग
- प्रोटो-ऑस्ट्रेलॉयड (आद्य-ऑस्ट्रेलियाई)
- मंगोलॉयड
- पैलियो-मंगोलॉयड (पुरा-मंगोलॉयड)
- तिब्बती-मंगोलॉयड

- भूमध्यसागरीय (मेडिटेरेनियन्स)
  - पैलियो-मेडिटेरेनियन्स (पुरा-भूमध्यसागरीय)
  - मेडिटेरेनियन्स (भूमध्यसागरीय)
  - मेडिटेरेनियन्स की प्राच्य (ओरियंटल कही जाने वाली प्रजाति)
- चौड़े सिर वाले पाश्चात्य समूह (ब्रैकि सेफेलिक) या लघु शीर्ष वाले लोग जिनमें निम्नलिखित सम्मिलित किए जाते हैं
  - अल्पिनॉयड
  - डिनैरिक्स
  - आर्मेनॉयड्स

निग्रिटो

- निग्रिटो (Negrito) भारत में प्रवेश करने वाला सबसे पहला समूह है। यह निग्रॉयड प्रजाति की ही छोटे कद वाली किस्म है, जिनकी मुख्य विशेषताएँ उनके ऊन की भाँति बाल, कंदाकार माथा, चौड़ी समतल नाक तथा थोड़ा बाहर निकला हुआ जबड़ा हैं।
- प्रोटो-ऑस्ट्रेलॉयड लोगों के आगमन ने भारत के सभी भागों में निग्रिटो प्रजाति की उपस्थिति के प्रमाण को पूरी तरह नष्ट कर दिया।
- नृ-विज्ञान शास्त्रियों का मानना है कि प्रायद्वीप की पहाड़ियों में एवं अंडमान द्वीप समूहों में रहने वाली कुछ प्रजातियाँ; जैसे-कडार (Kadar) एवं पुलिमान (Puliman) निग्रिटो प्रजाति से मिलती-जुलती हैं।
- निग्रिटो प्रजाति के आने के बाद संभवत: प्रोटो-ऑस्ट्रेलॉयड प्रजाति के लोग भी आए। प्रायद्वीप के आंतरिक हिस्से में कई भागों में पाई जाने वाली जनसंख्या अधिकांशत: इसी प्रजाति की हैं, परंतु शारीरिक रूप से ये निग्रिटो से पृथक् हैं।

प्रोटो-ऑस्ट्रेलॉयड

- प्रोटो-ऑस्ट्रेलॉयड (Proto-Australoid) से साम्य रखने वाले लोग अधिकांशत: मध्य एवं दक्षिण भारत के पहाड़ी एवं जंगली भागों तथा उत्तरी भारत के कुछ भागों में निवास करते हैं।
- ऐसा माना जाता है कि **भूमध्यसागरीय** (मेडिटेरेनियन्स) प्रजाति के साथ मिलकर प्रोटो-ऑस्ट्रेलॉयड के लोगों ने ही सिंधु घाटी सभ्यता का विकास किया।

मंगोलॉयड

- मंगोलॉयड (Mongoloid) प्रजाति के लोग हिमालय के सीमावर्ती क्षेत्रों, जैसे- लद्दाख, सिक्किम, अरुणाचल प्रदेश तथा उत्तर-पूर्वी भारत के अन्य भागों में संकेंद्रित हैं।
- इनका मूल निवास स्थान चीन था, जहाँ से वे दक्षिण की ओर मलय प्रायद्वीप एवं इंडोनेशिया आए। भारत में उनका आगमन उत्तरी तथा पूर्वी पर्वत श्रेणियों के दर्रों द्वारा संभव हुआ।

भारत में मंगोलॉयड प्रजाति को दो भागों में बाँटा जाता है

(i) **पैलियो-मंगोलॉयड** (Paleo-Mongoloid), जो पहले आने वाली शाखा थी, को भी दो भागों में विभाजित किया जाता है– चौरस सिर वाले तथा लंबे सिर वाले। ये मुख्यत: हिमालय के सीमावर्ती क्षेत्रों में बसे हुए हैं। इनकी संख्या असम एवं इनकी सीमावर्ती राज्यों की जनजातीय जनसंख्या में विशेष रूप से अधिक है।

(ii) **तिब्बती मंगोलॉयड** (Tibeto Mongloid) तिब्बत से आए थे और अब ये मुख्यत: भूटान, सिक्किम तथा उत्तरी पश्चिमी हिमालय तथा हिमालय पार के क्षेत्र में बसे हुए हैं।

भूमध्यसागरीय

- भूमध्यसागरीय (The Mediterranean) प्रजातियाँ भारत में दक्षिण पश्चिमी एशिया से आईं। तीसरी एवं दूसरी ईसा पूर्व सहस्राब्दी में भूमध्यसागरीय प्रजाति अपने मूल निवास के प्रदेश के आस-पास के क्षेत्रों में फैल गई। इन्हें तीन वर्गों में विभाजित किया जाता है
  - **पैलियो-मेडिटेरेनियन्स** (Paleo-Mediterranean),
  - **मैडिटेरेनियन्स** (The Mediterranean) तथा
  - **प्राच्य भूमध्यसागरीय** (Oriental)।

ये प्राय: सभी लंबे सिर वाले लोग थे तथा ये भारत में आने से पहले उच्च स्तर की सभ्यता का विकास कर चुके थे।

- भारत में प्रवेश करने वाले सबसे पहले एवं पुराने भूमध्यसागरीय प्रजाति के लोगों को पैलियो-मेडिटेरेनियन्स कहा जाता है। इनका कद मध्यम, चमड़ी काली, सुगठित शरीर एवं सिर लंबा था। इन्होंने ही सर्वप्रथम उत्तर-पश्चिम भारत में प्रारंभिक कृषि शुरू की। प्रोटो-ऑस्ट्रेलॉयड के साथ मिलकर इन्होंने सिंधु-घाटी सभ्यता का विकास किया।
- भूमध्यसागरीय प्रजाति का तथाकथित प्राच्य उप प्रकार बाद में विकसित हुआ, इनका वितरण सीमित था। पाकिस्तान के उत्तर-पश्चिम सीमांत एवं पंजाब प्रांत में इनकी संख्या अधिक है।

चौड़े सिर वाले पाश्चात्य समूह

- मंगोलॉयड के अतिरिक्त भारत की जनसंख्या में कुछ अन्य चौड़े सिर वाले समूह पाए जाते हैं। इस वर्ग में **डिनैरिक्स** (The Dinaric), **अल्पिनॉयड** (The Aipinoid) एवं **आर्मिनॉयड** (The Armenoid) को शामिल किया जाता है।
- ये मुख्यत: तीन भागों से होकर भारत आए
  - बलूचिस्तान, सिंध, काठियावाड़, गुजरात, मैदान, महाराष्ट्र, कर्नाटक, तमिलनाडु
  - गंगा घाटी तथा डेल्टा
  - चितराल, गिलगित, कश्मीर तथा नेपाल।

नार्डिक

- भारत में प्रवासन की अंतिम लहर के साथ आर्य भाषा बोलने वाली प्रजाति ने तथा नार्डिक (Nordic) समूह ने प्रवेश किया। इनका सिर लंबा, रंग गोरा, नाक तीखी और सुविकसित तथा शरीर सुदृढ़ होता है।
- इस प्रजाति से जुड़े लोगों का मुख्य संकेंद्रण देश के उत्तर-पश्चिम सीमांत प्रदेश, पंजाब, हरियाणा एवं राजस्थान में था। राजस्थान में इस प्रजाति के लोगों की प्रधानता है।

प्रवास

- प्रवास (Migration) का तात्पर्य एक स्थान से दूसरे स्थान पर बसने की प्रवृत्ति से है। मनुष्य जीवन के आरंभ से ही प्रवास करता रहा है।
- मूलभूत आवश्यकताओं को पूरा करने के लिए भोजन, विश्राम तथा सुरक्षा की दृष्टि से मनुष्य एक स्थान से दूसरे स्थान के लिए प्रवास करता है।
- साधनों के अभाव में यह सीमित रहा, किंतु संचार एवं परिवहन माध्यमों ने इसे प्रेरित किया है।

प्रवास के प्रकार

प्रवास दो प्रकार के होते हैं

1. **आंतरिक प्रवास** (Internal Migration) एक राष्ट्र के भीतर एक स्थान से दूसरे स्थानों के मध्य किया गया प्रवास आंतरिक प्रवास कहलाता है। आंतरिक प्रवास को चार भागों में बाँटा जाता है
   (i) गाँवों से नगरों की ओर
   (ii) गाँव से गाँवों की ओर
   (iii) एक नगर से दूसरे नगर की ओर
   (iv) नगर से गाँव की ओर
2. **अंतर्राष्ट्रीय प्रवास** (International Migration) ऐसा प्रवास एक राष्ट्र की सीमाओं से बाहर दूसरे राष्ट्र की सीमाओं के लिए होता है। जब एक व्यक्ति किसी विशेष राजनीतिक राष्ट्रीय सीमा को पार कर दूसरी राजनीतिक सीमा में प्रवेश करता है, तो उसे अंतर्राष्ट्रीय प्रवास कहते हैं। वर्तमान में अंतर्राष्ट्रीय प्रवास दो देशों के नियमों के अधीन ही संभव है।

प्रवास के कारण

- लोग अपने जन्म स्थान से भावानात्मक रूप से जुडे होते हैं, किंतु विविध कारणों से लाखों लोगों को अपने जन्म-स्थान एवं निवास को छोड़ना पड़ता है। प्रवास के प्रमुख कारणों में दो कारक महत्त्वपूर्ण भूमिका निभाते हैं जो इस प्रकार हैं

1. **प्रतिकर्ष कारक** (Push Factor) प्रतिकर्ष कारक लोगों को निवास स्थान अथवा उद्‌गम स्थान को छोड़ने पर विवश कर देते हैं। उदाहरण के लिए बाढ़, सूखा, भूकंप, सुनामी, स्थानीय संघर्ष, युद्ध-आपदाएँ इत्यादि प्रतिकर्ष उत्पन्न करते हैं। इनके कारण व्यक्ति अपने मूल स्थानों को छोड़कर नए स्थानों पर बस जाते हैं।
2. **अपकर्ष कारक** (Pull Factor) अपकर्ष कारक लोगों को ग्रामीण क्षेत्रों से नगरीय क्षत्रों की ओर आकर्षित करते हैं। बेहतर अवसर, नियमित कार्य का मिलना तथा अपेक्षाकत ऊँचा वेतन सर्वाधिक महत्त्वपूर्ण अपकर्ष कारक हैं।

प्रवास के परिणाम

- प्रवास, क्षेत्र पर अवसरों के असमान वितरण के कारण होता है। लोगों में कम अवसरों और कम सुरक्षा वाले स्थानों से अधिक अवसरों और बेहतर सुरक्षा वाले स्थान की ओर जाने की प्रवृत्ति होती है।
- प्रवास के उद्‌गम और गंतव्य क्षेत्रों के लिए ये लाभ और हानि दोनों उत्पन्न करते हैं।

- इनके परिणाम सामाजिक, आर्थिक, सांस्कृतिक, राजनीतिक तथा जनांकिकीय संदर्भों में देखे जा सकते हैं
  - **सामाजिक परिणाम** प्रवासी, सामाजिक परिवर्तन के अभिकर्ताओं के रूप में कार्य करते हैं। नवीन प्रौद्योगिकी, परिवार नियोजन, बालिका शिक्षा इत्यादि से संबंधित नए विचारों का आगमन ग्रामीण क्षेत्रों में नगरीय क्षेत्रों से होता है। प्रवास से बिविध संस्कृतियों के लोगों का अंत:मिश्रण होता है। इससे संकीर्ण विचारों के बदले मिश्र संस्कृति के उद्विकास में सकारात्मक योगदान सामने आता है। प्रवास का नकारात्मक प्रभाव गुमनामी के कारण उपजे अवसाद के रूप में सामने आता है, जो व्यक्ति में विभिन्नता तथा सामाजिक निर्वात की भावना भरता है।
  - **आर्थिक परिणाम** यह उद्गम प्रदेश के लिए मुख्य लाभ प्रवासियों द्वारा भेजी गई राशि है। यह राशि विदेशी विनिमय का महत्त्वपूर्ण स्रोत है। पंजाब, केरल राज्यों की अर्थव्यवस्था में प्रवासियों से प्राप्त धन का महत्त्वपूर्ण योगदान है। आर्थिक कारणों से होने वाले प्रवास के कारण गंदी बस्तियों का विस्तार हुआ है। औद्योगिक रूप से विकसित राज्यों में अनियंत्रित प्रवास का यह नकारात्मक परिणाम है।
  - **सांस्कृतिक परिणाम** प्रवासियों द्वारा एक संस्कृति से दूसरी संस्कृति वाले क्षेत्रों में प्रवेश के सकारात्मक तथा नकारात्मक प्रभाव देखने को मिलते हैं। प्रवासी भारतीयों द्वारा भारतीय संस्कृति का विकास विश्व के अनेक हिस्सों में किया गया है। मॉरिशस, फिजी तथा कैरिबियन देशों में भारतीय मूल के लोगों ने सांस्कृतिक बदलाव को प्रेरित किया है।
  - **राजनीतिक परिणाम** प्रवास का राजनीतिक परिणाम महत्त्वपूर्ण है। प्रवासी भारतीय का कई देशों की राजनीति पर प्रभाव है। यूएसए तथा कनाडा में राजनीति को प्रभावित करने में प्रवास की महत्त्वपूर्ण भूमिका है। आंतरिक प्रवास भी राजनीति को प्रभावित करते हैं। वैचारिक प्रवृत्तियों के कारण आंतरिक भागों में इसे देखा जा सकता है। बिहार के लोगों का दिल्ली की राजनीति पर प्रभाव आंतरिक प्रवास का महत्त्वपूर्ण परिणाम है।
  - **जनांकिकीय परिणाम** प्रवास से देश के अंदर जनसंख्या का पुनर्वितरण होता है। ग्रामीण-नगरीय प्रवास, नगरीय क्षेत्रों में जनसंख्या की वृद्धि को प्रभावित करते हैं। युवा आयु, कुशल तथा दक्ष लोगों के बाह्य प्रवास से ग्रामीण जनांकिकीय संघटन पर प्रतिकूल प्रभाव पड़ता है।

जनसंख्या

- जनसंख्या किसी देश का सबसे महत्त्वपूर्ण संसाधन है, जिससे न केवल प्राकृतिक संसाधनों का उपयोग संभव हो पाता है, बल्कि कुशल, प्रशिक्षित और श्रम शक्ति द्वारा आर्थिक विकास का मार्ग प्रशस्त होता है।
- वर्ष 2011 की जनगणना के अनुसार भारत की कुल जनसंख्या 121.08 करोड़ है, जो संयुक्त राज्य अमेरिका, इंडोनेशिया, ब्राजील, पाकिस्तान, बांग्लादेश और जापान की संयुक्त जनसंख्या के लगभग बराबर है।
- वर्तमान में भारत 142.86 करोड़ जनसंख्या के साथ विश्व का सर्वाधिक जनसंख्या वाला देश है। जनसंख्या में चीन (142.5 करोड़) का विश्व में भारत के बाद द्वितीय स्थान है।
- 2011 की जनगणना के अनुसार देश की सबसे अधिक जनसंख्या वाला राज्य **उत्तर प्रदेश** है, इसमें देश की कुल जनसंख्या का 16% हिस्सा निवास करता है।

जनसंख्या वृद्धि के चरण

भारत में जनसंख्या वृद्धि दर को चार चरणों में विभाजित किया जाता है

- **चरण I** वर्ष 1901 से 1921 की अवधि को भारत की जनसंख्या की वृद्धि की रुद्ध अथवा स्थिर प्रावस्था कहा जाता है। इस अवधि में जनसंख्या वृद्धि दर अत्यंत निम्न थी। वर्ष 1911-21 के दशक के दौरान इन्फ्यूएंजा, हैजा जैसी महामारियों और दो वर्षों के लगातार सूखे के कारण जनसंख्या में ह्रास देखा गया। जन्म दर और मृत्यु दर में अंतर कम होने से प्राकृतिक वृद्धि दर न्यून थी।
- **चरण II** वर्ष 1921 को महान विभाजक वर्ष (Year of the Great Divide) कहा जाता है, जिनके बाद जनसंख्या में निरंतर वृद्धि की प्रवृत्ति देखी गई। वर्ष 1921-51 के दौरान औसतन (1.45% प्रतिवर्ष) की दर से बढ़कर देश की जनसंख्या 25.13 करोड़ से बढ़कर वर्ष 36.11 करोड़ हो गई। इसी दौरान चिकित्सीय सुधार के कारण मृत्यु दर 47 प्रति हजार से घटकर 27 प्रति हजार हो गई थी।
- **चरण III** वर्ष 1951 से 1981 के मध्य देश की जनसंख्या लगभग दोगुनी हो गई। यह वर्ष 1951 में 36 करोड़ 10 लाख से बढ़कर 1981 में 68.33 करोड़ हो गई तथा प्रतिवर्ष औसत वृद्धि दर 2.2% रही। 1981-91 के दशक में वृद्धि दर 23.87% थी। इस प्रकार 1951 से 40 वर्षों में वृद्धि दर बढ़कर 94.84% हो गई। इस दौर में मृत्यु दर घटकर 15 प्रति हजार पहुँच गई। इस चरण को जनसंख्या विस्फोट के अवधि की संज्ञा दी जाती है।
- **चरण IV** यद्यपि वर्ष 1981 के बाद भी जनसंख्या में उच्च वृद्धि की प्रवृत्ति जारी है, परंतु इस वृद्धि दर में क्रमिक ह्रास हुआ। इस दौरान जनसंख्या की औसत वार्षिक घातांकीय वृद्धि 2.16% (1981-91) से घटकर 1.63% (2001-2011) हो गई। देश के विभिन्न भागों में जनसंख्या की वृद्धि में पर्याप्त अंतर दिखाई पड़ता है। वर्ष 2011 में देश के राज्यों में सर्वाधिक जनसंख्या वृद्धि मेघालय (27.95%) में और सबसे कम नागालैंड में दर्ज की गई।

जनसंख्या का असमान वितरण

- भारत की जनसंख्या का सबसे महत्त्वपूर्ण पहलू इसका असमान वितरण है। भारत जैसे विशाल देश में उच्चावच, जलवायु, जल-प्रवाह, मृदा, प्राकृतिक वनस्पति तथा अन्य प्राकृतिक तत्त्वों में विभिन्नता होना स्वाभाविक है।
- भारतीय जनसंख्या के वितरण (Distribution of Population) को देखने से यह स्पष्ट होता है कि उत्तर प्रदेश में सबसे अधिक जनसंख्या संकेंद्रित है। यहाँ भारत की 16.50% जनसंख्या निवास करती है, जबकि इस राज्य का क्षेत्रफल देश के कुल क्षेत्रफल का 7.33% ही है।
- जनसंख्या की दृष्टि से महाराष्ट्र दूसरा बड़ा राज्य है, जहाँ भारत की 9.28% जनसंख्या निवास करती है, बिहार में भारत की 8.60% जनसंख्या निवास करती है।
- हिमालय क्षेत्र के राज्य, सिक्किम की आबादी केवल 6 लाख है, जबकि वर्ष 2011 के अनुसार लक्षद्वीप में केवल 64,429 हजार लोग निवास करते हैं।
- भारत की आधी आबादी केवल पाँच राज्यों में निवास करती है, ये राज्य हैं– उत्तर प्रदेश, महाराष्ट्र, बिहार, पश्चिम बंगाल एवं आंध्र प्रदेश। क्षेत्रफल की दृष्टि से राजस्थान सबसे बड़ा राज्य है, जिसकी आबादी भारत की कुल जनसंख्या का केवल 5.5% है।

- भारत की जनसंख्या में सर्वाधिक वृद्धि वर्ष 1961-71 के दशक में 24.80% हुई थी। इसके पश्चात् वर्ष 1971-81 में 24.66% तथा वर्ष 1981-91 में 23.87% वृद्धि दर्ज की गई थी।
- वर्ष 1991-2001 के दौरान दशकीय वृद्धि दर घटकर 21.54% हो गई। 2001-11 के दशक में वृद्धि अंतिम रूप में 17.70% दर्ज की गई, जबकि वार्षिक औसत वृद्धि दर 1.64% है।
- भारत के उत्तर, उत्तर-पूर्वी 10 पर्वतीय राज्यों के 16% क्षेत्रों में देश की 4% से भी कम जनसंख्या निवास करती है।
- भारत के पाँच न्यूनतम जनसंख्या वाले राज्यों में सिक्किम, मिजोरम, अरुणाचल प्रदेश, गोवा तथा नागालैंड शामिल हैं।

जनसांख्यिकी गुण

जनसांख्यिकी गुणों के अंतर्गत जनसंख्या के भौतिक, सांस्कृतिक तथा आर्थिक लक्षणों का अध्ययन किया जाता है, जिसमें जनघनत्व, लिंग, निवास स्थान, साक्षरता, भाषा, धर्म, वैवाहिक स्थिति, मानव प्रजातीयता तथा व्यावसायिक संरचना प्रमुख हैं। इनका संक्षिप्त वर्णन निम्न हैं

जनसंख्या घनत्व

- प्रति इकाई क्षेत्र में निवास करने वाले लोगों की संख्या को जन घनत्व (Density of Population) कहते हैं।

  जनसंख्या घनत्व को निम्न सूत्र द्वारा ज्ञात किया जाता है

$$\text{जन घनत्व} = \frac{\text{कुल जनसंख्या}}{\text{कुल क्षेत्रफल}}$$

- 2011 की जनगणना के अंतिम आँकड़ों के अनुसार भारत का जन घनत्व 382 व्यक्ति प्रतिवर्ग किमी है। यह विश्व के औसत घनत्व का लगभग सात गुना से भी अधिक है।
- भारत में जनसंख्या घनत्व के वृद्धि प्रतिरूप को देखने से स्पष्ट होता है कि केवल 1911-1921 के दशक को छोड़कर देश के जन घनत्व में हमेशा वृद्धि होती रही है।
- भारत के विभिन्न भागों में उच्चावच, जलवायु, मृदा, खनिज पदार्थ तथा अन्य भौगोलिक परिस्थितियाँ भिन्न-भिन्न हैं, जिसके परिणामस्वरूप जनसंख्या के घनत्व में विषमताएँ पाई जाती हैं।

शीर्ष जन घनत्व वाले पाँच राज्य

राज्य	जन घनत्व/ वर्ग किमी	राज्य	जन घनत्व/ वर्ग किमी
बिहार	1106	उत्तर प्रदेश	829
पश्चिम बंगाल	1028	हरियाणा	573
केरल	860		

न्यूनतम जन घनत्व वाले पाँच राज्य

राज्य	जन घनत्व/ वर्ग किमी	राज्य	जन घनत्व/ वर्ग किमी
अरुणाचल प्रदेश	17	नागालैंड	119
मिजोरम	52	हिमाचल प्रदेश	123
सिक्किम	86		

लिंगानुपात

- किसी क्षेत्र में प्रति 1000 पुरुषों पर महिलाओं की कुल संख्या लिंगानुपात (Sex Ratio) कहलाती है।
- यह महिलाओं व पुरुषों के समानुपात का एक महत्त्वपूर्ण सूचक है। वर्ष 2011 की जनगणना के अनुसार देश में लिंगानुपात 943 है, जो वर्ष 2001 की जनगणना के अनुसार 933 था। 2011 की जनगणना के अनुसार ग्रामीण लिंगानुपात 949 एवं शहरी लिंगानुपात 929 है।
- उत्तर भारतीय राज्यों में केवल हिमाचल प्रदेश (972) एवं उत्तराखंड (963) दो ऐसे राज्य हैं, जिनका लिंगानुपात राष्ट्रीय औसत से अधिक है।
- भारत में 0-6 आयु के समूह में लिंगानुपात की स्थिति और भी दयनीय है। यह वर्ष 2001 के लिंगानुपात (927) के मुकाबले वर्ष 2011 में घटकर 919 रह गया है। पंजाब व हरियाणा जैसे राज्यों में इस दौरान (2001-2011) बाल लिंगानुपात में वृद्धि दर्ज की गई थी।
- कन्या शिशुओं को मारना, कन्या को आर्थिक बोझ समझना, स्त्री संतति की भ्रूण हत्या, लड़कियों की तुलना में लड़कों का अधिक जन्म लेना, भारत में लिंगानुपात कम होने के मुख्य कारण हैं।

शीर्ष लिंगानुपात वाले पाँच राज्य

राज्य	लिंगानुपात (प्रति 1000 पुरुष पर महिलाएँ)	राज्य	लिंगानुपात (प्रति 1000 पुरुष पर महिलाएँ)
केरल	1084	छत्तीसगढ़	991
तमिलनाडु	996	मेघालय	989
आंध्र प्रदेश	993		

न्यूनतम लिंगानुपात वाले पाँच राज्य

राज्य	लिंगानुपात (प्रति 1000 पुरुष पर महिलाएँ)	राज्य	लिंगानुपात (प्रति 1000 पुरुष पर महिलाएँ)
हरियाणा	879	पंजाब	895
जम्मू-कश्मीर	889	उत्तर प्रदेश	912
सिक्किम	890		

साक्षरता

- 7 वर्ष और उससे अधिक आयु का जो व्यक्ति किसी भाषा को समझ सकता हो और उसे लिख तथा पढ़ सकता हो, वह साक्षर (Literate) कहा जाता है।
- कोई व्यक्ति जो न तो पढ़ सकता है और न ही लिख सकता है अथवा किसी भाषा को पढ़ सकता है, किंतु लिख नहीं सकता, निरक्षर कहा जाता है। साक्षरता मानव विकास और जीवन की गुणवत्ता का एक सूचक मानी जाती है।
- 2011 की जनगणना के अनुसार देश में 73% लोग साक्षर हैं। देश में साक्षरता के स्थानिक प्रतिरूप में पर्याप्त भिन्नता मिलती है।
- इस प्रकार स्त्री-पुरुष, ग्रामीण-नगरीय और विभिन्न धार्मिक एवं सामाजिक समूहों की साक्षरता दर (Literacy Rate) में पर्याप्त अंतर पाया जाता है।
- सामान्यत: दक्षिण भारत तटीय क्षेत्रों, गैर-हिंदी भाषी क्षेत्रों, ईसाई बहुल भागों और नगरीकृत, औद्योगीकृत क्षेत्रों में साक्षरता दर ऊँची पाई जाती है।

अधिकतम साक्षरता दर वाले पाँच राज्य

राज्य	साक्षरता दर	राज्य	साक्षरता दर
केरल	94.0%	त्रिपुरा	87.2%
मिजोरम	91.3%	हिमाचल प्रदेश	82.8%
गोवा	88.7%		

न्यूनतम साक्षरता दर वाले पाँच राज्य

राज्य	साक्षरता दर	राज्य	साक्षरता दर
बिहार	61.8%	झारखंड	66.4%
अरुणाचल प्रदेश	65.40%	आंध्र प्रदेश	67.0%
राजस्थान	66.1%		

आयु संरचना

- विभिन्न आयु वर्गों में जनसंख्या के विभाजन को आयु संरचना (Age Composition) कहते हैं। आयु संरचना तीन आधारभूत कारकों पर निर्भर करती है– जन्म दर (Birth Rate), मृत्यु दर (Death Rate) तथा प्रवास (Migration)।
- आयु संरचना के विश्लेषण की सबसे प्रभावशाली और प्रचलित विधि आयु पिरामिड है, जिसे आयु एवं लिंग पिरामिड के नाम से भी जाना जाता है। इसी विश्लेषण विधि के अंतर्गत आयु के आधार पर जनसंख्या के तीन प्रमुख वर्ग हैं- **किशोर** (9-14), **प्रौढ़** (15-59), वृद्ध (60 से अधिक)।
- 2011 की जनगणना के अनुसार, 0-14 आयु समूह कुल जनसंख्या का 30.8% है। आर्थिक दृष्टि से 0-14 आयु वर्ग एवं 60 से अधिक आयु वर्ग को अनुत्पादक माना जाता है। वृद्ध वर्ग अर्थात् 60 वर्ष से ऊपर के आयु समूह में वर्ष 2011 में 8.6% लोग थे, जबकि प्रौढ़ वर्ग में 60.3% लोग थे।
- जैविक दृष्टिकोण से 15-59 आयु वर्ग को अधिक प्रजनक, आर्थिक दृष्टिकोण में अधिक सक्रिय तथा जनांकिकीय दृष्टिकोण से सबसे अधिक गतिशील माना जाता है।
- देश के विकास में इनकी भूमिका महत्त्वपूर्ण होती है, क्योंकि यह समूह उत्पादक होता है।
- घटती जन्म दर एवं मृत्यु दर के कारण देश में जनसंख्या संघटन धीरे-धीरे परिवर्तित हो रहा है। जनगणना 1971 की तुलना में जनगणना 2011 में किशोरों का अनुपात 42% से घटकर 30.8% हो गया, जबकि प्रौढ़ और वृद्ध आयु समूहों में वृद्धि दर्ज की गई है।
- देश में वृद्धों की संख्या जनगणना 1961 में 2.4 करोड़ से बढ़कर, जनगणना 2011 में 9.6 करोड़ पहुँच गई तथा वर्ष 2050 तक जनसंख्या में वृद्धों का प्रतिशत 17.5% तक पहुँचने की संभावना है।

जीवन प्रत्याशा

- दीर्घायुता अथवा जीवन प्रत्याशा (Life Expectancy) वृद्ध जनसंख्या की स्थिति का द्योतक है, जो मुख्यत: आहार और स्वास्थ्य दशाओं में सुधार से प्रभावित होती है।
- भारत एक जनांकिकीय संक्रमण से गुजर रहा है, जिसमें वृद्धों की संख्या बढ़ रही है। आज से 60 वर्ष पहले उत्पन्न हुए शिशु की औसत जीवन प्रत्याशा केवल 32 वर्ष थी।
- भारत के महारजिस्ट्रार एवं जनगणना आयुक्त कार्यालय द्वारा वर्ष 2013-17 के लिए जारी आँकड़ों के अनुसार जीवन प्रत्याशा वर्तमान में बढ़कर 69 वर्ष हो गई है, जिसमें पुरुषों की जीवन प्रत्याशा 67.8 वर्ष तथा महिलाओं की जीवन प्रत्याशा 70.4 वर्ष है। आर्थिक विकास, सामाजिक विकास, साक्षरता में सुधार एवं चिकित्सीय सुधार को इसके लिए मुख्य रूप से उत्तरदायी माना जाता है।
- जनगणना 1991 के अनुसार पुरुषों की जीवन प्रत्याशा महिलाओं की अपेक्षा अधिक थी, लेकिन जनगणना 2001 से महिलाओं के पक्ष में सुधार होना शुरू हुआ और जनगणना 2011 में जीवन प्रत्याशा बढ़कर 66.1 वर्ष हो गई, जिसमें महिलाओं की जीवन प्रत्याशा 67.7 वर्ष है, जबकि पुरुषों की जीवन प्रत्याशा 64.6 वर्ष है।

जनसंख्या संघटन: नृजातीय, सामाजिक एवं सांस्कृतिक विशेषताएँ

- भारत की जनसंख्या ऐसे समूहों से बनी है, जिनकी नृजातीय, सामाजिक एवं सांस्कृतिक विशेषताओं में पर्याप्त विविधता पाई जाती है। भारतीय समाज में प्राचीनकाल से वर्ण व्यवस्था प्रचलित है, जिसे **चतुर्वर्ण व्यवस्था** भी कहते हैं।
- जनगणना 2011 के अनुसार भारत में **अनुसूचित जनजाति** की जनसंख्या 10.42 करोड़ (कुल जनसंख्या का 8.6%) हो गई है। इन जनजातियों की नृजातीय एवं भाषाई विशेषताओं में भी अत्यधिक विविधता पाई जाती है। यह विविधता इस बात से परिलक्षित होती है कि भारत में लगभग 550 भाषाएँ बोली जाती हैं।
- इनका भौगोलिक वितरण भारत में गरीबी के क्षेत्रीय आयाम का एक महत्त्वपूर्ण प्रमाण है। भारत के लोग बहुत-सी भाषाओं को अपनी अभिव्यक्ति के माध्यम के रूप में प्रयोग करते हैं। भारत की भाषायी विविधता भी भारत के बसाव की लंबी प्रक्रिया के फलस्वरूप ही विकसित हुई है।
- भारत की जनजातियाँ जीववाद एवं टोटमवाद में आस्था रखती हैं। इनमें से प्रत्येक धार्मिक समुदाय विविध होते हैं। भारत में नृजातीय समुदाय एक विशिष्ट स्थान में निवास करते हैं। वे विभिन्न नृजातीय, धार्मिक एवं धार्मिक समूहों से संबद्ध हैं।
- संभवत: विश्व में सर्वाधिक जनजातीय लोग भारत में ही निवास करते हैं। स्वतंत्र भारत में 1951 की जनगणना के अनुसार, अनुसूचित जनजातीय जनसंख्या 2.25 करोड़ थी, जो कुल जनसंख्या का 5.6% भाग था। वर्ष 1951-2011 की अवधि में अनुसूचित जनजातियों की संख्या में 5.45 गुना वृद्धि हुई है, जबकि देश की कुल जनसंख्या में केवल 3.35 गुना वृद्धि हुई है।
- जनजातीय समुदाय देश के कुल क्षेत्र के लगभग 15% भाग में फैले हुए हैं, जो भिन्न-भिन्न परिस्थितियों तथा भू-जलवायु स्थितियों वाले मैदानी, पर्वतीय, जंगली और दुर्लभ क्षेत्रों में रहते हैं।

प्रमुख जनजातियाँ

देश में भौगोलिक विस्तार के आधार पर जनजातीय क्षेत्रों को चार भागों में विभाजित किया गया है

- **उत्तर तथा उत्तर-पूर्वी क्षेत्र** इन क्षेत्रों में नागा, कुकी, लुशाई, मिजो, खासी, गारो, जयंतिया, मिश्मी, मिकिर आदि जनजातियाँ मिलती हैं। ये जनजातियाँ मुख्यत: मंगोलॉयड प्रजातियों से संबंधित हैं। हिमालय के तराई क्षेत्र में थारु, बोक्सा, जौनसारी, खासी, मोरिया, मांझी, भुइया, चेरो आदि जनजातियाँ पाई जाती हैं।

- **मध्यवर्ती क्षेत्र** मध्य प्रदेश, आंध्र प्रदेश, दक्षिण राजस्थान, पश्चिम बंगाल, ओडिशा, उत्तर प्रदेश, झारखंड, छत्तीसगढ़, गुजरात आदि राज्यों में संथाल, मुंडा, उराँव, बिरहोर, कोल, भील, गोंड, हल्बा, गड़इया, बोड़ा जुआंग, खड़िया खांडे, भूमिज, फोटकू, प्रधान, बैगा आदि जनजातियाँ पाई जाती हैं।
- **दक्षिणी क्षेत्र** दक्षिणी भारत में जनजातियों का एक तीसरा वर्ग पाया जाता है, जो पश्चिमी घाट पहाड़ियों के दक्षिणी भाग में मिलता है। यह क्षेत्र वायनाड से कन्याकुमारी तक विस्तृत है, जिसमें आंध्र प्रदेश, कर्नाटक, केरल व तमिलनाडु की जनजातियाँ मिलती हैं। नल्लामलाई की पहाड़ियों पर चेंचू, नीलगिरि व कुर्ग की पहाड़ियों के निचले ढाल वाले क्षेत्रों में टोडा तथा बुक्सा, वायनाड में चेंचू, इरुला, कुरुम्बा और पनियन तथा कोचीन व त्रावणकोर की पहाड़ियों पर कड्डार, यूराली, मित्रवर आदि जनजातियाँ मिलती हैं।
- **द्वीप-समूह क्षेत्र** इस क्षेत्र में अंडमान एवं निकोबार, लक्षद्वीप तथा दमन व दीव शामिल हैं। जरवा, सेंटेनिलीज, ओंग, शैम्पेन ग्रेट अंडमानी तथा निकोबारी इस क्षेत्र की प्रमुख जनजातियाँ हैं। इनमें से कुछ जनजातियाँ अत्यंत पिछड़ी हुई हैं। जनसंख्या आकार की दृष्टि से सबसे अधिक अनुसूचित जनजातियाँ मध्य प्रदेश में निवास करती हैं, उसके बाद महाराष्ट्र एवं ओडिशा में निवास करती हैं। इसकी तुलना में पूर्वोत्तर क्षेत्र छोटा होता है, परंतु वृद्धि दर विस्फोटक होने के कारण कुल जनसंख्या में इसका अनुपात अधिक होता है। प्रतिशत के मामले में अनुसूचित जनजातियाँ मिजोरम में सर्वाधिक (94.4%) तथा सबसे कम गोवा (0.04%) में हैं।

जनसंख्या की दृष्टि से अनुसूचित जनजाति (ST) वाले प्रमुख राज्य/केंद्रशासित प्रदेश

प्रदेश	जनसंख्या	प्रतिशत (%)
मध्य प्रदेश	1,53,16,784	21.1
महाराष्ट्र	1,05,10,213	9.4
ओडिशा	95,90,756	22.8
राजस्थान	92,38,534	13.5
गुजरात	89,17,174	14.8

जनसंख्या में प्रतिशत की दृष्टि से अनुसूचित जनजाति वाले शीर्ष राज्य

राज्य	प्रतिशत (%)	राज्य	प्रतिशत (%)
लक्षद्वीप	94.8	मेघालय	86.1
मिजोरम	94.4	अरुणाचल प्रदेश	68.8
नागालैंड	86.5	मणिपुर	35.1

जनसंख्या में प्रतिशत की दृष्टि से न्यूनतम अनुसूचित जनजाति वाले राज्य

राज्य	प्रतिशत (%)	राज्य	प्रतिशत (%)
उत्तर प्रदेश	0.6	केरल	1.5
तमिलनाडु	1.1	उत्तराखंड	2.9
बिहार	1.3		

राज्य एवं संबंधित जनजातियाँ

मध्य प्रदेश	अगरिया, बैगा, भील, गोंड, सहरिया, मुरिया व कोल
अरुणाचल प्रदेश	अदी, आपातानी, मिश्मी, टेगिन, मिरि व काम्पटी
तमिलनाडु	बड़ागा, इरुला, टोडा व कोट्स
राजस्थान	बैगा, भील, सहरिया, मीफ, कोकना व मीना
गुजरात	बैगा, भील व कोतवॅालिया
उत्तराखंड	भोटिया, खस, बकरवाल व जौनसारी
सिक्किम	भूटिया, लिम्बू, लेप्चा या रांग्पा
झारखंड	बिरहोर, गोंड, सन्थाल व उराँव
असम	बोडो, चूटिया, कछाटी कार्बी, मिसिंग, तिवा या लालुंग, खाप्टी, ढिमास, इमार, मिकिर, राभस, खासी व कूकी
आंध्र प्रदेश	चेंचू, गोंड व सुगाली
ओडिशा	चेंचू, गोंड, बोंडा, डोंगरिया कोंध, खोंड व उराँव
हिमाचल प्रदेश	गद्दी, गुज्जर, जद्दा व किन्नौर
मेघालय	गारो, जयन्तिया, खासी व हमार
केरल	कनिस, उराली, डाफर व नायर
अंडमान व निकोबार	ग्रेट अंडमानी, ओंग, शैम्पेन, जारवा व सेंटेनलीज
कर्नाटक	कोट्स, वरली, कोया, कोकना व भारती
नागालैंड	जेलींग, नागा, रेंग्मा व गारो
त्रिपुरा	हमार, भील व संथाल
मिजोरम	हमार, मिजो, गारो व खासी
बिहार	गोंड, संथाल, उराँव, खोंड व मुंडा

अतिरिक्त तथ्य
तमिलनाडु बोर्ड एवं NIOS

- मानव विकास सूचकांक (Human Development Index-HDI) मानव विकास का प्रमुख मापक है।
- HDI का प्रतिपादन संयुक्त राष्ट्र विकास कार्यक्रम (UNDP) से जुड़े अर्थशास्त्री **प्रो. महबूब-उल-हक** तथा **प्रो. अमर्त्य सेन** ने वर्ष **1990** में किया था।
- वर्ष **1990** से ही UNDP **मानव विकास रिपोर्ट** जारी करता है। इसी रिपोर्ट के अंतर्गत मानव विकास सूचकांक प्रकाशित किया जाता है।
- वर्ष **2021-22** के मानव विकास सूचकांक में **191** देशों में भारत का **132वाँ** स्थान है।
- सूचकांक में भारत 'मध्यम' मानव विकास वाले देशों की श्रेणी में स्थित है।
- **अशोधित जन्म दर (CBR)** प्रतिवर्ष प्रति 1000 जनसंख्या पर जीवित जन्मों की संख्या अशोधित जन्म दर कहलाती है।
- **मृत्यु दर (CDR)** किसी समुदाय, क्षेत्र या समूह में प्रति हजार जनसंख्या पर प्रतिवर्ष मृत्यु की संख्या।
- **प्राकृतिक वृद्धि दर** एक वर्ष में जन्म लेने वाले जीवित शिशुओं की संख्या एवं उस वर्षा होने वाली मौतों की संख्या के अन्तर को उसी वर्ष के मध्य में मौजूद जनसंख्या से विभाजित कर 1000 से गुणा करने पर हमें प्राकृतिक वृद्धि दर ज्ञात होती है।
- ऑस्ट्रेलिया विश्व के सबसे कम जन घनत्व वाले क्षेत्रों में से एक है। यहाँ का औसत जनसंख्या घनत्व 2 व्यक्ति प्रतिवर्ग किमी है।

27

पर्यावरण एवं पारिस्थितिकी

पर्यावरण

(स्रोत)

Class-VII New NCERT Chap 1 **पर्यावरण,** Chap 4 **वायु,** Class-IX Old NCERT Chap 1 **हमारा पर्यावरण, अंग और प्रक्रियाएँ,** Chap 5 **जैवमंडल,** Class-XI Old NCERT Chap 19 **जैवमंडल,** Tamil Nadu Board (Class XI), NIOS

पर्यावरण

- पर्यावरण प्राकृतिक एवं मानव निर्मित परिघटनाओं का सम्मिश्रण है। इसकी उत्पत्ति फ्रेंच शब्द एनवायरोनेर (Environare) या एनवायरोन्नेर (Environare) से हुई है, जिसका अर्थ है-'पड़ोस'।
- पृथ्वी पर पाए जाने वाले समस्त जीवधारियों और वनस्पतियों के आस-पास जो आवरण होता है, वह **पर्यावरण** (Environment) कहलाता है। पर्यावरण को मनुष्य के संदर्भ में परिभाषित किया जाता है।
- इसमें मनुष्य को एक पृथक् इकाई मानकर उसके चारों ओर व्याप्त समस्त सजीव-निर्जीव प्रवृत्तियों को पर्यावरण माना जाता है तथा इससे व्यापक स्तर पर जानमाल की हानि होती है।

पर्यावरण के प्रकार

पर्यावरण के अंतर्गत प्राकृतिक और मानवीय क्रियाकलापों का संपूर्ण अध्ययन किया जाता है। अत: इसमें जैविक एवं अजैविक अथवा भौतिक संघटकों को समाविष्ट किया जाता है। इस आधार पर इसे मुख्यत: दो वर्गों में विभाजित किया जा सकता है-प्राकृतिक पर्यावरण एवं मानवीय पर्यावरण।

प्राकृतिक पर्यावरण

- प्राकृतिक पर्यावरण में पृथ्वी पर पाई जाने वाली **जीवीय** (Biotic) और **अजीवीय** (Abiotic) दोनों परिस्थितियाँ शामिल होती हैं।
- इसके अंतर्गत भूमि, जल, वायु, पेड़-पौधे एवं जीव-जंतु इत्यादि आते हैं। मनुष्य इनके लगातार संपर्क में रहता है तथा ये मनुष्य के जीवन पर सीधा प्रभाव डालने में सक्षम हैं। प्राकृतिक पर्यावरण के अंतर्गत स्थल, जल तथा वायु आते हैं, जिनसे मानव जीवन का अस्तित्व है। मानवीय पर्यावरण भी प्राकृतिक पर्यावरण का ही एक हिस्सा है।

मानवीय पर्यावरण

- मानवीय पर्यावरण में मानव की परस्पर क्रियाएँ, उनकी गतिविधियाँ एवं उनके द्वारा बनाई गई रचनाएँ सम्मिलित होती हैं।
- इन क्रियाओं में कृषि कार्य द्वारा फसलों को उगाना, पशुपालन, उद्योगों का विकास, सूचना क्रांति आदि महत्त्वपूर्ण हैं।
- विगत वर्षों में जनसंख्या वृद्धि एवं आर्थिक विकास के कारण मानवीय पर्यावरण का क्षेत्र और प्रभाव बढ़ता जा रहा है।

पर्यावरण के संघटक

पर्यावरण के संघटकों को तीन वर्गों में विभाजित किया जाता है

1. **जैविक संघटक** (Biotic Components) इसके अंतर्गत पृथ्वी पर पाए जाने वाले सजीव प्राणी; जैसे-पादप एवं जीव-जंतु आते हैं। पर्यावरण के जीवीय और अजीवीय घटकों की आपसी अंत:क्रिया के परिणामस्वरूप विभिन्न पारितंत्रों (Ecosystem) का निर्माण होता है।
2. **अजैविक संघटक** (Abiotic Components) इसके अंतर्गत समस्त जीवमंडल के भौतिक पर्यावरण को सम्मिलित किया जाता है, जिस कारण इसे भौतिक संघटक के नाम से भी जाना जाता है। इसके अंतर्गत मृदा, वायु, जल आदि सम्मिलित किए जाते हैं।
3. **ऊर्जा संघटक** (Energy Components) इसके अंतर्गत सौर प्रकाश, सौर विकिरण तथा उसके विविध पक्षों को स्थान दिया जाता है। सूर्य से प्राप्त ऊर्जा 'सौर ऊर्जा' (Solar Energy) कहलाती है। पृथ्वी की सतह पर प्राप्त सौर ऊर्जा को सूर्यातप अथवा सौर विकिरण कहते हैं। सूर्य की यह ऊर्जा पृथ्वी के तापमान को संतुलित करने में महत्त्वपूर्ण भूमिका निभाती है।

पर्यावरण की संरचना

पर्यावरण की संरचना का अध्ययन मुख्यत: निम्न रूपों में किया जा सकता है

स्थलमंडल

- पृथ्वी की ठोस पर्पटी या कठोर ऊपरी परत को स्थलमंडल (Lithosphere) कहते हैं।
- इसका विस्तार पृथ्वी के लगभग 29% भाग पर है। यह चट्टानों एवं खनिजों से निर्मित होता है एवं मिट्टी की पतली परतों से ढका होता है।
- स्थलमंडल वह क्षेत्र है, जो हमें वन, कृषि एवं मानव बस्तियों के लिए भूमि (भू-भाग), पशुचारण हेतु घासस्थल प्रदान करता है। यह विभिन्न खनिजों (फॉस्फोरस, पोटैशियम, कॉपर, जिंक, लौह आदि) का स्रोत भी है।
- स्थलमंडल, पहाड़, पठार, घाटी, मैदान आदि जैसी विभिन्न स्थलाकृतियों वाला विषम धरातल है और ये स्थलाकृतियाँ महाद्वीपों के अतिरिक्त महासागरीय सतहों पर भी पाई जाती हैं।

स्थलमंडल की संरचना

स्थलमंडल की संरचना में विभिन्न परतें (Layers) शामिल हैं। भू-गर्भ वैज्ञानिकों ने स्थलमंडल को तीन भागों में विभाजित किया है

1. **भू-पर्पटी** (Crust) यह पृथ्वी की सबसे ऊपरी परत/सतह है। इस पर जैव जगत पाया जाता है। इसकी मोटाई 10 किमी से 70 किमी तक है।
2. **मैंटल** (Mantle) भूपर्पटी से नीचे वाला हिस्सा मैंटल कहलाता है। इसकी गहराई 70 किमी से 2900 किमी है। इस हिस्से में ओलिवाइन तथा पाइरॉक्सिन खनिजों की अधिकता होती है।
3. **कोर** (Core) इस हिस्से को नीफे (Nife) भी कहा जाता है। इसका भार और घनत्व सर्वाधिक होता है। इस भाग का तापमान अधिक होता है। अधिक तापमान के बावजूद खनिज ठोस अवस्था में होते हैं, जिसका मुख्य कारण उन पर पड़ने वाला अत्यधिक दबाव है। कोर एक ठोस गेंद की भाँति है, जिसकी त्रिज्या 1220 किमी अनुमानित है। यह पृथ्वी की सतह से लगभग 5150 किमी गहराई में स्थित है।

जलमंडल

- पृथ्वी पर स्थित जलीय क्षेत्र को जलमंडल (Hydrosphere) कहा जाता है। इसका विस्तार पृथ्वी के लगभग 71% भाग पर पाया जाता है।
- जलमंडल, जल के विभिन्न स्रोतों; जैसे-नदी, झील, समुद्र, महासागर आदि विभिन्न जलाशयों से मिलकर निर्मित होता है।

जलमंडल की संरचना

- जलमंडल को दो भागों में वर्गीकृत किया जाता है-महासागर एवं आंतरिक जल स्रोत।
- जलमंडल की संरचना महासागरों तथा आंतरिक जल स्रोतों से होती है। महासागरों की औसत गहराई 4 किमी है तथा आंतरिक जल स्रोतों की औसत गहराई 2 किमी है।
- महासागरों का कुल आयतन 1.4 घन किमी है। पृथ्वी पर उपस्थित कुल जल राशि का 97.5% भाग महासागरों के अंतर्गत है और ताजे जल का स्रोत 2.5% भाग में विस्तृत है।
- महासागरीय तापमान वितरण में परिवर्तन का प्रभाव जलवायु पर अधिक व्यापक रूप में पड़ता है। एल-निनो तथा ला-नीनो इसके उदाहरण हैं।

जैवमंडल

- जैवमंडल (Biosphere) का विशिष्ट लक्षण यह है कि वह जीवन को आधार प्रदान करता है।
- पादप एवं जीव-जंतु मिलकर जैवमंडल या सजीव जगत का निर्माण करते हैं।
- यह पृथ्वी का वह संकीर्ण क्षेत्र है, जहाँ स्थल, जल एवं वायु मिलकर जीवन को संभव बनाते हैं।

जैवमंडल की संरचना

- पृथ्वी के जीवों द्वारा जैवमंडल का निर्माण होता है। जैवमंडल को पोषण पद्धति के आधार पर उत्पादक, उपभोक्ता तथा अपघटक के रूप में वर्गीकृत किया जाता है।
  - **उत्पादक** (Produce) ऐसे जीव हैं, जो खाद्य पदार्थ का उत्पादन करते हैं। वनस्पति प्रकाश संश्लेषण द्वारा पोषक तत्त्वों का निर्माण करती हैं।
  - **उपभोक्ता** (Consumer) शब्द ऐसे जीवों के लिए प्रयुक्त होता है, जो खाद्य पदार्थ का उपभोग करते हैं।
  - **अपघटक** (Decomposer) ऐसे सूक्ष्म जीव हैं, जिनके अंतर्गत जीवाणु तथा कवक आते हैं। ये मृत पौधों एवं जीवों का अपघटन करते हैं।

वायुमंडल

- पृथ्वी के चारों ओर फैली वायु की पतली परत को वायुमंडल (Atmosphere) कहते हैं। पृथ्वी का गुरुत्वाकर्षण बल अपने चारों ओर के वायुमंडल को संतुलित रखता है।
- यह सूर्य की हानिकारक किरणों से मानव समुदाय की रक्षा करता है। इसमें अनेक प्रकार की गैसें, धूल-कण व जलवाष्प उपस्थित रहते हैं। इन गैसों में नाइट्रोजन की मात्रा सर्वाधिक होती है।
- वायुमंडल में होने वाले परिवर्तन से जलवायु और मौसम में भी परिवर्तन होता है।

वायुमंडल की संरचना

वायुमंडल की संरचना को पाँच परतों में विभाजित किया गया है

1. **क्षोभमंडल** (Troposphere) यह वायुमंडल की सबसे महत्त्वपूर्ण परत है। इसकी औसत ऊँचाई पृथ्वी की सतह से 18 किमी तक पाई जाती है। इस मंडल में उपस्थित वायु श्वसन क्रिया की द्योतक है। वर्षा, कुहरा एवं ओलावर्षण जैसी मौसमी घटनाएँ इसी मंडल में संपन्न होती हैं।
2. **समतापमंडल** (Stratosphere) क्षोभमंडल के ऊपर का भाग समतापमंडल कहलाता है। यह लगभग 50 किमी की ऊँचाई तक फैला है। यह परत बादलों एवं मौसम संबंधी घटनाओं से लगभग मुक्त होती है। इसके फलस्वरूप यहाँ की परिस्थितियाँ हवाई जहाज के उड़ने के लिए आदर्श होती हैं। इस मंडल की एक महत्त्वपूर्ण विशेषता यह है कि इसमें ओजोन गैस की परत होती है। यह परत सूर्य से आने वाली हानिकारक गैसों से प्राणियों की रक्षा करती है।

3. **मध्यमंडल** (Mesosphere) यह समतापमंडल के ठीक ऊपर स्थित लगभग 80 किमी की ऊँचाई तक फैली है। अंतरिक्ष में प्रवेश करने वाले उल्का पिंड इसी परत में आने पर नष्ट हो जाते हैं।
4. **आयनमंडल** (Ionosphere) यह 80 से 640 किमी की ऊँचाई तक विस्तृत है। इसे बाह्य वायुमंडल या तापमंडल (Thermosphere) भी कहा जाता है। रेडियो संचार के लिए इस परत का उपयोग किया जाता है। वास्तव में, पृथ्वी से प्रसारित रेडियो तरंगें इस परत द्वारा पुन: पृथ्वी पर परावर्तित कर दी जाती हैं।
5. **बहिर्मंडल** (Exosphere) यह वायुमंडल की सबसे ऊपरी परत होती है और इसका विस्तार 640 किमी के ऊपर है। बहिर्मंडल में हाइड्रोजन, हीलियम इत्यादि गैसों की प्रधानता होती है। कृत्रिम उपग्रहों को वायुमंडल की इसी परत में स्थापित किया जाता है।

पर्यावरण पर मानव का प्रभाव

मानवीय क्रियाकलापों द्वारा पर्यावरण पर मुख्यत: दो रूपों में प्रभाव परिलक्षित होता है, जो निम्नवत् हैं

प्रत्यक्ष प्रभाव

- इसके अंतर्गत मनुष्यकृत कार्यों; जैसे-निर्माण एवं उत्खनन, नाभिकीय कार्यक्रम (Nuclear Programme), भूमि उपयोग में परिवर्तन आदि शामिल होते हैं।
- इस प्रकार के पर्यावरणीय प्रभाव अल्पकाल में परिलक्षित होते हैं तथा दीर्घकाल तक प्रभावी रहते हैं।

अप्रत्यक्ष प्रभाव

- इसके अंतर्गत मुख्य भूमिका औद्योगिक उपक्रमों की होती है, जो पर्यावरणीय प्रदूषण को बढ़ावा देते हैं।
- इसके लक्षण शीघ्र परिलक्षित नहीं होते, परंतु इनका प्रभाव दीर्घकाल तक निरंतर होता है, जो मानव के लिए घातक है।

अतिरिक्त तथ्य
तमिलनाडु बोर्ड एवं NIOS

संयुक्त राष्ट्र पर्यावरण कार्यक्रम (UNEP)

- यह **जून 1972** में स्थापित एक अंतर सरकारी संगठन है। इसे मानव पर्यावरण पर संयुक्त राष्ट्र सम्मेलन (स्टॉकहोम सम्मेलन, 1972) के परिणामस्वरूप गठित किया गया था। इसके सदस्य देशों की संख्या **193** है।

उद्देश्य

- वैश्विक पर्यावरण संबंधी एजेण्डे को निर्धारित करना।
- सतत विकास के पर्यावरणीय आयाम के सुसंगत कार्यान्वयन को बढ़ावा देना।
- वैश्विक पर्यावरण के लिए एक आधिकारिक पक्षसमर्थक के रूप में कार्य करना।

- **स्थलमंडल** मानव के लिए भोजन और कच्चे माल का प्रमुख स्रोत है। यहाँ पर पौधों और पशुओं के समूहों में जलीयमंडल से अधिक विविधता मिलती है।
- उत्पादकता के विषय में स्थलमंडल, जलमंडल की अपेक्षा अधिक उत्पादक है।
- स्थलीय पारितंत्र को विभिन्न उपविभागों में बाँटा जा सकता है जैसे; उच्चभूमि अथवा पर्वतीय पारितंत्र, निम्नभूमि पारितंत्र तथा मरुस्थलीय पारितंत्र।
- जीवन के अधिकतम रूप निम्न भूमियों पर पाए जाते हैं और ये ऊँचाई बढ़ने के साथ-साथ घटते जाते हैं, क्योंकि वहाँ **ऑक्सीजन** एवं **वायुमंडलीय दाब** कम हो जाता है।
- स्थलीय पारितंत्र की तरह जलीय पारितंत्र को भी प्रमुख उपविभागों में बाँटा जा सकता है; जैसे- जलीय, ज्वारनदमुखीय तथा समुद्री पारितंत्र आदि।
- जलीय पारितंत्र की सीमा रेखा बनाने वाला कारक जल की वह गहराई है, जहाँ तक प्रकाश प्रवेश कर सकता है। पोषकों की उपलब्धता और विघटित ऑक्सीजन का संकेंद्रण अन्य कारक हैं।
- ज्वारनदमुखीय पारितंत्र, जलीय पारितंत्र से अधिक उत्पादक है।
- जैवमंडल पृथ्वी की वह संकरी पट्टी है, जिसमें सभी प्रकार का जीवन विद्यमान है। संकरी पट्टी वह क्षेत्र है, जहाँ स्थलमंडल, वायुमंडल तथा जलमंडल मिलते हैं। यह पट्टी वायुमंडल में ऊर्ध्वाकार रूप से लगभग **10 किमी तक** विस्तृत है।

28

पारिस्थितिकी पारितंत्र तथा बायोम

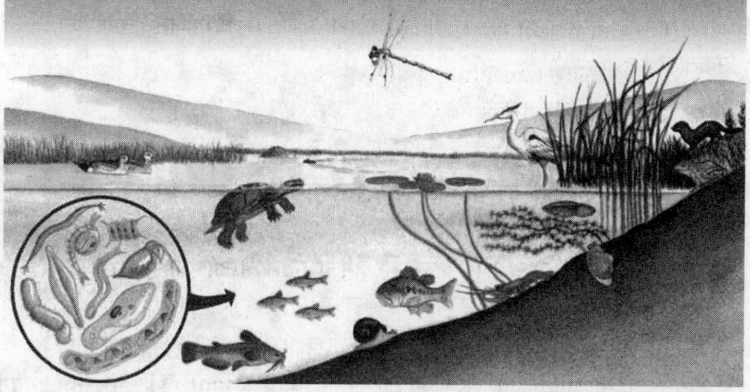

(स्रोत)

Class-VI New & Old NCERT Chap 5 **पृथ्वी के परिमंडल,** Class-IX Old NCERT Chap 5 **जैवमंडल,** Class-XI New NCERT Chap 15 **पृथ्वी पर जीवन,** Class-XI Old NCERT Chap 19 **जैवमंडल,** Class-XII New NCERT Bio Chap 11 **जीव और समष्टियाँ,** Chap 12 **पारितंत्र,** Tamil Nadu Board (Class XI), NIOS

पारिस्थितिकी

- इकोलॉज़ी (Ecology) शब्द ग्रीक भाषा के दो शब्दों (Oikos) 'ओइकोस' और (logy) 'लोजी' से मिलकर बना है।
- ओइकोस का शाब्दिक अर्थ है-'घर' तथा 'लोजी' का अर्थ-विज्ञान या अध्ययन से है। शाब्दिक अर्थ के अनुसार इकोलॉजी (पारिस्थितिकी) पृथ्वी पर पौधों, मनुष्यों, जंतुओं व सूक्ष्म जीवाणुओं के 'घर' के रूप में अध्ययन है, ये एक-दूसरे पर आश्रित होने के कारण ही ये एकसाथ रहते हैं।
- पारिस्थितिकी (Ecology) शब्द का प्रयोग सर्वप्रथम जर्मन प्राणिशास्त्री **अर्नस्ट हैक्कल** (Ernst Haeckel) ने 1866 ई. में अपनी पुस्तक General Morphology of Organism में किया था। उनके अनुसार वातावरण और जीव समुदाय के पारस्परिक संबंधों के अध्ययन को **पारिस्थितिकी** (Ecology) कहते हैं।
- इससे न केवल जीव एवं उनके निवास स्थान के संपूर्ण जैविक और अजैविक संघटकों (Biotic and Abiotic Components) के अध्ययन का बोध होता है, बल्कि इनके अंतर्संबंधों की जटिल प्रक्रिया की भी जानकारी मिलती है।

पारिस्थितिकीय कारक

जीवधारियों की संरचना एवं कार्यों पर प्रभाव डालने वाले वातावरण का प्रत्येक भाग वातावरणीय अथवा पारिस्थितिकी कारक (Ecological Factors) कहलाता है। पारिस्थितिकीय कारकों को चार वर्गों में विभाजित किया जा सकता है

1. **जलवायवीक कारक** (Aquatic Factors) इसके अंतर्गत प्रकाश, तापमान, जल, वर्षा, वायु गति, वायुमंडलीय गैस आदि आते हैं।
2. **स्थलाकृतिक कारक** (Topographic Factors) इसके अंतर्गत ऊँचाई ढलान, ढलान की दिशा एवं मात्रा, खुलाव आदि आते हैं।
3. **मृदीय कारक** (Edaphic Factors) इसके अंतर्गत खनिज पदार्थ, कार्बनिक पदार्थ, शैवाल, मृदा जल, मृदा जीव, मृदा अभिक्रिया आदि आते हैं।
4. **जैविक कारक** (Biotic Factors) इसके अंतर्गत सूक्ष्म जीव, जीवाणु, कवक, सहजीविता, परजीविता, आदिपादपता, मृतोपजीविता, कीटभक्षी, पौधे आदि आते हैं।

पारिस्थितिकी के नियम

पर्यावरण एवं पारिस्थितिकी की अभिक्रियाशीलता कुछ नियमों पर आधारित होती है। इन नियमों का प्रतिपादन **बैरी कोमोनर** ने किया था।

- **पारिस्थितिकी के प्रथम नियम** के अनुसार, पारितंत्र में प्रत्येक जीव एक-दूसरे से संबंधित होते हैं। उनका संबंध पदार्थ अथवा ऊर्जा के माध्यम से स्थापित होता है; जैसे-मौसम के तापमान में वृद्धि के फलस्वरूप शैवालों की तेजी से वृद्धि होती है।
- **पारिस्थितिकी के द्वितीय नियम** के अनुसार, पारितंत्र में प्रत्येक वस्तु को कहीं न कहीं जाना है। प्रत्येक प्राकृतिक तंत्र में यदि किसी एक तंत्र द्वारा कोई वस्तु निकाल दी जाती है, तो उसी वस्तु को दूसरा तंत्र अपने भोजन के लिए प्रयोग कर लेता है।
- **पारिस्थितिकी के तीसरे नियम** के अनुसार, प्रकृति सर्वोत्तम को जानती है। पारितंत्र में मानव द्वारा किया गया कोई भी परिवर्तन उसके अस्तित्व के लिए विनाशकारी सिद्ध होगा।

पारिस्थितिकी में संगठन के स्तर

- संगठन या व्यवस्था का तात्पर्य किसी भी तंत्र, संरचना या स्थिति के लघु घटकों का बड़े घटकों के साथ पदानुक्रम विन्यास (Hierarchical Arrangement) से है।
- इसमें प्रत्येक स्तर के घटक एक-दूसरे के साथ समान उद्देश्यों के लिए सामंजस्य व सहयोग करते हैं।

पारिस्थितिकी में संगठन के स्तरों को निम्न भागों में विभाजित किया जा सकता है

जीव या व्यक्ति

- जीवित वस्तुएँ जीव (Organism) कहलाती हैं, क्योंकि उनमें वृहत स्तर के संगठन देखे जाते हैं। इसके अतिरिक्त प्रत्येक जीव का व्यक्तिगत अस्तित्व भी होता है।
- यह जीव स्वतंत्र रूप से कार्य करने की क्षमता रखता है और यह पौधा, जंतु, बैक्टीरिया, कवक आदि कुछ भी हो सकता है।
- इसका उद्देश्य किसी जीव के रूप, कायिकी (Physiology), व्यवहार, गंतव्य (Destination) एवं अनुकूलन (Adaptation) का अध्ययन करना है।

आवास

- आवास (Habitat) एक ऐसा पारिस्थितिकीय या पर्यावरणीय भाग है, जिस पर कोई विशिष्ट वनस्पति या जंतु प्रजाति निवास करती है।
- पृथ्वी पर चार प्रमुख आवास पाए जाते हैं- स्थल, ताजा जल, ज्वारनदमुख (Estuary) तथा महासागर/सागर। वर्तमान समय में मानवीय कारणों से वनस्पति और जंतुओं के प्राकृतिक आवास का ह्रास हो रहा है।

जनसंख्या

- इसके अंतर्गत किसी भी क्षेत्र विशेष में पाए जाने वाले पौधों व जंतुओं की प्रजातियों को सम्मिलित किया जाता है अर्थात्-किसी क्षेत्र में पाए जाने वाले जीवों की संख्या उनकी जनसंख्या (Population) है।
- जनसंख्या स्तर पर समस्त व्यक्ति आपस में अंतर्क्रिया करते हैं।
- किन्हीं भी दो समयावधियों के मध्य जनसंख्या में होने वाला धनात्मक परिवर्तन जनसंख्या वृद्धि (Population Growth) कहलाता है।
- जनसंख्या में वृद्धि जन्म एवं आप्रवास (Immigration) के कारण होती है, जबकि जनसंख्या में कमी मृत्यु एवं उत्प्रवास (Emigration) के कारण होती है।

समुदाय

- किसी क्षेत्र में पाई जाने वाली सभी प्रजातियों, पादपों एवं जंतुओं आदि के समूहन (Assembling) एवं उनके मध्य अंतर्क्रिया के परिणामस्वरूप समुदाय (Community) का निर्माण होता है।
- इन समुदायों का नामकरण प्रभावी (Dominant) पादप प्रजाति के आधार पर किया जाता है; जैसे-घासभूमि समुदाय, वन समुदाय आदि में क्रमशः घासों व वृक्षों की प्रधानता होती है, लेकिन अन्य झाड़ियाँ भी पाई जाती हैं।
- समुदाय के स्तरीकरण में समुदायों की प्रजातियों की ऊर्ध्वाधर (Vertical) परतें मिलती हैं। विभिन्न समुदायों में ये परतें भिन्न-भिन्न होती हैं; जैसे-सदाबहार हरित वनों में पाँच परतें पाई जाती हैं।

पारितंत्र/पारिस्थितिक तंत्र

- पारितंत्र (Ecosystem) शब्द का प्रयोग सर्वप्रथम **ए.जी. टांसले** ने वर्ष 1935 में किया था।
- पौधे, जंतु तथा अन्य जीव और भौतिक पर्यावरण एक साथ मिलकर पारिस्थितिक तंत्र या पारितंत्र बनाते हैं।
- पारितंत्र में सामान्यतः अनेक खाद्य जाल बनते हैं, जो पारिस्थितिकी तंत्र के भीतर इन जीवों की परस्पर निर्भरता को दर्शाते हैं।
- किसी क्षेत्र में रहने वाले जीव एक-दूसरे को प्रभावित करते हैं, क्योंकि उनमें आपस में तथा भौतिक पर्यावरण के साथ पदार्थ और ऊर्जा का आदान-प्रदान होता रहता है।
- इस पारस्परिक क्रिया के कारण पारितंत्र में गतिशीलता बनी रहती है।

पारितंत्र के घटक

पारितंत्र के जैव (Biotic) और अजैव (Abiotic) दो घटक हैं

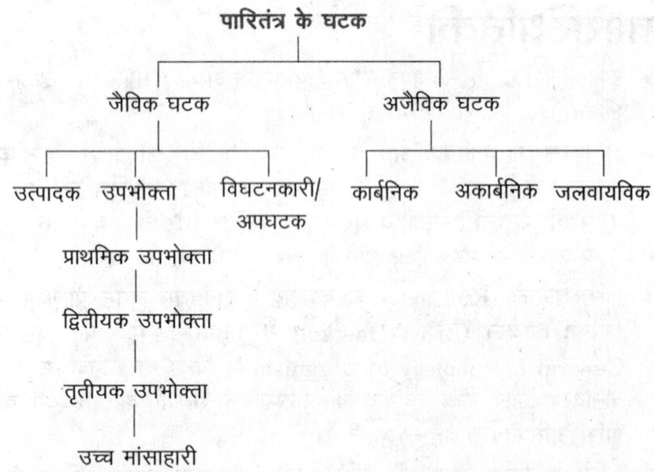

जैविक घटक

- जैव घटकों के दो प्रमुख वर्ग हैं- उत्पादक (Producer) और उपभोक्ता (Consumer)। उत्पादक वे जीव हैं, जो भौतिक पर्यावरण में अपना भोजन स्वयं बना लेते हैं। इन्हें **स्वपोषित जीव** (Autotrophics) भी कहते हैं।
- हरे पौधे प्राथमिक उत्पादक हैं, क्योंकि ये सूर्य की ऊर्जा की सहायता से अजैव पदार्थों को जैव पदार्थों में बदलते हैं।
- इस प्रक्रिया को **प्रकाश संश्लेषण** (Photosynthesis) कहते हैं। प्रकाश संश्लेषण में पौधे वायुमंडल से कार्बन डाइऑक्साइड और मृदा से खनिज तथा जल लेकर सूर्य की ऊर्जा के द्वारा जैव पदार्थों का संश्लेषण करते हैं।
- पेड़-पौधों की पत्तियों में मौजूद पर्ण हरित (Chlorophyll) नामक हरे वर्णक के द्वारा प्रकाश संश्लेषण संभव है।

अजैविक घटक

अजैविक घटकों में कार्बनिक पदार्थ प्रोटीन, कार्बोहाइड्रेट्स एवं भौतिक पदार्थ (प्रकाश, ताप, हवा व विद्युत) तथा अकार्बनिक घटक, कार्बन, नाइट्रोजन, जल आदि शामिल हैं, इनका वर्णन निम्न है

- **कार्बनिक** (Organic) पारितंत्र के अजैविक घटक में कार्बनिक पदार्थों का निर्माण जीवों की मृत्यु के बाद वातावरण को प्राप्त होता है। इसका अपघटन होने से अकार्बनिक पदार्थ प्राप्त होते हैं, जिसमें कार्बोहाइड्रेट, प्रोटीन, लिपिड इत्यादि शामिल हैं।
- **अकार्बनिक** (Inorganic) इसके अन्तर्गत सल्फर, कार्बन, हाइड्रोजन, ऑक्सीजन, नाइट्रोजन, फास्फोरस आवश्यक तत्त्व हैं। इनका पारितंत्र में चक्रण होता है, जिसका उपयोग पादपों (Plants) द्वारा किया जाता है।
- **जलवायविक** (Aquatic) इन घटकों में प्रकाश, वर्षण, तापमान, आर्द्रता, अक्षांश उच्चावच इत्यादि आते हैं।
  - **प्रकाश** (Light) हरे पौधों के लिए प्रकाश आवश्यक है, जिसके माध्यम से यह प्रकाश संश्लेषण की क्रिया कर भोजन का निर्माण करते हैं।
  - **वर्षण** (Precipitation) जीव प्रत्यक्ष अथवा अप्रत्यक्ष रूप से वर्षण पर निर्भर होते हैं। कोहरा, वर्षा, हिमपात अथवा ओलावृष्टि महत्त्वपूर्ण अजैविक घटक हैं।
  - **तापमान** (Temperature) यह पर्यावरण का महत्त्वपूर्ण घटक है। तापमान जीव की वृद्धि के लिए आवश्यक है।
  - **आर्द्रता एवं जल** (Humidity and Water) पौधों तथा प्राणियों के लिए वायु की आर्द्रता तथा नमी अति आवश्यक है। इसका जीवन की सातत्यता पर प्रभाव पड़ता है।
  - **अक्षांश** (Latitude) पारितंत्र की संरचना पर अक्षांश का अत्यधिक प्रभाव पड़ता है। विषुवत् रेखा से उत्तर या दक्षिण जाने पर औसत तापमान में कमी आती है।
  - **उच्चावच** (Relief) भू आकार या उच्चावच पर्यावरण का अति महत्त्वपूर्ण तत्त्व है। पृथ्वी का संपूर्ण धरातल उच्चावच की विविधता से युक्त है।
  - **ऊँचाई** (Altitudes) विभिन्न ऊँचाइयों का प्रभाव पारितंत्र पर दिखता है। यह वर्षण तथा तापमान को भी प्रभावित करता है।

पारितंत्र के प्रकार

- प्रकृति में विभिन्न प्रकार के पारिस्थितिक तंत्र कार्यरत् रहते हैं।
- ये तंत्र जलवायु, मृदा, वनस्पति, जल और स्थल के साथ-साथ भिन्नता रखते हैं, इसके अतिरिक्त मानव ने पर्यावरण का उपयोग कर नवीन पारिस्थितिक तंत्रों का विकास किया है।

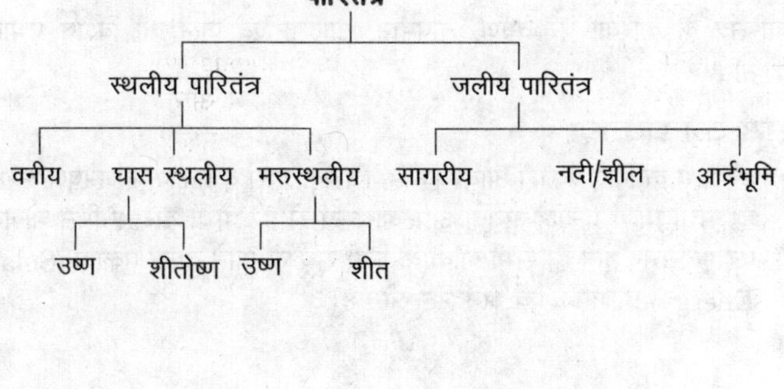

स्थलीय पारितंत्र

स्थलीय पारितंत्र (Terrestrial Ecosystem) को भी पुन: मुख्य रूप से वनीय, घास स्थल भूमि एवं मरुस्थलीय पारितंत्रों में वर्गीकृत किया जाता है।

वनीय पारितंत्र

- वनों में विद्यमान विभिन्न प्रकार के जैविक समुदायों को वनीय पारितंत्र (Forest Ecosystem) कहा जाता है।
- वनीय पारितंत्र में निम्न वनों को शामिल किया जाता है
  - **टैगा** (Taiga) इसका विस्तार 50° से 70° उत्तरी अक्षांशों के मध्य पाया जाता है। देवदार, स्प्रूस तथा फर यहाँ पाए जाने वाले प्रमुख वृक्ष हैं। ये वृक्ष आर्थिक दृष्टिकोण से महत्त्वपूर्ण माने जाते हैं।
  - **शीतोष्ण कटिबंधीय वर्षा वाले वन** (Temperate rain Forest) इस वनीय पारितंत्र में रोजवुड, डग्लस, फर, स्प्रूस, देवदार, सीदार एवं हेमलॉक के वृक्ष पाए जाते हैं।
  - **उष्णकटिबंधीय सदाबहार वन** (Tropical Evergreen Forest) विषुवत् रेखा के दोनों ओर 10° उत्तर से 10° दक्षिणी अक्षांश के मध्य सदाबहार वनीय पारितंत्र मिलता हैं। ऊँचे तापमान व उच्च आर्द्रता के कारण यहाँ वर्षभर अधिक वर्षा होती है। अमेजन बेसिन, कांगो बेसिन, दक्षिण पूर्वी एशिया में इसका विस्तार अधिक पाया जाता है। यहाँ आबनूस, महोगनी, आयरन वुड, रबड़ के वृक्ष अधिक मिलते हैं। इन वृक्षों की लकड़ियाँ अधिक मजबूत होती हैं।
  - **उष्णकटिबंधीय पर्णपाती वन** (Tropical Deciduous Forest) दोनों गोलार्द्धों 10° से 30° अक्षांशों के मध्य इस प्रकार के वन मिलते हैं। ग्रीष्म काल आने से पूर्व यहाँ पाए जाने वाले वृक्ष अपनी पत्तियाँ गिरा देते हैं। यहाँ साल, सागौन, बबूल, आम, नीम इत्यादि के वृक्ष मिलते हैं।

घास स्थलीय पारितंत्र

- घास स्थलीय पारितंत्र (Grassland Ecosystem) का विकास उन क्षेत्रों में होता है, जहाँ वर्षा, वनों के विकास के लिए अपर्याप्त होती है, लेकिन मरुस्थलीय भागों में होने वाली वर्षा से अधिक होती है।
- घास स्थल दो प्रकार के होते हैं
  1. **शीतोष्ण घास भूमियाँ** (Temperate Grassland) ये घास भूमियाँ शीतोष्ण कटिबंधों में महाद्वीपों के आंतरिक भागों में पाई जाती हैं। इनमें सरीसृप (Raptiles), जमीन पर घोंसला बनाने वाले पक्षी तथा चरने वाले स्तनधारी आदि पाए जाते हैं।
  2. **उष्ण घास भूमियाँ** (Dry Grassland) ये घास भूमियाँ मध्य अफ्रीका, ब्राजील एवं प्रायद्वीपीय भारत के उष्ण भागों में पाई जाती हैं। ये अक्सर उष्णकटिबंध के अंतर्गत महाद्वीपों के पश्चिमी भाग में पाई जाती हैं। उष्ण घास भूमियों में जिराफ, हिरण, शुतुरमुर्ग, शेर तथा हाथी पाए जाते हैं। इन उष्ण घास भूमियों के अंतर्गत सवाना क्षेत्र में पाई जाने वाली हाथी घास विशेष रूप से उल्लेखनीय है, जिसकी लंबाई 5 मी तक होती है। इसे शिकारियों की भूमि (The Land of Hunters) कहा जाता है।

मरुस्थलीय पारितंत्र

- मरुस्थलीय पारितंत्र (Desert Ecosystem) का निर्माण कम वार्षिक वर्षा तथा उच्च तापमान वाले क्षेत्रों में होता है।
- मरुस्थलों की उत्पादकता प्रत्यक्ष रूप से वर्षा की मात्रा पर निर्भर होती है।

पारितंत्र तापमान के आधार पर मरुस्थल दो प्रकार के होते हैं

1. **उष्ण मरुस्थल** (Hot Deserts) इसका विस्तार उपोष्ण उच्चदाब (Sub-Tropical High) पेटी में महाद्वीपों के पश्चिमी भागों में पाया जाता है। उष्ण मरुस्थलीय वनस्पतियाँ उष्ण व शुष्क परिस्थितियों से अनुकूलन हेतु अनेक उपाय अपनाती हैं; जैसे-पत्तियों का अभाव या छोटी पत्तियाँ, झाड़ियों की प्रधानता, गहरी व विस्तृत क्षेत्र में फैली जड़ें, काँटेदार वनस्पतियाँ आदि।
2. **शीत मरुस्थल** (Cold Deserts) ये मरुस्थल मध्य अक्षांशों में महाद्वीपों के आंतरिक भागों में स्थित वृष्टिछाया क्षेत्रों में पाए जाते हैं। लद्दाख, लेह, कारगिल व स्पीति घाटी शीत मरुस्थल के उदाहरण हैं। शीत मरुस्थलीय भाग अत्यधिक कम तापमान के कारण किसी भी प्रकार की वनस्पति उगने के लिए अनुकूल नहीं होते हैं, हालाँकि यहाँ कुछ विकीर्ण (Scattered) झाड़ियाँ मिलती हैं।

जलीय पारितंत्र

- जलीय पारितंत्र (Aquatic Ecosystem) का उपविभाजन मीठे पानी, ज्वारनदमुख तथा समुद्री पारितंत्रों के रूप में किया जाता है तथा स्थलीय पारितंत्र को विभिन्न जलवायु के आधार पर अलग-अलग भागों में विभाजित किया जाता है।
- जल में घुली हुई ऑक्सीजन का संकेंद्रण तथा जल में सूर्य के प्रकाश का प्रवेश और पोषकों की उपलब्धि जलीय जीवों को सीमित करने वाले कारक हैं।
- प्रकाश संश्लेषण उसी क्षेत्र तक सीमित है, जहाँ तक सूर्य का प्रकाश प्रवेश कर पाता है। सूर्य का प्रकाश लगभग 30 मीटर की गहराई तक प्रवेश कर पाता है।

जलीय पारितंत्र निम्न प्रकार के होते हैं

समुद्री/सागरीय परितंत्र

- समुद्री पारितंत्र जलीय तंत्र का ही प्रमुख भाग माना जाता है। यह पृथ्वी का सबसे बड़ा भाग है।
- समुद्री पारितंत्र को तीन विभिन्न आवासीय क्षेत्रों में विभाजित किया जाता है

1. **अंतरज्वारीय क्षेत्र** (Intertidal Zone) इसमें ज्वार भाटे के कारण जल निरंतर गतिशील रहता है। ज्वार और भाटे के बीच की अवधि में समुद्र के रेतीले तट पर बिलकारी जीव; जैसे- सीपी, केकड़े, घोंघे आदि पाए जाते हैं। चट्टानी तटों पर शैवाल खंडावर और सीपियाँ चट्टानों से हमेशा चिपकी रहती हैं।
2. **नेरिटांचल क्षेत्र** (Neritic Zone) इसका विस्तार तट रेखा से लेकर महाद्वीपीय निमग्न तट की सीमा तक रहता है। इस भाग में सूर्य के प्रकाश की पर्याप्त मात्रा उपलब्ध होती है। ज्वारनदमुख सहित इस क्षेत्र में समुद्र की 50% उत्पादकता है, इसलिए संसार के सबसे समृद्ध मत्स्य क्षेत्र महाद्वीपीय मग्नतटों पर स्थित हैं।
3. **महाद्वीपीय क्षेत्र** (Continental Zone) इस क्षेत्र की सीमा के बाद खुला विस्तृत महासागर का भाग **महासागरीय जलतंत्र** (Oceanic Water System) कहा जाता है। यहाँ महासागर के ऊपरी भाग में प्रकाश संश्लेषण तो होता है, लेकिन प्रकाश संश्लेषण के लिए आवश्यक पर्याप्त पोषक नहीं होते हैं। काफी कम उत्पादकता के कारण इसे **जैव मरुस्थलीय प्रदेश** कहते हैं।

नदी/झील पारितंत्र

- जलीय पारितंत्र के अंतर्गत झीलों की सतही परत कोष्ण (Warm) होती है तथा इसमें सूर्य के प्रकाश का प्रवेश आसानी से हो जाता है। झील के नीचे की परत ठंडी और अंधकारपूर्ण होती है।
- झील के पानी के ऊपर ऑक्सीजन भरपूर मात्रा में मिलती है। साथ ही नीचे की परत में पोषकों की बहुतायत होती है। ऋतुओं के अनुरूप दोनों परतों का जल निरंतर मिश्रित होता रहता है, जिसके कारण जीव जीवित रहते हैं तथा उनका विकास होता है।
- जब झीलें धीरे-धीरे अवसादों (Sediments) से भर जाती हैं, तो वे दलदल एवं अनूप में बदल जाती हैं। इनमें पोषकों की मात्रा अधिक पाई जाती है, अत: इनकी उत्पादकता भी अधिक होती है। इनमें बहुत-से पौधे, जल पक्षी तथा मछलियाँ पाई जाती हैं।
- नदियों में भी विभिन्न प्रकार के जीव मिलते हैं। इसके ऊपरी भाग में नदी का बहाव बहुत तेज होता है। अत: नदी के इस भाग में पाए जाने वाले जलीय पौधों और जंतुओं में शैलों से चिपकने वाला गुण होता है।
- नदी के निचले भागों में जलोढ़ अवसादों (Alluvial Sediments) की परत होती है। इस परत में बिल बनाकर रहने वाले प्राणियों का आवास होता है। यहाँ निवास करने वाले अधिकतर जीव सड़े-गले जैव पदार्थों के मलबे पर निर्भर करते हैं। नदी में पदार्थ आस-पास के स्थल खंडों या झीलों से आ जाते हैं।

ज्वारनदमुख

- जलीय पारितंत्रों में सबसे अधिक उत्पादकता **ज्वारनदमुख** (Estuary) में होती है। इस क्षेत्र में खारे पानी और मीठे पानी का मिश्रण होता है। साथ ही यह क्षेत्र उथला हुआ है, इसलिए सूर्य का प्रकाश आसानी से अधस्थल तक पहुँच जाता है। ज्वार-भाटे के समय पानी के उतार-चढ़ाव में पोषकों का भी पर्याप्त मिश्रण हो जाता है। इस क्षेत्र में वनस्पतियों का विकास तेजी से होता है, जिनसे जीवों को भोजन मिलता रहता है। इस क्षेत्र में केकड़े, सीपियाँ, झींगा, मछली और पक्षी निवास करते हैं।
- ज्वारनदमुख को प्रजनन का मुख्य व सुरक्षित क्षेत्र माना जाता है, क्योंकि यहाँ के जल की कम लवणता महासागरीय परभक्षियों के लिए रुकावट का कार्य करती है।

आर्द्रभूमि पारितंत्र

- पानी से संतृप्त भू-भाग को **आर्द्रभूमि** (Wetlands) कहते हैं। कई भू-भाग वर्षभर आर्द्र रहते हैं और अन्य कुछ विशेष मौसम में।
- ईरान के रामसर शहर में वर्ष 1971 में पारित एक अभिसमय (Convention) के अनुसार आर्द्रभूमि ऐसा स्थान है, जहाँ वर्ष में आठ माह पानी जमा रहता है; जैसे-मैंग्रोव, सुंदरबन में पाई जाने वाली सुंदरी वनस्पति।

पारितंत्र पर कारकों का प्रभाव

पारितंत्र के कारकों पर वर्षण, तापमान, आर्द्रता एवं जल का विशेष प्रभाव पड़ता है

सूर्य का प्रकाश

- हरे पौधे के लिए प्रकाश आवश्यक है, जिसके द्वारा वे प्रकाश संश्लेषण करते हैं। सभी प्राणी प्रत्यक्ष अथवा अप्रत्यक्ष रूप से हरे पौधों द्वारा निर्मित भोजन पर ही निर्भर होते हैं। सभी जीवों के लिए सूर्य से आने वाला प्रकाश (Solar Energy) प्राथमिक एवं अनवरत स्रोत है।

आर्द्रता एवं तापमान

- आर्द्रता एवं तापमान (Humidity and Temperature) स्थलीय पारितंत्र को सीमित करने वाले दो प्रमुख कारक हैं। किसी विशेष जलवायु प्रदेश में आर्द्रता व तापमान दोनों में समानता पाई जाती हैं, जिससे एक विशिष्ट प्रकार के बायोम का निर्माण होता है।
- वनस्पतियों की वृद्धि के लिए जल को अति आवश्यक माना जाता है, क्योंकि पौधों की वृद्धि के लिए अति आवश्यक पोषक तत्त्व घुली हुई अवस्था में जड़ों से पत्तियों तक पहुँचते हैं।
- जल की आपूर्ति के अनुरूप ही वनस्पतियों का विकास होता है। वनों की सघनता भी जलापूर्ति पर निर्भर करती है।
- कम वर्षा वाले क्षेत्रों में विरल वन पाए जाते हैं। ऐसे क्षेत्रों में वृक्ष, घास और झाड़ियाँ ही मिलती हैं।
- ऐसा क्षेत्र जहाँ ऋतु शुष्क होती है, तो वहाँ पाए जाने वाले शुष्क पौधे शुष्क ऋतु में अपनी पत्तियों को गिरा देते हैं।
- प्रत्येक पौधे को अपनी अंकुरण वृद्धि तथा पुनरुत्पादन के लिए विशेष तापमान की आवश्यकता होती है।
- उष्णकटिबंध में विभिन्न प्रकार के अनेक पौधों के पनपने के लिए तापमान सदैव अनुकूल रहता है।
- इस प्रदेश में वर्षा भी अधिक होती है, जिसे वनस्पतियों के विकास के लिए अनिवार्य माना जाता है।
- मध्य अक्षांशों में जहाँ ग्रीष्म ऋतु और शीत ऋतु के मध्य तापमान की चरम सीमाएँ होती हैं, वहाँ पौधों की कुछ प्रजातियाँ ही पाई जाती हैं। इसके अतिरिक्त 6°C से कम तापमान होने पर पौधों की वृद्धि रुक जाती है।

अन्य कारक

- वनस्पतियों के विकास के लिए मृदा भी एक महत्त्वपूर्ण कारक माना जाता है। मृदा निर्माण (Soil Formation) की प्रक्रिया बहुत धीमी होती है तथा इस प्रक्रिया में भौतिक, रासायनिक एवं जैव परिवर्तन निरंतर होते हैं।
- मृदा के निर्माण में जलवायु सबसे महत्त्वपूर्ण कारक है। पर्वतीय प्रदेशों में ऊँचाई बढ़ने के साथ तापमान घटता है।
- उच्चावच व अपवाह भी वनस्पति के प्रकारों को प्रभावित करने वाले कारकों में शामिल हैं।
- वन, घास भूमियाँ, काँटेदार झाड़ियाँ और टुंड्रा पौधों के प्रमुख समावास हैं। वन प्रचुर जलापूर्ति वाले आर्द्र प्रदेशों में पाए जाते हैं। साधारण वर्षा वाले प्रदेशों में घास भूमियों का विस्तार पाया जाता है। काँटेदार झाड़ियाँ शुष्क प्रदेशों की विशेषताएँ हैं तथा टुंड्रा वनस्पति अत्यंत ठंडे ध्रुवीय प्रदेशों में पाई जाती हैं।

पारितंत्र की कार्यप्रणाली

- आर्द्रता, तापमान, मृदा उच्चावच (ऊँचाई) ये सभी वनस्पतियों के वितरण को प्रभावित करते हैं।
- इस आधार पर विश्व के बायोम को पाँच भागों में वन बायोम, मरुस्थलीय घास, भूमि बायोम, जलीय बायोम एवं उच्च बायोम में बाँटा गया है।

ऊर्जा प्रवाह

पारिस्थितिक तंत्र में ऊर्जा का प्रवाह (Flow of Energy) मुख्य प्रकार्य है, जो एकदिशी (Single Way) होता है।

यह ऊर्जा प्रवाह ऊष्मागतिकी के दो मूल नियमों पर आधारित है

1. **ऊष्मागतिकी के प्रथम नियम** (First Law of Thermodynamics) के अनुसार, ऊर्जा न तो निर्मित होती है, न ही नष्ट होती है, बल्कि यह एक अवयव से दूसरे अवयव में स्थानांतरित होती है अथवा एक अवस्था से दूसरी अवस्था में परिवर्तित होती है। इसके अनुसार सौर ऊर्जा, भोजन ऊर्जा तथा ऊष्मा के रूप में परिवर्तित हो सकती है।
2. **ऊष्मागतिकी के दूसरे नियम** (Second Law of Thermodynamics) के अनुसार, जब ऊर्जा का एक रूप से दूसरे रूप में परिवर्तन होता है, तब ऊर्जा का क्षय होता है। एक पोषण स्तर से दूसरे पोषण स्तर में ऊर्जा के प्रवाह के दौरान ऊर्जा का ह्रास होता है। **लिण्डेमान** के अनुसार, "एक पोषण स्तर से दूसरे पोषण स्तर में ऊर्जा का केवल 10% भाग ही स्थानांतरित होता है, शेष 90% ऊर्जा व्यर्थ हो जाती है।"

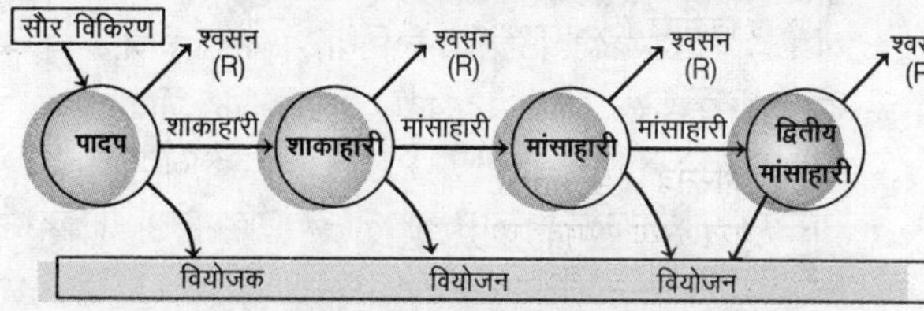

पारितंत्र में ऊर्जा प्रवाह

पोषण स्तर व आहार/खाद्य शृंखला

- सामान्य रूप से जीवमंडल में एक जीव से दूसरे जीव में ऊर्जा के स्थानांतरण के क्रम को **आहार शृंखला** (Food Chain) कहते हैं तथा जिस बिंदु पर एक जीव से दूसरे जीव में ऊर्जा का स्थानांतरण होता है, उसे पोषण स्तर (Trophic Level) कहते हैं।
- पारितंत्र में ऊर्जा का स्थानांतरण एक पदानुक्रम (Hierarchy) में संपन्न होता है। सामान्य रूप से आहार शृंखला में चार पोषण स्तर होते हैं
  - **पोषण स्तर 1** आहार शृंखला में पोषण स्तर 1 स्वपोषित प्राथमिक उत्पादक हरे पौधे का होता है। इसमें आहार का निर्माण प्रकाश संश्लेषण द्वारा किया जाता है।
  - **पोषण स्तर 2** इसे प्राथमिक उपभोक्ता (Herbivores) भी कहते हैं। इस स्तर के जंतु स्वयं अपना भोजन नहीं बनाते हैं। ये पोषण स्तर 1 पर निर्भर रहते हैं।
  - **पोषण स्तर 3** इसे द्वितीयक उपभोक्ता भी कहा जाता है। इसे मांसाहारी (Carnivores) समूह में रखा जाता है।
  - **पोषण स्तर 4** इस स्तर के जंतुओं को सर्वाहारी (Omnivores) कहते हैं। ये तीनों पोषण स्तरों से अपना भोजन प्रत्यक्ष या अप्रत्यक्ष रूप से प्राप्त करते हैं।

पोषण स्तर

आहार शृंखला

- जीवमंडल में एक जीव से दूसरे जीव में होने वाले ऊर्जा के स्थानांतरण क्रम को आहार शृंखला (Food Chain) कहते हैं।
- आहार शृंखला में ऊर्जा व रासायनिक पदार्थ उत्पादक, उपभोक्ता, अपघटक व निर्जीव प्रकृति में क्रम से प्रवेश करते हैं और इनमें हुए चक्र में घूमते रहते हैं। पारिस्थितिक तंत्र की शृंखला को निम्न प्रकार से दर्शाया जाता है
  - उत्पादक (Producer) → प्राथमिक उपभोक्ता (Herbivorous) → द्वितीयक उपभोक्ता (Carnivorous) → तृतीयक उपभोक्ता (Omnivorous) → उच्च मांसाहारी।
  - एक तालाब में पारिस्थितिकी तंत्र में शृंखला के जीवधारियों का क्रम शैवाल → जलीय पिस्सू → छोटी मछली → बड़ी मछली → बत्तख, बगुला।
  - घास स्थलीय पारिस्थितिक तंत्र में खाद्य शृंखला के जीवधारियों का क्रम घास → कीड़े-मकौड़े, टिड्डे → चिड़िया, मेढ़क → बाज, साँप → गिद्ध।
  - वन पारिस्थितिक तंत्र में खाद्य शृंखला के जीवधारियों का क्रम शाकीय पौधे → चूहे, गिलहरी → बिल्ली → जंगली कुत्ते।
  - सागरीय पारिस्थितिक तंत्र में शृंखला के जीवधारियों का क्रम-डायटम क्रस्टेशियाई → हेरिंग।
- सभी पारिस्थितिक तंत्रों में दो प्रकार की भिन्न आहार शृंखलाएँ हो सकती हैं
  1. **चारण आहार शृंखला** (Grazing Food Chain) खाद्य शृंखला शाकाहारी (पौधे) से शुरू होकर अंत में मांसाहारी पर समाप्त होती है। इस प्रकार की खाद्य शृंखला स्वपोषी पर निर्भर करती है, जो सूर्य विकिरण को ऊर्जा के रूप में ग्रहण करती है।
  2. **अपरद आहार शृंखला** (Detritus Food Chain) यह शृंखला मृत कार्बनिक पदार्थों से प्रारम्भ होती है तथा मृदा में स्थित अपरद भक्षी जीवों से होकर उन जीवों तक जाती है, जो अपरद भक्षी जीवों का भक्षण करते हैं। आहार शृंखला वास्तव में, निम्न पोषण स्तर से उच्च पोषण स्तरों में ऊर्जा के स्थानान्तरण तथा गमन का शृंखलाबद्ध क्रम होती है।

आहार जाल

- किसी भी पारिस्थितिक तंत्र के अंदर अनेक परस्पर संबंधित खाद्य शृंखलाएँ हो सकती हैं अर्थात् एक खाद्य शृंखला के जीवधारियों का संबंध, दूसरी खाद्य शृंखलाओं के जीवधारियों से होता है।
- इस प्रकार अनेक खाद्य शृंखलाओं के पारस्परिक संबंध को **आहार जाल** (Food Web) कहते हैं।

> **जैव आवर्द्धन**
>
> हानिकारक व विषाक्त पदार्थ (जैसे DDT) हमारी खाद्य शृंखला में प्रवेश करते हैं, चूँकि ये सरलता से अवकर्षण योग्य नहीं हैं, जिस कारण ये प्रत्येक पोषण स्तर पर संचित होने लगते हैं। इसे ही **जैव आवर्द्धन** (Biological Magnification/Amplification) कहते हैं। उच्च पोषण स्तरों पर यह अधिक मात्रा में आवर्द्धित हो जाता है।

पारिस्थितिकी पिरामिड्स

- किसी भी पारिस्थितिक तंत्र के प्राथमिक उत्पादकों एवं विभिन्न श्रेणियों के उपभोक्ताओं–प्रथम, द्वितीय, तृतीय एवं उच्चतम श्रेणी के जंतुओं की संख्या, जैवभार तथा संचित ऊर्जा में परस्पर संबंध होता है। इन संबंधों का चित्रमय प्रदर्शन पारिस्थितिकी पिरामिड्स (Ecological Pyramids) कहलाता है।
- इस संकल्पना का प्रतिपादन सर्वप्रथम चार्ल्स एल्टन ने वर्ष 1927 में किया था। अतः इन्हें 'Eltonian Pyramids' भी कहा जाता है। पारिस्थितिकी पिरामिड्स मुख्यतः तीन प्रकार के होते हैं

जीव संख्या का पिरामिड

- जीव संख्या के पिरामिड (Pyramid of Number) में प्राथमिक उत्पादकों एवं विभिन्न श्रेणी के उपभोक्ताओं की संख्याओं के बीच संबंध दर्शाया जाता है। यह उन विभिन्न प्रजातियों, जो पारिस्थितिक तंत्र के प्रत्येक पोषण स्तर पर होती हैं, के जनों की कुल संख्या का लेखा-चित्र प्रदर्शन होता है।
- आधार के ऊपर के भाग क्रमशः प्रथम, द्वितीय एवं तृतीय व उच्चतम श्रेणी के उपभोक्ताओं की संख्या बतलाते हैं। ये पिरामिड्स सीधे तथा उल्टे दोनों ही प्रकार के हो सकते हैं। उदाहरण के लिए, घासस्थलीय एवं फसलस्थलीय पारिस्थितिक तंत्रों के पिरामिड्स सीधे बनेंगे, जबकि एक पेड़ के पारिस्थितिक तंत्र का पिरामिड बिल्कुल उल्टा बनेगा।

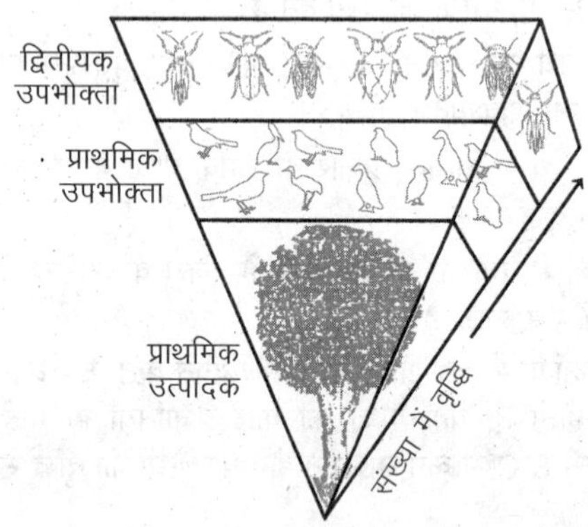

वृक्ष पारितंत्र में जीव संख्या का पिरामिड

जीवभार का पिरामिड

- जिस पिरामिड द्वारा उत्पादक तथा उपभोक्ताओं के भार के संबंध में बोध होता है, उसे **जीवभार का पिरामिड** (Pyramid of Biomass) कहते हैं। संख्याओं के पिरामिड की कमियों से पार पाने के लिए इस पिरामिड का प्रयोग करते हैं।
- जीवभार के पिरामिड को निर्धारित करने के लिए प्रायः अलग-अलग प्रत्येक पोषण-स्तर पर उपस्थित समस्त जीवों को एकत्रित करके, उनके शुष्क भार का मापन किया जाता है। उदाहरण स्थल पर पाए जाने वाले अधिकतम पारितंत्रों के लिए (जैसे–घास, वन आदि पारिस्थितिक तंत्रों) जीवभार के पिरामिड में एक बड़ा आधार प्राथमिक उत्पादकों से बनता है तथा शीर्ष पर एक लघुत्तर पोषण-स्तर होता है।

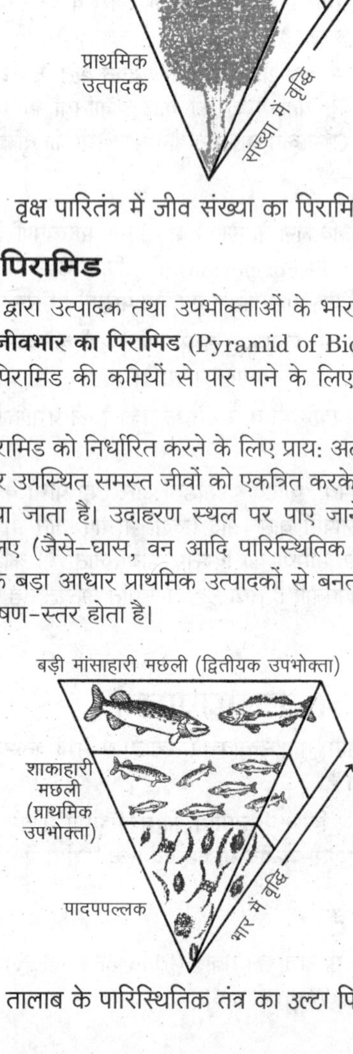

एक तालाब के पारिस्थितिक तंत्र का उल्टा पिरामिड

संचित ऊर्जा का पिरामिड

- किसी पारिस्थितिक तंत्र के विभिन्न पोषण तलों के जीवों द्वारा प्रयोग में लाई ऊर्जा के संपूर्ण परिमाण को बताने वाले पिरामिड को ऊर्जा का पिरामिड (Pyramid of Energy) कहते हैं।
- प्राय: यह ऊर्जा एक इकाई भाग में निश्चित समय में देखी जाती है। ऊर्जा पिरामिड सीधा बनता है।
- इसका कारण यह है कि इसमें समय का हमेशा ध्यान रखा जाता है, जो लगभग निश्चित होता है।

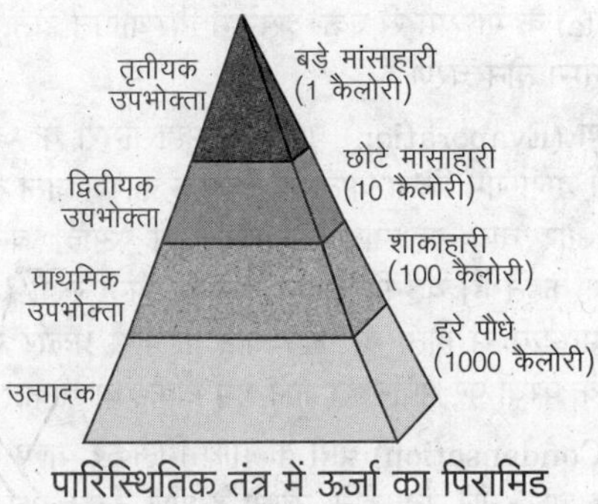

पारिस्थितिक तंत्र में ऊर्जा का पिरामिड

पारितंत्र की उत्पादकता

किसी भी पारिस्थितिकी तंत्र में स्वपोषित हरे पौधों द्वारा प्रति इकाई संचित ऊर्जा या जैविक पदार्थ की सकल मात्रा को पारिस्थितिकी उत्पादकता (Ecological Productivity) कहते हैं।

पारिस्थितिक तंत्र की उत्पादकता को ग्राम प्रतिवर्ग मीटर प्रतिदिन/प्रतिवर्ष में मापा जाता है।

1. प्राथमिक उत्पादकता

- किसी भी पारिस्थितिक तंत्र के अंतर्गत पोषण स्तर से स्वपोषित पौधे द्वारा ऊर्जा के उत्पादन को प्राथमिक उत्पादन (Primary Production) कहा जाता है।
- प्राकृतिक पारिस्थितिक तंत्रों की प्राथमिक उत्पादकता सौर्यिक विकिरण की मात्रा पर आधारित होती है। प्राथमिक उत्पादकता दो प्रकार की होती है
  (i) **सकल प्राथमिक उत्पाद** (Gross Primary Product) पोषण स्तर में स्वपोषित पौधों द्वारा उत्पन्न रासायनिक ऊर्जा की सकल मात्रा को सकल प्राथमिक उत्पादन कहते हैं। उत्पादक जिस दर से सूर्य का प्रकाश अवशोषित (Absorb) करके प्रकाश संश्लेषण द्वारा कार्बनिक पदार्थों का निर्माण करते हैं, जिसमें श्वसन में प्रयुक्त जैविक पदार्थ भी शामिल हैं, वह सकल प्राथमिक उत्पादकता कहलाती है।
  (ii) **शुद्ध प्राथमिक उत्पादन** (Net Primary Product) पोषण स्तर में स्थिर अथवा संचित या जैविक पदार्थों की मात्रा को शुद्ध प्राथमिक उत्पादन कहते हैं। स्वपोषित पौधों द्वारा श्वसन (Respiration) प्रक्रिया में प्राथमिक उत्पादन की जितनी मात्रा का क्षय किया जाता है, उसे शुद्ध प्राथमिक उत्पादन में सम्मिलित नहीं करते।

2. सामुदायिक या द्वितीयक उत्पादन

- उपभोक्ताओं की पोषी रीति पर जिस दर से भोज्य ऊर्जा का उपापचय (Metabolism) होता है, उसे सामुदायिक द्वितीयक उत्पादन (Community or Secondary Production) कहते हैं।
- इस भोजन का उपभोग उपभोक्ता जीवभार के लिए हुआ है। प्राथमिक उत्पादकता का परिणाम उत्पादक की प्रकाश संश्लेषण क्षमता पर तथा पर्यावरणीय स्थिति तापमान और मृदा की नमी पर निर्भर करता है।
- खनन के लिए वनों की कटाई, सिंचाई के लिए नदियों पर बाँध के निर्माण तथा शहरी विकास के लिए दलदलीय क्षेत्रों को सुखाने जैसी मानवीय गतिविधियों ने पारितंत्र को लंबे समय से प्रभावित किया है।
- इसी प्रकार वायुमंडल तथा जलमंडल के परिसंचरण में आए परिवर्तनों से पारितंत्र की गतिविधियों पर प्रभाव पड़ता है, जिससे जैवमंडल के जीवों में ऊर्जा तथा पोषकों के प्रवाह में परिवर्तन हो जाता है।

पारिस्थितिकी निकेत

- पारिस्थितिकी निकेत (Ecological Niche) शब्द का प्रयोग सर्वप्रथम **ग्रीनेल्स** ने किया था। इन्होंने विभिन्न प्रकार की जातियों एवं उपजातियों की स्थानीय वितरण व्यवस्था को इसी माध्यम से निरूपित किया है।
- किसी भी पारिस्थितिक तंत्र में जीव जंतुओं एवं पादपों की जो विविध प्रजातियाँ होती हैं, उनका एक निश्चित स्थानीय क्षेत्र होता है, जिसमें ये निवास कर अपना जीवन यापन करती हैं। यही सुरक्षित क्षेत्र निकेत (Niche) कहलाता है।

पारिस्थितिकी निकेत के प्रकार

पारिस्थितिकी निकेत को चार भागों में विभाजित किया जाता है

1. **आवास निकेत** (Habitat) अर्थात् जहाँ वह प्रजाति रहती है।
2. **खाद्य निकेत** (Food Niche) अर्थात् वह प्रजाति क्या खाती है या अपघटित (Decompose) करती है और किन प्रजातियों के साथ उसकी भोजन हेतु प्रतिस्पर्द्धा है?
3. **पुनर्जनन निकेत** (Reproduction Niche) अर्थात् कब और कैसे वह प्रजाति पुनर्जनन करती है?
4. **रासायनिक एवं भौतिक निकेत** (Chemical & Physical Niche) अर्थात् उस प्रजाति का तापमान, भूमि प्रकार, ढाल, आर्द्रता (Humidity) व अन्य आवश्यकताएँ हैं।

पारिस्थितिकी तंत्र में पोषक पदार्थों का चक्र

- पारिस्थितिकी तंत्र में सजीवों की सामान्य वृद्धि के लिए विभिन्न उपापचयी क्रियाओं में लगभग 30-40 तत्त्व भाग लेते हैं, किंतु इसमें चार तत्त्व (C, H, N, O) मूल माने जाते हैं, जिनका उपयोग सभी मोनोसैकेराइड, पॉलिसैकेराइड, पॉलिपेप्टाइड तथा पॉलिन्यूक्लियोटाइड के निर्माण में होता है।
- पारिस्थितिक तंत्र में विभिन्न अवयवों द्वारा पोषक तत्त्वों का प्रवाह या स्थानांतरण चक्रीय क्रम में होता है। पोषक तत्त्वों का यह प्रवाह दो प्रकार से होता है

गैसीय चक्र

गैसीय चक्र के अंतर्गत चार महत्त्वपूर्ण चक्र आते हैं

1. कार्बन चक्र

वायुमंडल में कार्बन 0.032% होता है। फिर भी इसे जीवन का आधार माना जाता है, क्योंकि यह अधिकांश कार्बनिक पदार्थों जीवाश्म ईंधन से लेकर अधिकतर जटिल अणुओं; जैसे-DNA तक में पाया जाता है। कार्बन वायुमंडल में मुख्यतया कार्बन डाइऑक्साइड के रूप में पाया जाता है।

कार्बन चक्र (Carbon Cycle) के अंतर्गत निम्नलिखित को दर्शाया गया है

- **प्रकाश संश्लेषण** (Photosynthesis) मूलत: प्राथमिक उत्पादक कार्बन डाइऑक्साइड का प्रकाश-संश्लेषण क्रिया द्वारा सरल कार्बोहाइड्रेट के रूप में स्थिरीकरण करते हैं, जोकि बाद में जटिल पॉलिसैकेराइड, लिपिड, वसा, अमीनो अम्ल तथा प्रोटीन का निर्माण करते हैं।
- **श्वसन** (Respiration) पौधों से प्राप्त कार्बनिक यौगिकों का कुछ भाग शाकाहारियों द्वारा उत्सर्जन के माध्यम से त्याग दिया जाता है तथा पचा हुआ भोजन शाकाहारियों के शरीर में पुनर्विन्यासित होता है, वे कोशिकीय श्वसन द्वारा कार्बन डाइऑक्साइड उत्सर्जित करते हैं।
- **अपघटन** (Decomposition) प्राथमिक उत्पादक (पौधे) कार्बन को कार्बन डाइऑक्साइड के रूप में ही ग्रहण करते हैं। यहीं से **कार्बन चक्र** (Carbon Cycle) प्रारंभ होता है, फिर उपभोक्ताओं से गुजरता हुआ अपघटक (Decomposers) तक पहुँचता है।

2. नाइट्रोजन चक्र

- नाइट्रोजन जंतुओं तथा पौधों के लिए एक अनिवार्य पोषक तत्त्व है।
- इसका उपयोग प्रोटीन, एंजाइम, न्यूक्लिक अम्लों, नाइट्रोजनी क्षारों (Bases), प्रकाश-संश्लेषी वर्णकों (Photosynthetic Pigments), विटामिन आदि के निर्माण में होता है।
- यद्यपि वायु में 78% नाइट्रोजन है, किंतु पौधे नाइट्रोजन को सामान्यत: मृदा से ही नाइट्रेट के रूप में अपनी जड़ों द्वारा अवशोषित करते हैं, क्योंकि गैस के रूप में नाइट्रोजन का अवशोषण (Absorption) पौधे नहीं कर पाते हैं।
- स्थलीय पारिस्थितिक तंत्र में पाई जाने वाली अधिकतर नाइट्रोजन वातावरण से आती है। सामान्यत: पौधे मृदा में उपस्थित नाइट्रोजन यौगिकों का अवशोषण कर नाइट्रोजन प्राप्त करते हैं।

नाइट्रोजन चक्र (Nitrogen Cycle) निम्न चार चरणों में पूर्ण होता है

(i) **नाइट्रोजन स्थिरीकरण** (Nitrogen Fixation) नाइट्रोजन का अमोनिया या अन्य अणुओं में बदलने की प्रक्रिया 'नाइट्रोजन स्थिरीकरण' कहलाती है। नाइट्रोजन स्थिरीकरण विशेष प्रकार के जीवाणुओं; जैसे-राइजोबियम, ब्रेडीराइजोबियम, एजोराइजोबियम इत्यादि प्रजातियों द्वारा कुछ पादपों की जड़ों एवं तनों में गुलिकाओं के द्वारा किया जाता है।

(ii) **अमोनीकरण** (Ammonification) नाइट्रोजन स्थिरीकरण के फलस्वरूप बनी अमोनिया को सभी पादप पाचन नहीं कर पाते। अमोनिया को अमोनियम आयन तथा अमोनियम आयन को एमीनो अम्ल में बदला जाता है। इस प्रक्रिया को अमोनीकरण कहते हैं।

(iii) **नाइट्रीकरण** (Nitrification) अमोनिया के ऑक्सीकरण से नाइट्राइट एवं नाइट्रेट बनते हैं। इस प्रक्रिया में पौधों द्वारा नाइट्रोजन को आत्मसात् किया जाता है। इस प्रक्रिया में नाइट्रोजन एमीनो एसिड और प्रोटीन जैसे कार्बनिक रूपों में परिवर्तित होती है।

(iv) **विनाइट्रीकरण** (Denitrification) जीवाणुओं द्वारा मृदा में उपस्थित नाइट्रेट को नाइट्रोजन में परिवर्तित करने की क्रिया विनाइट्रीकरण कहलाती है। इस प्रक्रिया में भूमि की उर्वरा शक्ति कम हो जाती है।

3. जल चक्र

- पृथ्वी की भू-सतह के लगभग 71% भाग पर जल है। यह जल महासागरों, नदियों, झीलों, ग्लेशियर, वायुमंडल, भू-जल, वनस्पति तथा जंतुओं आदि में पाया जाता है।
- इन सभी में जल की मात्रा नियत नहीं रहती है, क्योंकि यह **जल चक्र** (Water Cycle) के माध्यम से एक-दूसरे में विस्थापित होता है।
  जल चक्र के निम्न तीन चरण हैं

  (i) **वाष्पीकरण** (Evaporation) पृथ्वी के महासागरों के जल को सूरज की किरणों द्वारा गर्म किया जाता है, जिसके कारण जल वाष्प में बदल जाता है और वायु के साथ मिलकर उसे 'आर्द्र' बनाता है, इसे वाष्पीकरण कहते हैं। यह विस्थापन जल के तीनों रूपों (ठोस, द्रव एवं गैस) के माध्यम से होता है। जल चक्र को इस प्रकार से स्पष्ट कर सकते हैं कि पृथ्वी पर उपस्थित जल गर्म होकर वाष्पीकृत होता है।

  (ii) **संघनन** (Condensation) वायु के साथ मिलकर वाष्प संघनित होता है तथा वह धीरे-धीरे ठंडा होने लगती है और तरल संघनन के रूप में सामने आता है।

  (iii) **वर्षा** (Rainfall) जल के संघनन द्वारा बादल बनते हैं, जिनसे वर्षा होती है, जिसका कुछ भाग रिसकर भू-जल में मिल जाता है तथा कुछ भाग नदियों द्वारा समुद्र में बह जाता है।
- वर्षा की बूँदें बादलों का निर्माण करती हैं, जो भारी हो जाती हैं। और कोहरे वर्षण तथा ओलों के रूप में वे आकाश से गिरती हैं तथा पुन: जलाशयों और सागरों में पहुँच जाती हैं।
- पुन: कुछ भाग वाष्पीकृत हो जाता है तथा कुछ भाग पौधों और जंतुओं द्वारा प्रयोग कर लिया जाता है।
- इस प्रकार जल का विनिमय स्थलमंडल, जलमंडल, वायुमंडल और जैवमंडल के मध्य चलता रहता है।

4. ऑक्सीजन चक्र

- जीवन के लिए (श्वसन क्रिया में) ऑक्सीजन अनिवार्य होती है। जीवों द्वारा जीवित कोशिकाओं में ऊर्जा बनाने की प्रक्रिया के दौरान ऑक्सीजन का प्रयोग किया जाता है।
- ऑक्सीजन चक्र (Oxygen Cycle) में मात्र वायुमंडलीय ऑक्सीजन को शामिल किया जाता है।
- विभिन्न खनिजों के रूप में उपस्थित ऑक्सीजन इसमें शामिल नहीं की जाती है।

  ऑक्सीजन चक्र के तीन चरण निम्न हैं

  (i) **प्रकाश संश्लेषण** पौधे ऑक्सीजन चक्र को प्रारंभ करते हैं, क्योंकि पौधे सौर ऊर्जा का उपयोग प्रकाश संश्लेषण की क्रिया द्वारा कार्बन डाइऑक्साइड और जल को कार्बोहाइड्रेट तथा ऑक्सीजन में परिवर्तित करने के लिए करते हैं अर्थात् पौधे कार्बन डाइऑक्साइड लेते हैं तथा ऑक्सीजन उत्सर्जित करते हैं।

$$CO_2 + H_2O \xrightarrow{\text{सूर्य विकिरण}} \text{कार्बोहाइड्रेट} + O_2 + CH_2O$$

(ii) **वायुमंडल में उत्सर्जित ऑक्सीजन** प्रकाश संश्लेषण से उत्पन्न ऑक्सीजन वायुमंडल में निष्कासित की जाती है, जिससे पौधों द्वारा प्रकाश संश्लेषण के कारण वायुमंडल को बड़ी मात्रा में ऑक्सीजन प्राप्त होती है।

(iii) श्वसन प्रक्रिया जीवित प्राणियों को आवश्यक ऊर्जा के लिए ऑक्सीजन की आवश्यकता होती है। यह प्रक्रिया कोशिकाओं द्वारा की जाती है, जो श्वसन में प्राणियों द्वारा ऑक्सीजन लेकर कार्बन डाइ-ऑक्साइड छोड़ी जाती है।

अवसादी चक्र

- अवसादी चक्र (Sedimentary Cycle) के अंतर्गत शैलों के निर्माण उनके अवसादों के रूप में विघटन तथा वियोजन, पृथ्वी के विभिन्न पर्यावरण संघटकों से होकर अवसादों के संचरण और निक्षेपण तथा पुन: निर्माण की समस्त प्रक्रियाओं एवं क्रिया विधि को सम्मिलित किया जाता है।
- अवसाद चक्र की क्रियाविधि को **भू-चक्र** (Geomorphic Cycle) कहा जाता है।

फॉस्फोरस चक्र

- फॉस्फोरस चक्र (Phosphorus Cycle) के अंतर्गत फॉस्फोरस को पौधे मृदा से अपनी जड़ों द्वारा ऑर्थोफॉस्फेट के रूप में ग्रहण करते हैं और इसे अपने जीवभार में सम्मिलित कर लेते हैं।
- पारिस्थितिक-तंत्र के सभी स्वपोषी तथा परपोषी जीवों के लिए फॉस्फोरस एक अनिवार्य तत्त्व है, क्योंकि यह जीवों के जीवद्रव्य के पदार्थों (जैसे न्यूक्लियोटाइड, न्यूक्लियक अम्ल आदि) का एक महत्त्वपूर्ण घटक है।
- यह कोशिकीय ऊर्जा हस्तांतरण में मुख्य भूमिका निभाता है। इसके अतिरिक्त अनेक प्राणियों के कवच, अस्थियाँ व दाँत इससे बनते हैं। यह मुख्यत: फॉस्फेट शैलों के रूप में मिलता है।
- मृदा में फॉस्फोरस चट्टानों के अपक्षय तथा अपरदन से एवं मानव द्वारा रासायनिक उर्वरक के रूप में प्रयोग करने से मिलता है।
- द्वितीयक उत्पादक फॉस्फोरस को प्राथमिक उत्पादकों से प्रत्यक्ष रूप से प्राप्त करते हैं, फिर पौधों और जंतुओं की मृत्यु होने पर अपघटक उनके मृत शरीर को अपघटित करके फॉस्फोरस को फिर से मृदा में मुक्त करते हैं।

सल्फर चक्र

- **सल्फर चक्र** (Sulphur Cycle) प्रकृति में सर्वाधिक जटिल रासायनिक चक्रों में से एक है। जीवों के लिए सल्फर बहुत महत्त्वपूर्ण तत्त्व है, क्योंकि यह अमीनो अम्ल, एंजाइम, प्रोटीन, विटामिन, न्यूक्लियो प्रोटीन आदि के निर्माण में सहायक होता है।
- प्रकृति में सल्फर विविध रूपों में पाया जाता है; जैसे- कार्बनिक, अकार्बनिक आदि। पौधे सल्फर को सल्फेट (SO_4) के रूप में ग्रहण करते हैं, जबकि कुछ जीवाणु सल्फर को हाइड्रोजन सल्फेट (H_2S) के रूप में ग्रहण करते हैं।
- ये जीवाणु कार्बनिक सल्फर को अकार्बनिक सल्फर में परिवर्तित करने में सक्षम होते हैं।
- पौधों में सल्फर की कमी से नई पत्तियों में कई रोग उत्पन्न हो जाते हैं; जैसे–**हरिमाहीनता** (Chlorosis) आदि।
- पौधों के जीवभार में उपस्थित सल्फर का शाकाहारी तथा मांसाहारी उपभोक्ताओं द्वारा उपभोग कर प्रत्यक्ष रूप से सल्फर प्राप्त करते हैं।
- इनकी मृत्यु के पश्चात् इनके मृत शरीरों में कार्बनिक सल्फर उपस्थित होता है।

पारिस्थितिकीय अनुक्रमण

- अनुक्रमण (Succession) की अवधारणा सर्वप्रथम **वार्मिंग** एवं **क्लिमेंट्स** द्वारा दी गई थी।
- अनुक्रमण सैकड़ों या हजारों वर्षों में वानस्पतिक समुदायों की रचना और आकार में आने वाली विभिन्नताओं को व्यक्त करता है।
- एक सुनिश्चित क्षेत्र की प्रजाति संरचना में उचित रूप से आकलित परिवर्तन को **पारिस्थितिक अनुक्रमण** (Ecological Succession) कहते हैं।
- समुदाय और पर्यावरण में पारस्परिक क्रिया के फलस्वरूप जो परिवर्तन उत्पन्न होता है, वह एक समुदाय के द्वारा प्रतिस्थापित होता है।
- लंबी अवधि के बाद अनुक्रमण की गति मंद पड़ने लगती है और अंतत: एक ऐसे समुदाय का आगमन होता है, जो वहाँ के भौतिक पर्यावरण के साथ गतिक संतुलन स्थापित करता है। इस संतुलन को **चरम समुदाय** (Climax Community) कहते हैं।
- सर्वप्रथम स्थापित समुदाय को अग्रणी/नवीन समुदाय (Pioneer Community) कहते हैं।
- चरम समुदाय स्थायी होता है तथा यह जाति रचना में कोई परिवर्तन नहीं दर्शाता है, जब तक कि पर्यावरणीय स्थिति में कोई बदलाव न आ जाए।

पारिस्थितकीय अनुक्रमण के प्रकार

उत्पत्ति के आधार पर क्लिमेंट्स (Clements) ने पारिस्थितिकीय अनुक्रम को दो भागों में बाँटा है

प्राथमिक अनुक्रम

- इसके अंतर्गत उन क्षेत्रों में विभिन्न क्रमकों (Sere) में वनस्पति समुदाय के विकास को सम्मिलित करते हैं, जहाँ सर्वप्रथम किसी भी पौधे या प्राणी का जनन एवं विकास नहीं हुआ हो।
- **प्राथमिक अनुक्रम** (Primary Succession) निम्न स्थानों व परिस्थितियों में होता है।
- जैसे नवीन लावा प्रवाह (Lava Flow) तथा उसके शीतलन द्वारा नवीन धरातल का निर्माण, हिममंडित क्षेत्रों से हिम के पिघल जाने के कारण शैलों के अनावरण वाला भाग, झील के जल के सूख जाने पर शुष्क झील क्षेत्र इसके अंतर्गत आते हैं।

द्वितीयक अनुक्रम

- किसी क्षेत्र में जब प्राथमिक अनुक्रमण से उत्पन्न जैव समुदाय का किन्हीं कारणों से विनाश हो जाता है, तो **द्वितीयक अनुक्रमण** (Secondary Succession) द्वारा उस क्षेत्र में नवीन जैव समुदाय विकसित होता है।
- द्वितीयक अनुक्रमण का कारण मानवीय हस्तक्षेपों (जैसे-वनों का काटना या जलाना, झूमिंग कृषि, सड़क निर्माण आदि) द्वारा या प्राकृतिक कारकों; जैसे-बाढ़, हरिकेन, सूखा, भूस्खलन, जलवायु परिवर्तन आदि के द्वारा प्राथमिक जैव समुदाय का विनाश होता है।

पारिस्थितिकीय अनुक्रमण के कारक

पारिस्थितिकीय तंत्र में वनस्पति समुदाय का विकास निम्न कारकों द्वारा प्रभावित हुआ है

- **जलवायु कारक** (Climatic Factor) वर्षा, तापमान, आर्द्रता, स्थानीय स्तर पर तापमान, वर्षा व आर्द्रता की मात्रा को प्रभावित करते हैं।
- **जैविक कारक** (Biotic Factor) प्राणी तथा मानव का प्रभाव वनस्पति के विकास पर इनका विशेष प्रभाव पड़ता है।
- **भौतिक कारक** (Physical Factor) इसके अंतर्गत धरातल का स्वरूप ऊँचाई, ढाल आदि आते हैं।
- **मृदीय कारक** (Soil Factor) इसमें मृदा संरचना, मृदा गठन (Soil Composition), पोषक तत्त्व (Nutrients) जैविक व रासायनिक तत्त्वों की मात्रा आदि को शामिल किया जाता है।

अनुक्रमण की प्रक्रिया

क्लिमेंट्स (Clements) ने वर्ष 1916 में अनुक्रम की निम्नलिखित प्रक्रियाओं का वर्णन किया है

- **न्यूडेशन** (Nudation) नवीन समुदाय के आगमन के लिए खाली स्थान प्रदान करने की प्रक्रिया न्यूडेशन कहलाती है। सामान्यत: नवीन जातियों (नव प्रवेश जातियों) में वृद्धि दर अधिक होती है, लेकिन उनकी जीवन अवधि कम होती है।
- **प्रवासन/आक्रमण** (Invasion) बाहर से अनेक नई जातियों का अनुक्रमण के क्षेत्रों में अनधिकृत प्रवेश प्रवासन या आक्रमण कहलाता है। इस प्रक्रिया में निकट के क्षेत्रों से प्रकीर्णन के विभिन्न माध्यमों से फलों या बीजों की अनेक प्रजातियों का नवीन स्थान पर पहुँचकर अंकुरित होना **आस्थापन** (Ecesis) कहलाता है।
- **स्पर्द्धा** (Intra-Specific Competition) जब किसी क्षेत्र में समुदायों का एकत्रीकरण हो जाता है, तब वहाँ स्थान तथा संसाधनों पर दबाव अधिक बढ़ जाता है। इस कारण यहाँ अंतर्जातीय तथा अंतराजातीय प्रतिस्पर्द्धा होने लगती है। सफल प्रतियोगी शीघ्र ही वहाँ के पर्यावरण के साथ अनुकूलन स्थापित कर लेते हैं और कुछ समुचित परिवर्तन का प्रयास करते हैं।
- **प्रतिक्रिया** (Reaction) इस चरण में जैविक तथा अजैविक दोनों घटकों के मध्य प्रतिक्रिया शुरू हो जाती है। पर्यावरण में निरंतर होने वाला परिवर्तन इसी का प्रतिफल (Result) है।
- **चरम अवस्था** (Climax Stage) पारिस्थितिकी अनुक्रम की प्रक्रिया की सबसे अंतिम अवस्था, चरम अवस्था होती है, जहाँ जैविक समुदाय पर्यावरण से काफी स्वस्थ सामंजस्य अथवा अनुकूलन स्थापित कर लेते हैं। इस अवस्था को पारिस्थितिक संतुलन (Ecological Balance) के लिए आवश्यक माना जाता है। चरम अवस्था की स्थापना में जलवायु का सबसे महत्त्वपूर्ण योगदान है।

पारिस्थितिकीय अनुकूलन

- पारिस्थितिकीय अनुकूलन (Ecological Adaptation) का तात्पर्य मानव का अपने प्राकृतिक या भौतिक वातावरण के साथ सामंजस्य से है।
- इस भौतिक वातावरण के अंतर्गत जैविक एवं अजैविक दोनों अवयव शामिल हैं।

मानव का पारिस्थितिकी के साथ सामंजस्य दो तरीकों से होता है, जो निम्नलिखित हैं-

1. **अनुकूलन** (Adaptation) इसका तात्पर्य अपने वातावरण के अनुसार, स्वयं को परिवर्तित (Self-Modification) करने से है। अनुकूलन के दो प्रकार हैं- (i) आंतरिक अनुकूलन तथा (ii) बाह्य अनुकूलन।
2. **संशोधन** (Modification) जीवन को सरल बनाने हेतु जब मानव अपने वातावरण को अपनी आवश्यकताओं के अनुसार ढाल लेता है, तो यह संशोधन कहलाता है। अत्यधिक गर्म प्रदेशों में एयर कंडीशनर तथा रेफ्रिजेरेटर का उपयोग संशोधन का परिणाम है।

बायोम

- पृथ्वी पर प्राणियों और पौधों का सबसे बड़ा जमाव बायोम (Biome) का वितरण मुख्यत: जलवायु से नियंत्रित होता है।
- स्थलीय पारितंत्र को ही बायोम कहा जाता है, जिसकी सीमाएँ जलवायु व अपक्षय संबंधी तत्त्वों द्वारा निर्धारित होती हैं।
- यह समग्र रूप से पादप एवं जंतुओं के अंतर्संबंधों का परिणाम बताया जाता है।
- इसमें वर्षा, तापमान, आर्द्रता एवं मिट्टी संबंधी अवयवों को भी शामिल किया जाता है।
- एक बायोम क्षेत्र से दूसरे बायोम में अंतर का मुख्य कारण तापमान एवं आर्द्रता की मात्रा में अंतर होना है। इसी अंतर के कारण पादप एवं जंतुओं के मध्य भी अंतर पाए जाते हैं।
- अलग-अलग जलवायु क्षेत्र में पादप व जंतुओं का विकास अलग-अलग वातावरण में होता है, परिणामस्वरूप दोनों के स्वरूप एवं विकास में अंतर आ जाता है।
- वन, घास क्षेत्र, मरुस्थल और टुंड्रा ये सभी स्थलीय पारितंत्र के अंतर्गत आते हैं, ये सभी बायोम के स्थलीय रूप से, जलीय पारितंत्र को पाँचवाँ बायोम कहा जाता है।

बायोम के प्रकार/प्रदेश तथा विशेषताएँ

बायोम	उप-प्रकार	प्रदेश	जलवायु संबंधी विशेषताएँ	मृदा	वनस्पतिजात व प्राणीजात
वन (Forest)	उष्णकटिबंधीय (Tropic)				
	भूमध्यरेखीय (Equatorial)	A1. भूमध्य रेखा से 10° उत्तर व दक्षिण अक्षांश	A1. तापमान 20° से 25° C लगभग एक समान वितरण प्रतिदिन भारी वर्षा उष्णार्द्र जलवायु	A1. अम्लीय, पोषक तत्त्वों की कमी।	A1. असंख्य वृक्षों के झुंड, लंबे व घने वृक्ष।
	पर्णपाती (Deciduous)	A2. 10° से 25° उत्तर व दक्षिण अक्षांश, ये एशिया के मानसूनी प्रदेशों मध्य अमेरिका ब्राजील तक विस्तृत हैं।	A2. तापमान 25° से 30° C वर्षा-वार्षिक औसत 1,000 मिमी एक ऋतु में	A2. पोषक तत्त्वों में धनी	A2. कम घने, मध्यम ऊँचाई के वृक्ष, अधिक प्रजातियों का एक साथ पाया जाना। दोनों में कीट-पतंगें, चमगादड़, पक्षी व स्तनधारी जंतुओं का पाया जाना।
	शीतोष्ण कटिबंधीय (Temperate)	B. पूर्वी उत्तरी अमेरिका, उत्तरी-पूर्वी एशिया, पश्चिमी व मध्य यूरोप	B. तापमान 20° से 30° C वर्षा-समान रूप से वितरित 750 से 1500 मिमी	B. उपजाऊ, अपघटक जीवों (कूड़ा कर्कट आदि पदार्थों) से भरपूर	B. मध्यम घने चौड़े पत्ते वाले वृक्ष। पौधों की प्रजातियों में कम विविधता-ओक, बीच, मेप्पल आदि सामान्य प्रजातियाँ। गिलहरी, खरगोश, पक्षी, काले भालू, पहाड़ी शेर व स्कंक आदि।
	बोरियल (Boreal)	C. यूरेशिया व उत्तर अमेरिका का उच्च अक्षांशीय भाग-साइबेरिया का कुछ भाग, अलास्का, कनाडा व स्कैंडेनेवियन देश।	C. छोटी आर्द्र ऋतु व मध्यम रूप से गर्म ग्रीष्म ऋतु तथा लंबी (वर्षा रहित) शीत ऋतु। वर्षाः मुख्यतः हिमपात के रूप में 400 से 1,000 मिमी	C. अम्लीय व पोषक तत्त्वों की कमी। मिट्टी की अपेक्षाकृत पतली परत।	C. सदाबहार कोणधारी वन; जैसे-पाइन, फर व स्प्रूस आदि। कठफोड़वा, चील, भालू, हिरण, खरगोश, भेड़िया व चमगादड़ आदि।
	भूमध्सागरीय वन (Mediterranean)	मध्य अक्षांश (35°-40°) उत्तरी व दक्षिणी अक्षांशों के मध्य	वर्षा शीतकालीन पछुआ हवा से ग्रीष्म काल में औसत तापमान 27°C तक	मृदा उपजाऊ होती है, नमी की मात्रा कम	यहाँ मिलने वाली वृक्षों की जड़ें लंबी होती हैं, ताकि अधिक गहराई से जल खींच सकें। कार्क, ओक, जैतून और चेस्टनट सामान्य पेड़ हैं।
मरुस्थलीय (Desert)	गर्म व उष्ण मरुस्थल (Hot Desert)	सहारा, कालाहारी, मरुस्थलीय, रूब एल-खाली।	तापमान 20° से 45° C	पोषक तत्त्वों से भरपूर व जैव पदार्थों का बहुत कम या न होना	1 से 3 न्यून वनस्पति का विस्तार नागफनी कटीली झाड़ियाँ तथा यहाँ मोटी घास सामान्य रूप से पाई जाती है। मरुस्थल के सीमांत क्षेत्रों में बबूल के पेड़ मिलते हैं।
	अर्द्धशुष्क मरुस्थल (Semi-arid Desert)	2. गर्म मरुस्थल के गौण क्षेत्र एटेकामा।	21°C से 58°C		
	तटीय मरुस्थल (Coastal Desert)	टुंड्रा जलवायु प्रदेश	15°C से 35°C		
	शीत मरुस्थल (Cold Desert)				4. खरगोश, चूहे, हिरण व पृथ्वी पर रहने वाली गिलहरी। काई और लाइकेन तथा जंगली फूलों वाली झाड़ियाँ यहाँ की विशेषता है।
घास भूमि (Grassland)	उष्णकटिबंधीय (Tropical Grasslands)	अफ्रीका के विशाल क्षेत्र इसे सवाना प्रदेश के नाम से जानते हैं। लैटिन अमेरिका में इसे लैनोज व पंपास कहते हैं। ऑस्ट्रेलिया, दक्षिण अमेरिका व भारत में विस्तृत है।	गर्म, उष्ण जलवायु, वर्षा 500 से 1,250 मिमी।	सरंध्रित मृदा व साथ ही ह्यूमस की पतली परत।	घास, पेड़ व लंबी झाड़ियों की अनुपस्थिति।

बायोम	उप-प्रकार	प्रदेश	जलवायु संबंधी विशेषताएँ	मृदा	वनस्पतिजात व प्राणीजात
	शीतोष्ण कटिबंधीय (स्टैपी) (Temperate Grasslands)	यूरेशिया के कुछ भाग व उत्तर अमेरिका। यूरेशिया में स्टेटस दक्षिण अमेरिका में पंपास, ऑस्ट्रेलिया में डाउन्स अर्जेंटीना में पंपास	उष्ण ग्रीष्म व शीत ऋतु, वर्षा 500 से 900 मिमी। साधारण वर्षा होती है।	इसमें प्रकाश संश्लेषण उसी क्षेत्र तक सीमित है, जहाँ तक सूर्य का प्रकाश प्रवेश कर पाता है।	जिराफ, जेबरा, भैंस, चीता, लकड़बग्घा, हाथी, चूहे, साँप व अन्य कीड़े आदि जीव। घास, कहीं-कहीं वृक्ष जैसे-ओक व मुलायम लकड़ी के वृक्ष-विलो आदि। गज़ेल जेबरा, गेंडे, जंगली घोड़े, शेर, विभिन्न प्रकार के पक्षी, कीड़े, साँप आदि जीव-जंतु
जलीय (Acquatic)	**ताजा जल के बायोम** (Fresh Water Biome)	झीलें, नदियाँ, सरिताएँ व अन्य आर्द्र भूमि	1 से 2°C तापमान में विविधता वायुदाब व आर्द्रता अधिक	जल : दलदल	शैवाल व अन्य जलीय व समुद्री पादप समुदाय व साथ ही पानी में रहने वाले जंतु व प्राणी।
	समुद्री जल के (Oceanic Water)	महासागर, प्रवाल-भित्ति, लैगून व ज्वारनद मुख (Estuaries)		जलः समुद्री दलदल	
पर्वतीय (Altitudinal)	...	ऊँची पर्वतीय श्रेणियों के ढाल, जैसे-हिमालय एंडीज व रॉकी पर्वत क्षेत्र	तापमान व वर्षा में भिन्नता-अक्षांशों पर आधारित।	ढाल-रेगोलिथ से ढके हुए	पर्णपाती से टुंड्रा प्रकार की वनस्पति, ऊँचाई के आधार पर भिन्नता। लंबी शीत ऋतु में टुंड्रा प्रदेश हिम से ढक जाता है। उत्तर अमेरिका और यूरेशिया के चारों ओर इस प्रकार की वनस्पतियाँ मिलती हैं।

अतिरिक्त तथ्य
तमिलनाडु बोर्ड एवं NIOS

- बायोस्फीयर शब्द का प्रतिपादन **एडुआर्ड सूस** (Eduard Suess) ने वर्ष 1975 में किया था। बाद में चार्ल्स डार्विन तथा अन्य वैज्ञानिकों ने बायोस्फीयर के अध्ययन में योगदान दिया।
- **इकोसिस्टम** शब्द पहली बार वर्ष **1935** में आर्थर जॉर्ज टांसले द्वारा प्रस्तावित किया गया था। टाँसले के अनुसार, ''पर्यावरण के सभी जैव तथा अजैव कारकों के एकीकरण से बनने वाली प्रणाली को, **पारिस्थितिकी तन्त्र** कहते हैं।''
- एक पारिस्थितिकी तन्त्र जब बड़े क्षेत्र पर विस्तृत हो जाता है, तो यह बायोम बन जाता है। **आई जी सिमन्स** (IG Simmons) के अनुसार, सबसे विस्तृत पारिस्थितिकी तन्त्र इकाई जिसे निर्दिष्ट करना सुविधाजनक हो, बायोम कहलाती है।
- कोरल (मूंगे) समुद्री अकशेरुकी जीव है, जो सघन कालोनी मे रहतें है। उनका निवास उष्णकटिबन्धीय महासागरों तथा सागरों में होता है।
- मूंगों के विकास के लिए 23°C से 29°C तापमान सर्वोत्कृष्ट होता है। 20°C से कम जल के तापमान में वे जीवित नहीं रह पाते हैं।
- सदाबहार वर्षा वन बायोम भूमध्य रेखीय क्षेत्र में पाया जाता है। यह भूमध्य रेखा से 20°C उत्तरी तथा दक्षिणी अक्षांशों में विस्तृत होता है।
- सदाबहार वर्षा वन अमेजन, बेसिन, कांगों बेसिन तथा दक्षिण-पूर्व एशिया के द्वीपों पर पाए जाते हैं।
- पृथ्वी पर जल की कुल मात्रा का 95% रासायनिक रूप से चट्टानों में आत्मसात् हो जाता है तथा शेष 5% जल में समुद्र तथा ध्रुवीय क्षेत्र हैं।
- वायुमंडल का केवल 0.6% जल ही जलवाष्प के रूप में भूमिगत जल या मृदा जल के रूप में उपलब्ध है।
- जल का औसतन 84% भाग समुद्री सतह द्वारा वाष्पित हो जाता है।
- प्रतिवर्ष हरे पौधों द्वारा संपूर्ण जैवमंडल की 4.9×10^{11} किग्रा CO_2 का स्थिरीकरण होता है।
- वन कार्बन डाइ-ऑक्साइड के भंडारण के रूप में कार्य करते हैं।
- जंगल में आग लगने से बड़ी मात्रा में CO_2 विमोचित हो जाती है।
- श्वसन एक उपापचीय क्रिया है, जिससे ऊर्जा के ऑक्सीकरण द्वारा CO_2 तथा जल मुक्त कराने के लिए होता है।
- मृत जीव पदार्थ सूक्ष्म जीवों के द्वारा अपघटित कर दिया जाता है तथा अपघटकों के द्वारा CO_2 वायुमंडल में विमोचित हो जाती है।
- स्थलीय पारितंत्र संपूर्ण पृथ्वी के **29%** भाग को घेरे हुए है।
- जलीय पारितंत्र में पृथ्वी के धरातल पर विभिन्न रूपों में उपस्थित **71%** जल का उल्लेख है।
- तालाब एक पूर्ण बंद और स्वतंत्र पारितंत्र का उदाहरण है।

29

जैव विविधता

(स्रोत)

Class-VIII New NCERT Chap 2 **भूमि, मृदा जल, प्राकृतिक वनस्पति और वन्यजीव संसाधन,**
Class-X New NCERT Chap 2 **वन एवं वन्यजीव संसाधन,**
Class-XI New NCERT Chap 5 **प्राकृतिक वनस्पति,**
Class-XI New NCERT Chap 14 **जैव विविधता एवं संरक्षण**
Class-XI Old NCERT Chap 16 **प्राकृतिक वनस्पति तथा वन्य जीव,**
Class-XII New NCERT, Bio Chap 13 **जैव विविधता एवं संरक्षण,**
Tamil Nadu Board (Class XII), NIOS

जैव विविधता का तात्पर्य

- जैव विविधता (Biodiversity) दो शब्दों के मेल से बना है, जिसमें बायो (Bio) का अर्थ है-जीव तथा डायवर्सिटी (Diversity) का अर्थ है-विविधता।
- साधारण शब्दों में, किसी निश्चित भौगोलिक क्षेत्र में पाए जाने वाले जीवों की संख्या और उसकी विविधता को जैव विविधता कहते हैं।
- इस शब्द का प्रयोग सर्वप्रथम **एडवर्ड ओस्वर्ग विल्सन** ने वर्ष 1985 में किया था।
- जैव विविधता का संबंध पौधों के प्रकार, प्राणियों तथा सूक्ष्म जीवाणुओं एवं उनकी आनुवंशिकी (Genetics) और उनके द्वारा निर्मित पारितंत्र (Ecology) से होता है।
- यह पृथ्वी पर पाए जाने वाले जीवधारियों की परिवर्तनशीलता, एक ही प्रजाति तथा विभिन्न प्रजातियों में परिवर्तनशीलता तथा विभिन्न पारितंत्रों में विविधता से संबंधित है। जहाँ ऊर्जा एवं जल की उपलब्धता अधिक है, वहीं जैव विविधता भी व्यापक स्तर पर पाई जाती है।
- प्रजातियों के दृष्टिकोण से और अकेले जीवधारी के दृष्टिकोण से जैव विविधता सतत् विकास का तंत्र माना जाता है। पृथ्वी पर किसी प्रजाति की औसत आयु 10 से 40 लाख वर्ष होने का अनुमान है।
- ऐसा भी माना जाता है कि लगभग 99% प्रजातियाँ, जो पृथ्वी पर कभी विद्यमान थीं, वर्तमान में विलुप्त हो चुकी हैं। पृथ्वी पर जैव विविधता एक जैसी नहीं है।
- उष्णकटिबंधीय क्षेत्रों में जैव विविधता अधिक होती है। जैसे-जैसे हम ध्रुवीय प्रदेशों की ओर बढ़ते हैं, वैसे ही प्रजातियों की विविधता कम होती जाती है, लेकिन जीवधारियों की संख्या अधिक होती जाती है।
- विश्व में 12 ऐसे देश हैं, जहाँ **महा विविधता** (Megadiversity) केंद्र पाए जाते हैं। ये सभी उष्णकटिबंधीय क्षेत्र के अंतर्गत आते हैं। ये देश हैं- मैक्सिको, कोलंबिया, इक्वेडोर, पेरू, ब्राजील, कांगो, मेडागास्कर, चीन, भारत, मलेशिया, इंडोनेशिया और ऑस्ट्रेलिया आदि।

जैव विविधता के प्रकार

- जैव विविधता सजीव संपदा है, क्योंकि ये परिवर्तनशील होते हैं। 'जैव विविधता' शब्द सामाजिक जीव वैज्ञानिक विविधता का द्योतक है।
- जैव विविधता का विकास लाखों वर्षों के इतिहास का परिणाम है। सामान्यत: जैव विविधता को तीन स्तरों पर समझा जा सकता है
  - आनुवंशिक जैव विविधता (Genetic Diversity)
  - प्रजातीय जैव विविधता (Species Diversity)
  - पारितंत्रीय जैव विविधता (Ecological Diversity)

आनुवंशिक जैव विविधता

- जीवन निर्माण हेतु जीन को एक मूलभूत इकाई माना जाता है। किसी प्रजाति में जीन की विविधता ही आनुवंशिक जैव विविधता है।
- समान भौतिक लक्षणों वाले जीवों के समूह को प्रजाति कहते हैं।
- मानव आनुवंशिक रूप से होमोसेपियन (Homosapiens) प्रजाति से संबंधित है, जिसमें कद, रंग और पृथक् दिखावट जैसे शारीरिक लक्षणों में काफी भिन्नता पाई जाती है।
- आनुवंशिक विविधता के कारण, शारीरिक लक्षणों में अंतर पाया जाता है, विभिन्न प्रजातियों के विकास एवं वृद्धि हेतु आनुवंशिक विविधता अधिक अनिवार्य है।

प्रजातीय जैव विविधता

- यह प्रजातियों की अनेकरूपता को बताती है। यह किसी निर्धारित क्षेत्र में प्रजातियों की संख्या से संबंधित है। प्रजातियों की विविधता, उनकी समृद्धि, प्रकार तथा बहुलता से आंकी जाती है।
- कुछ क्षेत्रों में प्रजातियों की संख्या अधिक और कुछ क्षेत्रों में कम होती है। जिन क्षेत्रों में प्रजातीय विविधता अधिक होती है, उन्हें जैव विविधता के **हॉट स्पॉट** (Hotspot) कहते हैं।

पारितंत्रीय जैव विविधता

- पारितंत्रों के प्रकारों में व्यापक भिन्नता और प्रत्येक प्रकार के पारितंत्र में होने वाली पारितंत्रीय प्रक्रियाएँ तथा आवास स्थानों की भिन्नता ही पारितंत्रीय जैव विविधता बनाते हैं।
- पारितंत्रीय विविधता का परिसीमन करना संभव नहीं है। यह एक जटिल परिदृश्यता को दर्शाता है, क्योंकि समुदायों (प्रजातियों का समूह) और पारितंत्र की सीमाएँ निश्चित नहीं होती हैं।

जैव विविधता का मापन

जैव विविधता का मापन प्रायः एक निर्धारित क्षेत्र में विभिन्न प्रजातियों की संख्या कितनी है तथा उनका पर्यावरण के साथ अनुकूलन कैसा है आदि की माप द्वारा की जाती है। इसकी माप अल्फा विविधता, बीटा विविधता तथा गामा विविधता से की जाती है, जो निम्न प्रकार हैं

- **अल्फा विविधता** (Alpha Diversity) किसी क्षेत्र विशेष में उपस्थित प्रजातियों की कुल संख्या को अल्फा विविधता कहते हैं। यह विविध क्षेत्रों में जैव विविधता के तुलनात्मक अध्ययन में सहायक है। अल्फा विविधता से यह ज्ञात होता है कि प्रजातियों की संख्या बढ़ रही है या नहीं। अल्फा मापन से किसी पारिस्थितिकी-तंत्र के अंदर एक समुदाय की कुल प्रजातियों की संख्या और प्रजातियों की आनुवंशिकी के आधार पर उनमें पाई जाने वाली समरूपता का भी आकलन किया जाता है।
- **बीटा विविधता** (Beta Diversity) किसी क्षेत्र विशेष में पाई जाने वाली प्रजातियों की संरचनात्मक विविधताओं को बीटा विविधता कहा जाता है। इसके अंतर्गत प्रजातियों के पलायन को देखा जाता है। जलवायु परिवर्तन के साथ ही आवास या समुदाय की पर्यावरणीय दशाएँ भी परिवर्तित हो जाती हैं। बीटा विविधता उस मापन को स्पष्ट करती है, जिसमें स्पीशीज (Species) पर्यावरणीय अंतरों के बीच बदलती है।
- **गामा विविधता** (Gama Diversity) किसी क्षेत्र विशेष में उपस्थित विविध प्रजातियों के अंतः संबंधों को निरूपित करने के लिए गामा विविधता का प्रयोग करते हैं। यह भौगोलिक कारकों पर निर्भर करती है। गामा विविधता, वह दर है जिस पर एक ही आवासीय प्रकार के विभिन्न स्थानों में भौगोलिक विस्थापितों के रूप में अतिरिक्त जातियाँ पाई जाती हैं।

जैव विविधता का महत्त्व

जैव विविधता का महत्त्व निम्नलिखित है

सांस्कृतिक महत्त्व

- जैव विविधता ने मानव संस्कृति के विकास में बहुत योगदान दिया है और उसी प्रकार मानव समुदायों ने भी **आनुवंशिक, प्रजातीय** एवं **पारिस्थितिक** स्तरों पर प्राकृतिक विविधता को बनाए रखने में बड़ा योगदान दिया है।
- जैव विविधता की पारिस्थितिक, आर्थिक और वैज्ञानिक भूमिकाएँ प्रमुख हैं।
- पारिस्थितिकविदों के अनुसार, जिस समुदाय में अधिक जातियाँ होती हैं वह पारितंत्र (Ecosystem) कम जाति वाले समुदाय से अधिक स्थिर रहता है।
- जातीय समृद्धि पारितंत्र अच्छा बनाए रखने में परस्पर सहयोग प्रदान करती है।
- एक समृद्ध जैव विविधता केवल अच्छे पारितंत्र के लिए ही आवश्यक नहीं है, बल्कि इस ग्रह पर मानव जीवन को जीवित रखने के लिए भी आवश्यक है।

पारिस्थितिकीय महत्त्व

- पारितंत्र में विभिन्न प्रजातियाँ कोई-न-कोई क्रिया करती हैं। पारितंत्र में कोई भी प्रजाति बिना कारण न तो विकसित हो सकती है और न ही बनी रह सकती है अर्थात् प्रत्येक जीव अपनी आवश्यकता पूरी करने के साथ-साथ दूसरे जीवों के पनपने में भी सहायक होता है।
- जीव एवं प्रजातियाँ ऊर्जा ग्रहण कर उनका संग्रहण करती हैं।
- कार्बनिक पदार्थ उत्पन्न एवं विघटित करती हैं और पारितंत्र में जल एवं पोषक तत्त्वों के चक्र को बनाए रखने में सहायक होती हैं, इसके अतिरिक्त प्रजातियाँ वायुमंडलीय गैस को स्थिर करती हैं और जलवायु को नियंत्रित करने में सहायक होती हैं।
- पारितंत्र में जितनी अधिक विविधता होगी प्रजातियों के प्रतिकूल स्थितियों में भी रहने की संभावना और उनकी उत्पादकता भी उतनी ही अधिक होगी। प्रजातियों की क्षति से तंत्र के बने रहने की क्षमता भी कम हो जाती है।
- अधिक आनुवंशिक विविधता वाली प्रजातियों की भाँति अधिक जैव विविधता वाले पारितंत्र में पर्यावरण के बदलाव को सहन करने की अधिक क्षमता होती है, दूसरे शब्दों में जिस पारितंत्र में जितनी प्रकार की प्रजातियाँ होंगी, वह पारितंत्र उतना ही अधिक स्थायी होगा।

आर्थिक महत्त्व

- मानव जीवन के लिए जैव विविधता एक महत्त्वपूर्ण संसाधन है। जैव विविधता का एक महत्त्वपूर्ण भाग फसलों की विविधता है, जिसे कृषि जैव विविधता भी कहा जाता है।
- जैव विविधता को संसाधनों के उन भंडारों के रूप में समझा जाता है, जिनकी उपयोगिता भोज्य पदार्थ, औषधियों और सौंदर्य प्रसाधन आदि बनाने में है।
- जैव संसाधनों की ये परिकल्पना जैव विविधता के विनाश के लिए भी उत्तरदायी है।
- खाद्य फसलें, पशु, वन संसाधन, मत्स्य व औषधीय संसाधन आदि कुछ ऐसे प्रमुख आर्थिक महत्त्व के उत्पाद हैं, जो मानव को जैव विविधता के फलस्वरूप उपलब्ध होते हैं।

वैज्ञानिक महत्त्व

- जैव विविधता का वैज्ञानिक महत्त्व प्रजातियों के अन्योन्याश्रय संबंधों पर आधारित है।
- जैव विविधता से पृथ्वी पर जीवों के उद्भव तथा उनके जीवन व्यतीत करने की संभावनाओं का अध्ययन किया जाता है।
- जैव विविधता का संरक्षण पारिस्थितिकीय संतुलन के लिए अनिवार्य है। इसमें प्रत्येक वनस्पति तथा जीव प्रजातियों के जीवन की आश्रयता (Dependency) को ज्ञात किया जाता है।

जैव विविधता का ह्रास

- पिछले कुछ दशकों से जनसंख्या वृद्धि के कारण प्राकृतिक संसाधनों का उपभोग अधिक होने लगा है, इससे संसार के विभिन्न भागों में प्रजातियों तथा उनके आवास स्थानों में तेजी से कमी हुई है।
- पृथ्वी पर जैव संपदा भंडार में तेजी से कमी हो रही है, इसके लिए मानवीय क्रियाकलाप मुख्य रूप से जिम्मेदार हैं।
- मानव द्वारा प्रशांत उष्णकटिबंधीय द्वीप पर आवासीय बस्तियाँ स्थापित करने से वहाँ के मूल पक्षियों की 2000 से अधिक जातियाँ तथा पिछले 20 वर्ष में 27 जातियाँ विलुप्त हो गई हैं। वास्तव में भारत जैव-विविधता के संदर्भ में विश्व के सबसे समृद्ध देशों में से एक है।
- यहाँ विश्व की सभी जैव प्रजातियों की 8% जनसंख्या (लगभग 16 लाख) पाई जाती है। लगभग 3 करोड़ वर्ष पूर्व जब से पृथ्वी पर जीवन की उत्पत्ति तथा विविधरूपेण (Diversification) हुआ है, तब से पृथ्वी पर पाँच बार जातियों के व्यापक विलोपन की घटना घट चुकी है।
- वर्तमान में छठा विलोपन प्रगति पर है, परंतु अन्य विलोपन की भाँति छठा विलोपन अलग है, क्योंकि मानवीय गतिविधियों के कारण विलोपन की दर 100 से 1000 गुणा अधिक तीव्र आँकी गई है।
- उष्णकटिबंधीय क्षेत्र, जो विश्व के कुल क्षेत्र का मात्र 1/4 भाग है, यहाँ विश्व की 3/4 जनसंख्या निवास करती है।
- इस विशाल जनसंख्या की जरूरतों को पूरा करने के लिए संसाधनों का दोहन और वनोन्मूलन अत्यधिक हुआ है।
- उष्णकटिबंधीय वर्षा वाले वनों में पृथ्वी की लगभग 50% प्रजातियाँ पाई जाती हैं और प्राकृतिक आवासों का विनाश संपूर्ण जैवमंडल के लिए हानिकारक सिद्ध हुआ है।
- जैव विविधता की हानि का प्रभाव निम्न रूपों में स्पष्ट होता है
  - पादप की उत्पादकता में कमी आती है।
  - पर्यावरणीय समस्याओं के प्रति प्रतिरोध (Resistance) में कमी आती है।
  - कुछ पारितंत्र की प्रक्रियाओं; जैसे-पादप उत्पादकता, जल उपयोग, पीड़क तथा रोग चक्रों की परिवर्तनशीलता बढ़ जाती है।
- प्राकृतिक आपदाएँ; जैसे-भूकंप, बाढ़, ज्वालामुखी उद्गार, दावानल, सूखा आदि पृथ्वी पर पाए जाने वाले प्राणिजात और वनस्पतिजात को क्षति पहुँचाते हैं और परिणामस्वरूप संबंधित प्रभावित प्रदेशों की जैव विविधता में बदलाव आता है।
- कीटनाशक सहित अनेक प्रदूषक; जैसे-हाइड्रोकार्बन और विषैली भारी धातु संवेदनशील और कमजोर प्रजातियों को नष्ट कर देते हैं। वे प्रजातियाँ जो स्थानीय आवास की मूल जैव प्रजाति नहीं होतीं, लेकिन उस तंत्र में स्थापित हो जाती हैं, उन्हें **विदेशज प्रजातियाँ** (Exotic Species) कहा जाता है।

जैव विविधता की क्षति के कारण

जातीय विलोपन की बढ़ती हुई दर, जिसका विश्व सामना कर रहा है वह मुख्य रूप से मानव क्रियाकलापों के कारण है। आवासीय क्षति एवं विखंडन, अतिदोहन, विदेशी जातियों का आक्रमण एवं सहविलुप्तता ऐसे कई कारण हैं, जिनके कारण जैव विविधता का निरंतर ह्रास हो रहा है, जो निम्न प्रकार हैं

- **आवासीय क्षति एवं विखंडन** (Habitat Loss and Fragmentation) इसका प्रमुख कारण जंतु व पौधों का विलुप्तीकरण है। उष्णकटिबंधीय वर्षा वनों में होने वाली आवासीय क्षति का सबसे अच्छा उदाहरण है। एक समान वर्षा वन पृथ्वी के 14% क्षेत्र में फैले थे, परंतु इन वनों की प्रतिशतता घटकर 6% रह गई है। अमेजन वर्षा वन क्षेत्र, जिसे पृथ्वी का फेफड़ा कहा जाता है उसमें संभवत: करोड़ों जातियाँ निवास करती हैं, परंतु वर्तमान समय में इसे सोयाबीन की खेती तथा जानवरों के चरागाह के लिए काटकर साफ किया जा रहा है।
- **अति दोहन** (Over Exploitation) मानव हमेशा भोजन तथा आवास के लिए प्रकृति पर निर्भर रहा है, लेकिन जब आवश्यकता लालच में बदल जाती है, तब इस प्राकृतिक संपदा का अधिक दोहन प्रारंभ हो जाता है। मानव द्वारा अति दोहन के कारण पिछले 500 वर्षों में बहुत सी जातियाँ (स्टीलर समुद्री गाय, पैसेंजर कबूतर) विलुप्त हो गए हैं।
- **विदेशी जातियों का आक्रमण** (Alien Species Invasion) जब विदेशी या बाहरी जातियाँ अनजाने में या जानबूझकर किसी भी उद्देश्य से एक क्षेत्र में लाई जाती हैं, तब उनमें से कुछ आक्रामक होकर स्थानिक जातियों में कमी या उनकी विलुप्ति का कारण बन जाती हैं; उदाहरण के रूप में मत्स्य पालन के उद्देश्य से **अफ्रीकन कैटफिश कलैरिटस गैरीपाइनस** मछली को हमारी नदियों में लाया गया, लेकिन अब ये मछली हमारी नदियों की मूल अशल्कमीन (कैटफिश जातियों) के लिए खतरा उत्पन्न कर रही हैं।
- **सह विलुप्तता** (Co-extinctions) जब एक जाति विलुप्त होती है, तब उस पर आधारित दूसरी जंतु एवं पादप जातियाँ भी विलुप्त होने लगती हैं, इसे ही सह विलुप्तता कहते हैं। जब एक परपोषी जाति विलुप्त होती है, तब उसके विशिष्ट परजीवियों का भी वही भविष्य होता है।

जैव विविधता में जातियों का विलोपन

प्राकृतिक संसाधनों व पर्यावरण संरक्षण की अंतर्राष्ट्रीय संस्था (IUCN) ने संकटापन्न पौधों व जीवों की प्रजातियों को उनके संरक्षण के उद्देश्य से 9 वर्गों में विभाजित किया है-

1. **संकटापन्न प्रजातियाँ** (Endangered Species) इसके अंतर्गत वे सभी प्रजातियाँ सम्मिलित हैं, जिनके लुप्त हो जाने का खतरा है। काला हिरण, मगरमच्छ, जंगली गधा, गैंडा, शेर, पूंछ वाला बंदर, सगाई आदि इस प्रकार की जातियों के उदाहरण हैं। इंटरनेशनल यूनियन फॉर द कंजरवेशन ऑफ नेचर एंड नेचुरल रिसोर्सेज (IUCN) विश्व की सभी संकटापन्न प्रजातियों के बारे में **रेड लिस्ट** नाम से सूचना प्रकाशित करती है।
2. **सुभेद्य प्रजातियाँ** (Vulnerable Species) इसके अंतर्गत उन प्रजातियों को शामिल किया जाता है, जिन्हें यदि संरक्षित नहीं किया गया या उनके विलुप्त होने में सहयोगी कारक यदि जारी रहे, तो निकट भविष्य में उनके विलुप्त होने का खतरा है। इनकी संख्या अत्यधिक कम होने के कारण इनका जीवित रहना सुनिश्चित नहीं है। जंगली भेड, एशियाई हाथी, गंगा डॉल्फिन आदि इस प्रकार की जातियों के उदाहरण हैं।
3. **दुर्लभ प्रजातियाँ** (Extinct Species) संसार में दुर्लभ प्रजातियों की संख्या बहुत कम है, ये प्रजातियाँ कुछ ही स्थानों पर हैं या बड़े क्षेत्र में विरल रूप में बिखरी हुई हैं। विश्व की 902 प्रजातियाँ आधिकारिक रूप से 'विलुप्त' हो चुकी हैं, जिन प्रजातियों का मूल्यांकन किया गया, उनमें से 30% प्रजातियाँ (1,38,374) विलुप्त होने के खतरे का सामना कर रही हैं।

भूमंडलीय जैव विविधता

- जलवायु परिवर्तन, महाद्वीपीय प्रवाह, पर्वत निर्माणकारी घटनाएँ, वनस्पतियों के उद्विकास आदि के परिणामस्वरूप धरातल का स्वरूप तथा वनस्पति का सृजन हुआ।
- वर्तमान धरातलीय तथा पर्यावरणीय दशाएँ अत्यंत विषम और विशिष्ट हैं। भूमंडल पर जैव विविधता का एक उत्कृष्ट तथा विषम रूप सृजित हुआ है।
- भूतल की विभिन्नता के आधार पर जैव विविधता को चार क्षेत्रों में विभाजित किया जाता है
  - अत्यधिक जैव विविधता वाला क्षेत्र
  - अधिक जैव विविधता वाला क्षेत्र
  - सामान्य जैव विविधता वाला क्षेत्र
  - निम्न जैव विविधता वाला क्षेत्र

अत्यधिक जैव विविधता वाला क्षेत्र

जलवायविक दशाएँ अनुकूल होने के कारण जीव जंतुओं, प्राणियों एवं वनस्पतियों का विकास संसार के अन्य भू-भाग की अपेक्षा यहाँ अधिक हुआ है। अत्यधिक जैव विविधता वाले क्षेत्रों में निम्न क्षेत्र शामिल हैं

- **उष्णकटिबंधीय वर्षावन** (Tropical Rain Forest) इन वनों में अत्यधिक जैव विविधता पाई जाती है, क्योंकि यहाँ स्थानीय प्रजाति निरंतर जीवित तथा प्राचीन समुदाय से संबंधित, जीवों में पर्यावरण अनुकूलन की प्रवृत्ति, नाशक जीवों तथा परजीवियों की संख्या की अधिकता, पादपों में बहि: संचरण की ऊँची दर, ऊर्जा की प्राप्ति की अधिकता आदि हैं। अनुकूल परिस्थितियों के कारण जैव विविधता का इतना अधिक विकास हुआ है कि इसे **जैव विविधता का भंडार** भी कहा जाता है, यद्यपि यह विश्व के 13% भू-भाग पर विस्तृत है, परंतु यहाँ पर संसार की 50% से अधिक ज्ञात प्रजातियाँ विद्यमान हैं।
- **प्रवाल भित्तियाँ** (Coral Reefs) भारतीय प्रवाल भिति क्षेत्र (Indian Coral Reefs Area) लगभग 2,375 वर्ग किमी में फैला है। विश्व की सबसे बड़ी प्रवाल भित्ति ऑस्ट्रेलिया में है, यहाँ की समुद्री परिस्थितियाँ जीव-जंतुओं तथा वनस्पतियों के विकास के अनुकूल हैं। परिणामस्वरूप यहाँ 3,000 से अधिक प्रजातियाँ पाई जाती हैं। **पश्चिमी प्रशांत महासागर** एवं **पूर्वी हिंद महासागर** भी प्रवाल भित्तियों से समृद्ध हैं, जहाँ जैव विविधता अत्यधिक है।
- **आर्द्र भूमियाँ** (Wetlands) स्थल तथा जल के मध्य का संक्रमण क्षेत्र (Transition Zone) आर्द्रभूमि कहलाता है, जिसमें जीवों का उत्पादन अधिक होता है। परिणामस्वरूप आर्द्रभूमियाँ जैव विविधता की दृष्टि से समृद्ध होती हैं। जल की अधिकता, उर्वरक युक्त मृदा एवं वातन रहित (Anaerobic) मृदा आदि इस क्षेत्र की मुख्य विशेषताएँ हैं। यहाँ वनस्पतियों का शीघ्र विकास होता है, जिस कारण जीवों के लिए उत्तम प्राकृतिक वास (Habitat) की प्राप्ति होती है। आर्द्र भूमियों को दो-भागों में विभाजित किया जाता है
  1. **सागर तटवर्ती आर्द्र भूमि** (Seashore Wetlands) समुद्र व स्थल के मिलन बिंदु के समीप के क्षेत्र को सागर तटवर्ती आर्द्र भूमि कहते हैं। कच्छ (ज्वारीय मैंग्रोव) सागर तटवर्ती आर्द्र भूमि का प्रमुख दृष्टांत है, इसमें अधिक जैव विविधता मिलती है।
  2. **अंत: स्थलीय आर्द्र भूमि** (Inland Wetland) इसके अंतर्गत नदीय आर्द्र भूमि, कच्छ, दलदल, बाग भूमि आदि को शामिल किया जाता है, ये भूमियाँ अधिक आर्द्रता युक्त होती हैं। उष्ण व उपोष्ण कटिबंधीय क्षेत्रों में मैंग्रोव वनस्पतियों की विविधता पाई जाती है।

भारत की आर्द्र भूमि/जलग्रस्त भूमि का संरक्षण

- वर्ष 1987 में **पर्यावरण मंत्रालय** ने राष्ट्रीय आर्द्र भूमि संरक्षण कार्यक्रम की शुरुआत की, इस कार्यक्रम में 24 राज्यों में 103 आर्द्र भूमियों को संरक्षण हेतु चुना गया था। आर्द्र भूमि संरक्षण हेतु किए गए कुछ प्रमुख प्रबंधनों का विवरण निम्न प्रकार है
- **नवीन आर्द्रभूमि संरक्षण एवं प्रबंधन विनियम 2017**, सितंबर 2017 में भारत सरकार ने आर्द्र भूमि संरक्षण एवं प्रबंधन विनियम 2017 की अधिसूचना जारी की है। नए विनियमों के अंतर्गत निम्नलिखित प्रावधान किए गए हैं
- **शक्ति का विकेंद्रीकरण** इसके अंतर्गत केंद्र सरकार द्वारा राज्य सरकारों तथा संघ राज्य क्षेत्रों को आर्द्र भूमियों की पहचान और उनके प्रबंधन की शक्तियाँ प्रदान की गई हैं। प्रत्येक राज्य और केंद्रशासित प्रदेश में राज्य आर्द्र भूमि प्राधिकरण का गठन किया गया है।
- **राष्ट्रीय आर्द्र भूमि समिति का गठन** इसमें नियमों के क्रियान्वयन की निगरानी करने और केंद्र सरकार की उपयुक्त नीतियों और कार्यवाही कार्यक्रमों के माध्यम से आर्द्रभूमि के संरक्षण और बुद्धिमत्तापूर्ण उपयोग हेतु केंद्रीय आर्द्रभूमि विनियामक प्राधिकरण के गठन का प्रावधान है।
- **प्रतिबंधित गतिविधियाँ** यह विनियम उद्योगों की स्थापना और विस्तार, अपशिष्टों (ठोस, इलेक्ट्रॉनिक खतरनाक व निर्माण संबंधी कचरे) का भंडारण, जानवरों के शिकार जैसे आर्द्र भूमि में गतिविधियों की एक शृंखला को प्रतिबंधित करता है।
- **नियमों का लागू होना** ये नियम रामसर कन्वेंशन वर्ष 1971 के अंतर्गत अंतर्राष्ट्रीय महत्त्व की आर्द्र भूमि के रूप में वर्गीकृत आर्द्र भूमि तथा केंद्र सरकार, राज्य सरकार और संघ राज्य क्षेत्र प्रशासन द्वारा अधिसूचित की जाने वाली आर्द्र भूमि पर लागू होते हैं।

भारत की आर्द्र भूमियाँ

- भारत में आर्द्र भूमियाँ (Wetlands in India) अनेक स्थानों पर मिलती हैं; जैसे-लद्दाख के शुष्क ठंडे क्षेत्र में, राजस्थान के गर्म शुष्क क्षेत्र में, उष्णकटिबंधीय मानसूनी क्षेत्र (मध्य क्षेत्र), पूर्वोत्तर भारत में, दक्षिणी प्रायद्वीपीय भारत एवं समुद्री किनारों पर।
- आर्द्र भूमियों पर सम्मेलन रामसर (ईरान) में वर्ष **1971** में हस्ताक्षरित एक अंतरसरकारी संधि (Intergovernmental Treaty) है। यह आर्द्र भूमियों और उनके संसाधनों के संरक्षण तथा युक्ति संगत उपयोग के लिए राष्ट्रीय कार्रवाई और सहयोग की रूपरेखा प्रदान करता है। रामसर कन्वेंसन में आर्द्र भूमियों को 'अंतर्राष्ट्रीय महत्व' की श्रेणी में रखा गया है।

उष्णकटिबंधीय सागरीय क्षेत्र

- उष्णकटिबंधीय सागरीय क्षेत्रों में अधिक वर्षा एवं ऊँचा तापमान होता है तथा अनेक नदियाँ अवसादों का वृहत स्तर पर निक्षेप करती हैं। इस क्षेत्र में समुद्री जीव-जंतुओं तथा वनस्पतियों के विकास की अनुकूल परिस्थितियाँ उपलब्ध हैं, इसके परिणामस्वरूप जैव विविधता अधिक पाई जाती है।
- जैव विविधता के भौगोलिक क्षेत्रों को तीन वर्गों में विभाजित किया जाता है

अधिक जैव विविधता वाला क्षेत्र

- भू-आकृतिक बनावट (Geomorphological Structure) तथा जलवायु की उत्कृष्टता के कारण संसार में अनेक प्राकृतिक वास स्थानों का निर्माण हुआ है, जहाँ पर जैव-विविधता अधिक पाई जाती है। इसके अंतर्गत पश्चिमी यूरोप, मानसूनी प्रदेश, घास के मैदान आदि सम्मिलित हैं।

- इन क्षेत्रों में पर्याप्त वर्षा होती है, जिसके परिणामस्वरूप कोणधारी वन तथा चौड़ी पत्ती वाले वन अथवा दोनों का मिश्रण है; जैसे-चीड़, फर, चैस्टनट ओक, ऐश इत्यादि।
- मानसूनी प्रदेश में भी अधिक वर्षा व शुष्कता के कारण जलवायु में विभिन्नता दिखाई देती है। अधिक वर्षा वाले भागों में अधिक जैव विविधता मिलती है। शीशम, सागवान, पलाश, पीपल, महुआ, आम, तथा शीतोष्ण घास के मैदानी भागों में घास के मैदान मिलते हैं।

सामान्य जैव विविधता वाला क्षेत्र

वनस्पतियों तथा जीव-जंतुओं के विकास की अनुकूल परिस्थितियों के अभाव में संसार का बहुत बड़ा क्षेत्र जैव विविधता की दृष्टि से अत्यंत कमजोर क्षेत्र है; जैसे-मरुस्थलीय और उपध्रुवीय क्षेत्र।

निम्न जैव विविधता वाला क्षेत्र

- उत्तरी तथा दक्षिणी ध्रुवों के चारों ओर बहुत बड़ा भाग **हिमाच्छादित** (Snow Covered) है। सतत् हिमाच्छादित क्षेत्र में जीव-जंतुओं तथा वनस्पतियों का विकास हो सकता है।
- इसके अंतिम छोरों पर जहाँ भी **हिमद्रवण** (Ice Melting) होता है, वहाँ पर छोटी-छोटी वनस्पतियों तथा जीव-जंतुओं का उद्भव हो जाता है।
- ये भारत में जैव विविधता दृष्टि से संसार में अपना विशिष्ट स्थान रखते हैं। ब्राजील के पश्चात् भारत के सघन वनों में सर्वाधिक जैव विविधता है।
- पूर्वोत्तर भारत के पहाड़ी क्षेत्र अधिक वर्षा के क्षेत्र हैं, जबकि पश्चिम में क्षारीय कच्छ का रन है। मध्यवर्ती भाग पठारी है तथा वनस्पतियों से युक्त है, जिसके दोनों किनारों पर समुद्र तट है।
- दक्षिण-पश्चिमी प्रायद्वीपीय क्षेत्र में भारी वर्षा होती है, साथ ही समुद्र से घिरे अनेक द्वीप हैं। यहाँ उत्तम तथा विविध प्रकार के वास का निर्माण हुआ है, जिसके कारण इन क्षेत्रों में संसार के समस्त ज्ञात पादपों का 17.8% तथा जंतुओं का 7.4% भाग भारत में निवास करता है।

भारतीय जैव विविधता के स्तर

भारतीय जैव विविधता के निम्न स्तर हैं

- **मलय जैव विविधता** यह पूर्वी हिमालय की घाटियों में सघन वनावरण क्षेत्र में मिलती है।
- **इथोपियन जैव विविधता** यह राजस्थान तथा इसके आस-पास के क्षेत्रों में (शुष्क प्रदेशों में) विद्यमान है।
- **यूरोपियन जैव विविधता** ये उच्च हिमालयी क्षेत्र हैं, जो सदैव हिमाच्छादित रहते हैं।
- **भारतीय जैव विविधता** यह प्रायद्वीपीय पठार का क्षेत्र है, जहाँ सघन वनस्पति पाई जाती है तथा वहाँ भारतीय जैव विविधता होती है।

जैव विविधता के तप्त स्थल/हॉट-स्पॉट्स

- ऐसे स्थान पर जहाँ जातियों की पर्याप्तता के साथ-साथ स्थानीय जातियों की अधिकता पाई जाती है, लेकिन साथ ही इन जीवजातियों के अस्तित्व पर निरंतर संकट बना हुआ है अर्थात् जहाँ **स्थानीय एवं वैश्विक** (Global) दृष्टि से जातियों की समृद्धता है, लेकिन आवास विलुप्ति का संकट बना हुआ है, को **हॉट-स्पॉट्स** (Hot Spots) या जैव विविधता की दृष्टि से संवेदनशील क्षेत्र कहते हैं।
- हॉट-स्पॉट्स की अवधारणा को प्रसिद्ध ब्रिटिश पारिस्थितिकविद् **नॉर्मन मायर्स** ने वर्ष 1988 में प्रतिपादित किया था।
- विश्व में 36 हॉट्-स्पॉट्स की पहचान की गई है, जो पृथ्वी के 1.4% भाग पर विस्तृत हैं तथा यहाँ विश्व की कुल पादप जातियों का 44% तथा कुल कशेरुकी जातियों का 35% भाग पाया जाता है।

भारत के जैव विविधता हॉट-स्पॉट क्षेत्र

- भारत के 4 हॉट-स्पॉट क्षेत्र हैं तथा इनमें से दो हॉट-स्पॉट क्षेत्रों को विश्व के अत्यधिक तप्त हॉट-स्पॉट क्षेत्रों में रखा जाता है।

भारत के हॉट-स्पॉट क्षेत्र निम्न प्रकार हैं

पश्चिमी घाट और श्रीलंका हॉट-स्पॉट

- पश्चिमी घाट पहाड़ियों की एक शृंखला है, जो प्रायद्वीपीय भारत के पश्चिमी किनारे के साथ लगी हुई है।
- इस हॉट-स्पॉट का विस्तार दक्षिण-पश्चिमी भारत एवं दक्षिण पश्चिम के उच्च भूमि क्षेत्र तक है। उच्च वर्षा होने के कारण यहाँ **वर्षा वन** व **आर्द्र पर्णपाती** वन पाए जाते हैं।
- पश्चिमी घाट को स्थानिक रूप से **सह्याद्रि पर्वत चोटी** भी कहा जाता है। यह क्षेत्र उच्च जैव विविधता के साथ-साथ स्थानिकता के उच्च स्तर को भी प्रकट करता है। यहाँ लगभग 77% उभयचर एवं 62% सरीसृप की प्रजातियाँ पाई जाती हैं, जो और कहीं नहीं पाई जातीं।

पूर्वी हिमालय हॉट-स्पॉट

- यह हॉट-स्पॉट क्षेत्र भारत के उत्तर-पूर्वी भाग, भूटान एवं दक्षिणी, मध्य और पूर्वी नेपाल के क्षेत्रों तक विस्तृत है। यहाँ पौधों की लगभग 20,000 प्रजातियाँ पाई जाती हैं, जिसमें एक-तिहाई स्थानिक प्रजातियाँ हैं, जो विश्व में और कहीं नहीं पाई जाती हैं।
- पूर्वी हिमालयी हॉट-स्पॉट क्षेत्र में लगभग 163 वैश्विक रूप से संकटापन्न प्रजातियाँ हैं, जिनमें से एक सींग वाला गैंडा, जंगली एशियाई जल भैंस प्रमुख हैं।

इंडो-बर्मा हॉट-स्पॉट

- यह हॉट-स्पॉट क्षेत्र अनेक देशों यथा भारत के उत्तर-पूर्वी क्षेत्र, **म्यांमार**, ब्रह्मपुत्र नदी के दक्षिणी भाग, दक्षिणी चीन के युन्नान प्रांत के साथ **कंबोडिया**, **वियतनाम**, **थाइलैंड** आदि क्षेत्रों में विस्तृत है।
- इस क्षेत्र में जलवायु और आवास पैटर्न में काफी विविधता पाई जाती है। यह क्षेत्र अत्यधिक वन क्षेत्रों से घिरा हुआ है, किंतु पर्यावरण असंतुलन के कारण यह संकुचित होता जा रहा है, यहाँ पादपों की 13,500 प्रजातियाँ मिलती हैं।

सुंडालैंड

- यह हॉट-स्पॉट क्षेत्र दक्षिण-पूर्व एशिया में **इंडो-मलाया** द्वीप के पश्चिमी भाग तक विस्तृत है, जिसमें **थाइलैंड**, **मलेशिया**, **सिंगापुर**, **इंडोनेशिया** शामिल हैं। इस क्षेत्र के अंतर्गत भारत का **अंडमान** एवं **निकोबार द्वीप समूह** आता है।
- सुंडालैंड को वर्ष 2013 मे **संयुक्त राष्ट्र** द्वारा हॉट-स्पॉट क्षेत्र घोषित किया गया था, यह क्षेत्र स्थलीय और समुद्री पारिस्थितिक तंत्र के रूप में समृद्ध है।

वैश्विक हॉट-स्पॉट

वर्तमान विश्व में कुल करीब 36 हॉट-स्पॉट्स हैं। इन क्षेत्रों में विश्व की वनस्पतियों व पौधों की 50% से अधिक प्रजातियाँ स्थलीय कशेरुकियों की 43% प्रजातियाँ स्थानिक रूप में पाई जाती हैं।

विश्व के प्रमुख हॉट-स्पॉट

प्रदेश	हॉट-स्पॉट
उत्तरी एवं मध्य अमेरिका	कैलिफोर्निया फ्लोरिस्टिक प्रांत, कैरेबियन द्वीप समूह, मैड्रियन पाइन-ओक वुडलैंड्स
दक्षिण अमेरिका	ब्राजील अटलांटिका वन, सेराडो, चिली शीत वर्षा- वालडिवियन वन, टुंबेस-चोको-मगदलीना, उष्णकटिबंधीय एंडीज
यूरोप व मध्य एशिया	भूमध्यसागरीय बेसिन
अफ्रीका	केप पुष्पीय क्षेत्र, पूर्वी अफ्रीका के तटीय वन, पूर्वी अफ्रीका के पहाड़, पश्चिमी अफ्रीका के गिनी वन, हॉन ऑफ अफ्रीका, मेडागास्कर व हिंद महासागरीय द्वीप, मापुतालैंड पॉंडोलैंड अल्बेनी, सकुलेंट कारू
एशिया-प्रशांत	पूर्वी मैलेनेशिया द्वीप समूह, इंडो-बर्मा, पूर्वी हिमालय, जापान, दक्षिण-पश्चिमी चीन के पूर्व, न्यूजीलैंड, फिलीपींस, न्यू कैलिडोनिया, पोलिनेशिया-माइक्रोनेशिया, वैलेसिया, सुंडालैंड, पश्चिमी घाट (भारत व श्रीलंका), काकेशस, ईरान-अनातोलिया, मध्य एशियायी पर्वत दक्षिण पश्चिमी ऑस्ट्रेलिया

जैव विविधता का संरक्षण

- मानव अस्तित्व के लिए जैव विविधता अति आवश्यक है। जीवन का प्रत्येक रूप एक-दूसरे पर इतना निर्भर करता है कि किसी एक प्रजाति पर संकट आने से दूसरे में असंतुलन की स्थिति पैदा हो जाती है।
- इससे पर्यावरण में गिरावट उत्पन्न होती है और अंततोगत्वा मनुष्य का अपना अस्तित्व भी खतरे में पड़ सकता है।
- जैव विविधता को संरक्षित करने के लिए यह आवश्यक है कि मानव को पर्यावरण मैत्री संबंधी पद्धतियों के प्रति जागरूक किया जाए और विकास की ऐसी व्यावहारिक गतिविधियाँ अपनाई जाएँ, जो दूसरे के साथ पूरी तरह समन्वित हों और सतत् पोषणीय हों।
- जैव विविधता के संरक्षण के लिए स्थानीय स्तर पर संस्थागत संरचनाओं का विकास आवश्यक है। केवल प्रजातियों के संरक्षण और आवास स्थान की सुरक्षा की अहम समस्या नहीं है, बल्कि संरक्षण की प्रक्रिया को नियमित बनाए रखना भी आवश्यक है।
- जैव विविधता संरक्षण के लिए दो प्रकार के संरक्षण की प्रक्रिया को अपनाया जाता है- स्व स्थाने (*In Situ*) तथा बाह्य स्थाने (*Ex Situ*)। इसका वर्णन इस प्रकार है

स्व स्थाने

- जब हम संपूर्ण पारितंत्र को सुरक्षित तथा संरक्षित करते हैं, तब इसकी जैव विविधता के सभी स्तर भी संरक्षित तथा सुरक्षित हो जाते हैं।
- एक बाघ को सुरक्षित रखने के लिए सारे जंगल को सुरक्षित रखा जाता है, इस प्रकार के संरक्षण को **स्व स्थाने** (*In Situ*) संरक्षण कहते हैं।
- स्व स्थाने उच्च जैव विविधता वाला हॉट-स्पॉट क्षेत्र होता है। जैव विविधता हॉट-स्पॉट वे क्षेत्र होते हैं, जहाँ पर जातीय समृद्धि बहुत अधिक होती है साथ ही उच्च स्थानिकता होती है।

बाह्य स्थाने

- जब कभी किसी जीव को विलोपन के संकट से बचाने के लिए त्वरित सहायता की आवश्यकता होती है, तब इस स्थिति को हम **बाह्य स्थाने** (*Ex situ*) संरक्षण कहते हैं।
- बाह्य स्थाने संरक्षण में संकटापन्न पादपों तथा जंतुओं को उनके प्राकृतिक आवास से अलग एक विशेष स्थान पर रख उनकी सुव्यवस्थित देखभाल की जाती है।
- जंतु उद्यान, वनस्पति उद्यान तथा वन्यजीव सफारी पार्कों की स्थापना इसी उद्देश्य से की जाती है। वर्तमान समय में संकटापन्न जातियों को सीमाबद्ध घेरे में रखने के बजाय बाह्य स्थाने संरक्षण दिया जाता है।

जैव विविधता संरक्षण से संबंधित सम्मेलन

जैव विविधता संरक्षण से संबंधित सम्मेलन निम्नलिखित हैं

रियो सम्मेलन

वर्ष 1992 में ब्राजील के रियो डि जेनेरियो शहर में हुए ऐतिहासिक जैव विविधता सम्मेलन के दौरान सभी राष्ट्रों का आह्वान किया गया था कि वे (भारत सहित 155 देशों ने) जैव विविधता संरक्षण के लिए उचित एवं दीर्घकालीन उपाय अपनाएँ।

विश्व संरक्षण कार्ययोजना में जैव विविधता संरक्षण के निम्न तरीके सुझाए गए हैं

- संकटापन्न प्रजातियों के संरक्षण हेतु प्रयास करना चाहिए
- प्रजातियों को लुप्त होने से बचाने के लिए उचित योजनाएँ व प्रबंध जरूरी है।
- खाद्यान्नों की किस्में चारे संबंधी पौधे की किस्में, इमारती लकड़ी के पेड़, पशुधन, जंतु व उनकी वन्य प्रजातियों की किस्मों को संरक्षित करना चाहिए।
- प्रत्येक देश को वन्यजीवों के आवासों को चिह्नित कर उनकी सुरक्षा को सुनिश्चित करना चाहिए।
- प्रजातियों के पलने-बढ़ने तथा विकसित होने के स्थान सुरक्षित व संरक्षित हो। वन्य जीवों व पौधों का अंतर्राष्ट्रीय व्यापार नियमों के अनुसार हो।

विश्व शिखर सम्मेलन

वर्ष 2002 में दक्षिण अफ्रीका के जोहान्सबर्ग में सतत् विकास पर विश्व शिखर सम्मेलन हुआ, जिसमें विश्व के 190 देशों ने शपथ ली थी कि वर्ष 2010 तक जैव विविधता की जारी क्षति दर में वैश्विक प्रादेशिक एवं स्थानीय स्तर पर महत्त्वपूर्ण कदम उठाए जाएँगे।

वन्य जीव सुरक्षा अधिनियम, 1972

भारत सरकार ने भी प्राकृतिक सीमाओं के अंदर विभिन्न प्रकार की प्रजातियों को बचाने, संरक्षित करने और विस्तार करने के लिए वन्य जीव सुरक्षा अधिनियम, 1972 पारित किया, जिसके अंतर्गत नेशनल पार्क, बायोस्फीयर और अभयारण्य की स्थापना की गई है।

अतिरिक्त तथ्य
तमिलनाडु बोर्ड एवं NIOS

- सूक्ष्म जीव के अंतर्गत विभिन्न प्रकार के सूक्ष्म जीवाणु, फफूँदी इत्यादि आते हैं। ये सभी मृत पौधों और पशुओं तथा अन्य जैविक पदार्थों को अपघटित कर देते हैं।
- ये अपघटन की प्रक्रिया द्वारा जटिल जैविक पदार्थों को विच्छेदित तथा पृथक् कर देते हैं, जिससे प्राथमिक उत्पादक अर्थात् पौधे उनका पुनः प्रयोग कर सकें।
- जीवोम एक वृहद् प्राकृतिक परितन्त्र है, जिसमें हम पौधों और प्राणियों के समूहों के कुल समुच्चय का अध्ययन करते हैं।
  जीवोम के वर्गीकरण के **दो** मुख्य आधार हैं
  1. जलवायु के आधार, जिसमें नमी या आर्द्रता की उपलब्धता
  2. जलवायु तथा वनस्पति के आधार पर
- भारत का क्षेत्र विश्व की कुल भूमि क्षेत्र का केवल **2%** है, जैव विविधता विश्व प्रजातियों की कुल संख्या का लगभग **8%** है।
- विश्व की वनस्पति की लगभग **12%** प्रजातियाँ **(45000)** पौधे के रूप में भारतीय जंगलों में पाई जाती हैं।
- विश्व के **12** जैव विविधता के आकर्षण केंद्रों में **दो** केंद्र भारत में स्थित हैं
  1. उत्तर पूर्वी क्षेत्र   2. पश्चिमी घाट
- भारत में वन्यजीव समृद्ध हैं। ऐसा अनुमान है कि पृथ्वी पर पौधों और जंतुओं की सभी पहचानी गई प्रजातियों का **80%** भारत में पाया जाता है।
- जैव विविधता किसी क्षेत्र के जीन्स की कुल संख्या, प्रजातियाँ तथा पारिस्थितिकी हैं। इसमें आनुवांशिकी, प्रजातियों की विविधता एवं परिस्थितिकी विविधता शामिल हैं।
- पौधों की विविधता से हमें भोजन, ऑक्सीजन और वन संसाधन प्राप्त होते हैं। ये मृदा अपक्षय रोकते हैं तथा मौसम नियंत्रित भी करते हैं।
- पृथ्वी पर स्पीशीजों की कुल संख्या **5-100 मिलियन** हैं, परंतु अब तक केवल **1.8 मिलियन** स्पीशीजों का ही वर्णन किया गया है।
- **नॉर्मन मायर्स** (जन्म-24 अगस्त, 1934) ब्रिटिश पर्यावरणविद् हैं, जो जैव विविधता हॉटस्पॉट में विशेषज्ञता रखते हैं।
- ये पहले व्यक्ति थे, जिन्होंने वैश्विक समुदाय को उष्णकटिबन्धीय वनों की कटाई, बड़े पैमाने पर प्रजातियों के विलुप्तीकरण तथा पर्यावरण सुरक्षा के प्रति सजग किया।
- **स्थानिकवाद** (Endenism) एक पारिस्थितिकीय शब्द है, जिसका अर्थ है-एक पौधा या जन्तु। केवल एक विशेष भौगोलिक क्षेत्र; जैसे-विशिष्ट द्वीप, आवास प्रकार, देश या किसी परिभाषित क्षेत्र में निवास करता है।
- कश्मीरी स्टैग (हंगुल) कश्मीर घाटी तथा हिमाचल प्रदेश के चम्बा घाटी का स्थानिक पशु है।
- **कश्मीरी स्टैग** मुख्य रूप से कश्मीर के **दाचीगाम राष्ट्रीय पार्क** में पाया जाता है।
- **कंजर्वेशन इण्टरनेशनल** (CI) एक गैर-लाभकारी **वर्जीनिया** में की गई थी। इसका लक्ष्य भोजन, स्वच्छ जल, आजीविका तथा स्थिर जलवायु के श्रोत के रूप में प्रकृति की रक्षा करना है।
- **पिग्मी हॉग** (Pygmy Hog) विश्व का सबसे छोटा और दुर्लभ जंगली सुअर है। यह IUCN की रेड डाटा सूची में गम्भीर संकटग्रस्त (CR) जीव के रूप में चिह्नित है।
- यह भारत की स्थानिक प्रजाति है, जो मुख्यतः **उत्तर प्रदेश से असम** तक पाई जाती है।
- **राष्ट्रीय वन्यजीव बोर्ड** के (NBWL) के अध्यक्ष भारत के प्रधामन्त्री होते हैं। NBWL देश में वन्यजीव संरक्षण के लिए नीतिगत ढाँचा प्रदान करता है।
- **ब्लैकबक** (चिंकारा), ग्रेट इण्डियन बस्टर्ड तथा **हिम तेंदुआ** (स्नो लिओपार्ड) को भारत में शिकार तथा व्यापार के विरुद्ध पूर्णतः या आंशिक रूप से कानूनी सुरक्षा प्राप्त है।
- **सुन्दरबन** विश्व का सबसे बड़ा मैंग्रोव वन क्षेत्र तथा यूनेस्कों का विश्व धरोहर स्थल है। तमिलनाडु के तटीय क्षेत्रों; जैसे-पिचावरम, मुथुपेट, रामनाद तथा मन्नार की खाड़ी में मैंग्रोव वन पाए जाते है।

राष्ट्रीय पार्क, अभयारण्य एवं बायोस्फीयर रिज़र्व

(स्रोत)

Class-X New NCERT Chap 2 **वन एवं वन्य जीव संसाधन,**
Class-XI New NCERT Chap 5 **प्राकृतिक वनस्पति,**
Chap 14 **जैव विविधता एवं संरक्षण,**
Class-XII New NCERT Bio Chap 13 **जैव-विविधता एवं संरक्षण,**
Tamil Nadu Board (Class XI), NIOS

राष्ट्रीय पार्क

- वर्तमान समय में देश में 106 राष्ट्रीय पार्क (वर्ष 2021 के अनुसार) हैं। यह देश के कुल भौगोलिक क्षेत्रफल का 1.33% हिस्सा है, जो भारत के कुल भौगोलिक क्षेत्रफल का 43,716 वर्ग किमी भू-भाग अधिग्रहीत करता है।
- राष्ट्रीय उद्यान का मुख्य उद्देश्य क्षेत्र के प्राकृतिक पर्यावरण की रक्षा करना और जैव-विविधता का संरक्षण करना है। साथ ही स्वास्थ्य, शिक्षा और मनोरंजन को भी बढ़ावा देना है।
- भारत में राष्ट्रीय उद्यान IUCN श्रेणी II के अंतर्गत संरक्षित क्षेत्र माना जाता है।
- राष्ट्रीय उद्यान किसी एक विशेष प्रकार के जंतुओं के लिए नहीं बनाया जाता है। इसमें सभी प्रकार के जंतुओं को संरक्षित किया जाता है।
- राष्ट्रीय पार्क के समीप या इसके सीमित क्षेत्र के अंदर मानव अधिवास स्थापित नहीं किया जा सकता है अर्थात् किसी भी मानव गतिविधि की अनुमति नहीं होती है।
- वर्ष 1936 में भारत में पहला राष्ट्रीय उद्यान **हैली नेशनल पार्क** के रूप में स्थापित किया गया था।
- वर्तमान समय में इसे **जिम कॉर्बेट नेशनल पार्क** के नाम से जाना जाता है। यह उत्तराखंड राज्य के नैनीताल जिले में है।
- राष्ट्रीय पार्कों की स्थापना केंद्र सरकार अथवा राज्य सरकार द्वारा वन्य जीवों को सुरक्षित आवास उपलब्ध कराने के उद्देश्य से की जाती है। ऐसे प्रदेशों में अवैध गतिविधियाँ पूर्णरूप से प्रतिबंधित हैं।
- राष्ट्रीय उद्यानों को रक्षित क्षेत्र माना जाता है, जिसमें न केवल वन्यजीवों को संरक्षित किया जाता है, बल्कि वनस्पति को भी संरक्षित किया जाता है।
- इस प्रकार इसके माध्यम से न केवल पर्यावरण को संरक्षित किया जाता है, बल्कि जैव-विविधता को भी प्रभावी तरीके से संरक्षित किया जा सकता है।

वन्यजीव अभयारण्य

- भारत में वन्यजीव अभयारण्यों (Wildlife Sanctuaries) की स्थापना वर्ष 1974 में पारित वन्यजीव (संरक्षण) अधिनियम के साथ हुई। इन्हें IUCN श्रेणी IV के अंतर्गत संरक्षित क्षेत्र घोषित किया गया है।
- विश्व स्तर पर (IUCN) अंतर्राष्ट्रीय प्रकृति संरक्षण संघ विभिन्न जातियों के संरक्षण हेतु निगरानी करने वाला सर्वोच्च संगठन है। इसकी रेड डाटा सूची पौधों और पशुओं की जातियों के संरक्षण के लिए उत्तरदायी है।
- वर्तमान समय में भारत में कुल 566 वन्यजीव अभयारण्य (वर्ष 2021 के अनुसार) हैं, जो 1,22,420 वर्ग किमी (देश के क्षेत्रफल का 3.72%) के क्षेत्र में फैले हुए हैं। इसके अतिरिक्त 195 अन्य अभयारण्यों की स्थापना का प्रस्ताव है।
- अभयारण्य में अनुमति के बिना शिकार करना वर्जित है, लेकिन चराई और गौ पशुपालन के आवागमन की विशेष छूट होती है।
- अभयारण्यों की स्थापना भी जैव-विविधता के संरक्षण के अभिप्राय से की जाती है, परंतु अभयारण्यों में मानव गतिविधियों को लेकर राष्ट्रीय पार्कों के समान नियम कठोर नहीं हैं।
- अभयारण्य क्षेत्र में मानवीय गतिविधियों को एक सीमा तक संचालित करने की अनुमति प्राप्त है।
- पूर्व अनुमति के अनुसार चरवाहा पशुओं के लिए चारा एकत्रित कर सकता है, जंगलों से लकड़ियाँ एकत्रित कर सकता है, परंतु इसके लिए अनुमति प्राप्त करने की आवश्यकता होती है।
- केंद्र सरकार के निर्णय के अनुसार किसी भी अभयारण्य को राष्ट्रीय पार्क में परिवर्तित किया जा सकता है, परंतु मानदेयता में परिवर्तन होने की स्थिति में किसी भी राष्ट्रीय पार्क को अभयारण्य में परिवर्तित नहीं किया जा सकता। अभयारण्य में वन्यजीवों के साथ-साथ जैव-विविधता को भी संरक्षित किया जाता है।

राष्ट्रीय उद्यान एवं वन्यजीव अभयारण्य

राज्य	राष्ट्रीय उद्यान व वन्यजीव अभयारण्य
असम	काजीरंगा राष्ट्रीय उद्यान, मानस वन्यजीव अभयारण्य, गरम पानी वन्यजीव अभयारण्य, सोनाई रूपा वन्यजीव अभयारण्य, बरनाड़ी अभयारण्य।
अरुणाचल प्रदेश	नामदफा वन्यजीव अभयारण्य, मोयलिंग राष्ट्रीय उद्यान, ईटानगर अभयारण्य, लाली अभयारण्य, मेहाव अभयारण्य।
आंध्र प्रदेश	कावल वन्यजीव अभयारण्य, टडावाई वन्यजीव अभयारण्य, पाखाल वन्यजीव अभयारण्य, नालापट्टी पक्षी विहार, किन्नरसानी वन्यजीव अभयारण्य, कोल्लुरू ऐलिर्केनरी कोरिंगा अभयारण्य, इतुर्नागार्म अभयारण्य, लंजमुदुग अभयारण्य, मजिरा अभयारण्य, नागार्जुन सागर श्रीशैलम अभयारण्य, पापिकोंडा अभयारण्य।
अंडमान एवं निकोबार द्वीप समूह	रास आइलैंड नेशनल पार्क, मेरीन नेशनल पार्क, मिडिल बट्टन आइलैंड नेशनल पार्क, माउंट हेरीट नेशनल पार्क, नॉर्थ बट्टन आइलैंड नेशनल पार्क, सैडल पीक नेशनल पार्क, साउथ बट्टन आइलैंड नेशनल पार्क, बेरन आइलैंड अभयारण्य, नारकोनण्डम अभयारण्य, नॉर्थ रीफ आइलैंड अभयारण्य, साउथ सेंटीनेल आइलैंड अभयारण्य।
बिहार	भीमबाँध अभयारण्य, गौतम बुद्ध वन्यजीव अभयारण्य, राजगीर अभयारण्य, संजय गाँधी जैविक उद्यान, वाल्मीकि राष्ट्रीय उद्यान।
छत्तीसगढ़	इंद्रावती नेशनल पार्क, बादलखोल वन्यजीव अभयारण्य, भैरवगढ़ वन्यजीव अभयारण्य, उदयंती वन्यजीव अभयारण्य, सीता नदी वन्यजीव अभयारण्य, तमोई पिंगला वन्यजीव अभयारण्य, संजय नेशनल पार्क।
गुजरात	बालाराम नेशनल पार्क, गिर नेशनल पार्क, वाल्डर नेशनल पार्क, बंसदा नेशनल पार्क, मेरीन नेशनल पार्क, बरदा अभयारण्य, ध्रनूगधरा अभयारण्य, जेसोर अभयारण्य, नलसरोवर अभयारण्य, शूलपानेश्वर पक्षी विहार।
गोवा	भगवान महावीर नेशनल पार्क, भगवान महावीर अभयारण्य, बोंडला अभयारण्य, कोतिगावो अभयारण्य।
हरियाणा	भिंडावास अभयारण्य, चोटाला अभयारण्य, सुल्तानपुर पक्षी विहार।
हिमाचल प्रदेश	शिकरी देवी वन्यजीव अभयारण्य, रोहला नेशनल पार्क, ग्रेट हिमालयन नेशनल पार्क, पिन वैली नेशनल पार्क, बंदली अभयारण्य, चैल अभयारण्य, गोविंदसागर अभयारण्य, लिप्पा असरंग अभयारण्य, मनाली अभयारण्य।
जम्मू-कश्मीर	दाचिग्राम अभयारण्य, हेमिस हाई एल्टीट्यूड नेशनल पार्क, किस्तवार नेशनल पार्क, सलीम अली नेशनल पार्क, गुलमर्गा अभयारण्य, कराकोरम अभयारण्य, लिम्बर अभयारण्य, नंदिनी अभयारण्य, सुरिनसार-मानसर अभयारण्य।
झारखंड	तोपचांची अभयारण्य, लावलोंग अभयारण्य, हजारीबाग राष्ट्रीय वन्यजीव अभयारण्य, डोल्मा वन्यजीव अभयारण्य, बेतला वन्यजीव अभयारण्य, महुआदानर वन्यजीव अभयारण्य, पलकोट अभयारण्य।
कर्नाटक	बाँदीपुर नेशनल पार्क, दांडेली वन्यजीव अभयारण्य, शरावती घाटी वन्यजीव अभयारण्य, रंगनथिटट् पक्षी विहार, बन्नैरघट्टा नेशनल पार्क, भद्रा अभयारण्य, मुकम्बिका वन्यजीव अभयारण्य, नागरहोल नेशनल पार्क।
केरल	पारंबिकुलम वन्यजीव अभयारण्य, पेरियार वन्यजीव अभयारण्य, वायनाड वन्यजीव अभयारण्य, इरंविकुलम (राजमलाई) नेशनल पार्क, साइलेंट वैली नेशनल पार्क, इडुक्की अभयारण्य, नेय्यार अभयारण्य, पेरियार अभयारण्य।
मध्य प्रदेश	पचमढ़ी वन्यजीव अभयारण्य, माधव नेशनल पार्क, बोरी अभयारण्य, कान्हा-किसली नेशनल पार्क, गाँधी सागर वन्यजीव अभयारण्य, बांधवगढ़ नेशनल पार्क, फॉसिल नेशनल पार्क, पन्ना नेशनल पार्क, सतपुड़ा नेशनल पार्क, रातापानी वन्यजीव अभयारण्य, सिंथोली वन्यजीव अभयारण्य, पेंच नेशनल पार्क।
महाराष्ट्र	बोरीवली नेशनल पार्क, ताडोबा नेशनल पार्क, तानसा वन्यजीव अभयारण्य, पेंच नेशनल पार्क, नवेगाँव राष्ट्रीय पार्क, संजय गाँधी नेशनल पार्क, बोर अभयारण्य, चंदोली अभयारण्य, चपराला अभयारण्य, ग्रेट इंडियन बस्टर्ड अभयारण्य, कोयना अभयारण्य, नगजिरा अभयारण्य।
मणिपुर	केबुल लामजाओ नेशनल पार्क, सिरोए नेशनल पार्क।
मेघालय	बालफक्रम नेशनल पार्क, नोक्रेक नेशनल पार्क, बाघमारा अभयारण्य, नोंगखिलेम अभयारण्य, सिजू अभयारण्य।
ओडिशा	सिमलीपाल अभयारण्य, बैसिपल्ली अभयारण्य, बालूखंड अभयारण्य, देबरीगढ़ अभयारण्य, लखारी वैली अभयारण्य।
पंजाब	अबोहर अभयारण्य, बीर बुन्नेरेरी अभयारण्य, बीर घुरियालपुरा अभयारण्य, बीर मोतीबाग अभयारण्य, हरीके लेक अभयारण्य।
राजस्थान	रणथंभौर वन्यजीव अभयारण्य, सरिस्का वन्यजीव अभयारण्य, केवलादेव घाना पक्षी विहार, डेजर्ट नेशनल पार्क, जवाहर सागर अभयारण्य, माउंट आबू अभयारण्य, नेशनल घड़ियाल अभयारण्य, रामगढ़ अभयारण्य, वन विहार अभयारण्य।
सिक्किम	कंचनजंघा नेशनल पार्क।
त्रिपुरा	गुमटी अभयारण्य, राव अभयारण्य, सेपाहिजाला अभयारण्य, तृष्णा अभयारण्य।
उत्तर प्रदेश	चंद्रप्रभा अभयारण्य, दुधवा नेशनल पार्क, हस्तिनापुर अभयारण्य, राष्ट्रीय चंबल अभयारण्य।
उत्तराखंड	फूलों की घाटी नेशनल पार्क, जिम कॉर्बेट नेशनल पार्क, राजा जी नेशनल पार्क, गंगोत्री नेशनल पार्क, नंदा देवी नेशनल पार्क, अस्कोट नेशनल पार्क।
पश्चिम बंगाल	सुंदरबन नेशनल पार्क, बुक्सा नेशनल पार्क, न्योरा घाटी नेशनल पार्क।

बायोस्फीयर मंडल (जीवमंडल निचय)

- जीवमंडल निचय (जैव मंडलीय सुरक्षित क्षेत्र) विशेष प्रकार का भौमिक एवं तटीय पारिस्थितिकी तंत्र है, इसका उद्देश्य स्थानीय सांस्कृतिक जंतु, पादपों को संरक्षित करना है, जिन्हें यूनेस्को के मानव एवं जीवमंडल प्रोग्राम के अंतर्गत मान्यता प्राप्त है।
- भारत में वर्तमान समय में 18 बायोस्फीयर मंडल हैं, जिनमें से 12 यूनेस्को की मानव और संरक्षित जैवमंडल (MAB) सूची में शामिल हैं। नीलगिरि जीवमंडल निचय देश का पहला जीवमंडल निचय है, जिसकी स्थापना वर्ष 1986 में हुई।
- जीवमंडल निचय क्षेत्र एक या एक से अधिक जातियों तक ही सीमित नहीं है, बल्कि यह संपूर्ण पारिस्थितिकी तंत्र अर्थात् जीवन के सभी प्रकार के लिए है।
- जीवमंडल निचय की सीमाओं का निर्धारण कानूनी प्रक्रिया द्वारा सुनिश्चित होता है।
- इस क्षेत्र में सभी मानवीय हस्तक्षेप वर्जित हैं, इसलिए इस क्षेत्र को राष्ट्रीय धरोहर समझा जाता है। अतः इस क्षेत्र में गैर-कानूनी मानवीय गतिविधियों को प्रतिबंधित किया गया है।

यूनेस्को द्वारा मान्यता प्राप्त भारत के 12 जैवमंडल क्षेत्र

नाम	राज्य	वर्ष (मान्यता प्राप्त)
नीलगिरि	तमिलनाडु, केरल, कर्नाटक	2000
मन्नार की खाड़ी	तमिलनाडु	2001
सुंदरबन	पश्चिम बंगाल	2001
नंदादेवी	उत्तराखंड	2004
नोकरेक	मेघालय	2009
पचमढ़ी	मध्य प्रदेश	2009
सिमलीपाल	ओडिशा	2009
अचानकमार (अमरकंटक)	छत्तीसगढ़, मध्य प्रदेश	2012
ग्रेट निकोबार	अंडमान एवं निकोबार द्वीप समूह	2013
अगस्त्यमलाई	केरल एवं तमिलनाडु	2016
कंचनजंघा	सिक्किम	2018
पन्ना	मध्य प्रदेश	2020

भारत के जैवमंडल आरक्षित क्षेत्र

जैवमंडलीय आरक्षित क्षेत्र	संबंधित राज्य	स्थापना वर्ष	क्षेत्रफल (वर्ग किमी में)
नीलगिरि	कर्नाटक, केरल, तमिलनाडु	1986	5520
नोकरेक	मेघालय	1988	820
नंदादेवी	उत्तराखंड	1988	
ग्रेट निकोबार	अंडमान एवं निकोबार द्वीप समूह	1989	885
मन्नार की खाड़ी	तमिलनाडु	1989	10500
मानस	असम	1989	2837
सुंदरबन	पश्चिम बंगाल	1989	9630
सिमलीपाल	ओडिशा	1994	4374
डिब्रू सैखोवा	असम	1997	765
देहांग-देबांग	अरुणाचल प्रदेश	1998	5111
पचमढ़ी	मध्य प्रदेश	1999	4926
खंगनडेजांग (कंचनजंघा)	सिक्किम	2000	2619
अगस्त्यमलाई	कर्नाटक, तमिलनाडु, केरल	2001	1828
अचानकमार (अमरकंटक)	मध्य प्रदेश (छत्तीसगढ़)	2005	3835
कच्छ का रन (भारतीय जंगली गधे के लिए प्रसिद्ध)	गुजरात	2008	12454
शीत मरुस्थल	हिमाचल प्रदेश	2009	7770
शेषाचलम पहाड़ी	आंध्र प्रदेश	2010	4755
पन्ना	मध्य प्रदेश	2011	2998

प्रमुख वन्यजीव परियोजनाएँ

प्रमुख वन्यजीव परियोजनाएँ निम्नलिखित हैं

बाघ परियोजना

- भारत में बाघ परियोजना (Project-Tiger) का शुभारंभ 1 अप्रैल, 1973 को हुआ।
- इस परियोजना का उद्देश्य बाघों की कम होती संख्या को रोकना तथा पारिस्थितिकीय संतुलन बनाए रखने के लिए, उनकी संख्या में वृद्धि करना है।
- मध्य प्रदेश में टाइगर रिजर्व की अधिक संख्या होने के कारण टाइगर रिजर्व को **टाइगर राज्य** के नाम से जाना जाता है। वर्तमान में भारत में कुल 53 टाइगर रिजर्व हैं।
- दुर्लभ सफेद बाघों के लिए ओडिशा का **नंदन कानन** प्रसिद्ध है। मानस काजीरंगा, सुंदरबन टाइगर रिजर्व को संयुक्त राष्ट्र शैक्षिक, वैज्ञानिक और सांस्कृतिक संगठन (UNESCO-United Nations Educational Scientific and Cultural Organisation) ने **विश्व विरासत स्थल** घोषित किया।
- वर्ष 2010 में रूस के सेंट पीटर्सबर्ग में विश्व का पहला 'बाघ बचाओ सम्मेलन' हुआ।
- इस सम्मेलन में 13 देशों ने हिस्सा लिया, जिनके प्रतिनिधियों ने इस बात पर सहमति व्यक्त की कि वर्ष 2022 तक बाघों की संख्या दोगुनी करनी है।
- वर्ष 2023 में कुल बाघों की संख्या 3682 हो गई है।

- भारत के मध्य प्रदेश राज्य में बाघों की सर्वाधिक संख्या 785 है।
- भारत में विश्व के लगभग 75% बाघ पाए जाते हैं।

बाघ जनगणना रिपोर्ट-2023 (29 जुलाई, 2023)

क्र.सं.	वर्ष	बाघों की संख्या
1.	2010	1706
2.	2014	2226
3.	2018	2967
4.	2023	3682

भारत के बाघ रिजर्व

राज्य	बाघ रिजर्व	वर्ष
असम	• काजीरंगा • मानस • नमेरी • ओरंग	2008-09 1973-74 1999-2000 2016
अरुणाचल प्रदेश	• नामदफा • पखु (पक्के) • कमलांग	1982-83 1999-2000 2016
आंध्र प्रदेश	• नागार्जुन सागर श्रीशैलम	1982-83
तेलंगाना	• अमराबाद • कावल	- 2011
बिहार	• वाल्मीकि	1989-90
छत्तीसगढ़	• इंद्रावती • अचानकमार • उदन्ती-सीतानदी	1982-83 2008-09 2008-09
झारखंड	• पलामू	1973-74
कर्नाटक	• बाँदीपुर • नागरहोल • भद्रा • बिलिगिरि रंगनाथ मंदिर • डंडेली-अंशी (काली)	1973-74 2008-09 1998-99 2010-11 2008-09
केरल	• पेरियार • पारंबिकुलम	1978-79 2008-09
मध्य प्रदेश	• बाँधवगढ़ • सतपुड़ा • कान्हा • पन्ना • पेंच • संजय दुबरी	1993-94 1999-2000 1973-74 1994-95 1992-93 2008-09
महाराष्ट्र	• मेलघाट • पेंच • तदोबा-अंधेरी • सह्याद्रि • बोर • नवीगांव-नगजीरा	1973-74 1998-99 1993-94 2009-10 2014 2013-14
मिजोरम	• दंपा	1994-95
राजस्थान	• रणथंभौर • सरिस्का • मुकुंद्रा हिल्स • रामगढ़ विषधारी	1973-74 1978-79 2013 2022
उत्तर प्रदेश	• दुधवा कतरनी घाट • पीलीभीत • रानीपुर	1987-88 2010 2022
उत्तराखंड	• जिम कॉर्बेट • राजाजी टाइगर रिजर्व	1973-74 2015
पश्चिम बंगाल	• बुक्सा • सुंदरबन	1982-83 1973-74
ओडिशा	• सिमलीपाल • सतकोसिया	1973-74 2008-09
तमिलनाडु	• कालकड-मुंदथुरेई • अन्नामलाई • मुदुमलाई • सत्यमंगलम् • श्रीविलिपुथुर-मेगामलाई	1988-89 2008-09 2008-09 2013-14 2020-21

प्रोजेक्ट हिम तेंदुआ

- प्रोजेक्ट हिम तेंदुआ (Project Snow Leopard) योजना को वर्ष 2009 में प्रारंभ किया गया। इसे हिमालयी पर्वतीय क्षेत्रों के अंतर्गत सम्मिलित किया गया है। यह साधारण तेंदुए से अलग होता है।
- यह हिम रेखा से ऊपर ऊँची हिमालय की पहाड़ियों पर जम्मू-कश्मीर से लेकर अरुणाचल प्रदेश तक पाया जाता है। वर्ष 2020 में हिम तेंदुए के संरक्षण के लिए एक सामुदायिक कार्यक्रम संचालित किया गया है।

प्रोजेक्ट हाथी

- प्रोजेक्ट टाइगर के आधार पर भारत सरकार ने वन्य हाथियों की रक्षा के लिए 7 दिसंबर, 1992 में 'प्रोजेक्ट हाथी (Project Elephant) योजना' को झारखंड के सिंहभूम जिले से प्रारंभ किया।
- प्रोजेक्ट हाथी योजना भारत के 16 राज्यों एवं केंद्रशासित प्रदेशों में क्रियान्वित है, जिनमें से असम, मेघालय, नागालैंड, पश्चिम झारखंड, ओडिशा, आंध्र प्रदेश, कर्नाटक, तमिलनाडु, केरल व उत्तराखंड में हाथियों की संख्या अधिक है।
- भारत में हाथियों की संख्या लगभग 27000 है (एशिया का 6% भारत में), कर्नाटक में इनकी संख्या सबसे अधिक है।

गैंडा परियोजना

- गैंडा परियोजना (Project Rhino) को वर्ष 1987 में प्रारंभ किया गया था। असम में स्थित काजीरंगा, मानस अभयारण्य तथा जलदापारा (पश्चिम बंगाल) गैंडों की प्रमुख शरणस्थली है।
- अवैध शिकार के कारण इनकी संख्या प्रतिदिन कम होती जा रही है। **असम** राज्य में **7 संरक्षित** क्षेत्रों में एक सींग वाले गैंडों की कुल संख्या 3000 करने के उद्देश्य से वर्ष 2005-06 में **इंडियन राइनो विजन 2020** लॉन्च किया गया था।

मणिपुर थामिन परियोजना

- मणिपुर की **लोकटक झील** के दक्षिण-पूर्वी भाग में **थामिन मृग** के संरक्षण के लिए मणिपुर थामिन परियोजना (Manipur Thamin Project) चलाई जा रही है। इसकी गणना विश्व के दुर्लभ स्तनधारियों में होती है।
- वर्ष 1977 में इसकी संख्या घटकर केवल 18 रह गई थी, अत: इसी प्रजाति को संरक्षित व संवर्द्धित करने हेतु वर्ष 1977 में मणिपुर से थामिन परियोजना शुरू की गई।

कछुआ संरक्षण परियोजना

- ओलिव रिडले टर्टल (Olive Ridley Turtle) की घटती संख्या को देखकर ओडिशा सरकार ने इसके संरक्षण की योजना का शुभारंभ वर्ष 1975 में ओडिशा के कटक जिले में भितरकनिका अभयारण्य में किया है। उल्लेखनीय है कि इस कछुए का प्रजनन स्थल गहिरमाथा है।
- इस अभयारण्य में मैंग्रोव (Mangrove) के वन हैं। रिडले प्रजाति के कछुओं का संरक्षण रूशिकुल्या व देवी नदी मुहाने में भी किया जाता है।
- चिन्नार वन्यजीव अभयारण्य इंडुक्की (केरल) देश में स्टार कछुओं का एकमात्र पुनर्वास केंद्र बन गया है।

घड़ियाल प्रजनन परियोजना

- भारत सरकार ने वर्ष 1975 में संयुक्त राष्ट्र विकास कार्यक्रम (UNDP-United Nations Development Programme) की सहायता से **तिकरापाड़ा** (ओडिशा राज्य में) नामक स्थान पर घड़ियाल प्रजनन परियोजना प्रारंभ की थी। कालांतर में इस परियोजना का विस्तार राजस्थान, मध्य प्रदेश, उत्तर प्रदेश (कुकरैल व लखनऊ), महाराष्ट्र, अंडमान, असम, बिहार एवं नागालैंड में भी किया गया है।
- भारत में घड़ियाल का प्राकृतिक आवास चंबल नदी में पाया जाता है, इसके अतिरिक्त **सोन** एवं **गिरवा** नदी में भी घड़ियाल पाए जाते हैं।

गिर सिंह परियोजना

गुजरात के **सौराष्ट्र** प्रायद्वीप में गिर वन एशियाई सिंह (Panthera Leopersica) का अकेला अद्वितीय जीवित आवास है। यह सिंह केवल गुजरात के गिर वन में पाया जाता है, इसे गुजरात की सरकार ने वर्ष 1972 में शुरू किया था।

हांगुल परियोजना

- हांगुल यूरोपियन रेंडियर प्रजाति वाला हिरण है। यह वर्तमान में केवल कश्मीर के दाचीग्राम राष्ट्रीय उद्यान में ही शेष है। इसे संरक्षित करने एवं इसकी संख्या में प्रसार हेतु वर्ष 1970 में हांगुल परियोजना (Project Hangul) का शुभारंभ किया गया।
- विश्व के अन्य भागों से विलुप्त हो चुका यह जीव प्रकृति संरक्षण के लिए अंतर्राष्ट्रीय संघ (International Union Conservation Nature, IUCN) की रेड डाटा बुक में प्रविष्टि (Entry) प्राप्त कर चुका है।

लाल पांडा परियोजना

- वर्ष 1966 में विश्व प्रकृति निधि (WWF-World Wide Fund for Nature) के सहयोग से **पद्मजा-नायडू हिमालयन जंतु पार्क** में लाल पांडा परियोजना का शुभारंभ किया गया।
- लाल पांडा भारत के पूर्वी हिमालय क्षेत्र में 1,500 से 4,000 मी की ऊँचाई पर पाया जाने वाला जीव है।
- यह मुख्यतः एक शाकाहारी जीव है। इसका मुख्य भोजन पत्तियाँ और बाँस हैं, किंतु कभी-कभी छोटे कीटों, पक्षी के अंडे आदि भी खा जाता है।
- यह पूर्वी हिमालय और दक्षिण-पश्चिमी चीन का वृक्षवासी स्तनपायी जीव है।
- इसे अरुणाचल प्रदेश में कैट बीयर के नाम से जाना जाता है।
- सिक्किम, दार्जिलिंग, पश्चिम बंगाल तथा अरुणाचल प्रदेश के जंगलों में पाए जाने वाले इस जीव की संख्या कम होती जा रही है।

अतिरिक्त तथ्य
तमिलनाडु बोर्ड एवं NIOS

- जैवमंडल आरक्षित क्षेत्र, प्राकृतिक एवं सांस्कृतिक भूदृश्य क्षेत्र है, जो स्थलीय या तटीय/समुद्री परितंत्रों के एक बड़े क्षेत्र में फैला हुआ है।
- जैवमंडल आरक्षित क्षेत्र में **कोर**, **बफर** एवं **ट्रांजीशन** क्षेत्र सम्मिलित होते हैं।
- कोर क्षेत्र पूर्णतया सुरक्षित हैं तथा मानव गतिविधियों द्वारा कम-से-कम बाधित प्राकृतिक क्षेत्र है।
- पर्यावास के संरक्षण के लिए संरक्षित एरिया नेटवर्क में **राष्ट्रीय उद्यान, वन्यजीव अभयारण्य, जैवमंडल आरक्षित क्षेत्र, पवित्र वन एवं उपवन** आदि सम्मिलित हैं।
- भारत में जैवमंडल आरक्षित क्षेत्र की अवधारणा को वर्ष 1975 में UNESCO के पारितंत्रों एवं जैवमंडल कार्यक्रम के एक भाग के रूप में शुरू किया गया था।
- ओजोन क्षरण के कारण रासायनिक पदार्थ मुख्य रूप से या तो क्लोरीन है या ब्रोमाइन, जो समतापमंडल तक पहुँच सकते हैं और ओजोन को उत्प्रेरणीय तरह से विखंडित करके ऑक्सीजन में बदल देते हैं।
- राष्ट्रीय पार्कों के अंदर पशुचारण, शिकार तथा वानिकी व कृषि (Cultivation) जैसी गतिविधियाँ कठोरता से प्रतिबंधित होती हैं।
- अभयारण्य तथा राष्ट्रीय पार्क के मध्य मुख्य अंतर इनके अंदर निवास करने वाले लोगों को प्राप्त अधिकारों के आधार पर किया जाता है।
- अभयारण्य के भीतर लोगों को पशुचरण तथा लकड़ी एकत्रित करने जैसे अधिकार प्राप्त होते हैं, किन्तु राष्ट्रीय पार्कों में ये अधिकार प्रतिबंधित होते हैं।

जलवायु परिवर्तन, हरित गृह प्रभाव तथा ओजोन क्षरण

(स्रोत)

Class-IX Old NCERT Chap 4 पृथ्वी का आवरण-वायुमंडल, Chap 11 पर्यावरण पर मनुष्य का प्रभाव, Class-XI New NCERT Chap 11 विश्व की जलवायु एवं जलवायु परिवर्तन, Class-XII New NCERT Chap 9 भौगोलिक परिप्रेक्ष्य में चयनित कुछ मुद्दे एवं समस्याएँ, Class-XI Old NCERT Bio Chap 16 पर्यावरण के मुद्दे

जलवायु परिवर्तन

- मौसमी दशाओं के प्रतिरूप (Pattern) में ऐतिहासिक रूप से बदलाव को जलवायु परिवर्तन (Climate Change) कहते हैं।
- सामान्यत: इन बदलावों के अध्ययन के लिए पृथ्वी के इतिहास को दीर्घ अवधियों में विभाजित किया जाता है।
- जलवायु की दशाओं में यह बदलाव प्राकृतिक भी हो सकता है और मानव के क्रियाकलापों का परिणाम भी।
- ये सभी साक्ष्य इंगित करते हैं कि जलवायु परिवर्तन एक प्राकृतिक एवं सतत् प्रक्रिया है, जो सभी कालों में होती रही है।
- विगत 10 हजार वर्षों से अनुभव किया जा रहा है कि पृथ्वी के प्रादुर्भाव से ही पृथ्वी की जलवायु में अनेक परिवर्तन हुए हैं।
- भू-गर्भिक अभिलेखों से हिमयुगों (Ice-age) और अंतर-हिमयुगों (Inter Ice ages) में क्रमश: परिवर्तन की प्रक्रिया परिलक्षित होती है।
- भू-आकृति लक्षण विशेषत: ऊँचाइयों तथा उच्च अक्षांशों में हिमानियों के आगे बढ़ने व पीछे हटने के शेष चिह्न प्रदर्शित करते हैं।
- हिमानी निर्मित झीलों में अवसादों का निक्षेपण उष्ण एवं शीत युगों के होने को उजागर करता है।
- वृक्षों के तने में पाए जाने वाले वलय भी आर्द्र एवं शुष्क युगों की उपस्थिति का संकेत देते हैं।
- ऐतिहासिक अभिलेख भी जलवायु की अनिश्चितता का वर्णन करते हैं।
- भारत में भी आर्द्र एवं शुष्क युग (Wet and Dry Era) आते-जाते रहे हैं।
- पुरातत्त्व खोजें यह दर्शाती हैं कि ईसा से लगभग 8000 वर्ष पूर्व राजस्थान मरुस्थल की जलवायु आर्द्र एवं शीतल थी। ईसा से 3000 से 1700 वर्ष पूर्व यहाँ पर्याप्त वर्षा होती थी।

अभिनव पूर्व काल में जलवायु परिवर्तन

- सहारा मरुस्थल के दक्षिण में स्थित साहेल प्रदेश में वर्ष 1967 से 1977 के दौरान आया विनाशकारी सूखा ऐसे जलवायु परिवर्तन का प्रमुख उदाहरण है।
- इसके अतिरिक्त 1930 के दशक में संयुक्त राज्य अमेरिका के वृहत मैदान के दक्षिण-पश्चिम भाग में जिसे धूल का कटोरा (Dust Bowl) कहा जाता है, वहाँ भीषण सूखा पड़ा, जोकि जलवायु परिवर्तन को दर्शाता है।

जलवायु परिवर्तन के कारण

प्राकृतिक कारण

जलवायु परिवर्तन के प्राकृतिक कारण निम्नलिखित हैं

- **सौर कलंक का सिद्धांत** (Theory of Sunspot) इस सिद्धांत में सूर्य पर काले धब्बे की संख्या बढ़ने पर मौसम ठंडा एवं आर्द्र हो जाता है और तूफानों की संख्या बढ़ जाती है, जबकि संख्या घटने पर उष्ण एवं शुष्क दशाएँ उत्पन्न होती हैं।
- **मिलैंकोविच दौलन सिद्धांत** (Milankovitch Oscillation Theory) यह सिद्धांत सूर्य के चारों ओर पृथ्वी के कक्षीय लक्षणों में बदलाव या पृथ्वी के अक्षीय झुकाव आदि में परिवर्तन के आधार पर पृथ्वी को प्राप्त होने वाले सूर्यातप (Insolation) की मात्रा के घटने बढ़ने के आधार पर जलवायु परिवर्तन की व्याख्या करता है। इस प्रकार यह सिद्धांत बताता है कि पृथ्वी के झुकाव के कारण जलवायु परिवर्तन की प्रक्रिया सामने आती है, इससे कम गर्मी तथा कम सर्दी का मौसम सामने आता है।
- **ज्वालामुखी क्रिया** (Volcanic Process) ज्वालामुखी क्रिया के अंतर्गत पृथ्वी के आंतरिक हिस्से से मैग्मा के निकलने से लेकर धरातल या इसके अंदर विभिन्न रूपों में इसके ठंडा होने की प्रक्रिया होती है। ज्वालामुखी उद्भेदन वायुमंडल में पर्याप्त मात्रा में ऐरोसोल उत्सर्जित करता है, जो लंबे समय तक वायुमंडल में विद्यमान रहते हैं और पृथ्वी की सतह पर पहुँचने वाले सौर्यिक विकिरण को कम कर देते हैं। विगत वर्षों में हुए पिनाटोबा एवं एल सियोल

- **वायुमंडल के गैसीय संयोजन में परिवर्तन का सिद्धांत** (Atmospheric Gaseous Combination Theory) वायुमंडल में कार्बन डाइऑक्साइड, नाइट्रिक ऑक्साइड, मीथेन, जलवाष्प आदि की मात्रा में निरंतर परिवर्तन होता रहता है। औद्योगिक क्रांति के पश्चात्, जब से पेट्रोलियम, कोयले तथा प्राकृतिक गैस का प्रयोग बढ़ा है, तब से वायुमंडल की गैसों की संरचना में तेजी से परिवर्तन हो रहा है, जो जलवायु परिवर्तन की दर को बढ़ाता है।
- **समुद्री धाराएँ** (Ocean Current) जलवायु को संतुलित रखने में सागरों का महत्त्वपूर्ण योगदान है। पृथ्वी के 71% भाग पर सागर हैं, जो वातावरण तथा स्थल की तुलना में अधिक सूर्यातप अवशोषित करते हैं। सागरों को कार्बन डाइऑक्साइड का सबसे बड़ा सिंक (Sink) कहा जाता है। वायुमंडल की अपेक्षा 50 गुना कार्बन डाइऑक्साइड गैस समुद्र में होती है। सागरीय प्रवाह में परिवर्तन, जलवायु को परिवर्तित करता है।
- **महाद्वीपीय विस्थापन का सिद्धांत** (Theory of Continental Drift) महाद्वीपीय विस्थापन के कारण सभी महाद्वीप एक ही धरातल के रूप में पृथ्वी पर विद्यमान थे, किंतु सागरों के कारण एक-दूसरे से पृथक् हुए। महाद्वीपीय विस्थापन की प्रक्रिया 30 करोड़ वर्ष पूर्व आरंभ हुई। इस प्रक्रिया के कारण 'जलवायु परिवर्तन' की प्रक्रिया सामने आई।

मानव जनित कारण

जलवायु परिवर्तन के मानव जनित कारणों में निम्नलिखित तथ्यों को शामिल किया जाता है

- **वन विनाश** (Deforestation) वन भू-तल के लिए प्राकृतिक छतरी (Natural Umbrella) का निर्माण करते हैं, क्योंकि ये मानव द्वारा उत्सर्जित कार्बन डाइऑक्साइड गैस को ग्रहण कर वायुमंडल के हरित गृह प्रभाव (Green House Effect) को कम करते हैं। वस्तुत: वन अपनी वृद्धि के लिए कार्बन डाइऑक्साइड का उपयोग करते हैं। अत: वनों के विनाश के परिणामस्वरूप वायुमंडल में कार्बन डाइऑक्साइड की मात्रा में वृद्धि हो रही है।
- **अतिचारण** (Over Grazing) तथा स्थानांतरित/झूमिंग कृषि (Jhumming Cultivations) से भी वनों का विनाश हो रहा है, जिससे वैश्विक तापन में वृद्धि हो रही है। बढ़ती जनसंख्या, औद्योगीकरण, कृषीय विस्तार, आवास, बाँध एवं परिवहन व्यवस्था को मजबूत करने के लिए तीव्र गति से वनों को नष्ट किया जा रहा है, जिससे वैश्विक तापमान वृद्धि जैसी गंभीर समस्या उत्पन्न हो गई है।
- **जीवाश्म ईंधन** (Fossil Fuel) कार्बन डाइऑक्साइड और नाइट्रोजन डाइऑक्साइड जैसी गैसों का व्यापक प्रयोग बढ़ा है, जो जलवायु परिवर्तन के लिए उत्तरदायी मानव जनित कारण हैं। जीवाश्म आधारित ईंधन के प्रयोग से वायु एवं जल-प्रदूषण के अतिरिक्त ग्रीन हाउस गैसों का संचयन भी बढ़ा है।
- **औद्योगीकरण तथा शहरीकरण** (Industrialisation and Urbanisation) जलवायु परिवर्तन के लिए औद्योगिकरण तथा शहरीकरण में उत्तरोत्तर वृद्धि मानवजनित प्रमुख कारणों में से एक मानी जाती है। प्रकृति का अंधाधुंध दोहन कर मानव औद्योगिकरण तथा शहरीकरण में वृद्धि कर रहा है, जो व्यापक रूप से जलवायु को प्रभावित करता है।
- **वर्तमान कृषि पद्धति** (Current Agriculture Pattern) जलवायु परिवर्तन में मानव द्वारा अपनाई जाने वाली वर्तमान कृषि पद्धति भी मुख्य रूप से उत्तरदायी है। जलमग्न चावल के खेत की जुताई से मीथेन का उत्सर्जन होता है, जो ग्रीनहाउस प्रभाव उत्पन्न करती है। जुगाली करने वाले पशु भी मीथेन का उत्सर्जन करते हैं। प्रति इकाई द्रव्यमान के आधार पर वायुमंडलीय मीथेन दीर्घ आवेशित विकिरणों (Charged Radiation) को अवशोषित (Absorption) करने में CO_2 के मुकाबले 22 गुना अधिक प्रभावी है।

वैश्विक तापन (भूमंडलीय ऊष्मण)

- वैश्विक तापन (Global Warming) से तात्पर्य पृथ्वी के तापमान में हो रही लगातार वृद्धि से है। हमारी पृथ्वी प्राकृतिक रूप से सूर्य की किरणों से ऊष्मा प्राप्त करती है।
- ये किरणें वायुमंडल से गुजरकर भू-सतह से टकराती हैं और फिर लौट जाती हैं। पृथ्वी का वायुमंडल अनेक गैसों का मिश्रण है, जिनमें से कुछ गैसें हरित गृह प्रभाव गैसों में भी शामिल होती हैं।
- वायुमंडल में उपस्थित हरित गृह प्रभाव गैसों के सांद्रण के कारण सूर्य से आने वाली किरणों की ऊष्मा का कुछ भाग पृथ्वी पर (के समीप) रोक लिया जाता है और इसी के परिणामस्वरूप वैश्विक तापन का दुष्प्रभाव आरंभ हो जाता है। इस संपूर्ण प्रक्रिया को ही ग्रीन हाउस प्रभाव अथवा **वैश्विक तापन** या **भूमंडलीय ऊष्मण** कहते हैं।

वैश्विक तापन के प्रभाव

- **बर्फ का पिघलना** (The Melting of Ice) वैश्विक तापन के कारण ध्रुवों पर जमी बर्फ एवं अन्य ग्लेशियर (Glacier) के पिघलने से पर्यावरण एवं जैव-विविधता पर प्रतिकूल प्रभाव पड़ता है। बर्फ पिघलने के परिणामस्वरूप बाढ़ एवं सूखे की समस्या उत्पन्न हो जाती है। यूरोपीयन स्पेस एजेंसी (ESA) की एक रिपोर्ट के अनुसार, वर्ष 2011 से 2021 के बीच ग्रीनलैंड, अलास्का तथा मध्य अंटार्कटिका से 3.5 ट्रिलियन टन बर्फ पिघल चुकी है।
- **समुद्र तल का ऊपर उठना** (Sea Level Rise) हिमनदियों के पिघलने से समुद्र तल ऊपर उठ जाता है, क्योंकि पिघला हुआ हिम अंतत: नदियों आदि से होते हुए सागर तक पहुँचकर उसके जल-तल में वृद्धि कर देता है। समुद्री जल-तल, ऊपर उठने से संपूर्ण समुद्री तंत्र नष्ट हो जाता है साथ ही तटवर्ती नगर व बंदरगाह डूब जाते हैं, जिससे अंतर्राष्ट्रीय व्यापार प्रभावित होता है।
- **जातियों के वितरण एवं जैव-विविधता पर प्रभाव** (Distribution of Species and Effect On Bio-Diversity) भूमंडलीय तापन/ऊष्मण के कारण जातियों के वितरण एवं जैव-विविधता पर व्यापक रूप से नकारात्मक प्रभाव पड़ा है। इस अनुमान के अनुसार यदि वातावरण 2°C से 5°C तक गर्म होता है, तो वानस्पतिक जातियों का वितरण 250 से 600 किमी तक स्थानांतरित हो जाएगा। भूमंडलीय तापन के कारण अंटार्कटिका की पेंग्विन की संख्या में 40% की कमी हुई है, क्योंकि ताप वृद्धि के कारण **प्लैंकटन** (Plankton) नष्ट हो गई है, जो पैंग्विनों का मुख्य आधार है। इसके अतिरिक्त **प्रवाल विरंजन** (Coral Bleaching) के कारण प्रवालों का विनाश प्रारंभ हो जाता है।
- **खाद्यान्न उत्पादन पर प्रभाव** (Effect on Food Production) वैश्विक तापन के कारण पौधे/फसलों में अनेक रोग एवं हानिकारक कीट एवं खरपतवार उत्पन्न हो जाते हैं, जिसके कारण फसलों की उत्पादकता एवं उत्पादन दोनों कम हो जाते हैं। 1°C तापमान में वृद्धि के कारण केवल दक्षिण-पूर्वी एशिया में चावल के उत्पादन में 5% की गिरावट दर्ज की जा सकती है। कार्बन डाइऑक्साइड की बढ़ती सांद्रणता, फसलों के उत्पादन पर नकारात्मक प्रभाव डालती है।

- **महासागरीय धाराओं में परिवर्तन** (Change in Oceanic Currents) वैश्विक तापन के कारण महासागरीय जल के तापमान, लवणता तथा घनत्व आदि में बदलाव आता है। इससे महासागरीय धाराओं की गति, दिशा व आकार प्रभावित होते हैं। जब धाराओं का वर्तमान प्रवाह चक्र बाधित होगा, तो वैश्विक ऊष्मा स्थानांतरण की प्रक्रिया भी बाधित होगी, इससे तटीय क्षेत्र की जलवायु प्रभावित होगी।
- **मानव स्वास्थ्य पर प्रभाव** (Effect on Human Health) वैश्विक तापन से जीवाणुओं तथा विषाणुओं के प्रकोप में वृद्धि होगी, क्योंकि अधिक ताप में इनकी क्रियाशीलता बढ़ जाती है, जिसके कारण रोगों के संचार में वृद्धि शुरू हो जाती है। डेंगू, मलेरिया, प्लेग, पीलिया, श्वसन संबंधी एवं चर्म रोगों (Skin Diseases) में वृद्धि होती है।
- **जलवायु पर प्रभाव** (Effect on Climate) वैश्विक तापन के कारण उपोष्ण कटिबंधीय क्षेत्रों में 0.3% प्रति दशक की दर से वर्षा की मात्रा में कमी होने की संभावना है। इससे मानव स्वास्थ्य पर नकारात्मक प्रभाव पड़ेगा। वैश्विक तापन के कारण ध्रुवीय क्षेत्रों (Polar Region) में तापमान में वृद्धि हो सकती है। समुद्री जल-तल के ऊपर उठने और तापमान के बढ़ने से वाष्पीकरण में वृद्धि हो जाती है। इससे जहाँ एक ओर आर्द्रता में बढ़ोतरी दर्ज की जाती है, वहीं मुक्त ऊष्मा में वृद्धि के कारण उष्णकटिबंधीय चक्रवातों की संख्या व तीव्रता में भी वृद्धि हो जाती है।
- **वनस्पति जगत पर कार्बन डाइऑक्साइड उर्वरण (निषेचण) का प्रभाव** (Fertilisation Effect of Carbondioxide on Plants) बढ़ी हुई CO_2 की सांद्रता के प्रति पौधों की अनुक्रिया कार्बन डाइऑक्साइड उर्वरण (निषेचण) प्रभाव (Fertilisation Effect) कहलाती है। कार्बन डाइऑक्साइड की मात्रा में वृद्धि का प्रभाव पौधों के विकास पर पड़ता है। CO_2 की सांद्रता से प्रकाश-संश्लेषण की दर में तीव्र वृद्धि होगी तथा वाष्पोत्सर्जन की दर भी घट जाएगी और जल उपयोग की कार्य क्षमता बढ़ जाएगी।

वैश्विक तापन को नियंत्रित करने के उपाय

वैश्विक तापन को नियंत्रित करने के उपाय निम्नलिखित हैं

- ग्रीन हाउस गैसों का स्राव , जीवाश्म ईंधन का कम उपयोग तथा ऊर्जा के अन्य स्रोतों-पवन ऊर्जा, सौर्य ऊर्जा आदि का उपयोग बढ़ाना चाहिए।
- इसके अतिरिक्त पृथ्वी पर वानस्पतिक क्षेत्र विशेषकर वनों को बढ़ाएँ, जिससे CO_2 का उपयोग प्रकाश संश्लेषण में हो जाएगा।
- खेती में नाइट्रोजन खादों का उपयोग कम किया जाए, जिससे NO_2 का उत्सर्जन कम होगा।
- क्लोरो-फ्लोरो कार्बन के प्रतिस्थापित पदार्थों का विकास करना, नि:शेष तेल एवं गैस भंडार, भूमिगत लवणीय शैल समूह तथा परित्यक्त एवं गैर-लाभकारी कोयला संस्तर तापमान के न्यूनीकरण के संभावित उपाय हो सकते हैं।
- वैज्ञानिकों द्वारा भूमंडलीय तापन को कम करने के लिए पक्षाभ मेघ विरलन तकनीक (Cirrus Cloud Thinning Technique) और समतापमंडल में सल्फेट वायुविलय अंत: क्षेपण (Injection of Sulphate Aerosol) का सुझाव दिया जाता है, इस तकनीक का प्रथम प्रयोग वर्ष 2019 में किया गया।

वैश्विक ऊष्मण क्षमता

- किसी गैस की वैश्विक ऊष्मण क्षमता से तात्पर्य किसी निश्चित समय के दौरान (प्राय: 100 वर्ष) CO_2 और उस गैस द्वारा अवशोषित ऊर्जा की तुलनात्मक माप से है।
- CO_2 की **वैश्विक ऊष्मण क्षमता** (Global Heat Capacity) एक मानी गई है, जोकि अन्य गैसों की वैश्विक ऊष्मण क्षमता के मापन के आधार पर कार्य करती है। किसी गैस की ऊष्मण क्षमता जितनी अधिक होगी, वह प्रति पौंड उतनी अधिक ऊर्जा अवशोषित करेगी।

जलवायु परिवर्तन के प्रभाव को कम करने के उपाय

जलवायु परिवर्तन के प्रभाव को कम करने के उपायों के अंतर्गत ऐसे उपाय सम्मिलित हैं, जो दीर्घकाल में जलवायु परिवर्तन के प्रभाव एवं दुष्प्रभावों की गहनता को कम करने में सहायक हो सकें।

जलवायु परिवर्तन को कम करने के उपाय निम्नलिखित हैं

- **कार्बन पृथक्करण** (Carbon Sequestration) यह वातावरण से कार्बन को दूर करने तथा उसे एक भंडारगृह में जमा करने की प्रक्रिया है। इसके अतिरिक्त यह ग्रीन हाउस गैसों के वायुमंडलीय तथा समुद्री संचय की गति को धीमा करने का एक उपाय है।
- **कार्बन ऑफसेट** (Carbon Offset) इसका तात्पर्य CO_2 अथवा इसके समान किसी अन्य ग्रीन हाउस गैस के उत्सर्जन के एक मीट्रिक टन की कमी से है। कार्बन ऑफसेट के मापन में CO_2 और छ: प्राथमिक हरित गृह गैसों; जैसे-CO_2, CH_4, N_2O, परफ्लोरो कार्बन, हाइड्रोफ्लोरो कार्बन (HFCs) तथा सल्फर हेक्साक्लोराइड को मीट्रिक टन में मापा जाता है।
- **कार्बन टैक्स** (Carbon Tax) यह एक प्रकार का पर्यावरणीय कर (Environmental Tax) है, जो कार्बन उत्सर्जन पर लगाया जाता है। यह उस कार्बन का मूल्य है, जो कोयला, पेट्रोलियम और प्राकृतिक गैस जैसे हाइड्रोकार्बन ईंधन (Hydrocarbon Fuels) के जलने से उत्सर्जित होता है। इस टैक्स के साथ दो अन्य कर भी संबंधित हैं- पहला, उत्सर्जन कर (Emission Tax) और दूसरा, ऊर्जा कर (Energy Tax)। उत्सर्जन कर जहाँ प्रत्येक टन ग्रीन हाउस गैस के उत्सर्जन पर लगने वाला टैक्स है, वहीं ऊर्जा कर ऊर्जा से संबंधित वस्तुओं पर लगने वाला टैक्स है।
- **कार्बन चिह्न** (Carbon Footprint) यह मानव प्रक्रियाओं के पर्यावरण पर प्रभाव को दर्शाता है। इसका एक विशेष विधि से आकलन किया जाता है। मनुष्य अपने दैनिक जीवन में प्रचुर मात्रा में कार्बन डाइऑक्साइड निष्कासित करता रहता है और इस कार्बन के निशान भूमि पर छोड़ता रहता है। ग्रीन हाउस गैसों के प्रतिव्यक्ति या प्रति इकाई उत्सर्जन की मात्रा को उस व्यक्ति या औद्योगिक इकाई का 'कार्बन फुटप्रिंट' कहा जाता है। कार्बन फुटप्रिंट की माप करने के लिए लाइफ साइकिल एसेसमेंट विधि का प्रयोग किया जाता है।
- **कार्बन क्रेडिट** (Carbon Credit) क्योटो प्रोटोकॉल (1997) के बाद कार्बन क्रेडिट की अवधारणा अस्तित्व में आई, इसके अंतर्गत विकसित देशों ने यह निर्धारित किया कि वे कार्बन उत्सर्जन की मात्रा में कमी करेंगे। इसके अंतर्गत प्रत्येक ऐसे देश, जो हानिकारक CO_2 गैस निर्धारित सीमा से कम करेंगे उनको कार्बन उधार प्रमाण-पत्र (Carbon Credit Certificate) जारी किया जाएगा। इन हानिकारक गैसों में जलवाष्प, कार्बन डाइऑक्साइड, मीथेन, नाइट्रस ऑक्साइड तथा ओजोन सम्मिलित हैं।

जलवायु परिवर्तन से संबंधित मिशन/योजना

जलवायु परिवर्तन से संबंधित मिशन/योजनाएँ निम्नलिखित हैं

जलवायु परिवर्तन पर राष्ट्रीय कार्य योजना

- भारत ने वर्ष 2008 में जलवायु परिवर्तन पर राष्ट्रीय कार्य योजना (National Action Plan on Climate Change, NAPCC) को अपनाया, जिसका उद्देश्य जलवायु परिवर्तन के संदर्भ में सतत विकास का लक्ष्य प्राप्त करना है।
- इस योजना के आधार के रूप में सौर ऊर्जा, ऊर्जा दक्षता, टिकाऊ कृषि एवं आवास, जल, हिमालय पारिस्थितिकी तंत्र, वनावरण में वृद्धि व जलवायु परिवर्तन संबंधी रणनीतिक ज्ञान को चुना गया।

जलवायु परिवर्तन पर राष्ट्रीय कार्य योजना के अंतर्गत आठ राष्ट्रीय मिशन चलाए गए। भारत के इन आठ मिशनों के उद्देश्य एवं विशेषताएँ निम्नलिखित हैं

1. **राष्ट्रीय सौर मिशन** (National Solar Mission) इसके अंतर्गत सौर ऊर्जा की भागीदारी बढ़ाना तथा परमाणु ऊर्जा, पवन एवं बायोमास ऊर्जा जैसे पुनर्नवीनीकरण (Renewal) स्रोतों की आवश्यकता को महत्त्व प्रदान करना है। भारत सरकार ने वर्ष 2022 के अंतर्गत 175 गीगावॉट (GW) नवीकरणीय ऊर्जा स्थापित करने का लक्ष्य रखा था।
2. **राष्ट्रीय वर्द्धित ऊर्जा क्षमता मिशन** (National Mission for Enhanced Energy Efficiency) इसके अंतर्गत नई संस्थागत प्रणालियों को सृजित करने का लक्ष्य है, ताकि ऊर्जा दक्ष बाजार का विकास किया जा सके। इसके अंतर्गत सुपर एफिशिएंट कार्यक्रम चलाया जा रहा है।
3. **राष्ट्रीय वहनीय पर्यावास मिशन** (National Mission on Sustainable Habitat) नगरों में वहनीय परिवर्तन, ऊर्जा अनुकूल भवनों (Energy Efficient Building) और वहनीय अपशिष्ट प्रबंधन का संवर्द्धन करना राष्ट्रीय वहनीय पर्यावास मिशन का उद्देश्य है। इस मिशन की शुरुआत जून, 2010 में की गई। इस मिशन का कार्य जलवायु परिवर्तन की समझ को विकसित करना तथा ऊर्जा दक्षता एवं प्राकृतिक संसाधनों के संरक्षण की प्रक्रिया को प्रोत्साहित करना है।
4. **जलवायु परिवर्तन हेतु रणनीतिक ज्ञान पर राष्ट्रीय मिशन** (National Mission on Strategic Knowledge for Climate Change-NMSKCC) जलवायु परिवर्तन से उत्पन्न चुनौतियों का अभिज्ञान और स्वास्थ्य, जनसांख्यिकी, प्रवास और तटीय क्षेत्रों में रहने वाले समुदायों की उपजीविका के क्षेत्रों में चुनौतियों के प्रत्युत्तर पर ज्ञान का प्रसार करना जलवायु परिवर्तन हेतु रणनीतिक ज्ञान पर राष्ट्रीय मिशन का उद्देश्य है।
5. **राष्ट्रीय जल मिशन** (National Water Mission) इसके अंतर्गत जल के अनुकूलतम प्रयोग हेतु फ्रेमवर्क के विकास के लिए एक नियामक मशीनरी की स्थापना करना है, जिसमें जल के प्रयोग में 20% बचत को बढ़ावा देने का लक्ष्य है। इसकी शुरुआत जुलाई, 2019 में जल संरक्षण और जल सुरक्षा के लिए एक पहल के रूप में की गई।
6. **राष्ट्रीय ग्रीन इंडिया मिशन** (National Mission for a Green India) 20 फरवरी, 2014 को केंद्रीय मंत्रिमंडल की आर्थिक कार्य समिति (CCEA) द्वारा केंद्र प्रायोजित योजना के रूप में राष्ट्रीय ग्रीन मिशन को अनुमति दी है। इसका प्रमुख लक्ष्य भारत के घटते वन क्षेत्र का संरक्षण, पुनर्वनीकरण और वन क्षेत्र में वृद्धि करना है।
7. **राष्ट्रीय सतत् कृषि मिशन** (National Mission for Sustainable Agriculture) इसका उद्देश्य ऐसी नई किस्मों की फसलों का विकास करना है, जो वैश्विक तापन के प्रभावों से स्वयं को बचा सकें तथा जलवायु परिवर्तन का सही प्रकार से सामना कर सकें।
8. **राष्ट्रीय हिमालयी पारिस्थितिकी संवर्द्धन मिशन** (National Mission for Sustaning the Himalayan Ecosystem) इसके अंतर्गत हिमालयी हिमनदों (Glaciers) पर जलवायु परिवर्तन के प्रभाव का अनुमान लगाने तथा पर्वतीय पारिस्थितिकी को संतुलित करने के उद्देश्य से हिमालयी पर्यावरण के लिए निगरानी प्रणाली की स्थापना करने की योजना है।

राष्ट्रीय स्वच्छ ऊर्जा कोष

राष्ट्रीय स्वच्छ ऊर्जा कोष (National Clean Energy Fund, NCEF) की स्थापना 6 अप्रैल, 2011 को देश में स्वच्छ ऊर्जा (Clean Energy) या हरित ऊर्जा (Green Energy) से संबंधित परियोजनाओं एवं अनुसंधान कार्यों को वित्तीय सहयोग प्रदान करने के उद्देश्य से की गई है।

जलवायु परिवर्तन से संबंधित महत्त्वपूर्ण सम्मेलन

जलवायु परिवर्तन से संबंधित प्रमुख सम्मेलन निम्नलिखित हैं

- **स्टॉकहोम सम्मेलन (1972)** संयुक्त राष्ट्र ने स्टॉकहोम (स्वीडन) में पर्यावरण से संबंधित एक सम्मेलन का आयोजन किया और उसके बाद पर्यावरण अंतर्राष्ट्रीय विषय बन गया। इसी सम्मेलन में संयुक्त राष्ट्र पर्यावरण कार्यक्रम (United National Environment Programme, UNEP) के गठन का निर्णय किया गया। इसी सम्मेलन के दौरान **5 जून** को **विश्व पर्यावरण दिवस** के रूप में मनाने का निश्चय किया गया।
- **मॉण्ट्रियल प्रोटोकॉल (1987)** ओजोन परत के क्षरण को रोकने के लिए 16 सितंबर, 1987 को कनाडा में अग्रणी अंतर्राष्ट्रीय समुदाय का सम्मेलन हुआ। इसके अंतर्गत ही क्लोरो-फ्लोरो कार्बन गैस के उत्पादन में अगले दस वर्षों में कटौती करने तथा हैलोजन गैस के उत्पादन को पूर्णतया समाप्त करने पर सहमति बनी थी।
- **हेल्सिंकी सम्मेलन (1989)** ओजोन क्षरण को रोकने के लिए व क्लोरो-फ्लोरो कार्बन (CFC) के उत्पादन पर पूर्णत: रोक लगाने के उद्देश्य से इस सम्मेलन को आयोजित किया गया।
- **प्रथम पृथ्वी सम्मेलन (1992) (रियो सम्मेलन)** पृथ्वी तथा उसके पर्यावरण की सुरक्षा एवं पारिस्थितिकीय संतुलन को बनाए रखने तथा जैव विविधता को समृद्ध करने के लिए ब्राजील के रियो-डि-जेनेरियो नगर में संयुक्त राष्ट्र के तत्वावधान में संयुक्त राष्ट्र पर्यावरण एवं विकास सम्मेलन का वर्ष 1992 में 3 से 14 जून तक आयोजन किया गया। इस सम्मेलन में विकसित एवं विकासशील 154 देशों के प्रतिनिधियों ने भाग लिया। वर्ष 1992 में रियो-डि-जेनेरियो (ब्राजील) में आयोजित UNCED (United Nations Conference on Environment and Development) के 20 वर्षों बाद 13 से 22 जून, 2012 के मध्य में रियो +20 का आयोजन किया गया है। इस सम्मेलन को UNCSD (United Nations Conference Sustainable Development) कहा गया है। रियो +20 सम्मेलन में **ग्रीन इकोनॉमी** (Green Economy) को अधिक महत्त्व दिया गया।
- इसी सम्मेलन में यूनाइटेड नेशन्स फ्रेमवर्क कन्वेन्शन ऑन क्लाइमेट चेंज (UNFCCC, United Nations Framework Convention on Climate Change) नामक अंतर्राष्ट्रीय संधि गठित की गई।

इस सम्मेलन के पाँच प्रमुख विषय निर्धारित किए गए थे

(i) भूमंडलीय तापमान में वृद्धि (ii) वन संरक्षण (iii) जैव विविधता (iv) एजेंडा-21 (v) रियो घोषणा-पत्र

कॉन्फ्रेंस ऑफ पार्टीज (COP) सम्मेलन

स्थान	वर्ष	विशेष तथ्य
बर्लिन (जर्मनी) (COP 1)	1995	• इसे पहला (COP-Conference of Parties) सम्मेलन भी कहा जाता है, इसमें 117 देशों के प्रतिनिधियों ने हिस्सा लिया था। • इस सम्मेलन के दौरान सभी औद्योगीकृत देशों से वर्ष 2000 तक उनके CO_2 उत्सर्जन में 20% कटौती करने की अपील की गई थी।
जेनेवा (स्विट्जरलैण्ड) (COP 2)	1996	• इसे कोप-2 सम्मेलन कहा जाता है। • इस सम्मेलन में औद्योगिक देशों द्वारा उत्सर्जन घटाने हेतु क्रियान्वयन पर बल दिया गया।
क्योटो (जापान) (COP 3)	1997	• जलवायु परिवर्तन पर चली लंबी बहस के बाद जापान के क्योटो शहर में 11 दिसंबर, 1997 को हुए UNFCCC के तीसरे सम्मेलन के क्योटो प्रोटोकॉल को स्वीकार किया गया। क्योटो-प्रोटोकॉल (Kyoto Protocol) एक कानूनी बाध्यकारी समझौता था, जिसे 16 फरवरी, 2005 को लागू किया गया। इसकी प्रथम प्रतिबद्धता वर्ष 2012 में समाप्त हो गई। • इस संधि के अंतर्गत शामिल 37 विकसित देशों से सामूहिक रूप से ग्रीनहाउस गैस उत्सर्जन को वर्ष 1990 के स्तर पर लाने के लिए वर्ष 2008 से वर्ष 2012 तक 5.2% कटौती करने का प्रावधान रखा गया था। • क्योटो-प्रोटोकॉल में एनेक्स-1 देशों द्वारा उत्सर्जित निम्न छः ग्रीनहाउस गैसों को शामिल किया गया; जैसे- कार्बन डाइऑक्साइड (CO_2), मीथेन (CH_4), नाइट्रस ऑक्साइड (N_2O), परफ्लोरो कार्बन (PFCs), हाइड्रोफ्लोरो कार्बन (HFCs) तथा सल्फर हेक्साफ्लोराइड (SF_6)। • भारत ने अगस्त, 2002 में इस प्रोटोकॉल का अनुमोदन किया था।
ब्यूनस आयर्स (अर्जेंटीना) (COP 4)	1998	• इस सम्मेलन का आयोजन नवंबर, 1998 में किया गया। इस सम्मेलन में क्योटो प्रोटोकॉल को लागू करने के लिए 'प्लान ऑफ एक्शन' (Plan of Action) को अंगीकृत किया गया। • COP 4 के दौरान अर्जेंटीना तथा कजाकिस्तान ऐसे दो गैर-एनेक्स देश थे, जिन्होंने 'ग्रीन हाउस गैस' के उत्सर्जन को कम करने की प्रतिबद्धता प्रदर्शित की।
बॉन (जर्मनी) (COP 5)	1999	• COP 5 सम्मेलन नवंबर, 1999 में आयोजित किया गया। • यह तकनीकी विषयों पर आयोजित सम्मेलन था, जिसमें कोई महत्त्वपूर्ण लक्ष्य निर्धारित नहीं था।
द हेग (नीदरलैंड) (COP 6)	2000	• इसे COP-6 सम्मेलन कहते हैं। इस सम्मेलन में जलवायु संबंधित विषय पर बातचीत टूट गई थी, क्योंकि यूरोपीय संघ व अमेरिका ने शर्तों को मानने से इंकार कर दिया।
मराकेश (मोरक्को) (COP 7)	2001	• इसे COP-7 सम्मेलन कहा जाता है। • इस सम्मेलन के दौरान पर्यावरण दक्षता/क्षमता एवं तकनीक हस्तांतरण पर विशेष बल दिया गया तथा तकनीकी आवश्यकताओं को अपनाने के लिए प्रेरित किया गया।
नई दिल्ली (भारत) (COP 8)	2002	• यूएनएफसीसीसी के COP-8 का आयोजन वर्ष 2002 में नई दिल्ली में हुआ, जिसमें 167 देशों के प्रतिनिधियों ने भाग लिया। • इसमें भारत ने संपोषणीय विकास (Sustainable Development) के प्रति भारत की प्रतिबद्धता को स्पष्ट किया और विकासशील देशों द्वारा स्वैच्छिक उत्सर्जन कटौती के प्रति प्रतिबद्धता को दोहराया, परंतु यह प्रतिबद्धता अमेरिका के विरोध के कारण वास्तविकता नहीं बन सकी।
मिलान (इटली) (COP 9)	2003	• दिसंबर, 2003 में COP 9 का आयोजन किया गया। इस सम्मेलन में जलवायु परिवर्तन से मुकाबला करने के लिए विकासशील देशों के सहयोग के लिए 'फंड' बनाने पर सहमति बनी। • इस सम्मेलन में 110 गैर-एनेक्स देशों की राष्ट्रीय रिपोर्ट की समीक्षा पर सहमति बनी।
ब्यूनस आयर्स (अर्जेंटीना) (COP 10)	2004	• दिसंबर, 2004 में ब्यूनस आयर्स (अर्जेंटीना) में COP 10 सम्मेलन आयोजित किया गया। • इस सम्मेलन में 'ब्यूनस आयर्स प्लॉन ऑफ एक्शन' को अंगीकृत किया गया, जिसका उद्देश्य जलवायु परिवर्तन से जुड़े मुद्दों को व्यापक बनाना था।
मॉण्ट्रियल (कनाडा) (COP 11)	2005	• COP 11 का आयोजन नवंबर-दिसंबर, 2005 में मॉण्ट्रियल (कनाडा) में किया गया। • यहाँ CMP (Conference of Parties serving as the Meeting of the Parties to the Kyoto Protocol) की शुरुआत की गई।
नैरोबी (केन्या) (COP 12)	2006	• यूएनएफसीसीसी के COP-12 की बैठक मई, 2006 में कीनिया की राजधानी नैरोबी में हुई। • इसमें पंचवर्षीय रोडमैप को मंजूरी दी गई, जो विकासशील देशों के लिए जलवायु परिवर्तन से निपटने में सहयोग के उद्देश्य से बनाया गया है।
बाली (इंडोनेशिया) (COP 13)	2007	• जलवायु परिवर्तन के बढ़ते खतरे का सामना करने के लिए संयुक्त राष्ट्र पर्यावरण सम्मेलन 3 से 14 दिसंबर, 2007 में बाली में आयोजित हुआ! • इस सम्मेलन में ग्रीनहाउस गैसों का भाग निर्धारित करने पर विचार-विमर्श किया गया था।

स्थान	वर्ष	विशेष तथ्य
पोंनान (पोलैंड) (COP 14)	2008	• इस सम्मेलन में वनों की अंधाधुंध कटाई तथा बढ़ते मरुस्थलीकरण से उत्पन्न समस्याओं के समाधान पर सहमति बनी। • इसके साथ ही 17 जून को विश्व मरुस्थलीय और सूखा रोकथाम दिवस मनाने पर बल दिया गया।
कोपनहेगन (डेनमार्क) (COP 15)	2009	• कोपनहेगन (डेनमार्क) में 9 से 18 दिसंबर, 2009 के बीच जलवायु परिवर्तन पर अंतर्राष्ट्रीय सम्मेलन आयोजित किया गया, इस सम्मेलन का प्रमुख उद्देश्य वैश्विक तापमान वृद्धि की रोकथाम के लिए विकसित एवं विकासशील देशों के बीच सहमति बनाना था। • इसी सम्मेलन के दौरान ग्रीन क्लाइमेंट फंड (SCF) की स्थापना की गई।
कानकून (मैक्सिको) (COP 16)	2010	• जलवायु परिवर्तन पर कानकुन (मैक्सिको) सम्मेलन में 29 नवंबर से 10 दिसंबर, 2010 को संपन्न हुआ। • इस सम्मेलन में विकसित देशों के साथ विकासशील देशों ने भी यह सहमति दे दी है कि वर्ष 2020 तक ग्रीनहाउस गैसों के उत्सर्जन में 20-25% की कटौती करेंगे।
डरबन (दक्षिण अफ्रीका) (COP 17)	2011	• 28 नवंबर से 11 दिसंबर, 2011 में मध्य दक्षिण अफ्रीका के शहर डरबन में संयुक्त राष्ट्र जलवायु परिवर्तन सम्मेलन आयोजित किया गया, जिसमें कार्बन उत्सर्जन पर नए समझौते की रूपरेखा तैयार की गई।
दोहा (कतर) (COP 18)	2012	• UNFCCC के COP का दिसंबर, 2012 में 18वाँ सत्र दोहा, कतर में संपन्न हुआ, जिसकी परिणति UNFCCC के क्रियान्वयन और क्योटो प्रोटोकॉल की प्रगति के लक्षित निर्णयों में हुई। • इस सम्मेलन में इस बात पर सहमति बनी कि क्योटो प्रोटोकॉल जोकि एकमात्र मौजूदा और बाध्यकारी करार है, जिसके अंतर्गत विकसित देश ग्रीनहाउस गैसों के उत्सर्जन को कम करने के लिए वचनबद्ध हैं, अब दूसरी वचनबद्धता अवधि में प्रवेश करेगा, जोकि 8 वर्षों तक चलेगी।
वारसा (पोलैंड) (COP 19)	2013	• पोलैंड की राजधानी वारसा में नवंबर, 2013 में **जलवायु परिवर्तन पर संयुक्त राष्ट्र फ्रेमवर्क कन्वेन्शन** (UNFCCC) का 19वाँ सम्मेलन आयोजित हुआ। इस सम्मेलन में 189 देशों ने भाग लिया। • इस सम्मेलन में एक वारसा मैकेनिजा भी प्रस्तावित किया गया, जिसके द्वारा समुद्री जल तल के बढ़ने से एवं प्राकृतिक आपदाओं से होने वाली क्षति से निपटने के लिए विकासशील देशों (Developing Countries) को सहायता और विशेषज्ञ सेवाएँ प्रदान करने की व्यवस्था की जाएगी।
लीमा (पेरू) (COP 20)	2014	• यह सम्मेलन पेरू की राजधानी लीमा में 1-14 दिसंबर, 2014 को आयोजित हुआ। • इस सम्मेलन में 194 देशों ने वैश्विक कार्बन उत्सर्जन में कटौती के राष्ट्रीय संकल्पों के लिए लिया आम सहमति वाला प्रारूप स्वीकार कर लिया।
पेरिस (फ्रांस) (COP 21)	2015	• पेरिस में COP-21 वार्ता का आयोजन 30 नवंबर से 11 दिसंबर, 2015 के मध्य किया गया। • इसके अंतर्गत धरती के बढ़ते तापमान तथा कार्बन उत्सर्जन पर अंकुश लगाने वाले इस समझौते को 196 देशों ने स्वीकार किया है। • इस समझौते के अंतर्गत पूर्व औद्योगिक युग की तुलना में इस शताब्दी की वैश्विक तापन वृद्धि को 2 वर्ष से कम रखना निर्धारित किया गया है। • इसके अतिरिक्त जलवायु परिवर्तन के प्रभाव से निपटने में देशों को क्षमतावान बनाने का भी लक्ष्य निर्धारित किया गया है। भारत ने 2 अक्टूबर, 2016 को पेरिस जलवायु समझौते पर हस्ताक्षर कर दिया।
मराकेश (मोरक्को) (COP 22)	2016	• COP 22 का आयोजन नवंबर, 2016 में मराकेश (मोरक्को) में आयोजित किया गया। • इस सम्मेलन का फोकस जल उपलब्धता में कमी पर था।
बॉन (जर्मनी) (COP 23)	2017	• इस सम्मेलन का आयोजन नवंबर, 2017 में किया गया। फिजी के प्रधानमंत्री फ्रेंक बैनीमरामा इस सम्मेलन के अध्यक्ष थे। • संयुक्त राष्ट्र जलवायु परिवर्तन सम्मेलन (UNCCC) का 'लोगो' (Logo) इस सम्मेलन के दौरान प्रदर्शित किया गया।
कोटोविक (पोलैंड) (COP 24)	2018	• COP 24 का आयोजन 3 से 14 दिसंबर, 2018 के बीच कोटोविक (पोलैंड) में हुआ। • इस सम्मेलन में जलवायु परिवर्तन से जुड़े मुद्दों पर चर्चा की गई। पोलैंड ने इसमें अपनी पहल को प्रभावी करने के प्रति प्रतिबद्धता व्यक्त की।
मैड्रिड (स्पेन) (COP 25)	2019	• इस सत्र का आयोजन मैड्रिड (स्पेन) में किया गया, जो नवंबर, 2019 में संपन्न हुआ। • चिली तथा ब्राजील द्वारा इस सम्मेलन की मेजबानी से मना करने के बाद इसका आयोजन स्पेन में किया गया।
ग्लासगो (ब्रिटेन) (COP 26)	2021	• नवंबर, 2021 में COP 26 का आयोजन ग्लासगो (ब्रिटेन) में किया गया। • कोविड-19 की समस्या से उपजी परिस्थितियों में जलवायु परिवर्तन पर वार्ता संपन्न हुई।
शर्म अल शेख (COP 27)	2022	• जलवायु संकट का सामना करने तथा वैश्विक प्रयासों में तेजी लाने हेतु सदस्य देश संगठित हुए।
यूएई (COP 28) (दुबई)	2023	• यह सम्मेलन 30 नवंबर से 12 दिसंबर तक दुबई में आयोजित किया गया। इस सम्मेलन में सभी जीवाश्म ईंधन को चरणबद्ध तरीके से समाप्त करने पर बल दिया गया, साथ ही 'लॉस एंड डैमेज फंड' बनाने पर सहमति बनी।
बाकू (अजरबैजान) (COP 29)	2024	• प्रस्तावित

हरित गृह प्रभाव

- यह एक प्राकृतिक घटना है, क्योंकि इसी के कारण पृथ्वी का निचला वायुमंडल गर्म बना रहता है और तापमान को जीवन के अनुकूल बनाए रखता है।
- पृथ्वी के धरातल के संदर्भ में कार्बन डाइऑक्साइड, मीथेन, क्लोरो-फ्लोरो कार्बन, नाइट्रस ऑक्साइड तथा जलवाष्प आदि गैसें हरित गृह की भाँति व्यवहार करती हैं।
- ये सूर्य विकिरण (Solar Radiation) को तो धरातल तक पहुँचने में कोई बाधा उत्पन्न नहीं करती, लेकिन पृथ्वी से उत्सर्जित होने वाले दीर्घ तरंग विकिरण, विशेषकर अवरक्त विकिरण (Infrared Radiation) को सोखकर उन्हें पुन: धरातल की ओर प्रत्यावर्तित कर देती हैं; जिससे पृथ्वी की धरातलीय सतह पर निचला वायुमंडल निरंतर गर्म होता रहता है।
- ग्रीन हाउस प्रभाव जीवन के लिए अनिवार्य माना जाता है। इसके अभाव में पृथ्वी एक शीत एवं जीवन विहीन ग्रह में बदल जाएगी, लेकिन ग्रीन हाउस गैसों की अनियंत्रित बढ़ती सांद्रता जीवन के लिए हानिकारक होती है।

ग्रीन हाउस गैसें

- क्लोरो-फ्लोरो कार्बन (Chloro-Fluoro Carbons-CFCs) अत्यधिक प्रभावी होती है। समतापमंडल में पराबैंगनी किरणों को अवशोषित करने वाली ओजोन जब निम्न समतापमंडल में उपस्थित होती है, तो वह पार्थिव विकिरण को अत्यंत प्रभावित ढंग से अवशोषित करती है।
- वायुमंडल में उपस्थित ग्रीन हाउस गैसो में सबसे अधिक सांद्रण कार्बन डाइऑक्साइड का है। CO_2 का उत्सर्जन मुख्यत: जीवाश्मी ईंधन (तेल, गैस एवं कोयला) के दहन से होता है।
- वायुमंडल के तापन में योगदान देने वाली ग्रीन हाउस गैसों में भूमि उपयोग के लिए जब वनों की कटाई की जाती है, तो वायुमंडल में CO_2 की सांद्रता बढ़ती है। अपने स्रोत में परिवर्तनों से समंजित करने के लिए CO_2 को 20 से 50 वर्ष लग जाते हैं। CO_2 वातावरण में 0.5% की वार्षिक दर से बढ़ रही है।
- वायुमंडल में ग्रीन हाउस गैसों के उत्सर्जन को कम करने के लिए अंतर्राष्ट्रीय स्तर पर प्रयास किए गए हैं, इनमें से सबसे महत्त्वपूर्ण क्योटो प्रोटोकॉल है, जिसकी उद्घोषणा वर्ष 1997 में की गई थी तथा यह फरवरी, 2005 में प्रभावी हुई।

ग्रीन हाउस की प्रमुख गैसें

ग्रीन हाउस गैसें	मुख्य स्रोत (वृद्धि)	ह्रास	जलवायु हेतु महत्व
कार्बन डाइऑक्साइड (CO_2)	जीवाश्मी ईंधनों का दहन, निर्वनीकरण	पौधों द्वारा प्रकाश संश्लेषण सागरों द्वारा ग्रहण	समतापमंडलीय ओजोन (O_3) पर प्रभाव
मीथेन (CH_4)	आर्द्रभूमियाँ, समुद्र व जलीय चावल के खेत, ज्वालामुखी, वनीय आग पशुओं की जुगाली	हाइड्रॉक्साइड के साथ अभिक्रिया मृदा के सूक्ष्मजीवों द्वारा अवशोषण	अवरक्त किरणों का अवशोषण, कार्बन डाइऑक्साइड का निर्माण
नाइट्रस ऑक्साइड (NO_2)	जीवाश्म ईंधनों का दहन, उर्वरक बायोमास के जलने से	मृदा द्वारा अवशोषण, पराबैंगनी किरणों द्वारा विनाश	अवरक्त किरणों का अवशोषण
ओजोन (O_3)	ऑक्सीजन की प्रकाश रासायनिक क्रिया द्वारा	विभिन्न रासायनिक अभिक्रियाएँ	अवरक्त और पराबैंगनी विकिरण का अवशोषण
कार्बन मोनो ऑक्साइड (CO)	जीवाश्म ईंधनों का दहन	उद्योग एवं मृदा द्वारा अवशोषण, हाइड्रॉक्साइड (OH) के साथ अभिक्रिया	कार्बन डाइऑक्साइड का निर्माण
क्लोरो-फ्लोरो कार्बन (CFCs)	एयरकंडिश्नर, फ्रिज, फोम उद्योग, प्रसाधन सामग्री	समतापमंडल में ऑक्सीजन के साथ अभिक्रिया	अवरक्त विकिरण का अवशोषण, समतापमंडलीय ओजोन का ह्रास
सल्फर डाइऑक्साइड (SO_2)	ज्वालामुखी, कोयला व बायोमास का जलना	हाइड्रॉक्साइड के साथ अभिक्रिया	सौर्य विकिरण को प्रकीर्णित (Scattering) करने वाले ऐरोसोल का निर्माण
जलवाष्प (H_2O)	सागरों द्वारा वाष्पीकरण	वर्षा	जल चक्र का निर्माण

ओजोन क्षरण

- ओजोन (Ozone) समतापमंडल में पाई जाने वाली एक महत्त्वपूर्ण गैस है, जो सौर्यिक विकिरण की पराबैंगनी किरणों (Ultra-Voilet) से पृथ्वी का बचाव करती है।
- ओजोन मूलत: ऑक्सीजन के तीन अणुओं से मिलकर बनी होती है, जिसे O_3 से प्रदर्शित किया जाता है।
- ओजोन समतापमंडल में उपस्थित पराबैंगनी किरणों द्वारा ऑक्सीजन को ओजोन में बदल देती है। फलस्वरूप ओजोन की सांध्रता बढ़ती है।
- ओजोन परत का यह क्षेत्र पृथ्वी की सतह से 60 किमी की ऊँचाई तक व्याप्त है, लेकिन ओजोन परत का सर्वाधिक सांद्रण समतापमंडल में 12 से 35 किमी की ऊँचाई के मध्य पाया जाता है।
- इस ओजोन परत को पृथ्वी का रक्षाकवच कहा जाता है। ओजोन परत में सूर्य की 90% पराबैंगनी किरणें अवशोषित हो जाती हैं।
- सर्वप्रथम जोसेफ फौरमैन ने वर्ष 1985 में दक्षिणी गोलार्द्ध के अंटार्कटिका के ऊपर वायुमंडलीय ओजोन की क्षरणता का प्रत्यक्ष प्रमाण प्रस्तुत किया।

- इनके अनुसार, अंटार्कटिका के ऊपर बसंत काल में ओजोन परत में 40% क्षय हो जाता है, इसका प्रमुख कारण अंटार्कटिका के वायुमंडल में मौसम की अतिवादी दशाएँ हैं।
- अंटार्कटिका क्षेत्रों में बर्फ की झीलों की मौजूदगी से क्लोरीन व ऑक्सीजन अणु संयोग आसानी से हो जाता है, इसके साथ ही विशिष्ट ध्रुवीय वाताग्र तथा समतापमंडलीय बादलों की उपस्थिति में 'क्लोरोफ्लोरोकार्बन' का अंतर्वाह (Inflow) भी इसे उत्प्रेरित करता है।

ओजोन क्षरण के कारण

ओजोन का क्षरण कुछ विशिष्ट गैसों के कारण होता है। ये गैसें ओजोन के अणु को तोड़ देती हैं। इसमें क्लोरो-फ्लोरो कार्बन, नाइट्रस ऑक्साइड, ट्राईक्लोरोएमिलीन, हैलोंस आदि शामिल हैं। ओजोन क्षरण के लिए प्रमुख हानिकारक गैसें निम्नलिखित हैं

- **क्लोरो-फ्लोरो कार्बन** यह अत्यंत स्थायी, अज्वलनशील, अविषाक्त और प्रयोग में सुरक्षित गैस होती है। इस कारण इस गैस का प्रयोग एरोसोल (Aerosol), वातानुकूलित, रेफ्रिजेरेटरों और अग्निशामकों जैसे अनेक औद्योगिक उपयोगों के लिए आदर्श है। अपने स्थायित्व के कारण वायुमंडल में क्लोरो-फ्लोरो कार्बन का जीवन लंबा होता है।
- **नाइट्रस ऑक्साइड** जेट विमानों, उर्वरकों आदि से निस्सृत नाइट्रस ऑक्साइड ओजोन परत को क्षति पहुँचाती है। **हैलोंस** भी संरचनात्मक दृष्टिकोण से क्लोरो-फ्लोरो के समान होती है, परंतु इसमें क्लोरीन के स्थान पर ब्रोमीन के परमाणु होते हैं, जो ओजोन परत के लिए CFC गैस से भी अधिक खतरनाक हैं।
- **हैलोंस** अग्निशामक पदार्थों के रूप में प्रयुक्त होते हैं, क्योंकि आग बुझाने के दौरान ये लोगों और उपकरणों को हानि नहीं पहुँचाते, जब ये गैसें ऊपरी वायुमंडल में पहुँचती हैं, तो समतापमंडल में पराबैंगनी किरणें रासायनिक बंध को तोड़कर क्लोरीन को मुक्त करा देती हैं। तत्पश्चात् ये ओजोन के अणुओं पर क्रिया करके उनको ऑक्सीजन के अणुओं व परमाणुओं में बदल देती हैं।

ओजोन परत के क्षरण के प्रभाव

ओजोन परत के क्षरण के प्रभाव निम्नलिखित हैं

- **मानव स्वास्थ्य पर प्रभाव** ओजोन सूर्य से आने वाली पराबैंगनी किरणों का अवशोषण कर लेती है, लेकिन पराबैंगनी किरणें बढ़ने से त्वचा कैंसर, मोतियाबिंद, त्वचा में झुर्रियाँ आदि रोग होने की संभावना बढ़ जाती है। इसके साथ ही ये मानव शरीर की प्रतिरोधी क्षमता को भी कम कर देती हैं।
- **खाद्य उत्पादन पर प्रभाव** पराबैंगनी किरणें प्रकाश संश्लेषण की प्रक्रिया के दौरान पौधों की प्रकाश ग्रहण करने की क्षमता को प्रभावित करती हैं, जिस कारण पौधों में पोषक तत्त्वों का अंश कम हो जाता है और पौधों की वृद्धि रुक जाती है।
- **जलीय पारितंत्रों पर प्रभाव** पराबैंगनी विकिरण प्लैंकटनों को हानि पहुँचाता है। जूप्लैंकटनों (प्लवक प्राणी) में पराबैंगनी विकिरण में परिवर्तन के कारण प्रजनन काल कम हो जाता है। चूँकि प्राणी प्लवक सागरीय या जलीय खाद्य शृंखला के आधार बिंदु हैं, इसलिए पराबैंगनी विकिरण के प्रभाव से प्राणी प्लवक कम हो जाते हैं, जिसके कारण खाद्य शृंखलाएँ प्रभावित होती हैं।

ओजोन बिंदु/छिद्र

- वायुमंडल में ओजोन की माप वर्ष 1957 में ब्रिटिश दक्षिण ध्रुव सर्वेक्षण दल ने प्रारंभ की थी, जिसका वर्ष 1985 में पता चला कि दक्षिण ध्रुव प्रदेश के ऊपर बसंत ऋतु में ओजोन का पर्याप्त ह्रास होता है।
- ओजोन परत की सांद्रता वर्ष 1970 में 3000 डॉबसन यूनिट से घटकर वर्ष 1984 में 200 डॉबसन यूनिट तक पहुँच गई थी।
- 1970 के दशक के मध्य से ओजोन परत में लगातार गिरावट दर्ज की गई है। ओजोन सांद्रता में इस ह्रास को ओजोन छिद्र (Ozone Hole) कहा गया। ओजोन परत को मापने के लिए डॉबसन का उपयोग किया जाता है।
- ओजोन अपक्षय के हानिकारक प्रभाव व ओजोन छिद्र को नियंत्रित करने हेतु वर्ष 1987 में मॉण्ट्रियल (कनाडा) में एक वैश्विक समझौता हुआ, जिसे **मॉण्ट्रियल प्रोटोकॉल** (Montreal Protocol) कहा जाता है।
- यह सम्मेलन 16 सितंबर, 1987 को आयोजित किया गया था, इसलिए 16 सितंबर को प्रतिवर्ष **विश्व ओजोन दिवस** मनाया जाता है।
- यह संधि वर्ष 1989 से प्रभावी हुई। ओजोन अपक्षयकारी पदार्थों के उत्सर्जन पर नियंत्रण के लिए, कालांतर में कई प्रयास किए गए तथा प्रोटोकॉल में विकसित और विकासशील देशों के लिए अलग-अलग निश्चित दिशा निर्देश जोड़े गए, जिससे कि CFC और अन्य ओजोन अपक्षयकारी रसायनों के उत्सर्जनों को कम किया जा सके।

अतिरिक्त तथ्य
तमिलनाडु बोर्ड एवं NIOS

- जलवायु परिवर्तन पर अंतर सरकारी पैनल (IPCC) को **संयुक्त राष्ट्र पर्यावरण कार्यक्रम** (UNEP) तथा **विश्व मौसम विज्ञान संगठन** (WMO) द्वारा वर्ष 1988 में स्थापित किया गया। वर्तमान में इसके **195** देश सदस्य हैं। पैनल का मुख्य उद्देश्य विश्व की सभी सरकारों को वैज्ञानिक तथा तर्कसंगत जानकारी प्रदान करना है, जिससे वे जलवायु संबंधी नीतियाँ विकसित कर सकें।
- वर्ष **1988** में पहली बार आर्कटिक के ऊपर की ओजोन परत में छिद्र पाया गया। वायुमंडल के कुल आयतन के 0.002% से भी कम भाग पर ओजोन पाई जाती है। समतापमंडल ओजोन की सांद्रता 90% में होती है।
- वर्ष **1985** में, विश्व भर की सरकारों ने ओजोन परत के संरक्षण के लिए **वियना कन्वेंशन** को अपनाया था।
- महासागरीय सतह पर सूक्ष्म जीवों की कमी खाद्य शृंखला को प्रभावित करती है। औद्योगीकरण की शुरुआत के पश्चात् वैश्विक वार्षिक तापमान में 1%-से अधिक की वृद्धि हुई है।
- पिछले 100 वर्षों में धरातलीय वायु का तापमान लगभग **0.5°C** से **0.7°C** बढ़ गया, जिसके कारण भूमंडलीय तापन निरंतर बढ़ रहा है। यदि यही प्रवृत्ति जारी रही, तो वर्ष **2040** तक वैश्विक तापमान **1.5%** तक पहुँच जाएगा।

हरित गृह प्रभाव के परिणाम

- CO_2 का स्तर बढ़ने से 21वीं सदी के अंत तक वायुमंडलीय तापमान **2°-3°C** तक बढ़ जाएगा।
- भूमंडलीय तापन बढ़ने से समुद्री जल स्तर में **50-100 सेमी** की वृद्धि होगी।
- खाद्यान्न उत्पादन पर प्रतिकूल प्रभाव पड़ेगा। पर्वतों पर जमी बर्फ के पिघलने में तीव्रता आयेगी। मौसमी घटनाएँ जैसे- चक्रवात की आशंका में वृद्धि।

उपाय

- वनरोपण में वृद्धि करके CO_2 के स्तर को कम करना।
- उष्ण एवं उपोष्ण कटिबंधीय देशों में सौर ऊर्जा का पर्याप्त विकास करना तथा घरेलू उपयोग हेतु **बायोगैस संयंत्र लगाना** चाहिए।

पर्यावरण प्रदूषण

(स्रोत)

Class-IX Old NCERT Chap 11 **पर्यावरण पर मनुष्य का प्रभाव,**
Class-XII New NCERT Chap 12 **भौगोलिक परिप्रेक्ष्य में चयनित कुछ मुद्दे एवं समस्याएँ,**
Class-XI Old NCERT Bio Chap 16 **पर्यावरण के मुद्दे,**
Tamil Nadu Board (Class XI), NIOS

- **पर्यावरण प्रदूषण** (Environment Pollution) मानवीय क्रियाकलापों के अपशिष्ट उत्पादों से मुक्त द्रव्य एवं ऊर्जा का परिणाम है। प्रदूषित वायु, भूमि, जल या मृदा के भौतिक, रासायनिक या जैविक अभिलक्षणों का एक अवांछनीय परिवर्तन है। अवांछनीय परिवर्तन उत्पन्न करने वाले कारकों को **प्रदूषक** (Pollutant) कहते हैं।
- पर्यावरण के प्रदूषण को नियंत्रित तथा इसकी सुरक्षा करने एवं हमारे पर्यावरण की गुणवत्ता में सुधार हेतु भारत सरकार द्वारा **पर्यावरण (सुरक्षा) अधिनियम, वर्ष 1986** पारित किया गया है, जिसे भारत सरकार ने पुनः वर्ष 2023 में पर्यावरण (संरक्षण) संशोधन नियम जारी किया।

प्रदूषण का वर्गीकरण

प्रदूषकों के परिवाहित एवं विसरित होने के आधार पर प्रदूषण को निम्नलिखित प्रकारों में वर्गीकृत किया जा सकता है

1. वायु प्रदूषण 2. जल प्रदूषण 3. ध्वनि प्रदूषण 4. भूमि प्रदूषण

वायु प्रदूषण

- वायु प्रदूषण (Air Pollution) को धूल, धुआँ, गैसें, कुहासा, दुर्गंध और वाष्प जैसे संदूषकों की वायु में अभिवृद्धि व उस अवधि के रूप में लिया जाता है, जो मनुष्यों, पशुओं और आर्थिक व सामाजिक दृष्टियों से हानिप्रद होती हैं।
- ऊर्जा के स्रोत के रूप में विभिन्न प्रकार के ईंधनों (Fuels) के प्रयोग में वृद्धि के साथ, पर्यावरण में विषाक्त धुएँ वाली गैसों के उत्सर्जन के परिणामस्वरूप वायु प्रदूषित होती है।
- जीवाश्म ईंधन (Fossil Fuels) का दहन, खनन और उद्योग वायु प्रदूषण के प्रमुख स्रोत हैं। ये प्रक्रियाएँ वायु में सल्फर एवं नाइट्रोजन के ऑक्साइड, हाइड्रोकार्बन, कार्बन डाइ-ऑक्साइड, कार्बन मोनोक्साइड, सीसा तथा एस्बेस्टस को निर्मुक्त करती हैं।

वायु प्रदूषण के प्रभाव

- वायु प्रदूषण के कारण श्वसन तंत्रीय, तंत्रिका तंत्रीय तथा रक्त संचार तंत्र संबंधी विभिन्न बीमारियाँ होती हैं।
- नगरों के ऊपर कुहरा जिसे शहरी धूम कुहरा (Urban Smog) कहा जाता है, वस्तुतः वायुमंडलीय प्रदूषण के कारण होता है। यह मानव स्वास्थ्य के लिए अत्यंत घातक सिद्ध होता है।
- वर्ष 1952 में पहली बार लंदन में धूम्र कुहरा के कारण मानव जीवन पर उसका व्यापक दुष्प्रभाव सामने आया था।
- वायु प्रदूषण के प्रभाव स्वरूप अम्ल वर्षा (Acid Rain) होती है। वह सल्फर डाइ-ऑक्साइड एवं नाइट्रोजन ऑक्साइड उत्सर्जित करने वाले औद्योगिक एवं परिवहन स्रोतों के क्षेत्रों तक ही सीमित नहीं होती है, वरन् वह स्रोत क्षेत्रों से दूर अत्यधिक विस्तृत क्षेत्रों को भी प्रभावित करती है, क्योंकि अम्ल वर्षा के उत्तरदायी कारक प्रदूषक गैसीय रूप में होते हैं, जिन्हें वायु तथा बादल संपूर्ण क्षेत्रों तक विस्तारित करते हैं। इसका प्रभाव वनस्पति, वन्य जीवन, मानव स्वास्थ्य आदि पर भी पड़ता है।
- वायु प्रदूषण सभी जीवों को क्षति पहुँचाता है। वह फसलों की वृद्धि एवं उत्पादकता को प्रभावित करता है और इसके कारण पौधे अपरिपक्व अवस्था में नष्ट हो जाते हैं।

वायु प्रदूषण नियंत्रण संबंधी उपाय

- स्वचालित वाहनों का रख-रखाव उचित तरीके से किया जाना चाहिए, उनमें सीसा रहित पेट्रोल या डीजल का प्रयोग किए जाने से उत्सर्जित प्रदूषकों की मात्रा में कमी हो सकती है।
- उत्प्रेरक परिवर्तक (Catalytic Converter) में कीमती धातु, प्लैटिनम-पैलेडियम और रेडियम लगे होते हैं, जो उत्प्रेरक का कार्य करते हैं। ये परिवर्तक स्वचालित वाहनों में लगे होते हैं, जो विषैली गैसों के उत्सर्जन को कम करते हैं।

- स्वचालित वाहनों मे **संपीड़ित प्राकृतिक गैस** (Compressed Natural Gas, CNG) का प्रयोग किया जाना चाहिए। वर्तमान में वायु प्रदूषण के स्तरों की जाँच के लिए व्यापक सर्वेक्षण और अध्ययन किया जाए तथा प्रदूषण के स्तरों की नियमित निगरानी की जानी चाहिए।
- इसके लिए ऊर्जा के वैकल्पिक स्रोतों के प्रयोग को बढ़ावा दिया जाना चाहिए साथ ही **क्लोरोफ्लोरो कार्बन** (CFCs) के उत्पादन व उपभोग को नियंत्रित किया जाना चाहिए।

वायु प्रदूषण नियंत्रण के राष्ट्रीय प्रयास

- भारत में वायु प्रदूषण निरोध एवं नियंत्रण अधिनियम, 1981 में लागू किया गया, जिसका प्रमुख उद्देश्य प्राकृतिक संसाधनों को संरक्षण प्रदान करना था। इस अधिनियम में वर्ष 1987 में संशोधन कर ध्वनि प्रदूषण को इसके अंतर्गत सम्मिलित कर लिया गया।
- भारत सरकार द्वारा वाहन ईंधन नीति (Vehicle fuel Policy) के अंतर्गत शहरों में वाहन प्रदूषण को कम करने के लिए मार्गदर्शी सिद्धांत (Guidelines) दिया गया है। ईंधन के लिए अधिक कठोर मानक निर्धारित किए गए हैं, ताकि पेट्रोल और डीजल ईंधनों में धीरे-धीरे गंधक और एरोमेटिक की मात्रा कम की जाए।
- **पर्यावरण, वन एवं जलवायु परिवर्तन मंत्रालय** द्वारा अक्टूबर, 2014 में राष्ट्रीय वायु गुणवत्ता सूचकांक को जारी किया गया। इसका प्रमुख उद्देश्य वास्तविक समय के आधार पर देश के प्रमुख शहरों में वायु की गुणवत्ता की निगरानी करना है। यह एक रंग आधारित सूचकांक है और अलग-अलग रंग के माध्यम से वायु की गुणवत्ता को दर्शाता है।
- राष्ट्रीय स्वच्छ वायु कार्यक्रम (National Clean Air Programme-NCAP) की शुरुआत वर्ष 2019 में देश में बढ़ते वायु प्रदूषण के नियंत्रण हेतु की गई थी। इस कार्यक्रम के अंतर्गत क्षमता निर्माण के लिए केंद्रीय प्रदूषण नियंत्रण बोर्ड (Central Pollution Control Board-CPCB) और राज्य प्रदूषण नियंत्रण बोर्ड (State Pollution Control Board) की अवसंरचना सुविधाओं में वृद्धि करने पर बल दिया गया है। इस कार्यक्रम के अंतर्गत वर्ष 2024 तक वायु में **PM 2.5** और **PM10** प्रदूषकों के स्तर में 20% तक की कमी लाने का लक्ष्य रखा गया है।

सफर

- भारत में वायु गुणवत्ता की जाँच करने हेतु पहली मोबाइल ऐप सेवा सफर (SAFAR-System of Air Quality Forecasting and Research) का विकास पुणे स्थित **इंडियन इंस्टीट्यूट ऑफ ट्रॉपिकल मिट्रिओलॉजी** के वैज्ञानिकों द्वारा किया गया। यह पहल पृथ्वी विज्ञान मंत्रालय द्वारा की गई है।
- भारत सरकार सफर ऐप प्रणाली की शुरुआत वर्ष 2010 में की गई थी।
- सफर ऐप प्रणाली विभिन्न प्रदूषकों; जैसे-PM 10, PM 2.5, नाइट्रोजन डाई-ऑक्साइड, सल्फर डाई-ऑक्साइड, ओजोन और कार्बन-मोनोऑक्साइड के लिए वास्तविक समय वायु गुणवत्ता सूचकांक (AQI) डेटा प्रदान करती है।
- यह ऐप (App) सेवा नागरिकों को उनके शहर के वायु प्रदूषण स्तर की सूचना रीयलटाइम में उपलब्ध कराने हेतु सक्षमता प्रदान करेगी।
- इसमें रंग कोड के माध्यम से वायु प्रदूषण के स्तर की जानकारी प्राप्त होगी, जिसमें हरा रंग वायु प्रदूषण के निम्नतम स्तर का, पीला रंग सूक्ष्म प्रदूषण तथा लाल रंग खतरे के स्तर का सूचक है।
- यह मौसम के तापमान, वर्षा, आर्द्रता, हवा की दिशा एवं गति, पराबैंगनी किरणों और सौर विकिरण आदि की निगरानी करता है।

जल प्रदूषण

- जनसंख्या में निरंतर तीव्र वृद्धि और औद्योगिक विस्तारण के कारण जल के अविवेकपूर्ण उपयोग से जल की गुणवत्ता का अत्यधिक निम्नीकरण हुआ है, इसे जल प्रदूषण (Water Pollution) कहते हैं।
- नदियों, नहरों, झीलों तथा तालाबों आदि में अल्प मात्रा में निलंबित कण, कार्बनिक तथा अकार्बनिक पदार्थों के रूप में समाहित होते हैं, जब जल में इन पदार्थों की सांद्रता बढ़ जाती है, तो परिणामस्वरूप जल प्रदूषित हो जाता है और ऐसी स्थिति में जल में स्वत: शुद्धीकरण की क्षमता भी जल को शुद्ध नहीं कर पाती।
- यद्यपि जल प्रदूषण के मुख्य कारक प्राकृतिक स्रोतों (अपरदन, भू-स्खलन और पेड़-पौधों तथा मृत पशुओं के अवशिष्टों आदि) से प्राप्त प्रदूषकों (Pollutants) से भी होता है, तथापि मानव क्रियाकलापों से उत्पन्न होने वाले प्रदूषक जल प्रदूषण को बढ़ाने में मुख्य भूमिका निभाते हैं।
- औद्योगिक उत्पादन की प्रक्रिया के फलस्वरूप अवांछित उत्पाद जिनमें औद्योगिक कचरा, प्रदूषित अपशिष्ट जल, जहरीली गैसें, रासायनिक अवशेष, अनेक भारी धातुएँ आदि शामिल हैं, को बहते जल या नदियों, झीलों आदि में बहा दिया जाता है।
- इससे जलीय खाद्य शृंखला का जैव आवर्द्धन (Biomagnification) हो सकता है।
- जैव आवर्द्धन का तात्पर्य क्रमिक पोषण स्तर (Trophic Level) पर आविष (Toxins) की सांद्रता में वृद्धि का होना है। पोषक स्तर पर डीडीटी की सांद्रता का विकास इसी प्रक्रिया को दर्शाता है।
- डाइ क्लोरो डाइ फेनिल ट्राइ क्लोरो एथेन (DDT) का उपयोग संश्लिष्ट कीटनाशक बनाने के लिए किया जाता है।
- विषाक्त रासायनिक तत्त्व जलाशयों व नदियों तथा अन्य स्रोतों के माध्यम से अन्य जल भंडारों में समाहित हो जाते हैं, जो इस जल में रहने वाली जैव प्रणाली को नष्ट कर देते हैं।

गंगा एवं यमुना नदियों में प्रदूषण के स्रोत

नदी एवं राज्य	• गंगा (उत्तर प्रदेश, बिहार व पश्चिम बंगाल) • यमुना (दिल्ली एवं उत्तर प्रदेश)
प्रदूषित पटरियाँ	• कानपुर का अनुप्रवाह • वाराणसी का अनुप्रवाह • फरक्का बाँध • दिल्ली से चंबल के मिलन तक • मथुरा व आगरा
प्रदूषण की प्रकृति	• कानपुर जैसे नगरों से औद्योगिक प्रदूषण। • नगरीय केंद्रों का घरेलू अपशिष्ट, नदी में लाशों का विसर्जन। • हरियाणा व उत्तर प्रदेश द्वारा पानी का सिंचाई हेतु निर्गमन। • कृषि गतिविधियों के कारण यमुना जल में उच्च स्तर पर सूक्ष्म प्रदूषकों का प्रवाह। • दिल्ली के घरेलू एवं औद्योगिक कचरे को नदी में प्रवाहित करना
मुख्य प्रदूषक	• कानपुर, इलाहाबाद, वाराणसी, पटना तथा कोलकाता जैसे नगर घरेलू कचरे को नदी में निर्मुक्त करते हैं। • दिल्ली का अपने घरेलू अपशिष्ट को नदी में डालना।

- सर्वाधिक जल प्रदूषक उद्योग, चमड़ा, लुगदी व कागज, वस्त्र तथा रसायन हैं। आधुनिक कृषि में विभिन्न प्रकार के रासायनिक पदार्थों के उपयोग ने भी जल प्रदूषण को निरंतर बढ़ाया है, जिनमें अकार्बनिक उर्वरक, कीटनाशक, खरपतवारनाशी आदि घटक शामिल हैं।
- भारत में तीर्थ यात्राओं, धार्मिक मेले व पर्यटन आदि जैसी सांस्कृतिक गतिविधियाँ भी जल प्रदूषण का कारण हैं।

जल प्रदूषण के प्रभाव

- जल प्रदूषण विभिन्न प्रकार की जल जनित बीमारियों का एक प्रमुख स्रोत है। संदूषित जल के उपयोग के कारण प्राय: दस्त (डायरिया), आँतों के कृमि, हेपेटाइटिस जैसी बीमारियाँ होती हैं।
- विश्व स्वास्थ्य संगठन (WHO-World Health Organisation) की रिपोर्ट के अनुसार, भारत में लगभग एक-चौथाई संचारी रोग जलजनित होते हैं।
- नदियों में वाहित मल के विसर्जन के परिणामस्वरूप अनुप्रवाह (Downstream) जल में घुली ऑक्सीजन की मात्रा में तेजी से गिरावट आती है, जिसके कारण मछलियों तथा अन्य जलीय जीवों की मृत्युदर में वृद्धि होती है।

जल प्रदूषण नियंत्रण के राष्ट्रीय प्रयास

- जलाशयों की स्वच्छता को बनाए रखने के महत्त्व को समझते हुए भारत सरकार ने वर्ष 1974 में **जल प्रदूषण निरोध एवं नियंत्रण अधिनियम** पारित किया, ताकि जल संसाधनों को प्रदूषित होने से बचाया जा सके।
- इसे वर्ष 1988 में संशोधित किया गया, जिसका प्रमुख उद्देश्य मानव उपयोग के लिए जल की गुणवत्ता को बनाए रखना था।
- नदी संरक्षण कार्यक्रम, 1985 (River Conservation Programme 1985) में गंगा कार्य योजना के रूप में प्रारंभ किया गया था।
- इस कार्य योजना का विस्तार वर्ष 1995 में **राष्ट्रीय नदी संरक्षण योजना** के अंतर्गत आने वाली अन्य नदियों तक किया गया।
- इस योजना के द्वारा नदियों के जल की गुणवत्ता में सुधार हेतु प्रयास किए गए।
- भारत सरकार ने वर्ष 2014 में राष्ट्रीय स्तर पर गंगा नदी और उसकी सहायक नदियों की जल गुणवत्ता सुधार हेतु नमामी गंगे मिशन की शुरुआत की।

नमामि गंगे कार्यक्रम

- एक नदी के रूप में गंगा का राष्ट्रीय महत्त्व है, लेकिन प्रदूषण को नियंत्रित करके नदी के संपूर्ण मार्ग की सफाई की आवश्यकता है। केंद्र सरकार ने निम्नलिखित उद्देश्यों के साथ 'नमामि गंगे' कार्यक्रम आरंभ किया है
- शहरों में सीवर ट्रीटमेण्ट की व्यवस्था कराना।
- औद्योगिक प्रवाह की निगरानी।
- नदियों का विकास।
- नदी के किनारों पर वनीकरण, जिससे जैव विविधता में वृद्धि हो।
- नदियों के तल की सफाई।
- उत्तराखंड, उत्तर प्रदेश, बिहार, झारखंड में 'गंगा ग्राम' का विकास करना।
- नदी में किसी भी प्रकार के पदार्थों को न डालना भले ही वे किसी अनुष्ठान से संबंधित हों, इससे प्रदूषण को बढ़ावा मिलता है। इसके संबंध में लोगों में जागरूकता उत्पन्न करना।

ध्वनि प्रदूषण

- विभिन्न स्रोतों से उत्पन्न ध्वनि का मानव की सहनीय सीमा से अधिक तथा असहज होना ही **ध्वनि प्रदूषण** (Sound Pollution) कहलाता है।
- ध्वनि की तीव्रता को **डेसीबल** (Decibel-db) द्वारा मापा जाता है। एक सामान्य व्यक्ति के लिए 50 डेसीबल तीव्रता की ध्वनि सुनना उपयुक्त व सामान्य होता है।
- 80 डेसीबल से अधिक तीव्रता की ध्वनि **शोर** (Noise) कहलाती है। मनुष्य के कान 20 हर्ट्ज से 20,000 हर्ट्ज तक ध्वनि को सुन सकते हैं, इसे मनुष्य का श्रव्य परास (Frequency range) कहते हैं।
- ध्वनि प्रदूषण के प्रमुख स्रोत विविध उद्योग, मशीनीकृत निर्माण एवं संबंधित शोरयुक्त कार्य, तीव्र चालित मोटर-वाहन एवं वायुयान से उत्पन्न शोर हैं, लेकिन विभिन्न प्रकार के प्रौद्योगिकीय अन्वेषणों के कारण, वर्तमान समय में यह गंभीर समस्या के रूप में उभरकर सामने आया है।
- इसके अतिरिक्त, सामुदायिक गतिविधियों से जुड़े विभिन्न उत्सव संबंधी अथवा मनोरंजन कार्यों से होने वाली आवधिक किंतु प्रदूषण करने वाले शोर को ध्वनि प्रदूषण के कारणों में शामिल किया जा सकता है।

ध्वनि प्रदूषण के प्रभाव

- ध्वनि प्रदूषण के सभी स्रोतों में से यातायात द्वारा उत्पन्न होने वाला शोर अत्यधिक हानिप्रद होता है, क्योंकि इसकी तीव्रता और प्रकृति मानवीय श्रवण शक्ति (Human hearing) पर प्रभाव डालती है।
- औद्योगिक केंद्रों व बंदरगाहों के समीप स्थित बस्तियाँ या जनसंख्या का एक समूह ध्वनि प्रदूषण से प्रभावित होता है। यहाँ औद्योगिक कार्यकलापों तथा वस्तुओं के आयात-निर्यात से जुड़ी इकाइयों व संलग्न आवागमन के साधनों द्वारा उत्पन्न शोर मानव चित्त व मानसिक स्थिति को प्रभावित करते हैं, जिनका तात्कालिक व दूरगामी प्रभाव परिलक्षित होता है।
- भारत के अनेक बड़े शहरों और महानगरों, जो औद्योगिक इकाइयों से परिपूर्ण हैं व आवागमन की सुविधाओं से लाभान्वित हो रहे हैं, में ध्वनि प्रदूषण का स्तर व्यापक होता जा रहा है, जो मानवीय स्वास्थ्य व विभिन्न पर्यावरणीय प्रभावों को दर्शाता है।

ध्वनि प्रदूषण का नियंत्रण

- ध्वनि प्रदूषण का स्थान विशिष्ट होता है, अतएव औद्योगिक इकाइयों को शहरों से दूर स्थापित किए जाने से ध्वनि प्रदूषण को नियंत्रित किया जा सकता है अथवा इसके द्वारा उत्पन्न ध्वनि से मानवीय स्वास्थ्य पर पड़ने वाले दुष्प्रभावों को कम किया जा सकता है।
- सड़कों के किनारे वृहत मात्रा में वृक्षारोपण (Forestation) कर ध्वनि प्रदूषण के प्रभाव को कम किया जा सकता है।
- मनुष्यों द्वारा सुरक्षा उपकरणों का प्रयोग कर ध्वनि प्रदूषण से सुरक्षित होने में अभिवृद्धि की जा सकती है।
- **ग्रीन बेल्ट** (पौधों एवं वृक्षों को लगाकर) तथा **ग्रीन मफलर तकनीक** (Green Muffler Technique) के अधिकाधिक प्रयोग को बढ़ावा देकर भी ध्वनि प्रदूषण को नियंत्रित किया जा सकता है।

ध्वनि प्रदूषण के नियंत्रण हेतु राष्ट्रीय प्रयास

- ध्वनि प्रदूषण को **वायु (प्रदूषण निवारण तथा नियंत्रण) अधिनियम, 1981** में संशोधन के अंतर्गत सम्मिलित किया गया। इसमें ध्वनि प्रदूषण के नियंत्रण संबंधी उपबंध शामिल हैं।

- **पर्यावरण संरक्षण अधिनियम, 1986** ध्वनि प्रदूषण को रोकने या नियंत्रण हेतु सरकार को कानून निर्माण की शक्ति प्रदान करता है। भारतीय दंड संहिता, 1860 की धारा 268, 290 तथा 291 के अंतर्गत ध्वनि प्रदूषकों को अपराध की श्रेणी में रखते हुए दंड का प्रावधान किया गया है।

भूमि/मृदा प्रदूषण

- कृषि योग्य भूमि पर दबाव का कारण केवल सीमित उपलब्धता ही नहीं, वरन् इसकी गुणवत्ता में कमी का होना भी एक कारण है। भूमि/मृदा प्रदूषण (Soil Pollution) का अभिप्राय स्थायी या अस्थायी रूप से भूमि की उत्पादकता में होने वाले ह्रास से है।
- भूमि/मृदा प्रदूषण दो प्रक्रियाओं द्वारा तीव्रता से होता है, जिसमें प्राकृतिक तथा मानवजनित दोनों ही प्रक्रियाएँ शामिल हैं।

  इनका विवरण इस प्रकार है

  1. **प्राकृतिक प्रक्रियाएँ** भारतीय दूर संवेदन कार्यक्रम (Indian Remote Sensing Programme) में व्यर्थ भूमि को दूर-संवेदन तकनीक की सहायता से सीमांकित किया है और इन प्रक्रियाओं के आधार पर इन्हें वर्गीकृत किया गया है; जैसे-प्राकृतिक खड्ड, मरुस्थलीय या तटीय रेतीली भूमि, बंजर चट्टानी क्षेत्र, तीव्र ढाल वाली भूमि तथा हिमानी क्षेत्र।
  2. **मानवजनित प्रक्रियाएँ** कुछ निम्नकोटि भूमियाँ; जैसे-स्थानांतरित कृषि जनित क्षेत्र, रोपण कृषि जनित क्षेत्र, क्षरित वन, क्षरित चरागाह तथा खनन व औद्योगिक व्यर्थ क्षेत्र जो मानवीय प्रक्रियाओं के परिणामस्वरूप कृषि के अयोग्य हुई हैं, जिनमें घरेलू वाहित मल, अपशिष्ट पदार्थ, कूड़ा-कचरा तथा उद्योगों से निकलने वाले विषैले रासायनिक पदार्थ व कृषि के दौरान उपयोग में लाए जाने वाले कीटनाशी, पीड़कनाशी आदि का प्रयोग करने से भूमि/मृदा प्रदूषण में वृद्धि होती है, आदि शामिल हैं।

भूमि/मृदा प्रदूषण के प्रभाव

- भूमि/मृदा प्रदूषण (Soil Pollution) ने प्रत्यक्ष अथवा परोक्ष रूप से मानव (जिसमें आदिवासी समूह सम्मिलित हैं), जीव-जंतुओं तथा वनस्पतियों को समान रूप से प्रभावित किया है। भूमि के निम्नीकरण ने आदिवासियों को अत्यधिक प्रभावित किया है।
- रासायनिक प्रदूषकों (Chemical Pollutants) ने भूमि के ह्रास को अपेक्षाकृत अत्यधिक प्रभावित किया है, जिससे वनस्पति तथा फसल प्रभावित होते हैं, इसका सीधा प्रभाव मानव व जीव-जंतुओं पर दृष्टिगोचर होता है।
- कीटनाशकों के प्रयोग से मृदा की गुणवत्ता का ह्रास होता है, जिससे फसलों की पैदावार पर हानिकारक प्रभाव पड़ता है। यह खाद्य आहार शृंखला को भी प्रभावित करता है।

भूमि/मृदा प्रदूषण नियंत्रण हेतु राष्ट्रीय प्रयास

- भूमि/मृदा प्रदूषण से उत्पन्न भू-निम्नीकरण की समस्या के समाधान हेतु ग्रामीण विकास तथा कृषि मंत्रालय द्वारा **जल संभरण प्रबंधन कार्यक्रम** (Water Shed Management Programme) को प्रोत्साहित किया गया है।
- यह भूमि/मृदा प्रदूषण से उत्पन्न भू-निम्नीकरण की समस्या को रोकने तथा भूमि की गुणवत्ता को सुधारने में महत्त्वपूर्ण कदम उठाए हैं।
- यह कार्यक्रम भूमि, जल तथा वनस्पतियों के बीच संबद्धता की पहचान करता है तथा प्राकृतिक संसाधनों के प्रबंधन एवं सामुदायिक सहभागिता से लोगों की आजीविका को सुधारने का प्रयास करता है।
- भारत सरकार ने **राष्ट्रीय भूमि उपयोग एवं संरक्षण बोर्ड** (National Land use and Conservation Board, NLCB) का गठन किया, जो देश के भूमि संसाधनों के स्वास्थ्य एवं वैज्ञानिक प्रबंधन के लिए समन्वय, नीति नियोजन व निगरानी के रूप में राष्ट्रीय स्तर पर कार्य को संचालित करता है।
- वर्ष 2015 में मृदा स्वास्थ्य कार्ड योजना (Soil Health Card Programme) को प्रारंभ किया गया। इस योजना के अंतर्गत किसान अपने खेतों की मृदा की जाँच कराते हैं, ताकि आवश्यक उर्वरकों तथा पोषक तत्त्वों की समुचित मात्रा का उपयोग करके कृषि उत्पादकता में वृद्धि की जा सके।

अन्य पर्यावरणीय प्रदूषण

अन्य पर्यावरणीय प्रदूषण निम्नलिखित हैं

ठोस अपशिष्ट प्रदूषण

- औद्योगिक इकाइयों द्वारा उत्सर्जित ठोस अपशिष्टों (Solid Wastes) को प्रतिदिन निष्कर्षित किया जाता है। नगरीय क्षेत्रों में अधिकांशतः ठोस अपशिष्टों को नदियों में बहा दिया जाता है और इनका सही तरीके से प्रबंधन न होने से जल तथा भूमि प्रदूषण के रूप में समस्याएँ सामने आती हैं।
- ठोस अपशिष्ट प्रदूषण (Solid Waste Pollution) के स्रोतों में औद्योगिक अपशिष्ट, नगरीय अपशिष्ट, घरेलू अपशिष्ट, जैविक अपशिष्ट आदि शामिल हैं।
- व्यावसायिक प्रतिष्ठानों जैसी औद्योगिक इकाइयों से निकलने वाले अपशिष्ट पदार्थ जिनमें धातु, काँच, लौह एवं अलौह धातु आदि होते हैं, ठोस अपशिष्ट प्रदूषण के कारण हैं। साथ ही घरेलू अपशिष्ट जिसमें जैविक अपशिष्ट तथा ग्रामीण अपशिष्ट जिसमें कृषि कार्यों से निकलने वाले अपशिष्ट शामिल हैं, आदि ठोस अपशिष्ट प्रदूषण को बढ़ाते हैं।

ठोस अपशिष्टों के प्रभाव

- कारखानों, विद्युत गृहों तथा भवन निर्माण या विध्वंस से भारी मात्रा में निकलने वाली राख या मलबे, जो ठोस अपशिष्ट प्रदूषण के प्रभाव को दर्शाते हैं, के परिणामस्वरूप गंभीर समस्याएँ उत्पन्न होती हैं।
- ठोस अपशिष्टों के कारण स्वास्थ्य संबंधी समस्याएँ सामने आती हैं, जो मानवीय स्वास्थ्य को प्रभावित करती हैं। इसके कारण टाइफाइड (मियादी बुखार), डिप्थीरिया (गलघोटू), दस्त (डायरिया) तथा हैजा (कॉलरा) जैसी बीमारियाँ उभरकर सामने आती हैं।
- नगरीय क्षेत्रों के आस-पास औद्योगिक इकाइयों के संकेंद्रण से भी औद्योगिक अपशिष्टों (Industrial Wastes) में वृद्धि होती है। औद्योगिक कचरों को नदियों में बहाने से जल प्रदूषण की समस्या उत्पन्न होती है।
- ठोस अपशिष्टों के निस्तारण से अनुपचारित अपशिष्ट धीरे-धीरे सड़ने लगते हैं और वातावरण में विषाक्त गैसें छोड़ते हैं, जिनमें मिथेन गैस भी शामिल होती है।

ठोस अपशिष्टों का नियंत्रण

- ठोस अपशिष्टों को संसाधन के रूप में उपचारित कर इनका ऊर्जा उत्पन्न करने व कंपोस्ट (खाद) बनाने में उपयोग किया जाना चाहिए।
- जैविक अपशिष्ट (Biological Wastes) के रूप में उत्पन्न होने वाले कचरे को एकत्रित कर (बायोगैस) विद्युत उत्पादन के रूप में प्रयोग किया जाना चाहिए।

- औद्योगिक अपशिष्टों से धातुओं को अलग कर पुन: चक्रित किया जा सकता है।
- सीवरेज जल आदि की उचित यंत्रों द्वारा सफाई कर सिंचाई कार्य हेतु उपयोग में लाया जा सकता है।

ठोस कचरा प्रबंधन नियम, 2016

- पर्यावरण, वन और जलवायु परिवर्तन मंत्रालय द्वारा 'ठोस कचरा प्रबंधन (संशोधन) नियम, 2016 (Solid Waste Management Rules 2016-SWMR) की घोषणा की गई। यह अधिनियम 16 वर्षों के पश्चात् संशोधित किया गया था।
- इस अधिनियम को नगर निगम क्षेत्रों के बाहर भी लागू कर दिया गया है। इसके अंतर्गत ठोस कचरा उत्पन्न करने वालों को 'उपयोगकर्ता शुल्क' अदा करना होगा, जो कचरा एकत्र करने वालों को प्राप्त होगा।
- निर्माण और तोड़-फोड़ से उत्पन्न होने वाले ठोस कचरे (मलबे) का निर्माण एवं विध्वंस ठोस अपशिष्ट प्रबंधन नियम, 2016 के अनुसार, संग्रहीत करने के बाद निपटाया जाना चाहिए।
- इन नियमों में अपशिष्ट भराव स्थलों तथा अपशिष्ट प्रसंस्करण सुविधाओं के लिए सटीक और विस्तृत मानदंड उपलब्ध किया गया है।

रेडियोधर्मी प्रदूषण

- रेडियोएक्टिव पदार्थों से होने वाला विकिरण 'रेडियोधर्मी प्रदूषण' (Radioactive Pollution) कहलाता है।
- इन पदार्थों में यूरेनियम, थोरियम, प्लूटोनियम आदि शामिल हैं। इन पदार्थों से स्वत: विकिरण (Radiation) निकलता रहता है।
- रेडियोधर्मी प्रदूषण के मापन की इकाई **रोण्टजन** (Roentgen) है। भारत में यह प्रदूषण सर्वाधिक केरल में पाया जाता है।
- यह प्रदूषण मुख्यत: परमाणु रिएक्टरों (Nuclear Reactors) से होने वाले रिसाव, रेडियोधर्मी पदार्थों के उत्खनन व परमाणु बमों के विस्फोट द्वारा होता है। इसके अतिरिक्त मानवीय गतिविधियों या विभिन्न उद्देश्यों हेतु प्रयोग में लाए जाने वाले कोबाल्ट-60, कार्बन-14, सीजियम-137 तथा ट्रीटियम आदि द्वारा भी नाभिकीय प्रदूषण होता है।
- इसके अतिरिक्त सूर्य की किरणों के कारण तथा पृथ्वी के गर्भ में छिपे रेडियोधर्मी पदार्थों; जैसे-रेडियम-224, यूरेनियम, पोटैशियम-40 आदि के कारण जो प्रदूषण होता है, वह प्रकृति जनित होता है।

रेडियोधर्मी प्रदूषण के प्रभाव

- रेडियोधर्मी प्रदूषण के कारण मनुष्यों में अस्थि कैंसर, रुधिर कैंसर तथा ट्यूबरक्लोसिस (क्षय रोग) (Tuberculosis-TB) जैसी बीमारियाँ होती हैं, जो मानव स्वास्थ्य पर प्रतिकूल प्रभाव डालती हैं।
- इसके कारण जीन (Gene) और गुणसूत्रों (Chromosome) में हानिकारक उत्परिवर्तन हो जाता है, जिससे बच्चों की गर्भाशय में ही मृत्यु हो जाती है।
- इस प्रदूषण के परिणामस्वरूप लकवे, गूंगापन, बहरापन आदि के लक्षण सामान्य रूप से परिलक्षित होते हैं। यह जापान के शहर नागासाकी और हिरोशिमा पर आज भी दृष्टिगोचर होता है।

रेडियोधर्मी प्रदूषण नियंत्रण के उपाय

- परमाणु अस्त्रों का उत्पादन व प्रयोग प्रतिबंधित कर व्यापक स्तर पर रेडियोधर्मी प्रदूषण को नियंत्रित किया जा सकता है।
- मानव प्रयोग के उपकरणों को रेडियोधर्मिता से मुक्त किया जाना चाहिए।
- रेडियोधर्मिता वाले पदार्थों को समुद्र, नदी आदि में विसर्जित न करके, इन्हें नियंत्रित किए जाने का प्रयास किया जाना चाहिए।
  - मिनामाता कन्वेंशन ऑन मरकरी (Minamata Convention on Mercury) के प्रतिकूल प्रभावों से मानव स्वास्थ्य और पर्यावरण की सुरक्षा हेतु कानूनी रूप से बाध्यकारी प्रथम वैश्विक संधि है।
  - भारत सरकार ने फरवरी, 2018 में पारे (मरकरी) पर मिनामाता कन्वेंशन समझौते को स्वीकृति प्रदान की तथा इस कन्वेंशन का हिस्सा बन गया।
  - इस कन्वेंशन का हिस्सा बनते ही भारत ने पारा आधारित उत्पादों व पारा यौगिकों संबंधी प्रक्रिया के संदर्भ में वर्ष 2025 तक अवधि निर्धारित की है।

अतिरिक्त तथ्य
तमिलनाडु बोर्ड एवं NIOS

pH का मापन

- अम्लता को एक pH मापक पर मापा जाता है, जो हाइड्रोजन आयनों के सापेक्षिक संकेंद्रण पर आधारित है।
- यह 0-14 क्रमांक में बँटा होता है, जिसमे 0-7 से कम अम्लीयता, 7 संख्या उदासीनता तथा 7-14 तक क्षारकता को प्रदर्शित किया जाता है।
- अम्लीयता का सबसे अधिक प्रभाव मछलियों पर पड़ता है।
- बैटरी में अम्लता (1 से 2 के मध्य), नींबू (2-3 के मध्य) तथा सिरका (3-4 के मध्य) pH मापक होते हैं, जबकि अमोनिया (11-12 के मध्य), मिल्क आफ मैग्नेशिया (10-11 के मध्य) क्षारकता को प्रदर्शित करते हैं।
- अम्लीय वर्षा एक वैश्विक समस्या है। इसका प्रदूषण व्यापक स्तर पर क्षेत्र विशेष पर प्रभाव डालता है; जैसे-आगरा के ताजमहल के बाह्य आवरण का पीला होना।

जैव आवर्धन (Biomagnification)

- हानिकारक, गैर जैवनिम्नीकृत रसायनों के कम सांद्रता में प्रवेश तथा खाद्य शृंखला के विभिन्न स्तरों में अधिक सांद्रता में उनके संचय को **जैव आवर्धन** कहा जाता है।
- डीडीटी (DDT) की बहुत थोड़ी मात्रा का उपयोग मच्छरों को मारने के लिए किया जाता है। यह खाद्य शृंखला में प्रवेश कर सकता है तथा इसकी जैवनिम्नीकृत प्रकृति के कारण पक्षियों के शरीर के संकेंद्रित हो सकता है।
- इससे पक्षियों के अंडे की कोशिकाएँ कमजोर होने जैसे प्रतिकूल प्रभाव पड़ते हैं, जिसके परिणामस्वरूप उनकी जनसंख्या में कमी आती है।
- ध्वनि की सबसे कम तीव्रता जो मनुष्य के कान सुन सकते है, वह 10 डेसिबल (dB) है।
- फोटोकेमिकल स्मॉग (धुंआ + कोहरा) पर्टिकुलेट मैटर (PM) पर सूर्य की पराबैंगनी किरणों के पड़ने से अथवा कोयले तथा पेट्रोलियम के दहन से वातावरण में SO_2 के शामिल होने से निर्मित होता है।
- पानी साबुन के साथ झाग बनाता है, जिसका प्रयोग सफाई के लिए किया जाता है। इस जल को मृदु जल कहते है। कभी-कभी नदियाँ या हैण्डपम्प जैस कुछ स्रोतों का पानी साबुन के साथ झाग नहीं बनाता है। इस जल को कठोर जल कहते हैं।

33

सतत् विकास

(स्रोत)

Class-VIII New NCERT Chap 1 **संसाधन,** Class-X New NCERT Chap 1 **संसाधन एवं विकास,** Class-XI New NCERT Chap 7 **(अर्थव्यवस्था) पर्यावरण और धारणीय विकास** Class-XII New NCERT Chap 6 **भारत के संदर्भ में नियोजन और सतत् पोषणीय विकास,** Class-XII Old NCERT Chap 5 **प्रादेशिक विकास,** Tamil Nadu Board (Class XII), NIOS

- साधारणत: विकास (Development) शब्द से अभिप्राय समाज विशेष की स्थिति और उसके द्वारा अनुभव किए गए 'परिवर्तन की प्रक्रिया से' है।
- संसाधनों का उपयोग करने की आवश्यकता और भविष्य के लिए उनके संरक्षण में संतुलन बनाए रखना टिकाऊ विकास अथवा **सतत् पोषणीय विकास** (Sustainable Development) कहलाता है।
- संसाधनों के संरक्षण हेतु प्रत्येक व्यक्ति उपभोग को कम करके वस्तुओं के पुन: चक्रण और पुन: उपयोग में योगदान दे सकता है।

सतत् विकास की संकल्पना

- 1960 के दशक के अंत में पश्चिमी दुनिया में पर्यावरण संबंधी विषयों पर बढ़ती जागरूकता की सामान्य वृद्धि के कारण सतत् पोषणीय धारणा का विकास हुआ।
- वर्ष 1968 में प्रकाशित **एहरलिच** की पुस्तक **द पापुलेशन बम** (The Population Bomb) और वर्ष 1972 में **मीडोस** और अन्य द्वारा लिखी गई पुस्तक **द लिमिट टू ग्रोथ** (The Limit to Growth) के प्रकाशन ने इस विषय पर पर्यावरणविदों का ध्यान केंद्रित किया।
- इस घटनाक्रम के परिप्रेक्ष्य में विकास के एक नए मॉडल 'सतत् पोषणीय विकास' की शुरुआत की गई।
- पर्यावरणीय विषयों पर विश्व समुदाय की बढ़ती चिंता को ध्यान में रखकर संयुक्त राष्ट्र संघ ने 'संयुक्त राष्ट्र विश्व पर्यावरण और विकास आयोग' (United Nations World Commission on Environment and Development) की स्थापना वर्ष 1983 में की गई।
- इस आयोग की प्रमुख नार्वे की प्रधानमंत्री **ग्रो हरलेम ब्रंटलैंड** थीं। इस आयोग ने अपनी रिपोर्ट **अवर कॉमन फ्यूचर** (हमारा साझा भविष्य)
- वर्ष 1987 में प्रस्तुत की, जिसे **ब्रंटलैंड रिपोर्ट** (Brundtland Report) भी कहा जाता है।
- इस आयोग ने अपनी रिपोर्ट में सतत् विकास की सरल और वृहद् स्तर पर प्रयुक्त परिभाषा को प्रस्तुत किया। इस रिपोर्ट के अनुसार, सतत विकास का अर्थ है–''एक ऐसा विकास जिसमें भविष्य में आने वाली पीढ़ियों की आवश्यकता पूर्ति को प्रभावित किए बिना वर्तमान पीढ़ी द्वारा अपनी आवश्यकताओं की पूर्ति करना।''
- सतत् विकास के कुछ अन्य मूल सिद्धांत निम्नवत् हैं
  - जीवन के सभी रूपों का आदर और देखभाल करना तथा मानव जीवन की गुणवत्ता को बढ़ाना।
  - पृथ्वी की जीवन शक्ति और विविधता का संरक्षण करना।
  - प्राकृतिक संसाधनों के ह्रास को कम-से-कम करना।
  - पर्यावरण के प्रति व्यक्तिगत व्यवहार और अभ्यास में परिवर्तन करना।
  - समुदायों को अपने पर्यावरण की देखभाल करने योग्य बनाना।

मौलिक अवधारणाएँ

सतत् विकास की मौलिक अवधारणाओं में निम्न मुद्दों को शामिल किया जाता है

- **पुनर्नवीकरण की क्षमता** (Renewable) पुनर्नवीकरणीय संसाधनों का उपयोग उस दर से किया जाना चाहिए, जिस दर से उसे नवीनीकृत किया जा सकता है। अत्यधिक प्रयोग से क्षरित (Degraded) संसाधनों का नवीकरण तेजी से किया जाना आवश्यक है।
- **अनुकूलन की क्षमता** (Adaptation) सतत् रूप से विकासशील समाज में परिवर्तनशील पर्यावरण के प्रति अनुकूलन की क्षमता होती है। प्राकृतिक संसाधनों को क्षति पहुँचाए बिना दबावपूर्ण परिस्थितियों का सामना करने की क्षमता होती है। ऐसा समाज नवाचारों (Innovation) शोध तथा विकास गतिविधियों के माध्यम से उत्तरजीविता (Succession) एवं पुनर्निर्माण (Rebuild) की क्षमता सृजित करता है।

- **अंतर्निर्भरता** (Interdependence) सतत् समाज कभी अन्य देश समाज को क्षति पहुँचाकर उनसे संसाधनों का आयात नहीं करता है तथा बेकार पदार्थ/कचरे का निर्यात कर दूसरे समाज को प्रदूषित नहीं करता है। अंतर्निर्भरता सदैव समाजों को संतुलित रखती है।
- **प्रतिस्थापन** (Substitution) सतत् विकास गैर-नवीकरणीय प्राकृतिक संसाधनों के नवीकरणीय प्राकृतिक संसाधनों द्वारा प्रतिस्थापन को सुनिश्चित करता है, किंतु ऐसा संपूर्ण प्रतिस्थापन ही सतत् विकास की चरम अवस्था है।
- **संस्थागत प्रतिबद्धता** (Institutional Commitment) इसके अंतर्गत राजनीतिक समर्थन, संवैधानिक प्रावधान, विधिक ढाँचा, विधिक संस्थाओं में समन्वय इत्यादि समायोजित किए जाते हैं।

सतत् विकास की प्रक्रिया

सतत् विकास को नियोजन (Planning) का आधार बनाया जा रहा है, इसके लिए सूचनाओं (Information) तथा आँकड़ों (Datas) के एकत्रीकरण की आवश्यकता होती है। इसे दो प्रवृत्तियों के रूप से देखा जा सकता है

1. **पर्यावरण संबंधी सूचना** (Environment Related Information) इसमें जैव-विविधता तथा स्थलाकृतिक प्रवृत्तियों एवं प्राकृतिक संसाधनों से जुड़ी सूचनाएँ शामिल होती हैं।
2. **मानवीय सूचना** (Human Related Information) इसके अंतर्गत जनसंख्या वृद्धि, खाद्य उत्पादकता एवं जीवन स्तर इत्यादि से जुड़ी सूचनाओं का एकत्रीकरण तथा मूल्यांकन किया जाता है।

सतत् विकास प्राप्ति की रणनीति

सतत् विकास के लिए समाज में नीतिगत निर्णयों का होना आवश्यक है, इसके लिए निम्न मुद्दों पर प्रयास किए जा रहे हैं

- **जीवन शैली** (Life Style) संसाधनों के उच्च उपभोग को सीमित कर पर्यावरण पर पड़ने वाले नकारात्मक प्रभावों को देखना आवश्यक है। मानव स्वास्थ्य से जुड़े प्रतिकूल प्रभावों पर भी ध्यान देना आवश्यक है। आधुनिक जीवन शैली पर्यावरण पर प्रभाव डालती है। पर्यावरण के लिए जीवन शैली (मिशन लाइफ) कार्यक्रम 20 अक्टूबर, 2022 को प्रधानमन्त्री श्री नरेन्द्र मोदी द्वारा शुरू किया गया।
- **जनसंख्या** (Population) जनसंख्या वृद्धि का सतत् विकास से सीधा संबंध है। जनसंख्या का उपभोग तथा प्राकृतिक संसाधनों के दोहन से सतत विकास प्रभावित होता है। विकसित देशों की कम जनसंख्या की हिस्सेदारी प्राकृतिक संसाधनों के दोहन में अधिक है।
- विकास लक्ष्यों की प्राप्ति के लिए प्रकृति का संरक्षण (Conservation) आवश्यक होता है। भावी पीढ़ियों तक संसाधनों की पहुँच के लिए संरक्षण अनिवार्य है।

धारणीय विकास की रणनीतियाँ

- **फोटोवोल्टीय सेल द्वारा सौर शक्ति** प्राकृतिक रूप से भारत में सूर्य किरण के माध्यम से सौर ऊर्जा भारी मात्रा में उपलब्ध है। हम इसका प्रयोग विभिन्न तरीकों से करते हैं। फोटोवॉल्टिक सेलों की मदद से सौर ऊर्जा को विद्युत में परिवर्तन किया जा सकता है। फोटोवोल्टीय सेल सौर ऊर्जा को एक विशिष्ट प्रकार के उपकरण से पकड़ते हैं ओर फिर ऊर्जा को बिजली में बदल देते हैं। यह प्रौद्योगिकी दूरदराज के क्षेत्रों और ऐसी जगहों के लिए उपयोगी हैं, जहाँ ग्रेड अथवा तारों द्वारा विद्युत पूर्ति या तो संभव नहीं है अथवा खर्चीली है। यह प्रौद्योगिकी प्रदूषण से पूर्णतया मुक्त है। यह प्रौद्योगिकी प्रदूषण से पूर्णतया मुक्त है। हाल के वर्षों में भारत सौर ऊर्जा के माध्यम से बिजली उत्पादन बढ़ाने का प्रयास कर रहा है। भारत अंतर्राष्ट्रीय सौर गठबंधन नामक एक अंतर्राष्ट्रीय निकाय का भी नेतृत्व कर रहा है।
- **शहरी क्षेत्रों में उच्चदाब प्राकृतिक गैस (CNG)** दिल्ली में सार्वजनिक परिवहन प्रणाली में उच्चदाब प्राकृतिक गैस (CNG) के ईंधन के रूप में प्रयोग से वायु प्रदूषण बड़े पैमाने पर कम हुआ है और पिछले कुछ वर्षों से हवा स्वच्छ हुई है। अन्य भारतीय शहरों में भी CNG के उपयोग को प्रोत्साहन दिया जा रहा है।
- **वायु शक्ति** जिन क्षेत्रों में हवा की गति आमतौर पर तीव्र होती है, वहाँ पवन चक्की से बिजली प्राप्त की जा सकती है। ऊर्जा का यह स्रोत प्र्यावरण पर काई प्रतिकूल प्रभाव भी नहीं डालता। अवा के साथ-साथ टरबाइन घूमते हैं और बिजली पैदा होती है।
- **पारंपरिक ज्ञान व व्यवहार** पारंपरिक रूप से भारतीय लोग पर्यावरण के निकट रहे हैं वे पर्यावरण के एक अंग के रूप में रहे हैं, न कि उसके नियंत्रक के रूप मेंा यदि हम अपनी कृषि व्यवस्था, स्वास्थ्य-सुविधा व्यवस्था, आवास, परिवहन आदि को पीछे मुड़कर देखें, तो पता चलेगा कि हमारे सभी क्रियाकलाप पर्यावरण के लिए हितकर रहे हैं।
- **लघु जलीय प्लांट** पहाड़ी इलाकों में लगभग सभी जगहों में झरने मिलते हैं। इन झरनों में से अधिकांश स्थायी होते हैं। मिनिहाइडल प्लांट इन झरनों की ऊर्जा से छोटी टरबाइन चलाते हैं। टरबाइन से बिजली का उत्पादन होता है, जिसका प्रयोग स्थानीय स्तर पर किया जा सकता है। इस प्रकार के पॉवर प्लांट पर्यावरण के लिए हितकर होते हैं, क्योंकि जहाँ वे लगाये जाते हैं वहाँ भू-उपयोग की प्रणाली में कोई परिवर्तन नहीं करते। इसका यह भी अर्थ है कि ऐसे प्लांटों के उपयोग से बड़े-बड़े संचरण टावर (transmission towers) और तारों की इसमें जरूरत नहीं होती है और संचरण की हानि को रोका जा सकता है।
- **जैविक कंपोस्ट खाद** पूरे देश में भारी संख्या में किसान विभिन्न जैविक अवशिष्टों जैसे, करकट से बनी कंपोस्ट खाद का उपयोग कर रहे हैं। देश के कुछ भागों में जानवर इसलिए पाले जाते हैं, जिससे वे गोबर दे सकें। जो महत्वपूर्ण खाद है और मिट्टी को उर्वर बनाता है। केंचुए सामान्यत: कंपोस्ट खाद प्रक्रिया की अपेक्षा तीव्रता से जैविक वस्तुओं को कंपोस्ट में बदल सकते हैं। इस प्रकिया का अब व्यापक तौर पर प्रयोग हो रहा है। इससे नागरिक प्रशासन अधिकारियों को भी अप्रत्यक्ष रूप से लाभ होता है, क्योंकि उन्हें कम कूड़ा हटाना पड़ता है।
- **ऊर्जा के गैर पारंपरिक स्रोतों का उपयोग** जैस कि आप जानते हैं कि भारत अपनी विद्युत आवश्यकताओं के लिए थर्मल और हाइड्रो पॉवर संयंत्रों पर बहुत अधिक निर्भर है। इन दोनों का पर्यावरण पर प्रतिकूल प्रभाव पड़ता है। थर्मल पॉवर संयंत्र बड़ी मात्रा में कार्बन-डाइऑक्साइड का उत्सर्जन करते हैं, जो एक ग्रीन हाउस गेस है। थर्मल पॉवर प्लांटों से बड़ी मात्रा में धुएँ के रूप में राख भी निकलती है, जिसका उचित उपयोग न हो तो जल, भूमि और पर्यावरण के अन्य संघटकों के प्रदूषण का कारण हो सकता है। जल-विद्युत परियोजनाओं से वन जलमग्न हो जाते हैं और नदी प्रवाहर क्षेत्रों तथा नदी की घाटियों के प्राकृतिक प्रवाह में हस्तक्षेप करते हैं।

सतत् विकास के मापदंड

- सतत् विकास के मापदंड (Parameter) उन निर्देशक सिद्धांतों (Guiding Principles) की ओर संकेत करते हैं, जो निम्न मुद्दों का समर्थन करते हैं
  - ये मापदंड सतत् विकास की संकल्पना को समझने में सहायक होते हैं।
  - ये जुड़ी समस्याओं की पहचान करते हैं।
  - ये आधारित नीतिक निर्णय लेने में सहायता करते हैं।
- सतत् विकास के मापदंडों में निम्न प्रवृत्तियों को शामिल किया जाता है
  - अंतरपीढ़ी समानता (Inter Generational Equality)
  - अंतरापीढ़ी समानता (Intra-Generational Equality)
  - वहनीय क्षमता (Carrying Capacity)
  - लैंगिक समानता (Gender Equality)

सतत् विकास हेतु किए गए वैश्विक प्रयास

- **पर्यावरण एवं विकास पर संयुक्त राष्ट्र सम्मेलन** इसका आयोजन वर्ष 1992 में रियो-डि-जेनेरियो में किया गया था। इसे 'पृथ्वी सम्मेलन' (Earth Summit) भी कहा जाता है। इस सम्मेलन में 'एजेंडा-21' (Agenda-21) को भी अंगीकार किया गया था, जो बाद के वर्षों में सतत विकास को बढ़ावा देने की दिशा में वैश्विक रूपरेखा बन गई।
- **जोहानिसबर्ग पृथ्वी सम्मेलन** इसका आयोजन वर्ष 2002 में जोहांसबर्ग (दक्षिण अफ्रीका) में किया गया था। इस सम्मेलन का उद्देश्य एजेंडा-21 को लागू करने हेतु गणनीय लक्ष्यों के निर्धारण एवं ठोस कदम उठाने का लक्ष्य निर्धारित किया गया। जोहांसबर्ग घोषणा पत्र द्वारा सभी देशों से पर्यावरणीय विषयों को अपने विकास कार्यों में महत्त्व देने की बात कही गई थी।
- **सतत् विकास पर संयुक्त राष्ट्र आयोग** इसका आयोजन जून, 2012 में रियो-डि-जेनेरियो में किया गया। इसे 'रियो 20' (Rio-20) के रूप में भी जाना जाता है, क्योंकि इसका आयोजन वर्ष 1992 के पृथ्वी सम्मेलन के 20 वर्षों बाद किया गया था। इसके उद्देश्यों में सतत् विकास के लिए नवीनीकृत राजनीतिक प्रतिबद्धता को सुनिश्चित करना साथ ही रियो 20 के पश्चात् हुई प्रगति तथा निष्कर्षों के कार्यान्वयन की कमियों का आकलन करना तथा उभरती हुई चुनौतियों का समाधान करना शामिल था।

सतत् विकास लक्ष्य

- सतत् विकास लक्ष्य (Sustainable Development Goals-SDGs) में शामिल 17 लक्ष्यों को 'रियो 20' के पश्चात् दस्तावेज 'दि फ्यूचर वी वांट' द्वारा अधिदेशित तीस सदस्यीय कार्यदल द्वारा निर्धारित किया गया।
- इन सतत् विकास लक्ष्यों में व्यापक स्तर पर संपोषीय विकास के विषय शामिल हैं, जिन्हें वर्ष 2030 तक प्राप्त करने का लक्ष्य निर्धारित किया गया है।

इनमें शामिल लक्ष्य निम्नवत् हैं

क्र. सं.	उद्देश्य
1.	गरीबी की पूर्णतः समाप्ति
2.	भुखमरी की समाप्ति
3.	उच्चतर स्वास्थ्य और जीवनस्तर
4.	गुणवत्तापरक शिक्षा
5.	लैंगिक समानता
6.	जल का स्थायी प्रबंधन और स्वच्छता
7.	सस्ती और स्वच्छ ऊर्जा
8.	स्थायी, समावेशी और सतत आर्थिक विकास
9.	उद्योग, नवाचार और बुनियादी ढाँचे का विकास
10.	असमानता में कमी
11.	शहरी और मानव बस्तियों का समावेशी विकास।
12.	संपोषणीय उत्पादन एवं खपत।
13.	जलवायु परिवर्तन।
14.	जल संसाधनों का संरक्षण।
15.	पृथ्वी के पारिस्थितिकी तंत्रों व पारितंत्रों का संरक्षण व उसके उपयोग को बढ़ावा।
16.	संपोषणीय विकास हेतु शांति एवं न्याय की स्थापना
17.	लक्ष्य प्राप्ति हेतु सामूहिक साझेदारी।

अतिरिक्त तथ्य

तमिलनाडु बोर्ड एवं NIOS

- सतत् पोषणीय विकास के लिए कार्यनीति
- आर्थिक विकास का पुनरुत्थान करना।
- जनसंख्या के सतत् पोषणीय स्तर को सुनिश्चित करना।
- मनुष्य की आवश्यकताओं को पूरा करना। सतत् विकास के लिए वृद्धि की गुणवत्ता को बदलना। संसाधनों के आधार को सुरक्षित रखना। तकनीकी का उपयोग सतत् विकास के अनुकूल करना।
- सतत् विकास की प्रक्रिया में पर्यावरण और अर्थव्यवस्था का समन्वय करना।
- सतत् पोषणीय विकास द्वारा गरीबी दूर करना। पर्यावरण आधारित जीवन शैली अपनाना।
- सतत् विकास के लिए जीवन की गुणवत्ता में वृद्धि करना। सतत् विकास में नैतिकता को आधार बनाकर भविष्य की पीढ़ी के लिए संसाधनों का सदुपयोग तथा संरक्षण करना।
- सतत् विकास की भूमिका में विकसित तथा विकासशील देशों को सामूहिक रूप से प्रयास करने पर बल देना।

पेरिस समझौता

- यह जलवायु परिवर्तन पर एक अंतर्राष्ट्रीय समझौता है। इसे UNFCCC के पेरिस में आयोजित COP-21 के दौरान अपनाया गया।
- इस समझौते के तहत वैश्विक कार्बन उत्सर्जन को काफी हद तक कम करना है, ताकि इस सदी में वैश्विक तापमान वृद्धि को पूर्व औद्योगिक स्तर से 2°C कम रखा जा सके। वर्तमान तापमान को 1.5°C तक कम करने का लक्ष्य निर्धारित किया गया है।

34

आपदा एवं आपदा प्रबंधन

(स्रोत)
Class-XI New NCERT भौतिक पर्यावरण Chap 6 प्राकृतिक संकट और आपदाएँ : कारण, परिणाम तथा प्रबंध,
Tamil Nadu Board (Class XI, XII), NIOS

आपदा

- आपदा (Disaster) प्राय: एक अनापेक्षित घटना (Undesirable Occurrence) होती है, जो ऐसी प्रक्रिया के अंतर्गत घटित होती है, जिस पर मानवीय नियंत्रण नहीं होता। यह एक त्वरित घटना होती है, जिसके कारण मानव जीवन के क्रियाकलाप अवरुद्ध हो जाते हैं तथा इससे व्यापक स्तर पर जानमाल की हानि होती है।
- आपदा को मुख्यत: दो वर्गों में बाँटा जा सकता है
  - **प्राकृतिक आपदा** (Natural Hazards) भूकंप, बाढ़, सूखा, सुनामी, भू-स्खलन आदि।
  - **मानवजनित आपदा** (Man-made Hazards) भोपाल गैस त्रासदी, चेर्नोबिल हादसा, फुकूशिमा दुर्घटना आदि।

भारत में प्राकृतिक आपदा

भारत के संदर्भ में प्राकृतिक आपदाओं को निम्न वर्गों में विभाजित कर उनका अध्ययन किया जा सकता है

भूकंप

- भूकंप (Earthquakes) सबसे अधिक अपूर्वसूचनीय और विध्वंसक प्राकृतिक आपदा है। भूकंपों की उत्पत्ति विवर्तनिकी से संबंधित है, ये विध्वंसक होते हैं और विस्तृत क्षेत्र को प्रभावित करते हैं।
- विवर्तनिकी, भू-विज्ञान की वह शाखा है, जिसमें प्रवर्तन, क्रेटॉनों, भूकंप, ज्वालामुखी क्षेत्रों आदि के विकास का अध्ययन किया जाता है।
- भूकंप पृथ्वी की ऊपरी सतह में विवर्तनिकी गतिविधियों से निकलने वाली ऊर्जा से उत्पन्न होते हैं, जबकि इसकी तुलना में ज्वालामुखी विस्फोट, चट्टान का गिरना, भू-स्खलन, जमीन के धँसने (अवतलन), बाँध व जलाशयों के धँसने इत्यादि से आने वाला भूकंप कम क्षेत्र को प्रभावित करता है और हानि भी कम पहुँचाता है।

भारत के भूकंपीय क्षेत्र

राष्ट्रीय भू-भौतिकी प्रयोगशाला, भारतीय भू-गर्भीय सर्वेक्षण, मौसम विज्ञान विभाग, भारत सरकार और इनके साथ कुछ समय पूर्व निर्मित राष्ट्रीय आपदा प्रबंधन संस्थान (National Disaster Management Institute) ने भारत में आए लगभग 1200 भूकंपों का गहन विश्लेषण किया और भारत को निम्नलिखित पाँच भूकंपीय क्षेत्रों में विभाजित किया गया

1. **अत्यधिक क्षति जोखिम क्षेत्र** (Very High Damage Risk Zone) यह क्षेत्र भूकंप तीव्रता (8 से अधिक मैग्नीट्यूड) की दृष्टि से अत्यधिक संवेदनशील है। इस भूकंपीय सुभेद्य क्षेत्रों (Vulnerable Areas) में उत्तरी-पूर्वी प्रांत, दरभंगा से उत्तर में स्थित क्षेत्र तथा अररिया (बिहार में भारत-नेपाल सीमा के साथ), उत्तराखंड, पश्चिमी हिमाचल प्रदेश (धर्मशाला के चारों ओर), कश्मीर घाटी और कच्छ (गुजरात) शामिल हैं।
2. **अधिक क्षति जोखिम क्षेत्र** (High Damage Risk Zone) इन क्षेत्रों में भूकंप तीव्रता 6 से 8 मैग्नीट्यूड के मध्य पाई जाती है। इस क्षेत्र के अंतर्गत जम्मू और कश्मीर, लद्दाख और हरियाणा का पूर्वी भाग, दिल्ली, पश्चिमी उत्तर प्रदेश और उत्तर बिहार आदि शामिल हैं।
3. **मध्यम क्षति जोखिम क्षेत्र** (Moderate Damage Risk Zone) इस क्षेत्र का विस्तार दक्षिण हरियाणा, उत्तर प्रदेश का मध्यवर्ती व दक्षिण-पूर्वी भाग, बिहार व पश्चिम बंगाल का मैदानी भाग, गुजरात का पूर्वी भाग, पश्चिमी राजस्थान, दक्षिणी व पश्चिमी मध्य प्रदेश, गोदावरी-कृष्णा डेल्टाई भाग तथा पश्चिमी तटीय प्रदेशों तक है।
4. **निम्न क्षति जोखिम क्षेत्र** (Low Damage Risk Zone) इस क्षेत्र का विस्तार प्रायद्वीपीय पठारी भू-भाग पर मुख्य रूप से मिलता है, इसके अतिरिक्त यह भूकंपीय क्षेत्र राजस्थान का उत्तरी व पूर्वी भाग, मध्य प्रदेश के पश्चिमी पठारी भाग सहित पश्चिमी कर्नाटक के अनेक भागों पर विस्तारित है।

5. **अति निम्न क्षति जोखिम क्षेत्र** (Very Low Damage Risk Zone) यह क्षेत्र मुख्यत: चार विस्तृत भूखंडों में फैला हुआ है, जिनमें दक्षिणी व पूर्वी राजस्थान, पश्चिमी मध्य प्रदेश, दक्षिणी छत्तीसगढ़ व पश्चिमी ओडिशा, आंध्र प्रदेश का अधिकांश पश्चिमी व मध्यवर्ती भाग तथा कर्नाटक का पूर्वी भाग शामिल हैं। भूकंप से सुरक्षित समझे जाने वाले क्षेत्रों का एक बड़ा भाग दक्कन पठार में स्थित भू-भाग में पड़ता है।

भूकंप के प्रभाव

- भूकंप जिन क्षेत्रों में आते हैं, उनमें अत्यंत विनाशकारी प्रभाव (Most Devastating Effect) पाए जाते हैं। ये अधिक जनघनत्व वाले क्षेत्रों में सक्रिय तीव्रता के साथ विनाशकारी प्रभाव डालते हैं। यह न केवल बस्तियों, बुनियादी ढाँचे, परिवहन, संचार व्यवस्था, उद्योग एवं अन्य विकासशील क्रियाओं को ध्वस्त करता है, अपितु यह सामाजिक व सांस्कृतिक विरासतों पर भी प्रतिकूल प्रभाव डालता है।
- इसके अतिरिक्त भूकंप के कुछ अन्य गंभीर और दूरगामी पर्यावरणीय प्रभाव भी दृष्टिगोचर होते हैं। पृथ्वी की पर्पटी पर धरातलीय भूकंपीय तरंगें दरारें डालती हैं, जिससे जल सतह पर आ जाता है और समस्त संबंधित क्षेत्र जलमग्न हो जाता है।

भूकंप प्रबंधन

- मौसम विभाग द्वारा भूकंपीय गतिविधियों पर दृष्टि रखने हेतु राष्ट्रीय नेटवर्क के अंतर्गत 51 भूकंप विज्ञान वेधशालाएँ (Observatory) संचालित की जा रही हैं, जिनमें से 24 वेधशालाएँ नवीनतम ब्रॉडबैंड सिस्मोग्रॉफ प्रणालियों और आधुनिक संचार सुविधाओं से सुसज्जित हैं।
- नई दिल्ली में स्थापित **सेंट्रल रिसीविंग स्टेशन** (Central Receiving Centres) और राष्ट्रीय भूकंप विज्ञान आँकड़ा केंद्र (National Sismo Logical Data Base Centre) में वी सेट आधारित 16 एलीमेंट डिजिटल टेलीमीटरी सिस्मोग्राफी केंद्र नेटवर्क द्वारा दिल्ली व आस-पास के क्षेत्रों में भूकंपीय गतिविधियों पर नजर रखी जा सकेगी।

भूकंपीय आपदा का निवारण (भूकंप न्यूनीकरण)

- भूकंप अन्य आपदाओं की तुलना में अधिक विध्वंसकारी है। चूँकि यह परिवहन एवं संचार व्यवस्था के संचालन को भी बाधित कर देता है, इसलिए लोगों तक राहत पहुँचाना कठिन हो जाता है, इसे रोका नहीं जा सकता।
- अत: इसके लिए विकल्प यह है कि इस आपदा से निपटने की तैयारी रखी जाए, ताकि इससे होने वाले प्रभाव को कम किया जा सके, इसके लिए निम्नलिखित उपाय अपनाए जा सकते हैं
  - भूकंप नियंत्रण केंद्रों की स्थापना की जाए, जिससे भूकंप संभावित क्षेत्रों में लोगों तक सूचना पहुँचाई जा सके। जीपीएस (GPS- Geographical Positioning System) की सहायता से प्लेट हलचलों का पता लगाया जा सकता है।
  - देश में भूकंप संभावित क्षेत्रों का सुभेद्यता (Vulnerability) मानचित्र तैयार करना और संभावित जोखिम की सूचना लोगों तक पहुँचाना तथा उन्हें इसके प्रभाव को कम करने के बारे में शिक्षित करना।
  - भूकंप प्रभावित क्षेत्रों में गृहों (घर) के प्रकार और भवन निर्माण में सुधार लाना। ऐसे क्षेत्रों में ऊँची इमारतें, बड़े औद्योगिक संस्थान और शहरीकरण को बढ़ावा न देना।
  - अंतत: भूकंप प्रभावित क्षेत्रों में भूकंप प्रतिरोधी इमारतें बनाना और सुभेद्य क्षेत्रों में हल्की निर्माण सामग्री का प्रयोग करना।

भूकंप जोखिम के न्यूनीकरण की राष्ट्रीय परियोजना

इसकी शुरुआत वर्ष 2005 में की गई थी। **राष्ट्रीय आपदा प्रबंधन अधिकरण** (NDMA-National Disaster Management Authority) के दिशा निर्देशन में भूकंप जोखिम के न्यूनीकरण की राष्ट्रीय परियोजना (National Earthquake Risk Mitigation) कार्य कर रही है, इस परियोजना के निम्नलिखित कार्य हैं

- संरचनात्मक तथा गैर-संरचनात्मक सुधार
- भूकंप प्रभावित क्षेत्रों के लिए विस्तृत परियोजना निर्माण
- विस्तृत रिपोर्ट निर्माण के लिए चार प्रमुख बिंदुओं का अध्ययन करने का दायित्व दिया गया है
  - प्रौद्योगिकी
  - अधोसंरचना का सशक्तिकरण
  - क्षमता निर्माण (क्षतिपूर्ति के लिए)
  - जन जागरूकता तथा प्रशिक्षण

सुनामी

- सुनामी (Tsunamis) जापानी भाषा का शब्द है, जो *Tsu* (Harbour) तथा *Namic* (Waves) से बना है।
- भूकंप और ज्वालामुखी से महासागरीय धरातल में अचानक उत्पन्न हुई हलचल के फलस्वरूप महासागरीय जल का विस्थापन होता है; परिणामस्वरूप ऊर्ध्वाधर ऊँची तरंगें उत्पन्न होती हैं, जिन्हें सुनामी (बंदरगाह लहरें) या भूकंपीय समुद्री लहरें (Seismic Sea Waves) कहा जाता है।

सुनामी की उत्पत्ति की प्रक्रिया

- महासागर में जल तरंग की गति जल की गहराई पर निर्भर करती है। इसकी गति उथले समुद्र में अधिक और गहरे समुद्र में कम होती है, परिणामस्वरूप महासागरों के आंतरिक भाग इससे कम प्रभावित होते हैं।
- तटीय क्षेत्रों में ये तरंगें अधिक प्रभावी होती हैं और व्यापक हानि पहुँचाती हैं, इसलिए समुद्र में जलपोत पर सुनामी का प्रभाव नहीं पड़ता।
- इसके विपरीत जब सुनामी उथले समुद्र में प्रवेश करती है, तब इसकी तरंगों की लंबाई कम होती जाती है, नियत समय स्थिर रहता है तथा तरंग की ऊँचाई बढ़ती जाती है, जिससे तटीय क्षेत्र में भीषण विध्वंस होता है, इसलिए इन्हें उथले जल की तरंगें (Shallow Water Waves) भी कहते हैं।

सुनामी के प्रमुख क्षेत्र

- सुनामी सामान्यत: प्रशांत महासागरीय तट पर स्थित क्षेत्रों, जिसमें अलास्का, जापान, फिलीपींस, दक्षिण-पूर्व एशिया के दूसरे द्वीप, इंडोनेशिया और मलेशिया आदि शामिल हैं, में आती है।
- हिंद महासागर में म्यांमार, श्रीलंका तथा भारत के तटीय भाग इसके प्रमुख क्षेत्र हैं।

सुनामी का प्रभाव

- सुनामी तरंगें तट पर पहुँचने के साथ ही प्रचुर मात्रा में ऊर्जा निर्मुक्त करती हैं और समुद्र का जल तेजी से तटीय क्षेत्रों में प्रवेश कर जाता है, जिसके परिणामस्वरूप बंदरगाह पर स्थित शहरों, कस्बों तथा अनेक प्रकार की इमारतों आदि को क्षति पहुँचती है।
- चूँकि विश्वभर में तटीय क्षेत्रों में जनसंख्या सघन होती है और ये क्षेत्र बहुत-सी मानव गतिविधियों का केंद्र होते हैं, अत: यहाँ दूसरी प्राकृतिक आपदाओं की तुलना में सुनामी जान-माल को अधिक क्षति पहुँचाती है।

- सुनामी के पश्चात् जल बहाव से समुद्री कचरे का मानवीय बस्तियों में प्रवेश हो जाता है, जो पर्यावरणीय प्रदूषण को बढ़ावा देता है।

सुनामी प्रबंधन

- अन्य प्राकृतिक आपदाओं की तुलना में सुनामी के प्रभाव को कम करना कठिन है, क्योंकि इससे होने वाली हानि व्यापक होती है, अत: इसके लिए अंतर्राष्ट्रीय प्रयासों में **लैंड यूज जोनिंग** (Land Use Zonning) का मार्ग अपनाया गया है।
- सुनामी जैसी आपदा से निपटने हेतु भारत ने **अंतर्राष्ट्रीय सुनामी चेतावनी तंत्र** (International Tsunami Warning System) में शामिल होने का निर्णय लिया है।

भारत में सुनामी चेतावनी प्रणाली

- भारत में 26 दिसंबर, 2004 को आई सुनामी से पहले इसके आगमन की पूर्व सूचना के बारे में जानकारी की कोई वैज्ञानिक विधि नहीं थी।
- भारत सरकार ने अक्टूबर, 2007 में पूर्व-सुनामी सूचना-तंत्र स्थापित करने का निर्णय लिया तथा **इंडियन सुनामी अर्ली वार्निंग सिस्टम** (Indian Tsunami Early Warning System) की स्थापना हैदराबाद में की गई।
- इंडियन सुनामी अर्ली वार्निंग सिस्टम की स्थापना में केंद्र सरकार के विज्ञान और प्रौद्योगिकी विभाग, अंतरिक्ष विभाग तथा वैज्ञानिक एवं औद्योगिक अनुसंधान परिषद् (CSIR-Council of Scientific and Industrial Research) ने संयुक्त रूप से सहयोग किया है।

चक्रवात

- केंद्र में कम दबाव के साथ उसके चारों ओर गोल घूमने वाले तेज तूफान को चक्रवात (Cyclone) कहा जाता है।
- चक्रवात घूमती हुई वायुराशि (Airmass) होती है, जिसका केंद्र एक शांत क्षेत्र होता है।

उष्ण कटिबंधीय चक्रवात

- उष्ण कटिबंधीय चक्रवात (Tropical Cyclone) कम दबाव वाले उग्र मौसम तंत्र होते हैं, जो 30° उत्तर तथा 30° दक्षिण अक्षांशों के मध्य पाए जाते हैं।
- ये सामान्यत: 500 से 1000 किलोमीटर क्षेत्र में फैले होते हैं और इनकी ऊर्ध्वाधर ऊँचाई 12 से 14 किमी तक होती है।
- उष्ण कटिबंधीय चक्रवात या प्रभंजन एक ऊष्मा इंजन की भाँति होते हैं, जिन्हें ऊर्जा की प्राप्ति समुद्री सतह से प्राप्त जलवाष्प की संघनन प्रक्रिया में छोड़ी गई गुप्त ऊष्मा से होती है।
- उष्ण कटिबंधीय चक्रवात की उत्पत्ति के संबंध में वैज्ञानिकों में मतभेद है। इनकी उत्पत्ति के लिए निम्नलिखित प्रारंभिक परिस्थितियों का होना आवश्यक है
  - निरंतर और पर्याप्त मात्रा में उष्ण और आर्द्र वायु की सतत् उपलब्धता, जिससे बहुत बड़ी मात्रा में गुप्त ऊष्मा निर्मुक्त (Release of Latent Heat) हो।
  - तीव्र कोरियोलिस बल, जो केंद्र के निम्न वायुदाब को भरने न दे (भूमध्य रेखा के आस-पास 0° से 5° कोरियोलिस बल (Coriolis Force) कम होता है, इसके परिणामस्वरूप यहाँ ये चक्रवात उत्पन्न नहीं होते)।
  - क्षोभमंडल (Troposphere) में अस्थिरता, जिससे स्थानीय स्तर पर निम्न वायुदाब क्षेत्र बन जाते हैं। इन्हीं के चारों ओर चक्रवात भी विकसित होते हैं।
  - मजबूत ऊर्ध्वाधर वायु फॉन (Wedge) की अनुपस्थिति, जो नम और गुप्त ऊष्मा के ऊर्ध्वाधर बहाव को अवरुद्ध करे।
- उष्ण कटिबंधीय चक्रवात में वायुदाब प्रवणता बहुत अधिक होती है।
- चक्रवात का केंद्र गर्म वायु तथा निम्न वायुदाब और मेघरहित क्रोड होता है, इसे **तूफान की आँख** (Eye of the storm) कहा जाता है।
- सामान्यत: समदाब रेखाएँ एक-दूसरे के समीप होती हैं, जो **उच्च वायुदाब प्रवणता** (High Pressure Gradients) का प्रतीक होती हैं।
- वायुदाब प्रवणता 14 से 17 मिलीबार/100 किलोमीटर के आस-पास होता है। कई बार यह 60 मिलीबार/100 किलोमीटर तक भी हो सकता है।
- केंद्र से पवन-पट्टी (Wind Belt) का विस्तार 10 से 150 किलोमीटर तक होता है।
- **फेलिन** (2013, ओडिशा व आंध्र प्रदेश), **हुदहुद** (2014, ओडिशा व आंध्र प्रदेश), **रौनू** (2016, तमिलनाडु, आंध्र प्रदेश, ओडिशा व केरल), **ओखी** (2017, केरल, तमिलनाडु, गुजरात व महाराष्ट्र), **फेनी** (2019, ओडिशा) आदि ऐसे उष्ण कटिबंधीय चक्रवात के उदाहरण हैं, जिन्होंने भारत से संबंधित क्षेत्रों में आर्थिक रूप से जान-माल की क्षति पहुँचाई।

शीतोष्ण कटिबंधीय चक्रवात

- शीतोष्ण कटिबंधीय (Temperate Cyclones) चक्रवात 35°-65° अक्षांशों के मध्य दोनों गोलार्द्धों में पाए जाते हैं।
- इनकी उत्पत्ति का कारण **ध्रुवीय वाताग्र** (Polar Front) है, जहाँ पर दो विपरीत स्वभाव वाली पवनें मिलती हैं।
- ये शीतकाल एवं ग्रीष्मकाल दोनों में बनते हैं।

भारत में चक्रवातों का क्षेत्रीय व समयानुसार वितरण

- भारत की आकृति प्रायद्वीपीय है और इसके पूर्व में बंगाल की खाड़ी तथा पश्चिम में अरब सागर स्थित है, अत: यहाँ आने वाले चक्रवात इन्हीं दो जलीय क्षेत्रों में निर्मित होते हैं।
- मानसूनी मौसम के दौरान चक्रवात 10° से 15° उत्तर अक्षांशों के मध्य निर्मित होते हैं।
- बंगाल की खाड़ी में चक्रवात अधिकतर अक्टूबर और नवंबर में बनते हैं।
- यहाँ ये चक्रवात 16° से 21° उत्तर तथा 92° पूर्व देशांतर से पश्चिम में बनते हैं, परंतु जुलाई में ये सुंदरबन डेल्टा के समीप 18° उत्तर और 90° पूर्व देशांतर से पश्चिम में उत्पन्न होते हैं।
- भारत में कोलकाता, भुवनेश्वर, विशाखापत्तनम, चेन्नई, मुंबई और अहमदाबाद ऐसे छ: स्थान हैं, जहाँ पर चक्रवात पूर्वानुमान केंद्र स्थापित किए गए हैं और इन केंद्रों के द्वारा अपने क्षेत्र विशेष में चक्रवात संबंधी सूचनाओं को प्रसारित किया जाता है।
- इस जानकारी को एकत्र करने में इनसैट उपग्रहों, शक्तिशाली चक्रवात डिटेक्शन राडार एवं परंपरागत मौसम वैज्ञानिक प्रेक्षणों की सहायता ली जाती है।

बाढ़

- नदी, झील या सागर तल के उत्थान के कारण भूमि के अस्थायी रूप से जलमग्न हो जाने की अवस्था बाढ़ (Flood) कहलाती है।
- इसकी उत्पत्ति अतिवृष्टि (High Intensity Rain Fall), हिमद्रवण (Melting of Ice and Snow), उच्च ज्वार (High tide), बाँध टूटने (Cracks in Dams) आदि कारणों से हो सकती है।
- बाढ़ की स्थिति तब उत्पन्न होती है, जब नदी जल-वाहिकाओं में इनकी क्षमता से अधिक जल बहाव होता है और जल, बाढ़ के रूप में मैदान के निचले हिस्सों में भर जाता है।

बाढ़ के कारण

- बाढ़ आने के कई कारण हो सकते हैं, जिनमें तटीय क्षेत्रों में तूफानी महोर्मि (Storm Surge), लंबे समय तक होने वाली बारिश, हिम का पिघलना, जमीन की अंत: स्पंदन (Infiltration) दर में कमी आना और अधिक मृदा अपरदन के कारण नदी जल में जलोढ़ की मात्रा में वृद्धि होना आदि शामिल हैं।
- बाढ़ विश्व में विस्तृत क्षेत्र विशेष में आती है, जिससे भीषण क्षति की स्थिति उत्पन्न होती है, परंतु दक्षिण, दक्षिण-पूर्व और पूर्व एशिया के देशों, विशेषकर चीन, भारत और बांग्लादेश में इसकी बारंबारता और होने वाली हानि/क्षति अधिक है।
- अन्य प्राकृतिक आपदाओं की तुलना में बाढ़ की उत्पत्ति और इसके क्षेत्रीय फैलाव में मानव एक महत्त्वपूर्ण भूमिका निभाता है।
- मानवीय क्रियाकलापों, अंधाधुंध वनों का कटाव, अवैज्ञानिक कृषि पद्धतियाँ, प्राकृतिक अपवाह तंत्रों का अवरुद्ध होना तथा नदी तल और बाढ़कृत मैदानों पर मानव बसाव के कारण बाढ़ की तीव्रता, परिमाण और विध्वंसता बढ़ जाती है।

बाढ़ग्रस्त क्षेत्र

- भारत में बाढ़ग्रस्त क्षेत्र 1 करोड़ हेक्टेयर है। यह कुल भूमि क्षेत्र का 1/8वाँ भाग है। बाढ़ग्रस्त क्षेत्र के 25 से 50% क्षेत्र पर प्रत्येक वर्ष बाढ़ आती है।
- भारत के कुल बाढ़ग्रस्त क्षेत्र का 60% भाग गंगा तथा ब्रह्मपुत्र नदियों के अपवाह क्षेत्र में है।
- राज्यों के स्तर पर बाढ़ से प्रभावित क्षेत्र में उत्तर प्रदेश (33%), बिहार (27%) तथा पंजाब व हरियाणा (15%) हैं।

बाढ़ प्रभावित क्षेत्रों की दृष्टि से भारत

- भारत के विभिन्न राज्यों में बाढ़ की बारंबारता के कारण जान-माल को अधिक क्षति पहुँचती है। **राष्ट्रीय बाढ़ आयोग** (National Flood Commission) ने देश में 4 करोड़ हेक्टेयर भूमि को बाढ़ प्रभावित क्षेत्र घोषित किया है।
- असम, पश्चिम बंगाल और बिहार राज्य सबसे अधिक बाढ़ प्रभावित क्षेत्रों में से हैं। इसके अतिरिक्त उत्तर भारत की अधिकांश नदियाँ, विशेषकर पंजाब और उत्तर प्रदेश में बाढ़ के लिए उत्तरदायी होती हैं।
- राजस्थान, गुजरात, हरियाणा और पंजाब, आकस्मिक बाढ़ से पिछले कुछ दशकों में जलमग्न होते रहते हैं, जिसका मुख्य कारण मानसूनी वर्षा की तीव्रता तथा मानवीय क्रियाकलापों द्वारा प्राकृतिक अपवाह तंत्र का अवरुद्ध होना है।
- तमिलनाडु में नवंबर से जनवरी माह के मध्य वापस लौटते मानसून से हुई वर्षा के द्वारा बाढ़ की स्थिति उत्पन्न हो जाती है।

बाढ़ के प्रभाव

- असम, पश्चिम बंगाल, बिहार, पूर्वी उत्तर प्रदेश (मैदानी क्षेत्र) एवं ओडिशा, आंध्र प्रदेश, तमिलनाडु, गुजरात के तटीय क्षेत्र, पंजाब, राजस्थान, उत्तर गुजरात और हरियाणा में बाढ़ की बारंबारता और कृषि भूमि तथा मानव बस्तियों की जलमग्नता के फलस्वरूप आर्थिक व्यवस्था और समाज पर गहरा प्रभाव दृष्टिगोचर होता है।
- बाढ़ न केवल फसलों को नष्ट करती है, बल्कि आधारभूत ढाँचा, जैसे-सड़कें, रेल, पुल और मानव बस्तियों को भी क्षति पहुँचाती है।
- बाढ़ ग्रस्त क्षेत्रों में अनेक प्रकार की बीमारियाँ फैल जाती हैं; जैसे-हैजा, आंत्रशोथ हेपेटाइटिस आदि।
- इसके अतिरिक्त, बाढ़ के कुछ लाभ भी हैं, जिनमें प्रत्येक वर्ष खेतों में बाढ़ द्वारा उपजाऊ मिट्टी को लाकर जमा करना शामिल है, जो फसलों के पोषण हेतु लाभप्रद है।
- ब्रह्मपुत्र नदी में स्थित माजुली (असम) जो सबसे बड़ा नदीय द्वीप है, प्रत्येक वर्ष बाढ़ग्रस्त होता है, परंतु यहाँ चावल की फसल बहुत अच्छी होती है, लेकिन ये लाभ भीषण हानि के सामने गौण मात्र हैं।

बाढ़ नियंत्रण के उपाय

- भारत सरकार और संबंधित राज्य सरकारें प्रत्येक वर्ष बाढ़ से उत्पन्न होने वाली विषम परिस्थितियों से अवगत हैं।
- अत: बाढ़ नियंत्रण हेतु निम्न उपाय किए जा सकते हैं
  - बाढ़ प्रभावित क्षेत्रों में तटबंध का निर्माण, नदियों पर बाँध का निर्माण, वनीकरण और सामान्य रूप से बाढ़ लाने वाली नदियों के ऊपरी जल ग्रहण क्षेत्र में निर्माण कार्य पर प्रतिबंध लगाना।
  - नदी वाहिकाओं पर बसे लोगों को अन्यत्र कहीं और बसाना तथा बाढ़ के मैदानों में जनसंख्या के जमाव पर नियंत्रण रखना।
  - तटीय क्षेत्रों में **चक्रवात सूचना केंद्र** (Cyclon Information Centre) तूफान की तीव्रता से होने वाले प्रभाव को कम कर सकते हैं।

बाढ़ प्रबंधन

- बाढ़ प्रबंधन की दिशा में वर्ष 1954 में **राष्ट्रीय बाढ़ नियंत्रण कार्यक्रम** की शुरुआत की गई, जिसके अंतर्गत बाढ़ नियंत्रण हेतु त्वरित उपाय, अल्पकालिक उपाय, दीर्घकालिक उपाय और तटबंधों के निर्माण पर बल दिया गया।
- वर्ष 1954 में बाढ़ प्रबंधन हेतु **बाढ़ पूर्वानुमान संगठन** (Flood Forecasting Centre) की स्थापना की गई, जिसका प्रमुख कार्यालय पटना (बिहार) में स्थित है।
- इस संगठन के द्वारा बाढ़ से संबंधित पूर्व सूचना प्रदान कर इससे होने वाली क्षति से बचाया जा सकता है।
- वर्ष 1959 से अब तक संपूर्ण देश के लगभग 72 नदी बेसिनों (River Basins) में अनुमानत: 175 बाढ़ पूर्वानुमान केंद्र स्थापित किए गए हैं तथा उत्तर प्रदेश और बिहार में बाढ़ की पूर्व सूचना हेतु वर्ष 1988 में भारत और नेपाल के मध्य एक समझौता हुआ, जिसके अंतर्गत बाढ़ की पूर्व सूचना हेतु नेपाल में 45 केंद्रों की स्थापना की गई।

सूखा

- सूखा एक ऐसी स्थिति को कहा जाता है, जब लंबे समय तक कम वर्षा, अत्यधिक वाष्पीकरण और जलाशयों तथा भूमिगत जल के अत्यधिक प्रयोग से भूतल पर जल की कमी हो जाए।
- सूखा एक जटिल परिघटना है, जिसमें अनेक प्रकार के मौसम विज्ञान संबंधी तत्त्व, जैसे-वृष्टि, वाष्पीकरण, वाष्पोत्सर्जन, भौम जल, मृदा में नमी, जल भंडारण व भरण, कृषि पद्धतियाँ, विशेषत: उगाई जाने वाली फसलें, सामाजिक आर्थिक गतिविधियाँ और पारिस्थितिकी सूखा शामिल हैं।

सूखे के प्रकार

सूखे को निम्न प्रकारों में वर्गीकृत किया जा सकता है

- **मौसम विज्ञान संबंधी सूखा** यह एक ऐसी स्थिति है, जिसमें लंबे समय तक अपर्याप्त वर्षा होती है और इसका सामयिक और स्थानिक वितरण भी असंतुलित होता है।
- **कृषि सूखा** इसे भूमि-आर्द्रता सूखा भी कहा जाता है। मिट्टी में आर्द्रता की कमी के कारण फसलों पर इसका प्रभाव दिखाई पड़ता है, जिन क्षेत्रों में 30% से अधिक कुल बोए गए क्षेत्र में सिंचाई होती है, उन्हें भी सूखा प्रभावित क्षेत्र नहीं माना जाता।
- **जल विज्ञान संबंधी सूखा** यह स्थिति तब उत्पन्न होती है, जब विभिन्न जल संग्रहण, जलाशय, जलभृत और झीलों इत्यादि का स्तर वृष्टि द्वारा की जाने वाली जलापूर्ति के पश्चात् नीचे गिर जाए या निचले स्तरों तक पहुँच जाए।
- **पारिस्थितिक सूखा** जब प्राकृतिक पारिस्थितिक तंत्र में जल की कमी से उत्पादकता में कमी हो जाती है और परिणामस्वरूप पारिस्थितिक तंत्र में तनाव की स्थिति उत्पन्न हो जाती है तथा यह क्षतिग्रस्त हो जाता है, तो यह स्थिति पारिस्थितिक सूखा कहलाती है।

भारत में सूखे की स्थिति

- भारतीय कृषि मुख्यत: मानसूनी वर्षा पर निर्भर करती है। प्राय: दक्षिण-पश्चिम मानसून के कमजोर होने की स्थिति से ही सूखे की स्थिति उत्पन्न होती है।
- भारतीय जलवायु तंत्र में सूखा और बाढ़ महत्त्वपूर्ण तत्त्व हैं। कुछ अनुमानों के अनुसार भारत में कुल भौगोलिक क्षेत्र का 19% भाग और जनसंख्या का 12% भाग प्रत्येक वर्ष सूखे से प्रभावित होता है।
- प्राय: यह देखा गया है कि जब देश के कुछ भागों में बाढ़ का प्रकोप होता है, उसी समय देश के दूसरे भागों में सूखे की विषम परिस्थिति उत्पन्न होती है। यह मानसून में परिवर्तनशीलता और इसके व्यवहार में अनिश्चितता का परिणाम है।

भारत में सूखाग्रस्त क्षेत्र

सूखे की तीव्रता के आधार पर भारतीय क्षेत्रों को निम्न रूपों में वगीकृत किया जा सकता है

- **अत्यधिक सूखा प्रभावित क्षेत्र** राजस्थान के अधिकतर भाग, विशेषकर अरावली के पश्चिम में स्थित मरुस्थलीय क्षेत्र और गुजरात का कच्छ क्षेत्र अत्यधिक सूखा प्रभावित क्षेत्र हैं। इसमें राजस्थान के जैसलमेर और बाड़मेर जिले भी शामिल हैं, जहाँ 90 मिलीमीटर से कम औसत वार्षिक वर्षा होती है।
- **अधिक सूखा प्रभावित क्षेत्र** इसमें राजस्थान के पूर्वी भाग, मध्य प्रदेश के अधिकतर भाग, महाराष्ट्र के पूर्वी भाग, आंध्र प्रदेश के आंतरिक भाग, कर्नाटक का पठार, तमिलनाडु के उत्तरी भाग, झारखंड का दक्षिणी भाग और ओडिशा का आंतरिक भाग शामिल हैं।
- **मध्यम सूखा प्रभावित क्षेत्र** इसके अंतर्गत राजस्थान के उत्तरी भाग, हरियाणा, उत्तर प्रदेश के दक्षिणी जिले, गुजरात के शेष जिले, कोंकण को छोड़कर महाराष्ट्र, झारखंड, तमिलनाडु का कोयंबटूर पठार और आंतरिक कर्नाटक शामिल हैं। भारत के शेष भाग बहुत कम या न के बराबर सूखे से प्रभावित हैं।

सूखे के प्रभाव

- पर्यावरण और समाज पर सूखे का क्रमश: प्रभाव पड़ता है। फसलें नष्ट होने से अन्न की कमी होती है, जिसे अकाल कहा जाता है। चरागाहों के कम होने की स्थिति ऋण अकाल और जल के कम होने की समस्या जल अकाल कहलाती है। ये तीनों स्थितियाँ सूखे के प्रभाव का विध्वंसक रूप हैं, ये तीनों स्थितियाँ सम्मिलित रूप में त्रि-अकाल कहलाती हैं।
- सूखा प्रभावित क्षेत्रों में वृहत पैमाने पर मवेशियों और अन्य पशुओं की मृत्यु, मानव प्रवास तथा पशु पलायन एक सामान्य घटना है।
- जल की कमी के कारण लोग दूषित जल पीने को बाध्य होते हैं, जिसके परिणामस्वरूप पेयजल संबंधी बीमारियाँ; जैसे-आंत्रशोथ, हैजा और हेपेटाइटिस मानव स्वास्थ्य को प्रभावित करती हैं।

सूखा नियंत्रण के उपाय

- सामाजिक और प्राकृतिक पर्यावरण पर सूखे का प्रभाव तात्कालिक एवं दीर्घकालिक होता है, इसलिए सूखे से निपटने के लिए तैयार की जा रही योजनाओं को इन्हें ध्यान में रखकर बनाया जाना चाहिए।
- सूखे की स्थिति में तात्कालिक सहायता में सुरक्षित पेयजल वितरण, दवाइयाँ, पशुओं के लिए चारे और जल की उपलब्धता तथा मानव और पशुओं को बुनियादी सुविधाओं से युक्त सुरक्षित स्थानों पर पहुँचाया जाना आदि शामिल हैं।
- सूखे की स्थिति से निपटने हेतु दीर्घकालीन योजनाओं में विभिन्न कदम उठाए जा सकते हैं , जैसे-भूमिगत जल के भंडारण का पता लगाना, जल आधिक्य क्षेत्रों से अल्पजल क्षेत्रों में जल की उपलब्धता को सुनिश्चित करना, नदियों को जोड़ना, बाँध व जलाशयों का निर्माण करना इत्यादि।
- नदियों को आपस में जोड़ने हेतु द्रोणियों की पहचान तथा भूमिगत जल भंडारण की संभावना का पता लगाने हेतु सुदूर संवेदन और उपग्रहों से प्राप्त चित्रों का प्रयोग किया जाना अपेक्षित है। सूखा प्रतिरोधी फसलों के संबंध में जानकारी प्रदान करना सूखे की समस्या से निपटने हेतु एक दीर्घकालिक उपाय है। **वर्षा जल संचयन** (Rain Water Harvesting) सूखे के प्रभाव को कम करने में महत्त्वपूर्ण भूमिका निभाता है।

सूखा प्रबंधन

- सूखे से निपटने का व्यवस्थित प्रयास द्वितीय पंचवर्षीय योजना (1956-61) के दौरान प्रारंभ हुआ था। शुष्क खेती परियोजनाएँ (Dry Farming Projects) इसी दौरान प्रारंभ की गई थीं।
- वर्ष 1970-71 में ग्रामीण विकास कार्यक्रम को इस उद्देश्य के साथ प्रारंभ किया गया कि जहाँ भी सूखे की स्थिति उत्पन्न हो, वहाँ सूखे के प्रभाव को कम करने के प्रयास किए जाएँ और साथ ही रोजगार प्रदान किए जाएँ।
- देश में मरुस्थलीकरण को रोकने हेतु देश के 7 राज्यों के 40 जिलों में वर्ष 1977-78 में **मरुस्थल विकास कार्यक्रम** (Desert Development Programme-DDP) को प्रारंभ किया गया था। अप्रैल, 1995 में इसे **जलसंभर विकास कार्यक्रम** (Watershed Development Programme) में समाहित कर दिया गया।

- सूखा प्रवण क्षेत्र कार्यक्रम (Drought Prone Area Programme) को सूखा प्रबंधन की दिशा में एक प्रयास हेतु वर्ष 1973 में देश के 16 राज्यों के 182 जिलों में प्रारंभ किया गया था, अंततः वर्ष 1995-96 में इस कार्यक्रम को जलसंभर विकास कार्यक्रम में समाहित कर दिया गया।
- राष्ट्रीय जलसंभर विकास कार्यक्रम (National Watershed Development Programme) को वर्षा पूरित क्षेत्रों के लिए वर्ष 1990-91 में देश के 25 राज्यों व 2 केंद्रशासित प्रदेशों में प्रारंभ किया गया था। इसका मुख्य उद्देश्य सतत् प्रबंधन, कृषि उत्पादन एवं उत्पादकता आदि को बढ़ाना था।

भू-स्खलन

- गुरुत्वाकर्षण के प्रभाव के कारण चट्टान समूहों के अचानक ढाल से नीचे की ओर खिसकने की क्रिया भू-स्खलन (Landslide) कहलाती है, इस प्रकार की क्रियाएँ भूकंप तथा वर्षा के कारण चट्टानों के कमजोर होने से होती हैं।
- सामान्यतः भू-स्खलन, भूकंप, ज्वालामुखी क्रिया (विस्फोट), सुनामी व चक्रवात की तुलना में बड़ी घटना नहीं है, परंतु इसका प्राकृतिक पर्यावरण और राष्ट्रीय अर्थव्यवस्था पर गहरा प्रभाव पड़ता है।
- मानवीय क्रियाकलापों; जैसे-रेल, सड़क, सुरंग, भवन आदि का निर्माण इसके प्रमुख कारक हैं।
- साथ ही खनन क्रिया (Mining) के फलस्वरूप भी भू-स्खलन क्रिया को बढ़ावा मिलता है। इसी प्रकार, नहर-निर्माण, अवैज्ञानिक कृषि पद्धति, निर्वनीकरण, अधिक पशुचारण भी भू-स्खलन की क्रिया को बढ़ावा देने में सहायक होते हैं।

भू-स्खलन क्षेत्रों का वर्गीकरण

भू-स्खलन की बारंबारता और इसे प्रभावित करने वाले कारकों; जैसे-भूविज्ञान, भू-आकृतिक कारक, ढाल, भूमि उपयोग, वनस्पति आवरण तथा मानवीय क्रियाकलापों के आधार पर भारत को विभिन्न भू-स्खलन क्षेत्रों में विभक्त किया गया है

- **अत्यधिक सुभेद्यता वाले क्षेत्र** (Most Vulnerable) इन क्षेत्रों के अंतर्गत हिमालय की युवा पर्वत श्रृंखलाएँ, अंडमान और निकोबार द्वीप समूह, पश्चिमी घाट और नीलगिरि में अधिक वर्षा वाले क्षेत्र, उत्तर-पूर्वी क्षेत्र, भूकंप प्रभावी क्षेत्र तथा अत्यधिक मानवीय क्रियाकलापों वाले क्षेत्र (सड़क निर्माण, बाँध निर्माण) सम्मिलित हैं।
- **अधिक सुभेद्यता वाले क्षेत्र** (Maximum Vulnerable) इन क्षेत्रों में भी अत्यधिक सुभेद्यता क्षेत्रों जैसी परिस्थितियाँ पाई जाती हैं, लेकिन दोनों में विशेष अंतर भू-स्खलन को नियंत्रण करने वाले कारकों के संयोजन (Conjuction), गहनता (Intensity) और बारंबारता (Frequency) को लेकर है। हिमालयी क्षेत्र के सभी राज्य तथा उत्तर-पूर्वी भाग (असम को छोड़कर) इस क्षेत्र के अंतर्गत शामिल हैं।
- **मध्यम और कम सुभेद्यता क्षेत्र** (Medium and Low Vulnerable) ये ऐसे क्षेत्र हैं, जहाँ कभी-कभी भू-स्खलन की घटनाएँ होती हैं। ये मध्यम तथा कम सुभेद्यता क्षेत्र हैं; जैसे-ट्रांस हिमालय के कम वृष्टि वाले क्षेत्र लद्दाख और हिमाचल प्रदेश में स्पीति, अरावली पहाड़ियों में कम वर्षा वाला क्षेत्र, पश्चिमी व पूर्वी घाट के क्षेत्र तथा दक्कन पठार के वृष्टिछाया (Rain Shadow) क्षेत्र आदि।
- इसके अतिरिक्त झारखंड, ओडिशा, छत्तीसगढ़, मध्य प्रदेश, महाराष्ट्र, आंध्र प्रदेश, कर्नाटक, तमिलनाडु, गोवा और केरल में खदानों और भूमि के अवतलन (धँसने) से भू-स्खलन की क्रिया होती रहती है।
- **अन्य सुभेद्यता क्षेत्र** (Other Vulnerable) ये क्षेत्र विशेषकर राजस्थान, हरियाणा, उत्तर प्रदेश, बिहार, पश्चिम बंगाल (दार्जिलिंग जिले को छोड़कर), असम (कार्बी अनलोंग को छोड़कर) और दक्षिण प्रांतों के तटीय क्षेत्र भू-स्खलन युक्त हैं।

भू-स्खलन के प्रभाव

- भू-स्खलन का प्रभाव अपेक्षाकृत छोटे क्षेत्रों में पाया जाता है तथा यह स्थानीय होता है, परंतु सड़क मार्ग में अवरोध, रेल पटरियों का टूटना और जल वाहिकाओं में चट्टानों के गिरने से उत्पन्न हुई रुकावटों के गंभीर प्रभाव परिलक्षित होते हैं। भू-स्खलन के प्रभावस्वरूप अधिवासित क्षेत्र, गाँव, बस्तियाँ आदि की संरचना में परिवर्तन हो जाता है, जिसके परिणामस्वरूप प्रवास की प्रक्रिया बढ़ती है।
- भू-स्खलन के कारण नदी मार्ग में हुआ बदलाव बाढ़ का एक प्रमुख कारक होता है, जिससे व्यापक स्तर पर जान-माल की क्षति होती है। इससे इन क्षेत्रों में आवागमन की समस्या उत्पन्न हो जाती है और विकास कार्यों की गति धीमी पड़ जाती है।

भू-स्खलन प्रबंधन

- भू-स्खलन से निपटने हेतु अलग-अलग क्षेत्रों में अलग-अलग उपाय अपनाए जाने की आवश्यकता होती है। अधिक भू-स्खलन संभावी क्षेत्रों में सड़क और बड़े बाँध जैसे निर्माण कार्य तथा विकास कार्य पर प्रतिबंध होना चाहिए। इन क्षेत्रों में कृषि नदी घाटी तथा कम ढाल वाले क्षेत्रों तक सीमित होनी चाहिए और बड़ी विकास परियोजनाओं पर नियंत्रण स्थापित किया जाना चाहिए।
- सकारात्मक कार्य; जैसे-वृहत स्तर पर वनीकरण (Forestation) को बढ़ावा देना और जल बहाव को कम करने के लिए बाँध का निर्माण करना भू-स्खलन के उपायों के पूरक हैं।
- स्थानांतरी कृषि वाले उत्तर-पूर्वी क्षेत्रों में सीढ़ीनुमा खेत (Terrace Farm) बनाकर कृषि की जानी चाहिए, जिससे भू-स्खलन की समस्या के प्रभाव को कम किया जा सके।

मानवजनित आपदा

प्राकृतिक आपदाओं के अतिरिक्त अन्य आपदाओं में मानवजनित आपदा प्रमुख हैं। इन आपदाओं की उत्पत्ति मानवीय क्रियाकलापों से संबंधित होती है। कुछ मानवीय गतिविधियाँ प्रत्यक्ष रूप से इन आपदाओं के लिए उत्तरदायी हैं, जिनमें शामिल हैं

- **भोपाल गैस त्रासदी** 3 दिसंबर, 1984 को भोपाल स्थित **यूनियन कार्बाइड** नामक कंपनी के कारखाने से **मिथाइल आइसोसाइनेइट** (Methyl Isocyanate) नामक जहरीली गैस के रिसाव ने व्यापक प्रभाव डाला। इसके फलस्वरूप मानवीय गतिविधियाँ प्रभावित हुईं और लोग अपंगता एवं अंधेपन का शिकार हुए, यह घटना **भोपाल गैस त्रासदी** के नाम से जानी जाती है।
- **चेर्नोबिल नाभिकीय घटना** 26 अप्रैल, 1986 में यूक्रेन में हुए परमाणु रिएक्टर विस्फोट (Nuclear Reactor Blast) से फैले विकिरण से लगभग आधा यूक्रेन प्रभावित हुआ। इसे मानव इतिहास की सबसे बड़ी औद्योगिक दुर्घटना माना जाता है।

- **फुकूशिमा दुर्घटना** जापान के फुकूशिमा शहर में 11 मार्च, 2011 को हुई परमाणु रिएक्टर दुर्घटना के पश्चात् विषैले रासायनिक पदार्थों के रिसाव ने सामान्य लोगों के जीवन को वृहत पैमाने पर प्रभावित किया।

भारत में आपदा प्रबंधन

आपदाएँ प्राकृतिक या मानवकृत दोनों प्रकार की हो सकती हैं, परंतु प्रत्येक संकट आपदा भी नहीं होता। प्राकृतिक आपदाओं पर नियंत्रण करना कठिन होता है। इसका समुचित उपाय इनके निवारण की तैयारियाँ करना है। आपदा निवारण और प्रबंधन की तीन अवस्थाएँ हैं

- **आपदा से पहले** आपदा के विषय में आँकड़े और सूचना एकत्र करना, आपदा संभावी क्षेत्रों का मानचित्र तैयार करना और लोगों को इसके बारे में जानकारी प्रदान करना। इसके अतिरिक्त संभावी क्षेत्रों में आपदा योजना का निर्माण करना, तैयारियाँ रखना और बचाव के उपाय करना।
- **आपदा के समय** युद्ध स्तर पर बचाव व राहत कार्य; जैसे-आपदा ग्रस्त क्षेत्रों से लोगों को सुरक्षित बाहर निकालना, आश्रय स्थल का निर्माण करना, राहत कैंप तथा जल, भोजन एवं दवाइयों की आपूर्ति करना है।
- **आपदा के पश्चात्** आपदा से प्रभावित लोगों का बचाव और पुनर्वास तथा भविष्य में आपदाओं से निपटने हेतु क्षमता निर्माण पर ध्यान केंद्रित करना।

भारत जैसे देश में, जहाँ दो-तिहाई क्षेत्र और जनसंख्या आपदा सुभेद्य है, इन उपायों का विशेष महत्त्व है। आपदा प्रबंधन अधिनियम, 2005 और राष्ट्रीय आपदा प्रबंधन संस्थान की स्थापना करना इस दिशा में भारत सरकार द्वारा उठाए गए सकारात्मक कदम का उदाहरण है।

आपदा प्रबंधन अधिनियम, 2005

- इस अधिनियम में आपदा को किसी क्षेत्र में घटित एक महाविपत्ति दुर्घटना, संकट या गंभीर घटना के रूप में परिभाषित किया गया है।
- इस अधिनियम को वर्ष 2005 में भारत सरकार द्वारा आपदाओं के कुशल प्रबंधन और इससे जुड़े अन्य मामलों के लिए पारित किया गया था, हालाँकि यह जनवरी, 2006 में लागू हुआ।
- इसका प्रमुख उद्देश्य आपदा प्रबंधन में शमन रणनीति तैयार करना तथा क्षमता निर्माण करना आदि शामिल हैं।
- यह राष्ट्रीय, राज्य और जिला स्तरों पर संस्थानों की एक व्यवस्थित संरचना बनाए रखता है।

राष्ट्रीय आपदा प्रबंधन नीति 2009

- राष्ट्रीय आपदा प्रबंधन प्राधिकरण (NDMA) ने वर्ष 2009 में आपदा प्रबंधन पर एक राष्ट्रीय नीति (National Policy on Disaster Management) तैयार की है।
- इस नीति में यह परिकल्पना की गई कि निवारण शमन तथा त्वरित कार्रवाई की प्रकृति के माध्यम से समग्र, सक्रिय, बहु आपदा उन्मुखी (Multi-Disaster-Oriented) तथा प्रौद्योगिकी चालित रणनीति तैयार की जाए।
- इस नीति के प्रमुख उद्देश्य निम्न हैं
  - सभी स्तरों पर आपदा जोखिम को नियंत्रित करने का प्रयास किया जाए।
  - प्रौद्योगिक पारंपरिक ज्ञान तथा पर्यावरण की निरंतरता पर आधारित प्रशमन (Mitigation) उपायों को प्रोत्साहित करना।
  - आपदा जोखिमों के निर्धारण, आकलन तथा निगरानी के लिए कुशल-तंत्र सुनिश्चित करना।
  - अधिक सुरक्षित जीवन सुनिश्चित करने के लिए आपदा प्रतिरोधी ढाँचे और निवास स्थलों का निर्माण तथा पुनर्निर्माण करना।

राष्ट्रीय आपदा प्रबंधन प्लान 2016

- राष्ट्रीय आपदा प्रबंधन प्लान (NDMP-National Disaster Management Plan) आपदा से संबंधित सभी पक्षों को ध्यान में रखकर बनाई गई योजना है। इसके अंतर्गत सभी सरकारी तंत्रों को एकीकृत कर आपदा को रोकने, कम करने तथा उसके प्रबंधन हेतु आवश्यक कदम उठाने का कार्य किया जाता है।
- इसका मुख्य उद्देश्य भारत को आपदा प्रबंधन से लड़ने हेतु सक्षम बनाना एवं आर्थिक, शारीरिक, सामाजिक एवं पर्यावरणीय व्यवस्था को सुदृढ़ रूप प्रदान करना है।

अतिरिक्त तथ्य

तमिलनाडु बोर्ड एवं NIOS

- संकट एक खतरनाक घटना या दशा है जबकि विपदा समाज की सामान्य दिनचर्या पर प्रभाव डालती है।
- भूकंप, बाढ़, ज्वालामुखी विस्फोट, सुनामी, भूस्खलन, सूखा आदि प्राकृतिक संकट के अंतर्गत आता है।
- भूस्खलन रोकने के लिए वनारोपण को बढ़ावा दिया जाना चाहिए। साथ ही सड़कों के निर्माण, खनन कार्य एवं अन्य विकास की गतिविधियों में तकनीक का समावेश किया जाए।
- चक्रवात में पवनों की दिशा उत्तरी गोलार्द्ध में घड़ी की सुइयों के विपरीत तथा दक्षिणी गोलार्द्ध में उनके अनुरूप होती है।
- चक्रवात एक सीमित कालखंड और क्षेत्र में घटने वाली मौसमी घटना है। जैसे-भारत में अधिकतर चक्रवात मानसून के बाद अक्टूबर-दिसंबर या मानसून से पहले अप्रैल-मई में आते हैं।
- सामान्यतः चक्रवात की जीवन अवधि 7-14 दिनों तक की होती हैं।
- भारत में सबसे अधिक चक्रवात पूर्वी तट पर आते हैं। (पश्चिम बंगाल, उड़ीसा, आंध्र प्रदेश और तमिलनाडु क्षेत्रों में)
- अरब सागर की ओर से पश्चिमी तटवर्ती राज्य गुजरात महाराष्ट्र, कर्नाटक एवं केरल आदि राज्यों को प्रभावित करता है।
- अप्रैल, **2015** में नेपाल-भारत भूकंप (जिसे गोरखा भूकंप भी कहा जाता है।) में लगभग **9 हजार लोग** मारे गए और लगभग 22 हजार लोग घायल हो गए।
- यह भूकंप **25 अप्रैल** को **8.1 रिक्टर स्केल** की तीव्रता से आया। इसका अधिकेंद्र बारपेक में गोरखा जिले के पूर्व में था। यह वर्ष **1934** के नेपाल-बिहार भूकंप के पश्चात् सर्वाधिक भीषण आपदा थी।
- उष्णकटिबंधीय चक्रवात वर्धा **12 दिसम्बर**, **2016** को चेन्नई से टकराया, जिसकी अधिकतम गति **130 किमी/घंटा से अधिक** दर्ज की गई। इस तूफान ने चेन्नई शहर के कुछ हिस्से को गंभीर नुकसान पहुँचाया।
- **लाइटनिंग बोल्टस** (Lightning Bolts) 8000 किमी/सेकेंड की गति से यात्रा करती है। एक लाइटनिंग बोल्ट की औसत लंबाई 3-4 किमी होती है।
- भारत के 28 राज्यों तथा 8 केंद्रशासित प्रदेशों में से **27** आपदा प्रवण हैं।
- देश में खेती योग्य क्षेत्र का लगभग **68%** भाग सूखा प्रवण है।
- 58.6% भूमि गंभीर तीव्रता वाले भूकंपों के प्रति संवेदनशील है।
- बाढ़ के प्रति कुल 12% क्षेत्र संवेदनशील हैं। कुल तटीय लंबाई का 76% क्षेत्र चक्रवात और सुनामी के प्रति संवेदनशील है।
- वृहद् हिमालय तथा मध्य हिमालय का लगभग 8% भाग सर्दियों में हिमस्खलन की चपेट में है।
- वन क्षेत्रों में शुष्क मौसम के दौरान 15% वन आग प्रभावित है।

परिशिष्ट

परिशिष्ट

पृथ्वी पर स्थित प्रमुख काल्पनिक रेखाएँ

विषुवत् वृत्त (Equator)	ग्लोब पर उत्तरी व दक्षिणी ध्रुव के मध्य 0° का काल्पनिक वृत्त।
कर्क वृत्त (Tropic of Cancer)	ग्लोब पर उत्तरी गोलार्द्ध में विषुवत् वृत्त से 23 1/2° की कोणीय दूरी पर खींचा गया काल्पनिक वृत्त।
मकर वृत्त (Tropic of Capricorn)	ग्लोब पर दक्षिणी गोलार्द्ध में विषुवत् वृत्त से 23 1/2° की कोणीय दूरी पर खींचा गया काल्पनिक वृत्त।
आर्कटिक वृत्त (Tropic of Arctic)	ग्लोब पर उत्तरी गोलार्द्ध में विषुवत् वृत्त से 66 1/2° की कोणीय दूरी पर खींचा गया काल्पनिक वृत्त।
अंटार्कटिक वृत्त (Tropic of Antarctica)	ग्लोब पर दक्षिणी गोलार्द्ध में विषुवत् वृत्त से 66 1/2° की कोणीय दूरी पर खींचा गया काल्पनिक वृत्त।

स्थल एवं जल पर विषुवत् रेखा (Equator)

साओ टॉम और प्रिंसिप	मालदीव
गैबोन	इंडोनेशिया
कांगो गणराज्य	किरीबाती
लोकतांत्रिक गणराज्य कांगो	इक्वाडोर
युगांडा	कोलम्बिया
केन्या	ब्राजील
सोमालिया	

कर्क रेखा पर स्थित देश (18)

हवाई द्वीप	मैक्सिको	मिस्र	संयुक्त अरब अमीरात
बहामास	माली	भारत	बांग्लादेश
मॉरीतानिया	नाइजर	म्यांमार	चीन
अल्जीरिया	चाड	ओमान	ताइवान
लीबिया	सऊदी अरब		

मकर रेखा पर स्थित देश (12)

ब्राजील	ऑस्ट्रेलिया
पराग्वे	मेडॉगास्कर
अर्जेंटीना	मोजाम्बिक
चिली	दक्षिण अफ्रीका
फ्रेंच पोलीनेशिया (फ्रांस)	टोंगा (Tonga)
बोत्सवाना	नामीबिया

अक्षांश व देशांतर में अंतर

अक्षांश (Latitude)	**देशांतर** (Longitude)
अक्षांश, विषुवत् वृत्त के उत्तर या दक्षिण में स्थित किसी बिंदु की कोणीय दूरी है, जिसे डिग्री (°), मिनट (') तथा सेकंड (") में मापा जाता है।	देशांतर, विषुवत् वृत्त के साथ बनी वह कोणीय दूरी है, जिसे डिग्री (°), मिनट (') तथा सेकंड (") में मापा जाता है। इसे ग्रीनविच के पूर्व या पश्चिम 0° से 180° तक मापा जाता है।
सभी अक्षांश विषुवत् वृत्त के समानांतर (Parallel) होते हैं।	सभी देशांतर रेखाएँ विषुवत् वृत्त के लंबवत् (Perpendicular) होती हैं।
ग्लोब पर अक्षांश समानांतर वृत्त के समान प्रतीत होते हैं।	सभी देशांतर वृत्त के समान प्रतीत होते हैं, जो ध्रुवों से गुजरते हैं।
दो अक्षांशों के बीच दूरी लगभग 111 किमी होती है।	देशांतर के बीच की दूरी विषुवत् वृत्त पर अधिकतम (111.2 किमी) तथा ध्रुवों पर न्यूनतम (0 किमी) होती है। मध्य में 45° अक्षांश पर यह 79 किमी होती है।
विषुवत् वृत्त से ध्रुव की ओर अक्षांशों का उपयोग तापमंडल के निर्धारण में सहायक होता है; जैसे- 0° से 23 1/2° तक उत्तर या दक्षिण उष्णकटिबंध 23 1/2° से 66 1/2° तक शीतोष्ण कटिबंध तथा 66 1/2° से 90° तक शीत कटिबंध	देशांतरों का उपयोग प्रमुख याम्योत्तर के सापेक्ष स्थानीय समय को निर्धारित करने में किया जाता है।

प्रमुख विभाजक रेखा

विभाजक रेखा	संबंधित देश
रेडक्लिफ रेखा	भारत-पाकिस्तान (अध्यारोपित सीमा) भारत-बांग्लादेश
मैकमोहन रेखा	भारत-चीन
डूरंड रेखा	भारत-अफगानिस्तान (यह रेखा वर्तमान में पाक अधिकृत कश्मीर POK में स्थित है)

प्रमुख चैनल एवं जलसंधि

प्रमुख चैनल/जलसंधि	विभाजित क्षेत्र
8° चैनल	मालदीव-मिनीकॉय (भारत)
9° चैनल	मिनीकॉय-लक्षद्वीप
6° चैनल	ग्रेट निकोबार-सुमात्रा (इंडोनेशिया)
10° चैनल	अंडमान (लघु अंडमान) व निकोबार
ग्रेट चैनल	इंदिरा प्वॉइंट-इंडोनेशिया
पाक जलसंधि	भारत-श्रीलंका (तमिलनाडु-जाफना प्रायद्वीप)
कोको जलसंधि	अंडमान-कोको द्वीप (म्यांमार)

राज्य तथा केंद्रशासित प्रदेश

अरुणाचल प्रदेश

क्षेत्रफल	83 743 वर्ग किमी
जनसंख्या	1383727
कुल जिले	25
राजधानी	ईटानगर
लिंगानुपात	938
साक्षरता दर	66.95%
मुख्य भाषाएँ	अंग्रेजी, न्यासी, मोनपा, मिजी, अका आदि।
स्थापना	अरुणाचल प्रदेश को पहले नेफा (North-East Frontier Agency) के नाम से जाना जाता था। 20 जनवरी, 1972 को इसे अरुणाचल प्रदेश के नाम से केंद्रशासित प्रदेश बनाया गया तथा 20 फरवरी, 1987 को इसे पूर्ण राज्य का दर्जा प्रदान किया गया।
स्थिति	अरुणाचल प्रदेश की अंतर्राष्ट्रीय सीमा उत्तर और उत्तर-पूर्व में चीन, पश्चिम में भूटान तथा पूर्व में म्यांमार से लगती है।

असम

क्षेत्रफल	78438 वर्ग किमी
जनसंख्या	31200000
कुल जिले	35
राजधानी	दिसपुर
लिंगानुपात	958
साक्षरता दर	72.2%
मुख्य भाषाएँ	असमिया, बोडो, कार्बी
स्थापना	26 जनवरी, 1950 को असम राज्य की स्थापना हुई
स्थिति	असम की अंतर्राष्ट्रीय सीमा बांग्लादेश तथा भूटान के साथ स्पर्श करती है। असम को पूर्वोत्तर भारत का प्रहरी तथा पूर्वोत्तर राज्यों का प्रवेश द्वार भी कहा जाता है।

बिहार

क्षेत्रफल	94,163 वर्ग किमी
जनसंख्या	104099452
कुल जिले	38
राजधानी	पटना
लिंगानुपात	918
साक्षरता दर	63.82%
मुख्य भाषाएँ	हिंदी तथा उर्दू
स्थापना	22 मार्च, 1912 को बिहार का गठन हुआ तथा 26 जनवरी, 1950 को इसे पृथक् राज्य का दर्जा दिया गया।
स्थिति	बिहार उत्तर में नेपाल, दक्षिण में झारखंड, पूर्व में झारखंड एवं पश्चिम बंगाल तथा पश्चिम में उत्तर प्रदेश से घिरा हुआ है।

छत्तीसगढ़

क्षेत्रफल	135192 वर्ग किमी
जनसंख्या	25545198
कुल जिले	33
राजधानी	रायपुर
लिंगानुपात	991
साक्षरता दर	70.28%
मुख्य भाषाएँ	हिंदी तथा छत्तीसगढ़ी
स्थापना	1 नवंबर, 2000 को मध्य प्रदेश से पृथक् होकर यह भारत के 26वें राज्य के रूप में अस्तित्व में आया।
स्थिति	छत्तीसगढ़ की सीमा देश के सात राज्यों को स्पर्श करती है। इनमें मध्य प्रदेश, उत्तर प्रदेश, झारखंड, ओडिशा, महाराष्ट्र, आंध्र प्रदेश और तेलंगाना सम्मिलित हैं।

गोवा

क्षेत्रफल	3702 वर्ग किमी
जनसंख्या	1458545
कुल जिले	2
राजधानी	पणजी
लिंगानुपात	973
साक्षरता दर	88.70%
मुख्य भाषाएँ	कोंकणी (राजभाषा) तथा मराठी
स्थापना	19 दिसंबर, 1961 को गोवा को पुर्तगालियों के अधिकार से मुक्त करा लिया गया तथा इसे दमन और दीव के साथ मिलाकर केंद्रशासित प्रदेश बनाया गया। 30 मई, 1987 को गोवा को पूर्ण राज्य तथा दमन और दीव को केंद्रशासित प्रदेश का दर्जा दिया गया।
स्थिति	गोवा के पश्चिम में अरब सागर, उत्तर में महाराष्ट्र, पश्चिम तथा दक्षिण में कर्नाटक स्थित है।

गुजरात

क्षेत्रफल	196024 वर्ग किमी
जनसंख्या	60439692
कुल जिले	33
राजधानी	गाँधीनगर
लिंगानुपात	919
साक्षरता दर	78.03%
मुख्य भाषा	गुजराती
स्थापना	1 मई, 1960 को गुजरात राज्य अस्तित्व में आया।
स्थिति	गुजरात के पश्चिम और उत्तर-पश्चिम में अरब सागर तथा उत्तर-पश्चिम में पाकिस्तान स्थित है। गुजरात सबसे लंबी तटरेखा वाला राज्य है, जिसकी तटरेखा लगभग 1600 किमी है।

हरियाणा

क्षेत्रफल	44212 वर्ग किमी
जनसंख्या	25351462
कुल जिले	22
राजधानी	चंडीगढ़
लिंगानुपात	879
साक्षरता	75.55%
मुख्य भाषा	हिंदी
स्थापना	1 नवंबर, 1966 को हरियाणा राज्य की स्थापना हुई।
स्थिति	हरियाणा के उत्तर में पंजाब तथा हिमाचल प्रदेश पश्चिम में राजस्थान और पूरब में उत्तर प्रदेश स्थित है। राष्ट्रीय राजधानी क्षेत्र दिल्ली को यह तीन ओर से आवृत्त किए हुए है।

हिमाचल प्रदेश

क्षेत्रफल	55673 वर्ग किमी
जनसंख्या	6864602
कुल जिले	12
राजधानी	शिमला
लिंगानुपात	972
साक्षरता दर	82.80%
मुख्य भाषाएँ	हिंदी, डोगरी और पहाड़ी
स्थापना	स्वतंत्रता के पश्चात् क्षेत्र की 30 पहाड़ी रियासतों को एकीकृत करके 15 अप्रैल, 1948 को हिमाचल प्रदेश की स्थापना की गई। 1 नवंबर, 1956 को इसे केंद्रशासित प्रदेश का दर्जा दिया गया था। 1 नवंबर, 1966 को पंजाब के अस्तित्व में आने पर कुछ अन्य संबंधित क्षेत्रों को हिमाचल प्रदेश में मिला लिया गया। 25 जनवरी, 1971 को हिमाचल प्रदेश को पूर्ण राज्य का दर्जा प्राप्त हुआ।
स्थिति	हिमाचल प्रदेश के उत्तर में लद्दाख तथा उत्तर प्रदेश, पूरब में तिब्बत (चीन) दक्षिण में पंजाब, हरियाणा तथा उत्तराखंड स्थित हैं।

झारखंड

क्षेत्रफल	79716 वर्ग किमी
जनसंख्या	32988134
कुल जिले	24
राजधानी	राँची
लिंगानुपात	949
साक्षरता दर	67.6%
मुख्य भाषा	हिंदी
स्थापना	15 नवंबर, 2000 को बिहार के दक्षिणी भाग को पृथक् कर झारखंड को भारतीय संघ के 28वें राज्य के रूप में गठित किया गया।
स्थिति	झारखंड के पूर्व में पश्चिम बंगाल, पश्चिम में उत्तर प्रदेश एवं छत्तीसगढ़, उत्तर में बिहार तथा दक्षिण में ओडिशा राज्य स्थित है।

कर्नाटक

क्षेत्रफल	191791 वर्ग किमी
जनसंख्या	61095297
कुल जिले	31
राजधानी	बंगलुरु
लिंगानुपात	973
साक्षरता दर	75.36%
मुख्य भाषा	कन्नड़
स्थापना	कर्नाटक राज्य 1 नवंबर, 1956 को अस्तित्व में आया।
स्थिति	कर्नाटक के पूर्व में तेलंगाना एवं आंध्र प्रदेश, उत्तर में गोवा एवं महाराष्ट्र, दक्षिण-पूर्वी में तमिलनाडु एवं दक्षिण में केरल स्थित है।

केरल

क्षेत्रफल	38852 वर्ग किमी
जनसंख्या	33406061
कुल जिले	14
राजधानी	तिरुवनंतपुरम
लिंगानुपात	1084 (देश में सर्वाधिक लिंगानुपात)
साक्षरता दर	96.11%
मुख्य भाषा	मलयालम
स्थापना	राज्य पुनर्गठन अधिनियम, 1956 के द्वारा 1 नवंबर, 1956 को त्रावणकोर-कोचीन तथा मालाबार क्षेत्र को मिलाकर केरल राज्य का गठन किया गया।
स्थिति	भारत के दक्षिण-पूर्व में स्थित इस राज्य के पश्चिम में अरब सागर, उत्तर-पूर्व में कर्नाटक, पूर्व में तमिलनाडु और दक्षिण में हिंद महासागर स्थित है।

मध्य प्रदेश

क्षेत्रफल	308245 वर्ग किमी
जनसंख्या	72626809
कुल जिले	52
राजधानी	भोपाल
लिंगानुपात	931
साक्षरता दर	69.3%
मुख्य भाषा	हिंदी
स्थापना	मध्य प्रदेश का गठन 1 नवंबर, 1956 को किया गया।
स्थिति	इसकी सीमा देश के पाँच राज्यों (उत्तर प्रदेश, राजस्थान, गुजरात, महाराष्ट्र और छत्तीसगढ़) से मिलती है।

महाराष्ट्र

क्षेत्रफल	307713 वर्ग किमी
जनसंख्या	112374333
कुल जिले	36
राजधानी	मुंबई
लिंगानुपात	929
साक्षरता दर	82.34%
मुख्य भाषा	मराठी
स्थापना	महाराष्ट्र राज्य 1 मई, 1960 को अस्तित्व में आया।
स्थिति	इस राज्य के पश्चिम में अरब सागर, दक्षिण में कर्नाटक और दक्षिण-पूर्व में तेलंगाना, दक्षिण-पश्चिम में गोवा, उत्तर-पश्चिम में गुजरात तथा उत्तर में मध्य प्रदेश स्थित है।

मणिपुर

क्षेत्रफल	22327 वर्ग किमी
जनसंख्या	2855794
कुल जिले	16
राजधानी	इंफाल
लिंगानुपात	985
साक्षरता दर	76.94%
मुख्य भाषा	मणिपुरी
स्थापना	21 जनवरी, 1972
स्थिति	इसके पूर्व में म्यांमार (बर्मा), पश्चिम में असम, उत्तर में नागालैंड और दक्षिण तथा दक्षिण-पश्चिम में मिजोरम स्थित है।

मेघालय

क्षेत्रफल	22429 वर्ग किमी
जनसंख्या	2966889
कुल जिले	12
राजधानी	शिलांग
लिंगानुपात	989
साक्षरता दर	75.5%
मुख्य भाषाएँ	खासी, पनार, गारो तथा अंग्रेजी
स्थापना	2 अप्रैल, 1970 को मेघालय राज्य का गठन असम के अंतर्गत एक स्वायत्तशासी राज्य के रूप में किया गया था। 21 जनवरी, 1972 को इसे पूर्ण राज्य का दर्जा प्राप्त हुआ।
स्थिति	मेघालय की उत्तरी और पूर्वी सीमा असम से तथा दक्षिणी एवं पश्चिमी सीमा बांग्लादेश से मिलती है।

मिजोरम

क्षेत्रफल	21081 वर्ग किमी
जनसंख्या	1097206
कुल जिले	11
राजधानी	आइजोल
लिंगानुपात	976
साक्षरता दर	91.58%
मुख्य भाषाएँ	मिजो, अंग्रेजी और हिंदी
स्थापना	20 फरवरी, 1987 को मिजोरम भारत का 23वाँ राज्य बना। केंद्रशासित प्रदेश के रूप में स्थापित होने से पूर्व यह असम राज्य का एक जिला था। 21 जनवरी, 1972 में पूर्वोत्तर क्षेत्र-पुनर्गठन अधिनियम लागू होने के पश्चात् यह केंद्रशासित प्रदेश बन गया। 20 फरवरी, 1987 में इसे पूर्ण राज्य का दर्जा प्राप्त हुआ।
स्थिति	पूर्व और दक्षिण में म्यांमार तथा पश्चिम में बांग्लादेश के मध्य स्थित होने के कारण मिजोरम सामरिक दृष्टि से महत्त्वपूर्ण राज्य है।

नागालैंड

क्षेत्रफल	16579 वर्ग किमी
जनसंख्या	1978502
कुल जिले	12
राजधानी	कोहिमा
लिंगानुपात	931
साक्षरता दर	79.55%
मुख्य भाषाएँ	अंग्रेजी और हिंदी
स्थापना	1 दिसंबर, 1963 को नागालैंड भारतीय संघ का 16वाँ राज्य बना।
स्थिति	यह पूर्व में म्यांमार, उत्तर में अरुणाचल प्रदेश, पश्चिम में असम तथा दक्षिण में मणिपुर से घिरा हुआ है।

ओडिशा

क्षेत्रफल	155707 वर्ग किमी
जनसंख्या	41947358
कुल जिले	30
राजधानी	भुवनेश्वर
लिंगानुपात	979
साक्षरता दर	72.2%
मुख्य भाषा	ओडिया
स्थापना	1 अप्रैल, 1936 को ओडिशा को पृथक् राज्य का दर्जा दिया गया।
स्थिति	ओडिशा के पूर्व में बंगाल की खाड़ी, उत्तर-पूर्व में पश्चिम बंगाल, उत्तर में झारखंड, पश्चिम में छत्तीसगढ़ तथा दक्षिण में आंध्र प्रदेश अवस्थित है।

पंजाब

क्षेत्रफल	50362 वर्ग किमी
जनसंख्या	27743338
कुल जिले	23
राजधानी	चंडीगढ़
लिंगानुपात	895
साक्षरता दर	76.68%
मुख्य भाषा	पंजाबी
स्थापना	1 नवंबर, 1966 को पंजाब राज्य की स्थापना हुई। वर्ष 1956 में पेप्सू को पंजाब में मिला दिया गया तथा वर्ष 1966 में पंजाब के कुछ क्षेत्रों को अलग करके हरियाणा राज्य का निर्माण किया गया।
स्थिति	पंजाब के पश्चिम में पाकिस्तान, उत्तर में जम्मू-कश्मीर, उत्तर-पूर्व में हिमाचल प्रदेश तथा दक्षिण में हरियाणा एवं राजस्थान स्थित हैं।

राजस्थान

क्षेत्रफल	342239 वर्ग किमी
जनसंख्या	68548437
कुल जिले	33
राजधानी	जयपुर
लिंगानुपात	928
साक्षरता दर	66.11%
मुख्य भाषाएँ	हिंदी और राजस्थानी
स्थापना	30 मार्च, 1949 को राजस्थान की स्थापना की गई।
स्थिति	क्षेत्रफल की दृष्टि से राजस्थान देश का सबसे बड़ा राज्य है। इसकी संपूर्ण पश्चिमी सीमा पाकिस्तान को स्पर्श करती है, जबकि उत्तर में पंजाब, उत्तर-पूर्व में हरियाणा, पूर्व में उत्तर प्रदेश, दक्षिण-पूर्व में मध्य प्रदेश तथा दक्षिण-पश्चिम में गुजरात स्थित है।

सिक्किम

क्षेत्रफल	7096 वर्ग किमी
जनसंख्या	610577
कुल जिले	6
राजधानी	गंगटोक
लिंगानुपात	890
साक्षरता दर	81.42%
मुख्य भाषाएँ	अंग्रेजी, लेप्चा, भूटिया और नेपाली
स्थापना	16 मई, 1975 में सिक्किम भारतीय संघ का अभिन्न अंग बना।
स्थिति	सिक्किम के उत्तर में तिब्बत का पठार, पूर्व में तिब्बत की चुंबी घाटी एवं भूटान, पश्चिम में नेपाल तथा दक्षिण में दार्जिलिंग (पश्चिम बंगाल) अवस्थित है।

तमिलनाडु

क्षेत्रफल	130058 वर्ग किमी
जनसंख्या	72147030
कुल जिले	38
राजधानी	चेन्नई
लिंगानुपात	996
साक्षरता दर	80.09%
मुख्य भाषाएँ	तमिल एवं अंग्रेजी
स्थापना	स्वतंत्रता से पहले मद्रास प्रेसीडेंसी में दक्षिणी प्रायद्वीप के अधिकांश क्षेत्र सम्मिलित थे। तत्पश्चात् संयुक्त मद्रास राज्य का पुनर्गठन किया गया, इसके पश्चात् 26 जनवरी, 1950 को वर्तमान तमिलनाडु राज्य अस्तित्व में आया।
स्थिति	इसके उत्तर में आंध्र प्रदेश और कर्नाटक, पश्चिम में केरल, पूर्व में बंगाल की खाड़ी तथा दक्षिण में हिंद महासागर स्थित है।

त्रिपुरा

क्षेत्रफल	10486 वर्ग किमी
जनसंख्या	3673917
कुल जिले	8
राजधानी	अगरतला
लिंगानुपात	960
साक्षरता दर	87.75%
मुख्य भाषाएँ	बंगाली, कोकबोरोक तथा अंग्रेजी
स्थापना	प्रारंभ में त्रिपुरा संविधान के भाग-ग के अंतर्गत आने वाला राज्य था। 11 नवंबर, 1956 में राज्यों के पुनर्गठन के पश्चात् यह केंद्रशासित प्रदेश बना तत्पश्चात् 21 जनवरी, 1972 में इसे पूर्ण राज्य का दर्जा दिया गया।
स्थिति	यह त्रिपुरा, बांग्लादेश एवं म्यांमार की नदी घाटियों के मध्य अवस्थित है। यह तीनों ओर से बांग्लादेश से घिरा हुआ है, केवल उत्तर-पूर्व में असम व मिजोरम से इसकी सीमा लगती है।

आंध्र प्रदेश

क्षेत्रफल	160205 वर्ग किमी
जनसंख्या	49386799
कुल जिले	13
राजधानी	अमरावती
लिंगानुपात	993
साक्षरता दर	67.41%
मुख्य भाषाएँ	तेलुगू एवं उर्दू
स्थापना	अक्टूबर, 1953 में तेलुगू भाषी क्षेत्रों को मद्रास प्रेसीडेंसी से अलग करके आंध्र प्रदेश राज्य का गठन किया गया। राज्य पुनर्गठन अधिनियम, 1956 के पारित होने के पश्चात् 1 नवंबर, 1950 को हैदराबाद एवं आंध्र प्रदेश राज्य को मिलाकर नवीन आंध्र प्रदेश राज्य अस्तित्व में आया।
स्थिति	उत्तर में तेलंगाना, छत्तीसगढ़ तथा ओडिशा, पश्चिम में कर्नाटक, दक्षिण में कर्नाटक तथा तमिलनाडु और पूरब में बंगाल की खाड़ी स्थित है।

तेलंगाना

क्षेत्रफल	112077 वर्ग किमी
जनसंख्या	35193978
कुल जिले	33
राजधानी	हैदराबाद
लिंगानुपात	988
साक्षरता दर	66.54%
मुख्य भाषाएँ	तेलुगू तथा उर्दू
स्थापना	2 जून, 2014 में आंध्र प्रदेश को विभाजित कर भारत के 29वें राज्य के रूप में तेलंगाना का गठन किया गया।
स्थिति	तेलंगाना के उत्तर में महाराष्ट्र तथा छत्तीसगढ़, पश्चिम में कर्नाटक, पूरब में छत्तीसगढ़ तथा आंध्र प्रदेश और दक्षिण में आंध्र प्रदेश स्थित है।

उत्तर प्रदेश

क्षेत्रफल	240928 वर्ग किमी
जनसंख्या	199812341
कुल जिले	75
राजधानी	लखनऊ
लिंगानुपात	912
साक्षरता दर	69.67%
मुख्य भाषाएँ	हिंदी एवं उर्दू
स्थापना	स्वतंत्रता के पश्चात् 24 जनवरी, 1950 को संयुक्त प्रांत का नाम उत्तर प्रदेश रखा गया।
स्थिति	उत्तर प्रदेश में उत्तर के उत्तराखंड एवं हिमाचल प्रदेश, पश्चिम में हरियाणा एवं दिल्ली, दक्षिण में मध्य प्रदेश एवं छत्तीसगढ़ तथा पूर्व में बिहार एवं झारखंड स्थित है।

उत्तराखंड

क्षेत्रफल	54483 वर्ग किमी
जनसंख्या	10086292
कुल जिले	13
राजधानी	देहरादून व गैरसैण
लिंगानुपात	963
साक्षरता दर	87.60%
मुख्य भाषाएँ	हिंदी, अंग्रेजी (प्रस्तावित) गढ़वाली और कुमाऊँनी
स्थापना	9 नवंबर, 2000 को भारत का 27वाँ राज्य बनने से पूर्व यह उत्तर प्रदेश का अंग था।
स्थिति	उत्तराखंड की अंतर्राष्ट्रीय सीमा उत्तर में चीन तथा पूर्व में नेपाल से मिलती है।

पश्चिम बंगाल

क्षेत्रफल	88752 वर्ग किमी
जनसंख्या	91276115
कुल जिले	23
राजधानी	कोलकाता
लिंगानुपात	950
साक्षरता दर	77.08%
मुख्य भाषा	बांग्ला
स्थापना	26 जनवरी, 1950 को पश्चिम बंगाल राज्य की स्थापना हुई।
स्थिति	पश्चिम बंगाल के पूर्व में बांग्लादेश, उत्तर-पश्चिम में नेपाल, उत्तर में सिक्किम, उत्तर-पूर्व में भूटान, पश्चिम में बिहार एवं झारखंड तथा दक्षिण में बंगाल की खाड़ी व ओडिशा स्थित है।

अंडमान एवं निकोबार द्वीप समूह

क्षेत्रफल	8249 वर्ग किमी
जनसंख्या	3,80,520
कुल जिले	3
राजधानी	पोर्ट ब्लेयर
लिंगानुपात	876
साक्षरता दर	86.63%
मुख्य भाषाएँ	हिंदी, अंडमानी, निकोबारी, बांग्ला, तमिल, मलयालम एवं तेलुगू
स्थापना	अंडमान एवं निकोबार द्वीप समूह 1 नवंबर, 1956 को स्थापित हुए।
स्थिति	10° उत्तरी अक्षांश के उत्तर में स्थित द्वीपों को अंडमान द्वीप समूह तथा 10° उत्तरी अक्षांश के दक्षिण में स्थित द्वीपों को निकोबार द्वीप समूह कहा जाता है।

चंडीगढ़

क्षेत्रफल	114 वर्ग किमी
जनसंख्या	1055450
कुल जिले	1
लिंगानुपात	818
साक्षरता दर	86.77%
मुख्य भाषाएँ	हिंदी, पंजाबी और अंग्रेजी
स्थापना	1 नवंबर, 1966 को चंडीगढ़ को केंद्रशासित प्रदेश बनाया गया।
स्थिति	चंडीगढ़ हरियाणा तथा पंजाब की सीमा पर स्थित है। पंजाब इसके पश्चिम, दक्षिण तथा उत्तर में स्थित है, जबकि हरियाणा पूरब में स्थित है।

दादरा व नगर हवेली और दमन व दीव

क्षेत्रफल	603 वर्ग किमी
जनसंख्या	5,85,764
कुल जिले	4
लिंगानुपात	682
राजधानी	दमन
साक्षरता दर	88.06%
मुख्य भाषाएँ	गुजराती तथा हिंदी
स्थापना	दादरा व नगर हवेली और दमन व दीव पश्चिम भारत में एक केंद्रशासित प्रदेश है, जिसका पुनर्गठन दिसंबर, 2019 में संसद में पारित अधिनियम के माध्यम से दो केंद्रशासित प्रदेशों दादरा व नगर हवेली तथा दमन व दीव के विलय के द्वारा किया गया है। यह अधिनियम 26 जनवरी, 2020 को लागू हुआ।
स्थिति	यह गुजरात तथा महाराष्ट्र के बीच स्थित है।

लक्षद्वीप

क्षेत्रफल	32 वर्ग किमी
जनसंख्या	64473
कुल जिले	1
राजधानी	कवरत्ती
लिंगानुपात	947
साक्षरता दर	91.85%
मुख्य भाषाएँ	जैसरी, माहल तथा मलयालम
स्थापना	वर्ष 1973 में लक्कादीव, मिनीकॉय तथा अमीनदीवी समूहों का नाम सामूहिक रूप से लक्षद्वीप कर दिया गया।
स्थिति	लक्षद्वीप केरल के तटीय क्षेत्र से 220 से 440 किमी की दूरी पर स्थित है।

दिल्ली

क्षेत्रफल	1483 वर्ग किमी
जनसंख्या	16787941
कुल जिले	11
लिंगानुपात	868
साक्षरता दर	86.21%
मुख्य भाषाएँ	हिंदी, पंजाबी, उर्दू तथा अंग्रेजी
स्थापना	वर्ष 1911 में कोलकाता के स्थान पर दिल्ली के राजधानी बन जाने के कारण यह क्षेत्र सभी प्रकार की गतिविधियों का मुख्य केंद्र बन गया। वर्ष 1956 में इसे केंद्रशासित प्रदेश का दर्जा दिया गया।
स्थिति	दिल्ली तीनों ओर से हरियाणा से घिरी हुई है। इसके पूर्व में उत्तर प्रदेश है। राष्ट्रीय राजधानी क्षेत्र के रूप में दिल्ली का विस्तार राजस्थान, हरियाणा तथा उत्तर प्रदेश के विभिन्न जिलों तक है।

पुदुचेरी

क्षेत्रफल	490 वर्ग किमी
जनसंख्या	1394467
कुल जिले	4
लिंगानुपात	1037
राजधानी	पुदुचेरी (20 नवंबर, 2006 को नाम परिवर्तित)
साक्षरता दर	85.85%
मुख्य भाषाएँ	तमिल, अंग्रेजी, तेलुगु, मलयालम तथा फ्रेंच
स्थापना	पुदुचेरी की स्थापना 1 नवंबर, 1954 को फ्रांसीसी अधिपत्य वाले 4 भारतीय क्षेत्रों (पुदुचेरी, करिकाल, माहे, यनम) को एकीकृत करके की गई थी।
स्थिति	पुदुचेरी केंद्रशासित प्रदेश तमिलनाडु, आंध्र प्रदेश तथा केरल के स्थलीय क्षेत्र में अवस्थित है। इसमें पुदुचेरी, करिकाल, यनम तथा माहे शामिल हैं।

जम्मू और कश्मीर

क्षेत्रफल	54624 वर्ग किमी
जनसंख्या	12541302
कुल जिले	20
लिंगानुपात	889
राजधानी	श्रीनगर (ग्रीष्मकाल में) एवं जम्मू (शीतकाल में)
साक्षरता दर	67.16%
मुख्य भाषाएँ	उर्दू, डोगरी, कश्मीरी तथा लद्दाखी
स्थापना	26 अक्टूबर, 1947 को यहाँ राजा हरि सिंह ने विलय पत्र (Instrument of Accession) पर हस्ताक्षर कर इसका विलय भारतीय संघ में कर दिया। वर्तमान में भारतीय संसद द्वारा जम्मू-कश्मीर पुनर्गठन विधेयक-2019 को पारित किए जाने के बाद 31 अक्टूबर, 2019 को इसका गठन केंद्रशासित प्रदेश के रूप में किया गया है।
स्थिति	जम्मू और कश्मीर के पश्चिम में पाकिस्तान तथा पूरब में हिमाचल प्रदेश, उत्तर में लद्दाख तथा दक्षिण में पंजाब तथा हिमाचल प्रदेश स्थित है।

लद्दाख

क्षेत्रफल	168055 वर्ग किमी
जनसंख्या	274289
कुल जिले	2
लिंगानुपात	690
राजधानी	लेह
साक्षरता दर	77.20%
मुख्य भाषाएँ	उर्दू, हिंदी तथा तिब्बलियन
स्थापना	5 अगस्त, 2019 को संसद द्वारा पारित जम्मू-कश्मीर पुनर्गठन अधिनियम, 2019 के द्वारा जम्मू-कश्मीर राज्य से लद्दाख को पृथक् करके लद्दाख केंद्रशासित प्रदेश की स्थापना की गई है। यह निर्णय 31 अक्टूबर, 2019 से प्रभावी हो गया है।
स्थिति	लद्दाख के उत्तर में चीन के साथ लाइन ऑफ एक्चुअल कंट्रोल, दक्षिण में जम्मू एवं कश्मीर, पूरब में हिमाचल प्रदेश तथा तिब्बत (चीन) स्थित है।

शब्दावली

- **उपसौर-अपसौर** जिस कक्षा में पृथ्वी सूर्य की परिक्रमा करती है, उसे दीर्घवृत्तीय कहते हैं। पृथ्वी की परिक्रमा की दिशा पश्चिम से पूर्व है। अत: 3 जनवरी को सूर्य और पृथ्वी के बीच की दूरी न्यूनतम 9.15 करोड़ मील हो जाती है, जिसे उपसौर कहते हैं। इसके विपरीत 4 जुलाई को पृथ्वी की सूर्य से अधिकतम दूरी 9.54 करोड़ मील होती है, जिसे अपसौर कहते हैं।
- **एपसाइड रेखा** अपसौर तथा उपसौर को मिलाने वाली काल्पनिक रेखा जो सूर्य के केंद्र से होकर गुजरती है, उसे एपसाइड रेखा कहते हैं।
- **प्रकाश चक्र** वह काल्पनिक रेखा जो पृथ्वी को प्रकाशित और अप्रकाशित भागों में बाँटती है, प्रकाश चक्र कहलाती है।
- **विषुव** जब सूर्य विषुवत् रेखा पर लंबवत चमकता है, तो दोनों गोलार्द्धों में दिन और रात बराबर होते हैं, जिसे विषुव कहा जाता है। 21 मार्च को बसंत विषुव और 23 सितंबर को शरद विषुव को रात-दिन की अवधि समान होती है।
- **सौर दिवस** जब सूर्य को गतिशील मानकार पृथ्वी द्वारा उसके परिक्रमण की गणना दिवसों के रूप में की जाती है, तब सौर दिवस ज्ञात होता है। इसकी अवधि 24 घंटे की होती है।
- **लीप वर्ष** प्रत्येक सौर वर्ष कैलेंडर वर्ष से लगभग 6 घंटे बढ़ जाता है, इसे प्रत्येक चौथे वर्ष में लीप वर्ष बनाकर समायोजित किया जाता है। प्रत्येक लीप वर्ष में फरवरी का महीना 28 दिनों के बदले 29 दिनों का होता है। इस प्रकार लीप वर्ष 366 दिनों का होता है।
- **कर्क संक्रांति** सूर्य के उत्तरायण तथा दक्षिणायन की सीमा को संक्रांति कहा जाता है। 21 जून को सूर्य कर्क रेखा पर लंबवत् होता है, इसे कर्क संक्रांति कहते हैं। इसी दिन उत्तरी गोलार्द्ध पर सबसे बड़ा दिन होता है।
- **ग्रीनविच मीन टाइम** ब्रिटेन में शून्य देशांतर पर स्थित ग्रीनविच नामक स्थान से गुजरने वाली काल्पनिक रेखा प्राइम मेरीडियन या प्रधान याम्योत्तर से सभी देशों के मानक समय को मापा जाता है। ग्रीनविच मीन टाइम ब्रिटेन का मानक समय है। इसे देशांतर भी कहा जाता है।
- **स्थानीय समय तथा प्रामाणिक समय** पृथ्वी पर किसी स्थान विशेष का सूर्य की स्थिति से निकाला गया समय स्थानीय समय कहलाता है। दूसरी ओर किसी देश के मध्य से गुजरने वाली देशांतर रेखा के आधार पर उसका प्रामाणिक समय निश्चित किया जाता है। इसे उस देश का मानक समय कहा जाता है।
- **संघनन** जल के गैसीय अवस्था से तरल या ठोस अवस्था में परिवर्तित होने की प्रक्रिया संघनन कहलाती है। यदि हवा का तापमान ओसांक बिंदु से नीचे पहुँच जाए, तो संघनन की प्रक्रिया में वायु के आयतन, तापमान, वायुदाब तथा आर्द्रता का प्रभाव पड़ता है। संघनन के हिमांक से नीचे होने पर तुषार, हिम और पक्षाभ मेघ का निर्माण होता है। संघनन की क्रिया अधिक ऊँचाई पर होने से बादलों का निर्माण होता है।
- **ओस** हवा की जलवाष्प जब संघनित होकर छोटी-छोटी बूँदों के रूप में धरातल पर पड़ी वस्तुओं (घास, पत्तियों इत्यादि) पर जमा हो जाती है, तो उसे ओस कहते हैं।
- **पाला** जब संघनन की क्रिया हिमांक से नीचे होती है, तो जलवाष्प जल कणों के बदले हिम कणों में परिवर्तित हो जाती है, इसे ही तुषार या पाला कहते हैं।
- **कुहरा** यह एक प्रकार का बादल है, जब जलवाष्प का संघनन धरातल के अधिक समीप होता है, तो कुहरे का निर्माण होता है। कुहरे में कुहासे की तुलना में जल के कण अधिक छोटे तथा संघनित होते हैं।
- **निरपेक्ष आर्द्रता** हवा में प्रति इकाई आयतन में विद्यमान जलवाष्प की मात्रा को निरपेक्ष आर्द्रता कहते हैं, इसे ग्राम प्रति घन मीटर में व्यक्त किया जाता है।
- **सापेक्षिक आर्द्रता** किसी निश्चित तापमान पर वायु में विद्यमान जलवाष्प की मात्रा और उस वायु के जलवाष्प धारण करने की क्षमता के अनुपात को सापेक्षिक आर्द्रता कहते हैं। इसे प्रतिशत में व्यक्त किया जाता है।
- **संतृप्त वायु** जब हवा किसी भी तापमान पर अपनी आर्द्रता सामर्थ्य के बराबर ग्रहण कर लेती है, तो उसे संतृप्त वायु कहते हैं।
- **गुप्त ऊष्मा** जल को वाष्प या गैस में परिवर्तित करने के लिए ऊष्मा के रूप में ऊर्जा की आवश्यकता होती है। वाष्प में ऊष्मा की छिपी हुई मात्रा को गुप्त ऊष्मा कहते हैं।
- **अधिकेंद्र** पृथ्वी की सतह पर वह स्थल-बिंदु जो भूकंप के उद्गम केंद्र से सबसे कम दूरी पर स्थित होता है और इसी स्थल-बिंदु पर भूकंपीय तरंगों की ऊर्जा का विमोचन होता है, अधिकेंद्र कहलाता है।
- **एलनिनो** यह प्रशांत महासागर के मध्य क्षेत्र में घटने वाली समुद्री घटना है, जो दक्षिण अमेरिका के पश्चिमी तट पर स्थित इक्वाडोर तथा पेरू देशों के तटीय समुद्री जल में कुछ वर्षों के अंतराल पर घटित होती है। इसमें समुद्र के सतही जल का तापमान सामान्य से अधिक हो जाता है।
- **ला-निना** यह एलनिनो की विपरीत स्थिति होती है। इसके अंतर्गत उष्णकटिबंधीय प्रशांत महासागरीय व्यापारिक पवनें सबल हो जाती हैं, जिसके कारण मध्यवर्ती तथा पूर्वी प्रशांत महासागर में ठंडे जल का असामान्य संचयन हो जाता है।
- **ओजोन छिद्र** समतापमंडलीय ओजोन संकेंद्रण में तीव्रता से मौसम में गिरावट आती है। यह अंटार्कटिक में बसंत ऋतु में घटित होती है। इसकी जानकारी वर्ष 1970 में मिली थी। उसके बाद यह वायुमंडल में जटिल रासायनिक प्रक्रिया, जिसमें क्लोरो-फ्लोरो कार्बन शामिल है, के कारण बार-बार सामने आती है।
- **कोरिऑलिस बल** पृथ्वी के घूर्णन के कारण उत्पन्न एक आभासी बल जो उत्तरी गोलार्द्ध में गतिमान वस्तुओं को अपने दाईं ओर तथा दक्षिणी गोलार्द्ध में अपने बाईं ओर विक्षेपित कर देता है। विषुवत् रेखा पर यह बल शून्य होता है। इस बल के कारण मध्य अक्षांशीय चक्रवातों, हरीकेन तथा प्रतिचक्रवातों जैसी मौसमी घटनाओं के प्रवाह की दिशा निर्धारित होती है।
- **ज्वालामुखी कुंड** जब विस्फोट के बाद ज्वालामुखी में विशाल वृत्ताकार गर्त बन जाता है, तो उसे ज्वालामुखी कुंड कहा जाता है। इसमें कई गर्तों का व्यास 40 किमी तक बड़ा हो सकता है। इस प्रकार की स्थलाकृति तब बनती है, जब ग्रेनाइट प्रकार का मैग्मा पृथ्वी की सतह की ओर तीव्रता से उठता है।
- **प्लेट विवर्तनिकी** यह भू-पृष्ठ के महासागरीय तथा महाद्वीपीय प्लेटों से निर्मित होने का सिद्धांत है। प्लेट विवर्तनिकी प्लेटों के स्वभाव एवं प्रवाह से संबंधित अध्ययन है। इस सिद्धांत के अनुसार भू-पटल छः वृहद् और छः लघु प्लेटों से मिलकर बना है।